Schanz

Börseneinführung

Börseneinführung

Recht und Praxis des Börsengangs

von

Dr. jur. Kay-Michael Schanz

C. H. Beck'sche Verlagsbuchhandlung
München 2000

Die Deutsche Bibliothek – CIP-Einheitsaufnahme

Schanz, Kay-Michael:
Börseneinführung : Recht und Praxis des Börsengangs
von Kay-Michael Schanz. – München : Beck, 2000
ISBN 3-406-45854-8

ISBN 3 406 45854 8

Wilhelmstr. 9, 80801 München
Druck: Kösel GmbH & Co., Wartenseestraße 11, 87435 Kempten

Satz: Fotosatz Otto Gutfreund GmbH, Darmstadt
Gedruckt auf säurefreiem, alterungsbeständigem Papier
(hergestellt aus chlorfrei gebleichtem Zellstoff)

Für Madeleine

Vorwort

Der Erfolg des Neuen Marktes hat das Thema „Börseneinführung“ sehr viel stärker in den Blickpunkt der Öffentlichkeit gebracht, als dies beispielsweise dem Anstieg der Börsengänge von Familienunternehmen in den 80-er und 90-er Jahren oder dem IPO der Deutschen Telekom AG gelang. Dies gilt nicht nur auf der Anlegerseite, wo gerade Privatinvestoren infolge zeitweise nahezu „garantierter“ Zeichnungsgewinne für vielfache Überzeichnungen gesorgt haben. Hier hat die Flut der Neuemissionen in der jüngsten Vergangenheit zu einer gewissen Sättigung und zu entsprechenden Schwierigkeiten bei der Plazierung geführt, durch die sich manche Börsenkandidaten veranlaßt sahen, ihren Börsengang zu verschieben. Entscheidender ist, daß auf seiten der Unternehmen die Scheu vor der Öffnung gegenüber einem breiten Anlegerpublikum und der Gewährung von Mitspracherechten zurückgegangen ist. Vor dem Hintergrund der weiterhin hohen Risikoscheu der Banken bei der Kreditvergabe und der gewachsenen Bedeutung von deren Eigenkapitalbindungskosten sind die mit dem Börsengang eröffneten Finanzierungsmöglichkeiten gerade für junge Wachstumsunternehmen von immenser Bedeutung. Nach amerikanischem Vorbild haben mittlerweile oftmals auch in Deutschland Unternehmensgründer und deren Finanziers schon bei Unternehmenskonzeption und Gründungsvorgang konkrete Vorstellungen über den späteren Börsengang und den diesbezüglichen zeitlichen Rahmen. Daß die Praxis regelmäßig zu Verzögerungen und schweren Enttäuschungen führt, ist eine andere Frage.

Auch in volkswirtschaftlicher Hinsicht wichtiger ist aber, daß die Erweiterung des Kreises von Unternehmen, für die ein Börsengang grundsätzlich möglich ist, sich nicht nur auf die eigentliche Zielgruppe des Neuen Marktes beschränkt. Vielmehr besteht die Bereitschaft vieler Anleger, sich auch an noch jüngeren oder noch kleineren Unternehmen zu beteiligen. Sollten sich hierauf ausgerichtete neu etablierte Märkte, wie der Marktplatz für Wagniskapital an der Börse Stuttgart, als erfolgreich erweisen, so würde der „Börsengang“ für viele Unternehmen auch eine ernsthafte Alternative zu Venture Capital darstellen und so zu einem weiteren Anstieg der ohnehin rapide gewachsenen Zahl von Börsenkandidaten beitragen. Unabhängig hiervon dürfen bei der Beurteilung der volks- und betriebswirtschaftlichen Auswirkungen der Öffnung der Börsen für junge Wachstumsunternehmen auch die indirekten Implikationen nicht verkannt werden. Hierzu gehört besonders, daß das gestiegene Interesse der Venture Capital Gesellschaften und die damit gegebene erhöhte Verfügbarkeit von Finanzmitteln für Existenzgründungen im High Tech-Sektor auch darauf zurückzuführen ist, daß diese in Form des späteren Börsengangs eine konkrete Exit-Möglichkeit für ihr Investment sehen.

Dabei sind der Börsengang und dessen Vorbereitung langfristige und komplexe Unterfangen, die nicht nur sensible und emotional bedeutsame Fragestellungen aufwerfen, sondern auch eine Vielzahl betriebswirtschaftlicher und finanzierungstechnischer Fragen. Komplexität besteht auch in rechtlicher Hinsicht: Gesellschaftsrecht, Steuerrecht, Kapitalmarktrecht sind nur einige der Rechtsgebiete, die eine Vielzahl interdisziplinärer Fragen aufwerfen. Zumindest zum Teil sollten diese idealerweise bereits Jahre vor dem eigentlichen Börsengang, z.B. bei der Strukturierung der Beteiligungsverhältnisse, Berücksichtigung finden. Daß das regulatorische Umfeld noch im Wandel begriffen ist – erinnert sei nur an die Auswirkungen des Zweiten und des Dritten Finanzmarktförderungsgesetzes oder des KonTraG, die Veränderungen des Schwellenwerts einer wesentlichen Beteiligung oder der Lockup-Bestimmungen für den Neuen Markt –, macht das Geschäft nicht eben einfacher.

Ich habe mich bemüht, in diesem Buch Erfahrungen zu verarbeiten, die ich als Investmentbanker und Rechtsanwalt bei Börsengängen, Venture Capital Finanzierungen und Unternehmenskäufen gewonnen habe. Ziel war es, einen ebenso breiten wie vertieften Überblick über den gesamten Vorgang der Börseneinführung zu geben und dabei neben den praktischen wie (steuer-) rechtlichen Fragen, die bereits im Vorfeld bei der Entscheidungsfindung und Strukturierung des Börsengangs auftauchen, auch die späteren Implikationen zu behandeln. Dabei wende ich mich in erster Linie an Banker und Berater, d. h. Rechtsanwälte, Steuerberater, Wirtschaftsprüfer und Emissionsberater eines Unternehmens. Der Geschäftsleitung, dem unternehmensinternen Börseneinführungsteam und den Gesellschaftern kann das Buch zumindest als Nachschlagewerk dienen. Studenten der Rechtswissenschaft und der Betriebswirtschaft mögen hierin eine erste Einführung finden. Für weiterführende Anregungen und Hinweise unter *kayschanz@compuserve.com* bin ich jederzeit dankbar.

Bei meiner Arbeit bin ich auf vielfältige Weise unterstützt worden. Besonders verbunden bin ich Herrn Rechtsanwalt Matthias Limmeroth und Herrn Steuerberater Karl-Erich Stenger für ihre kritischen Bemerkungen und überaus hilfreichen Hinweise in Steuerfragen. Herr Rechtsreferendar Frank Fisseler hat mich mit großem Elan bei Literaturrecherchen unterstützt, das Manuskript Korrektur gelesen und war auch sonst ein wertvoller Sparringpartner. Dank schulde ich Frau Rechtsanwältin Dr. Kirsten Frank für ihre Anmerkungen zu einzelnen Kapiteln. Meiner Sekretärin Erika Amrhein danke ich für die Korrektur des Manuskripts. Besonders dankbar bin ich Madeleine und Jessy für die Motivation und ihre Geduld, ohne die dieses Buch nicht möglich gewesen wäre – manche Dinge dauern eben etwas länger.

Inhaltsübersicht

Inhaltsverzeichnis

Abkürzungsverzeichnis

a.A.	anderer Ansicht
a.a.O.	Am angegebenen Ort
ABl.	Amtsblatt
Abs.	Absatz
Abschn.	Abschnitt
ADR	American Depositary Receipt
AG	Die Aktiengesellschaft (Zeitschrift), Aktiengesellschaft
AktG	Aktiengesetz
Alt.	Alternative
Amtl.Begr.	Amtliche Begründung
AMEX	American Stock Exchange
Anm.	Anmerkung
BayObLG	Bayerisches Oberstes Landesgericht
BAWe	Bundesaufsichtsamt für den Wertpapierhandel
BB	Betriebsberater (Zeitschrift)
BddW	Blick durch die Wirtschaft
BetrVG	Betriebsverfassungsgesetz
BGB	Bürgerliches Gesetzbuch
BGBl.	Bundesgesetzblatt
BGH	Bundesgerichtshof
BGHSt	Amtliche Entscheidungssammlung des Bundesgerichtshofs in Strafsachen
BGHZ	Amtliche Entscheidungssammlung des Bundesgerichtshofs in Zivilsachen
BörsZulV	Börsenzulassungsverordnung
BörsG	Börsengesetz
BörsO	Börsenordnung
BöZ	Börsenzeitung
BOSS	Börsen-Order-Service-System
BP-RL	Börsenprospekt-Richtlinie
BStBl.	Bundessteuerblatt
BuMiFi	Bundesministerium der Finanzen
BVerfGE	Amtliche Entscheidungssammlung Bundesverfassungsgericht
BöZ-RL	Börsenzulassungs-Richtlinie
BStBl.	Bundessteuerblatt
CATS	Computer Assisted Trading System

CFROI . . . . Cash Flow Return on Investment
DAI . . . . Deutsches Aktieninstitut e.V.
DBAG . . . . Deutsche Börse Aktiengesellschaft
DCF . . . . Discounted Cash Flow
ders. . . . . derselbe
DGAP . . . . Deutsche Gesellschaft für Ad hoc-Publizität
d.h. . . . . das heißt
DM . . . . Deutsche Mark
DStR . . . . Deutsches Steuerrecht
DTB . . . . Deutsche Terminbörse
DVFA . . . . Deutsche Vereinigung für Finanzanalyse und Anlageberatung e.V.
e.V. . . . . eingetragener Verein
EASDAQ . . . . . European Association of Securities Dealer Automated Quotation System
EAT . . . . Earnings after tax
EBT . . . . Earnings before taxes
EBDIT . . . . Earnings before depreciation and taxes
ECU . . . . European Currency Unit
EDV . . . . Elektronische Datenverarbeitung
EEA . . . . Einheitliche Europäische Akte vom 17./28. 02. 1986
EFTA . . . . European Free Trade Association
EG . . . . Europäische Gemeinschaft/-en
EHS . . . . Elektronisches Handelssystem
EOE . . . . European Options Exchange
ErbStG . . . . Erbschaftssteuergesetz
EStR . . . . Einkommensteuerrichtlinien
et.al. . . . . und andere
Eumo . . . . Euromoney
EuGH . . . . Europäischer Gerichtshof
Euribor . . . . Euro Interbank Offered Rate
EuZW . . . . Europäische Zeitschrift für Wirtschaftsrecht
EWG . . . . Europäische Wirtschaftsgemeinschaft
EWGV . . . . Vertrag zur Gründung der Europäischen Wirtschaftsgemeinschaft
EWiR . . . . Entscheidungen zum Wirtschaftsrecht (Entscheidungssammlung)
EWS . . . . Europäisches Wirtschafts und Steuerrecht (Zeitschrift)
f. . . . . folgende
FB . . . . Finanz Betrieb (Zeitschrift)
ff. . . . . fortfolgende
Fn. . . . . Fußnote
FR . . . . Finanz-Rundschau (Zeitschrift)

FWB	Frankfurter Wertpapierbörse
G	Gesetz
GebO	Gebührenordnung
GewO	Gewerbeordnung
GG	Grundgesetz
GmbH	Gesellschaft mit beschränkter Haftung
GmbHG	Gesetz betreffend die Gesellschaften mit beschränkter Haftung
GmbHR	GmbH Rundschau (Zeitschrift)
GP	Going Public (Zeitschrift)
GrEStG	Grunderwerbsteuergesetz
GRUR	Gewerblicher Rechtschutz und Urheberrecht (Zeitschrift)
GuV	Gewinn- und Verlustrechnung
GWB	Gesetz gegen Wettbewerbsbeschränkungen
HB	Handelsblatt
HB-RL	Halbjahresberichts-Richtlinie
HGB	Handelsgesetzbuch
h.M.	herrschende Meinung
Hrsg.	Herausgeber
IHK	Industrie- und Handelskammer
IPO	Initial Public Offering
IBIS	Integriertes Börsenhandels- und Informationssystem
I-RL	Insider-Richtlinie
i.S.v.	im Sinne von
i.S.d.	im Sinne des
IStR	Internationales Steuerrecht (Zeitschrift)
i.V.m.	in Verbindung mit
IWB	Internationale Wirtschaftsbriefe
JFE	Journal of Financial Economics
JPE	Journal of Political Economy
JW	Juristische Wochenschrift
KapAEG	Kapitalaufnahmeerleichterungsgesetz
KonTraG	Gesetz zur Kontrolle und Transparenz im Unternehmensbereich
KCV	Kurs/Cash Flow-Verhältnis
KGV	Kurs/Gewinn-Verhältnis
KWG	Kreditwesengesetz
LBO	Leveraged Buyout
LIFFE	London International Financial Futures and Options Exchange
LTOM	London Traded Options Market
LStDV	Lohnsteuer-Durchführungsverordnung
MitbestG	Mitbestimmungsgesetz

MM . . . . Manager Magazin
m.w.N. . . . . mit weiteren Nachweisen
NASDAQ . . . . . National Association of Securities Dealer Automated Quotation System
NB . . . . Nature Biotechnology
NJW . . . . Neue Juristische Wochenschrift
Nr. . . . . Nummer
NYSE . . . . New York Stock Exchange
NZA . . . . Neue Zeitschrift für Arbeitsrecht
OLG . . . . Oberlandesgericht
OTC . . . . over the counter
OVG . . . . Oberverwaltungsgericht
OWiG . . . . Ordnungswidrigkeitengesetz
PEG . . . . Price/Earnings Multiple to Medium Term Earnings per Share Growth
PublG . . . . Gesetz über die Rechnungslegung von bestimmten Unternehmen und Konzernen (Publizitätsgesetz)
Rdnr. . . . . Randnummer
RegE . . . . Regierungsentwurf
RG . . . . Reichsgericht
RGZ . . . . Amtliche Entscheidungssammlung des Reichsgerichts in Zivilsachen
RL . . . . Richtlinie
RuPD . . . . Recht und Praxis Digital
RWNM . . . . . . Regelwerk Neuer Markt
S. . . . . Satz, Seite, siehe
SEAQ . . . . Stock Exchange Automated Quotation System
SEC . . . . Securities Exchange Commission
SG . . . . Schmalenbach-Gesellschaft – Deutsche Gesellschaft für Betriebswirtschaft
SOFFEX . . . . . . Swiss Options and Financial Futures Exchange
SolZG . . . . Solidaritätszuschlaggesetz
SparPG . . . . Sparprämiengesetz
SprAUG . . . . . . Sprecherausschußgesetz
SpuRt . . . . Zeitschrift für Sport und Recht
StGB . . . . Strafgesetzbuch
StPO . . . . Strafprozeßordnung
StuW . . . . Steuer und Wirtschaft (Zeitschrift)
T-RL . . . . Transparenz-Richtlinie
u.a. . . . . und andere
ÜA-RL . . . . Übernahmeangebots-Richtlinie
ÜK . . . . Übernahmekodex
UmwG . . . . Umwandlungsgesetz
UmwStG . . . . . Umwandlungssteuergesetz

USA .... United States of America
UWG .... Gesetz gegen den unlauteren Wettbewerb
VerkProspG ... Wertpapier-Verkaufsprospektgesetz
VerkProspVO .. Wertpapier-Verkaufsprospekt-Verordnung
VermbG ...... Vermögensbildungsgesetz
vgl. .... vergleiche
v&m .... vision & money
VO .... Verordnung
VStR .... Vermögensteuerrichtlinien
VwVG .... Verwaltungsvollstreckungsgesetz
WA-RL ...... Wertpapierangebots-Richtlinie
WBSWA ..... Wochenschrift für Betriebswirtschaft, Steuerrecht, Wirtschaftsrecht, Arbeitsrecht
WD-RL ...... Wertpapierdienstleistungs-Richtlinie
WiB .... Wirtschaftsrechtliche Beratung
Wistra .... Zeitschrift für Wirtschaft, Steuer, Strafrecht
WM .... Wertpapiermitteilungen (Zeitschrift)
WpDIR ...... Wertpapierdienstleistungsrichtlinie
WPg .... Die Wirtschaftsprüfung (Zeitschrift)
WpHG .... Wertpapierhandelsgesetz
WPR .... Wertpapierrecht
WuR .... Wirtschaft und Recht (Zeitschrift)
Xetra .... exchange electronic trading
z.B. .... zum Beispiel
ZBB .... Zeitschrift für Bankrecht und Bankbetriebswirtschaft
ZdKW .... Zeitschrift für das gesamte Kreditwesen
ZfbF .... Schmalenbachs Zeitschrift für betriebswirtschaftliche Forschung
ZGR .... Zeitschrift für Unternehmens- und Gesellschaftsrecht
ZHR .... Zeitschrift für das gesamte Handelsrecht und Wirtschaftsrecht
ZIP .... Zeitschrift für Wirtschaftsrecht

Literaturverzeichnis

Adams, Michael Höchststimmrechte, Mehrfachstimmrechte und sonstige wundersame Hindernisse auf dem Markt für Unternehmenskontrolle, AG 1990, S. 63 ff.

Aha, Christof Ausgewählte Gestaltungsmöglichkeiten bei Aktienoptionsplänen, BB 1997, S. 2225 ff.

ders. Einzel- oder Gesamtrechtsnachfolge bei der Ausgliederung, AG 1997, S. 345 ff.

Assmann, Heinz-Dieter Das künftige deutsche Insiderrecht, AG 1994, S. 196 ff.

ders. Das neue deutsche Insiderrecht, ZGR 1994, S. 494 ff.

ders. Insiderrecht und Kreditwirtschaft, WM 1996, S. 1337 ff.

ders. Prospekthaftung, Köln 1985

ders. Rechtsanwendungsprobleme des Insiderrechts, AG 1997, S. 50 ff.

ders. Verhaltensregeln für freiwillige Übernahmeangebote, AG 1995, S. 563 ff.

Assmann, Heinz-Dieter/Bozenhardt, Friedrich Übernahmeangebote als Regelungsproblem zwischen gesellschaftsrechtlichen Normen und zivilrechtlich begründeten Verhaltensgeboten, ZGR Sonderheft 9 („Übernahmeangebote"), S. 1 ff.

Assmann, Heinz-Dieter/Schneider, Uwe H. (Hrsg.) Wertpapierhandelsgesetz, 2. Auflage, Köln 1999

Assmann, Heinz-Dieter/Schütze, Rolf A. (Hrsg.) Handbuch des Kapitalanlagerechts, 2. Auflage, München 1997

Baeck, Ulrich/Diller, Martin Arbeitsrechtliche Probleme bei Aktienoptionen und Belegschaftsaktien, DB 1998, S. 1405 ff.

Ball, Matthew Double appeal of a simultaneous offering, Eumo Februar 1998

Ballerstedt, Kurt/Hefermehl, Wolfgang (Hrsg.) Festschrift für Ernst Geßler, München 1971

Ballwieser, Wolfgang Unternehmensbewertung mit Discounted Cashflow-Verfahren, WPg 1998, S. 81 ff.

Balser, Heinrich/Bokelmann, Gunther/Piorreck, Karl Friedrich Die Aktiengesellschaft, 3. Auflage, Freiburg 1997

Barthel, Carl W. Unternehmenswert: Die vergleichsorientierten Bewertungsverfahren, DB 1996, S. 149 ff.

ders. Unternehmenswert: Die zuschlagsorientierten Bewertungsverfahren, DB 1996, S. 1349 ff.

Bartodziej, Peter Ansprüche auf Mitgliedschaft in Vereinen und Verbänden, ZGR 1991, S. 517 ff.

Baumbach, Adolf/Hefermehl, Wolfgang Wettbewerbsrecht, 19. Auflage, München 1996

Baumbach, Adolf/Hopt, Klaus J. Handelsgesetzbuch, 29. Auflage, München 1995

Baums, Theodor Aktienoptionen für Vorstandsmitglieder, Universität Osnabrück – Institut für Handels- und Wirtschaftsrecht, Arbeitspapier 12/1996

Bauer, Jobst-Hubertus/Diller, Martin Der allgemeine Unterlassungsanspruch des Betriebsrats – Richtungskorrektur oder Revolution, ZIP 1995, S. 95 ff.

Beck, Heiko Das neue elektronische Handelssystem Xetra der Frankfurter Wertpapierbörse, WM 1998, S. 417 ff.

Beisse, Heinrich (Hrsg.) Festschrift für Karl Beusch zum 68. Geburtstag am 31. Oktober 1993, Berlin 1993

Benner-Heinacher, Jella S. Mindeststandards für Übernahmeregeln in Deutschland, DB 1997, S. 2521 ff.

Berens, Wolfgang/Brauner, Hans (Hrsg.) Due Diligence bei Unternehmensakquisitionen, 2. Auflage, Stuttgart 1999

Betsch, Oskar/Groh, Alexander/Lohmann, Lutz Corporate Finance, München 1998

Beynio, Wolfgang Höherer Aktienkurs, bessere Vergütung, v&m I/1998, S. 64

Bezzenberger, Gerold Die Geschäftsordnung der Hauptversammlung, ZGR 1998, S. 352 ff.

Bihr, Dietrich SMAX: Neues Qualitätssegment der Frankfurter Börse, FB 1999, S. 45 f.

Binz, Mark/Freudenberg, Götz Zur Nachgründungsproblematik beim going public, DB 1992, S. 2281 ff.

Binz, Mark/Sorg, Martin Vermögensteuerliche Folgen des Going Public von Familienunternehmen, BB 1987, S. 1996 ff.

Black, Fischer/Scholes, Myron The Pricing of Options and Corporate Liabilities, JPE 1973, S. 637 ff.

Blumencron, Mathias/Pauly, Christoph Kapitalismus ohne Gesicht, Spiegel vom 15. Februar 1999, S. 84 ff.

Born, Karl Unternehmensanalyse und Unternehmensbewertung, Stuttgart 1995

Bosch, Ulrich/Groß, Wolfgang Das Emissionsgeschäft, Köln 1998

Braue, Carsten/Hille, Lars Xetra – Elektronisches Handelssystem am Finanzplatz Deutschland, Die Bank 1997, S. 140 ff.

Bruse, Matthias Aspekte des neuen Umwandlungs- und Umwandlungssteuerrechts, M&A Review 3/95, S. 107 ff.

Büschgen, Hans E. Das kleine Börsenlexikon, 21. Auflage, Düsseldorf 1998

Bundesaufsichtsamt für den Wertpapierhandel Insiderhandelsverbote und Ad hoc-Publizität nach dem Wertpapierhandelsgesetz, 2. Auflage, Frankfurt 1998

Bungert, Hartwin Die Liberalisierung des Bezugsrechtsausschlusses im Aktienrecht, NJW 1998, S. 488 ff.

ders. Pflichten des Managements bei der Abwehr von Übernahmeangeboten nach US-amerikanischem Gesellschaftsrecht, AG 1994, S. 297 ff.

Busch, Torsten Bezugsrecht und Bezugsrechtsausschluß bei Wandel- und Optionsanleihen, AG 1999, S. 58 ff.

Buss, Franz-Josef Der Betreuer, GP 9/98, S. 62 f.

Busse von Colbe, Walther u.a. Ergebnis nach DVFA/SG, 2. Auflage, Stuttgart 1996

Butzke, Volker Die Einzahlungsbestätigung nach § 37 Abs. 1 Satz 3 AktG als Grundlage der Bankenhaftung, ZGR 1994, S. 94 ff.

Cahn, Andreas Entscheidungen des Bundesaufsichtsamtes für den Wertpapierhandel nach § 15 Abs. 1 Satz 2 WpHG, WM 1998 S. 272 ff.

ders. Probleme der Mitteilungs- und Veröffentlichungspflichten nach dem WpHG bei Veränderungen des Stimmrechtsanteils an börsennotierten Gesellschaften, AG 1997, S. 502 ff.

Carls, Andre Das Going-Public-Geschäft deutscher Banken, Wiesbaden 1996

Caspari, Karl-Burkhard Die geplante Insiderregelung in der Praxis, ZGR 1994, S. 530 ff.

Casper, Matthias Insiderverstöße bei Aktienoptionsprogrammen, EM 1999, S. 363 ff.

Cerny, Jochen § 264a StGB-Kapitalanlagebetrug, Gesetzlicher Anlageschutz mit Lücken, MDR 1987, S. 271 ff.

Christians, Friedrich Wilhelm (Hrsg.) Finanzierungshandbuch, Wiesbaden 1988

Claussen, Carsten Peter Aktienoptionen – eine Bereicherung des Kapitalmarktrechts, WM 1997, S. 1825 ff.

ders. Bank- und Börsenrecht, München 1996

ders. Das neue Insiderrecht, DB 1994, S. 27 ff.

ders. Das Wertpapierhandelsgesetz und die Wertpapieranalysten – ein offenes Feld, AG 1997, S. 306 ff.

ders. Wie ändert das KonTraG das Aktiengesetz?, DB 1998, S. 177 ff.

Cramer, Peter Strafrechtliche Probleme des Insiderhandelsverbots, insbesondere Beihilfe zur fremden Insiderstraftat, AG 1997, S. 59 ff.

Christians, F. Wilhelm (Hrsg.) Finanzierungshandbuch, 2. Auflage, Wiesbaden 1988

Deckert, Martina Der Aufsichtsrat nach der Reform, NZG 1998, S. 710 ff.

Dehmer, Hans Umwandlungsrecht, Umwandlungsteuergesetz, 2. Auflage, München 1996

Deutsche Börse Insiderhandelsverbote und Ad hoc-Publizität nach dem Wertpapierhandelsgesetz, WM 1994, S. 2038 ff.

Deutsche Morgan Grenfell IPHORIA – Rocketing into a New Age, Frankfurt 1998

Deutsches Aktieninstitut e.V. Der Erwerb eigener Aktien durch die Gesellschaft – Stellungnahme für das Bundesministerium der Finanzen, Frankfurt, Dezember 1995

Diekmann, Hans Die Nachgründung der Aktiengesellschaft, ZIP 1996, S. 2149 ff.

ders. Hinweise zur Anwendung des Übernahmekodexes der Börsensachverständigenkommission, WM 1997, S. 897 ff.

Dietrich, Christian Voraussetzungen und Inhalte einer Geschäftsordnung der Hauptversammlung, NZG 1998, S. 921 ff.

Dirksen, Dirk/Möhrle, Florian Die kapitalistische Kommanditgesellschaft auf Aktien, ZIP 1998, S. 1377 ff.

Dötsch, Ewald Umwandlungssteuerrecht, 4. Auflage, Stuttgart 1998

Drukarczyk, Jochen Wertorientierte Unternehmenssteuerung, ZBB 1997, S. 217 ff.

ders. Wertorientierte Unternehmenssteuerung, ZBB 1997, S. 217 ff.

Drukarczyk, Jochen/Schwetzler, Bernhard Staatliche Förderung von Mitarbeiterbeteiligungen und finanzielle Wirkungen, WBSWA 1991, S. 1181 ff.

Ebel, Franz-Josef BASF zieht sich von Regionalbörsen zurück – Chemische Keule, HB vom 5. Dezember 1994

Ebenroth, Carsten Thomas/Daum, Thomas Die Kompetenzen des Vorstands einer Aktiengesellschaft bei der Durchführung und Abwehr unkoordinierter Übernahmen, DB 1991, S. 1105 ff.

Ebling, Klaus (Hrsg.) Blümich, EStG, KStG, GewStG, München 1/1999

Edenfeld, Stefan/Neufang, Sebastian Die Haftung der Arbeitnehmervertreter im Aufsichtsrat; AG 1999, S. 49 ff.

Ehlers, Harald/Jurcher, Michael Der Börsengang von Mittelstandsunternehmen, München 1999

Eickhoff, Wolfgang Der Gang an die Börse – und kein Weg zurück?, WM 1988, S. 1713 ff.

Elschen, R. Gegenstand und Anwendungsmöglichkeiten der Agency-Theorie, ZfbF 1991, S. 1002 ff.

Engel-Ciric, Dejan Vergleichende Betrachtung der Bilanzierungsgrundsätze nach HGB und US-GAAP, RIW 1998, S. 775 ff.

Ernst, Christoph/Seibert, Ulrich/Stuckert, Fritz KonTraG, Kap-AEG, Stück-AG, EuroEG, Düsseldorf 1998

Falkenberg, Rolf-Dieter Der Rechtsgeschäftliche Betriebsübergang und seine Auswirkungen auf die betriebliche Altersversorgung, BB 1987, S. 328 ff.

Feddersen, Dieter Aktienoptionsprogramme für Führungskräfte aus kapitalmarktrechtlicher Sicht, ZHR 1997, S. 269 ff.

Feddersen, Dieter/Kiem, Roger Die Ausgliederung zwischen „Holzmüller" und neuem Umwandlungsrecht, ZIP 1994, S. 1078 ff.

Fey, Gerd Unternehmensabschlüsse international verständlich machen, FAZ vom 14. 8. 1998, S. 36

Fischer, Michael Die Besteuerung der KGaA und ihrer Gesellschafter, DStR 1997, S. 1519 ff.

ders. Verschmelzung von GmbH in der Handels- und Steuerbilanz, DB 1995, S. 485 ff.

Fitting, Karl/Kaiser, Heinrich/Heither, Friedrich/Engels, Gerd Betriebsverfassungsgesetz, 18. Auflage, München 1996

Fraune, Christian Börsennotierung deutscher Aktiengesellschaften in den USA, RIW 1994, S. 126 ff.

Frei, Norbert/Schlienkamp, Christoph Aktie im Aufwind, Wiesbaden 1998

Frey, Lutz Auswirkungen des Börsenganges auf Rechnungslegung und Publizität, DStR 1999, S. 294 ff.

Fuchs, Andreas Selbständige Optionsscheine als Finanzierungsinstrument der Aktiengesellschaft, AG 1995, S. 433 ff.

Fürhoff, Jens Insiderrechtliche Behandlung von Aktienoptionsprogrammen und Management Buy-Outs, AG 1998, S. 83 ff.

Fütterer, Marcus H. Spin-offs – Immenses Potential nutzen, v&m 6/1997, S. 52 f.

Ganske, Joachim Reform des Umwandlungsrechts, WM 1993, S. 1117 ff.

ders. Spaltung der Treuhandunternehmen, DB 1991, S. 791 ff.

Ganzert, Siegfried/Kramer, Lutz Due Diligence Review – eine Inhaltsbestimmung, WPg 1995, S. 576 ff.

Geck, Reinhard Überlegungen zur Verwendung der GmbH & Co. KGaA in der mittelständischen Wirtschaft, NZG 1998, S. 586 ff.

Gelhausen, Wolf/Mujkanovic, Robin Der Entwurf eines Kapitalaufnahmeerleichterungsgesetzes, AG 1997, S. 337 ff.

Geßler, Ernst/Hefermehl, Wolfgang/Eckardt, Udo/Kropff, Bruno Aktiengesetz, München 1984

Giesberg, Georg Was die Börse zum Leben braucht, FAZ vom 24. 8. 1998, S. 15

Giese, Rolf Die Prüfung des Risikomanagementsystems einer Unternehmung durch den Abschlußprüfer gemäß KonTraG, Wpg 1998, S. 451 ff.

Göbel, Stefan Internationalisierung der externen Rechnungslegung von Unternehmen, DB 1999, S. 293 ff.

Goerdeler, Reinhard (Hrsg.) Festschrift für Hans-Joachim Fleck, Berlin 1988

Götz, Jürgen Die unbefugte Weitergabe von Insidertatsachen, DB 1995, S. 1949 ff.

Götze, Cornelius Ad hoc-Publizitätspflicht bei Zulassung einer Due Diligence durch AG-Vorstand, BB 1998, S. 2326 ff.

Gold-Zack/Gontard&MetallBank (Hrsg.) Aktien-Leitfaden Neuer Markt 1999, Schwalbach 1999

Groß, Wolfgang Informations- und Auskunftsrecht des Aktionärs, AG 1997, S. 97 ff.

ders. Übernahmekodex für öffentliche Übernahmeangebote: Anerkennung und Rolle des begleitenden Wertpapierdienstleistungsunternehmens, DB 1996, S. 1909 ff.

ders. Zuständigkeit der Hauptversammlung bei Erwerb und Veräußerung von Unternehmensbeteiligungen, AG 1994, S. 266

Großfeld, Bernhard/Brodnics, Klaus Die Aktionärsklage – nun auch im deutschen Recht, JZ 1982, S. 589 ff.

Grotherr, Siegfried Der neue Straftatbestand des Kapitalanlagebetrugs (§ 264a StGB) als Problem des Prospektinhalts und der Prospektgestaltung, DB 1986, S. 2584 ff.

Grunewald, AcP 1982, S. 181, 202 f. m.w.N.

Grupp, Alexander Börseneintritt und Börsenaustritt, Ludwigsburg 1995

Grupp, Günther/Muche, Thomas/White, Mark Zulässigkeit des Rückkaufs eigener Aktien in den USA und Deutschland – vor und nach KonTraG, RIW 1998, S. 337 ff.

Haarmann, Hemmelrath & Partner (Hrsg.) Gestaltung und Analyse der Rechts-, Wirtschafts- und Steuerberatung von Unternehmen, Köln 1998

Haas, Werner/Pötschan, Hermann Ausgabe von Aktienoptionen an Arbeitnehmer und deren lohnsteuerliche Behandlung, DB 1998, S. 2138 ff.

Habersack, Mathias/Mayer, Christian Der neue Vorschlag 1997 einer Takeover Richtlinie – Überlegungen zur Umsetzung in das nationale Recht, ZIP 1997, S. 2141 ff.

Hanau, Peter Zur Zuständigkeit des Arbeitsdirektors (§ 33 MitbestG) für leitende Angestellte und Unternehmenssparten, ZGR 1983, S. 346 ff.

ders. Arbeitsrecht und Mitbestimmung in Umwandlung und Fusion, ZGR 1990, S. 548 ff.

Happ, Wilhelm Zum Regierungsentwurf eines Wertpapierhandelsgesetzes, JZ 1994, S. 240 ff.

Haritz, Detlef/Paetzold, Harald Bilanzielle Verknüpfungen und der Maßgeblichkeitsgrundsatz bei Verschmelzungen, FR 1998, S. 352 ff.

Harrer, Herbert/Erwe, Peter Der Neue Markt der Frankfurter Wertpapierbörse im Vergleich zu NASDAQ und EASDAQ, RIW 1998, S. 661 ff.

Harrer, Herbert/Heidemann, Dieter Going Public – Einführung in die Thematik, DStR 1999, S. 254 ff.

Harrer, Herbert/King, Peter Aktien- und Kapitalmarktrechtliche Aspekte bei American Depositary Receipts, IStR 1999, S. 188 ff.

Hasselmann, Harald Going Public von Tochtergesellschaften, Sternenfels 1997

Hauschka, Christoph/Roth, Thomas Übernahmeangebote und deren Abwehr im deutschen Recht, AG 1988, S. 181 ff.

Hazen, Thomas Lee The Law of Securities Regulation, 2. Auflage, St. Paul, 1990

Heckschen, Heribert Fusion von Kapitalgesellschaften im Spiegel der Rechtsprechung, WM 1990, S. 377 ff.

Baumbach, Adolf/Hefermehl, Wolfgang Wettbewerbsrecht, 19. Auflage, München 1996

Heidenhain, Martin Spaltungsvertrag und Spaltungsplan, NJW 1995, S. 2873 ff.

Heidenhain, Martin/Meister, Burkhardt Münchener Vertragshandbuch, München 1996

Heider, Karsten Einführung der nennwertlosen Aktie in Deutschland anläßlich der Umstellung des Gesellschaftsrechts auf den Euro, AG 1998, S. 1 ff.

Hein, Thomas Rechtliche Fragen des Bookbuildings nach deutschem Recht, WM 1996, S. 1 ff.

Heißel, Siegfried/Kienle, Christopher Rechtliche und praktische Aspekte zur Einbeziehung vinkulierter Namensaktien in die Sammelverwahrung, WM 1993, S. 1909 ff.

Henn, Günter Handbuch des Aktienrechts, 5. Auflage, Heidelberg 1994

Hennerkes, Brun-Hagen/Kirchdörfer, Rainer (Hrsg.) Unternehmenshandbuch Familiengesellschaften, 2. Auflage, Köln 1998

Hennerkes, Brun-Hagen/Kögel, Rainer Eine Geschäftsordnung für die Hauptversammlung, DB 1999, S. 81 ff.

Hennigs, Robert Die Börseneinführung von Tochtergesellschaften, Wiesbaden 1995

Herrmann, Carl/Heuer, G./Raupach, Arndt (Hrsg.) Einkommensteuer- und Körperschaftsteuergesetz, 21. Auflage, Köln 1996

Hirte, Heribert Bezugsrechtsausschluß und Konzernbildung, Köln 1986

Herzig, Norbert Die Realteilung von Kapitalgesellschaften im Ertragsteuerrecht, DB 1986, S. 1401 ff.

Herzig, Norbert/Förster, Guido Problembereiche bei der Auf- und Abspaltung von Kapitalgesellschaften nach neuem Umwandlungsrecht, DB 1995, S. 338 ff.

Herzig, Norbert/Ott, Hans Das Steuerrecht als Umwandlungs- und Spaltungsbremse, DB 1989, S. 2033 ff.

Hirte, Heribert Die Entwicklung des Unternehmens- und Gesellschaftsrechts in Deutschland in den Jahren 1991–1995, NJW 1996, S. 2827 ff.

Hölters, Wolfgang (Hrsg.) Handbuch des Unternehmens- und Beteiligungskaufs, 3. Auflage, Köln 1992

Hoffmann, Dietrich/Liebs, Rüdiger Der GmbH-Geschäftsführer, München 1995

Hoffmann-Becking, Michael Zur rechtlichen Organisation der Zusammenarbeit im Vorstand der AG, ZGR 1998, S. 497 ff.

Hoffmann-Becking, Michael (Hrsg.) Münchener Handbuch des Gesellschaftsrechts, Band 4, Aktiengesellschaft, München 1999

Holzapfel, Hans-Joachim/Pöllath, Reinhard Recht und Praxis des Unternehmenskaufs, 7. Auflage, Köln 1994

Hommelhoff, Peter Börsenhandel von GmbH- und KG-Anteilen, ZHR 1989, S. 181 ff.

ders. Die neue Position des Abschlußprüfers im Kraftfeld der aktienrechtlichen Organisationsverfassung, BB 1998, S. 2567 ff.

ders. Minderheitenschutz bei Umstrukturierungen, ZGR 1993, S. 452 ff.

Hommelhoff, Peter/Mattheus, Daniela Corporate Governance nach dem KonTraG, AG 1998, S. 249 ff.

Hopt, Klaus J. Die Verantwortlichkeit der Banken bei Emissionen, München 1991

ders. Europäisches und deutsches Übernahmerecht, ZGR 1991, S. 17 ff.

ders. Europäisches und deutsches Übernahmerecht, ZHR 1997, S. 368 ff.

ders. Familien- und Aktienpools unter dem Wertpapierhandelsgesetz, ZGR 1997, S. 1 ff.

ders. Grundsatz- und Praxisprobleme nach dem Wertpapierhandelsgesetz, ZHR 1995, S. 135 ff.

Horn, Norbert Aktien- und konzernrechtlicher Vermögensschutz der Aktiengesellschaft und der Gang an die Börse, ZIP 1987, S. 1225 ff.

Horschitz, Harald/Groß, Walter/Schnur, Peter Bewertungsrecht, Stuttgart 1999

Hüffer, Uwe Aktienbezugsrechte als Bestandteil der Vergütung von Vorstandsmitgliedern und Mitarbeitern, ZHR 1997, S. 214 ff.

ders. Aktiengesetz, 3. Auflage, München 1997

Isensee, Tobias Mitarbeiteroptionen – mehr als eine steuerliche Gewinnchance, DStR 1999, S. 143 ff.

Ising, Peter/Thiell, Marie-Theres Der Übergang laufender Arbeitsverhältnisse nach dem Spaltungsgesetz, DB 1991, S. 2082 ff.

dies., Erfahrungen mit dem Spaltungsgesetz, DB 1991, S. 2021 ff.

Jäger, Axel Die Nachgründungsproblematik aus der Sicht der Holding AG, NZG 1998, S. 370 ff.

ders. Thema Börse (1): Vorüberlegungen aus Berater- und Unternehmersicht, NZG 1998, S. 496 ff.

ders Thema Börse (3): Prüfung der Börsenreife, NZG 1998, S. 932 ff.

Jaeger, Carsten Beraterverträge mit Aufsichtsratsmitgliedern, ZIP 1994, S. 1759 ff.

Joecks, Wolfgang Anleger- und Verbraucherschutz durch das 2. WiKG, wistra 1986, S. 142 ff.

Joussen, Peter Auskunftspflicht des Vorstands nach § 131 AktG und Insiderrecht, DB 1994, S. 2485 ff.

Kaiser, Andreas Die Harmonisierung des Europäischen Kapitalmarktrechts und das Recht des Wertpapierhandels in Italien und Deutschland, Konstanz 1996

ders. Die Sanktionierung von Insiderverstößen und das Problem der Kursmanipulation, WM 1997, S. 1557 ff.

Kallmeyer, Harald Der Übernahmekodex der Börsensachverständigenkommission, AG 1996, S. 169 ff.

ders. Die Ausübung von Aktionärsrechten in der Hauptversammlung durch „Form-Aktionäre", AG 1998, S. 123 ff.

ders. Die Auswirkungen des neuen Umwandlungsrechts auf die mittelständische GmbH, GmbH-Rundschau 1993, S. 461 ff.

ders. Die Mängel des Übernahmekodex der Börsensachverständigenkommission, ZHR 1997, S. 435 ff.

ders. Pflichtangebote nach dem Übernahmekodex und dem neuen Vorschlag 1997, ZIP 1997, S. 2147 ff.

ders. Rechte und Pflichten in der Kommanditgesellschaft auf Aktien, ZGR 1983, S. 57 ff.

Kania, Thomas Tarifbindung bei Ausgliederung und Aufspaltung eines Betriebs, DB 1995, S. 625 ff.

Keidel, Stefan Neuer Markt auf Xetra und Parkett, HB vom 4. September 1998, S. 25

Kersting, Mark Oliver Der Neue Markt der Deutsche Börse AG, AG 1997, S. 222 ff.

Kiem, Roger Verträge zur Umwandlung von Unternehmen, Köln 1998

Kindler, Peter Bezugsrechtsausschluß und unternehmerisches Ermessen nach deutschem und europäischem Recht, ZGR 1998, S. 35 ff.

Kirchhof, Paul/Söhn, Hartmut (Hrsg.) Einkommensteuergesetz, 1995

Kirchner, Christian/Ehricke, Ulrich Funktionsdefizite des Übernahmekodex der Börsensachverständigenkommission, AG 1998, S. 105 ff.

Klein, Albrecht Abwehrmöglichkeiten gegen feindliche Übernahmen in Deutschland, NJW 1997, S. 2085 ff.

Klenke, Hilmar Der Rückzug mehrfach notierter Unternehmen von den deutschen Regionalbörsen, WM 1995, S. 1089 ff.

Klingberg, Dietgard Der Aktienrückkauf nach dem KonTraG aus bilanzieller und steuerlicher Sicht, BB 1998, S. 1575 ff.

Knoll, Leonhard Besteuerung von Stock Options – Anmerkungen zu einer juristischen Frontlinie im ökonomischen Niemandsland, StuW 1998, S. 133 ff.

ders. Der Wert von Bezugsrechten und die materielle Rechtfertigung des Bezugsrechtsausschlusses bei Wandelschuldverschreibungen, ZIP 1998, S. 413 ff.

Knop, Wolfgang/Küting, Karlheinz Anschaffungskosten im Umwandlungsrecht, BB 1995, S. 1023 ff.

Koch, Wolfgang/Wegmann, Jürgen „Due Diligence" als Voraussetzung der Börseneinführung, Going Public, 3/1998, S. 32 f.

dies. Praktiker-Handbuch Börseneinführung, 2. Auflage, Stuttgart 1998

Koch, Ulrich/Jensen, Wolfgang/Steinhoff, Stephan Going Public, Köln 1991

Köhler, Helmut/Piper, Henning UWG, München 1995

Koehler, Robert J. In wenigen Minuten die Strategie transportieren, BZ vom 24. Juni 1995, S. 17

Kohler, Klaus Stock Options für Führungskräfte aus der Sicht der Praxis, ZHR 1997, S. 246 ff.

Kolb, Uwe Due Diligence Review gewinnt an Bedeutung, BZ vom 31. Januar 1998, S. B4

Kondring, Jörg Zur Anwendung deutschen Insiderstrafrechts auf Sachverhalte mit Auslandsberührung, WM 1998, S. 1369 ff.

Kopp, Beate Stückaktie und Euro-Umstellung, BB 1998, S. 701 ff.

Kossmann, Horst Der Anspruch auf Genehmigung zur Übertragung vinkulierter Namensaktien, BB 1985, S. 1364 ff.

Kraft, Gerhard/Altvater, Christian Die zivilrechtliche, bilanzielle und steuerliche Behandlung des Rückkaufs eigener Aktien, NZG 1998, S. 448 ff.

Krause, Hartmut Der revidierte Vorschlag einer Takeover-Richtlinie (1996), AG 1996, S. 208 ff.

ders. The German Securities Trading Act (1994): A Ban on Insider Trading and an Issuer's Affirmative Duty to Disclose Material Nonpublic Information, The International Lawyer Fall 1997, S. 555 ff.

Kropff, Bruno Aktiengesetz vom 6. 9. 1965 (Bundesgesetzbl. I S. 1089), Düsseldorf 1965

Krüger, Dirk/Kalbfleisch, Eberhard Due Diligence bei Kauf und Verkauf von Unternehmen, DStR 1999, S. 174 ff.

Kubis, Dietmar § 52 AktG – eine unsichere Sicherung der Kapitalaufbringung, AG 1993, S. 118 ff.

Kümpel, Siegfried Aktuelle Fragen der Ad hoc-Publizität, AG 1997, S. 66 ff.

ders. Bank- und Kapitalmarktrecht, Köln 1995

ders. Börsenrecht, Berlin 1996

ders. Insiderrecht und Ad hoc-Publizität aus Bankensicht, WM 1996, S. 653 ff.

ders. Wertpapierhandelsgesetz, Berlin 1996

Küting, Karlheinz/Bender, Jürgen Das Ergebnis je Aktie nach DVFA/SG, BB 1992, S. 1 ff.

Küting, Karlheinz/Hayn, Sven Börseneinführungsmodalitäten in den USA, WPg 1993, S. 401 ff.

Küttner, Wolfdieter Aufnahmezwang für Gewerkschaften, NJW 1980, S. 968 ff.

Kuhl, Karin/Nickel, Johann-Peter Risikomanagement im Unternehmen – Stellt das KonTraG neue Anforderungen an die Unternehmen?, DB 1999, S. 133 ff.

Kusterer, Stefan Die Bewertung einbringungsgeborener Anteile bei freiwilliger Enthaftung, DStR 1998, S. 319 ff.

Lackner, Karl StGB, 21. Auflage, München 1995

Lang, Rudolf Internationales Emissionsgeschäft, Wiesbaden 1993

Lenenbach, Markus/Lohrmann, Frank „Jahrhundertentscheidung“ zum amerikanischen Insiderrecht, RIW 1998, S. 115 ff.

Littbarski, Sigurd Die Berufshaftung – eine unerschöpfliche Quelle richterlicher Rechtsfortbildung, NJW 1984, S. 1667 ff.

Lilja, Robert International Equity Markets – The Art of the Deal, London 1995

Löhr, Andreas Börsengang junger Wachstumsunternehmen, BöZ vom 10. März 1998, S. 30

Loehr, Helmut Der neue Verhaltenskodex für Unternehmensübernahmen in der praktischen Umsetzung – Eine Zwischenbilanz, WM 1997, S. 1374 f.

Loges, Rainer Der Einfluß der „Due Diligence“ auf die Rechtsstellung des Käufers eines Unternehmens, DB 1997, S. 965 ff.

Lück, Wolfgang Elemente eines Risikomanagementsystems, DB 1998, S. 8 ff.

Lück, Wolfgang/Hunecke, Jörg Die Bedeutung des Risikomanagementsystems und des Überwachungssystems zur Sicherung der Überlebensfähigkeit von Unternehmen, Stbg 1998, S. 513 ff.

Lutter, Marcus Aktienoptionen für Führungskräfte – de lege lata und de lege ferenda, ZIP 1997, S. 1 ff.

ders. Anmerkung, JZ 1998, S. 50 ff.

ders. Due Diligence des Erwerbers beim Kauf einer Beteiligung, ZIP 1997, S. 613 ff.

ders. Das neue „Gesetz für kleine Aktiengesellschaften und zur Deregulierung des Aktienrechts“, AG 1994, S. 429 ff.

ders. Das System der Kapitalgesellschaften, GmbHR 1990, S. 377 ff.

Lutter, Marcus (Hrsg.) Festschrift für Ernst C. Stiefel zum 80. Geburtstag, München 1987

Lutter, Marcus/Krieger, Gerd Hilfspersonen von Aufsichtsratsmitgliedern, DB 1995, S. 257 ff.

Lutter, Marcus/Mertens, Hans-Joachim/Ulmer, Peter (Hrsg.) Festschrift für Walter Stimpel, Berlin 1985

Lutter, Marcus/Scheffler, Eberhard/Schneider, Uwe H. Handbuch der Konzernfinanzierung, Köln 1998

Lutter, Marcus/Wahlers, Henning W. Der Buyout: Amerikanische Fälle und die Regeln des deutschen Rechts, AG 1989, S. 1 ff.

Marquardt, Michael Gesellschafts- und steuerrechtliche Instrumente zur Abwehr feindlicher Übernahmen von Aktiengesellschaften, WiB 1994, S. 537 ff.

Marsch-Barner, Reinhard Die Erleichterung des Bezugsrechtsausschlusses nach § 186 III 4 AktG, AG 1994, S. 532 ff.

Martens, Klaus-Peter Der Ausschluß des Bezugsrechts, ZIP 1992, S. 1677 ff.

ders. Die mit Optionsrechten gekoppelte Aktienemission, AG 1989, S. 69 ff.

ders. Eigene Aktien und Stock Options in der Reform, AG Sonderheft 1997, S. 83 ff.

ders. Erwerb und Veräußerung eigener Aktien im Börsenhandel, AG 1996, S. 337 ff.

ders. Leitfaden für die Leitung der Hauptversammlung einer Aktiengesellschaft, Köln 1992

Martens, Klaus-Peter (Hrsg.) Festschrift für Carsten Peter Claussen, Köln 1997

Meincke, Eberhard Geheimhaltungspflichten im Wirtschaftsrecht, WM 1998, S. 749 ff.

Meixner, Rüdiger Das Dritte Finanzmarktförderungsgesetz, NJW 1998, S. 1896 ff.

Merkt, Hanno Due Diligence und Gewährleistung beim Unternehmenskauf, BB 1995, S. 1041

ders. Rechtliche Bedeutung der „due diligence“ beim Unternehmenskauf, WiB 1996, S. 145 ff.

Mertens, Hans-Joachim Unternehmensgegenstand und Mitgliedschaftsrecht, AG 1978, S. 309 ff.

Mertens, Kai Die Information des Erwerbers einer wesentlichen Unternehmensbeteiligung an einer Aktiengesellschaft durch deren Vorstand, AG 1997, S. 541 ff.

Meyer, Oscar/Bremer, Heinz Börsengesetz, 4. Auflage, Berlin 1957

Meyer-Landrut, Andreas/Kiem, Roger Der Formwechsel einer Publikumsaktiengesellschaft, WM 1997, S. 1361 ff.

Michalski, Lutz Abwehrmechanismen gegen unfreundliche Übernahmeangebote („unfriendly takeovers") nach deutschem Aktienrecht, AG 1997, S. 152 ff.

Moxter, Adolf Grundsätze ordnungsmäßiger Unternehmensbewertung, Wiesbaden, 2. Auflage 1983

Mülbert, Peter Die Zielgesellschaft im Vorschlag 1997 einer Takeover-Richtlinie – zwei folgenreiche Eingriffe ins deutsche Aktienrecht, IStR 1999, S. 83 ff.

Müller, Ulrike Going Public im Geschäftsfeld der Banken, Berlin 1997

Mussler, Hanno Transparenz bis zum Limit, FAZ vom 11. Juni 1999, S. 25

Naumann, Thomas/Pellens, Bernhard/Crasselt, Nils Die Bilanzierung von Stock Options, DB 1998, S. 1428 ff.

Nägel, Josef SMAX – das neue Qualitätssegment für Small Caps, Die Bank 3/99, S. 180 ff.

Nelson, Todd R. Shoring up the industry's valuations, NB October 1998, S. 913 ff.

Neumann-Duesberg, Horst Gewährleistung für Unternehmensmängel bei Verkauf von Geschäftsanteilen, WM 1968, S. 494 ff.

Neyer, Wolfgang Steuerliche Behandlung von Arbeitnehmer-Aktienoptionen, BB 1999, S. 130 ff.

Nick, Andreas Börseneinführung von Tochtergesellschaften, Wiesbaden 1994

Niederleithinger, Ernst (Hrsg.) Festschrift für Otfried Lieberknecht zum 70. Geburtstag, München 1997

Niedner, Jochen Unternehmerfamilie und freie Aktionäre, FAZ vom 27. 3. 1996, S. 23

Niquet, Bernd Das Ende des Kapitalmangels, Kulmbach 1997

Noack, Ulrich Hauptversammlung und Neue Medien, BB 1998, S. 2533 ff.

Nölting, Andreas Faktor Herz, MM März 1999, S. 112 ff.

Nowotny, Christian Wandelschuldverschreibungen und Optionsanleihen im österreichischen Recht, ZGR 1994, S. 195 ff.

Oettingen, Manfred von Die Planung des Gangs an die Börse, 2. Auflage, Köln 1992

Ott, Hans Die Änderung der Unternehmensform, RuPD Januar 1996, S. 1 ff.

Otto, Hans-Jochen Übernahmeversuche bei Aktiengesellschaften und Strategien der Abwehr, Beilage 12/88 zu DB 29/1988, S. 2 ff.

Paefgen, Thomas Christian Kein Gift ohne Gegengift: Sortimentserweiterung in der Bereitschaftsapotheke gegen idiosynkratische Unternehmenskontrollwechsel, AG 1991, S. 189

Pellens, Bernhard Börseneinführung von Tochterunternehmen – Aktienmarktreaktionen auf die Performance des Muttergesellschaft, ZfbF 1993, S. 852 ff.

Pellens, Bernhard (Hrsg.) Unternehmenswertorientierte Entlohnungssysteme, Stuttgart 1998

Peltzer, Martin Empfehlen sich gesetzliche Regeln zur Einschränkung des Einflusses der Kreditinstitute auf Aktiengesellschaften?, JZ 1996, S. 842 ff.

ders. Hostile Takeovers in der Bundesrepublik Deutschland, ZIP 1989, S. 69 ff.

ders. Steuer- und Rechtsfragen bei der Mitarbeiterbeteiligung und der Einräumung von Aktienoptionen (Stock Options), AG 1996, S. 307 ff.

ders. Von Räubern, weißen Rittern und Jungfrauen, die Taktiken des amerikanischen takeovers, ZfdgK 1986, S. 291 ff.

Peltzer, Oliver Die Neuregelung des Erwerbs eigener Aktien im Lichte der historischen Erfahrungen, WM 1998, S. 322 ff.

Peter, Karl/Crezelius, Georg Gesellschaftsverträge und Unternehmensformen, 6. Auflage, Herne 1995

Picot, Gerhard/Land, Volker Going Public – Typische Rechtsfragen des Ganges an die Börse, DB 1999, S. 570 ff.

Pötzsch, Thorsten Das Dritte Finanzmarktförderungsgesetz, WM 1998, S. 949 ff.

ders. Der Diskussionsentwurf des Dritten Finanzmarktförderungsgesetzes, AG 1997, S. 193 ff.

Portner, Rosemarie/Bödefeld, Axel Besteuerung von Arbeitnehmer-Aktien-Optionen, DStR 1995, S. 629 ff.

Potthoff, Volker/Stuhlfauth, Jutta Der Neue Markt: Ein Handelssegment für innovative und wachstumsorientierte Unternehmen – kapitalmarktrechtliche Überlegungen und Darstellung des Regelwerks, WM Sonderbeilage Nr. 3 zu Heft 26/1997, S. 3 ff.

Rams, Andreas Aktienrückkauf: Flexibilisierung der Unternehmensfinanzierung, Die Bank 1997, S. 216 ff.

ders. Realoptionen – ein innovativer Ansatz zur Unternehmensbewertung und wertorientierten Unternehmensführung, M&A Review 10/1998, S. 416 ff.

Raiser, Thomas Empfehlen sich gesetzliche Regelungen zur Einschränkung des Einflusses der Kreditinstitute auf Aktiengesellschaften, NJW 1996, S. 2257 ff.

Rappaport, Alfred Creating Shareholder Value, 1986

Raupach, Arndt/Uelner, Adalbert (Hrsg.) Ertragsbesteuerung, Festschrift für Ludwig Schmidt, München 1993

Reimer, Hauke Qualität deutlich besser, Wiwo vom 13. Mai 1999, S. 208 f.

Reinhart, Alexander „Earnings per share", „Price-Earnings-Ratios" sowie „Price-Cash-flow-Ratios" bei der Analyse von „International Accounting Standards"-Abschlüssen, IstR 1998, S. 641 ff.

Richardi, Reinhard/Wlotzke, Otfried Münchener Handbuch zum Arbeitsrecht, München 1992

Ricken, Oliver Gewinnbeteiligungen im Arbeitsverhältnis, NZA 1999, S. 236 ff.

Riegger, Bodo/Mutter, Stefan Zum Einsatz neuer Kommunikationsmedien in Hauptversammlungen von Aktiengesellschaften, ZIP 1998, S. 637 ff.

Ristau, Ralph Liquidität durch Betreuer, v&m 12/96, S. 54

Röder, Gerhard Die Beteiligung von Arbeitnehmern am Unternehmen, NZA 1987, S. 799 ff.

Rödder, Thomas DStR-Fachliteratur-Auswertung: Umwandlungssteuergesetz, Deutsches Steuerrecht 1995, S. 322

ders. DStR-Fachliteratur-Auswertung: Umwandlungssteuergesetz, Deutsches Steuerrecht 1995, S. 837

Rödl, Bernd/Zinser, Thomas Going Public, Frankfurt 1999

Roschmann, Christian/Frey, Johannes Geheimhaltungsverpflichtungen der Vorstandsmitglieder von Aktiengesellschaften bei Unternehmenskäufen, AG 1996, S. 449 ff.

Rose, Gerd/Rose-Glorius, Cornelia Unternehmensformen und -verbindungen, 2. Auflage, Köln 1995

Rosen, Rüdiger von Chancengemeinschaft – Deutschland braucht die Aktie, München 1997

Rosen, Rüdiger von/Helm, Leonhard Der Erwerb eigener Aktien durch die Gesellschaft, AG 1996, S. 434

Rosen, Rüdiger von/Prechtel, Andreas Zugang deutscher Unternehmen zum US-Kapitalmarkt, Die Bank 1996, S. 388 ff.

Rosen, Rüdiger von/Seifert, Werner G. Zugang zum US-Kapitalmarkt für deutsche Aktiengesellschaften, Frankfurt 1998

Sagasser, Bernd/Bula Thomas Umwandlungen, München 1995

Sanfleber-Decher, Martina Unternehmensbewertung in den USA, WPg 1992, S. 597 ff.

Schäfer, Frank A. Emission und Vertrieb von Wertpapieren nach dem Wertpapierverkaufsprospektgesetz, ZIP 1991, S. 1557 ff.

Schaefer, Hans/Missling, Patrick J. Haftung von Vorstand und Aufsichtsrat, NZG 1998, S. 441 ff.

Schander, Albert Axel Abwehrstrategien gegen feindliche Übernahmen und ihre Zulässigkeit im Lichte der Aktienrechtsreform, BB 1997, S. 1801 ff.

ders. Der Rückkauf eigener Aktien nach KonTraG und einsatzpotenziale bei Übernahmetransaktionen, ZIP 1998, S. 2087 ff.

ders. Selbstregulierung versus Kodifizierung – Versuch einer Standortbestimmung des deutschen Übernahmerechts, NZG 1998, S. 799 ff.

Schander, Albert Axel/Lucas, Johannes Die Ad hoc-Publizität im Rahmen von Übernahmevorhaben, DB 1997, S. 2109 ff.

Schaub, Günther Arbeitsrechtshandbuch, 8. Auflage, München 1996

Schaumburg, Harald Die Verschmelzung von Kapitalgesellschaften und Personenhandelsgesellschaften nach neuem Umwandlungssteuerrecht, FR 1995, S. 211 ff.

Schaumburg, Harald/Rödder Thomas Das neue Umwandlungssteuergesetz, WiB 1995, S. 10 ff.

Schieber, Dietmar Der Gang an die Börse: Chancen für Ihr Unternehmen, Frankfurt 1998

Schiereck, Dirk Entwicklungstendenzen bei den Börsennotierungen deutscher Gesellschaften im Ausland, AG 1997, S. 362 ff.

Schildbach, Thomas Rechnungslegung nach US-GAAP: Hoffnung und Wirklichkeit, BB 1999, S. 359 ff., 411 ff.

Schilling, Wolf Ulrich Die GmbH & Co. KGaA zwischen Unternehmergeist und Aktionärs- bzw. Anlegerschutz, BB 1998, S. 1905 ff.

ders. Ulrich Takeover, Treupflicht & Shareholder Value, BB 1997, S. 1909 ff.

Schimansky, Herbert/Bunte, Hermann-Josef/Lwowski, Hans-Jürgen (Hrsg.) Bankrechts-Handbuch Band III, München 1997

Schindler, Joachim/Rabenhorst, Dirk Auswirkungen des KonTraG auf die Abschlußprüfung, BB 1998, S. 1886 ff.

Schmidt, Andreas Unternehmensbewertung ausländischer Gesellschaften, DB 1994, S. 1149 ff.

Schmidt, Christof Karl Verlustverwertung der Personen- und Kapitalgesellschaften unter besonderer Berücksichtigung des Mantelkaufs, Konstanz 1997

Schmidt, Karsten Haftungsrisiken bei „steckengebliebenen" Verschmelzungen, DB 1996, S. 1859 ff.

ders. Gesellschaftsrecht, 3. Auflage, Köln 1997

Schmidt, Ludwig EStG, 16. Auflage, München 1997

Schmidt-Diemitz, Rolf Pakethandel und das Weitergabeverbot von Insiderwissen, DB 1996, S. 1809 ff.

Schmitz, Ronaldo H. Going Public von Tochtergesellschaften deutscher Konzerne, ZfdgK 1993, S. 842 ff.

Schneider, Uwe H. Aktienoptionen als Bestandteil der Vergütung von Vorstandsmitgliedern, ZIP 1996, S. 1769 ff.

ders. Gesetzliches Verbot für Stimmrechtsbeschränkungen bei der Aktiengesellschaft, AG 1990, S. 56 ff.

Schneider, Uwe/Sünner, Eckart Die Anpassung des Aktienrechts bei Einführung der Europäischen Währungsunion, DB 1996, S. 817 ff.

Schönke, Adolf/Schröder, Horst (Hrsg.) Strafgesetzbuch, 25. Auflage, München 1997

Schröder, C. Aktienhandel und Strafrecht, Köln 1994

Schroeder, Ulrich Darf der Vorstand der Aktiengesellschaft dem Aktienkäufer eine Due Diligence gestatten?, DB 1997, S. 2161 ff.

Schröer, Henning Zur Einführung der unechten nennwertlosen Aktie aus Anlass der Europäischen Währungsunion, ZIP 1997, S. 221 ff.

Schücking, Christoph Das Internationale Privatrecht der Banken-Konsortien, WM 1996, S. 281 ff.

Schürmann, Walter/Groh, Elmar KGaA und GmbH & Co. KGaA, BB 1995, S. 684 ff.

Schürmann, Walter/Körfgen, Kurt Familienunternehmen auf dem Weg zur Börse, 3. Auflage, München 1997

Schulte, Stefan Internationaler Aktienemissionsmarkt, Frankfurt 1992

Schultze-Osterloh, Joachim Unternehmensüberwachung und Prüfung des Jahresabschlusses durch den Aufsichtsrat, ZIP 1998, S. 2129 ff.

Schumacher, Frank Die Internationalisierung der Eigenkapitaltitel deutscher Aktiengesellschaften, Berlin 1992

Schumann, Günter Optionsanleihen, Köln 1990

Schuster, Stephan Neue Regeln für Übernahmen, Die Bank 1995, S. 609 ff.

Schuster, Stephan/Zschocke, Christian Übernahmerecht, Frankfurt 1998

Schwark, Eberhard Börsengesetz, 2. Auflage, München 1994

ders. Börsen und Wertpapierhandelsmärkte in der EG, WM 1997, S. 293 ff.

ders. Zur Haftung der Emissionsbank bei Aktienemissionen – börsen-, bilanz- und gesellschaftsrechtliche Aspekte, ZGR 1983, S. 162

Schwenkedel, Stefan Finanzierung von Management Buyouts durch Going Public-Optionsanleihen, Die Bank 1989, S. 604 ff.

Schwennicke, Andreas Die Dokumentation der Erfüllung von Verhaltenspflichten nach § 31 Abs. 2 WpHG durch die Bank, WM 1998, S. 1101 ff.

Schwintowski, Hans-Peter/Schäfer, Frank Bankrecht, Köln 1997

Securities and Exchange Commission The work of the SEC, Washington 1992

Sethe, Rolf Aufsichtsratsreform mit Lücken – Die Einbeziehung der Kommanditgesellschaft auf Aktien in die gegenwärtige Reformdiskussion, AG 1996, S. 289 ff.

Siebold, Michael/Wichert, Joachim Die KGaA als Rechtsform für die Profiabteilungen der Vereine der Fußball-Bundesligen, SpuRt 1998, S. 138 ff.

Siepe, Günter Kapitalisierungszinssatz und Unternehmensbewertung, WPg 1998, S. 325 ff.

Sigle, Walter Beiräte, NZG 1998, S. 619 ff.

Singhof, Bernd Die Außenhaftung von Emissionskonsorten für Aktienanlagen, Berlin 1998

Sittmann, Jörg W. Die Prospekthaftung nach dem Dritten Finanzmarktförderungsgesetz, NZG 1998, S. 490 ff.

Sivy, Michael Building a Better Bourse, Time vom 17. Mai 1997, S. 54

Smith, Clifford W. Alternative methods for raising capital: Rights versus underwritten offerings, JFE 1977, S. 273 ff.

ders. Investment banking and the capital acquisition process, JFE 1986, S. 3 ff.

Spegel, Hubert Beredete Stille, Wiwo vom 13. Mai 1999, S. 171 f.

Staudinger, J. (Hrsg.) Kommentar zum Bürgerlichen Gesetzbuch, 12. Auflage, Berlin 1986

Stengel, Arndt/Scholderer, Frank Aufklärungspflichten beim Beteiligungs- und Unternehmenskauf, NJW 1994, S. 158 ff.

Steiner, Dirk Die Vertretung der „kleinen“ Aktiengesellschaft durch den Aufsichtsrat, BB 1998, S. 1910 ff.

Steiner, Klaus Die Hauptversammlung der Aktiengesellschaft, München 1995

ders. Zulässigkeit der Begebung von Optionsrechten auf Aktien ohne Optionsschuldverschreibung (naked warrants), WM 1990, S. 1776 ff.

Steiner, Manfred/Wallmeier, Martin Unternehmensbewertung mit Discounted Cash Flow-Methoden und dem Economic Value Added Konzept, FB 1999, S. 1 ff.

Steininger, Uwe H. An die amerikanische Börse gehen?, FAZ vom 21. April 1998, S. B 8

Steuer, Stephan/Baur, Georg Erwerbsgeschäfte im Grenzbereich bedeutender Beteiligungen nach dem Wertpapierhandelsgesetz, WM 1996, S. 1477 ff.

Süßmann, Rainer Insiderhandel – Erfahrungen aus der Sicht des Bundesaufsichtsamts für den Wertpapierhandel, AG 1997, S. 63 ff.

ders. Wertpapier-Verkaufsprospektgesetz und Verkaufsprospektverordnung, EuZW 1991, S. 210 ff.

Technau, Konstantin Rechtsfragen bei der Gestaltung von Übernahmeverträgen („Underwriting Agreements“) im Zusammenhang mit Aktienemissionen, AG 1998, S. 445 ff.

Thiel, Jochen Bilanzielle und steuerrechtliche Behandlung eigener Aktien nach der Neuregelung des Aktienerwerbs durch das KonTraG, DB 1998, S. 1583 ff.

ders. Die Spaltung (Teilverschmelzung) im Umwandlungsgesetz und im Umwandlungssteuergesetz – neue Möglichkeiten zur erfolgsneutralen Umstrukturierung von Kapitalgesellschaften, DStR 1995, S. 237 ff., 276 ff.

Thoma, Georg Der neue Übernahmekodex der Börsensachverständigenkommission, ZIP 1996, S. 1725 ff.

Thümmel, Roderich C. Aufsichtsräte in der Pflicht? – Die Aufsichtsratshaftung gewinnt Konturen, DB 1999, S. 885 ff.

ders. Persönliche Haftung von Managern und Aufsichtsräten, 2. Auflage, Stuttgart 1998

Timm, Wolfram Hauptversammlungskompetenzen und Aktionärsrechte in der Konzernspitze, AG 1980, S. 172 ff.

Timm, Wolfram/Schöne, Torsten Zwingende gesamtschuldnerische Haftung der Mitglieder eines Übernahmekonsortiums?, ZGR 1994, S. 113 ff.

Tipke, Klaus/Kruse, Heinrich Wilhelm Abgabenordnung/Finanzgerichtsordnung, Köln, April 1997

Tippach, Stefan Das Insider-Handelsverbot und die besonderen Rechtspflichten der Banken, Köln 1995

ders. Marktdaten im künftigen Insiderrecht, WM 1993, S. 1269

Trapp, Christoph Erleichterter Bezugsrechtsausschluß nach § 185 III 4 AktG und Greenshoe, AG 1997, S. 115 ff.

Trittel, Andreas Belegschaftsaktiengesellschaften und Sociedades Anónimas Laborales, Frankfurt 1995

Trobitz, Hans Flexible Mittelbeschaffung nach dem Börsengang, BZ vom 24. Juni 1995, S. 20

Übernahmekommission Anmerkungen zum Übernahmekodex der Börsensachverständigenkommission, S. 9

Vogler Matthias/Gundert, Martin Einführung von Risikomanageentsystemen, DB 1998, S. 2377 ff.

Volk, Gerrit (Hrsg.) Going Public, Stuttgart 1996

Vollmer, Lothar Der Genußschein – ein Instrument für mittelständische Unternehmen zur Eigenkapitalbeschaffung an der Börse, ZGR 1983, S. 445 ff.

Vollmer, Lothar/Grupp, Alexander Der Schutz der Aktionäre beim Börseneintritt und Austritt, ZGR 1995, S. 459 ff.

Vollmer, Lothar/May, Peter Börsenzugang für kleine und mittlere Unternehmen, Stuttgart 1989

Wacker, Roland Zur Einbringung von Mitunternehmeranteilen in eine Kapitalgesellschaft nach § 20 UmwStG, BB 1996, S. 2224 ff.

Wadewitz, Sabine Bahn frei für Aktienrückkäufe, BZ vom 31. Oktober 1998, S. 4

Wagner, Klaus-R. Führungskräftebeteiligungsmodelle: Bausteine unternehmerischer Führung auch außerhalb von Shareholder Value, NZG 1998, S. 127 ff.

Waldeck, Werner M./Süßmann, Rainer Die Anwendung des Wertpapier-Verkaufsprospektgesetzes, WM 1993, S. 361 ff.

Walpert, Klaus Zur Steuerneutralität der nicht-verhältniswahrenden

Abspaltung von einer Kapitalgesellschaft auf Kapitalgesellschaften, DStR 1998, S. 361 ff.

Wassermeyer, Franz Besteuerung des ausländischen Unternehmenserwerbs durch Anteilstausch (unechte Fusion) und Einbringung von Unternehmensanteilen, DStR 1992, S. 57 ff.

Wastl, Ulrich Erwerb eigener Aktien nach dem Referentenentwurf zur Änderung des AktG und des HGB, DB 1997, S. 461 ff.

Weisgerber, Thomas Der Übernahmekodex in der Praxis, ZHR 1997, S. 421 ff.

Weiß, Daniel Aktienoptionsprogramme nach dem KonTraG, WM 1999, S. 353 ff.

Werder, Axel von Shareholder Value-Ansatz als (einzige) Richtschnur des Vorstandshandelns, ZGR 1998, S. 69 ff.

Westerfehlhaus, Herwartt Stärkere Kooperation von Aufsichtsrat und Abschlußprüfer, DB 1998, S. 2078 f.

Wiedemann, Herbert Gesellschaftsrecht, München 1980

Wiese, Götz Tobias Die steuerliche Behandlung des Aktienrückkaufs im Lichte des BMF-Schreibens vom 2. 12. 1998, DStR 1999, S. 187 ff.

ders. KonTraG: Erwerb eigener Aktien und Handel in eigenen Aktien, DB 1998, S. 609 ff.

ders. Steuerliche Überlegungen im Rahmen von Börsengängen, M&A Review 10/98, S. 412 ff.

Wieselhuber, Norbert & Partner Börseneinführung mit Erfolg, München 1996

Wilhelm, Christiane Die Registrierungs- und Publizitätspflichten bei der Emission und dem Handel von Wertpapieren auf dem US-amerikanischen Kapitalmarkt, WPg 1998, S. 364 ff.

Witt, Carl-Heinz Vorschlag für eine Zusammenfügung der §§ 21 ff. WpHG und des § 20 AktG zu einem einzigen Regelungskomplex, AG 1998, S. 171 ff.

Wlotzke, Otfried Arbeitsrechtliche Aspekte des neuen Umwandlungsrechts, DB 1995, S. 40 ff.

Wölk, Armin Ad hoc-Publizität – Erfahrungen aus der Sicht des Bundesaufsichtsamts für den Wertpapierhandel, AG 1997, S. 73 ff.

Wolf, Martin Konzerneingangsschutz bei Übernahmeangeboten, AG 1998, S. 212 ff.

Zacharias, Erwin Börseneinführung mittelständischer Unternehmen, Bielefeld 1998

Zeidler, Finn Aktienoptionspläne – nicht nur für Führungskräfte – im Lichte neuester Rechtsprechung, NZG 1998, S. 78 ff.

Zeise, Lucas BAKred anerkennt den Neuen Markt, BöZ vom 14. Mai 1997

Ziemons, Hildegard/Jaeger, Carsten Treuepflichten bei der Veräußerung einer Beteiligung an einer Aktiengesellschaft, AG 1996, S. 358

Zimmer, Lutz Die Ausgabe von Optionsrechten an Mitglieder des Aufsichtsrats und externe Berater, DB 1999, S. 999 ff.
(o.V.) Aktien Online, Going Public 12/98, S. 84 f.
(o.V.) BASF bleiben an der Hamburger Börse notiert, BöZ vom 16. März 1995
(o.V.) BASF: Die Kursmakler scherzen, BöZ vom 27. Januar 1995
(o.V.) BASF kehrt Regionalbörsen den Rücken – Konzentration des Handels auf Frankfurt, BöZ vom 2. Dezember 1994
(o.V.) BASF will Notierung in Regionen einstellen, HB vom 2. Dezember 1994
(o.V.) Börse Stuttgart mit Plattform für Wagniskapital, BZ vom 31. Oktober 1998, S. 4
(o.V.) Das Schreiben der BASF zum Verzicht auf Börsenzulassung, BöZ vom 3. Dezember 1994
(o.V.) Der Neue Markt wird international, FAZ vom 29. 4. 1999, S. 25
(o.V.) Der Vorschlag 1997 einer Takeover-Richtlinie, ZIP 1997, S. 2172 ff.
(o.V.) Die Aktionäre äußerten deutliche Kritik an der Kreuzverflechtung mit Massa, HB v. 29. 8. 1988, S. 12
(o.V.) Die BASF wendet sich von den Regionalbörsen ab, FAZ vom 2. Dezember 1994
(o.V.) Die Präsentation als Erfolgsfaktor für den Börsengang, Blick durch die Wirtschaft, 27. März 1998, S. 1 f.
(o.V.) Erste Schlappe für Xetra, BöZ vom 4. September 1998, S. 1
(o.V.) Fusionsgespräche der Börsen Hannover und Hamburg, FAZ vom 10. April 1999, S. 25 f.
(o.V.) Greenshoe, Going Public 3/98, S. 28
(o.V.) Hauptversammlung für Surfer, HB vom 28. April 1997, S. 19
(o.V.) Hickhack um BASF-Notierung an Bayerischer Börse, SZ vom 4. Februar 1995
(o.V.) In diesem Jahr kommen 80 bis 100 Unternehmen an die Börse, FAZ vom 23. Januar 1999, S. 25 f.
(o.V.) Internationales Interesse, v&m Juli 1999, S. 26 ff.
(o.V.) Kartellamt falsche Adresse im BASF-Streit, BöZ vom 3. Februar 1995
(o.V.) Keeping it Secret, European Counsel, May 1997, S. 17
(o.V.) Kling, Jelko, Dr. Dehmel Wertpapierdienstleistungs AG, Verkaufsprospekt und Unternehmensbericht, Frankfurt 1998
(o.V.) Kursmakler: Bedenken gegen BASF-Rückzug, FAZ vom 26. Januar 1995
(o.V.) Makler gehen zum Kartellamt – BASF-Rückzug diskriminierend, BöZ vom 25. Januar 1995
(o.V.) Neuer Markt bleibt auf dem Frankfurter Parkett, BöZ vom 4. September 1998, S. 3

(o.V.) Schert Bayerns Börse im Fall BASF aus, BöZ vom 16. März 1995

(o.V.) Über Optionsschein-Verkäufe von eigenen Kursgewinnen profitieren, FAZ vom 16. Mai 1998, S. 23

(o.V.) Wachstumsfinanzierung, Impulse Spezial, Nr. 8 1997, S. 3 f.

(o.V.) Wall Street – Enttäuschende Bilanz, Spiegel vom 24. August 1998, S. 77

(o.V.) Weitere Betreuer für kleinere Dax-Werte, FAZ vom 12. August 1998, S. 23

(o.V.) Zuteilung darf keine „Black Box“ mehr sein, Going Public 1/98, S. 20 ff.

§ 1 Einleitung

Obwohl Deutschland nach New York, und London bezogen auf den Umsatz den drittgrößten Aktienmarkt der Welt besitzt, liegt die Börsenkapitalisierung deutscher Unternehmen in Relation zum nominalen Bruttoinlandsprodukt mit 51 Prozent[1] erheblich unter den Vergleichswerten anderer Staaten. Auch die absolute Marktkapitalisierung sowie die Anzahl der notierten Gesellschaften liegen in Deutschland jeweils deutlich unter der anderer Industriestaaten. Dementsprechend niedrig, zumindest im Vergleich mit Märkten wie den USA oder Großbritannien, ist auch die Zahl der Unternehmen, die den Gang an die Börse wagen. So haben noch 1997 in Deutschland ganze 37 Unternehmen erstmals eine Börsennotierung beantragt, in den USA dagegen 619 und in Großbritannien 242.[2] 1

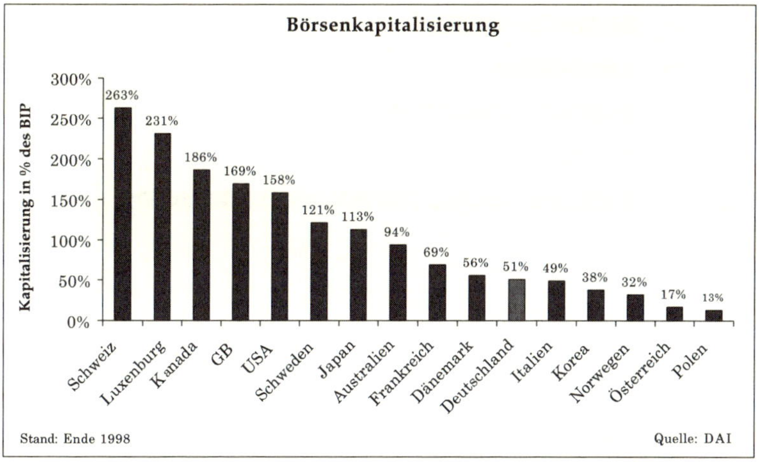

Die im internationalen Vergleich niedrige Zahl börsennotierter Gesellschaften zeigt, daß nur ein Bruchteil der Wirtschaft die Börse als Quelle von Eigenkapital nutzt, der Rest sich statt dessen mehr auf andere Finanzierungsformen konzentriert. Logische Konsequenz dieses Verzichts ist die im internationalen Vergleich relativ geringe Eigenkapitalquote deutscher Unternehmen. Zum anderen wird besonders Privatinvestoren, die sich herkömmlicherweise in erster Linie für die ihnen 2

[1] Der entsprechende Vorjahreswert lag allerdings noch bei 31 Prozent.
[2] *B. Rödl/T. Zinser*, Going Public, S. 12.

mehr „vertrauten" heimischen Werte interessieren, ein eher beschränktes Angebot börsennotierter Werte unterbreitet.[3]

3 Dabei darf aber nicht verkannt werden, daß in den letzten Jahren deutliche Bewegung in den deutschen Neuemissionsmarkt gekommen ist und trotz zwischenzeitlicher Kursabschwächungen des Gesamtmarktes und darüber hinausgehender Kurseinbrüche einzelner Werte alles dafür spricht, daß sich diese Dynamisierung fortsetzt oder gar beschleunigt. Dies wird besonders in dem dramatischen Anstieg der Zahl der Emissionen in den Jahren 1997 bis 1999 deutlich, wohingegen das betragsmäßig besonders hohe Emissionsvolumen des Jahres 1996 in erster Linie auf die Privatisierung der Deutsche Telekom AG zurückzuführen ist.

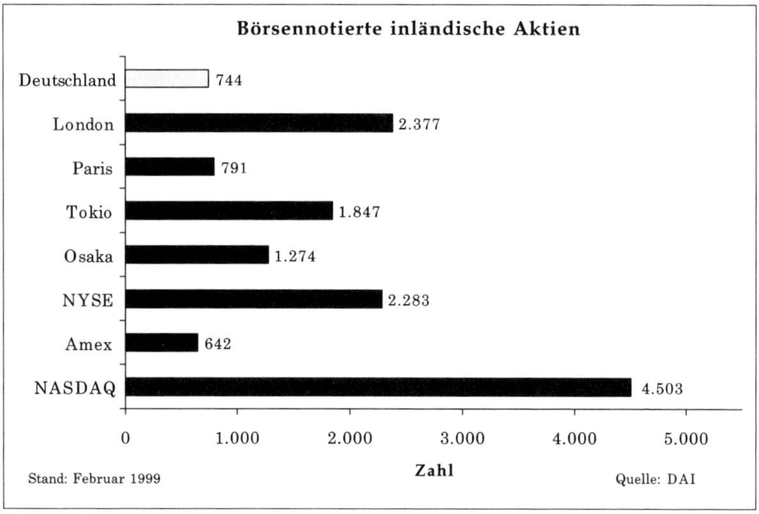

4 Letztendlich ist die Börseneinführung der Deutsche Telekom AG, in deren Rahmen Ende 1996 Aktien in einem Volumen von über DM 17 Mrd. national und international plaziert wurden, aber auch mitverantwortlich für die Trendwende am deutschen Aktienprimärmarkt. Die Emission stellte (und stellt) nach deutschen Maßstäben nämlich nicht nur ein Rekordvolumen dar, sondern wurde in angelsächsischer Manier in einem Maß von Public-Relations-Aktionen begleitet, das in Deutschland bis dahin unbekannt war und in der breiten Öffentlichkeit ein sehr viel höheres Interesse an dem Anlageinstrument Aktie weckte als vorhergehende Privatisierungen oder andere Plazierungen. Gleich-

[3] *R. von Rosen*, Chancengemeinschaft – Deutschland braucht die Aktie, S. 65, nach dem dieses beschränkte Angebot auch darin resultiert, daß die Aktie als Anlageinstrument nur eingeschränkte Bedeutung genießt.

zeitig hat diese Emission, aber auch die gestiegene Bedeutung des Finanzplatzes Frankfurt sowie des Wirtschaftsstandorts Deutschland deutsche Werte stärker in das Interesse ausländischer privater wie institutioneller Anleger gerückt.

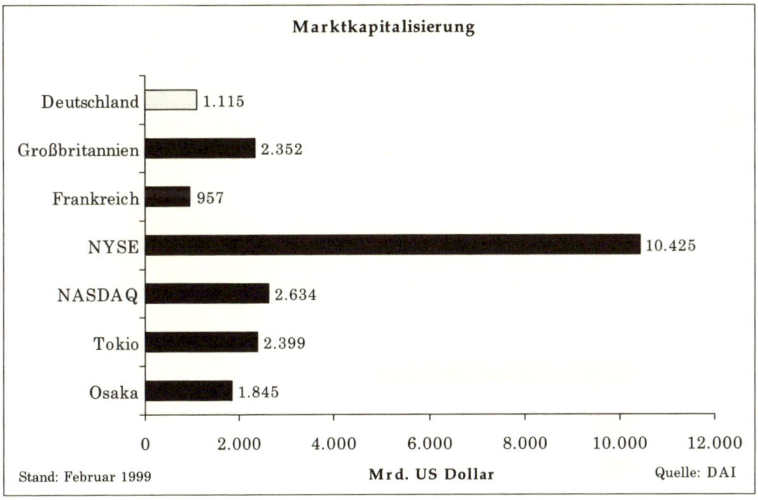

5 Von maßgeblicher Bedeutung für die geradezu explosionsartig gestiegene Attraktivität der Aktie in der Gunst von Anlegern wie Emittenten aber ist der Erfolg des Neuen Marktes, wobei sich dieser Erfolg auch auf andere Segmente auswirkt und damit in seinem Einfluß deutlich über das hinausgeht, was rein zahlenmäßig vermittelt werden kann. Während auch das 1987 neu geschaffene Börsensegment „Geregelter Markt" nicht wesentlich dazu beigetragen hat, den Zugang mittelständischer Unternehmen zur Börse zu forcieren,[4] wurde mit dem Neuen Markt die Möglichkeit, Unternehmen über die Plazierung von Aktien zu finanzieren, deutlich ausgeweitet. Der in volks- wie in betriebswirtschaftlicher Hinsicht wesentliche Faktor hierbei ist, daß nunmehr die Börse nicht mehr nur für etablierte Unternehmen offensteht, deren Eigner die Börse häufig in erster Linie dazu nutzen, einen Teil ihres im Unternehmen gebundenen Vermögens zu realisieren.

6 Vielmehr können sich heute auch in Deutschland sehr junge Unter-

[4] Rein zahlenmäßig betrachtet ist der Geregelte Markt dieser Zielsetzung mit zeitweise über 50 Prozent der Neuemissionen als Primärmarkt zwar auf den ersten Blick durchaus gerecht geworden. Seine Funktionsfähigkeit als Sekundärmarkt aber ist aufgrund der oftmals eingeschränkten Liquidität zumindest bislang suboptimal, was sich möglicherweise durch die eingeleitete Einbeziehung in das Konzepts des „Designated Sponsor" (vgl. hierzu § 11 VI. 3.f. Designated Sponsor) künftig etwas verbessern könnte.

nehmen Wachstumskapital über die Börse beschaffen, was zur Folge hat, daß das Durchschnittsalter der Unternehmen, die den Gang an die Börse antreten, dramatisch sinken und – hoffentlich – in Kürze die Vergleichswerte von Börsen in den USA und Großbritannien erreichen wird.[5] Betrachtet man betriebswirtschaftliche Kennziffern wie Umsatzerlöse und Umsatzrenditen, so zeigt sich zumindest bei einem Teil der Neuemissionen, daß diese Werte aufweisen, die vor Etablierung des Neuen Marktes eine Börseneinführung allenfalls im Freiverkehr ermöglicht hätten. Dort wären sie aber auf deutlich weniger Interesse gestoßen, was wiederum entsprechende Folgen für den erzielbaren Emissionspreis gehabt hätte.[6]

Börseneinführungen inländischer Gesellschaften (1986 - 1997)

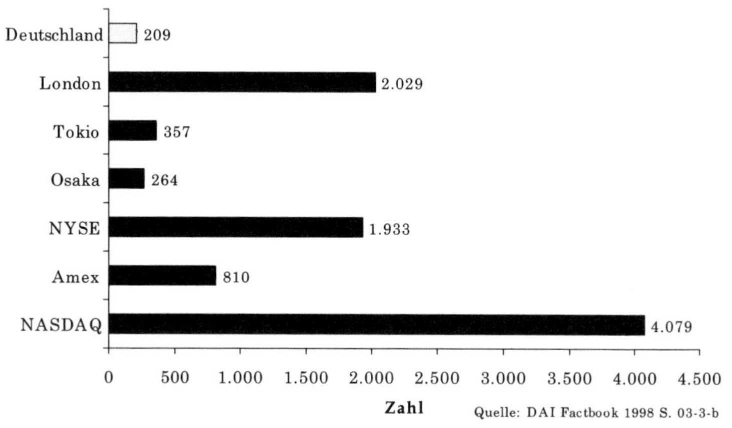

7 Dabei ist nicht zu verkennen, daß diese Entwicklung am Neuen Markt teilweise irrationale Züge im Sinne von regelmäßig zig-facher Überzeichnung und oftmals nur schwer nachvollziehbaren und kaum rational begründbaren Börsenbewertungen aufweist. Diese werden auf

[5] So bestanden die zwischen 1993 und 1995 im Amtlichen Handel und Geregelten Markt eingeführten Unternehmen im Durchschnitt bereits 41 Jahre. Demgegenüber waren englische Unternehmen bei ihrem Börsengang durchschnittlich acht, US-amerikanische Gesellschaften 14 Jahre alt. *B. Rödl/T. Zinser*, Going Public, S. 12f. Nach *Deutsche Morgan Grenfell*, IPHORIA – Rocketing into a New Age, S. 7 (Erscheinungszeitpunkt: Spätherbst 1998) war das Durchschnittsalter deutscher IPOs mittlerweile auf 22 Jahre gesunken.

[6] Die rasante Entwicklung im Bereich der Börseneinführungen ist aber kein rein deutsches Phänomen. Vielmehr gab es auch in anderen europäischen Staaten einen deutlichen Anstieg an IPOs, der ebenfalls von jungen Unternehmen dominiert wurde.

der Seite manches euphorischen Anlegers noch herbe Enttäuschungen mit sich bringen. Wäre ein Einbruch tief, breit und nachhaltig genug, so bestünde durchaus die Gefahr, daß dieser das grundsätzliche Interesse gerade privater Investoren an Aktien nachhaltig beeinträchtigen würde. Hiervon wäre der Neue Markt schon infolge der teilweise extrem hohen KGV's mit Sicherheit in besonderem Maße betroffen.

Entscheidend aber ist, daß der Neue Markt sich durchgesetzt hat **8**
und daher längst als etabliert gelten kann. Der Trend der Öffnung der Börse für junge Unternehmen wird sich daher mehr oder minder stark fortsetzen und – natürlich im Rahmen der jeweiligen Zulassungsvoraussetzungen – auch andere Börsensegmente erfassen. Im Ergebnis heißt dies, daß infolge des gestiegenen Interesses der Investoren in Zukunft auch verstärkt junge Gesellschaften, die nicht zu Wachstums- oder High Tech-Branchen gehören und damit ein wesentliches, künftig sicher mit höherer Rigorosität als in den Anfangsjahren des Neuen Marktes durchgesetztes Zulassungskriterium dieses Marktsegments nicht erfüllen, Eigenkapital über die Börse aufnehmen können. Ob und wieweit tatsächlich auch die Aufnahme von Seed Capital an der Börse möglich sein wird, bleibt abzuwarten.[7]

---

[7] Dies bezweckt ein neuer Ansatz der Stuttgarter Wertpapierbörse, wo im Sommer 1998 der sogenannte Markt für Wagniskapital eröffnet wurde. Dieser bildet kein weiteres Marktsegment innerhalb der Börse. Die Aktien werden vielmehr – zumindest zum Teil – mit Unterstützung einer Tochter der Baden-Württembergischen Wertpapierbörse, der SBS Wagniskapital GmbH & Co. plaziert und dann im Telefonverkehr gehandelt. Besonders interessant ist dabei, daß die tbg Technologiebeteiligungsgesellschaft GmbH, eine Tochtergesellschaft der Deutschen Ausgleichsbank, grundsätzlich bereit ist, junge Unternehmen hierbei zu unterstützen, und deshalb die SBS Wagniskapital GmbH & Co. KG statt eines Lead Investors bei einer Finanzierung im Rahmen des BTU-Programms akzeptiert. D. h., daß ein Unternehmen von der tbg zum einen Risikokapital in Form einer Stillen Beteiligung erhalten kann. Zum anderen werden bis zu 50 Prozent der Investitionen der Ersterwerber, d. h. die Hälfte des Emissionspreises gegen den Konkurs der Gesellschaft abgesichert. Sollte sich dieses Konzept, das erstmals im Sommer 1999 bei der SHUTTLEsoft AG, Bad Camberg – wenngleich nicht im Telefonhandel, sondern gleich im Freiverkehr – direkt angewandt wurde, durchsetzen, hätte dies wirklich revolutionäre und weltweit einmalige Implikationen, geht es doch im Ergebnis um die partielle Versicherung von Investitionen in Aktien, die an öffentlichen Kapitalmärkten gehandelt werden. Hierdurch würde sich auch eine Finanzierungsmöglichkeit etablieren, die VC-Gesellschaften aufgrund günstigerer Konditionen und geringerer Mitspracheansprüche massive Konkurrenz bereiten kann. Einzuräumen ist freilich, daß die Einbeziehung von VC-Gesellschaften gerade in den Bereichen Management-Unterstützung und Networking unverzichtbare Vorteile für viele junge Gesellschaften bieten kann.

Festzustellen ist aber auch, daß die Finanzierung von Unternehmen bei und unmittelbar nach Gründung auch in den USA immer noch in erster Linie die Domäne von Venture Capital Gesellschaften und Business Angels ist, was u. a.

9 Zusammenfassend ist festzustellen, daß die skizzierten Entwicklungen zu einer Verbesserung der Risikokapitalversorgung der mittelständischen Wirtschaft durch Erhöhung des Kapitalangebots und Senkung der Kapitalbeschaffungskosten geführt haben, ganz wie es insbesondere mit dem Zweiten und dem Dritten Finanzmarktförderungsgesetz bezweckt wurde. In diesem Zusammenhang ist nicht zu verkennen, daß der Gesetzgeber in den letzten Jahren einen wesentlichen Beitrag für die Verbesserung der Rahmenbedingungen der Finanzierung über die Börse geschaffen hat. Hierzu gehören neben diversen Änderungen des

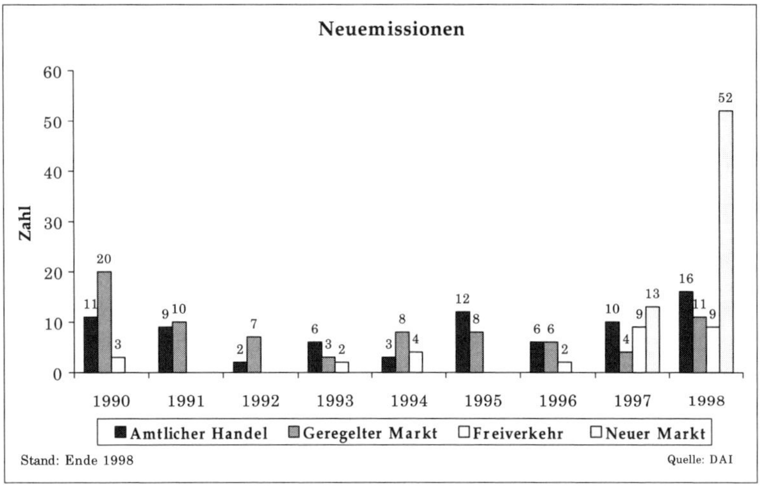

Börsengesetzes insbesondere Erleichterungen für kleine Aktiengesellschaften und Umwandlungen in börsenfähige Rechtsformen sowie die Novellierung von Prospekt- und Anlageberatungshaftung, vor allem hinsichtlich der Verjährungsfristen. Mit der Reform der Wertpapierhandelsaufsicht durch das Zweite Finanzmarktförderungsgesetz wurde das Bundesaufsichtsamt für Wertpapierhandel als zentrale Marktaufsichtsbehörde errichtet und mit der Überwachung der Wohlverhaltensregeln, der Ad-hoc-Publizität, der Veröffentlichungspflichten bei der Veränderung wesentlicher Beteiligungen sowie der Einhaltung der Insiderverbote betraut. Gerade der Ausbau des Insiderrechts ist für die Akzeptanz des Finanzplatzes Deutschland auf internationaler Ebene von maßgeblicher Bedeutung. Dieser profitiert auch von den umfangreichen Deregulierungsmaßnahmen des Dritten Finanzmarktförderungsgesetzes, der

den Vorzug der stärkeren Professionalisierung der Unternehmensführung im Vorfeld der Öffnung gegenüber einer oftmals sehr viel „unbarmherzigeren" Öffentlichkeit hat.

Einführung der Stückaktie, dem Kapitalaufnahmeerleichterungsgesetz sowie den durch das KonTraG[8] eingeführten Änderungen.

In jedem Fall ist die Öffnung und Flexibilisierung des deutschen Kapitalmarkts, wie sie in der skizzierten Entwicklung der letzten Jahre zutage tritt, unter allen Blickwinkeln und uneingeschränkt zu begrüßen. Unternehmen werden durch einen „erleichterten" Börsengang oftmals erst in die Lage versetzt, Aktivitäten und Investitionen zu finanzieren, auf die sie sonst verzichten müßten, so daß von Emittentenseite ein anhaltendes Interesse am Börsengang zu unterstellen ist. Dies gilt nicht nur für Unternehmen, die zur Befriedigung ihres Finanzbedarfs eigene Aktien ausgeben. Vielmehr führt die endlich auch in Deutschland stärkere Gewichtung des Shareholder Value verstärkt zu einer Restrukturierung von Konzernen mit der Folge einer Fokussierung auf Kernbereiche. Die hieraus resultierenden Verkäufe von Randbereichen werden zum Teil eben auch über die Börse vollzogen und mehren so die Zahl der Börsenkandidaten, deren Zahl für die nächsten Jahre auf über 1000 geschätzt wird. Allein im Jahr 1999 sollen mehr als 130 Unternehmen neu an deutschen Börsen notiert werden, davon mindestens 70 am Neuen Markt.[9] **10**

Die Konsequenzen für Arbeitslosenquote und Volkswirtschaft sind offensichtlich, werden in ihrem Potential aber erst durch einen Blick auf die USA deutlich. Dort befinden sich circa drei Viertel der neu entstehenden Arbeitsplätze in Unternehmen, die erst vor kurzem an die Börse gegangen sind.[10] Den Mitarbeitern börsennotierter Unternehmen kommt zudem eine erweiterte Palette verfügbarer Mitarbeiterbeteiligungsmodelle zugute, von der nach angelsächsischem Vorbild mit zunehmender Begeisterung Gebrauch gemacht wird. Die hinter den Gesellschaften und ihren Aktivitäten stehenden Unternehmer profitieren von der höheren oder zumindest leichter zu erreichenden Liquidität ihrer Investitionen und den augenscheinlich sagenhaften Gewinnchancen. Für die Anleger eröffneten sich mit dieser Entwicklung völlig neue Branchen[11] mit einem sehr viel akzentuierteren Chancen-/Risikoprofil. Wie begierig Anlagealter- **11**

---

[8] „Gesetz zur Kontolle und Transparenz im Unternehmensbereich". Das KonTraG wurde vom Deutschen Bundestag am 5. März 1998 verabschiedet. Nach der Zustimmung durch den Bundesrat am 27. März 1998 ist das Gesetz im Mai 1998 in Kraft getreten.

[9] *Gold-Zack/Gontard & MetallBank* (Hrsg.), Aktien-Leitfaden Neuer Markt 1999, 7, wohingegen andere noch von etwas niedrigeren Zahlen ausgehen. Vgl. *o. V.*, In diesem Jahr kommen 80 bis 100 Unternehmen an die Börse, FAZ vom 23. Januar 1999, S. 25 f.

[10] *L. Späth* in *B. Niquet*, Das Ende des Kapitalmangels, S. 10.

[11] Während der Maschinenbau, der Konsum/Einzelhandel sowie der Baubereich die dominierenden IPO-Sektoren der Jahre 1983 bis 1996 waren, treten nunmehr zu den traditionellen Branchen wie Automobile, Maschinenbau oder Chemie neue Sektoren wie Hard- und Software, Telekommunikation, Dienstleistungen, Biotechnologie sowie Unterhaltung und Freizeit hinzu.

nativen vor dem Hintergrund historisch niedriger Zinsen für Fremdkapital und ebenfalls niedriger Dividendenrenditen aufgegriffen werden, wird schon durch die hohen Überzeichnungsquoten und Kurssteigerungen unmittelbar nach Notierungsaufnahme deutlich.[12]

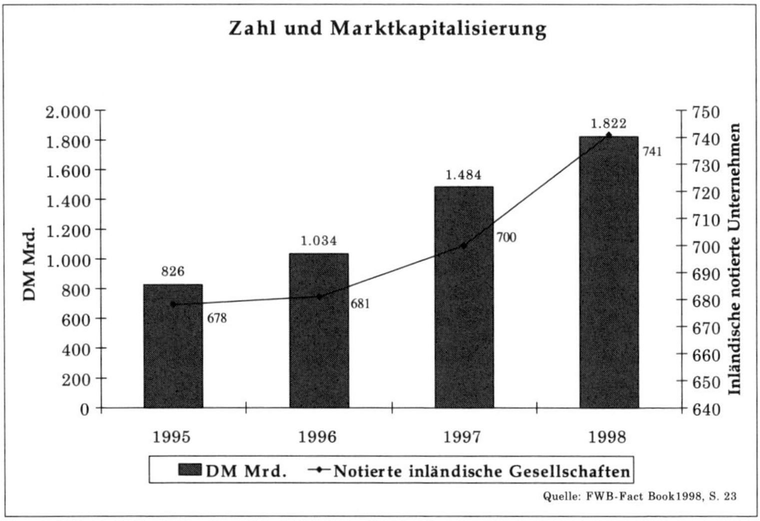

12 Für ein anhaltendes oder gar steigendes Interesse am Anlageinstrument Aktie auf seiten der Investoren und damit für die weiterhin bestehende Verfügbarkeit von Kapital spricht neben der begrenzten Attraktivität anderer Investitionsmöglichkeiten und der ohnehin bestehenden Notwendigkeit der Diversifikation vor allem, daß in den nächsten Jahren erhebliche Vermögen vererbt werden. Auf seiten der Erben ist ein deutlich größeres Interesse an den derzeit an die Börse strebenden High-Tech-Unternehmen sowie eine eher höhere Risikobereitschaft zu vermuten als bei den Erblassern. Im übrigen gewinnt die Aktie auch im Rahmen der Altersvorsorge zunehmend an Bedeutung, sei es über die direkte Anlage privater Investoren, sei es durch die Investition von Pensionsfonds etc., die ebenfalls verstärkt in Aktien investieren. Dies erfolgt nicht zuletzt vor dem Hintergrund der empirisch gesicherten Erkenntnis, daß Aktien in ihrer langfristigen Rendite deutlich über der von festverzinslichen Wertpapieren liegen.

13 Der Prozeß der Börseneinführung zeichnet sich durch einen hohen Grad an Komplexität aus, der durch die im Ergebnis positiv zu beurteilenden Veränderungen der Rechtslage und die zunehmende Internationalisierung der Kapitalmärkte eher wächst denn schrumpft.

---

[12] Vgl. hierzu *Deutsche Morgan Grenfell*, IPHORIA – Rocketing into a New Age, S. 6.

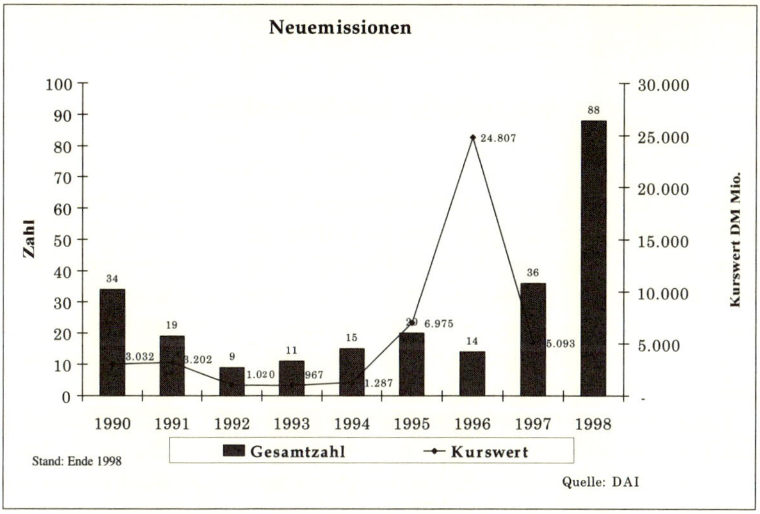

Dementsprechend hoch sind die Anforderungen, die an alle involvierten Parteien einer Börseneinführung als Voraussetzung für deren Erfolg gestellt werden. Dies gilt naturgemäß in besonderem Maße für das Unternehmen und dessen Eigner, die ohnehin im Brennpunkt des Interesses stehen. Für das Unternehmen selbst ist eine Börseneinführung mit andauernden Konsequenzen verbunden, die teilweise bereits bei der Strukturierung des Börsengangs mitbedacht werden müssen. Vor diesem Hintergrund sind in der folgenden Darstellung neben den rechtlichen Voraussetzungen und Rahmenbedingungen einer Börseneinführung nicht nur die praktischen Erfolgsfaktoren zu behandeln, sondern eben auch die nachwirkenden Verpflichtungen und Folgen der Öffnung gegenüber dem Anlegerpublikum. 14

§ 2 Vorteile und Bedenken

1 Die Veränderung der wirtschaftlichen und (börsen-)rechtlichen Rahmenbedingungen ermöglicht einem wachsenden Kreis von Unternehmen und damit auch deren Eigentümern, von den Vorteilen einer Börseneinführung zu profitieren. Hiermit ist bereits angedeutet, daß die Vorteile zum einen dem Unternehmen selbst und zum anderen dessen Gesellschaftern zukommen können, wobei die Gesellschafter zusätzlich indirekt auch von den Vorteilen des Unternehmens profitieren.

2 Dabei wird nicht verkannt, daß die Öffnung des Unternehmens durch einen Börsengang auch mit Nachteilen verbunden ist, welche wiederum eine Vielzahl von Anteilseignern und Gesellschaftern davon abhalten, sich näher mit diesen Überlegungen zu beschäftigen. Dies ist in Anbetracht der Komplexität eines Börsengangs und der hiermit verbundenen Auswirkungen zwar verständlich, aber schon deshalb bedauerlich, weil sich bei einer sauberen Analyse bestehender Einwände und einer klaren, schrittweisen Identifikation tatsächlicher Problemstellungen regelmäßig Lösungen finden lassen, die die Nutzung der Vorteile eines Börsengangs bei einer Minimierung hiermit verbundener Nachteile ermöglichen. Grundvoraussetzung hierfür wie auch für die Optimierung der Finanzierungsstruktur des Unternehmens ist immer die offene, detaillierte und faire Auseinandersetzung mit den jeweiligen individuellen Gegebenheiten des Unternehmens und den spezifischen Interessen aller Gesellschafter.

I. Vorteile

3 Wenn im folgenden im wesentlichen auf die Auswirkungen der Börseneinführung auf Unternehmens- und Eignerebene eingegangen wird, so dürfen die Vorteile auf volkswirtschaftlicher Ebene nicht gänzlich unerwähnt bleiben. Dabei ist zu berücksichtigen, daß der Erfolg der deutschen Wirtschaft maßgeblich von mittelständischen Unternehmen mit geprägt wird. Gleichzeitig sind besonders die größeren und großen dieser Unternehmen in der Aufrechterhaltung des Wettbewerbs ein bedeutsames Gegengewicht gegenüber finanzkräftigen Großkonzernen. Die Börse ist gerade für mittelständische Unternehmen neben der „Anlehnung" – dies steht oftmals beschönigend für Verkauf – an einen regelmäßig größeren Partner die bedeutsamste Alternative, wenn durch die existierenden Gesellschafter nicht mehr in ausreichendem Maße Ei-

genkapital zur Gewährleistung der Lebens- und/oder Wettbewerbsfähigkeit und die Wahrnehmung von Expansionschancen eingebracht werden kann.[1] Die Börse leistet damit einen wesentlichen Beitrag bei der Entwicklung eines Unternehmens in seiner Eigenständigkeit als Wettbewerber und damit bei der Bekämpfung übermäßig wettbewerbsbeschränkender Strukturen.

1. Aspekte der Finanzierung

Im Mittelpunkt der Überlegungen im Vorfeld einer Börseneinfüh- 4
rung steht regelmäßig die Verbreiterung der Eigenkapital- und Liquiditätsbasis der Gesellschaft bzw. ihrer Gesellschafter. Nahezu jedes wachsende Unternehmen kommt in seiner Entwicklung in ein Stadium, wo der weitere Ausbau und die hiermit verbundene Wahrnehmung von Chancen ohne externe Mittel nicht mehr machbar ist, die Gesellschafter diese aber nicht mehr erbringen können oder wollen. Insbesondere bei mittelständischen Familiengesellschaften mit wenigen Gesellschaftern und entsprechend hohen Anteilen ergeben sich häufig Probleme bei der Selbstfinanzierung, wenn der überwiegende Teil der persönlichen Vermögen in das Unternehmen investiert ist und die Anteilseigner oder auch nur einzelne von ihnen schon deshalb auf relativ hohe Ausschüttungen zur Finanzierung ihres Lebensunterhalts angewiesen sind. Dabei ist auch zu berücksichtigen, daß aufgrund der wachsenden Kapitalintensität die Kosten pro Arbeitsplatz sowie die hiermit verbundenen Investitionen kontinuierlich steigen, gleichzeitig aber gerade deutsche Unternehmen eine im weltweiten Vergleich relativ niedrige Eigenkapitalquote[2] aufweisen und damit die Möglichkeiten der Fremdfinanzierung in Anbetracht des steigenden Risikos für potentielle Kreditgeber eingeschränkt sind. Wählt man hier infolge des Kapitalmangels den Verzicht auf sich bietende Markt- oder Entwicklungschancen, so ist dies

---

[1] Vgl. hierzu *W. Schürmann/K. Körfgen*, Familienunternehmen auf dem Weg zur Börse, S. 83ff.

[2] Zu den Ursachen für die vergleichsweise niedrige Eigenkapitalquote gehört weniger eine besonders hohe Entnahmefreudigkeit deutscher Anteilseigner als die relativ hohen Kosten am Standort Deutschland, sinkende Gewinnmargen infolge hohen Wettbewerbsdrucks und vor allem die Steuerbelastungen, die die Bildung von Eigenkapital erschweren. Thesaurierte Gewinne deutscher Kapitalgesellschaften unterliegen neben der Körperschaftsteuer von 40 Prozent zuzüglich des Solidaritätszuschlags auch der Gewerbeertragssteuer, wohingegen die entsprechende Steuerbelastung von Unternehmen in anderen Industriestaaten deutlich niedriger liegt. Vgl. hierzu *D. Jeschke* in *B. Hennerkes/R. Kirchdörfer*, Unternehmenshandbuch Familiengesellschaften, S. 463. Gleichzeitig sind die Möglichkeiten kleiner und mittelgroßer Unternehmen zur Transferierung von Gewinnen in Niedrigsteuerländer deutlich eingeschränkter als die internationaler Konzerne.

mittel- bis langfristig gesehen regelmäßig die teuerste aller Alternativen und in Krisenzeiten darüber hinaus mit einer besonderen Anfälligkeit und Gefahr für die Lebensfähigkeit des Unternehmens verbunden.

5 Neben der unmittelbaren Kapitalzufuhr beim Börsengang bieten sich dem Unternehmen als Folge auch verbesserte weitere Finanzierungsmöglichkeiten. So ist die spätere Beschaffung von zusätzlichem Eigenkapital durch eine Kapitalerhöhung[3] im Regelfall unproblematisch und schnell durchzuführen. Gleichzeitig bieten sich notierten Unternehmen weitere Finanzinstrumente wie Options- und Wandelanleihen, die anderen Gesellschaften nicht zur Verfügung stehen oder – wie z. B. Genußscheine[4] oder Anleihen – infolge eines niedrigeren Bekanntheitsgrades schwieriger plazierbar sind und deshalb von diesen sehr viel seltener emittiert werden. Die Erhöhung der Eigenkapitalbasis wiederum führt über die höhere Eigenkapitalquote und das mit der Börseneinführung verbesserte Standing zu einer Erweiterung der Fremdfinanzierungsmöglichkeiten. Darüber hinaus besteht im Einzelfall die Chance, daß die Emissionsbanken in der Krise eines notierten Unternehmens auch eine erhöhte Verantwortlichkeit im Kreditbereich empfinden und eher und in stärkerem Umfang zu Forderungsverzichten oder anderen Unterstützungsmaßnahmen wie Eigenkapitalzufuhr bereit sind[5].

6 Abgesehen von der Möglichkeit, über die Börseneinführung den laufenden Kapitalbedarf eines Unternehmens zu decken und Investitionen zu finanzieren, kann eine notierte Gesellschaft Anteile auch sehr viel leichter zur Finanzierung von Unternehmensakquisitionen durch einen Anteilstausch einsetzen. Diese Finanzierungsalternative, mit der gerade in Zeiten hoher Börsenkurse die Liquidität geschont und unter Erzielung eines hohen Agios attraktive Finanzierungskosten erzielt werden können, hat bislang gerade in angelsächsischen Ländern noch eine sehr viel höhere Bedeutung als in Deutschland, wo sie aber infolge der geänderten Aktienkultur und besonders der jüngst geänderten BGH-Rechtsprechung zur Kapitalerhöhung unter Ausschluß des Bezugsrechts der Altaktionäre[6] aber zunehmen wird.

---

[3] Vgl. hierzu § 9 VI. 4. Schaffung der zu emittierenden Aktien.

[4] Vgl. hierzu *L. Vollmer,* Der Genußschein – ein Instrument für mittelständische Unternehmen zur Eigenkapitalbeschaffung an der Börse, ZGR 1983, S. 445 ff.

[5] *D. Jeschke* in *B. Hennerkes/R. Kirchdörfer,* Unternehmenshandbuch Familiengesellschaften, S. 464 f. Dieser Aspekt sollte aber nicht überbetont werden, insbesondere da unabhängig von einer Hausbankbeziehung oder Krediteinräumung in Anbetracht andersgelagerter Kompetenzen verstärkt dritte (Investment-)Banken in die Konsortialführung oder das Emissionskonsortium aufgenommen werden.

[6] Vgl. hierzu § 9 VI. 4. c) Bezugsrecht.

Gleichzeitig resultiert aus der Börsennotierung ein Ausgleich der divergierenden Interessen von Kapitalgebern und Gesellschaft hinsichtlich der Dauer der Kapitalbindung und der spiegelbildlichen Verfügbarkeit des Kapitals. Während die Gesellschaft auf langfristiges Kapital angewiesen ist, bevorzugen Investoren regelmäßig eine kurze und flexible Anlagedauer – ein Wunsch, der durch die jederzeitige und leichte Veräußerbarkeit der fungiblen Anteile realisiert wird, die aber die Kapitalbasis des Unternehmens unberührt läßt. 7

Neben dem Finanzierungsvorteil auf Unternehmensebene stehen die Möglichkeiten, den Emissionserlös – ganz oder teilweise – den Altgesellschaftern zufließen zu lassen und so „Kasse zu machen", d. h. eine Wertsteigerung und damit die Früchte der Arbeit der Vergangenheit zu realisieren. Den Gesellschaftern, die gerade während der Aufbauphase eines Unternehmens oftmals nicht nur ihr gesamtes Vermögen in dieses investieren, sondern darüber hinaus auch noch persönlich für dessen Verbindlichkeiten haften, bietet sich mit dem Börsengang die Möglichkeit der Vermögensdiversifizierung und der Beendigung der persönlichen Haftung. Gleichzeitig ist die Aufrechterhaltung des Einflusses der Altgesellschafter sehr viel leichter durchsetzbar als bei Aufnahme eines industriellen Partners oder einer Beteiligungsgesellschaft, da diese die Verfolgung strategischer Interessen bezwecken oder zumindest versuchen, durch Mitsprache-, Kontroll- und Informationsrechte ihr Investment abzusichern und möglichst hohe Renditen zu erzielen. 8

Wenn Kostenvorteile und die Möglichkeit der Ablösung teurer Fremdfinanzierungen als Vorteile des Börsengangs genannt werden,[7] ist indes Zurückhaltung geboten. Richtig ist zwar, daß – gerade in Zeiten hoher Börsenkurse – für das Unternehmen durch eine Emission eine besonders niedrige Dividendenrendite und damit günstige Finanzierungskosten durchgesetzt werden können. Im Gegensatz zu Zinsen für Fremdkapital sind Dividenden für das Unternehmen aber nicht absetzbar, was den Vorteil deutlich relativiert oder gar in einen Nachteil wandelt. Viel gravierender ist aber auf der Ebene der Anteilseigner, daß diese aufgrund des Verwässerungseffekts bei Kapitalerhöhungen nunmehr nicht nur die laufenden Erträge des Unternehmens mit Dritten teilen müssen, sondern vielmehr auch an einer Wertsteigerung der Anteile nicht mehr in gleichem Maße teilhaben. Diese (Opportunitäts-)Kosten sind um so höher, desto erfolgreicher die Gesellschaft ist. 9

---

[7] *A. Löhr*, Börsengang junger Wachstumsunternehmen, BöZ vom 10. März 1998, S. 30.

2. Standing und Bekanntheitsgrad

10 Die mit Börsengang und -notierung verbundene Publizität und Berichterstattung führt zu einem höheren Bekanntheitsgrad und einem verbesserten Standing bei Abnehmern und Lieferanten wie auch sonstigen Kooperationspartnern, das sich in vielfältiger Weise nutzen läßt. So genießen börsennotierte Unternehmen zunächst einmal – de facto als Vorabbonus – das Image von Solidität und damit einen gewissen Vertrauensvorschuß. Die bessere Reputation führt häufig zur Gewährung günstigerer Einkaufskonditionen, gleichzeitig bieten sich neben anderen Geschäftsmöglichkeiten auch auf der Marketingseite Möglichkeiten, die Visibilität und den höheren Bekanntheitsgrad zu nutzen.

11 Da die Bonität eines börsennotierten Unternehmens, die gerade für Banken und andere langfristig orientierte Kooperationspartner von besonderer Bedeutung ist, aufgrund der höheren Publizität und dem für eine Börseneinführung bestehenden Erfordernis der Transparenz leichter unter Risikoaspekten geprüft werden kann, sind diese oftmals schon deshalb präferierte Kooperationspartner mit größerer Kreditwürdigkeit.

3. Personal

12 Insbesondere bei der Gewinnung des Topmanagements genießt das börsennotierte Unternehmen deutliche Vorteile, da die Position des Vorstands nicht nur mit einer höheren Reputation wie Geschäftsführungspositionen in vergleichbaren Unternehmen verbunden wird, sondern auch mit größeren unternehmerischen Freiräumen ausgestattet ist. So führt der Vorstand die Gesellschaft in eigener Verantwortung und ist, obwohl er der Kontrolle des Aufsichtsrats unterliegt, rechtlich nicht an Weisungen des Aufsichtsrats, der Hauptversammlung oder einzelner Aktionäre gebunden. Dabei resultiert weder aus dem aktienrechtlichen Minderheitenschutz noch – zumindest im Regelfall – aus einer eventuellen Genehmigungspflicht der Geschäfte des Vorstands durch den Aufsichtsrat eine wesentliche Einschränkung unternehmerischer Freiräume.[8] Sowohl Reputation als auch unternehmerische Gestaltungsspielräume sind Vorzüge, die bei einem Börsengang natürlich nicht nur dem Fremdmanagement, sondern auch einem Geschäftsführergesellschafter selbst zugute kommen.

13 Die Attraktivität nicht nur des Unternehmens selbst, sondern auch seiner Rechtsform, wird insbesondere dann bedeutsam, wenn die Inhaber das Management nicht mehr in der erforderlichen Qualität aus den eigenen Reihen besetzen können, was gerade bei der Mehrzahl der Fa-

[8] *F. Christians* in *F. Christians* (Hrsg.), Finanzierungshandbuch, S. 525, 540 ff.

miliengesellschaften irgendwann einmal in ihrer Entwicklung vorkommt.[9] Die Gewinnung hochqualifizierten Führungspersonals ist dann auch davon abhängig, daß diesem vermittelt werden kann, daß es sich in seiner Geschäftsführung hierauf konzentrieren kann und nicht Spielball streitender Familienstämme wird. Die hiermit angesprochene Trennung von Kapital und Management spielt bei entsprechender Konstellation der Gesellschafterverhältnisse für manches Unternehmen in seiner Überlebensfähigkeit eine nicht zu unterschätzende Rolle[10] und bringt regelmäßig auch eine Versachlichung der innerfamiliären Beziehungen durch die zwingenden Zuständigkeitsregeln des AktG mit sich. Gleichzeitig üben außenstehende Aktionäre, Wirtschaftspresse, Öffentlichkeit und Kursentwicklung einen positiven Zwang zur Optimierung der Führung der Geschäfte des Unternehmens und dem Austausch schwacher Manager aus.[11]

Wie die Erfahrung zeigt, ist die Rechtsform der AG und eine Börsen- 14
notierung aber auch für das sonstige Personal mit höherer Attraktivität und Identifikation verbunden. Wesentlicher Aspekt ist auch, daß eine börsennotierte AG Mitarbeiterbeteiligungsmodelle ermöglicht,[12] die für Topmanagement und Mitarbeiter aufgrund einer regelmäßig höheren Hebelwirkung, besseren Liquidität und größeren Transparenz – die aktuelle Bewertung läßt sich täglich den Medien entnehmen – deutlich attraktiver sind und einen höheren Motivationsgrad aufweisen als herkömmliche Strukturen.

4. Liquidität und Fungibilität

Die Trennung von Kapital und Management verbunden mit der höhe- 15
ren Liquidität von Unternehmen und/oder Eigentümern nach einer Börseneinführung erleichtert auch die Erbregelung und Vermögensplanung der Anteilseigner. Die Fungibilität der Aktie ermöglicht – einen einigermaßen liquiden Markt unterstellt – eine unproblematische Umsetzung von Erbfolge- und Güterrechtsregelungen sowie eine dosierte, kursschonende und Kursschwankungen ausnutzende Veräußerung von Anteilen zur Sicherung des Lebensunterhalts und Zahlung von Abfindungen oder Steuern. Im Falle der Veräußerung von stimmrechtslosen Vorzugsaktien bleibt die Abgabe ohne Einfluß auf die Machtverhältnisse, was beim Verkauf von Stammaktien nur bei breiter Streuung und relativ beschränkten

---

[9] *W. Schürmann/K. Körfgen*, Familienunternehmen auf dem Weg zur Börse, S. 102.

[10] Vgl. hierzu auch *A. Carls*, Das Going-Public-Geschäft deutscher Banken, S. 18.

[11] *W. Schürmann/K. Körfgen*, Familienunternehmen auf dem Weg zur Börse, S. 106.

[12] Vgl. hierzu § 18 Mitarbeiterbeteiligung.

Mengen der Fall ist.[13] Die tägliche Börsennotiz erlaubt eine hohe Transparenz beim persönlichen Asset Management der Eigentümer.

II. Bedenken und Nachteile

16 Trotz der vorgenannten Vorteile steht eine große Zahl an sich börsenreifer Unternehmen einem Börsengang reserviert gegenüber, wobei die Vorbehalte gerade bei Familienunternehmen oftmals zumindest zum Teil auf reinen Vorurteilen und einer fehlenden klaren Auseinandersetzung mit den tatsächlich bestehenden Einwänden basieren, regelmäßig aber tief verwurzelt sind.

1. Publizität

17 Dabei steht neben dem Aspekt höherer Publizität bei und nach Börseneinführung[14] durch Prospektpflicht, Geschäftsbericht, Hauptversammlung und Ad-hoc-Publizität vor allem die Befürchtung des Verlustes von Einfluß im Vordergrund der Bedenken. Insbesondere lang etablierte Familienunternehmen haben ein großes Interesse an der Vermeidung einer Veröffentlichung ihrer Finanzzahlen und anderer Unternehmensinterna und tendieren hier zu einer völligen Abschottung. Dies hat neben rein emotionalen, oftmals auch auf einer bestimmten Erziehung basierenden Gründen in manchen Industrien durchaus eine handfeste Berechtigung.[15] In erfolgreichen Unternehmen verhindert eine zurückhaltende Informationsstrategie auch übermäßige, am Erfolg des Betriebes orientierte Begehrlichkeiten der Belegschaft.[16] Letztendlich stellen die für und durch Börseneinführung und Börsennotierung bestehenden Publizitätserfordernisse aber spätestens seit dem Inkrafttreten des Bilanzrichtliniengesetzes[17] am 19. Dezember 1985 zumindest keinen gravierenden Nachteil als Folge einer Börseneinführung dar, da Kapitalge-

---

[13] *W. Schürmann/K. Körfgen*, Familienunternehmen auf dem Weg zur Börse, S. 106f.

[14] Vgl. hierzu § 13 Markteinführungspublizität.

[15] Hierzu gehören insbesondere Zulieferindustrien (z. B. Kfz-Zulieferindustrie), wo die Lieferanten eine Offenlegung ihrer Kostenstrukturen gegenüber ihren Abnehmern zu vermeiden suchen, was sich aber in manchen Branchen in letzter Zeit immer weniger durchsetzen läßt („Lopez-Effekt").

[16] Gleichzeitig wird so natürlich auch eine offene Kommunikation innerhalb des Unternehmens verhindert, die oftmals demotivierend wirkt und – gerade in Krisenzeiten – das zur Bewältigung der Probleme erforderliche Vertrauen fehlen läßt.

[17] BGBl. I 1985, S. 2355 ff.

sellschaften nunmehr unabhängig von der Rechtsform den gleichen Rechnungslegungs- und Publizitätsvorschriften unterliegen.[18]

Der Umfang der Publizitätspflichten ist regelmäßig von den Schwellenwerten des § 267 HGB abhängig, wobei aber Gesellschaften, deren Aktien an einer EU-Börse zum Amtlichen Handel oder Geregelten Markt zugelassen sind, nach § 267 III 2 HGB immer als „große Kapitalgesellschaft“ gelten und den entsprechenden strengen Rechnungslegungsvorschriften unterliegen. Da die Schwellenwerte zur großen Kapitalgesellschaft aber relativ niedrig sind,[19], unterliegen gerade von den etablierten, einen Börsengang erwägenden Gesellschaften die Mehrzahl ohnehin bereits den höheren Publizitätsanforderungen. Die Börseneinführung bringt für diese insoweit keine wesentlichen Nachteile mit sich, zumal Publizität durchaus als Chance zu sehen ist und die mit Börsengang und -notierung verbundene Öffentlichkeitswirkung dazu noch sehr kostengünstig ist.[20] Allerdings wird ein Unternehmen regelmäßig im Interesse der Preisoptimierung bei der Börseneinführung in deren Vorfeld – wie aber auch zur späteren Kurspflege – eine „Equity Story“ aufbauen, die wesentlich mehr und tiefere Informationen enthält, als sie nach den Publizitätspflichten offenbart werden müssen. 18

2. Einfluß

Demgegenüber hat die potentielle Einschränkung des Einflusses der Altgesellschafter durch Aufnahme fremder Aktionäre deutlich mehr Gewicht. Auch der Extremfall der Gefahr einer feindlichen Übernahme ist in diesem Zusammenhang zu sehen. Hierauf – wie auch auf die umfangreichen Möglichkeiten der Begrenzung des Einflusses – wird noch detailliert einzugehen sein. Hervorzuheben bleibt an dieser Stelle, daß eine notierte AG und ihre Organe eher mit Klagen opponierender Minderheitsgesellschafter überzogen wird als dies bei Gesellschaften der Fall 19

[18] Von den in Betracht kommenden Gesellschaftsformen genießen derzeit nur noch die GmbH & Co. KG Publizitätsprivilegien, da der deutsche Gesetzgeber mit der Umsetzung der von der EG nachträglich beschlossenen Einbeziehung dieser Rechtsform unter die Bilanzrichtlinie seit Jahren in Verzug ist. Dieses Privileg wird aber in absehbarer Zeit fallen, da die Bundesrepublik vor dem Europäischen Gerichtshof wegen der unzureichenden Sanktionen bei Verstößen gegen die Publizitätspflichten verklagt worden ist und erklärt hat, den entsprechenden Gesetzesentwurf kurzfristig vorzulegen. *M. Binz/M. Sorg* in *N. Wieselhuber*, Börseneinführung mit Erfolg, S. 21f.

[19] DM 21,24 Mio. Bilanzsumme nach Abzug eines auf der Aktivseite ausgewiesenen Fehlbetrages, DM 42,48 Mio. Umsatz, durchschnittlich 250 Arbeitnehmer, wobei eine große Kapitalgesellschaft vorliegt, wenn zwei der genannten drei Merkmale überschritten sind.

[20] *D. Jeschke* in *B. Hennerkes/R. Kirchdörfer*, Unternehmenshandbuch Familiengesellschaften, S. 467f.

ist, die nicht so im Lichte der Öffentlichkeit stehen. Selbst wenn solche Klagen im Einzelfall chancenlos sein sollten, sind sie für die Gesellschaft oftmals mit hohen Kosten und Zeitaufwand verbunden.[21]

20 In diesem Zusammenhang muß auch gesehen werden, daß außenstehende Aktionäre ihr Investment mit einer gewissen Erwartungshaltung eingehen und Erfolge sehen wollen. Dabei spielen kurzfristige Aspekte nach dem Börsengang eine sehr viel größere Rolle als vorher, was Gesellschaft und Management einem erhöhten Erfolgsdruck aussetzt und oftmals dazu führt, daß kurzfristige Erfolge auf Kosten der langfristigen Entwicklung verfolgt werden, vor allem wenn – wie zwingend im Neuen Markt – auf eine Quartalsberichterstattung übergegangen wird.

3. Mitbestimmung

21 Wie an anderer Stelle noch näher darzulegen sein wird, führt die Umwandlung in eine AG bzw. KGaA hinsichtlich der Mitbestimmung der Arbeitnehmer im Aufsichtsrat nach Einführung des „Gesetzes für kleine Aktiengesellschaften und zur Deregulierung des Aktienrechts" vom 2. August 1994 nur noch bei Personengesellschaften zu Veränderungen, soweit das börsennotierte Unternehmen mehr als 500[22] bzw. 2000 Arbeitnehmer[23] hat.

4. Kosten

22 Eine Börseneinführung ist mit einem hohen einmaligen Kostenblock verbunden.[24] Gleichzeitig führt sie schon infolge der Notwendigkeit einer Hauptversammlung mit einer Vielzahl von Teilnehmern und eines Aufsichtsrats unvermeidbar auch zu höheren laufenden Kosten und sonstigem Organisationsaufwand. Gerade die mit der Emission selbst verbundenen Kosten sind in ihrer absoluten wie in ihrer relativen Höhe zunächst einmal sicherlich erschreckend, müssen aber in Relation zum Eigenkapitalzufluß bei der Gesellschaft bzw. Verkaufserlös bei den Alteigentümern gesehen werden, die ansonsten regelmäßig auch nicht annähernd in dieser Höhe realisiert werden könnten.[25]

23 Auch die zeitlichen Belastungen für Mitarbeiter und Vorstand im

---

[21] Zur Aktionärsklage im deutschen Recht, vgl. *B. Großfeld/K. Brodnics*, Die Aktionärsklage – nun auch im deutschen Recht, JZ 1982, S. 589 ff.

[22] Dann greift die drittelparitätische Mitbestimmung nach dem BetrVG 1952.

[23] Dann greift die paritätische Mitbestimmung nach dem MitbestG 1976.

[24] Vgl. hierzu 10 IX. Einleitung.

[25] Außerdem sind die Emissionskosten bei entsprechender Strukturierung steuerlich abzugsfähig und wenigstens teilweise erfolgsabhängig. *D. Jeschke* in

Vorfeld wie auch nach einer Börseneinführung dürfen nicht unterschätzt werden. Wenn schon Umwandlung, Prospekterstellung, Gespräche mit Investmentbankern, Wirtschaftsprüfern, Steuerberatern, Rechtsanwälten, Public Relations- und sonstigen Beratern sehr viel Zeit erfordern, kann davon ausgegangen werden, daß in den Wochen vor und während der Plazierung ein Vorstandsmitglied von seinen übrigen Aufgaben nahezu vollständig freigestellt werden muß, um sich auf einer Road Show und auch anderen Gelegenheiten völlig auf den Verkauf der Aktie zu konzentrieren.

5. Steuern

Auf die Unterschiede und Gemeinsamkeiten in der steuerlichen Behandlung von AG/KGaA einerseits und anderen Gesellschaftsformen andererseits sowie die steuerlichen Konsequenzen für die Gesellschafter wird an anderer Stelle noch einzugehen sein. Hier verbleibt festzustellen, daß die Umwandlung in eine AG wie auch die anschließende Börseneinführung der Anteile im Falle der Übertragung durch Erbschaft oder Schenkung zu einer deutlichen erbschaftsteuerlichen Mehrbelastung auf der Ebene der Gesellschafter führt,[26] was einen unvermeidbaren Nachteil darstellt. Grundregel bei beabsichtigtem Börsengang und absehbarem Erbfall ist daher, wann immer möglich zunächst erst eine Übertragung der Gesellschaftsanteile im Wege der vorweggenommenen Erbfolge vorzunehmen und dann erst die Umwandlung und Börseneinführung durchzuführen.[27] **24**

III. Börseneinführung für Konzernunternehmen

Die vorgenannten Vor- und Nachteile spielen in der einen oder anderen Form und Ausprägung auch dann eine Rolle, wenn Konzernunternehmen oder Unternehmensteile teilweise oder ganz von der Gruppe gelöst und an der Börse eingeführt werden sollen. Wenngleich bislang nur wenige Unternehmen oder Unternehmensgruppen in Deutschland und im übrigen deutschsprachigen Raum Unternehmensbereiche ausgegliedert und diese oder bereits selbständige Tochterunternehmen an die Börse gebracht haben,[28] so ist in Anbetracht der mittlerweile auch **25**

B. Hennerkes/R. Kirchdörfer, Unternehmenshandbuch Familiengesellschaften, S. 468f.

[26] Vgl. hierzu § 5 VI. 4. Erbschaftsteuer.

[27] *M. Binz/M. Sorg* in *N. Wieselhuber*, Börseneinführung mit Erfolg, S. 22.

[28] Z. B. die Börseneinführungen der Babcock-BSH AG und der Balcke-Dürr AG durch die Deutsche Babcock AG, der SGL Carbon AG durch die Hoechst AG, der Leica Camera AG durch die schweizerische Leica AG, der SKW Trost-

hier stärkeren Gewichtung des Shareholder Value[29] und der hiermit verbundenen Konzentration auf das Kerngeschäft zu vermuten, daß in Zukunft häufiger Unternehmen aus deutschen Konzernen eine selbständige Börsennotierung beantragen werden.

26 In Abhängigkeit zur gewählten spezifischen Struktur gehört zu den möglichen Vorteilen der Börseneinführung von Tochtergesellschaften zum einen die Chance der Verbesserung deren Eigenkapitalquote ohne entsprechende finanzielle Belastungen der Muttergesellschaft.[30] Bei Aufrechterhaltung einer wenngleich verwässerten Beteiligung kann die Deckung des Eigenkapitalbedarfs in einer Unternehmensgruppe statt auf Konzernebene eigenständig dort erfolgen, wo dieser Bedarf besteht,[31] so daß die Muttergesellschaft durch den Spin Off von Tochtergesellschaften ihren Finanzhaushalt entlastet. Darüber hinaus werden die verbleibenden Anteile an Tochtergesellschaften fungibel, d. h., die Muttergesellschaft kann sie jederzeit zu Marktpreisen verkaufen oder aber auch die Beteiligung durch Zukauf wieder aufstocken. Da der Marktwert börsentäglich festgestellt und offengelegt wird, kann das Beteiligungsportefeuille transparent gemanagt und die Effizienz einzelner Geschäftsfelder besser nach außen hin sichtbar gemacht werden. Die Mutter kann sich auf ihr Kerngeschäft konzentrieren, während gerade innovative und stark wachsende Konzernteile mit hohem Investitionsbedarf wirtschaftlich verselbständigt werden. Alternativ zu einer Kapitalerhöhung der Tochtergesellschaft und die Plazierung neuer Aktien kann die Börseneinführung auch durch Verkauf von Aktien aus dem Besitz der Muttergesellschaft erfolgen, so daß der Emissionserlös dieser zugute kommt.

27 Aus Sicht der Investoren hat die Ausgliederung von Unternehmens- und Konzernteilen und deren selbständige Plazierung den Vorteil, daß diese das Portfolio, in das sie investieren, stärker selbst bestimmen können, als wenn sie Aktien eines Konzerns erwerben. Abgesehen davon, daß gerade bei stark diversifizierten Unternehmensgruppen die Dezentralisierung von Managementkompetenzen schon in Anbetracht der eigenen Gesetzmäßigkeiten der einzelnen Geschäftsfelder Sinn macht, kann durch Ausgliederungen überzeugend der Skepsis von Anlegern bezüglich der Effektivität von Konzernstrukturen und der Beherrschbarkeit großer Unternehmensgruppen begegnet werden. Im Ergebnis hat eine eigenständige Börsennotierung in Anbetracht der vorstehenden

---

berg AG durch die Viag AG oder die der Rolf Benz AG durch die Welle Holding.

[29] Vgl. hierzu auch *G. Volk* in *G. Volk* (Hrsg.), Going Public, S. 109, 116 ff.

[30] *B. Pellens*, Börseneinführung von Tochterunternehmen – Aktienmarktreaktionen auf die Performance des Muttergesellschaft, ZfbF 1993, S. 852, 855.

[31] *R. Schmitz*, Going Public von Tochtergesellschaften deutscher Konzerne, ZfdgK 1993, S. 842.

Faktoren regelmäßig auch eine Erhöhung der gesamten Börsenbewertung zur Folge, da der Börsenkurs von Industriekonglomeraten häufig einen sogenannten „Holding-Discount“ aufweist. Dieser ist häufig auch darauf zurückzuführen, daß große Konglomerate den Schwerpunkt ihre Aktivitäten oftmals (noch) in einer Basisindustrie haben, der vom Markt nur eine moderate Börsenbewertung zugebilligt wird. Technologisch innovative Konzernteile werden dagegen höher bewertet und können daher nach einer Börseneinführung zu niedrigeren Kosten Kapital aufnehmen als die Muttergesellschaft und so nach einem Spin Off ihr Wachstum dauerhaft und unabhängig von der finanziellen Situation der Muttergesellschaft selbst finanzieren.[32]

Für das Management einer Tochtergesellschaft, an der die Konzern- **28**
mutter nicht mehr alle Anteile hält, aber immer noch das Sagen hat,[33] resultiert aus der eigenen Börsennotierung nicht nur eine im Zweifelsfall besser dotierte Position, sondern auch eine höhere Selbständigkeit und höhere Visibilität, so daß auch eine nur partielle Lösung vom Konzernverbund bereits eine gestiegene Attraktivität für das Management mit entsprechenden Auswirkungen für die Besetzung vakanter Positionen zur Folge hat.[34] Die Eigenständigkeit der Gesellschaft wirkt sich zumeist auch positiv auf die Motivation der gesamten Belegschaft aus, insbesondere wenn diese über ein Mitarbeiterbeteiligungsprogramm nicht nur an der Muttergesellschaft, sondern an der Tochtergesellschaft, d. h. ihrem eigenen Arbeitgeber beteiligt sind, was eine sehr viel stärkere Hebel- und Motivationswirkung hat.

Vor dem Hintergrund der genannten Vorteile[35] wird die Börsenein- **29**
führung von Tochtergesellschaften, insbesondere wenn sie mit Kernbereichen der Unternehmensgruppe oder mit anderen Töchtern keine Synergieeffekte aufweisen können, eine wachsende Rolle spielen. Inwieweit mögliche Nachteile einer Abspaltung und eigenständigen Börseneinführung überwiegen und nach einer Interessenabwägung mit den verursachten Kosten, Publizitätserfordernissen und massiven Einschränkungen bei konzerninternen Aktivitäten, Lieferungen und Leistungen sowie Vermögensverschiebungen noch attraktiv erscheinen und insbesondere konzernstrategische Bedenken überwinden können[36] muß der Entscheidung im Einzelfall vorbehalten bleiben. Unabhängig hiervon muß die Gesellschaft, deren Börseneinführung geplant ist, nicht nur die Erfordernisse des angestrebten Börsensegments erfüllen, sondern auch

---

32 *M. Fütterer*, Spin-offs – Immenses Potential nutzen, v&m 6/1997, S. 52.

33 Vgl. hierzu § 3 I. 9. Gestaltungsformen zur Wahrung der Rechte der Altgesellschafter.

34 *R. Hennigs*, Die Börseneinführung von Tochtergesellschaften, S. 163.

35 Vgl. hierzu auch *G. Volk* in *G. Volk* (Hrsg.), Going Public, S. 109, 116 ff.

36 Zu Möglichkeiten der Sicherung des unternehmerischen Einflusses vgl. § 3 I. 9. Gestaltungsformen zur Wahrung der Rechte der Altgesellschafter.

„börsenreif" im eigentlichen Sinne sein. Hierzu gehört auch, daß die Tochtergesellschaft klare Organisationsstrukturen aufweist und über ein leistungsfähiges eigenes Berichtswesen verfügt. Für außenstehende Investoren muß klar erkennbar werden, daß hier Aufgaben und Kompetenzen strikt von denen der Muttergesellschaft getrennt sind und ein kompetentes eigenständiges Management besteht, das die komplexe Aufgabe der Verselbständigung bewältigen kann. Die Gesellschaft muß nach außen überzeugend die Bereitschaft zur Unternehmenstransparenz kommunizieren und die neu hinzukommenden Aktionäre als vollwertige Partner behandeln.

IV. Finanzierungsalternativen

30 Im Rahmen der Abwägung der vorgenannten Vor- und Nachteile einer Börseneinführung stellt sich immer die Frage nach den möglichen Handlungs- und Finanzierungsalternativen. Diese sind stark von der Ausgangssituation des Unternehmens selbst und davon abhängig, ob mit dem Börsengang oder der alternativen Maßnahme in erster Linie dem Unternehmen selbst Finanzmittel zufließen sollen oder aber seine Eigentümer „Kasse machen" wollen. Die Klärung der Frage „Was soll eigentlich erreicht werden?" im Interesse der Schaffung einer Basis für eine optimale Strategie findet in einem komplexen, oftmals emotionsgeladenen Umfeld divergierender Interessen von Unternehmen, gegebenenfalls einer Vielzahl von unternehmerisch tätigen und auch nicht tätigen Eigentümern und Unternehmensführung statt, das eine rein rationale Entscheidung oft unmöglich macht. Vor diesem Hintergrund ist die Einschaltung externer Berater, die von allen Beteiligten als kompetent, neutral oder zumindest objektiv akzeptiert werden, für eine „Preis–"Optimierung unerläßlich.

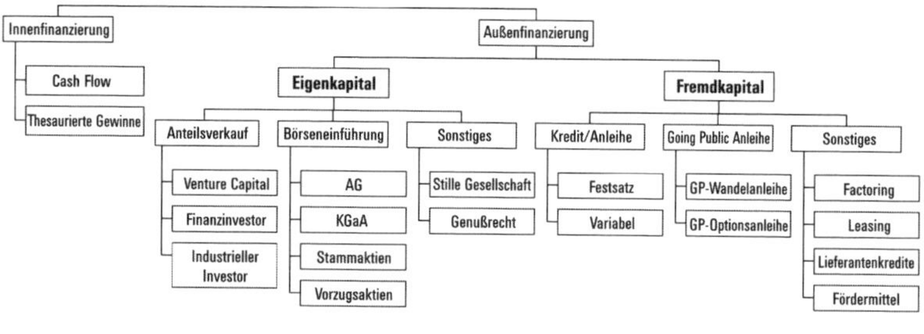

31 Optimierung beinhaltet hier regelmäßig ein sehr gewichtiges Zeitelement. So kann eine zu frühe Börseneinführung eines umsatz- und ertragsmäßig stark wachsenden Unternehmens, das seinen Kapitalbe-

darf noch für Monate oder gar Jahre durch eigene Gelder, den Cashflow, Kapitaleinschüsse von Alteigentümern oder aber im Rahmen bestehender Kreditlinien abdecken kann, der Maximierung des Emissionserlöses entgegenstehen. Da Investoren bei ihren Anlageerwägungen großen Wert auf künftiges Wachstum legen, ist demgegenüber aber auch ein zu langes Abwarten ertragsmindernd, ja geradezu verhängnisvoll, wenn es zu wachstumshemmenden oder gar existenzbedrohenden Liquiditätsengpässen führt. Wenngleich solche Schwierigkeiten bei jungen High-Tech-Wachstumsunternehmen noch eher als bei etablierten Gesellschaften auf Verständnis stoßen, ist hiermit in jedem Fall eine Schwächung der Verhandlungsposition verbunden.[37]

1. Entscheidungsparameter

Grundvoraussetzung für eine Optimierung des Einsatzes unterschiedlicher Finanzierungsinstrumente ist die detaillierte Kenntnis des Finanzbedarfs, und zwar nach Möglichkeit über Jahre hinaus. Bei der auf dieser Basis erfolgenden Beurteilung der einzelnen Finanzierungsalternativen stehen neben der Laufzeit, d. h. der Zeitdauer der Verfügbarkeit des Kapitals regelmäßig zwei Aspekte im Vordergrund der Betrachtungen, nämlich Preis und Einfluß. Beides darf keinesfalls nur kurzfristig betrachtet werden. Dies heißt auch, daß nicht nur auf die laufenden Kosten abgestellt wird, sondern auf die über die Dauer der Finanzierung anfallenden Gesamtkosten. Hierunter fallen unter Berücksichtigung des Shareholder Value-Gedankens[38] nicht nur die das Unternehmen, sondern auch die die Gesellschafter treffenden Kosten. Beim Vergleich von Eigenkapital und Fremdkapital darf deshalb nicht nur den steuerlich absetzbaren Zinszahlungen die zwar nicht steuerwirksame, regelmäßig aber doch sehr niedrige Dividendenrendite gegenüber gestellt werden. Viel entscheidender für die Eigner ist vielmehr der mit jeder Aufnahme weiterer Gesellschafter verbundene Verwässerungseffekt für ihren Gesellschaftsanteil, der zum Wegfall hoher späterer Ertragszuwächse führen und so aufgrund seiner Hebelwirkung Opportunitätskosten mit sich bringen kann, die die Kosten für Fremdkapital um ein Vielfaches übersteigen. 32

Gleichermaßen wäre es verfehlt, zur Verminderung des Verwässerungseffekts eine weitgehende Fremdfinanzierungsstrategie zu verfolgen und die Eigenkapitalquote deutlich unter 20 Prozent zu bringen. Dies mag – soweit diese Alternative überhaupt von den Banken und 33

---

[37] Zum Timing der Börseneinführung vgl. auch unten § 10 I. Emissionszeitpunkt.

[38] Zum Konzept des Shareholder Value vgl. *A. Rappaport*, Creating Shareholder Value, S. 1ff.

sonstigen Geldgebern des Unternehmens mitgetragen würde und damit tatsächlich auch alle zukunftsträchtigen Projekte und Strategien von ihrem Investitions- und Betriebskapitalbedarf abgedeckt werden können – insbesondere bei umsatz- und ertragsmäßig stark wachsenden Unternehmen zwar die kostengünstigste Alternative sein. Außerdem ist diese Finanzierungsart – sieht man von der Notwendigkeit der Überzeugung von Bankern vor Kreditvergabe, Stellung von Sicherheiten und Berücksichtigung deren Bedingungen sowie deren jährlicher Versorgung mit Informationen über die Geschäftsentwicklung einmal ab – mit keinem Einflußverlust oder ähnlichen Beschwernissen verbunden. Aber auch dies ist eine zu kurzfristige Betrachtungsweise, da mit der relativen Höhe der Fremdfinanzierung auch die Anfälligkeit des Unternehmens steigt und außer der Gefahr kostenträchtiger Verluste auf Gesellschafterseite für den Krisenfall auch erhöhten Fremdeinfluß mit sich bringt, sei es der Banken oder gar des Konkursverwalters.

2. Innenfinanzierung

34 Im gleichen Licht ist auch die Innenfinanzierung durch Thesaurierung von versteuerten wie unversteuerten[39] Gewinnen zu sehen.[40] Sie ist weder mit einer Veränderung der Machtverhältnisse im Gesellschafterkreis noch – abgesehen von der höheren Steuerlast auf thesaurierte Gewinne bei Kapitalgesellschaften – mit Kosten verbunden und deshalb als eine sehr schmerzlose Finanzierungsart anzusehen.

Gleichzeitig sind der Innenfinanzierung aber enge Grenzen gesetzt, so daß starkes und unvorhergesehenes Wachstum regelmäßig nicht auf diesem Wege finanziert werden kann. Können aber Entwicklungs- und Wachstumschancen infolge einer übermäßigen Fokussierung auf die Innenfinanzierung nicht wahrgenommen werden, handelt es sich „unter dem Strich" um eine sehr teure Finanzierungsalternative.

3. Fördermittel und Fremdkapital

35 Enge Grenzen bestehen regelmäßig auch bei den Möglichkeiten der Erlangung von Fördermitteln. Diese werden unternehmens- oder vorhabenbezogen von Institutionen wie der KfW, der tbg[41] oder landeseigenen Förderinstituten wie Bayernkapital in Form zinsgünstiger und langfristiger Kredite oder stiller Beteiligungen herausgelegt, meistens über

---

[39] Z. B. über steuerfreie Rücklagen oder Abschreibungen.

[40] Vgl. hierzu *K. Piltz* in *F. Christians* (Hrsg.), Finanzierungshandbuch, S. 627, 645 ff.

[41] Die tbg Technologiebeteiligungsgesellschaft GmbH ist eine Tochtergesellschaft der Deutschen Ausgleichsbank.

die Hausbanken der Unternehmen, wobei im Rahmen mancher Programme auch eine partielle Übernahme deren Ausfallrisikos erfolgt. Aufgrund der großen Vorteile solcher Finanzierungen sollten Unternehmen immer versuchen, die von den einzelnen Programmen eröffneten Möglichkeiten auszuschöpfen. Regelmäßig ist die Hausbank des Unternehmens der geeignete erste Kontaktpunkt zur Abklärung der hier bestehenden Möglichkeiten. Überprüft werden sollte auch die Chance, im Rahmen anderer Förderprogramme, z. B. auf EU-Ebene Finanzhilfen zu erhalten, möglicherweise auch in Form verlorener Zuschüsse.

Wenngleich erhältliche Fördermittel, insbesondere die in zurückzahl- **36**
barer Form, durchaus substantielle Größenordnungen erreichen können und in ihrer Bedeutung gerade bei jungen Unternehmen nicht unterschätzt werden dürfen, ist doch zu berücksichtigen, daß diese regelmäßig komplementäre Finanzierungen durch Lead-Investoren wie VC-Gesellschaften oder aber adäquate Bilanzrelationen voraussetzen. Insbesondere die regelmäßig bestehende Forderung einer angemessenen Eigenkapitalquote setzt neben den Begrenzungen der einzelnen Programme Grenzen für den Einsatz dieser Finanzierungskomponenten. In gleichem Maße begrenzen die Bilanzrelationen die Möglichkeiten rein kommerziell orientierter Fremdfinanzierung, deren Vorteile bereits vorstehend dargestellt wurden. Dies gilt nicht nur für Bankkredite, Anleihen, Schuldscheindarlehen, Genußrechte und -scheine, stille Beteiligungen etc., sondern auch für nicht bilanzwirksame Finanzierungsinstrumente wie Leasing oder auch Factoring. Das Erfordernis der Kreditwürdigkeit dürfte im Regelfall auch der Verwendung einer Going Public-Optionsanleihe entgegenstehen und eine wesentliche Ursache für die so seltene Verwendung dieses interessanten Finanzierungsinstruments darstellen.[42]

4. Unternehmensverkauf und Beteiligungskapital

Ergibt sich auf der Basis der vorstehenden Ausführungen die Not- **37**
wendigkeit der Zuführung von Eigenkapital oder wollen die Altgesellschafter durch einen (partiellen) Verkauf Kasse machen, so bietet sich neben einer Börseneinführung die Möglichkeit des Verkaufs an eine Beteiligungsgesellschaft oder an einen strategischen, d. h. industrienahen Investor, der über eine horizontale oder vertikale Verbindung Synergieeffekte abschöpfen kann. Welche der genannten Alternativen im Einzelfall am besten die gesteckten Ziele verwirklichen kann bzw. überhaupt anwendbar ist, bedarf der sorgfältigen Abwägung im Einzelfall.

---

42 Vgl. hierzu *S. Schwenkedel*, Finanzierung von Management Buyouts durch Going Public-Optionsanleihen, Die Bank 1989, S. 604 ff.; *A. Carls*, Das Going-Public-Geschäft deutscher Banken, S. 308 ff.

38 Ein wesentlicher hierbei zu berücksichtigender Aspekt ist der Umfang der Mitspracherechte, die die Alteigentümer Dritten bei der Abgabe von Gesellschaftsanteilen einräumen müssen. Dabei ist davon auszugehen, daß die Altgesellschafter und das Management beim Verkauf an einen industriellen Partner oder eine Beteiligungsgesellschaft deutlich mehr an Einfluß verlieren als im Falle eines – richtig strukturierten – Börsengangs. Gerade Beteiligungsgesellschaften lassen sich auch bei relativ geringen Beteiligungen zumindest in strategischen Fragestellungen umfangreiche Mitspracherechte in Form von Erlaubnisvorbehalten einräumen. Gleichzeitig werden regelmäßige Berichtspflichten eingeführt. Im Gegensatz zu einem industriellen Partner verzichten Beteiligungsgesellschaften regelmäßig auf die Einflußnahme im Rahmen des Tagesgeschäftes – zumindest solange dieses planmäßig läuft. Dafür bieten sich bei einer Anlehnung an einen industriellen Partner oftmals wertvolle Synergieeffekte. Nicht zu unterschätzen sind aber auch die Vorteile der Einbindung in das Netzwerk einer Beteiligungsgesellschaft.

39 In Hinblick auf den erzielbaren Preis ist der Börsengang derzeit zumindest dann unschlagbar, wenn die Voraussetzungen für die Zulassung am Neuen Markt gegeben sind, da im Regelfall weder industrielle Partner noch Beteiligungsgesellschaften gewillt sein dürften, die dort erzielbaren Preise zu bieten. In anderen Marktsegmenten ist im Einzelfall durchaus möglich, daß ein industrieller Partner in Anbetracht erhoffter Synergieeffekte einen Preis bietet, der die Erlöse aus einer alternativen Börsennotierung übertreffen würde. Demgegenüber dürfte eine Beteiligung durch eine Beteiligungsgesellschaft in preislicher Hinsicht regelmäßig weniger attraktiv sein.

§ 3 Rechtsform

1 Gesellschafter eines Unternehmens können ihre Gesellschaftsanteile nur dann über die Börse veräußern, wenn diese Anteile an der Börse zum Handel zugelassen oder in den Freiverkehr einbezogen sind. Demzufolge bedarf es auch der Börsenzulassung, wenn sich eine Gesellschaft durch eine Kapitalerhöhung und anschließende Plazierung liquider Anteile refinanzieren möchte, da die Erwerber erwarten, diese Beteiligung problemlos über die Börse wieder veräußern zu können. Nach §§ 36, 38 BörsG i. V. m. § 15 BörsZulV können nur frei handelbare Wertpapiere zum Amtlichen Handel und zum Geregelten Markt zugelassen werden. Dies gilt auch für den Freiverkehr. Grundvoraussetzung für die Börseneinführung deutscher Unternehmen an einer deutschen Wertpapierbörse ist daher, daß diese in der Rechtsform der AG oder KGaA geführt werden, da allein Gesellschaftsanteile in Form von Aktien frei handelbare Wertpapiere darstellen. Anteile an einer GmbH, OHG, KG oder sonstigen Gesellschaftsform erfüllen diese Voraussetzungen nicht.

2 Überlegungen wie die einer vom baden-württembergischen Wirtschaftsministerium geleiteten Arbeitsgruppe „Zweiter Börsenmarkt", Anteile von GmbHs und GmbH & Co KGs durch Zwischenschaltung eines sogenannten „Anlegervereins" handelbar zu machen, haben bisher nur ein geringes Echo gefunden und sich nicht durchgesetzt.[1]

3 Andererseits ist die Mehrzahl der deutschen Unternehmen nicht oder noch nicht in der Rechtsform der AG oder KGaA organisiert, da der Mittelstand diese Rechtsformen bislang schon wegen der besonderen Strenge des Aktienrechts, des hierauf basierenden Fehlens von Flexibilität sowie der damit verbundenen Kosten gemieden hat.[2] Hier wurden vom Gesetz für kleine Aktiengesellschaften[3] zwar erste Erleichterungen geschaffen,

---

[1] *B. Hennerkes/D. Jeschke* (in *N. Wieselhuber*, Börseneinführung mit Erfolg, S. 11) sprechen vom sogenannten Stuttgarter Modell. Vgl. *K. Schmidt*, Gesellschaftsrecht, S. 1108; *U. Seibert/D. Köster/R. Kiem*, Die kleine AG, S. 25 m. w. N.; *P. Hommelhoff*, Börsenhandel von GmbH- und KG-Anteilen, ZHR 1989, S. 181 ff.

[2] Vgl. *M. Lutter*, Das System der Kapitalgesellschaften, GmbHR 1990, S. 377 ff.

[3] Das Gesetz für kleine Aktiengesellschaften und zur Deregulierung des Aktienrechts vom 2. August 1994 (BGBl. 1994 I S. 1961) ist das Ergebnis eines bereits Jahre zuvor gefaßten Vorhabens zur Änderung des deutschen Kapitalgesellschaftsrechts, das auch in der Koalitionsvereinbarung zwischen CDU/CSU und FDP vom 16. Januar 1991 seinen Niederschlag gefunden hatte. Zum Gang des Gesetzgebungsverfahrens vgl. *U. Seibert/D. Köster/R. Kiem*, Die kleine AG, S. 21 m. w. N.

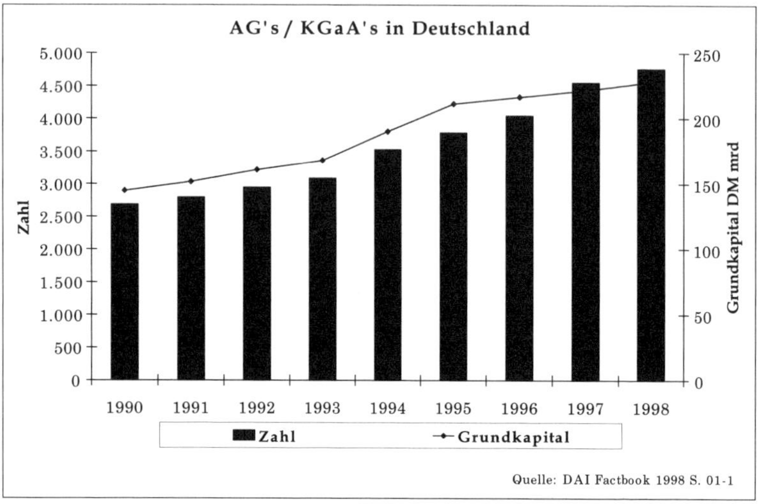

auch um diesen den Zugang zur Börse zu vereinfachen und so die im internationalen Vergleich niedrige Eigenkapitalausstattung der deutschen Unternehmen zu verbessern. Dies wurde auch mit einer gestiegenen Zahl von Gründungen von AGs und KGaAs quittiert.

4 Trotzdem wird in Deutschland nur eine verschwindend geringe Zahl der Kapitalgesellschaften in Form einer AG oder KGaA geführt, von denen wiederum nur ein knappes Drittel börsennotiert ist.

Durch das Gesetz wurde keine neue, gesonderte Rechtsform geschaffen. Ziel des Gesetzes ist vielmehr, vor allem kleineren Unternehmen die Wahl der Rechtsform einer AG oder KGaA durch ein Bündel von Deregulierungsmaßnahmen mit aufwandsbegrenzender Wirkung zu erleichtern, die aber auch für Großunternehmen von erheblicher Bedeutung sind. Der Begriff „kleine AG“ wird vom Gesetzgeber lediglich zur Veranschaulichung verwandt, er dient nicht der Abgrenzung in Hinblick auf bestimmte Umsatz- oder Ertragswerte, Bilanzssummen oder Mitarbeiterzahlen. Die sogenannte kleine AG unterscheidet sich nach der Intention des Gesetzgebers lediglich durch eine geringere Zahl von Aktionären und wird im Unterschied zur Publikumsaktiengesellschaft keine Börsenzulassung haben, ist somit eher personalistisch strukturiert.
Die Neuregelungen beinhalten aber auch Änderungen wie die Zulässigkeit der Einmann-AG für alle AGen unabhängig von ihrer mittelständischen Prägung (§§ 2, 36 II 2 AktG). Hierzu gehört auch die vereinfachte Form der Einberufung von Haupt- und Vollversammlung im Falle der Kenntnis des Namens aller Aktionäre, die Möglichkeit des Ausschlusses des Anspruchs der Aktionäre auf Einzelverbriefung der Aktien sowie der Wegfall der Einreichung des Gründungsprüfungsberichts an die Industrie- und Handelskammer bei Sachgründungen. Demgegenüber sind andere Regelungen, die z. B. die Beurkundung der Niederschrift der Hauptversammlung oder die Rücklagendotierung betreffen, von der Börsenzulassung abhängig. Vgl. hierzu *U. Seibert/D. Köster/R. Kiem*, Die kleine AG, S. 37ff; *K. von Schenk* in *G. Volk* (Hrsg.), Going Public, S. 101.

Demzufolge ist in Vorbereitung einer Börseneinführung in vielen Fällen zunächst einmal die Erfüllung der Anforderungen an die Rechtsform erforderlich, wofür sich je nach Ausgangslage mehrere Wege anbieten.[4] Für Eigner und Unternehmer bedeutet dies auch, daß sie sich mit den diesbezüglichen Voraussetzungen, den hieraus resultierenden Konsequenzen und insbesondere mit der organschaftlichen Verfassung der AG bzw. KGaA vertraut machen müssen. 5

I. AG

Nach § 1 I AktG ist die AG eine Gesellschaft mit eigener Rechtspersönlichkeit, für deren Verbindlichkeiten den Gläubigern nicht die Aktionäre, sondern ausschließlich das Gesellschaftsvermögen haftet.[5] Die AG ist – auch nach der Intention des Gesetzgebers – die geeignete Organisationsform für die Aufbringung hoher Kapitalbeträge durch die Bündelung der Einlagen einer Vielzahl von Gesellschaftern. Im Gegensatz zu anderen Gesellschaftsformen ist die Gesellschaftsform der AG nicht auf einen überschaubaren Gesellschafterkreis zugeschnitten, sondern auf eine weitgehend anonyme Masse von Aktionären, die nicht selbst im Unternehmen tätig sind und schon aufgrund der weitgehenden Abkoppelung und Verselbständigung der Geschäftsleitung, d. h. der strikten Trennung zwischen Eigentum und Management, eines besonderen Schutzes bedürfen. Die AG ist daher von einer sehr viel geringeren Flexibilität als andere Gesellschaftsformen geprägt. Das AktG ist in weiten Zügen zwingendes Recht und gibt so eine stark typisierte, in ihren satzungsmäßigen Grundlagen nicht abänderbare Unternehmensform vor.[6] 6

---

[4] Vgl. hierzu § 4 Rechtsformwechsel.

[5] Ausnahmen von diesem Haftungsausschluß bestehen z. B. im Falle eines besonderen Verpflichtungsgrundes wie Bürgschaften oder unerlaubter Handlungen, verbotener Leistungen, bei Schadensersatzpflichten, Beherrschungsverträgen und im faktischen Konzern. Zusammengefaßt kann man von den Gründen für die Verweigerung des Haftungsausschlusses sagen, daß „Mitglieder der Verbandsperson für die Schulden des Sondervermögens haften, wenn die Voraussetzungen für die vermögensmäßige Selbständigkeit nicht erfüllt sind oder die Haftungsbeschränkung zweckwidrig mißbraucht wird." *H. Wiedemann*, Gesellschaftsrecht Band I § 4 III 1. Vgl. *U. Hüffer*, AktG, § 1 Rdnrn. 8f. Nach dem Grundsatz der Subsidiarität der Durchgriffshaftung darf von dieser nur mit großer Zurückhaltung und nur dann Gebrauch gemacht werden, wenn ansonsten mit Treu und Glauben nicht vereinbare Ergebnisse erzielt würden. *H. Balser/G. Bokelmann/K. Piorreck*, Die Aktiengesellschaft, Rdnrn. 21f.

[6] *W. Schürmann/K. Körfgen*, Familienunternehmen auf dem Weg zur Börse, S. 126.

1. Satzung

7 Die Satzung, d. h. der Gesellschaftsvertrag der AG als vertragliche Basis der Gesellschaft wird bei Gründung der Gesellschaft unter notarieller Beurkundung festgestellt.[7] Sie regelt den inneren Aufbau der AG als Kooperation, wobei die Regelungen sich nach Entstehung der Gesellschaft vom Vertragswillen der Gründer lösen und nach einem Kauf von Aktien auch gegenüber neu hinzutretenden Aktionären gelten.[8] In Verkörperung der Regelungsstrenge des Aktienrechts kann die Satzung nach § 23 V AktG von den Vorschriften des AktG nur abweichen, wenn dies ausdrücklich zugelassen ist. Ergänzende Bestimmungen sind nur zulässig, wenn das Gesetz keine abschließende Regelung enthält.

Gemäß § 23 III AktG muß die Satzung mindestens den folgenden Inhalt haben:[9]

- die Firma und den Sitz[10] der Gesellschaft, wobei die Firma gemäß § 4 AktG in der Regel dem Gegenstand[11] des Unternehmens zu entnehmen ist und die Bezeichnung „Aktiengesellschaft" oder eine allgemein verständliche Abkürzung dieser Bezeichnung wie „AG" zu enthalten hat;
- den Gegenstand des Unternehmens, d. h. die Art der Geschäfte, die betrieben werden sollen, wobei die Bezeichnung nicht so unbestimmt sein darf, daß die AG möglicherweise alle Geschäfte betreiben kann und eine Überprüfung der Rechtmäßigkeit des spezifischen Unternehmensgegenstandes durch das Registergericht möglich wäre;
- die Höhe des Grundkapitals, wobei das Grundkapital nach § 7 AktG

---

[7] § 23 I AktG.

[8] *U. Hüffer*, AktG, § 23 Rdnr. 7.

[9] Zur Rechtsfolge eines Verstoßes gegen § 23 AktG vgl. *H. Balser/G. Bokelmann/K. Piorreck*, Die Aktiengesellschaft, Rdnr. 34.

[10] Als Sitz hat die Satzung nach § 5 II AktG in der Regel den Ort, wo die Gesellschaft einen Betrieb hat, oder den Ort zu bestimmen, wo sich die Geschäftsleitung befindet oder die Verwaltung geführt wird.

[11] Ausnahmsweise – nämlich bei Bestehen eines schutzwürdigen Interesses, z. B. bei einer besonderen Werbekraft – ist auch eine Personenfirma, d. h. die Verwendung des Namens einer Person, zulässig, nicht dagegen reine Phantasiebezeichnungen oder Abkürzungen, es sei denn, daß es sich um eine allgemein bekannte Warenbezeichnung handelt. Über die Zulässigkeit der Personenfirma entscheidet das Registergericht nach *H. Balser/G. Bokelmann/K. Piorreck* (Die Aktiengesellschaft, Rdnr. 37) nach pflichtgemäßem Ermessen, nach Ansicht von *U. Hüffer* (AktG, § 4 Rdnr. 16) ist dies Rechtsfrage. Führt die AG die Firma eines von ihr erworbenen Handelsgeschäfts fort, so muß sie nach § 4 II AktG zwar die Bezeichnung Aktiengesellschaft oder AG in die Firma aufnehmen, die übernommene Firma muß aber keine Sachfirma sein. Oberste Leitlinie bei Name und Firmenzusatz ist der Grundsatz der Firmenwahrheit, d. h. beides dürfen nicht über Art oder Umfang des Geschäfts hinwegtäuschen.

mindestens DM 100 000 bzw. Euro 50 000[12] zu betragen hat und konkret zu beziffern ist, d. h. die Angabe von Mindest- oder Höchstbeträgen ist nicht zulässig;

- die Zerlegung des Grundkapitals in Nennbetrags- oder in Stückaktien einschließlich der Stückzahl und gegebenenfalls des Nennbetrags, wobei im Falle der Ausgabe verschiedener Gattungen die Rechte und Pflichten anzugeben sind;
- die Angabe, ob Inhaber- oder Namensaktien ausgegeben werden;[13]
- die Zahl der Vorstandsmitglieder, wobei die konkrete Zahl oder die Regel, nach der diese Zahl bestimmt wird, anzugeben ist;[14]
- die Bestimmung über die Form von Pflichtbekanntmachungen[15];
- die Sondervorteile, d. h. Gläubigerrechte, die einzelnen Aktionären oder Dritten eingeräumt werden sowie der Gesamtaufwand, der zu Lasten der Gesellschaft als Entschädigung oder Belohnung für die Gründung oder ihre Vorbereitung gewährt wird[16] sowie
- die Sacheinlagen oder Sachübernahmen, d. h. Einlagen, die von Aktionären zu leisten oder von der Gesellschaft im Falle einer qualifizierten Gründung oder einer Sachgründung zu erbringen sind.[17]

Im Vergleich zur Satzung einer GmbH bzw. zu den Gesellschaftsver-

---

[12] Für einzelne Branchen wie Banken und Versicherungen können sich aus spezialgesetzlichen Regelungen höhere Anforderungen an das Mindestkapital ergeben. Ansonsten können Gründer oder Aktionäre die Höhe des Grundkapitals nach freiem Ermessen festsetzen, ohne daß das Registergericht ermächtigt wäre, es in Hinblick auf Geschäftszweck und angestrebten Geschäftsumfang auf seine Angemessenheit zu überprüfen.

[13] Aktionäre und Gründer haben grundsätzlich die freie Wahl, Inhaber- oder Namensaktien auszugeben. Hierin sind sie durch § 10 II 1 AktG nur dann eingeschränkt, d. h. es sind Namensaktien zu emittieren, wenn vor der vollen Leistung des Nennbetrags oder eines höheren Ausgabebetrags Aktien ausgegeben werden. Die Unterscheidung zwischen Inhaber- und Namensaktie hat nur Bedeutung für die Legitimation und die Übertragung. Während die Namensaktie als geborenes Orderpapier durch Indossament übertragen werden kann und nach § 67 I AktG unter Bezeichnung des Inhabers in das Aktienbuch der Gesellschaft einzutragen sind, werden Inhaberaktien wie bewegliche Sachen durch Einigung und Übergabe übertragen und legitimieren durch den bloßen Besitz. *H. Balser/G. Bokelmann/K. Piorreck*, Die Aktiengesellschaft, Rdnr. 69 ff.

[14] Die in der Praxis übliche Formulierung, nach der sich in der Satzung entweder eine Mindest- und eine Höchstzahl oder die Bestimmung befindet, daß die Zahl der Vorstandsmitglieder vom Aufsichtsrat bestimmt wird, genügt den Anforderungen.

[15] Dabei kann die durch § 25 AktG vorgeschriebene Pflichtbekanntmachung im Bundesanzeiger nicht ausgeschlossen werden, sondern allenfalls andere Zeitungen oder Zeitschriften als zusätzliche Gesellschaftsblätter bezeichnet werden. Vgl. auch § 23 IV AktG.

[16] § 26 I und II AktG.

[17] § 27 AktG.

trägen von Personengesellschaften unterliegt die Satzung einer AG sehr viel strengeren Restriktionen und eröffnet vor dem Hintergrund der Ausprägung des AktG als zwingendes Recht nur sehr begrenzten Gestaltungsspielraum der Gesellschafter.

2. Gremien

8 Die Aktiengesellschaft hat nach dem AktG zwingend eine dreigliedrige Organisationsstruktur bestehend aus

- dem Vorstand als Leitungsorgan,
- dem Aufsichtsrat mit seiner Beratungs- und Überwachungsfunktion sowie
- der Hauptversammlung als Organ der Willensbildung der Anteilseigner,

deren Zuständigkeiten im Gesetz grundsätzlich abschließend geregelt und zwingend von einander abgegrenzt sind. Auch ihre Bezeichnungen können nicht durch andere ersetzt werden.[18] Die Struktur der Organe ist im Gegensatz zur GmbH, soweit sie dort unter anderem Namen überhaupt implementiert werden, nicht hierarchisch aufgebaut, sie sind vielmehr nebeneinander gestellt. Vorstand und Aufsichtsrat bilden die Verwaltung der Gesellschaft, wobei der Vorstand diese unter eigener Verantwortung leitet und vom Aufsichtsrat hierbei überwacht wird. Die Hauptversammlung wählt den Aufsichtsrat bzw. die Vertreter der Aktionäre in diesem und beschließt über grundsätzliche Fragen der Gesellschaft.[19]

Neben den genannten Organen kann wie bei der GmbH ein Beirat gebildet werden, auch wenn dieser im AktG nicht vorgesehen ist. Ihm können aber keine Aufgaben übertragen werden, die das Gesetz zwingend dem Vorstand, dem Aufsichtsrat oder der Hauptversammlung übertragen hat.[20]

3. Vorstand

a) Geschäftsführung und Vertretung

9 Nach § 76 I AktG leitet der Vorstand als Kollegialorgan[21] die Gesellschaft unter eigener Verantwortung und in eigener Initiative, d. h. er ist

[18] *H. Mertens* in Kölner Kommentar zum Aktiengesetz, Vorb. § 76 Rdnr. 1.

[19] *H. Balser/G. Bokelmann/K. Piorreck*, Die Aktiengesellschaft, Rdnr. 249.

[20] *J. Meyer-Landrut* in Großkommentar zum AktG, § 96 Anm. 7.

[21] Nach § 77 I AktG sind in Gesellschaften, deren Vorstand aus mehreren Personen besteht, sämtliche Vorstände nur gemeinschaftlich zu Geschäftsführung berechtigt, sofern nicht die Satzung oder die Geschäftsordnung des Vorstands Abweichendes bestimmen. Meinungsverschiedenheiten im Vorstand können aber keinesfalls gegen die Mehrheit der Vorstandsmitglieder bestimmt werden.

weder Weisungen anderer Organe noch Weisungen von Großaktionären unterworfen. Der Vorstand trifft seine Entscheidungen vielmehr nach eigenem Ermessen unter sachgerechter Berücksichtigung der Interessen von Aktionären, Arbeitnehmern, Öffentlichkeit und – was streitig ist – des Unternehmens.[22] Maßnahmen der Geschäftsführung können von der Satzung auch nicht auf andere Organe übertragen werden. Die Hauptversammlung kann nach § 119 II AktG über Fragen der Geschäftsführung nur dann bindend entscheiden, wenn der Vorstand dies verlangt.[23] Nach dem Prinzip der Gesamtleitung kann der Vorstand zwar vom gesetzlichen Grundmodell der Gesamtgeschäftsführungsbefugnis mit mehrheitlicher Willensbildung abweichen und beispielsweise in funktional, nach Sparten oder geographisch abgegrenzten Bereichen Einzelgeschäftsführungsbefugnisse einräumen, nicht aber die ihm zugewiesene Leitungsaufgabe insgesamt auf seine Mitglieder delegieren. Unternehmensplanung, -koordination, -kontrolle und Besetzung von Führungsaufgaben sind somit zwingend Aufgabe des Gesamtvorstands.[24]

Der Vorstand ist nach § 78 AktG auch gesetzlicher Vertreter der AG **10**
und vertritt diese im Außenverhältnis. Für den Fall, daß der Vorstand aus mehreren Personen besteht und die Satzung nichts anderes bestimmt, sind sämtliche Vorstandsmitglieder nur gemeinschaftlich zur Vertretung der Gesellschaft berechtigt. In der Praxis wird durch die Sat-

---

[22] *U. Hüffer*, AktG, § 76 Rdnr. 10, 13ff. Das Ermessen des Vorstands findet seine Grenzen in dessen Verpflichtung, für den Bestand des Unternehmens und dauerhafte Rentabilität zu sorgen, wobei diese nicht mit kurzfristiger Gewinnmaximierung zu verwechseln ist.

[23] Während die Haftung des Vorstands für schadensverursachende Handlungen nach § 93 IV 2 AktG nicht dadurch entfällt, daß der Aufsichtsrat diese gebilligt hat, hat der Beschluß der Hauptversammlung auf ein Entscheidungsverlangen nach § 119 II AktG für den Vorstand nicht nur bindende, sondern auch haftungsausschließende Wirkung (§ 93 IV 1 AktG).

[24] Grundsätzlich liegen auch alle durch Gesetz dem Vorstand auferlegten Aufgaben, die das Verhältnis zwischen Vorstand und anderen Gesellschaftsorganen prägen, zwingend in der Kompetenz des Gesamtvorstands. Hierzu gehören z. B. die schriftlichen Berichte an den Aufsichtsrat nach § 90 AktG, die Vorlage zustimmungsbedürftiger Geschäfte an den Aufsichtsrat nach § 111 IV 2 AktG sowie Beschlußvorschläge an die Hauptversammlung nach § 124 III AktG. Nicht an einzelne Vorstandsmitglieder delegierbar und daher vom Gesamtvorstand wahrzunehmen sind auch die Aufgaben, deren Erfüllung dem Vorstand durch handelsrechtliche Normen vorwiegend im öffentlichen Interesse übertragen wurden. Hierzu gehören z. B. die Erstellung von Jahresabschlüssen und Abhängigkeitsberichten sowie die Verpflichtung zur Stellung eines Vergleichs- oder Konkursantrags. *U. Hüffer*, AktG, § 78 Rdnrn. 10ff, 18. *W. Mielke*, Die Leitung der unverbundenen Aktiengesellschaft, S. 55ff; *M. Hoffmann-Becking*, Zur rechtlichen Organisation der Zusammenarbeit im Vorstand der AG, ZGR 1998, S. 497, 506ff.

zung oder – bei entsprechender Ermächtigung durch die Satzung – durch den Aufsichtsrat regelmäßig hiervon im Interesse der Handlungsfähigkeit des Vorstands abgewichen und gemeinschaftliche Vertretung durch zwei Mitglieder des Vorstands vorgesehen. Im Falle der unechten Gesamtvertretung wird die Gesellschaft durch einen Vorstand und einen Prokuristen vertreten. Die alternativ mögliche Einzelvertretung kommt dagegen in der Praxis seltener vor. Nach § 82 AktG kann die Vertretungsbefugnis des Vorstands im Außenverhältnis im Interesse des Verkehrsschutzes nicht beschränkt werden. Im Innenverhältnis sind Beschränkungen der Vertretungsmacht wie solche der Geschäftsleitungsbefugnis aber bindend. Sie finden sich regelmäßig in der rechtlich nicht unbedingt erforderlichen, sinnvollerweise aber bei Errichtung der Gesellschaft aufzustellenden Geschäftsordnung des Vorstands, z. B. in der Form von Zustimmungsvorbehalten zugunsten des Aufsichtsrats.

b) Zusammensetzung und Bestellung

11 Der Vorstand kann nach § 76 II AktG aus einer beliebigen Zahl von Personen bestehen. Bei Gesellschaften mit einem Grundkapital von mehr als drei Millionen DM hat er zum Schutz der Aktionäre aus mindestens zwei Personen zu bestehen, wenn die Aktionäre hierauf nicht verzichten und deshalb die Satzung nichts anderes bestimmt. Nach § 76 II 2 AktG bleiben die Vorschriften über die Bestellung eines gleichberechtigten Arbeitsdirektors hiervon unberührt, d. h. mitbestimmte Gesellschaften müssen in jedem Fall nach § 33 I MitbestG einen Arbeitsdirektor bestellen, wobei diese Unternehmen im Regelfall schon aufgrund ihrer Größenordnung und der damit verbundenen Arbeitsbelastung einen aus mehreren Personen bestehenden Vorstand haben dürften. Die Bestellung von stellvertretenden Vorstandsmitgliedern ist ebenso zulässig wie die Wahl eines Sprechers oder Bestellung eines Vorsitzenden,[25] wobei diese im Außenverhältnis die gleichen Befugnisse wie normale Mitglieder des Vorstands haben.

12 Die Bestellung[26] der Mitglieder des Vorstands erfolgt nach § 84 I

---

[25] Die Bestellung des Vorsitzenden ist durch § 84 II AktG exklusiv dem Aufsichtsrat vorbehalten, wohingegen die Wahl eines Sprechers als Maßnahme der Geschäftsordnung vom Vorstandskollegium selbst einstimmig beschlossen werden kann, sofern die Geschäftsordnung vom Vorstand erlassen wird. Vgl. hierzu § 3 I. 3. e) Geschäftsordnung des Vorstands sowie eingehend zur Funktion von Sprecher und Vorsitzendem *M. Hoffmann-Becking*, Zur rechtlichen Organisation der Zusammenarbeit im Vorstand der AG, ZGR 1998, S. 497, 517.

[26] Von der organschaftlichen Bestellung der Mitglieder des Vorstands zu trennen ist jeweils der arbeitsrechtliche Dienstvertrag des einzelnen Mitglieds als Vertrag über die Leistung unabhängiger, durch aktienrechtliche Vorgaben geprägte Dienste, der vom Aufsichtsrat als Vertreter der Gesellschaft mit dem einzelnen Mitglied abgeschlossen wird. Zwischen Anstellung und Bestellung bestehen enge Beziehungen. So wird der Anstellungsvertrag nur wegen der

AktG durch den Aufsichtsrat und ist auf einen Zeitraum von maximal fünf Jahre begrenzt, wobei Verlängerungen oder Neubestellungen für jeweils maximal denselben Zeitraum zulässig sind. Der entsprechende Aufsichtsratsbeschluß darf frühestens ein Jahr vor Ablauf der laufenden Amtszeit gefaßt werden. Die Tätigkeit ist in der Praxis regelmäßig, aber nicht zwingend als Vollzeittätigkeit ausgestaltet.[27] Die Gesamtbezüge, d. h. Gehalt, Gewinnbeteiligungen, Aufwandsentschädigungen, Ruhegehälter und sonstige Nebenleistungen haben in angemessenem Verhältnis zu den Aufgaben des Vorstandsmitglieds und zur Lage der Gesellschaft zu stehen.[28]

Die Bestellung zum Vorstandsmitglied kann nach § 84 III AktG wi- **13**
derrufen werden, wenn ein wichtiger Grund vorliegt, z. B. in Form grober Pflichtverletzungen, Unfähigkeit zur ordnungsgemäßen Geschäftsführung oder Vertrauensentzug durch die Hauptversammlung, es sei denn, daß das Vertrauen aus offensichtlich unsachlichen Gründen entzogen wurde.

c) Haftung

Pflichtverletzungen von Mitgliedern des Vorstands können nicht **14**
nur mit ihrer Entlassung, d. h. dem Widerruf der Bestellung, sanktioniert werden, sondern nach § 93 AktG auch zu Schadensersatzansprüchen der Gesellschaft[29] führen, wobei im Falle der Verantwortlichkeit mehrerer Vorstandsmitglieder für einen Pflichtverstoß diese gesamtschuldnerisch haften.[30] Oberster Maßstab für die Geschäftsführung ist die Verpflichtung zur Anwendung der Sorgfalt eines ordentlichen und gewissenhaften Geschäftsleiters, die auch die Pflicht zur vertraulichen Behandlung von Geschäftsgeheimnissen umfaßt. Neben der generalklauselmäßigen Haftung nennt das Gesetz für die Haftung in § 93 III AktG einige haftungsbegründende Sondertatbestände, die in erster Linie Verstöße gegen den Grundsatz der Kapitalerhaltung oder andere vom AktG untersagte Zahlungen betreffen.[31]

Bestellung abgeschlossen. Trotzdem handelt es sich nicht um ein einheitliches Rechtsgeschäft, vielmehr müssen beide u. U. rechtlich verschieden beurteilt werden. Auch wenn es sich hierbei nicht um einen Arbeitsvertrag handelt, ist die Anwendung einzelner arbeitsrechtlicher Schutzvorschriften nicht ausgeschlossen. *U. Hüffer*, AktG, § 84 Rdnr. 11.

[27] Vgl. hierzu *K. von Schenk* in *G. Volk* (Hrsg.), Going Public, S. 90.

[28] § 87 AktG. Vgl. hierzu *W. Mielke*, Die Leitung der unverbundenen Aktiengesellschaft, S. 142 ff.

[29] Aktionäre können dagegen aus § 93 II AktG keine Ansprüche ableiten.

[30] Zum internen Ausgleich unter den haftenden Vorstandsmitgliedern vgl. *W. Mielke*, Die Leitung der unverbundenen Aktiengesellschaft, S. 78.

[31] Eingehend zur Haftung des Vorstands *R. Thümmel*, Persönliche Haftung von Managern und Aufsichtsräten, S. 48 ff.; *H. Schaefer/P. Missling*, Haftung von Vorstand und Aufsichtsrat, NZG 1998, S. 441 ff. Vor dem Hintergrund der stei-

15 Besonders gravierend ist dabei die Beweislastumkehr, nach der sich Vorstandsmitglieder exkulpieren müssen, wenn ein Verstoß gegen die Sorgfaltspflicht streitig ist. Außerdem resultiert aus dem Grundsatz der Gesamtverantwortung auch bei einer ressortorientierten Aufgabenverteilung die Verpflichtung jedes einzelnen Vorstandsmitglieds, sich über die Erledigung der Angelegenheiten seines Ressorts hinaus über den wesentlichen Gang der Geschäfte im Gesamtunternehmen informieren. Zu diesem Zweck steht jedem Vorstand ein Informationsanspruch gegen seine Vorstandskollegen zu, der nur durch das Verbot des Mißbrauchs begrenzt ist. Umgekehrt sind alle Vorstandsmitglieder verpflichtet, ihre Kollegen unaufgefordert über wichtige Ereignisse in ihren Ressorts zu unterrichten. Aufgrund der Gesamtverantwortung des Vorstands ist jedes Mitglied berechtigt und verpflichtet, bei schwerwiegenden Bedenken in Hinblick auf die Rechtmäßigkeit oder wirtschaftliche Zweckmäßigkeit von Vorgängen in einem anderen Ressort eine Entscheidung des Gesamtvorstands herbeizuführen, sofern die Bedenken nicht in einer bilateralen Aussprache mit dem Kollegen beseitigt werden können.[32]

16 Die Verpflichtung zur Leistung von Schadensersatz wird nicht dadurch ausgeschlossen, daß der Aufsichtsrat die haftungsbegründende Handlung gebilligt hat, wohl aber dadurch, daß sie auf einem gesetzmäßigen Beschluß der Hauptversammlung beruht.[33] In Zweifelsfragen kann der Vorstand durch Herbeiführung einer Entscheidung der Hauptversammlung nach § 119 II AktG die Haftung vermeiden.[34] Für Vorstand und Aufsichtsrat praktisch bedeutsam ist das Urteil des BGH im Falle ARAG, wonach der Aufsichtsrat verpflichtet ist, berechtigte Schadensersatzansprüche der Gesellschaft gegen den für den Schaden verant-

---

genden Inanspruchnahme von Topmanagern empfiehlt sich deren Absicherung durch den Abschluß von Vermögensschadenshaftpflichtversicherungen (Directors' and Officers' Police), wie sie mittlerweile auch von den maßgeblichen deutschen Versicherungsgesellschaften angeboten werden.

[32] Insoweit besteht ein gestuftes Kontroll- und Überwachungssystem, bei dem das einzelne Vorstandsmitglied die ihm nachgeordneten Mitglieder überwacht, die Vorstandsmitglieder sich selbst überwachen und schließlich der Aufsichtsrat den Vorstand überwacht. Dabei zeigt sich in der Praxis immer wieder, daß die Kontrolle um so wirkungsvoller gefährliche Entwicklungen verhindern oder aufhalten kann, je früher sie einsetzt. *M. Hoffmann-Becking*, Zur rechtlichen Organisation der Zusammenarbeit im Vorstand der AG, ZGR 1998, S. 497, 512f.

[33] § 93 IV AktG. Zur Haftung von ressortmäßig nicht zuständigen und überstimmten Vorstandsmitgliedern vgl. *W. Mielke*, Die Leitung der unverbundenen Aktiengesellschaft, S. 74ff.

[34] Vgl. hierzu *E. Gessler* in *M. Lutter/H. Mertens, P. Ulmer* (Hrsg.), Festschrift für *W. Stimpel*, S. 771, 773ff. Zu Einschränkungen der haftungsausschließenden Wirkung, z. B. bei unrichtiger Information der Hauptversammlung oder sonstigen Pflichtwidrigkeiten, vgl. *U. Hüffer*, AktG, § 93 Rdnr. 26.

wortlichen Vorstand notfalls auch gerichtlich durchzusetzen. Nach Ansicht des BGH kann der Aufsichtsrat von einem solchen Vorgehen nur ausnahmsweise, nämlich dann absehen, wenn die Interessen der Gesellschaft dies erfordern.[35]

d) Persönliche Anforderungen

Das Gesetz beschränkt sich bei der Festsetzung der persönlichen An- 17
forderungen für die Bestellung zum Vorstand auf ein Mindestmaß, indem nach § 76 III 1 AktG nur natürliche, unbeschränkt geschäftsfähige Personen vorstandsfähig sind. Voraussetzung ist auch, daß die zum Vorstand zu bestellende Person nicht mit einem relevanten Berufsverbot belegt und in den vergangenen fünf Jahren nicht wegen einer Konkursstraftat nach §§ 283–283 d StGB verurteilt wurde.[36] Ansonsten wird vom Gesetz keine besondere Eignung verlangt.[37] Staatsangehörigkeit und Wohnsitz sind unerheblich. Nach dem Prinzip der Fremdorganschaft muß der Vorstand – vergleichbar zur GmbH, aber abweichend zu Personengesellschaften – nicht Aktionär sein. Der Wahrnehmung mehrerer Vorstandspositionen stehen grundsätzlich keine gesetzlichen Hindernisse entgegen, solange die nach § 88 I AktG erforderliche Einwilligung des Aufsichtsrats vorliegt.[38]

Vor dem Hintergrund der starken Stellung des Vorstands und dessen 18
ausschlaggebender Bedeutung für den Erfolg eines Unternehmens kommt dessen Eignung besondere Bedeutung zu. Gerade institutionelle Investoren, die auf Road Shows im Rahmen von Präsentationen oder One-on-One-Treffen Gelegenheit haben, sich ein Bild von den Fähigkeiten und der Persönlichkeit einzelner Vorstände zu machen, werden niemals in eine Aktie investieren, wenn sie nicht vom Management des Unternehmens überzeugt sind. Im Mittelpunkt stehen hierbei neben fachspezifischen Fähigkeiten insbesondere unternehmerischer Weitblick, Sachverstand, Urteilsvermögen und Durchsetzungs-

---

[35] Dies komme aber nur dann in Betracht, wenn die Umstände, die dafür sprechen, den Vorstand nicht in Anspruch zu nehmen und die Gesellschaft ohne Ersatz ihres Schadens zu lassen, wenigstens annähernd das gleiche Gewicht haben wie das Interesse der Gesellschaft am Ausgleich des ihr zugefügten Schadens. BGH, Urteil vom 21.April 1997 – II ZR 175/95, NJW 1997, 1926.

[36] Ebensowenig kann nach § 76 III 2 AktG ein Betreuter, der bei der Besorgung seiner Vermögensangelegenheiten ganz oder teilweise einem Einwilligungsvorbehalt nach § 1903 BGB unterliegt, Mitglied des Vorstands sein.

[37] Die Satzung kann Auswahlrichtlinien enthalten und so persönliche Eignungsvoraussetzungen festlegen, wobei umstritten ist, inwieweit sich der Aufsichtsrat bei der Bestellung der Mitglieder des Vorstands über solche Bestimmungen nach pflichtgemäßem Ermessen hinwegsetzen darf. *U. Hüffer*, AktG, § 84 Rdnr. 26.

[38] Zur Problematik von Doppelmandaten im (faktischen) Konzern vgl. *U. Hüffer*, AktG, § 76 Rdnr. 21.

kraft.[39] Großaktionäre werden, soweit sie z. B. bei einer Börseneinführung nicht selbst mit im Vorstand tätig sind, großen Wert auf ein persönliches Vertrauensverhältnis mit dem Vorstand und insbesondere dessen Vorsitzenden legen, der der direkte Ansprechpartner des Aufsichtsrats ist. Sie werden deshalb bemüht sein, schon bei der Auswahl der Vorstandsmitglieder Einfluß nehmen zu können.

e) Geschäftsordnung des Vorstands

19 Der Vorstand kann sich nach § 77 II AktG mit einstimmigem Beschluß eine Geschäftsordnung geben, wenn nicht die Satzung den Erlaß der Geschäftsordnung dem Aufsichtsrat übertragen hat oder der Aufsichtsrat eine solche Geschäftsordnung für den Vorstand erläßt. Die Hauptversammlung kann über die Satzung Einzelfragen der Geschäftsordnung bindend regeln.[40]

20 Der Geschäftsordnung des Vorstands kommt eine deutlich größere Bedeutung als der für den Aufsichtsrat zu, die in der Praxis nur eine Verfahrensordnung ist. Auch in der Geschäftsordnung des Vorstands finden sich Regelungen zu „verfahrenstechnischen" Fragen, wie z. B. die Willensbildung des Vorstands, Regeln über Befugnisse und Verpflichtungen eines eventuellen Sprechers oder eines Vorsitzenden, zur Bewältigung von Meinungsverschiedenheiten oder Grundlinien für den Informationsfluß innerhalb des Vorstands.

21 Mit dem Instrument der Geschäftsordnung des Vorstands können aber auch in der AG bedeutende Entscheidungen des Vorstands von der Zustimmung des Aufsichtsrats oder der Hauptversammlung abhängig gemacht und so zur Sicherung des Einflusses der Gesamtheit der Aktionäre oder – wichtig bei der Strukturierung im Vorfeld einer Börseneinführung – auch nur des Einflusses von Mehrheitsaktionären genutzt werden. Geregelt werden auch Fragen von grundsätzlicher und strategischer Bedeutung, die besonderen Einfluß auf den Kapitalbedarf des Unternehmens haben.[41]

22 Von besonderer Bedeutung in der Geschäftsordnung ist die Geschäftsverteilung unter den Vorstandsmitgliedern, die neben der abstrakten Bildung der Ressorts durch Festlegung des jeweiligen Aufgabenbereichs auch ihre konkrete Besetzung durch ihre Zuweisung an namentlich benannte Vorstandsmitglieder beinhalten kann. Da Personalentscheidungen des Aufsichtsrats durch entsprechende Ressortzuteilungen trotz der im Vorstand erforderlichen Einstimmigkeit umgangen

---

[39] *W. Schürmann/K. Körfgen*, Familienunternehmen auf dem Weg zur Börse, S. 154.

[40] § 77 II 2 AktG. Vgl. hierzu auch M. Hoffmann-Becking, Zur rechtlichen Organisation der Zusammenarbeit im Vorstand der AG, ZGR 1998, S. 497, 505.

[41] Vgl. hierzu *W. Schürmann/K. Körfgen*, Familienunternehmen auf dem Weg zur Börse, S. 152f.

werden können,[42] falls diese Entscheidung dem Vorstand überlassen bleibt, wird dem Aufsichtsrat regelmäßig mindestens ein Eingreifen bei der Verteilung von Ressortzuständigkeiten innerhalb des Vorstands vorbehalten. Oftmals werden aber zumindest Schlüsselressorts wie Controlling, Finanzen oder Forschung und Entwicklung direkt durch den Aufsichtsrat besetzt. Dabei darf nicht verkannt werden, daß der Aufsichtsrat allein durch die Festsetzung, daß ein bestimmtes Vorstandsressort direkt von ihm oder nur mit seiner Zustimmung besetzt werden darf, über die Art der Erledigung der Vorstandsaufgaben hinaus Einfluß auf die Geschäftspolitik des Vorstands nimmt, indem er die besondere Bedeutung dieses Ressorts betont.[43]

4. Aufsichtsrat

Im Gegensatz zum anglo-amerikanischen Boardsystem, bei dem Leitung und Kontrolle in einem Gremium vereint sind, sind Exekutive und Kontrolle in deutschen AGs getrennt. Ein Mitglied des Aufsichtsrats kann deshalb nicht zugleich Mitglied des Vorstands sein.[44] 23

a) Aufgaben

Hauptaufgabe des Aufsichtsrats ist nach § 111 I AktG die Überwachung des Vorstands.[45] Dies beinhaltet zum einen eine vergangenheitsbezogene Kontrolle in Hinblick auf Rechtmäßigkeit, Ordnungsmäßigkeit und Wirtschaftlichkeit der Unternehmensführung einschließlich der Prüfung von Ersatzansprüchen gegen Mitglieder des Vorstands wegen möglichen Pflichtverletzungen. Zum anderen muß die Überwa- 24

[42] Die Einstimmigkeit wurde vom Gesetzgeber vorgesehen, um zu verhindern, daß die Mehrheit des Vorstands durch Beschlüsse über die Ressortverteilung „in das Recht des Aufsichtsrats zur Bestellung der Vorstandsmitglieder eingreift, da die Bestellung regelmäßig im Hinblick auf einen bestimmten Tätigkeitsbereich erfolgt". Begründung zum Regierungsentwurf zu § 77 II AktG, abgedruckt bei *B. Kropff,* Aktiengesetz vom 6. 9. 1965 (Bundesgesetzbl. I S. 1089), S. 99 ff.

[43] *M. Hoffmann-Becking,* Zur rechtlichen Organisation der Zusammenarbeit im Vorstand der AG, ZGR 1998, S. 497, 503.

[44] Dies gilt nach § 105 AktG auch für weitere Funktionen in der Gesellschaft. Allerdings kann der Aufsichtsrat einzelne Mitglieder für einen begrenzten Zeitraum, der maximal auf ein Jahr begrenzt ist, zu Stellvertretern von fehlenden oder verhinderten Vorständen bestellen. Während dieser Zeit können sie keine Tätigkeit als Aufsichtsratsmitglied ausüben. Von den hierdurch eröffneten Möglichkeiten wird in der Praxis vor allem in Krisensituationen Gebrauch gemacht.

[45] Näher zum Ganzen *J. Schultze-Osterloh,* Unternehmensüberwachung und Prüfung des Jahresabschlusses durch den Aufsichtsrat, ZIP 1998, S. 2129 ff.

chung auch präventiv angelegt sein, indem der Aufsichtsrat als Berater des Vorstands Einfluß auf Geschäftspolitik und -strategie nimmt.[46]

25 Zur Ermöglichung der Kontrolle hat der Aufsichtsrat das Recht, Einsicht in die Buchhaltung der Gesellschaft zu nehmen und deren Vermögensgegenstände wie beispielsweise Kasse und Lager zu überprüfen. Die erforderliche Intensität der Überwachungstätigkeit ist in erster Linie von der Lage der Gesellschaft abhängig, d. h., der Aufsichtsrat kann sich im Normalfall auf die Prüfung von Berichten des Vorstands beschränken, die dieser nach § 90 AktG über Geschäftspolitik, Gang der Geschäfte, Rentabilität, Liquidität, Geschäfte von erheblicher Bedeutung etc. zu erstatten hat. Im Falle einer angespannten Situation der Gesellschaft muß die Überwachungstätigkeit in Anpassung an die jeweilige Risikolage intensiviert werden.[47]

26 Neben der Überwachungstätigkeit obliegt dem Aufsichtsrat nach § 84 AktG auch die Bestellung und Abberufung des Vorstands sowie die Festsetzung dessen Bezüge.[48, 49] Dies umfaßt auch die Wahrnehmung der Interessen des Unternehmens gegenüber dem Vorstand und dessen gerichtliche und außergerichtliche Vertretung gegenüber Mitgliedern des Vorstands.[50] Die Gewährung von Krediten der Gesellschaft an Mitglieder des Vorstands darf nach § 89 AktG nur aufgrund eines Beschlusses des Aufsichtsrats erfolgen.

27 Maßnahmen der Geschäftsführung können dem Aufsichtsrat nach § 111 IV AktG nicht übertragen werden. Satzung oder Aufsichtsrat können aber bestimmen, daß bestimmte Arten von Geschäften nur mit Zustimmung des Aufsichtsrats vorgenommen werden können.[51] Nach §§ 170ff. AktG wirkt der Aufsichtsrat bei der Feststellung des Jahres-

---

[46] Vgl. hierzu *R. Thümmel*, Persönliche Haftung von Managern und Aufsichtsräten, S. 100ff.

[47] *U. Hüffer*, AktG, § 111, Rdnr. 7.

[48] Aus dem Grundsatz der Gleichberechtigung resultiert keine Verpflichtung zur Gewährung einer gleichhohen Vergütung an alle Vorstandsmitglieder. Vielmehr kann hier nach § 87 I AktG aufgrund der unterschiedlichen Aufgaben unterschieden werden. *M. Hoffmann-Becking*, Zur rechtlichen Organisation der Zusammenarbeit im Vorstand der AG, ZGR 1998, S. 497, 515.

[49] Nach § 89 AktG unterliegt auch die Gewährung von Krediten der Gesellschaft an die Mitglieder des Vorstands der Kompetenz des Aufsichtsrats. Auch die Gewährung der Kredite an Prokuristen und Generalbevollmächtigte darf nur mit Einwilligung des Vorstands erfolgen.

[50] § 112 AktG. Dies gilt auch gegenüber ausgeschiedenen Mitgliedern des Vorstands. *H. Balser/G. Bokelmann/K. Piorreck*, Die Aktiengesellschaft, Rdnr. 305.

[51] Im Falle der Verweigerung der Zustimmung durch den Aufsichtsrat, kann der Vorstand nach § 111 IV 3 AktG verlangen, daß die Hauptversammlung über die Zustimmung beschließt. Für einen zustimmenden Beschluß ist mindestens eine Mehrheit von drei Vierteln der abgegebenen Stimmen erforderlich.

abschlusses mit. Wenn das Wohl der Gesellschaft dies erforderlich macht, hat der Aufsichtsrat die Hauptversammlung einzuberufen, wobei für den Beschluß eine einfache Mehrheit genügt. Sorgfaltspflicht und Verantwortlichkeit des Aufsichtsrats entsprechen der des Vorstands.[52]

In Hinblick auf die hohe Verantwortung des Aufsichtsrats[53] wurde durch das KonTraG dessen Sitzungsfrequenz erhöht. So soll er nach § 110 III AktG einmal im Kalendervierteljahr zusammentreten. Bei börsennotierten Gesellschaften sind zwei Aufsichtsratssitzungen im Kalenderhalbjahr Pflicht, bei nicht notierten AGs eine Sitzung.[54] **28**

b) Zusammensetzung und Bestellung

Der Aufsichtsrat besteht aus mindestens drei Mitgliedern.[55] Die Satzung kann eine höhere, immer durch drei teilbare Zahl festsetzen, wobei aber das Gesetz die Höchstzahl der Aufsichtsratsmitglieder in Abhängigkeit vom Grundkapital begrenzt.[56] Der Aufsichtsrat besteht aus Vertretern der Aktionäre, sofern nicht nach mitbestimmungsrechtlichen Regelungen Arbeitnehmer oder Gewerkschaftsfunktionäre einzubeziehen sind.[57] Die Bestellung der einzelnen Mitglieder kann höchstens für fünf Jahre erfolgen.[58] **29**

Soweit der Aufsichtsrat aus Vertretern der Aktionäre besteht, werden diese von der Hauptversammlung gewählt oder aufgrund von Entsendungsrechten, die zugunsten einzelner Aktionäre oder Inhaber bestimmter Aktien in der Satzung verankert sind, bestellt.[59] Wollen Altak- **30**

---

[52] § 116 AktG.

[53] Näher zur Haftung des Aufsichtsrats *R. Thümmel*, Persönliche Haftung von Managern und Aufsichtsräten, S. 98ff.; *ders.*, Aufsichtsräte in der Pflicht? – Die Aufsichtsratshaftung gewinnt Konturen, DB 1999, S. 885ff.; *H. Schaefer/P. Missling*, Haftung von Vorstand und Aufsichtsrat, NZG 1998, S. 441, 445ff.; S. *Edenfeld/S. Neufang*, Die Haftung der Arbeitnehmervertreter im Aufsichtsrat; AG 1999, S. 49ff.

[54] Vgl. hierzu *M. Deckert*, Der Aufsichtsrat nach der Reform, NZG 1998, S. 710, 711.

[55] § 95 I AktG.

[56] Die Höchstzahl der Mitglieder beträgt nach § 95 3 AktG bei einem Grundkapital bis zu drei Millionen DM neun, von mehr als drei Millionen DM fünfzehn und von mehr als 20 Millionen DM einundzwanzig. Soweit Regelungen über die Mitbestimmung der Arbeitnehmer hiervon abweichende Regelungen beinhalten, bleiben diese unberührt.

[57] Vgl. hierzu § 3 I. 4. c) Mitbestimmung.

[58] Genaugenommen bis zur Beendigung der Hauptversammlung, die über die Entlastung für das vierte Geschäftsjahr nach dem Beginn der Amtszeit beschließt. § 102 I AktG.

[59] Nach § 101 II AktG kann durch die Satzung zugunsten bestimmter Aktionäre oder für die jeweiligen Inhaber bestimmter Namensaktien das Recht begründet werden, Mitglieder in den Aufsichtsrat zu entsenden, wobei die Ent-

tionäre nach einer Börseneinführung auch weiterhin die Kontrolle über Vorstand und Unternehmen ausüben, so werden sie bei der Zusammensetzung des Aufsichtsrats nicht nur auf Fachkompetenz, wirtschaftlichen Sachverstand und Durchsetzungsvermögen der für den Aufsichtsrat vorgesehenen Persönlichkeiten achten müssen, sondern besonders auch auf deren Loyalität gegenüber den Altaktionären. Dabei ist zu berücksichtigen, daß auch die Mitglieder des Aufsichtsrats keinen Weisungen unterworfen sind.[60] Letztendlich werden die Interessen der Alt- oder Familienaktionäre am besten gewahrt werden, wenn die Aufsichtsräte im Rahmen des Zulässigen aus ihrem Kreis gewählt oder entsandt werden, wobei aber immer auch auf deren Kompetenz zu achten sein wird. Besondere Bedeutung kommt dabei der Position des Aufsichtsratsvorsitzenden und – im Falle deren Bildung – der Besetzung von Ausschüssen, insbesondere dem Personalausschuß und dem Aufsichtsratspräsidium, zu.[61]

31 (Alt- oder Mehrheits-)Aktionäre können Aufsichtsräte, die aufgrund der Satzung in den Aufsichtsrat entsandt wurden, als Entsendungsberechtigte jederzeit abberufen und durch ein anderes Mitglied ersetzen,[62] wenn sie von deren Loyalität nicht mehr überzeugt sind oder andere Zweifel an deren Geeignetheit haben. Insoweit empfiehlt sich bei Entwurf der Satzung im Vorfeld einer Börseneinführung die Aufnahme von Entsendungsrechten. Mitglieder des Aufsichtsrats, die von der Hauptversammlung ohne Bindung an einen Wahlvorschlag gewählt worden sind, können dagegen nach § 103 I AktG von dieser ebenfalls vor Ablauf der Amtszeit abberufen werden. Allerdings ist für den Beschluß eine Mehrheit von mindestens drei Vierteln der abgegebenen Stimmen erforderlich, wenn in der Satzung keine andere Mehrheit und weitere Erfordernisse bestimmt sind. Daneben bleibt nur die in der Praxis selten vorkommende Möglichkeit, ein Mitglied auf Antrag des Aufsichtsrats, der mit einfacher Mehrheit beschlossen werden kann, durch Gerichtsentscheid abzuberufen, wenn in der Person ein wichtiger Grund vorliegt.[63]

32 Ansonsten sind bei der Bestellung der Mitglieder des Aufsichtsrats die persönlichen Anforderungen des Gesetzes zu beachten, die aber –

---

sendungsrechte höchstens ein Drittel der sich aus Gesetz oder Satzung ergebenden Zahl der Aktionärsvertreter im Aufsichtsrat betreffen können.

60 Dies gilt auch für Aufsichtsräte, deren Mitgliedschaft auf Entsendungsrechten basiert. *U. Hüffer*, AktG, § 101 Rdnr. 8ff.

61 Die Besetzung dieser Positionen kann nicht durch die Satzung gesichert werden, da die Wahl des Vorsitzenden sowie die personelle Besetzung der Ausschüsse ausschließlich durch den Aufsichtsrat selbst erfolgt. *W. Schürmann/ K. Körfgen*, Familienunternehmen auf dem Weg zur Börse, S. 149.

62 § 103 II AktG.

63 Vgl. hierzu *U. Hüffer*, AktG, § 103 Rdnr. 9f.

wie im Falle der Bestellung des Vorstands – auf ein Mindestmaß beschränkt sind. So können nach § 100 I AktG nur natürliche, unbeschränkt geschäftsfähige Personen Mitglied eines Aufsichtsrats sein.[64] Vorstandsmitglieder sowie deren dauernde Stellvertreter, Prokuristen und Gesamtbevollmächtigte können nicht Mitglieder des Vorstands sein. Um Abhängigkeiten aus Überkreuzverflechtungen zu vermeiden, dürfen auch keine Vertreter abhängiger Unternehmen Positionen im Aufsichtsrat bekleiden. Gleiches gilt für die gesetzlichen Vertreter anderer Kapitalgesellschaften, deren Aufsichtsrat ein Vorstandsmitglied der Gesellschaft angehört. Darüber hinaus wird vom Gesetz keine besondere Eignung verlangt.[65] Staatsangehörigkeit und Wohnsitz sind unerheblich. Nach dem Prinzip der Fremdorganschaft muß auch der Aufsichtsrat nicht am Unternehmen beteiligt sein. Nach § 100 II AktG kann niemand mehr als zehn Aufsichtsratsmandate wahrnehmen, wobei eine Position als Vorsitzender des Aufsichtsrats nach der durch das KonTraG geänderten Rechtslage doppelt gezählt wird.[66]

c) Mitbestimmung

Der Frage der Arbeitnehmermitbestimmung im Aufsichtsrat kommt **33**
bei den Überlegungen der Gesellschafter im Vorfeld einer Börseneinführung regelmäßig wesentliche Bedeutung zu. Zusammengefaßt ist die Mitbestimmung in unterschiedlichen Gesetzen[67] wie folgt geregelt:

- In einer AG/KGaA mit in der Regel mehr als 2.000 Arbeitnehmern[68] ist der Aufsichtsrat nach §§ 1, 4, und 7 MitbestG 1976 wie bei einer

[64] Voraussetzung ist auch, daß eine Person nicht als Betreuter bei der Besorgung ihrer Vermögensangelegenheiten ganz oder teilweise einem Einwilligungsvorbehalt nach § 1903 BGB unterliegt.

[65] Die Satzung kann nach § 100 IV AktG auch für die Aufsichtsräte, die von der Hauptversammlung ohne Bindung an Wahlvorschläge gewählt oder aufgrund der Satzung entsandt werden, Auswahlrichtlinien enthalten und so persönliche Eignungsvoraussetzungen festlegen.

[66] Nach dem Konzernprivileg des § 100 II 2 AktG werden auf die Höchstzahl bis zu fünf Aufsichtsratssitze nicht angerechnet, die ein gesetzlicher Vertreter des herrschenden Unternehmens eines Konzerns in dessen Konzernunternehmen innehat.

[67] Der Vorstand ist dafür verantwortlich, daß der Aufsichtsrat nach den richtigen Vorschriften zusammengesetzt ist, und muß erforderlichenfalls durch ein Überleitungsverfahren nach § 97 I AktG für eine Korrektur sorgen. Vgl. hierzu *H. Wißmann in R. Richardi/O. Wlotzke* (Hrsg.), Münchener Handbuch zum Arbeitsrecht Band 3; § 366 Rdnr. 6.

[68] Hierzu gehören nach § 3 MitbestG i. V. m. §§ 5 und 6 BetrVG die Arbeiter und Angestellten des Unternehmens einschließlich der zu ihrer Berufsausbildung Beschäftigten. Vgl. *G. v. Hoyningen-Huene* in *R. Richardi/O. Wlotzke* (Hrsg.), Münchener Handbuch zum Arbeitsrecht Band 3, § 291 Rdnr. 38 ff.

GmbH oder einer GmbH & Co. KG[69] gleicher Größe paritätisch zu besetzen. Die leitenden Angestellten stellen einen der Arbeitnehmervertreter, dieser ist bezüglich seiner Interessenlage je nach Umständen nicht eindeutig dem Arbeitnehmerlager zuzurechnen. Eine Stimmenmehrheit der Anteilseignerseite im Aufsichtsrat ergibt sich aber in jedem Fall daraus, daß nach § 27 I, II MitbestG die Vertreter der Aktionäre den Aufsichtsratsvorsitzenden alleine wählen, sofern nicht im ersten Wahlgang die erforderliche Zweidrittelmehrheit erzielt werden kann. Dieser Vorsitzende hat gemäß § 29 II MitbestG bei Pattsituationen im Aufsichtsrat zwei Stimmen. Nach § 33 MitbestG ist bei der AG ein Arbeitsdirektor[70] als gleichberechtigtes[71] Mitglied des Vorstands zu bestellen. Bei der KGaA fehlt – im Gegensatz zu den anderen genannten Gesellschaftsformen – eine entsprechende Regelung.

- In AGs und GmbHs der Montanindustrie mit in der Regel mehr als 1000 Arbeitnehmern ist der Aufsichtsrat nach §§ 1, 4 Montan-MitbestG ebenfalls mit Vertretern der Arbeitnehmer zu besetzen. Arbeitnehmer und Anteilseigner stellen die gleiche Zahl der Mitglieder des Aufsichtsrats, ein zwischen beiden Seiten stehendes „neutrales" Mitglied ergänzt den Aufsichtsrat auf eine ungerade Mitgliederzahl.[72]
- Soweit eine AG/KGaA nicht nach den vorgenannten Regelungen mitbestimmungspflichtig ist, besteht der Aufsichtsrat einer AG/KGaA nach § 76 BetrVG zu einem Drittel aus Arbeitnehmervertretern, sofern es sich nicht um eine Familiengesellschaft mit bis zu 500 Arbeitnehmern handelt, die nicht der Mitbestimmungspflicht unterliegt. Mit dem „Gesetz für kleine Aktiengesellschaften und zur Deregulierung des Aktienrechts" vom 2. August 1994 wurden alle AGs mit weniger als 500 Arbeitnehmern nicht mehr dem Mitbestimmungszwang unterworfen, wenn sie erst am Tag des Inkrafttretens des Gesetzes (10. August 1994) oder später durch Eintragung ins Handelsregister entstanden sind. Damit wird die kleine AG der GmbH mitbestimmungsrechtlich gleichgestellt, die grundsätzlich nicht der

[69] Gleiches gilt für bergrechtliche Gewerkschaften oder Erwerbs- und Wirtschaftsgenossenschaften gleicher Größenordnung.

[70] Vgl. hierzu *P. Hanau*, Zur Zuständigkeit des Arbeitsdirektors (§ 33 MitbestG) für leitende Angestellte und Unternehmenssparten, ZGR 1983, S. 346 ff.

[71] Nach h. M. kann der Arbeitsdirektor als stellvertretendes Vorstandsmitglied bestellt werden, wenn unverzichtbare Kernzuständigkeit für Personal und Soziales gegeben ist und sachliche Gründe für die hierarchische Abstufung sprechen, hierin also keine Diskriminierung liegt. *U. Hüffer*, AktG, § 94 Rdnr. 4; *M. Habersack* in Großkommentar zum AktG, § 94 Rdnr. 14 m. w. N; a. A. *P. Hanau/P. Ulmer* MitbestG, § 33 Rdnr. 23.

[72] Vgl. *H. Wißmann* in *R. Richardi/O. Wlotzke* (Hrsg.), Münchener Handbuch zum Arbeitsrecht Band 3, § 371 Rdnr. 8 ff.

Mitbestimmung der Arbeitnehmervertreter unterliegt, sofern sie weniger als 500 Arbeitnehmer beschäftigt.

Für Börseneinführungen bedeutsam ist, daß die vorstehenden Regeln über die Bestellung von Arbeitnehmervertretern im Aufsichtsrat nicht für den ersten Aufsichtsrat einer AG/KGaA nach Neugründung oder Umwandlung gelten. Dieser wird vielmehr ausschließlich von den Gründern gewählt. Seine Amtszeit reicht bis zur Beendigung der Hauptversammlung, die über die Entlastung für das erste (Rumpf-) Geschäftsjahr beschließt.[73] 34

Rechtsform	Arbeitnehmer	Mitbestimmung
Einzelunternehmen/Personengesellschaften	< 2.000	./.
Einzelunternehmen/Personengesellschaften	> 2.000	./.
GmbH & Co. KG	< 2.000	./.
GmbH & Co. KG[74]	> 2.000	MitbestG
GmbH	< 500	./.
Familien-/Kleine AG/KGaA	< 500	./.
GmbH/AG/KGaA	< 2.000	BetrVG
GmbH/AG/KGaA	> 2.000	MitbestG

Abgesehen von den beiden vorgenannten Ausnahmen für Familiengesellschaften und die kleine AG,[75] deren praktische Bedeutung im Rahmen der Börseneinführung nicht überbetont werden kann, unterliegt damit die AG/KGaA der Arbeitnehmermitbestimmung, wobei die Mitarbeiterzahl darüber entscheidet, ob die Gesellschaft der drittelparitätischen Mitbestimmung nach dem Betriebsverfassungsgesetz oder der paritätischen Mitbestimmung nach dem Mitbestimmungsgesetz unterliegt.[76] Während die erstgenannte kaum als Hemmnis gegen eine Börseneinführung angesehen werden kann und ohne verfahrensmäßigen Ballast durchaus positive Aspekte für die Qualität der Entscheidungen mit sich bringt,[77] kann die paritätische Mitbestimmung schon infolge der hieraus 35

[73] § 30 III AktG.

[74] Die GmbH & Co. KG ist als Personengesellschaft der Mitbestimmung nicht unmittelbar unterworfen. Falls jedoch die GmbH & Co. KG und ihre alleinige Komplementärin, die GmbH zusammen mehr als 2000 Mitarbeiter haben und in beiden Gesellschaften dieselben Personen die Kapital- oder Stimmenmehrheit haben, unterliegt die Komplementär-GmbH aufgrund Zurechnung der Beschäftigten selbst der Mitbestimmung. *W. Schürmann/K. Körfgen*, Familienunternehmen auf dem Weg zur Börse, S. 114.

[75] Im Sinne einer AG, die weniger als 500 Mitarbeiter hat und nach dem 10. August 1994 gegründet wurde.

[76] Vgl. hierzu § 3 I. 4. Aufsichtsrat und § 3 II. 2. c) Aufsichtsrat und Mitbestimmung.

[77] Vgl. näher hierzu *W. Schürmann/K. Körfgen*, Familienunternehmen auf dem Weg zur Börse, S. 113.

resultierenden Kosten, Bürokratie und Schwerfälligkeit eher Nachteile für die Gesellschafter und die Gesellschaft selbst zur Folge haben.

36 Durch die Mitbestimmung der Arbeitnehmer nach dem Betriebsverfassungsgesetz und dem Mitbestimmungsgesetz werden direkt nur die Zusammensetzung des Aufsichtsrats und damit dessen Entscheidungen beeinflußt, nicht aber die von Vorstand und Hauptversammlung. Da bei Fehlen einer anderslautenden Satzungsbestimmung Beschlüsse des Aufsichtsrats mit einfacher Mehrheit getroffen werden,[78] stellt die drittelparitätische Mitbestimmung den mehrheitlichen Einfluß der Anteilseigner nicht in Frage, wenn unter diesen Einigkeit herrscht.

37 Die Erfahrung hat gezeigt, daß ernste Konfrontationen zwischen den beiden Lagern im Aufsichtsrat eher die Ausnahme sind und eine konstruktive Zusammenarbeit in diesem Gremium auch positive Effekte haben kann.[79] Trotzdem ist nicht zu verkennen, daß gerade in Krisensituationen, wo beispielsweise im Rahmen umfassender Reorganisationen große Belegschaftsteile entlassen werden sollen, die Interessengegensätze zwischen Arbeitnehmer- und Gesellschaftervertretern besonders groß sind und konstruktive Lösungen behindern können. Andererseits haben die Gesellschafter neben Gestaltungsmöglichkeiten bezüglich der Satzung und den Geschäftsordnungen für Aufsichtsrat und Vorstand auch die Möglichkeit personalpolitischer Entscheidungen, wodurch Einflußbereich und Macht des Aufsichtsrats eingeschränkt werden können. So werden in der Praxis wichtige Ausschüsse des Aufsichtsrats wie das Aufsichtsratspräsidium, der Personal- und der Kreditausschuß regelmäßig nicht paritätisch, sondern mit einem Übergewicht der Anteilseignervertreter besetzt.[80]

38 Bei der KGaA kann der Einfluß der Mitbestimmung weiter dadurch verringert werden, daß die Stellung der persönlich haftenden Gesellschafter und der Hauptversammlung durch die Satzung verstärkt und ein Ausschuß der Kommanditaktionäre mit besonderen Zuständigkeiten gebildet wird.

39 Inwieweit bei einer ohnehin der Mitbestimmung unterliegenden Gesellschaft allein durch den Wechsel der Rechtsform das Gewicht der Mitbestimmung bei ansonsten gleichbleibenden zahlenmäßigen Kräfteverhältnissen beeinflußt wird, ist nicht pauschal für alle Interessenlagen zu beantworten. Einerseits haben die Gesellschafter in Personengesellschaften wie in der GmbH die Möglichkeit, auf die dem Aufsichtsrat gegenüber weisungsgebundenen Geschäftsführer außerhalb des Aufsichtsrats Einfluß zu nehmen, und somit grundsätzlich eine stärkere

---

[78] § 108 AktG. Vgl. *U. Hüffer*, AktG, § 108 Rdnr. 6.

[79] *M. von Oettingen*, Die Planung des Gangs an die Börse, S. 21 m. w. N.

[80] *W. Schürmann/K. Körfgen*, Familienunternehmen auf dem Weg zur Börse, S. 113 f.

Stellung als Aktionäre.[81] Andererseits leitet der Vorstand einer Aktiengesellschaft diese nach § 76 I AktG in eigener Verantwortung, d. h. er ist nicht an Weisungen anderer Gesellschaftsorgane oder die von (Groß-)Aktionären gebunden. Der Aufsichtsrat ist demgegenüber nach § 111 I AktG auf die Überwachung des Vorstands beschränkt.

Letztendlich ist in der Praxis die Mitbestimmung bei größeren Unternehmen kaum zu umgehen, nämlich nur in der reinen Personengesellschaft mit all ihren Nachteilen oder – überspitzt formuliert – durch Verzicht auf Wachstum.[82]

d) Geschäftsordnung und Ausschüsse

Wesentliches Instrument der Selbstorganisation des Aufsichtsrats ist dessen Geschäftsordnung, der in erster Linie verfahrensordnende Bedeutung, nicht aber das Gewicht zukommt, das die Geschäftsordnung des Vorstands genießt.[83] Sie wird vom Gesetz nicht geregelt, in § 82 II AktG aber als zulässig vorausgesetzt. Der Aufsichtsrat kann seine Geschäftsordnung mit einfacher Stimmenmehrheit erlassen, ohne daß er hierfür einer Ermächtigung in der Satzung bedarf. Umgekehrt kann die Satzung zwar Fragen der Geschäftsordnung regeln, nicht aber eine vollständige Geschäftsordnung erlassen, da die Autonomie des Aufsichtsrats gewahrt bleiben muß, insbesondere in Hinblick auf seine Ausschüsse.[84] Gegenstand der Geschäftsordnung können Fragen sein, die nicht gesetzlich vornormiert und nicht in zulässiger Weise vom Satzungsgeber geregelt worden sind, z. B. Bestimmungen über die Einladung zu Sitzungen, Bekanntmachung der Tagesordnung und entsprechende Fristen sowie die Einsetzung, Zusammensetzung und Arbeitsweise von Ausschüssen des Aufsichtsrats. 40

Ausschüsse spielen in erster Linie bei größeren Publikumsgesellschaften mit entsprechend großen Aufsichtsräten eine Rolle. Demgegenüber kommt ihnen bei kleineren jungen Gesellschaften, die gerade an der Börse eingeführt wurden, regelmäßig nur eine geringe Bedeutung zu. Ausschüsse können zum einen, wie in § 107 III 1 AktG vorgesehen, zur Vorbereitung und Ausführung von Beschlüssen des Aufsichtsrats aus seiner Mitte eingesetzt werden. Darüber hinaus können grundsätzlich aber auch beschließende Ausschüsse eingesetzt werden. In der Praxis besondere Bedeutung genießen das Aufsichtsratspräsidium[85] sowie der Personalausschuß. Dieser ist u. a. für die Anstellungs- 41

---

[81] *M. von Oettingen*, Die Planung des Gangs an die Börse, S. 21.

[82] *ebenda*, S. 24.

[83] Zum Selbstorganisationsrecht des Aufsichtsrats vgl. *P. Hommelhoff/D. Mattheus*, Corporate Governance nach dem KonTraG, AG 1998, S. 249, 254.

[84] *U. Hüffer*, AktG, § 107 Rdnr. 23.

[85] Das Aufsichtsratspräsidium ist ein Ausschuß, dem vom Aufsichtsrat weitgehende Kompetenzen übertragen werden können. Ihre Grenzen findet die Dele-

verträge des Vorstands zuständig, wodurch die Behandlung diskretionsbedürftiger Fragen im Gesamtaufsichtsrat vermieden werden kann. Die Entscheidung über die Bestellung von Vorstandsmitgliedern selbst kann aber nicht vom Aufsichtsrat an einen Ausschuß delegiert werden.

42 Für die Besetzung gilt kein Paritätsgebot, nach dem die Vertretung der Mitarbeiter im Aufsichtsrat auch durch die Besetzung der Ausschüsse reflektiert werden muß. Lediglich im Personalausschuß muß die Arbeitnehmerseite in aller Regel vertreten sein.[86] Ansonsten darf nach Aufgabe des Ausschusses und Befähigung der in Betracht kommenden Personen differenziert werden. Dies ermöglicht den Aktionärsvertretern beispielsweise, die Arbeitnehmervertreter aus Ausschüssen wie dem praktisch wichtigen und u. U. mit sensiblen Themen befaßten Finanzausschuß auszuklammern.

e) Vergütung

43 Mitgliedern des Aufsichtsrats kann (!) nach § 113 I AktG für ihre Tätigkeit eine Vergütung gewährt werden, die von der Satzung festgesetzt oder von der Hauptversammlung bewilligt wird.[87] Sie soll in einem angemessenen Verhältnis zu den Aufgaben der Aufsichtsratsmitglieder und der Lage der Gesellschaft stehen. Satzung oder Hauptversammlung können bei der Festsetzung differenzieren und insbesondere für den Vorsitzenden des Aufsichtsrats und seinen Stellvertreter eine höhere Vergütung zulassen.[88] Erhalten die Aufsichtsräte als Tantieme einen Anteil am Jahresgewinn, so berechnet sich der Anteil nach dem Jahresgewinn vermindert um einen Betrag von mindestens 4 Prozent der auf den Nennbetrag der Aktien geleisteten Einlagen.

44 Die Vergütung[89] der Aufsichtsräte von Kapitalgesellschaften ist bei der Gesellschaft nach § 10 Nr. 4 KStG[90] nur zur Hälfte als Betriebsausgabe abzugsfähig. Durch die Regelung soll einer unangemessenen

---

gation in dem in § 107 III 2 AktG geregelten Vorbehaltskatalog, nach dem einige Kompetenzen wie Bestellung der Vorstände nicht übertragen werden können, sondern im Plenum des Aufsichtsrats entschieden werden müssen.

[86] BGHZ 122, 342, 358f.

[87] Den Mitgliedern des ersten Aufsichtsrats kann nach § 113 II AktG nur die Hauptversammlung, die über ihre Entlastung entscheidet, eine Vergütung bewilligen, so daß sich erst am Ende der Amtszeit entscheidet, ob die Tätigkeit vergütet wird. Hierdurch soll der Einfluß der Gründer insoweit möglichst ausgeschlossen werden.

[88] *U. Hüffer*, AktG, § 113 Rdnr. 4.

[89] Der Auslagenersatz wird hierdurch nicht erfaßt. Vgl. Abschn. 45 I KStR zu § 10 KStG 1995.

[90] Zur Verfassungsmäßigkeit vgl. BFHE 133, S. 193, 194. Zur Kritik vgl. *M. Peltzer* in *N. Wieselhuber*, Börseneinführung mit Erfolg, S. 320f.

Höhe von Aufsichtsratsvergütungen entgegengewirkt werden, die in Deutschland bei vielen Gesellschaften aber ohnehin kaum dem Zeitaufwand, der erforderlichen Qualifikation oder der erheblichen Verantwortung angemessen sind.[91] Infolge der nur hälftigen steuerlichen Abzugsfähigkeit haben die Vergütungen des Aufsichtsrats trotz der oft nur relativ niedrigen Höhe[92] hohe Belastungen der Gesellschaft zur Folge. Beim Aufsichtsratsmitglied selbst, das in Deutschland unbeschränkt einkommensteuerpflichtig ist, unterliegt die Vergütung als Einkünfte aus selbständiger Arbeit i. S. d. § 18 I Nr. 3 EStG der Einkommen- und in der Regel der Umsatzsteuer. Demgegenüber wird bei beschränkt steuerpflichtigen Aufsichtsratsmitgliedern, d. h. solchen, die im Inland weder Wohnsitz noch gewöhnlichen Aufenthalt haben[93] nach §§ 49 I Nr. 3, 50a EStG aus Gründen der Verwaltungsvereinfachung ein Einbehalt von 30 Prozent vorgenommen.[94]

Von der vorstehend behandelten Vergütung des Aufsichtsrats zu unterscheiden sind Zahlungen, die das einzelne Mitglied für Leistungen außerhalb seiner Tätigkeit im Aufsichtsrat im Rahmen eines Dienst- oder Werkvertrags, typischerweise für Beratungstätigkeiten, erhält. Die Wirksamkeit eines solchen Vertrages hängt nach § 114 I AktG von der Zustimmung des Aufsichtsrats ab, um eine unsachliche Beeinflussung von Mitgliedern des Aufsichtsrats durch den Vorstand zu verhindern. Außerdem sollen diese nicht hinter dem Rücken und ohne Billigung durch Aufsichtsrat und Hauptversammlung Zahlungen erhalten. Nach neuer Rechtsprechung[95] gilt dies entgegen der früher h. M. auch für Vertragsverhältnisse, die bereits vor der Wahl des Vertragspartners zum Aufsichtsratsmitglied bestanden haben.[96] Im Ergebnis sind an Umfang und Genauigkeit der zu genehmigenden Verträge mit Mitgliedern des **45**

---

[91] Vgl. auch die unternehmensbezogenen Angaben bei *W. Schürmann/K. Körfgen*, Familienunternehmen auf dem Weg zur Börse, S. 271 ff.

[92] Die Ursache für die relativ niedrige Vergütung ist zum einen darin zu sehen, daß Erhöhungen nach § 113 I 2 AktG in jedem Fall einen Beschluß der Hauptversammlung erfordern und Aufsichtsräte die hiermit verbundenen Diskussionen scheuen. Die Vertreter der Arbeitnehmer sind an höheren Bezügen nicht interessiert, da sie häufig den 6000 DM p. a. übersteigenden Betrag an die Hans-Böckler-Stiftung abführen müssen. Vergleichbar hierzu werden Aufsichtsratsvergütungen aus Mandaten in Konzerngesellschaften auf die Vorstandsbezüge in der Obergesellschaft angerechnet. Für Beamte in Aufsichtsräten gelten ähnliche Regelungen. *M. Peltzer* in *N. Wieselhuber*, Börseneinführung mit Erfolg, S. 320 f.

[93] Vgl. §§ 8 und 9 AO.

[94] Zur Vergütung des Aufsichtsrats vgl. auch *U. Seibert* in *B. Pellens* (Hrsg.), Unternehmenswertorientierte Entlohnungssysteme S. 28, 42.

[95] BGHZ 114, 127, 133 f.

[96] *U. Hüffer*, AktG, § 114, Rdnr. 2 f. Vgl. hierzu *M. Deckert*, Der Aufsichtsrat nach der Reform, NZG 1998, S. 710 ff.; *C. Jaeger*, Beraterverträge mit Aufsichtsratsmitgliedern, ZIP 1994, S. 1759 ff.

Aufsichtsrats hohe Anforderungen zu stellen, die überaus ernst zu nehmen sind, da ansonsten – besonders im Falle eines Konkurses, wo keine Heilung mehr möglich ist – die Rückforderung droht.

5. Hauptversammlung

46 Mit der Umwandlung in eine AG wird die Versammlung der Gesellschafter einem deutlich stärkeren und formalisierten Reglement unterworfen. Dies gilt unabhängig von den Erleichterungen, die durch das Gesetz über die kleine AG geschaffen wurden. Zudem sieht sich das Management nach einer Börseneinführung einer deutlich größeren Zahl von – regelmäßig ihm nicht bekannten – Aktionären gegenüber. Neben den im folgenden darzustellenden rechtlichen Aspekten sollte das Management aber die Hauptversammlung immer als Chance der Kommunikation mit Aktionären, Presse und anderen Multiplikatoren begreifen, die es im Sinne einer optimalen Selbstdarstellung zu nutzen gilt. Dabei sollten nicht nur positive Nachrichten möglichst werbewirksam und kurstreibend überbracht werden, sondern im Interesse der Vertrauensbildung in Gesellschaft und Management auch die Möglichkeit der persönlichen und unmittelbaren Überbringung und Erläuterung negativer Informationen genutzt werden. Basis hierfür ist in jedem Fall eine optimale Organisation und Vorbereitung der Hauptversammlung wie auch der auf seiten der Gesellschaft beteiligten Personen[97] als Grundvoraussetzung für einen fehler- und pannenfreien Ablauf.

a) Aufgaben

47 Die Hauptversammlung ist neben Vorstand und Aufsichtsrat das dritte Organ der AG. In ihr üben die Aktionäre nach § 118 AktG ihre Rechte in den Angelegenheiten der Gesellschaft aus, wenngleich nur mittelbar und sehr sporadisch. Die Rechte der Hauptversammlung sind in § 119 AktG enumerativ festgelegt. Danach beschließt die Hauptversammlung in den in Gesetz und Satzung ausdrücklich festgelegten Fällen, insbesondere über

- die Bestellung der Mitglieder des Aufsichtsrats, soweit diese nicht aufgrund der Satzung entsandt werden oder aufgrund mitbestimmungsrechtlicher Regelungen bestellt werden;
- die Verwendung des Bilanzgewinns, wobei sie nach § 174 AktG an den festgestellten Jahresabschluß gebunden ist;[98]

---

[97] Vgl. hierzu *T. Mayrhofer* in *N. Wieselhuber*, Börseneinführung mit Erfolg, S. 333.

[98] Die Hauptversammlung ist auch für die Feststellung des Jahresabschlusses zuständig, wenn Vorstand und Aufsichtsrat sich nicht über den Jahresabschluß einigen können und beschließen, die Feststellung nach § 137 AktG der Hauptversammlung als dem einzig verbleibenden Gesellschaftsorgan zu überlassen.

- die Entlastung der Mitglieder von Vorstand und Aufsichtsrat;
- die Bestellung des Abschlußprüfers;
- Satzungsänderungen;
- Maßnahmen der Kapitalbeschaffung und -herabsetzung;
- die Bestellung von Prüfern für Gründung und Geschäftsführung sowie
- die Auflösung der Gesellschaft.[99]

Über Fragen der Geschäftsführung kann die Hauptversammlung **48** nur entscheiden, wenn der Vorstand dies nach § 119 II AktG verlangt. Die Hauptversammlung besitzt keine umfassende Zuständigkeit oder Kompetenz-Kompetenz, d. h. Befugnis, die eigene Zuständigkeit zu erweitern.[100] Ebensowenig hat sie ein Weisungsrecht gegenüber Vorstand oder Aufsichtsrat, wie es die Gesellschafterversammlung einer GmbH gegenüber deren Geschäftsleitung ausüben kann. Andererseits können die der Hauptversammlung übertragenen Aufgaben auch nicht von anderen Organen wahrgenommen werden.[101]

b) Einberufung

Die Hauptversammlung tritt alljährlich in den ersten acht Monaten **49** des Geschäftsjahres in nichtöffentlicher Sitzung zusammen,[102] zu der die Aktionäre ein Zutrittsrecht haben und Vorstand und Aufsichtsrat erscheinen sollen.[103] Verlängerungen dieser Frist sind – auch durch entsprechende Regelungen in der Satzung – nicht möglich. Verstöße können Schadensersatzansprüche wegen verspäteter Dividendenzahlungen gegen Vorstand und Aufsichtsrat zur Folge haben.[104] Ort der Hauptversammlung soll gemäß § 121 V AktG der Sitz der Gesellschaft sein,[105] falls die Satzung nichts anderes bestimmt.

Die Einberufung der Hauptversammlung hat in den durch Gesetz[106] **50**

---

[99] Eingehend zur Zuständigkeit der Hauptversammlung, *K. Steiner*, Die Hauptversammlung der Aktiengesellschaft, S. 34 ff.

[100] *W. Schürmann/K. Körfgen*, Familienunternehmen auf dem Weg zur Börse, S. 126.

[101] *C. Barz* in Großkommentar zum Aktiengesetz, § 119 Anm. 6.

[102] § 120 I AktG.

[103] § 118 II AktG.

[104] Nach §§ 407, 175 AktG kann das Registergericht auch den Vorstand durch Androhung und Festsetzung von Zwangsgeld zur Abhaltung der Hauptversammlung anhalten.

[105] Im Falle der Zulassung der Aktien zum Amtlichen Handel an einer deutschen Börse kann die Hauptversammlung auch am Sitz der Börse stattfinden.

[106] So hat der Vorstand die Hauptversammlung z. B. nach § 175 AktG unverzüglich nach Eingang des Berichts des Aufsichtsrats über die Prüfung des Jahresabschlusses, des Lageberichts und des Vorschlags über die Verwendung des Bilanzgewinns zur Entgegennahme und Feststellung des Jahresabschlusses einzuberufen.

oder Satzung bestimmten Fällen durch den Vorstand[107] zu erfolgen. Gleiches gilt, wenn das Wohl der Gesellschaft die Abhaltung einer Hauptversammlung erfordert oder eine Aktionärsminderheit dies schriftlich fordert.[108] Die Einberufung der Hauptversammlung muß mindestens einen Monat vor dem Tage der Hauptversammlung[109] in den Gesellschaftsblättern der AG bekanntgemacht werden, d. h. im Bundesanzeiger[110] und eventuellen anderen in der Satzung festgeschriebenen Zeitungen. Bei börsennotierten Gesellschaften hat die Einberufung nach §§ 63 I, 70 I BörsZulV auch in einem Börsenpflichtblatt bekanntgemacht zu werden. Demnach reicht eine Publikation auf der Webseite der Gesellschaft keinesfalls aus.[111]

51 Durch das Gesetz über die kleine AG wurden diese Anforderungen gemildert, so daß nunmehr alle Gesellschaften, bei denen die Aktionäre der Gesellschaft namentlich bekannt sind, auf die Formvorschriften der öffentlichen Bekanntmachung verzichten können.[112] Bei diesen Gesellschaften reicht es aus, wenn die Hauptversammlung per eingeschriebenem Brief einberufen wird, wobei für die Berechnung der auch hier geltenden einmonatigen Einberufungsfrist der Tag der Absendung gleichzeitig als der Tag der Bekanntmachung gilt. Gleiches gilt nach § 124 AktG für die Bekanntmachung der Tagesordnung, wo-

---

[107] Zur Einberufungszuständigkeit, vgl. *K. Steiner*, Die Hauptversammlung der Aktiengesellschaft, S. 10 ff.

[108] Voraussetzung für ein solches Verlangen ist, daß die Aktionäre über eine Mindestbeteiligung von fünf Prozent des Grundkapitals verfügen, wobei gleichgültig ist, ob es sich hierbei um Stamm- oder Vorzugsaktien, Namens- oder Inhaberaktien handelt.

[109] § 123 I AktG. Falls die Satzung eine längere Frist vorsieht, ist diese maßgeblich. Ist nach der Satzung die Teilnahme oder die Ausübung des Stimmrechts davon abhängig, daß die Aktien bis zu einem bestimmten Zeitpunkt vor der Versammlung hinterlegt werden oder daß sich die Aktionäre vor der Versammlung, tritt für die Berechnung der Einberufungsfrist nach § 123 II AktG an die Stelle des Versammlungstermins der Tag, bis zu dessen Ablauf die Aktien zu hinterlegen sind oder sich die Aktionäre vor der Versammlung anmelden müssen.

[110] Dem Bundesanzeiger muß die Einladung mindestens drei Tage vor Veröffentlichung vorliegen. Dabei ist zu beachten, daß der Bundesanzeiger am Sonntag und Montag nicht erscheint. *T. Mayrhofer* in *N. Wieselhuber*, Börseneinführung mit Erfolg, S. 335. Zur Fristberechnung vgl. auch *U. Hüffer*, AktG § 123, Rdnr. 2 f.

[111] *U. Noack*, Hauptversammlung und Neue Medien, BB 1998, S. 2533.

[112] Im Falle börsennotierter Gesellschaften sind die Aktionäre regelmäßig nur bekannt, wenn die Gesellschaft ausschließlich Namensaktien ausgegeben hat. Hier wird die Ladung mittels eingeschriebenem Brief gegenüber der Veröffentlichung im Bundesanzeiger aber häufig unwirtschaftlich sein und ein unkalkulierbares Risiko, daß die Gesellschaft mangels Kenntnis von Namen oder Adressen nicht alle Aktionäre einlädt, bergen. Vgl. hierzu *U. Seibert/D. Köster/R. Kiem*, Die kleine AG, S. 68 ff.

bei in einigen Fällen über den Tagesordnungspunkt hinaus weitere Angaben zu machen sind. Steht die Wahl von Aufsichtsratsmitgliedern auf der Tagesordnung, so sind auch die gesetzlichen Vorschriften, die die Zusammensetzung regeln, anzugeben und ob die Hauptversammlung an die Wahlvorschläge gebunden ist. Soll die Hauptversammlung über eine Satzungsänderung oder einen Vertrag beschließen, der nur mit Zustimmung der Hauptversammlung wirksam wird, so ist auch der Wortlaut der vorgeschlagenen Satzungsänderung bzw. der wesentliche Inhalt des Vertrages bekanntzumachen. Im Falle einer unterbliebenen oder nicht ordnungsgemäßen Bekanntmachung darf die Hauptversammlung keinen Beschluß fassen. Wird hiergegen verstoßen, so ist dieser Beschluß nach § 243 AktG durch Erhebung einer Klage anfechtbar, aber nicht – wie im Falle bestimmter Einberufungsmängel – nach § 241 AktG nichtig. Das Registergericht muß daher den Beschluß eintragen, wenn keine Anfechtung erfolgt ist und wegen Ablaufs der Monatsfrist des § 246 I AktG auch nicht mehr erhoben werden kann.[113]

Über die vorgenannten Normen hinaus finden sich in den §§ 125 52
bis 128 AktG Vorschriften über Mitteilungspflichten gegenüber den Aktionären, Aktionärsvereinigungen, Aufsichtsratsmitgliedern und Kreditinstituten, die im einzelnen bestimmen, welche Informationen, Anträge, Gegenanträge und Wahlvorschläge von Aktionären vom Vorstand im Vorfeld der Hauptversammlung bekanntzumachen sind und wer Mitteilungen weiterzugeben hat. Danach sind Mitteilungen über die Einberufung und Gegenanträge an die Aktionäre zu übersenden, wofür ein Fax genügt.[114] Hieraus abgeleitet wird inzwischen richtigerweise auch die Übersendung durch E-Mail für zulässig gehalten, zumindest sofern eine E-Mail-Adresse öffentlich geführt wird.[115]

In Anlehnung an § 51 III GmbHG können nach dem mit dem Gesetz 53
über die kleine AG eingefügten § 121 VI AktG auch in der AG alle Beschlüsse unter Außerachtlassung der gesetzlichen oder satzungsbestimmten Formen und Fristen betreffend die Einberufung und Ankündigung der Hauptversammlung gefaßt werden, sofern alle Aktionäre anwesend sind[116] und wenn kein Aktionär der Beschlußfassung widerspricht.[117]

---

113 Vgl. hierzu U. Hüffer, AktG, § 124, Rdnr. 18.

114 *U. Hüffer*, AktG 126, Rdnr. 4; OLG Frankfurt a. M. ZIP 1998, S. 1532.

115 *U. Noack*, Hauptversammlung und Neue Medien, BB 1998, S. 2533. Inwieweit dem auch die Rechtsprechung zustimmen wird, bleibt abzuwarten.

116 „Vollversammlung“ oder „Universalversammlung“.

117 Auf diese Weise schützt das Gesetz den Aktionär, der zwar in der Vollversammlung erschienen ist, jedoch mangels Ankündigung der Tagesordnung sich nicht auf dieselbe vorbereiten konnte.

c) Ablauf und Versammlungsleitung

54 Ablauf und Leitung der Hauptversammlung sind im Gesetz nur rudimentär geregelt. Üblicherweise wird die Leitung der Hauptversammlung von der Satzung dem Vorsitzenden des Aufsichtsrats übertragen, der für ihre zweck- und rechtmäßige Durchführung zu sorgen hat und hierfür auf alle erforderlichen Ordnungsmaßnahmen einschließlich der Ausübung des Hausrechts zurückgreifen kann.[118] Wenn die Satzung dies nicht regelt, ist der Hauptversammlungsleiter von der Hauptversammlung selbst zu wählen, wobei Vorstände oder der die Hauptversammlung protokollierende Notar aber nicht wählbar sind. Von der Reihenfolge der angekündigten Tagesordnungspunkte darf der Versammlungsleiter abweichen, soweit ihm dies zweckmäßig erscheint. Die Hauptversammlung ist nach § 129 I 1 AktG berechtigt, sich eine Geschäftsordnung für die Durchführung der Versammlung zu geben.[119]

55 Nach § 129 I AktG ist zur Feststellung von Präsenz und Beschlußfähigkeit ein Teilnehmerverzeichnis zu erstellen, das vom Leiter der Hauptversammlung zu unterzeichnen und vor der ersten Abstimmung für alle Hauptversammlungsteilnehmer zur Einsicht auszulegen ist. Alle Beschlüsse der Hauptversammlung und einige im Gesetz bestimmte Verlangen von Minderheiten sind nach § 130 I AktG notariell zu beurkunden.[120] Unrichtige oder unvollständige Beurkundung führt nach § 241 Nr. 2 AktG zur Nichtigkeit des Beschlusses, die im Falle eintragungsbedürftiger Beschlüsse aber nach § 242 AktG durch Eintragung im Handelsregister geheilt werden kann.

d) Beschlüsse und Mehrheitserfordernisse

56 Nach dem in § 133 AktG verankerten Grundsatz der einfachen Stimmenmehrheit bedürfen Beschlüsse der Hauptversammlung der einfachen Mehrheit der abgegebenen Stimmen, soweit nicht Gesetz oder Satzung eine größere Mehrheit oder weitere Erfordernisse bestimmen. Das Stimmrecht wird gemäß § 134 I 1 AktG nach Aktiennennbeträgen bzw. Zahl der Aktien im Falle von Stückaktien ausgeübt, so daß die Zahl der Aktionäre unerheblich ist. Stimmenthaltungen

---

[118] Vgl. hierzu *U. Hüffer*, AktG, § 129, Rdnrn. 20ff.; vgl. *K. Steiner*, Die Hauptversammlung der Aktiengesellschaft, S. 52ff.

[119] Vgl hierzu § 3 I. 5. g).

[120] Zu Inhalt und Form vgl. auch § 130 II bis V AktG. Bei einer nicht börsenzugelassenen AG kann nach § 130 I AktG seit dem Inkrafttreten des Gesetzes über die kleine AG auf die notarielle Beurkundung der Beschlüsse verzichtet werden. Hier genügt die Aufnahme einer vom Vorsitzenden des Aufsichtsrates zu unterzeichnenden Niederschrift. Nur bei den Beschlüssen, für die gesetzlich eine Dreiviertel- oder größere Mehrheit bestimmt ist, gilt nach wie vor der Beurkundungszwang.

bleiben bei der Stimmberechnung unberücksichtigt. Bei Stimmengleichheit gilt ein Antrag als abgelehnt.[121] Das Abstellen auf die abgegebenen Stimmen anstatt auf das gesamte stimmberechtigte Kapital hat in Anbetracht der regelmäßig niedrigen Präsenz auf Hauptversammlungen deutscher Publikumsgesellschaften zur Folge, daß diese häufig von Großaktionären dominiert werden können, die nicht über eine absolute oder qualifizierte Stimmenmehrheit verfügen. Die gesetzlichen Mehrheitserfordernisse für die praktisch häufigsten Beschlüsse sind aus den nachfolgenden Übersichten[122] ersichtlich.

Einfache Stimmenmehrheit der abgegebenen Stimmen (§ 133 I und II AktG)

§ 175 I AktG	Feststellung des Jahresabschlusses
§ 174 I AktG	Verwendung des Bilanzgewinns
§ 120 I 1 AktG	Entlastung von Vorstand und Aufsichtsrat
§ 120 I 2 AktG	Einzelentlastung von Mitgliedern des Vorstands und des Aufsichtsrats
§ 101 I 1 AktG	Bestellung von Aufsichtsratsmitgliedern des Aktionäre
§ 318 HGB i. V. m. § 119 I Nr. 4 AktG	Wahl der Abschlußprüfer
§ 119 II AktG	Geschäftsführungsfragen des Vorstands
§ 93 IV 3 AktG	Zustimmung zum Verzicht auf Ersatzansprüche der Gesellschaft gegen Mitgliedern der Verwaltung
§§ 147 III, 117 I AktG	Bestellung besonderer Vertreter zur Geltendmachung von Ersatzansprüchen der Gesellschaft

Dreiviertelmehrheit der abgegebenen Stimmen

§ 103 1 und 2 AktG	Vorzeitige Abberufung von Aufsichtsratsmitgliedern
§ 111 IV 4 AktG	Zustimmung der Hauptversammlung zu Geschäften des Vorstands, zu denen der Aufsichtsrat seine Zustimmung verweigert hat

Dreiviertelmehrheit des vertretenen Grundkapitals

§ 129 I 1 AktG	Geschäftsordnung der Hauptversammlung
§ 179 AktG	Satzungsänderungen
§§ 182 I, 207 AktG	Kapitalerhöhung einschließlich Kapitalerhöhung aus Gesellschaftsmitteln

---

[121] Zur Ausübung des Stimmrechts, Auszählung der Stimmen sowie gesetzlichen oder satzungsmäßigen Stimmrechtsverboten vgl. *T. Mayrhofer* in *N. Wieselhuber*, Börseneinführung mit Erfolg, S. 339. Ein Antrag ist immer positiv zu formulieren. Die Ablehnung eines Antrags bedeutet nicht die Annahme des Gegenteils. *A. Baumbach/A. Hueck*, Aktiengesetz, § 133 Rdnr. 2.

[122] *T. Mayrhofer* in *N. Wieselhuber*, Börseneinführung mit Erfolg, S. 344 ff.; vgl. *K. Steiner*, Die Hauptversammlung der Aktiengesellschaft, S. 34 ff.

§ 186 III, 221 IV 2 AktG	Ausschluß des Bezugsrechts
§ 202 II AktG	Bedingte Kapitalerhöhung/Genehmigtes Kapital
§§ 222 I,229 III, 237	Kapitalherabsetzungen
§§ 262 I Nr. 2 AktG	Auflösung der Gesellschaft
§ 65 I, 73, 125, 135, 176, 179 UmwG	Verschmelzung/Vermögensübertragung/Spaltung
§ 319 II	Eingliederung
§§ 293 I, 295 I AktG	Unternehmensverträge und Änderungen

Zustimmung aller betroffenen Aktionäre

§ 180 I AktG	Auferlegung von Nebenverpflichtungen an Aktionäre
§ 180 II AktG	Nachträgliche Vinkulierung von Namensaktien
§ 128 UmwG	Zustimmung zur Spaltung in Sonderfällen

Sonderbeschlüsse von außenstehenden Aktionären oder Aktionären bestimmter Gattungen

§§ 295, 297 II AktG	Zustimmung zu Änderung/Aufhebung oder Kündigung eines Unternehmensvertrages
§ 182 II AktG	Zustimmung zur Kapitalerhöhung gegen Einlagen
§§ 193 I 3, 202 II 4 AktG	Zustimmung zur Schaffung bedingten/genehmigten Kapitals
§§ 222 II, 229 III AktG	Zustimmung bei ordentlicher/vereinfachter Kapitalherabsetzung
§§ 65, 73, 125, 176, 177, 189, 186, 188 UmwG	Zustimmung zur Verschmelzung/Spaltung/Vermögensübertragung
§ 179 III AktG	Änderung der Gattungsverhältnisse

e) Auskunftsrechte

57 Das in § 131 AktG verankerte Auskunftsrecht der Aktionäre in der Hauptversammlung stellt einerseits einen wesentlichen Bestandteil der Aktionärsdemokratie dar, führt aber, insbesondere vor dem Hintergrund der relativ lockeren, hauptsächlich finanziell geprägten Beziehung zwischen Gesellschaft und einer u. U. großen Masse anonymer Aktionäre, aufgrund der hiermit verbundenen „Halböffentlichkeit" zu maßgeblichen Einschnitten für das Unternehmen, dessen Leitung und die Altaktionäre. Im Ergebnis gehört das Individualrecht[123] des Aktionärs auf Auskunft auch nach maßgeblichen Änderungen im Zuge der

[123] Nach einhelliger Meinung gehört das Informationsrecht aus § 131 AktG zu den individuellen Informationsrechten des Aktionärs, da es diesem ein eigenes, nicht aus der Organzuständigkeit, sondern aus der Mitgliedschaft abgeleitetes Informationsrecht gegen die Gesellschaft einräumt. *U. Hüffer*, AktG, § 131, Rdnr. 2; *W. Groß*, Informations- und Auskunftsrecht des Aktionärs, AG 1997, S. 97, 103.

Reformen des Aktienrechts[124] zu den umstrittensten Fragen des Aktienrechts.

Nach § 131 I AktG hat der Vorstand jedem Aktionär und dessen bevollmächtigten Vertretern[125] auf Verlangen in der Hauptversammlung unabhängig von der Höhe seiner Beteiligung und der Gattung seiner Aktien Auskunft über Angelegenheiten der Gesellschaft zu geben, soweit dies zur sachgemäßen Beurteilung eines Gegenstandes der Tagesordnung erforderlich ist. Die Auskunft hat den Grundsätzen einer gewissenhaften und getreuen Rechenschaft zu entsprechen, d. h. auch, daß der Vorstand so umfassend informieren muß, daß sich der Aktionär ein verläßliches Gesamtbild von der wirtschaftlichen Entwicklung und Lage der Gesellschaft machen kann.[126] Im Falle einer Unternehmensgruppe erstreckt sich die Auskunftspflicht auch auf die rechtlichen und geschäftlichen Beziehungen der Gesellschaft zu einem verbundenen Unternehmen, wobei weder eine Mehrheitsbeteiligung noch eine Abhängigkeit oder ein Konzernverhältnis erforderlich ist.[127] 58

Grundsätzlich braucht eine Frage vom Aktionär nicht begründet werden. Es muß aber ersichtlich sein, daß die Auskunft zur sachgemäßen Beurteilung eines Gegenstandes der Tagesordnung erforderlich ist, woraus in Zweifelsfragen die Notwendigkeit zur Erläuterung und Begründung resultieren kann. Pauschale, ins allgemeine gehende Fragen brauchen grundsätzlich auch nur so pauschal beantwortet werden.[128] Der Anspruch auf Auskunft besteht grundsätzlich nur in der Hauptversammlung, sofern nicht eine gerichtliche Entscheidung nach § 132 AktG vor dem Landgericht, in dessen Bezirk die Gesellschaft ihren Sitz hat, eine Entscheidung über das Auskunftsrecht herbeigeführt wird. Wird dem Antrag stattgegeben,[129] ist die Auskunft ausnahmsweise auch außerhalb der Hauptversammlung zu geben. 59

Das Recht des Vorstands, eine erfragte Auskunft zu verweigern, besteht nur unter den engen Voraussetzungen des § 131 III AktG, d. h.

- soweit die Erteilung der Auskunft geeignet ist, der Gesellschaft oder

[124] Vgl. hierzu *H. Balser/G. Bokelmann/K. Piorreck*, Die Aktiengesellschaft, Rdnrn. 198 ff.

[125] *A. Baumbach/A. Hueck*, Aktiengesetz, § 131, Rdnr. 4.

[126] Die Auskunft ist vom Vorstand zu erteilen, der auch hierbei vom Aufsichtsrat überwacht wird. Wird eine Frage vom Leiter der Hauptversammlung erteilt, so ist der Vorstand dafür verantwortlich, daß diese den gesetzlichen Anforderungen entspricht. Ist dies nicht der Fall, hat er die Auskunft entsprechend zu ergänzen.

[127] *U. Hüffer*, AktG, § 131, Rdnr. 14.

[128] LG Braunschweig, AG 1991, S. 36.

[129] Wenn der Aktionär mit der Antwort des Vorstands unzufrieden ist, muß er nachfragen, sonst verliert er sein Anfechtungsrecht. LG Braunschweig, AG 1991, S. 36, 37 f.

einem verbundenen Unternehmen einen nicht unerheblichen Nachteil zuzufügen;[130]

- soweit sie sich auf steuerliche Wertansätze oder die Höhe einzelner Steuern bezieht;
- wenn sie sich auf Differenzen zwischen Buch- und Marktwerten von Bilanzwerten bezieht, es sei denn, daß die Hauptversammlung den Jahresabschluß feststellt;
- wenn sie Bilanzierungs- und Bewertungsmethoden betrifft, sofern diese in angemessener Weise im Anhang des Jahresabschlusses dargestellt sind und der Jahresabschluß nicht durch die Hauptversammlung festgestellt wird;
- soweit sich der Vorstand durch die Erteilung der Auskunft strafbar machen würde.[131]

60 So wird von Literatur und Rechtsprechung auch bei Fragen nach Mandaten einzelner Vorstände und Aufsichtsratsmitglieder in anderen Gesellschaften,[132] nach der Aufschlüsselung von Einzelpositionen des Jahresabschlusses[133] oder dem Erwerb und der Veräußerung eigener Aktien[134] regelmäßig eine Auskunftspflicht bejaht. Gleiches gilt bei Fragen nach der Berechnung des Gewinns pro Aktie,[135] in Hinblick auf erhebliche Beteiligungen an anderen Unternehmen[136] einschließlich der hierfür bezahlten und erhaltenen Kaufpreise[137] und deren Jahresergebnisse. Demgegenüber wurde die Auskunftspflicht bezüglich der Bezüge einzelner Mitglieder von Vorstand und Aufsichtsrat[138] sowie einzelner Spendenvorgänge verneint.

---

[130] Ob ein Auskunftsverlangen geeignet ist, der AG einen Nachteil zuzufügen, ist nach einem objektiven Maßstab zu beurteilen. Die Beweislast, daß in Wirklichkeit kein Nachteil droht, trifft den Aktionär. LG München I, AG 1981, S. 79, 80.

[131] Bei Kreditinstituten besteht nach § 131 III Nr. 6 AktG darüber hinaus ein Auskunftsverweigerungsrecht, soweit dieses keine Angaben über angewandte Bilanzierungs- und Bewertungsmethoden sowie Verrechnungen zu machen braucht.

[132] *F. Semler* in *M. Hoffmann-Becking* (Hrsg.), Münchener Handbuch des Gesellschaftsrechts, Band 4, Aktienrecht, § 37 Rdnr. 12.

[133] OLG Düsseldorf, AG 1992, S. 34, 35; LG Dortmund, AG 1987, S. 21, 22.

[134] BGH, AG 1987, S. 344, 347.

[135] LG München I, AG 1981, S. 79, 80.

[136] KG Berlin, AG 1994, S. 83, nach dem sich die Auskunftspflicht aber nicht auf den Buchwert der Beteiligung erstreckt. LG Berlin AG 1994, S. 40.

[137] LG Berlin, AG 1991, S. 34, 35; OLG Düsseldorf, AG 1992, S. 34, 36. Etwas anderes gilt, wenn aus berechtigten Gründen eine besondere Vertraulichkeit vereinbart wurde.

[138] LG Berlin, AG 1991, S. 36, sofern nicht besondere Umstände für Pflichtverletzungen vorliegen. Verneint wurde auch eine entsprechende Auskunftspflicht für die Gremien in Tochterunternehmen. *F. Semler* in *M. Hoffmann-Becking* (Hrsg.), Münchener Handbuch des Gesellschaftsrechts, Band 4, Aktienrecht, § 37 Rdnr. 11.

Wird eine Auskunft verweigert, so kann der fragende Aktionär verlangen, daß seine Frage und der Grund der Verweigerung in das Hauptversammlungsprotokoll aufgenommen wird. Beschlüsse, die auf einer unberechtigten Verweigerung der Auskunft beruhen, sind nach § 243 I AktG anfechtbar. Dabei ist es nach § 243 IV AktG für eine Anfechtung, die auf die Verweigerung einer Auskunft gestützt wird, unerheblich, daß die Hauptversammlung oder Aktionäre erklären, die Verweigerung habe ihre Beschlußfassung nicht beeinflußt.[139] **61**

f) Hauptversammlung über das Internet

Die rasante Verbreitung des Internets und die hieraus resultierende Veränderung organisatorischer Vorgänge in unserer Gesellschaft erfaßt in ersten Ansätzen nun auch die Durchführung von Hauptversammlungen. So wurden nicht nur im angelsächsischen Ausland bereits Aktionärsversammlungen über das Internet übertragen, sondern auch in Schweden[140] und in Deutschland.[141] Vor dem Hintergrund der hiermit erzielbaren Vorteile sowie der steigenden Zahl von High-Tech-Unternehmen, die dieser Möglichkeit u. U. noch offener gegenüberstehen als etablierte Gesellschaften, ist grundsätzlich ein stark wachsendes Interesse an der Möglichkeit der Übertragung von Hauptversammlungen im Internet zu vermuten. **62**

Dies ist mittlerweile abgesehen von unbefriedigenden Übertragungszeiten technisch unproblematisch und ermöglicht – auf eine für alle Beteiligten kostengünstige Weise – die umfassende und zeitgemäße Information einer Vielzahl von Interessenten. In ihrer tatsächlichen Wirkung und rechtlichen Bewertung unterscheidet sich die Übertragung im Internet allenfalls dadurch von der in Rundfunk und Fernsehen, daß im Internet eine interaktive Kommunikation möglich ist. Dabei ist davon auszugehen, daß sich all die genannten Medien an eine breite Öffentlichkeit richten, was zu rechtlichen Problemen führen kann, da die Hauptversammlung – selbst bei den großen Publikumsgesellschaften, an deren wirtschaftlichen Entwicklung zu Recht ein breites Interesse der Öffentlichkeit besteht – zunächst einmal keine öffentliche Veranstaltung ist.[142] **63**

Unabhängig hiervon kann in der Satzung oder der Geschäftsordnung der Hauptversammlung die Zulassung der Medien zur Hauptversamm- **64**

---

139 Zum Ganzen vgl. auch *W. Groß*, Informations- und Auskunftsrecht des Aktionärs, AG 1997, S. 97 ff.

140 So z. B. die Elektrolux AB, Stockholm. *O. V.*, Hauptversammlung für Surfer, HB vom 28. April 1997, S. 19.

141 Z. B. Deutsche Telekom AG 1997, Daimler-Benz AG 1998, Pro Sieben Media AG 1998, RWE AG 1998; *U. Noack*, Hauptversammlung und Neue Medien, BB 1998, S. 2533, 2534.

142 *W. Zöllner* in Kölner Kommentar zum Aktiengesetz, § 118 Rdnr. 29; *U. Hüffer*, AktG, § 118, Rdnr. 16.

lung und damit auch deren Übertragung im Internet vorgesehen werden. Dies ist für Vertreter der Presse anerkannt,[143] sollte aber auch für Rundfunk und Fernsehen[144] sowie das Internet gelten.[145] § 23 V AktG steht der Regelung in der Satzung nicht entgegen, da die Zulassung Dritter im Aktiengesetz nicht abschließend geregelt oder untersagt wird. Demnach ist eine Übertragung der Hauptversammlung im Internet möglich, wenn die hierfür geltenden Bestimmungen der Satzung eingehalten werden.[146]

65 Demgegenüber sollte im Falle eines Fehlens einer Satzungsregelung die Rechtmäßigkeit der Übertragung im Internet in Analogie zur Zulassung der Presse zur Hauptversammlung beurteilt werden. Hierüber und damit auch über die Herstellung der Versammlungsöffentlichkeit entscheidet nach wohl h. M. der Versammlungsleiter,[147] der verpflichtet ist, die Hauptversammlung entsprechend zu unterrichten. Bei Widerspruch hat er deren Entscheidung herbeizuführen. Nach dem in § 129 I 1 AktG verankerten Gedanken der autonomen Durchführung der Hauptversammlung ist auch eine entsprechende Regelung durch deren Geschäftsordnung möglich. Trotz der damit grundsätzlichen gegebenen Zulässigkeit von Übertragungen von Hauptversammlungen im Internet wird man in Analogie zur Rechtsprechung des BGH bezüglich der Zulässigkeit von Tonbandaufzeichnungen aber davon ausgehen müssen, daß dieser dem einzelnen Aktionär auch das Recht zubilligen wird, vom Versammlungsleiter zu verlangen, daß sein Redebeitrag nicht übertragen wird.[148] Die aktive Teilnahme an der Hauptversammlung über das Internet, z. B., indem die Beiträge und Fragen der Aktionäre nach Übermittlung über das Internet auf Großleinwände projiziert werden, wäre zwar ebenfalls sinnvoll, wird nach geltendem Recht aber für nicht zulässig gehalten, da sowohl das Stimmrecht als auch das Auskunftsrecht versammlungsgebundene Aktionärsrechte sind, deren Ausübung außerhalb der Hauptversammlung nach h. M. unbeachtlich ist.[149]

---

[143] *K. Martens*, Leitfaden für die Leitung der Hauptversammlung einer Aktiengesellschaft, S. 20.

[144] *U. Eckardt* in *E. Geßler/W. Hefermehl/U. Eckardt/B. Kropf* (Hrsg.), AktG, § 118 Rdnr. 42.

[145] *B. Riegger/S. Mutter*, Zum Einsatz neuer Kommunikationsmedien in Hauptversammlungen von Aktiengesellschaften, ZIP 1998, S. 637, 638.

[146] *U. Noack*, Hauptversammlung und Neue Medien, BB 1998, S. 2533, 2535.

[147] *U. Hüffer*, AktG, § 118 Rdnr. 16; *U. Eckardt* in *E. Geßler/W. Hefermehl/U. Eckardt/B. Kropf* (Hrsg.), AktG, § 118 Rdnr. 42.

[148] *B. Riegger/S. Mutter*, Zum Einsatz neuer Kommunikationsmedien in Hauptversammlungen von Aktiengesellschaften, ZIP 1998, S. 637, 638.

[149] *U. Hüffer*, AktG, § 118 Rdnr. 7. Zu Überlegungen zwecks Ermöglichung der aktiven Teilnahme von Aktionären über das Internet durch die Entsendung von Vertretern in die Hauptversammlung vgl. *B. Riegger/S. Mutter*, Zum Einsatz

Von der reinen Übertragung einer Hauptversammlung zu unterscheiden ist die ausschließliche Durchführung im Internet, die nach geltendem Aktienrecht u. a. gegen das uneingeschränkte Teilnahmerecht der Aktionäre verstoßen würde, da nur die Aktionäre teilnehmen können, die über einen Internetzugang verfügen. Vor diesem Hintergrund kann nach § 23 V AktG auch durch die Satzung keine andere Regelung getroffen werden. **66**

g) Geschäftsordnung

Mit der Änderung des § 129 I AktG durch das KonTraG hat der Gesetzgeber[150] die bis dahin streitige Frage entschieden, ob sich die Hauptversammlung eine Geschäftsordnung geben kann.[151] Danach ist dies zur Regelung der Vorbereitung und Durchführung der Hauptversammlung möglich, erfordert aber eine Mehrheit, die mindestens drei Viertel des bei der Beschlußfassung vertretenen Grundkapitals umfaßt.[152] **67**

Die Kernpunkte einer Geschäftsordnung betreffen Einlaß- und Sicherheitskontrollen, die Bestimmung der Person des Versammlungsleiters und eines Stellvertreters, die Reichweite deren Ordnungs- und Leitungsbefugnis, die Zulässigkeit von Tonbandmitschnitten, Redezeiten und die Behandlung von Redebeiträgen, das Verfahren der Stimmenauszählung sowie die Notwendigkeit der Verlesung von Beschlußvorlagen.[153] Zunehmend an Bedeutung gewinnen dürfte die Regelung des Einsatzes neuer Kommunikationsmedien, insbesondere die Übertragung der Hauptversammlung im Internet.[154] **68**

---

neuer Kommunikationsmedien in Hauptversammlungen von Aktiengesellschaften, ZIP 1998, S. 638 m. w. N.

150 Der Gesetzgeber erhoffte sich mit der ausdrücklichen Zulassung der Geschäftsordnung eine Stärkung der Hauptversammlung, die er durch die zunehmenden Investor-Relationsmaßnahmen und die damit verbundene Verlagerung der Kommunikation von der Hauptversammlung zu direkten Kontakten der Gesellschaft mit Finanzanalysten und institutionellen Anlegern in ihrer Bedeutung bedrängt sieht.

151 Zum Meinungsstand bis zur Gesetzesänderung vgl. *F. Semler* in *M. Hoffmann-Becking* (Hrsg.), Münchener Handbuch des Gesellschaftsrechts, Band 4, Aktienrecht, § 35 Rdnr. 42; *C. Barz* in Großkommentar zum Aktiengesetz, § 119 Rdnr. 5.

152 Zu Verfahren und Bekanntmachung vgl. *B. Hennerkes/R. Kögel*, Eine Geschäftsordnung für die Hauptversammlung, DB 1999, S. 81ff.; *G. Bezzenberger*, Die Geschäftsordnung der Hauptversammlung, ZGR 1998, S. 352, 365.

153 Regierungsentwurf zur Änderung des Aktiengesetzes („KonTraG") vom 6. November 1997, ZIP 1997, S. 2059, 2064. Eingehend hierzu *B. Hennerkes/R. Kögel*, Eine Geschäftsordnung für die Hauptversammlung, DB 1999, S. 81ff.; *G. Bezzenberger*, Die Geschäftsordnung der Hauptversammlung, ZGR 1998, S. 352, 365; *C. Dietrich*, Voraussetzungen und Inhalte einer Geschäftsordnung der Hauptversammlung, NZG 1998, S. 921ff.

154 Vgl. hierzu § 3 I. 5. f). Hauptversammlung über das Internet.

69 Inwieweit eine Geschäftsordnung der Hauptversammlung sinnvoll und erforderlich ist, ist umstritten. So werden die positiven Effekte für die Aktionäre nach den ersten Erfahrungen von involvierten Praktikern als gering erachtet[155] oder die Erforderlichkeit ganz bestritten, da eine Vielzahl der Fragestellungen ohnehin in der Satzung geregelt ist oder zumindest geregelt werden könnte.[156] Befürworten Aktionäre vor einem Börsengang im Interesse einer höheren Transparenz und Rechtssicherheit sowie einer bestmöglichen Eingrenzung des Mißbrauchs von Aktionärsrechten[157] in späteren Hauptversammlungen dennoch die Schaffung einer Geschäftsordnung, so empfiehlt sich deren Verabschiedung vor der Plazierung von Aktien in einem großen Anlegerkreis, da hierdurch die Diskussionen vermieden werden können, die sich ansonsten gerade bei Regelungen über die Beschränkung des Rederechts entzünden werden.

6. Beirat

70 Der Beirat als beratendes, überwachendes oder zustimmendes Gremium ist im AktG nicht vorgesehen. Ungeachtet des in § 23 V AktG verankerten Grundsatzes der Satzungsstrenge ist die Bildung von fakultativen Gremien grundsätzlich zulässig. Änderungen der gesetzlichen Zuständigkeitsverteilung sind aber nicht möglich.[158] Demgegenüber können auch keine Zustimmungserfordernisse des Beirats in der Satzung vorgesehen werden, zumindest nicht mit Wirkung auf die Rechtmäßigkeit des Beschlusses des Organs. Aufgaben, die in anderen Gesellschaftsformen dem Beirat übertragen sind,[159] werden ab der Umwandlung im Vorfeld einer Börseneinführung zum größten Teil vom Aufsichtsrat wahrgenommen. Die Rolle von Beiräten in der AG ist daher im Regelfall darauf beschränkt, in diesem wissenschaftliche Kompetenz zu versammeln oder den Beirat zur Pflege von Beziehungen zu nutzen.[160]

---

[155] *B. Hennerkes/R. Kögel*, Eine Geschäftsordnung für die Hauptversammlung, DB 1999, S. 81ff.

[156] *G. Bezzenberger*, Die Geschäftsordnung der Hauptversammlung, ZGR 1998, S. 352, 365f.

[157] Vgl. hierzu *H. Kallmeyer*, Die Ausübung von Aktionärsrechten in der Hauptversammlung durch „Form-Aktionäre", AG 1998, S. 123ff.

[158] Die Übertragung organschaftlicher Funktionen an Beiräte ist in der AG demnach nicht möglich. *U. Hüffer*, AktG, § 95 Rdnr. 4 m. w. N.

[159] Vgl. hierzu eingehend *C. Borggreve* in *K. Peter/G. Crezelius*, Gesellschaftsverträge und Unternehmensformen, S. 568ff.; *R. Thümmel*, Persönliche Haftung von Managern und Aufsichtsräten, S. 112.

[160] So z. B. bei den deutschen Großbanken, von denen einige regionale Beiräte unterhalten. Näher zum Beirat vgl. *P. May* in *B. Hennerkes/R. Kirchdörfer*, Unternehmenshandbuch Familiengesellschaften, S. 359; *W. Sigle*, Beiräte, NZG 1998, S. 619ff.

7. Grundkapital

a) Mindestbetrag

Die AG hat nach § 1 II AktG ein in Aktien zerlegtes Grundkapital von mindestens 50 000 Euro,[161] das bei börsennotierten Gesellschaften aber regelmäßig weit über diesem Betrag liegt. Dies gilt auch für junge und neu notierte Gesellschaften, nicht zuletzt weil vor dem Hintergrund der Vorgaben des § 8 II und III AktG für das (rechnerische) Mindestkapital pro Aktie nur so eine so hohe Zahl an Aktien für die Emission zur Verfügung steht, daß ein Mindestmaß an Liquidität gewährleistet ist. Das Grundkapital ist im Jahresabschluß der AG nach § 266 III A I HGB als Bestandteil des Eigenkapitals auf der Passivseite auszuweisen. Strikt vom satzungsmäßig fixierten Grundkapital, das nur durch eine im Wege der Satzungsänderung durchzuführende Kapitalerhöhung oder Kapitalherabsetzung geändert werden kann, zu unterscheiden ist das in seinem Wert schwankende Gesellschaftsvermögen. 71

b) Schutz des Grundkapitals

Vor dem Hintergrund der in § 1 I 2 AktG angeordneten Beschränkung der Haftung auf das Gesellschaftsvermögen, d. h. dem Ausschluß der 72

[161] § 7 AktG. Gesellschaften, die bis zum 31. Dezember 1998 in das Handelsregister eingetragen oder zur Eintragung in das Handelsregister angemeldet worden sind, können für eine Übergangszeit darauf verzichten, ihr Grundkapital, das bislang mindestens DM 100 000 betrug, auf Euro umzustellen. Diese Gesellschaften können auch Kapitalerhöhungen in DM beschließen, sofern diese bis zum 31. Dezember 2001 in das Handelsregister eingetragen werden. Für börsennotierte Gesellschaften, d. h. Unternehmen, deren Aktien im Amtlichen Handel oder im Geregelten Markt notiert werden, endet die Übergangsfrist für die Umstellung zum Euro mit dem 31. Dezember 2002, wohingegen nicht notierte Gesellschaften ihr Grundkapital und ihre Aktiennennbeträge erst anpassen müssen, wenn nach Ablauf der Übergangsphase, d. h. ab dem 1. Januar 2002 eine Änderung des Grundkapitals beschlossen wird. Während der Übergangsphase vom 1. Januar 1999 bis zum 31. Dezember 2001 besteht Wahlfreiheit in Hinblick auf die Denominierung, d. h. Gesellschaftsneugründungen sind sowohl in DM wie in Euro möglich. Eingehend hierzu B. Kopp, Stückaktie und Euro-Umstellung, BB 1998, S. 701, 702 f., *U. Schneider/E. Sünner*, Die Anpassung des Aktienrechts bei Einführung der Europäischen Währungsunion, DB 1996, 817 ff.
Sonderregelungen bezüglich der Mindestgröße des Grundkapitals gelten für Kreditinstitute und Versicherungen. Vgl. § 2 II HypBG und § 2 II a KAGG. Sofern der gesetzlich vorgeschriebene Mindestbetrag beachtet wird, kann das Grundkapital nach freiem Ermessen festgesetzt werden. Das Registergericht darf deshalb nicht prüfen, ob das Grundkapital in Hinblick auf den Geschäftszweck und den angestrebten Geschäftsumfang angemessen ist. *H. Balser/G. Bokelmann/K. Piorreck*, Die Aktiengesellschaft, Rdnr. 64a.

Haftung der Aktionäre für Verbindlichkeiten der Gesellschaft,[162] kommt dem Schutz des Grundkapitals in der AG besondere Bedeutung zu, der wiederum in einer Bindung des Gesellschaftsvermögens zum Schutz der Gläubiger und Aktionäre des Unternehmens resultiert. Der Schutz ist in einer Vielzahl von Regelungen verankert, die zum einen gewährleisten, daß ein dem Grundkapital entsprechender Vermögenswert tatsächlich in die Gesellschaft eingebracht wird. Zum anderen wird gewährleistet, daß das aufgebrachte Kapital der Gesellschaft auch erhalten bleibt.

73 Das Prinzip der Kapitalaufbringung basiert auf dem Verbot der Stufengründung[163] sowie dem in § 9 I AktG verankerten Verbot der Unterpari-Emission, das die Ausgabe von Aktien zu einem niedrigeren Kaufpreis als dem Nennwert verbietet und auch für Stückaktien entsprechend weitergilt. Hierzu gehören auch alle Vorschriften, die gewährleisten, daß das dem Grundkapital entsprechende Vermögen auch tatsächlich der Gesellschaft zur Verfügung steht bzw. auch werthaltig ist. So bestehen nach § 26 AktG strenge Anforderungen an die Satzungspublizität von Sondervorteilen für einzelne Aktionäre oder Dritte und den im Zusammenhang mit der Gründung angefallenen Aufwand. In § 27 AktG wird auch die Leistung von Sacheinlagen an strenge Voraussetzungen geknüpft, durch die gewährleistet wird, daß deren Wert auch dem hierfür im Eigenkapital gebildeten und publizierten Gegenposten entspricht. Diese Vorschrift genießt auch dann besondere praktische Relevanz, wenn Gesellschafterdarlehen eingebracht oder in Eigenkapital getauscht werden sollen.[164] Die Einhaltung der

---

[162] Gläubiger der AG können sich daher grundsätzlich nicht an die Aktionäre halten. Nach den Regeln der Durchgriffslehre bestehen ausnahmsweise Ansprüche gegen Aktionäre oder Organmitglieder z. B. in Fällen der Unterkapitalisierung, der Vermögensvermischung sowie in Abhängigkeits- und Konzernbeziehungen. Weitere Ansprüche können aus besonderen Verpflichtungsgründen und Rechtsverletzungen erfolgen. Vgl. hierzu *U. Hüffer*, AktG § 1 Rdnrn. 15 ff.

[163] §§ 2, 29 AktG. Danach ist die Zeichnung aller Aktien, d. h. die Übernahme der Einlageverpflichtung in Höhe des satzungsmäßigen Grundkapitals unbedingte Voraussetzung für die Errichtung der AG. Die Einlageverpflichtung muß im Zusammenhang mit § 36a I AktG gesehen werden, nach dem eine Mindesteinzahlung von 25 Prozent des Nennwerts der Aktien – und im Falle eines höheren Ausgabebetrags zuzüglich des gesamten Agios – Voraussetzung für die Anmeldung zum Handelsregister ist. *B. Hönle* in *K. Peter/G. Crezelius*, Gesellschaftsverträge und Unternehmensformen, S. 283; U. Hüffer, AktG, § 1, Rdnr. 11.

[164] Die Vorschriften über die Sacheinlage finden ihre Ergänzung in den §§ 52 f. AktG über die sogenannte Nachgründung, wonach Verträge der Gesellschaft, nach denen sie Vermögensgegenstände zu einem Preis, der zehn Prozent des Grundkapitals übersteigt, innerhalb der ersten zwei Jahre nach Eintragung der Gesellschaft in das Handelsregister erwirbt, für ihre Wirksamkeit der Zustimmung der Hauptversammlung und der Eintragung in das Handelsregister bedürfen. Außerdem stellen die genannten Normen weitere Anforderungen wie die Schriftform des jeweiligen Vertrags, die Erstellung eines Nachgrün-

genannten Vorschriften bedarf der Bestätigung im Rahmen der nach § 32 AktG obligatorischen Erstellung eines Gründungsberichts sowie der Prüfung im Rahmen der Gründungsprüfung[165] und der nachfolgenden Prüfung des Gründungshergangs durch das Registergericht. Nach §§ 46ff. AktG haften Gründer und dritte Personen, für deren Rechnung Gründer Aktien übernommen haben, persönlich und gesamtschuldnerisch für die ordnungsgemäße Kapitalaufbringung im Rahmen der Gründung. Weitere Haftungstatbestände können sich aus der in § 41 I 2 AktG festgeschriebenen Handelndenhaftung ergeben.[166]

Das Grundkapital kann seine Garantiefunktion nur erfüllen, wenn ein entsprechendes Mindestvermögen nicht nur aufgebracht wird, sondern auch erhalten bleibt. Das auf dieser Erkenntnis basierende Prinzip der Kapitalerhaltung beinhaltet neben den Vorschriften über die Bilanzierung des Grundkapitals und den Rechnungslegungsvorschriften[167] im Kern drei Regelungskomplexe, nämlich das in § 57 I und II AktG verankerte Verbot jeglicher Einlagenrückgewähr[168] und Zinszahlung, nach § 57 III AktG das Verbot, vor Auflösung der Gesellschaft mehr Dividende auszuschütten, als dem Bilanzgewinn entspricht sowie das grundsätzliche, wenn auch durch das KonTraG etwas gelockerte Verbot des Erwerbs eigener Aktien nach §§ 71ff. AktG, nach dem ein solcher Erwerb nur in Ausnahmefällen bzw. in engen Grenzen erlaubt ist. Aus Gründen des Gläubigerschutzes ist die Rückzahlung des Kapitals im Zusammenhang mit Kapitalherabsetzungen nach §§ 222ff. AktG nur unter sehr restriktiven Voraussetzungen möglich.[169] Im Falle verdeckter Kapitalrückzahlungen sind die Zahlungsempfänger zur sofortigen Rückzahlung verpflichtet.[170] Stellt die Rückzahlung eine Verletzung von Amtspflichten dar, die ein Vorstandsmitglied zu vertreten hat, so **74**

---

dungsberichts durch den Aufsichtsrat sowie die Prüfung durch Gründungsprüfer, wodurch letztendlich wie bei der Gründung die Werthaltigkeit der einzubringenden Vermögensgegenstände gewährleistet werden soll. Inwieweit die §§ 52f. AktG über den Wortlaut hinaus auch für Dienstleistungen gelten, ist umstritten. *U. Hüffer*, AktG, § 52, Rdnr. 2b m. w. N.

165 Vgl. §§ 33f. AktG.

166 Vgl. hierzu *U. Hüffer*, AktG, § 41, Rdnrn. 18ff. *R. Thümmel*, Persönliche Haftung von Managern und Aufsichtsräten, S. 48ff. Neben diese aktienrechtliche Haftungstatbestände kann bei einer Börseneinführung auch eine Prospekthaftung oder eine strafrechtliche Haftung nach § 264a StGB treten, wenn im Verkaufsprospekt – u. U. erst Jahre später – falsche Angaben gemacht werden.

167 §§ 238–289 HGB, §§ 150, 152, 158, 169 AktG.

168 Das Verbot der Einlagenrückgewähr umfaßt das Verbot der verdeckten Gewinnausschüttung. *B. Hönle* in *K. Peter/G. Crezelius*, Gesellschaftsverträge und Unternehmensformen, S. 283.

169 Vgl. hierzu § 225 AktG.

170 *U. Hüffer*, AktG, § 58, Rndr. 25.

sind sie der Gesellschaft nach § 93 III AktG zum Schadensersatz verpflichtet.

c) Nennbetrags- und Stückaktie

75 Das Grundkapital der Gesellschaft ist nach § 1 II AktG in Aktien zerlegt. Deren Mindestnennbetrag beträgt einen Euro[171], sofern sie einen Nennwert haben und das Grundkapital in Euro denominiert ist. Der Mindestnennbetrag stellt nach dem in § 9 I AktG verankerten Verbot der Unterpari-Emission gleichzeitig die Untergrenze der Einlagepflicht pro Aktie dar. Dies gilt auch für Kapitalerhöhungen, was regelmäßig dann Schwierigkeiten bereitet, wenn ein Unternehmen nach Verlusten und einer schlechten Börsenbewertung Kapitalbedarf hat und junge Aktien nur unter dem aktuellen Börsenpreis plaziert werden könnten.[172] Höhere Nennbeträge der Aktien sind uneingeschränkt zulässig, müssen aber jeweils auf einen vollen Euro[173] lauten.

76 Als Alternative[174] zur Ausgabe von Nennbetragsaktien wurde mit dem Gesetz über die Zulassung von Stückaktien[175] die Möglichkeit der Emission von Stückaktien eröffnet.[176] Die Stückaktie oder unechte

---

[171] Ist das Grundkapital der Gesellschaft noch in DM denominiert, so beträgt der Mindestnominalwert DM 5 pro Aktie. Vor Einführung des Gesetzes für kleine Aktiengesellschaften und zur Deregulierung des Aktienrechts vom 2. August 1994 (BGBl. 1994 I S. 1961) betrug der Mindestnennbetrag DM 50 pro Aktie. In der Zwischenzeit hatten vor Einführung der Stückaktie eine Vielzahl von Gesellschaften auf die Fünf-Mark-Aktie umgestellt, deren Vorteil zum einen darin zu sehen ist, daß im Kurs leichtere Aktien diese auch für Kleinanleger attraktiv machen und so neue Anlegerkreise erschließen, was wiederum eine breitere Streuung ermöglicht. Zum anderen bewirken sie eine höhere Liquidität des Marktes und erleichtern auch die Plazierung im Ausland. Für den Anleger nachteilig kann sich aufgrund dann eventuell niedrigerer Losgrößen eine prozentual höherer Belastung mit Bankgebühren erweisen.

[172] In solchen Fällen ist vor Durchführung der Kapitalerhöhung die Konsequenz aus der negativen Entwicklung zu ziehen und ein Kapitalschnitt im Wege der Kapitalherabsetzung nach §§ 222ff. AktG durchzuführen. *A. Kraft* in Kölner Kommentar zum Aktiengesetz, § 9 Rdnr. 14. Zu den drei Formen der Kapitelherabsetzung vgl. *H. Balser/G. Bokelmann/K. Piorreck*, Die Aktiengesellschaft, Rdnr. 382ff.

[173] Bzw. für die Übergangszeit auf volle fünf DM, wenn das Grundkapital in DM denominiert ist.

[174] Ein Unternehmen kann entweder Nennbetragsaktien oder Stückaktien ausgeben. Die Ausgabe beider Aktienformen ist aus Gründen der Klarheit und Praktikabilität unzulässig. Begründung des Regierungsentwurfs vom 6. November 1997, Drucksachen des Bundesrats 871/97 abgedruckt bei *C. Ernst/U. Seibert/F. Stuckert*, KonTraG, KapAEG, StückAG, EuroEG, S. 176, 178.

[175] Gesetz vom 25. März 1998, BGBl. I, S. 590.

[176] Zur Umwandlung von bestehenden Nennbetragsaktien in Stückaktien vgl. *K. Heider*, Einführung der nennwertlosen Aktie in Deutschland anläßlich der Umstellung des Gesellschaftsrechts auf den Euro, AG 1998, S. 1, 8ff.; *B.*

nennwertlose Aktie[177] zeichnet sich dadurch aus, daß sie weder auf einen Nennbetrag noch auf einen Bruchteil bzw. eine Quote lautet. Sämtliche von einer Gesellschaft ausgegebenen Aktien verkörpern einen gleich großen Anteil am betragsmäßig in der Satzung fixierten Grundkapital. In der Satzung bestimmt ist auch die Zahl der ausgegebenen Stückaktien. Der Anteil einer Aktie am Grundkapital ergibt sich nicht aus der Aktienurkunde selbst, sondern kann nur durch Division des Grundkapitals durch die Zahl der ausgegebenen Aktien ermittelt werden, was beides aus der jeweils aktuellen Satzung ermittelt werden kann. Die Stückaktie kann als Namens- oder als Inhaberaktie sowie als Stamm- oder Vorzugsaktie ausgestaltet werden. Die Regeln über das Grundkapital und seine Zerlegung in Aktien bleiben damit unberührt. Der auf die einzelne Stückaktie entfallende anteilige Betrag des Grundkapitals darf, entsprechend dem Mindestbetrag bei der Nennbetragsaktie einen Mindestbetrag von einem Euro bzw. fünf DM nicht unterschreiten.[178] Oberhalb dieses Mindestbetrages gelten im Gegensatz zur Nennbetragsaktie keine Betragsstufen.

Aufgrund der Ausgestaltung der Stückaktie entfällt bei der Umstel- **77**
lung des Grundkapitals die Umrechnung und Anpassung von Nennbeträgen und damit auch die Notwendigkeit von Kapitalmaßnahmen zur Vermeidung von Spitzenbeträgen. Sie vermeidet, daß jede Änderung der Gesamtaktienzahl im Rahmen einer Kapitalmaßnahme oder eines Aktiensplits die ausgegebenen Aktienurkunden unrichtig werden läßt. Im übrigen ist die Angabe der winzigen Quote, den die einzelne Aktie verkörpert, für den Aktionär ohnehin wenig anschaulich und damit nutzlos. Dem Nennbetrag des Grundkapitals und der Quote hieran läßt sich keine Aussage über den Wert des ohnehin fluktuierenden Gesellschaftsvermögens entnehmen. Die Stückaktie zwingt den Anleger, sich von der irreführenden Nennbetragsoptik zu lösen und sich an sachgerechten Anlagekriterien wie der Ertragskraft des Unternehmens, der strategischen Ausrichtung und Planung, der Dividendenpolitik oder dem Kurs-Gewinn-Verhältnis zu orientieren.[179]

Wie bei der Fünf-Mark-Aktie ist ein Vorteil gegenüber Aktien mit **78**

Kopp, Stückaktie und Euro-Umstellung, BB 1998, S. 701, 702f.; *U. Schneider/E. Sünner*, Die Anpassung des Aktienrechts bei Einführung der Europäischen Währungsunion, DB 1996, 817, 819ff.; *H. Schröer*, Zur Einführung der unechten nennwertlosen Aktie aus Anlass der Europäischen Währungsunion, ZIP 1997, S. 221ff.

177 Zur Abgrenzung zwischen echter und unechter nennwertloser Aktie vgl. *K. Heider*, Einführung der nennwertlosen Aktie in Deutschland anläßlich der Umstellung des Gesellschaftsrechts auf den Euro, AG 1998, S. 1,2.

178 Hierdurch sollen sogenannte Penny-Stocks vermieden werden.

179 Zur Stückaktie vgl. auch *F. Leven* in *N. Frei/C. Schlienkamp* (Hrsg.), Aktie im Aufwind, S. 225f.

hohen Nennwerten auch darin zu sehen, daß die Zahl der ausgegebenen Stückaktien unter Berücksichtigung der Grenze des § 8 III AktG so hoch angesetzt werden kann, daß der Kurs der Aktie relativ niedrig liegt und so diese auch für Kleinanleger attraktiv gemacht werden kann, was wiederum eine breitere Streuung ermöglicht.

d) Inhaber- und Namensaktien

79 Die in der Praxis überwiegende Form der Aktien sind Inhaberaktien. Diese werden wie bewegliche Sachen durch Einigung und Übergabe nach § 929 BGB übertragen. Nach § 1006 BGB legitimiert sich der Inhaber durch den Besitz der Aktienurkunde.

80 Alternativ hierzu können Aktien nach § 10 I AktG auch als Namensaktien ausgegeben werden[180]. Die Namensaktie ist im Gegensatz zur Inhaberaktie ein geborenes Orderpapier, d. h. sie kann durch Indossament übertragen werden und ist unter Bezeichnung des Inhabers nach Name, Wohnort und Stand in das Aktienbuch der Gesellschaft einzutragen.[181] Bei Übertragung der Aktie ist dies bei der Gesellschaft unter Vorlage der Aktie anzumelden und der Übergang nachzuweisen. Die Gesellschaft hat den Übergang im Aktienbuch zu vermerken. Nach § 67 II AktG gilt ein Aktieninhaber einer Gesellschaft gegenüber nur dann als Aktionär, wenn er als solcher im Aktienbuch der Gesellschaft eingetragen ist.

Namensaktien können nach § 68 II AktG auch in vinkulierter Form begeben werden, wodurch ihre Übertragung von der Zustimmung der Gesellschaft abhängig wird.[182]

8. Aktiengattung

81 Nach dem in § 53a AktG festgeschriebenen Gleichbehandlungsgrundsatz sind Aktionäre unter gleichen Voraussetzungen gleich zu behandeln. D. h., daß die ungleiche Behandlung von Aktionären zulässig ist, wenn sie sachlich berechtigt ist und daher nicht den Charakter der Willkür trägt.[183] So können Aktien nach § 11 AktG Aktien unterschiedliche Rechte gewähren, z. B. in Hinblick auf die Verteilung von Gewinn und Vermögen. Aktien mit gleichen Rechten bilden jeweils eine Gattung.

82 Demnach wird zwischen Stammaktien und Vorzugsaktien unterschieden. Stammaktien verkörpern die von deutschen Gesellschaften

---

[180] Vgl. § 23 III Nr. 5 AktG. Wurden Aktien vor der vollen Leistung des Nennbetrags oder des höheren Ausgabebetrags ausgegeben, so darf die Ausgabe nur als Namensaktie erfolgen.

[181] § 67 I AktG.

[182] Vgl. näher hierzu § 3 I. 9. d).

[183] BGHZ 33, 175.

am häufigsten emittierte Gattung, die am Kapitalmarkt erfahrungsgemäß auch besser aufgenommen werden als Vorzugsaktien. Sie gewähren entsprechend ihrem Nennwert gleiche Rechte, ihre Eigentümer haben daher das gleiche Stimmrecht[184] sowie den gleichen Anspruch auf Gewinn und Beteiligung am Liquidationserlös.

Vorzugsaktien gewähren demgegenüber besondere Rechte wie bei- 83
spielsweise eine Bevorzugung bei der Verteilung des Gewinns oder des Gesellschaftsvermögens. Die besondere praktische Bedeutung von Vorzugsaktien für die Gesellschaft liegt in der Möglichkeit, sie ohne Stimmrecht auszugeben,[185] d. h. die Mehrheitsverhältnisse in der Hauptversammlung bleiben nach der Emission von stimmrechtslosen Vorzugsaktien zunächst einmal unverändert.[186] Sie haben deshalb mit der wachsenden Beliebtheit der Börseneinführung von Familiengesellschaften seit 1980 zunehmend an Bedeutung gewonnen.[187] Allerdings darf der Anteil von Vorzugsaktien am Grundkapital nach § 139 II AktG nur bis zu 50 Prozent betragen. Im Neuen Markt spielen Vorzugsaktien noch keine Rolle, da sie dort nach Abschn. 2 3.4 RWNM nur in Ausnahmefällen zur Notierung zugelassen werden dürfen.

Der Ausschluß des Stimmrechts setzt nach §§ 12 I 2, 139 I AktG vor- 84
aus, daß sie mit einem nachzuzahlenden Dividendenvorzug ausgestattet sind. Für die Gestaltung des Dividendenvorzugs gibt es grundsätzlich mehrere Gestaltungsmöglichkeiten, wobei in Deutschland eine Kombination aus im Falle eines einmaligen oder mehrmaligen Ausfalls nachzahlbarer Mindestdividende[188] und einer zusätzlichen Überdividende[189] gegenüber den Stammaktien vorherrschend ist. Dies stellt gerade für Kleinaktionäre die besondere Attraktivität von Vorzugsaktien dar, die an einer höheren Rendite und einem Wertzuwachs interessiert sind, weniger dagegen an einer Mitsprachemöglichkeit in der Gesellschaft. Ihre sonstige Rechte als Aktionäre, z. B. auf Teilnahme an der

---

184 § 12 I 1 AktG.

185 Vgl. hierzu § 3 I. 9. c) Stimmrechtslose Vorzugsaktien.

186 Nach § 11 AktG sind aber auch Vorzugsaktien mit Stimmrecht zulässig. Diese unterliegen aber nicht den §§ 139ff. AktG. *U. Hüffer*, AktG, § 139 Rdnr. 4.

187 Vgl. hierzu *T. Bezzenberger*, Vorzugsaktien ohne Stimmrecht, S. 36ff.; *M. Binz / M. Sorg*, Vermögensteuerliche Folgen des Going Public von Familienunternehmen, BB 1987, S. 1996, 1997.

188 Die Mindestdividende der Vorzugsaktien deutscher Börsenwert beträgt in der Mehrzahl der Fälle zwischen 4,5 und 5 Prozent des Nennwerts, d. h. zwischen DM 0,20 und DM 0,25 bezogen auf die Fünf-Mark-Aktie, kann hiervon aber auch deutlich nach oben oder unten abweichen.

189 Die Mehrdividende der Vorzugsaktien beträgt im Durchschnitt zwei Prozent vom Nennwert. Auch hier kommen deutliche Abweichungen nach oben oder unten vor (Unternehmen wie Lufthansa, MAN, RWE oder WMF zahlen überhaupt keine Mehrdividende).

Hauptversammlung oder die Anfechtungsbefugnis bleiben nach § 140 I AktG unverändert. Demnach haben sie bei der Ausgabe junger Aktien auch ein Bezugsrecht. Dies gilt auch dann, wenn nur Stämme oder nur Vorzüge ausgegeben werden. Bei der Berechnung des vertretenen Kapitals werden stimmrechtslose Aktien nicht mitgezählt, wohl aber dann, wenn ein bestimmtes Verlangen einer Minderheit oder ein Widerspruch an eine bestimmte Beteiligungsquote gebunden ist.[190]

85 Das Stimmrecht der Inhaber von Vorzugsaktien lebt nach § 140 II AktG vollumfänglich auf, wenn der Vorzugsbetrag in einem Jahr nicht oder nicht vollständig bezahlt und der Rückstand im nächsten Jahr nicht neben dem vollen Vorzug dieses Jahres nachgezahlt wird. Es bleibt bestehen bis die Rückstände vollständig bezahlt sind.[191] Der Nachzahlungsanspruch ist zeitlich unbegrenzt.

9. Gestaltungsformen zur Wahrung der Rechte der Altgesellschafter

86 Die Erhaltung des Einflusses der Alt- oder Familiengesellschafter spielt bei den Überlegungen im Vorfeld einer Börseneinführung regelmäßig eine – wenn nicht gar die – maßgebliche Rolle. Trotz der Regelungsdichte des Aktienrechts bieten sich vielfältige Möglichkeiten, diesen durchaus legitimen Interessen bei sorgfältiger Strukturierung zuverlässig und nachhaltig gerecht zu werden. Dies gilt besonders dann, wenn sich die Gesellschaft nicht als AG, sondern als KGaA dem Publikum öffnet und bei entsprechender Ausgestaltung die Einflußmöglichkeiten außenstehender Aktionäre minimiert werden, da diese Rechtsform besonders weitgehende und zuverlässige Möglichkeiten der Absicherung des Einflusses der Altaktionäre bietet.[192]

a) Erhalt der Stimmenmehrheit

87 Soll der Börsengang dagegen in Form einer AG erfolgen, so muß Ausgangspunkt der Überlegungen zum Schutz der Altaktionäre die aktienrechtliche Organisationsstruktur der Gesellschaft sein, nach der der Einfluß der Aktionäre über die Hauptversammlung geltend gemacht wird. In dieser sind – von Ausnahmesituationen abgesehen – nur die Inhaber von Stammaktien stimmberechtigt. Damit ist die Macht der Alteigentümer grundsätzlich immer dann und solange gewährleistet, solange diese in der Hauptversammlung über die jeweils erforderlichen Stimmenmehrheiten verfügen. Dabei ist zu berücksichtigen, daß hier-

---

[190] *U. Hüffer*, AktG, § 140, Rdnr. 3 m. w. N.
[191] Vgl. hierzu auch § 3 I. 9. c) Stimmrechtslose Vorzugsaktien.
[192] Vgl. hierzu § 3 II. KGaA.

für einerseits in der Mehrzahl der Fälle eine einfache Mehrheit der abgegebenen Stimmen ausreicht. Andererseits liegt die Präsenz der Aktionäre auf der Hauptversammlung regelmäßig deutlich unter 100 Prozent. Dies hat zur Folge, daß Großaktionäre für die Durchsetzung von Interessen nicht unbedingt einer Mehrheit der insgesamt ausgegebenen Stammaktien bedürfen. Zu berücksichtigen ist aber, daß Mehrheitsaktionäre auf die Höhe der Präsenz keinen oder zumindest nur geringen Einfluß haben und sich demnach auch nicht auf künftig niedrige Anwesenheitsquoten verlassen können.

Um Grundlagenentscheidungen, die – wie Kapitalmaßnahmen oder andere Satzungsänderungen – für die Fortentwicklung des Unternehmens maßgeblich sein können, auch in Zukunft sicher durchsetzen zu können, sind demgegenüber qualifizierte Mehrheiten erforderlich. Werden lediglich 25 Prozent der Stammaktien emittiert, so haben die Altgesellschafter mit der verbliebenen Dreiviertelmehrheit in nahezu allen Entscheidungssituationen die Möglichkeit, ihre Interessen durchzusetzen.[193] Behalten die Altaktionäre im umgekehrten Fall nur noch eine Minderheit von mindestens 25 Prozent, so haben sie zumindest noch die Sperrminorität in Grundlagenbeschlüssen wie Kapitalerhöhungen, mit der sie auch eine weitere Verwässerung ihrer Beteiligung verhindern können. **88**

Andererseits ist auch zu berücksichtigen, daß mit der Zahl der emittierten Aktien auch der Emissionserlös für Gesellschaft und/oder Altaktionäre sinkt. Dies gilt nicht unbedingt nur in absoluter Hinsicht, d. h. die Gesamtsumme ist aufgrund der geringeren Zahl plazierter Aktien niedriger. Vielmehr kann bei einem kleinen Investitionsvolumen die eingeschränkte Liquidität ein Papier gerade für institutionelle Anleger unattraktiv machen, was sich im erzielbaren Emissionspreis auswirken kann. Zudem sollte berücksichtigt werden, daß Investoren Aktien von Gesellschaften zurückhaltend betrachten, wo ihr Einfluß von vornherein beschnitten ist und die Altaktionäre – u. a. durch eine sehr niedrige Emissionsquote – erkennen lassen, daß sie auch nach Aufnahme von weiteren Aktionären uneingeschränkter Herr im Haus bleiben wollen. Außerdem erwarten potentielle Aktionäre insbesondere bei Unternehmen, die durch Familienmitglieder geleitet werden, daß diese nicht in ihren Kompetenzen beschnitten sind.[194] **89**

Wieviel Aktien tatsächlich bei der Börseneinführung emittiert werden sollen, hängt stark vom Kapitalbedarf und den anderen Umständen **90**

[193] Zu den Mehrheitserfordernissen des AktG, vgl. § 3 I. 5. d) Beschlüsse und Mehrheitserfordernisse.

[194] *W. Koch/J. Wegmann*, Praktikerhandbuch Börseneinführung, S. 67. Einzuräumen ist freilich, daß dies in Phasen großer Euphorie gegenüber Neuemissionen, wo diese wie im Jahr 1998 regelmäßig hoffnungslos überzeichnet waren, nur eingeschränkt gilt.

des Einzelfalls ab. Für die Plazierung von 25[195] bis 50 Prozent minus einer Aktie der stimmberechtigten Stammaktien spricht, daß hierdurch die Altaktionäre dokumentieren, daß sie sich auch weiterhin für die Gesellschaft engagieren, andererseits aber auch bereit sind, den neuen Aktionären Mitwirkungsrechte einzuräumen.

91 Im übrigen kann auch in Absprache mit dem Emissionskonsortium durch eine breite Streuung der Aktien im Rahmen der Plazierung versucht werden, die Bildung von Paketen zu vermeiden.[196] Auf mittlere und lange Sicht kann so aber nicht gewährleistet werden, daß ein Interessent sich nicht über den Markt ein Paket zusammenkauft, zumindest wenn er hierbei steigende Kurse in Kauf nimmt. Weniger anfällig für die Reize steigender Kurse sind oftmals Belegschaftsaktionäre, zumal sie der pönalisierten sechsjährigen Sperrfrist des § 19a EStG unterliegen. Über die Ausgabe von Belegschaftsaktien lassen sich aber regelmäßig nur geringe Emissionserlöse erzielen, der Erhalt eines Gegenwerts hat hierbei regelmäßig keine Priorität.[197]

b) Satzungsgestaltung

92 Auch nach dem endgültigen Verbot von Mehrstimmaktien[198] bietet die Gestaltung der Satzung noch Möglichkeiten der Stärkung des Einflusses bestimmter Aktionäre. So kann die Satzung nach § 179 II AktG festsetzen, daß Satzungsänderungen nicht wie im Regelfall einer Zweidrittelmehrheit der in der Hauptversammlung vertretenen Stimmen bedürfen, sondern nur einer einfachen Mehrheit. Im Falle einer solchen Regelung können Mehrheitsaktionäre auch ohne eine qualifizierte Mehrheit, die eine entsprechend höhere Kapitalbindung mit sich brin-

---

[195] Im Amtlichen Handel und im Neuen Markt muß eine ausreichende Liquidität des Papiers gewährleistet sein, für die im Regelfall eine Streuung von 25 Prozent der ausstehenden Aktien erforderlich ist. Unabhängig von diesen Vorgaben legen auch Investoren im Interesse ihrer jederzeitigen Ausstiegsmöglichkeit Wert auf größtmögliche Liquidität, so daß schon unter diesem Aspekt, der im übrigen auch in anderen, insoweit unreglementierten Marktsegmenten gilt, „Miniemissionen“ kaum realisierbar sind.

[196] *W. Schürmann/K. Körfgen*, Familienunternehmen auf dem Weg zur Börse, S. 141 ff.

[197] Insbesondere wenn die steuerlichen Vorteile des § 19a EStG genutzt werden sollen, ist der Verkaufserlös für den Arbeitgeber bei relativer Betrachtungsweise verschwindend gering.

[198] Bereits vor Erlaß des KonTraG war die Ausgabe von Mehrstimmrechtsaktien nach § 12 II AktG nur ausnahmsweise mit behördlicher Genehmigung zulässig. Da diese nur erteilt werden durfte, soweit dies zur Wahrung überwiegender gesamtwirtschaftlicher Belange erforderlich war, sind Mehrstimmrechtsaktien ohne wirkliche Bedeutung geblieben. Prominente Ausnahmefälle waren Unternehmen wie RWE, wo Gemeinden sich über Mehrstimmrechtsaktien Einfluß gesichert hatten, sowie Siemens, wo die Familie des Gründers noch mit solchen Aktien beteiligt war.

gen würde, „normale" Satzungsänderungen wie Kapitalerhöhungen, aber auch die vorzeitige Abberufung von Mitgliedern des Aufsichtsrats[199] durchsetzen und ihre Einflußmöglichkeiten erheblich ausweiten.

Allerdings ist die satzungsmäßige Senkung einer erforderlichen qua- 93
lifizierten Mehrheit nicht uneingeschränkt möglich. So unterliegen wichtige Entscheidungen dergestalt zwingend den gesetzlichen Mehrheitsvorschriften, daß allenfalls höhere Mehrheitserfordernisse festgesetzt werden können. Hierzu gehören neben Beschlüssen über Änderungen des Unternehmensgegenstandes[200] u. a. Entscheidungen über Kapitalerhöhungen unter Ausschluß des Bezugsrechts der Altaktionäre,[201] über bedingte Kapitalerhöhungen[202] und die Einräumung eines genehmigten Kapitals,[203] die Vornahme von Kapitalherabsetzungen[204] sowie die Genehmigung von Unternehmensverträgen,[205] Verschmelzungen und Vermögensübertragungen.

Problematisch an der Senkung qualifizierter Mehrheitserfordernisse 94
ist, daß hierdurch auch die Altaktionäre an Einfluß verlieren können, wenn zu einem späteren Zeitpunkt Kapitalerhöhungen durchgeführt werden, sie an diesen aus Kapitalmangel oder auch anderen Gründen nicht teilnehmen (können) und die so erfolgende Verwässerung ihrer Beteiligung dazu führt, daß sie nunmehr weder über eine einfache Mehrheit noch – infolge der entsprechenden Satzungsgestaltung – eine Sperrminorität verfügen.[206] Gleichzeitig wird auch für Dritte der Aufkauf einer Schachtel, die normalerweise mit einer Sperrminorität verbunden wäre, weniger interessant, was einerseits einen gewissen Schutzeffekt hat. Andererseits kann dies auch das Interesse potentieller Erwerber am Aktienpaket der Altaktionäre und damit dessen Wert schmälern, da hiermit eben nur eingeschränkte Rechte und Möglichkeiten verbunden sind.

c) Stimmrechtslose Vorzugsaktien

Der Einflußbereich der Altaktionäre kann auch dadurch geschützt 95
werden, daß keine stimmberechtigten Stammaktien, sondern ausschließlich stimmrechtslose Vorzugsaktien[207] emittiert werden. Dies ist aber nicht unbegrenzt möglich. Nach § 139 II AktG dürfen Vorzugsak-

[199] § 103 I 3 AktG.
[200] § 179 II 2 AktG.
[201] § 186 III 3 AktG.
[202] § 192 I 2 AktG.
[203] § 202 II 3 AktG.
[204] § 222 I AktG.
[205] § 293 I 2 AktG.
[206] Kritisch zur Abbedingung der Dreiviertelmehrheit *W. Koch/J. Wegmann*, Praktikerhandbuch Börseneinführung, S. 71.
[207] Vgl. hierzu § 3 I. 8. Aktiengattung.

tien vielmehr nur bis zur Hälfte des Grundkapitals ausgegeben werden.[208] Demnach werden der Möglichkeit des Einsatzes von Vorzugsaktien durch die Finanzkraft der Stammaktionäre einerseits und den Finanzbedarf der Gesellschaft andererseits Grenzen gesetzt. Zu berücksichtigen ist auch, daß der durch stimmrechtslose Vorzugsaktien gewährte Schutz seinen Preis in Form des Vorzugsbetrages hat und außerdem sich die Benachteiligung der Vorzugsaktien nach § 140 I AktG im Fehlen des Stimmrechts erschöpft. Im übrigen gibt es bestimmte Beschlüsse, die nur mit Zustimmung der Inhaber von Vorzugsaktien gefaßt werden dürfen. Bei der erstmaligen Plazierung von Aktien am Neuen Markt ist die Plazierung von Vorzugsaktien nicht möglich.[209]

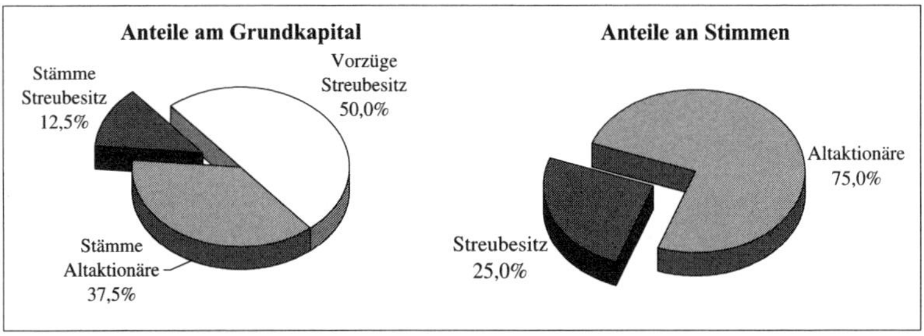

96 Trotzdem bietet das Instrument der stimmrechtslosen Vorzugsaktien in Kombination mit der Emission von stimmberechtigten Stammaktien interessante Strukturierungsmöglichkeiten. Berücksichtigt man nämlich das Interesse der Altaktionäre, zwecks Erhalts der satzungsändernden Mehrheit 75 Prozent der Stimmen zu behalten, so können diese bei einer vollen Ausnutzung des durch § 139 II AktG für die Emission von Vorzugsaktien eröffneten Spielraums von 50 Prozent des Grundkapitals ihre Kapitalbeteiligung auf 37,5 Prozent des Grundkapitals, d. h. 75 Prozent des stimmberechtigten Stammkapitals von 50 Prozent am gesamten Grundkapital, senken, ohne die Dreiviertelmehrheit zu verlieren.[210]

Demgegenüber ist für den Erhalt der einfachen Mehrheit ausreichend, daß die Altaktionäre 50 Prozent der stimmberechtigten Stammaktien plus eine Stammaktie halten. Da das gesamte Vorzugskapital von maximal 50 Prozent des Gesamtkapitals emittiert werden kann, können

---

[208] Hierdurch soll verhindert werden, daß eine Mehrheit von Kapitalgebern durch die Stimmrechtsmacht einer Minderheit beherrscht wird. *U. Hüffer*, AktG, § 139, Rdnr. 17 m. w. N.

[209] Abschn. 2 3.4 I RWNM, nach dessen Absatz 2 aus nachfolgenden Kapitalerhöhungen auch Vorzugsaktien zugelassen werden können.

[210] *W. Schürmann/K. Körfgen*, Familienunternehmen auf dem Weg zur Börse, S. 135 f. und insbesondere das Beispiel auf S. 245 ff.

bei einer solchen Konstruktion 75 Prozent des Grundkapitals minus eine Aktie plaziert werden, ohne daß die Altaktionäre die Kontrolle über die Gesellschaft verlieren.

Als problematisch für die Altaktionäre kann sich aber erweisen, daß 97
nach § 140 II AktG Vorzugsaktien stimmberechtigt werden, wenn der Dividendenvorzugsbetrag in einem Jahr nicht oder nicht vollständig bezahlt wird und der Rückstand auch nicht im folgenden Jahr neben dem vollen Vorzugsbetrag dieses Jahres nachgezahlt wird. Das Stimmrecht besteht bis die Rückstände nachgezahlt sind. Sofern unter dem Gesichtspunkt des Finanzbedarfs von Gesellschaft und Gesellschaftern möglich, sollten die Altaktionäre sich für den Fall von Verlustjahren, in denen der Vorzugsbetrag nicht bezahlt werden kann, zumindest die einfache Mehrheit unter Berücksichtigung der dann bestehenden Stimmen der Vorzugsaktionäre sichern. Unabhängig hiervon sollte auch aus Prestigegründen die Verwirklichung des Tatbestands des § 140 II AktG wann immer möglich vermieden werden, möglicherweise durch Zahlung der Vorzugsdividende aus den Rücklagen. Voraussetzung hierfür ist aber eine entsprechende Kooperation zwischen (Alt-)Aktionären einerseits und Vorstand und Aufsichtsrat andererseits, da die Auflösung der Rücklagen im Rahmen der Festsetzung des Jahresabschlusses erfolgt.[211]

d) Vinkulierte Namensaktien

Auf die künftige Zusammensetzung des Aktionärskreises und damit 98
die Absicherung von Machtpositionen kann dadurch Einfluß genommen werden, indem die Gesellschaft nur Namensaktien emittiert und deren Übertragbarkeit, wie in § 68 II AktG vorgesehen, durch die Satzung von der Zustimmung der Gesellschaft abhängig gemacht wird. In der Praxis ist das Instrument der Vinkulierung in erster Linie bei Familiengesellschaften anzutreffen, wo das Eindringen Familienfremder verhindert werden soll. Während es bei nichtnotierten Gesellschaften durchaus häufig anzutreffen ist, kommt es bei börsennotierten Unternehmen hauptsächlich bei Versicherungsgesellschaften vor, wofür in erster Linie historische Gründe maßgebend sind.[212] Neben dem Schutz vor Überfremdung dient die Vinkulierung vor allem der Aufrechterhaltung der bisherigen Beteiligungsverhältnisse, insbesondere auch der Verhinderung der Mehrheitsposition eines Mitaktionärs. Weitere Aspekte sind die Prüfung und Sicherung der Zahlungsfähigkeit von Aktionären beim Erwerb nicht voll eingezahlter Aktien sowie die Verhin-

---

[211] *W. Schürmann/K. Körfgen*, Familienunternehmen auf dem Weg zur Börse, S. 139.

[212] Vgl. hierzu *H. Otto*, Übernahmeversuche bei Aktiengesellschaften und Strategien der Abwehr, DB 1988, Beil. 12, S. 1, 6.

derung des Eindringens unerwünschter Aktionäre in den Aufsichtsrat, wenn bestimmte Aktien mit Entsendungsrechten verbunden sind.[213]

99 Für die Erteilung der Zustimmung ist nach § 68 II 2 AktG der Vorstand zuständig, sofern nicht die Satzung den Aufsichtsrat oder die Hauptversammlung für zuständig erklärt.[214] Die Erklärung über Abgabe oder Verweigerung der Zustimmung[215] ist dagegen stets vom Vorstand abzugeben. Die Satzung kann gemäß § 68 II 4 AktG auch die Gründe bestimmen, aus denen die Zustimmung verweigert werden kann. Dieser Möglichkeit kann erhebliche praktische Bedeutung zukommen, da zweifelhaft sein mag, ob die Zustimmung versagt werden darf, wenn die Satzung diesbezüglich gänzlich schweigt oder unter nicht abschließend genannten, sondern lediglich beispielhaft aufgezählten Gründen derjenige, um den es in einem spezifischen Fall gerade geht, nicht enthalten ist. Insofern ist eine entsprechende Klarstellung bereits bei der Gründung der Gesellschaft durch entsprechende Satzungsgestaltung zu empfehlen.

100 Ansonsten liegt die Entscheidung des zuständigen Gesellschaftsorgans über Erteilung oder Verweigerung der Zustimmung zur Übertragung in dessen pflichtgemäßen Ermessen, das sich hierbei am Wohl der Gesellschaft zu orientieren hat.[216] Inwieweit in diesem Rahmen auch

---

[213] *U. Hüffer*, AktG, § 68, Rdnr. 10; *H. Kossmann*, Der Anspruch auf Genehmigung zur Übertragung vinkulierter Namensaktien, BB 1985, S. 1364.

[214] Demgegenüber kann die Satzung nicht vorsehen, daß zwei oder gar drei Organe der Gesellschaft gemeinsam zur Entscheidung berufen sind oder daß die Entscheidung der Zustimmung eines bestimmten Aktionärs bedarf.

[215] Im Falle der Verweigerung der Zustimmung ist das dingliche Rechtsgeschäft sowohl im Verhältnis zur Gesellschaft als auch im Verhältnis zu Dritten nichtig. Kannte der Erwerber die Vinkulierung, so hat der Veräußerer die fehlende Zustimmung nicht zu vertreten und wird von der Leistungspflicht frei, ohne sich schadensersatzpflichtig zu machen. Kannte der Käufer sie nicht, kann er vom Vertrag zurücktreten und nach §§ 323, 325, 433, 439 I, 440 BGB Schadensersatz verlangen. *H. Kossmann*, Der Anspruch auf Genehmigung zur Übertragung vinkulierter Namensaktien, BB 1985, S. 1364.

[216] *H. Assmann/F. Bozenhardt*, Übernahmeangebote als Regelungsproblem zwischen gesellschaftsrechtlichen Normen und zivilrechtlich begründeten Verhaltensgeboten, ZGR Sonderheft 9 („Übernahmeangebote"), S. 1, 118. Nach *H. Otto* (Übernahmeversuche bei Aktiengesellschaften und Strategien der Abwehr, DB 1988, S. 1, 7) wird insbesondere bei börsennotierten Aktiengesellschaften der Widerspruch zwischen dem von der Gesellschaft mit Stellung des Zulassungsantrages akzeptierten Kapitalmarkterfordernis unbeschränkter Anteilsfungibilität und dem Vorbehalt der Zustimmungsverweigerung evident. Seine hieraus gezogene Schlußfolgerung, die Zustimmungsverweigerung wäre nicht nur im Einzelfall, sondern im Regelfall wegen Verstoßes gegen das Verbot des venire contra factum proprium rechtsmißbräuchlich, geht allerdings zu weit, da die Aktionäre ihre Aktien im Bewußtsein des Zustimmungserfordernisses gekauft haben oder diesem zumindest zugestimmt haben.

die Interessen einzelner Aktionäre zu berücksichtigen sind, ist umstritten.[217] Nach richtiger Ansicht dürfen sie zumindest nicht gänzlich unberücksichtigt bleiben. Außerdem hat das zur Entscheidung berufene Organ bei seiner Ermessensausübung zu berücksichtigen, daß niemand auf Dauer in seiner Position als Aktionär einer Gesellschaft festgehalten werden und deshalb die Vinkulierung nicht zur Unveräußerlichkeit auf unbestimmte Zeit führen darf.[218]

Die hieraus resultierenden Unsicherheiten sind offensichtlich. Hinzu 101 kommt, daß Gesellschafter eines Unternehmens bei der Strukturierung von ihren Einfluß schützenden Mechanismen im Vorfeld einer Börseneinführung nicht wissen, wie später der Vorstand bzw. im Falle einer anderen Zuständigkeitsregelung der Aufsichtsrat oder die Hauptversammlung bei möglicherweise völlig anderen Machtverhältnissen entscheiden werden. Außerdem können durch die Vinkulierung nur Transaktionen von der Zustimmung abhängig gemacht werden, bei denen die Aktien im Wege der Einzelrechtsnachfolge übertragen werden sollen. Rechtsübergänge durch Gesamtrechtsnachfolge wie Begründung der ehelichen Gütergemeinschaft, Erbgang, Umwandlungen oder Anwachsung durch Austritt eines Gesellschafters aus einer Personengesellschaft können dagegen auch durch die Vinkulierung nicht verhindert werden.[219] Die Pfändung vinkulierter Namensaktien ist ebenfalls zulässig. Auch fallen vinkulierte Namensaktien in die Konkursmasse, wenn über das Vermögen des Inhabers der Konkurs eröffnet wird.[220]

Der mit der Vinkulierung verbundene Schutz der Positionen der Alt- 102 gesellschafter ist schon aus den genannten Erwägungen fraglich. Darüber hinaus kann – mit den genannten Einschränkungen – durch die Vinkulierung zwar der dingliche Rechtsübergang der Aktie und der hiermit verbundenen Rechte verhindert werden, nicht aber die Gewinnung von Einfluß über Stimmrechtsvollmachten i. S. d. § 134 III AktG oder Stimmbindungsverträge. Wenngleich diese im Einzelfall nichtig sein können, wenn sie den Zweck der Vinkulierung unterlaufen, um die Gesellschaft einem unerwünschten Fremdeinfluß auszusetzen,[221] so bleibt es selbst im Falle der Unwirksamkeit des Stimmbindungsvertrages ohne Einfluß auf die Wirksamkeit der Stimmrechtsausübung, wenn

217 Vgl. hierzu *H. Kossmann*, Der Anspruch auf Genehmigung zur Übertragung vinkulierter Namensaktien, BB 1985, S. 1364, 1366 m. w. N.

218 BGH NJW 1987, S. 1019, 1020.

219 *H. Kossmann*, Der Anspruch auf Genehmigung zur Übertragung vinkulierter Namensaktien, BB 1985, S. 1364.

220 Sowohl im Falle der Pfändung wie im Falle der Konkurseröffnung bedarf die zwangsweise Verwertung aber der Zustimmung der Gesellschaft, die diese nur aus wichtigem Grund verweigern darf.

221 *M. Marquardt*, Gesellschafts- und steuerrechtliche Instrumente zur Abwehr feindlicher Übernahmen von Aktiengesellschaften, WiB 1994, S. 537, 538.

der Aktionär den Vorgaben folgt.[222] Im Ergebnis bieten vinkulierte Namensaktien einen deutlich schwächeren Schutz der Machtpositionen von Aktionären als stimmrechtslose Vorzugsaktien.

103 Zu berücksichtigen ist auch, daß nach § 38 I Nr. 1b BörsG i. V. m. § 5 II Nr. 1 BörsZulV vinkulierte Namensaktien nur zum Amtlichen Handel zugelassen werden können, wenn das Zustimmungserfordernis für die Aktienübertragung nicht zur Störung des Börsenhandels führt.[223] Die Handhabung der Vinkulierungsbestimmungen durch die Unternehmensleitung darf nicht zu einer Beeinträchtigung des Aktienhandels an der Börse führen, andernfalls kann die Börse die Zulassung zum Wertpapierhandel rückgängig machen. Die Gesellschaft muß sich daher gegenüber der Zulassungsstelle verpflichten, von der Möglichkeit der Verweigerung ihrer Zustimmung nur unter bestimmten engen Voraussetzungen Gebrauch zu machen. Wenngleich diese Erklärung die Gesellschaft nicht gegenüber einem veräußerungswilligen Aktionär bindet und somit weder ihm noch dem Käufer einen gegen die Gesellschaft gerichteten Anspruch auf Zustimmung gewährt[224], so heißt dies doch, daß sich das Erfordernis der Zustimmung auch im Zusammenhang mit der Beseitigung einer börsenschädlichen Vinkulierung ergeben kann.[225] In zulassungstechnischer Hinsicht setzt der Börsenhandel in vinkulierten Namensaktien voraus, daß die Aktienurkunden ein Blankoindossament tragen oder daß ihnen ein Blankoumschreibungsantrag des Verkäufers beigefügt ist.[226]

104 Nach dem Gesagten und unter Berücksichtigung des mit der Vinkulierung verbundenen Verwaltungsaufwands[227] sind vinkulierte Namensaktien allenfalls für Unternehmen mit kleinem Gesellschafterkreis zu empfehlen, nicht aber für solche, die an der Börse notiert werden

[222] *A. Klein*, Abwehrmöglichkeiten gegen feindliche Übernahmen in Deutschland, NJW 1997, S. 2085, 2086. Außerdem dürfte es zur Feststellung der Unwirksamkeit allenfalls in Ausnahmefällen kommen, da ein entsprechender Nachweis sehr schwierig zu erbringen ist. So kann ein Aktionär seine Mitsprachrechte auch einfach über eine Stimmrechtsvollmacht nach § 135 AktG durch eine Depotbank ausüben und diese beauftragen, entsprechend den Vorgaben seines Vertragspartners abzustimmen. In dieser Vorgehensweise wird weder eine der Stimmrechtsabtretung wirtschaftlich gleichzusetzende Bevollmächtigung noch eine Umgehung der Vinkulierung gesehen.

[223] Vgl. *E. Schwark*, Börsengesetz, § 38, Rdnrn. 3f.

[224] Eine Bindung der AG zugunsten der Aktionäre auf Erteilung der Zustimmung kann vielmehr nur dadurch geschaffen werden, daß die Voraussetzungen für Erteilung oder Versagungsatzungsmäßig festgeschrieben werden.

[225] Vgl. *A. Grupp*, Börseneintritt und Börsenaustritt, S. 148 m. w. N.

[226] *S. Heißel/C. Kienle*, Rechtliche und praktische Aspekte zur Einbeziehung vinkulierter Namensaktien in die Sammelverwahrung, WM 1993, S. 1909f.

[227] Einzuräumen ist freilich, daß der Verwaltungsaufwand in den letzten Jahren durch EDV-gestützte Aktionärsbücher deutlich gemindert wurde.

sollen.[228] Beabsichtigt eine Gesellschaft bzw. ihre Eigner im Vorfeld der Börseneinführung trotzdem die Schaffung von vinkulierten Namensaktien, so empfiehlt es sich, dies gleich bei der Börseneinführung zu berücksichtigen. Die Vinkulierung bedarf nämlich nach § 180 II AktG der Zustimmung aller betroffenen Aktionäre. Diese dürfte zu einem späteren Zeitpunkt nur mit Schwierigkeiten erhältlich sein.

e) Entsenderechte

Da die Hauptversammlung Vorstand und Aufsichtsrat keine Weisungen erteilen kann, wird allein durch die Kontrolle des Aufsichtsrats über eine Mehrheit in der Hauptversammlung noch nicht gewährleistet, daß Paketinhaber ihren Einfluß auf die Unternehmensleitung auch uneingeschränkt durchsetzen können. Zudem ist zu berücksichtigen, daß Mitglieder des Aufsichtsrats, die von der Hauptversammlung ohne Bindung an einen Wahlvorschlag gewählt worden sind, nach § 103 I AktG von dieser vor Ablauf der Amtszeit nur durch Beschluß der Hauptversammlung abberufen werden können, für den im Regelfall eine qualifizierte Mehrheit erforderlich ist. (Alt-)Aktionäre können daher Mitglieder des Aufsichtsrats, die ihren „Weisungen" nicht folgen oder von deren Loyalität sie aus anderen Gründen nicht mehr überzeugt sind, nur unter den genannten Bedingungen mit den hiermit verbundenen Voraussetzungen „absetzen". Dies ist bei Mitgliedern des Aufsichtsrats, die aufgrund der Satzung von bestimmten Aktionären entsandt wurden, einfacher, da diese nach § 103 II AktG jederzeit vom Entsendungsberechtigten abberufen und durch ein anderes Mitglied ersetzt werden können. **105**

Das Recht, Mitglieder in den Aufsichtsrat zu entsenden, kann nach § 101 II AktG durch die Satzung zugunsten bestimmter Aktionäre oder für die jeweiligen Inhaber bestimmter vinkulierter Namensaktien begründet werden. Die Entsendungsrechte können insgesamt höchstens für ein Drittel der von den Aktionären bestellten Aufsichtsratsmitglieder eingeräumt werden. **106**

Auch im Falle von Entsendungsrechten sollte deren satzungsmäßige Verankerung zur Vermeidung von Schwierigkeiten bereits im Vorfeld einer Börseneinführung erfolgen. Entsprechende Beteiligungsgrößen vorausgesetzt, sollten die Entsendungsrechte auch für Investoren akzeptabel sein und daher weder Preis noch Plazierung belasten. Darüber hinaus können die Entsendungsberechtigten dem Entsandten Richtlinien zur Wahrung ihrer Interessen geben, die aber die allgemeinen rechtlichen Verpflichtungen der Mitglieder des Aufsichtsrats beachten **107**

[228] *W. Koch/J. Wegmann*, Praktikerhandbuch Börseneinführung, S. 71; *H. Otto*, Übernahmeversuche bei Aktiengesellschaften und Strategien der Abwehr, DB 1988, S. 1, 7.

müssen. Ihre Befolgung darf demnach nicht zu einer Verletzung von Sorgfaltspflichten führen. Wurden zur Sicherstellung der gemeinsamen Ausübung der Rechte der Altaktionäre deren Aktien in einen Pool eingebracht oder über ein ähnliches Instrument in ihrer Ausübung aneinander gebunden,[229] so empfiehlt sich, dem Pool die die Entsendungsrechte verkörpernde Namensaktie(n) zu übertragen.[230]

f) Stärkung des Aufsichtsrats

108 Ein weiteres Mittel zur Stärkung des Einflusses der (Alt-)Aktionäre ist die Erweiterung der Geschäfte, die der Zustimmung des Aufsichtsrats bedürfen. Die Festsetzung dieser Geschäfte kann in der Satzung oder in der vom Aufsichtsrat erlassenen Geschäftsordnung des Vorstands[231] erfolgen. Verweigert der Aufsichtsrat seine Zustimmung zu einem danach zustimmungspflichtigen Geschäft, so kann der Vorstand verlangen, daß die Hauptversammlung über die Zustimmung beschließt, wobei der zustimmende Beschluß der Hauptversammlung mindestens einer Dreiviertelmehrheit der abgegebenen Stimmen bedarf.[232] Die Ausweitung der Liste zustimmungsbedürftiger Geschäfte beschränkt die Kompetenzen des Vorstands und stärkt den Einflußbereich der Hauptversammlung sowie der Aktionärsvertreter im Aufsichtsrat.

109 Eine Stärkung des Aufsichtsrats kann auch dadurch erfolgen, daß dieser in der Geschäftsordnung des Vorstands dessen in § 90 AktG detailliert festgeschriebene Informationspflichten inhaltlich erweitert und/ oder kürzere Abstände für die Berichterstattung festsetzt. Hierdurch wird die Informationsbasis des Aufsichtsrats sowie der in diesem vertretenen (Alt-)Aktionäre verbessert und hierdurch die Reaktionszeiten auf Maßnahmen und Entscheidungen, die nicht in ihrem Interesse sind, verkürzt.

110 Umgekehrt kann es auch im Interesse der Altaktionäre sein, die Stellung ihres „Vertreters" im Vorstand zu stärken, indem dieser zum alleinigen Vorstand oder zum Vorsitzenden des Vorstands ernannt wird. Die Satzung oder die Geschäftsordnung des Vorstands kann vorsehen, daß die Stimme des Vorsitzenden bei Stimmengleichheit ausschlaggebend ist, nicht aber, daß der Vorsitzende bei Meinungsunterschieden gegen die Mehrheit der Vorstandsmitglieder entscheiden kann.[233]

---

[229] Vgl. hierzu § 3 I. 9. g) Koordination von Aktionärsrechten.

[230] *W. Schürmann/K. Körfgen*, Familienunternehmen auf dem Weg zur Börse, S. 148.

[231] Vgl. hierzu § 3 I. 3. c) Geschäftsordnung des Vorstands.

[232] § 111 IV AktG.

[233] § 77 I AktG.

g) Koordination von Aktionärsrechten

Die Absicherung des Einflusses der Alt- oder Familienaktionäre durch die vorgenannten Maßnahmen setzt in ihrer dauerhaften Wirksamkeit voraus, daß die Rechte aus diesen Aktien auch in der Zukunft tatsächlich in gleicher Weise ausgeübt werden. Dies ist um so weniger gewährleistet, um so größer der Kreis der betroffenen Gesellschafter ist und je mehr Zeit verstreicht. Dabei ist zum einen zu berücksichtigen, daß der Kreis dieser Aktionäre nicht fest ist, sondern sich schon durch Erbfälle verändern, und d. h. auch wachsen kann. Inwieweit Erben, die möglicherweise auf eine Vielzahl von Familienstämmen verteilt sind, ohne entsprechende Verpflichtungen auch noch Jahrzehnte und Generationen nach einer Börseneinführung, wie von den Erblassern im Interesse des Unternehmens vorgesehen, zusammenwirken, ist völlig offen, eher aber unwahrscheinlich. Wahrscheinlich ist, daß sie eine eher lockere Bindung gegenüber dem Unternehmen empfinden und, auch vor dem Hintergrund einer regelmäßig niedrigen laufenden Verzinsung von Aktieninvestitionen, daher aus welchen Gründen auch immer durchaus bereit sind, ihre Aktien zu einem attraktiven Preis zu verkaufen, ohne sich dabei um das Schicksal der Mitaktionäre oder des Unternehmens bzw. den Willen der Erblasser zu kümmern. **111**

Zur Absicherung eines dauerhaften und fokussierten Zusammenwirkens der Alt- oder Familienaktionäre, das Grundvoraussetzung für die auch künftige Beherrschung der Gesellschaft ist, sollte idealerweise die Gewährleistung eines einheitlichen Stimmverhaltens sowie die Beschränkung der Verfügungsmöglichkeiten der einzelnen Aktionäre angestrebt werden. Hierfür bieten sich grundsätzlich mehrere Regelungsmechanismen an. **112**

- Wenig geeignet sind rechtlich unverbindliche Vereinbarungen, nach denen sich die Alt- oder Familienaktionäre jeweils vor einer Hauptversammlung über ihr Abstimmverhalten verständigen. Solche Gentlemen's Agreements mögen zwar im Interesse einer harmonischen Zusammenarbeit bei der Führung eines Unternehmens bzw. der Beaufsichtigung der Leitung wünschenswert sein, setzen aber für ihr Funktionieren regelmäßig entweder eine starke Führungspersönlichkeit oder eine weitgehende Deckung der Interessen der Beteiligten[234] voraus. Ein langfristiges Funktionieren solcher Absprachen ist damit nicht gewährleistet.
- Werden Vereinbarungen, mit denen sich Aktionäre zur einheitlichen Ausübung ihres Stimmrechts verpflichten, in Form schuldrechtlicher Verträge geschlossen, so sind diese zwar aktienrechtlich zulässig und

[234] Das gemeinsame Interesse am Wohlergehen des Unternehmens reicht hier zumindest auf lange Sicht nicht aus.

auch rechtlich verbindlich.[235] Sie gewährleisten aber dennoch nicht die langfristige Einhaltung der getroffenen Absprachen, da ein Stimmverhalten, das diesen widerspricht, wirksam ist und letztendlich nicht verhindert werden kann. Spätere Schadensersatzklagen sind infolge von Schwierigkeiten beim Nachweis eines kausal verursachten Schadens regelmäßig wenig erfolgversprechend. Anreiz zur Einhaltung der Absprachen kann damit lediglich die Vereinbarung von Vertragsstrafen sein.

- Eher zur dauerhaften Gewährleistung des bezweckten Erfolgs geeignet sind Stimmenpools. Erfolgen die Vereinbarungen auf rein schuldrechtlicher Basis, so können diese darin bestehen, daß das Stimmrecht der Alt- oder Familienaktionäre an einen Treuhänder übertragen wird, der als Bevollmächtigter im eigenen Namen für fremde Rechnung auftritt.[236, 237] Zusätzlich kann vereinbart werden, daß die einzelnen Poolmitglieder ihre Aktien nicht veräußern können, wobei in Hinblick auf das Veräußerungsverbot gelegentlich Ausnahmeregelungen für Sondersituationen wie Erbfolge oder Konkurs mit vereinbart werden, was zwar durchaus sinnvoll, wegen der Zielsetzung einer dauerhaften Festigung von Einflußpositionen aber nicht unproblematisch ist. Auch hier bedarf es zur Verstärkung der Bindungswirkung der Vereinbarung von Vertragsstrafen.
- Unnötig ist die Vereinbarung von Vertragstrafen dagegen bei der Wahl eines Stimmenpools durch Bildung einer Gesellschaft, der die Aktien der Alt- oder Familienaktionäre übertragen werden, weil diese Konstruktion dingliche Wirkung entfaltet. Da die Gesellschafter das Eigentum an den Aktien gegen Gesellschaftsanteile an der Poolgesellschaft getauscht haben, können sie das Stimmrecht in der AG/KGaA nicht mehr selbst ausüben. Inwieweit sie die Ausübung des Stimmrechts noch beeinflussen können, hängt in erster Linie von der gewählten Gesellschaftsform[238] sowie der Rolle des einzelnen Gesellschafters in der Poolgesellschaft ab. Vorteilhaft ist auch, daß die Hol-

---

[235] Zu beachten hierbei ist, daß nach § 136 II AktG ein Vertrag, durch den sich ein Aktionär verpflichtet, sein Stimmrecht nach Weisung der Gesellschaft, ihrer Organe oder eines von dieser abhängigen Unternehmens auszuüben, nichtig ist. Nichtig sind auch Verträge, mit denen sich ein Aktionär verpflichtet, für diejeweiligen Vorschläge von Vorstand oder Aufsichtsrat zu stimmen.

[236] Vgl. hierzu auch § 129 III AktG.

[237] Möglich ist auch die bloße Erteilung einer Vollmacht, wodurch aber der Aktionär nicht gehindert wird, trotz der eigentlich weitergeltenden Vollmacht selbst an der Abstimmung teilzunehmen. Im Ergebnis ist diese Alternative keine erfolgversprechende Lösung zur Sicherung des Einflusses von Aktionärsgruppen. *W. Schürmann/K. Körfgen*, Familienunternehmen auf dem Weg zur Börse, S. 161.

[238] Grundsätzlich sind alle Gesellschaftsformen einsetzbar.

dinggesellschaft über die Thesaurierung von Dividenden und die Aufnahme von Krediten eine Finanzierungsfunktion übernehmen kann, wobei diese Mittel beispielsweise auch zur Kurspflege verwandt werden können. Problematisch an dieser Konstruktion ist, daß sie je nach gewählter Rechtsform negative steuerliche Konsequenzen, insbesondere im Bereich der Gewerbesteuer haben kann, so daß jeweils auch dieser Aspekt zu bedenken ist.

10. Steuern

Da es in Deutschland kein einheitliches Recht der Unternehmensbe- **113**
steuerung gibt, ist die Steuerbelastung bei gleicher wirtschaftlicher Leistungsfähigkeit einer Gesellschaft stark von deren Rechtsform abhängig. Die Wahl der Unternehmensform wird daher – wann und soweit immer möglich – entscheidend durch die steuerliche Belastungen der jeweiligen Rechtsform für Unternehmen und Eigner beeinflußt. Wurde ein Unternehmen vor dem Börsengang nicht als AG, KGaA oder GmbH[239] geführt, so ist der Wechsel in die Rechtsform einer AG oder KGaA sowohl für Unternehmen als auch die Eigner mit einschneidenden Veränderungen der Besteuerung verbunden.[240]

Wurde das Unternehmen zuvor als Personengesellschaft oder Einzel- **114**
unternehmen betrieben, so ist bei der Besteuerung des Einkommens der wesentliche systematische Unterschied, daß bei Kapitalgesellschaften eine Trennung zwischen dem Gewinn der Gesellschaft einerseits und dem Einkommen der Gesellschafter andererseits vorgenommen wird, wohingegen bei Gesellschaftern von Personen(handels)gesellschaften und Einzelunternehmern der Unternehmensgewinn auch dann als Teil des Gesamteinkommens der hinter dem Unternehmen stehenden Privatperson erfaßt wird, wenn er im Unternehmen verbleibt.[241] Die nachfolgende Darstellung der Besteuerung von Gesellschaft und Aktionären muß sich auf die Grundzüge beschränken. Die steuerlichen

---

239 Die GmbH unterliegt als „reine" Kapitalgesellschaft grundsätzlich denselben Besteuerungsregeln wie die AG. Vgl. § 2 II 1 GewStG, § 1 I Nr. 1 KStG.

240 Unabhängig von der Rechtsform vor der Börseneinführung ändert sich mit der Aufnahme der Börsennotierung die Bewertung der Gesellschaft als Bemessungsgrundlage für erbschaft- und schenkungsteuerpflichtige Vorgänge. Vgl. hierzu § 12 II ErbStG i.V. m. § 11 I, II BewG. Dies war früher auch im Bereich der Vermögensteuer der Fall.

241 Im Gegensatz zur Kapitalgesellschaft wirken sich bei der Personengesellschaft und beim Einzelunternehmer deshalb die persönlichen Umstände auf die Einkommensbesteuerung des Unternehmensgewinns unmittelbar aus. Verluste, die im Unternehmen erwirtschaftet werden, können auch von Gesellschaftern, die natürliche Personen sind, mit dem Einkommen aus anderen Einkunftsarten verrechnet werden und führen so zu einer entsprechenden Freistellung von Einkommensteuern. *U. Seibert/D. Köster/R. Kiem*, Die kleine AG, S. 162.

Auswirkungen des Rechtsformwechsels in die AG bzw. KGaA sind im Zusammenhang mit dem Rechtsformwechsel als solchem aufzuzeigen.[242]

a) Besteuerung der Gesellschaft

115 Die AG ist als Kapitalgesellschaft Körperschaftsteuersubjekt und wird als solche, sofern sie ihre Geschäftsleitung[243] oder ihren Sitz[244] im Inland hat, mit der Beurkundung der Satzung[245] gemäß § 1 I Nr. 1 KStG unbeschränkt körperschaftsteuerpflichtig. Die Körperschaftsteuer bemißt sich nach § 7 I KStG nach dem zu versteuernden Einkommen, das gemäß § 8 I KStG nach den Vorschriften des EStG und des KStG zu ermitteln ist.

116 Die AG hat nach § 8 II KStG ausschließlich Einkünfte aus Gewerbebetrieb, bei deren Ermittlung an den Gewinn angeknüpft wird.[246] Im Rahmen des bei der Ermittlung des Gewinns vorzunehmenden Betriebsvermögensvergleichs[247] gilt prinzipiell der Grundsatz der Maßgeblichkeit der Handelsbilanz für die Steuerbilanz, wobei die Handelsbilanz gemäß § 243 I HGB nach den Grundsätzen ordnungsgemäßer Buchführung aufzustellen ist. Zu beachten sind aber abweichende steuerrechtliche Ansatz- und Bewertungswahlrechte.[248]

117 Bei der Ermittlung des steuerbaren Gewinns von Kapitalgesellschaf-

---

[242] Vgl. hierzu § 5 Bilanzierung und Besteuerung des Rechtsformwechsels.

[243] § 10 AO.

[244] § 11 AO.

[245] BFH, Urteil vom 14. Oktober 1992 – I R 17/1992, BStBl. II 1993, S. 352, 354 für die GmbH. Mit der notariellen Beurkundung der Satzung wird die Gesellschaft als Vorgesellschaft wie die spätere Kapitalgesellschaft auch vor Eintragung in das Handelsregister körperschaftsteuerpflichtig, wenn auf sie Vermögen übertragen wurde, sie nach außen geschäftlich in Erscheinung tritt, der Eintragung in das Handelsregister keine ernsten Hindernisse entgegenstehen und die Eintragung alsbald nachfolgt. *B. Hönle* in *K. Peter/G. Crezelius*, Gesellschaftsverträge und Unternehmensformen, S. 301.

[246] § 2 II Nr. 1 EStG.

[247] Danach besteht der Gewinn nach § 4 I 1 EStG in der Differenz zwischen dem Betriebsvermögen am Ende des Wirtschaftsjahres und dem Betriebsvermögen am Schluß des vorherigen Wirtschaftsjahres, vermehrt um den Wert zwischenzeitlicher Entnahmen und vermindert um den Wert der im selben Zeitraum gemachten Einlagen. Zu berücksichtigen ist dabei auch, daß das gesamte Vermögen der AG nach § 8 I und II KStG Betriebsvermögen ist. Vermögen, das nicht im Eigentum der Gesellschaft, sondern eines Aktionärs steht, gehört nicht zum Betriebsvermögen, auch wenn es von der Gesellschaft genutzt wird. Näher zur Ermittlung des Einkommens der AG sowie der Behandlung offener und verdeckter Einlagen vgl. *B. Hönle* in *K. Peter/G. Crezelius*, Gesellschaftsverträge und Unternehmensformen, S. 302 ff.

[248] BFH, Beschluß vom 3. Februar 1969 – GrS 2/68, BStBl. II 1969, S. 291, 293.

ten sind wie bei Personengesellschaften die nichtabzugsfähigen Betriebsausgaben sowie die handelsrechtlich als Aufwand erfaßten Ausgaben, die nach § 10 KStG steuerrechtlich nicht anerkannt werden, zu berücksichtigen, d. h. hinzuzurechnen.[249] Zu letzteren gehört auch die Hälfte der Vergütung des Aufsichtsrats.[250]

Besondere Bedeutung kommt regelmäßig auch den Rechtsbeziehungen zwischen Gesellschaft und Gesellschaftern und der hiermit zusammenhängenden Thematik der verdeckten Gewinnausschüttung[251] zu. Wenngleich bei einer börsennotierten Gesellschaft mit einer Vielzahl von (Minderheits-)Gesellschaftern die Privilegierung von Alt- und/ oder Mehrheitsaktionären schon infolge der Beobachtung durch die außenstehenden Aktionäre und nicht zuletzt die Analysten der Banken auf Hindernisse stößt, ist beim Abschluß von Rechtsgeschäften zwischen Gesellschaft und Gesellschaftern auf die Angemessenheit der gegenseitigen Leistungen und übrigen Bedingungen besondere Sorgfalt zu legen.[252] Dies gilt besonders in den typischen Fällen verdeckter Ge- **118**

---

249 § 8 I KStG i. V. m. § 4 V EStG.

250 Dies gilt obwohl die AG zwingend einen Aufsichtsrat hat und daher kein Zweifel daran bestehen kann, daß dessen Vergütung echte Betriebsausgaben darstellt. Andererseits sind vergleichbare Ausgaben einer Personenhandelsgesellschaft überhaupt nicht abzugsfähig, wenn es sich bei den Mitgliedern des dort eingerichteten Aufsichtsgremiums um Mitunternehmer handelt. Zum Begriff des Mitunternehmers vgl. Abschn. 138 EStR. Soweit die Mitglieder des Gremiums dagegen nicht Mitunternehmer sind, sind die Aufwendungen in voller Höhe abzugsfähig.

251 Bei einer verdeckten Gewinnausschüttung handelt es sich um eine Vermögensminderung oder verhinderte Vermögensmehrung auf seiten der Gesellschaft, die in erster Linie durch das Gesellschafterverhältnis veranlaßt ist, sich auf die Höhe des Einkommens der Gesellschaft auswirkt und nicht im Zusammenhang mit einer offenen Ausschüttung steht. Ständige Rechtsprechung des BFH seit den Urteilen vom 22. Februar 1989 – I R 44/85 BStBl. II, S. 475, und I R 9/85, BStBl. II, S. 631. So liegt eine verdeckte Gewinnausschüttung vor, wenn eine Kapitalgesellschaft einem Gesellschafter oder einer ihm nahestehenden Person einen Vermögensvorteil außerhalb der gesellschaftsrechtlichen Gewinnverteilung zuwendet, den sie einem fremden Dritten, der nicht Gesellschafter ist, bei Anwendung der Sorgfalt eines ordentlichen und gewissenhaften Geschäftsleiters unter sonst gleichen Umständen nicht zuwenden würde. BFH, BStBl. 1978, S. 110.

252 Zu den Rechtsfolgen einer verdeckten Gewinnausschüttung gehört, daß diese nach § 8 III KStG bei der Ermittlung des körperschaft- und gewerbesteuerlichen Einkommens addiert wird. Der nach Körperschaft- und Gewerbesteuer verbleibende Nettobetrag erhöht das Eigenkapital. Im Falle der Ausschüttung ist die Ausschüttungsbelastung herzustellen. Unabhängig hiervon wird eine verdeckte Gewinnausschüttung beim Aktionär als sonstiger Bezug aus Anteilen an Kapitalgesellschaften i. S. d. § 20 I 2 EStG nur erfaßt, wenn dem Aktionär der Vermögensanteil auch zugeflossen ist. Die Pflicht zur Erhebung der Kapitalertragsteuer auf verdeckte Gewinnausschüttungen entsteht, wenn der Steuer-

winnausschüttungen wie der Festsetzung unangemessen hoher Vergütungen für Mitglieder der Verwaltung[253] oder die Gewährung von Darlehen an diese zu unangemessen niedrigen Zinssätzen.[254] Bei Absprachen über Vergütungen für Vorstände, die über beherrschende Anteile an der Gesellschaft verfügen, wird darauf zu achten sein, daß diese Vereinbarungen von vornherein hinreichend klar sind.[255] Besonders problematisch in Zusammenhang mit der verdeckten Gewinnausschüttung sind auch Nebentätigkeiten von Vorständen, sofern diese beherrschend[256] an der Gesellschaft beteiligt sind, da die Geschäftsführung einer Kapitalgesellschaft grundsätzlich einem Wettbewerbsverbot unterliegt.[257] Die Annahme einer verdeckten Gewinnausschüttung kann bei branchengleichen Nebentätigkeiten nur vermieden werden, wenn eine Befreiung vom Wettbewerbsverbot unter klarer und eindeutiger Aufgabenabgrenzung vereinbart wird, die zivilrechtlich wirksam ist und eine angemessene Gegenleistung[258] beinhaltet.[259]

119 Nach § 23 I KStG beträgt die Körperschaftsteuer auf thesaurierte, nach dem Verbrauch von Verlustvorträgen verbleibende Gewinne 40 Prozent. Dieser Satz wird aber nach Maßgabe der §§ 27 I, 40 KStG auf 30 Prozent gemindert oder erhöht, soweit Gewinnausschüttungen erfolgen. Die Minderungen oder Erhöhungen sollen gewährleisten, daß Ausschüttungen in jedem Fall mit der Ausschüttungsbelastung von 30 Prozent belegt sind.[260] Die Körperschaftsteuer erhöht sich je-

---

pflichtige die wirtschaftliche Verfügungsmacht über den Kapitalertrag erlangt hat. *B. Hönle* in K. Peter/G. Crezelius, Gesellschaftsverträge und Unternehmensformen, S. 305 mit weiteren Beispielen für verdeckte Gewinnausschüttungen. *U. Seibert/D. Köster/R. Kiem*, Die kleine AG, S. 168.

[253] BFH, Urteil vom 28. Juni 1989 – I R 89/85, BStBl. 1989 II, S. 854.

[254] BFH, Urteil vom 23. Juni 1981 – VIII R 102/80, BStBl. 1982 II, S. 245.

[255] BFH, Urteil vom 28. Februar 1990 – I R 83, 87, BStBl. 1990, S. 649, 650. Der Vertrag muß zivilrechtlich wirksam sein und tatsächlich durchgeführt werden, ansonsten liegt eine verdeckte Gewinnausschüttung vor. BFH, Urteil vom 12. April 1989, I R 142–143/85, BStBl. 1989 II, S. 636, 637.

[256] Vgl. § 17 AktG.

[257] BFH, Urteil vom 26. April 1989 – I R 172/87, BStBl. 1989 II, S. 673 für die GmbH. Bei Verstößen gegen Wettbewerbsverbote hat die Gesellschaft Ansprüche auf Schadensersatz und Herausgabe des erzielten Erlöses.

[258] Bei Neugründungen einer Gesellschaft kann eine unentgeltliche Befreiung vom Wettbewerbsverbot erfolgen. *B. Hönle* in *K. Peter/G. Crezelius*, Gesellschaftsverträge und Unternehmensformen, S. 307.

[259] Str., vgl. hierzu *U. Seibert/D. Köster/R. Kiem*, Die kleine AG, S. 168 m. w. N.

[260] Die Benachteiligung thesaurierter Gewinne kann teilweise durch das Schütt-Aus-Hol-Zurück-Verfahren gemindert werden, das erreicht, daß der Gewinn zwar im Unternehmen verbleibt, aber trotzdem nicht mit dem Körperschaftsteuersatz für thesaurierte Gewinne von 40 Prozent belastet wird, sondern mit dem eventuell niedrigeren individuellen Einkommensteuersatz von Aktio-

weils um den Solidaritätszuschlag von derzeit 5,5 Prozent auf den Steuersatz.[261] Im Falle der Ausschüttung der verbleibenden Bardividende sind nach § 43 I 1 Nr. 1 i. V. m. § 43a I Nr. 1 EStG, §§ 1, 3 I Nr. 5, 4 SolZG 25 Prozent Kapitalertragsteuer zuzüglich 5,5 Prozent Solidaritätszuschlag auf diese einzubehalten, so daß danach die sogenannte Nettodividende 37,73 Prozent des zu versteuernden inländischen Einkommens der Gesellschaft beträgt.[262]

Die nachstehende Gegenüberstellung erlaubt einen Vergleich der Be- 120
lastung der Einkommen von Kapital- und Personengesellschaften auf Gesellschafts- und auf Gesellschafterebene. Zu berücksichtigen ist dabei aber, daß Kapitalgesellschaften bei der steuerlichen Absetzbarkeit von Zinsen für Gesellschafterdarlehen, Geschäftsführervergütungen und Pensionsrückstellungen für Geschäftsführer Vorteile genießen, da diese Aufwendungen bei Personengesellschaften nicht anerkannt werden.[263]

Die AG ist nach § 2 II 1 GewStG als Kapitalgesellschaft kraft ihrer Rechtsform ohne Rücksicht auf die Art ihrer Betätigung gewerbeertragsteuerpflichtig[264]. Gemäß § 6 GewStG ist Bemessungsgrundlage für die Gewerbeertragsteuer der nach § 7 GewStG ermittelte Gewerbeertrag, der nach dem nach EStG und KStG errechneten und um Hinzurechnungen[265] und Kürzungen[266] modifizierten Gewinn berechnet

---

nären besteuert wird. Besonders interessant ist das Schütt-Aus-Hol-Zurück-Verfahren für Gesellschafter, deren Einkommensteuerspitzenbelastung zuzüglich Kirchensteuer und Solidaritätszuschlag niedriger ist als die entsprechende Belastung im Falle der Thesaurierung, sofern die hiermit verbundenen Transaktionskosten der Steuervorteil nicht wieder aufzehren.

[261] Die effektive Steuerbelastung ist höher als die zusammengerechnete nominale Belastung in Höhe von 31,65 Prozent (30 Prozent zuzüglich 5,5 Prozent hierauf), da sich das Körperschaftsteueranrechnungsverfahren nicht auf den Solidaritätszuschlag erstreckt und die 1,65 Prozent daher nicht erstattet werden. Die Anrechnung der Körperschaftsteuer erfolgt gemäß § 36 II Nr. 3 EStG, indem zur ausgeschütteten Bardividende drei Siebentel hinzugerechnet werden. Demgegenüber erfolgt im Rahmen der Anrechnung der Kapitalertragsteuer auf Gesellschafterebene eine Berücksichtigung des Solidaritätszuschlags.

[262] Ausländisches Einkommen der Gesellschaft – körperschaftsteuerlich sogenanntes EK 01 – unterliegt nach eventuell zu zahlender ausländischer Steuer im Falle der Ausschüttung nur der Kapitalertragsteuer und dem Solidaritätszuschlag auf diese. Rückzahlungen von Kapitalrücklagen (EK 04) unterliegen nicht der Kapitalertragsteuer.

[263] Weitere Vorteile genießen Kapitalgesellschaften im Bereich der Gewerbesteuer. So unterliegen Vergütungen i. S. d. § 15 I Nr. 2 EStG wie Tätigkeitsvergütungen, Zuführungen zu Pensionsrückstellungen, Zinsen, Lizenz-, Miet- und Pachtzahlungen an Gesellschafter nur bei Personengesellschaften der Gewerbeertragsteuer.

[264] Die Gewerbekapitalsteuer wird seit dem 1. Januar 1998 nicht mehr erhoben.

[265] § 8 GewStG.

[266] § 9 GewStG.

wird. Vorteilhaft wirkt sich bei der AG aus, daß bei Kapitalgesellschaften Aufwandsposten wie die Vergütungen für geschäftsführende Gesellschafter auch im Bereich der Gewerbeertragsteuer abzugsfähig sind und sich daher auch hier steuermindernd auswirken. Der so ermittelte und auf volle DM 100 abgerundete Gewerbeertrag wird gemäß § 11 I GewStG mit der Steuermeßzahl multipliziert, die für Kapitalgesellschaften nach § 11 II 2 GewStG einheitlich 5 Prozent beträgt.[267] Der sich hieraus ergebende Steuermeßbetrag ist nach § 16 I GewStG mit dem von den Gemeinden festgesetzten Hebesatz[268] zu multiplizieren, so daß sich bei Hebesätzen zwischen 300[269] und 515[270] Prozent Gewerbeertragsteuerbelastungen in Höhe von 15 bis 25,75 Prozent des Gewerbeertrages ergeben. Die Gewerbesteuer ist eine als Betriebsausgabe in sich und bei Berechnung der Körperschaftsteuer abzugsfähige Größe.

b) Besteuerung inländischer Privatpersonen

121 Aktionäre werden als solche steuerlich nicht als Mitunternehmer behandelt. Halten natürliche Personen mit Wohnsitz im Inland[271] ihre Aktien im steuerlichen Privatvermögen, erzielen sie mit ihren Dividendeneinnahmen und sonstigen Bezügen aus den Aktien Einkünfte aus Kapitalvermögen i. S. d. § 20 I Nrn. 1 und 3 EStG, die in vollem Umfang der deutschen Einkommensbesteuerung einschließlich Solidaritätszuschlag und etwaiger Kirchensteuer unterliegen. Steuerpflichtige Einnahme aus Kapitalvermögen ist für den Aktionär der Bruttobetrag der Dividende[272], d. h. der ihm zufließende Nettobetrag zuzüglich der einbehaltenen Kapitalertragsteuer und der von der Gesellschaft geleisteten Körperschaftsteuer ohne Kapitalrückzahlungen aus dem EK 04.[273] Dem Aktionär werden auf die von ihm entsprechend seiner persönlichen Steuerprogression zu zahlende Einkommensteuer die einbehaltene Kapitalertragsteuer sowie die von der AG gezahlte Körperschaftsteuer angerechnet[274]. Die Bemessungsgrundlage des Solidaritätszuschlags ist die nach § 51a II EStG berechnete Einkommensteuer vermindert um die

---

[267] Insoweit besteht gegenüber – zumindest weniger profitablen – Personengesellschaften ein Nachteil, da die Steuermeßzahl bei Personengesellschaften, denen auch ein Freibetrag von DM 48.000 gewährt wird, bis zu einem Gewerbeertrag von DM 144.000 von 1 bis 4 Prozent gestaffelt ist. § 11 II Nr. 1 GewStG.

[268] §§ 16 I, 4 GewStG.

[269] Neubrandenburg.

[270] Frankfurt a. M.

[271] Vgl. § 1 I EStG.

[272] Steuerpflichtig ist die Bruttodividende abzüglich Werbungskosten und gegebenenfalls dem Sparer-Freibetrag von derzeit DM 6.000 bzw. DM 12.000 bei zusammenveranlagten Ehegatten.

[273] Jeweils einschließlich dem berechneten Solidaritätszuschlag.

[274] Auch hier jeweils einschließlich dem Solidaritätszuschlag.

anzurechnende oder vergütete Körperschaftsteuer, wenn ein positiver Betrag verbleibt.[275] Liegt der persönliche Steuersatz des Aktionärs unter den anrechenbaren Steuern, so erhält er eine Rückerstattung in Höhe des übersteigenden Betrages; liegt der persönliche Steuersatz darüber, muß er die Differenz nachzahlen.

Realisierte Veräußerungsgewinne sind dem Privatvermögen zuzuordnen und daher außer den Fällen der §§ 17, 23 EStG sowie § 21 UmwStG nicht steuerbar. Gewinne aus der Veräußerung von Aktien unterliegen bei unbeschränkt steuerpflichtigen natürlichen Personen demnach dann der Einkommensbesteuerung, wenn der Anteilseigner innerhalb der letzten fünf Jahre am Kapital der Gesellschaft unmittelbar oder mittelbar mit 10 und mehr Prozent[276] beteiligt war oder die Aktien innerhalb von zwölf Monaten nach deren Erwerb veräußert. In diesem Falle wurde bis zum 31. Dezember 1998 unter bestimmten Voraussetzungen gemäß § 34 I 1 EStG eine Privilegierung dieser Gewinne in Form des halben Steuersatzes gewährt, was einen großen Vorteil gegenüber einer Beteiligung an Personengesellschaften darstellte, wo Veräußerungsgewinne immer von den Gesellschaftern als Mitunternehmern nach §§ 15 I 1 Nr. 2, 16 EStG als Einkünfte aus Gewerbebetrieb zu versteuern sind.[277] Diese Privilegierung ist mit Wirkung zum 1. Januar 1999 weggefallen. 122

Demgegenüber sind realisierte Kursverluste unbeachtlich, wenn sie nicht über §§ 17, 23 EStG oder § 21 UmwStG ausgleichs- oder abzugsfähig sind. Verluste aus Erwerb und Veräußerung sogenannter einbringungsgeborener Anteile i. S. d. § 21 UmwStG[278] können uneingeschränkt geltend gemacht werden. Demgegenüber ist bei einer wesentlichen Beteiligung i. S. d. § 17 EStG ein Veräußerungsverlust nur bei gründungsgeborenen Anteilen zu berücksichtigen oder aber wenn die Anteile mehr als fünf Jahre vor der Veräußerung entgeltlich erworben worden sind und der Veräußerer während dieses Zeitraums wesentlich am Kapital des Unternehmens beteiligt war.[279] 123

Übertragungen oder der Erwerb von Aktien von Todes wegen oder durch Schenkung unterliegen der deutschen Erbschaft- und Schenkungsteuer, wenn der Erblasser, der Schenker oder der Erwerber ein Inländer im Sinne des § 2 I ErbStG ist.[280] Andernfalls unter- 124

---

275 § 3 SolZG.

276 § 17 I 4 EStG.

277 § 16 I Nr. 2 EStG.

278 Vgl. hierzu § 21 I 1 UmwStG i. V. m. § 16 EStG i. V. m. §§ 2 III, 10d EStG.

279 § 17 II 4 EStG.

280 Die deutsche Erbschaftsteuer kann auch eingreifen, wenn der deutsche Erblasser oder Schenker in den letzten fünf Jahren ins Ausland (§ 2 I Nr. 1b EStG) oder in den letzten zehn Jahren vor dem Übertragungsvorgang in ein sogenanntes Niedrigsteuerland verzogen ist. §§ 4, 2 AStG.

liegen sie nur dann der Besteuerung, wenn die Aktien beim Aktionär zum Betriebsvermögen einer in Deutschland unterhaltenen Betriebsstätte gehören oder der Aktionär allein oder zusammen mit ihm nahestehenden Personen mindestens mit zehn Prozent unmittelbar oder mittelbar am Grundkapital der AG beteiligt ist. Da mit Aufnahme der Börsennotierung der Börsenkurs als Bemessungsgrundlage für die Errechnung der fälligen Erbschaft- oder Schenkungsteuer dient und nicht mehr wie zuvor der nach dem Stuttgarter Verfahren errechnete und üblicherweise deutlich niedrigere gemeine Wert,[281] tritt insoweit eine echte Verschlechterung durch die Börseneinführung ein.

125 Ansonsten unterliegt die Veräußerung oder die Übertragung von Aktien in Deutschland keiner Börsenumsatzsteuer, Gesellschaftsteuer, Stempelabgabe oder ähnlichen Steuer. Nachdem die Vermögenssteuer aufgrund des Beschlusses des Bundesverfassungsgerichts vom 22. Juni 1995[282] für Veranlagungszeiträume ab dem 1. Januar 1997 sowohl auf der Ebene der Gesellschaften als auch deren Eigner nicht mehr erhoben wird, ist auch die früher insoweit bestehende Doppelbelastung weggefallen.

c) Besteuerung inländischen Betriebsvermögens

126 Gehören Aktien zum inländischen Betriebsvermögen einer Gesellschaft,[283] so sind die Körperschaft- und Kapitalertragsteuer einschließlich des hierauf jeweils erhobenen Solidaritätszuschlags auf deren deutsche Steuerschuld anrechenbar bzw. werden bei ansonsten niedrigerer deutscher Steuerschuld[284] erstattet. Das Anrechnungsverfahren führt für solche Anteilseigner in Hinblick auf die Körperschaftsteuer zur Vermeidung einer doppelten Besteuerung, so daß es beim Aktienbesitz inländischer Kapitalgesellschaften bei einer Weiterausschüttung letztendlich im wesentlichen zu der gleichen Besteuerung wie bei einer unmittelbaren Beteiligung deren Anteilseigner an der AG kommt. Die Dividenden unterliegen als Bestandteil des Gewinns der beteiligten Kapitalgesellschaft aber der Gewerbesteuer, es sei denn, der Steuerpflichtige war zu Beginn des maßgeblichen Erhebungszeitraums zu mindestens 10 Prozent am Grundkapital der Gesellschaft beteiligt.[285] Gewinne und Verluste, die im Zusammenhang mit Kauf und Verkauf von Aktien in einem inländischen Betriebsvermögen entstehen, sind bei der Ermittlung der jeweiligen Körperschaft- und Gewerbesteuer zu berücksichtigen.

[281] § 12 II ErbStG i. V. m. § 11 II BewG.
[282] NJW 1995, S. 2615.
[283] Dabei ist irrelevant, ob diese ihren Sitz im In- oder Ausland hat.
[284] Denkbar z. B. bei Verlusten des Aktionärs.
[285] Sogenanntes Schachtelprivileg.

d) Besteuerung ausländischer Aktionäre

Soweit ausländischen Aktionären Dividenden aus Aktien einer inländischen AG zufließen, unterliegen diese gemäß §§ 1 IV, 49 I Nr. 5a EStG der beschränkten Steuerpflicht und sind gemäß § 43 I 1 Nr. 1 EStG dem Steuerabzug vom Kapitalertrag zu unterwerfen. Die Kapitalertragsteuer beträgt nach § 43a I Nr. 1 EStG 25 Prozent der Bardividende und wird zusätzlich mit dem Solidaritätszuschlag von 5,5 Prozent belastet. Bei Anwendbarkeit eines Doppelbesteuerungsabkommens oder der Richtlinie 90/435/EWG des Rates vom 23. Juli 1990 (sogenannte Mutter-Tochter-Richtlinie) kann sich die Kapitalertragsteuer und der Solidaritätszuschlag bei Dividendenausschüttungen an ausländische Kapitalgesellschaften, die weder ihren Sitz noch ihre Geschäftsleitung im Inland haben, unter bestimmten Voraussetzungen auf bis zu null Prozent ermäßigen.[286] Soweit Kapitalertragsteuern erhoben werden, erfolgt die Vermeidung der Doppelbesteuerung grundsätzlich nach der Befreiungs- bzw. Anrechnungsmethode.[287] Im Gegensatz zu inländischen Aktionären erhalten ausländische Anteilseigner kein Körperschaftsteuerguthaben, auch nicht im Rahmen von Doppelbesteuerungsabkommen. Im Ergebnis unterliegt die ihnen zufließende Nettodividende daher einer erneuten Besteuerung im Rahmen der für ihren Sitz relevanten Steuergesetzgebung. 127

Kursgewinne, die ein Aktionär, der im Inland nicht unbeschränkt steuerpflichtig ist, bei der Veräußerung von Aktien erzielt, unterliegen in Deutschland regelmäßig nicht der Besteuerung, es sei denn, daß diese z. B. zum Betriebsvermögen einer deutschen Betriebsstätte eines ausländischen Unternehmens gehören oder der Aktionär wesentlich i. S. d. § 17 EStG an der Gesellschaft beteiligt war.[288] Im Falle der Anwendbarkeit eines Doppelbesteuerungsabkommens kann die deutsche Steuerpflicht auf Veräußerungsgewinne möglicherweise entfallen. Ansonsten richtet sich die Besteuerung realisierter und unrealisierter Kursgewinne und -verluste nach dem für den einzelnen Aktionär geltenden Steuerrecht. 128

---

[286] § 44d EStG, Art. 10 OECD-MA.
Verringert sich die Kapitalertragsteuer auf Dividendenausschüttungen an einen nicht in Deutschland ansässigen Aktionär infolge der Anwendbarkeit eines Doppelbesteuerungsabkommens oder der Mutter-Tochter-Richtlinie bedarf es eines Antrags des Aktionärs bei den deutschen Finanzbehörden auf Erstattung des Betrages, um den der Sitz der einbehaltenen Quellensteuer den maximal nach dem betreffenden Doppelbesteuerungsabkommen zulässigen Steuersatz übersteigt. Kapitalgesellschaften können schon im vornhinein die Erteilung einer Bescheinigung über die Anwendbarkeit des geringeren Satzes beantragen.

[287] Art. 23 A II, Art. 23 B OECD-MA.

[288] Vgl. § 49 I Nr. 2e EStG.

11. Risikokontrollsystem

a) Zielrichtung

129 Mit der Umwandlung in eine AG unterliegt ein Unternehmen auch verschärften Anforderungen an das Risikomanagement.[289] Nach dem mit dem KonTraG 1998 neu eingeführten § 91 II AktG muß der Vorstand ein Überwachungssystem einrichten und andere geeignete Maßnahmen treffen, so daß Entwicklungen, die die Gesellschaft gefährden könnten, frühzeitig erkannt werden. Wenngleich eine solche Verpflichtung bereits zuvor aus der allgemeinen Leitungspflicht nach § 76 AktG hergeleitet wurde und das KonTraG insoweit inhaltlich keine Neuerungen gebracht hat, so stellt dies doch zumindest eine Klarstellung des Umfangs der Verpflichtungen des Vorstands dar, die im Falle wirtschaftlicher Schwierigkeiten der Gesellschaft bei der Feststellung von Schadensersatzansprüchen Berücksichtigung finden kann.[290] Im übrigen ist das Risikomanagementsystem nach § 317 IV HGB der Prüfung durch den Abschlußprüfer unterzogen, wenn die Aktien der Gesellschaft amtlich notiert sind.[291] Im Rahmen der Börseneinführung müssen aber auch in anderen Marktsegmenten Angaben zum Risikomanagement in den Prospekt aufgenommen werden.

b) Anforderungen

130 Aus § 91 II AktG und der Gesetzesbegründung zum KonTraG wird ersichtlich, daß der Gesetzgeber von Aktiengesellschaften neben der Einführung eines Risikomanagementsystems auch die Implementie-

---

[289] Zur Verpflichtung der Geschäftsleitungen in Unternehmen anderer Rechtsform, für ein angemessenes Überwachungssystem zu sorgen, vgl. *K Kuhl/J. Nickel*, Risikomanagement im Unternehmen – Stellt das KonTraG neue Anforderungen an die Unternehmen?, DB 1999, S. 133.

[290] Dabei ist zu berücksichtigen, daß die Verpflichtungen aus § 91 II AktG in die Gesamtverantwortung aller Vorstandsmitglieder fallen und somit keine haftungsbefreiende Delegation an einzelne Vorstände möglich ist.

[291] *K. Kuhl/J. Nickel*, Risikomanagement im Unternehmen – Stellt das KonTraG neue Anforderungen an die Unternehmen?, DB 1999, S. 133. Die Prüfung umfaßt neben der Feststellung, ob der Vorstand die ihm nach § 91 II AktG obliegenden Maßnahmen in einer geeigneten Form getroffen hat, die Überprüfung, ob das einzurichtende Überwachungssystem seine Aufgaben erfüllen kann. Das Ergebnis ist nach § 321 IV HGB in einem besonderen Teil des Prüfungsberichts darzustellen, in dem auch darauf einzugehen ist, ob Maßnahmen zur Verbesserung des Überwachungssystems erforderlich sind. Vgl. hierzu eingehend *R. Giese*, Die Prüfung des Risikomanagementsystems einer Unternehmung durch den Abschlußprüfer gemäß KonTraG, Wpg 1998, S. 451 ff.; *J. Schindler/D. Rabenhorst*, Auswirkungen des KonTraG auf die Abschlußprüfung, BB 1998, S. 1886 ff.; *P. Hommelhoff*, Die neue Position des Abschlußprüfers im Kraftfeld der aktienrechtlichen Organisationsverfassung, BB 1998, S. 2567 ff.

rung eines internen Überwachungssystems inklusive interner Revision, eines Controllings sowie eines Frühwarnsystems erwartet.[292] Hierdurch soll sichergestellt werden, daß sowohl bestehende als auch potentielle Risiken kontrollier- und kalkulierbar werden. Da die Unternehmensstrategie maßgeblichen Einfluß auf das Ausmaß der Risiken unternehmerischer Aktivitäten hat, muß sich das Risikomanagement an der Unternehmensstrategie orientieren. Im einzelnen geht es um interdependente Maßnahmen wie die

- Formulierung der Risikostrategie;
- Festlegung der Maßnahmen des Risikomanagements;
- Identifikation bestehender und potentieller Risiken;
- Analyse der Ursachen der identifizierten Risiken;
- Bewertung der identifizierten Risiken;
- Steuerung der identifizierten Risiken;
- Darstellung der Risikosituation des Unternehmens und
- Vergleich der festgestellten Risikosituation mit den Vorgaben der Risikostrategie zwecks deren Optimierung.[293]

Demnach werden auf der Basis einer Risikostrategie geeignete Maß- **131**
nahmen des Risikomanagements festgelegt, die eine effiziente Risikoidentifikation, Risikoanalyse und Risikobewertung ermöglichen und sicherstellen sollen, daß die identifizierten, analysierten und bewerteten Risiken angemessen gesteuert werden. Im Interesse einer Optimierung der Maßnahmen des Risikomanagements ist die Risikosituation in regelmäßigen Zeitabständen darzustellen, mit den Vorgaben der Risikostrategie zu vergleichen, um diese entsprechend anpassen zu können. Die konkrete Ausformung hängt wesentlich von Faktoren wie der Größe, der Branche und der Struktur des Unternehmens ab.

Neben dem Risikomanagementsystem hat die Unternehmensleitung **132**
ein Überwachungssystem einzurichten, das organisatorische Sicherungsmaßnahmen sowie interne Kontrollen und Prüfungen umfaßt. Primärer Zweck sind die Vermeidung oder zumindest Minderung bestehender und potentieller Risiken.[294] Außerdem soll die Funktionsfähigkeit des Risikomanagementsystems durch umfassende Prüfungen festgestellt bzw. durch eventuell erforderliche Korrekturen gewährleistet werden.[295] Unabdingbare Voraussetzung hierfür ist ein Risiko-

[292] *W. Lück*, Elemente eines Risikomanagementsystems, DB 1998, S. 8ff.

[293] Eingehend hierzu *W. Lück/J. Hunecke*, Die Bedeutung des Risikomanagementsystems und des Überwachungssystems zur Sicherung der Überlebensfähigkeit von Unternehmen, Stbg 1998, S. 513ff.

[294] Präventivfunktion.

[295] Korrekturfunktion der Überwachungssystems. Vgl. hierzu *W. Lück/J. Hunecke*, Die Bedeutung des Risikomanagementsystems und des Überwachungssystems zur Sicherung der Überlebensfähigkeit von Unternehmen, Stbg 1998, S. 517f.

Controlling als Element eines aktiven Risikomanagementsystems, das die Unternehmensleitung mit den für ihre Entscheidung relevanten Informationen über bestehende und drohende Risiken zu versorgen und die Planung, Steuerung und Kontrolle der Risiken zu unterstützen hat.

c) Implementierung

133 Zur Implementierung eines Risikomanagementsystems, z. B. nach der Umwandlung in eine AG im Vorfeld eines Börsengangs, empfiehlt sich die Bildung einer Arbeitsgruppe, der Vertreter des Controllings, des Rechnungs- und Finanzwesens, der internen Revision und der Rechtsabteilung angehören, möglicherweise auch externe Berater. Zu ihren ersten Aufgaben gehört regelmäßig eine Definition der existenzgefährdenden Risiken sowie eine Erfassung, Untersuchung und Dokumentation der vorhandenen Überwachungsmechanismen.

134 Auf der Basis der so gewonnenen Erkenntnisse erfolgt die Entwicklung des Risikomanagement-Konzepts, das in einem zweiten Schritt in den wesentlichen Geschäftsbereichen des Unternehmens bzw. der Unternehmensgruppe umgesetzt wird. Hierzu gehört auch die Identifikation von Risiken sowie die Entwicklung von Wesentlichkeitsgrenzen, um eine Konzentration auf die bestandsgefährdenden oder in ihren Auswirkungen auf die Vermögens-, Finanz- und Ertragslage wesentlichen Risiken zu erfassen. Mit der anschließenden Erweiterung der strategischen und operativen Planung um die Elemente des Risikomanagements erfolgt dessen Integration in die bestehenden Berichtssysteme. Dabei muß gewährleistet werden, daß im Falle des Auftretens unerwarteter Risiken oder der Realisierung von solchen, die bereits identifiziert waren, an den bestehenden Berichtswegen vorbei eine sofortige Kommunikation zu den Entscheidungsträgern erfolgt. Im Interesse einer dauerhaften Funktionsfähigkeit des Risikomanagements ist der Gesamtprozeß systematisch und auf mehreren Ebenen zu überwachen.[296]

II. KGaA

135 Alternativ zur AG kann im Vorfeld des Börsengangs auch die Rechtsform der KGaA gewählt werden. Diese Rechtsform[297] bietet besonders weitgehende und zuverlässige Möglichkeiten der Absicherung des Einflusses der Altaktionäre, war aber bislang trotzdem nur von beschränk-

---

[296] Eingehend hierzu *M. Vogler/M. Gundert*, Einführung von Risikomanagementsystemen, DB 1998, S. 2377, 2379 ff.

[297] Zur Geschichte der KGaA vgl. *J. Semler* in *E. Geßler/W. Hefermehl/U. Eckardt/B. Kropf* (Hrsg.), AktG, Vor § 278 Rdnr. 6 ff.; *K. Schmidt*, Gesellschaftsrecht, S. 974.

ter Bedeutung. Hierfür wird in erster Linie die persönliche Haftung des Komplementärs verantwortlich gemacht. Nunmehr hat der BGH mit seiner Grundsatzentscheidung vom 24. Februar 1997[298] aber klargestellt, daß auch eine Kapitalgesellschaft als einziger vollhaftender Gesellschafter einer KGaA fungieren kann. Mit der hierdurch erfolgten Zulassung der „kapitalistischen KGaA"[299] ist der abschreckende Aspekt der persönlichen Haftung entfallen. Damit dürfte künftig die Zahl der KGaAen steigen,[300] zumal die Rechtsform auch aufgrund steuerlicher Vorteile sowie der deutlich höheren Flexibilität ihrer Gestaltung vergleichsweise vorteilhaft ist.

Den Vorteilen gegenüber steht eine im Vergleich zur AG weniger transparente Struktur, der Investoren, insbesondere solche aus dem Ausland, zunächst einmal mit Mißtrauen begegnen. Dies bedeutet, daß bei der Plazierung, zumindest außerhalb Deutschlands, der Vermarktungsprozeß regelmäßig ein hohes Maß an Aufklärungsarbeit in Hinblick auf die Struktur umfassen muß. Daß dies gelingen kann, zeigen große Emissionen wie die der Merck KGaA, wo große Tranchen schon in Anbetracht der begrenzten Aufnahmefähigkeit des deutschen Kapitalmarktes außerhalb Deutschlands plaziert werden mußten, was erfolgreich praktiziert werden konnte. Inwieweit Aktien einer KGaA aufgrund der eingeschränkten Transparenz und eventueller anderer Nachteile nur einen niedrigeren Emissionserlös in Form eines vergleichsweise niedrigen KVG erzielen können, läßt sich zwar vermuten, ohne nähere empirische Untersuchung aber nicht sagen. **136**

1. Struktur

Die KGaA ist nach § 278 I AktG juristische Person, d. h. eine Gesellschaft mit eigener Rechtspersönlichkeit, bei der zwingend[301] mindestens ein Gesellschafter den Gläubigern der Gesellschaft unbeschränkt haftet, die Haftung anderer Gesellschafter aber – wie bei der AG – auf ihren Anteil an dem in Aktien zerlegten Grundkapital beschränkt ist. Sie ist als Kapitalgesellschaft eine Mischform zwischen AG und KG, die zum einen in den §§ 278 bis 290 AktG geregelt ist, zum anderen den Regelungen der §§ 161ff. HGB für die Kommanditgesellschaft unterliegt. Sie verbindet den persönlichen Kredit und die Selbstorganschaft der Komplementäre mit der Kapitalausstattung und den Finanzierungs- **137**

---

[298] BGH WM 1997, S. 1098ff.; BGH ZIP 1997, S. 1027ff.

[299] *R. Geck*, Überlegungen zur Verwendung der GmbH & Co. KGaA in der mittelständischen Wirtschaft, NZG 1998, S. 586ff.

[300] *D. Dirksen/F. Möhrle*, Die kapitalistische Kommanditgesellschaft auf Aktien, ZIP 1998, S. 1377

[301] RGZ 82, 361.

möglichkeiten der AG sowie der Fungibilität und Börsengängigkeit ihrer Anteile.[302]

138 Wie die AG ist die KGaA rechtsfähig, parteifähig und insolvenzrechtsfähig. Nach § 278 III, 3 AktG i. V. m. § 6 HGB ist sie Handelsgesellschaft kraft Rechtsform und unabhängig vom Gegenstand des Unternehmens[303] Vollkaufmann.

139 Während bei der AG der in § 23 V AktG verankerte Grundsatz der Satzungsstrenge satzungsmäßigen Gestaltungsmöglichkeiten enge Grenzen setzt, kann die Satzung der KGaA in Hinblick auf das Rechtsverhältnis der Gesellschafter untereinander von den gesetzlichen Vorschriften abweichen, z. B. in Hinblick auf die nachstehend darzustellende Kompetenzverteilung der Gesellschaftsorgane. Die Gestaltungsfreiheit endet allerdings dort, wo kraft § 278 III AktG allgemeines Aktienrecht und damit wiederum § 23 V AktG gilt. Eine weitere Grenze wird durch die Akzeptanz des Kapitalmarktes gesetzt, wo die Erklärungsbedürftigkeit der KGaA ohnehin Probleme bereitet.[304]

2. Gesellschafter und Gremien

a) Gesellschaftergruppen

140 Aus den vorstehenden Ausführungen wird bereits deutlich, daß die KGaA zwei Gruppen von Gesellschaftern hat. Neben den Kommanditaktionären existiert mindestens ein unbeschränkt und voll haftender Gesellschafter, wobei nach der bereits zitierten Rechtsprechung des BGH nun anerkannt ist, daß auch eine juristische Person diese Funktion als Komplementär wahrnehmen kann. Der Komplementär kann (!)[305] in seiner Eigenschaft als Komplementär auch eine Kapitaleinlage leisten, wobei diese nach § 281 II AktG nach Art und Höhe in der Satzung festgesetzt werden muß.[306] Im Gegensatz zur KG, wo eine Person nicht

[302] *K. Schmidt*, Gesellschaftsrecht, S. 974.

[303] Vgl. § 3 AktG.

[304] *M. Siebold/J. Wichert*, Die KGaA als Rechtsform für die Profiabteilungen der Vereine der Fußball-Bundesligen, SpuRt 1998, S. 138, 140.

[305] Die Gesellschafterstellung des persönlich haftenden Gesellschafters hängt nicht davon ab, daß er einen Anteil am Kapital der Gesellschaft übernimmt. *M. Fischer*, Die Besteuerung der KGaA und ihrer Gesellschafter, DStR 1997, S. 1519.

[306] Es gibt bei der KGaA demnach nicht nur zwei verschiedene Gesellschaftertypen, sondern auch zwei unterschiedliche Vermögensmassen, nämlich einmal das Vermögen, das die Kommanditaktionäre und die Komplementäre bei Zeichnung der Aktien auf das Grundkapital der Gesellschaft leisten, und zum anderen das Vermögen, das die persönlich haftenden Gesellschafter als freie Einlage erbringen. Die geleistete Vermögenseinlage geht in das Alleineigentum der Gesellschaft über, ihr Gegenwert ist dem Kapitalkonto des persönlich haftenden Gesellschafters gutzuschreiben.

gleichzeitig Kommanditist und Komplementär sein kann,[307] ist es bei der KGaA einem Komplementär ohne weiteres möglich, auch Aktien zu übernehmen,[308] wobei die auf die Aktien geleisteten Einlagen dann als Aktienkapital dem allgemeinen Aktienrecht unterliegen.

b) Persönlich haftende Gesellschafter

Die rechtliche Stellung der Komplementäre richtet sich weitgehend nach den §§ 161ff. HGB. Wenngleich bei der KGaA die Organisationsstruktur nicht wie bei der AG auf der sogenannten Fremdorganschaft beruht, haben die Komplementäre als Geschäftsinhaber bzw. Mitinhaber grundsätzlich die gleichen Aufgaben wie der Vorstand[309] und leiten und vertreten die Gesellschaft. Im Gegensatz zur AG ist diese Rollenzuteilung zwingend, d. h. ein Geschäftsinhaber wird nicht vom Aufsichtsrat bestellt oder abgesetzt,[310] sondern ist vielmehr geborenes Geschäfts- 141

---

§ 286 AktG unterscheidet auch beim Ausweis auf der Passivseite zwischen dem „gezeichneten Kapital" einerseits und den „Kapitalanteilen der persönlich haftenden Gesellschafter" andererseits. Ansonsten richtet sich die Rechnungslegung der KGaA vorbehaltlich einiger Sonderregelungen in § 286 AktG nach allgemeinem Aktienrecht bzw. nach dem Bilanzrecht des HGB für Kapitalgesellschaften. Für die Verteilung von Gewinn und Verlust zwischen den Gesellschaftergruppen ist aber Kommanditrecht maßgebend, wohingegen für die Verteilung innerhalb der Gesellschaftergruppen zu unterscheiden ist: Für die persönlich haftenden Gesellschafter gilt Kommanditrecht, für die Kommanditaktionäre gilt Aktienrecht.
Beteiligt sich der Komplementär weder am Grundkapital durch Übernahme von Aktien noch mit einer Einlage, so besteht sein Beitrag als Gesellschafter ausschließlich in seiner Tätigkeit als Organ der KGaA sowie in der Übernahme des Haftungsrisikos. *K. Schmidt*, Gesellschaftsrecht, S. 974.

[307] *K. Schmidt*, Gesellschaftsrecht, S. 1529.

[308] *H. Mertens* in Kölner Kommentar zum Aktiengesetz, § 278 Rdnr. 29; *J. Semler* in *E. Geßler/W. Hefermehl/U. Eckardt/B. Kropf* (Hrsg.), AktG, § 278 Rdnrn. 41, 48.

[309] So gelten nach der nicht durch die Satzung abänderbaren Aufzählung in § 283 AktG für die persönlich haftenden Gesellschafter sinngemäß die entsprechenden Vorschriften für den Vorstand über Anmeldungen, Einreichungen, Erklärungen und Nachweise zum Handelsregister sowie über Bekanntmachungen, die Gründungsprüfung, die Sorgfaltspflicht und Verantwortlichkeit, die Pflichten gegenüber dem Aufsichtsrat, die Gewährung von Krediten, die Einberufung der Hauptversammlung, die Sonderprüfung, die Geltendmachung von Ersatzansprüchen, die Aufstellung und Prüfung des Jahresabschlusses, die Konzernrechnungslegung, die Ausgabe von Aktien, die Nichtigkeit und Anfechtung von Hauptversammlungsbeschlüssen sowie den Antrag auf Eröffnung des Konkursverfahrens oder des gerichtlichen Vergleichsverfahrens.

[310] Nach dem Grundsatz der Selbstorganschaft kann die Geschäftsführungsbefugnis des Komplementärs nicht auf einen Kommanditaktionär übertragen werden. Allerdings kann auch dem einzigen Komplementär einer KGaA die Befugnis zur Vertretung der Gesellschaft entzogen werden. RGZ 74, 297, 298ff.

führungsorgan. Der Aufsichtsrat hat zwar Informationsrechte und die Verpflichtung zur Überwachung der Geschäftsführung, nicht aber die Personalkompetenz nach § 84 AktG.[311] Der persönlich haftende Gesellschafter ist damit nicht von der regelmäßigen Neubestellung durch den Aufsichtsrat in Abständen von maximal fünf Jahren abhängig und hat schon so eine ungleich stärkere Stellung als der Vorstand einer AG. Allerdings erfolgt der Wechsel der Komplementäre durch Satzungsänderung, wo wiederum das Erfordernis der Zustimmung durch die Kommanditaktionäre besteht. Nach § 284 AktG unterliegt der Komplementär einem Wettbewerbsverbot.

142 Im Gegensatz zur AG können nicht bestimmte Geschäfte von der Zustimmung des Aufsichtsrats abhängig gemacht werden. Zulässig ist aber, die Geschäftsführung des persönlich haftenden Gesellschafters an die Weisungen der Hauptversammlung, d. h. der Kommanditaktionäre zu binden.[312] Andererseits können die Befugnisse der Kommanditaktionäre durch die Satzung noch weiter beschränkt werden als dies schon durch die dispositiven §§ 164, 166 HGB erfolgt ist. So kann ein Unternehmenseigner oder Familiengesellschafter seinen weitgehenden unternehmerischen Freiraum auch nach einer Börseneinführung sichern indem er vor Aufnahme neuer Gesellschafter in der Satzung der KGaA das gesetzliche Zustimmungserfordernis der Hauptversammlung zu außergewöhnlichen Geschäften ausschließt.[313] Die Hauptversammlung ist dann nur noch in den Fällen des § 119 AktG oder bei sonstigen Grundlagenentscheidungen zur Mitwirkung berufen, wobei diese Entscheidungen wiederum nach § 285 II AktG nicht ohne Zustimmung der Komplementäre getroffen werden können. Da zu diesen, vom Zustimmungserfordernis des § 119 AktG betroffenen Beschlüssen auch faktisch sehr bedeutsame wie die Entscheidung über die Verwendung des Bilanzgewinns oder Kapitalmaßnahmen gehören, kann es für Unternehmer wichtig sein, sich entsprechende Mehrheiten in der Hauptversammlung zu erhalten. Erreichbar ist dies, indem sie statt einer höheren Dotierung der Vermögenseinlage einen höheren Anteil der Aktien übernehmen, was aber steuerlich negative Konsequenzen im Bereich der Erbschaftssteuer sowie der Einkommensteuer haben kann. Die Aufteilung der Vermögenswerte, die den bisherigen Gesellschaftern zur Einbringung in die KGaA zur Verfügung stehen, auf Komplementäreinlagen und Aktienkapital hängt wiederum zusammen mit der Zahl der Aktien, die plaziert werden können, ohne die Mehrheit zu verlieren.

---

[311] Zur Stellung des Aufsichtsrats in der KGaA vgl. *H. Kallmeyer*, Rechte und Pflichten in der Kommanditgesellschaft auf Aktien, ZGR 1983, S. 57 ff.

[312] RGZ 152, 12, 18.

[313] *W. Schürmann/K. Körfgen*, Familienunternehmen auf dem Weg zur Börse, S. 208.

Die unbeschränkte persönliche Haftung des Komplementärs kann in ihrer Abschreckungswirkung gemildert werden, indem eine GmbH oder eine GmbH & Co. KG[314] die Funktion des persönlich haftenden Gesellschafters einnimmt.[315] Bei Wahl dieser Konstellation ist die Haftung der Komplementärgesellschaft auf ihr eigenes Vermögen beschränkt. Neben der grundsätzlichen haftungsrechtlichen Abschirmwirkung besteht der weitere Vorteil, daß aufgrund der „Unsterblichkeit" der Komplementär-GmbH der Bestand der Rechtsform und damit der Einfluß der durch den persönlich haftenden Gesellschafter repräsentierten Altaktionäre dauerhaft gesichert werden kann.[316] Zudem erfolgt hier der Wechsel der „Geschäftsführung" in der KGaA nicht durch Austausch des Komplementärs, der als Satzungsänderung der Zustimmung der Hauptversammlung bedarf, sondern durch Bestellung und Abberufung der Geschäftsführung in der Komplementär-GmbH, die dem Einfluß der Hauptversammlung der KGaA entzogen sind.[317] Im Gegensatz zum Vorstand einer AG unterliegt der Geschäftsführer der GmbH den Weisungen der Gesellschafter, wodurch die Gesellschafter der GmbH indirekt eine starke gesellschaftsrechtliche Position gegenüber der Gesamtheit der Kommanditaktionäre wahrnehmen können. Bei der Strukturierung einer GmbH & Co. KGaA wird aber zu beachten sein, daß der BGH in seinem Beschluß vom 24. Februar 1997, in dem er die Zulässigkeit einer Kapitalgesellschaft als Komplementär einer KGaA bejaht hat, in Erwägung zog, bei Satzungsgestaltungen einer GmbH & Co. KGaA zu Lasten der Kommanditaktionäre engere Maßstäbe anzulegen als bei einer gesetzestypischen KGaA.[318] 143

---

[314] Ist eine GmbH & Co. KG persönlich haftender Gesellschafter, so muß diese neben dieser Funktion einen eigenen, zumindest kleinen Gewerbebetrieb unterhalten, da sie sonst eine Gesellschaft bürgerlichen Rechts darstellt, die nach wohl einhelliger Meinung nicht persönlich haftender Gesellschafter einer KGaA sein kann. Dies kann eine Befreiung vom Wettbewerbsverbot erforderlich machen, die zweckmäßigerweise in der Satzung der KGaA erteilt werden sollte. *W. Schürmann/E. Groh*, KGaA und GmbH & Co. KGaA, BB 1995, S. 684, 685.

[315] Eingehend hierzu *D. Dirksen/F. Möhrle*, Die kapitalistische Kommanditgesellschaft auf Aktien, ZIP 1998, S. 1377 ff.

[316] *M. Fischer*, Die Besteuerung der KGaA und ihrer Gesellschafter, DStR 1997, S. 1519, 1522.

[317] Die Komplementärgesellschaft unterliegt aber einer gesellschaftsrechtlichen Treuepflicht, die ihr auch auferlegt, bei der Auswahl der Geschäftsführung auf die Belange der Kommanditaktionäre Rücksicht zu nehmen. BGH ZIP 1997, S. 1027, 1029.

[318] BGH ZIP 1997, S. 1027, 1029. Vgl. näher hierzu *R. Geck*, Überlegungen zur Verwendung der GmbH & Co. KGaA in der mittelständischen Wirtschaft, NZG 1998, S. 586, 588. *D. Dirksen/F. Möhrle*, Die kapitalistische Kommanditgesellschaft auf Aktien, ZIP 1998, S. 1377, 1385.

c) Aufsichtsrat und Mitbestimmung

144 Die KGaA hat wie die AG zwingend einen Aufsichtsrat, für dessen Wahl, Zusammensetzung, Amtsdauer, Aufsichtsrecht und Verantwortlichkeit grundsätzlich dieselben Vorschriften wie in der AG gelten. Der Aufsichtsrat wird durch die Hauptversammlung gewählt und abberufen.[319] Er führt die Beschlüsse der Kommanditaktionäre aus und vertritt die Gesamtheit der Kommanditaktionäre in Rechtsstreitigkeiten gegen die Komplementäre.[320] Halten Komplementäre Aktien, dürfen sie mit den ihnen hieraus zustehenden Stimmen u. a. bei der Wahl des Aufsichtsrats nicht mitwirken. Auch hier überwacht und berät der Aufsichtsrat die Geschäftsführung. Außerdem hat er die Beschlüsse der Hauptversammlung auszuführen.[321] Komplementäre können nicht Mitglied des Aufsichtsrats sein.

145 Wie bereits ausgeführt, hat der Aufsichtsrat nicht das Recht, bestimmte Geschäfte der persönlich haftenden Gesellschafter von seiner Zustimmung abhängig zu machen.[322] Ebensowenig ist er berechtigt, eine Geschäftsordnung für die Geschäftsführung zu erlassen oder den Jahresabschluß festzustellen.[323] Zusammen mit der fehlenden Personalkompetenz des Aufsichtsrats ergeben diese Einschränkungen eine deutlich eingeschränktere Rechtsstellung im Vergleich zum Aufsichtsrat der AG.[324]

146 Für die mitbestimmungsrechtliche Mitwirkung der Arbeitnehmer im Aufsichtsrat gelten dieselben Regelungen wie in der AG.[325] Trotzdem kommt der Mitbestimmung in der KGaA schon aufgrund der nur eingeschränkten Befugnisse des Aufsichtsrats eine deutlich geringere Wirkung zu als in der AG, insbesondere da er auch in der mitbestimmten KGaA nicht die persönlich haftenden Gesellschafter bestellt. Außerdem gibt es nach § 33 I 2 MitbestG in der KGaA keinen Arbeitsdirektor.[326]

---

[319] § 285 I Nr. 1 AktG.

[320] § 287 AktG.

[321] Vgl. BGH AG 1978, S. 106.

[322] Nach § 278 II AktG i. V. m. § 164 1 HGB hat die Hauptversammlung der KGaA aber über außergewöhnliche Geschäftsführungsmaßnahmen und Grundlagengeschäfte zu entscheiden.

[323] *W. Schürmann/E. Groh*, KGaA und GmbH & Co. KGaA, BB 1995, S. 684, 685.

[324] Umfassend zu den Aufgaben und Kompetenzen des Aufsichtsrats der KGaA, *R. Sethe*, Aufsichtsratsreform mit Lücken – Die Einbeziehung der Kommanditgesellschaft auf Aktien in die gegenwärtige Reformdiskussion, AG 1996, S. 289 ff.

[325] Vgl. hierzu § 3 I. 4. c) Mitbestimmung.

[326] *H. Balser/G. Bokelmann/K. Piorreck*, Die Aktiengesellschaft, Rdnr. 601. Näher hierzu *H. Kallmeyer*, Rechte und Pflichten in der Kommanditgesellschaft auf Aktien, ZGR 1983, S. 57 ff.

d) Hauptversammlung

147 Die Rechte der Kommanditaktionäre werden – soweit ihre Stellung innerhalb der Gesellschaft und im Verhältnis zu dieser der von Aktionären entspricht – durch das Erste Buch des AktG geregelt. Daneben sind die §§ 161 ff. HGB einschlägig. Wahrgenommen werden die Rechte in der Hauptversammlung als dem Gesellschaftsorgan der Kommanditaktionäre, in der Komplementäre nur dann und soweit stimmberechtigt sind, soweit sie Aktien besitzen, nicht aber in ihrer Funktion als persönlich haftende Gesellschafter. Als solche sind sie vielmehr nach § 285 I AktG mit ihrem Stimmrecht in der Hauptversammlung bei der Wahl und der Abberufung des Aufsichtsrats sowie dessen Entlastung und der Entlastung der persönlich haftenden Gesellschafter ausgeschlossen. Ausgeschlossen sind sie auch bei der Beschlußfassung über die Bestellung von Sonderprüfern, die Wahl der Abschlußprüfer, die Geltendmachung von Ersatzansprüchen gegen die Verwaltung sowie den Verzicht auf solche Ansprüche.

148 Vorteilhaft auf die Freiräume der Geschäftsführung wirkt sich auch aus, daß die Rechte der Hauptversammlung einer KGaA auf wenige Mitwirkungs- und Überwachungsrechte beschränkt sind. Außerdem bedürfen alle wesentlichen Beschlüsse der Hauptversammlung, für die in einer KG das Einverständnis des persönlich haftenden Gesellschafters sowie der Kommanditisten erforderlich ist, der Zustimmung des persönlich haftenden Gesellschafters.[327] Von diesem Vetorecht betroffen sind nicht nur Satzungsänderungen und sonstige Grundlagenbeschlüsse, sondern auch außergewöhnliche Geschäftsführungsmaßnahmen. Der in der KGaA zwingend von der Hauptversammlung festzustellende Jahresabschluß bedarf nach § 286 I AktG ebenfalls der Billigung durch die persönlich haftenden Gesellschafter.

3. Steuern

a) Besteuerung der Gesellschaft

149 Die KGaA ist als Kapitalgesellschaft wie die AG Körperschaftsteuersubjekt und als solche, sofern ihre Geschäftsleitung im Inland sitzt, unbeschränkt körperschaft-[328] und gewerbesteuerpflichtig. Insoweit kann bezüglich der Besteuerung der Gesellschaft weitgehend auf die Ausführungen zur AG verwiesen werden.[329] Bei der Ermittlung des Körper-

[327] § 285 II AktG. Nicht der Zustimmung bedarf lediglich die Ausübung der Befugnisse, die der Hauptversammlung oder einer Minderheit von Kommanditaktionären bei der Bestellung von Prüfern und der Geltendmachung von Ansprüchen der Gesellschaft aus der Gründung oder der Geschäftsführung zustehen.

[328] § 1 I Nr. 1 KStG.

[329] Vgl. hierzu § 3 I. 10. Steuern.

schaftsteuerpflichtigen Einkommens der KGaA werden nach § 9 I Nr. 1 KStG der Teil des Gewinns, der auf die nicht auf das Grundkapital gemachten Vermögenseinlagen i. S. d. § 281 II AktG der persönlich haftenden Gesellschafter entfällt oder als Vergütung für deren Geschäftsführung verteilt wird, in der Gewinn- und Verlustrechnung der KGaA als Aufwand abgezogen.[330]

150 Bei der Berechnung der zu zahlenden Gewerbesteuer dagegen werden wie bei einer KG die Gewinnanteile des Komplementärs, die auf seine nicht auf das Grundkapital gemachte Vermögenseinlage entfallen oder als Tantieme für die Geschäftsführung bezahlt werden,[331] dem Gewinn aus Gewerbebetrieb hinzugerechnet.[332] Indem die Abziehbarkeit der von § 9 I Nr. 1 KStG erfaßten Gewinnanteile so rückgängig gemacht wird, wird die einmalige Besteuerung des Gewinns der KGaA mit Gewerbesteuer sichergestellt.[333]

b) Besteuerung des Komplementärs

151 Der persönlich haftende Gesellschafter wird steuerlich als Mitunternehmer behandelt.[334] Soweit der Komplementär eine natürliche Person und im Inland unbeschränkt steuerpflichtig ist, hat er den auf ihn entfallenden Gewinn[335] und die Sondervergütungen wie in der KG nach § 15 I Nr. 3 EStG als Einkünfte aus Gewerbebetrieb zu versteuern.[336] § 15 I Nr. 3 EStG ist damit das Gegenstück zu § 9 I Nr. 1 KStG und stellt, wie § 8 Nr. 4 GewStG die einmalige Versteuerung der Gewinnanteile des Komplementärs sicher.

---

[330] Hierzu gehören aber nach § 15 I Nr. 3 EStG nicht die Beträge, die ein Komplementär aus einer eventuellen Beteiligung am Aktienkapital der Gesellschaft erhält. Wird zwischen Gesellschaft und Komplementär ein unangemessen hohes Festgehalt bzw. eine unangemessene Tantieme vereinbart, so gilt die Zuwendung als durch die Gesellschafterstellung veranlaßt mit der Folge, daß das Einkommen der KGaA über § 8 III 2 KStG korrigiert werden muß. Zum Ganzen vgl. *M. Fischer*, Die Besteuerung der KGaA und ihrer Gesellschafter, DStR 1997, S. 1519.

[331] Dies bezieht sich nur auf die Gewinnanteile des Komplementärs, d. h. z. B. dem Entgelt für seine Geschäftsführungstätigkeit, nicht aber auf die Erstattung von dessen Auslagen und Aufwendungen. Zahlungen hierfür sind Betriebsausgaben der KGaA und gehören nicht zu den nach § 8 Nr. 4 GewStG wieder hinzuzurechnenden Gewinnanteilen.

[332] § 8 Nr. 4 GewStG.

[333] Vgl. hierzu *M. Fischer*, Die Besteuerung der KGaA und ihrer Gesellschafter, DStR 1997, S. 1520.

[334] Vgl. hierzu BFH vom 21. Juni 1986, X R 14/88, BStBl. II 1989, S. 881.

[335] Zur Gewinnermittlung und Bilanzierungspflicht vgl. *M. Fischer*, Die Besteuerung der KGaA und ihrer Gesellschafter, DStR 1997, S. 1521.

[336] Dies gilt nur für seine Beteiligung als Komplementär, nicht aber soweit er als Kommanditaktionär auch Aktien hält. Ausschüttungen auf diese sind als Einnahme aus Kapitalvermögen zu versteuern.

Gewinnrealisierungen, die aus Wertzuwächsen der Vermögenseinlage resultieren, sind steuerbar. D. h., bei einem Ausscheiden des Komplementärs aus der Gesellschaft[337] unterliegt ein durch die Vermögenseinlage bedingter gesellschaftsvertraglicher Abfindungsanspruch nach §§ 15 I Nr. 3, 16 I Nr. 3 EStG der Einkommensteuer.[338] Im Gegenzug sind realisierte Wertverluste der Vermögenseinlage mit anderen Einkünften des Komplementärs ausgleichs- bzw. nach § 10d EStG abzugsfähig. Im Bereich des Erbschaftsteuerrechts bestehen besondere Vorteile dergestalt, daß bei der Bewertung nach § 12 V 2 ErbStG i. V. m. §§ 95ff. BewG grundsätzlich anstatt des gemeinen Werts der Kapitalanteile der günstigere Steuerbilanzwert des Betriebsvermögens anzusetzen ist. Außerdem werden erbschaftsteuerbare Zuwendungen nach § 13a I und II ErbStG mit einem Freibetrag von DM 500.000 und einem Bewertungsabschlag von 40 Prozent privilegiert. Bei Kapitalanteilen an Kapitalgesellschaften gilt dieser Freibetrag demgegenüber nur, wenn der Erblasser oder Schenker am Nominalkapital dieser Gesellschaft zu mehr als 25 Prozent beteiligt war. 152

Kommanditaktien, die eine natürliche Person als Komplementär hält, sind nicht als Betriebsvermögen anzusehen.[339] Wenn die Aktien nicht anderweitig in einem Betriebsvermögen gehalten werden, sind die Ausschüttungen nach § 20 I Nrn. 1 und 3 EStG erst im Zeitpunkt des Zuflusses als private Einkünfte aus Kapitalvermögen zu erfassen. 153

Der Gewerbesteuer unterliegen Einkünfte des Komplementärs nur dann, wenn dieser einen eigenen selbständigen Gewerbebetrieb oder einen Gewerbebetrieb kraft Rechtsform unterhält.[340] Die Gewinnanteile des Komplementärs unterliegen dann auch nur einmal der Gewerbesteuer, da in diesem Fall sein Gewerbeertrag um die nach § 8 Nr. 4 GewStG dem Gewerbeertrag der KGaA hinzugerechneten Gewinnanteile gekürzt wird, wenn sie bei der Ermittlung des Gewinns angesetzt worden sind.[341] 154

Ist eine GmbH als persönlich haftende Gesellschafterin an einer KGaA beteiligt, erzielt sie Einkünfte aus Gewerbebetrieb i. S. d. §§ 15 I 155

---

[337] Vgl. § 289 I AktG, § 161 II i. V.m § 140 HGB.

[338] Die Privilegierung des § 34 EStG, nach der hier nur der halbe Durchschnittssteuersatz Anwendung gefunden hat, ist zum 1. Januar 1999 weggefallen.

[339] BFH vom 21. Juni 1989, X R 14/88, BStBl. 1989, S. 881.

[340] Der persönlich haftende Gesellschafter unterhält in seiner Eigenschaft als Gesellschafter keinen stehenden Gewerbebetrieb i. S. d. § 2 I GewStG i. V. m. § 15 II EStG. Er ist deshalb als solcher auch nicht gewerbesteuerpflichtig, kommt deshalb mit seinen Dividendeneinkünften grundsätzlich aber auch nicht in den Genuß der Tarifbegrenzung des § 32c EStG mit einem Höchstsatz von 47 Prozent. *M. Fischer*, Die Besteuerung der KGaA und ihrer Gesellschafter, DStR 1997, S. 1519, 1522.

[341] § 9 Nr. 2b GewStG.

1 Nr. 3 EStG, 8 II KStG, die der Körperschaft- und Gewerbesteuer[342] unterliegen. Die dem Gewerbeertrag der KGaA über § 8 Nr. 4 GewStG hinzuzurechnenden Gewinnanteile sind bei der Ermittlung des Gewerbeertrags der Komplementär-GmbH nach § 9 Nr. 2 b GewStG zu kürzen. Da die GmbH für ihre Gesellschafter in Anbetracht von § 15 I 1 Nr. 3 EStG steuerlich eine Abschirmwirkung entfaltet, stellen Gewinnausschüttungen der GmbH keine gewerblichen Einkünfte, sondern Einkünfte aus Kapitalvermögen i. S. d. § 20 I Nrn. 1 und 3 EStG dar, wenn die Anteile im Privatvermögen gehalten werden.[343]

156 Ist dagegen eine GmbH & Co. KG persönlich haftende Gesellschafterin, so ist zu berücksichtigen, daß diese nicht selbst einkommen- oder körperschaftsteuerpflichtig ist, sondern die an ihr beteiligten natürlichen und juristischen Personen. Die Kommanditisten der GmbH & Co. KG erzielen (Mitunternehmer-) Einkünfte aus Gewerbebetrieb,[344] wohingegen die Gewinnanteile, die die GmbH & Co. KG als Komplementärin der KGaA bezieht, den Gesellschaftern grundsätzlich nach dem Gewinnverteilungsschlüssel anteilig zuzurechnen sind.

c) Besteuerung der Kommanditaktionäre

157 Kommanditaktionäre, die ihre Aktien im steuerlichen Privatvermögen halten, erzielen demgegenüber wie die Aktionäre einer AG mit ihren Dividendeneinnahmen und sonstigen Bezügen aus den Aktien Einkünfte aus Kapitalvermögen i. S. d. § 20 I Nrn. 1 und 3 EStG. Dies gilt auch dann, wenn sie daneben als persönlich haftende Gesellschafter beteiligt sind oder an einem solchen Anteile halten. Realisierte Veräußerungsgewinne sind dem Privatvermögen zuzuordnen und daher außer in den Fällen der §§ 17, 23 EStG sowie § 21 UmwStG nicht steuerbar. Demgegenüber sind realisierte Kursverluste unbeachtlich, wenn sie nicht über §§ 17, 23 EStG oder § 21 UmwStG ausgleichs- oder abzugsfähig sind.

158 Verluste aus Erwerb und Veräußerung sogenannter einbringungsgeborener Anteile i. S. d. § 21 UmwStG[345] können uneingeschränkt geltend gemacht werden. Demgegenüber ist bei einer wesentlichen Beteiligung i. S. d. § 17 EStG nach § 17 II 4a und b EStG ein Veräußerungsverlust nur bei gründungsgeborenen Anteile zu berücksichtigen oder aber wenn die Anteile mehr als fünf Jahre vor der Veräußerung entgelt-

---

[342] § 2 II GewStG.

[343] Demgegenüber sind Gehaltszahlungen der GmbH an den Geschäftsführer Einkünfte aus nichtselbständiger Arbeit. *M. Fischer*, Die Besteuerung der KGaA und ihrer Gesellschafter, DStR 1997, S. 1519, 1523.

[344] §§ 15 I 1 Nr. 2 EStG, 8 I KStG. Halten die Kommanditisten der GmbH & Co. KG zugleich Kommanditaktien der KGaA, sind die Anteile nicht der Mitunternehmerbeteiligung als Sonderbetriebsvermögen zuzurechnen. *M. Fischer*, Die Besteuerung der KGaA und ihrer Gesellschafter, DStR 1997, S. 1519, 1523.

[345] Vgl. hierzu § 21 I 1 UmwStG i. V. m. § 16 EStG i. V. m. §§ 2 II, 10d EStG.

lich erworben worden sind und der Veräußerer während dieses Zeitraums wesentlich am Kapital des Unternehmens beteiligt war.[346]

d) Gegenüberstellung

Komplementäre können im Bereich der Erbschaft- und Schenkungsteuer Vorteile erzielen, da bei der Besteuerung einer Komplementärbeteiligung als Bemessungsgrundlage der anteilige Einheitswert des Unternehmens herangezogen wird, der regelmäßig weit unter dem Börsenkurs der Aktie oder einem nach betriebswirtschaftlichen Grundsätzen ermittelten Unternehmenswert liegt.[347] **159**

Die Kommanditaktionäre genießen den Vorteil, daß Veräußerungsgewinne und -verluste außerhalb der Fälle der §§ 17, 23 EStG, 21 UmwStG im Gegensatz zu Wertzuwächsen in Hinblick auf die Vermögenseinlage nicht steuerbar sind. Ob für einen Gesellschafter die mögliche Steuerfreiheit von Veräußerungsgewinnen bei Aktien vorteilhafter ist als eine niedrigere Bemessungsgrundlage für die Erbschaft- und Schenkungsteuer,[348] kann nur in Einzelfall beantwortet werden. **160**

4. Strukturierungsmöglichkeiten

Die nach Kommanditrecht zu behandelnde – wohlgemerkt nicht zwingend erforderliche – Vermögenseinlage eröffnet für die Alt- oder Mehrheitsgesellschafter einer Gesellschaft interessante Strukturierungsalternativen. Diese bestehen einmal hinsichtlich der Rückzahlung der Einlage sowie bei der Verteilung des erzielten Gewinns an die Gesellschafter. Gleichzeitig kann die Einlage im Interesse zusätzlicher finanzieller Sicherheit in der Satzung auch vergleichbar strikten Kapitalaufbringungs- und -erhaltungsregeln unterworfen werden.[349] **161**

Zum anderen kann bei entsprechender Satzungsgestaltung vom Komplementär eine einmal geleistete Vermögenseinlage zur Sicherung von Mehrheitsverhältnissen in der Hauptversammlung auch in Grundkapital gewandelt werden. Bei der zu empfehlenden Aufnahme solcher Rechte des persönlich haftenden Gesellschafters im Vorfeld der Börseneinführung sollte auch das Umtauschverhältnis von Vermögenseinlage zu Aktienzahl geregelt werden.[350] **162**

---

[346] § 17 II 4 EStG.

[347] *W. Schürmann/E. Groh*, KGaA und GmbH & Co. KGaA, BB 1995, S. 684, 686. Dieselben Überlegungen waren bis zur Abschaffung der Vermögensteuer auch bei deren Berechnung relevant.

[348] *R. Geck*, Überlegungen zur Verwendung der GmbH & Co. KGaA in der mittelständischen Wirtschaft, NZG 1998, S. 586, 589.

[349] *M. Siebold/J. Wichert*, Die KGaA als Rechtsform für die Profiabteilungen der Vereine der Fußball-Bundesligen, SpuRt 1998, S. 138, 141.

[350] Eingehend hierzu *W. Schürmann/E. Groh*, KGaA und GmbH & Co. KGaA, BB 1995, S. 684, 687.

§ 4 Rechtsformwechsel

1 Für den Fall, daß das an der Börse einzuführende Unternehmen noch keine AG oder KGaA oder noch keine eigenständige Einheit in einer der beiden Rechtsformen ist, muß vor dem Börsengang ein Rechtsformwechsel im Wege der Einzelrechtsnachfolge oder der Gesamtrechtsnachfolge stattfinden. Hierfür bieten sich in Abhängigkeit von der ursprünglichen Rechtsform des Unternehmens, sowie diversen steuerlichen und anderen Aspekten grundsätzlich mehrere Möglichkeiten.

2 Die Attraktivität eines Rechtsformwechsels und damit auch der Börseneinführung wird maßgeblich von steuerrechtlichen Überlegungen geprägt, in deren Mittelpunkt regelmäßig die Frage nach der Behandlung der stillen Reserven der Gesellschaft, die nach einem Rechtsformwechsel an der Börse eingeführt werden soll, steht. Der hier gewählte bzw. zu wählende Bewertungsansatz beeinflußt nicht nur die infolge des Einbringungsvorgangs im Rahmen des Rechtsformwechsels selbst zu zahlenden Steuern, sondern neben dem Abschreibungspotential der AG/KGaG und damit deren Ertragskraft auch die Besteuerung einer späteren Veräußerung der Aktien.

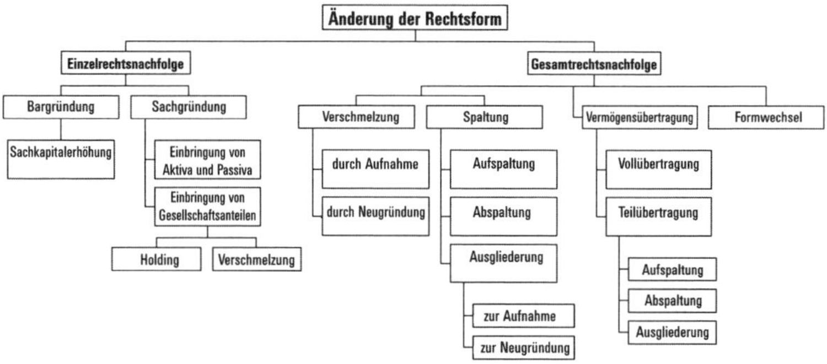

3 Eine sorgfältige Nutzung der hier bestehenden Gestaltungsmöglichkeiten ist im Interesse des Unternehmens, der Gesellschafter und ihrer Erben, aber auch für den Erfolg der Börseneinführung selbst unabdingbar. Dabei ist eine Optimierung sehr stark von den Interessen der Anteilseigner und des Unternehmens selbst abhängig und bedarf der sorgfältigen Gestaltung im Einzelfall.

4 Für den Rechtsformwechsel in eine KGaA gelten – abgesehen von einigen Besonderheiten durch Beitritt eines persönlich haftenden Gesell-

schafters – dieselben Regelungen und Gesichtspunkte wie für den Wechsel in eine AG.[1]

I. Einzelrechtsnachfolge

5 Der Wechsel der Unternehmensrechtsform durch Gründung einer AG/KGaA und Übertragung des entsprechenden Betriebsvermögens im Wege der Einzelrechtsnachfolge ist nicht an eine bestimmte Rechtsform der existierenden oder einer zu gründenden Gesellschaft gebunden[2]. Bei der Einzelrechtsnachfolge im Vorfeld der Börseneinführung überträgt das bestehende Unternehmen das zivilrechtliche Eigentum an einem Betrieb, Teilbetrieb[3] oder Mitunternehmeranteil soweit beabsichtigt nach den jeweils relevanten Normen des bürgerlichen Rechts einzeln auf die AG oder KGaA und kann dann gegebenenfalls liquidiert werden. Die Übertragung erfolgt in einem tauschähnlichen Vorgang.[4]

1. Gründung der Gesellschaft

Gründungsschritte

6 Falls die AG/KGaA, auf die die Übertragung erfolgen soll, noch nicht existiert, bedarf es zunächst der Gründung dieser Gesellschaft. Diese vollzieht sich in mehreren Stufen, für die in erster Linie die Gründer zuständig sind:

---

[1] *B. Hennerkes/D. Jeschke* in *N. Wieselhuber*, Börseneinführung mit Erfolg, S. 11.

[2] *O. Heidemann* in *G. Volk* (Hrsg.), Going Public, S. 67.

[3] Der Begriff des Teilbetriebs ist nicht gesetzlich definiert. Nach dem BFH (Urteil vom 24. April 1969, BStBl. 1969 II, S. 397) ist ein Teilbetrieb „ein mit einer gewissen Selbständigkeit ausgestatteter Teil des Gesamtbetriebs, der für sich lebensfähig ist. Maßgebend ist seine Funktion im Rahmen des Gesamtunternehmens. Der Betriebsteil muß allgemeine Merkmale eines Betriebs im Sinne des Einkommensteuerrechts aufweisen; denn auch ein Teilbetrieb ist begrifflich „Betrieb". Lediglich eine völlig selbständige Organisation mit eigener Buchführung kann nicht gefordert werden; denn diese Merkmale kennzeichnen bereits den eigenständigen Gesamtbetrieb im Gegensatz zum bloßen Teilbetrieb. Daraus folgt, daß eine organisatorische Verselbständigung und ein gesonderter Vermögens- und Ergebnisausweis bestimmte abgegrenzte Tätigkeitsgebiete für sich allein nicht zu einem Teilbetrieb machen können, wenn es an der Eigenschaft eines „Betriebes" i. S. d. Einkommensteuerrechts fehlt."

[4] BFH-Urteil v. 29. 10. 1987, BStBl. II 1988, 374, 376; *R. Wacker*, Zur Einbringung von Mitunternehmeranteilen in eine Kapitalgesellschaft nach § 20 UmwStG, BB 1996, S. 2224 ff. m. w. N.

- Mit der Feststellung der Satzung[5] durch den[6] oder die Gründer im Wege der notariellen Beurkundung gemäß § 23 I AktG wird die Gesellschaft zwar gegründet, ist damit aber noch nicht errichtet oder entstanden.
- Die Errichtung erfolgt nach §§ 29, 23 II AktG durch die notariell beurkundete Erklärung der Übernahme sämtlicher Aktien durch die Gründer.[7]
- Die Gesellschaft entsteht gemäß § 41 AktG mit der Eintragung in das Handelsregister, wobei die Anmeldung zur Eintragung durch sämtliche Gründer und Mitglieder von Vorstand und Aufsichtsrat zu erfolgen hat.[8]

b) Einlagen

7 Mit der Übernahme der Aktien entsteht die Einlagepflicht der Gründer. Im Falle der Leistung von Bareinlagen, d. h. soweit nicht in der Satzung eine qualifizierte Gründung durch die Leistung von Sacheinlagen festgesetzt wird, müssen vor Anmeldung der Gesellschaft zum Handelsregister mindestens ein Viertel des Nennbetrags und, im Falle einer Überpari-Emission, das Agio vollständig geleistet werden. Der Betrag muß zur freien Verfügung des Vorstands stehen. Die Erfüllung dieser Voraussetzungen ist bei der Anmeldung zu bestätigen.[9]

8 Eine qualifizierte Gründung liegt vor, wenn die Einlagen nicht vollständig in bar geleistet werden, sondern in Form von Sacheinlagen oder Sachübernahmen erbracht werden sollen[10] oder aber einzelnen Aktionä-

---

[5] Zum Inhalt vgl. § 3 I. 1. Satzung.

[6] Während bis zum Inkrafttreten des Gesetzes für kleine Aktiengesellschaften und zur Deregulierung des Aktienrechts vom 2. August 1994 (BGBl. 1994 I S. 1961) an der Feststellung der Satzung mindestens 5 Gründer beteiligt sein mußten, ist heute die Einmanngründung der AG zulässig. Wenn § 280 I 1 AktG insoweit unverändert blieb und demnach bei der Gründung der KGaA nach dem Wortlaut der Norm immer noch 5 Personen beteiligt sein müssen, handelt es sich wohl um ein Versehen des Gesetzgebers. *U. Hüffer*, AktG, § 280 Rdnr. 2; *H. Balser/G. Bokelmann/K. Piorreck*, Die Aktiengesellschaft, Rdnr. 25.

[7] Bei der KGaA müssen nur die Kommanditaktionäre Aktien gegen Einlagen übernehmen. Demgegenüber sind die Komplementäre in ihrer Entscheidung frei, ob sie Aktien übernehmen wollen oder nicht.

[8] § 36 I AktG.

[9] Bei Einzahlung der Einlage auf ein Bankkonto muß eine Bankbestätigung beigebracht werden. Zur Haftung der Kreditinstitute bei verdeckten Sacheinlagen vgl. *W. Müller*, ZIP 1998, S. 137.

[10] § 27 AktG. Sacheinlagen sind alle Einlagen der Aktionäre, die nicht durch Zahlung von Nennbetrag und Agio zu leisten sind. Demgegenüber sind Sachübernahmen Übernahmen vorhandener oder herzustellender Anlagen oder sonstiger Vermögensgegenstände durch die Gesellschaft. In diesem Zusammenhang müssen auch die §§ 52 f. AktG über die Nachgründung Beachtung finden, die eine Umgehung der strikten Vorschriften über die Sachgründung verhindern

ren Sondervorteile[11] eingeräumt werden. Hierzu gehört auch die Übernahme der Gründungskosten und eines eventuellen Gründerlohns. In diesen Fällen ist nach § 26 AktG Grundvoraussetzung für die Wirksamkeit entsprechender Vereinbarungen ihre Aufnahme in die Satzung. Erfolgt diese nicht, haben die Gründer diesen Aufwand selbst zu tragen. Vereinbarungen über die Übernahme von Sondervorteilen und Gründungsaufwand sind ohne Festsetzung in der Satzung gegenüber der Gesellschaft unwirksam, was nach Eintragung der AG im Handelsregister auch nicht mehr durch Satzungsänderung geheilt werden kann. Vor dem Hintergrund der hohen Bedeutung des Grundsatzes der Kapitalerbringung muß im Rahmen der Leistung der Einlage sorgfältig vermieden werden, daß eine solche als verdeckte Sacheinlage angesehen werden kann. Dies hätte nämlich zur Folge, daß die Einlageverpflichtung nicht wirksam erfüllt worden ist und die Geldleistungspflicht nach § 27 III 3 AktG fortbesteht. Danach muß der Gründer ohne Rücksicht auf bereits erbrachte Leistungen noch einmal voll bezahlen – im Ergebnis also eine katastrophale Wirkung.[12]

c) Gründungsbericht und -prüfung

In der notariell zu beurkundenden Gründungsurkunde bestellen die Gründer den Abschlußprüfer sowie den ersten Aufsichtsrat,[13] der wiederum den ersten Vorstand ernennt.[14] Nach § 32 AktG haben die Gründer einen schriftlichen Gründungsbericht zu erstatten, der die wesentlichen Umstände beinhaltet, aus denen sich die Angemessenheit der Leistungen für Sacheinlagen oder Sachübernahmen ergibt. Anzugeben ist auch, ob und in welchem Umfang bei der Gründung für Rechnung eines Mitglieds von Vorstand oder Aufsichtsrat Aktien übernommen wurden oder ob einer dieser Personen Sondervorteile oder sonstige mit der Gründung zusammenhängende Leistungen gewährt oder versprochen worden sind. 9

Der Hergang der Gründung ist nach § 33 AktG von Vorstand und 10

sollen und betroffene Vorgänge daher einer der Gründungsprüfung vergleichbaren Prüfung unterziehen.

[11] Z. B. besondere Gewinnanteile, überhöhte Vergütungen, Recht zum Wiederkauf eingebrachter Gegenstände oder das Recht zur Entsendung von Aufsichtsratsmitgliedern.

[12] Vgl. hierzu *M. Lutter* in Kölner Kommentar zum AktG, § 66 Rdnr. 31ff.; U. Hüffer, AktG, § 27 Rdnr. 9ff.; *W. Timm/T. Schöne*, Zwingende gesamtschuldnerische Haftung der Mitglieder eines Übernahmekonsortiums, ZGR 1994, S. 113ff.

[13] Die Amtszeit der Mitglieder des ersten Aufsichtsrats ist beschränkt bis zu der Hauptversammlung, die über die Entlastung für das erste Voll- oder Rumpfgeschäftsjahr beschließt. Dies gilt nach § 30 III AktG nicht für die Aufsichtsratsmitglieder der Arbeitnehmer.

[14] § 30 AktG.

Aufsichtsrat zu prüfen. Außerdem hat eine Prüfung durch externe Gründungsprüfer stattzufinden, wenn Sacheinlagen oder Sachübernahmen vereinbart wurden, ein Mitglied von Vorstand oder Aufsichtsrat zu den Gründern gehört, für Rechnung eines solchen Mitglieds bei der Gründung Aktien übernommen wurden oder einem solchen eine Entschädigung oder Belohnung im Zusammenhang mit der Gründung zugesagt wurde. Die Prüfer werden vom Registergericht nach Anhörung der Industrie- und Handelskammer bestellt und haben in einem Gründungsprüfungsbericht die Werthaltigkeit der gemachten Sacheinlagen und -übernahmen zu bestätigen und insbesondere darüber zu berichten, ob die während des Gründungsvorgangs gemachten Angaben vollständig und korrekt sind.

11 Nach der Gründungsprüfung hat das Registergericht die Ordnungsmäßigkeit von Gründung und Anmeldung zu prüfen. Für den Fall, daß diese Prüfung keine Beanstandungen ergibt, erfolgt die Eintragung der Gesellschaft in das Handelsregister, mit der die Gesellschaft entsteht, sowie deren öffentliche Bekanntmachung.[15] Ergibt die Prüfung dagegen Mängel des Gründungshergangs, so hat das Gericht nach § 38 AktG die Eintragung abzulehnen.[16]

d) Haftung

12 Die Strenge der Gründungsvorschriften wird reflektiert durch die bei Verstößen bestehende Haftung der Beteiligten. So sind die Gründer der Gesellschaft[17] als Gesamtschuldner für die Richtigkeit und Vollständigkeit der Angaben, die im Rahmen der Gründung entscheidungserheblich sind, verantwortlich. Sie haften auch für Schäden, die der Gesellschaft durch nicht-werthaltige Sacheinlagen, Sachübernahmen oder Gründungsaufwand von Mitgründern entstehen. In gleicher Weise sind nach § 46 V AktG Hintermänner verantwortlich, für deren Rechnung Gründer Aktien übernommen haben.

13 Des weiteren haften der Gesellschaft Personen als Gesamtschuldner, die verheimlichten Gründerlohn empfangen haben, die Gesellschaft durch Einlagen oder Sachübernahmen geschädigt oder hieran mitgewirkt haben. Für Emissionsbanken besonders relevant ist § 47 Nr. 3 AktG. Danach ist zur Leistung von Schadensersatz verpflichtet, wer bei der Eintragung der Gesellschaft oder innerhalb der darauffolgenden zwei Jahre Aktien öffentlich bewirbt, um sie in den Verkehr einzufüh-

---

[15] Vgl. § 40 AktG.

[16] Nach Eintragung ist im Interesse des Rechtsverkehrs eine Berufung auf Gründungsmängel nur noch bei besonders schwerwiegenden Mängeln möglich. In besonders gravierenden Fällen ist in den engen Grenzen der §§ 275 ff. AktG die Erhebung einer Nichtigkeitsklage möglich, bei deren Erfolg die AktG durch gerichtliches Urteil für nichtig erklärt wird.

[17] Anspruchsberechtigt ist die Gesellschaft, nicht der einzelne Aktionär.

ren, wenn er die Unrichtigkeit oder Unvollständigkeit der Angaben, die zum Zweck der Gründung gemacht worden sind, oder die Schädigung der Gesellschaft bei Einlagen oder Sachübernahmen kannte bzw. bei angemessener Sorgfalt kennen mußte. Verletzen Mitglieder von Vorstand oder Aufsichtsrat die ihnen bei Gründung obliegenden Pflichten, so haften sie nach § 48 AktG ebenfalls.

Zu berücksichtigen ist auch die Handelnden-Haftung in der Grün- **14**
dungsphase, nach der bei rechtsgeschäftlichem Handeln vor Eintragung der Gesellschaft im Handelsregister diejenigen, die im Namen der (Vor-) Gesellschaft gehandelt haben, für die eingegangenen Verbindlichkeiten persönlich haften. Die Haftung erlischt, sobald die Gesellschaft im Register eingetragen ist und damit als Schuldner zur Verfügung steht.[18]

2. Übertragung von Aktiva und Passiva

Bei der Einzelrechtsnachfolge ist dessen einheitliche Durchführung **15**
im Rahmen des Verfügungsgeschäfts durch eine Übertragung des Unternehmens als Ganzes, d. h. als Gesamtheit aller Aktiva und Passiva, nicht möglich. Demnach ist in Beachtung des Bestimmtheitsgrundsatzes eine Konkretisierung der zu übertragenden Aktiva und Passiva erforderlich. Dabei genügt mit Ausnahme von Forderungen die bloße Bestimmbarkeit nicht.[19] Erforderlich ist vielmehr eine bestimmte Bezeichnung der Gegenstände mit der Angabe genauer Unterscheidungsmerkmale, die die jederzeitige Aussonderbarkeit ermöglichen. Die Verwendung von Inventarlisten und anderen Zusammenstellungen ist ausreichend.[20] Gleichzeitig sind sämtliche Übertragungsbeschränkungen zu beachten.

Die betroffenen Aktiva sind unter Beachtung der für jeden Gegen- **16**
stand jeweils relevanten Normen des Zivilrechts rechtsgeschäftlich zu übertragen. Für bewegliche Sachen ist nach den §§ 929ff. BGB Einigung und Übergabe ohne das Erfordernis einer notariellen Beurkundung notwendig, für Grundstücke nach §§ 873, 925 BGB notariell be-

---

[18] *R. Thümmel*, Persönliche Haftung von Managern und Aufsichtsräten, S. 126ff.

[19] Vgl. *G. Roth*, in Münchener Kommentar zum Bürgerlichen Gesetzbuch, § 398 Rdnr. 49ff.

[20] *H. Dehmer*, UmwG, UmwStG, § 126 UmwG Rdnr. 68ff. (Einbringungs-) Bilanzen reichen hierfür dagegen regelmäßig nicht aus, da sie nur Sammelpositionen enthalten. Die Inventarlisten können schon vor dem eigentlichen Beurkundungstermin verlesen und beurkundet werden, bei Beurkundung des Vertrags wird dann auf sie verwiesen. *C. Aha*, Einzel- oder Gesamtrechtsnachfolge bei der Ausgliederung?, S. 345, 346. Zu den Anforderungen an den Bestimmtheitsgrundsatz siehe auch *R. Himmelreich*, Unternehmensteilung durch partielle Universalsukzession, S. 93ff.

urkundete Auflassung und Eintragung. Ein zum Betriebsvermögen gehörender GmbH-Anteil kann nach § 15 GmbHG nur in notarieller Form abgetreten werden. Die Übertragung von Rechten und Forderungen durch Abtretung richtet sich nach den §§ 398ff. Bei Orderpapieren kann Indossierung verlangt werden, wohingegen Immaterialgüterrechte durch Einigung und Einweisung des Erwerbers in den gesamten Tätigkeitsbereich übertragen werden. In der Praxis umfaßt der Übertragungsvertrag häufig sämtliche zu übertragenden Aktiva innerhalb eines Dokuments. In einem solchen Fall erstreckt sich die Notwendigkeit der notariellen Beurkundung auf den gesamten Vertrag, sofern die Vereinbarungen nach dem Willen der Parteien nicht für sich allein gelten sollen, sondern miteinander „stehen und fallen" sollen und deshalb rechtlich eine Einheit bilden.[21]

17 Beschränkte persönliche Dienstbarkeiten, Nießbrauchsrechte oder subjektive persönliche Vorkaufsrechte von juristischen Personen oder rechtsfähigen Personengesellschaften können nach den §§ 1092, 1098 i. V. m. § 1059a Nr. 2 BGB nur mit Genehmigung der obersten Landesbehörde übertragen werden. Bei ausländischem Vermögen sind die Formerfordernisse des ausländischen Rechts und eventuelle Überfremdungsverbote zu beachten.[22]

18 Für die Übertragung der Passiva auf die AG/KGaA ist nach § 415 BGB die Zustimmung des jeweiligen Gläubigers erforderlich. Dementsprechend bedarf es für die laufenden vertraglichen und sonstigen gegenseitigen Rechtsverhältnisse, die für die Fortsetzung des Betriebes oftmals unentbehrlich sind, regelmäßig[23] der Zustimmung des Vertrags-

---

[21] BGHZ 76, 43, 48; BGHZ 101, 393, 396; *H. Heinrichs* in *Palandt*, BGB § 313 Rdnr. 32. Vgl. auch *C. Aha*, Einzel- oder Gesamtrechtsnachfolge bei der Ausgliederung?, AG 1997, S. 346.

[22] *R. Himmelreich*, Unternehmensteilung durch partielle Universalsukzession, S. 94.

[23] Eine gesetzliche Vertragsübernahme ohne Zustimmungserfordernisse, aber eventuellen Widerspruchsrechten, sehen die §§ 571, 577, 581 II, 613a BGB, die §§ 69, 151 II, 177 VVG, 36 II VerlG und § 8 II EnWG vor. Nach § 34 III UrhG bedarf es keiner Zustimmung des Urhebers für die Übertragung von Nutzungsrechten an einem Urheberrecht, wenn die Übertragung im Rahmen der Gesamtveräußerung eines Unternehmens oder der Veräußerung von Teilen eines Unternehmens erfolgt. Ein allgemeines Prinzip, nach dem unternehmensbezogene Schuldverhältnisse im Rahmen einer Änderung der Rechtsform im Vorfeld einer Börseneinführung oder einer sonstigen „Ausgliederung" ohne Zustimmung des jeweiligen Vertragspartners auf einen anderen Rechtsträger in Form einer AG/KGaA übergeleitet werden können, läßt sich aus den genannten Normen aber nicht herleiten. Zum einen kann der Vertragspartner sich u. U. nur an ein ausgehöhltes, finanziell schwächeres neues Unternehmen halten. Zum anderen sichern die genannten Vorschriften die Ansprüche des Vertragspartners durch eine gesamtschuldnerische Haftung oder dadurch, daß der Übertragende wie ein Bürge haftet, der auf die Einrede der Vorausklage verzichtet hat.

partners, da die mit der Vertragsübernahme verbundene Schuldübernahme nicht ohne Genehmigung wirksam werden kann. Dies wirft in der Praxis regelmäßig besondere Schwierigkeiten, Verzögerungen und Belastungen auf und kann von den jeweiligen Vertragspartnern dazu verwandt werden, vereinbarte Konditionen zur Disposition zu stellen.[24] Sollten Verhandlungen nicht zum gewünschten Erfolg führen, kommt nur die Abtretung des vertraglichen Rechts an den übernehmenden Rechtsträger gegen eine Freistellungserklärung für die beim ursprünglichen Vertragspartner belassenen Verpflichtungen in Betracht. Dabei besteht aber die Gefahr, daß der andere Vertragspartner den Vertrag außerordentlich kündigt. Außerdem ist eine Verbindlichkeit dann grundsätzlich weiterhin beim übertragenden Rechtsträger zu bilanzieren.[25]

Weitere Erschwernisse resultieren aus Abtretungsverboten im Sinne des § 399 BGB, aus Wettbewerbsverboten, Vorkaufsrechten und Zustimmungsvorbehalten.

3. Schutz der Gesellschafter

Die Vorschriften des Umwandlungsgesetzes erstellen für den jeweili- 19
gen Umwandlungsvorgang spezielle Mehrheitserfordernisse für den Entscheid der Gesellschafter in Abhängigkeit von der Frage, ob der übertragende Rechtsträger eine Personen- oder eine Kapitalgesellschaft ist. Demgegenüber gibt es für die Übertragung von Betriebsvermögen im Wege der Einzelrechtsnachfolge mit Ausnahme des § 179a AktG keine diesbezüglichen spezifischen Normen.

a) Übertragung des gesamten Gesellschaftsvermögens

Nach § 179a AktG bedarf ein Vertrag, durch den sich eine AG oder 20
KGaA[26] zur Übertragung des ganzen Gesellschaftsvermögens verpflichtet, ohne daß die Übertragung unter die Vorschriften des Umwandlungsgesetzes fällt, eines Beschlusses der Hauptversammlung.[27] Dieser

---

[24] Zur Frage, inwieweit ein Vertragspartner nach Treu und Glauben sowie dem Gesichtspunkt der Schikane zur Zustimmung verpflichtet ist, vgl. *R. Himmelreich*, Unternehmensteilung durch partielle Universalsukzession, S. 97 m. w. N.

[25] Vgl. hierzu auch *C. Aha*, Einzel- oder Gesamtrechtsnachfolge bei der Ausgliederung?, AG 1997, S. 345, 352.

[26] Gemäß § 278 III AktG gilt § 179a AktG für die KGaA sinngemäß. Die Vertretungsmacht der Komplementäre ist also an den zustimmenden Beschluß der Kommanditaktionäre gebunden. Da dieser wiederum nach § 285 II 1 AktG der Zustimmung der Komplementäre bedarf, müssen beide Seiten zusammenwirken. *U. Hüffer*, AktG, § 179a Rdnr. 22.

[27] Zustimmungsbedürftig ist das Verpflichtungsgeschäft, nicht die zu dessen Durchführung erforderlichen Erfüllungsgeschäfte. *U. Hüffer*, AktG, § 179a Rdnr. 4.

benötigt nach § 179a I i. V. m. § 179 II AktG einer Mehrheit, die mindestens drei Viertel des bei der Beschlußfassung vertretenen Grundkapitals umfaßt. Dabei ist die Formulierung „ganzes Gesellschaftsvermögen" nicht wörtlich zu verstehen. § 179a I AktG greift vielmehr auch dann ein, wenn unwesentliches Vermögen bei der Gesellschaft zurückbleibt. Für das Kriterium der Wesentlichkeit ist nicht auf einen Wertvergleich abzustellen[28], sondern darauf, ob die Gesellschaft mit dem zurückbehaltenen Vermögen ihren in der Satzung festgelegten Unternehmensgegenstand weiterverfolgen kann, wenn auch in eingeschränktem Umfang. Auch bei Verbleib wesentlichen Vermögens, z. B. von Grundbesitz, ist § 179a AktG also anwendbar, wenn die bisherigen Unternehmensziele nicht weiterverfolgt werden können.[29] Eine Aktiengesellschaft, die beabsichtigt, ihr gesamtes Produktivvermögen im Wege der Einzelrechtsnachfolge zur Vorbereitung dessen Börseneinführung an eine Tochter-AG/-KGaA zu übertragen, würde hierfür demnach die Zustimmung der Hauptversammlung benötigen.

21 Der Zustimmungsbeschluß der Hauptversammlung muß sich auf alle mit der Vermögensübertragung zusammenhängenden schuldrechtlichen Abreden erstrecken. Er ist Wirksamkeitserfordernis für den verpflichtenden Übertragungsvertrag und hat damit Außenwirkung.[30] Ohne einen solchen Beschluß ist der Vertrag auch bei schon erfolgter notarieller Beurkundung[31] zunächst schwebend, bei Ablehnung des Beschlußantrags endgültig unwirksam.[32]

22 Nach der Rechtsprechung[33] und der h. M. enthält § 179a AktG einen verallgemeinerungsfähigen, d. h. auch für andere Kapital- und für Personengesellschaften geltenden Grundsatz. Demnach ist auch bei der GmbH und bei Personengesellschaften bei Veräußerung des gesamten Betriebsvermögens die Einstellung des eigenen Geschäftsbetriebs und damit der Verlust der Eigenschaft als werbendes Unternehmen anzunehmen. Falls das vormals produzierende Unternehmen nur noch die (oder einen Teil der) Anteile der zur Börsennotierung vorgesehenen Gesellschaft hält, hat es nur noch den Charakter einer Holdinggesellschaft. Dies führt zu einer Änderung des Gesellschaftszwecks und einer Umge-

---

[28] Wie früher bei dem im Zusammenhang mit der Insolvenzordnung aufgehobenen § 419 BGB.

[29] *U. Hüffer*, AktG, § 179a Rdnr. 5.

[30] *K. Schmidt*, Gesellschaftsrecht, S. 933.

[31] Nach § 311 BGB ist ein Vertrag, durch den sich der eine Teil zur Übertragung seines gegenwärtigen Vermögens (oder eines Bruchteils seines gegenwärtigen Vermögens) verpflichtet, notariell zu beurkunden.

[32] Die Unwirksamkeit bezieht sich nur auf das Verpflichtungsgeschäft, nicht aber auf die in Vollzug des Vertrages abgeschlossenen Erfüllungsgeschäfte. BGH, NJW 1991, S. 2564.

[33] BGH NJW 1991, S. 2564.

staltung des Unternehmens, die so tief in die Rechte der Gesellschafter einschneiden, daß die Vertretungsmacht der Geschäftsführer bzw. geschäftsführenden Gesellschafter dies nicht umfaßt. Bei Veräußerung des ganzen Gesellschaftsvermögens ist demnach bei GmbHs und Personengesellschaften wie bei der AG zur Wirksamkeit des zur Geschäftsveräußerung verpflichtenden schuldrechtlichen Vertrages ein Beschluß der Gesellschafter erforderlich.[34]

b) Übertragung wesentlicher Teile des Gesellschaftsvermögens

Bei der Übertragung von Betriebsvermögen unterhalb der Schwelle 23
des § 179a AktG handelt es sich bei Vermögensveräußerungen um eine Maßnahme der Geschäftsführung[35], es verbleibt demnach bei den allgemeinen Grundsätzen. Beabsichtigt eine Aktiengesellschaft, einzelne Teilbereiche als selbständige Einheiten an die Börse zu bringen, so kann der Vorstand sich die im Vorfeld erfolgende Übertragung von Vermögensgegenständen nach § 119 II AktG von der Hauptversammlung genehmigen lassen, ist dazu aber nicht grundsätzlich verpflichtet.

Eine Ausnahme hat der BGH[36] in seiner Holzmüller-Entscheidung 24
aber für den Fall gemacht, daß eine Aktiengesellschaft den bedeutendsten Teil des Betriebsvermögens auf eine Tochtergesellschaft auslagert, weil durch eine solche Strukturveränderung die Rechtsstellung der Aktionäre geschwächt würde.[37] Nach diesem Urteil gibt es „grundlegende Entscheidungen, die durch die Außenvertretungsmacht des Vorstands, seine gemäß § 82 II AktG begrenzte Geschäftsführungsbefugnis wie auch durch den Wortlaut der Satzung formal noch gedeckt sind, gleichwohl aber so tief in die Mitgliedsrechte der Aktionäre und deren im Anteilseigentum verkörpertes Vermögensinteresse eingreifen, daß der Vorstand vernünftigerweise nicht annehmen kann, er dürfe sie in ausschließlich eigener Verantwortung treffen, ohne die Hauptversammlung zu beteiligen. In solchen Fällen verletzt der Vorstand seine Sorgfaltspflicht, wenn er von der Möglichkeit des § 119 AktG keinen Gebrauch macht."[38]

---

[34] BGH NJW 1991, S. 2564; *K. Schmidt*, Gesellschaftsrecht, S. 374.

[35] *C. Aha*, Einzel- oder Gesamtrechtsnachfolge bei der Ausgliederung?, AG 1997, S. 347.

[36] BGHZ 83, 122ff.

[37] Das Fehlen einer erforderlichen Zustimmung macht die entsprechenden Verpflichtungs- und Erfüllungsgeschäfte nicht wie bei Vorliegen der Voraussetzungen des § 179a AktG unwirksam, da die Geschäftsführungsbefugnis des Vorstands nach § 82 I AktG im Außenverhältnis nur durch das Gesetz beschränkt werden kann. BGHZ 83, 122, 132. § 179a AktG ist eine solche gesetzliche Beschränkung. K. Schmidt, Gesellschaftsrecht, S. 933. Ein Verstoß gegen das Zustimmungserfordernis kann aber zu Schadensersatzansprüchen der Aktionäre wegen Pflichtverletzung führen. *C. Aha*, Einzel- oder Gesamtrechtsnachfolge bei der Ausgliederung?, AG 1997, S. 347.

[38] BGHZ 83, 122, 131.

25 Dabei blieb offen, ab welchem Anteil des Umsatzes, der Aktiva oder des Ertrags die Zustimmung der Hauptversammlung einzuholen ist. Hierzu bestehen in der Literatur völlig unterschiedliche Ansichten. So wird teilweise eine Zustimmung nur dann gefordert, wenn annähernd das ganze Vermögen übertragen wird,[39] teilweise aber schon bei allen wesentlichen Vermögensveräußerungen.[40] Bei den Vertretern der letztgenannten Meinung bestehen wiederum Unterschiede bezüglich der Frage, wann eine „wesentliche" Veräußerung vorliegt und was die relevante Bezugsgröße darstellt. Einigkeit besteht wohl insoweit, daß die Wesentlichkeitsgrenze wohl nicht schon bei 10 oder 15 Prozent von Umsatz oder Ertrag erreicht ist, sondern höher liegen muß.[41] Das AktG selbst knüpft in den §§ 179 II, 182 I, 293 I an eine Beteiligung von 25 Prozent wesentliche Minderheitsrechte. Spiegelbildlich kann ein Teilvermögen daher dann als „wesentlich" angesehen werden, wenn es mindestens ein Viertel des Gesamtvermögens einer Gesellschaft ausmacht. Richtigerweise wird man dann als Bezugsgröße die Ertragskraft des zu übertragenden Geschäftsbereichs heranziehen, da die Ertragskraft der wesentliche preisbestimmende Faktor für den Unternehmenswert ist.[42]

26 Die in der Holzmüller-Entscheidung bezüglich einer AG statuierten Grundsätze gelten erst recht bei anderen Gesellschaftsformen, deren Leitungsorgane weniger unabhängig sind.[43] Im Falle des Fehlens der er-

---

[39] *U. Hüffer*, AktG, § 119 Rdnr. 18; *W. Gross*, Zuständigkeit der Hauptversammlung bei Erwerb und Veräußerung von Unternehmensbeteiligungen, AG 1994, 266, 272.

[40] *M. Lutter* in *R. Goerdeler* (Hrsg.), Festschrift für *H.-J. Fleck*, S. 169 ff; *W. Timm*, Anmerkung zum Urteil des OLG vom 24. November 1999–22 U72/92, ZIP 1993, S. 110 ff., 114, 117; vgl. hierzu auch *D. Feddersen/R. Kiem*, Die Ausgliederung zwischen „Holzmüller" und neuem Umwandlungsrecht, ZIP 1994, S. 1078 ff.

[41] *W. Timm*, Anmerkung zum Urteil des OLG vom 24. November 1999–22 U72/92, ZIP 1993, S. 110 ff., 114, 117 (25 Prozent des Vermögens); *H. Hirte*, Bezugsrechtsausschluß und Konzernbildung, S. 181 (25 Prozent des Vermögens); *U. Hüffer*, AktG, § 119 Rdnr. 18 (80 Prozent der Aktiva); *W. Gross*, Zuständigkeit der Hauptversammlung bei Erwerb und Veräußerung von Unternehmensbeteiligungen, AG 1994, 266, 272 (wohl ebenfalls 80 Prozent der Aktiva); *C. Aha*, Einzel- oder Gesamtrechtsnachfolge bei der Ausgliederung?, AG 1997, S. 348 (25 Prozent des Jahresüberschusses).

[42] *C. Aha*, Einzel- oder Gesamtrechtsnachfolge bei der Ausgliederung?, AG 1997, S. 345, 348.

[43] *K. Schmidt*, Gesellschaftsrecht, S. 375. Die Geschäftsführung einer OHG und KG bedarf nach § 116 II zur Vornahme von Handlungen, die über das hinausgehen, was der gewöhnliche Betrieb eines Handelsgewerbes mit sich bringt, der Zustimmung sämtlicher Gesellschafter. Auch bei der GmbH bedürfen Grundlagenentscheidungen immer der Zuständigkeit der Gesellschafterversammlung, die dort das oberste Organ darstellt und gegenüber der Geschäftsführung weisungsbefugt ist. *K. Schmidt*, a.a.O. S. 1069 f.

forderlichen Zustimmung ist der Veräußerungsvertrag rechtswidrig, aber damit – im Gegensatz zur Rechtsfolge eines Verstoßes gegen § 179a AktG – noch nicht ohne weiteres unwirksam.[44] Den Gesellschaftern können aber daraus Unterlassungs- und Schadensersatzansprüche erwachsen.

4. Sonstige formale Anforderungen

Bei der Einzelrechtsnachfolge bedarf es grundsätzlich keines Berichts 27
der Vertretungsorgane an die Gesellschafter wie im Falle der Gesamtrechtsnachfolge nach dem Umwandlungsgesetz.[45] Ist aber nach den vorstehenden Grundsätzen aus § 179a AktG[46] bzw. der Holzmüller-Entscheidung[47] eine Entscheidung der Gesellschafter erforderlich, empfiehlt sich die Erstellung eines Berichts zur Vermeidung der Anfechtbarkeit wegen unterbliebener oder mangelhafter Information.[48] In der Praxis wird deshalb oft auch bei der Einzelrechtsnachfolge ein Ausgliederungsbericht erstellt.[49]

Im Falle der Erforderlichkeit einer Zustimmung der Gesellschafter 28
ist in analoger Anwendung des § 124 II 2 AktG bei der Einberufung der Gesellschafterversammlung der wesentliche Inhalt des Übertragungsvertrages bekanntzumachen.[50] Darüber hinaus sollten der Vertrag sowie

---

44 BGHZ 83, 122, 132. Nach den – hier bedeutsamen – allgemeinen Grundsätzen über den Mißbrauch der Vertretungsmacht trägt grundsätzlich der Vertretene das Risiko eines Mißbrauchs der Vertretungsmacht. Dem Vertragsgegner obliegt im allgemeinen insoweit keine Prüfungspflicht, BGH NJW 1994, S. 2083. Der Vertretene wird aber nicht gebunden und kann seiner Inanspruchnahme den Einwand unzulässiger Rechtsausübung entgegenhalten, wenn der Vertreter und der Vertragspartner bewußt zum Nachteil des Vertretenen zusammengewirkt haben. *H. Heinrichs* in *Palandt*, BGB, § 164 Rdnr. 13. Bei einem Rechtsformwechsel durch Einzelrechtsnachfolge im Vorfeld einer Börseneinführung dürften auf beiden Seiten des Übertragungsgeschäfts häufig dieselben Personen involviert sein, so daß die vorgenannten Grundsätze der Kollusion vom übertragenden Rechtsträger (u. U. auf Druck einzelner Gesellschafter) geltend gemacht werden kann.

45 Vgl. hierzu beispielsweise § 4 II. 4. Verschmelzungsbericht.

46 Vgl. oben § 4 I. 3. a) Übertragung des gesamten Gesellschaftsvermögens.

47 Vgl. oben § 4 I. 3. b) Übertragung wesentlicher Teile des Gesellschaftsvermögens.

48 Die rechtliche Erforderlichkeit eines solchen Berichts ist aber umstritten. Befürwortend *H. Wiedemann*, Großkommentar zum AktG, § 179 AktG Rdnr. 76; ablehnend LG Hamburg, AG 1997, S. 238 „Wünsche AG". Streitig ist auch, inwieweit ein solcher Bericht von unabhängigen Prüfern zu prüfen ist. Ablehnend *C. Aha*, Einzel- oder Gesamtrechtsnachfolge bei der Ausgliederung?, AG 1997, S. 348.

49 *C. Aha*, ebenda, AG 1997, S. 345, 348 m. w. N.

50 OLG München AG 1995, S. 232, 233; WM 1996, S. 1462, 1464.

die letzten drei Jahresabschlüsse und der Bericht über die Vermögensübertragung vom Zeitpunkt der Einberufung der Gesellschafterversammlung an in den Geschäftsräumen der Gesellschaft ausliegen. Da hiermit dem Informationsbedürnis der Gesellschafter hinreichend Rechnung getragen ist, ist der Übertragungsvertrag im Gegensatz zu Umwandlungsverträgen nicht beim Handelsregister einzureichen.[51]

5. Gläubigerschutz

29 Aus der Fortführung eines unter Lebenden durch Vertrag erworbenen Unternehmens unter der bisherigen Firmenbezeichnung resultiert nach § 25 HGB ein gesetzlicher Schuldbeitritt. Die Haftung tritt auch ein, wenn nur ein Unternehmensteil wie z. B. eine weisungsabhängige, aber im Rechtsverkehr selbständige Zweigniederlassung übertragen und die bisherige Firmenbezeichnung fortgeführt wird.[52]

Nach dieser Regelung haftet die AG/KGaA für alle im Betrieb des bisherigen Unternehmens begründeten Verbindlichkeiten ohne Rücksicht auf den Rechtsgrund. Die Haftung ist unbegrenzt, d. h. erstreckt sich auf das gesamte Vermögen der AG/KGaA, kann aber nach § 25 II HGB durch Eintrag im Handelsregister und Bekanntmachung bzw. Mitteilung ausgeschlossen werden.

30 Wenn ein Unternehmen oder ein in der Gliederung eines Unternehmens gesondert geführter Betrieb im ganzen übereignet wird, haftet der Übernehmer, hier also die übernehmende AG/KGaA nach § 75 AO für Steuern, sofern sich die Steuerpflicht auf den Betrieb des Unternehmens gründet, die Steuern seit Beginn des letzten vor der Übereignung liegenden Kalenderjahres entstanden sind und bis zum Ablauf von einem Jahr nach Anmeldung des Betriebes durch den Erwerber festgesetzt oder angemeldet werden. Die Haftung beschränkt sich auf den Bestand des übernommenen Vermögens.

6. Arbeitnehmerschutz

31 Im Rahmen der Einzelrechtsnachfolge gehen die Arbeitsverhältnisse von Mitarbeitern nach § 613a BGB einschließlich der bestehenden Versorgungsanwartschaften[53] über, wenn die Übertragung eines Betriebs bzw. Teilbetriebs[54] vorliegt. Bei Produktionsbetrieben wird für das Vor-

---

[51] *C. Aha*, Einzel- oder Gesamtrechtsnachfolge bei der Ausgliederung?, AG 1997, S. 345, 350.

[52] *A. Baumbach/K. Hopt*, HGB, § 25, Rdnr. 3.

[53] *R. Falkenberg*, Der Rechtsgeschäftliche Betriebsübergang und seine Auswirkungen auf die betriebliche Altersversorgung, BB 1987, S. 328 ff. m. w. N.

[54] Bei einem Betrieb handelt es sich um eine organisatorische Einheit, innerhalb der ein Unternehmer allein oder mit seinen Mitarbeitern durch den Einsatz

liegen der tatbestandlichen Voraussetzungen des § 613a BGB der Übergang der wesentlichen sachlichen und immateriellen Betriebsmittel gefordert,[55] wozu im Einzelfall auch zwingend das Know-how gehören kann.[56] Andererseits müssen nicht alle Betriebsmittel übertragen werden. Dies führt dazu, daß bei Übertragung einer Gesamtheit von Aktiva grundsätzlich die Gefahr besteht, daß die Rechtsprechung hierin einen Betriebsübergang nach § 613a BGB mit der Folge des Übergangs der zugeordneten Arbeitsverhältnisse sieht, unabhängig von den Festlegungen und der Absicht des übertragenden Rechtsträgers und der übernehmenden AG/KGaA. Die Gefahr besteht verschärft bei Dienstleistungsunternehmen, wo nur begrenzt auf materielle Gegenstände abgestellt werden kann.[57]

Da den Arbeitnehmern bei einem Betriebsübergang i. S. d. § 613a BGB kein Arbeitgeberwechsel aufgezwungen werden kann, steht den Betroffenen grundsätzlich ein Widerspruchsrecht zu,[58] das keinen besonderen Grund erfordert und im Ausübungsfall dazu führt, daß das Arbeitsverhältnis beim übertragenden Rechtsträger verbleibt.[59] Das Widerspruchsrecht kann auch noch nach dem Betriebsübergang ausgeübt werden, wenn der Arbeitnehmer erst danach über diesen informiert wird.[60] 32

Eine Kündigung des Arbeitsverhältnisses durch den übertragenden oder den empfangenden Rechtsträger, die sich ausschließlich auf den Betriebsübergang stützt, ist nach § 613 IV BGB unwirksam, wohingegen das Recht zur Kündigung aus anderen, z. B. aus betriebsbedingten Gründen nach § 613 IV 2 BGB unberührt bleibt. 33

Tarifverträge und Betriebsvereinbarungen gelten bei Vorliegen der 34

---

sachlicher und immaterieller Mittel bestimmte arbeitstechnische Zwecke fortgesetzt verfolgt. Vgl. *H. Putzo* in *Palandt*, BGB, Einführung vor § 611, Rdnr. 14.

[55] BAG NJW 1986, S. 451.

[56] BAG DB 1994, S. 1144.

[57] Vgl. näher hierzu *H. Putzo* in *Palandt*, BGB, § 613a, Rdnr. 10. Dies dürfte im Ergebnis sicherlich auch in einigen der High-Tech-Branchen, aus denen in den letzten Jahren die Mehrzahl der Börsenkandidaten kommen, besonders relevant werden und sollte demnach im Rahmen der Due-Diligence-Prüfung Beachtung finden.

[58] BAG in AP Nr. 96 zu § 613a BGB. Der Widerspruch kann gegenüber dem Veräußerer oder dem erwerbenden Unternehmen erklärt werden.

[59] Ständige Rechtsprechung des BAG z. B. in NJW 1993, S. 3156 m. w. N. Gegenüber dem widersprechenden Arbeitnehmer hat der Arbeitgeber das Recht auf ordentliche betriebsbedingte Kündigung gemäß § 1 KSchG. Der widersprechende Arbeitnehmer darf bei einer betriebsbedingten Kündigung in die soziale Auswahl ein bezogen werden. Str., *H. Putzo* in *Palandt*, BGB, § 613a BGB, Rdnr. 15, 18 m. w. N. Der Arbeitnehmer kann bei Anfechtung der Kündigung sich nur bei Vorliegen eines sachlichen Grundes für seinen Widerspruch auf eine fehlerhafte Sozialauswahl berufen. BAG NJW 1993, S. 3156 m. w. N.

[60] BAG NJW 1994, S. 2170.

Voraussetzungen eines Betriebsübergangs gemäß § 613a I 2–4 BGB individualrechtlich weiter, falls nicht die beim übertragenden Rechtsträger zu beachtenden Tarifverträge und Betriebsvereinbarungen beim übernehmenden Rechtsträger weitergelten oder eine Ablösung durch andere kollektivrechtliche Vereinbarungen erfolgt.[61]

35 Betriebsvereinbarungen wirken nach einer Veräußerung von Aktiva dann fort, d. h. der neue Betriebsinhaber tritt in die betriebsverfassungsrechtliche Stellung des Betriebsveräußerers ein,[62] wenn durch diese nicht die organisatorische Einheit eines bislang einheitlichen Betriebs aufgehoben wird und die betriebliche Struktur i. S. d. Betriebsverfassungsgesetzes unberührt bleibt. Dann bleiben auch Betriebsrat und Sprecherausschuß im Amt.

Inwieweit die AG/KGaA die Arbeitnehmer im Aufsichtsrat zu beteiligen hat, richtet sich ausschließlich nach den mitbestimmungsrechtlichen Regelungen.[63]

II. Gesamtrechtsnachfolge

36 Im Gegensatz zur Einzelrechtsnachfolge[64] geht das Unternehmen bei der Gesamtrechtsnachfolge kraft Gesetzes mit seinen Aktiva und Passiva in einem Vorgang auf den neuen Rechtsträger über. Mit dem am 1. Januar 1995 in Kraft getretenen Umwandlungsgesetz werden die bisher in mehreren Gesetzen[65] verstreuten gesellschaftsrechtlichen Regelungen der Umstrukturierung und Reorganisation von Unternehmen in einem einzigen Gesetz zusammengefaßt und systematisiert. Da das neue Gesetz Umwandlungen nur erleichtern will, treten seine Vorschriften neben die Bestimmungen des sonstigen Zivilrechts, d. h. die vorstehend beschriebenen Möglichkeiten der Einzelrechtsnachfolge bleiben weiterhin möglich.

37 Flankiert durch Änderungen des Umwandlungssteuergesetzes, durch die eine Umwandlung ohne Auflösung und Versteuerung stiller Reserven häufiger als bisher zugelassen wird, verbessert es die rechtlichen Rahmenbedingungen deutscher[66] Unternehmen mit der Eröffnung

---

[61] § 613a I 3 BGB; eingehend hierzu vgl. *T. Kania*, Tarifbindung bei Ausgliederung und Aufspaltung eines Betriebs, DB 1995, S. 625 ff.

[62] BAG, Beschluß vom 27. Juli 1994, DB 1995, S. 431 f. m. w. N.

[63] Vgl. hierzu oben § 3 I. 4. Mitbestimmung.

[64] Vgl. hierzu § 4 I. Einzelrechtsnachfolge.

[65] Umwandlungsgesetz 1969, Aktiengesetz, Kapitalerhöhungsgesetz, Genossenschaftsgesetz, Versicherungsaufsichtsgesetz.

[66] Das Umwandlungsgesetz beinhaltet keine Vorschriften über grenzüberschreitende Umwandlungen. Vielmehr ist der Anwendungsbereich gemäß § 1 Abs. 1 UmwG beschränkt auf Rechtsträger mit Sitz im Inland. *M. Bruse*,

zahlreicher Möglichkeiten, ihre rechtlichen Strukturen veränderten wirtschaftlichen Umständen und Zielsetzungen anzupassen.

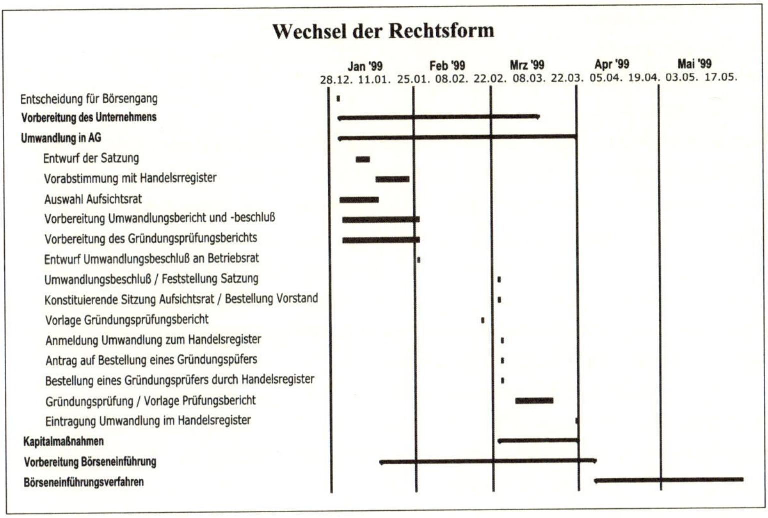

In Vorbereitung der Börseneinführung spielen dabei nur die Umwandlungsformen eine Rolle, die eine Aktiengesellschaft als neuen Rechtsträger zum Ziel haben.[67] Wenngleich auch andere Gesellschaftsformen wie eingetragene Genossenschaften,[68] eingetragene Vereine,[69] genossenschaftliche Prüfungsverbände[70] oder Versicherungsvereine auf Gegenseitigkeit[71] umwandlungsfähige Rechtsträger i. S. d. Umwandlungsgesetzes sind, kommt hier allein der Umwandlung von Personen- und Kapitalgesellschaften sowie – in etwas eingeschränktem Maße – von Einzelunternehmen praktische Relevanz zu.[72] 38

Aspekte des neuen Umwandlungs- und Umwandlungssteuerrechts, M&A Review 3/95, S. 107.

[67] Zum umgekehrten Fall des „Going Private" vgl. *A. Meyer-Landrut/R. Kiem*, Der Formwechsel einer Publikumsaktiengesellschaft, WM 1997, S. 1361 ff.

[68] Vgl. z. B. §§ 79–98 UmwG.

[69] Vgl. z. B. §§ 99–104a UmwG.

[70] Vgl. z. B. §§ 105–108 UmwG.

[71] Vgl. z. B. §§ 109–119 UmwG.

[72] Vgl. *U. Koch/W. Jensen/S. Steinhoff*, Going Public, S. 49.

1. Umwandlungsmöglichkeiten

Nach § 1 I UmwG können Rechtsträger mit Sitz im Inland durch
- Verschmelzung,
- Spaltung,
- Vermögensübertragung und
- Formwechsel

39 umgewandelt werden. Diese Aufzählung ist abschließend, andere Arten der Umwandlung sind nach § 1 II UmwG nur möglich, wenn sie durch ein anderes Bundesgesetz oder ein Landesgesetz vorgesehen sind. Die Vorschriften des Umwandlungsgesetzes stellen zwingendes Recht dar, d. h. von ihnen kann nur im Fall ausdrücklicher Ermächtigung abgewichen werden. Ergänzende Bestimmungen in Verträgen, Satzungen, Statuten und Willenserklärungen sind zulässig,[73] sofern nicht das Gesetz eine abschließende Regelung enthält.

40 Der Vermögensübertragung nach §§ 174–189 UmwG kommt in Anbetracht der beteiligten Rechtsträger[74] im Zusammenhang mit Börseneinführungen keine Rolle zu. Sie ist ein Sondertatbestand der Übertragung von Kapitalgesellschaften auf den Bund, ein Land oder eine Gebietskörperschaft sowie bei Übertragungen zwischen Versicherungsunternehmen verschiedener Rechtsformen.[75]

2. Überblick

41 Den Regelungen für die einzelnen Umwandlungsvorgänge im Rahmen aller Umwandlungsarten liegt nach dem Umwandlungsgesetz ein einheitliches Grundschema zugrunde, das aus drei Phasen besteht:[76]
- Vorbereitungsphase
- Beschlußphase
- Vollzugsphase.

a) Vorbereitungsphase

42 In der Vorbereitungsphase werden in Schaffung der rechtsgeschäftlichen Grundlage für die Umwandlung die Beschlüsse der Gesellschafter der beteiligten Rechtsträger vorbereitet. Dies ist bei den mit Vermö-

---

[73] § 1 III UmwG.

[74] Vgl. § 175 UmwG.

[75] Soweit die Vermögensübertragung zu einer Vollübertragung führt, gelten die Vorschriften über die Verschmelzung entsprechend, bei Teilübertragungen die Spaltungsvorschriften. Besonderheit der Vermögensübertragung ist, daß anstelle von Gesellschaftsanteilen als Gegenleistung für die Vermögensübertragung Geld oder andere Wirtschaftsgüter gewährt werden.

[76] Vgl. dazu *J. Ganske*, Reform des Umwandlungsrechts, WM 1993, S. 1117, 1121 unter Fn. 44.

gensübertragungen verbundenen Umwandlungen (Verschmelzung, Spaltung) der Verschmelzungsvertrag, der Spaltungs- und Übernahmevertrag, bzw. der Verschmelzungs- oder Spaltungsplan. Beim Formwechsel ist in Anbetracht der nicht erforderlichen Übertragung von Aktiva und Passiva lediglich der erforderliche Beschlußentwurf über den Formwechsel zu erstellen.

Die entsprechenden Verträge bzw. die Vertragsentwürfe müssen spä- 43
testens einen Monat vor dem Tage der jeweiligen Gesellschafterversammlungen dem zuständigen Betriebsrat zugeleitet werden.[77] Des weiteren bestehen Berichtspflichten, sofern nicht alle Gesellschafter hierauf verzichten bzw. ein anderer Befreiungstatbestand greift. Der so erstellte Verschmelzungs-, Spaltungs- oder Umwandlungsbericht ist grundsätzlich von einem unabhängigen Sachverständigen (Wirtschaftsprüfer) prüfen zu lassen, wobei das Umwandlungsgesetz in Abhängigkeit von der Rechtsform der beteiligten Rechtsträger regelt, ob diese Prüfung in jedem Fall vorzunehmen ist, sofern nicht alle Gesellschafter hierauf verzichten, oder ob sie nur stattzufinden hat, wenn einer der Gesellschafter dies verlangt.

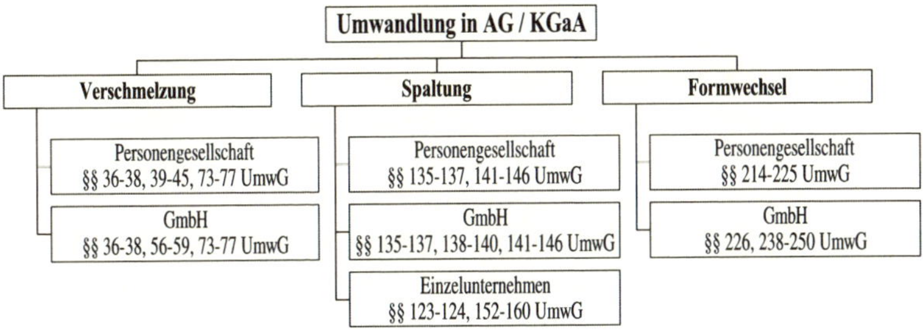

b) Beschlußphase

Die Beschlußphase wird bereits mit der Erfüllung der Berichtspflich- 44
ten und der eventuell erforderlichen Einholung der Prüfungsberichte eingeleitet. Der eigentliche Gegenstand dieser Phase ist die Einberufung, Vorbereitung und Durchführung der notwendigen Versammlungen der Anteilseigner der an einer Umwandlung beteiligten Rechtsträger. In diesen Versammlungen müssen die Anteilseigner mit den erforderlichen Mehrheiten die Umwandlung beschließen bzw. die rechtsgeschäftliche Grundlage legen.

---

[77] Da der Anmeldung der Umwandlung zum Handelsregister ein Nachweis über die rechtzeitige Zuleitung an den Betriebsrat beizufügen ist, sollte ein datiertes Empfangsbekenntnis des Betriebsratsvorsitzenden eingeholt werden. *R. Kiem*, Verträge zur Umwandlung von Unternehmen, S. 15.

c) Vollzugsphase

45 In der Vollzugsphase erfolgen die entsprechenden Anmeldungen zur Eintragung in die Handelsregister der beteiligten Rechtsträger. Mit der letzten Eintragung in allen betroffenen Registern ist der Umwandlungsvorgang abgeschlossen.

3. Verschmelzung

46 Die Verschmelzung ist die Vereinigung der Vermögen mehrerer Rechtsträger[78] auf der Basis eines Verschmelzungsvertrages[79] durch Gesamtrechtsnachfolge der übertragenden Rechtsträger. Verschmelzungen sind möglich innerhalb der Personenhandelsgesellschaften, innerhalb der Kapitalgesellschaften, aber auch rechtsformübergreifend zwischen Personenhandelsgesellschaften und Kapitalgesellschaften.[80]

47 Als Gegenleistung für den durch das Erlöschen der übertragenden Rechtsträger eintretenden Verlust der Anteile erhalten die Gesellschafter der übertragenden Rechtsträger Anteile an dem übernehmenden bzw. neuen Rechtsträger.[81] Das mitgliedschaftliche Verhältnis zum übertragenden Rechtsträger wird durch das zum übernehmenden bzw. neuen Rechtsträger ersetzt.[82]

a) Arten der Verschmelzung

48 Bei der Verschmelzung durch Aufnahme geht das ganze Vermögen eines oder mehrerer Rechtsträger (übertragender Rechtsträger) auf einen anderen, bereits vorher existierenden Rechtsträger (übernehmender Rechtsträger) über.[83] Nach der Verschmelzung existiert nur noch der übernehmende Rechtsträger, der übertragende Rechtsträger erlischt ohne weiteres Zutun.[84]

49 Alternativ besteht die Möglichkeit, im Wege der Verschmelzung durch Neugründung das Vermögen mindestens zweier Rechtsträger auf

---

[78] Zum Kreis der verschmelzungsfähigen Rechtsträger vgl. § 3 UmwG. Nicht verschmelzungsfähig sind demnach z. B. BGB-Gesellschaften, Partnerschaftsgesellschaften und Erbengemeinschaften.

[79] Vgl. § 4 I UmwG.

[80] *O. Heidemann* in *G. Volk* (Hrsg.), Going Public, S. 68.

[81] § 20 I Nr. 3 UmwG. Bare Zuzahlungen sind auf höchstens 10 Prozent begrenzt (§§ 54 IV, 68 III, 87 II 2 UmwG), weitere Gegenleistungen dürfen nicht gewährt werden.

[82] In Anbetracht dieser Kontinuität der Mitgliedschaft bestehen Rechte Dritter an den Anteilen der übertragenden Rechtsträger nunmehr an den an ihre Stelle tretenden Anteilen des übernehmenden Rechtsträgers weiter (§ 20 I Nr. 3 2 UmwG). Auch werden die Anteilsinhaber durch die Verschmelzung nicht von eventuell noch offenen Einlagepflichten befreit.

[83] § 2 Nr. 1 UmwG.

[84] § 20 I Nr. 2 UmwG.

einen bislang noch nicht bestehenden und durch die Verschmelzung erst gegründeten Rechtsträger (neuer Rechtsträger) zu übertragen.[85] In diesem Fall existiert nach der Verschmelzung nur noch der neue Rechtsträger, die übertragenden Rechtsträger erlöschen.

Die übernehmende AG darf nach § 18 UmwG die Firma des übertragenden Rechtsträgers mit oder ohne Beifügung eines das Nachfolgeverhältnis andeutenden Zusatzes fortführen und dabei nach § 4 AktG auch die Bezeichnung Aktiengesellschaft in ihre Firma aufnehmen.

b) Verschmelzungsvertrag

Die Verschmelzung beruht auf einem notariell zu beurkundenden[86] **50**
Verschmelzungsvertrag[87] zwischen den beteiligten Rechtsträgern mit folgendem Mindestinhalt:[88]

- Firma und Sitz der beteiligten Rechtsträger;
- Vereinbarung über die Übertragung des Vermögens jedes übertragenden Rechtsträgers als Ganzes gegen Gewährung von Anteilen oder Mitgliedschaften an dem übernehmenden Rechtsträger;
- Umtauschverhältnis der Anteile und gegebenenfalls die Höhe barer Zuzahlungen oder Angaben über die Mitgliedschaft bei dem übernehmenden Rechtsträger;
- Einzelheiten für die Übertragung der Anteile oder über der Erwerb der Mitgliedschaft;
- Stichtag für den Bilanzgewinn;
- Verschmelzungsstichtag;

---

[85] § 2 Nr. 2 UmwG. Die Verschmelzung durch Neugründung ist gegenüber der Verschmelzung durch Aufnahme in puncto (Notar-)Kosten und gegebenenfalls Grunderwerbsteuer nachteilig, da bei letzterer das Vermögen des übernehmenden Rechtsträgers außer Betracht bleibt.

[86] § 6 UmwG. Eine vor einem ausländischen Notar vorgenommene Beurkundung genügt nach LG Augsburg, Beschluß v. 4. Juni 1996, ZIP 1996, S. 1873 nicht dem Formerfordernis des § 6 UmwG (und dem des § 13 III für den Umwandlungsbeschluß), da eine solche Beurkundung nicht die Gewähr für eine umfassende Rechtmäßigkeitsprüfung durch den beurkundenden Notar bietet.

[87] Der Verschmelzungsvertrag hat keine dingliche Wirkung, sondern bildet nur die schuldrechtliche Voraussetzung für die erst mit Eintragung der Verschmelzung in das Register eintretenden dinglichen Rechtsänderungen, § 20 UmwG. Aus dem Verschmelzungsvertrag kann auf Erfüllung, also auf Durchführung der Verschmelzung, geklagt werden; ein dahingehendes Urteil wird nach §§ 894, 888 ZPO vollstreckt (*H. Dehmer*, UmwG, UmwStG, § 4 Rdnr. 15).

[88] § 5 UmwG. Befinden sich alle Anteile eines übertragenden Rechtsträgers in der Hand des übernehmenden Rechtsträgers, so können die Angaben nach Nrn. 2 bis 5 entfallen, soweit sie die Aufnahme dieses Rechtsträgers betreffen. Im Falle der Verschmelzung durch Neugründung muß auch dessen Gesellschaftsvertrag enthalten sein oder festgestellt werden (§ 37 UmwG).

- Rechte, die einzelnen Gesellschaftern vom übernehmenden Rechtsträger eingeräumt werden;
- besondere Vorteile, die einem Organ oder Prüfer anläßlich der Verschmelzung bewährt werden;
- Angaben über die Folgen der Verschmelzung für die Arbeitnehmer und ihre Vertretungen sowie die insoweit vorgesehenen Maßnahmen.[89]

Bei der Verschmelzung zur Neugründung muß nach § 37 UmwG der Gesellschaftsvertrag der neu gegründeten Aktiengesellschaft im Verschmelzungsvertrag mit enthalten sein.

c) Verschmelzungsbericht

51 Um den Gesellschaftern der beteiligten Rechtsträger die Grundlage für eine sachgerechte Entscheidung über den Verschmelzungsvertrag zu geben, haben deren Leitungsorgane in einem ausführlichen Verschmelzungsbericht u. a. die Verschmelzung, den Verschmelzungsvertrag, das Umtauschverhältnis sowie eine eventuelle Barabfindung wirtschaftlich wie rechtlich zu erläutern und zu begründen.[90] Der Verschmelzungsbericht ist nach § 8 III UmwG nicht erforderlich, wenn alle Gesellschafter aller beteiligten Rechtsträger in notariell beurkundeter Form auf seine Erstattung verzichten oder der übernehmende Rechtsträger über alle Anteile des übertragenden Rechtsträgers verfügt.

d) Verschmelzungsprüfung

52 Ein Verschmelzungsvertrag, bei dem – wie im Vorfeld einer Börseneinführung – ein beteiligter Rechtsträger eine AG ist, ist von unabhängigen sachverständigen Prüfern insbesondere in Hinblick auf das Umtauschverhältnis für die Gesellschaftsanteile zu prüfen,[91] sofern nicht alle Gesellschafter aller beteiligten Rechtsträger in notariell beurkundeter Form hierauf verzichten oder der übernehmende Rechtsträger über alle Anteile des übertragenden Rechtsträgers verfügt.[92] Der Prüfungsbericht hat nach § 12 II UmwG mit einer Erklärung darüber abzuschließen, ob das vorgeschlagene Umtauschverhältnis der Anteile und eine eventuelle

---

[89] Diese Angaben sind entbehrlich, wenn die Gesellschafter des übertragenden und des übernehmenden Rechtsträgers identisch sind und beide keinen Betriebsrat haben (LG Stuttgart, Beschluß v. 11. 12. 1995, WiB 1996, 994).

[90] Vgl. zum Umfang der Berichtspflicht auch *H. Dehmer*, UmwG, UmwStG, § 8 Rdnr. 8 ff. Soweit einem der beteiligten Rechtsträger aus dem Bekanntwerden einer Tatsache ein nicht unerheblicher Nachteil entstehen würde, braucht diese Tatsache nicht in den Verschmelzungsbericht aufgenommen werden. Die Gründe hierfür sind darzulegen (§ 8 II UmwG).

[91] §§ 60 und 73 UmwG. Bei Verschmelzungen von Personengesellschaften und GmbHs findet eine Prüfung nur auf Verlangen eines Gesellschafters statt.

[92] §§ 9 II und III i. V. m. 8 III UmwG.

zusätzliche Barzahlung als Gegenwert angemessen ist, und dies unter Angabe der angewandten Bewertungsmethoden einschließlich des sich aus diesen ergebenden Bewertungsspektrums zu begründen. Nach § 10 I 1 UmwG können die Verschmelzungsprüfer nicht nur durch das Vertretungsorgan des jeweiligen Rechtsträgers, sondern auf dessen Antrag auch durch das örtlich zuständige Landgericht bestellt werden. Die Nutzung dieser Möglichkeit ist regelmäßig zu empfehlen, da erfahrungsgemäß sich die Gesellschafter mit dem Gutachten eines gerichtlich bestellten Prüfers eher abfinden.[93]

e) Verschmelzungsbeschluß

Bei der Verschmelzung handelt es sich um eine Grundlagenentscheidung, welche die Rechte der Anteilsinhaber unmittelbar berührt. Der Verschmelzungsvertrag bedarf deshalb nach § 13 I UmwG der Zustimmung der Gesellschafter der beteiligten Rechtsträger in einem notariell beurkundeten Verschmelzungsbeschluß. Dieser Beschluß kann nach § 13 I 2 UmwG nicht in einem schriftlichen Verfahren ergehen, aber mit vorheriger Einwilligung[94] oder nachträglicher Genehmigung[95] gefaßt werden.[96] Da durch eine Verschmelzung die Interessen von Minderheitsgesellschaftern[97] beeinträchtigt werden können, bedarf dieser Beschluß einer qualifizierten Mehrheit, deren Höhe von der Rechtsform des jeweiligen Rechtsträgers sowie eventuell abweichenden Satzungsbestimmungen abhängig ist. Grundsätzlich ist bei Fehlen anderslautender Satzungen bei Personengesellschaften eine einstimmige Entscheidung erforderlich, bei Kapitalgesellschaften ein Beschluß mit Dreiviertelmehrheit.[98] Das Gesetz bezieht sich dabei überwiegend nicht auf die abgegebenen Stimmen, sondern häufig auf die tatsächlich vorhandenen. Dies führt dazu, daß ein einzelner Gesellschafter z. B. bei der Personengesellschaft die Umwandlung in eine AG und damit die Börseneinführung verhindern kann.[99] 53

[93] *B. Sagasser/T. Bula*, Umwandlungen, S. 89.

[94] § 183 BGB.

[95] § 184 BGB.

[96] *H. Dehmer*, UmwG, UmwStG, § 13 UmwG, Rdnr. 13.

[97] Zum Schutz der Minderheiten vgl. nachstehend § 4 II. 4. e) Schutz.

[98] Vgl. §§ 43 II, 50, 65, 84, 112 III UmwG.

[99] Eine Verpflichtung eines Minderheitsgesellschafters, unter dem Gesichtspunkt der gesellschaftsrechtlichen Treuepflicht dem Verschmelzungsbeschluß zuzustimmen, dürfte nur in Ausnahmefällen in Betracht kommen. *B. Hennerkes/D. Jeschke* in *N. Wieselhuber*, Börseneinführung mit Erfolg, S. 12f. mit der dringenden Empfehlung an Familienunternehmen, bereits im Gesellschaftsvertrag die Möglichkeit der Umwandlung der Gesellschaft in eine AG unter erleichterten Voraussetzungen zuzulassen.

f) Registeranmeldung und Eintragung

54 Die Vertretungsorgane der beteiligten Rechtsträger haben die Verschmelzung zur Eintragung in die jeweils zuständigen Handelsregister[100] anzumelden. Dabei ist zu erklären, daß keine (fristgemäß erhobene) Klage gegen den Verschmelzungsbeschluß anhängig ist (Negativerklärung),[101] und nach § 17 UmwG insbesondere der Verschmelzungsvertrag, die Verschmelzungsbeschlüsse, eventuell erforderliche Zustimmungserklärungen einzelner Gesellschafter, der Verschmelzungsbericht, der Prüfungsbericht bzw. die diesbezüglichen Verzichtserklärungen, die Schlußbilanz[102] sowie der Nachweis über die rechtzeitige Zuleitung des Verschmelzungsvertrages bzw. seines Entwurfs an den Betriebsrat[103] beizufügen.

55 Sind die vorgenannten formellen[104] Voraussetzungen erfüllt, erfolgt die Eintragung und Bekanntmachung der Verschmelzung. Die Eintragung in das Register am Sitz des übernehmenden bzw. des neuen Rechtsträgers hat konstitutive Wirkung, d. h. mit ihr wird die Verschmelzung wirksam.[105]

---

[100] Die Beteiligung mehrerer Handelsregister macht eine Abstimmung unter diesen erforderlich (§ 19 UmwG mit den Besonderheiten in den §§ 53, 66, 77, 104, 107 Abs. 1 S. 2, 111, 117 Abs. 2, 118 S. 2, 119 UmwG).

[101] § 16 II UmwG. Eine Unwirksamkeitsklage bewirkt damit eine Registersperre. Trotz einer rechtshängigen Klage kann die Verschmelzung eingetragen werden, wenn das zuständige Prozeßgericht in einem eigenständigen summarischen Verfahren festgestellt hat, daß die Klage unzulässig oder offensichtlich unbegründet ist oder eine Abwägung aller Umstände ergibt, daß trotz der geltend gemachten Mängel ein vorrangiges Eintragungsinteresse besteht, § 16 III UmwG.

[102] Nach § 17 II 4 UmwG darf die Bilanz auf einen höchstens acht Monate vor der Anmeldung liegenden Stichtag aufgestellt werden.

[103] Vgl. hierzu § 4 II. 3. j) Arbeitnehmerschutz.

[104] Das Umwandlungsgesetz enthält keine materiellen Voraussetzungen für eine Umwandlung. Der Registerrichter prüft daher nicht, inwieweit eine solche unwirtschaftlich ist und im Interesse der Gesellschaft oder ihrer Gesellschafter liegt. *B. Hennerkes/D. Jeschke* in *N. Wieselhuber*, Börseneinführung mit Erfolg, S. 12. Unabhängig hiervon hat das Registergericht den Verschmelzungsvertrag inhaltlich auf das Vorliegen allgemeiner Nichtigkeits- oder Unwirksamkeitsgründe und damit auf materiellrechtliche Normen zu überprüfen, da eine Registereintragung nur erfolgen kann, wenn ein wirksamer Verschmelzungsvertrag und wirksame Verschmelzungsbeschlüsse vorliegen. Es ist die Pflicht des Registergerichts, die Vorschriften und Grundsätze des materiellen Rechts zu beachten, insbesondere die Nichtigkeit des Verschmelzungsvertrages wegen Verstoßes gegen ein gesetzliches Verbot (§ 134 BGB) zu berücksichtigen. Das Registergericht darf die Eintragung einer Anmeldung daher ablehnen, wenn gegen die Wirksamkeit der angemeldeten Tatsache oder Rechtsverhältnisse oder die rechtliche Zulässigkeit der Eintragung begründete Bedenken bestehen (OLG Hamm, Beschluß v. 26. 09. 1996, DB 1997, S. 268).

[105] § 36 I 2 i. V. m. § 20 I UmwG.

Bei einer Invollzugsetzung der Verschmelzung ohne Eintragung ins Handelsregister haftet ein beteiligter Rechtsträger nicht für Altverbindlichkeiten eines anderen beteiligten Rechtsträgers. Die Eintragung wird nämlich nicht deshalb entbehrlich, weil die Vermischung der Vermögen der beteiligten Rechtsträger de facto im Hinblick auf die erwartete Eintragung bereits begonnen hat oder eventuell bereits beendet ist. Da der bloß faktische Vollzug den Publizitätsakt der Eintragung nicht ersetzen kann,[106] sind bei einem Fehlen der Eintragung die Grundsätze über die Behandlung fehlerhafter gesellschaftsrechtlicher Akte unanwendbar, die im Prinzip von einer jedenfalls vorläufigen Wirksamkeit solcher Akte ausgehen.[107] Eine Haftung der beteiligten Unternehmen nach § 419 BGB kommt ebenfalls nicht in Betracht. Den Trägern der beteiligten Unternehmen, die ausdrücklich den Weg der Verschmelzung gewählt haben, kann nicht der Wille unterstellt werden, sich mit einer bloßen Übertragung des Vermögens zu begnügen, falls die Verschmelzung nichtig sein sollte.[108] 56

g) Rechtsfolgen der Eintragung

Die wesentlichen Wirkungen der Eintragung sind: 57

- Übergang des gesamten Vermögens, d. h. aller Aktiva und Passiva, der übertragenden Rechtsträger einschließlich der sonstigen vertraglichen Rechtsbeziehungen[109] kraft Gesamtrechtsnachfolge[110] auf den übernehmenden Rechtsträger;
- automatisches Erlöschen der übertragenden Rechtsträger;
- Anteilsinhaber der übertragenden Rechtsträger werden Anteilsinhaber des übernehmenden Rechtsträgers, wobei etwaige Rechte Dritter fortbestehen;
- Heilung fehlender notarieller Beurkundungen;
- die Bindung der Finanzverwaltung an die handelsrechtliche Wertung und damit die zwingende Anwendung des UmwStG[111].

Mit der Eintragung gehen auch bestimmte Unternehmensverträge 58

[106] *K. Schmidt*, Haftungsrisiken bei „steckengebliebenen" Verschmelzungen, DB 1996, S. 1859, 1860.

[107] BGH, Urteil v. 18. 12. 1995, ZIP 1996, S. 225. Anderenfalls würde die Eintragung, die maßgeblich zur Übersichtlichkeit der Rechtslage im Unternehmensrecht beiträgt, entwertet.

[108] BGH a.a.O.

[109] Vgl. hierzu auch § 21 UmwG, wonach sich der Umfang von Verpflichtungen aus gegenseitigen Verträgen im Kollisionsfall im Zweifel nach Billigkeitserwägungen bemißt.

[110] Es bedarf deshalb keiner besonderen Übertragungsakte in Gestalt von Übereignung beweglicher Sachen, Abtretung von Forderungen usw. Ist der übertragende Rechtsträger als Eigentümer oder als Inhaber beschränkt dinglicher Rechte im Grundbuch eingetragen, so wird das Grundbuch unrichtig.

[111] *R. Knopf/M. Hill* in *K. Goutier/R. Knopf/A. Tulloch*, Kommentar zum

nach den §§ 291ff. AktG über. Unternehmensverträge unter Beteiligung des übernehmenden Rechtsträgers bestehen fort, unabhängig davon, ob dieser herrschendes oder abhängiges Unternehmen ist. Das gleiche gilt für Unternehmensverträge, an denen der übertragende Rechtsträger als herrschendes Unternehmen beteiligt ist. Hier tritt der übernehmende Rechtsträger in die Rechte und Pflichten des früher herrschenden Rechtsträgers gegenüber dem beherrschten Unternehmen ein.[112] Ist hingegen der übertragende Rechtsträger abhängiges Unternehmen, so erlischt dieser Unternehmensvertrag, da einer der beteiligten Vertragspartner wegfällt.[113]

Die Wirkungen der Eintragung bleiben nach § 20 II UmwG von Mängeln der Verschmelzung unberührt.

h) Schutz der Gesellschafter

59 Die umfassenden Pflichten zur Information der Gesellschafter,[114] ihre Entscheidungskompetenzen mit qualifiziertem Mehrheitserfordernis, die Verschmelzungsprüfung[115] sowie die registerrichterliche Kontrolle reflektieren die Bedeutung einer Verschmelzung für die Mitgliedschaftsrechte der einzelnen Gesellschafter.

60 Die Wirksamkeit oder das Fehlen des Verschmelzungsbeschlusses kann nach § 14 I UmwG durch Klageerhebung angefochten werden. Hierdurch wird eine Registersperre bewirkt und ein Wirksamwerden der Verschmelzung verhindert.[116] Im Interesse der Rechtssicherheit kann eine solche Klage, unabhängig davon, ob es sich um eine Anfechtungs- oder Nichtigkeitsklage handelt, nach § 14 I UmwG nur innerhalb eines Monats nach Beschlußfassung erhoben werden. Die Klage kann weder auf ein zu niedrig bemessenes Umtauschverhältnis noch auf die Unangemessenheit der Mitgliedschaft beim übernehmenden Rechtsträger gestützt werden.[117] In einem solchen Falle hat der betreffende Gesellschafter gemäß § 15 UmwG Anspruch auf eine in der Höhe nicht begrenzte bare Zuzahlung, die die Wertdifferenz zwischen dem alten und dem neuen Gesellschaftsanteil ausgleichen soll. Kommt der überneh-

---

Umwandlungsrecht, § 1 UmwStG Rdnr. 3 m. w. N.; *H. Dehmer*, UmwG, UmwStG, § 4 UmwStG, Rdnr. 12.

[112] Ein Beschluß der Anteilseignerversammlung des abhängigen Rechtsträgers ist nicht erforderlich. § 295 AktG ist nicht anwendbar, da ansonsten die Verschmelzung auf der Ebene der Obergesellschaft insgesamt von der Zustimmung der Gesellschafter der Untergesellschaft abhängig wäre (LG Bonn, Beschluß v. 30. 1. 1996, GmbHR 1996, S. 774 m. w. N.).

[113] OLG Karlsruhe, Beschluß v. 29. 8. 1994, ZIP 1994, S. 1529. Der übernehmende Rechtsträger wird nicht zur abhängigen Gesellschaft.

[114] Vgl. hierzu § 4 II. 3. e) Verschmelzungsbeschluß.

[115] Vgl. hierzu § 4 II. 3. d) Verschmelzungsprüfung.

[116] Vgl. § 16 II UmwG.

[117] § 14 II UmwG.

mende Rechtsträger dem Anspruch nicht freiwillig nach, so kann der Anteilsinhaber binnen zwei Monaten nach Bekanntmachung der Eintragung Antrag auf gerichtliche Entscheidung in einem besonderen gerichtlichen Spruchverfahren nach den §§ 305 ff. UmwG stellen. Durch eines solche Bewertungsrüge wird der Fortgang des Verschmelzungsverfahrens nicht aufgehalten, sondern lediglich eine Überprüfung des Umtauschverhältnisses in Gang gesetzt.

Erklärt ein Gesellschafter gegen den Verschmelzungsbeschluß Wider- **61**
spruch zur Niederschrift, ist seitens des übernehmenden Rechtsträgers die Übernahme der Anteile gegen Barabfindung anzubieten, sofern es sich um eine Verschmelzung von Rechtsträgern unterschiedlicher Rechtsform handelt oder die Anteile an dem übernehmenden Rechtsträger durch den Gesellschaftsvertrag oder die Satzung Beschränkungen unterworfen sind, die weiter reichen als die Beschränkung der entsprechenden Anteile am übertragenden Rechtsträger.[118] Auch in diesem Fall kann eine Klage gegen die Wirksamkeit des Verschmelzungsbeschlusses nicht darauf gestützt werden, dieses Angebot sei zu niedrig bemessen oder die Barabfindung sei im Verschmelzungsvertrag nicht oder nicht ordnungsgemäß angeboten worden.[119] Vielmehr bestimmt das Gericht auf Antrag im Spruchverfahren nach den §§ 305–312 UmwG die angemessene Barabfindung.[120]

Sonderrechte eines Anteilsinhabers[121] dürfen nicht ohne dessen Zu- **62**
stimmung geändert werden.[122] Schreibt z. B. der Gesellschaftsvertrag die Zustimmung eines bzw. aller Gesellschafter zu einer Anteilsübertragung vor, müssen dieser bzw. alle Anteilsinhaber dem Verschmelzungsbeschluß zustimmen. Ohne eine notwendige Zustimmung ist der Verschmelzungsbeschluß und damit letztlich der Verschmelzungsvertrag schwebend unwirksam.[123]

i) Gläubigerschutz

Da die Gläubiger eines verschmolzenen Rechtsträgers sich nach der **63**
Verschmelzung der Gläubigerkonkurrenz zu den Gläubigern des mitverschmolzenen Rechtsträgers ausgesetzt sehen und das nunmehr vorhandene Vermögen möglicherweise nicht zur Befriedigung aller Gläubiger ausreicht, sieht § 22 I UmwG für die Gläubiger der beteiligten Rechtsträger ein zeitlich begrenztes Recht auf Sicherheitsleistung nach §§ 232 ff. BGB zu, soweit sie eine Gefährdung der Erfüllung ihrer For-

---

118 § 29 I UmwG.
119 § 32 UmwG.
120 § 34 UmwG.
121 Z. B. Recht auf Geschäftsführung, Bestellung von Geschäftsführern oder Geltung von Haftungsprivilegien.
122 § 13 II UmwG.
123 *H. Dehmer,* UmwG, UmwStG, § 13 UmwG, Rdnr. 34.

derung durch die Verschmelzung glaubhaft machen und nicht Befriedigung verlangen können.[124] Der Anspruch richtet sich gegen den übernehmenden Rechtsträger, d. h. die AG/KGaA. Inhabern von Sonderrechten in einem übertragenden Rechtsträger sind nach § 23 UmwG gleichwertige Rechte in dem übernehmenden Rechtsträger zu gewähren.

64 Der übertragende Rechtsträger, seine Anteilsinhaber und seine Gläubiger haben gemäß § 25 I UmwG einen Anspruch gegen die Mitglieder des Vertretungsorgans[125] und – sofern vorhanden – des Aufsichtsorgans (Aufsichtsrat) des übertragenden Rechtsträgers auf Ersatz des aus der Verschmelzung resultierenden Schadens. Den Mitgliedern des Vertretungs- bzw. Aufsichtsorgans steht gemäß § 25 I 2 UmwG eine Exkulpationsmöglichkeit offen, d. h. die Beweislast für die Einhaltung der Sorgfaltspflicht trifft die Organe. Für die Geltendmachung des Schadensersatzanspruches gilt der erloschene Rechtsträger nach § 25 II 1 UmwG als fortbestehend.

j) Arbeitnehmerschutz

65 Auch die Interessen der Arbeitnehmer, deren Mitbestimmungsrechte in den einschlägigen Gesetzen von der Neuregelung grundsätzlich nicht berührt werden, werden vom Umwandlungsgesetz besonders berücksichtigt.

66 Gemäß § 5 III UmwG ist der Verschmelzungsvertrag bzw. der Entwurf, der nach § 5 I Nr. 9 UmwG auch Angaben zu den Folgen der Verschmelzung für die Arbeitnehmer und ihre Vertretungen sowie die insoweit vorgesehenen Maßnahmen enthalten muß, mindestens einen Monat vor der Gesellschafterversammlung jedes beteiligten Rechtsträgers dem zuständigen Betriebsrat dieses Rechtsträgers zuzuleiten. Die frühzeitige Information der Arbeitnehmervertretungen soll nach dem Willen des Gesetzgebers bereits im Vorfeld der Verschmelzung deren sozialverträgliche Durchführung erleichtern und somit dem sozialen Frieden dienen. Besteht ein Rechtsträger aus mehreren Betrieben, ist der Gesamtbetriebsrat der richtige Adressat, da die auf das ganze Unternehmen bezogene Umwandlung gegenüber diesem Gremium einheitlich und abschließend dargestellt werden kann.[126] Die rechtzeitige Zuleitung

---

[124] Bei einem Dauerschuldverhältnis ist die Sicherheit nicht nach den während der Restlaufzeit des Vertrages fällig werdenden Ansprüchen zu bemessen. Maßgebend ist vielmehr das konkret zu bestimmende Sicherungsinteresse des Gläubigers. BGH, Urteil v. 18. März 1996, ZIP 1996, S. 705 f.

[125] Bei Personenhandelsgesellschaften: jeder persönlich haftende Gesellschafter, der nicht von der Vertretung ausgeschlossen ist; bei der AG: der Vorstand; bei der GmbH: der oder die Geschäftsführer.

[126] Existiert in einem Unternehmen mit mehreren Betrieben kein Gesamtbetriebsrat, wohl aber mehrere Einzelbetriebsräte, so ist der Vertrag oder sein Ent-

ist nach § 17 Abs. 1 UmwG dem Registergericht gegenüber nachzuweisen und damit Eintragungsvoraussetzung für die Umwandlung.[127] Wenn bei keinem der beteiligten Rechtsträger ein Betriebsrat besteht, sollte die Zusicherung des Anmeldenden, daß ein Betriebsrat nicht besteht, ausreichen.[128]

Die Arbeitsverhältnisse der Mitarbeiter gehen bei der Verschmelzung bereits kraft Gesamtrechtsnachfolge vollständig auf die AG/KGaA über. Insoweit bedarf es keines Rückgriffs auf § 324 UmwG i. V. m. § 613a I und IV BGB, wonach bei einem Übergang eines Betriebs oder Teilbetriebs durch Rechtsgeschäft oder infolge einer Umwandlung der neue Rechtsträger in die Rechte und Pflichten aus den im Zeitpunkt des Übergangs bestehenden Arbeitsverhältnissen eintritt. Die vom Betriebsübergang betroffenen Arbeitnehmer haben kein Widerspruchsrecht, da der übertragende Rechtsträger erlischt.[129] Versorgungszusagen wie Renten und Pensionen gehen einschließlich der bereits entstandenen Anwartschaften über.[130] Pensionsansprüche von Arbeitnehmern, bei denen der Versorgungsfall bereits vor Eintragung der Verschmelzung eingetreten ist, gehen gemäß § 20 I Nr. 1 UmwG automatisch im Wege der Gesamtrechtsnachfolge über. 67

Betriebsvereinbarungen, die vor der Verschmelzung geschlossen wurden, wirken ohne weiteres kraft Gesamtrechtsnachfolge weiter, wenn der Betrieb als solcher bestehen bleibt.[131] Tarifverträge gehen demgegenüber nicht automatisch durch Gesamtrechtsnachfolge über, da Tarif- 68

---

wurf allen diesen Einzelbetriebsräten zuzuleiten (*H. Dehmer*, UmwG, UmwStG, § 5 Rdnr. 54f.).

[127] Die Verletzung der Zuleitungspflicht durch auch nur einen der an der Verschmelzung beteiligten Rechtsträger gefährdet deshalb das Wirksamwerden der Verschmelzung.

[128] *H. Dehmer*, UmwG, UmwStG, § 194 Rdnr. 12f; der zu Recht Vorschläge ablehnt, nach denen bei Fehlen eines Betriebsrats als Ersatz eine Mitteilung an alle Mitarbeiter oder ein Aushang am Schwarzen Brett erfolgen soll. Der Betriebsrat hat nach §§ 2 I, 74 I BetrVG das Gebot der vertrauensvollen Zusammenarbeit zu beachten und darf nach § 79 BetrVG keinesfalls Betriebs- oder Geschäftsgeheimnisse offenbaren oder anderweitig verwerten. Im Gegensatz zu anderen Mitarbeitern ist er gesetzlich zur strengsten Verschwiegenheit verpflichtet, der Gesetzgeber hat daher in den §§ 5 III, 126 III, 194 II UmwG bewußt eine Zuleitung der Umwandlungsverträge mit möglicherweise sensiblen Daten an den Betriebsrat und nicht an die Arbeitnehmer vorgesehen.

[129] *O. Wlotzke*, Arbeitsrechtliche Aspekte des neuen Umwandlungsrechts, DB 1995, S. 40, 43. *P. Hanau*, Arbeitsrecht und Mitbestimmung in Umwandlung und Fusion, ZGR 1990, 548, 556.

[130] Auf Wartezeiten ist die Dienstzeit beim übertragenden Rechtsträger anzurechnen. Für die Anpassung von Renten sind die Verhältnisse bei der AG/KGaA, nicht aber bei der übertragenden Gesellschaft entscheidend. *H. Dehmer*, UmwG, UmwStG, § 20 UmwG, Rdnr. 79ff.

[131] *H. Dehmer*, UmwG, UmwStG, § 20 UmwG, Rdnr. 82.

verträge die Tarifgebundenheit voraussetzen, was im Falle der Umwandlung nicht notwendigerweise gewährleistet ist.[132] Entsprechend § 324 UmwG i. V. m. § 613a I 2–4 BGB gelten die Tarifvereinbarungen hier individualrechtlich zwischen dem einzelnen Arbeitnehmer und der AG/KGaA weiter.

4. Spaltung

69 Die Spaltung eines Rechtsträgers ist die Aufteilung seines Vermögens auf mindestens zwei übernehmende Rechtsträger gegen Gewährung von Gesellschaftsanteilen an die Gesellschafter des gespaltenen und übertragenden Rechtsträgers.[133] Wie die Verschmelzung ist die Spaltung rechtsformübergreifend möglich.[134] Der Kreis der Rechtsträger, die an einer Spaltung beteiligt sein können, ist aber etwas weiter als bei der Verschmelzung.[135] Von besonderer Relevanz für Börseneinführungen ist dabei die Möglichkeit der partiellen Gesamtrechtsnachfolge bei Einzelkaufleuten und Gebietskörperschaften.[136]

70 Die Spaltung folgt in ihrem Grundkonzept in weiten Bereichen dem der Verschmelzung. § 125 UmwG erklärt deshalb weitgehend die Verschmelzungsnormen im Zweiten Buch des Umwandlungsgesetzes für anwendbar, sofern sie nicht von spezifischeren Regeln des Dritten Buches verdrängt werden.

---

[132] Bei Verbandstarifverträgen ist demgegenüber die Mitgliedschaft im Arbeitgeberverband erforderlich, die höchstpersönlicher Natur ist und grundsätzlich nicht der Gesamtrechtsnachfolge unterliegt.

[133] Vor dem Inkrafttreten des neuen Umwandlungsgesetzes war die Spaltung (partielle Gesamtrechtsnachfolge) nur eingeschränkt für bestimmte Rechtsträger nach dem Gesetz über die Spaltung der von der Treuhandanstalt verwalteten Unternehmen (BGBl. I 1991, S. 854; vgl. hierzu *J. Ganske*, Spaltung der Treuhandunternehmen, DB 1991, S. 791 ff.; *P. Ising/M. Thiell*, Erfahrungen mit dem Spaltungsgesetz, DB 1991, S. 2021 ff.; *P. Ising/M. Thiell*, Der Übergang laufender Arbeitsverhältnisse nach dem Spaltungsgesetz, DB 1991, S. 2082 ff.) möglich. In allen anderen Fällen der Spaltung konnten die Vermögensgegenstände einer zu spaltenden Kapitalgesellschaft nur über Umwegmodelle im Wege der Einzelrechtsnachfolge auf andere neu gegründete oder bestehende Kapitalgesellschaften übertragen werden. (Zu diesen Modellen vgl. *N. Herzig*, Die Realteilung von Kapitalgesellschaften im Ertragsteuerrecht, DB 1986, S. 1401 ff. Das neue Umwandlungsgesetz eröffnet nunmehr erstmals umfassend die Möglichkeit, die Spaltung im Wege der Sonderrechtsnachfolge (partielle Gesamtrechtsnachfolge) zu vollziehen, womit die bisher praktizierten Umwegmodelle weitestgehend entbehrlich werden.

[134] Vgl. *N. Herzig /H. Ott*, Das Steuerrecht als Umwandlungs- und Spaltungsbremse, DB 1989, S. 2033, 2034.

[135] Vgl. § 124 UmwG, der auf § 3 UmwG verweist.

[136] Dem Institut der Spaltung kommt demnach auch im Rahmen von Privatisierungen besondere Bedeutung zu.

a) Arten der Spaltung

Das Gesetz schafft drei Formen der Spaltung. Bei jeder der drei Formen ist möglich sowohl eine Spaltung zur Aufnahme, d. h. die Aufteilung des Vermögens des übertragenden Rechtsträgers auf bereits bestehende Rechtsträger, als auch eine Spaltung zur Neugründung, d. h. die Aufteilung des Vermögens auf Rechtsträger, die durch die Spaltung erst gegründet werden. Nach § 123 IV UmwG ist dabei auch eine Kombination der Spaltung zur Aufnahme und der Spaltung zur Neugründung möglich, bei der das Vermögen des übertragenden Rechtsträgers gleichzeitig auf bereits bestehende und neu gegründete Rechtsträger aufgeteilt wird.[137] **71**

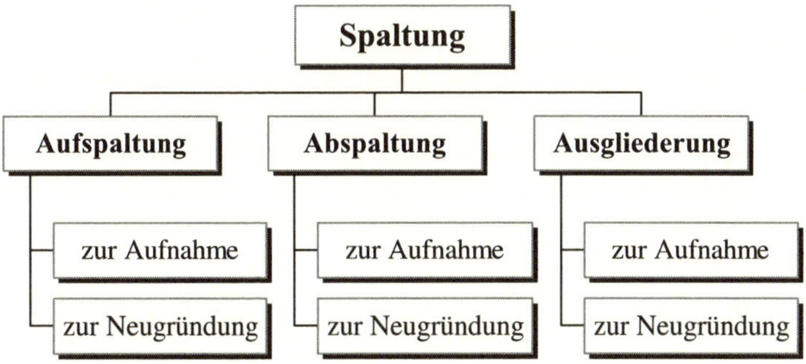

Bei der Aufspaltung überträgt ein Rechtsträger nach § 123 I UmwG sein gesamtes Vermögen auf mindestens zwei übernehmende bzw. neue Rechtsträger im Wege der Gesamtrechtsnachfolge. Die Aufspaltung stellt sich damit als Umkehrung der errichtenden Verschmelzung dar.[138] Der übertragende Rechtsträger erlischt nach § 131 I Nr. 2 UmwG kraft Gesetzes ohne Liquidation. **72**

Bei der Abspaltung überträgt der übertragende Rechtsträger nach § 123 II nur einen Teil seines Vermögens auf einen oder mehrere andere Rechtsträger im Wege der Sonderrechtsnachfolge. Der übertragende Rechtsträger „überlebt" also den Spaltungsvorgang und behält einen Teil seines Vermögens. **73**

Als Gegenleistung für die teilweise Vermögensübertragung erhalten die Anteilsinhaber des übertragenden Rechtsträgers bei der Aufspaltung

---

[137] Motiv für die Spaltung eines Rechtsträgers können neben der Schaffung einer börsenfähigen Gesellschaft auch die Umstrukturierung von Unternehmen und Unternehmensverbänden, die Trennung verschiedener Unternehmenssparten, die Auseinandersetzung von Gesellschaftern und Gesellschafterstämmen oder auch die klassische Betriebsaufspaltung in eine Anlagegesellschaft und eine Betriebsgesellschaft sein.

[138] *M. Bruse*, Aspekte des neuen Umwandlungs- und Umwandlungssteuerrechts, M&A Review 3/95, S. 112.

wie bei der Abspaltung Gesellschaftsanteile des übernehmenden bzw. neuen Rechtsträgers. Diese Verteilung kann in dem Verhältnis erfolgen, das den Beteiligungsquoten an dem übertragenden Rechtsträger entspricht (verhältniswahrende Spaltung), aber auch in einem anderen Verhältnis (nicht-verhältniswahrende Spaltung).[139]

74 Bei der Ausgliederung überträgt der übertragende Rechtsträger ebenfalls nur einen Teil seines Vermögens im Wege der Sonderrechtsnachfolge auf einen oder mehrere andere Rechtsträger und behält den restlichen Teil seines Vermögens. Der wesentliche Unterschied der Ausgliederung zur Abspaltung besteht hinsichtlich des Empfängers der Gegenleistung: Nicht die Anteilsinhaber des übertragenden Rechtsträgers erhalten Anteile des übernehmenden bzw. neuen Rechtsträgers, sondern der übertragende Rechtsträger selbst.

Besonders bedeutsam ist die Ausgliederung für einen Einzelkaufmann,[140] der als übertragender Rechtsträger an einer Ausgliederung, nicht aber an einer Auf- oder Abspaltung, einer Verschmelzung oder einem Formwechsel beteiligt sein kann.[141] Die Ausgliederung ist für Einzelkaufleute daher die einzige Form der Gesamtrechtsnachfolge im Vorfeld einer Börseneinführung.

75 Die Spaltung zur Aufnahme wird vom Gesetz unter weitgehendem Verweis auf die Verschmelzungsvorschriften[142] als der Grundfall der Spaltung behandelt. Die Regelungen betreffend die Spaltung zur Aufnahme gelten im wesentlichen auch für die Spaltung zur Neugründung, § 135 I UmwG. Wichtigste Besonderheit der in den §§ 135 bis 137 UmwG enthaltenen Sonderregelungen für die Spaltung zur Neugründung ist die Aufstellung eines Spaltungsplans, der nach § 136 2 UmwG an die Stelle des Spaltungs- und Übernahmevertrags tritt. Daneben muß nach § 125 i.V. m. § 37 UmwG im Spaltungsplan der Gesellschaftsvertrag der neuen AG festgestellt sein. Auf die Gründung der neuen AG sind die entsprechenden Gründungsvorschriften anzuwenden.[143]

76 Nach § 125 i.V. m. § 18 UmwG darf die übernehmende AG im Falle

---

[139] Vgl. hierzu *K. Walpert*, Zur Steuerneutralität der nicht-verhältniswahrenden Abspaltung von einer Kapitalgesellschaft auf Kapitalgesellschaften, DStR 1998, S. 361 ff.

[140] Bei Freiberuflern und nicht vollkaufmännischen Einzelunternehmen ist das Umwandlungsgesetz nicht anwendbar, d. h. eine Ausgliederung nicht möglich. Hier besteht nur die Möglichkeit, das Einzelunternehmen über die Einzelrechtsnachfolge im Wege der Sachgründung oder im Wege der Sachkapitalerhöhung in die für die Börseneinführung vorgesehene AG einzubringen.

[141] Vgl. § 124 I UmwG. Da die Firma des Einzelkaufmanns nach § 152 UmwG im Handelsregister eingetragen sein muß, scheiden Freiberufler als übertragender Rechtsträger ebenso aus wie Minderkaufleute, die nicht im Handelsregister eingetragen werden. *H. Dehmer*, UmwG, UmwStG, § 124 UmwG, Rdnr. 39 f.

[142] Vgl. § 125 UmwG.

[143] § 135 II UmwG.

der Abspaltung und der Ausgliederung nicht die Firma des übertragenden Rechtsträgers fortführen, da hier der übertragende Rechtsträger fortbesteht und nach dem Grundsatz der Firmenausschließlichkeit[144] nicht mehrere Rechtsträger am gleichen Ort dieselbe Firma führen dürfen. Eine Ausnahme hiervon gilt aber für die Ausgliederung eines Einzelunternehmens aus dem Vermögen eines Einzelkaufmanns,[145] da in diesem Fall nach § 155 UmwG die Firma des Einzelkaufmanns erlischt und insoweit keine Verwechslungsgefahr mehr besteht.[146]

b) Spaltungs- und Übernahmevertrag oder Spaltungsplan

Die Spaltung zur Aufnahme beruht auf einem notariell zu beurkunden- **77**
den[147] Spaltungs- und Übernahmevertrag, der zwischen dem übertragenden und dem/den übernehmenden Rechtsträger/n geschlossen wird.[148] Sein sich aus § 126 I UmwG ergebender Mindestinhalt entspricht weitgehend dem des Verschmelzungsvertrages gemäß § 5 I UmwG.[149] Daneben ist eine genaue Regelung über die Aufteilung des Aktiv- und Passivvermögens und – im Falle von Aufspaltung und Abspaltung – der Gesellschaftsanteile erforderlich.[150] Dabei können die Anteile an den übernehmenden bzw. neuen Rechtsträgern im Rahmen einer sogenannten nicht-verhältniswahrenden Spaltung abweichend von den bisherigen Beteiligungsverhältnissen am übertragenden Rechtsträger aufgeteilt werden. Im Gegensatz zur Verschmelzung bedarf es der Konkretisierung der einzelnen übergehenden Gegenstände, da es sich bei der Spaltung nur um eine partielle Gesamtrechtsnachfolge handelt. Der Bestimmtheitsgrundsatz ist gemäß § 126 II 1 UmwG in gleicher Weise zu beachten wie bei der Einzelrechtsnachfolge.[151]

Da die Zuordnung der Aktiva und Passiva, die Verteilung der Gesell- **78**
schaftsanteile und auch der übrige wesentliche Vertragsinhalt nur einheitlich geregelt werden und auch die Zustimmung der Anteilsinhaber

---

[144] § 30 I HGB.

[145] §§ 152 ff. UmwG.

[146] LG Hagen, Beschluß vom 1. 12. 1995, GmbHR 1996, S. 127.

[147] § 125 1 i. V. m. § 6 UmwG.

[148] Der Spaltungs- und Übernahmevertrag (sowie der Spaltungsplan) haben wie der Verschmelzungsvertrag keine dingliche Wirkung, sondern bilden nur die schuldrechtliche Voraussetzung für die erst mit Eintragung in das Register des übertragenden Rechtsträgers eintretenden dinglichen Rechtsänderungen, § 131 UmwG. Aus dem Spaltungs- und Übernahmevertrag bzw. dem Spaltungsplan kann auf Erfüllung, also auf Durchführung der Spaltung, geklagt werden, ein dahingehendes Urteil wird nach § 894 ZPO vollstreckt. *H. Dehmer*, UmwG, UmwStG, § 4 Rdnr. 15.

[149] Vgl. oben § 4 II. 3. b). Verschmelzungsvertrag

[150] § 126 I Nrn. 9 und 10 UmwG.

[151] *C. Aha*, Einzel- oder Gesamtrechtsnachfolge bei der Ausgliederung, AG 1997 S. 351.

nur einheitlich erfolgen kann, ist die Spaltung auch dann in einem einzigen Vertrag (anstelle von mehreren gleichzeitig oder nacheinander abgeschlossenen Verträgen) zu regeln, wenn auf der übernehmenden Seite mehrere Gesellschaften beteiligt sind, wie dies bei der Aufspaltung zur Aufnahme zwingend der Fall ist.[152]

79 Bei der Spaltung zur Neugründung tritt nach § 136 2 UmwG an die Stelle des Spaltungs- und Übernahmevertrages ein Spaltungsplan, der zugleich den Gesellschaftsvertrag des neuen Rechtsträgers, d. h. der AG zu enthalten hat.[153] Dieser ist ebenfalls notariell zu beurkunden.[154] Im Falle einer Verbindung einer Spaltung zur Neugründung mit einer Spaltung zur Aufnahme ist der Spaltungsplan in den Spaltungsvertrag aufzunehmen.

c) Zustimmungsbedürftige Übertragungen

80 Nach § 132 UmwG bleiben allgemeine Vorschriften, die die Übertragbarkeit eines bestimmten Gegenstandes ausschließen oder an bestimmte Voraussetzungen knüpfen oder nach denen die Übertragung eines bestimmten Gegenstandes einer staatlichen Genehmigung bedarf, von den Vorschriften der Spaltung unberührt. Die Vorschrift wird allgemein als kontraproduktiv und verfehlt angesehen, da sie bei strenger Auslegung im Widerspruch zur Intention des Umwandlungsrechts Vermögensübertragungen von der Mitwirkung oder der Zustimmung von Dritten abhängig machen und so die wesentlichen Vorzüge der partiellen Gesamtrechtsnachfolge im Rahmen des Umwandlungsgesetzes, beseitigen würde.[155]

81 Im Ergebnis wird deshalb mit unterschiedlichen Begründungen im Einzelnen eine restriktive Auslegung von § 132 UmwG befürwortet und angenommen, daß die Norm bei einer Übertragung eines Betriebs oder Teilbetriebs zumindest insoweit nicht zur Anwendung kommt, als nicht unbedingt zu beachtende staatliche Genehmigungserfordernisse wie nach der Grundstücksverkehrsordnung, dem Grundstückverkehrsgesetz oder dem Bundesbaugesetz erforderlich sind. Dauerschuldverhältnisse wie Miet- und Lieferverträge, Pensionsverpflichtungen und vinkulierte Anteile an Kapitalgesellschaften können deshalb im Rahmen der Spaltung nach Maßgabe der Aufteilung im Spaltungs- und Übernahmevertrag übergehen, ohne daß dem Vertragspartner hieraus ein außerordentliches Kündigungsrecht erwachsen würde. Die Vertragspartner des zu spaltenden Rechtsträgers sind durch § 133 UmwG

---

[152] *M. Heidenhain*, Spaltungsvertrag und Spaltungsplan, NJW 1995, S. 2873 ff.

[153] § 125 i. V. m. § 37 UmwG.

[154] Zur Festsetzung des Geschäftswerts für die Beurkundung des Spaltungsplans, vgl. BayObLG, Beschluß vom 23. 10. 1996, DB 1997, S. 88.

[155] *H. Dehmer*, UmwG, UmwStG, § 132, Rdnr. 1ff; *C. Aha*, Einzel- oder Gesamtrechtsnachfolge bei der Ausgliederung?, AG 1997, S. 345, 348.

hinreichend geschützt, nach dem die an der Spaltung beteiligten Rechtsträger gesamtschuldnerisch für die Verbindlichkeiten des aufgespaltenen Unternehmens im Zeitpunkt des Umwandlungsvorgangs haften.

d) Spaltungsbericht

82 Vergleichbar mit dem Fall der Verschmelzung sieht das Umwandlungsgesetz in § 127 die Erstattung eines ausführlichen Spaltungsberichts durch die Vertretungsorgane der beteiligten Rechtsträger vor um den Gesellschaftern eine sachgerechte Entscheidung über den Spaltungs- und Übernahmevertrag bzw. den Spaltungsplan zu geben. Neben der Erläuterung und Begründung des Spaltungsvorhabens ist dabei Haftungsfragen, die aus der Spaltung resultieren, besondere Beachtung zu schenken. Angesichts der in § 133 UmwG normierten gesamtschuldnerischen Haftung der beteiligten Rechtsträger müssen auch die Anteilsinhaber der bloß mithaftenden übernehmenden Rechtsträger über das Leistungspotential des Primärschuldners informiert werden.[156]

83 Bei Aufspaltung und Abspaltung sind die Maßstäbe für das zugrunde gelegte Umtauschverhältnis der Anteile darzulegen,[157] was insbesondere bei einer Verschiebung der Beteiligungsverhältnisse im Rahmen einer nicht-verhältniswahrenden Spaltung einer eingehenden Begründung bedarf.[158] Ein fehlender oder fehlerhafter Spaltungsbericht führt nach § 125 i. V. m. § 14 I UmwG zur Anfechtbarkeit des Spaltungsbeschlusses binnen Monatsfrist nach Beschlußfassung.

84 Im Falle der Ausgliederung zur Neugründung durch einen Einzelkaufmann ist ein Spaltungsbericht[159] nach § 153 UmwG nicht erforderlich, da dieser ausschließlich im Interesse der Anteilseigner verfaßt wird. Der Bericht ist aber nur für den Einzelkaufmann selbst entbehrlich, nicht aber für den übernehmenden Rechtsträger. Bei der Ausgliederung zur Aufnahme durch eine AG hat der Einzelkaufmann deshalb einen Ausgliederungsbericht zu erstellen, sofern nicht neben ihm auch alle Aktionäre hierauf verzichten.[160]

85 Da die Ausgliederung zur Neugründung eine Sachgründung darstellt, ist in der Satzung der AG gemäß § 27 AktG das ausgegliederte Vermögen mit allen Aktiva, Passiva und übergehenden Verträgen als Gegenstand der Sacheinlage zu bezeichnen und Angaben über die entsprechende Gegenleistung, d. h. Zahl der hierfür gewährten Aktien bzw. Anteil am Grundkapital der Gesellschaft, zu machen. Da im Zuge

---

[156] *M. Lutter/P. Hommelhoff*, UmwG, § 127 Rdnr. 23.
[157] Bei der Ausgliederung findet kein Anteilstausch statt.
[158] *M. Lutter/P. Hommelhoff*, UmwG, § 127 Rdnr. 31ff.
[159] Sogenannter „Ausgliederungsbericht".
[160] § 127 i. V. m. § 8 III UmwG.

der Ausgliederung zur Neugründung eine neue AG durch Sachgründung entsteht, muß nach §§ 159 I und 75 I UmwG ein Gründungsbericht erstellt und in diesem auch der Geschäftsverlauf und die Lage des Unternehmens dargelegt werden.

e) Spaltungsprüfung

86 Bei Auf- und Abspaltungen im Vorfeld einer Börseneinführung findet – wie bei der Verschmelzung – eine Prüfung des Spaltungs- und Übernahmevertrages bzw. des Spaltungsplans durch unabhängige Prüfer unter besonderer Berücksichtigung des Umtauschverhältnisses der Anteile oder der Gegenleistung statt, sofern nicht alle Gesellschafter aller beteiligten Rechtsträger in notariell beurkundeter Form hierauf verzichten oder der übernehmende Rechtsträger über alle Anteile des übertragenden Rechtsträgers verfügt.[161] Der Prüfungsbericht hat nach § 12 II UmwG mit einer Erklärung darüber abzuschließen, ob das vorgeschlagene Umtauschverhältnis der Anteile und eine eventuelle zusätzliche Barzahlung als Gegenwert angemessen ist, und dies unter Angabe der angewandten Bewertungsmethoden einschließlich des sich aus diesen ergebenden Bewertungsspektrums zu begründen.

Bei der Ausgliederung findet eine solche Prüfung nicht statt,[162] da es hier nicht zu einem Anteilstausch kommt.

f) Spaltungsbeschluß

87 Der Spaltungs- und Übernahmevertrag sowie der Spaltungsplan bedürfen nach § 125 i. V. m. § 13 I UmwG zu ihrer Wirksamkeit der Zustimmung der Anteilsinhaber der beteiligten Rechtsträger im Rahmen eines notariell beurkundeten Spaltungsbeschlusses. Werden bei einer nicht-verhältniswahrenden Spaltung die Gesellschaftsanteile der übernehmenden bzw. neuen AG den Anteilsinhabern des übertragenden Rechtsträgers nicht in dem Verhältnis zugeteilt, das ihrer Beteiligung an dem übertragenden Rechtsträger entspricht, muß der Spaltungsbeschluß nach § 128 1 UmwG auf seiten des übertragenden Rechtsträgers einstimmig erfolgen. Fehlt es daran, ist der Spaltungs- und Übernahmevertrag unwirksam.[163]

Im übrigen gelten die vorstehenden Ausführungen zum Verschmelzungsbeschluß[164] entsprechend.

---

161 § 9 II und III i. V. m. § 8 III UmwG. Zu berücksichtigen ist, daß nach § 141 UmwG eine AG oder KGaA, die noch nicht zwei Jahre im Register eingetragen ist, zur Vermeiden einer Umgehung der die Nachgründung regelnden §§ 52, 53 AktG, nicht gespalten werden kann.

162 § 125 1 UmwG.

163 Die fehlende Zustimmung bewirkt also nicht lediglich eine innerhalb der Monatsfrist des § 14 I UmwG geltend zu machende Anfechtbarkeit des Spaltungsbeschlusses.

164 Vgl. § 4 II. 3. e) Verschmelzungsbeschluß.

g) Registeranmeldung und Eintragung

Wie bei der Verschmelzung haben die Vertretungsorgane der beteiligten Rechtsträger die Spaltung zur Eintragung in die jeweils zuständigen Handelsregister anzumelden,[165] eine Negativerklärung hinsichtlich anhängiger Unwirksamkeitsklagen gegen den Spaltungsbeschluß abzugeben[166] und Unterlagen wie den Spaltungs- und Übernahmevertrag, den Spaltungsbeschluß, eventuell erforderliche Zustimmungserklärungen einzelner Gesellschafter, den Spaltungsbericht, den Prüfungsbericht bzw. die diesbezüglichen Verzichtserklärungen, die Schlußbilanz[167] sowie der Nachweis über die rechtzeitige Zuleitung des Spaltungs- und Übernahmevertrages an den zuständigen Betriebsrat[168] beizufügen. Im Falle der Ausgliederung aus dem Vermögen eines Einzelkaufmanns ist eine Eintragung der Ausgliederung nicht möglich, wenn seine Verbindlichkeiten sein Vermögen übersteigen. **88**

Die Spaltung wird bei Vorliegen der formellen Voraussetzungen nach § 130 I UmwG zuerst im Register des Sitzes der übernehmenden bzw. neuen Rechtsträger und danach im Register des Sitzes des übertragenden Rechtsträgers eingetragen und bekanntgemacht. Mit der – also nachfolgenden – Eintragung in das Register des Sitzes des übertragenden Rechtsträgers wird die Spaltung nach § 131 UmwG wirksam. **89**

h) Rechtsfolgen der Eintragung

Anders als bei der Verschmelzung treten demnach die Rechtsfolgen der Spaltung nicht mit Eintragung der Spaltung in das Handelsregister des Sitzes der aufnehmenden bzw. neuen AG ein, sondern mit der in das Register des übertragenden Rechtsträgers. **90**

Wie bei der Verschmelzung gehen entsprechend der Aufteilung des Aktiv- und Passivvermögens im Spaltungs- und Übernahmevertrag die bezeichneten Vermögensteile nach § 131 I Nr. 1 UmwG mit Eintragung der Spaltung in das Handelsregister in ihrer Gesamtheit im Wege der Sonderrechtsnachfolge auf die übernehmenden bzw. neuen Rechtsträger ohne besondere Übertragungsakte über.[169] **91**

Bei der Aufspaltung erlischt nach § 131 I Nr. 2 UmwG der übertragende Rechtsträger, ohne daß es einer besonderen Löschung bedarf. Bei Auf- und Abspaltung kommt es zu einem Anteilstausch, bei dem die Anteilsinhaber des übertragenden Rechtsträgers nach § 131 I Nr. 3 1 **92**

---

[165] Bei der Spaltung zur Neugründung einer AG ist diese nach § 137 UmwG von dem Vertretungsorgan des übertragenden Rechtsträgers beim Handelsregister, das für den vorgesehenen Sitz zuständig ist, zur Eintragung anzumelden.

[166] Vgl. hierzu § 4 II. 3. f) Registeranmeldung und Eintragung.

[167] Nach § 17 II 4 UmwG darf die Bilanz auf einen höchstens acht Monate vor der Anmeldung liegenden Stichtag aufgestellt werden.

[168] Vgl. hierzu § 4 II. 3. j) Arbeitnehmerschutz.

[169] Vgl. oben § 4 II. 3. g) Rechtsfolgen der Eintragung.

UmwG ohne eines besonderen Übertragungsakts auf der Basis des im Spaltungs- und Übernahmevertrag vereinbarten Umtauschverhältnisses Gesellschafter der übernehmenden bzw. neuen Rechtsträger werden. Bei der Ausgliederung wird der übertragende Rechtsträger entsprechend dem Ausgliederungs- und Übernahmevertrag Anteilsinhaber der übernehmenden bzw. neuen Rechtsträger.[170]

93 Hinsichtlich im Spaltungs- und Übernahmevertrag bzw. Spaltungsplan nicht aufgeführter Gegenstände ist nach § 131 III UmwG zunächst durch deren Auslegung zu ermitteln, auf welchen der übernehmenden Rechtsträger der Gegenstand übergehen soll.[171] Läßt sich ein Gegenstand auf diese Weise nicht zuordnen, so verbleibt er bei der Abspaltung und der Ausgliederung beim übertragenden Rechtsträger. Bei der Aufspaltung geht der Gegenstand auf alle übernehmenden Rechtsträger über; es entsteht bei beweglichen und unbeweglichen Sachen Miteigentum nach Bruchteilen gemäß §§ 741 ff. BGB, bei Forderungen Gesamtgläubigerschaft nach § 428 BGB.[172]

Die Wirkungen der Eintragung bleiben nach § 131 II UmwG von Mängeln der Spaltung unberührt.

i) Schutz der Gesellschafter

94 Nach § 125 UmwG bestehen bei der Spaltung dieselben umfassenden Pflichten zur Information der Gesellschafter, qualifizierten Mehrheitserfordernisse und Prüfungsvorschriften wie im Falle der Verschmelzung.[173] Im Fall einer nicht-verhältniswahrenden Spaltung muß nach § 128 1 UmwG die Zustimmung zum Spaltungs- und Übernahmevertrag einstimmig erfolgen. Sonderrechte eines Anteilsinhabers[174] dürfen nicht ohne dessen Zustimmung geändert werden.[175] Schreibt z. B. der Gesellschaftsvertrag die Zustimmung eines bzw. aller Gesellschafter zu einer Anteilsübertragung vor, müssen dieser bzw. alle Anteilsinhaber dem Spaltungsbeschluß zustimmen. Ohne eine notwendige Zustim-

---

170 § 131 I Nr. 3 3 UmwG.

171 Auch wenn der Wortlaut des § 131 III 1 UmwG nur von „Aufspaltung“ spricht, gilt dies auch bei der Abspaltung und der Ausgliederung.

172 *H. Dehmer*, UmwG, UmwStG, § 131 UmwG Rdnr. 98 f. Der den einzelnen übernehmenden Rechtsträgern zustehende Anteil entspricht der Quote, die sich aus dem Spaltungs- und Übernahmevertrag für die Aufteilung des Überschusses der Aktivseite der Schlußbilanz des übertragenden Rechtsträgers über deren Passivseite ergibt. Ist eine Zuteilung des Gegenstandes an mehrere Rechtsträger nicht möglich, so ist der Gegenwert des Gegenstandes im vorgenannten Verhältnis zu verteilen; hierbei hat eine Nachtragsliquidation stattzufinden.

173 Vgl. hierzu § 4 II. 3. h) Schutz der Gesellschafter.

174 Z. B. Recht auf Geschäftsführung, Bestellung von Geschäftsführern, oder Geltung von Haftungsprivilegien.

175 § 125 i. V. m. § 13 II UmwG.

mung ist dieser und damit letztlich der Spaltung- und Übernahmevertrag schwebend unwirksam.[176]

Analog zur Verschmelzung kann die Wirksamkeit oder das Fehlen des Spaltungsbeschlusses nach § 125 i. V. m. § 14 I UmwG innerhalb einer Frist von einem Monat unter denselben Voraussetzungen und mit den gleichen Folgen wie im Falle einer Verschmelzung durch Klageerhebung angefochten werden. 95

Bei Auf- und Abspaltung[177] kann ein Gesellschafter nach § 125 i. V. m. § 29f. UmwG wie bei der Verschmelzung Widerspruch gegen den Spaltungsbeschluß erklären. Hierdurch wird die übernehmende AG verpflichtet, die Übernahme der Anteile gegen Barabfindung anzubieten, sofern es sich um eine Verschmelzung von Rechtsträgern unterschiedlicher Rechtsform handelt oder die Anteile an dem übernehmenden Rechtsträger durch den Gesellschaftsvertrag oder die Satzung Beschränkungen unterworfen sind, die weiter reichen als die Beschränkung der entsprechenden Anteile am übertragenden Rechtsträger.[178] Auch in diesem Fall kann eine Klage gegen die Wirksamkeit des Verschmelzungsbeschlusses nicht darauf gestützt werden, dieses Angebot sei zu niedrig bemessen oder die Barabfindung sei im Verschmelzungsvertrag nicht oder nicht ordnungsgemäß angeboten worden.[179] 96

j) Gläubigerschutz

Zum Schutz der Gläubiger des übertragenden Rechtsträgers ordnet § 133 I S. 1 UmwG eine gesamtschuldnerische Haftung aller beteiligten Rechtsträger an.[180] Neben dem Rechtsträger, dem im Spaltungs- und Übernahmevertrag bzw. Spaltungsplan eine Verbindlichkeit zugewiesen wurde, haften auch die übrigen beteiligten Rechtsträger nach § 133 III UmwG für eine Verbindlichkeit, wenn diese vor Ablauf von fünf Jahren nach der Spaltung fällig und Ansprüche hieraus gegen ihn gerichtlich geltend gemacht werden. Gleiches gilt im Falle der Ausgliederung des Unternehmens eines Einzelkaufmanns für im Ausgliederungs- und Übernahmevertrag aufgeführte Verbindlichkeiten. 97

Wie bei Verschmelzung steht den Gläubigern der beteiligten Rechtsträger sowie Inhabern von Sonderrechten nach § 125 i. V. m. §§ 22 I f. 98

---

176 *H. Dehmer*, UmwG, UmwStG, § 13 UmwG Rdnr. 34.

177 Bei der Ausgliederung sind die Gesellschafter insoweit nicht schutzwürdig, da bei ihr die Gesellschafter selbst die Anteile der übernehmenden bzw. neuen Gesellschaft erhalten.

178 § 125 i. V. m. § 29 I UmwG.

179 § 125 i. V. m. § 32 UmwG. Die angemessene Barabfindung wird auf Antrag vom Gericht nach §§ 125, 34 UmwG im Spruchverfahren nach den §§ 305 bis 312 UmwG bestimmt.

180 Zur Haftung bei Aufspaltung eines Unternehmens in eine Betriebs- und eine Anlagegesellschaft vgl. § 134 UmwG.

UmwG Recht auf Sicherheitsleistung nach §§ 232ff. BGB für noch nicht fällige Forderungen bzw. ihre Sonderrechte zu, soweit sie eine Gefährdung ihrer Ansprüche infolge der durch die Spaltung resultierende Gläubigerkonkurrenz glaubhaft machen können.[181] Der Anspruch richtet sich nach § 133 I 2 UmwG gegen denjenigen Rechtsträger, dem die Forderung im Spaltungsplan zugewiesen wurde.

Für die Schadensersatzansprüche der Gläubiger wie auch des übertragenden Rechtsträgers und seiner Gesellschafter gelten gemäß 125 UmwG dieselben Regelungen wie im Fall der Verschmelzung.[182]

k) Arbeitnehmerschutz

99 Der Spaltungs- und Übernahmevertrag bzw. der Entwurf ist nach § 126 III UmwG mindestens einen Monat vor der Gesellschafterversammlung jedes beteiligten Rechtsträgers dem zuständigen Betriebsrat dieses Rechtsträgers zuzuleiten. Einzelheiten und Zielrichtung der Regelung entsprechen denen der Verschmelzung, gleiches gilt für die Rechtsfolgen eines Verstoßes.[183]

100 Die Arbeitsverhältnisse der Mitarbeiter gehen bei der Spaltung im Gegensatz zu den anderen Vertragsverhältnissen nicht zwingend nach der Regelung im Spaltungs- und Übernahmevertrag über, da §§ 131 I Nr. 1, 126 I Nr. 9 insoweit von § 613a BGB überlagert wird.[184] Bei Übertragung eines Betriebs bzw. Teilbetriebs im Rahmen der Spaltung gegen die zugeordneten Arbeitsverhältnisse unabhängig von den Festlegungen im Spaltungs- und Übernahmevertrag auf die übernehmende bzw. neue AG/KGaA über.[185] Da den Arbeitnehmern bei einem Betriebsübergang i. S. d. § 613a BGB kein Arbeitgeberwechsel aufgezwungen werden kann, steht den betroffenen Arbeitnehmern bei Abspaltungen und Ausgliederungen grundsätzlich ein Widerspruchsrecht zu,[186] das im Ausübungsfall dazu führt, daß das Arbeitsverhältnis beim übertragenden Rechtsträger verbleibt. Bei Aufspaltungen besteht kein Widerspruchsrecht, da hier der übertragende Rechtsträger untergeht.

101 Eine Kündigung des Arbeitsverhältnisses durch den übertragenden oder den empfangenden Rechtsträger, die sich ausschließlich auf den Betriebsübergang stützt, ist nach § 613a IV BGB unwirksam, wohin-

---

[181] Dies gilt auch für die Altgläubiger des übernehmenden Rechtsträgers.

[182] Vgl. hierzu oben § 4 II. 3. i) Gläubigerschutz.

[183] Vgl. § 4 II. 3. j) Arbeitnehmerschutz.

[184] *H. Dehmer*, UmwG, UmwStG, § 131 UmwG, Rdnr. 51 m. w. N. der h. M., nach der § 613a BGB auch auf Betriebsübergänge im Wege der Gesamtrechtsnachfolge anwendbar ist.

[185] Die vertraglichen Vereinbarungen greifen aber, wenn kein Betrieb oder Teilbetrieb i. S. d. § 613a BGB übertragen wird oder sie Arbeitsverhältnisse betreffen, die sich einer eindeutigen Zuordnung entziehen.

[186] BAG in AP Nr. 96 zu § 613a BGB.

gegen das Recht zur Kündigung aus anderen, z. B. aus betriebsbedingten Gründen nach § 613 IV 2 BGB unberührt bleibt. Gemäß § 323 I UmwG führt die Spaltung für die Dauer von 2 Jahren nach ihrem Wirksamwerden nicht zu einer Verschlechterung der kündigungsrechtlichen Stellung der Arbeitnehmer des übertragenden Rechtsträgers.[187]

Führt die Spaltung im Vorfeld der Börseneinführung dazu, daß die zur Führung eines Betriebs notwendigen Aktiva im wesentlichen auf eine Anlagegesellschaft übertragen werden, deren Tätigkeit sich im wesentlichen auf die Verwaltung dieses Vermögens beschränkt, während der übertragende Rechtsträger als Betriebsgesellschaft diese Vermögensgegenstände bei der Führung seines Betriebes nutzt, so haftet nach § 134 UmwG die Anlagegesellschaft als Gesamtschuldner auch für Versorgungsverpflichtungen der Betriebsgesellschaft auf Grund des Gesetzes zur Verbesserung der betrieblichen Altersversorgung, die im Zeitpunkt der Eintragung der Spaltung bestanden,[188] sowie für die Forderungen der Arbeitnehmer der Betriebsgesellschaft, die innerhalb von fünf Jahren nach dem Wirksamwerden der Spaltung auf Grund der §§ 111 bis 113 BetrVG begründet werden. **102**

Tarifverträge und Betriebsvereinbarungen gelten bei Vorliegen der Voraussetzungen eines Betriebsübergangs gemäß § 613a I 2–4 BGB individualrechtlich weiter, falls nicht die beim übertragenden Rechtsträger zu beachtenden Tarifverträge und Betriebsvereinbarungen beim übernehmenden Rechtsträger weitergelten oder eine Ablösung durch andere kollektivrechtliche Vereinbarungen erfolgt.[189] Kollektivrechtlich kann ein Verbandstarifvertrag nur dann weiterhin für die AG/KGaA wirksam sein, wenn auch diese wie der übertragende Rechtsträger dem Verband angehört, was bei einer Spaltung zur Neugründung unmöglich ist und bei einer Spaltung zur Aufnahme nicht notwendigerweise gewährleistet sein muß. Demgegenüber kann ein Firmentarifvertrag bei entsprechender Ausgestaltung des Spaltungs- und Übernahmevertrags mit übergehen.[190] Betriebsvereinbarungen wirken nach einer Spaltung dann fort, wenn durch diese nicht die organisatorische Einheit eines bislang einheitlichen Betriebs aufgehoben wird und die betriebliche Struktur i. S. d. Betriebsverfassungsgesetzes unberührt bleibt. Dann bleiben auch Betriebsrat und Sprecherausschuß im Amt. Führt die Spaltung dagegen zu einer Spaltung des Betriebs, führt der Betriebsrat nach § 321 f. UmwG im Rahmen eines Übergangmandats für maximal sechs **103**

---

[187] Vgl. hierzu *H. Dehmer*, UmwG, UmwStG, § 323 UmwG Rdnr. 1ff. m. w. N.

[188] Vgl. hierzu auch § 133 UmwG.

[189] § 613a I 3 BGB; eingehend hierzu vgl. *T. Kania*, Tarifbindung bei Ausgliederung und Aufspaltung eines Betriebs, DB 1995, S. 625ff.

[190] Vgl. *H. Dehmer*, UmwG, UmwStG, § 131 UmwG, Rdnr. 56ff.

Monate nach Wirksamwerden der Spaltung die Geschäfte für die ihm bisher zugeordneten Teile weiter, soweit sie über die in § 1 BetrVG genannte Arbeitnehmerzahl[191] verfügen und nicht in einen Betrieb eingegliedert werden, in dem ein Betriebsrat besteht. Entfallen für die aus der Spaltung hervorgegangenen Betriebe (Beteiligungs-)Rechte des Betriebsrats, kann nach § 325 II UmwG deren Fortgeltung durch Betriebsvereinbarung oder Tarifvertrag vereinbart werden.

104 Bestand beim übertragenden Rechtsträger, z. B. einer GmbH, ein mitbestimmter Aufsichtsrat und entfallen durch Abspaltung oder Ausgliederung beim übertragenden Rechtsträger die gesetzlichen Voraussetzungen für die Beteiligung der Arbeitnehmer im Aufsichtsrat, so finden die vor der Spaltung geltenden Vorschriften noch für einen Zeitraum von fünf Jahren nach dem Wirksamwerden der Spaltung Anwendung.[192] Die Beibehaltung der Mitbestimmung beschränkt sich auf den übertragenden Rechtsträger. Inwieweit die AG/KGaA die Arbeitnehmer im Aufsichtsrat zu beteiligen hat, richtet sich ausschließlich nach den mitbestimmungsrechtlichen Regelungen.[193]

5. Formwechsel

105 Beim Formwechsel nach den §§ 190ff. UmwG erfolgt im Gegensatz zu den anderen Umwandlungsarten keine Übertragung des Vermögens eines Rechtsträgers auf einen bzw. mehrere andere Rechtsträger. Beim Formwechsel ist vielmehr nur ein einziger Rechtsträger beteiligt, dessen Identität durch die Umwandlung gewahrt bleibt, d. h. es findet lediglich ein Wechsel der rechtlichen Organisationsform eines Unternehmens statt, das ansonsten unverändert unter Wahrung der wirtschaftlichen Kontinuität und mit denselben Gesellschaftern fortbesteht. Das Unternehmen darf die alte Firma unter Beifügung des Zusatzes „Aktiengesellschaft“ oder „AG“ beibehalten.[194]

106 Neben die bereits nach bisherigem Recht möglichen Formwechsel von Kapitalgesellschaften untereinander sind nach dem Umwandlungsgesetz ebenfalls rechtsformübergreifende Formwechsel, d. h. die Überführung von Kapitalgesellschaften in Personenhandelsgesellschaften

---

[191] In der Regel fünf ständig wahlberechtigte Arbeitnehmer, von denen drei wählbar sind.

[192] Dies gilt nicht, wenn die betreffenden Vorschriften eine Mindestzahl von Arbeitnehmern voraussetzen und die danach berechnete Zahl der Arbeitnehmer des übertragenden Rechtsträgers auf weniger als in der Regel ein Viertel dieser Mindestzahl sinkt.

[193] *H. Dehmer*, UmwG, UmwStG, § 325 UmwG, Rdnr. 8. Zu undifferenziert insoweit *B. Hennerkes/D. Jeschke* in *N. Wieselhuber*, Börseneinführung mit Erfolg, S. 16.

[194] § 200 UmwG i. V. m. § 4 II AktG (bzw. § 279 II AktG für die KGaA).

und von Personenhandelsgesellschaften in Kapitalgesellschaften, die bisher nur im Wege der übertragenden Umwandlung möglich waren, getreten. Der Kreis der Rechtsträger, die an einem Formwechsel beteiligt sein können, ist in § 191 UmwG abschließend geregelt.[195]

Obwohl die §§ 190ff. UmwG[196] im Gegensatz zu den Regelungen der Spaltung nur vereinzelt auf das Verschmelzungsrecht Bezug nehmen, sind doch Aufbau und Systematik des Formwechsels mit Verschmelzung und Spaltung vergleichbar.

a) Umwandlungsbericht

Da am Formwechsel nur ein Rechtsträger beteiligt ist, reduziert sich **107** die Vorbereitungsphase im wesentlichen auf die in § 192 UmwG vorgesehene Erstattung eines Umwandlungsberichts, in dem das Vertretungsorgan des formwechselnden Rechtsträgers die Anteilsinhaber unter wirtschaftlicher und rechtlicher Erläuterung über die Folgen des Formwechsels informiert.[197] Dem Umwandlungsbericht ist als Bestandteil eine Vermögensaufstellung mit dem wirklichen Wert der Aktiva und Passiva des Unternehmens beizufügen.

Nach § 195 I UmwG führt auch ein fehlender oder fehlerhafter Umwandlungsbericht zur Anfechtbarkeit des Umwandlungsbeschlusses. Die Klage muß innerhalb eines Monats nach Beschlußfassung erhoben werden.

b) Umwandlungsbeschluß

Da beim Formwechsel nur ein Rechtsträger beteiligt ist, besteht die **108** Rechtsgrundlage nicht in einem Vertrag, sondern nach § 193 UmwG in einem notariell zu beurkundenden Umwandlungsbeschluß, der wie bei Verschmelzung und Spaltung[198] nur in einer Versammlung der Anteilsinhaber gefaßt werden kann. Die wichtigste Abweichung des in § 194 UmwG vorgeschriebenen Mindestinhalts des Umwandlungsbeschlusses von dem des Verschmelzungsbeschlusses ist das Fehlen einer Regelung über das Schicksal des Unternehmensvermögens, was wiederum darauf zurückzuführen ist, daß beim Formwechsel nur ein Rechtsträger invol-

---

[195] Danach können u. a. Personenhandelsgesellschaften sowie Kapitalgesellschaften formwechselnde Rechtsträger sein, nicht aber Einzelkaufleute oder eine Gesellschaft bürgerlichen Rechts. Rechtsträger der neuen Rechtsform können nach § 191 II 2 UmwG können neben Personenhandelsgesellschaften und Kapitalgesellschaften u. a. auch Gesellschaften bürgerlichen Rechts sein.

[196] Nach § 190 II UmwG bleiben bei Fehlen einer anderslautenden Bestimmung im Umwandlungsgesetz Vorschriften anderer Gesetze über die Änderung der Rechtsform unberührt. Dies läßt insbesondere Rechtsformänderungen im Bereich der Personengesellschaften wie z. B. den Übergang einer Gesellschaft bürgerlichen Rechts in eine Personenhandelsgesellschaft durch Veränderungen des Unternehmensgegenstandes i. S. d. § 105 I HGB unberührt.

[197] *H. Dehmer*, UmwG, UmwStG, § 192, Rdnr. 9.

[198] Vgl. hierzu § 4 II. 3. e) Verschmelzungsbeschluß.

viert ist. Im Umwandlungsbeschluß muß nach den §§ 218 I i.V. m. § 243 UmwG auch die Satzung der AG festgestellt werden.

c) Registeranmeldung und Eintragung

109 Nach § 197 UmwG sind auf den Formwechsel grundsätzlich die für die neue Rechtsform geltenden Gründungsvorschriften anzuwenden. Hiervon ausgenommen sind die Bestimmungen, die eine Mindestzahl der Gründer vorschreiben, was bei der AG nicht mehr relevant ist. Wird bei einem Formwechsel bei der neu gegründeten AG der Aufsichtsrat in gleicher Weise gebildet und zusammengesetzt wie bei dem formwechselnden Rechtsträger, so bleiben nach § 203 UmwG die Mitglieder des Aufsichtsrats für den Rest ihrer Amtszeit als Mitglieder des Aufsichtsrats der AG im Amt, soweit nicht die Gesellschafter des formwechselnden Unternehmens im Umwandlungsbeschluß für ihre Aufsichtsratsmitglieder die Beendigung des Amtes bestimmen.

110 Die neue Rechtsform AG ist nach § 198 I UmwG zur Eintragung in das Register des formwechselnden Rechtsträger anzumelden. Ist dieser nicht in einem Register eingetragen, so ist die AG zur Eintragung in das für sie zuständige Handelsregister anzumelden.[199] Neben der Negativerklärung sind gemäß § 199 UmwG die Niederschrift des Umwandlungsbeschlusses, die notwendigen Zustimmungserklärungen einzelner Anteilsinhaber einschließlich der nicht erschienenen, etwaige Verzichtserklärungen, der Umwandlungsbericht sowie der Nachweis über die Zuleitung des Entwurfs an den zuständigen Betriebsrat erforderlich. Die Eintragung der neuen AG ist nach § 201 UmwG bekanntzumachen.

d) Rechtsfolgen der Eintragung

111 Wie im Falle von Verschmelzung und Spaltung werden mit der Eintragung der neuen Rechtsform nach § 202 I UmwG die Rechtsfolgen des Formwechsels wirksam und die Finanzverwaltung an die handelsrechtliche Wertung mit der Folge der zwingenden Anwendung des UmwStG gebunden.[200] Danach besteht der formwechselnde Rechtsträger gemäß § 202 I Nr. 1 UmwG in der im Umwandlungsbeschluß bestimmten Rechtsform, d. h. als AG, weiter.[201] Gleichzeitig erfolgt nach § 202 I Nr. 2 UmwG eine Umqualifizierung der Anteile der Gesellschafter, deren mitgliedschaftliche Rechte und Pflichten sich nunmehr nach dem für den neuen Rechtsträger relevanten Aktiengesetz richten.

---

[199] § 198 II 1 UmwG i.V. m. 36 AktG. Sind für den Ausgangs- und den Zielrechtsträger unterschiedliche Register maßgebend, so ist nach § 198 II UmwG die Umwandlung zur Eintragung in beide Register anzumelden.

[200] *R. Knopf/M. Hill* in *K. Goutier/R. Knopf/A. Tulloch*, Kommentar zum Umwandlungsrecht, § 1 UmwStG Rdnr. 3 m. w. N.

[201] „Identität des Rechtsträgers".

Im Interesse der Rechtssicherheit werden nach § 202 I Nr. 3 UmwG wie bei Verschmelzung und Spaltung fehlende notarielle Beurkundungen geheilt, Mängel des Formwechsels lassen die Wirkungen der Eintragung in das Handelsregister unberührt. Rechte Dritter an den Anteilen oder Mitgliedschaften des formwechselnden Rechtsträgers bestehen an den an ihre Stelle tretenden Aktien fort. **112**

e) Schutz der Gesellschafter

Zum Schutz von Minderheitsgesellschaftern bedarf auch der Umwandlungsbeschluß einer qualifizierten Mehrheit der Anteilsinhaber. Bei Personenhandelsgesellschaften ist nach § 217 I UmwG grundsätzlich Einstimmigkeit erforderlich, sofern nicht der Gesellschaftsvertrag hierfür eine Mehrheitsentscheidung vorsieht. Diese muß mindestens drei Viertel der Stimmen der Gesellschafter vorsehen. Für den Formwechsel einer GmbH in eine AG ist nach § 240 UmwG eine Dreiviertelmehrheit erforderlich, sofern nicht die Satzung eine größere Mehrheit und eventuelle weitere Erfordernisse vorsieht. Im Falle der Umwandlung in eine KGaA kann die Satzung auch eine geringere Mehrheit vorsehen, gleichzeitig ist aber die Zustimmung der künftigen persönlich haftenden Gesellschafter erforderlich. **113**

Wie bei Verschmelzung und Spaltung können die Gesellschafter nach § 195 UmwG den Umwandlungsbeschluß durch Erhebung einer Klage anfechten. Im Interesse der Rechtssicherheit kann diese nur binnen Monatsfrist erhoben werden und nicht damit begründet werden, daß das Austauschverhältnis zu ungünstig sei. **114**

f) Gläubigerschutz

Gläubiger des formwechselnden Rechtsträgers haben nach § 204 i. V. m. § 22 I UmwG ein zeitlich begrenztes Recht auf Sicherheitsleistung nach §§ 232ff. BGB, soweit sie nicht Befriedigung verlangen können. Voraussetzung hierfür ist nach § 22 I 2 UmwG, daß sie eine Gefährdung der Erfüllung ihrer Forderung durch den Formwechsel glaubhaft machen können. **115**

Im Falle eines Formwechsels in eine AG ist eine solche Anspruchsgefährdung schwer vorstellbar, da nicht – wie bei Verschmelzung und Spaltung – durch die Verbindlichkeiten eines zweiten Unternehmens eine Gläubigerkonkurrenz auftritt. Während bei der Umwandlung einer Kapital- in eine Personengesellschaft die Kapitalschutzvorschriften der §§ 30 GmbHG und 57 AktG entfallen und dazu führt, daß die Gesellschafter dem Unternehmen Vermögen und damit Haftungsmasse entziehen können,[202] ist dies in Anbetracht der strengen Kapitalschutzvorschriften des Aktiengesetzes gerade nicht der Fall. **116**

---

202 Vgl. *H. Dehmer*, UmwG, UmwStG, § 204 UmwG.

117 Für die Schadensersatzansprüche der Gläubiger gelten gemäß § 205 I UmwG dieselben Regelungen wie im Falle der Spaltung und der Verschmelzung.

g) Arbeitnehmerschutz

118 Gemäß § 194 II UmwG ist der Verschmelzungsvertrag bzw. der Entwurf, der nach § 194 I Nr. 7 auch Angaben zu den Folgen des Formwechsels für die Arbeitnehmer und ihre Vertretungen sowie die insoweit vorgesehenen Maßnahmen enthalten muß,[203] mindestens einen Monat vor der Gesellschafterversammlung, die den Formwechsel beschließen soll, zuzuleiten. Besteht ein Rechtsträger aus mehreren Betrieben, ist der Gesamtbetriebsrat der richtige Adressat, da die auf das ganze Unternehmen bezogene Umwandlung gegenüber diesem Gremium einheitlich und abschließend dargestellt werden kann.[204] Die rechtzeitige Zuleitung ist nach §§ 199, 194 II UmwG dem Registergericht gegenüber nachzuweisen und damit Eintragungsvoraussetzung für die Umwandlung.[205] Wenn bei keinem der beteiligten Rechtsträger ein Betriebsrat besteht, sollte die Zusicherung des Anmeldenden, daß ein Betriebsrat nicht besteht, ausreichen.

119 Aufgrund der Identität des formwechselnden Rechtsträgers vor und nach Durchführung der Umwandlung im Wege des Formwechsels können die Interessen der Arbeitnehmer allein durch den Formwechsel nicht beeinträchtigt werden.[206] Die Arbeitsverhältnisse der Mitarbeiter[207] einschließlich von Versorgungszusagen und bereits entstandenen Anwartschaften bestehen daher bei der AG/KGaA ebenso unverändert weiter wie Betriebsvereinbarungen und Tarifverträge.

120 Bestand bei dem bisherigen Rechtsträger ein mitbestimmter Aufsichtsrat und wird dieser nach dem Formwechsel bei der AG/KGaA in gleicher Weise wie bei dem formwechselnden Rechtsträger gebildet und zusammengesetzt, so bleiben nach § 203 UmwG die Mitglieder des Aufsichtsrats für den Rest ihrer Amtszeit als Mitglieder des Aufsichtsrats der AG/KGaA im Amt. Demgegenüber können die Anteilsinhaber des

---

[203] Kritisch hierzu *H. Dehmer*, UmwG, UmwStG, § 194 UmwG, Rdnr. 9.

[204] Existiert in einem Unternehmen mit mehreren Betrieben kein Gesamtbetriebsrat, wohl aber mehrere Einzelbetriebsräte, so ist der Vertrag oder sein Entwurf allen diesen Einzelbetriebsräten zuzuleiten. *H. Dehmer*, UmwG, UmwStG, § 5 Rdnr. 54 f.

[205] Die Verletzung der Zuleitungspflicht gefährdet deshalb das Wirksamwerden des Formwechsels.

[206] *H. Dehmer*, UmwG, UmwStG, § 194 UmwG, Rdnr. 9.

[207] Insoweit nimmt auch der auf § 613a I und IV BGB verweisende § 324 UmwG den Formwechsel im Gegensatz zu den anderen Umwandlungsformen nicht mit in seinen Geltungsbereich auf. Die vom Formwechsel betroffenen Arbeitnehmer haben auch kein Widerspruchsrecht.

formwechselnden Rechtsträgers im Umwandlungsbeschluß für ihre Aufsichtsratsmitglieder die Beendigung des Amtes bestimmen.[208]

III. Gesamt- oder Einzelrechtsnachfolge?

Die Entscheidung zwischen den vom Umwandlungsgesetz geregelten Methoden der Gesamtrechtsnachfolge einerseits und der Einzelrechtsnachfolge andererseits kann nur einzelfallabhängig in Abwägung der Vor- und Nachteile des jeweiligen Verfahrens getroffen werden. Zu den wesentlichen Entscheidungsparametern gehören der u. U.[209] deutlich geringere organisatorische Aufwand, die möglicherweise geringeren Kosten und die überschaubare Haftungssituation für die Rechtsträger und die Organe bei der Einzelrechtsnachfolge. Die Umwandlung führt regelmäßig direkt oder über eine bürgschaftsgleiche Haftung zu einer unbegrenzten gesamtschuldnerischen Haftung der beteiligten Rechtsträger für die Verbindlichkeiten des übertragenden Rechtsträgers. Ein Rechtsformwechsel nach dem Umwandlungsgesetz mit der Folge der gesamtschuldnerischen Haftung, auf die im Rahmen einer Börseneinführung im Prospekt hinzuweisen wäre und emissionsbegleitende Banken wie potentielle Investoren skeptisch stimmen könnte, wird insbesondere dann problematisch sein, falls der zu übertragende Teil des Vermögens im Verhältnis zum Gesamtvermögen gering ist.[210] In Hinblick auf die stillen Reserven und damit deren ertrags- und gewerbesteuerliche Behandlung können bei Einzel- und Gesamtrechtsnachfolge grundsätzlich dieselben Ergebnisse erzielt werden. Gleiches gilt für Verlustvorträge des übertragenden Rechtsträgers sowie die Umsatzsteuer. Nachteile bestehen bei der Einzelrechtsnachfolge in Hinblick auf die Grunderwerbsteuer gegenüber einzelnen Formen der Gesamtrechtsnachfolge. **121**

[208] *B. Hennerkes/D. Jeschke* in *N. Wieselhuber*, Börseneinführung mit Erfolg, S. 16.

[209] Insbesondere wenn § 179a AktG (analog) oder die Holzmüller-Grundsätze an sich nicht zur Genehmigungspflicht durch die Gesellschafter führen, ist der organisatorische Aufwand insoweit geringer. Trotzdem ist ein diesbezüglicher Vorteil nur ein scheinbarer, da die Gesellschafterkreise von übertragendem und neuem Rechtsträger regelmäßig deckungsgleich sind oder sich zumindest überschneiden und die Hauptversammlung der AG/KGaA ohnehin zur Zustimmung zum geplanten Börsengang einberufen werden muß.

[210] *M. Heidenhain* in *M. Heidenhain/B. Meister* (Hrsg.), Münchener Vertragshandbuch, Band 1, S. 1285.

IV. Nachgründung

122 Unabhängig von der Art und Weise des Wechsels der Rechtsform müssen in der Folgezeit die Nachgründungsvorschriften des § 52 AktG beachtet werden, was in der Praxis häufig übersehen wird. Danach bedürfen Verträge, nach denen die AG/KGaA Vermögensgegenstände[211] für eine Vergütung erwerben soll, die zehn Prozent des Grundkapitals übersteigt, eines Hauptversammlungsbeschlusses, wenn die Verträge innerhalb der ersten beiden Jahren seit der Eintragung der AG oder KGaA im Handelsregister geschlossen werden.[212] Der Beschluß der Hauptversammlung bedarf einer Mehrheit von mindestens drei Vierteln des bei der Beschlußfassung vorhandenen Grundkapitals.[213] Erforderlich sind auch eine Nachgründungsprüfung, ein Nachgründungsbericht des Aufsichtsrats sowie eine Eintragung im Handelsregister.

123 Eine Umgehung der Nachgründungsvorschriften durch Aufspaltung eines Vertrages in mehrere Einzelverträge ist nicht zulässig. Andererseits wird – von ganz offensichtlichen Umgehungstatbeständen einmal abgesehen – der Erwerb von Vermögensgegenständen über eine Tochter-GmbH nicht von § 52 AktG erfaßt.[214] Daß hier massive Abgrenzungsprobleme bestehen können, ist offensichtlich. Zu berücksichtigen ist auch, daß dabei nicht nur der Kauf des Vermögensgegenstandes als solcher in Hinblick auf § 52 AktG bzw. dessen Umgehung relevant sein kann, sondern auch die Bereitstellung der finanziellen Mittel bei der Tochtergesellschaft.

---

[211] Der Begriff des in § 52 I AktG genannten Vermögensgegenstandes ist in Anlehnung an § 27 II AktG weit auszulegen, so daß bewegliche wie unbewegliche Sachen, Forderungen gegen Dritte, sonstige Rechte wie Gesellschaftsanteile und Patente, Sach- und Rechtsgesamtheiten sowie ein Kundenstamm und Goodwill umfaßt sind. *H. Diekmann*, Die Nachgründung der Aktiengesellschaft, ZIP 1996, S. 2149.

[212] Zur Nachgründung vgl. *G. Picot/K. Müller-Eising* in *G. Picot* (Hrsg.), Unternehmenskauf und Restrukturierung, Teil II Rdnr. 84ff.; *M. Binz/G. Freudenberg*, Zur Nachgründungsproblematik beim Going Public, DB 1992, S. 2281 ff. Eine Ausnahme von der Nachgründungspflicht gilt nach § 52 IX AktG, wenn der Erwerb von Vermögensgegenständen zum unmittelbaren Unternehmensgegenstand gehört, wie z. B. der Erwerb von Grundbesitz durch Immobiliengesellschaften. Eingehend hierzu *A. Jäger*, Die Nachgründungsproblematik aus der Sicht der Holding AG, NZG 1998, S. 370ff.

[213] § 52 V AktG.

[214] *G. Picot/V. Land*, Going Public – Typische Rechtsfragen des Ganges an die Börse, DB 1999, S. 570, 575; D. Kubis, § 52 AktG – eine unsichere Sicherung der Kapitalaufbringung, AG 1993, S. 118, 120.

§ 5 Bilanzierung und Besteuerung des Rechtsformwechsels

1 Die steuerlichen Konsequenzen einer Umwandlung als notwendiger Schritt vor einer Börseneinführung sind für die Attraktivität des Gesamtvorhabens von ausschlaggebender Bedeutung, so daß dessen wirtschaftlicher Erfolg maßgeblich von einer optimalen Strukturierung abhängig ist. Im Vordergrund steht dabei regelmäßig die Frage nach der Bilanzierung, insbesondere aber der Behandlung eventuell vorhandener stiller Reserven, da die Notwendigkeit deren Aufdeckung entsprechende Veräußerungserlöse mit sich bringen würde. Die aus der hieraus resultierenden Steuerpflicht erwachsende liquiditätsmäßige und sonstige Belastung für Unternehmen und Eigentümer könnte für diese untragbare Ausmaße annehmen. Umgekehrt kann das aus einer Aufdeckung stiller Reserven, d. h. aus einem Übergang zum Teilwert resultierende erhöhte Abschreibungsvolumen im umgewandelten Unternehmen später positive steuerliche Effekte haben, wenngleich diese in Hinblick auf Belastungen des DVFA/SG-Ergebnisses in Form zusätzlicher Abschreibungen durchaus unerwünscht sein können. In der in diesem Zusammenhang anzustellenden Abwägung ist im Interesse einer Optimierung regelmäßig eine detaillierte und vorausschauende Planung der wirtschaftlichen und steuerlichen Situation des Unternehmens und seiner Gesellschafter vorzunehmen.

2 Grundvoraussetzung für diese Optimierung ist zunächst die Kenntnis der handels- und steuerrechtlichen Bilanzierungsalternativen im Rahmen der einzelnen Umwandlungsmethoden sowie deren jeweilige Voraussetzungen.[1] Gleichermaßen bedeutsam sind die Konsequenzen der einzelnen Bewertungsansätze.[2]

I. Verschmelzung

1. Handelsrechtliche Bilanzierung

3 Nach § 253 I HGB muß das übernommene Vermögen von der übernehmenden AG/KGaA in ihrer Handelsbilanz mit den Anschaffungskosten, d. h. dem Zeitwert angesetzt werden. Nach § 24 UmwG ist auch der Ansatz mit dem Buchwert möglich. Besteht die Gegenleistung

---

[1] Vgl. hierzu §§ 5 I. Verschmelzung ff.

[2] Vgl. hierzu § 5 V. Steuerliche Konsequenzen des Bewertungsansatzes.

– wie im Falle einer Umwandlung nach dem Umwandlungsgesetz – in der Gewährung von Anteilen (und eventuellen Zuzahlungen), so ist nach dem Prinzip der Maßgeblichkeit der Gegenleistung[3] deren Wert als für die Vermögensübertragung erbrachter Aufwand maßgeblich. Bei Gewährung von Aktien im Vorfeld einer Börseneinführung ist dies deren Ausgabekurs.[4]

4 Demnach ist in der Bilanz des übernehmenden Rechtsträgers eine Aufdeckung der beim übertragenden Rechtsträger gebildeten stillen Reserven einschließlich einer Aufstockung der immateriellen Wirtschaftsgüter und des Firmenwertes möglich, soweit diese im Rahmen der Übertragung durch die Anschaffungskosten aufgedeckt, also „bezahlt" wurden.

2. Steuerrechtliche Bilanzierung

a) Verschmelzung von Personengesellschaften auf eine AG/KGaA

5 Die Verschmelzung einer oder mehrerer Personengesellschaften auf eine AG/KGaA[5] wird unter den nachstehenden Voraussetzungen steuerlich als Einbringung eines Betriebs, Teilbetriebs oder Mitunternehmeranteils in eine Kapitalgesellschaft gegen Gewährung von Gesellschaftsrechten im Sinne der §§ 20 bis 22 UmwStG behandelt.[6] Dem übernehmenden Rechtsträger wird dann durch § 20 UmwStG das steuerliche Wahlrecht zugestanden, den Vorgang mit oder ohne Realisierung von stillen Reserven (d. h. unter Fortführung der Buchwerte und damit steuerneutral) durchzuführen:

- Gegenstand der Einbringung, d. h. Übertragung auf die AG/KGaA muß ein Betrieb, Teilbetrieb, Mitunternehmeranteil oder eine Beteiligung an einer Kapitalgesellschaft sein. Unter einem Teilbetrieb versteht der BFH[7] einen organisch geschlossenen Teil des Gesamtbe-

---

[3] *W. Knop/K. Küting*, Anschaffungskosten im Umwandlungsrecht, BB 1995, S. 1023, 1024.

[4] Ist dieser höher als der Nominalwert der Aktien, ergeben sich die Anschaffungskosten aus dem Nennbetrag sowie der sich ergebenden Kapitalrücklage. *C. Schmidt*, Verlustverwertung der Personen- und Kapitalgesellschaften unter besonderer Berücksichtigung des Mantelkaufs, S. 96; *B. Sagasser/B. Bula*, Umwandlungen, S. 187.

[5] Handelt es sich bei der Zielgesellschaft um eine KGaA, so sind in Anbetracht deren Charakters als Mischform, in der sich Elemente der AG mit der der KG verbinden, neben den nachstehenden Regelungen weitere Gesichtspunkte zu berücksichtigen.

[6] Das eingebrachte Vermögen wird steuerlich als Sacheinlage bezeichnet. § 20 I 1 UmwStG.

[7] BFH-Urteil vom 23. November 1988, BStBl. II 1989, 376; BFH-Urteil

triebs, der mit einer gewissen Selbständigkeit ausgestattet und für sich allein lebensfähig ist. Von entscheidender Bedeutung ist, daß alle wesentlichen Betriebsgrundlagen[8] des Betriebs einschließlich des betriebsnotwendigen Sonderbetriebsvermögens[9] eingebracht werden müssen. Im einzelnen gelten die zur Betriebsveräußerung oder -aufgabe i. S. v. § 16 EStG entwickelten Grundsätze.[10] Bei der Einbringung von Anteilen an einer Kapitalgesellschaft[11] ist nach § 20 I 2 UmwStG zusätzlich erforderlich, daß die aufnehmende AG/KGaA aufgrund ihrer Beteiligung einschließlich der übernommenen Beteiligung nachweisbar unmittelbar die Mehrheit der Stimmrechte[12] an der Gesellschaft hat, deren Anteile eingebracht werden.

- Die Gegenleistung der aufnehmenden AG/KGaA für die Sacheinlage muß in der Gewährung von Gesellschaftsrechten bestehen. Dabei hat es sich um neue Gesellschaftsrechte zu handeln, d. h. die Gesellschaftsrechte müssen im Zuge der Gründung oder einer Kapitalerhöhung entstanden sein. Unschädlich ist, wenn neben den Gesellschaftsrechten auch andere Wirtschaftsgüter (z. B. Darlehen) von der aufnehmenden AG gewährt werden.[13]

---

vom 12. April 1989, BStBl. II 1989, S. 653. Vgl. auch *H. Dehmer*, UmwG, UmwStG, § 20 UmwStG Rdnr. 6.

[8] Nach der von der h. L. zugrunde gelegten funktionalen Betrachtungsweise gehören zu den wesentlichen Betriebsgrundlagen die Wirtschaftsgüter, die zur Erreichung des Betriebszwecks erforderlich und für den Betriebsablauf unerläßlich sind (*H. Dehmer*, UmwG, UmwStG, § 20 UmwStG, Rdnr. 9), wohingegen der BFH in einer funktional-quantitativen Betrachtung auch solche Wirtschaftsgüter hierunterzählt, die erhebliche stille Reserven enthalten. BFH-Urteil vom 13. 2. 1996, DStR 1996, 1080, zu §§ 16, 34 EStG.

[9] Wirtschaftsgüter sind Sonderbetriebsvermögen, wenn sie zwar nicht im Eigentum des Unternehmens stehen, aber unmittelbar für betriebliche Zwecke der Gesellschaft genutzt werden oder aber dazu geeignet und auch bestimmt sind, dem Betrieb der Mitunternehmerschaft oder auch nur der Beteiligung des Mitunternehmers an der Personengesellschaft zu dienen. *H. Dehmer*, UmwG, UmwStG, § 20 UmwStG Rdnr. 50ff; *U. Koch/W. Jensen/S. Steinhoff*, Going Public, S. 213ff.

[10] *H. Ott*, Die Änderung der Unternehmensform, RuPD Januar 1996, S. 7.

[11] Kapitalgesellschaften in diesem Sinne sind neben AG und KGaA GmbHs und bergrechtliche Gewerkschaften, nicht aber eine GmbH & Co. KG (vgl. § 1 I 1 KStG). Ebenfalls nicht unter den Begriff der Anteile an einer Kapitalgesellschaft fallen schuldrechtliche Beteiligungsrechte wie Genußrechte, typische oder atypische stille Beteiligungen sowie partiarische Darlehen. *F. Wassermeyer*, Besteuerung des ausländischen Unternehmenserwerbs durch Anteilstausch (unechte Fusion) und Einbringung von Unternehmensanteilen, DStR 1992, S. 57f.

[12] § 20 I 2 UmwStG stellt nicht auf die Kapitalmehrheit, sondern ausschließlich auf die Mehrheit der Stimmrechte ab. Vgl. hierzu näher *H. Dehmer*, UmwG, UmwStG, § 20 UmwStG, Rdnr. 142ff.

[13] § 20 UmwStG erhebt keine Mindestanforderungen in Hinblick auf die

- Die AG/KGaA muß ihren Sitz oder ihre Geschäftsleitung in der Bundesrepublik Deutschland haben und damit nach § 1 I Nr. 1 KStG im Inland unbeschränkt steuerpflichtig sein.
- Das Besteuerungsrecht der Bundesrepublik darf gemäß § 20 III UmwStG hinsichtlich des Gewinns aus einer Veräußerung der dem Einbringenden gewährten Gesellschaftsanteile nicht bereits im Zeitpunkt der Sacheinlage ausgeschlossen sein,[14] da ansonsten das Recht zur Besteuerung der stillen Reserven umgangen werden könnte.

6 Sind die vorstehenden Voraussetzungen erfüllt, können die eingebrachten Wirtschaftsgüter bei der übernehmenden AG/KGaA wahlweise mit dem Buchwert[15] oder – unter (teilweiser) Auflösung der stillen Reserven – dem Teilwert[16] oder einem beliebigen zwischen diesen beiden liegenden Wert (Zwischenwert) angesetzt werden.[17] Das Bewertungswahlrecht besteht auch dann, wenn in der Handelsbilanz das eingebrachte Betriebsvermögen nach handelsrechtlichen Vorschriften zwingend mit einem höheren Wert angesetzt werden muß. Eine Beschränkung des Wahlrechts ergibt sich nach § 20 II 4 UmwStG, wenn und soweit die übernommenen Passiva die Aktiva übersteigen. Das eingebrachte Betriebsvermögen ist dann mindestens so anzusetzen, daß sich Aktiva und Passiva ohne Berücksichtigung des Eigenkapitals ausgleichen.

Höhe des gewährten Anteils am Grundkapital der AG. So reicht auch eine Aktie. Daneben kann die AG in beliebiger Höhe (bis zur Vollaufdeckung der stillen Reserven in dem eingebrachten Vermögen) ihre Rücklagen bzw. ihr EK 04 erhöhen. A. *Tulloch* in *K. Goutier/R. Knopf/A. Tulloch*, Kommentar zum Umwandlungsrecht, § 20 Rdnr. 20.

[14] Vgl. hierzu *A. Tulloch* in *K. Goutier/R. Knopf/A. Tulloch*, Kommentar zum Umwandlungsrecht, § 20 Rdnr. 33ff.

[15] Der Buchwert ist nach § 20 II 3 UmwStG der Wert, mit dem der Einbringende das eingebrachte Betriebsvermögen im Zeitpunkt der Sacheinlage nach den steuerrechtlichen Vorschriften über die Gewinnermittlung anzusetzen hat. Die Wahl des Buchwertansatzes führt zur sogenannten Buchwertverknüpfung, die die Aufdeckung stiller Reserven vermeidet.

[16] Der Teilwert ist nach § 10 BewG der Wert, den ein Erwerber des ganzen Unternehmens in der Absicht der Unternehmensfortführung im Rahmen des Gesamtkaufpreises für das einzelne Wirtschaftsgut bezahlt hätte. Infolge der Schwierigkeiten bei der Bestimmung dieses Werts und seiner Aufteilung wird diese Definition als wenig praktikabel angesehen und durch die Finanzverwaltung durch eine Teilwertvermutung ersetzt, nach der der Teilwert eines Wirtschaftsgutes im Regelfall seinen Wiederbeschaffungs- bzw. Wiederherstellungskosten entspricht. Abschnitt 51 II VStR. *M. von Oettingen*, Die Planung des Gangs an die Börse, S. 359. Die Ermittlung der Teilwerte erfolgt für jedes Wirtschaftsgut einschließlich des Firmenwerts getrennt, Teilwerte der einzelnen eingebrachten Wirtschaftsgüter dürfen nach § 20 II 6 UmwStG beim Wertansatz nicht überschritten werden.

[17] *H. Ott*, Die Änderung der Unternehmensform, RuPD Januar 1996, S. 7.

Das Wahlrecht steht der übernehmenden AG zu, die es durch den Wertansatz in ihrer Handelsbilanz ausübt.[18] Bei Übertragung des Vermögens einer Mitunternehmerschaft kann die AG/KGaA das Wahlrecht hinsichtlich des Wertansatzes der einzelnen Mitunternehmeranteile unterschiedlich ausüben. Ein Mitunternehmer, der aufgrund seiner persönlichen finanziellen bzw. steuerlichen Verhältnisse noch keine Aufdeckung stiller Reserven, d. h. Gewinnrealisierung wünscht, kann daher in Absprache mit den anderen Mitunternehmern und der aufnehmenden AG/KGaA für die Einbringung seines Anteils den Buchwert wählen, während die anderen Mitunternehmer zum höheren Teil- oder Zwischenwert einbringen.[19] 7

Der Wert, mit dem die AG/KGaA das eingebrachte Betriebsvermögen ansetzt, gilt nach § 20 IV UmwStG für die Gesellschafter der einbringenden Personengesellschaft als Veräußerungspreis und als Anschaffungskosten der Aktien. Werden neben den neuen Anteilen andere Wirtschaftsgüter wie z. B. eine Darlehensforderung gewährt, so werden diese mit ihrem gemeinen Wert von den Anschaffungskosten abgezogen. Damit werden stille Reserven des Betriebsvermögens auch auf den Ansatz der Anteile übertragen, so daß es praktisch zu einer doppelten Erfassung der stillen Reserven kommt. 8

Sind die vorstehenden Voraussetzungen nicht erfüllt, kommt ein Ansatz zum Buch- oder Zwischenwert bei der übernehmenden AG/KGaA nicht in Betracht. Diese hat vielmehr den Teilwert anzusetzen. 9

Führen die vorstehenden Grundsätze bei dem übertragenden Unternehmen zwingend zu unterschiedlichen Ansätzen in Handels- und Steuerbilanz, so ist in Höhe des Unterschiedsbetrages zwischen dem Nennbetrag der gewährten Anteile und dem Buchwert des übertragenen Vermögens in der Steuerbilanz ein Ausgleichsposten einzustellen.[20]

b) Verschmelzung von Kapitalgesellschaften

Die Verschmelzung von Kapitalgesellschaften im Vorfeld einer Börseneinführung (z. B. einer GmbH auf eine AG/KGaA) wird – nicht wie die einer Personengesellschaft auf eine Kapitalgesellschaft in §§ 20 ff. UmwStG,[21] sondern – in den §§ 11 ff. UmwStG geregelt. Die Zielrich- 10

[18] *A. Tulloch* in *K. Goutier/R. Knopf/A. Tulloch*, Kommentar zum Umwandlungsrecht, § 20 Rdnr. 46.

[19] Obwohl nur ein Teil der Mitunternehmer den Nachteil der Versteuerung des Einbringungsgewinns auf sich genommen haben, profitieren bei der Wahl eines solchen Ansatzes alle Mitunternehmer von der infolge des höheren Abschreibungsvolumens niedrigeren Ertragsteuerlast der AG. In der Praxis wird die Schaffung eines Ausgleichs in Form entsprechender Gewinnverteilungsabsprachen und/oder Liquidationserlöszurechnungen Schwierigkeiten bereiten.

[20] *B. Sagasser/T. Bula*, Umwandlungen, S. 187 f.

[21] Vgl. hierzu § 5 I. 2. a) Verschmelzung von Personengesellschaften auf eine AG/KGaA.

tungen der Regelungen, d. h. die Vermeidung der Aufdeckung stiller Reserven, sind aber den vorstehend für Personengesellschaften genannten vergleichbar. Nach den §§ 11 ff. UmwStG steht das steuerliche Bewertungswahlrecht[22] aber der übertragenden Körperschaft zu. Voraussetzung für diese Erleichterung in Form des Wahlrechts ist wiederum, daß die Besteuerung der übergehenden stillen Reserven sichergestellt ist und die Gegenleistung in Gesellschaftsrechten der übernehmenden Gesellschaft besteht bzw. eine solche Gegenleistung nicht erfolgt.

11 Im Einzelnen ist nach § 11 UmwStG das steuerliche Wahlrecht, den Vorgang mit oder ohne Realisierung von stillen Reserven durchzuführen, an folgende Voraussetzungen geknüpft:

- Wie die übernehmende AG/KGaA muß auch der übertragende Rechtsträger als Körperschaft in Abhängigkeit der jeweils maßgeblichen Vorschriften bereits entstanden sein. Eine Vorgesellschaft bzw. Vorgründungsgesellschaft erfüllt demnach nicht die Anforderungen, da sie nach § 41 I 1 bzw. §§ 278 III i. V. m. 41 I 1 AktG vor der Eintragung in das Handelsregister als Kapitalgesellschaft noch nicht besteht. Praktische Relevanz im Vorfeld der Börseneinführung dürfte dieses Erfordernis lediglich bei der Verschmelzung durch Aufnahme erhalten, die damit erst nach Eintragung der Gesellschaft im Handelsregister möglich ist.
- Die AG/KGaA muß ihren Sitz oder ihre Geschäftsleitung in der Bundesrepublik Deutschland haben und damit nach § 1 I Nr. 1 KStG im Inland unbeschränkt steuerpflichtig sein.[23]
- Das Wahlrecht besteht nur soweit sichergestellt ist, daß die in dem übergegangenen Vermögen enthaltenen stillen Reserven bei der übernehmenden AG/KGaA der Körperschaftsteuer unterliegen.[24]
- Die Gegenleistung der aufnehmenden AG/KGaA für die Sacheinlage muß in der Gewährung von Gesellschaftsrechten bestehen oder es darf keine Gegenleistung gewährt werden. Dabei kann es sich um neue Gesellschaftsrechte handeln, d. h. Gesellschaftsrechte die im Zuge der Gründung (z. B. bei Verschmelzung zur Neugründung) oder einer Kapitalerhöhung (z. B. bei Verschmelzung zur Aufnahme) entstanden sind, oder um eigene Anteile. Unschädlich ist, wenn neben den Gesellschaftsrechten auch andere Wirtschaftsgüter (z. B. Darlehen) von der aufnehmenden AG/KGaA gewährt werden.

---

[22] Zur Abgrenzung zum Ansatzwahlrecht vgl. *H. Dehmer*, UmwG, UmwStG, § 11 UmwStG, Rdnr. 23 ff.

[23] Vgl. hierzu *H. Dehmer*, UmwG, UmwStG, § 11 UmwStG, Rdnr. 9 ff.

[24] Dabei ist nicht erforderlich, daß im Falle einer späteren Auflösung der stillen Reserven die so entstehende Gewinnerhöhung auch tatsächlich zu einer entsprechenden Körperschaftsteuer bei der übernehmenden AG/KGaA führt, es genügt vielmehr, daß der so entstehende Gewinn bei der Ermittlung des Einkommens erfaßbar ist.

Sind die vorstehenden Voraussetzungen erfüllt, können die eingebrachten Wirtschaftsgüter bei der übertragenden Kapitalgesellschaft wahlweise mit dem Buchwert, dem Teilwert oder dem Zwischenwert angesetzt werden.[25] Im Falle des Ansatzes von Zwischenwerten können die Wirtschaftsgüter nur gleichmäßig aufgestockt werden. 12

Sind die vorstehenden Voraussetzungen nicht erfüllt, kommt ein Ansatz zum Buch- oder Zwischenwert bei der übertragenden Kapitalgesellschaft nicht in Betracht. Diese hat vielmehr in ihrer steuerlichen Schlußbilanz den Teilwert anzusetzen.

Die AG/KGaA hat das übergehende Betriebsvermögen nach § 12 I i.V. m. § 4 I UmwStG mit dem in der steuerlichen Schlußbilanz der übertragenden Körperschaft enthaltenen Wert zu übernehmen. Das gilt selbst dann, wenn die übernehmende AG/KGaA das übernommene Vermögen in ihrer Handelsbilanz bis zu den Zeitwerten aufgestockt hat. Nach § 12 II 1 UmwStG bleibt ein Übernahmegewinn oder -verlust in Höhe des Unterschieds zwischen dem Buchwert der Anteile[26] und dem Wert, mit dem die übergegangenen Wirtschaftsgüter zu übernehmen sind, bei der Ermittlung des Gewinns der übernehmenden AG/KGaA außer Ansatz. 13

Nach § 13 I UmwStG gelten Anteile an der übertragenden Kapitalgesellschaft, die zu einem Betriebsvermögen gehören, als zum Buchwert veräußert. Die an ihre Stelle tretenden Anteile gelten als mit diesem Wert angeschafft. Gehören Anteile an der übertragenden Körperschaft demgegenüber nicht zu einem Betriebsvermögen und sind die Voraussetzungen des § 17 oder des § 23 EStG erfüllt, treten gemäß § 13 II UmwStG an die Stelle des Buchwerts die Anschaffungskosten. Die im Zuge des Vermögensübergangs gewährten Anteile gelten als Anteile im Sinne des § 17 EStG. Werden aus Anteilen, die die Voraussetzungen des § 17 EStG nicht erfüllen, Anteile i. S. d. § 17 EStG, gilt für diese Anteile der gemeine Wert am steuerlichen Übertragungsstichtag als Anschaffungskosten. Im Falle der Hingabe einbringungsgeborener Anteile i. S. d. § 21 UmwStG treten die erworbenen Anteile an die Stelle der hingegebenen. 14

Während somit unter den vorgenannten Voraussetzungen ein Wahlrecht für die steuerliche Schlußbilanz des übertragenden Rechtsträgers besteht, dessen Ausübung wiederum den Wertansatz des übernehmenden Rechtsträger beeinflußt, ist die handelsrechtliche Schlußbilanz nach § 17 II 2 UmwG entsprechend den Gliederungs- und Bewertungsvorschriften der §§ 242ff. HGB zu erstellen, es besteht insoweit kein dekkungsgleiches Wahlrecht in der Handelsbilanz der übertragenden Kör- 15

---

[25] Dies gilt nicht für selbstgeschaffene immaterielle Wirtschaftsgüter des Anlagevermögens, für die eine Aufstockung nicht möglich ist.

[26] § 4 IV 2 UmwStG.

perschaft und keine Bindung der Steuerbilanz an die Handelsbilanz.[27] Aufwertungen und Wertzuschreibungen sind daher lediglich im Rahmen der Bewertungswahlrechte des § 253 V HGB, gegebenenfalls i. V. m. § 280 HGB möglich. Nach § 17 II 4 UmwG darf die handelsrechtliche Schlußbilanz nicht auf einen Stichtag aufgestellt sein, der mehr als acht Monate vor dem Zeitpunkt der Anmeldung zum Handelsregister liegt.

Die – in vielfältiger Weise völlig unterschiedlichen – steuerlichen Konsequenzen des gewählten oder sich ergebenden Wertansatzes sind unter § 5 V. Steuerliche Konsequenzen des Bewertungsansatzes einheitlich für die Fälle der Einzelrechts- und der Gesamtrechtsnachfolge dargestellt.

II. Spaltung

1. Handelsrechtliche Bilanzierung

16 Nach § 125 i. V. m. § 17 II UmwG hat der übertragende Rechtsträger bei jeder Form der Spaltung eine Bilanz nach den §§ 242 ff. HGB aufzustellen. Wertzuschreibungen sind danach nur bei handelsrechtlichen Bewertungswahlrechten nach § 253 V HGB sowie – bei Kapitalgesellschaften zusätzlich – nach § 280 HGB zulässig.

17 Wie bei der Verschmelzung[28] kann die übernehmende AG/KGaA nach § 253 I HGB das übernommene Vermögen in ihrer Handelsbilanz mit den Anschaffungskosten, d. h. dem Zeit- oder Verkehrswert ansetzen. Alternativ hierzu besteht nach § 24 UmwG auch die Möglichkeit des Ansatzes mit dem Buchwert der übertragenden Gesellschaft. Demnach besteht auch bei der Spaltung die Möglichkeit der Aufdeckung der beim übertragenden Rechtsträger gebildeten stillen Reserven einschließlich einer Aufstockung der immateriellen Wirtschaftsgüter und des Firmenwertes.

2. Steuerrechtliche Bilanzierung

a) Spaltung einer Personengesellschaft

18 Die Aufspaltung und Abspaltung einer Personengesellschaft auf eine AG/KGaA wird steuerlich wie die vorstehend beschriebene Verschmelzung einer Personenhandelsgesellschaft auf eine Kapitalgesellschaft als

---

[27] *H. Schaumburg*, Die Verschmelzung von Kapitalgesellschaften und Personenhandelsgesellschaften nach neuem Umwandlungssteuerrecht, FR 1995, S. 211, 212; *M. Fischer*, Verschmelzung von GmbH in der Handels- und Steuerbilanz, DB 1995, S. 484, 488.

[28] Vgl. hierzu § 5 I. 1. Handelsrechtliche Bilanzierung.

Einbringung eines Betriebs, Teilbetriebs oder Mitunternehmeranteils in eine Kapitalgesellschaft gegen Gewährung von Gesellschaftsrechten im Sinne der §§ 20 bis 22 UmwStG behandelt. Dies gilt auch für jede Art der Ausgliederung auf eine Kapitalgesellschaft.

Nach § 20 UmwStG hat die übernehmende AG/KGaA die Wahl unter dem Buch-, dem Zwischen- und dem Teilwert, wenn Gegenstand der Einbringung ein Betrieb, Teilbetrieb, Mitunternehmeranteil oder eine Beteiligung an einer Kapitalgesellschaft ist, die Gegenleistung in der Gewährung neuer Gesellschaftsrechte besteht und die Gesellschaft in der Bundesrepublik Deutschland unbeschränkt steuerpflichtig ist. Der Wert, mit dem die AG/KGaA das eingebrachte Betriebsvermögen ansetzt, gilt nach § 20 IV UmwStG für die Gesellschafter des übertragenden Rechtsträgers einerseits als Veräußerungspreis des übertragenen Vermögens, andererseits als Anschaffungskosten der Gesellschaftsanteile. 19

Sind die vorstehenden Voraussetzungen nicht erfüllt, ist in der Steuerbilanz des übernehmenden Rechtsträgers der Teilwert anzusetzen mit der Folge der Entstehung eines entsprechenden Veräußerungsgewinns bei den Gesellschaftern des übertragenden Rechtsträgers.

b) Spaltung einer Körperschaft

Für Ausgliederungen aus einer Körperschaft auf eine AG/KGaA sind die §§ 20ff. UmwStG maßgeblich.[29] Demgegenüber verweist § 15 UmwStG für die Auf- und Abspaltung einer bzw. aus einer Kapitalgesellschaft auf eine AG/KGaA auf die §§ 11 bis 13 UmwStG. 20

Danach hat die übertragende Körperschaft ein steuerliches Bewertungswahlrecht, wenn die AG/KGaA in der Bundesrepublik unbeschränkt steuerpflichtig ist, die Besteuerung der übergehenden stillen Reserven sichergestellt ist und die Gegenleistung in Gesellschaftsrechten der übernehmenden Gesellschaft besteht bzw. eine solche Gegenleistung nicht erfolgt. Im Falle der Abspaltung muß nach § 15 I 2 UmwStG das der übertragenden Körperschaft verbleibende Vermögen ebenfalls zu einem Teilbetrieb gehören. Teilbetrieb in diesem Sinne ist auch ein Mitunternehmeranteil oder die 100prozentige Beteiligung an einer Kapitalgesellschaft[30]. Die übertragende Körperschaft hat nach § 15 II UmwStG auf den steuerlichen Übertragungsstichtag eine Steuerbilanz zu erstellen. 21

Sind die vorstehenden Voraussetzungen erfüllt, können die eingebrachten Wirtschaftsgüter bei der übertragenden Körperschaft wie bei der AG/KGaA wahlweise mit dem Buchwert, dem Teilwert oder dem 22

---

[29] Vgl. *H. Dehmer*, UmwG, UmwStG, § 20 UmwStG Rdnr. 5. Vgl. hierzu oben § 5 I. 2. a) Verschmelzung von Personengesellschaften auf eine AG/KGaA.

[30] Vgl. *H. Dehmer*, UmwG, UmwStG, § 15 UmwStG Rdnr. 83ff.

Zwischenwert angesetzt werden. Ansonsten bleibt es beim Ansatz des Teilwerts.

23 Das Bewertungswahlrecht nach §§ 15 I 1, 11 UmwStG kann nach der Mißbrauchsklausel des § 15 III 1 UmwStG nicht beansprucht werden, wenn Mitunternehmeranteile oder 100prozentige Beteiligungen innerhalb eines Zeitraums von drei Jahren vor dem steuerlichen Übertragungsstichtag durch Übertragung von Wirtschaftsgütern, die kein Teilbetrieb sind, erworben oder aufgestockt worden sind.[31] Hierdurch soll durch Schaffung eines Äquivalents für den Teilbetriebsbegriff verhindert werden, daß einzelne Wirtschaftsgüter, die nicht die Voraussetzungen des § 15 I 3 UmwStG erfüllen, steuerneutral in eine Personengesellschaft eingebracht wurden und anschließend der Mitunternehmeranteil übertragen oder eine nicht 100prozentige Beteiligung an einer Kapitalgesellschaft steuerneutral in eine zu 100 Prozent beherrschte Kapitalgesellschaft eingebracht wird.[32] Die Mißbrauchsklausel des § 15 III 1 UmwStG bezieht sich nach der h. M. allein auf das zu übertragende Vermögen, nicht aber auf das verbleibende.[33]

III. Formwechsel

1. Handelsrechtliche Bilanzierung

24 In Anbetracht der handelsrechtlichen Identität des vom Formwechsel betroffenen Rechtsträgers findet nach Handelsrecht kein Vermögensübergang statt. Die Aufstellung einer Übertragungs- oder Eröffnungsbilanz ist in den §§ 190ff. UmwG nicht vorgesehen. Nach § 192 II UmwG ist dem Umwandlungsbericht lediglich eine Vermögensaufstellung mit dem wirklichen Wert am Tage der Berichtserstellung beizufügen. Im übrigen ist nach § 197 UmwG auf die Gründungsvorschriften für die neue Rechtsform abzustellen, die für die AG/KGaA aber nicht die Aufstellung einer Handelsbilanz vorschreiben.[34] Soweit eine solche trotzdem auf den Stichtag des Formwechsels erstellt wird, kann sie Änderungen infolge rechtsformspezifischer Bilanzierungsvorschriften bezüglich Bewertungsvorschriften, Positionen oder Gliederungen des Ei-

[31] Die Regelung bezieht sich allein auf fiktive Teilbetriebe, d. h. Mitunternehmeranteile und 100prozentige Beteiligungen an Kapitalgesellschaften, die einem originären Teilbetrieb durch § 15 I 3 UmwStG gleichgestellt sind.

[32] Vgl. § 20 I 2 UmwStG.

[33] Vgl. *H. Dehmer*, UmwG, UmwStG, § 15 UmwStG, Rdnr. 119 m. w. N.

[34] Vgl. §§ 23ff. (i.V. m. § 278 III) AktG. *H. Dehmer*, UmwG, UmwStG, § 25 UmwStG, Rdnr. 37. § 242 I HGB, nach dem jeder Kaufmann zu Beginn seines Handelsgewerbes eine Eröffnungsbilanz zu erstellen hat, führt hier vor dem Hintergrund der Identität der am Formwechsel beteiligten Rechtsträger nicht zur Verpflichtung der Erstellung einer Eröffnungsbilanz.

genkapitals enthalten. § 24 UmwG gilt wegen der fehlenden Vermögensübertragung nicht. Ein handelsrechtliches Bewertungswahlrecht besteht infolge des Grundsatzes der Bilanzkontinuität daher nicht, d. h., die bisherigen Buchwerte sind fortzuführen.[35]

2. Steuerrechtliche Bilanzierung

Der Formwechsel einer GmbH oder anderen Körperschaft in eine AG ist steuerrechtlich irrelevant.[36] Die Gesellschaft hat keine (Übertragungs-)Bilanz zu erstellen. Die Bilanzansätze in den Abschlüssen vor und nach dem Formwechsel bleiben unberührt. **25**

Im Falle des Formwechsels einer Personenhandelsgesellschaft in eine Kapitalgesellschaft schreibt § 25 II UmwStG der übertragenden Gesellschaft die Erstellung einer Steuerbilanz auf den steuerlichen Übertragungsstichtag vor. Da steuerlich eine Neugründung einer Kapitalgesellschaft vorliegt, ist von der AG/KGaA eine steuerliche Einbringungsbilanz aufzustellen.[37] In dieser hat die Gesellschaft infolge des Verweises durch § 25 Satz 1 UmwStG auf §§ 20 bis 23 UmwStG die Möglichkeit, den Vorgang durch Ansatz des Buchwerts, des Teilwerts oder eines Zwischenwerts durchzuführen, wenn Gegenstand des Formwechsels ein Betrieb, Teilbetrieb, Mitunternehmeranteil oder eine Beteiligung an einer Kapitalgesellschaft ist, die Gegenleistung in der Gewährung von neu geschaffenen Gesellschaftsrechten besteht und das Recht zur Besteuerung der stillen Reserven gewahrt bleibt. **26**

Das Bewertungswahlrecht besteht auch dann, wenn in der Handelsbilanz das eingebrachte Betriebsvermögen nach handelsrechtlichen Vorschriften zwingend mit einem höheren Wert angesetzt werden muß. Eine Beschränkung des Wahlrechts ergibt sich nach §§ 25 1, 20 II 4 UmwStG bei negativem Kapital. Das eingebrachte Betriebsvermögen ist dann mindestens so anzusetzen, daß sich Aktiva und Passiva ohne Berücksichtigung des Eigenkapitals ausgleichen. **27**

Kommt es durch einen zwingend höheren Ansatz in der Handelsbilanz zu unterschiedlichen Ansätzen in Handels- und Steuerbilanz, so ist in Höhe des Unterschiedsbetrages zwischen dem Nennbetrag der gewährten Anteile und dem Buchwert des übertragenen Vermögens in der Steuerbilanz ein Ausgleichsposten einzustellen.[38] **28**

---

[35] *C. Schmidt*, Verlustverwertung der Personen- und Kapitalgesellschaften unter besonderer Berücksichtigung des Mantelkaufs, S. 142 m. w. N.

[36] *H. Dehmer*, UmwG, UmwStG, § 1 UmwStG, Rdnr. 32.

[37] *H. Dehmer*, UmwG, UmwStG, § 25 UmwStG, Rdnr. 38, § 20 UmwStG Rdnr. 423 ff.

[38] BMF v. 16. Juni 1978, BStBl. I 1978, S. 235, Rdnr. 21 f.; B. *Sagasser/T. Bula*, Umwandlungen, S. 187.

IV. Einzelrechtsnachfolge

1. Handelsrechtliche Bilanzierung

29 Das im Wege der Einzelrechtsnachfolge durch die AG/KGaA übernommene Vermögen ist in ihrer Handelsbilanz mit den Anschaffungskosten, d. h. dem Zeitwert anzusetzen. Da das Umwandlungsgesetz nur Vermögensübertragungen im Wege der Gesamtrechtsnachfolge erfaßt,[39] ist § 24 UmwG nicht anwendbar. Der Ansatz mit dem Buchwert des übertragenden Rechtsträgers scheidet damit aus, sofern dieser nicht den Anschaffungskosten entspricht. Besteht die Gegenleistung in der Gewährung von Anteilen (und eventuellen Zuzahlungen), so ist nach dem Prinzip der Maßgeblichkeit der Gegenleistung[40] deren Wert als für die Vermögensübertragung erbrachter Aufwand maßgeblich.

Die Übertragung im Wege der Einzelrechtsnachfolge führt demnach in Höhe der Differenz zwischen Teil- und Buchwert zur Aufdeckung stiller Reserven.

2. Steuerrechtliche Bilanzierung

30 Im Gegensatz zum Umwandlungs- und Gesellschaftsrecht unterscheidet das Umwandlungssteuerrecht nicht zwischen der Einzel- und der Gesamtrechtsnachfolge.[41] Steuerlich liegt in beiden Fällen die Einbringung eines Betriebs, Teilbetriebs oder Mitunternehmeranteils in eine Kapitalgesellschaft gegen Gewährung von Gesellschaftsrechten im Sinne der §§ 20 bis 22 UmwStG vor.

31 Danach hat eine übernehmende, im Inland unbeschränkt steuerpflichtige AG/KGaA die Möglichkeit, den Vorgang durch Ansatz des Buchwerts, des Teilwerts oder eines Zwischenwerts mit oder ohne Realisierung von stillen Reserven durchzuführen, wenn Gegenstand der Übertragung ein Betrieb, Teilbetrieb, Mitunternehmeranteil oder eine Beteiligung an einer Kapitalgesellschaft, die Gegenleistung in der Gewährung von neu geschaffenen Gesellschaftsrechten besteht und das Recht zur Besteuerung der stillen Reserven gewahrt bleibt.

32 Das steuerrechtliche Bewertungswahlrecht besteht auch dann, wenn in der Handelsbilanz das eingebrachte Betriebsvermögen nach handelsrechtlichen Vorschriften zwingend mit einem höheren Wert angesetzt werden muß. Eine Beschränkung des Wahlrechts ergibt sich nach § 20

[39] Vgl. *H. Dehmer*, UmwG, UmwStG, Einführung UmwStG, Rdnr. 25.

[40] *W. Knop/K. Küting*, Anschaffungskosten im Umwandlungsrecht, BB 1995, S. 1023, 1024.

[41] *C. Aha*, Einzel- oder Gesamtrechtsnachfolge bei der Ausgliederung, AG 1997, S. 345; *H. Dehmer*, UmwG, UmwStG, Einführung UmwStG, Rdnr. 25.

II 4 UmwStG wenn und soweit die übernommenen Passiva die Aktiva übersteigen. Das eingebrachte Betriebsvermögen ist dann mindestens so anzusetzen, daß sich Aktiva und Passiva ohne Berücksichtigung des Eigenkapitals ausgleichen.

Der Wert, mit dem die AG/KGaA das eingebrachte Betriebsvermögen ansetzt, gilt nach § 20 IV UmwStG für den Einbringenden als Veräußerungspreis und als Anschaffungskosten der Gesellschaftsanteile. Werden neben den neuen Anteilen andere Wirtschaftsgüter wie z. B. eine Darlehensforderung gewährt, so werden diese mit ihrem gemeinen Wert von den Anschaffungskosten abgezogen. Damit werden stille Reserven des Betriebsvermögens auch bei einem Buchwertansatz auf die Anteile übertragen und der Besteuerung nicht entzogen. **33**

Sind die vorstehenden Voraussetzungen nicht erfüllt, hat die übernehmende AG/KGaA den Teilwert anzusetzen, was zur Aufdeckung der stillen Reserven mit entsprechenden Steuerfolgen führt.

Kommt es dadurch beim übertragenden Unternehmen zu unterschiedlichen Ansätzen in Handels- und Steuerbilanz, so ist in Höhe des Unterschiedsbetrages zwischen dem Nennbetrag der gewährten Anteile und dem Buchwert des übertragenen Vermögens in der Steuerbilanz ein Ausgleichsposten einzustellen.

V. Steuerliche Konsequenzen des Bewertungsansatzes

Wie vorstehend dargestellt, erfolgt der Wechsel der Rechtsform in den einzelnen Umwandlungsarten steuerlich entweder zum Teilwert, zum Buchwert oder zu einem Zwischenwert. Der gewählte oder vorgegebene Bewertungsansatz bestimmt, inwieweit es zu einer Aufdeckung stiller Reserven beim übertragenden Rechtsträger kommt, die für diesen entsprechende einkommen- bzw. körperschaftsteuerliche und gewerbesteuerpflichtige Konsequenzen hat. Zum anderen ist hiervon auch abhängig, inwieweit spätere Wertzuwächse von Anteilen, die der übertragende Rechtsträger im Rahmen des Rechtsformwechsels erhält, zu versteuern sind. Nicht zuletzt bestimmt der Bewertungsansatz die Abschreibungsbasis auf seiten der AG bzw. KGaA. **34**

1. Einbringung zum Teilwert

a) Besteuerung der aufgedeckten stillen Reserven

Der Wert, mit dem die AG/KGaA das eingebrachte Betriebsvermögen ansetzt, gilt nach § 20 IV 1 UmwStG für den Einbringenden als Veräußerungspreis und als Anschaffungskosten der Gesellschaftsantei- **35** le.[42] Werden die Wirtschaftsgüter des eingebrachten Betriebs bei der übernehmenden AG mit ihrem Teilwert angesetzt, so kommt es daher beim übertragenden Rechtsträger zur Aufdeckung von stillen Reserven. Dabei ist auch ein selbstgeschaffener Firmenwert anzusetzen.[43] Dies umfaßt auch negative stille Reserven wie unterbewertete Pensionsrückstellungen, die auf ihren Teilwert aufzustocken sind und somit gewinnmindernd wirken. Im Rahmen der Vollauflösung stiller Reserven durch Ansatz des Teilwerts ist somit die Möglichkeit gegeben, Pensionsrückstellungen nachzuholen. Die Vollauflösung umfaßt auch die Auflösung der steuerfreien Rücklagen.

36 Für den einbringenden Rechtsträger entsteht in Höhe der Differenz zwischen dem Teilwert des übertragenen Vermögens und dem Buchwert abzüglich eventueller Einbringungskosten ein einkommensteuer- bzw. körperschaftsteuerpflichtiger und u. U. auch gewerbesteuerpflichtiger Veräußerungsgewinn gemäß §§ 16, 17, 23 EStG oder § 21 UmwStG.[44]

37 Nach § 20 V 2 UmwStG i. V. m. § 16 IV EStG kann im Falle der Einbringung eines Betriebs in eine AG/KGaA ein Steuerpflichtiger, der als natürliche Person das 55. Lebensjahr vollendet hat oder im sozialversicherungsrechtlichen Sinn dauernd berufsunfähig ist, von dem Veräußerungsgewinn einen Freibetrag von maximal DM 60 000 abziehen.[45] Der Freibetrag ermäßigt sich um den Betrag, um den der Veräußerungsgewinn DM 300 000 übersteigt.[46] Im Falle der Einbringung von Anteilen an einer GmbH in eine AG/KGaA besteht eine Freibetragsregelung nach § 20 V 2 UmwG i. V. m. § 17 III EStG in Abhängigkeit von der Beteiligungshöhe.[47] Im Rahmen der Börseneinführung sind die Freibeträge nach §§ 16 IV und 17 III EStG in Anbetracht ihrer geringen Höhe nur von untergeordneter Bedeutung.

38 Gewerbesteuerlich wird nach dem Grundsatz, daß von der Gewerbesteuer nur der laufende Gewinn des Gewerbebetriebes zu erfassen ist,[48] der Einbringungsvorgang – ebenso wie eine normale Betriebsveräuße-

---

[42] Soweit neben den Gesellschaftsanteilen auch andere Wirtschaftsgüter gewährt werden, ist deren gemeiner Wert nach § 20 IV 2 UmwStG bei der Bemessung der Anschaffungskosten der Gesellschaftsanteile von dem sich so ergebenden Wert abzusetzen.

[43] *H. Ott*, Die Änderung der Unternehmensform, RuPD Januar 1996, S. 8.

[44] *A. Tulloch* in *K. Goutier/R. Knopf/A. Tulloch*, Kommentar zum Umwandlungsrecht, § 20 UmwStG Rdnr. 69. Dieser Veräußerungsgewinn wird auch als Einbringungsgewinn bezeichnet. Vgl. *H. Dehmer*, UmwG, UmwStG, § 20 UmwStG, Rdnr. 366 f.

[45] Vgl. hierzu *M. von Oettingen*, Die Planung des Gangs an die Börse, S. 378.

[46] Der Freibetrag wird jedem Steuerpflichtigen nur einmal gewährt.

[47] Vgl. hierzu *M. von Oettingen*, Die Planung des Gangs an die Börse, S. 371.

[48] BFH vom 25. Mai 1962, BStBl. III 62, S. 438, 439; *B. Sagasser/T. Bula*, Umwandlungen, S. 190.

rung oder -aufgabe – nicht erfaßt, wenn eine natürliche Person oder eine Mitunternehmerschaft einen Betrieb, Teilbetrieb, Mitunternehmeranteil einbringt.[49] Dies gilt auch für die Veräußerung einer zum Betriebsvermögen gehörenden, das gesamte Nennkapital umfassenden Beteiligung an einer Kapitalgesellschaft, sofern dies in engem Zusammenhang mit der Aufgabe des Gewerbebetriebs steht.[50] Wird demgegenüber der Gewerbebetrieb des Einbringenden fortgesetzt, so unterliegt ein durch die Einbringung der 100-prozentigen Beteiligung entstehender Einbringungsgewinn der Gewerbeertragsteuer. Dies gilt unabhängig davon, ob die Beteiligung an der Kapitalgesellschaft Betriebs- oder Sonderbetriebsvermögen darstellt.[51]

Je nach Höhe der aufgedeckten stillen Reserven ist die Einbringung zum Teilwert mit hohen einmaligen Liquiditätsbelastungen infolge der anfallenden Einkommen- bzw. Körperschaftsteuer sowie gegebenenfalls der Gewerbeertragsteuer verbunden, die im Notfall durch den Emissionserlös abgedeckt werden müssen und dazu führen, daß nicht nur neue, d. h. im Wege einer Kapitalerhöhung geschaffene Aktien, deren Erlös direkt und ausschließlich der AG/KGaA selbst zufließt, emittiert werden können, sondern daß auch aus den Beständen der Altgesellschafter Anteile verkauft werden müssen. **39**

b) Abschreibungsbasis bei AG/KGaA

Setzt die AG/KGaA im Falle der Gesamtrechtsnachfolge das übernommene Vermögen gemäß § 20 II UmwStG mit dem Teilwert an, so tritt sie nach § 22 III, II i. V. m. § 12 III 1 UmwStG hinsichtlich der AfA, der erhöhten Absetzungen, der Sonderabschreibungen sowie ähnlicher Erleichterungen nur in begrenztem Umfang in die Rechtsstellung der übertragenden Personengesellschaft ein.[52] Bei linearer Abschreibung wird nach § 22 II Nr. 1 UmwStG die AfA unter Berücksichtigung des Aufstockungsbetrags, der zur Erhöhung der ursprünglichen Anschaffungs- und Herstellungskosten führt, berechnet.[53] Im Falle der degressiven AfA gemäß § 7 II EStG wird bei der künftigen Bemessung der AfA nach § 22 II Nr. 2 UmwStG der von der übernehmenden AG/KGaA angesetzte Teilwert anstatt des bisherigen Buchwerts angesetzt. **40**

---

[49] Abschn. 39 III, 40 GewStRL; *H. Dehmer*, UmwG, UmwStG, § 20 UmwStG, Rdnr. 414f. m. w. N.

[50] Abschn. 40 I 1 S. 14 GewStRL.

[51] Die Gewerbeertragsteuer ist Betriebsausgabe, sie mindert nicht den Einbringungsgewinn. BFH BStBl. II 1984, S. 347.

[52] *H. Dehmer*, UmwG, UmwStG, § 22 UmwStG, Rdnr. 15f.; *B. Sagasser/T. Bula*, Umwandlungen, S. 188.

[53] Vgl. hierzu näher *H. Dehmer*, UmwG, UmwStG, § 22 UmwStG, Rdnr. 70ff.; *B. Sagasser/T. Bula*, Umwandlungen, S. 188.

Der bisherige AfA-Prozentsatz wird weitergeführt, es kommt somit zu keiner Verlängerung des Abschreibungszeitraums.

Im Falle der Einzelrechtsnachfolge gelten die eingebrachten Wirtschaftsgüter nach § 22 III 1 UmwStG als im Zeitpunkt der Einbringung zum Teilwert angeschafft.

41 Durch die Aufdeckung der stillen Reserven bei der Einbringung zu Teilwerten ergibt sich im Regelfall[54] für die KGaA/AG in der Zukunft ein erhöhtes Abschreibungspotential, soweit die stillen Reserven auf abnutzbare Wirtschaftsgüter oder den Firmenwert entfallen. Infolge der höheren Anschaffungskosten ergeben sich erhöhte Abschreibungen und niedrigere Veräußerungsgewinne, die in den folgenden Jahren den Gewinn vor (und nach) Steuern mindern, den Cash-flow des Unternehmens aber stärken. Gleichzeitig kann die Nutzungsdauer der abnutzbaren Aktiva neu geschätzt, die angewandten Abschreibungsmethoden gewechselt und Möglichkeiten der Sonderabschreibung einschließlich der Absetzbarkeit geringwertiger Wirtschaftsgüter gemäß § 6 II EStG (erneut) in Anspruch genommen werden.[55]

42 Dabei darf nicht verkannt werden, daß gerade im Vorfeld einer Börseneinführung weniger die Steuerbelastung als der Gewinn vor Steuern als Bestandteil des KGV Beachtung findet und besonders Privatanleger von solch optischen Aspekten bei ihren Zeichnungsüberlegungen getrieben werden.

c) Versteuerung von Wertzuwächsen beim Einbringenden

43 Der Wertansatz des übertragenen Vermögens gilt beim Einbringenden gleichzeitig als Anschaffungskosten seiner Aktien. Erhält dieser neben den neuen Aktien auch andere Wirtschaftsgüter wie zum Beispiel die Einräumung einer Darlehensforderung, so werden diese mit ihrem gemeinen Wert von den Anschaffungskosten abgezogen.[56] Durch diese Regelung wird die Besteuerung der stillen Reserven der eingebrachten Wirtschaftsgüter sichergestellt.

44 Im Falle der Einbringung zum Teilwert ist eine solche Sicherstellung nicht erforderlich, da die stillen Reserven beim einbringenden Rechtsträger mit den entsprechenden steuerlichen Konsequenzen realisiert wurden. Demnach sind bei der Zugrundelegung des Teilwerts Wertzuwächse, die die erhaltenen Aktien nach dem Umwandlungsvorgang erfahren, steuerfrei, wenn diese im Privatvermögen gehalten werden, der betroffene Eigentümer innerhalb der letzten fünf Jahren keine wesent-

[54] Anders, wenn die negativen stillen Reserven die positiven übertreffen.

[55] *M. von Oettingen*, Die Planung des Gangs an die Börse, S. 363.

[56] § 20 IV UmwStG.

liche Beteiligung i. S. v. § 17 EStG[57] gehabt hat und zwischen dem Kauf und der Veräußerung mindestens ein Jahr liegt.[58]

2. Einbringung zum Buchwert

a) Stille Reserven

Die Einbringung läßt sich nach § 20 II UmwStG andererseits auch völlig steuerneutral durchführen, indem das eingebrachte Vermögen ohne Aufdeckung stiller Reserven mit dem Buchwert ansetzt wird, den es beim einbringenden Rechtsträger hatte.[59] Da der Wert, mit dem die AG/KGaA das eingebrachte Vermögen ansetzt, als Veräußerungspreis gilt, entsteht für den Einbringenden aus der Sacheinlage in die AG kein Veräußerungsgewinn und damit keine unmittelbare Liquiditätsbelastung für die Zahlung von Einkommen- oder Körperschaftsteuern im Zusammenhang mit der Rechtsformänderung. 45

b) Abschreibungsbasis bei AG/KGaA

Setzt die AG/KGaA das im Wege der Gesamtrechts- oder Einzelrechtsnachfolge übernommene Vermögen gemäß § 20 II UmwStG mit dem Buchwert aus der Schlußbilanz des übertragenden Rechtsträgers an, so tritt sie nach § 22 I i. V. m. §§ 4 II 3 und 12 III UmwStG hinsichtlich der AfA, der erhöhten Absetzungen, der Sonderabschreibungen u.ä. in die Rechtsstellung des Übertragenden ein.[60] Die Übertragung führt nach 4 II 3 UmwStG nicht zur Unterbrechung der Besitzzeiten, die für die Inanspruchnahme steuerlicher Vergünstigungen[61] erforderlich sind. Die übernehmende AG/KGaA ist damit an die ursprünglichen Anschaffungs- oder Herstellungskosten sowie die bisher von dem Übertragenden angewandten AfA-Methoden gebunden. 46

c) Einbringungsgeborene Anteile

Die Kehrseite der Einbringung zum Buchwert oder einem anderen unter dem Teilwert liegenden Wert ist, daß die erhaltenen Gesellschaftsanteile an der AG/KGaA sogenannte einbringungsgeborene Anteile darstellen. Nach § 21 UmwStG ist jeder spätere Veräußerungsge- 47

---

[57] Nach § 17 EStG in der seit dem 1. Januar 1999 geltenden Fassung liegt eine wesentliche Beteiligung vor, wenn eine Person an einer Kapitalgesellschaft mit 10 Prozent und mehr beteiligt ist. Nach früherer Rechtslage lag eine wesentliche Beteiligung nur bei Beteiligungen von über 25 Prozent vor.

[58] § 23 EStG.

[59] Sogenannte Buchwertverknüpfung.

[60] *H. Dehmer*, UmwG, UmwStG, § 22 UmwStG, Rdnr. 15f.; B. *Sagasser/T. Bula*, Umwandlungen, S. 188.

[61] Beispielsweise nach § 6 b EStG, § 2 FördergebietsG, § 14 I KStG oder § 9 Nrn. 2a, 7 GewStG.

winn im Zusammenhang mit einbringungsgeborenen Anteilen steuerpflichtig,[62] d. h. auch dann, wenn die Anteile im Privatvermögen gehalten werden, keine wesentliche Beteiligung i. S. d. § 17 EStG und zwischen Kauf und Verkauf die Fristen des § 23 EStG gewahrt sind. Nach § 21 II UmwStG treten die Rechtsfolgen einer Veräußerung auch ein, wenn

- der Anteilseigner die Versteuerung beantragt,
- das Besteuerungsrecht der Bundesrepublik Deutschland hinsichtlich des Gewinns aus der Veräußerung der Anteile durch ein Abkommen zur Vermeidung der Doppelbesteuerung ausgeschlossen wird,
- die AG/KGaA, an der die Anteile bestehen, aufgelöst und abgewickelt oder ihr Kapital herabgesetzt und an die Anteilseigner zurückgezahlt wird[63] oder
- der Anteilseigner die Anteile verdeckt in eine andere Kapitalgesellschaft einlegt.

48 Das Institut der einbringungsgeborenen Anteile hat in zweifacher Hinsicht negative Auswirkungen. Zum einen entsteht ein nach § 21 I UmwStG steuerbarer Veräußerungsgewinn i. S. v. § 16 EStG, wenn die Aktien verkauft werden. Demnach ist jede spätere Wertsteigerung zum Zeitpunkt des Verkaufs zu versteuern, selbst dann, wenn die Anteile im Privatvermögen gehalten werden und keine wesentliche Beteiligung vorliegt bzw. der Verkauf nicht in die Spekulationsfrist fällt. Zum anderen wird die steuerneutrale Einbringung mit einer Verdoppelung der stillen Reserven erkauft, da auch die stillen Reserven in den Wirtschaftsgütern, die zum Buchwert auf die AG/KGaA übertragen worden sind, bei ihrer Realisierung der Besteuerung unterworfen werden.

d) Entstrickung einbringungsgeborener Anteile

49 Da bei den einbringungsgeborenen Gesellschaftsanteilen auch spätere Wertsteigerungen, die sich erst nach der Einbringung ergeben, uneingeschränkt der Steuerverhaftung unterliegen, kann es vorteilhaft sein, von dem Antrag auf Besteuerung nach § 21 II Nr. 1 UmwStG Gebrauch zu machen. Eine Folge dieses sogenannten, vom Gesellschafter[64] zu stellenden Entstrickungsantrags ist, daß die Veräußerung der einbrin-

---

[62] Dies ist der Differenzbetrag zwischen dem Veräußerungspreis und den Anschaffungskosten einschließlich der Veräußerungskosten.

[63] Die Kapitalrückzahlung führt nicht zur Versteuerung, soweit die Rückzahlung steuerlich als Gewinnanteil gilt.

[64] Jeder Gesellschafter kann unabhängig von den anderen Mitgesellschaftern für sich bestimmen, ob er die Versteuerung auf Antrag herbeiführen will oder nicht. So ist auch eine Eingrenzung des Antrags auf einen Teil der einbringungsgeborenen Anteile eines Gesellschafters möglich. Damit kann Jahr für Jahr einen Teil der Beteiligung aus der Steuerverstrickung herauszulösen.

gungsgeborenen Anteile fingiert wird, wobei der gemeine Wert[65] der Anteile als fiktiver Veräußerungspreis herangezogen und den Anschaffungskosten der Beteiligung gegenübergestellt wird.[66] Der so berechnete Veräußerungsgewinn als Differenz zwischen dem fiktiven Veräußerungspreis und den Anschaffungskosten wird dann der individuellen Besteuerung des jeweiligen Anteilseigners unterworfen, wobei wie im Falle eines tatsächlich angefallenen Veräußerungsgewinns die Vergünstigungen des Freibetrags nach § 16 IV EStG gelten.[67]

Zum anderen wird der Veräußerungsgewinn auf den Antragszeit- **50**
punkt festgeschrieben, d. h. die Anschaffungskosten der Anteile auf ihren gemeinen Wert erhöht. Künftige Wertzuwächse sind damit nach den allgemeinen Grundsätzen zu versteuern, d. h., Wertzuwächse von Anteilen im Privatvermögen sind steuerfrei, wenn Antragstellung und tatsächliche Veräußerung nicht innerhalb der Spekulationsfrist von einem Jahr stattfinden und innerhalb der letzten fünf Jahre auch keine wesentliche Beteiligung vorlag.[68] Alle übrigen Konsequenzen der Übernahme zu Buch- oder Zwischenwerten bleiben unberührt. So kommt es auch bei der neuen AG nicht zu einem erhöhten Wertansatz.

Nach § 21 II 3 UmwStG kann die auf den Veräußerungsgewinn entfallende Einkommen- oder Körperschaftsteuer gestundet und in jährlichen Teilbeträgen von mindestens 20 Prozent entrichtet werden, sofern diese Ratenzahlung sichergestellt ist.[69]

Bei der Entscheidung über die Frage, ob und wann ein Entstrickungs- **51**
antrag gestellt wird, werden Gesellschafter, die Gesellschaftsanteile im Privatvermögen halten, berücksichtigen, daß nach einer Börseneinführung regelmäßig ein deutlich höherer Verkaufspreis erzielt werden kann als zu einem früheren Zeitpunkt. Dies gilt – zumindest derzeit – be-

---

[65] Nach h.M. kann der gemeine Wert nach dem für Zwecke der Vermögenssteuer entwickelten Stuttgarter Verfahren nach Abschn. 97–108 ErbStG ermittelt werden. Eingehend hierzu S. Kusterer, Die Bewertung einbringungsgeborener Anteile bei freiwilliger Enthaftung, DStR 1998, S. 319ff. Nach Ansicht der Finanzverwaltung (Schreiben des BuMiFi vom 25. März 1998, Rdnr. 21.06) findet demgegenüber § 11 BewG für die Ermittlung des Werts der Anteile bei der Gewinnverwirklichung ohne Veräußerung nach § 21 II UmwG keine Anwendung, es gilt vielmehr insoweit § 9 II BewG.

[66] Die Steuer auf den Veräußerungsgewinn kann nach § 21 II UmwStG in jährlichen Teilbeträgen von mindestens je einem Fünftel entrichtet werden. Dabei werden keine Stundungszinsen erhoben.

[67] Gewerbeertragsteuer fällt ebenfalls nicht an.

[68] Im Falle einer späteren Steuerpflicht geht nur noch der Betrag in die Bemessungsgrundlage ein, der beim Verkauf der Anteile über den gemeinen Wert der Anteile im Antragszeitpunkt hinaus als Erlös erzielt wird. *M. von Oettingen*, Die Planung des Gangs an die Börse, S. 434.

[69] Auch hier kommt für die Gewerbesteuer eine Ratenzahlung nicht in Betracht.

sonders bei Werten, die eine Zulassung am Neuen Markt suchen. Zu berücksichtigen ist auch, inwieweit bei der Umwandlung stille Reserven aufgelöst wurden und welche Wertsteigerungen seit dem Wechsel der Rechtsform eingetreten sind. Vor dem Hintergrund dieser und anderer Überlegungen wird die Steuerbelastung im Falle eines Entstrikkungsantrags mit der zu vergleichen sein, die sich bei einem späteren Verkauf ergeben könnte. Dabei wird für die Antragsversteuerung sprechen, daß diese – zumindest im Vorfeld der Börseneinführung – regelmäßig den Vorteil einer niedrigeren Bemessungsgrundlage nutzen kann. So erfolgt die Ermittlung des gemeinen Wertes der einbringungsgeborenen Anteile nach dem Stuttgarter Verfahren, sofern nicht auf Verkäufe innerhalb des letzten Jahres zurückgegriffen werden kann. Da das Stuttgarter Verfahren neben dem Vermögen einer Gesellschaft auch die Ertragsaussichten berücksichtigt, kann die Stellung eines Entstrickungsantrags besonders dann interessant sein, wenn die Gesellschaft einige ertragsschwache Jahre hinter sich hat. In diesen Fällen führt die niedrige Ertragskomponente zu einem günstigen fiktiven Veräußerungswert.

52 Die teilweise Entstrickung ist besonders interessant, wenn der Antrag in einem Jahr gestellt wird, in dem die sonstigen Einkünfte des Gesellschafters, der die Anteile im Privatvermögen hält, niedrig sind und damit der Steuersatz entsprechend reduziert wird. Sind die sonstigen Einkünfte negativ, kann eine Versteuerung ganz vermieden werden, soweit der Entstrickungsgewinn mit den negativen Einkünften verrechnet werden kann.[70]

3. Einbringung zu Zwischenwerten

53 Die Einbringung in die AG/KGaA kann nach § 20 II 1 UmwStG auch zu einem beliebigen Wert zwischen Buch- und Teilwert erfolgen. Beim Ansatz von sogenannten Zwischenwerten ist nach Auffassung der Finanzverwaltung eine gleichmäßige Aufstockung bei allen Wirtschaftsgütern vorzunehmen; eine gezielte Auflösung von stillen Reserven ist danach nicht möglich.

Beim Zwischenwertansatz entsteht für den übertragenden Rechtsträger ein Veräußerungsgewinn in Höhe der Differenz zwischen dem Buchwert und dem als Veräußerungserlös geltenden Ansatz. Für diesen Veräußerungsgewinn wird der Freibetrag nach § 16 Abs. 4 EStG nicht gewährt, da nicht sämtliche stillen Reserven aufgelöst werden. Der begünstigte Steuersatz nach § 34 EStG kommt dagegen zur Anwendung.

54 Der Zwischenwertansatz ermöglicht die Bilanzierung eines anteili-

[70] *M. von Oettingen*, Die Planung des Gangs an die Börse, S. 437.

gen Firmenwerts.[71] Von dieser Möglichkeit wird in der Regel Gebrauch gemacht, wenn die aufgedeckten stillen Reserven in den anderen Wirtschaftsgütern (wie z. B. Gebäude) einer längeren Abschreibungsdauer unterliegen als der aufgedeckte Firmenwert. Dieser kann nämlich steuerlich nach § 7 Abs. 1 Satz 3 EStG über 15 Jahre linear abgeschrieben werden.

Die im Rahmen der Umwandlung erhaltenen Aktien an der neuen Gesellschaft gelten – wie beim Buchwertansatz – als einbringungsgeborene Anteile. Die steuerlichen Konsequenzen bei einer späteren Veräußerung gelten entsprechend.

Mit einem Zwischenwertansatz kann die Höhe des begünstigten Ver- **55**
äußerungsgewinns exakt gesteuert werden, was infolge der Abschaffung steuerlicher Privilegien durch das Steuerentlastungsgesetz 1999/2000/2002 nach dem 31. Dezember 1998 eine deutlich geringere Rolle spielt als zuvor. In Verbindung mit der Möglichkeit, die einbringungsgeborenen Anteile auf Antrag aus der Steuerverstrickung zu lösen, können somit die stillen Reserven in den Jahren versteuert werden, in denen die übrigen steuerlichen Rahmenbedingungen besonders günstig sind.

a) Abschreibungsbasis bei AG/KGaA

Setzt die AG/KGaA das übernommene Vermögen gemäß § 20 II **56**
UmwStG mit einem Wert zwischen dem Buchwert aus der Schlußbilanz des übertragenden Rechtsträgers und dem Teilwert, d. h. einem Zwischenwert an, so tritt sie nach § 22 II i. V. m. § 12 III 1 UmwStG wie beim Teilwertansatz hinsichtlich der AfA, der erhöhten Absetzungen, der Sonderabschreibungen sowie ähnlicher Erleichterungen in begrenztem Maße in die Rechtsstellung der übertragenden Personengesellschaft ein.[72] Im Gegensatz zur Übertragung zum Buchwert[73] wird hier im Falle der linearen Abschreibung nach § 22 II Nr. 1 UmwStG die AfA unter Berücksichtigung des Aufstockungsbetrags, der zu einer Erhöhung der ursprünglichen Anschaffungs- und Herstellungskosten führt, berechnet.[74] Im Falle der degressiven AfA gemäß § 7 II EStG

---

[71] Nach Ansicht der Finanzverwaltung (Schreiben des BuMiFi vom 25. März 1998, Rdnr. 22.08) ist bei der Aufstockung zum Zwischenwert ein bestehender selbstgeschaffener Geschäftswert nur zu berücksichtigen, wenn die übrigen Wirtschaftsgüter und Schulden mit den Teilwerten angesetzt sind, aber gegenüber dem Wert, mit dem das eingebrachte Betriebsvermögen von der Kapitalgesellschaft angesetzt werden soll, noch eine Differenz verbleibt. Diese Differenz ist dann durch den Ansatz des Geschäftswerts auszufüllen.

[72] *H. Dehmer*, UmwG, UmwStG, § 22 UmwStG, Rdnr. 15f; *B. Sagasser/T. Bula*, Umwandlungen, S. 188.

[73] Vgl. hierzu oben § 5 V. 2. b) Abschreibungsbasis bei AG/KGaA.

[74] Vgl. hierzu näher *H. Dehmer*, UmwG, UmwStG, § 22 UmwStG, Rdnr. 54ff.; B. *Sagasser/T. Bula*, Umwandlungen, S. 188.

wird bei der künftigen Bemessung der AfA nach § 22 II Nr. 2 UmwStG der von der übernehmenden AG/KGaA angesetzte Zwischenwert anstatt des bisherigen Buchwerts angesetzt. Der bisherige AfA-Prozentsatz wird weitergeführt, es kommt somit zu keiner Verlängerung des Abschreibungszeitraums.

b) Vorteilhaftigkeit

57 Die Einbringung zum Teilwert ist somit nur dann vorteilhaft, wenn der künftige Steuervorteil aus der Mehrabschreibung der stillen Reserven bei der GmbH größer ist als die Sofortversteuerung. Hierfür sind auf den Einzelfall bezogene Berechnungen unter Berücksichtigung der mittleren Abschreibungsdauer der Wirtschaftsgüter notwendig.

58 Eine Einbringung zum Teilwert ist jedoch stets vorteilhaft, wenn der entstehende Gewinn unter dem Freibetrag von 30.000 DM bzw. unter dem gegebenenfalls erhöhten Freibetrag von 120.000 DM nach § 16 IV EStG liegt. Dieser erhöhte Freibetrag von 120.000 DM wird gewährt bei einer Betriebsveräußerung bzw. Einbringung in eine Kapitalgesellschaft nach Vollendung des 55. Lebensjahres oder wegen dauernder Berufsunfähigkeit. Dabei ist klar, daß diesen Freibeträgen bei einer Börseneinführung allenfalls marginale Bedeutung zukommen kann.

59 Abgesehen hiervon ist zu berücksichtigen, daß der Ansatz des Teilwerts oder eines Zwischenwerts regelmäßig notwendig ist, wenn der eingebrachte Betrieb bei Ansatz zu Buchwerten ein negatives Kapital aufweisen würde. In diesem Fall muß nach § 20 II UmwStG das eingebrachte Vermögen in der AG/KGaA mindestens so angesetzt werden, daß sich die Aktiv- und Passivpositionen – ohne Berücksichtigung des Eigenkapitals – ausgleichen.[75]

VI. Sonstige Steuerfragen der Vermögensübertragung

1. Behandlung von Verlustvorträgen

60 Die Nutzbarkeit von Verlustvorträgen nach einem Wandel der Rechtsform spielt gerade bei der zunehmenden Zahl junger Gesellschaften, die eine Börsenzulassung anstreben, eine wichtige Rolle. Diese Unternehmen können nicht, wie die überwiegende Mehrzahl der Börsenneulinge früherer Jahre, auf eine Historie von Jahresabschlüssen mit positivem Ergebnis zurückblicken. Sie haben vielmehr – besonders wenn sie einigen Branchen aus dem High-Tech-Bereich[76] zuzurechnen

---

[75] Außerdem muß die AG/KGaA mit dem gesetzlich vorgeschriebenen Mindestkapital von 50.000 Euro ausgestattet sein, was bei Unternehmen, die sich zum Gang an die Börse rüsten, kein Problem sein dürfte.

[76] Dies ist insbesondere in der Biotechnologie der Fall, wo über Jahre Investi-

sind – in der Vergangenheit überwiegend Verluste erwirtschaftet und entweder gerade die Gewinnzone erreicht oder dies zumindest für die nächsten Jahre projeziert, wobei dann aber regelmäßig starke Zuwachsraten bei Umsatz und Ertrag erwartet werden. Für diese Unternehmen und ihre Fortentwicklung ist die Schonung ihres Cash Flows durch die Nutzbarkeit von einkommen- und gewerbesteuerlichen Verlustvorträgen von maßgeblicher Bedeutung.

a) Verlustabzug im Einkommen- und Körperschaftsteuerrecht

Die Übertragbarkeit von Verlusten in vorangegangene bzw. folgende 61
Geschäftsjahre ist grundsätzlich in § 10d EStG geregelt, der nach § 8 I KStG entsprechend für die Ermittlung des körperschaftsteuerlichen Einkommens der AG/KGaA gilt. Danach kann eine Kapitalgesellschaft entstandene Verluste bis zu einem Betrag von DM 1 Million[77] in den letzten Veranlagungszeitraum vor der Entstehung des Verlusts zurücktragen und den danach noch nicht verbrauchten Verlust in die folgenden Veranlagungszeiträume vortragen. Auf Antrag kann der Verlust statt eines Rücktrags auch nur in folgende Veranlagungszeiträume vorgetragen werden.[78]

b) Verlustabzug im Gewerbesteuerrecht

Im Rahmen der Gewerbesteuer wird der Verlustabzug von § 10a 62
GewStG geregelt, nach dem ein negativer Gewerbeertrag vortragsfähig[79] ist, soweit ein Verlust oder Gewinn aus einem Gewerbebetrieb unter Berücksichtigung der Hinzurechnungen nach § 8 GewStG und der Kürzungen nach § 9 GewStG einen negativen Betrag ergibt. § 8 IV KStG ist auf die Fehlbeträge entsprechend anzuwenden.

c) Voraussetzungen nach § 8 IV KStG

Grundvoraussetzung für den Verlustabzug nach § 10d EStG ist nach 63
§ 8 IV KStG bei einer Kapitalgesellschaft, daß sie nicht nur rechtlich,

---

tionen in Forschung und Entwicklung gemacht werden müssen, bevor erste Umsätze erzielbar sind.

[77] Bis zum 31. Dezember 2000 bis zu einem Betrag von DM 2 Millionen.

[78] Der verbleibende Verlustabzug ist nach §§ 49 I KStG, 10d III 1 EStG jeweils am Schluß des Veranlagungszeitraums in einem gesonderten Feststellungsbescheid festzustellen, der als Grundlagenbescheid für die Steuerbescheide der folgenden Veranlagungszeiträume verbindliche Wirkungen entfaltet. Verbleibender Verlustabzug ist der Gesamtbetrag der am Schluß eines Veranlagungszeitraums verbleibenden, d. h. nach Verlustausgleich, Verlustrücktrag oder Verlustvortrag noch nicht verbrauchten abziehbaren Verluste. Näher hierzu *C. Schmidt*, Verlustverwertung der Personen- und Kapitalgesellschaften unter besonderer Berücksichtigung des Mantelkaufs, S. 13f.

[79] Im Gegensatz zur Körperschaftsteuer gibt es nach § 10a GewStG für die Gewerbesteuer keinen Verlustrücktrag.

sondern auch wirtschaftlich mit der Körperschaft identisch ist, die den Verlust erlitten hat. Der Verlustabzug ist mangels wirtschaftlicher Identität insbesondere dann zu versagen, wenn mehr als 50 Prozent des Nominalkapitals übertragen worden sind und die Kapitalgesellschaft ihren Geschäftsbetrieb mit überwiegend neuem Betriebsvermögen fortführt bzw. wieder aufnimmt.[80]

d) Einzelrechtsnachfolge

64 Wird für den Wechsel der Rechtsform der Weg der Einzelrechtsnachfolge, d. h. die Übertragung einzelner Aktiva, Passiva, Verträge etc., gewählt, so ist ein beim übertragenden Rechtsträger bestehender gewerbe- oder einkommensteuerlicher Verlustvortrag bei der übernehmenden AG/KGaA nicht nutzbar. Verlustvorträge sind keine übertragbaren Wirtschaftsgüter.

65 Soll demnach bei bestehenden Verlustvorträgen dennoch der Weg der Einzelrechtsnachfolge gewählt werden, so ist – wie in anderen Fällen, in denen eine Übertragung eines Verlustvortrags nicht möglich ist – zu erwägen, die in den zu übertragenden Aktiva enthaltenen stillen Reserven beim übertragenden Rechtsträger zu realisieren. Vorausgesetzt, dieser verfügt über ein ausreichende Volumen stiller Reserven, so kann hierdurch ein – grundsätzlich voll körperschaft- und gewerbeertragsteuerpflichtiger – Gewinn in Höhe des steuerlichen Verlustvortrags erzielt und mit diesem verrechnet werden, so daß die Wertaufstockung zu keiner steuerlichen Belastung führt. Demgegenüber führen die so aufgestockten Wertansätze auf Ebene der übernehmenden AG/KGaA zu einem erhöhten Abschreibungsvolumen mit entsprechenden Konsequenzen auf die künftige Steuerlast, aber natürlich auch auf das KGV.

e) Formwechsel

66 Wird der Rechtsformwechsel in eine AG/KGaA durch eine Gesamtrechtsnachfolge im Wege des Formwechsels vollzogen, so kommt es darauf an, ob es sich bei dem übertragenden Rechtsträger um eine Personenhandelsgesellschaft oder bereits um eine Kapitalgesellschaft anderer Rechtsform handelt.

67 Während der Formwechsel in eine Kapitalgesellschaft anderer Rechtsform handelsrechtlich in den §§ 238 ff. UmwG geregelt ist, wird

---

[80] Bei Sanierungsfällen ist die Zuführung neuen Betriebsvermögens unschädlich, wenn sie allein der Sanierung des Geschäftsbetriebs dient, der den verbleibenden Verlustabzug i. S. d. § 10d IV 2 EStG verursacht hat, und die Kapitalgesellschaft den Geschäftsbetrieb in einem nach dem Gesamtbild der wirtschaftlichen Verhältnisse vergleichbaren Umfang in den folgenden fünf Jahren fortführt. Zu den Einzelheiten vgl. das BMF-Schreiben vom 16. April 1999 – IVC 6 – S 2745–12/99, abgedruckt in GmbHR 9/1999, S. 497 ff.

ein solcher Formwechsel vom UmwStG nicht geregelt. Die Änderung der Rechtsform ist in diesem Fall nicht mit Übertragungsakten verbunden, die umgewandelte Gesellschaft bleibt in unveränderter rechtlicher und wirtschaftlicher Identität bestehen.[81] Körperschaftsteuerliche[82] und gewerbesteuerliche[83] Verlustvorträge, die vor der Umwandlung entstanden sind, können daher im Rahmen von § 10d EStG steuerlich weiter genutzt werden.

Für den Formwechsel einer Personenhandelsgesellschaft in eine Kapi- **68**
talgesellschaft gelten nach § 25 UmwStG die §§ 20ff. UmwStG, d. h. die Vorschriften über die Einbringung eines Betriebs, Teilbetriebs oder Mitunternehmeranteils in eine Kapitalgesellschaft gegen Gewährung von Gesellschaftsanteilen, von denen wiederum § 22 UmwStG auf § 12 III 1 UmwStG verweist. Demgegenüber verweist die Vorschrift unabhängig vom gewählten Wertansatz nicht mehr auf § 12 III 2 UmwStG, der die Voraussetzungen für die Nutzung eines verbleibenden Verlustabzugs i. S. v. § 10d III 2 EStG definiert. Im Falle des Formwechsels einer Personenhandelsgesellschaft in eine Kapitalgesellschaft geht daher die Berechtigung zum Verlustabzug nicht auf die AG/KGaA über, da nicht die übertragende Personengesellschaft „Inhaber" des Verlustabzugs ist, sondern deren Gesellschafter.[84] Nach § 22 IV UmwStG kann im Ergebnis auch ein gewerbesteuerlicher Verlustvortrag i. S. d. § 10a GewStG nicht genutzt werden.

---

[81] Während der RFH in solchen Fällen eine Aufspaltung der Kapitalgesellschaft in eine handels- und eine steuerrechtliche Person angenommen und daher einen Verlustabzug aufgrund einer fehlenden Personenidentität abgelehnt hat, sieht der BFH (Urteil vom 19. August 1958 I 78/58, BStBl. III 1958, S. 468; Urteil vom 8. April 1964 VI 165/62 S, BStBl. III 1964, S. 331) in dem Wechsel der Rechtsform einer Kapitalgesellschaft in eine andere Kapitalgesellschaft keinen Wechsel der Rechtspersönlichkeit. *C. Schmidt*, Verlustverwertung der Personen- und Kapitalgesellschaften unter besonderer Berücksichtigung des Mantelkaufs, S. 145; *B. Sagasser/T. Bula*, Umwandlungen, S. 360.

[82] BFH, Urteil vom 19. August 1958 I 78/58, BStBl. III 1958, S. 468.

[83] BFH, Urteil vom 9. September 1958, I 72/58, BStBl. III 1958, S. 48.

[84] *C. Schmidt*, Verlustverwertung der Personen- und Kapitalgesellschaften unter besonderer Berücksichtigung des Mantelkaufs, S. 147f., der aber im Gegensatz zu *B. Sagasser/T. Bula* (Umwandlungen, S. 362, 189) davon ausgeht, daß der gewerbesteuerliche Verlustvortrag im Falle des Formwechsels von der Personengesellschaft auf die Kapitalgesellschaft übergeht, da durch den Formwechsel sich lediglich die geltende Normstruktur für den beteiligten Rechtsträger ändere. Wirtschaftliche und persönliche Identität blieben aber gewahrt. Ebenso blieben Vermögensbestand und der am Unternehmen beteiligte Personenkreis vor und nach dem Formwechsel gleich.
§ 19 II 3 UmwStG, der die Nichtübertragbarkeit des gewerbesteuerlichen Verlustvortrags von einer Kapitalgesellschaft auf eine Personengesellschaft zum Inhalt hat, ist hier nicht anwendbar, da er vom Verweis des § 25 UmwStG auf den achten Teil des Gesetzes nicht erfaßt wird.

f) Verschmelzung

69 Bei der Verschmelzung auf eine AG/KGaA gelten ähnliche Überlegungen wie im Falle des Formwechsels. Bei der Verschmelzung einer Personenhandelsgesellschaft auf eine Kapitalgesellschaft geht der Verlustvortrag nicht über, da § 22 UmwStG nur auf § 12 III 1 UmwStG, nicht aber auf Satz 2 verweist, nach dem die übernehmende Körperschaft auch bezüglich eines verbleibenden Verlustabzugs in die Rechtsstellung des übertragenden Rechtsträgers eintritt.

70 Demgegenüber gilt bei der Verschmelzung einer Körperschaft auf eine AG/KGaA § 12 III 2 UmwStG. Ein verbleibender Verlustabzug einer Kapitalgesellschaft i. S. d. § 10d III 2 EStG kann danach von der AG/KGaA unter der Voraussetzung genutzt werden, daß der Betrieb oder Betriebsteil, der den Verlust verursacht hat, über den Verschmelzungsstichtag hinaus in einem nach dem Gesamtbild der wirtschaftlichen Verhältnisse vergleichbaren Umfang in den folgenden fünf Jahren fortgeführt wird. Neben der Anwendung des § 12 III 2 UmwStG ist auch die des § 8 IV KStG zu prüfen. Während § 12 III 2 UmwStG den Übergang nicht verbrauchter Verluste der übertragenden Kapitalgesellschaft auf die übernehmende AG/KGaA regelt, untersagt § 8 IV KStG bei Vorliegen der tatbestandlichen Voraussetzungen den Abzug eigener Verluste der AG/KGaA.[85]

71 Für die Behandlung der gewerbesteuerlichen Verlustvorträge ist § 19 UmwStG maßgebend. Nach dessen Absatz 2 wird der maßgebende Gewerbeertrag der übernehmenden AG/KGaA in Höhe der vortragsfähigen Fehlbeträge der übertragenden Körperschaft i. S. d. § 10a GewStG gekürzt, vorausgesetzt, daß die übertragende Körperschaft ihren Geschäftsbetrieb noch nicht eingestellt hatte.

g) Spaltung

72 Im Falle der Auf- oder Abspaltung einer Körperschaft geht der verbleibende Verlustabzug der übertragenden Körperschaft nach §§ 15 I und IV, 12 III 2 UmwStG anteilig auf die übernehmende AG/KGaA über, wenn der übertragende oder verbleibende wie auch der übertragene Vermögensteil die Teilbetriebseigenschaft erfüllen und der den Verlust verursachende Betrieb mindestens fünf Jahre und mindestens in

---

[85] BMF-Schreiben vom 16. April 1999 – IVC 6 – S 2745–12/99, abgedruckt in GmbHR 9/1999, S. 497, 501. Im Falle der Verschmelzung einer Verlust-Kapitalgesellschaft, deren Anteile zu mehr als 50 Prozent übertragen worden sind, auf eine Gewinne erwirtschaftende Kapitalgesellschaft und der Zuführung überwiegend neuen Betriebsvermögens von außen (d. h. außerhalb der Rechtsnachfolgerin, z. B. durch den Gesellschafter der übernehmenden Kapitalgesellschaft) geht demnach ein verbleibender Verlustabzug gemäß § 8 IV KStG unter und kann nicht auf die übernehmende Kapitalgesellschaft nach § 12 III 2 UmwStG übergehen.

diesem Umfang fortgeführt wird.[86] Der Aufteilungsmaßstab für die Übertragung richtet sich nach dem Verhältnis der gemeinen Werte der übertragenen Vermögensteile zu dem vor der Spaltung bei der übertragenden Person vorhandenen Vermögen, wie es in der Regel in dem im Spaltungs- und Übernahmevertrag oder dem Spaltungsplan festgesetzten Umtauschverhältnis der Anteile zum Ausdruck kommt.[87] Für die Übertragung gewerbesteuerlicher Fehlbeträge i. S. d. § 10a GewStG auf die übernehmende AG/KGaA gelten dieselben Voraussetzungen. Auch wenn die §§ 15 und 19 UmwStG keine Regeln für die Aufteilung der vortragsfähigen Fehlbeträge enthalten, so ist doch davon auszugehen, daß hierfür der gleiche Maßstab wie auf den Verlustabzug i. S. d. 10d III 2 EStG anzuwenden ist.[88]

2. Sonderbetriebsvermögen

Nutzt das Unternehmen, das vor einer Börseneinführung in eine AG/KGaA umgewandelt werden soll, Wirtschaftsgüter, die im Eigentum von Gesellschaftern stehen und somit Sonderbetriebsvermögen darstellen, gelten spezielle Überlegungen. So ist nach Ansicht der Finanzverwaltung das Bewertungswahlrecht nach § 20 II UmwStG nur gegeben, wenn alle wesentlichen Betriebsgrundlagen,[89] also auch das sogenannte Sonderbetriebsvermögen I der Gesellschafter, in die Kapitalgesellschaft eingebracht werden.[90] Da zivilrechtlich nur das Gesamthandsvermögen der Personengesellschaft bzw. das Vermögen der Kapi- **73**

---

86 Voraussetzung für die Übertragung des Verlustabzugs ist auch, daß die übertragende Körperschaft den Geschäftsbetrieb des betreffenden Teilbetriebs im Zeitpunkt der Eintragung des Vermögensübergangs im Handelsregister noch nicht eingestellt hat, was aber bei Spaltungsvorgängen im Vorfeld einer Börseneinführung kein Problem darstellen sollte.

87 B. *Sagasser/T. Bula*, Umwandlungen, S. 273.

88 *N. Herzig/G. Förster*, Problembereiche bei der Auf- und Abspaltung von Kapitalgesellschaften nach neuem Umwandlungssteuerrecht, DB 1995, S. 338, 348; zustimmend *B. Sagasser/T. Bula*, Umwandlungen, S. 273.

89 Demgegenüber steht die Entnahme nicht wesentlicher Betriebsgrundlagen dem Wahlrecht bei der Einbringung des übrigen Betriebsvermögens nicht entgegen.

90 Beim Sonderbetriebsvermögen I handelt es sich um Wirtschaftsgüter, die einem Gesellschafter einer Personengesellschaft gehören, aber der Personengesellschaft dienen. Das Sonderbetriebsvermögen II, d. h. die Wirtschaftsgüter eines Gesellschafters einer Personengesellschaft, die der Beteiligung des Gesellschafters an der Personengesellschaft dienen, ist von dieser Regelung nicht betroffen, da diese Wirtschaftsgüter regelmäßig keine wesentliche Betriebsgrundlage darstellen. Zu den Besonderheiten bei der Umwandlung einer GmbH & Co. KG in Hinblick auf die einem Kommanditisten gehörenden Geschäftsanteile an der Komplementär-GmbH vgl. *M. von Oettingen*, Die Planung des Gangs an die Börse, S. 391.

talgesellschaft auf die AG/KGaA übertragen wird, muß das Sonderbetriebsvermögen der AG/KGaA separat im Wege der Einzelrechtsnachfolge zugeführt werden. Werden den Gesellschaftern hierfür neue Anteile gewährt, so kommt es zu einer Veränderung der Beteiligungsquoten, wenn nicht Ausgleichszahlungen vereinbart werden.

74 Die Nichteinbringung von unwesentlichem Sonderbetriebsvermögen ist als Entnahme zu behandeln, was zu einer Versteuerung der im Sonderbetriebsvermögen entstandenen stillen Reserven führt. Realisieren Gesellschafter als Konsequenz der Entnahme unterschiedliche Wertansätze, weil einige Anteilseigner im Gegensatz zu anderen nicht die Einbringung zum Teilwert wählen, so muß zwischen den Gesellschaftern ein wie auch immer gearteter Interessenausgleich herbeigeführt werden.

3. Verkehrssteuern

a) Umsatzsteuer

75 Nach § 1 Ia UStG ist eine Geschäftsveräußerung im Ganzen, d. h. die entgeltliche oder unentgeltliche Veräußerung oder Einbringung eines Unternehmens oder eines in der Gliederung eines Unternehmens gesondert geführten Betriebs,[91] an einen anderen Unternehmer für dessen Unternehmen nicht umsatzsteuerbar. Dies gilt auch für Umwandlungen i. S. d. UmwG, die als nicht steuerbare Geschäftsveräußerungen i. S. d. § 1 Ia UStG dem unternehmerischen und nicht dem gesellschaftsrechtlichen Bereich zuzuordnen sind.[92] Beim Formwechsel fehlt es bereits an einem Umsatz, da der Rechtsträger identisch bleibt und es somit nicht zu einem Unternehmenswechsel kommt.

76 Demgegenüber unterliegt die Übertragung von einzelnen Wirtschaftsgütern oder Vermögenskomplexen, die keine Teilbetriebe im vorgenannten Sinne darstellen, der Umsatzsteuer. Die Übertragung von Anteilen an Personen- oder Kapitalgesellschaften ist aber umsatzsteuerfrei.

b) Grunderwerbsteuer

77 Sind im Betriebsvermögen, das im Wege der Einzel- oder der Gesamtrechtsnachfolge auf die AG/KGaA übergeht, inländische Grundstücke enthalten, so fällt nach § 1 GrEStG Grunderwerbsteuer in Höhe von 3,5 Prozent an. Bemessungsgrundlage für die Steuer ist der nach

[91] Hierbei handelt es sich um einen wirtschaftlich selbständigen, für sich lebensfähigen Organismus. Eine Fortführung des übertragenen Teilbetriebs als selbständige Einheit ist hingegen nicht erforderlich

[92] Umsatzsteuer auf den Bezug von Leistungen im Zusammenhang mit der Umwandlung, wie z. B. Beratungs- oder Beurkundungskosten berechtigen damit zum Vorsteuerabzug. *B. Sagasser/T. Bula*, Umwandlungen, S. 303.

§§ 138 ff. BewG ermittelte Wert des Grundvermögens. Der Formwechsel ist in Anbetracht des Fehlens eines Rechtsträgerwechsels grunderwerbsteuerfrei.

4. Erbschaftsteuer

Wenngleich der Wechsel der Rechtsform von Einzelunternehmen und Personengesellschaften mit anschließender Börseneinführung ohne Änderung der Beteiligungsquoten nicht direkt oder indirekt zum Anfall von Erbschafts- oder Schenkungsteuer[93] führt, so hat er doch in mehrfacher Hinsicht ungünstige Auswirkungen auf die Erbschafts- und Schenkungsteuerbelastung der Gesellschafter, insbesondere infolge der unterschiedlichen steuerlichen Bemessungsgrundlagen. **78**

Bei Einzelunternehmen und Personengesellschaften ist Bemessungsgrundlage für die Erbschaftssteuer nach einer rein substanzwertorientierten Betrachtungsweise der anteilige[94] Buchwert, sofern nicht – wie z. B. für Grundstücke[95] – nach § 12 V, III ErbStG i. V. m. § 109 BewG der Einheitswert anzusetzen ist. Zum Betriebsvermögen gehörende Wertpapiere, Anteile und Genußscheine von Kapitalgesellschaften sind nach § 12 V ErbStG vorbehaltlich § 12 V 2 ErbStG mit dem nach §§ 11 f. BewG ermittelten Wert anzusetzen. **79**

Demgegenüber ist bei nicht börsennotierten Kapitalgesellschaften der steuerlich relevante „gemeine Wert" nach dem sogenannten Stuttgarter Verfahren zu ermitteln,[96] das eine Mischform von Ertrags- und Substanzbewertung darstellt[97] und regelmäßig zu einer wesentlichen Erhöhung der steuerlichen Bemessungsgrundlage im Vergleich zur Einheitsbewertung bei einer Personengesellschaft führt.[98] Nach einer Bör- **80**

---

[93] Beide Steuerarten besteuern die Übertragung von Vermögen von einem Rechtsträger auf eine anderen, wobei der einzige Unterschied darin besteht, daß die Erbschaftsteuer beim Erwerb von Todes wegen anfällt, die Schenkungsteuer dagegen bei Schenkungen unter Lebenden einschließlich der vorweggenommenen Erbfolge. Beide Steuerarten sind im Erbschaftsteuergesetz geregelt (vgl. § 1 I ErbStG) und werden im folgenden einheitlich als Erbschaftsteuer bezeichnet.

[94] D. h. pro rata der Beteiligung wird ein Anteil am Betriebsvermögen errechnet.

[95] Zur Rechtsunsicherheit der Verfassungsmäßigkeit der Einheitswertbesteuerung von Immobilien wegen der beiden Entscheidungen des Bundesverfassungsgerichts vom 22. Juni 1995 vgl. *M. Wilhelm/S. Kern* in *N. Wieselhuber*, Börseneinführung mit Erfolg, S. 53.

[96] Abschn. 97–108 ErbStG.

[97] Vgl. auch §§ 9, 11 II BewG, wonach im Falle von Verkäufen von Anteilen an der Gesellschaft innerhalb des letzten Jahres der Wert aus diesen Verkäufen abzuleiten ist.

[98] M. *Binz/G. Freudenberg* (*N. Wieselhuber*, Börseneinführung mit Erfolg, S. 354) nennen als Faustregel eine Verdoppelung bis Verdreifachung.

seneinführung gilt für die Ermittlung der Erbschaftsteuern nicht mehr der nach dem Stuttgarter Verfahren ermittelte gemeine Wert, sondern der Börsenkurs am jeweils relevanten Stichtag, d. h. ein Wert, der maßgeblich von den Erwartungen der Anleger bestimmt wird und keinerlei Bezug zu einem Substanz- oder Ertragswert aufweisen muß. Gerade bei geringer Liquidität einer Aktie kann deren Kursverlauf erratischen Schwankungen ausgesetzt sein und so ebenso stark wie willkürlich die Steuerlast der Gesellschafter beeinflussen. Da die Börsenbewertung im Gegensatz zum vergangenheitsorientierten Stuttgarter Verfahren stark von den Ertragsaussichten abhängt, verlaufen Kursentwicklung und gemeiner Wert[99] antizyklisch, was insbesondere bei Unternehmen mit hervorragenden Zukunftsaussichten eine Belastung darstellen kann.

81 Emittiert ein Unternehmen nur Vorzüge, so legt die Finanzverwaltung bei der Wertermittlung der nicht notierten Stammaktien ein Aufschlag von etwa 15 bis 25 Prozent auf den Kurs der Vorzugsaktien zugrunde. Ausstattungsunterschiede zwischen den unterschiedlichen Aktiengattungen sollen durch Zu- und Abschläge zum Börsenkurs der Vorzugsaktien berücksichtigt werden.[100] Nach § 11 III BewG kann ein Paketzuschlag vorgenommen werden.

82 Der Steuersatz der Erbschaftsteuer ist vom Verwandtschaftsgrad der Beteiligten und von der Höhe des übertragenen Vermögens abhängig und nach § 19 ErbStG progressiv gestaffelt, was die Erhöhung der Bemessungsgrundlage durch Wandel der Rechtsform und Börseneinführung verschärft.[101]

Bei der AG entfällt auch die sich aus § 28 I ErbStG für Einzelkaufleute und Personengesellschaften ergebende Möglichkeit, Erbschaftssteuer, die auf den Erwerb von Betriebsvermögen anfällt, für zehn Jahre zu stunden,[102] soweit dies zur Erhaltung des Betriebs erforderlich ist.[103]

83 Bei Übertragung von Betriebsvermögen durch Erbfall oder Schenkung (z. B. im Wege der vorweggenommenen Erbfolge) kann hierfür

---

[99] Nach dem Bewertungsgrundsatz des § 9 I BewG ist als Wertansatz der gemeine Wert anzusetzen, soweit nichts anderes bestimmt ist. Gemeiner Wert ist der Preis, der im gewöhnlichen Geschäftsverkehr erzielt werden kann, d. h. der Verkehrswert, der Marktpreis oder der Veräußerungspreis. Bei der Bewertung nicht zu bestimmen sind ungewöhnliche Verhältnisse wie Konkurs oder Freundschaftspreise aufgrund persönlicher Beziehungen. *H. Horschitz/W. Groß/P. Schnur*, Bewertungsrecht, S. 10.

[100] *U. Koch/W. Jensen/S. Steinhoff*, Going Public, S. 199f. m. w. N.

[101] Die Höhe der Erbschaftsteuer ist bis zum Zeitpunkt des Erb- oder Schenkungsfalls völlig ungewiß, da der Börsenkurs nicht absehbar ist. *M. Wilhelm/S. Kern* in *Wieselhuber*, Börseneinführung mit Erfolg, S. 53

[102] Beim Erwerb von Todes wegen ist diese Stundung zinslos möglich.

[103] Anteile an Personengesellschaften gehören in der Regel immer zum Betriebsvermögen, Anteile an Kapitalgesellschaften grundsätzlich nicht. *M. Wilhelm/S. Kern* in *N. Wieselhuber*, Börseneinführung mit Erfolg, S. 53.

unter bestimmten Voraussetzungen ein Freibetrag von DM 500.000 eingeräumt und bei der Wertermittlung zusätzlich ein Bewertungsabschlag von 25 Prozent auf den verbleibenden Betrag gewährt werden.[104] Anteile an einer AG kommen nur dann in den Genuß dieser Freibetragsregelung und des Wertabschlags, wenn der Erblasser/Schenkende eine unmittelbare Beteiligung von mehr als 25 Prozent hatte.

Die Umwandlung eines Einzelunternehmens oder einer Personen- **84**
gesellschaft in eine Kapitalgesellschaft führt somit zu einer höheren Erbschafts- und Schenkungsteuerbelastung. Die nachfolgende Börseneinführung verstärkt diesen Effekt. Daher sollte, zumindest bei Gesellschaftern im fortgeschrittenen Alter, vor Umwandlung und Börseneinführung unbedingt eine Übertragung von Gesellschaftsanteilen im Wege der vorweggenommenen Erbfolge erfolgen.[105] Grundvoraussetzung hierfür sind selbstverständlich eine klare Nachfolgeregelung sowie Schutz der sonstigen Interessen des Übertragenden.[106]

5. Kapitalerhöhungsmaßnahmen

Im Vorfeld von Börseneinführungen führen die Emittenten häufig **85**
Kapitalerhöhungen durch. Erfolgen diese aus Gesellschaftsmitteln, was wiederum entsprechende offene Rücklagen voraussetzt[107], so dient die hiermit bezweckte Erhöhung des Grundkapitals in erster Linie der Schaffung einer ausreichenden Zahl von Aktien im Interesse einer ausreichenden Liquidität und zur Gewährleistung eines (Emissions-)Kurses, der in Relation zu anderen Neuemissionen und sonstigen Börsenwerten nicht zu „schwer“ erscheint und damit nicht Gefahr läuft, schon allein aus optischen Gesichtspunkten als zu teuer zu gelten. Werden hingegen eine Kapitalerhöhung durchgeführt und neue Aktien emittiert, so wird hierdurch nicht nur – wie bei der Kapitalerhöhung aus Gesellschaftsmitteln – die Anzahl der ausstehenden Aktien erhöht. Vielmehr ist die Kapitalerhöhung nach § 182 AktG für die Gesellschaft auch mit einem Zufluß an Kapital verbunden.

Im Falle der Kapitalerhöhung aus Gesellschaftsmitteln sind die so ge- **86**
schaffenen neuen Aktien wie die alten Gesellschaftsanteile steuerverstrickt, wenn eine vorangegangene Sacheinlage i. S. v. § 20 I UmwStG zu Buch- oder Zwischenwerten erfolgte und die Antragsversteuerung unterbleibt. Die Erhöhung des Grundkapitals aus offenen Rücklagen

---

[104] § 13a ErbStG.

[105] Zu weiteren Steuerminderungsstrategien: vgl. *M. Binz/G. Freudenberg* in *N. Wieselhuber*, Börseneinführung mit Erfolg, S. 355 (Familienstiftung).

[106] *C. Claussen* in *N. Wieselhuber*, Börseneinführung mit Erfolg, S. 4.

[107] Vgl. hierzu § 207 I AktG.

und die Verteilung der Berichtigungsaktien haben bei den Aktionären keine einkommen- oder körperschaftsteuerlichen Effekte.

87 Demgegenüber werden bei der Kapitalerhöhung gegen Bareinlage nach § 182 AktG die neuen Aktien unter Ausschluß des Bezugsrechts der Altaktionäre vom Bankenkonsortium gezeichnet. Werden hierbei stille Reserven auf die jungen Aktien übertragen, so gelten die jungen Aktien in entsprechendem Umfang als steuerverstrickt, wenn es sich bei den alten Gesellschaftsanteilen um steuerverstrickte einbringungsgeborene Anteile handelt. Eine Gewinnrealisierung dürfte aber nur in Ausnahmefällen zum Tragen kommen.

88 Grundvoraussetzung für eine Gewinnrealisierung ist, daß stille Reserven ohne entsprechende Gegenleistung übergehen. Dies ist regelmäßig dann anzunehmen, wenn der Emissionspreis der neuen Aktien nicht dem inneren Wert der alten Aktien, d. h. deren Teilwert entspricht. Allerdings sieht die Finanzverwaltung einen Ausnahmetatbestand von einer dann gegebenen Steuerpflicht, wenn die stillen Reserven wegen des Bezugsrechtsausschlusses zwangsläufig ohne Gegenleistung auf einen Dritten übergehen. Eine weitere Ausnahme sehen die Finanzbehörden in dem Fall, daß die neuen Aktien in ein Betriebsvermögen aufgenommen werden, was aufgrund der Zeichnung durch das Bankenkonsortium formal ebenfalls gegeben ist.[108]

89 Anders zu beurteilen ist dagegen, wenn im Vorfeld der Börseneinführung zur Anpassung des Grundkapitals neben einer Kapitalerhöhung aus Gesellschaftsmitteln eine ordentliche Kapitalerhöhung gegen Bareinlage erfolgte. Werden hier die neuen Aktien unterhalb ihres inneren Wertes, d. h. zum (rechnerischen) Nominalwert oder mit einem nicht angemessenen Agio an die Altgesellschafter ausgegeben, so kommt es zur Übertragung stiller Reserven auf die jungen Aktien. Handelt es sich bei den alten Aktien um steuerverstrickte Anteile, so sind die jungen Aktien im Gegensatz zu denen aus der Kapitalerhöhung aus Gesellschaftsmitteln zwar nicht mehr steuerverstrickt. Eine Versteuerung der übertragenen stillen Reserven wird sich aber nicht vermeiden lassen.[109]

---

[108] *M. von Oettingen*, Die Planung des Gangs an die Börse, S. 384.

[109] *M. von Oettingen*, Die Planung des Gangs an die Börse, S. 385 f. m. w. N.

§ 6 Vorbereitung der Emission

1 In Vorbereitung der Plazierung von Aktien und Aufnahme der Börsennotierung bedarf es – neben der gegebenenfalls erforderlichen Umwandlung in die Rechtsform der AG oder KGaA – umfangreicher Planungen und Vorbereitungshandlungen, mit dem regelmäßig ein zu diesem Zweck zusammengestelltes „Börseneinführungsteam" betraut wird. Dessen Zusammenstellung und die Feststellung der tatsächlichen Börsenreife des Unternehmens ist ein – auch zeitlich – interdependenter Prozeß. Zur Vorbereitung der Emission gehört neben der u. a. die Börsenreife überprüfenden Due Diligence und der Strukturierung der Gesamttransaktion auch die Herbeiführung einer positiven Entscheidung der zuständigen Unternehmensorgane bzw. Gesellschaftergremien.

I. Börseneinführungsteam

2 Die vorstehenden Ausführungen illustrieren bereits einen Teil der Komplexität eines Börseneinführungsprozesses. Die vielfältigen Teilschritte von den ersten diesbezüglichen Abwägungen über die tatsächliche Durchführung bis hin zur sachgerechten Beurteilung und Handhabung ihrer späteren Auswirkungen erfordern die Mitwirkung und Zusammenarbeit einer Vielzahl von Spezialisten unterschiedlicher Disziplinen, sei es als Mitarbeiter des Unternehmens, sei es als externe Berater. Im Regelfall ist das für eine Börseneinführung erforderliche Know-how nur begrenzt im Unternehmen selbst verfügbar.

3 Während der Kreis der in die Überlegungen eingeschalteten Personen bis zur grundsätzlichen Entscheidung der Gesellschafter zur Durchführung des Börsengangs regelmäßig auf einige wenige Vertraute beschränkt wird, ist danach in Abhängigkeit von der getroffenen Zeitplanung und den Umständen des Einzelfalls mehr oder weniger zügig ein Team mit einer klaren Verteilung von Aufgaben und (Gesamt-) Verantwortung zu bilden.

1. Geschäftsführung und Mitarbeiter

4 Unabhängig von der Bedeutung externer Berater und der Banken für den Erfolg einer Emission wird die letztendliche und in ihren Auswirkungen spürbare Verantwortung für den Gesamtprozeß immer auf

der Seite der Gesellschaft anzusiedeln sein, sei es bei den Gesellschaftern, sei es bei der Geschäftsführung, d. h. dem derzeitigen oder künftigen Vorstand. Die Gesamtverantwortung für das Projekt „Börseneinführung" muß deshalb in jedem Fall auch hier liegen. In Hinblick auf das erst noch zu gewinnende Vertrauen der angesprochenen Investoren in das Unternehmen und dessen Vorstand sollte diese mit relativ hoher Visibilität verbundene Rolle – nicht von einem (bisherigen) Mehrheitsaktionär, sondern eher – von einem Mitglied des künftigen Vorstands wahrgenommen werden,[1] der das Unternehmen in Präsentationen und Verhandlungen mit Banken vertritt. Dies wird und muß nicht unbedingt der Vorsitzende bzw. Sprecher des Vorstands sein, wobei allerdings dessen zumindest partielle Präsenz – wenn nicht gar führende Rolle – zumindest im Rahmen der Road Show vor und während der Zeichnungsfrist erwartet wird.

5 Die Gesamtverantwortung eines Mitglieds der Geschäftsleitung beinhaltet auch die Steuerungsfunktion für das Gesamtprojekt „Börseneinführung" einschließlich der Führung und Koordination des Teams, wobei hier eine weitgehende Delegation an Mitarbeiter oder Berater

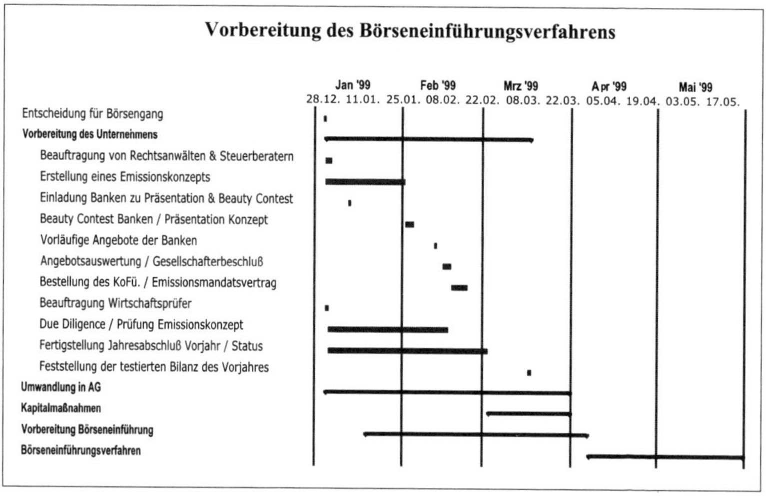

möglich ist. Kontakte nach außen, insbesondere aber Verhandlungen wie die mit Banken sollten demgegenüber – von relativ unbedeutenden Vorgängen abgesehen – ausschließlich über den Leiter des Teams erfolgen, nicht dagegen unkoordiniert von den einzelnen Teammitglie-

[1] Gerade bei jungen Unternehmen wird der Vorstand oftmals aber von Aktionären gebildet, die häufig einzeln oder gemeinsam mit ihrer Beteiligung die Mehrheit besitzen.

dern auf ihrem speziellen Fachgebiet, die diesem insoweit vielmehr zuarbeiten sollten.

Auf der Arbeitsebene innerhalb des Unternehmens wird ein Team zu bilden sein, in dem dem Rechnungswesen eine besondere Bedeutung zukommt, da hier das gesamte Zahlenmaterial für den Börsengang aufzubereiten ist. Inwieweit die Public Relations- oder Marketing-Abteilung des Unternehmens neben einer spezialisierten Marketingagentur den Börsengang begleiten wird, hängt in erster Linie von deren Größe und spezifischen Fähigkeiten ab. 6

In der Planung wird davon auszugehen sein, daß die Mitarbeiter, die Mitglieder des Börseneinführungsteams sind, sich während der Vorbereitung der Börseneinführung über weite Zeiträume nur sehr eingeschränkt dem Tagesgeschäft widmen können, d. h. zumindest teilweise von ihren Aufgaben freigestellt werden müssen. Dies gilt auch und ganz besonders für das verantwortliche Vorstandsmitglied während der Road Show. 7

2. Externe Berater

Zum Kern des Börseneinführungsteams gehören neben der konsortialführenden Bank vor allem Rechtsanwälte, Steuerberater und Wirtschaftsprüfer. Daneben spielen auch Public Relations Agenturen, die sich auf Finanzmarketing spezialisiert haben, eine wichtige Rolle. Bei der Auswahl dieser Berater und Mandatserteilung wird – auch unter Einholung von Referenzen bei anderen neu an eine Börse eingeführten Unternehmen – besonders auf entsprechende Expertise und Erfahrung bei Börseneinführungen zu achten sein, was häufig dazu führt, daß projektorientiert auch andere als die Hausanwälte, -steuerberater oder -wirtschaftsprüfer hinzugezogen werden. 8

a) Rechtsanwälte

Abgesehen von der häufigen Einschaltung von Anwälten in die Grundsatzüberlegungen im Vorfeld eines Börsengangs gehört zu ihren Aufgaben zum einen die allgemein-gesellschaftsrechtliche Beratung im Zusammenhang mit der Gründung der Gesellschaft bzw. deren Umwandlung, sofern diese nicht bereits als AG besteht. Dies beinhaltet u. a. den Entwurf der Satzung einschließlich der Absicherung des Einflusses der Altaktionäre, soweit dieser beibehalten werden soll, aber auch das Abfassen neuer Arbeitsverträge mit den zu Vorständen gewordenen Geschäftsführungsmitgliedern der Gesellschaft oder die Entwicklung von Mitarbeiterbeteiligungsprogrammen,[2] sofern solche gewünscht sind, was in der jüngsten Praxis immer mehr der Fall ist. Zum 9

---

[2] Vgl. hierzu § 18 Mitarbeiterbeteiligung.

anderen sind die Anwälte verantwortlich für die Beachtung der komplexen Regularien eines Börseneinführungsprozesses sowie für die Vermeidung von Haftungsrisiken des Emittenten und seiner (Alt-)Aktionäre. Dabei stehen kapitalmarkt- und börsenrechtliche Fragestellungen im Vordergrund. Inwieweit sie in die Erstellung des Börsenzulassungsprospekts eingebunden sind, ist vom Einzelfall abhängig. Regelmäßig spielen Anwälte auch eine zentrale Rolle bei den Verhandlungen mit anderen Beteiligten, insbesondere den Banken.

b) Steuerberater und Wirtschaftsprüfer

10 Die Verantwortung der Steuerberater liegt in erster Linie in der Beurteilung der steuerlichen Auswirkungen der Börseneinführung sowie deren Optimierung für das Unternehmen und dessen Gesellschafter. Hierbei findet regelmäßig eine enge Kooperation mit den Wirtschaftsprüfern der Gesellschaft statt, sofern diese nicht ohnehin personenidentisch sind. Die Wirtschaftsprüfer spielen auch eine wichtige Rolle bei einer Umstrukturierung der Gesellschaft und ihrer Bilanz, müssen hierbei, d. h. insbesondere bei Umwandlungen, aber lauernde Konflikte mit dem Rechtsberatungsgesetz vermeiden.[3] Ihre Aufgabe umfaßt regelmäßig auch die Kooperation mit dem internen Rechnungswesen bei der Aufbereitung der Finanzdokumentation und die Erstellung von Unternehmensbewertungen zur Unterstützung des Managements oder der Gesellschafter bei deren Verhandlungen mit den Banken. Inwieweit mit diesen Aufgaben der bisherige Wirtschaftsprüfer der Gesellschaft beauftragt wird und so die Vorteile dessen gewachsener Beziehungen und spezifische Kenntnisse des Unternehmens genutzt werden, hängt auch davon ab, inwieweit seine Kapazitäten den sich bei einem Börsengang stellenden Anforderungen gewachsen sind.[4]

11 Unabhängig von den Wirtschaftsprüfern der Gesellschaft wird von den Banken regelmäßig eine weitere Wirtschaftsprüfungsgesellschaft mit einer Due Diligence des Unternehmens einschließlich der Prüfung der Plausibilität der Planungsrechnung beauftragt, wodurch neben einer möglichen Betriebsblindheit insbesondere Interessenkonflikte vermieden werden sollen und die Glaubwürdigkeit der Stellungnahmen erhöht wird. Bei der Auswahl dieser Prüfer spielt u. a. deren spezifische Branchenerfahrung eine besondere Rolle, weil nur dann eine korrekte Beurteilung unter Berücksichtigung angemessener Abschreibungszei-

---

[3] *W. Koch/J. Wegmann*, Praktiker-Handbuch Börseneinführung, S. 174.

[4] Damit soll nicht angedeutet werden, daß im Rahmen einer Börseneinführung nur die „Big Six“ bzw. was nach der Fusionswelle bei den Wirtschaftsprüfungsgesellschaften von ihnen übrig blieb, beauftragt werden sollten, da gerade mittelgroße und weniger bekannte Gesellschaften ein günstigeres Preis-/Leistungsverhältnis aufweisen und in Anbetracht einer relativ höheren Bedeutung des spezifischen Mandats gelegentlich auch höheres Engagement aufbringen.

ten etc. zu erwarten ist. Grundvoraussetzung für eine Mandatierung muß in jedem Fall eine vollständige Unabhängigkeit des Prüfers sein.

c) Public Relations Agenturen

Die Bedeutung von Public Relations Agenturen im Rahmen der Vermarktung von Neuemissionen wurde in Deutschland lange Zeit vernachlässigt, ist mittlerweile aber vor dem Hintergrund der Erkenntnis des globalen Wettbewerbs um Kapital auch hier anerkannt. Die hierauf spezialisierten Agenturen zeichnen sich – abgesehen von ihren Fähigkeiten im Marketing – auch dadurch aus, daß sie das regulative wie das kapitalmarkt- und börsenrechtliche Umfeld beherrschen, bzw. zumindest die hieraus resultierenden Zwänge für eine Börseneinführung kennen. Ihre Aufgabe besteht darin, nach einer Analyse von Produkt- oder Dienstleistungspalette des Unternehmens, dessen Konkurrenz, der Industrietrends sowie der Kunden bzw. des Kundenverhaltens eine Imagekampagne zu entwickeln und durchzuführen. **12**

Da mit dem Aufbau bzw. der Verbesserung eines Corporate Image nicht früh genug begonnen werden kann, sollte die Mandatierung der Agentur schon in einem sehr frühen Stadium des Börseneinführungsprozesses erfolgen. Letztendlich endet die Marketingtätigkeit auch nicht mit dem Börsengang, sondern wird auch danach fortgesetzt – nicht nur im Interesse der Optimierung des Erlöses künftiger Kapitalerhöhungen, sondern auch mit positiven Auswirkungen auf Kundenbeziehungen und Absatz. **13**

3. Projektmanagement

Vor dem Hintergrund der Komplexität einer Börseneinführung sowie der hohen Bedeutung der optimalen Strukturierung für ihren finanziellen Erfolg sollten Unternehmen und Eigner die Einschaltung eines von Unternehmen, Eigentümern und Banken unabhängigen und neutralen Emissionsberaters, d. h. eines Rechtsanwalts, Steuerberaters, Wirtschaftsprüfers oder sonstigen Dritten mit Erfahrungen auf diesem hochspezialisierten Gebiet in Erwägung ziehen. Zu seinen Aufgaben gehört neben der Entwicklung eines Emissionskonzepts, dessen Fortentwicklung mit Banken und anderen Beteiligten insbesondere die Steuerung des gesamten Emissionsprozesses und die Mitwirkung bei der Auswahl des Bankenkonsortiums, je nach Ausgestaltung auch das gesamte Projektmanagement des Börsengangs in enger Kooperation mit dem das Team leitenden Vorstand.[5] **14**

---

[5] Zu den Aufgaben eines unabhängigen Beraters und der Bedeutung der Unabhängigkeit vgl. *R. Lilja*, International Equity Markets – The Art of the Deal, S. 159ff.

15 Ihm obliegt auch die Wahrnehmung der Interessen der Eigentümer gegenüber Banken und Wertpapierhandelshäusern, deren Interessenlage oftmals diametral entgegengesetzt ist. Wenngleich die Banken für die Plazierung und die Übernahme der Aktien sowie für andere Tätigkeiten und Funktionen im Rahmen der Emission einen prozentualen Anteil vom Emissionserlös erhalten[6] und deshalb auf den ersten Blick an einer Maximierung des Erlöses für verkaufende Alteigentümer und/oder kapitalerhöhendes Unternehmen interessiert sein sollten, ist dies regelmäßig nur bedingt der Fall. Dies gilt ganz besonders dann, wenn die Banken – wie in Deutschland üblich – die Papiere fest übernehmen und damit ein Plazierungsrisiko tragen. Zudem ist die Konsortialführung gelegentlich aus dem Übernahmevertrag zu Stützungskäufen verpflichtet oder zumindest aus Gründen des Standings daran interessiert, daß der Emissionskurs nicht deutlich unterschritten wird,[7] was sehr schnell mit Kosten für die Bank verbunden sein kann, die in keinem Verhältnis mehr zu einem möglichen Mehrertrag in Höhe einiger Prozentpunkte auf einen potentiell höheren Emissionserlös stehen.

16 Im Ergebnis führt die Beauftragung eines unabhängigen und erfahrenen Emissionsberaters mit dem Projektmanagement nicht nur zu einer Professionalisierung des Gesamtprozesses und einer Objektivierung der Entscheidungen, sondern – besonders in den Verhandlungen mit den Banken – zu einer Stärkung der Position des Emittenten, einem fairen Interessenausgleich bei der Emissionspreisfindung sowie einer Entlastung der personellen Ressourcen auf seiten der Gesellschaft und ihrer Eigner.

II. Kapitalmarktreife

17 Abgesehen von den allgemein-rechtlichen und segmentspezifischen Voraussetzungen[8] müssen Unternehmen gewissen Anforderungen genügen, um an deutschen oder auch anderen Börsen zugelassen zu werden. Diese werden gemeinhin in ihrer Summe als Kapitalmarkt- oder Börsen-

---

[6] Vgl. hierzu § 10 IX. 1. c) Emissionsbanken.

[7] Fällt der Kurs nach Emission, so besteht für das Konsortium, insbesondere aber für die Federführer, immer die Gefahr, daß enttäuschte Anleger und die Öffentlichkeit diesen Versagen bei der Emissionspreisfindung und Verletzungen von Prüfungspflichten etc. vorwerfen. Da die Preisfindung maßgeblich von den Zukunftsperspektiven des Unternehmens bestimmt wird, werden diesen nicht nur unmittelbar nach Börsengang erfolgende Kurseinbrüche mit negativen Folgen für die Einschätzung deren Qualifikation im Emissionsgeschäft zugerechnet, sondern auch solche, die in einem Zeitraum von ein bis zwei Jahren nach Erstnotiz erfolgen. *U. Müller*, Going Public im Geschäftsfeld der Banken, S. 282.

[8] Vgl. hierzu § 11 Märkte.

reife des Unternehmens bezeichnet und reflektieren im Ergebnis die Investitionskriterien von Anlegern, die – im Gegensatz zu Venture Capital-Gebern – in börsennotierte Werte investieren. Da diese Kriterien für eine erfolgreiche Emission erfüllt sein müssen, werden sie auch von den Emissionsbanken in ihren Anforderungsprofilen zugrunde gelegt. Die diesbezüglichen Vorstellungen einzelner Banken können durchaus divergieren, was sicherlich auch auf das hohe Ertragspotential der Emissionsaktivitäten sowie den unterschiedlichen Erfolgsdruck, dem die Mitarbeiter in den einzelnen Häusern unterliegen, zurückzuführen ist.

1. Organisatorische Voraussetzungen

Grundvoraussetzung für einen Börsengang sind in organisatorischer Hinsicht u. a. ein klarer, übersichtlicher und transparenter Unternehmensaufbau mit ebenso klaren Beteiligungsverhältnissen und einer sauberen Trennung zwischen Unternehmens- und Gesellschaftersphäre. Verschachtelte Unternehmensgruppen mit intransparenten Beteiligungs- und Beherrschungsverhältnissen stoßen bei Anlegern regelmäßig auf Mißtrauen, insbesondere wenn an Tochterunternehmen noch Altgesellschafter beteiligt sind, was schon aus „optischen" Gründen ohnehin nicht empfehlenswert ist, und so die Gefahr von Vermögensverschiebungen gesehen werden könnte. In jedem Fall haben verschachtelte Beteiligungsbeziehungen des Börsenkandidaten besonderen Erklärungsbedarf in Prospekt und Road Show zur Folge. **18**

Im Falle von Betriebsaufspaltungen sollte betriebsnotwendiges Vermögen, das Gesellschaftern gehört, entweder in das Eigentum der Gesellschaft überführt werden oder, falls dies nicht möglich oder gewollt ist, zumindest die hieraus resultierenden Verpflichtungen und Zahlungsströme deutlich dargestellt werden. Dies gilt nicht nur bei Grundbesitz, sondern auch bei anderen Rechten wie Patenten, Lizenzen, Marken- und Vertriebsrechten oder Rechten an Forschungs- und Entwicklungsergebnissen.[9] Umgekehrt ist bei nicht-betriebsnotwendigen Aktiva unter Berücksichtigung steuerlicher Aspekte die Zuordnung zu regeln und zu klären, inwieweit hierdurch eventuell vorhandene stille Reserven aufgedeckt werden sollen. Vertragliche Beziehungen im Rahmen von Zuliefer- oder Abnahmegeschäften des Unternehmens mit Alt- oder Mehrheitsgesellschaftern bzw. deren anderen unternehmerischen Aktivitäten sollten einem Fremdvergleich standhalten[10] und transparent dokumentiert sein.[11] **19**

---

[9] *A. Jäger*, Thema Börse (3): Prüfung der Börsenreife, NZG 1998, S. 932, 933.

[10] „At arms length".

[11] *B. Rödl/T. Zinser*, Going Public, S. 126, die insoweit weitergehend eine Ablösung von stillen Beteiligungen und Gesellschafterdarlehen empfehlen.

20 Die Forderung nach Transparenz und Eindeutigkeit richtet sich auch an die unternehmensinterne Organisationsstruktur. Dabei ist zum einen zu berücksichtigen, daß gerade junge Unternehmen oftmals mit einer sehr viel flacheren Unternehmenshierarchie auskommen als alteingesessene Großunternehmen. Andererseits verändern sich mit dem Börsengang, insbesondere wenn diesem ein Rechtsformwechsel vorangeht, auch die Anforderungen an die Organisationsstruktur des Unternehmens, die Qualifikation des Managements, die EDV-Ausstattung etc. Ein fachlich kompetentes, integeres, persönlich überzeugendes und glaubwürdiges Management in den wesentlichen Unternehmensbereichen ist entscheidend für die Akzeptanz, die dem Unternehmen bei der Plazierung entgegengebracht wird. Positiv wird gesehen, wenn Mitglieder des Topmanagements andere Unternehmen bereits erfolgreich geführt haben oder aus anderen Gründen eine besondere Reputation genießen. Eine geregelte Nachfolge, die Kontinuität auch für kommende Jahre gewährleistet, sowie eine quantitativ wie qualitativ adäquat besetzte „zweite Ebene" sind ebenso wichtig. Außerdem sollte das unternehmenseigene Rechnungswesen und Controlling[12] einem modernen Standard entsprechen und die Erfüllung der vielfältigen Berichtspflichten etc. ermöglichen, die auf die Gesellschaft mit dem Börsengang zukommen.

2. Quantitative und qualitative Voraussetzungen

21 Von Unternehmen werden heute vor allem nachhaltige oder zumindest absehbare Ertragskraft und -dynamik gefordert. Insoweit haben sich die Anforderungen der Banken nunmehr auch in Deutschland maßgeblich verändert.

22 Demgegenüber mußten in den 80er Jahren Unternehmen bei einem Börsengang DM 30 bis 50 Mio. Umsatz p. a. und mindestens drei Jahresabschlüsse mit positivem Ergebnis bei insgesamt positiver Gesamttendenz ausweisen, wobei das Umsatzkriterium in den 90er Jahren eher in Richtung DM 80 bis 100 Mio. angehoben wurde. Der Erfolg des Neuen Marktes und der hiermit verbundene, alle Marktsegmente ergreifende „Kulturwandel" hat auch hier nach angloamerikanischem Vorbild Änderungen mit sich gebracht, nach denen Umsatz und Ertrag der Vergangenheit und Gegenwart nicht mehr im Vordergrund stehen, sondern – insbesondere bei jungen High-Tech-Unternehmen – allenfalls zur Beurteilung des Business-Planes und seiner Prognosen eine Rolle spielen.

23 Wenngleich auch heute eine Gesellschaft – unabhängig von den fortbestehenden und eventuell angepaßten segmentbezogenen Zulassungs-

[12] Ebenda, S. 129 ff.

voraussetzungen – idealerweise vor ihrer Börseneinführung eine „angemessene" Größe erreicht hat, profitabel ist und bereits über einige Jahre[13] bei Umsatz und Ertrag möglichst hohe Zuwachsraten aufweist, steht inzwischen auch in Deutschland eine überzeugende Unternehmensstrategie und die hierauf basierende Planung, natürlich mit entsprechenden Zuwachsraten, im Vordergrund. Dementsprechend kommt dem derzeitigen Cash-flow und der augenblicklichen Ertragssituation ein deutlich niedrigerer Stellenwert zu als den Werten, die mittel- und langfristig absehbar sind. Dieser Trend wird sich fortsetzen. D. h., wenngleich in den einzelnen Marktsegmenten weiterhin zusätzlich zu den allgemeinen Anforderungen an die Börsenfähigkeit die segmentspezifischen Regelungen gelten werden, wird das Interesse an Investitionsmöglichkeiten in junge Unternehmen mit überproportionalem Wachstumspotential weiter steigen und damit die Kriterien der Börsenfähigkeit auf Anleger- und damit auch auf Bankenseite relativieren.[14]

Für Gesellschaften mit niedrigen Zuwachsraten wird man dagegen **24**
an den vorgenannten Kriterien festhalten und auch eine angemessene, möglichst kontinuierliche Umsatz- und Ertragsentwicklung erwarten müssen. Im Gegensatz zu jungen und stärker risikobehafteten High-Tech-Unternehmen sind diese attraktiv für Investoren, die sich auf langfristige Anlagen mit durchschnittlichem KGV konzentrieren.

Von Bedeutung für die Beurteilung der Börsenreife sind weiterhin **25**
Faktoren wie die Wettbewerbsposition und -strategie. Dabei finden vor allem Marktvolumen, Marktdurchdringung und -entwicklung sowie Absatzmärkte, Produktionskapazitäten und Produktlebenszyklen besondere Beachtung. Die Zugehörigkeit zu einer Wachstumsbranche ist ebenfalls von Vorteil. Die Strategie sollte plausibel und mittelfristig ausgelegt sein und sich auf individuelle Stärken stützen.

Unabhängig von den spezifischen Anforderungen in den einzelnen **26**
Segmenten fordern auch die Banken ein bestimmtes Minimum hinsichtlich des Plazierungsvolumens, da nur ab einer gewissen Höhe die nötige Liquidität erreicht wird und das Interesse institutioneller Anleger geweckt wird. Für das Mindestvolumen wurden vor Einführung der Stückaktie ein zu plazierendes Nominalkapital von DM 5 Mio. genannt, was im Falle der Emission von Fünf-Mark-Aktien eine Stück-

---

[13] In der Regel waren Unternehmen bei Aufnahme der Börsennotierung deutlich über fünf Jahre alt. Die Börseneinführung von Unternehmen, die erst drei oder fünf Jahre zuvor gegründet wurden, war demgegenüber eher die Ausnahme, die aber in jüngster Vergangenheit immer häufiger auftritt.

[14] Ein Beispiel hierfür sind die Aktivitäten der Stuttgarter Wertpapierbörse, die die Plazierung von Aktien junger Unternehmen sowie deren Handel – wenngleich außerhalb der traditionellen Börsensegmente – fördert. Vgl. hierzu o. *V.*, Börse Stuttgart mit Plattform für Wagniskapital, BZ vom 31. Oktober 1998, S. 4.

zahl von einer Million ergab. Letztendlich sind aber auch kleinere Volumina plazierbar.[15]

III. Emissionskonzept

27 Zu den ersten Aufgaben des Emissionsberaters bzw. des Börseneinführungsteams gehört neben der Analyse und Dokumentation der Börsenreife des Unternehmens die Entwicklung einer Börseneinführungsstrategie in Form eines maßgeschneiderten Emissionskonzepts. Vorrangige Zielsetzung hierbei ist die klare Identifikation aller mit dem Börsengang verfolgten Ziele von Unternehmen und Gesellschaftern sowie der Strategie zu deren Verwirklichung unter Abwägung sich bietender Alternativen und Beleuchtung aller Vor- und Nachteile. Der hierbei zu berücksichtigende Planungshorizont erstreckt sich weit über den Zeitpunkt der erstmaligen Börseneinführung hinaus.

28 Da in diesen Prozeß noch nicht die emissionsbegleitenden Banken involviert sind, die maßgeblichen Anteil an der Umsetzung des Vorhabens haben, kann dem Emissionskonzept in diesem Stadium noch kein endgültiger Charakter zukommen. Trotzdem ist eine frühzeitige Entwicklung des Konzepts wichtig, da dieses und die hiermit verbundenen Abwägungen erst die klaren Vorstellungen ermöglichen, die Voraussetzung für die richtige Auswahl des Konsortialführers sind.[16] Bestandteile dieses Konzepts bilden gleichzeitig die Unternehmenspräsentation, die beispielsweise vor den Banken zu halten ist und diese nicht nur von der Börsenreife des Unternehmens, sondern auch von der Attraktivität

---

[15] *W. Koch/J. Wegmann*, Praktiker Handbuch Börseneinführung, S. 36, nach denen der relative Anteil, der den Streuaktionären angeboten wird, mindestens 25 Prozent betragen solle, um diesen eine qualifizierte Minderheit einzuräumen. Im Ergebnis kann der Empfehlung wie auch ihrer Begründung – wann schon sollte es gelingen, daß alle außenstehenden Aktionäre geschlossen abstimmen – nicht zugestimmt werden. Dies gilt auch für deren Hinweis, das Maximalvolumen betrage 49 Prozent. Richtigerweise kann auch bei einem geringeren bei den Altgesellschaftern verbleibenden Volumen den Investoren verdeutlicht werden, daß die Altgesellschafter auch nach Aufnahme der Notierung noch die Interessen des Unternehmens vertreten. Im übrigen wird auch im Neuen Markt trotz des in Abschn. 2 7.2.9 RWNM geregelten Veräußerungsverbots sowie der Anforderung des Abschn. 2 3.8 RWNM, wonach mindestens die Hälfte der zu emittierenden Aktien aus einer Kapitalerhöhung stammen müssen, nicht ein so hoher Anteil der Altgesellschafter gefordert.

[16] Letztendlich können ein Unternehmen und dessen Gesellschafter ohne klare Vorstellungen über die eigenen, mit einem Börsengang verfolgten Interessen, die ohne eine intensive Diskussion aller Aspekte kaum möglich sind, die Vorschläge und Einwendungen einer Bank nur schwierig einschätzen und sind damit für diese auch keine kompetenten Gesprächspartner.

der Übernahme einer führenden Rolle bei einer Emission überzeugen soll.

Zu den Eckpunkten des Emissionskonzepts gehört neben der Wahl des angestrebten Marktsegments und Börsenplatzes vor allem die Entscheidung der Frage, ob die zu emittierenden Aktien über eine Kapitalerhöhung geschaffen werden oder aus Beständen der Altaktionäre kommen sollen, wobei im Falle einer Kapitalerhöhung Banken und Investoren eine sinnvolle Verwendung der zufließenden Mittel erwarten. Von besonderer Bedeutung ist die Wahl der Aktiengattung und die Bestimmung des Emissionsvolumens[17] sowie die hiermit zusammenhängende Absicherung des Einflusses der Altaktionäre. Immer häufiger beteiligen Emittenten auch ihre Mitarbeiter am Unternehmen, was ebenfalls im Emissionskonzept berücksichtigt werden sollte. 29

Das Emissionskonzept beinhaltet weiter eine Darstellung des Unternehmens und seiner Produkt- bzw. Dienstleistungspalette, seiner bisherigen Entwicklung sowie Eckpunkte der Strategien für die Zukunft einschließlich der rechtlichen und wirtschaftlichen Verhältnisse. Bestandteil hiervon sind die Jahresabschlüsse der letzten drei bis fünf Jahre, möglichst aktuelle Finanzdaten für das laufende Geschäftsjahr sowie Planungsrechnungen für die nächsten drei Jahre. Neben Marktstellung und Wettbewerbssituation findet sich eine Analyse von Stärken und Schwächen sowie eine Unternehmensbewertung unter Hinzuziehung von entsprechenden Zahlen und Kennziffern vergleichbarer börsennotierter Unternehmen. All dies sind Aspekte, die auch in die zu entwickelnde „Equity Story" einfließen werden, mit der letztendlich die Anleger von der Attraktivität eines Investments in das Unternehmen überzeugt werden sollen. 30

Von besonderer Bedeutung ist auch die Strukturierung des Unternehmens und der Unternehmensgruppe einschließlich der Entscheidung, was in die Gesellschaft eingebracht bzw. ausgegliedert werden 31

[17] Das Emissionsvolumen, d. h. Zahl oder Wert der zu plazierenden Aktien ist gedanklich zu trennen vom Kapital, das an der Börse zum Handel zugelassen wird. Während im Freiverkehr und Geregelten Markt die Festsetzung des zuzulassenden Volumens im Ermessen des Emittenten oder sonstigen Antragstellers steht, muß im Amtlichen Handel und im Neuen Markt von Ausnahmen abgesehen immer die Zulassung des gesamten Kapitals einer Gattung beantragt werden.

Demgegenüber sind für die Festsetzung des Emissionsvolumens in erster Linie der Kapitalbedarf von Gesellschaft und/oder Eignern sowie – auch in Abhängigkeit von der Gattung der zu emittierenden Aktien – Überlegungen betreffend die Kontrolle des Unternehmens (vgl. hierzu § 3 I. 9. Gestaltungsformen zur Wahrung der Rechte der Altgesellschafter) maßgeblich. Andererseits muß das Emissionsvolumen so bemessen sein, daß eine ausreichende Liquidität im späteren Handel gewährleistet ist und die Emission überhaupt das Interesse von Banken und Anlegern findet.

soll. Hierzu gehören auch Beschlüsse über eventuell bestehende Gesellschafterdarlehen und die Struktur des Eigenkapitals unter besonderer Berücksichtigung des hieraus resultierenden Emissionspreises sowie der absehbaren Fähigkeit zur Ausschüttung von Dividenden.[18] Bei all diesen Überlegungen sind die jeweiligen steuerlichen Auswirkung für Gesellschaft und Eigner zu berücksichtigen und zwar bis hin zur vielleicht erst Jahre später fällig werdenden Erbschaftssteuer.

32 Auch wenn der absehbare Kapitalbedarf durch den Börsengang gedeckt werden sollte und daher auf Jahre hinaus keine weiteren Kapitalmaßnahmen erforderlich erscheinen, sollten bei der Verabschiedung der Satzung auch die Aufnahme eines genehmigten und eines bedingten Kapitals in Erwägung gezogen werden. Hierbei ist zu berücksichtigen, daß jegliche Vereinbarung auf seiten der Gesellschafter in einem überschaubaren Eignerkreis regelmäßig leichter zu treffen sind als nach einer Börseneinführung mit einer dann bestehenden Vielzahl von unternehmensfernen und sich nicht kennenden Aktionären. Dies gilt ganz besonders für satzungsändernde Entscheidungen.

33 Weitere Bestandteile des Konzepts sind neben Personalentscheidungen, die die Besetzung des Vorstands und des Aufsichtsrats betreffen, ein Katalog der konkret umzusetzenden Maßnahmen mit einer Zuordnung der jeweiligen Verantwortung sowie ein vorläufiger Zeitplan für die Emission. Letztendlich werden aber wesentliche Bestandteile des Emissionskonzepts möglicherweise im Rahmen der späteren Gespräche mit den Banken revidiert werden müssen. Dies gilt vor allem für den Zeitpunkt der Emission, die Unternehmensbewertung und den hieraus abgeleiteten Emissionspreis sowie die Methode dessen Festsetzung.

IV. Entscheidungskompetenz

34 Die Verabschiedung des so entwickelten Emissionskonzepts beinhaltet die Entscheidung über das weitere Vorgehen einschließlich der grundsätzlichen Bereitschaft der Altaktionäre zum (teilweisen) Verkauf ihrer Aktien oder zur Hinnahme der Verwässerung ihres Anteils durch eine Kapitalerhöhung. In der rechtlichen Beurteilung hiervon zu trennen ist die Entscheidung über die Beantragung der Börsenzulassung, die auch gesellschaftsrechtliche Implikationen hat.

[18] Einerseits sollte bei der Strukturierung des Eigenkapitals, d. h. der Aufteilung in Grundkapital und offene Rücklagen, das Grundkapital nicht so niedrig angesetzt werden, daß der Emissionskurs zu hoch, d. h. die Aktie zu schwer wird. Andererseits sollte das Grundkapital nicht so hoch sein, daß die ausschüttbare Dividende nicht mehr attraktiv ist, d. h. die Effektivrendite nicht den Anforderungen des Marktes genügt. *W. Schürmann/K. Körfgen*, Familienunternehmen auf dem Weg zur Börse, S. 227.

1. Gesellschaftsrechtliche Grundlage

Die Frage, welches Organ der AG/KGaA befugt ist, die Entscheidung über den Gang an die Börse und die Einleitung des Börseneinführungsverfahrens zu treffen, ist gesetzlich nicht expressis verbis geregelt. Das Thema „Börseneinführung" wird im Aktiengesetz weder unter Kompetenz- noch unter sonstigen Schutzaspekten auch nur angesprochen.[19] 35

Nach § 76 I AktG leitet der Vorstand die Gesellschaft unter eigener Verantwortung. Seine Vertretungsbefugnis kann gemäß § 82 I AktG nicht beschränkt werden.[20] In Ausübung seiner – hiervon getrennt zu betrachtenden weil nur das Innenverhältnis bestimmenden – Geschäftsführungsbefugnis ist er zur Einhaltung des Gesetzes und von Beschränkungen verpflichtet, die im Rahmen aktienrechtlicher Regelungen von Aufsichtsrat oder Hauptversammlung ausgehen oder in den Geschäftsordnungen von Vorstand und Aufsichtsrat ihre Grundlage finden.[21] In Abwesenheit solcher Beschränkungen liegen Maßnahmen dann in der Zuständigkeit des Vorstands, wenn sie normale Maßnahmen der Geschäftsführung im Rahmen des satzungsmäßigen Zwecks sind. Grundlagenentscheidungen, d. h. Entscheidungen, von denen der Vorstand nicht annehmen kann, daß er sie aufgrund ihres Gewichts selbst treffen kann, fallen nach den Grundsätzen der Holzmüller-Entscheidung[22] dagegen auch bei fehlender ausdrücklicher Normierung[23] in die Entscheidungskompetenz der Hauptversammlung. 36

Regelmäßig ist der Vorstand im Vorfeld einer Börseneinführung nicht allein handlungsfähig, weil vorbereitende oder den IPO begleitende Maßnahmen der Mitwirkung der Hauptversammlung bedürfen. Werden Aktien aus einer Kapitalerhöhung zur Durchführung der Börseneinführung verwendet, so ergibt sich die Zuständigkeit der Hauptversammlung aus dem Aktiengesetz,[24] wenngleich nicht wegen der Börseneinführung als solcher, sondern – zunächst einmal – ausschließlich wegen der Kapitalerhöhung.[25] 37

---

[19] *L. Vollmer/A. Grupp*, Der Schutz der Aktionäre beim Börseneintritt und Austritt, ZGR 1995, S. 459, 460.

[20] Zu Ausnahmen und Grenzen vgl. *U. Hüffer*, AktG, § 82 Rdnr. 4.

[21] U. *Hüffer*, AktG, § 82 Rdnr. 9.

[22] BGHZ 83, 122ff; vgl. hierzu oben § 4 I. 3. b) Übertragung wesentlicher Teile des Gesellschaftsvermögens.

[23] Z. B. in §§ 119 und 319f. AktG, §§ 65, 240 UmwG.

[24] Vgl. §§ 119 I Nr. 5 und 6, 179, 182 AktG.

[25] U. U. kann sich das Zustimmungserfordernis auch im Zusammenhang mit der Beseitigung einer börsenschädlichen Vinkulierung ergeben. Nach § 38 I Nr. 1 b BörsG i. V. m. § 5 II Nr. 1 BöZulVO können vinkulierte Namensaktien nur zugelassen werden, wenn das Zustimmungserfordernis für die Aktienübertragung nicht zur Störung des Börsenhandels führt. Vgl. *E. Schwark*, Börsengesetz, § 38 Rdnr. 3f.

38 Bei der Einführung von bereits bestehenden Aktien durch Umplazierung ändert sich demgegenüber nichts an der Höhe und Zusammensetzung des Aktienkapitals. Als Rechtsgrundlage für eine unmittelbar gesetzlich festgeschriebene Entscheidungskompetenz der Hauptversammlung im Vorfeld einer Börseneinführung kämen daher nur §§ 119 I Nr. 5, 179 I 1 AktG in Betracht, wonach Satzungsänderungen der Zustimmung der Hauptversammlung bedürfen. Solange aber die Satzung nicht „börsenfest" ist, d. h. eine Regelung beinhaltet, nach der die Börsenzulassung ausdrücklich von der Hauptversammlung mit satzungsändernder Mehrheit zu beschließen ist,[26] kann der Vorstandsentscheid über einen IPO weder in formeller[27] noch materieller Hinsicht als Satzungsänderung angesehen werden.[28]

39 Der Vorstand kann dennoch nicht allein über die Börseneinführung entscheiden, auch nicht mit Zustimmung des Aufsichtsrats. Die Mitwirkungskompetenz der Hauptversammlung für die Börseneinführung läßt sich aufgrund der mit ihr verbundenen Auswirkungen auf Mitgliedschaftsrechte und Vermögensinteressen der Aktionäre aus der Holzmüller-Doktrin[29] ableiten[30]. So ist der IPO schon infolge der mit der

---

[26] Inwieweit eine solche Regelung vor Inkrafttreten des „Gesetzes für kleine Aktiengesellschaften und zur Deregulierung des Aktienrechts" vom 2. August 1994 zulässig gewesen wäre, wird in Frage gestellt, da sie dem normtypischen Charakter der Aktiengesellschaft diametral zuwiderliefe. Ob dies richtig ist, kann offen bleiben, da der Gesetzgeber mit den Erleichterungen der Novelle 1994 einen Anreiz schaffen wollte, daß sich mittelständische Unternehmen auch ohne konkrete Börsenabsichten in der Rechtsform einer Aktiengesellschaft organisieren, und zumindest heute eine solche Klausel als zulässig zu erachten ist. *L. Vollmer/A. Grupp*, Der Schutz der Aktionäre beim Börseneintritt und Austritt, ZGR 1995, S. 459, 466 ff. Offen bleiben kann auch, inwieweit nach der dort (a.a.O. S. 466) vertretenen Meinung vor der Novelle 1994 in Anbetracht der eindeutigen gesellschaftsrechtlichen Ausprägung der Aktiengesellschaft auf den Börsenzugang der Vorstand wohl ohne Mitwirkung der Hauptversammlung eine zunächst nicht börsenzugelassene Aktiengesellschaft an die Börse bringen durfte. Richtigerweise hat *A. Grupp*, Börseneintritt und Börsenaustritt, S. 146 ff. selbst die Mitwirkung der Hauptversammlung für erforderlich gehalten, ohne bei seiner Argumentation auf die Novelle hinzuweisen.

[27] Bei formellen Satzungsänderungen findet eine ausdrückliche Änderung statt.

[28] Die Aktiengesellschaft als Gesellschaftsform wurde vom Gesetzgeber bewußt für eine Vielzahl von Eigentümern ausgelegt. Damit ist die Öffnung des Unternehmens für das Anlegerpublikum von Gesetz und Satzung gedeckt und bedarf ebensowenig wie die nach Börseneinführung erleichterte Übertragbarkeit der Aktien einer Satzungsänderung. *A. Grupp*, Börseneintritt und Börsenaustritt, S. 148.

[29] Vgl. hierzu § 4 I. 3. b) Übertragung wesentlicher Teile des Gesellschaftsvermögens.

[30] Demgegenüber ist bei einer Ausweitung der Börsenpräsenz oder einem Segmentwechsel kein Mitwirkungsrecht der Hauptversammlung anzunehmen,

höheren Liquidität verbundenen leichteren Übertragbarkeit der Anteile mit einem erheblichen faktischen Strukturwandel verbunden, der verstärkt die Gefahr des Einstiegs unliebsamer Gesellschafter bis hin zur Konzernabhängigkeit mit sich bringen kann.[31] Mit der Börseneinführung ist ein Unternehmen nach § 267 III HGB unabhängig von der tatsächlichen Größe bilanz-, prüfungs- und publizitätspflichtig, muß also seine Bilanzierungsregeln ändern, falls es bislang nur denen für die kleine Aktiengesellschaft unterlag. Hinzu kommen weitreichende und kostenträchtige einmalige wie laufende Publizitätspflichten auf der Grundlage des Börsen- und Kapitalmarktrechts. So sind nach § 21 BörsZulV im Börsenzulassungsprospekt die Ertrags- und Vermögensverhältnisse des Emittenten offenzulegen. Der Börseneinführungsprospekt enthält nach § 19 II Nr. 5 BörsZulV regelmäßig Angaben, die weit über die nach § 20 VI AktG bestehenden Mitteilungspflichten, z. B. über die Beteiligung von Großaktionären, hinausgehen.[32]

Dies kann u. U. ebenfalls massiv deren Interessen berühren. Außer- 40
dem resultieren aus der Zulassung zum Amtlichen Handel nach § 21 WpHG unmittelbare Mitteilungspflichten gegenüber dem Bundesaufsichtsamt für Wertpapierhandel bei Erreichen, Über- oder Unterschreiten bestimmter prozentualer Beteiligungsverhältnisse.[33] Vor allem die weitreichenden Verpflichtungen zur Ad-hoc-Publizität nach § 15 WpHG[34] können schwerwiegende Nachteile für ein börsennotiertes Unternehmen und seine Eigentümer mit sich bringen.[35]

Neben der mit der Erweiterung von Informationspflichten verbun- 41
denen Relativierung der gesellschaftsrechtlichen Verschwiegenheitsverpflichtung des Vorstands führt die Börseneinführung zu direkten finan-

---

da dies – nach der bereits vorliegenden grundsätzlichen Zustimmung der Aktionäre über den erstmaligen Börseneintritt – keinen schwerwiegenden Eingriff in deren Eigentümerposition darstellt und die Geschäftsführungsbefugnis des Vorstands zu stark eingeengt würde, wenn er sich alle Börsenentscheidungen erst durch die Hauptversammlung genehmigen lassen müßte. *A. Grupp*, Börseneintritt und Börsenaustritt, S. 152.

[31] *L. Vollmer/A. Grupp*, Der Schutz der Aktionäre beim Börseneintritt und Börsenaustritt, ZGR 1995, S. 459, 463.

[32] Vgl. hierzu § 13 I. 2. Pflichtangaben.

[33] Vgl. hierzu § 16 III. Transparenzgebot.

[34] Vgl. hierzu § 16 II. Ad-hoc-Publizität.

[35] Dabei ist auch zu berücksichtigen, daß das pflichtenauslösende, weil kursrelevante Tatbestandsmerkmal „Auswirkungen einer neuen Tatsache auf den allgemeinen Geschäftsverlauf" bei einer kleinen Aktiengesellschaft viel schneller vorliegen kann als bei einer großen, gleichzeitig aber eine damit verbundene Ad-hoc-Publizität aufgrund des regelmäßig engeren Marktes in Aktien kleinerer Gesellschaften leicht zu einer massiv-negativen Kursentwicklung führen kann. Vgl. *L. Vollmer/A. Grupp*, Der Schutz der Aktionäre beim Börseneintritt und Börsenaustritt, ZGR 1995, S. 459, 463 m. w. N.

ziellen Belastungen der Gesellschafter, da für die Ermittlung von Schenkungs- und Erbschaftssteuer nicht mehr der nach dem Stuttgarter Verfahren ermittelte gemeine Wert zugrunde gelegt wird, sondern der gerade bei ertragsstarken Unternehmen regelmäßig sehr viel höhere Kurswert.[36]

42 Für den Hauptversammlungsbeschluß über die Frage des Going Public ist eine einfache Mehrheit erforderlich, aber auch ausreichend.[37] Im Interesse dissentierender Anteilseigner unterliegt er einer formellen und einer begrenzten materiellen Beschlußkontrolle. Dabei geht es nicht – wie nach der Rechtsprechung des BGH zum Bezugsrechtausschluß[38] – um die Überprüfung einer sachlichen Rechtfertigung für den Börsengang,[39] die angesichts der Vorteile eines Börsengangs, z. B. in Hinblick auf Kapitalbeschaffung und Anteilsveräußerung, ohnehin regelmäßig zu bejahen sein und so selten zum Erfolg einer nach § 243 AktG erhobenen Anfechtungsklage führen dürfte. Gerichtlich geprüft werden kann aber, inwieweit bei einem Beschluß der Hauptversammlung gesellschaftsrechtliche Gleichbehandlungsgrundsätze und Treuepflichten[40] verletzt wurden. Eine Verletzung der Treuepflicht von Großaktionären läge beispielsweise dann vor, wenn dissentierende Minderheitsgesellschafter von Mehrheitsaktionären dergestalt „eingemauert" werden, daß diese eine auf ihre Aktien beschränkte Teilemission durchsetzen,[41] bei der nicht nur ganze Aktiengattungen, sondern bestimmte Aktionäre

---

[36] Dies gilt nicht nur für die zugelassenen und gehandelten Aktien, sondern auch für die übrigen Anteile. Des weiteren hat die Notiz von Vorzugsaktien auch Auswirkungen auf die Wertermittlung nicht-börsennotierter Stammaktien.

[37] *A. Grupp*, Börseneintritt und Börsenaustritt, S. 154ff.; *G. Picot/V. Land* (Going Public – Typische Rechtsfragen des Ganges an die Börse, DB 1999, S. 570, 571) empfehlen, einen Hauptversammlungsbeschluß mit mindestens drei Vierteln des bei der Beschlußfassung vertretenen Grundkapitals einzuholen.

[38] BGHZ 71, 40 („Kali & Salz").

[39] Die materielle Beschlußkontrolle im Sinne einer Angemessenheits- und Zweckmäßigkeitsprüfung in Übertragung der Grundsätze des Kali & Salz-Urteils wird äußerst restriktiv gehandhabt. Ansonsten würden Streitigkeiten über die Zweckmäßigkeit von Entscheidungen der Hauptversammlung auf die Gerichte verlagert und der für Aktiengesellschaften so typische Mehrheitsentscheid in seinem Bestand in Frage gestellt und damit entwertet. Die Auseinandersetzung über die Richtigkeit unternehmerischer Entscheidungen und Maßnahmen muß im Unternehmen selber geführt werden.

[40] Zur gesellschaftsrechtlichen Treuepflicht von Mehrheitsaktionären, die bei kleinen, nicht notierten Gesellschaften erheblich weiter geht als bei großen Publikumsgesellschaften, vgl. BGHZ 103, 184, 194; *L. Vollmer/A. Grupp*, Der Schutz der Aktionäre beim Börseneintritt und Börsenaustritt, ZGR 1995, S. 459, 468.

[41] Im Amtlichen Handel und im Neuen Markt müssen alle Aktien einer Gattung zum Handel zugelassen werden, beim Neuen Markt sind aber Ausnahmen von dieser Regel möglich.

der gleichen Gattung von dem Ausschluß betroffen sind.[42] Hieran mitwirkende Vorstände verletzen den in § 53a AktG festgeschriebenen Gleichbehandlungsgrundsatz und machen sich schadenersatzpflichtig.

Sollte eine mehrheitlich beschlossene Teilemission trotz der durch Treuepflicht und Gleichbehandlungsgrundsatz gesetzten Grenzen ausnahmsweise wegen überwiegender Interessen von Gesellschaft oder Mehrheitsgesellschafter zulässig sein,[43] sollte den „eingemauerten" Minderheitsaktionären aus Gründen des unverzichtbaren Individualschutzes in entsprechender Anwendung von konzern- oder umwandlungsrechtlichen Regelungen[44] ein Austrittsrecht gegen Abfindung eingeräumt werden.[45] **43**

2. Überprüfung im Börsenzulassungsverfahren

Wenngleich die börsenrechtlichen Zulassungsvorschriften nicht ausdrücklich darauf abstellen, ob der IPO von der Mehrheit der Eigner befürwortet wird, und der Vorstand eines Unternehmens trotz einer die Wirksamkeit seiner Handlungen im Außenverhältnis unberührt lassenden[46] Verletzung der unternehmensinternen Zuständigkeitsordnung deshalb zumindest theoretisch ohne Legitimation der Hauptversammlung die Börsenzulassung herbeiführen könnte, ist das Vorliegen des Hauptversammlungsbeschlusses von der Zulassungsstelle im Rahmen der Zulassungskontrolle nach §§ 36 ff. BörsG zu prüfen.[47] **44**

Die Prüfung von Anträgen auf die Zulassung von Wertpapieren durch die Zulassungsstelle dient der Sicherung des Vertrauens der Anleger in die organisierten Kapitalmärkte, ohne das diese nicht ihre Primär- und Sekundärmarktaufgaben erfüllen können. Deshalb darf eine Wertpapierzulassung nicht erteilt werden, wenn nach den der Zulassungsstelle bekannten Umständen eine Übervorteilung des Publikums zu befürchten ist. Auch wenn eine solche Übervorteilung bei einem **45**

---

[42] *L. Vollmer/A. Grupp*, Der Schutz der Aktionäre beim Börseneintritt und Börsenaustritt, ZGR 1995, S. 459, 468; *M. Lutter*, JZ 1976, S. 225, 231.

[43] Es fällt schwer, sich eine Situation vorzustellen, in der dies gerechtfertigt sein könnte.

[44] §§ 304 f. AktG, § 207 UmwG.

[45] *L. Vollmer/A. Grupp*, Der Schutz der Aktionäre beim Börseneintritt und Börsenaustritt, ZGR 1995, S. 459, 469.

[46] Vgl. BGHZ 83, 122, 132 („Holzmüller")

[47] *L. Vollmer/A. Grupp*, Der Schutz der Aktionäre beim Börseneintritt und Börsenaustritt, ZGR 1995, S. 459, 470. *A. Grupp*, Börseneintritt und Börsenaustritt, S. 163, nach dem in Anbetracht verbleibender Zweifel, ob das Fehlen des zustimmenden Hauptversammlungsbeschlusses tatsächlich zu einer erheblichen Beeinträchtigung des Vertrauens der Anleger führt, trotz seiner klaren Bejahung einer Verpflichtung der Zulassungsstelle zur Prüfung, eine Klarstellung des Gesetzgebers wünschenswert wäre.

Fehlen der Zustimmung der Hauptversammlung nicht direkt zu befürchten ist, besteht die Gefahr, daß die Kompetenzstreitigkeiten nach einer ohne die notwendige Zustimmung vorgenommenen Emission Außenwirkung haben und – über den konkreten Fall hinaus – das Vertrauen des Publikums in den ordnungsgemäßen Börsenhandel beeinträchtigen können. Infolge des aus gesellschaftsrechtlichen Streitigkeiten dieser Art resultierenden Risikos negativer Marktwirkungen hat die Zulassungsstelle die Zulassung auch zu verweigern, wenn und solange Minderheitsaktionäre den Zustimmungsbeschluß der Hauptversammlung wegen einer angeblich gesetzwidrigen Benachteiligung angefochten haben.

46 Demgegenüber hat die Zulassungsstelle nicht zu prüfen, ob bei einer Teilemission der Gleichheitsgrundsatz aus § 53a AktG oder die gesellschaftsrechtliche Treuepflicht verletzt wurde. Zwar läßt sich aus § 44 I Nr. 1 BörsG, nach dem ein Emittent bereits zugelassener Wertpapiere deren Inhaber gleich zu behandeln hat, und aus § 7 I BörsZulV ein allgemeines börsenrechtliches Gleichbehandlungsgebot herleiten, das sich weitgehend mit dem aktienrechtlichen Gleichbehandlungsgebot deckt[48]. Diese Normen bezwecken aber nicht den Schutz von Minderheitsaktionären, die bei einer Teilemission ausgeschlossen wurden, sondern ausschließlich einen marktbezogenen Schutz, der verhindern soll, daß Erwerbern aus der beschränkten Zulassung und einer hieraus resultierenden Marktenge Nachteile entstehen.[49]

---

[48] *E. Schwark*, Börsengesetz, § 44, Rdnr. 3.

[49] *L. Vollmer/A. Grupp*, Der Schutz der Aktionäre beim Börseneintritt und Börsenaustritt, ZGR 1995, S. 459, 471.

§ 7 Unternehmensbewertung

I. Bedeutung

Der Erlös, der einem Unternehmen bzw. dessen Gesellschaftern durch einen Börsengang zufließt, wird in erster Linie durch den festgesetzten Emissionskurs und die Zahl der emittierten Aktien bestimmt.[1] Basis der Festsetzung[2] ist immer eine Bewertung des Unternehmens, die unter Berücksichtigung unternehmensinterner und marktbezogener Daten sowie entsprechender Vergleichswerte anderer börsennotierter Aktien zum eigentlichen Emissionskurs führt. Sowohl die Bewertung selbst als auch die hierauf basierende Kursfestsetzung sind komplexe Vorgänge, die einer Vielzahl objektiver wie subjektiver Einflußfaktoren unterliegen. Erschwert werden Unternehmensbewertungen regelmäßig auch dadurch, daß sie nicht auf feststehenden Werten basieren, sondern auf eine Vielzahl anderer prognostizierter Parameter zurückgreifen müssen und dadurch entsprechenden Unsicherheiten unterliegen. Die Qualität einer Unternehmensbewertung hängt daher immer auch sehr stark von der Qualität der in sie einfließenden Parameter ab. 1

Während die Unternehmensbewertung bei der Mehrzahl der Anlässe[3] üblicherweise die Domäne von Wirtschaftsprüfern und Steuerberatern ist, werden Bewertungen im Vorfeld von Börseneinführungen in erster Linie von den Wertpapieranalysten der die Emission führenden und begleitenden Banken vorgenommen. Dies ist zum einen eine folgerichtige Zuweisung von Aufgaben aus deren „traditioneller“ Tätigkeit, den Kurs bereits notierter Werte auf seine Angemessenheit zu überprüfen. Zum anderen liegt die Bestimmung eines noch angemessenen, d.h. erzielbaren Emissionskurses im ureigenen Interesse des Konsortialführers und der anderen Banken im Konsortium. So haben diese während der Phase des Bietens um das Emissionsmandat schon aus Konkurrenzgründen durchaus ein Interesse an der Nennung eines wenngleich realistischen, 2

---

[1] Andere Einflußgrößen sind die mit der Emission verbundenen Kosten.

[2] Auf die Preisfestsetzung selbst bzw. das Festsetzungsverfahren wird im Zusammenhang mit dem Plazierungsprozeß näher einzugehen sein. Vgl. § 10 VII. Preisfindung und Zuteilung.

[3] Weitere Anlässe für die Durchführung von Unternehmensbewertungen sind z.B. der Eintritt, das Ausscheiden oder der Ausschluß von Gesellschaftern, erb- und familienrechtliche Auseinandersetzungen, Umwandlungsvorgänge, die Ermittlung von Steuerbemessungsgrundlagen sowie Kreditwürdigkeits- oder Versicherungswertprüfungen.

so doch möglichst hohen Emissionskurses. Dieses Interesse besteht nach Zuschlag des Mandats sowohl bei einer Festübernahme als auch bei einer rein vom Ausgabekurs abhängigen Plazierungsprovision grundsätzlich fort. Andererseits tragen die Banken die unmittelbare Verantwortung für das Gelingen der Emission und tendieren daher auch im Interesse ihres Emissionsstandings beim Fixing zur Vorsicht, besonders natürlich im Falle einer Festübernahme. Der Interessengegensatz von Emittent und Altgesellschaftern einerseits und Emissionskonsortium und Investoren andererseits bei Bewertung und Preisfestsetzung ist also vorprogrammiert.

3 Wollen Emittent und Eigentümer den Bewertungen und Vorgaben von Banken nicht mehr oder weniger hilflos ausgesetzt sein, müssen auch sie sich mit der Bewertung und den in sie einfließenden Faktoren intensiv beschäftigen, da sie nur dann die gemachten Bewertungsansätze kritisch hinterfragen und gegebenenfalls korrigieren können. Dabei geht es nicht nur um die Maximierung des Verkaufserlöses. In den Diskussionen um Bewertungsfragen zeigt sich vielmehr immer wieder, daß wertbestimmende Parameter von einer oder mehreren der im Emissionsprozeß involvierten Parteien nicht richtig erkannt oder kommuniziert werden und daher die Gefahr besteht, daß dies auch im Plazierungsprozeß unterbleibt. Im übrigen kann auch durch die Maximierung des Wettbewerbs unter den Banken, d.h. die Einholung mehrerer Angebote für Konsortialführung und Übernahme nicht die Erzielung des optimalen Preises gewährleistet werden. In diesem Zusammenhang muß aber auch berücksichtigt werden, daß Emittent und Altgesellschafter[4] nur bedingt ein Interesse daran haben können, wettbewerbsbedingt einen völlig überzogenen Emissionskurs zu erzielen, da hier die Gefahr besteht, daß der Kurs unmittelbar nach Emission einbricht, so die Reputation des Unternehmens und der emissionsbegleitenden Banken schädigt und spätere Kapitalerhöhungen erschwert.

II. Bewertungsmethoden

4 Um das Ergebnis vorwegzunehmen: Es gibt nicht den schlechthin richtigen Unternehmenswert.[5] Dieser ist vielmehr sehr stark von der gewählten Bewertungsmethode und den verwendeten Werten abhängig, wobei die Wahl des anzuwendenden Bewertungsverfahrens wiederum vom verfolgten Bewertungszweck abhängig ist.

---

[4] Für die Eigentümer gilt dies zumindest dann, wenn sie auch nach Emission noch maßgeblich am Unternehmen beteiligt sind.

[5] *A. Moxter,* Grundsätze ordnungsmäßiger Unternehmensbewertung, S. 6.

1. Substanz- und Ertragswert

In einer ersten groben Differenzierung der Vielzahl von Bewertungsmethoden kann zwischen substanzwert-[6] und ertragswertorientierten[7] Bewertungsmethoden sowie Mischformen hiervon unterschieden werden.[8] Methoden, die an der Substanz eines Unternehmens anknüpfen, spielen aber – auch und insbesondere – bei der Bewertung im Zusammenhang mit einer Börseneinführung allenfalls eine untergeordnete Rolle. An der Börse beurteilen Anleger unter besonderer Berücksichtigung der sich ihnen bietenden Anlagealternativen in erster Linie die Ertragskraft und den hiermit zusammenhängenden Cash-flow eines Unternehmens. Schließlich können ihnen auch nur die Erträge in Form von Dividenden zufließen bzw. in die Rücklagen des Unternehmens eingestellt werden. Substanzwertmethoden[9] oder Methoden mit starker Substanzgewichtung wie das Stuttgarter Verfahren[10] führen daher bei der Börseneinführung auch nicht zu einem adäquaten Ergebnis, d.h. einem fairen Preis, der die Wahrscheinlichkeit großer Kursveränderungen unmittelbar nach Aufnahme der Notierung möglichst minimiert. Substanzwertüberlegungen haben an der Börse daher nur dann einen zusätzlichen Stellenwert, wenn Aktionäre hieraus unmittelbar Nutzen ziehen können. Dies ist in erster Linie bei der Möglichkeit der Verwertung nicht betriebsnotwendiger Aktiva der Fall. Im übrigen setzen An- 5

---

[6] Vgl. hierzu *O. Betsch/A. Groh/L. Lohmann,* Corporate Finance, S. 144 ff.

[7] Hiermit verwandt sind Methoden, die auf den Cash-flow abstellen.

[8] Für einen Überblick vgl. auch *C. Barthel,* Unternehmenswert: Die vergleichsorientierten Bewertungsverfahren, DB 1996, S. 149 ff.; ders., Unternehmenswert: Die zuschlagsorientierten Bewertungsverfahren, DB 1996, S. 1349 ff.

[9] Der Substanzwert eines Unternehmens ist die Summe aller selbständig veräußerungsfähigen, mit dem Wiederbeschaffungspreis, d.h. dem Zeitwert bewerteten Vermögensgegenstände abzüglich der Schulden, wobei davon ausgegangen wird, daß das Unternehmen fortgeführt wird (anders beim Liquidationswert, wo auf die Zerschlagungswerte abzustellen ist.). Der Geschäftswert wird beim Substanzwert nicht erfaßt, da er nicht selbständig veräußerungsfähig ist und künftige Erträge verkörpert. Im Gegensatz hierzu werden nicht bilanzierte immaterielle Wirtschaftsgüter in die Bewertung einbezogen, auch wenn hier das Problem besteht, daß der Wert nur aus ihrem künftigen Ertrag abgeleitet werden kann.

[10] Das Stuttgarter Verfahren dient der Ermittlung des gemeinen Wertes (vgl. § 11 II BewG) nicht börsennotierter Kapitalgesellschaften für die Berechnung der Schenkung- und Erbschaftsteuer. Es basiert auf der befristeten, einfachen und undiskontierten Übergewinnverrentung unter Einbeziehung des Übergewinns von fünf Jahren, wobei der Übergewinn nicht der Überschuß über die Normalverzinsung des Substanzwerts ist, sondern der Überschuß über die Normalverzinsung des (gesuchten) Unternehmenswerts. Vgl. Abschnitte 4 ff. VStR. *A. Schmidt,* Unternehmensbewertung ausländischer Gesellschaften, DB 1994, S. 1149, 1150.

leger regelmäßig eine gewisse Substanz als Grundlage für die Geschäftstätigkeit des Unternehmens voraus.

2. KGV und andere Multiplikatoren

6 Die bei Börseneinführungen verwandten Bewertungsverfahren setzen daher durchweg bei unbereinigten oder auch bereinigten Kennziffern aus der Gewinn- und Verlustrechnung des Unternehmens wie EBDIT,[11] EBIT,[12] EBT[13] oder dem Jahresüberschuß bzw. dem hieraus ableitbaren Cash-flow an.[14] Zum Vergleich werden aus den entsprechenden Kennziffern vergleichbarer Unternehmen und deren Börsenkapitalisierung[15] nach der Formel

$$\text{Multplikator} = \frac{\text{Börsenkapitalisierung}}{\text{Kennziffer}}$$

Multiplikatoren errechnet, die in einer Gegenüberstellung mit den Kennziffern des Unternehmens, das an die Börse eingeführt werden soll, wiederum die Herleitung eines adäquaten Unternehmenswertes ermöglichen. Das Zwischenergebnis solcher Vergleiche ist, wie das nachfolgende Beispiel aus der Pharmabranche zeigt, regelmäßig nicht ein konkreter Wert, sondern lediglich mehr und weniger breite Wertspannen. Erschwerend kommt hinzu, daß es in den seltensten Fällen wirklich vollständig vergleichbare Unternehmen gibt. Dies gilt besonders in einem relativ kleinen Aktienmarkt wie Deutschland mit einer vergleichsweise niedrigen Zahl notierter Inlandswerte.

---

[11] EBDIT = Earnings before depreciation, interest and taxes = Gewinn vor Abschreibung, Zins und Steuern = Operatives Betriebsergebnis.

[12] EBIT = Earnings before interest and taxes = Gewinn vor Zins und Steuern.

[13] EBT = Earnings before taxes = Gewinn vor Steuern.

[14] *O. Betsch/A. Groh/L. Lohmann,* Corporate Finance, S. 170. Infolge der geringeren Aussagekraft für die Ertragsstärke eines Unternehmens spielt der Umsatz, der gelegentlich insoweit auch Berücksichtigung findet, eine kleinere Rolle. Gelegentlich werden die erwähnten Kennziffern auch in Relation zu Bilanzpositionen wie dem Eigenkapital gebracht. In bestimmten Industrien fließen auch ganz bestimmte Faktoren mit in die Bewertung (z.B. die Zahl der Serviceverträge und der Ertrag pro Servicevertrag im Falle eines Mobilfunkanbieters) ein.

[15] Die Börsenkapitalisierung eines Unternehmens errechnet sich aus der Gesamtzahl der ausgegebenen Aktien und deren Börsenkurs, d.h., es bleibt unberücksichtigt, wieviele Aktien bei den Altaktionären verbleiben oder nicht zur Notierung zugelassen werden. Demgegenüber errechnet sich das Emissionsvolumen aus der Zahl der emittierten Aktien und dem Emissionspreis (nicht dem ersten Kurs!).

Geht man – wie in dem besagten Beispiel – vom kurzfristigen Kurs-Gewinn-Verhältnis als dem meist verwandten und allgemein bekannten Multiplikator aus, so werden auf der Basis des KGV „vergleichbarer" Unternehmen und des DVFA/SG-Ergebnisses[16] des zu bewertenden Unternehmens eine erste Bandbreite für eine mögliche Börsenkapitalisierung errechnet. Mit dem KGV wird die Bewertung des Unternehmens an der Börse, d.h. der Kurs, in Relation zum Ergebnis der Gesellschaft gebracht. Betrachtet man das KGV nicht in Relation zur gesamten Börsenkapitalisierung, sondern wie üblich pro Aktie, so ergibt sich die Formel 7

$$\text{KGV} = \frac{\text{Kurs der Aktie}}{\text{DVFA/SG} - \text{Ergebnis je Aktie}}$$

wobei bei der Berechnung gewöhnlich auf das Ergebnis des laufenden Geschäftsjahrs sowie das kurzfristiger Prognosen abgestellt wird.[17]

Ungeachtet der hohen Bedeutung des KGV bereiten – abgesehen von der Vergleichbarkeit von Unternehmen – immer wieder auch andere Aspekte Probleme in der Verwendung des KGV. So ist zu berücksichtigen, daß das KGV von Vergleichswerten wesentlich von deren Gewinnwachstum beeinflußt wird, da Investoren bei höheren Wachstumsraten auch ein höheres KGV zubilligen. Demgegenüber paßt ein unter dem Marktdurchschnitt liegendes KGV und eine überdurchschnittlich hohe Dividendenrendite eher auf ein wenig expansives Unternehmen. Finden Aufkäufe in einer Aktie statt oder besteht die Phantasie einer Übernahme, wirkt dies kurstreibend. Turn-around-Werte oder Unternehmen, die die Börse für solche hält, zeichnen sich oftmals durch ein sehr hohes KGV aus. 8

Zudem unterliegen Gesellschaften und ihre Aktien auch in der Gunst der Anleger Modetrends, was sich auf Kurs und KGV auswirkt. Wird auf ein historisches KGV zurückgegriffen, so ist nicht nur auf die einzelnen Phasen der Börsenkonjunktur zu achten, sondern auch auf die Phasen der allgemeinen Wirtschaftsentwicklung. So ist am Ende einer Rezession häufig in Erwartung eines Konjunkturaufschwungs ein breiter Anstieg der Aktienkurse zu beobachten, der bei der Mehrzahl der Börsenwerte zu einem höheren KGV führt.[18] Im Ergebnis müssen bei der Verwendung von Vergleichswerten daher immer Umstände mit in die 9

---

[16] Vgl. hierzu § 7 II. 4. Ergebnis je Aktie nach DVFA/SG.

[17] Nur so wird ein erwartetes Unternehmens- und Ertragswachstum, das für eine Anlageentscheidung und die Kursentwicklung sehr viel einflußreicher als bereits erzielte Erträge ist, in der Bewertung widergespiegelt, wohingegen es bei einer Fokussierung auf historische Multiplikatoren unberücksichtigt bleibt.

[18] Vgl. näher hierzu *C. Schlienkamp* in *N. Frei/C. Schlienkamp* (Hrsg.), Aktie im Aufwind, S. 282 f.

Interpretation einfließen, die in den blanken Zahlen nicht zum Ausdruck kommen. D.h., daß das KGV ebensowenig wie andere Multiplikatoren schematisch übernommen werden kann, sondern daß neben Aktiengattung und Bekanntheitsgrad des Unternehmens eine Vielzahl von Faktoren wie Branchenzugehörigkeit und Wachstumspotential von Umsatz und Ertrag, Stetigkeit des Wachstums, Diversifikation und Auslandsabhängigkeit, Finanzkraft und Liquidität, aber auch Ausschüttungspolitik, Kontinuität und Qualität des Managements mit in die Abwägung einzubeziehen sind. Im übrigen basiert jede relative Bewertung auf der Annahme, daß die Vergleichsunternehmen richtig bewertet sind.

3. Beispiel

10 In der praktischen Anwendung der vorstehenden Ausführungen wurden bei einer Bewertung eines Pharmaunternehmens im Vorfeld dessen Börseneinführung zunächst das KGV für vergleichbare Unternehmen bzw. Gesellschaften, von deren Bewertung eine gewisse Aussagekraft erwartet wurde, errechnet. Auf dieser Basis konnte unter Verwendung der DVFA/SG-Ergebnisse des Unternehmens für das laufende und das kommende Jahr die mögliche Bandbreite einer Börsenbewertung erstellt werden.

		Multiplikator (KGV)	**Unternehmen DVFA/SG-Ergebnis (DM Mio.)**	**Börsenkapitalisierung (DM Mio.)**
Umsatz				
Deutsche Pharmaunternehmen	1994e	19,6	58,6	1.149
	1995f	14,9	63,7	949
Branchen Unternehmen	1994e	15,1	58,6	885
	1995f	13,6	63,7	866
Europäische Unternehmen	1994e	15,0	58,6	879
	1995f	12,4	63,7	790

Ergänzend zur Verwendung des KGV wurden in einem nächsten Schritt weitere Bandbreiten für einen Unternehmenswert errechnet, indem die anderen Kennziffern wie Umsatz, EBDIT oder EBIT zur Errechnung einer Gesamtkapitalisierung des Unternehmens verwendet wurden. Dieser Bewertungsansatz hat den Vorteil, daß die genannten Kennzahlen nicht durch einen gespaltenen Steuersatz[19] oder – auf inter-

[19] D.h. unterschiedliche Besteuerung für ausgeschüttete Gewinne einerseits und thesaurierte Gewinne andererseits. Vgl. hierzu § 3 I. 10. a) Besteuerung der Gesellschaft.

nationaler Ebene – unterschiedliche Steuersätze beeinflußt sind. Außerdem werden durch das Abstellen auf die Gesamtkapitalisierung statt auf die Börsenkapitalisierung als dem Wert des Eigenkapitals auch unterschiedliche Zinsniveaus neutralisiert.

Bewertungsansatz Gesamtkapitalisierung

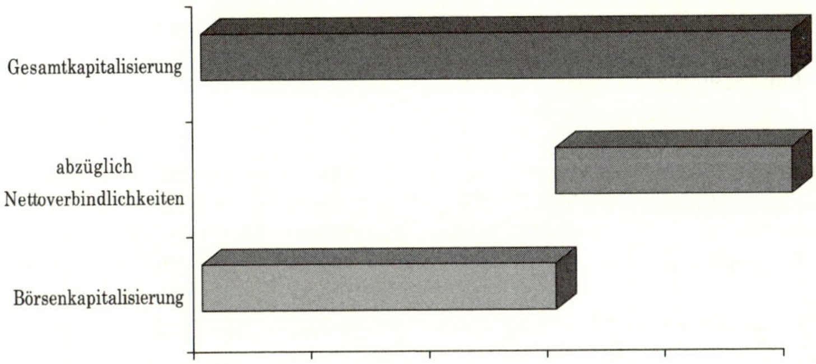

Im grenzüberschreitenden Vergleich zeichnen sich Multiplikatoren auf Basis von EBDIT oder EBIT auch dadurch aus, daß durch deren Verwendung die Auswirkungen unterschiedlicher Abschreibungsmethoden kompensiert werden.

		Multiplikator	Kennzahlen Unternehmen (DM Mio.)	Implizite Gesamtkapitalisierung (DM Mio.)	Abgeleitete Börsenkapitalisierung[20] (DM Mio.)
Umsatz					
Deutsche	1994e	0,72	908,4	654	735
Unternehmen	1995f	0,65	1.023,9	666	746
Branchen	1994e	2,14	908,4	1.944	2.025
Unternehmen	1995f	1,94	1.023,9	1.986	2.067
Europäische	1994e	1,59	908,4	1.444	1.525
Unternehmen	1995f	1,38	1.023,9	1.413	1.494

[20] Die abgeleitete Börsenkapitalisierung errechnete sich aus der impliziten Gesamtkapitalisierung, d.h. aus den mit dem jeweiligen Multiplikator und den entsprechenden Werten aus der Gewinn- und Verlustrechnung des Unternehmens zuzüglich eines Liquiditätsüberschusses von DM 80,7 Mio., der sich aus der Bilanz per 31. Dezember 1993 ergab.

		Multiplikator	Kennzahlen Unternehmen (DM Mio.)	Implizite Gesamtkapitalisierung (DM Mio.)	Abgeleitete Börsenkapitalisierung (DM Mio.)
EBDIT					
Deutsche	1994e	5,0	179,0	895	976
Unternehmen	1995f	4,3	203,3	874	955
Branchen	1994e	8,4	179,0	1.504	1.584
Unternehmen	1995f	7,5	203,3	1.525	1.606
Europäische	1994e	7,2	179,0	1.289	1.370
Unternehmen	1995f	5,9	203,3	1.200	1.280
EBIT					
Deutsche	1994e	9,7	126,0	1.222	1.303
Unternehmen	1995f	7,5	145,3	1.090	1.171
Branchen	1994e	10,3	126,0	1.298	1.379
Unternehmen	1995f	9,1	145,3	1.322	1.403
Europäische	1994e	9,7	126,0	1.222	1.303
Unternehmen	1995f	7,8	145,3	1.133	1.214

Bewertungsbandbreiten nach Bewertungsverfahren

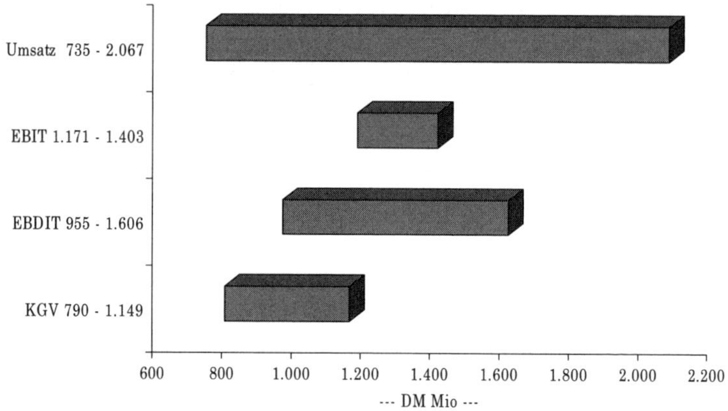

Bei der weiteren Betrachtung wurde die Bewertung nach umsatzabhängigen Multiplikatoren infolge der großen Bandbreite und des ohnehin sehr eingeschränkten Aussagewerts in Hinblick auf die Ertragskraft eines Unternehmens ausgeschlossen.[21]

[21] Demgegenüber spielt der Umsatz bei der Bewertung kleinerer Handelsunternehmen sowie von Freiberufler-Praxen eine maßgebliche Rolle. Der Wert eines Unternehmens wird bei dieser Bewertungsmethode, die auf der Annahme eines stabilen Umsatz-Kostenverhältnisses basiert, als Prozentsatz des durchschnittlichen Jahresumsatzes ausgedrückt.

Bewertungsbandbreiten nach vergleichbaren Unternehmen

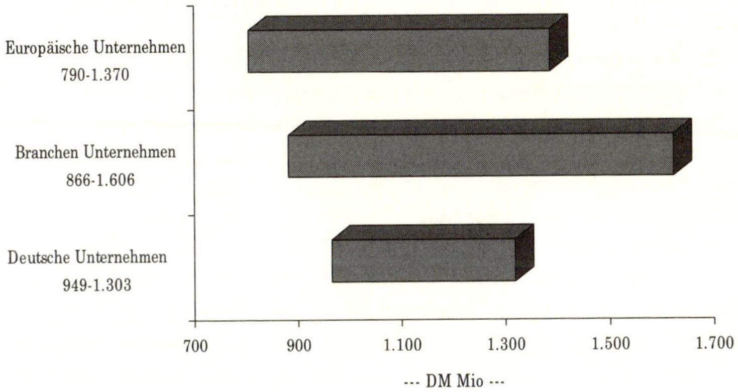

Im Ergebnis wurde das Unternehmen – u.a. wegen des deutschen Ursprungs – am oberen Ende der KGV-Bewertung bzw. aufgrund einer relativ geringen Innovationskraft im unteren Bereich der EBIT/EBDIT-Bandbreiten positioniert. Aufgrund seiner Branchenkenntnis empfahl der Analyst zudem, das Unternehmen in der Mitte der europäischen Bewertungskategorie, aber am oberen Ende der deutschen Gruppierung anzusiedeln. Dies hielt er infolge der grundsätzlich höheren Bewertung von Pharmaunternehmen gegenüber Chemieunternehmen, die ebenfalls in die Bewertung mit eingeflossen waren, für gerechtfertigt. Gleichzeitig befürwortete er unter Hinweis auf eine niedrigere Bewertung von mittleren, weniger forschungsintensiven Unternehmen eine Einordnung am unteren Ende der Gruppierung „Branchen Unternehmen" und kam so zu einer Bewertungsbandbreite von DM 1.000 bis DM 1.150 Mio. Unter Berücksichtigung eines Abschlags von 10 Prozent zur Steigerung der Attraktivität der Plazierung und Sicherung einer erfolgreichen Börseneinführung ergab sich so eine empfohlene Börsenkapitalisierung von DM 900 bis DM 1.050 Mio.

4. Ergebnis je Aktie nach DVFA/SG

a) Bedeutung

Die wesentlichste Methode für die Bewertung deutscher Unterneh- **11**
men im Vorfeld deren Einführung an einer inländischen Wertpapierbörse basiert auf der Ermittlung des Ergebnisses je Aktie nach DVFA/SG, dessen Herleitung auf einer Gemeinsamen Empfehlung der Deutschen Vereinigung für Finanzanalyse und Anlageberatung e.V. (DVFA) und der Schmalenbach-Gesellschaft – Deutsche Gesellschaft für Be-

triebswirtschaft e.V. beruht. Vereinfacht formuliert handelt es sich bei dieser Kennzahl um ein Ergebnis der handelsbilanziellen Ertragsrechnung, das um außerordentliche, ungewöhnliche und dispositionsbedingte Sondereinflüsse bereinigt wurde.

Ausgangspunkt der Ermittlung des Ergebnisses nach DVFA/SG ist der handelsrechtlich verfügbare Jahresüberschuß, d.h. der Ertrag nach Steuern, wie er sich aus der Gewinn- und Verlustrechnung des Unternehmens ergibt. Dieser Ertrag ist für die Darstellung des Ergebnistrends eines Unternehmens im Zeitablauf, die Abschätzung der zukünftigen Ergebnisentwicklung oder den Vergleich der Ertragskraft mit der anderer Unternehmen nur sehr eingeschränkt geeignet, da der Wert infolge von außerordentlichen und dispositionsbedingten Einflüssen verzerrt sein kann. Die besondere Schwierigkeit bei der Bereinigung dieser Sondereinflüsse liegt zum einen im Finden einer sachgerechten und allgemeingültigen Abgrenzung. Zum anderen lassen sich manche Tatbestände, die dem Grundsatz nach zu bereinigen sind, nur schwer oder wiederum nicht nach einheitlichen, d.h. allgemeingültigen Grundsätzen beziffern.[22] Ungeachtet dieser Hindernisse genießt das DVFA/SG-Ergebnis als Ertragskennzahl bei Analysten und Investoren eine so breite Anerkennung, daß dessen Berechnung und Veröffentlichung einen wesentlichen Bestandteil der Informationspolitik börsennotierter Unternehmen darstellt[23] und bei Neuemissionen regelmäßig in den Prospekten und Analysen publiziert wird.

12 In Hinblick auf die deutlichen Veränderungen in den Bilanzierungsgepflogenheiten deutscher börsennotierter Unternehmen durch internationale Einflüsse wurden die 1996 veröffentlichten Empfehlungen zur Ermittlung des Ergebnisses je Aktie nach DVFA 1998/1999 grundlegend mit der Zielsetzung überarbeitet, einen möglichst objektiven Vergleichsmaßstab für die Beurteilung der Ertragskraft von Unternehmen festzulegen und diesen unabhängig von den Rechnungslegungsvorschriften, nach denen der Abschluß erstellt ist, auszugestalten.[24]

---

[22] So erhebt auch die Gemeinsame Empfehlung von DVFA und SG nicht den Anspruch, für alle Bereinigungsfälle eine voll befriedigende Regelung gefunden zu haben. *W. Busse von Colbe* u.a., Ergebnis nach DVFA/SG, S. 5.

[23] *R. Lizon/M. Schatzschneider* in *N. Wieselhuber,* Börseneinführung mit Erfolg, S. 213.

[24] *Gemeinsame Arbeitsgruppe der DVFA und Schmalenbach-Gesellschaft,* Fortentwicklung des Ergebnisses nach DVFA/SG, DB 1998, S. 2537 ff. Hierzu wurden die unterschiedlichen Bilanzierungsregeln und -wahlrechte in Richtung auf eine größtmögliche Gemeinsamkeit zwischen den Vorschriften des HGB, der IAS und der US GAAP berücksichtigt.

b) Wesentlichkeit und Konzernabschluß

Bei der Ermittlung der einzelnen bereinigungswürdigen Ergebniskomponenten sollten nach dem Gesichtspunkt der Wesentlichkeit lediglich solche Sondereinflüsse korrigiert werden, die mindestens fünf Prozent des durchschnittlichen zu bereinigenden Ergebnisses ausmachen, wobei nicht auf einzelne Vorgänge, sondern jeweils auf einzelne Gruppen von Positionen des Arbeitsschemas abzustellen ist.[25] **13**

Basis der Ergebnisermittlung ist im Falle einer Unternehmensgruppe nicht der Abschluß der einzelnen Konzernunternehmen, sondern der jeweilige Konzernabschluß, da nur in diesem die Konzernwirkungen wie die Eliminierung von Zwischengewinnen oder Abschreibungen eines Firmenwertes aus der Kapitalkonsolidierung zum Ausdruck kommen und Gewinnthesaurierungen und nicht ausgeglichene Verluste bei Tochtergesellschaften erfaßt werden.[26] Dabei gehören zum Kreis der assoziierten Unternehmen solche, auf die das Mutterunternehmen einen maßgeblichen Einfluß ausüben kann.[27] **14**

c) Berücksichtigung steuerlicher Auswirkungen

Ausgangspunkt der Ergebnisbereinigung nach DVFA/SG ist der sich aus der Gewinn- und Verlustrechnung ergebende Jahresüberschuß nach Steuern, d.h. nach Abzug effektiver und latenter Steuern vom Einkommen und Ertrag sowie sonstiger Steuern. Da die Steuerbelastung im Falle von Thesaurierung und im Falle der Ausschüttung unterschiedlich ist, ist auch das DVFA/SG-Ergebnis von der Ausschüttungspolitik des einzelnen Unternehmens abhängig, was als echter Schwachpunkt der Ergebnisermittlung nach DVFA/SG anzusehen ist. **15**

Eine Bereinigung des Jahresergebnisses erfolgt grundsätzlich dergestalt, daß eine zu bereinigende Position nur insoweit zum Jahresergebnis addiert bzw. von diesem abgezogen wird, wie sie einschließlich zu berücksichtigender latenter Steuern zu dessen Verminderung oder Erhöhung beigetragen hat. D.h., bei der Bereinigung von Sondereinflüssen **16**

---

[25] Bei einem niedrigen Ertragsniveau sollte die Wertgrenze angemessen erhöht werden, um nicht extrem geringe Einflüsse berücksichtigen zu müssen. Die vorgeschlagene Wesentlichkeitsgrenzen haben lediglich Empfehlungscharakter, d.h. Unternehmen können sich auch für eine detaillierte Ergebnisbereinigung ohne Beachtung des Wesentlichkeitskriteriums entscheiden. Im Interesse der Stetigkeit ist das einmal gewählte Verfahren beizubehalten. *W. Busse von Colbe* u.a., Ergebnis nach DVFA/SG, S. 7; *K. Küting/J. Bender,* Das Ergebnis je Aktie nach DVFA/SG, BB 1992, S. 1, 5.

[26] *K. Küting/J. Bender,* Das Ergebnis je Aktie nach DVFA/SG, BB 1992, S. 1, 3.

[27] Die Möglichkeit der Ausübung eines maßgeblichen Einflusses wird ab einem Stimmrechtsanteil von 20 Prozent vermutet. *R. Lizon/M. Schatzschneider* in *N. Wieselhuber,* Börseneinführung mit Erfolg, S. 214.

ist zu überprüfen, ob sich diese ertragsteuerlich auf den handelsrechtlich ausgewiesenen Jahreserfolg ausgewirkt haben.[28] Steuerersparnisse aus der Nutzung von Verlustvorträgen sowie aus Aufwandsposten, die sich ausschließlich in einer steuerlichen Ergänzungsbilanz auswirken, werden nicht eliminiert, was den Vergleich zwischen Gesellschaften, die auf einen steuerbefreienden Verlustvortrag zurückgreifen können, und Gesellschaften, die der normalen Besteuerung unterliegen, erschwert, gleichzeitig aber auch den Vergleich im Zeitablauf und die Ergebnisprognose beeinträchtigt.

17 Bei Abschlüssen inländischer Unternehmen ist auf Bereinigungspositionen in der Regel der aktuelle (höhere) Steuersatz für thesaurierte Gewinne zu verwenden, wobei unterstellt wird, daß die Höhe der Ausschüttung durch die zu bereinigenden Positionen nicht tangiert worden ist.[29]

d) Sondereinflüsse

18 Ungewöhnliche Aufwendungen und Erträge sind im Interesse der Vergleichbarkeit des Jahresergebnisses zu bereinigen, wenn

- es sich um einen relativ hohen Betrag handelt und
- dieser vorhersehbar nur selten die Ertragsrechnung des Unternehmens betreffen wird und
- es sich nicht um Gewinne oder Verluste aus fortgeführten Aktivitäten handelt.

19 Zu den bereinigungsfähigen ungewöhnlichen Aufwendungen und Erträgen können solche gehören, die z.B. aus der Aufgabe von Werken, Geschäftsbereichen oder Produktlinien, aus dem Verkauf oder der Entkonsolidierung großer Beteiligungen, Fusionen, Erträgen aus Sanierungsmaßnahmen wie Gesellschafterzuschüssen oder Forderungsverzichten entstanden sind. Hierzu gehören auch Aufwendungen aus der erstmaligen Börseneinführung und aus Kapitalerhöhungen.[30]

20 Nicht bereinigungsfähig sind demgegenüber ungewöhnliche Aufwendungen wie Anlaufkosten für neue Märkte und Produkte, Vorleistungen wie Forschungsaufwand oder Werbekampagnen, Erschlie-

---

[28] So sind Erfolgskomponenten, die ausschließlich auf Konzernebene auftreten und daher keinen Einfluß auf die Steuerposition haben, im Konzernjahresüberschuß ohne steuerliche Abzüge enthalten, was bei der Bereinigung zu berücksichtigen ist. Demgegenüber sind bereinigungswürdige Positionen, die wie z.B. Sonderabschreibungen über die Einzelabschlüsse in den Konzernabschluß gelangen und somit Steuerwirkung haben, sind netto zu bereinigen.

[29] Näher hierzu *R. Lizon/M. Schatzschneider* in *N. Wieselhuber,* Börseneinführung mit Erfolg, S. 217; *W. Busse von Colbe* u.a., Ergebnis nach DVFA/SG, S. 13 f.

[30] Vgl. eingehend hierzu der Katalog in *Gemeinsame Arbeitsgruppe der DVFA und Schmalenbach-Gesellschaft,* Fortentwicklung des Ergebnisses nach DVFA/SG, DB 1998, S. 2537, 2538.

ßungskosten, Ingangsetzungs- oder Erweiterungsaufwendungen, Kapazitätserweiterungen oder -verlagerungen, Verluste und Gewinne aus Termingeschäften, Aufwendungen für Finanzierungsmaßnahmen mit Ausnahme von Börseneinführungen und Kapitalerhöhungen.

Bei der Beurteilung der Bereinigungsfähigkeit sind auch branchen- **21**
spezifische Gegebenheiten zu berücksichtigen. Danach sind beispielsweise Aufwendungen und Erträge aus dem Verkauf von Anlagegütern eines Leasingunternehmens regelmäßig nicht als ungewöhnlich anzusehen. Dasselbe gilt für die Veräußerung einer Unternehmensbeteiligung durch eine Beteiligungsgesellschaft.

Über die Bereinigung dispositionsbedingter Aufwendungen und Er- **22**
träge kann auch kompensiert werden, daß Bewertungsspielräume im Zeitablauf oder gegenüber anderen Unternehmen unterschiedlich ausgenutzt werden. Dabei ist auf die im Handelsrecht vorgesehenen Bilanzierungs- und Bewertungswahlrechte und Ermessensspielräume abzustellen. Eine Bereinigung hat immer dann zu erfolgen, wenn von der als vorherrschend angesehenen Bilanzierungsmethode abgewichen wird.

Zusammengefaßt ergibt sich das folgende Arbeitsschema für die Er- **23**
mittlung des Ergebnisses nach DVFA/SG:

Jahresüberschuß/-fehlbetrag laut Gewinn- und Verlustrechnung	
+/-	außergewöhnliche Aufwendungen/Erträge (nach Steuern)
+/-	ungewöhnliche Aufwendungen/Erträge (nach Steuern)
+/-	dispositionsbedingte Aufwendungen/Erträge (nach Steuern)
=	**Ergebnis nach DVFA/SG**

e) Arbeitsschema und Bilanzpositionen

Bezogen auf einzelne Bilanzpositionen findet demgegenüber folgen- **24**
des Ermittlungsschema für das Ergebnis nach DVFA/SG Anwendung:

1.	**Konzern-Jahresüberschuß/-fehlbetrag laut GuV**	
2.	+/-	Anpassung des Konzernergebnisses aufgrund von Veränderungen des Konsolidierungskreises
3.	+/-	Latente Steueranpassungen
4.	+	Ingangsetzungs- und Erweiterungsaufwendungen
5.	+/-	Bereinigungspositionen im Anlagevermögen
6.	+/-	Bereinigungspositionen im Umlaufvermögen
7.	+/-	Bereinigungspositionen in den Passiva
8.	+/-	Bereinigung von Sonderpositionen die nicht eindeutig zuordenbar sind
9.	+/-	Erfassung von Fremdwährungseinflüssen
10.	Zusammenfassung der zu berücksichtigenden Sondereinflüsse und fakultative Anwendung des Wesentlichkeitsgrundsatzes je Bereinigungsgruppe	
11.	**=**	**DVFA/SG-Ergebnis für das Gesamtunternehmen**
12.	–	Ergebnisanteile Dritter nach Bereinigung um anteilige Sondereinflüsse
13.	**=**	**DVFA/SG-Ergebnis für Aktionäre der Muttergesellschaft**
14.	:	Anzahl der zu berücksichtigenden Aktien

15. DVFA-Ergebnis je Aktie
16. Adjustiertes Ergebnis nach DVFA/SG je Aktie
17. Voll verwässertes Ergebnis nach DVFA/SG

Dabei geht es im wesentlichen um die Bereinigung der folgenden Positionen:[31]

- **Aufwendungen für die Ingangsetzung und Erweiterung des Geschäftsbetriebs**
  Aufwendungen für die Ingangsetzung und Erweiterung des Geschäftsbetriebs dürfen nach § 269 HGB aktiviert werden, wohingegen sie nach DVFA/SG als ordentlicher Aufwand angesehen werden und daher ertragsmäßig zu erfassen sind. Eine Aktivierung muß daher rückgängig gemacht werden, wobei allerdings in den Folgejahren dann auch die darauf entfallenden Abschreibungen zu eliminieren sind, d.h. netto bereinigt werden müssen.
- **Immaterielle Vermögensgegenstände**
  Während planmäßige handelsrechtliche Abschreibungen auf immaterielle Vermögenspositionen wie Konzessionen, gewerbliche Schutzrechte oder sonstige ähnliche Rechte im Ergebnis nach DVFA/SG als ordentlicher Aufwand anzusehen sind, sind außerplanmäßige Abschreibungen einschließlich steuerlich wirksamer Teilwertabschreibungen sowie Gewinne und Verluste aus dem Abgang dieser Rechte nur dann zu bereinigen, wenn sie mit ungewöhnlichen Vorgängen in Zusammenhang stehen.
  Aus Gründen einer leichteren Vergleichbarkeit wird der Goodwill, d.h. der Geschäfts- oder Firmenwert, bei der Ermittlung des DVFA/SG-Ergebnisses erfolgsneutral behandelt. Vorgenommene Abschreibungen, die infolge einer erfolgsneutralen Verrechnung gegen Rücklagen keine steuerlichen Auswirkungen hatten, werden brutto gleich netto, d.h. wiederum ohne steuerliche Berücksichtigung korrigiert. Dasselbe gilt für ausschließlich im Konzernabschluß angesetzte Abschreibungen auf den Goodwill aus Kapitalkonsolidierung.[32]
- **Sachanlagen**
  Planmäßige handelsrechtliche Abschreibungen auf Sachanlagen entsprechen den handelsrechtlichen Grundsätzen ordnungsgemäßer Buchführung und sind als ordentlicher Aufwand nur dann zu korrigieren, wenn sie über das steuerrechtlich anerkannte Maß wesentlich hinausgehen. Demgegenüber sind außerplanmäßige Abschreibungen

[31] Zum Ganzen eingehend vgl. *W. Busse von Colbe* u.a., Ergebnis nach DVFA/SG, S. 21 ff; *R. Lizon/M. Schatzschneider* in *N. Wieselhuber,* Börseneinführung mit Erfolg, S. 218 f.

[32] Regelmäßig kann davon ausgegangen werden, daß Abschreibungen auf Geschäfts- oder Firmenwerte aus der Kapitalkonsolidierung ohne steuerliche Wirkung erfolgen. Ausnahmen können bei im Weltabschluß erfaßten ausländischen Teilkonzernen auftreten.

einschließlich steuerlich wirksamer Teilwertabschreibungen regelmäßig die Folge einer nachhaltigen Wertminderung des betreffenden Anlagengegenstandes, d.h. nicht dispositionsbedingt. Sie sind daher nur dann zu bereinigen, wenn sie mit ungewöhnlichen Vorgängen zusammenhängen.
Zu korrigieren sind auch steuerrechtliche Sonderabschreibungen i.S.d. § 254 HGB oder analoger Vorschriften im Ausland, soweit sie die normale Abschreibung übersteigen. Auch hier sind die durch die steuerrechtliche Sonderabschreibungen vorweggenommenen Normalabschreibungen in den Folgejahren ergebnismindernd zu berücksichtigen. Zuschreibungen zum Sachanlagevermögen sind immer dann zu berücksichtigen, wenn sie wesentlich sind.
Gewinne und Verluste aus Anlagenabgängen sind zu bereinigen, sofern es sich um ungewöhnliche oder dispositive Vorgänge wie die Aufgabe oder Veräußerung eines Unternehmensbereichs oder auch Gewinne aus „Sale-and-lease-back"-Transaktionen handelt. Bewertungen selbsterstellter Sachanlagen sind zu bereinigen, wenn und soweit der Ansatz wesentlich von dem üblichen Ansatz zu Einzelkosten zuzüglich angemessener Teile der Material- und Fertigungskosten einschließlich Abschreibungen abweicht und es sich um große Einzelsachverhalte handelt.

- **Finanzanlagen**
  Abschreibungen auf Bestandteile des Finanzanlagevermögens wie Beteiligungen sind nur zu bereinigen, wenn es sich um ungewöhnliche oder dispositionsbedingte Vorgänge handelt. Gewinne und Verluste aus dem Abgang von Finanzanlagen und Erträge aus Zuschreibungen sind in gleicher Weise zu behandeln wie entsprechende Vorgänge bei Sachanlagen.
- **Vorräte**
  Bei der Bewertung ihrer Vorräte haben Unternehmen infolge der handelsrechtlichen Aktivierungswahlrechte erhebliche Bewertungsspielräume. Weicht ein Unternehmen hierbei vom Normalfall der Bewertung zu Einzelkosten zuzüglich angemessener Teile der Material- und Fertigungsgemeinkosten einschließlich Abschreibungen ab, so sind die Bewertungsunterschiede ergebniswirksam zu bereinigen, sofern es sich um wesentliche Beträge handelt. Auswirkungen von Wechseln der Bewertungsmethode sind als dispositionsbedingte Vorgänge so zu bereinigen, daß das Berichtsjahr mit den Folgejahren vergleichbar ist. Zu bereinigen sind auch dispositive Abschreibungen, die über die handelsrechtlich gebotene Abschreibung auf den niedrigeren Tageswert hinausgehen.
- **Umlaufvermögen**
  Abschreibungen auf Positionen des Umlaufvermögens wie Forderungen sind nur dann zu korrigieren, wenn diese erheblich über die

Berücksichtigung aktueller Verlust- und Wertminderungsrisiken hinausgehen. Eventuelle spätere Erträge aus der Auflösung von solchen Wertberichtigungen sind ebenfalls entsprechend zu bereinigen.[33]

- **Sonderposten mit Rücklagenanteil**
  Zuführungen zum Sonderposten mit Rücklagenanteil werden als dispositionsbedingter Aufwand angesehen, um den das Jahresergebnis nach Berücksichtigung fiktiver Ertragsteuern zu erhöhen ist. Umgekehrt sind Auflösungen von Sonderposten mit Rücklageanteil entsprechend als dispositionsbedingter Ertrag zu bereinigen.
- **Rückstellungen**
  Die Bildung von Rückstellung für Pensionen und andere (potentielle) Verpflichtungen stellt regelmäßig gewöhnlichen Aufwand dar und ist deshalb nur in ungewöhnlichen oder dispositionsbedingten Fällen zu bereinigen. Hierzu gehören Sondertatbestände wie Einmaleffekte, die sich aus einem Methodenwechsel oder wesentlichen Änderungen von Parametern wie dem Zinsfuß oder den zugrundeliegenden versicherungsmathematischen Sterbewahrscheinlichkeiten ergeben, dispositive oder ungewöhnlich hohe Nachholungen bisher nicht oder nicht ausreichend passivierter Pensionsrückstellungen oder pensionsähnlicher Verpflichtungen, die dispositive Unterlassung der Bildung von Rückstellungen oder die dauerhafte Abweichung von den üblichen Ermittlungsmethoden.
  Auch bei der Bildung von Rückstellungen für andere Risiken wie im Zusammenhang mit Umweltschutz- oder Entsorgungsverpflichtungen erfolgt eine Korrektur nur im Falle der Ungewöhnlichkeit, d.h. wenn die Ermessensspielräume dispositiv ausgeschöpft werden.[34] Generell zu den Rückstellungen mit dispositivem Charakter gehören die Aufwandsrückstellungen nach § 249 II HGB und die Rückstellungen für Instandhaltungen nach § 249 I 3 HGB. Bildung, Inanspruchnahme und Auflösung sind daher zu bereinigen, wobei die Bereinigung steuerlich nicht anerkannter Beträge brutto gleich netto erfolgt.
- **Fremdwährungseinflüsse**
  Wechselkursgewinne und -verluste aus geschäftlichen Transaktionen sowie Erträge und Aufwendungen aus Kurssicherungsmaßnahmen

---

[33] Demgegenüber sind Einzelwertberichtigungen auf Forderungen gegenüber Großabnehmern oder pauschalierte Abschreibungen auf Auslandsforderungen auch bei einer ungewöhnlichen Höhe nicht zu bereinigen, da sie als Bestandteil der normalen operativen Geschäftsrisiken angesehen werden. *W. Busse von Colbe* u.a., Ergebnis nach DVFA/SG, S. 29. Vgl. dort auch zur Behandlung eines passivischen Unterschiedsbetrags aus einer Kapitalkonsolidierung (S. 31).

[34] Bei der Beurteilung können die Kriterien für die steuerliche Anerkennung von Rückstellungen mit herangezogen werden.

gehören zum normalen Geschäft und sind als Bestandteil des ordentlichen Ergebnisses grundsätzlich nicht zu eliminieren. Bei der Einbeziehung ausländischer Unternehmen in den Konzernabschluß erfolgt eine Bereinigung des Ergebnisses, wenn nicht die international vorherrschende Methode der funktionalen Währungsumrechnung angewandt wurde und dies zu einem abweichenden Ergebnis führt.[35]

- **Kosten der erstmaligen Börseneinführung**
  Die Kosten des Börsengangs[36] sowie der Aufwand aus späteren Kapitalerhöhungen und der Plazierung der jungen Aktien sind als ungewöhnlicher Aufwand i.S.d. DVFA/SG Definition netto zu bereinigen, d.h. zum Jahresüberschuß zu addieren. Demgegenüber ist der Aufwand für andere Finanzierungsmaßnahmen nicht zu bereinigen.

Wurde auf der Basis der vorstehenden Ausführungen das DVFA/SG-Ergebnis des Unternehmens ermittelt, so erfolgt dessen Umrechnung je Aktie nach der Formel

$$\text{Ergebnis je Aktie} = \frac{\text{bereinigtes Ergebnis}}{\text{Zahl der Aktien}}$$

Dabei ist zu berücksichtigen, daß eine Börseneinführung regelmäßig nicht nur auf der Plazierung von „Alt-"Aktien basiert, sondern weitere Aktien über eine Kapitalerhöhung geschaffen werden. Bei der Bestimmung der Zahl der Aktien bzw. des Gesamtkapitals im Rahmen der Bewertung ist immer auf das nach der Kapitalerhöhung vorhandene Grundkapital mit der entsprechenden Aktienzahl abzustellen.[37]

f) KGaA und branchenspezifische Besonderheiten

Das vorstehende Arbeitsschema gilt grundsätzlich auch für Unternehmen in der Rechtsform der KGaA. Haben Komplementäre Kapitaleinlagen geleistet und sind damit gewinnberechtigt, ist in einer leicht modifizierten Berechnungsweise zu berücksichtigen, daß die persönlich haftenden Gesellschafter ihren Gewinnanteil individuell, d.h. unabhängig von den für das Unternehmen geltenden Steuersätzen zu versteuern haben. Im Interesse eines vergleichbaren Ergebnisses ist der den Kom- 25

[35] Vgl. hierzu *Gemeinsame Arbeitsgruppe der DVFA und Schmalenbach-Gesellschaft,* Fortentwicklung des Ergebnisses nach DVFA/SG, DB 1998, S. 2537, 2541.

[36] Voraussetzung für die Einbeziehung der Kosten in die Bereinigung ist, daß sie in einem sehr eng zu verstehenden, unmittelbaren und ausschließlichen Zusammenhang mit der Börseneinführung stehen. Diese Voraussetzungen erfüllen z.B. die Kosten der Umwandlung oder der Gründungsprüfung, Beratungskosten und Notargebühren, Kosten der Registergerichte, Pflichtveröffentlichungen und die Börsenzulassung, Bankprovisionen, Kosten für den Aktiendruck, Kosten für das Financial Marketing sowie eventuell anfallende Verkehrsteuern wie Grunderwerbsteuer.

[37] *B. Rödl/T. Zinser,* Going Public, S. 267.

plementären zustehende Gewinnanteil bei der Berechnung eines modifizierten Nettogewinns als Berechnungsbasis für das DVFA/SG-Ergebnis mit einer anteilmäßig gleich hohen fiktiven Steuer zu belasten.[38]

26 Da die vorstehenden Bereinigungspositionen in erster Linie auf Industrie- und Handelsunternehmen zugeschnitten sind, werden spezifische Eigenarten des Bankgeschäfts und Besonderheiten in den hier geltenden Rechnungslegungsvorschriften nicht abgedeckt. Gleiches gilt für Versicherungen und Unternehmensbeteiligungsgesellschaften. In diesen Branchen erfordert die Ermittlung eines vergleichbaren Ergebnisses daher jeweils branchenspezifische Erweiterungen des allgemeinen DVFA/SG-Schemas.[39]

g) Cash-flow nach DVFA/SG

27 Neben der Ermittlung des KGV auf Basis des DVFA/SG-Ergebnisses wird auch das Verhältnis von Kurs und Cash-flow nach DVFA/SG mit dem anderer Werte verglichen. Der Cash-flow gibt den finanziellen Überschuß an, der aus den laufenden erfolgswirksamen geschäftlichen Aktivitäten resultiert und als Ausdruck der Innenfinanzierungskraft die Mittel anzeigt, die einem Unternehmen für Investitionen, Schuldentilgung, Dividendenzahlung und Speisung des Finanzmittelbestandes zur Verfügung stehen. Wenngleich in seiner Verwendung nicht so populär wie das KGV, so bietet das KCV den Vorzug, „robuster" als der handelsrechtliche Jahresüberschuß und damit weniger verzerrbar zu sein.[40]

28 Ermittlung und Bestandteile des Cash-flow sind ungeachtet der anerkannt großen Bedeutung der Kennziffer umstritten, was DVFA/SG veranlaßt hat, sich durch Empfehlung des folgenden Ermittlungsschemas um einen Beitrag zur Vereinheitlichung zu bemühen.

1.	**Jahresüberschuß/-fehlbetrag laut Gewinn- und Verlustrechnung**	
2.	+	Abschreibungen auf Gegenstände des Anlagevermögens
3.	–	Zuschreibungen zu Gegenständen des Anlagevermögens
4.	+/-	Veränderung der Rückstellungen für Pensionen bzw. anderer langfristiger Rückstellungen
5.	+/-	Veränderung der Sonderposten mit Rücklageanteil
6.	+/-	andere nicht zahlungswirksame Aufwendungen und Erträge von wesentlicher Bedeutung
7.	**=**	**Jahres-Cash-flow**
8.	+/-	Bereinigung ungewöhnlicher zahlungswirksamer Aufwendungen/Erträge von wesentlicher Bedeutung
9.	**=**	**Cash-flow nach DVFA/SG**

38 Näher hierzu *W. Busse von Colbe* u.a., Ergebnis nach DVFA/SG, S. 47 f.

39 Vgl. hierzu *W. Busse von Colbe* u.a., Ergebnis nach DVFA/SG, S. 53 ff.

40 *B. Rödl/T. Zinser,* Going Public, S. 267.

Wie im Falle der Ermittlung des Ergebnisses nach DVFA/SG erfolgt die Berechnung auf Konzernebene und berücksichtigt nur wesentliche Positionen.

- **Jahresüberschuß/-fehlbetrag**
  Ausgangspunkt dieser indirekten Ableitung des Cash-flow aus den Daten des Konzernjahresabschlusses ist das Jahresergebnis, zu dem nicht zahlungswirksame Aufwendungen addiert und von dem nicht zahlungswirksame Erträge subtrahiert werden.[41] Wird vom Bilanzgewinn oder -verlust ausgegangen, so sind die Schritte der Gewinnverwendungsrechnung rückgängig zu machen.
- **Ab- und Zuschreibungen auf Gegenstände des Anlagevermögens**
  Während Abschreibungen auf das Umlaufvermögen nicht zu neutralisieren sind,[42] sind sowohl plan- wie außerplanmäßige und steuerliche Sonderabschreibungen als nicht zahlungswirksame Aufwendungen bei der Ermittlung des Cash-flow zu addieren. Zuschreibungen stellen die korrespondierende Position zu Abschreibungen dar und sind infolge ihrer fehlenden Zahlungswirksamkeit durch Subtraktion ebenfalls zu neutralisieren.
- **Veränderungen langfristiger Rückstellungen**
  Aufwendungen und Erträge aus der Bildung und Auflösung langfristiger Rückstellungen sind zwar erfolgs-,[43] aber nicht zahlungswirksam und daher zu neutralisieren. Das Kriterium der Langfristigkeit wird bei Restlaufzeiten von mehr als einem Jahr als gegeben betrachtet, wobei bei bestimmten Arten wie Pensionsrückstellungen, Rückstellungen für latente Steuern sowie solchen für Gewährleistungsrisiken grundsätzlich davon ausgegangen wird, daß diese langfristig sind.[44]
- **Veränderung der Sonderposten mit Rücklageanteil**
  Aufwendungen und Erträge aus der Veränderung der Sonderposten mit Rücklageanteil sind wegen ihrer fehlenden Zahlungswirksamkeit zu neutralisieren.[45]

---

[41] Näher hierzu *W. Busse von Colbe* u.a., Ergebnis nach DVFA/SG, S. 95 f.

[42] Diese werden im Rahmen einer umfassenderen Finanzflußrechnung berücksichtigt.

[43] Erfolgsneutrale Veränderungen dieser Rückstellungen, z.B. hinzukommende Pensionsrückstellungen aus der Akquisition von Unternehmen, sind zumindest dann aus dem Veränderungsbetrag herauszurechnen, wenn sie nicht von untergeordneter Bedeutung sind.

[44] Aus Praktikabilitätsgründen können diese Rückstellungen in ihrer Gesamtheit als langfristig angesehen werden, auch wenn ein Teilbetrag kurzfristig revolviert.

[45] Der Korrekturposten entfällt bei der Ermittlung des Cash-flow für einen Konzern, wenn der Sonderposten mit Rücklageanteil in die Positionen Jahresergebnis und latente Steuern umgegliedert wird.

- **Andere nicht zahlungswirksame Aufwendungen und Erträge**
  Andere nicht zahlungswirksame Aufwendungen und Erträge, die den vorgenannten Positionen des Arbeitsschemas nicht eindeutig zurechenbar sind, sind ebenfalls zu korrigieren, wenn sie wesentlich sind, d.h. im Saldo fünf Prozent des durchschnittlichen Jahres-Cashflows der vorangegangenen drei Geschäftsjahre überschreiten. Hierzu gehören z.B. Erträge aus der Auflösung passivierter Investitionszuschüsse und Abschreibungen auf ein aktiviertes Disagio.[46]
- **Jahres-Cash-flow**
  Beim Vergleich des sich aus dem Saldo der vorstehenden Korrekturen ergebenden sogenannte Jahres-Cash-flow mit dem nach internationalen Stellungnahmen[47] ermittelten Cash-flow from Operations ist zu berücksichtigen, daß sich diese dadurch unterscheiden, daß letzterer zusätzlich zum Jahres-Cash-flow auch die Bewegungen im Bereich des Working Capital, d.h. des Nettoumlaufvermögens und nicht die Erfolge aus Abgängen des Anlagevermögens umfaßt.[48]
- **Bereinigung ungewöhnlicher Aufwendungen und Erträge**
  Bei der nachfolgenden Bereinigung des Jahres-Cash-flow um ungewöhnliche zahlungswirksame Aufwendungen und Erträge gelten für die Abgrenzung zwischen ungewöhnlich und gewöhnlich die gleichen Kriterien und Grundsätze[49] wie bei der Bereinigung des Ergebnisses nach DVFA/SG.

Die Umrechnung des Cash-flows auf die Zahl der Aktien ergibt sich aus der Formel

$$\text{DVFA/SG} - \text{Cash-flow je Aktie} = \frac{\text{DVFA/SG} - \text{Cash-flow}}{\text{Zahl der Aktien}}$$

wobei die auf Dritte entfallenden Anteile, hilfsweise die Anteile Dritter am Jahresüberschuß/-fehlbetrag abzuziehen sind. Mit dem Ergebnis kann dann nach

$$\text{KCV} = \frac{\text{Kurs der Aktie}}{\text{DVFA/SG} - \text{Cash-flow je Aktie}}$$

das KCV als Multiplikator bzw. nach

$$\text{Kurs der Aktie} = \text{KCV} * \text{DVFA/SG} - \text{Cash-flow je Aktie}$$

[46] Vgl. näher hierzu *W. Busse von Colbe* u.a., Ergebnis nach DVFA/SG, S. 99.

[47] Nachweise bei *W. Busse von Colbe* u.a., Ergebnis nach DVFA/SG, S. 101.

[48] Der Jahres-Cash-flow kann aber Ausgangsbasis für eine nach internationalem Standard aufzustellende Finanzflußrechnung sein.

[49] Grundsatz der Wesentlichkeit und Bereinigung nach Steuern, d.h. in dem Umfang, in dem die zu korrigierenden Vorgänge tatsächlich steuerlich wirksam waren.

die Basis für den adäquaten Kurs der neu zu emittierenden Aktie berechnet werden.

5. Discounted Cash-flow-Verfahren

a) Bedeutung und Vorzüge

Neben den vorstehend beschriebenen Verfahren der Unternehmens- 29
bewertung unter Verwendung von Multiplikatoren wie dem KGV spielen im Vorfeld von Börseneinführungen auch Ertragswert- und Cashflow-bezogene Bewertungsverfahren eine – wenngleich zumindest in Deutschland noch eingeschränkte, so doch – in ihrer Bedeutung wachsende Rolle. Dies gilt insbesondere bei Fehlen vergleichbarer Aktienwerte und in den auch in Deutschland immer häufigeren Fällen der Börseneinführung von jungen, stark wachsenden Unternehmen. Multiplikatoren-gestützte Verfahren werden den Bewertungsanforderungen junger und innovativer Unternehmen nicht gerecht, da sie deren Wachstumspotential nicht erfassen.[50]

Im Vordergrund steht dabei das aus den USA kommende und inter- 30
national anerkannte Discounted Cash-flow-Verfahren,[51] das gerade bei

---

[50] *Deutsche Morgan Grenfell,* IPHORIA - Rocketing into a New Age, S. 94.

[51] Das Discounted Cash-flow-Verfahren (DCF-Verfahren) verdrängt zunehmend das 1983 vom Institut der Wirtschaftsprüfer in seiner Stellungnahme HFA 2/1983 (Grundsätze zur Durchführung von Unternehmensbewertungen) empfohlene, in seinem Ansatz und einer Vielzahl von Elementen durchaus vergleichbare Ertragswertverfahren, das auf die Ausschüttungen an die Eigentümer des Unternehmens abstellt, die nach Befriedigung aller anderen Ansprüche von Fremdkapitalgebern, Fiskus etc. sowie nach Abzug der persönlichen Einkommensteuern der Eigner diesen tatsächlich zufließen. Dabei werden in einem dreistufigen Verfahren die ausgewiesenen Erträge und Aufwendungen um betriebsfremde und aperiodische Elemente bereinigt und auf ihrer Basis die künftigen Ergebnisse des Unternehmens geplant. Für die Planung werden die Zukunftsergebnisse in drei Phasen eingeteilt, wobei die ersten drei bis fünf Jahre noch einem sehr detaillierten Planungsprozeß unterworfen und dann über eine Trendfortschreibung die Ergebnisse der beiden folgenden Phasen ermittelt werden. Auch hier erfolgt über einen Kapitalisierungszinsfuß die Ermittlung des Barwerts der Zukunftserfolge des Unternehmens, wobei ein wesentlicher Unterschied zum Discounted Cash-flow-Verfahren darin besteht, daß beim Ertragswertverfahren die persönlichen Ertragsteuern der Unternehmenseigentümer berücksichtigt werden. Außerdem ist Ansatzpunkt der Bewertung nicht der Cash-flow, sondern die ausgeschütteten Gewinne des Unternehmens. Näher zur Stellungnahme HFA 2/1983 (abgedruckt in WPg 1983, S. 468 ff.) vgl. *K. Maul,* Offene Probleme der Bewertung von Unternehmen durch Wirtschaftsprüfer, DB 1992, S. 1253 ff.

Im Rahmen der Bewertung vor einer Börseneinführung spielt das Ertragswertverfahren allenfalls eine sehr untergeordnete Rolle. Vgl. näher hierzu *O. Betsch/ A. Groh/L. Lohmann,* Corporate Finance, S. 152 ff.; *B. Rödl/T. Zinser,* Going

Unternehmensakquisitionen eine maßgebliche Rolle spielt. Da der Verkauf des Unternehmens im Wege eines sogenannten Trade Sale auf Basis eines nach dem DCF-Verfahrens ermittelten Verkaufspreises in manchen Fällen durchaus eine Alternative zur Börseneinführung darstellen kann, ist der so berechnete Unternehmenswert auch als Vergleichsmaßstab von besonderer Bedeutung. Nachteilig gegenüber multiplikatorgestützten Bewertungsverfahren ist neben der Komplexität des Modells zwar, daß sich die Vergleichbarkeit mit anderen Börsenwerten – mit all den vorgenannten Einschränkungen und Unzulänglichkeiten – nicht aus einer einzigen Kennzahl wie dem KGV oder dem KCV ergibt. Dafür zeichnet sich das DCF-Verfahren insbesondere dadurch aus, daß es nicht nur die Finanzsituation eines bestimmten Jahres widerspiegelt, sondern eine flexible und genaue Erfassung aller für die Zukunft prognostizierten Zahlungsströme eines Unternehmens ermöglicht, d.h. neben den Gewinnen auch Veränderungen des Working Capital und den Investitionsbedarf umfaßt. Offensichtlich sind aber auch die mit der Unsicherheit der Vielzahl der erforderlichen Prognosen und Annahmen zusammenhängenden Schwierigkeiten.

b) Überblick

31 Es gibt kein einheitliches DCF-Modell, sondern mehrere Verfahren, die sich in ihrer Rechentechnik unterscheiden und sich in einer ersten Differenzierung in einen Nettoansatz[52] und einen Bruttoansatz[53] einteilen lassen. Basis aller DCF-Verfahren ist die Annahme, daß der Cashflow jenen Zahlungsmittelüberschuß repräsentiert, der den Eigen- und Fremdkapitalgebern eines Unternehmens zur Verfügung steht, und sich der heutige Wert eines Unternehmens nach dem Barwert seiner künftigen Einnahmeüberschüsse bestimmt.[54]

32 So wird bei der Berechnung des Unternehmenswerts beim Bruttoansatz zunächst der Barwert der Zahlungsströme, der allen Kapitalgebern, d.h. Gesellschaftern und Fremdkapitalgebern gemeinsam zur Verfügung steht, errechnet und hiervon der Barwert des Fremdkapitals abgezogen. Demgegenüber wird beim Nettoansatz der Barwert der den Gesellschaftern zufließenden Zahlungsströme unmittelbar ermittelt.[55]

Public, S. 284 ff. Zu den Einwänden gegen das vom IdW mit der Stellungnahme HFA 2/1983 empfohlene Verfahren vgl. *K. Born,* Unternehmensanalyse und Unternehmensbewertung, S. 185.

[52] Sogenannter „equity approach".

[53] Sogenannter „entity approach", der wiederum in mehreren Varianten vertreten wird.

[54] Eingehend zum DCF-Verfahren *M. Steiner/M. Wallmeier,* Unternehmensbewertung mit Discounted Cash-Flow-Methoden und dem Economic Value Added Konzept, FB 1999, S. 1 ff.

[55] Der Unterschied zur Ertragswertmethode besteht im wesentlichen aus der abweichenden Ermittlung des Diskontierungssatzes.

c) Bruttoansatz

Beim Entity-Approach wird zunächst der Wert von Eigen- und Fremdkapital zusammen ermittelt und anschließend der Wert des Fremdkapitals subtrahiert. Dabei geht das DCF-Verfahren in einem mehrstufigen Verfahren vor. 33

- **Unternehmensplanung**
  Ausgangspunkt der Wertermittlung ist eine Unternehmensplanung, in deren Rahmen die Ergebnisse des Unternehmens für die nächsten Jahre auf der Basis der entsprechenden Werte der Vergangenheit prognostiziert werden. Der konkrete Zeitraum dieses ersten Zeitabschnitts beträgt im Regelfall drei bis sieben Jahre, wobei die Festlegung der genauen Zahl der Jahre für diese erste Phase in erster Linie davon abhängt, wie lange derjenige, der die Bewertung erstellt, glaubt, die Prognosen mit einem gewissen Grad oder auch nur Mindestmaß an Zuverlässigkeit abgeben zu können.

- **Cash-flow**
  Aus diesem Ergebnis wird für die jeweiligen Jahre unter Berücksichtigung von Steuern, Abschreibungen sowie der Veränderung der langfristigen Rückstellungen zunächst der sogenannte Brutto-Cash-flow ermittelt. Unter Einbeziehung der Investitionen in das Anlagevermögen, der Verkäufe von Anlagegütern sowie der Veränderungen des Working Capital, d.h. des Nettoumlaufvermögens läßt sich der sogenannte Netto Cash-flow[56] berechnen, der zur Befriedigung aller Kapitalgeber, d.h. auch der Fremdkapitalgeber zu Verfügung steht und die Basis für die weiteren Berechnungen bildet.
  Zusammengefaßt wird der Netto Cash-flow ausgehend von einer Plan-Gewinn- und Verlustrechnung wie folgt berechnet[57]:

(1)		**Jahresüberschuß**
(2)	+	Zinsaufwendungen
(3)	=	Gewinn vor Zinsen nach Steuern
(4)	–	Steuern auf das „Tax Shield" der tatsächlich bezahlten Steuern[58]
(5)	+	anrechnungsfähige Körperschaftsteuer[59]
(6)	+/-	Abschreibungen/Zuschreibungen
(7)	+/-	Erhöhung/Verringerung der Rückstellungen
(8)	+/-	Erhöhung/Verringerung der Sonderposten mit Rücklageanteil

---

56 Die diversen Cash-flow-Begriffe werden in der Literatur unterschiedlich definiert. Vgl. hierzu *O. Betsch/A. Groh/L. Lohmann,* Corporate Finance, S. 164 f.

57 Näher zur Ermittlung des Cash-flows vgl. *K. Born,* Unternehmensanalyse und Unternehmensbewertung, S. 108 ff.

58 D.h., Zinsen werden im Rahmen dieses Bewertungsverfahrens steuerlich als nicht abzugsfähig angesehen.

59 Dies gilt nur für anrechnungsberechtigte Inländer.

(9)	-/+	Erhöhung/Verringerung des Working Capital[60]
(10)	+/-	Erhöhung/Verringerung passiver Rechnungsabgrenzungsposten
(11)	-/+	Erhöhung/Verringerung aktiver Rechnungsabgrenzungsposten
(12)	–	weitere nicht zahlungswirksame Erträge
(13)	+	weitere nicht zahlungswirksame Aufwendungen
(14)	-	Investitionen
(15)	-/+	Erhöhung/Verringerung des Zahlungsmittelbestands
(16)	**=**	**Netto Cash-flow**

In der vorstehenden Berechnung werden zum Jahresüberschuß die Zinsaufwendungen in Zeile 2 addiert, weil sie in der Betrachtungsweise des Entity-Approach den Kapitalgebern zur Verfügung stehen. Bei der Ermittlung des Cash-flow bleibt somit die tatsächliche Verschuldung des Unternehmens unberücksichtigt. D.h., ungeachtet der tatsächlichen Verschuldung wird von einem unverschuldeten Unternehmen ausgegangen und keinerlei Zinsen für Fremdkapital als Betriebsausgaben zur Minderung der Steuerlast in Abzug gebracht. Dementsprechend wird in Zeile 4 die Abzugsfähigkeit der tatsächlich bezahlten Fremdkapitalzinsen bei der Ermittlung der Steuern rückgängig gemacht und so die Steuerlast für ein fiktiv ausschließlich eigenfinanziertes Unternehmens unterstellt.
Durch die Addition der anrechnungsfähigen Körperschaftsteuer in Zeile 5 wird berücksichtigt, daß diese Ertragsbestandteil ist.[61] In den Zeilen 6 bis 13 erfolgt eine Kompensation solcher Aufwendungen und Erträge, die in dem jeweiligen Jahr nicht zahlungswirksam sind. Zeile 14 neutralisiert Investitionen in das Anlage- und das Umlaufvermögen, die in diesem Jahr zahlungswirksam waren. Nach Erfassung von Veränderungen des Kassenbestandes in Zeile 15 ergibt sich der Cash-flow, der an alle Kapitalgeber gezahlt werden kann.

- **Restwert**
  Der Wert eines Unternehmens bestimmt sich nicht nur nach dem Wert der Zahlungsströme während des ersten Zeitabschnitts, d.h. der Jahre nach dem Bewertungsstichtag, für die der Wertermittler von einer gewissen Zuverlässigkeit der Planung ausgeht, sondern auch aus dem Wert der Cash-flows aus der Zeit danach. Dieser Wert jenseits des Planungshorizonts wird als Rest- oder Fortführungswert[62] bezeichnet. Er spiegelt also den Wert wider, den das Unternehmen am

---

[60] Vorräte + Forderungen aus Lieferungen und Leistungen + geleistete Anzahlungen - Verbindlichkeiten aus Lieferungen und Leistungen - erhaltene Anzahlungen.

[61] Unberücksichtigt bleibt hierbei, daß die Gewinnausschüttung streng genommen erst im folgenden Jahr stattfindet und auch dann erst der Gesellschafter in den Genuß der Körperschaftsteuergutschrift kommen.

[62] Sogenanter „Terminal Value".

Ende des ersten Bewertungszeitraums repräsentiert.[63] Berechnet wird der Fortführungswert als ewige Rente und auf Basis eines Cash-flows, der als nachhaltig erzielbar angesehen wird. Die Bestimmung dieses nachhaltig erzielbaren Cash-flows erfolgt regelmäßig auf Basis des Cash-flows, der für das letzte Jahr des ersten Zeitabschnitts prognostiziert wird.

Maßgeblich für die Berechnung des Restwerts ist die Formel

$$RW_t = \frac{CF}{k}$$

wobei das gefundene Ergebnis dann noch auf den Bewertungsstichtag abzudiskontieren ist. Gelegentlich wird statt eines zweiphasigen Modells ein dreiphasiges verwandt, wo nach und auf der Basis einer ersten, sehr detailliert geplanten Phase der weitere Trendverlauf für bis zu 25 Jahre bestimmt wird und erst für einen dritten Zeitraum die Berechnung des Endwerts als ewige Rente erfolgt.[64]

- **Kapitalisierungszinsfuß**

Die Cash-flows der ersten Betrachtungsphase sowie der als ewige Rente kalkulierte Restwert sind auf den Bewertungsstichtag abzudiskontieren. Als Diskontierungssatz wird der mit dem Verhältnis von Fremd- und Eigenkapital zum Gesamtkapital des Unternehmens gewichtete Kapitalkostensatz[65] verwendet, der sich aus

$$k = r_{EK}\frac{EK}{GK} + r_{FK}(1 - s)\frac{FK}{GK}$$

ergibt, wobei

k	=	WACC = gewogener durchschnittlicher Kapitalkostensatz
r_{EK}	=	erwartete Rendite des Eigenkapitals
EK	=	Marktwert des Eigenkapitals
GK	=	Marktwert des Gesamtkapitals (EK + FK)
r_{FK}	=	Kosten des Fremdkapitals
s	=	Ertragsteuersatz des Unternehmens.

Ausgangsbasis der Berechnung sind demnach die mit den entsprechenden Quoten[66] gewichteten Renditeforderungen der Eigentümer

[63] *M. Sanfleber-Decher,* Unternehmensbewertung in den USA, WPg 1992, S. 597, 601.

[64] *Deutsche Morgan Grenfell,* IPHORIA - Rocketing into a New Age, S. 90.

[65] WACC = weighted cost of capital = gewichtete durchschnittliche Kapitalkosten.

[66] Die Eigen- und die Fremdkapitalquote ergibt sich nicht aus den entsprechenden Bilanzansätzen, sondern aus den Marktwerten für Eigen-, Fremd- und Gesamtkapital. Unter Fremdkapital wird nur explizit verzinsliches Fremdkapital erfaßt. Zur Bewältigung des Zirkularitätsproblems, das sich daraus ergibt, daß der in diesem gesamten Verfahren gesuchte Marktwert des Eigenkapitals bereits

und der Fremdkapitalgeber, wobei die Renditeforderung der Fremdkapitalgeber r_{FK} den an diese zu zahlenden durchschnittlichen Zinsen nach Minderung um einen Ertragsteuersatz s entspricht. Die Minderung um den Steuersatz erklärt sich damit, daß bei der vorstehenden Ermittlung des Cash-flows – trotz der tatsächlich gegebenen Verschuldung – fiktiv von einer ausschließlich eigenfinanzierten Gesellschaft ausgegangen wird, die keine Fremdkapitalzinsen als Betriebsausgabe zur Minderung der Steuerlast abziehen kann. Dementsprechend wird bei der Berechnung der Cash-flows bei einem verschuldeten Unternehmen eine zu hohe Steuerlast angesetzt, was durch die Multiplikation des Fremdkapitalzinses mit (1-s) korrigiert wird.[67]

Die von Investoren erwartete Rendite ist regelmäßig vom Risiko des Investments abhängig. D.h. zum einen, daß sie bei Investitionen in Aktien, die risikoreicher sind als der Kauf von festverzinslichen Wertpapieren erstklassiger Schuldner, eine höhere „Verzinsung" des eingesetzten Kapitals erwarten als beim Kauf weitgehend risikoloser Bundesanleihen. Zum anderen gibt es auch bei der Investition in Aktien unterschiedlich hohe Risiken, d.h. einige Aktien entsprechen in ihrem Risikogehalt, dem Gesamtmarkt bzw. dessen Durchschnitt, wohingegen andere, z.B. junge Wachstumsunternehmen aus High-Tech-Branchen deutlich risikoreicher sind und sich demnach durch eine höhere Kursvolatilität auszeichnen. Die Berechnung der risikoangepaßten Verzinsungserwartung der Eigenkapitalgeber erfolgt im Rahmen des sogenannten Capital Asset Pricing Model[68] unter Berücksichtigung eines Basiszinses und einem Risikozuschlag nach der Formel

$$r_{EK} = i + \beta(r_M - i)$$

wobei

r_{EK}	=	erwartete Rendite des Eigenkapitals
i	=	risikoloser, landesüblicher Zins
β	=	Beta als Ausdruck der relativen Volatilität
r_M	=	erwartete Rendite bei Investition in Gesamtmarkt
$r_M - i$	=	erwartete „Mehrrendite" bei Anlage in riskantere Werte

in die Bestimmung der Eigenkapitalquote einfließt, vgl. *W. Ballwieser,* Unternehmensbewertung mit Discounted Cash-flow-Verfahren, WPg 1998, S. 81, 85.

[67] Der Steuersatz umfaßt sowohl die Körperschaft- als auch die Gewerbeertragsteuer, wobei in Hinblick auf die Körperschaftsteuer die Problematik der von einander abweichenden Ausschüttungs- und Theasaurierungsbelastung greift. Näher hierzu *W. Ballwieser,* Unternehmensbewertung mit Discounted Cash-flow-Verfahren, WPg 1998, S. 81, 86 f.

[68] CAPM = Capital Asset Pricing Modell = Kapitalmarktgleichgewichtspreisbildungsmodell.

Der Basiszins i ist ein Zins für theoretisch risikolose Anlagen wie Anleihen öffentlicher Schuldner[69] mit einer Laufzeit, die der Vorhersageperiode entspricht. Dieser Zinssatz wird korrigiert um das Produkt aus dem unternehmensbezogenen β und der marktbezogenen Differenz zwischen der sogenannten „riskless rate of return" und der erwarteten Rendite einer Investition in den Gesamtaktienmarkt. Für diese Marktrisikoprämie oder erwartete „Mehrrendite" bei Anlagen in den Aktienmarkt (r_M-i) ergaben statistische Untersuchungen in Deutschland über die letzten Jahrzehnte Werte zwischen fünf und sechs Prozent[70]

Der unternehmensspezifische Risikofaktor Beta („β") gibt die Kursvolatilität des zu bewertenden Unternehmens im Verhältnis zur Kursvolatilität des gesamten Aktienmarktes an,[71] wobei im Rahmen einer Bewertung im Vorfeld einer Börseneinführung naturgemäß nur – wenn auch auf Basis von Branchenunternehmen oder anderer insoweit vergleichbarer Werte – eine erwartete Volatilität der neuen Aktie berücksichtigt werden kann, was das Verfahren in seiner Anwendung nicht eben einfacher oder zuverlässiger macht.[72]

- **Nicht betriebsnotwendiges Vermögen**

  Das nicht betriebsnotwendige Vermögen stellt den Teil des Unternehmenswertes dar, der nicht für den laufenden Geschäftsbetrieb benötigt wird. Die Bewertung erfolgt nicht zu Buchwerten, sondern zu den Verkehrswerten, die bei einer Veräußerung erzielt werden könn-

---

[69] In Deutschland wird regelmäßig auf die Rendite von Bundesanleihen zurückgegriffen, die sich durch die höchste Liquidität auszeichnen und - u.a. deshalb - auch eine niedrigere Verzinsung als die Anleihen der Länder oder öffentlich-rechtlicher Sondervermögen haben.

[70] Infolge anderer Berechnungszeiträume, anderen Messungen oder Mittelwertbildungen gibt es auch Berechnungen, die zu höheren oder niedrigeren Ergebnissen führen. Trotzdem kann die genannte Bandbreite als aussagekräftig angesehen werden, zumal sie nahe an US-amerikanischen Ergebnissen liegt. *W. Ballwieser,* Unternehmensbewertung mit Discounted Cash-flow-Verfahren, WPg 1998, S. 81, 82 m.w.N.

[71] *M. Sanfleber-Decher,* Unternehmensbewertung in den USA, WPg 1992, S. 597, 602. D.h., daß sich die Rendite des Unternehmens bei einem β von eins analog zur Rendite des Gesamtmarktes entwickelt und die Renditeerwartung hinsichtlich des Unternehmens mit dem gleichen Risiko behaftet ist wie die Renditeerwartung für den gesamten Aktienmarkt. Demgegenüber zeichnet ein β von unter eins ein relativ risikoarmes Unternehmen aus. *B. Rödl/T. Zinser,* Going Public, S. 278.

[72] Zur Kritik am CAPM vgl. *W. Ballwieser,* Unternehmensbewertung mit Discounted Cash-flow-Verfahren, WPg 1998, S. 81, 83; *B. Rödl/T. Zinser,* Going Public, S. 278. Zur Berechnung des Diskontierungssatzes und seinem Einfluß auf die Unternehmensbewertung vgl. *G. Siepe,* Kapitalisierungszinssatz und Unternehmensbewertung, WPg 1998, S. 325 ff.

ten. Hierdurch werden die stillen Reserven in die Ermittlung des Unternehmenswertes mit einbezogen.

- **Fremdkapital**

  Wurde in den vorstehenden Schritten der Gesamtunternehmenswert ermittelt, so ist von diesem der Marktwert des Eigenkapitals zu subtrahieren, um als Endergebnis den Marktwert des Eigenkapitals auszuweisen. Dabei kann der Marktwert des Fremdkapitals über den Barwert des an die Fremdkapitalgeber fließenden Cash-flows bestimmt werden.[73]

  Zusammengefaßt gilt für die Ermittlung des Wertes des Eigenkapitals von Unternehmen die Formel

$$UW = EK = \sum_{t=1}^{T} \frac{CF_t}{(1+k)^t} + \frac{RW_t}{(1+k)^t} + NBV - FK = GK - FK$$

wobei

UW	=	Unternehmenswert
EK	=	Marktwert des Eigenkapitals
CF_t	=	Cash-flow für Gesellschafter und Fremdkapitalgeber
k	=	WACC = gewogener durchschnittlicher Kapitalkostensatz
t	=	Periodenindex
T	=	Planungshorizont
FK	=	Marktwert des Fremdkapitals
GK	=	Marktwert des gesamten Kapitals (EK + FK)
RW	=	Restwert
NBV	=	nicht betriebsnotwendiges Vermögen

d) Nettoansatz

34 Im Gegensatz zum Bruttoansatz wird bei der Ermittlung des Unternehmenswerts im Rahmen des Equity Approach lediglich auf die Zahlungsströme abgestellt, die den Eigentümern zufließen. Hierzu gehören neben den Dividenden und den korrespondierenden Körperschaftsteuergutschriften auch Entnahmen und Kapitalrückzahlungen.

- **Cash-flow**

  Ausgangsbasis der weiteren Berechnungen ist daher der sogenannte Freie Cash-flow,[74] der sich von dem im Entity Approach verwandten Netto Cash-flow dadurch unterscheidet, daß die bezahlten Zinsen für Fremdkapital und die hieraus resultierenden Steuerersparnisse nicht neutralisiert werden.

  Zusammengefaßt wird der Freie Cash-flow ausgehend von einer Plan-Gewinn- und Verlustrechnung wie folgt berechnet:

---

[73] Als vereinfachte Näherungsgröße kann der Buchwert der Verbindlichkeiten herangezogen werden.

[74] Free Cash-flow.

(1) Jahresüberschuß[75]
(2) + anrechnungsfähige Körperschaftsteuer[76]
(3) +/- Abschreibungen/Zuschreibungen
(4) +/- Erhöhung/Verringerung der Rückstellungen
(5) +/- Erhöhung/Verringerung der Sonderposten mit Rücklageanteil
(6) -/+ Erhöhung/Verringerung des Working Capital[77]
(7) +/- Erhöhung/Verringerung passiver Rechnungsabgrenzungsposten
(8) -/+ Erhöhung/Verringerung aktiver Rechnungsabgrenzungsposten
(9) – weitere nicht zahlungswirksame Erträge
(10) + weitere nicht zahlungswirksame Aufwendungen
(11) – Investitionen
(12) -/+ Erhöhung/Verringerung des Zahlungsmittelbestands
(13) = Cash-flow

womit dann der Wert des Eigenkapitals ohne weitere Berücksichtigung des Fremdkapitals wie folgt berechnet wird:

$$UW = EK = \sum_{t=1}^{T} \frac{CF_t}{(1 + r_{EK})^t} + \frac{RW_t}{(1 + r_{EK})^t} + NBV$$

wobei wiederum

UW = Unternehmenswert
EK = Marktwert des Eigenkapitals
CF_t = Cash-flow für Gesellschafter
r_{EK} = erwartete Rendite der Eigenkapitalgeber
t = Periodenindex
T = Planungshorizont
RW = Restwert
NBV = nicht betriebsnotwendiges Vermögen

e) Adjusted Present Value

Eine weitere Bewertungsmethode auf Basis des Discounted Cash- 35
flow-Verfahrens ist das sogenannte Konzept des angepaßten Barwerts, das eine Verallgemeinerung der Entity-Methode darstellt und bei dem der Unternehmenswert komponentenweise nach

$$UW = V_E + V_{USt} + V_{ESt} - FK$$

ermittelt wird, wobei

UW = Unternehmenswert
V_E = Unternehmenswert bei vollständiger Eigenfinanzierung
V_{USt} = Wert des Steuereffekts anteiliger Fremdfinanzierung
V_{ESt} = Wert des Einkommensteuereffekts aus der Ausschüttungspolitik
FK = Fremdkapital

---

[75] EAT = Earnings after taxes.

[76] Dies gilt nur für anrechnungsberechtigte Inländer.

[77] Vorräte + Forderungen aus Lieferungen und Leistungen + geleistete Anzahlungen - Verbindlichkeiten aus Lieferungen und Leistungen - erhaltene Anzahlungen.

36 Zielrichtung der Methode ist die Ausschaltung der Probleme, die der Entity-Approach mit der Aufrechterhaltung der Kapitalstruktur, d.h. dem Verhältnis von Eigen- und Fremdkapital, sowie der Erfassung komplizierter Steuersysteme im WACC-Modell hat. Als Vorteil des Verfahrens wird auch die Möglichkeit angesehen, die wertbeeinflussenden Merkmale von Unternehmen getrennt zu bewerten und damit die Bewertungsgüte zu erhöhen.[78] Trotzdem spielt das Verfahren im Rahmen von Börseneinführungen in Deutschland keine Rolle.

6. Bewertung junger Unternehmen

a) Problematik

37 Besondere Probleme bereiten Bewertungen bei der nun auch in Deutschland wachsenden Zahl von Börsengängen junger, innovativer und stark wachsender Unternehmen. Traditionelle Bewertungsverfahren sind nicht oder nur mit Schwierigkeiten in der Lage, die Innovationskraft und das Wachstumspotential dieser Unternehmen richtig zu erfassen.

38 So beziehen sich das KGV und andere Multiplikatoren nur auf das jeweilige Betrachtungsjahr, was bei etablierten Unternehmen noch vertretbar erscheint, nicht aber bei dynamischen, jungen Unternehmen in High-Tech-Industrien. Wird als Betrachtungszeitpunkt ein Geschäftsjahr gewählt, in dem ein Verlust oder ein negativer Cash-flow ausgewiesen wird, wird ein negatives KGV oder negative andere Multiplikatoren mit der Folge eines negativen Unternehmenswerts ausgewiesen, was schon allein aus rein wirtschaftlichen Erwägungen unsinnig wäre. Bei jungen Unternehmen und anderen, die sich in einer Wachstumsphase befinden, werden oftmals deutlich mehr Mittel in den Unternehmensaufbau, Forschung und Entwicklung sowie andere Anlaufkosten wie Werbung und Marketing gesteckt, als das Unternehmen zunächst an Umsätzen generiert. Diese Investitionen sind die Basis für den künftigen Unternehmenserfolg und -wert, führen aber zu einer Belastung aller Multiplikatoren und damit zu einer Verzerrung des unter Nutzung dieser Multiplikatoren berechneten Unternehmenswerts. Diese Schwierigkeiten können auch nicht dadurch bewältigt werden, daß man das Wachstum der Gewinne oder Cash-flows mit in die Bewertung einbezieht, da sich die Multiplikatoren auch dann nur auf relativ kurze Zeiträume beziehen und so nicht aussagekräftig genug sind.[79]

---

[78] Vgl. näher hierzu *O. Betsch/A. Groh/L. Lohmann,* Corporate Finance, S. 168, *W. Ballwieser,* Unternehmensbewertung mit Discounted Cash-flow-Verfahren, WPg 1998, S. 81, 91 f.

[79] Vgl. näher hierzu mit demselben Ergebnis, *Deutsche Morgan Grenfell,* IPHORIA - Rocketing into a New Age, S. 80 f.

b) Cash-flow-Zyklusmodell

Discounted Cash-flow-Ansätze stoßen besonders bei der Prognose der künftigen Cash-flows sowie bei der Wahl adäquater Risikozuschläge in Form des β auf Schwierigkeiten. Trotzdem stellt das Discounted Cash-flow-Verfahren nicht nur den theoretisch richtigen Ansatz dar, sondern auch den intuitiv überzeugendsten und praktikabelsten, insbesondere wenn eine plausible Ermittlung der Zahlungsströme des Wachstumsunternehmens gelingt. Hierfür bietet ein von der Deutsche Morgan Grenfell als „Cash-flow-Zyklusmodell“[80] vorgestellter Ansatz zumindest interessante erste Anknüpfungspunkte. Es beabsichtigt eine realistischere Erfassung künftiger Zahlungsströme und berücksichtigt, daß Veränderungen der Zahlungsströme am Anfang einer Unternehmensentwicklung meist stärker als in einem späteren Stadium sind.[81] **39**

Berücksichtigung findet auch, daß Wachstumsunternehmen sich oftmals auf ein einziges Produkt, Verfahren oder Dienstleistung konzentrieren und dementsprechend in ihrer Wertentwicklung maßgeblich vom Produktlebenszyklus dieses einzigen „Wachstumstreibers“ abhängig sind. Da daher im Regelfall nicht die Gefahr bestehe, daß sich im Zeitpunkt der Unternehmensbewertung die Lebensphasen verschiedener Wachstumstreiber überlagern und damit schwierig auf die Gesamtentwicklung des Unternehmens übertragbar sind, wird bei jungen innovativen Unternehmen eine dem Produktlebenszyklus vergleichbare Phasenentwicklung für das Gesamtunternehmen unterstellt und so versucht, die Entwicklung der Cash-flows qualitativ nachvollziehbar zu prognostizieren. Zu diesem Zweck wird der Lebenszyklus in vier Phasen eingeteilt: **40**

- **Einführungs- und Entwicklungsphase**
  Die erste Phase im Lebenszyklus zeichnet sich infolge notwendiger Investitionen und hoher Entwicklungskosten einerseits und geringer Einnahmen andererseits durch negative Cash-flows aus, wobei am Ende der Einführungsphase die Einnahmen zunehmen.
- **Wachstumsphase**
  Nach den ersten Erfolgen des Wachstumstreibers entsteht weiterer Kapitalbedarf zum Aufbau zusätzlicher Kapazitäten etc., während gleichzeitig die Einnahmen ansteigen. Das Ende der Wachstumsphase beginnt, wenn die Investitionen zur Kapazitätserweiterung und Ausgaben für Forschung und Entwicklung in Relation zu den Einnahmen abnehmen.

---

[80] *Deutsche Morgan Grenfell,* IPHORIA - Rocketing into a New Age, S. 90 ff.

[81] Zu anderen, optionsmodellbasierten Bewertungsansätzen vgl. z.B. *A. Rams,* Realoptionen - ein innovativer Ansatz zur Unternehmensbewertung und wertorientierten Unternehmensführung, M&A Review 10/1998, S. 416 ff.; *T. Nelson,* Shoring up the industry's valuations, NB, October 1998, S. 913 ff.

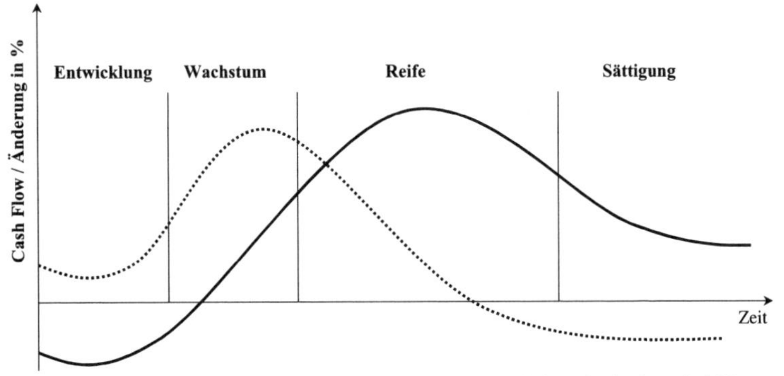

Quelle: Deutsche Morgan Grenfell

- **Reifephase**
  In der Reifephase sinken die Ausgaben für Investitionen bzw. steigen nur noch in geringem Umfang. Sie beschränken sich im wesentlichen auf Erhaltungsinvestitionen, wohingegen Kapazitätserweiterungen nicht mehr in nennenswertem Umfang anfallen. Die Phase zeichnet sich auch dadurch aus, daß das Ertragswachstum infolge einer steigenden Zahl von Wettbewerbern und Nachahmern abnimmt.
- **Sättigungsphase**
  In der Sättigungsphase kommt es zu einem Rückgang der Einnahmen. Infolgedessen werden die Erhaltungsinvestitionen weiter zurückgefahren, was die Cash-flows positiv beeinflußt. Die Möglichkeit, Überrenditen zu erzielen, nimmt ab.

41 Es ist offensichtlich, daß das Modell keine genaue Quantifizierung der Cash-flows ermöglicht und die Problematik der Wahl des richtigen Diskontierungssatzes nicht einmal anspricht. Zudem ist der skizzierte Verlauf nicht auf jedes Unternehmen übertragbar. Schwierigkeiten bereitet auch die Prognose der Länge der einzelnen Phasen. Trotzdem bietet das Modell zumindest Leitlinien für eine plausiblere Herleitung der Cash-flows eines Unternehmens als einem wesentlichen Bewertungsparameter. Vor dem Hintergrund des so prognostizierten Zyklus werden dann wie beim „normalen" DCF-Verfahren die Zahlungsströme in drei Phasen ermittelt:

- Im ersten Zeitabschnitt wird eine detaillierte Schätzung der Cash-flows vorgenommen.
- Auf dieser Basis wird auch der weitere Trendverlauf abgeschätzt, wobei Zeiträume von bis zu 25 Jahren zugrunde gelegt werden. Hierfür wird ein funktionaler Verlauf der Zahlungsströme unterstellt, wodurch die vorstehenden Überlegungen in das Bewertungsmodell

übertragen werden. Charakteristisch ist, daß die Entwicklung der Zahlungsströme bereits im Trendverlauf beginnt abzunehmen.

- In der Annahme, daß Überrenditen immer nur für einen begrenzten Zeitraum erzielbar sind, wird für die Zeit nach dem Trendverlauf, d.h. die Berechnung des Endwerts eine linear abnehmende Entwicklung der Cash-flows unterstellt, was dazu führt, daß sich die Zahlungen und der hieraus resultierende Barwert dem Wert Null annähern.

c) Andere Bewertungsansätze

Zu den anderen Bewertungsmethoden gehört z.B. der sogenannte PEG-Faktor,[82] der das aktuelle Kurs-/Gewinn-Verhältnis mit dem mittel- bzw. langfristigen Ertragswachstum vergleicht. Hat z.B. ein Unternehmen ein aktuelles KGV von 20 und ein Ertragswachstum von 40 Prozent, so resultiert hieraus ein PEG-Faktor von 0,50. Eine Gesellschaft mit einem KGV von 20, die nur mit 10 Prozent p.a. wächst, hat einen PEG-Faktor von 2,00 und ist damit weniger attraktiv. Wenngleich dieses Bewertungskriterium in den USA bei der Bewertung von Wachstumsaktien beinahe alltäglich ist, wird es von deutschen Analysten nur selten angewandt. **42**

Ebenso selten Verwendung findet in Deutschland die CFROI-Methode,[83] die die reale Cashrendite der Investitionen einer Gesellschaft mit den realen Kapitalkosten vergleicht und als originäres DCF-Modell in vielen Fällen die Gefahr der Preisverzerrungen nach anderen Bewertungsmethoden ausgleichen soll.[84] **43**

III. Preisfestsetzung

Von der Bewertung des Unternehmens zu unterscheiden ist der Vorgang der eigentlichen Preisfestsetzung. Dies gilt sowohl bei Wahl der Festpreismethode[85] als auch bei Verwendung des Bookbuilding-Verfahrens,[86] wo die Bestimmung des Preises zwar letztendlich weitgehend den Kräften des Marktes überlassen ist, zunächst einmal aber auf einer festzusetzenden Preisspanne basiert. **44**

Betrachtet man als Ziel der eigentlichen Bewertung die Findung eines fairen Marktpreises im Sinne eines Gleichgewichtspreises, so geht es bei der Festsetzung darum, den Emissionspreis einerseits attraktiv in Relation zu bereits börsennotierten Werten zu gestalten und über eine **45**

---

82 Price-/Earnings multiple to medium term earnings per share growth.

83 Cash Flow Return on Investment nach Holt Valuation Associates.

84 Vgl. hierzu *Gold-Zack/Gontard & MetallBank* (Hrsg.), Aktien-Leitfaden Neuer Markt 1999, S. 13 f.

85 Vgl. hierzu § 10 VII. 1. Festpreismodell.

86 Vgl. hierzu § 10 VII. 2. Bookbuilding.

vollständige Plazierung des Emissionsvolumens hinaus auch eine positive Kursentwicklung zu ermöglichen, die einen wesentlichen Erfolgsfaktor für spätere Kapitalerhöhungen darstellen kann. Andererseits soll naturgemäß der Emissionserlös – wenn auch nicht ausgereizt – so doch weitgehend optimiert werden. Wie schwierig dieses Unterfangen ist, wird schon durch einen Vergleich der Emissionskurse, und der ersten Notierungen sowie der Jahresschlußkurse der Neuemissionen am Neuen Markt im ersten Halbjahr 1998 deutlich.[87]

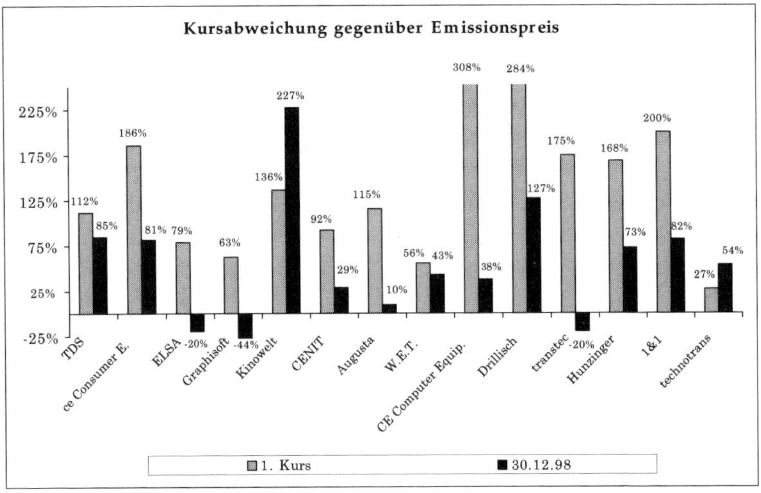

46 Sind subjektive Bewertungsparameter wie Marktstellung und Bekanntheitsgrad, Wachstumspotential, Qualifikation des Managements etc. bereits vollständig in der vergleichenden Bewertung erfaßt worden, wird bei der Festsetzung des Zeichnungspreises häufig versucht, Investoren durch einen Zeichnungsanreiz in Form eines Kursabschlags vom ermittelten fairen Wert oder Gleichgewichtspreis zum Kauf zu motivieren, wobei sich dieser Abschlag regelmäßig in Größenordnungen um die zehn Prozent bewegt.[88]

47 Im übrigen sollte der Emissionspreis unter emissionstaktischen Gesichtspunkten möglichst auch bei absoluter Betrachtungsweise nicht zu sehr von den Kursen anderer Neuemissionen abweichen. So würde ein

[87] Die Entwicklung weiterer Werte am Neuen Markt findet sich unter § 11 VI. 1. Bedeutung. Einzuräumen ist freilich, daß diese Differenzen am Neuen Markt schon aufgrund der oftmals relativ kleinen Emissionsvolumina und des besonderen Interesses, den dieses Segment und die dort emittierten Werte derzeit genießen, besonders akzentuiert sind.

[88] Sogenanntes „underpricing". Vgl. hierzu *W. Koch/J. Wegmann,* Praktiker-Handbuch Börseneinführung, S. 152 f; *W. Schürmann/K. Körfgen,* Familienunternehmen auf dem Weg zur Börse, S. 225.

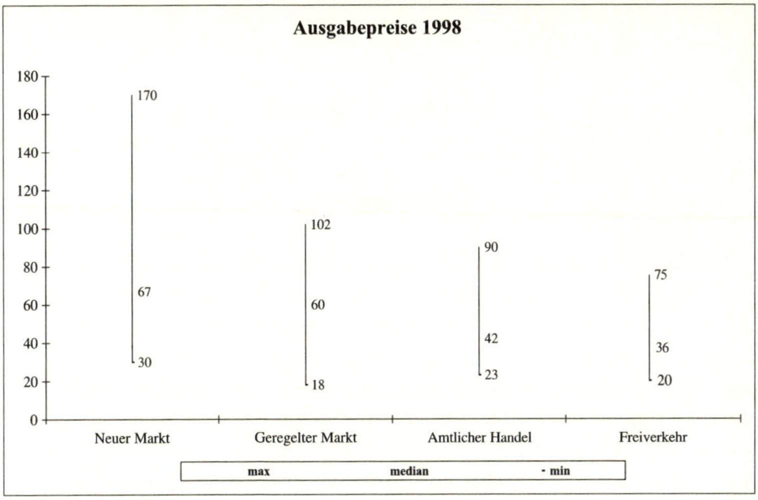

vom Durchschnitt deutlich nach oben abweichender Emissionskurs Gefahr laufen, als zu „schwer" und damit allein aus optischen Gründen als zu teuer angesehen zu werden. Demnach ist soweit möglich bei der Festsetzung der Gesamtzahl der Aktien, d.h. der Aufteilung des Grundkapitals und der hiermit zusammenhängenden bzw. dieser vorhergehenden Aufteilung des Eigenkapitals auf Grundkapital und offene Rücklagen bereits der hierdurch beeinflußte spätere Emissionskurs bzw. zumindest die entsprechende Größenordnung zu berücksichtigen. Dabei wird man zumindest bei Unternehmen, die – im Gegensatz zu vielen jungen Gesellschaften aus High-Tech-Branchen – bereits oder in absehbarer Zeit eine Dividende ausschütten, auch die Dividendenrendite berücksichtigen, die sich aus der Zahl der Aktien und dem zur Ausschüttung verfügbaren Gewinn ergibt.[89]

---

[89] *W. Schürmann/K. Körfgen,* Familienunternehmen auf dem Weg zur Börse, S. 227.

§ 8 Due Diligence

I. Bedeutung

1 In engem Zusammenhang mit der Unternehmensbewertung steht eine eingehende Untersuchung und Analyse des Unternehmens, für die sich auch im deutschen Sprachraum die englische Bezeichnung „Due Diligence“[1] eingebürgert hat.[2] In dieser werden die Annahmen, auf denen die Bewertung des Unternehmens basiert, auf ihre Korrektheit und Vollständigkeit überprüft. Das Verfahren dient damit dazu, einen genauen Einblick in das Unternehmen einschließlich all seiner Stärken und Schwächen zu erhalten und so die Chancen und Risiken eines Investments klarer abschätzen zu können. Dies ist zum einen im Zusammenhang mit möglichen vertraglichen Gewährleistungsansprüchen gegen das Unternehmen und/oder Altgesellschafter von Bedeutung. Die Due Diligence und die Vermeidung imageschädigender Überraschungen liegt somit schon im ureigenem Interesse von Eignern und Management, abgesehen davon, daß auch diese oftmals durch die Einschaltung externer Spezialisten wertvolle Erkenntnisse über ihr Unternehmen gewinnen können. Zum anderen wollen der Konsortialführer sowie die übrigen Emissionsbanken neben einer Beeinträchtigung ihres Images[3] vermeiden, aus Prospekthaftung[4] oder im Zusammenhang mit Pflichtverstößen bei der Anlageberatung in Anspruch genommen zu werden. Die im Rahmen der Due Diligence gewonnenen Erkenntnisse fließen gelegentlich auch in den Börsenzulassungs- und Verkaufsprospekt sowie in das Analysematerial der Research-Abteilungen der Banken ein,[5] wobei aber naturgemäß die Geheimhaltungsinteressen des Unternehmens eine gewisse Filterwirkung haben.[6]

---

[1] In direkter Übersetzung steht dies für eine Untersuchung „mit gebührender Sorgfalt“.

[2] Zum Ganzen vgl. *D. Krüger/E. Kalbfleisch,* Due Diligence bei Kauf und Verkauf von Unternehmen, DStR 1999, S. 174 ff.

[3] Ein Musterbeispiel für negative Publizität im Zusammenhang mit einer unzureichenden Due Diligence eines Börsenkandidaten ist die Emission der Sachsenmilch AG, die die Deutsche Bank AG über Jahre in die Schlagzeilen brachte.

[4] Vgl. hierzu § 13 IV. Prospekthaftung.

[5] Zunehmend bestehen aber auch bei deutschen Banken Chinese Walls zwischen den Analyseabteilungen und denjenigen, die die Due Diligence durchführen.

[6] Eingehend zum Ganzen *W. Berens/W. Schmitting/J. Strauch* in *W. Berens/H. Brauner* (Hrsg.), Due Diligence bei Unternehmensakquisitionen, S. 69 ff.

Im Gegensatz zu der Due Diligence im Rahmen eines Unternehmenskaufs ist die im Vorfeld einer Börseneinführung für das Unternehmen selbst regelmäßig unproblematischer, da bei M&A-Transaktionen oftmals direkte Wettbewerber als interessierte Käufer auftreten und so detaillierten Einblick in die Gesellschaft, ihre Betriebsabläufe, Planungen und Kostenrechnungen erhalten, wohingegen vor einem Going Public lediglich branchenfremde Spezialisten, die regelmäßig aus berufs- und standesrechtlichen Gründen zur Verschwiegenheit verpflichtet sind, detaillierte Kenntnisse erhalten. Ein weiterer Unterschied – insoweit beim Going Public aber eher von Nachteil – ist, daß die Qualität einer Due Diligence bei einer Akquisition durch ein branchenzugehöriges Unternehmen maßgeblich durch Mitarbeiter des Käufers, die langjährige und branchenspezifische Erfahrungen auch in Teilbereichen des Betriebsgeschehens auszeichnet, gefördert wird, indem diese mit der Untersuchung branchen- und betriebsbezogener Fragestellungen beauftragt werden.[7] 2

II. Abgrenzung und Bereiche der Analyse

Eine Due Diligence unterscheidet sich maßgeblich von der Jahresabschlußprüfung. Während sich die letztere nur vergangenheitsorientiert und stichtagsbezogen auf den Jahresabschluß, den Lagebericht sowie die Buchführung erstreckt, bezweckt die Due Diligence darüber hinaus und in erster Linie die Erfassung künftiger Risiken und Chancen. Sie beschränkt sich nicht auf die Untersuchung von Teilbereichen des wirtschaftlichen Geschehens, sondern erstreckt sich – entsprechend der Vielzahl der wertbestimmenden Faktoren und potentiellen Probleme eines Unternehmens – insbesondere auf finanzielle und wirtschaftliche, rechtliche, steuerliche und umwelthaftungsrechtliche Bereiche, aber auch auf organisatorische Aspekte wie Buchführungs-, Berichts- und Planungssysteme.[8] Hält das Unternehmen Beteiligungen in nicht unbedeutendem Umfang an anderen Gesellschaften, so sind auch diese mit in die Analyse mit einzubeziehen. 3

---

[7] Zur Abgrenzung von der Due Diligence beim Unternehmenskauf und der bei Kapitalmarkttransaktionen vgl. auch *H. Merkt,* Rechtliche Bedeutung der „due diligence“ beim Unternehmenskauf, WiB 1996, S. 145, 146.

[8] Zur Abgrenzung vgl. auch *S. Ganzert/L. Kramer,* Due Diligence Review - eine Inhaltsbestimmung, WPg 1995, S. 576, 579; *B. Rödl/T. Zinser,* Going Public, S. 136 f.

1. Wirtschaftliche Due Diligence

a) Gesamtwirtschaftliche Rahmenbedingungen

4 Im Rahmen der Commercial Due Diligence wird zunächst das allgemeine wirtschaftliche Umfeld mit dem Ziel analysiert, globale Entwicklungen zu erkennen, die das Potential und den Wert des Unternehmens beeinflussen können. Dabei sind sowohl nationale wie internationale Aspekte zu berücksichtigen und auf ihren Einfluß auf die Märkte und Aktivitäten des Unternehmens zu untersuchen. Hierzu gehören Veränderungen in der Struktur der Bevölkerung sowie ihrem konsumtiven oder produktiven Verhalten, politische und politisch-wirtschaftliche Vorgänge wie kriegerische Auseinandersetzungen, die Öffnung Osteuropas, die Vereinigung Europas oder die Einführung des Euro. Nicht vernachlässigt werden darf auch der Einfluß politisch-rechtlicher Veränderungen, insbesondere im Bereich der Steuer- und Umweltgesetzgebung. Zu berücksichtigen sind auch die Märkte des Unternehmens betreffende Wechselkursveränderungen und Veränderungen makroökonomischer Größen wie des Bruttosozialprodukts, der Arbeitslosenquote, der Konsumquote oder der Inflationsrate.

b) Markt und Wettbewerb

5 In einer stärker unternehmensbezogenen Analyse werden des weiteren die Märkte und die Wettbewerbssituation unter besonderer Berücksichtigung der relativen Marktstellung des Börsenkandidaten untersucht. Hierzu gehört die Untersuchung der Produkt- und Dienstleistungspalette als den wesentlichen Erfolgsfaktoren und die Einschätzung ihrer Zukunftsaussichten. Dabei wird neben Tiefe und Breite der Produktpalette, ihrem Image, und dem Preis-Leistungsverhältnis auch die derzeitige oder potentielle Existenz von Konkurrenz- und Substitutionsartikeln zu analysieren sein. Festzustellen ist im Rahmen einer Produktlebenszyklusanalyse auch, ob Artikel, die in absehbarer Zukunft technisch oder wirtschaftlich überholt sind, rechtzeitig durch entsprechende Innovationen ersetzt werden können. Wird ein hoher Anteil des Umsatzes nur mit einem Produkt gemacht, so birgt dies besondere Gefahren. Maßgeblich für die Entwicklung des Umsatzes sind auch Marktzutrittschranken rechtlicher, finanzieller oder technologischer Art sowie die Möglichkeit der Erschließung neuer Absatzmärkte.

6 Bei der Analyse der Wettbewerbssituation und -intensität interessiert nicht nur Zahl und jeweiliger Marktanteil der Wettbewerber, sondern auch deren Finanzkraft und Innovationsfähigkeit. Wettbewerbsvor- und -nachteile können sich nicht nur durch eine Preis- und Qualitätsdifferenzierung, sondern auch durch das Anbieten oder Nichtanbieten besonderer Serviceleistungen ergeben. Zu analysieren sind auch Art und

Dauer der Kundenbindung. Besteht der Kundenstamm aus wenigen Großabnehmern oder stammen die Kunden alle aus der gleichen Branche, befindet sich das Unternehmen möglicherweise in einer nicht ungefährlichen Abhängigkeit. Zu prüfen ist auch die Abhängigkeit von Zulieferern sowie die absehbare Preisentwicklung für eingesetzte Roh-, Hilfs- und Betriebsstoffe und andere Leistungen einschließlich der Auswirkung potentieller Preiserhöhungen. Im Rahmen der Prüfung der Standortvor- und -nachteile wird die Lokalität des Unternehmens in bezug auf Kundenpotential, Lieferanten, Wettbewerb, Infrastruktur und Verfügbarkeit qualifizierter Mitarbeiter untersucht. Überprüft werden auch produktionstechnische Aspekte, eingesetzte Technologien und die technologische Wettbewerbsfähigkeit.

c) Organisationsstruktur

Bei der Analyse der Organisationsstruktur wird überprüft, inwieweit 7
der organisatorische Aufbau dem Unternehmenszweck und der Größe der Gesellschaft entspricht, Verantwortungsbereiche funktional geregelt sind oder detaillierte Stellenbeschreibungen mit Kompetenz- und Vertretungsregelungen bestehen. Die Existenz und Qualität von Berichts- und Planungssystemen wird ebenso überprüft wie die Zusammensetzung des Personalbestandes, der durchschnittliche Krankenstand, die Unfallhäufigkeit sowie Bestehen und Kosten sozialer Einrichtungen, da diese die Finanzlage des Unternehmens erheblich beeinflussen können. Rechnungs- und Berichtswesen sowie die Einrichtung interner Kontrollmechanismen müssen hohen Anforderungen entsprechen und das Unternehmen in die Lage versetzen, den aus dem Börsengang resultierenden Publizitätsverpflichtungen etc. nachzukommen.[9] Ziel ist auch, die Risikokontrollsysteme der Gesellschaft, soweit vorhanden, auf ihren Einsatz und ihre Funktionalität zu untersuchen. Risikokontrollsysteme dienen dazu, Risiken und das Ausmaß der potentiellen Schäden zeitnah zu erkennen, um frühzeitig notwendige Gegenmaßnahmen einleiten zu können. Bei der Überprüfung der EDV-Systeme wird derzeit ein besonderes Augenmerk auf das sogenannte „Jahr 2000-Problem" zu legen sein, das darauf basiert, das manche alte Software lediglich zweistellige Jahreszahlen verarbeiten kann.

2. Technical Due Diligence

Im Rahmen der technischen Überprüfung geht es zum einen um 8
die Beurteilung des Maschinenparks etc. in technischer Hinsicht. Zum anderen geht es um eine Einschätzung der hergestellten Produkte und

[9] *W. Koch/J. Wegmann,* „Due Diligence" als Voraussetzung der Börseneinführung, Going Public, 3/1998, S. 32, 33.

dargebotenen Dienstleistungen einschließlich ihrer Zukunftsaussichten in technologischer Hinsicht. Letzteres beinhaltet auch die Beurteilung von Risiken, die von Konkurrenz- und Substitutionsprodukten ausgehen können. Zu prüfen ist auch die Frage, inwieweit und wie lange die Produkte und Dienstleistungen kosteneffizient produziert und verkauft werden können, womit die Schnittstelle zur wirtschaftlichen Due Diligence erreicht ist.

3. Financial Due Diligence

a) Jahresabschlüsse

9 Ausgangspunkt der finanziellen Unternehmensanalyse sind die Jahresabschlußunterlagen, d.h. Bilanzen, Gewinn- und Verlustrechnungen, Anhangangaben sowie die Lageberichte des Unternehmens und eventueller Konzernunternehmen. Dabei sind mindestens die letzten drei, besser aber die letzten fünf Geschäftsjahre zu analysieren. Für das laufende Geschäftsjahr muß die Geschäftsentwicklung anhand interner, möglichst durch einen Wirtschaftsprüfer bestätigter, Halbjahres- oder Quartalsberichte aufgezeigt werden. Werden die Werte auf das Gesamtjahr hochgerechnet, sind die Erfahrungen über saisonale Schwankungen der Vergangenheit zu berücksichtigen.

10 Empfehlenswert ist eine Bereinigung der Jahresabschlüsse, bei der außerordentliche und aperiodische Erträge und Aufwendungen neutralisiert bzw. zeitlich neu geordnet werden, was die Darstellung der tatsächlichen wirtschaftlichen Entwicklung ermöglicht. Wenngleich diese nicht einfach für die Zukunft fortgeschrieben werden kann, erlaubt sie doch Rückschlüsse auf die Fähigkeit des Unternehmens, sich wechselnden wirtschaftlichen und technologischen Rahmenbedingungen anzupassen.[10] Regelmäßig empfiehlt sich auch die Aufstellung einer Kapitalflußrechnung.

Bei der Analyse sind zusätzlich zu der vorstehend bereits erwähnten Bereinigung

- signifikante Veränderungen und Abweichungen wie sehr hohe Bestände oder stark abweichende Reparaturaufwendungen zu ermitteln und zu begründen,
- Änderungen in der Ausübung von Wahlrechten festzustellen,
- Tendenzen in absoluten wie relativer Hinsicht herauszuarbeiten,
- Zusammenhänge bestimmter Positionen kenntlich zu machen[11] sowie

[10] *W. Koch/J. Wegmann,* Praktiker-Handbuch Börseneinführung, S. 215.

[11] Z.B. die Relation einzelner Positionen der Ergebnisrechnung zum Umsatz, zwischen Beständen und Umsatz oder Verbindlichkeiten und Wareneinkauf.

- Relationen zu technischen oder wirtschaftlichen Daten zu ermitteln.[12]

Bei der Analyse von Bilanz und Gewinn- und Verlustrechnung sollten der Anhang und der Lagebericht einbezogen werden. Im einzelnen sollten bei der Untersuchung der Bilanzpositionen folgende Überlegungen[13] mit einfließen:

- Nach § 248 II HGB sind nur entgeltlich erworbene **immaterielle Vermögensgegenstände** aktivierbar, nicht dagegen selbst hergestellte. Da diese aber für den Wert und die künftige Entwicklung des Unternehmens maßgeblich sein können, ist festzustellen, inwieweit solche vorhanden sind.
- Um einen Einblick in die Investitionspolitik zu erhalten und festzustellen, ob in höherem Umfang Investitionsbedarf oder auch Instandhaltungsrückstand besteht, sollten beim **Sachanlagevermögen** die Zu- und Abgänge der letzten zehn Jahre zusammengestellt werden.
- Bei **Grundstücken** sind Eigentum, Beschränkungen und Belastungen durch Grundbucheinsicht zu prüfen. Unterhält das Unternehmen Bauten auf fremden Grundstücken, so ist neben den vertraglichen Voraussetzungen für die Nutzung zu untersuchen, was nach Beendigung des Nutzungsrechts zu erfolgen hat. Bestehen Verpflichtungen zum Abbruch oder Wiederherstellung des ursprünglichen Zustands, so ist dies mit näher zu untersuchenden Belastungen verbunden.
- Bei Positionen wie **Technische Anlagen und Maschinen**, **Andere Anlagen** oder **Betriebs- und Geschäftsausstattung** sind die Anlageverzeichnisse in Hinblick auf Auslastung und Nutzung der einzelnen Maschinen und Ausstattungsgegenstände auch daraufhin auszuwerten, ob einzelne Aktiva ohne Beeinträchtigung des Betriebsablaufs veräußert werden können.
- Bei **Anlagen im Bau** und **Anzahlungen auf Anlagen** ist die Entwicklung nach dem Bewertungsstichtag zu analysieren. Zu untersuchen ist auch, inwieweit die vereinbarten Preise Verlustpotential bergen oder für das Unternehmen günstig sind.
- Anteile an verbundenen Unternehmen, Beteiligungen und Kredite an solche Unternehmen sind bilanzrechtlich im Rahmen des **Finanzanlagevermögens** gesondert auszuweisen. Hier sind u.a. die Auswirkungen auf die Finanzlage des zu bewertenden Unternehmens zu analysieren, die aus möglichen Gewinnausschüttungen oder der Erforderlichkeit einer Kapitalerhöhung bzw. eines Verlustausgleichs

---

[12] Z.B. Energiekosten zu Leistung, Geschäftsleitungsgehälter zu Umsatz und Gewinn.

[13] Die Ausführungen basieren auf einem – soweit bekannt – unveröffentlichten Vortrag von *W. Haarmann,* Due Diligence, S. 8 ff.

resultieren können. Zu untersuchen ist auch das Bestehen eventueller Verlustvorträge und im Falle von Ausleihungen die Werthaltigkeit der Forderungen durch Analyse der Bonität der Schuldner oder des Werts der gestellten Sicherheiten. Bei Wertpapieren ist zudem die Kursentwicklung von Interesse.

- Beim **Vorratsvermögen** sind den Inventurunterlagen Zusammensetzung, Herkunft, Lagerdauer, Verwendbarkeit und Bewertungsgrundsätze zu entnehmen und so eventuelle Diskrepanzen der Wertansätze zu den Marktpreis sowie die Bildung und Auflösung stiller Reserven zu ermitteln. Kennziffern aus diesem Bereich wie Rohertrag oder Umschlagshäufigkeit sind mit den Vorjahreswerten sowie Erfahrungssätzen anderer Branchenunternehmen zu vergleichen.
- Im Rahmen der Analyse der **teilfertigen Leistungen** sind ergänzend zu den Inventuraufzeichnungen und Kontennachweisen Vertrags-, Kalkulations- und Abrechnungsunterlagen einzusehen und besonders in Hinblick auf ein verbleibendes Verlustpotential zu untersuchen.
- **Forderungen aus Lieferungen und Leistungen** sind insbesondere auf ihre Werthaltigkeit und eventuelle Abhängigkeiten zu untersuchen. Vorgenommene Wertberichtigungen geben verstärkten Anlaß, Informationen über Forderungsausfälle der Vergangenheit und über latentes Ausfallrisiko einzuholen.
- **Forderungen an verbundene Unternehmen** sowie an Mitglieder des Vorstands und Mitglied, Gesellschafter und diesen nahestehende Personen geben auch Aufschluß über Abhängigkeiten und Gefälligkeiten.
- Die Politik bei der Bildung von **Kapital- und Gewinnrücklagen** ist ebenso zu untersuchen wie die Entwicklung und Gliederung des verwendbaren Eigenkapitals im Sinne der §§ 29 f. KStG daraufhin zu untersuchen ist, inwieweit Ausschüttungen aus der Auflösung von Rücklagen steuerlich ent- oder belastet werden.
- **Rückstellungen für ungewisse Verbindlichkeiten** erlauben Rückschlüsse auf spezifische Unternehmensrisiken. Hierzu gehören Positionen wie Ausgleichsansprüche von Handelsvertretern, Abbruchkosten, Abraumbeseitigung, Devisentermingeschäfte, Entsorgungsauflagen, Garantieverpflichtungen, Gewährleistungen, Instandhaltungen, Kulanzen, latente Steuern, Lohnfortzahlungen, Patent- und andere Rechtsverletzungen, Provisionen, Prozeßrisiken, Rabatte oder Sozialpläne.
- Bei **Rückstellungen für drohende Verluste aus schwebenden Geschäften** sollte auch die Entwicklung über einen längeren Zeitraum verfolgt werden. Im Rahmen der Unternehmensbewertung können u.U. andere Werte als bei der Bilanzierung angesetzt werden, da bei der Bewertung das einseitige Vorsichtsprinzip nicht gilt.

- Auch bei den **Pensionsrückstellungen** sollte die Entwicklung über einen längere Periode betrachtet werden. Zu analysieren sind die Rechtsgrundlagen der Ansprüche, versicherungsmathematische Gutachten und andere Berechnungen über die Wahrscheinlichkeit der Inanspruchnahme sowie die Bewertungsprinzipien einschließlich des Abzinsungsfaktors.
- Bei den **Verbindlichkeiten** empfiehlt sich eine Gruppierung nach Restlaufzeiten. Neben der Besicherung ist zu analysieren, inwieweit eine Änderung der Eigentumsverhältnisse am Unternehmen Einfluß auf Konditionen und Laufzeit haben können. **Verbindlichkeiten aus Lieferungen und Leistungen** geben Anhaltspunkte über die Zusammensetzung der Zulieferer und mögliche Abhängigkeiten. Bei **Sonstigen Verbindlichkeiten**, **Sonstigen Vermögensgegenständen** sowie **Verbindlichkeiten gegenüber verbundenen Unternehmen** ist zwischen zufälligen Salden und solchen zu unterscheiden, die in der Entwicklung des Unternehmens regelmäßig auftauchen und dem Umfang des Geschäftsbetriebs entsprechen.
- Nicht **bilanzierungspflichtige Haftungsverpflichtungen** wie Verbindlichkeiten aus der Begebung und Übertragung von Wechseln, aus Bürgschaften, Gewährleistungsverträgen und aus der Bestellung von Sicherheiten für fremde Verbindlichkeiten sind unter der Bilanz oder im Anhang auszuweisen. Besonderes Augenmerk verdienen auch Währungsrisiken und derivative Finanztransaktionen wie Swaps, Options- oder Repogeschäfte.

Die Analyse der Gewinn- und Verlustrechnung dient nicht nur der **11**
korrekten Erfassung der derzeitigen Ertragslage, sondern auch der Feststellung, wie sich diese im Trend entwickelt hat. Außerdem erlaubt sie die Prüfung der Plausibilität von Planungsrechnungen. Im einzelnen sind folgende Überlegungen anzustellen:

- Bei der Analyse des **Umsatzes** ist eine möglichst weitgehende Differenzierung nach Sparten, Produkten, Abnehmern, Regionen etc. vorzunehmen.[14]
- Die **sonstigen betrieblichen Erträge** wie Erträge aus dem Abgang von Gegenständen des Anlagevermögens, Zuschreibungen, Erträge aus der Auflösung von Rückstellungen sind vor allem daraufhin zu untersuchen, inwieweit sie in der Vergangenheit die tatsächliche Ertragslage verzerrt haben und in welcher Größenordnung sie regelmäßig zu erwarten sind.
- **Erträge aus Beteiligungen** sind dahingehend zu analysieren, in welchem Verhältnis sie zum Buchwert der entsprechenden Beteili-

---

[14] Große Kapitalgesellschaften müssen nach § 285 Nr. 4 HGB ohnehin im Anhang ihre Umsätze nach Sparten und geographischen Merkmalen aufgliedern.

gung sowie zum Gesamtertrag stehen und inwieweit sie Substanzwertauflösungen in Form der Ausschüttung von Rücklagen enthalten.

- **Erträge aus dem Finanzanlagevermögen** sind ebenfalls in ihrer Relation zum Gesamtertrag zu sehen und mit den Marktkonditionen zu vergleichen.
- Bei **allen Aufwandspositionen** ist zu prüfen, ob und inwieweit nicht aktivierungsfähige Vorleistungen, Forschungs-, Entwicklungs-, Ausbildungs-, Werbe-, Umstellungs- und Erweiterungskosten angefallen sind, die sich erst zu einem späteren Zeitpunkt auswirken und der künftigen Ertragskraft zugute kommen.
- **Aktivierungswahlrechte** und die **innerbetriebliche Kostenrechnung** räumen der Unternehmensleitung erhebliche Spielräume ein, deren Nutzung es zu erfassen gilt.
- Bei den **Aufwendungen für Roh-, Hilfs- und Betriebsstoffe** sowie für **bezogene Waren und Dienstleistungen** ist deren Entwicklung nach Artikelgruppen, Lieferanten, etc. zu untersuchen und auch auf die Existenz von Abhängigkeiten zu überprüfen. Die Differenzierung nach Importen und Inlandskäufen erlaubt Rückschlüsse auf den Einfluß potentieller Wechselkursveränderungen.
- Der **Personalaufwand** einschließlich der Personalnebenkosten ist in seiner Entwicklung und der Zusammensetzung des Personals zu untersuchen und in Relation zu Kennziffern wie Umsatz und Ertrag auf seine Angemessenheit zu untersuchen. Zu analysieren sind auch Abweichungen von Tarifverträgen der Branche und die Relationen von Grund- zu Sondervergütungen, was nicht nur Auskunft über einen eventuellen Nachholbedarf bei Gehaltserhöhungen gibt, sondern zumindest Anhaltspunkte für die pekuniäre Motivation der Mitarbeiter geben kann. Soweit hierunter auch die Kosten für den Vertrieb fallen, lassen sich auch Aussagen zur Qualität des Vertriebssystems machen.
- **Abschreibungen** sind unter Beziehung des Anlagenspiegels in Relation zu Investitionen und Kapazitätsauslastung zu bringen. Sonderabschreibungen sind separat zu analysieren.
- Bei den **sonstigen betrieblichen Aufwendungen** wie Verlusten aus dem Abgang von Vermögensgegenständen, Abschreibungen auf Forderungen oder Einstellungen in den Sonderposten mit Rücklagenanteil ist zu untersuchen, in welchem Maße diese Aufwendungen regelmäßig zu erwarten sind.
- Bei einer organisationsbezogenen Betrachtung ist auch zu überprüfen, inwieweit die von einzelnen Unternehmensbereichen wie der Verwaltung oder dem Vertrieb verursachten Kosten angemessen sind. Besonders im Rahmen der Ausgaben für Forschung und Entwicklung ist die branchentypische Angemessenheit des Aufwands zu ana-

lysieren. Die innovative Kraft eines Unternehmens läßt sich auch an der Entwicklung neuer Produkte und der Zahl beantragter und erteilter Patente beurteilen.

b) Planungsrechnung

Die Unternehmensplanung, d.h. z.B. Finanzpläne, Kosten- und Er- 12
tragsprojektionen, Absatz- und Marketingpläne sind unter besonderer Berücksichtigung der Entwicklung der Vergangenheit auf ihre Plausibilität zu überprüfen. Erste Anhaltspunkte für die Qualität dieser Planungsrechnungen können sich bereits aus Vergleichen der Budgets der Vergangenheit und der tatsächlichen späteren Entwicklung ergeben. Dabei geht es auch um die Erläuterung der in der Planung berücksichtigten Prämissen und Daten sowie die Überprüfung ihrer jeweiligen Quellen. Einzuholen und auszuwerten sind auch Informationen zu Maßnahmen und Entwicklungen, die den künftigen Geschäftsverlauf beeinflussen können. Hierzu gehören – neben der bereits besprochenen Analyse des gesamtwirtschaftlichen Umfelds – vor allem Entwicklungen wie die erfolgte oder absehbare Beendigung von Verträgen mit Zulieferern oder Abnehmern, Eröffnung oder Schließung von Betriebsstätten, Erwerb anderer Unternehmen, Veränderungen des Personalbestandes oder Veränderungen der Produkt- und Dienstleistungspalette.

Im Rahmen der Detailprüfung sind auch die Relationen einzelner 13
Bilanz- und GuV-Positionen mit denen der Vergangenheit zu vergleichen und auf ihre Plausibilität zu überprüfen. So sind z.B. die Umsatzerlöse mit den Personalkosten und mit direkten Kostenpositionen, aber auch mit den allgemeinen Verwaltungskosten zu vergleichen und auf ihre Angemessenheit zu überprüfen. Unterscheiden sich Positionen und Relationen deutlich von denen vergleichbaren Unternehmen derselben Branche, so weckt dies Erklärungsbedarf. Für geplante Produktivitätssteigerungen sind Motivation und Qualität der Mitarbeiter, aber auch die Qualität des Maschinenparks maßgeblich. Geplante Investitionen müssen nicht nur in der projizierten Position der Abschreibungen ihren Niederschlag finden, sondern auch im Kreditbedarf und der Liquiditätsrechnung, in der auch der Liquiditätszufluß aus der Plazierung neuer Aktien Berücksichtigung finden muß. Zu prüfen ist, inwieweit die Substanz und Finanzkraft des Unternehmens eine geplante Expansion und eine hieraus abgeleitete Ertragsentwicklung zuläßt. Die geplante Unternehmensentwicklung wird u.U. Einfluß auf die notwendige Verfügbarkeit gewisser Aktiva haben, was wiederum Auswirkungen auf einen möglichen Verkauf von nicht-betriebsnotwendigem Vermögen und die hiermit verbundene liquiditätswirksame Aufdeckung stiller Reserven haben kann.

c) Finanzierung

14 Festzustellen und zu analysieren sind schließlich auch die Bankverbindungen einschließlich der jeweiligen Zeichnungsberechtigung. Dies beinhaltet Konditionen und derzeitige Ausnutzung eingeräumter Kreditlinien unter besonderer Berücksichtigung der möglichen Konsequenzen eines Eigentümerwechsels. Hierzu gehören auch die andere finanzielle Verpflichtungen wie Garantien, Bürgschaften und Sicherheitsleistungen anderer Art sowie Verpflichtungen gegenüber Dritten, die wiederum für die Gesellschaft Garantien oder sonstige Sicherheiten gestellt haben.[15]

4. Legal Due Diligence

a) Gesellschaftsverhältnisse

15 Die rechtliche Due Diligence beinhaltet eine Überprüfung der rechtlichen Grundlagen der Gesellschaft. Satzung, Handelsregisterauszug, Gründungsurkunde samt Gründungsbericht und Änderungsurkunden sowie Bestätigung über die Einzahlung des Gesellschaftskapitals sind ebenso auf ihre Übereinstimmung miteinander zu überprüfen wie die formgerechten Verträge zur Übertragung von Gesellschaftsanteilen, Beschluß- und Durchführungsunterlagen für Veränderungen des Gesellschaftskapitals und Umwandlungsvorgänge, Gesellschafterliste und Aktionärsbuch. Im Falle der Zugehörigkeit von Konzernunternehmen ist neben den vorgenannten Unterlagen auch zu prüfen, ob die Eintragungen im Handelsregister mit den entsprechenden Bilanzansätzen korrespondieren. Im Rahmen der Analyse des Gesellschaftsvertrags ist zu überprüfen, inwieweit diese Sonderrechte oder -pflichten der Gesellschafter, Bewertungsregelungen für ausscheidende Gesellschafter oder Vinkulierungsregeln enthält. In diesem Zusammenhang sind neben den genannten Unterlagen ein Verzeichnis aller verbundenen Unternehmen und (Zweig-)Niederlassungen, eine Liste aller Generalbevollmächtigten und Prokuristen einzusehen. Zu prüfen sind auch die Verträge mit verbundenen Unternehmen und Gesellschaftern, Joint-Venture- und sonstige Kooperationsverträge sowie die Protokolle aller ordentlichen und außerordentlichen Hauptversammlungen sowie Vorstands- und Aufsichtsratsitzungen. Probleme können auch im Bereich der öffentlich-rechtlichen und privatrechtlichen Erlaubnisse, der Konzessionen sowie der Errichtungs- und Betriebsgenehmigungen, die Grundlage des Geschäftsbetriebs sind, auftauchen. Weniger problembehaftet sind demgegenüber die ebenfalls zu prüfenden Mitgliedschaften in Organisationen, Vereinigungen oder Verbänden.

---

[15] *B. Rödl/T. Zinser,* Going Public, S. 149.

b) Vertragliche Vereinbarungen

Verträge des Unternehmens sind in erster Linie auf ihren Risikogehalt, aber auch auf ihre Chancen zu überprüfen. In bezug auf die ohnehin wichtigen beidseits bestehenden Kündigungsmöglichkeiten ist besonderes Augenmerk darauf zu lenken, ob ein Eigentümerwechsel als solcher einen besonderen Beendigungsgrund darstellt. Zur Vielzahl der hierbei zu prüfenden Unterlagen gehören z.B. schwebende Kontrakte, Liefer- und Abnahmeverträge, Rahmenvereinbarungen, Garantie- und Gewährleistungsvereinbarungen, Service- und Unterhaltungsverträge, Lizenz- und Know-how-Verträge, Bürgschaften und Patronatsvereinbarungen, Miet- und Pachtverträge, Darlehens- und andere Kreditverträge, Genußrechte, Besserungsscheine sowie jede Art von Sicherungsvereinbarungen wie Zessionen, Pfandbestellungen, Sicherungsübereignungen und Eigentumsvorbehalte. **16**

Im Bereich des Personalwesens zu prüfen sind neben den Dienstverträgen der Geschäftsführung und der leitenden Angestellten vor allem Anstellungsverträge mit Sonderkonditionen und längerer Laufzeit sowie Tantieme-, Umsatz- und Gewinnbeteiligungszusagen. Bei den übrigen Mitarbeitern erfolgt eine Analyse der Standardverträge und Auflistung aller Mitarbeiter unter Angabe von Funktion, Alter und Unternehmenszugehörigkeit. In diesen Zusammenhang fällt auch eine Überprüfung von Geheimhaltungs- und Erfindungsübertragungsvereinbarungen sowie von Wettbewerbsverboten. Geprüft werden auch Ruhegeldzusagen, Pensionspläne, Einzelpensionsvereinbarungen, Gruppenversicherungen und Jubiläumsregelungen. Beraterverträge werden analysiert, sofern sie Kündigungsfristen von mehr als drei Monaten haben oder bestimmte Beträge überschreiten. Bei Verteterverträgen steht die Feststellung von potentiellen Ausgleichspflichten nach § 89b HGB im Vordergrund. **17**

Bei Versicherungsverträgen ist insbesondere die Angemessenheit der Deckung zu analysieren, wobei Schwerpunkte u.a. im Bereich der Produzentenhaftung und der Betriebsunterbrechung gesetzt werden. Bezüglich der gewerblichen Schutzrechte, d.h. von Patenten, Marken, Gebrauchsmustern und Konzessionen ist Umfang und Dauer des von ihnen gewährten Schutzes zu analysieren. Empfehlenswert ist auch zu prüfen, inwieweit diese bereits Gegenstand gerichtlicher Auseinandersetzungen waren bzw. ob solche drohen. **18**

Zu erfassen und in ihren Erfolgsaussichten zu bewerten sind auch die Aktiv- und Passivprozesse, deren Partei das Unternehmen ist oder zu werden droht. Dasselbe gilt für Schiedsgerichtsverfahren sowie alle behördlichen Untersuchungen und Verfahren gegen die Gesellschaft, deren Organe und Angestellte in Hinblick auf Angelegenheiten der Gesellschaft. Empfehlenswert ist auch eine Prüfung aller Gewährlei- **19** stungs- und Produkthaftungsansprüche, die gegen die Gesellschaft in den letzten Jahren erhoben wurden. Im Rahmen der Prüfung der Allgemeinen Geschäftsbedingungen ist der Regelung der Liefer- und Leistungsbedingungen und der hierzu gehörenden Produzentenhaftung besonderes Augenmerk zu schenken.

5. Tax Due Diligence

20 Primäres Ziel der steuerlichen Untersuchung ist, das Risiko nicht erkannter Steuerverbindlichkeiten und -nachforderungen zu vermeiden. Vor diesem Hintergrund werden mindestens die drei letzten Steuererklärungen und -bescheide analysiert, besser noch bis zu dem Zeitpunkt, der noch Gegenstand der letzten Betriebsprüfung war. Analysiert werden die Berichte von Lohn- und Umsatzsteuerprüfungen sowie steuerlichen Außenprüfungen, aber auch die Gliederung des verwendbaren Eigenkapitals sowie Existenz und Reichweite von Ergebnisabführungsverträgen. Weitere Risiken können aus verdeckten Gewinnausschüttungen bzw. Einlagen oder der Hinzurechnungsbesteuerung nach dem Außensteuergesetz resultieren. Zu überprüfen sind auch die Salden der Rücklagekonten und die Darlehenskonten der Gesellschafter. Der in den Planungsrechnungen zugrunde gelegte künftige Steueraufwand wird auch mögliche Risiken noch nicht abgeschlossener Außenprüfungen berücksichtigen.

6. Environmental Due Diligence

21 Die Zielrichtung der Environmental Due Diligence liegt in der Offenlegung und Quantifizierung von Umweltschäden und -risiken sowie der Darlegung der Maßnahmen und Kosten, die dazu erforderlich sind, das Unternehmen entsprechend geltendem Recht führen zu können. Je nach Größe und Typ des Unternehmens[16] sind die kritischen Punkte für jedes Umweltmedium Boden, Wasser, Luft, Abfall, Lärm und Geruch zu identifizieren und zu analysieren. Hierzu gehören z.B. Bodensondierungen, Bodenprobenentnahmen, Bodenluftanalysen auf Lösemittel, Bodenanalysen auf Mineralöl und Schwermetalle, Prüfungen von Gebäuden auf Kontaminationen mit Asbest, Holzschutzmitteln, Quecksilber, Radon etc., Grundwasseranalysen oder Lärmmessungen. Geprüft werden auch die organisatorischen Maßnahmen zur Vermeidung von Umweltrisiken. Ausgangspunkt der Untersuchung sind regelmäßig vom Unternehmen vorgelegte Verzeichnisse aller bekannten

---

[16] In manchen Branchen sind Umweltanalysen nahezu vollständig redundant.

oder voraussehbaren Altlasten, Altlastengutachten, Störfall- und Risikoanalysen sowie Umweltstudien.

7. Management Due Diligence

Vor dem Hintergrund der hohen Bedeutung der Unternehmensleitung für den wirtschaftlichen Erfolg eines Unternehmens kommt man auch um eine Beurteilung des Managements nicht umhin. Dies ist schon sensibel, wenn es sich um die Plazierung eines Konzernunternehmens nach dessen Spin-off handelt oder eine vergleichbare Situation vorliegt, wo das zu beurteilende Management und der Verkäufer bzw. Auftraggeber der Bank nicht personengleich sind. Besonders schwierig ist diese Aufgabe, wenn – wie bei einer Vielzahl junger Unternehmen – die Eigentümer das Unternehmen selbst leiten.[17] 22

III. Organisatorischer Ablauf

Der Komplexität einer Due Diligence entspricht auch die Vielzahl[18] der im Regelfall von der konsortialführenden Bank beauftragten Spezialisten.[19] Die Durchführung einer Due Diligence erfolgt durch Steuerberater, Wirtschaftsprüfer, Rechtsanwälte, Investmentbankern und Analysten sowie anderen im Bedarfsfall hinzugezogenen Branchenspezialisten wie Umweltgutachtern. Die Beauftragung erfolgt regelmäßig durch die konsortialführende Bank, da diese schließlich mit der Übernahme und Plazierung der Aktien ins höchste Risiko geht. 23

Die Prüfung selbst orientiert sich meistens an umfangreichen Checklisten, die dem Unternehmen von der Bank bzw. dem Due-Diligence-Team vorgelegt werden und die in mehr oder weniger standardisierter Form alle wesentlichen Prüfungspunkte sowie alle Dokumente und Unterlagen enthalten, die vom Unternehmen vorzulegen sind. Für die Bereitstellung empfiehlt sich regelmäßig ein sogenannter „Data Room", wodurch bereits bei der Bestückung systematisch die Vollständigkeit der Unterlagen überwacht und auch eine höhere Effizienz des Gesamt- 24

---

[17] Vgl. hierzu auch *R. Lilja,* International Equity Markets - The Art of the Deal, S. 69; *J. Wolf* in *N. Wieselhuber,* Börseneinführung mit Erfolg, S. 185 ff.

[18] Dabei ist eine Optimierung der Koordination der im Rahmen einer Due Diligence involvierten Spezialisten schon deshalb wichtig, da einer konsortialführenden Bank, die Gewährleistungsansprüche aus dem Übernahmevertrag geltend machen möchte, das Kennen oder Kennenmüssen ihrer Hilfspersonen, Berater und Mitarbeiter über § 278 BGB zugerechnet wird.

[19] Im Letter of Engagement bzw. dem Übernahmevertrag wird üblicherweise vereinbart, daß die Kosten der Due Diligence der Bank durch das emittierende Unternehmen gegen Einzelnachweis oder auch pauschal erstattet werden.

prozesses erzielt werden kann. Außerdem ist eine geringere Beeinträchtigung des Betriebsablaufs möglich.[20]

25 Abgesehen von der detaillierten Analyse der im Datenraum bereitgestellten Dokumente basiert eine Due Diligence auf Betriebsbegehungen sowie eingehenden Frage-und-Antwort-Sitzungen mit diversen Managementebenen einschließlich dem Topmanagement, wobei zunächst einmal noch völlig offenbleibt, was von den so gewonnenen Informationen im Börseneinführungsprospekt offengelegt wird und was nicht.

26 Die Ergebnisse der Analyse werden in einem Due-Diligence-Bericht festgehalten. Bevor dieser aber endgültig „verabschiedet" und dem Konsortialführer übergeben wird, finden regelmäßig Schlußbesprechungen statt, die dem Unternehmen bzw. dessen Management Gelegenheit geben, die gewonnenen Erkenntnisse zu kommentieren und gegebenenfalls zu korrigieren.

27 Als Bestandteil der Due Diligence verlangen Banken regelmäßig eine sogenannte „Legal Opinion" oder einen „Comfort Letter", womit Rechtsanwälte und/oder andere Mitglieder des Due-Diligence-Teams die Vollständigkeit gewisser analysierter Unterlagen bestätigen und festhalten, daß sie außer den genannten wesentlichen und negativen Feststellungen keine Erkenntnisse machen mußten, die den Wert des Unternehmens negativ beeinflußt haben.

IV. Rechtsfragen

28 Die Due Diligence ist mit einer Vielzahl von Rechtsfragen verbunden. Hierzu gehört zum einen die Frage nach der rechtlichen Bedeutung und dem Einfluß einer Due Diligence auf eventuelle Gewährleistungsansprüche. Zum anderen stellt sich die Frage nach Umständen und Bedingungen, unter denen eine Unternehmensleitung oder ein Gesellschafter die Zustimmung zu einem so weitgehenden Einblick in ein Unternehmen geben darf.

29 Diese Probleme können sich in der Vielzahl der denkbaren Fallkonstellationen in unterschiedlicher Schärfe stellen. So ist zum einen zwischen einer Due Diligence, die eine Bank im Vorfeld der Börseneinführung durchführt, und der Unternehmensanalyse im Rahmen eines Unternehmensverkaufs[21] zu differenzieren, wobei letztere hier vernachläs-

[20] Die Einrichtung eines Data Room ermöglicht auch eine bessere Überwachung der bereitgestellten Daten, trägt zur Verhinderung der Anfertigung von unerwünschten Kopien bei, etc. Dies ist bei einem Unternehmenskauf aufgrund des stärkeren Interessengegensatzes zwischen Verkäufer und Käufer von noch höherem Interesse als vor einer Börseneinführung.

[21] Hier besteht die Gefahr, daß ein direkter Wettbewerber als Käufer auftritt und daher mit der Informationserteilung typischerweise ein höheres Risiko-

sigt werden kann. Vorschriften des Insiderrechts oder der Ad-hoc-Publizität[22] dürften bei der Analyse vor Börseneinführung allenfalls im Zusammenhang mit einer späteren Verwertung eine Rolle spielen, wohingegen ihnen bei einer Due Diligence im Zusammenhang mit der Kapitalerhöhung eines börsennotierten Unternehmens eine sehr viel höhere Bedeutung zukommen kann.

1. Auswirkungen auf Gewährleistungsnormen

Welche Folgen die Durchführung einer Due Diligence bei Fehlen einer vertraglichen Regelung auf die Parteien des Übernahmevertrages[23] hat, ist – wie beim „normalen" Unternehmenskaufvertrag – ungeklärt. Soweit ersichtlich hat die Rechtsprechung zu dieser Frage noch nicht ausdrücklich Stellung genommen. Es gibt aber Entscheidungen, die erkennen lassen, daß die Prüfung des Unternehmens durch den Käufer bei der Entscheidungsfindung berücksichtigt wurde.[24] In der Literatur wird einerseits vertreten, daß sich die Aufklärungspflicht des Verkäufers verringere, wenn der Käufer durch erfahrene Berater eine Due Diligence durchführen lasse.[25] Andere werten eine unterlassene oder unsorgfältige Prüfung als Mitverschulden des Käufers,[26] wohingegen Dritte meinen, daß die Durchführung einer Due Diligence die Rechtsposition des Käufers nicht verschlechtern dürfe.[27] 30

potential besteht, als wenn ausschließlich zur Verschwiegenheit verpflichtete Spezialisten involviert sind. Vgl. hierzu z.B. *K. Mertens,* Die Information des Erwerbers einer wesentlichen Unternehmensbeteiligung an einer Aktiengesellschaft durch deren Vorstand, AG 1997, S. 541, 546.

[22] Die Entscheidung des Vorstands einer börsennotierten AG, einem Dritten im Rahmen eines Kapitalerhöhungsvorhabens die Durchführung einer Due Diligence zu gestatten, verpflichtet regelmäßig nicht gemäß § 15 I 1 WpHG zur Erstattung einer Ad-hoc-Meldung, da diese Entscheidung selbst normalerweise noch nicht die hierfür vorausgesetzten Auswirkungen auf die Vermögens- oder Finanzlage oder den allgemeinen Geschäftsverlauf des Unternehmens hat und deshalb auch das erforderliche Kursbeeinflussungspotential fehlt. Etwas anderes kann lediglich dann gelten, wenn die Due Diligence das letzte nennenswerte Hindernis ist, das z.B. einem Beteiligungserwerb noch entgegensteht, damit gerechnet werden darf, daß die Analyse zu einem für den Erwerbsinteressenten zufriedenstellenden Ergebnis führt und diese unmittelbar zum Eintritt der in § 15 I 1 WpHG beschriebenen Auswirkungen führt. *C. Götze,* Ad-hoc-Publizitätspflicht bei Zulassung einer Due Diligence durch AG-Vorstand, BB 1998, S. 2326 ff.

[23] Vgl. hierzu § 9 VI. 3. Übernahmevertrag.

[24] Vgl. OLG Hamburg WM 1994, S. 1378.

[25] *F. Semler* in *W. Hölters* (Hrsg.), Handbuch des Unternehmens- und Beteiligungskaufs, Rdnr. VI 14.

[26] *H. Holzapfel/R. Pöllath,* Recht und Praxis des Unternehmenskaufs, Rdnr. 334.

[27] Schließlich führe dieser die Prüfung im eigenen Interesse und auf eigene Kosten durch und dürfe hierfür nicht bestraft werden. *A. Stengel/F. Scholderer,*

31 Rechtliche Ansatzpunkte für die Beurteilung der Auswirkungen einer Due Diligence können entweder Gewährleistungsrecht mit seinem § 460 BGB[28] oder aber die Grundsätze der Culpa in Contrahendo sein, in deren Rahmen es um die Feststellung eines Mitverschuldens des Käufers oder einer Verletzung einer Aufklärungspflicht auf seiten des Verkäufers geht.[29, 30] In der Praxis werden die hier verbleibenden Zweifelsfragen regelmäßig aber dadurch beseitigt, indem in den Übernahmevertrag eine Klausel aufgenommen wird, nach der die Gesellschaft oder Altaktionäre keine Rechte daraus ableiten können, daß auf seiten der Banken eine Unternehmensanalyse durchgeführt wird.

2. Informationsbefugnis

32 Die Frage nach der Berechtigung zur Erlaubnis einer Due Diligence ist problemlos zu beantworten, wenn diese von einem Einzelunternehmer, dem Alleingesellschafter einer AG oder dem faktischen Alleinge-

---

Aufklärungspflichten beim Beteiligungs- und Unternehmenskauf, NJW 1994, S. 158, 164.

[28] Nach § 460 BGB verliert der Käufer Gewährleistungsansprüche, wenn und soweit er einen Mangel kennt. Im Falle grob fahrlässiger Unkenntnis des Käufers haftet der Verkäufer nur für zugesicherte Eigenschaften und bei Arglist. Zu berücksichtigen ist in diesem Zusammenhang aber, daß den Käufer nach deutschem Kaufrecht grundsätzlich keine Prüfungsobliegenheit trifft. RGZ 131, 343, 353; *Soergel/Huber,* § 460 Rdnr. 7; *Staudinger/Honsell,* § 460 Rdnr. 7. Gewährleistungsansprüche hängen also nicht schon davon ab, ob ein Käufer das Kaufobjekt vor Vertragsabschluß untersucht hat. Vgl. hierzu auch *H. Merkt,* Rechtliche Bedeutung der „due diligence" beim Unternehmenskauf, WiB 1996, S. 145, 148.

[29] Vgl. hierzu *R. Loges,* Der Einfluß der „Due Diligence" auf die Rechtsstellung des Käufers eines Unternehmens, DB 1997, S. 965, 967.

[30] Beim Kauf von Unternehmensanteilen im Rahmen eines sogenannten „share deal" haftet der Verkäufer nach § 437 BGB zunächst nur für den rechtlichen Bestand des Rechts, d.h. Rechtsmängel der Beteiligung, so daß eine darüber hinausgehende Haftung allenfalls über die Verletzung vertraglicher Verpflichtungen wie die zur Aufklärung des Käufers in Frage kommen kann. Ob er darüber hinaus auch für Rechts- und Sachmängel des Gesellschaftsvermögens analog den Gewährleistungsvorschriften für den Sachkauf haftet, ist davon abhängig, ob der Kauf das gesamte Unternehmen betrifft. Dies ist nach der Rechtsprechung der Fall, wenn die verkaufte Beteiligung die Beherrschung des Unternehmens vermittelt und die Dritten verbleibenden Anteile keine wesentlichen Einflußmöglichkeiten mehr verschaffen. Werden mehr als 90 Prozent der Anteile erworben, liegt regelmäßig ein Unternehmenskauf vor, bei weniger als 50 Prozent lediglich ein bloßer Rechtskauf. Im Bereich dazwischen kommt es wesentlich auf vorher kaum einschätzbare richterliche Wertungen an, was erhebliche Unsicherheiten bereitet. *H. Merkt,* Due Diligence und Gewährleistung beim Unternehmenskauf, BB 1995, S. 1041, 1044.

sellschafter einer GmbH & Co. KG erteilt wird, der diese nach eigenem Ermessen erteilen und ihren Umfang bestimmen kann.

33 Handelt es sich bei der Gesellschaft um eine GmbH und soll hier ausnahmsweise – z.B. aus Zeitgründen – noch vor der Umwandlung in eine AG oder KGaA eine gegebenenfalls nur teilweise Due Diligence durchgeführt werden, so stellt sich die Frage, wer hierzu seine Zustimmung zu geben hat: die Geschäftsführung, ein Gesellschafter oder die Gesellschafterversammlung? Der Geschäftsführer, der etwa ein persönliches Interesse an einem Börsengang hat oder diesen ganz einfach für eine erwägenswerte Strategie zur Steigerung des Shareholder Value hält, unterliegt einer in § 85 GmbHG strafbewehrten Verschwiegenheitspflicht als Ausprägung der allgemeinen Treuepflicht des Geschäftsführers, die ihm die eigenverantwortliche Ermächtigung zur Durchführung einer Due Diligence oder auch nur zur Herausgabe von Unterlagen verbietet, sofern und soweit dies nicht – z.B. im Rahmen der Geschäftsbeziehung mit einer kreditgebenden Bank[31] – aus anderen Gründen im Rahmen seiner Geschäftsführungsbefugnis zulässig ist. Diese Verschwiegenheitspflicht ist stets bei einem objektiven Geheimhaltungsinteresse der Gesellschaft gegeben und besteht solange, bis die Gesellschaft hierauf verzichtet, wobei diese wiederum von den Geschäftsführern im Rahmen ihrer Geschäftsführungsbefugnis vertreten werden.[32] Allerdings würde es zu weit gehen, per se die Geschäftsführungsbefugnis in einer GmbH in ihrem üblichen Umfang auch auf Maßnahmen zur Vorbereitung einer Börseneinführung zu erstrecken.

34 Deshalb ist für die Anordnung bzw. Erlaubnis einer Due Diligence in jedem Fall ein zustimmender Beschluß der Gesellschafterversammlung erforderlich.[33] Ob dieser bei Fehlen einer entsprechenden Rege-

---

[31] Dabei ist irrelevant, wenn diese Bank „zufälligerweise" auch Börseneinführungen begleitet, solange der Zweck der Übergabe der Informationen nicht gerade in der Vorbereitung einer Börseneinführung besteht.

[32] Inwieweit es auf einen aktuellen oder erkennbaren Geheimhaltungswillen ankommt, ist streitig.

[33] Vgl. hierzu auch *A. Baumbach/A. Hueck,* GmbH-Gesetz, § 85 Rdnr. 11, § 35 Rdnr. 21 m.w.N. zu divergierenden Meinungen. Diese Feststellung hat unmittelbare Konsequenzen auch für die Frage, inwieweit ein Gesellschafter einer GmbH Informationen z.B. in Umsetzung seiner Absicht, den Börsengang des Unternehmens vorzubereiten oder auch nur die Möglichkeit eines solchen abzuklären, nach außen geben darf. Dabei ist festzustellen, daß die Informationsrechte von Gesellschaftern, d.h. die Möglichkeit, überhaupt Informationen von der Geschäftsleitung zu erlangen, in der GmbH sehr viel weitgehender sind als in der AG. So erlaubt § 51a GmbHG dem Gesellschafter unabhängig von der Höhe seiner Beteiligung jede Frage an die Geschäftsführung, ohne daß es auf ein berechtigtes Interesse ankäme. Grenzen sind demnach lediglich im Bereich des Rechtsmißbrauchs zu sehen. Diese Informationswünsche können nicht nur gegebenenfalls auch gerichtlich durchgesetzt werden. Die Gesellschafter können

lung in der Satzung einer einfachen Mehrheit der Stimmen oder aber einer Dreiviertelmehrheit bedarf, ist ungeklärt. Anknüpfungspunkte für die Herbeiführung einer Klärung können die Mehrheitserfordernisse der Vorgänge sein, die mit der Due Diligence unmittelbar zusammenhängen. Dies ist zunächst einmal der Börsengang selbst, für den ein mit einfacher Mehrheit zu fassender Beschluß der Hauptversammlung erforderlich ist.[34] Zum anderen könnte aber auch auf die Mehrheitserfordernisse für die Umwandlung in die AG oder KGaA abgestellt werden, die bei der GmbH einen Beschluß mit Dreiviertelmehrheit des stimmberechtigten Kapitals vorsehen. Im Ergebnis sollte aber aufgrund des – im Vergleich zum Umwandlungsvorgang deutlich – engeren Zusammenhangs der Due Diligence mit der Börseneinführung selbst eine einfache Mehrheit der Gesellschafterversammlung ausreichend sein.[35] Es würde allerdings zu weit gehen, hier eine ausdrückliche Ermächtigung der Geschäftsführung durch die Gesellschafterversammlung zu fordern. Da im Vorfeld einer Börseneinführung immer eine Due Diligence durchgeführt wird und dies den Gesellschaftern im Zeitpunkt der Beschlußfassung über eine Börseneinführung regelmäßig auch bekannt sein dürfte, ist im Gesellschafterbeschluß über die Börseneinführung auch die konkludente Ermächtigung der Geschäftsführung zur Organisation der Due Diligence zu sehen. Wurde die Due Diligence von der Geschäftsführung ohne entsprechenden Gesellschafterbeschluß genehmigt, so war diese Genehmigung bis zur ausdrücklichen positiven Entscheidung oder der impliziten in Form des Beschlusses des Börsengangs durch die Gesellschafterversammlung zunächst einmal rechts-

---

vielmehr auch Einsicht in die Buchhaltung nehmen, bei Bedarf sogar unter Einschaltung von Sachverständigen wie Wirtschaftsprüfern, die einer beruflichen Schweigepflicht unterliegen. Diese weitgehenden Rechte basieren auf der Annahme einer Interessenidentität von Gesellschaft und Gesellschafter bzw. der Annahme, daß die Information beim Gesellschafter genauso sicher aufgehoben ist wie bei der Gesellschaft selbst. Diese Interessenidentität kann aber bei der Durchführung einer Due Diligence zum Zwecke der Vorbereitung einer Börseneinführung nicht per se unterstellt werden. Im Ergebnis heißt dies, daß die Due Diligence dann zu gesellschaftsfremden Zwecken durchgeführt würde und ihre Ermächtigung so wie die Weitergabe und Verwertung der erzielten Informationen demnach nicht mehr von der gesellschafterlichen Treuepflicht gedeckt wäre. Vgl. hierzu näher *M. Lutter,* Due Diligence des Erwerbers beim Kauf einer Beteiligung, ZIP 1997, S. 613, 615.

[34] Vgl. hierzu § 6 IV. Entscheidungskompetenz.

[35] Hierfür spricht auch ein Vergleich der Schwere des Eingriffs in die Gesellschafterrechte, wie er in jedem der drei Vorgänge Umwandlung, Börseneinführung und Due Diligence zu sehen ist. Zu berücksichtigen ist auch, daß bei der AG ein Umwandlungsvorgang nicht mehr erforderlich ist und damit ein Rückgriff auf die hier bestehenden Mehrheitserfordernisse nur schwer begründbar wäre.

widrig und für die Geschäftsführung mit der wenn auch entfernten Gefahr von Schadensersatzansprüchen verbunden.

Wird die Due Diligence – wie dies beim Börsengang die Regel sein **35** dürfte – erst nach einer eventuell erforderlichen Umwandlung von bzw. bei der AG oder KGaA durchgeführt, so gelten die vorstehenden Ausführungen in ihrer Grundüberlegung entsprechend, d.h. daß hier ein mit einfacher Mehrheit zu treffender Beschluß der Hauptversammlung erforderlich ist, der den nach §§ 93 I 2, 404 AktG zur Vertraulichkeit verpflichteten Vorstand[36] zur Offenlegung der für den Börsengang erforderlichen Informationen ermächtigt. Auch hier dürfte der Beschluß zumindest konkludent in dem Entscheid über den Börsengang enthalten sein. Entsprechendes gilt für die Due Diligence im Zusammenhang mit einer Kapitalerhöhung einer bereits börsennotierten Gesellschaft.

Was die Frage nach der Ermächtigung der Gesellschafter zur Weiter- **36** gabe von Informationen angeht, so ist zunächst festzustellen, daß deren Informationsrecht entsprechend der Ausrichtung der AG/KGaA auf einen weiten Gesellschafterkreis von § 131 AktG sehr viel restriktiver ausgelegt ist als in der GmbH. Demnach dürften Aktionäre nur in Ausnahmefällen[37] über Informationen in der für eine Due Diligence erforderlichen Tiefe und Breite verfügen, die sie aber keinesfalls ohne Zustimmung der Unternehmensleitung an einen Dritten weitergeben dürfen.[38]

---

[36] Vgl. hierzu *U. Schroeder,* Darf der Vorstand der Aktiengesellschaft dem Aktienkäufer eine Due Diligence gestatten?, DB 1997, S. 2161 ff; *M. Lutter,* Due diligence des Erwerbers beim Kauf einer Beteiligung, ZIP 1997, S. 613, der eine sehr restriktive Haltung bezüglich der Kompetenzen des Vorstands zur Duldung einer Due Diligence vertritt.

[37] Z.B. die Vorstände, die Aktien halten, oder bei Konzerneinbindung die Muttergesellschaft. Zu den Informationsrechten von Großaktionären vgl. *M. Lutter,* Due Diligence des Erwerbers beim Kauf einer Beteiligung, ZIP 1997, S. 613, 616.

[38] *K. Mertens,* Die Information des Erwerbers einer wesentlichen Unternehmensbeteiligung an einer Aktiengesellschaft durch deren Vorstand, AG 1997, S. 541, 543.

§ 9 Emissionsbanken und Übernahme von Aktien

1 Bei der Aufnahme von Kapital über die Emission von Aktien sind mehrere Vorgänge zu unterscheiden, nämlich

- die Ausgabe und Plazierung der Aktien bei Investoren,
- der Prozeß der Börsenzulassung und
- die Einführung in den Handel im Sinne der Aufnahme der Notierung.

In all diesen Phasen spielen Investment- oder Geschäftsbanken und – neuerdings mit zunehmender Tendenz auch – Wertpapierhandelshäuser eine zentrale Rolle. Grund für deren Einschaltung ist zum einen die rechtliche Notwendigkeit bei der Stellung des Antrags auf Zulassung zum Börsenhandel in allen Segmenten mit Ausnahme des Freiverkehrs. Zum anderen bedarf nahezu jeder Emittent vor allem der Plazierungskraft der Banken und Wertpapierhandelshäuser[1] sowie deren Know-how bei Strukturierung, Preisfestsetzung und Timing einer Emission. Für diese stellt das Emissionsgeschäft aufgrund des hohen Ertragspotentials, der Visibilität und Reputation von Führungsmandaten[2] ein sehr attraktives und prestigeträchtiges Geschäftsfeld dar.

I. Bedeutung

2 Die Auswahl der emissionsbegleitenden, d.h. konsortialführenden Bank ist für den Erfolg einer Börseneinführung von so maßgeblicher Bedeutung, daß ihr gar nicht genug Beachtung geschenkt werden kann. Dabei geht es nicht nur darum, daß den Gesellschaftern im Vorfeld der Börseneinführung nach dem Motto „Konkurrenz belebt das Geschäft" der höchstmögliche Preis „geboten" wird, der im Rahmen von Übernahme, Plazierung und Börseneinführung dann ja erst einmal erzielt werden muß. Mit der Auswahl des Konsortiums, insbesondere aber des

---

[1] Die Selbstemission oder Direktplazierung bei anlagewilligen Investoren ist nur in Ausnahmefällen möglich, d.h. bei relativ kleinen Volumina, bei Kapitalerhöhungen von Tochtergesellschaften und deren Übernahme durch die Muttergesellschaft oder bei Emissionen von Kreditinstituten oder anderen Unternehmen aus dem Finanzdienstleistungssektor, wobei aber im Falle von Aktienplazierungen regelmäßig auch auf die Plazierungskraft (anderer) Banken zurückgegriffen wird. Vgl. *S. Kümpel,* Bank- und Kapitalmarktrecht, Rdnr. 11.7 ff.

[2] In abgeschwächter Form gilt dies auch für die Beteiligung an einer Emission als Underwriter oder Seller.

Konsortialführers werden bereits wichtige Weichenstellungen für die spätere Kursentwicklung gestellt, sei es weil plazierungsstarke Banken Aktien gezielt bei Investoren unterbringen können, denen es nicht um kurzfristige Gewinne geht. Werden Aktien so an vorzugsweise institutionelle Anleger wie Pensionsfonds oder Versicherungen veräußert, die diese nicht sofort wieder „auf den Markt schmeißen", führt dies zu einer stabileren Kursentwicklung. Diese bestimmt nicht nur den Wert der Aktien, die bei den Altaktionären verblieben sind, sondern ist auch für Erfolg und Preis künftiger Kapitalerhöhungen wichtig, was wiederum dem Unternehmen selbst zugute kommt.

Diese Überlegungen führen zu der dringenden Empfehlung an jeden 3 Emittenten bzw. seine Gesellschafter, die Auswahl des Konsortialführers unter Konkurrenzaspekten durchzuführen und nach dessen Bestimmung auch auf die Zusammensetzung des übrigen Konsortiums Einfluß zu nehmen, d.h. dies nicht allein dem Konsortialführer zu überlassen.[3] Emittenten, die sich im Vorfeld der Börseneinführung ausschließlich an ihre Hausbank wenden, nur weil diese das Unternehmen auch durch schwierige Zeiten begleitet hat, haben regelmäßig schon verloren, bevor der Börseneinführungsprozeß überhaupt erst angelaufen ist. Fehlentscheidungen hierbei können sich leicht zu den teuersten Fehlern entwickeln, die ein Unternehmer beim Aufbau eines Unternehmens gemacht hat.

Inwieweit im Rahmen dieser Entscheidung und auch des gesamten 4 Börseneinführungsprozesses das Management des Unternehmens einbezogen wird, sofern es mit den Eigentümern nicht ohnehin deckungsgleich ist, hängt von einer Vielzahl von Aspekten wie den (finanz-) wirtschaftlichen Fähigkeiten der Anteilseigner ab. Gleichzeitig muß auch berücksichtigt werden, daß für die Unternehmensleitung bei der Börseneinführung immer ein erhebliches Risiko von Interessenkonflikten[4] besteht.

II. Aufgaben

Das Bankenkonsortium, insbesondere aber die federführenden Ban- 5 ken erfüllen im Rahmen einer Börseneinführung eine Vielzahl von ineinandergreifenden, teilweise sehr komplexen Aufgaben. So strukturiert der Konsortialführer – eventuell in Kooperation mit anderen Emissionsbegleitern – das Unternehmen einschließlich dessen Bilanz

[3] Zur Zusammenstellung des Konsortiums vgl. auch § 9 V. Emissionskonsortium.

[4] Vgl. hierzu *L. Vollmer/A. Grupp,* Der Schutz der Aktionäre beim Börseneintritt und Börsenaustritt, ZGR 1995, S. 459, 464.

sowie den gesamten Emissionsprozeß, berät bei der Preisfindung, koordiniert die Tätigkeit aller Beteiligten beim Verkauf und der Plazierung, sorgt aber auch für die nötige Liquidität nach der Börseneinführung.[5]

6 Ein Emittent wird demnach gerade bei der Auswahl des Federführers auf Erfahrungen in mehreren Bereichen Wert legen müssen, zu deren Kern insbesondere die folgenden Aktivitäten einer Bank gehören:[6]

- **Investment Banking/Corporate Finance**
  Für die Strukturierung einer Transaktion ist innerhalb einer Bank ein Bereich zuständig, der – auch in Deutschland – regelmäßig neudeutsch als Investment Banking oder Corporate Finance bezeichnet wird. Ihm obliegt neben der imageträchtigen Akquisition von Börseneinführungsmandaten auch die vorerwähnte Strukturierung einer Transaktion sowie die Gesamtverantwortung. Gerade in angelsächsisch geprägten Investmentbanken sind die Mitarbeiter dieser Abteilungen weltweit für eine bestimmte Industrie zuständig und zeichnen sich deshalb regelmäßig durch ein fundiertes Branchen Know-how und guten Kontakten mit entsprechendem Vertrauensverhältnis zu ihren Kunden aus, das für die Akquisition von Mandaten zum Kauf und Verkauf von Unternehmen ebenso wichtig ist wie von Börseneinführungsmandaten und deren jeweilige Durchführung.
- **Marketing**
  Von besonderer Bedeutung für den Erfolg einer Emission ist die Plazierungskraft eines Konsortiums, d.h. der Zugang zu privaten und/oder institutionellen Investoren im In- und/oder Ausland. Welche Investoren im Zentrum der Plazierungsbemühungen stehen, hängt von Größe und anderen Merkmalen einer Emission sowie der hierauf abgestellten Emissionsstrategie ab.
- **Analysten**
  Von besonderer Bedeutung ist die Unterstützung der Marketingbemühungen durch die Analysten der Banken, die detailliertes Researchmaterial über den Emittenten und die spezifische Industrie anfertigen. Wie die Investmentbanker konzentrieren sich die Analysten regelmäßig auf bestimmte Branchen, und dies auf globaler Ebene. Aufgrund ihres umfangreichen industriespezifischen Know-hows werden sie gerade in angelsächsischen Investmentbanken aktiv in den Vermarktungsprozeß eingebunden und haben dort – im Gegensatz

---

[5] Vgl. hierzu *H. Schwintowski/F. Schäfer,* Bankrecht, S. 962.

[6] Zu den hieraus resultierenden Anforderungen an die Qualifikation der Mitarbeiter der Konsortialabteilungen vgl. *U. Müller,* Going Public im Geschäftsfeld der Banken, S. 257 ff.

zu der zumindest früher in deutschen Geschäftsbanken vorherrschenden Kultur – direkten und intensiven Kontakt zu den Investoren.[7, 8]

- **Handel**
  Die Handelsaktivitäten des Konsortialführers und des Konsortiums entfalten ihre Bedeutung in erster Linie nach der Aufnahme der Börsennotierung. Der Umfang der Handelsaktivitäten einer Bank und damit die Einbindung in den „Deal Flow" bestimmen, wieviel der Aktienumsätze eine Bank direkt zu sehen bekommt, d.h. inwieweit sie von Marktteilnehmern um die Abgabe von Preisquotierungen in Form von Bid-/Offer-Spreads gebeten wird. Hiermit eng zusammen hängt die Fähigkeit, größere Pakete durch Verteilung auf mehrere Marktteilnehmer kursschonend wieder in den Markt zu geben, was auch im Zusammenhang mit späteren Kapitalerhöhungen eine Rolle spielt. Neben diesen Fähigkeiten der Banken ist auch deren Bereitschaft zur Übernahme größerer Bestände in den emittierten Aktien zur Stabilisierung des Börsenkurses von ausschlaggebender Bedeutung, der sich oftmals gerade unmittelbar nach der Emission durch eine besonders hohe Volatilität auszeichnet. Gute und erfahrene Emissionsbanken werden in diesem Sinne eine Aktie nicht nur mit ihrer Reputation, sondern auch mit ihrem Kapital unterstützen.

Auf welche der genannten Erfolgsfaktoren der Emittent bzw. seine **7**
Gesellschafter bei der Auswahl des Federführers und der Zusammenstellung des Konsortiums besonders viel Gewicht legen muß, ist stark einzelfallabhängig. Letztendlich wird aber nur bei einer umfassenden Emissionserfahrung eine optimale Strukturierung von Emission und Plazierung möglich sein. Nur dann wird auch die gerade bei internationalen Emissionen erforderliche Fähigkeit zu einer nach Plazierungsgebieten differenzierenden Prognose der Nachfrage sowie eine marktgerechte Festsetzung des Emissionspreises trotz international divergierender Bewertungsansätze erfolgen können. Gleiches gilt für die nachfragegerechte und flexible Zuteilung der Aktien auf die einzelnen Plazierungsregionen und den Aufbau eines funktionsfähigen und liquiden internationalen Sekundärmarkts. In Hinblick auf die für das Underwriting-Geschäft erforderliche Finanzkraft wird man bei internationalen Geschäfts- und Investmentbanken regelmäßig unterstellen können, daß

---

[7] Zur Arbeit der Analysten und der insiderrechtlichen Beurteilung ihrer Tätigkeit vgl. *C. Claussen,* Das Wertpapierhandelsgesetz und die Wertpapieranalysten - ein offenes Feld, AG 1997, S. 306, 311 ff.

[8] Hiermit verbunden ist, daß Institutionen wie Greenwich Associates, Extel, Institutional Investor oder Nelson's Investment Research Survey einmal jährlich bei Investoren Umfragen durchführen, in denen diese Analysten von den Investoren beurteilt werden. Die so geschaffenen Ranglisten („ratings") werden anschließend veröffentlicht und sind damit Basis für Reputation und künftiges Geschäftsvolumen der Bankanalysten selbst wie auch ihrer Arbeitgeber.

sie sich nur im Rahmen ihrer finanziellen Möglichkeiten zur Übernahme von Aktien verpflichten. Inwieweit dies bei den verstärkt ins Emissionsgeschäft drängenden Wertpapierhandelshäusern, die regelmäßig noch über eine geringere Finanzkraft verfügen, gewährleistet ist, kann noch nicht beurteilt werden.

8 Bei kleineren Emissionen wird – je nach Börsensituation – auf eine internationale und besonders starke Plazierungskraft oder auf den Platz einer Bank in internationalen Ranglisten[9] weniger Wert zu legen sein als bei sehr großen Plazierungen. Demgegenüber kann eine bestimmte Branchenspezialisierung gerade in der Strukturierung der Transaktion, im Research und im Marketing eine Rolle spielen. Besondere Erfolge einer Bank in einem bestimmten Marktsegment sollten eine Negativauslese ermöglichen, im positiven Sinn aber keine übermäßige Bedeutung entfalten.

9 Im Ergebnis kommt es – abgesehen von der Plazierungskraft – auch darauf an, daß der Federführer aufgrund seiner Erfahrungen über ein gutes Gefühl für die Plazierbarkeit und das Timing der Emission verfügt. Er hat bei Strukturierung und Plazierung der Emission, gegebenenfalls mit Unterstützung anderer Mitglieder des Konsortiums, die Beachtung der länderspezifischen gesetzlichen und administrativen Normen zu gewährleisten. Von besonderer Bedeutung ist auch die Reputation des Federführers, da die Investoren die Qualität einer Aktie und ihres Emittenten auch mit dem Emissionskonsortium im Allgemeinen und dem Konsortialführer im Besonderen assoziieren. Dies gilt entsprechend für die zur Teilnahme an einer Emission eingeladenen Konsorten, die schon aus zeitlichen Zwängen nur in seltenen Fällen eine angemessene Due-Diligence-Prüfung des Emittenten vornehmen können und sich so auf die Reputation der Konsortialführung verlassen müssen.[10]

III. Auswahl der Konsortialführung

10 Bei der Auswahl des die Aktienemission begleitenden Konsortialführers und der Zusammenstellung des Konsortiums stellt sich zunächst einmal die Frage nach dem richtigen Zeitpunkt für den Beginn der Gespräche zwischen Bank und Emittent bzw. dessen Eignern über ein so sensibles Thema wie eine Börseneinführung. Hierüber wird in vielen Fällen bereits zwischen Unternehmer und Banker im Rahmen der normalen Geschäftsbeziehungen, d.h. Zahlungsverkehr, Kreditvergabe oder privater Vermögensverwaltung am Rande gesprochen worden

---

[9] Sogenannte „league tables".

[10] *S. Schulte,* Internationale Aktienemissionen, S. 89.

sein. Regelmäßig finden solche Gespräche aber zwar auf durchaus kompetenter und hochrangiger Ebene statt, z.B. anläßlich von Beirats- oder Aufsichtsratssitzungen oder bei der jährlichen Bilanzbesprechung, nicht aber mit den richtigen Ansprechpartnern auf der Seite der Banken, die hierfür in ihren Investment Banking- oder Konsortialabteilungen hochspezialisierte Mitarbeiter beschäftigen.

Grundsätzlich sollten Emittent und Gesellschafter bei Aufnahme konkreter Gespräche mit potentiellen Emissionsbanken schon relativ klare Vorstellungen über die eigenen Interessen haben, da sie ansonsten in den Gesprächen kaum als kompetenter Gesprächspartner mit der Möglichkeit einer optimalen Wahrnehmung der sich bietenden Chancen agieren können. Wenngleich schon in diesem Stadium die Existenz eines klaren Emissionskonzepts[11] zumindest in seinen Umrissen wünschenswert wäre, so darf dieses keinesfalls nicht erfüllbare Erwartungshaltungen erwecken und der Entwicklung einer tragfähigen Grundlage 11

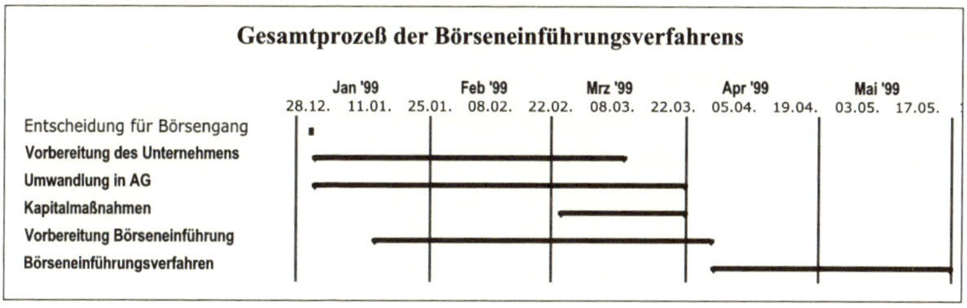

für einen Börsengang entgegenstehen.[12] Andererseits sollten diese Gespräche schon in einem relativ frühen Stadium beginnen, um eine optimale Vorbereitung, aber auch die nötige Flexibilität in Hinblick auf das Timing zu ermöglichen. Auch wenn Börseneinführungen grundsätzlich innerhalb von drei bis vier Monaten „durchgezogen" werden können,[13] sollten die ersten Schritte durch Aufnahme konkreter Gespräche und Planungen in Abhängigkeit von dem bestehenden Restrukturierungs- und Umwandlungsbedarf nach Möglichkeit mindestens ein bis anderthalb Jahre vor dem ins Auge gefaßten Emissionstermin initiiert werden.

Das Verfahren der Bestimmung des – auch für die Strukturierung der Emission und für die Beratung des Emittenten verantwortlichen – Konsortialführers sowie der hierauf basierenden, nachfolgenden Zusammensetzung des Konsortiums sollte mit Präsentation mehrerer Banken vor dem Emittenten im Rahmen eines „Beauty Contest" beginnen, bei 12

---

[11] Vgl. hierzu § 6 III. Emissionskonzept.

[12] *W. Schürmann/K. Körfgen,* Familienunternehmen auf dem Weg zur Börse, S. 229.

[13] Vgl. hierzu den Zeitablaufplan § 12 VII. Zeitplan der Börseneinführung.

dem ein eventueller Emissionsberater oder sonstige Vertrauenspersonen hinzugezogen werden können. Insbesondere bei Familienunternehmen und kleineren Gesellschaften werden bei diesem Anlaß gelegentlich auch bedeutende Gesellschafter hinzugezogen, selbst wenn sie nicht in der Geschäftsführung vertreten sein sollten.

13 Regelmäßig werden die Banken in der Einladung zu der Präsentation gebeten, in dieser zu einigen Fragen Stellung zu nehmen, die für den Erfolg der Emission von maßgeblicher Bedeutung sind. Hierzu gehören – in Abhängigkeit von Unternehmensgröße und zu erwartendem Emissionsvolumen – Punkte wie:

- vorläufige Bewertung auf der Basis öffentlich zugänglicher Informationen oder vorab überlassener Eckpunkte aus dem Emissionskonzept sowie Darlegung von Bewertungsmethode und maßgeblichen Einflußfaktoren;
- Überlegungen zum Timing der Transaktion;
- spezifische Gründe für die Attraktivität eines Investments in die angebotenen Aktien unter Berücksichtigung möglicher Besonderheiten des Unternehmens;
- Analyse, Quantifizierung, regionale Aufteilung und qualitative Beurteilung der Nachfrage nach den anzubietenden Aktien und hierauf wirkende externe Faktoren;
- Vorschlag zur Strukturierung und Durchführung der Gesamtemission einschließlich Organisation von Pre-Marketing Aktionen und Road Shows, Verwendung von Emissionselementen wie Bookbuilding und Greenshoe, Rule 144a Plazierung in den USA;
- Vorschlag zur Syndikatsstruktur sowie zu
- Maßnahmen zur Stabilisierung des Börsenkurses und Minimierung des Rückflusses der Aktien;[14]

---

[14] Mit dem sogenannten „flowback“ von Aktien wird bei internationalen Plazierungen der Verkauf durch ausländische Investoren und der hieraus resultierende Rückfluß der Aktien ins Inland umschrieben. Die Gründe können zum einen in einer unterschiedlichen Einschätzung einer Aktie im In- und Ausland, einer zu hohen Zuteilung an bestimmte Investoren(-gruppen) oder auch in unzureichenden Marketinganstrengungen im Ausland liegen. Zum anderen kann der Grund für Veräußerungen ausländischer Investoren auch darin zu suchen sein, daß internationale institutionelle Anleger bei der Zuteilung in so geringem Maß berücksichtigt wurden, daß sie das Interesse an dem Wert verloren haben. Zu den Maßnahmen gegen den Flowback gehört auch die Plazierung bei Investoren, die für ihre langfristig orientierte Anlagestrategie bekannt sind, was wiederum entsprechende Kenntnisse auf seiten der Konsorten voraussetzt. Gleichzeitig gilt es, bei der Zuteilung einerseits eine relativ breite und diversifizierte Anlegergruppe zu bedienen und die Bildung großer Blöcke bei „unzuverlässigen“ Investoren zu vermeiden. Andererseits müssen die zum Zuge gekommenen institutionellen Investoren in einer Größenordnung berücksichtigt werden, die ein Halten des Pakets und eine künftige Beobachtung des Werts

- Bereitschaft zur Schaffung von Transparenz während der Emission;
- Höhe und Zusammensetzung der einzelnen Emissionsgebühren und Kostenpositionen;
- Bereitschaft der Bank zur festen Übernahme der Emission;[15]
- Darstellung der besonderen Stärken der Bank in den erfolgsbestimmenden Bereichen Corporate Finance, Research, Plazierungskraft und Handel,
- Position in den Ranglisten, Erfahrungen in Börseneinführungstransaktionen der jüngeren Vergangenheit und die dabei erzielten Erfolge[16];
- Vorstellung des unmittelbar verantwortlichen Projektteams,
- potentielle Interessenkonflikte.

Vor dem Hintergrund der anhaltenden Diskussion über die Zutei- **14**
lungspraxis bei Neuemissionen sollten Banken auch zu ihrer diesbezüglichen Haltung sowie den vorgesehenen Maßnahmen gegen die Bevorzugung einzelner Kunden und andere Manipulationen befragt werden. Im Rahmen dieser Präsentationen wird regelmäßig aber auch das Unternehmen sich und sein Emissionskonzept präsentieren, um so die jeweiligen Banken von der Attraktivität der Aktie und damit der Übernahme einer Position im Konsortium zu überzeugen.

Die beidseitigen Präsentationen und die hierauf basierenden Diskus- **15**
sionen führen regelmäßig zu mehr oder weniger starken Veränderungen des Emissionskonzepts, das auch im späteren Emissionsprozeß noch Veränderungen ausgesetzt sein wird. Sofern nicht im Laufe der Präsentation bereits geschehen, werden die Banken regelmäßig während der folgenden zwei bis vier Wochen im Anschluß an diese Gespräche auf der Basis der getroffenen Erkenntnisse eine Stellungnahme zu dem Emissionsvorhaben einschließlich einer revidierten Bewertung sowie ein vorläufiges Angebot für die Wahrnehmung der Konsortialführung abgeben.

---

lohnend macht. Vgl. hierzu auch *S. Schulte,* Internationaler Aktienemissionsmarkt, S. 245 ff.

[15] Sogenanntes „hard underwriting".

[16] Dabei geht es weniger um die Kursentwicklung der emittierten Papiere, da diese ohnehin sehr stark Einflüssen ausgesetzt ist, die nicht der Kontrolle der Banken unterliegen. Im Vordergrund hier steht vielmehr der Nachweis der Plazierungskraft durch vergleichende Darstellungen über Höhe und Qualität des von einzelnen Banken generierten Kaufinteresses, das durch die Auftragslage während des Bookbuilding nachgewiesen werden kann.

IV. Mandatsvereinbarung

16 Wird auf Basis der nach den Präsentationen und der anschließenden Diskussionen eingehenden Angebote[17] wird der Emittent und/oder seine Gesellschafter[18] den oder die Federführer bestimmen und mit diesen eine Vereinbarung über das Börseneinführungsmandat[19] abschließen. Bei der Entscheidung über den Zuschlag wird der in Aussicht gestellte Übernahme- oder Emissionspreis eine maßgebliche Rolle spielen, sollte aber – wie auch die Emissionsgebühren der Banken – keinesfalls alleinentscheidend sein. Eine einseitige Durchsetzung der Interessen von Unternehmen und Eignern auch und gerade in diesem Punkt birgt Gefahren für das Emissionsstanding des Emittenten wie auch der emissionsführenden Bank und könnte spätere Kapitalerhöhungen erschweren. Im Ergebnis wird daher die Bank auszuwählen sein, die die Interessen des Unternehmens in ihrer Gesamtheit am überzeugendsten in den Vordergrund stellt.

17 In diesem Vertrag werden im Vorgriff auf den eigentlichen Aktienübernahmevertrag neben einer generellen Beschreibung des beabsichtigten Vorhabens insbesondere die folgenden Punkte geregelt:

- Aufgaben des Federführers in Hinblick auf Beratung und Strukturierung von Emission und Konsortium, Abstimmung und Planung der Marketingmaßnahmen, Erstellung von Unternehmensanalysen, Entwicklung einer Equity-Story und Vermarktung der Aktien, (Mitwirkung bei der) Festlegung der Preisspanne und des Emissionsvolumens, Erstellung des Prospekts, Betreibung des Zulassungsverfahrens;
- Verpflichtung der Gesellschaft zur Bereitstellung von Informationen wie Geschäftsabschlüsse der letzten drei Jahre, Unternehmensplanungen, Protokollen von Vorstands- und Aufsichtsratssitzungen sowie Gewährleistung der Richtigkeit dieser Unterlagen;

---

[17] Der Emittent tut regelmäßig gut daran, Referenzunternehmen zu kontaktieren, deren Börseneinführung vom Konsortialführer in gleicher Funktion durchgeführt wurde.

[18] Die Einbeziehung der Gesellschafter in diese Vereinbarung ist verzichtbar, wenn die zu plazierenden Aktien ausschließlich aus einer Kapitalerhöhung stammen und die Altaktionäre auf ihr Bezugsrecht verzichtet haben. Demgegenüber kann auf die Einbeziehung der Gesellschaft allenfalls bei Einführung der Aktie in den Freiverkehr verzichtet werden, da in den anderen Marktsegmenten nur die Gesellschaft, nicht aber die Aktionäre die Börsenzulassung beantragen kann (§§ 36 II, 71 II 1 BörsG, Abschn. 2 2.2 1 RWNM). In tatsächlicher Hinsicht unverzichtbar ist die Mitwirkung der Gesellschaft bei der Vermarktung der Aktien, sei es bei der Bereitstellung der von den Investoren erwarteten Informationen, sei es bei der Präsentation der Gesellschaft durch den Vorstand.

[19] Sogenannter „Letter of Engagement". Vgl. hierzu das Muster bei *U. Bosch/W. Groß,* Das Emissionsgeschäft, S. 10/191.

- Vereinbarung der Durchführung einer legal und einer financial due diligence[20] durch unabhängige Berufsträger, d.h. im Falle der Wirtschaftsprüfer, daß diese nicht zugleich Abschlußprüfer des Unternehmens sein dürfen;
- Vertraulichkeitsvereinbarungen und diesbezügliche organisatorische Maßnahmen;
- Einbindung der Wirtschaftsprüfer und Rechtsanwälte der Gesellschaft und deren Beauftragung mit der Beratung und Unterstützung im Rahmen des Börsengangs, insbesondere aber auch mit der Erstellung der erforderlichen Rechtsgutachten;[21]
- Erstellung der erforderlichen Dokumentation und Gewährleistung deren Richtigkeit und Vollständigkeit;[22]
- Verpflichtung der Gesellschaft, sämtliche Pressemitteilungen, öffentliche Stellungnahmen etc. vor einer öffentlichen Kundgabe mit der Bank abzustimmen und Empfehlungen der Bank etc. vertraulich zu behandeln;
- Kostenerstattung und Provisionen für Beratungstätigkeit, Übernahme und Plazierung sowie – für den Fall des Abbruchs des Emissionsverfahrens – eine „Break-Up-Fee";
- Haftungsbeschränkung der Bank auf Vorsatz und grobe Fahrlässigkeit sowie Ausschluß der Haftung für Informationen, die von dritter Seite zur Verfügung gestellt werden;
- für den Fall, daß der Mandatsvertrag nicht von den Gesellschaftern mitunterzeichnet wird, eine Verpflichtung der Gesellschaft, dafür Sorge zu tragen, daß die Gesellschafter sich zu den Handlungen verpflichten, die im Emissionskonzept für sie vorgesehen sind;[23]
- Verzicht des Emittenten auf weitere Kapitalmaßnahmen innerhalb eines bestimmten Zeitraums;
- Laufzeit des Mandats und Kündigungsmöglichkeiten für den Fall außergewöhnlicher und unabwendbarer Ereignisse wirtschaftlicher und/oder politischer Art, die eine Durchführung der Transaktion gefährden.

Der Mandatsvertrag enthält weder eine Verpflichtung der Gesell- **18**

---

[20] Vgl. hierzu § 8 Due Diligence.

[21] Sogenannte „legal opinions".

[22] Viele Verträge sehen vor, daß der Federführer für den Emittenten den Wertpapierverkaufs- bzw. Börseneinführungsprospekt auf der Basis der von dem Emittenten gelieferten Daten und Zahlen erstellt. Vgl. hierzu auch *H. Schwintowski/F. Schäfer,* Bankrecht, S. 988.

[23] Z.B. Bereitstellung von Aktien für die direkte Plazierung, „Schreiben" von Optionen für einen Greenshoe oder Übernahme der Verpflichtung, für einen bestimmten Zeitraum, z.B. zwölf Monate auf eine Veräußerung von Aktien aus ihren Beständen zu verzichten (sogenannte „Marktschutzklausel" oder „lock up-clause").

schaft und ihrer Eigner zur tatsächlichen Durchführung der Emission noch eine Verpflichtung der Bank zur späteren Übernahme der Aktien. Auch werden die möglichen Konditionen nicht rechtsverbindlich vereinbart, sondern allenfalls in Form einer Absichtserklärung indiziert. Bei Erteilung des Börseneinführungsmandats erfolgt ein rechtsverbindlicher Kauf der Aktien zu fixierten Konditionen durch den Konsortialführer nur, wenn die Emission im Wege des sogenannten „Bought Deal" erfolgt. Im Gegensatz zu den anderen Formen der Übernahme wird hier der Emittent bzw. die Altaktionäre in einem sehr frühen Stadium von den Kursänderungs- und Plazierungsrisiken entlastet, die er sonst je nach Strategie ganz oder zumindest bis kurz vor Ende des Plazierungsprozesses trägt. Während Bought Deals bei internationalen Emissionen zunehmend häufiger zu beobachten sind, kommen sie in Deutschland nur vereinzelt vor.

V. Emissionskonsortium

1. Bildung von Konsortien und Emissionsquoten

19 Börseneinführungen, in denen nur eine Bank bzw. ein Wertpapierhandelshaus vom Emittenten mandatiert wird, sind selten und beschränken sich im Regelfall auf Emissionen mit einem geringen Plazierungsvolumen.[24] Zur Nutzung der Plazierungskraft mehrerer Banken, der Verteilung des Übernahmerisikos sowie der Begrenzung der Inanspruchnahme des Eigenkapitals der involvierten Banken werden von den mit der Federführung mandatierten Banken regelmäßig Konsortien gebildet,[25] die die Aktien fest oder auf einer Kommissionsbasis überneh-

[24] In Anbetracht der Vorteile einer Einschaltung eines Konsortiums bei der Plazierung sollte die Durchführung einer Börseneinführung mit nur einer Bank nur bei kleinen Emissionen oder bei Vorliegen besonderer Gründe hierfür gewählt werden. Diese können z.B. darin zu sehen sein, daß eine Emission aus zwingenden Gründen sehr schnell durchgeführt werden soll und die Einbeziehung anderer Banken den Zeitplan gefährden könnte oder daß das Übernahmeangebot einer Bank besonders günstig ist. *W. Schürmann/K. Körfgen,* Familienunternehmen auf dem Weg zur Börse, S. 62 mit Ausnahmen, in denen auch bei größeren Emissionen lediglich eine Bank eingeschaltet wurde.

[25] Dies ist häufig auch bei kleinen Emissionsvolumina der Fall, die von der erforderlichen Kapital- und Plazierungskraft durchaus auch vom mandatierten Federführer alleine bewältigt werden könnten, was teilweise auf das Drängen des Emittenten zurückzuführen ist, der Hausbanken oder andere ihm verbundene Kreditinstitute auf diese Weise bedenken möchte. Gleichzeitig wird auch der Federführer Reziprozitätsüberlegungen anstellen, d.h. andere Banken einladen, um umgekehrt auch Einladungen bei deren Emissionen zu erhalten. *U. Müller,* Going Public im Geschäftsfeld der Banken, S. 246. Bei der Entscheidung über die Zusammensetzung gilt es, einen Ausgleich zwischen den so begründe-

men und ihre jeweiligen Plazierungskanäle bei privaten und/oder institutionellen Anlegern nutzen. Die Größe des Konsortiums wird u.a. von der Volatilität im Markt und dem hieraus resultierenden Kursrisiko sowie der angestrebten Breite der Streuung bei Investoren[26] bestimmt. Das wichtigste Kriterium in diesem Zusammenhang ist aber das Volumen der Emission, das auch mit die Frage beeinflußt, ob die Plazierung nur national oder auch international durchgeführt wird. Im Falle einer internationalen Emission wird bei der Zusammensetzung des Konsortiums auf die Plazierungskraft einzelner Banken in bestimmten Regionen[27] zu achten sein.

Die Quotenverteilung innerhalb des Konsortiums spielt für die betei- **20**
ligten Banken eine große Rolle, da sie die entscheidende Größe für das mit der Teilnahme verbundene Ertragspotential ist. Außerdem besteht eine Wechselwirkung zwischen der Höhe der Quote einer Bank und deren Stellung im Konsortium, die wiederum für Prestige und künftiges Geschäft maßgebend sind. Dementsprechend hoch ist das hieraus resultierende Konfliktpotential bei der durch Federführung und Emittent erfolgenden Festsetzung der Konsortialquoten, die häufig mit Protesten von nicht oder ihrer Ansicht nach zu niedrig berücksichtigten Banken verbunden ist. Wenngleich starre Regeln für die Festsetzung fehlen, kann davon ausgegangen werden, daß die Konsortialführung regelmäßig die größten Quoten für sich beansprucht. Diese können bei kleinen und mittleren Emissionen durchaus 50 Prozent des Gesamtvolumens ausmachen.[28] In den Ebenen unter der Konsortialführung[29] besteht die Tendenz zur bevorzugten Berücksichtigung der Banken, die

---

ten Wünschen von Emittent und Federführer einerseits und der „idealen" Größe, Zusammensetzung und Struktur eines Konsortiums andererseits zu finden, die der Aufnahme zu vieler Banken mit der Folge zu kleiner Quoten entgegenstehen.

[26] Eine breite Streuung der Emission erhöht die Wahrscheinlichkeit einer dauerhaften Unterbringung der Aktien beim Erstinvestor, solange dadurch die einzelnen Zuteilungen nicht so klein werden, daß der mit dem Halten der Position verbundene Beobachtungs- und Verwaltungsaufwand für den Anleger in Relation zum potentiellen Ertrag übermäßig hoch wird.

[27] Bei der Bestimmung der Regionen, in denen die Aktien plaziert werden sollen, spielt zum einen die dort versammelte Finanzkraft eine besondere Rolle. Bei internationalen Plazierungen von Aktien deutscher Emittenten stehen die Finanzzentren in Großbritannien, den USA, der Schweiz und Japan im Vordergrund. Neben der Finanzkraft der Investoren wird auch berücksichtigt, inwieweit der Emittent in einer Region aufgrund dortiger Produktionsstätten, dem Absatz seiner Produkte und Dienstleistungen oder sonstiger Aktivitäten ohnehin bereits bekannt ist.

[28] Zum Ganzen vgl. *U. Müller,* Going Public im Geschäftsfeld der Banken, S. 249ff.

[29] Vgl. hierzu § 14 V. 2. Emissionstruktur und Syndizierung.

am Beauty Contest[30] teilgenommen haben. Ansonsten spielen Größe, Plazierungskraft sowie Standing der Bank sowie ihre Geschäftsverbindung mit dem Emittenten und dem Konsortialführer ausschlaggebende Rollen. Bei größeren, insbesondere international ausgerichteten Emissionen werden die Konsorten im Vorfeld der Plazierung auch im Wege einer Marktevaluierung um ihre Einschätzung des von ihnen in einer bestimmten Region plazierbaren Volumens gebeten, was wiederum bei der Festsetzung der einzelnen Quoten Berücksichtigung finden kann.[31]

2. Emissionsstruktur und Syndizierung

21 Die vorgenannten Überlegungen sind mitbestimmend für die Struktur des Konsortiums, d.h. auch die Rollen- und Aufgabenverteilung unter den Banken. Geführt werden Konsortien von einem oder maximal zwei Federführern, die die Gesamtverantwortung für die Beratung des Emittenten sowie Strukturierung und Durchführung der Emission tragen.[32] Im Falle einer Verwendung des Bookbuilding-Verfahrens als Preisfindungsmechanismus ist einer der Federführer als sogenannter „bookrunner" auch für die Aufzeichnung der eingehenden Kaufaufträge und das Führen des Orderbuchs verantwortlich. Demgegenüber zeichnen die einfachen Konsorten,[33] die bei festen Übernahmen mit der

---

[30] Vgl. hierzu § 9 III. Auswahl der Konsortialführung.

[31] Im Falle internationaler Plazierungen unter Verwendung des Bookbuilding-Verfahrens analysieren die Federführer und Bookrunner nach Abschluß der Emission regelmäßig sehr genau das von den einzelnen Konsortialbanken vermittelte Auftragsvolumen. Das Ergebnis kann dann den Schätzungen im Rahmen der Marktanalyse gegenübergestellt und u.U. mit dem Emittenten besprochen, aber auch bei künftigen Akquisitonsbemühungen um weitere Federführungsmandate verwandt werden.

[32] Die Bestellung von mehreren Banken zum sogenannten „joint lead manager" erfolgt insbesondere bei größeren Transaktionen, kommt aber auch bei kleineren Transaktionen vor, wenn ein Unternehmen mehrere Hauptbankverbindungen hat und diese Institute nicht verprellt werden sollen. Ähnliche Überlegungen gelten gelegentlich auch bei der Einschaltung einer auf das Emissionsgeschäft spezialisierten Investmentbank, zu der ansonsten keine Geschäftsverbindung besteht.

Im Falle fehlender Gleichberechtigung, d.h. eines Über-/Unterordnungsverhältnisses trifft die Gesamtverantwortung nur den lead manager, nicht dagegen den untergeordneten Mitführer (co-lead manager), die sich von den einfachen Konsorten entweder nur durch die Größe der übernommenen Tranche oder aber dadurch unterscheiden, daß sie im Falle einer regionalen Syndizierung auch für ihre Region koordinierende und kontrollierende Aufgaben wahrnehmen. *S. Schulte,* Internationaler Aktienemissionsmarkt, S. 86.

[33] Sogenannte „co-manager" oder „underwriter".

Konsortialführung die Emission kaufen,[34] in erster Linie für die Übernahme der Aktien und deren Plazierung verantwortlich.[35] Bei ihrer Auswahl sowie der Quotenzuteilung werden Emittent und Konsortialführer in erster Linie auf ihre Plazierungskraft achten.[36] Vor dem Hintergrund der Übernahmeverpflichtungen im Falle eines möglichen Flops der Emission wird auch ihre Finanzkraft in die Entscheidung einfließen. Es ist offensichtlich, daß die Federführung nicht nur mit den höchsten Provisionserträgen[37] verbunden ist, sondern auch mit dem höchsten Prestige.

Im Falle internationaler Emissionen erfolgt die Gesamtsteuerung der Emission oftmals durch einen sogenannten Global Coordinator, bei besonders großen Plazierungen auch durch zwei Joint Global Coordinators. Im letzteren Fall führen diese Joint Global Coordinators regional abgegrenzte Konsortien. Dabei ist denkbar, daß das Emissionsvolumen in zwei Tranchen und das Konsortium in zwei Gruppen von Banken unterteilt wird. In einer solchen Struktur besteht die inländische Gruppe ausschließlich aus Banken, die in dem Sitzstaat des Emittenten ansässig sind und die die ihnen zugeteilten Aktien nach dem Konsortialvertrag ausschließlich in diesem Staat plazieren dürfen.[38] Daneben steht die **22**

[34] Vorgang des sogenannten „underwriting". Gelegentlich werden – gerade bei großen Emissionen – von den Konsorten weitere Banken zur Plazierung der auf sie entfallenden Tranche eingeschaltet. Dies kann zum einen durch Bildung eines sogenannten Innenkonsortiums erfolgen, zum anderen – und dies ist gerade bei internationalen Plazierungen zunehmend der Fall – ohne Begründung eines einheitlichen Rechtsverhältnisses durch Abschluß schlichter Kaufverträge. Alternativ hierzu kann zur Verbreiterung des Absatznetzes eine Gruppe von Banken einen Teil der Emission im Namen und für Rechnung der Konsortialbanken plazieren, ohne so ein eigenes Kursrisiko zu tragen (sogenannte „selling group"). *S. Grundmann* in *H. Schimansky/H. Bunte/H. Lwowski* (Hrsg.), Bankrechts-Handbuch Band III, S. 2929 f; *H. Schwintowski/F. Schäfer,* Bankrecht, S. 968.

[35] Zur Strukturierung nationaler Emissionskonsortien vgl. *W. Schürmann/K. Körfgen,* Familienunternehmen auf dem Weg zur Börse, S. 61 ff. mit Beispielen.

[36] Die Intensität der Einbindung des Emittenten in die Zusammensetzung des Konsortiums und die Zuteilung der Quoten ist von Fall zu Fall verschieden. So gibt es Emittenten, denen die Fragestellung weitgehend gleichgültig ist und diese daher der Konsortialführung überlassen. Andere dagegen treffen jede diesbezügliche Entscheidung selbst und ziehen den Federführer allenfalls als Ratgeber hinzu.

[37] Der Federführer übernimmt im Regelfall einen deutlich größeren Anteil der Emission als die anderen Konsortiumsmitglieder und erhält dementsprechend effektiv höhere Provisionen. Außerdem erhält er einen Teil der Provisionen der anderen Konsortiumsmitglieder in Form eines Praecipuums und liegt damit auch prozentual höher als die anderen Konsorten. Vgl. hierzu § 10 IX. 1. c) Emissionsbanken.

[38] Bei dem sogenannten „ring-fencing" handelt es sich demnach um regionale Verkaufsbeschränkungen, die den Wettbewerb zwischen den Konsortialbanken

aus ausländischen Banken bestehende internationale Gruppe, die lediglich außerhalb des Heimatstaates des Unternehmens Investoren anspricht. Alternativ hierzu kann ein sogenanntes „globales Konsortium" gebildet werden, bei dem eine solche Aufteilung unterbleibt. D.h. das Konsortium setzt sich aus nationalen und internationalen Banken zusammen, wobei das Emissionsvolumen nicht in einzelne regionale Tranchen unterteilt ist und die Konsorten weltweit plazieren dürfen.[39]

23 Beide Konsortialstrukturen, insbesondere das globale Konsortium, das nur bei großen Emissionen verwandt wird, bringen eine Intensivierung des Wettbewerbs zwischen den Konsortialbanken mit sich und haben damit für den Emittenten und die Altaktionäre gegenüber einem rein nationalen Konsortium den Vorteil eines maximalen Preiswettbewerbs. Das Fehlen geographischer Plazierungsbeschränkungen führt durch die vollständige Erfassung der Gesamtnachfrage zu einer realistischen Einschätzung der Nachfrage nach den angebotenen Aktien, wohingegen gerade bei nationalen Konsortien die Gefahr einer falschen Nachfrageeinschätzung mit den entsprechenden Auswirkungen auf die Preisfestsetzung besteht. Zu den Vorteilen des globalen Konsortiums gehören auch die klare Zuordnung der Verantwortung für die Emission und Kontrolle der Konsorten, ein weltweit konsequent durchgeführtes Marketing sowie Transparenz in Nachfrage und Zuteilung. Letztendlich hängt die Wahl der Konsortialstruktur aber nicht nur von der Emissionsgröße und den vorgenannten Gesichtspunkten ab, sondern auch davon, inwieweit diese in dem jeweiligen Sitzstaat des Emittenten akzeptiert wird.

3. Rechtsnatur und Verpflichtungen

24 Emissionskonsortien werden im Falle der Anwendbarkeit deutschen Rechts[40] als Gesellschaften bürgerlichen Rechts i.S.d. §§ 705 ff. BGB angesehen, die eine zeitweilige Vereinigung selbständig bleibender Banken darstellen und deren gemeinsamer, von allen Konsorten zu fördern-

---

bzw. bestimmten Bankengruppen einschränken und preisverzerrend wirken können. Zur Vermeidung dieser Konsequenzen und des Rückflusses von Aktien werden bei internationalen Emissionen im Rahmen der Auswertung des Orderbuchs am Ende der Bookbuilding-Periode gelegentlich Umverteilungen der ursprünglich einzelnen Regionen zugedachten Tranchen vorgenommen, um so auf globaler Ebene eine optimale Verteilung zu erreichen. *R. Lilja,* International Equity Markets - The Art of the Deal, S. 476.

[39] Vgl. hierzu auch *S. Schulte,* Internationale Aktienemissionen, S. 92 ff.

[40] Insbesondere bei grenzüberschreitenden Emissionen wird im Regelfall im Konsortialvertrag das Recht, das auf den Konsortialvertrag anwendbar sein soll, vereinbart. Unterbleibt dies, unterliegt das Emissionkonsortium dem Recht am Sitz der Konsortialführung. *S. Grundmann* in *H. Schimansky/H. Bunte/H. Lwowski* (Hrsg.), Bankrechts-Handbuch Band III, S. 2978 f.

der Zweck die Übernahme, Bezahlung und Plazierung der jeweiligen Wertpapiere ist.[41] In Anbetracht des Interesses des Emittenten an einer dauerhaften Plazierung seiner Aktien einerseits und einem liquiden Sekundärmarkt andererseits dürfte zu den hieraus resultierenden Pflichten auch ohne ausdrückliche Vereinbarung eine Verpflichtung der Konsorten zur Weiterveräußerung an Anleger gehören.[42] Demgegenüber läßt sich ohne ausdrückliche Vereinbarung, die im Regelfall in deutschen wie auch in internationalen Übernahmeverträgen[43] fehlt, weder aus dem Konsortialverhältnis noch aus dem Übernahmevertrag eine Verpflichtung zur Durchführung von Kurspflegemaßnahmen ableiten.[44]

Unabhängig von der vorstehenden rechtlichen Einordnung folgen **25**
Emissionskonsortien aber überwiegend nicht den Normen der §§ 705 ff. BGB, da wesentliche Elemente vertraglich abbedungen werden oder aus anderen Gründen nicht anwendbar sind.[45] Regelmäßig wird so auch der Ausschluß von Gesamthandseigentum und der gesamtschuldnerischen Haftung des Konsortiums vereinbart. Demnach verpflichten sich diese nur zur Übernahme und Bezahlung der auf sie

---

[41] *W. Timm/T. Schöne*, Zwingende gesamtschuldnerische Haftung der Mitglieder eines Übernahmekonsortiums, ZGR 1994, S. 113, 117 ff.; eingehend hierzu *B. Singhof*, Die Außenhaftung von Emissionskonsorten für Aktieneinlagen, S. 67 ff. Da Emissionskonsortien jeweils nur für eine einzelne Wertpapierplazierung gebildet werden, sind sie nicht auf Dauer angelegt und bilden deshalb, trotz des Vorliegens eines Grundhandelsgeschäft i. S. d. § 1 II Nrn. 1, 4 und/oder 6 HGB keine Personenhandelsgesellschaften. *H. Schwintowski/F. Schäfer*, Bankrecht, S. 968; *S. Grundmann* in *H. Schimansky/H. Bunte/H. Lwowski* (Hrsg.), Bankrechts-Handbuch Band III, S. 2967; *C. Claussen*, Bank- und Börsenrecht, S. 436; *K. Hopt*, Die Verantwortlichkeit der Banken bei Emissionen, S. 24.

[42] *S. Grundmann* in *H. Schimansky/H. Bunte/H. Lwowski* (Hrsg.), Bankrechts-Handbuch Band III, S. 2970; a.A. *U. Bosch/W. Groß*, Das Emissionsgeschäft, S. 10/10 mit dem durchaus berechtigten Hinweis, daß bei der Unterlassung von Plazierungsbemühungen kaum ein Erfüllungs- oder Schadensersatzanspruch möglich oder gewollt sein dürfte. Dem ist zugute zu halten, daß die Durchsetzung eines Erfüllungsanspruchs schon infolge der hiermit verbundenen Gefahr einer Belastung des Aktienkurses problematisch ist und daß auch bei einem Schadensersatzanspruch der Nachweis des Schadens Probleme bereiten dürfte.

[43] Dies gilt unabhängig davon, ob eine feste oder nur eine kommissionsweise Übernahme erfolgt.

[44] *S. Grundmann* in *H. Schimansky/H. Bunte/H. Lwowski* (Hrsg.), Bankrechts-Handbuch Band III, S. 2964. Im Falle der Vereinbarung von Kurspflegemaßnahmen obliegen diese regelmäßig allein der Konsortialführung, die hierfür im Falle der Festübernahme durch die Konsorten, im Falle der kommissionsweisen Übernahme vom Emittenten entschädigt werden, wobei regelmäßig ein Maximalbetrag vereinbart wird.

[45] *S. Grundmann* in *H. Schimansky/H. Bunte/H. Lwowski* (Hrsg.), Bankrechts-Handbuch Band III, S. 2969.

quotal entfallenden Emission.[46] Trotzdem sind nach h.M. im Falle des Ausfalls eines Konsorten die übrigen Konsortialmitglieder – in ihrer Tranche entsprechender prozentualer Höhe – zur Übernahme dessen Quote verpflichtet, was sich mit einer analogen Anwendung von § 735 BGB oder aus §§ 713, 670, 259 BGB begründen läßt.[47] In wesentlichen Punkten abbedungen ist auch die in § 709 BGB vorgesehene gemeinschaftliche Geschäftsführung, die im Bereich des „normalen Tagesgeschäfts" allein vom Konsortialführer wahrgenommen wird.[48] Dieser vertritt das Konsortium im Rahmen der durch die Konsortialvereinbarung gesetzten Grenzen, wobei umstritten ist, ob das Konsortium als Kollektiv Vertragspartner wird. Soweit dies abgelehnt wird, wird der Sonderrechtscharakter des Emissionskonsortiums in den Vordergrund gestellt und diesem eine eigene Rechtspersönlichkeit oder eigene Teilrechtsfähigkeit abgesprochen, d.h. jeder einzelne Konsorte berechtigt und verpflichtet.[49]

26 Die Vereinbarung über die Bildung des Konsortiums als Gesellschaftsvertrag kommt regelmäßig durch ein Einladungsschreiben der Konsortialführung an die anderen Konsortialmitglieder und deren diesbezügliche Zustimmung zustande.[50] Dem Einladungsschreiben beigefügt ist ein Termsheet, das die Struktur der Emission mit den Ausgabebedingungen, der Zusammensetzung des Konsortiums, den Provisionen, Verkaufsbeschränkungen und der Zulässigkeit bzw. Unzulässigkeit von Stabilisierungsmaßnahmen darstellt.[51] Für die Auflösung des Konsortiums ist § 726 BGB maßgeblich. Danach endet das Konsortium mit der Zweckerreichung, wobei zumindest bei der Plazierung von Aktien aus einer Kapitalerhöhung heute ganz überwiegend angenommen wird, daß das Konsortium erst mit erfolgter Veräußerung der Aktien an die

---

[46] Sämtliche Verpflichtungen treffen die Konsortialbanken nur teilschuldnerisch, nicht aber in einer gesamthänderischen Verbundenheit. *S. Grundmann* in *H. Schimansky/H. Bunte/H. Lwowski* (Hrsg.), Bankrechts-Handbuch Band III, S. 2991.

[47] *H. Schwintowski/F. Schäfer,* Bankrecht, S. 971 f, 990 ; *S. Grundmann* in *H. Schimansky/H. Bunte/H. Lwowski* (Hrsg.), Bankrechts-Handbuch Band III, S. 2970.

[48] *K. Hopt,* Die Verantwortlichkeit der Banken bei Emissionen, S. 27; *B. Singhof,* Die Außenhaftung von Emissionskonsorten für Aktieneinlagen, S. 94 ff. Änderungen des Konsortial- oder des Übernahmevertrags selbst fallen dagegen unter das Einstimmigkeitsprinzip der gemeinschaftlichen Geschäftsführung, soweit nicht das Mehrheitsprinzip vereinbart wurde.

[49] *C. Claussen,* Bank- und Börsenrecht, S. 442 f.

[50] Vgl. näher hierzu *B. Singhof,* Die Außenhaftung von Emissionskonsorten für Aktieneinlagen, S. 86 ff.; *W. Timm/T. Schöne,* Zwingende gesamtschuldnerische Haftung der Mitglieder eines Übernahmekonsortiums, ZGR 1994, S. 113, 117 ff.

[51] Vgl. hierzu *U. Bosch/W. Groß,* Das Emissionsgeschäft, S. 10/189.

Bezugsberechtigten und der Verwertung der nicht gezeichneten Aktien im Interesse und für Rechnung der Gesellschaft endet.[52]

Über die genannten Verpflichtungen aller Konsortialmitglieder hinaus trifft den oder die Konsortialführer auch die Pflicht, den Emittenten bei der Strukturierung der Emission, der Bestimmung des Emissionskurses bzw. der Preisspanne, der Gestaltung der Emissionsbedingungen, der Zusammensetzung des Konsortiums etc. zu beraten.[53] Schadensersatzansprüche bei Verletzungen dieser Verpflichtungen oder bei Verstößen gegen Sorgfaltspflichten[54] ergeben sich im Vorfeld der Unterzeichnung von Mandats- oder Übernahmevertrag aus dem Rechtsinstitut der culpa in contrahendo, danach aus dem jeweiligen Vertrag selbst.[55] 27

4. Verpflichtungen gegenüber Anlegern

Außer den vorgenannten Verpflichtungen gegenüber dem Emittenten und anderen Konsortialmitgliedern obliegen den Konsortialbanken Aufklärungs- und Beratungspflichten gegenüber den Anlegern.[56] Diesen sind alle zweckdienlichen Informationen zur Verfügung zu stellen, die diese für eine interessengerechte Anlageentscheidung benötigen. D.h., die Konsorten müssen ihre Kunden vor dem Kauf der Aktien über die wichtigsten Aspekte des Geschäftes mit Sorgfalt, Sachkenntnis und Gewissenhaftigkeit aufklären, wobei die hieran zu stellenden Anforderungen von der Kenntnis und Erfahrung des jeweiligen Investors ab- 28

---

[52] *S. Grundmann* in *H. Schimansky/H. Bunte/H. Lwowski* (Hrsg.), Bankrechts-Handbuch Band III, S. 2978.

[53] Diese Verpflichtungen ergeben sich schon aus dem mit dem Emittenten geschlossenen Übernahmevertrag (vgl. hierzu § 9 VI. Übernahme und Übernahmevertrag), stellen also keine Tätigkeit der gesellschaftlichen Geschäftsführung dar. Insoweit kann offen bleiben, inwieweit sich Verpflichtungen auch aus dem Konsortialvertrag ergeben bzw. ableiten lassen. Zur Entstehung von Verpflichtungen aus der Übernahme von Sonderfunktionen wie der Rolle des Treuhänders oder der Zahlstelle vgl. *H. Schwintowski/F. Schäfer,* Bankrecht, S. 1004 f.

[54] Die Haftungserleichterungen des § 708 BGB, wonach der Konsortialführer nur für diejenige Sorgfalt haftet, die er in eigenen Angelegenheiten anzuwenden pflegt, gilt nur im Innenverhältnis des Konsortiums, nicht aber gegenüber dem Emittenten.

[55] Da die Beratung des Emittenten durch den Konsortialführer regelmäßig vor Abschluß der Konsortialvereinbarung erfolgt und keine gesellschaftliche Geschäftsführung darstellt, haften die Konsorten nicht für Beratungsfehler des Konsortialführers. Vgl. hierzu *H. Schwintowski/F. Schäfer,* Bankrecht, S. 995; *S. Grundmann* in *H. Schimansky/H. Bunte/H. Lwowski* (Hrsg.), Bankrechts-Handbuch Band III, S. 2975 f.

[56] Dies gilt sowohl bei der Festübernahme als auch der kommissionsweisen Übernahme der Wertpapiere durch das Konsortium. *H. Schwintowski/F. Schäfer,* Bankrecht, S. 1002.

hängen.[57] Die Aufklärung muß demnach sowohl anleger-[58] als auch anlagegerecht sein. Bei eventuellen Interessenkonflikten müssen die Interessen des Konsortialmitglieds grundsätzlich hinter den Kundeninteressen zurückstehen.

VI. Übernahme und Übernahmevertrag

1. Formen der Übernahme

29 Vor Plazierung der Aktien bei den Investoren erfolgt deren Übernahme durch das Konsortium, wofür drei Basisformen zur Verfügung stehen.[59]

30 Beim schon erwähnten „bought deal" übernimmt der Konsortialführer bereits bei Unterzeichnung des Vertrags über die Erteilung des Federführungsmandats die zu emittierenden Aktien rechtsverbindlich zu festen Konditionen. Bei dieser in Deutschland noch seltenen Übernahmemethode wird das Kursänderungs- und das Plazierungsrisiko bereits in einem sehr frühen Stadium des Emissionsprozesses auf die übernehmende Bank verlagert, die zu deren Einschränkung regelmäßig schon im Vorfeld Plazierungsvereinbarungen mit institutionellen Investoren über einen Teil der Emission trifft.[60] Neben einer teilweisen Vorwegnahme der Plazierung bietet das Verfahren den Vorteil einer Verkürzung des späteren Marketingprozesses. Zudem können Emittent und/oder Altaktionäre schon zu einem frühen Zeitpunkt ohne weitere Risiken mit einem festen Emissionserlös rechnen. Demgegenüber hat die übernehmende Bank zwar das höchste Risiko, gleichzeitig aber auch das höchste Ertragspotential, da zumindest bei Fehlen entsprechender Mehrerlösabschöpfungsklauseln ein Mehrerlös voll in ihre Tasche fließt.

31 Demgegenüber erfolgt die kommissionsweise Übernahme auf einer reinen „best effort"-Basis, d.h. die Konsortialführung verpflichtet sich in einem Maklervertrag nach §§ 652ff. BGB[61] lediglich, das vereinbarte Aktienvolumen nach besten Kräften bei Investoren zu plazieren oder

---

[57] Es gilt der Grundsatz: Je spekulativer und riskanter das beabsichtigte Geschäft und je unerfahrener der Investor, desto umfangreicher ist dieser aufzuklären.

[58] Banken erfragen deshalb regelmäßig von ihren Privatkunden deren bisherige Erfahrungen und Kenntnisse in Wertpapiergeschäften, Anlageziele, Risikobereitschaft sowie finanziellen Verhältnisse.

[59] Vgl. hierzu auch *H. Schwintowski/F. Schäfer,* Bankrecht, S. 964.

[60] Diese Plazierungsvereinbarungen stehen unter der Bedingung, daß die Bank das Mandat erhält und dieses als Bought Deal abgewickelt wird. *S. Schulte,* Internationale Aktienemissionen, S. 107.

[61] Je nach vertraglicher Ausgestaltung kann auch eine entgeltliche Geschäfts-

bei anderen Banken – wiederum auf einer Best Effort-Basis – zu syndizieren.[62] Hier verbleiben die Risiken vollständig bei Emittent und Gesellschaftern, was sich durch Wegfall der ansonsten an die Banken zu zahlenden Underwriting Fee[63] niederschlägt. Das Verfahren bietet sich an in Phasen hoher Volatilität der Aktienmärkte und in Fällen, wo Bank und Emittent sich nicht über adäquate Emissionsbedingungen einigen können.

Im Risikogehalt zwischen den beiden vorgenannten Methoden 32
liegt die in Deutschland sehr gebräuchliche feste Übernahme. In dem hierbei abzuschließenden Übernahmevertrag verpflichtet sich das vom Federführer vertretene Konsortium zur festen Übernahme der zu plazierenden Aktien und sofortigen oder zumindest zeitnahen Zahlung des Gegenwertes, wobei der Übernahmevertrag zwischen Emittent und abgabebereiten Aktionären einerseits und dem Federführer andererseits in Anbetracht der mit der Übernahme verbundenen Risiken erst in einem späten Stadium des Börseneinführungsprozesses unterzeichnet wird, manchmal erst kurz vor dem Ende der Bookbuilding-Phase.[64]

2. Anwendungsmöglichkeiten und Durchführung

Im Falle der Plazierung von Aktien aus einer Kapitalerhöhung wer- 33
den unmittelbar anschließend an die Unterzeichnung des Übernahmevertrags die neuen Aktien gezeichnet. Um das Risiko des Konsortiums aus der Übernahme der Aktien zu beschränken, erfolgen nach Möglichkeit am gleichen Tag die Eintragung der Durchführung der Kapitalerhöhung im Handelsregister, die Börsenzulassung sowie die Veröffentlichung des Zulassungsbeschlusses. Dies setzt eine frühzeitige und enge Abstimmung mit dem für die Eintragung der Kapitalerhöhung zuständigen Handelsregisterrichter und der Börsenzulassungsstelle voraus.

Werden keine neuen Aktien, sondern bereits existente Aktien von 34
deren Eigentümern zur Plazierung durch ein Konsortium abgegeben, handelt es sich um einen Kaufvertrag mit Elementen eines Geschäftsbesorgungsvertrags.[65] Ist dagegen die Plazierung neu zu emittierender Aktien vorgesehen, handelt es sich bei der Eingehung der Verpflichtung der Banken zur Zeichnung um einen Vertrag sui generis, der auf Abschluß eines kooperationsrechtlichen Vertrages, die Zeichnung der Ak-

---

besorgung i. S. d. § 675 BGB vorliegen. *U. Bosch/W. Groß,* Das Emissionsgeschäft, S. 10/176, 10/183.

[62] *S. Kümpel,* Bank- und Kapitalmarktrecht, Rdnr. 11.13.

[63] Vgl. hierzu § 10 IX. 1. c) Emissionsbanken.

[64] Vgl. hierzu § 10 VII. 2. Bookbuilding.

[65] *S. Kümpel,* Bank- und Kapitalmarktrecht, Rdnr. 11.45.

tien gerichtet ist.[66] Während beim Verkauf existenter Aktien aus den Beständen der Altaktionäre eine feste Übernahme in Deutschland zwar üblich, nicht aber rechtlich unumgänglich ist,[67] ist bei Emission von Aktien aus einer Kapitalerhöhung alleine die feste Übernahme durch das Bankenkonsortium oder ein Bought Deal praktikabel.[68]

35 Der Vertragsschluß mit dem Emittenten bzw. den Gesellschaftern erfolgt, soweit die Konsortialführung selbst verpflichtet wird, durch deren Handeln im eigenen Namen, wohingegen die Konsorten im Regelfall von der Konsortialführung vertreten werden.[69]

3. Übernahmevertrag

36 Der Übernahmevertrag einer Emission, deren Aktien zumindest zum Teil aus einer zu übernehmenden Kapitalerhöhung stammen, enthält regelmäßig nach einer einleitenden Darstellung des Kapitals der Gesellschaft, beschlossener Kapitalmaßnahmen, eventueller Verzichte

---

[66] Die Übernahme der Aktien erfolgt erst durch den gesonderten Abschluß eines Zeichnungsvertrages. Allerdings entsteht auch hierdurch ebensowenig wie durch den Übernahmevertrag noch kein Anspruch des Bankenkonsortiums auf Durchführung der Kapitalerhöhung. In Hinblick auf den satzungsändernden Charakter einer Kapitalerhöhung verbietet die Satzungsautonomie, daß sich eine Gesellschaft mit dem Abschluß von Zeichnungsverträgen verpflichtet, eine beabsichtigte Kapitalerhöhung durchzuführen. *H. Schwintowski/F. Schäfer,* Bankrecht, S. 984; *M. Lutter,* Kölner Kommentar zum AktG, § 186 Rdnr. 34. *S. Kümpel,* Bank- und Kapitalmarktrecht, Rdnr. 11.100.

[67] Entscheidet sich der Emittent, auf eine feste Übernahme der Aktien durch das Konsortium und auf die hiermit verbundene Risikoübernahme zu verzichten, so werden die Aktien von den Banken im eigenen Namen, aber für Rechnung des Emittenten auf einer sogenannten „best effort“-Basis plaziert. Im Falle einer solchen kommissionsweisen Plazierung übernehmen das Plazierungskonsortium gelegentlich auf Wunsch der Altaktionäre oder des Unternehmens eine Plazierungsgarantie, die sie im Falle, daß nicht sämtliche Aktien plaziert werden können, zur Übernahme der verbliebenen Aktienbestände verpflichtet. Vgl. hierzu auch *U. Bosch/W. Groß,* Das Emissionsgeschäft, S. 10/289.

[68] Nach § 189 AktG wird eine Kapitalerhöhung nur und erst wirksam, wenn alle Aktien innerhalb der Zeichnungsfrist gezeichnet sind und sie im Handelsregister eingetragen wurde (§§ 188 II 1, 36 II AktG). Voraussetzung für die Eintragung ist der Nachweis, daß bereits vor Eintragung die eingezahlten Mittel in Höhe von mindestens 25 Prozent des Nominalwerts zur freien Verfügung des Emittenten stehen. *S. Grundmann* in *H. Schimansky/H. Bunte/H. Lwowski* (Hrsg.), Bankrechts-Handbuch Band III, S. 2961 mit Ausführungen zu den anderen Möglichkeiten der Schaffung neuer Aktien.

[69] Rechtstheoretisch umstritten ist, inwieweit diese Vertretungsmacht organschaftlicher Natur ist oder als Vollmacht jedes einzelnen Konsorten auf §§ 164 ff. BGB beruht. *S. Grundmann* in *H. Schimansky/H. Bunte/H. Lwowski* (Hrsg.), Bankrechts-Handbuch Band III, S. 2958.

auf das Bezugsrecht der Altaktionäre[70] sowie der angestrebten Emissions- und Plazierungsstruktur insbesondere

- die Verpflichtung der Bank, eine bestimmte Anzahl von Aktien zum Nennbetrag zu zeichnen, der Gesellschaft einen entsprechenden Zeichnungsschein zu übergeben, eine erste Einzahlung in Höhe von 25 Prozent des Gegenwertes auf einem bei der Bank zu eröffnenden Sonderkonto gutzuschreiben sowie die erforderliche Bankbestätigung[71] zu überreichen;
- die Verpflichtung der Gesellschaft, die Durchführung der Kapitalerhöhung umgehend nach Übergabe der vorgenannten Unterlagen zum Handelsregister einzureichen und der Bank eine Kopie der Eintragungsbenachrichtigung des Handelsregisters und einen beglaubigten Handelsregisterauszug zu übergeben;
- die Verpflichtung der Bank, die restlichen 75 Prozent des Nominalwerts sowie die verbleibende Differenz zum Ausgabepreis dem Sonderkonto gutzuschreiben;[72]
- die Verpflichtung der anderen Konsortialbanken, bis zur Höhe ihrer Quoten emittierte Aktien von dem Konsortialführer zu kaufen, wobei der endgültige Kaufvertrag erst mit der Zuteilung der Aktien an die Konsorten durch diesen zustande kommt. Die gesamtschuldnerische Haftung, das Gesamthandseigentum und das Miteigentum nach Bruchteilen der Konsorten wird hierbei regelmäßig ausgeschlossen, wobei der Ausschluß der gesamtschuldnerischen Haftung zwar gesellschaftsrechtlich unproblematisch ist, aktienrechtlich aber bei den üblichen Konstruktionen nicht durchgreift,[73] sondern erfordert, daß

---

[70] Haben die Altaktionäre nicht auf das Bezugsrecht verzichtet und ist dieses auch nicht aus einem anderen Grund ausgeschlossen, so verpflichtet sich das Konsortium regelmäßig in dem Übernahmevertrag, die jungen Aktien den Altaktionären zum Kauf anzubieten. *H. Schwintowski/F. Schäfer,* Bankrecht, § 15 Rdnr. 70.

[71] Vgl. §§ 203 I, 188 II i.V.m. §§ 36a I und 37 I AktG. Vgl. hierzu *V. Butzke,* Die Einzahlungsbestätigung nach § 37 Abs. 1 Satz 3 AktG als Grundlage der Bankenhaftung, ZGR 1994, S. 94ff.

[72] Zur Zulässigkeit vgl. § 9. VI. 4 Schaffung der zu emittierenden Aktien.

[73] BGHZ 118, S. 83ff.; eingehend hierzu *B. Singhof,* Die Außenhaftung von Emissionskonsorten für Aktieneinlagen, S. ; *W. Timm/T. Schöne,* Zwingende gesamtschuldnerische Haftung der Mitglieder eines Übernahmekonsortiums?, ZGR 1994, 113, 122ff. *C. Claussen,* Bank- und Börsenrecht, S. 437 f. Während der Ausschluß der gesamtschuldnerischen Haftung bei der Emission bereits bestehender Aktien unproblematisch ist, d.h. wirksam vereinbart werden kann, kann sie im Falle der Emission aus Kapitalerhöhungen nach Ansicht des BGH nicht ausgeschlossen werden, da hierdurch die Grundsätze der Kapitalaufbringung und -erhaltung unterlaufen würden. BGH, WM 1992, S. 1225ff; BGH, WM 1995, S. 1409ff; a.A. *S. Kümpel,* Bank- und Kapitalmarktrecht, Rdnr. 11.143 f. Die gesamtschuldnerische Haftung aller Konsortialmitglieder läßt sich bei Kapitalerhöhungen deshalb letztlich nur vermeiden, wenn die Zeichnung

das Emissionskonsortium als reine BGB-Innengesellschaft ausgestaltet ist und die Übernahme der Aktien durch die einzelnen Banken erfolgt.

- die Verpflichtung der Altaktionäre zum Verkauf der zur Plazierung vorgesehenen „Alt"-Aktien, deren Übereignung sowie
- die Einräumung des Optionsrechts zum Kauf der Greenshoe-Aktien bzw. deren darlehensweise Überlassung;[74]
- Zusicherungen der Gesellschaft in Hinblick auf die Erstellung des Wertpapierverkaufsprospekts und möglicherweise notwendig werdende spätere Änderungen, sowie die Durchführung des Börsenzulassungsverfahrens;
- Vereinbarungen über die Aktienplazierung, das gewählte Preisfindungsverfahren[75] sowie die Zuteilung;
- Plazierungsbeschränkungen;
- die Verpflichtung der Gesellschaft, der Bank unverzüglich am Tag der Eintragung einer vorgesehenen Kapitalerhöhung Zug um Zug gegen Zahlung von 75 Prozent des Nennbetrags Aktienglobalurkunden zu übergeben, die die Bank der Deutschen Börse Clearing AG einliefern wird;
- die Verpflichtung des Konsortialführers zur Zuteilung der Aktien an die Konsortialbanken;
- Garantien nach angelsächsischem Vorbild, aufschiebende Bedingungen[76] und Rücktrittsklauseln für den Fall einer Verschlechterung der wirtschaftlichen Verhältnisse des Emittenten oder für den Fall politi-

---

der jungen Aktien nicht durch das Konsortium, sondern durch jede Konsortialbank einzeln erfolgt. *H. Schwintowski/F. Schäfer,* Bankrecht, S. 991.

[74] In jüngster Zeit finden sich in Übernahmeverträgen auch Vereinbarungen über die darlehensweise Überlassung von Aktien aus den Beständen der Altaktionäre, die von den Banken auch außerhalb der Kursstabilisierung eingesetzt werden können und allein über ein weiteres Wertpapierleihgeschäft mit anderen Marktteilnehmern Zusatzerträge erlauben.

[75] Vgl. hierzu § 10 VII. Preisfindung und Zuteilung.

[76] Danach müssen den Banken vor Übernahme der Aktien regelmäßig ein Comfort Letter des Abschlußprüfers über die im Prospekt enthaltenen Jahresabschlüsse und sonstigen Finanzdaten und ein vom Vorstand persönlich unterzeichnetes Officers' Certificate, mit dem dieser im Namen der Gesellschaft die Richtigkeit deren Zusicherungen bestätigt, übergeben werden. Erforderlich sind auch Legal Opinions von Rechtsanwälten, die u.a. das wirksame Bestehen des Emittenten, die wirksame Ausgabe und Volleinzahlung der zu plazierenden Aktien bestätigen, wobei diese bei Kapitalerhöhungen auch unter dem Vorbehalt deren Eintragung stehen kann. Die Legal Opinions haben weiter die Einhaltung öffentlich-rechtlicher Vorschriften sowie sämtlicher Normen bei der Aktienplazierung zu bestätigen.

scher oder wirtschaftlicher Entwicklungen, die den Erfolg der angestrebten Emission in Frage stellen;[77, 78]

- die Gewährleistung des Emittenten bzw. des verkaufenden Aktionärs, daß der Börsenzulassungs- und Verkaufsprospekt sämtliche Angaben, die für die Entscheidung eines Anlegers zum Kauf der Aktien relevant sein könnten, enthält;
- die Verpflichtung der Bank, etwaige Maßnahmen zur Stabilisierung nur nach Maßgabe der jeweiligen lokalen Gesetze und Börsenusancen durchzuführen[79] sowie die Verpflichtung der Gesellschaft, weder

---

[77] *H. Schwintowski/F. Schäfer,* Bankrecht, S. 991f. Ein Rücktrittsrecht bzw. das Recht auf Vertragsanpassung kann sich bei Änderungen der wirtschaftlichen Situation des Emittenten schon aus § 321 BGB ergeben. Bei sonstigen Veränderungen kommt ein Rücktrittsrecht nur nach der Grundsätzen des Wegfalls der Geschäftsgrundlage in Betracht, die höhere Anforderungen stellen. *S. Grundmann* in *H. Schimansky/H. Bunte/H. Lwowski* (Hrsg.), Bankrechts-Handbuch Band III, S. 2958. Problematisch ist der regelmäßig nicht vertraglich geregelte Fall, daß die konsortialführende Bank nach Zeichnung der Aktien durch das Konsortium und Eintragung der Kapitalerhöhung im Handelsregister wegen eines Falls höherer Gewalt vom Vertrag zurücktritt. Die Bank verfügt in diesem Fall über die Aktien, die sie für 25 Prozent des Nominalwertes erworben hat, und damit über eine Machtposition, die ihr eigentlich nicht zusteht. Gleichzeitig ist der Emittent darauf angewiesen, möglichst schnell eine andere Bank zu finden, die zur Übernahme der Aktien und deren Plazierung bereit ist.

[78] Im Falle der Übernahme neuer Aktien im Rahmen einer Kapitalerhöhung stellt sich im Falle eines Rücktritts des Konsortiums die Frage, inwieweit eine Rückabwicklung gegen die Kapitalerhaltungsregeln verstößt. Vgl. hierzu *K. Technau,* Rechtsfragen bei der Gestaltung von Übernahmeverträgen („Underwriting Agreements") im Zusammenhang mit Aktienemssionen, AG 1998, S. 445, 452ff.; *S. Grundmann* in *H. Schimansky/H. Bunte/H. Lwowski* (Hrsg.), Bankrechts-Handbuch Band III, S. 2958.

[79] Kurspflege- oder -stabilisierungsmaßnahmen dienen der Verhinderung allzu krasser Kursausschläge, die dadurch entstehen können, daß Erstinvestoren die ihnen zugeteilten Aktien in größerem Umfang auf den Markt werfen bzw. Anleger, die bei der Zuteilung nicht voll befriedigt wurden, über den Markt ihre Bestände aufzustocken versuchen und es so zu einer – weder vom Emittenten noch dem Konsortium – erwünschten Volatilität kommen würde. Kurspflegemaßnahmen werden regelmäßig durch die Konsortialführung durchgeführt, die hierfür entstehenden Kosten werden unter den Konsorten verteilt. *H. Schwintowski/F. Schäfer,* Bankrecht, S. 994. Ohne eine dahingehende Regelung gibt es keine Verpflichtung der Konsorten, auch nicht als gesellschaftsrechtliche Nebenpflicht, Kurspflege zu betreiben oder die Kosten dafür zu tragen. Im Gegenteil - gelegentlich werden Stabilisierungsmaßnahmen einem „Stabilisation Manager" übertragen und allen anderen Konsorten ausdrücklich untersagt. Kommen bei einer Emission ausländische Kapitalmarktvorschriften zum Tragen, so können Stabilisierungsmaßnahmen möglicherweise auch ohne ausdrückliches Verbot vertrags- oder rechtswidrig sein, so beispielsweise nach Section 47 des britischen Financial Services Act.

Nach deutschem Recht werden Kurspflegemaßnahmen trotz des Fehlens

selbst noch durch Dritte Stabilisierungsmaßnahmen zu ergreifen; wobei die spezifische Ausgestaltung dieser Klausel sorgfältig auf die diesbezüglichen Regelungen der Länder abgestellt werden muß, in denen die Aktien plaziert werden;[80]

- die Verpflichtung der Gesellschaft, für einen bestimmten Zeitraum nach Unterzeichnung des Übernahmevertrages gewisse Kapitalmaßnahmen und wirtschaftlich vergleichbare Transaktionen nur mit Zustimmung des Federführers durchzuführen;[81]

---

einer ausdrücklichen Regelung grundsätzlich als zulässig angesehen. Trotz des Fehlens eines Tatbestandes, der die Kursmanipulation sanktioniert, ergeben sich Grenzen für die Beeinflussung von Wertpapierkursen aus § 88 Nrn. 1 und 2 BörsG, wonach der Kursbetrug mit Freiheitsstrafe von bis zu drei Jahren oder Geldstrafe bestraft wird. Einen Kursbetrug nach § 88 BörsG begeht, wer unrichtige Angaben über bewertungserhebliche Umstände zur Einwirkung auf den Börsenpreis von Wertpapieren oder Derivaten macht, solche Umstände trotz entspechender Verpflichtungen verschweigt oder auf Täuschung zielende Mittel anwendet. Zur Kurspflege vgl. *U. Bosch/E. Groß,* Das Emissionsgeschäft, S. 10/231 m.w.N.

In objektiver Hinsicht erfaßt der Tatbestand des Kursbetrugs auch Maßnahmen der Kursmanipulation, wie z.B. die Vornahme von rechtswidrigen Scheingeschäften, das Machen von unrichtigen Angaben in Pressemitteilungen, Geschäftsberichten, Bilanzen oder Prospekten. In subjektiver Hinsicht ist allerdings Einwirkungsabsicht erforderlich, d.h. der Wille des Täters muß darauf gerichtet sein, mit seinem tatbestandsmäßigen Verhalten den Börsen- oder Marktpreis zu beeinflussen. Deswegen werden Handlungen von § 88 BörsG nicht erfaßt, bei dem es dem Täter nicht auf die Kursmanipulation ankommt, das Verhalten aber gleichwohl geeignet ist, den Preis von Wertpapieren zu beeinflussen. Vgl. hierzu auch *A. Kaiser,* Die Sanktionierung von Insiderverstößen und das Problem der Kursmanipulation, WM 1997, S. 1557 ff.

[80] Stabilisierungsmaßnahmen werden im deutschen Recht für grundsätzlich zulässig gehalten, finden aber ihre Grenzen in den Vorschriften über den Insiderhandel, den Regeln über die Einlagenrückgewähr und den – nunmehr erweiterten – Vorschriften über den Erwerb eigener Aktien nach §§ 71 ff. AktG. In jedem Fall müssen Kurspflegemaßnahmen auf die Zeit nach der Emission begrenzt bleiben, da sie andernfalls zu einer nicht zu rechtfertigenden Marktbeeinflussung führen würden. Geplante Stabilisierungsmaßnahmen müssen in Verkaufs- und Börsenzulassungsprospekten aufgeführt werden. Soweit sie erst nach Veröffentlichung des Prospekts beschlossen werden, ist der Prospekt zu ergänzen. *H. Schwintowski/F. Schäfer,* Bankrecht, S. 994.

[81] Die Klauseln dienen dem Schutz der Anleger vor Kursverlusten aufgrund zusätzlicher Kapitalmaßnahmen des Emittenten sowie dem ebenfalls berechtigten Interesse des Emissionskonsortiums, daß die von den Banken betriebenen Kurspflegemaßnahmen nicht durch unabgestimmte Schritte der Gesellschaft vereitelt werden. Für Neuemissionen am Neuen Markt ist in Abschn. 2 7. 2. 9 RWNM vorgesehen, daß sich die Altaktionäre und die Gesellschaft verpflichten müssen, für einen Zeitraum von sechs Monaten nach Zulassung der Aktien auf weitere Verkäufe bzw. vergleichbare Maßnahmen zu verzichten. Vgl. hierzu § 11 VI. 3. d) Kapitalerhöhung und Aktionärsbindung.

- eine Marktschutzklausel, mit der sich Altaktionäre verpflichten, je nach spezifischer Ausgestaltung entweder für einen bestimmten Zeitraum[82] ganz auf Verkäufe der ihnen verbleibenden Bestände zu verzichten, solche nur mit Zustimmung des Konsortialführers vorzunehmen oder aber zumindest bei Verkäufen auf eine Schonung des Aktienkurses zu achten;
- Regelungen bezüglich der Zahlung von Provisionen und des Ersatzes von Aufwendungen des Konsortiums für Rechtsanwälte, Wirtschaftsprüfer, Druck von Prospekten und Werbematerialien, die Road Show etc.;
- die Regelung, daß Erklärungen der Konsortialbanken in bezug auf den Übernahmevertrag nur wirksam sind, wenn sie durch den Federführer als deren Vertreter abgegeben werden und
- Angaben der Zahl- und Hinterlegungsstellen sowie von Adressen bezüglich der Zustellung von Mitteilungen.

Die Wirksamkeit solcher Klauseln ist häufig zweifelhaft, da durch vertragliche Vereinbarungen, die einzelne Mitglieder des Vorstands für die Gesellschaft abschließen, nicht in die Kompetenz der Hauptversammlung, ordentliche Kapitalerhöhungen zu beschließen, eingegriffen werden kann. Zum anderen kann sich eine AG grundsätzlich nicht ihrer Entscheidungsfreiheit begeben, Kapitalmaßnahmen durchzuführen. Dies gilt auch für rechtsgeschäftliche Vereinbarungen, durch die eine AG die Durchführung von Kapitalerhöhungen von der Zustimmung Dritter abhängig macht. *M. Lutter,* Kölner Kommentar zum AktG § 182 Rdnr. 14 f.; vgl. allgemein zum rechtsgeschäftlichen Ausschluß von Satzungsänderungen *W. Zöllner* in Kölner Kommentar zum AktG, § 179 Rdnr. 70.

Anders sollen dagegen Klauseln zu beurteilen sein, durch die sich die Gesellschaft lediglich für einen bestimmten Zeitraum verpflichtet, durch Kapitalerhöhungen geschaffene Aktien nicht öffentlich anzubieten und Aktien nicht im Wege der breiten Streuung in den Kapitalmarkt einzuführen, da dann nicht ein Eingriff in den zwingend der Gesellschaft vorbehaltenen Kompetenzbereich im Vordergrund der Regelung steht, sondern der Schutz des Kapitalmarktes vor dem mit einer weiteren Plazierung verbundenen Preisdruck auf den Kurs der Aktie. *K. Technau,* Rechtsfragen bei der Gestaltung von Übernahmeverträgen („Underwriting Agreements") im Zusammenhang mit Aktienemissionen, AG 1998, S. 445, 457.

[82] Bei Einführung von Aktien zum Neuen Markt ergibt sich diese Verpflichtung aus Abschn. 2 7. 2. 9 RWNM, der für die Altaktionäre ein 6monatiges Veräußerungsverbot vorsieht. Ansonsten versuchen aber auch bei anderen nationalen wie internationalen Emissionen die Emissionsbanken im Interesse der Kursstabilität und des Schutzes neuer Aktionäre Fristen von 6 bis 12 Monaten durchzusetzen, in denen Altaktionäre ihre Bestände halten müssen.

4. Schaffung der zu emittierenden Aktien

37 Werden bei einer Emission nicht (nur) bereits bestehende Aktien aus Beständen der Altaktionäre (um-)plaziert,[83] so sind diese vor der Plazierung im Wege einer Kapitalerhöhung zu schaffen. Bei einer Kapitalerhöhung wird das Grundkapital einer AG/KGaA im Wege der Satzungsänderung heraufgesetzt und so neue Mitgliedschaftsrechte begründet.[84]

38 Hierbei unterscheidet man die effektive Kapitalerhöhung, bei der der Gesellschaft tatsächlich neues Kapital zugeführt wird, von der nominellen Kapitalerhöhung nach §§ 207 ff. AktG, durch die lediglich vorhandene Rücklagen in Grundkapital umgewandelt werden. Im Ergebnis kann mit einer solchen schlichten Kapitalumwandlung die Zahl der Aktien einer Gesellschaft erhöht werden,[85] was besonders aus optischen Gründen interessant sein kann, d.h. um die Höhe des Börsenkurses der von Vergleichswerten anzupassen. Die so geschaffenen neuen Aktien stehen nach § 212 1 AktG den Altaktionären im Verhältnis ihrer Anteile am bisherigen Grundkapital zu.

39 Im Gegensatz zu einer solchen nominellen Kapitalerhöhung erhält das Unternehmen bei einer effektiven Kapitalerhöhung tatsächlich liquide Mittel, so daß sich nicht nur die Struktur der Passivseite verändert, sondern auch die Summe der Aktiva und die Bilanzsumme erhöht. Das Gesetz sieht für diese Art der Kapitalerhöhung drei Formen vor:

- die Kapitalerhöhung gegen Einlagen nach §§ 182 ff. AktG
- die bedingte Kapitalerhöhung nach §§ 192 ff. AktG
- das genehmigte Kapital nach §§ 206 ff. AktG,

wobei die bedingte Kapitalerhöhung nur zu den in § 192 II Nrn. 1 bis 3 AktG festgelegten Zwecken beschlossen werden darf.[86] Hierzu gehört die Gewährung von Umtausch- oder Bezugsrechten an Gläubiger von Wandelschuldverschreibungen, die Vorbereitung von Unternehmenszusammenschlüssen sowie die Gewährung von Bezugsrechten an Arbeitnehmer. Für die Vorbereitung der eigentlichen Börseneinführung spielt die bedingte Kapitalerhöhung daher keine Rolle. Unabhängig hiervon kommt es infolge der Zunahme von Mitarbeiterbeteiligungsprogrammen auf Basis von Stock Option Plans[87] gerade bei Börseneinführungen

---

[83] Vgl. hierzu *U. Bosch/E. Groß,* Das Emissionsgeschäft, S. 10/176.

[84] *S. Kümpel,* Bank- und Kapitalmarktrecht, Rdnr. 11.85.

[85] Sogenannter „Aktiensplit".

[86] Trotz der Formulierung als Sollvorschrift kann nach der ganz h.M. ein bedingtes Kapital nicht zu anderen als den genannten Zwecken geschaffen werden, da sonst der Ausschluß des Bezugsrechts der Aktionäre nicht zu rechtfertigen wäre. *U. Hüffer,* AktG, § 192 Rdnr. 8; *M. Lutter,* Kölner Kommentar zum AktG, § 192 Rdnr. 8.

[87] Vgl. hierzu § 18 III. 4. Stock Option Plan.

in der jüngeren Vergangenheit verstärkt auch zum Beschluß eines bedingten Kapitals, wofür nach § 193 I AktG eine Dreiviertelmehrheit erforderlich ist. Die Kapitalerhöhung wird nur insoweit durchgeführt, als die Inhaber der Bezugsrechte diese ausüben.[88]

a) Kapitalerhöhung gegen Einlagen

Der Beschluß über die Kapitalerhöhung gegen Einlagen bedarf nach 40
§ 182 I AktG – wie der über die bedingte Kapitalerhöhung – in der Hauptversammlung einer qualifizierten Mehrheit von drei Vierteln der abgegebenen Stimmen. Die aus diesem Kapitalerhöhungsbeschluß resultierende Satzungsänderung ist zur Eintragung in das Handelsregister anzumelden, wobei dieser Beschluß aber nicht mehr als eine Absichtserklärung darstellt.[89] Zum sogenannten Zeichnungsvertrag kommt es erst durch eine schriftliche Erklärung interessierter Anleger, mit der diese der Gesellschaft die Zeichnung einer bestimmten Anzahl von Aktien zu einem festgesetzten Preis anbieten,[90] und der Annahme dieses Angebots durch die Gesellschaft. Der Zeichnungsvertrag begründet die Verpflichtung des Zeichners zur Erbringung der Einlage,[91] wobei die aus diesem Vertrag resultierenden Pflichten unverbindlich werden, wenn die Erhöhung des Grundkapitals nicht zu einem im Zeichnungsschein festgelegten Zeitpunkt im Handelsregister eingetragen ist. Hierfür ist wiederum erforderlich, daß alle neuen Aktien wirksam gezeichnet werden und sämtliche Zeichner den gesetzlichen Mindestbetrag erbringen.[92]

Die Komplexität des vorstehend geschilderten Verfahrens einer Kapi- 41
talerhöhung bereitet in der Praxis Schwierigkeiten, was in erster Linie auf zeitliche Zwänge zurückzuführen ist. Dabei ist einerseits zu berücksichtigen, daß eine Gesellschaft auch bei sorgfältiger Planung einem unerwarteten und dringenden Kapitalbedarf ausgesetzt sein kann oder daß Marktkonstellationen[93] bestehen können, die für ihre Ausnutzung eine

---

[88] Die bedingte Kapitalerhöhung ist in ihrer Höhe daher in jedem Fall beschränkt durch die tatsächliche Ausübung der Umtausch- oder Bezugsrechte. Im Falle der Ausübung wird die Kapitalerhöhung – im Gegensatz zur regulären Kapitalerhöhung – nach §§ 200, 192 V AktG bereits mit der Ausgabe der Bezugs- bzw. Umtauschaktien wirksam. Die Eintragung hat demnach nur noch deklaratorische Wirkung.

[89] *U. Hüffer,* AktG, § 182, Rdnr. 6; *M. Lutter,* Kölner Kommentar zum AktG, § 182 Rdnr. 3.

[90] Sogenannte Zeichnung, vgl. hierzu § 185 I AktG.

[91] *B. Singhof,* Die Außenhaftung von Emissionskonsorten für Aktienanlagen, S. 33.

[92] Vgl. hierzu § 188 II, 36a I und II AktG. Bei der Barkapitalerhöhung muß demnach mindestens ein Viertel des Nominalbetrags sowie das gesamte Agio einbezahlt werden. Bei Kapitalerhöhungen aus Sacheinlagen ist diese grundsätzlich vollständig vor der Anmeldung zu erbringen.

[93] Z.B. in Form eines relativ hohen Kursniveaus.

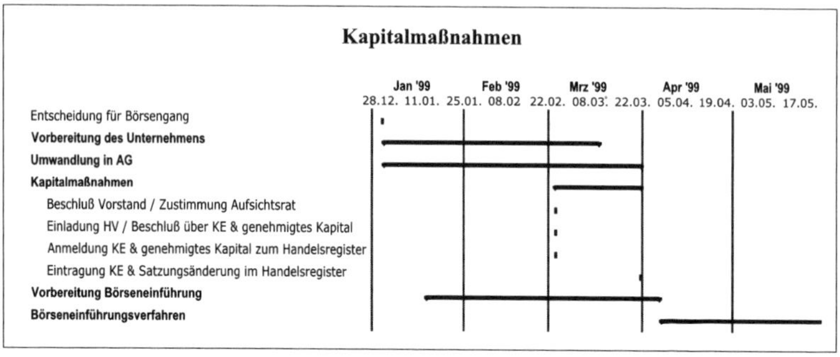

zügige Durchführung einer Kapitalerhöhung erfordern. Zum anderen wird die Durchführung einer Kapitalerhöhung schon durch die gesetzlichen und satzungsmäßigen Vorschriften[94] betreffend der Mindestfristen zwischen Veröffentlichung der Einladung zur Hauptversammlung und dem eigentlichen Termin in ihrer Flexibilität behindert. Hinzu kommt die erforderliche Zeit für die Planung[95] und Beschlußfassung. Gleichzeitig gilt es, vor Ablauf der Verfallfrist des § 185 I 3 Nr. 4 AktG die Eintragung der Durchführung der Kapitalerhöhung im Handelsregister zu bewirken, wofür wiederum erforderlich ist, daß die Marktverhältnisse auch nach Schaffung der Voraussetzungen die Plazierung der Aktien bei Investoren erlauben.

42 Die geschilderten Schwierigkeiten können zum einen dadurch beseitigt oder zumindest gemildert werden, indem die zu plazierenden Aktien nicht über eine Kapitalerhöhung gegen Einlagen, sondern in Ausnutzung eines genehmigten Kapitals geschaffen werden. Weitere, in der Praxis bewährte und deshalb ebenfalls regelmäßig verwandte Möglichkeiten der Optimierung des Emissionsverfahrens bestehen darin,

- daß die Aktien nicht von den Altaktionären oder einer Vielzahl neuer Investoren übernommen werden, sondern durch eine oder mehrere Banken und
- daß die Übernahme nicht zum späteren Plazierungspreis erfolgt, sondern zum Nominalwert.

b) Genehmigtes Kapital

43 Durch die Schaffung eines genehmigten Kapitals nach §§ 202 ff. AktG, können wesentliche zeitraubende Formerfordernisse einer ordentlichen Kapitalerhöhung gegen Einlagen vermieden und die Voraus-

[94] Die Einberufungsfrist für die Hauptversammlung beträgt nach § 123 AktG mindestens einen Monat, wobei diese regelmäßig durch das Erfordernis der Hinterlegung der Aktien oder der Anmeldung verlängert wird.

[95] Dabei spielen besonders bei großen Gesellschaften logistische Fragen, angefangen mit der Verfügbarkeit geeigneter Räumlichkeiten, eine besondere Rolle.

setzungen für eine spontane Ausgabe neuer Aktien in Reaktion auf einen kurzfristig entstehenden Kapitalbedarf oder auf positive Entwicklungen an den Kapitalmärkten geschaffen werden. Hierzu wird der Vorstand durch die Satzung für einen Zeitraum von höchstens fünf Jahren ermächtigt, das Grundkapital ohne weitere Einbeziehung der Hauptversammlung bis zu einem bestimmten Nennbetrag durch Ausgabe neuer Aktien zu erhöhen. Im Gegensatz zur Kapitalerhöhung gegen Einlagen nach §§ 182 ff. AktG ist der Nennbetrag des genehmigten Kapitals nach § 202 III AktG auf die Hälfte des Grundkapitals, das zur Zeit der Beschlußfassung der Hauptversammlung eingetragen ist, beschränkt. Der Beschluß der Hauptversammlung über die Schaffung des genehmigten Kapitals stellt eine Satzungsänderung dar, die mindestens einer Mehrheit von drei Vierteln der vertretenen Stimmen bedarf. Über die spätere Aktienausgabe, d.h. die tatsächliche Kapitalerhöhung[96] entscheidet dann nur noch der Vorstand mit Zustimmung des Aufsichtsrats, so daß eine sehr flexible Reaktion auf interne oder marktbezogene Entwicklungen möglich ist.

c) Bezugsrecht

Kapitalerhöhungen berühren maßgeblich die Rechtsstellung der Aktionäre. Dies gilt besonders dann, wenn das Bezugsrecht ausgeschlossen wird, da dies eine Verwässerung deren Stimm- und Vermögensrechte bewirkt. So sinkt infolge einer unterbliebenen Teilnahme an einer Kapitalerhöhung der prozentuale Anteil des nicht teilnehmenden Aktionärs am Grundkapital und schmälert so dessen Einflußmöglichkeiten.[97] Zum anderen verringert sich seine Quote bei der Verteilung von Gewinnen und einem eventuellen Liquidationserlös.[98] Von in der Praxis besonderer Bedeutung kann der Verlust eventueller Minderheitenrechte[99] und die Verwässerung des Kurses sein.[100] **44**

Vor diesem Hintergrund sieht § 186 I AktG zum Schutz der Aktionäre ein zwingendes Bezugsrecht gegenüber der Gesellschaft vor. Danach haben die Anteilseigner bei einer Kapitalerhöhung entsprechend ihrer Quote ein subjektives Recht zum Erwerb junger Aktien, das nur unter den strengen Voraussetzungen des § 186 III und IV AktG ausgeschlossen werden darf.[101] **45**

---

[96] Nach §§ 203 I, 189 AktG ist das Grundkapital wie bei der ordentlichen Kapitalerhöhung erst mit deren Eintragung im Handelsregister erhöht.

[97] Nach § 134 I 1 AktG wird das Stimmrecht nach Aktiennennbeträgen ausgeübt.

[98] Vgl. §§ 60 I, 271 II AktG.

[99] Z.B. §§ 93 IV 3, 122 I, 142 II, 147 I, 309 III AktG.

[100] Dies gilt insbesondere wenn die Aktien bei bereits bestehender Börsennotierung unter dem aktuellen Börsenkurs emittiert werden.

[101] Die hierzu von der Rechtsprechung entwickelten Kriterien wurden vom

46 Demnach bleiben die relativen Rechte eines Aktionärs in und an einer Gesellschaft unverändert, wenn er von seinem Bezugsrecht Gebrauch macht und die neuen Aktien übernimmt. Tut er dies nicht, so kann er die hieraus resultierenden Nachteile zumindest teilweise durch die Veräußerung seines Bezugsrechts kompensieren.[102]

5. Übernahme durch Banken

47 Vor dem Hintergrund der Schwierigkeiten bei der Zeichnung und Übernahme junger Aktien durch eine Vielzahl von Anlegern werden diese Funktionen bei der rechtstechnischen Durchführung der Kapitalerhöhung zumindest bei börsennotierten Gesellschaften regelmäßig von einer oder mehreren Banken[103] als Bestandteil ihrer Dienstleistungen im Zusammenhang mit einer Aktienemission wahrgenommen, die nach dem Kapitalerhöhungsbeschluß sämtliche neuen Aktien zeichnen und den gesetzlichen Mindestbetrag leisten.[104] Die Gesellschaft kann sich so auf die reibungslose Abwicklung der Kapitalerhöhung verlassen, statt auf den völlig ungewissen Zeichnungswillen und die Zahlungskraft einer unbestimmten Vielzahl von Personen angewiesen zu sein.

48 Dabei wird die Einschaltung der Banken im Rahmen der Zeichnung und Übernahme der jungen Aktien nach § 186 V AktG dann nicht als Ausschluß des Bezugsrechts der Altaktionäre angesehen, wenn diese von einem Kreditinstitut mit der Verpflichtung übernommen werden,

---

BGH in den Fällen „Siemens/Nold" und „Deutsche Bank" grundlegend geändert, so daß der Bezugsrechtsausschluß nunmehr unter wesentlich erleichterten Voraussetzungen möglich ist. BGH, Urteil vom 23. Juni 1997, ZIP 1997, S. 1499.

Unabhängig hiervon ist, ohne daß es auf eine sachliche Prüfung nach den vorgenannten Gesichtspunkten ankäme, ein Ausschluß des Bezugsrechts nach § 186 III 4 AktG insbesondere dann zulässig, wenn es sich um eine Kapitalerhöhung gegen Bareinlagen handelt und diese zum einen nicht zehn Prozent des Grundkapitals übersteigt und andererseits der Ausgabebetrag den Börsenkurs nicht wesentlich unterschreitet.

[102] Während das gesetzliche Bezugsrecht an sich als unselbständiger Bestandteil des allgemeinen Mitgliedschaftsrechts nicht selbständig übertragbar ist, ist der konkrete, dem generellen gesetzlichen Bezugsrecht entsprechende Bezugsanspruch, der dem einzelnen Aktionär vom Augenblick des wirksamen Beschlusses über die Kapitalerhöhung an zusteht, selbständig übertragbar. Vgl. *U. Hüffer,* AktG, § 186, Rdnr. 6 f.; *M. Lutter,* Kölner Kommentar zum AktG, § 186 Rdnr. 7.

[103] In jüngster Zeit werden hier verstärkt auch Wertpapierdienstleistungsunternehmen tätig.

[104] §§ 185, 188 AktG. Regelmäßig gehen die Konsortialbanken auch die weitergehende Verpflichtung ein, zu einem späteren Zeitpunkt auch die restlichen 75 Prozent des Nennbetrags zu leisten, wobei der gesamte Nominalbetrag (nicht aber das Agio) der Gesellschaft vorbehaltlich der Eintragung der Kapitalerhöhung zur Verfügung steht.

sie den Aktionären zum Bezug anzubieten, so daß diese Zwischenschaltung nicht nur bei einem Ausschluß des Bezugsrechts möglich ist. Das sogenannte mittelbare Bezugsrecht der Altaktionäre ergibt sich daraus, daß im Rahmen eines Vertrags zu Gunsten Dritter sowohl die Gesellschaft als auch der einzelne bezugsberechtigte Altaktionär insoweit Gläubiger des Kreditinstituts werden. Das Kreditinstitut hat sämtliche Verpflichtungen zu übernehmen, die die Gesellschaft bei Beachtung eines unmittelbaren Bezugsrechts träfen, da das mittelbare Bezugsrecht dem Schutz der Aktionäre nur gerecht wird, wenn die Banken strengen Bindungen unterworfen sind und ihre Einschaltung demzufolge reine formalen Charakter hat.[105]

6. Zeichnung zum Nominalwert

In der Praxis erfolgt die Zeichnung junger Aktien im Vorfeld einer **49** Börseneinführung regelmäßig nicht zum vorgesehenen Emissionspreis, sondern zum Nominalwert.[106] Wie bereits ausgeführt,[107] verpflichten sich die übernehmenden Banken im Rahmen einer schuldrechtlichen Mehrerlösabführungsklausel zur Zahlung der Differenz zwischen Nennwert und Emissionspreis an die emittierende Gesellschaft.

a) Vorteil

Ein Vorteil dieses zweistufigen Verfahrens ist zum einen in der höhe- **50** ren Flexibilität zu sehen. Bei Übernahme zum vorgesehenen Emissionspreis könnten die Banken nach Eintragung der Kapitalerhöhung bei der Preisfestsetzung im Rahmen der Plazierung nicht mehr auf negative Einflüsse am Kapitalmarkt reagieren, da der Ausgabebetrag neuer Aktien nach § 185 I 3 Nr. 2 AktG zwingend im Zeichnungsschein anzugeben ist. Die Bedeutung dieses Aspekts ist etwas geschrumpft, nachdem die Registergerichte zunehmend bereit sind, bei entsprechender Vorabstimmung und frühzeitiger Übersendung von Entwürfen der erforderlichen Dokumente Eintragungen sehr kurzfristig, häufig auch innerhalb eines Tages, durchzuführen, sofern auf das Erfordernis einer schnellen Durchführung hingewiesen wird.[108]

Von besonderer Bedeutung ist die Zeichnung zum Nennwert auch **51** vor dem Hintergrund der §§ 188 II 1, 36a I AktG, nach denen neben den 25 Prozent des Nominalbetrages auch die Differenz zwischen

---

[105] *M. Lutter,* Kölner Kommentar zum AktG, § 186 Rdnr. 111; zustimmend BGHZ 114, 203, 208.

[106] Dies gilt auch bei späteren Kapitalerhöhungen, bei denen das Bezugsrecht der Altaktionäre ausgeschlossen ist.

[107] Vgl. § 9 VI. 3. Übernahmevertrag.

[108] *M. Hoffmann-Becking* in *E. Niederleithinger* (Hrsg.), Festschrift für *O. Lieberknecht* zum 70. Geburtstag, S. 39.

Nennwert und einem über diesem liegenden Ausgabebetrag vor Anmeldung der Durchführung einzutragen ist – und zwar in voller Höhe. Damit müßten die Konsortialbanken bei Übernahme zum Plazierungspreis einen sehr viel höheren Betrag zwischenfinanzieren, was insbesondere bei großen Emissionen gerade bei kleinen Banken und Investmentbanken, die sich regelmäßig nicht durch so starke Bilanzen wie Großbanken auszeichnen, zu Problemen in Hinblick auf die Einhaltung der Eigenkapitalgrundsätze oder auch zur Verpflichtung der Aufstockung der Mindestreserve führen kann.

b) Zulässigkeit

52 Die Zeichnung zum Nennwert im Rahmen des zweistufigen Verfahrens wird von der h.M. zu Recht als rechtlich zulässig angesehen.[109] Nach anderer Ansicht wird so die in §§ 36a I, 182 III AktG vorgesehene Sicherung der Aufbringung des Agios umgangen, die den Interessen der Gesellschaft und dem Gläubigerschutz diene und damit nicht zur Disposition der Gesellschaft stehe.[110] Übersehen wird hierbei aber, daß die Gläubiger einer AG kein Recht darauf haben, daß bei der Ausgabe junger Aktien überhaupt ein Aufgeld festgesetzt wird und deshalb grundsätzlich Aktien zum Nennwert ausgegeben werden können, ohne daß dies Ansprüche der Gläubiger der Gesellschaft auslöst. Die §§ 186 III 4, 255 II AktG als einzige Normen des Aktienrechts, die eine Ausgabe von Aktien in der Nähe des Börsenkurses vorschreiben, sind nur bei Ausschluß des Bezugsrechts anwendbar und sollen nicht die Gläubiger, sondern die Altaktionäre vor einer Verwässerung ihrer Beteiligung schützen.[111]

53 Das Volleinzahlungsgebot des § 36a I AktG dient deshalb ausschließlich dem Verkehrsschutz, d.h. dem Schutz von Käufern der Aktien vor einer Inanspruchnahme für ausstehendes Agio.[112] Dabei ist die Zeichnung der Aktie zum Nennwert unbedenklich, wenn die Aktie erst nach Abführung des Emissionserlöses an die Gesellschaft in den Verkehr kommt.[113] Aber auch dann, wenn der Börsenhandel mit den jungen Ak-

[109] *G. Picot/V. Land,* Going Public – Typische Rechtsfragen des Ganges an die Börse, DB 1999, S. 570 ff. m.w.N. Soweit ersichtlich, gibt es zu der Problematik noch keine Rechtsprechung.

[110] *U. Immenga* in *H. Beisse* (Hrsg.), Festschrift für *K. Beusch,* S. 413, 419 ff.

[111] *K. Technau,* Rechtsfragen bei der Gestaltung von Übernahmeverträgen („Underwriting Agreements") im Zusammenhang mit Aktienemissionen, AG 1998, S. 445, 449.

[112] Von der Möglichkeit des gutgläubigen Erwerbs abgesehen, haftet der Erwerber einer Aktie grundsätzlich für ein rückständiges Aufgeld, das vom Vorbesitzer hätte geleistet werden müssen. *W. Hefermehl/E. Bungeroth* in *E. Geßler/W. Hefermehl/U. Eckardt/B. Kropff,* AktG § 54 Rdnr. 5.

[113] *M. Hoffmann-Becking* in *E. Niederleithinger* (Hrsg.), Festschrift für *O. Lieberknecht* zum 70. Geburtstag, S. 25, 33.

tien – wie üblich – bereits einige Tage vor der Gutschrift des Emissionserlöses aufgenommen wird, steht der Schutzzweck des § 36a I AktG einer Zeichnung zum Nennwert nicht entgegen. Ausschlaggebend ist dabei, daß die Emissionsbanken sich bei Zeichnung zum Nennwert lediglich schuldrechtlich verpflichten, den Mehrerlös, d.h. die Differenz zwischen Emissionserlös und Nennwert an die Gesellschaft abzuführen. Diese rein schuldrechtliche Verpflichtung betrifft ausschließlich das Verhältnis zwischen dem Emittenten und den die Kapitalerhöhung zeichnenden Banken. Im Gegensatz zur aktienrechtlichen Haftung für ausstehendes Agio geht diese Verpflichtung bei Übertragung der Aktien nicht auf den Erwerber über,[114] so daß dieser nicht durch ein Verbot der Zeichnung zum Nennwert geschützt werden muß.[115]

7. Rückabwicklung eines Übernahmevertrages

Aufschiebende Bedingungen zur Gewährleistung der Bestimmungen des Übernahmevertrages sind nur bis zur Übergabe des Zeichnungsscheins an den Emittenten bzw. – im Falle der Plazierung bereits bestehender Aktien – zum Zeitpunkt deren Übereignung an das Konsortium möglich. Nach Erfüllung der Verpflichtung der Konsortialbanken zur Übernahme der Aktien kommt nur noch die Rückabwicklung eines Vertrages in Frage, wenn Emittent oder Altaktionäre gegen ihre Verpflichtungen aus dem Übernahmevertrag verstoßen bzw. eine der dort genannten Bedingungen, Zusicherungen oder Gewährleistungen nicht erfüllt werden. Während die Rückabwicklung eines Übernahmevertrages keine besonderen rechtlichen Schwierigkeiten bereitet, wenn und soweit „alte“ Aktien umplaziert werden sollen, ist die Rückabwicklung oder Anpassung des Übernahmevertrags bei der Plazierung von Aktien aus einer eben durchgeführten Kapitalerhöhung problematisch. **54**

So kann nach deutschem Recht die Gesellschaft nicht – wie in internationalen Verträgen teilweise üblich – zur Durchführung einer entsprechenden Herabsetzung des Kapitals oder dem Rückerwerb der Aktien verpflichtet werden. In Betracht kommt hierfür lediglich eine Kapitalherabsetzung durch Einziehung von Aktien nach §§ 237 ff. i.V.m. §§ 222 ff. AktG,[116] für die aber nach § 222 I AktG ein mit qualifi- **55**

[114] *M. Lutter,* Kölner Kommentar zum Aktienrecht, § 54 Rdnr. 19; *W. Hefermehl/E. Bungeroth* in *E. Geßler/W. Hefermehl/U. Eckardt/B. Kropff,* AktG, § 54 Rdnr. 36; *C. Barz* in Großkommentar zum AktG, § 54, Anm. 12.

[115] *K. Technau,* Rechtsfragen bei der Gestaltung von Übernahmeverträgen („Underwriting Agreements“) im Zusammenhang mit Aktienemissionen, AG 1998, S. 445, 449 f.

[116] Ziel der Kapitalherabsetzung ist nicht die Beseitigung einer Unterbilanz, sondern die Rückzahlung der von den Konsortialbanken geleisteten Einlage. *K.*

zierter Mehrheit gefaßter Beschluß der Hauptversammlung erforderlich ist, der im Zweifelsfall wiederum mit einer deutlich negativen Publizität verbunden ist, die nach dem Scheitern einer Aktienplazierung ohnehin nicht gewünscht sein kann. Nicht zu unterschätzen ist auch der zeitliche und organisatorische Aufwand einer Kapitalherabsetzung. Außerdem haben Gläubiger der Gesellschaft nach § 225 I AktG das Recht, innerhalb von sechs Monaten nach Bekanntmachung der Eintragung der Kapitalherabsetzung das Recht, die Stellung von Sicherheiten für ihre Forderungen zu verlangen, was der Gesellschaft schon deshalb kaum zuzumuten ist, da der Grund für das Scheitern einer Aktienplazierung auch alleine in Entwicklungen der Kapitalmärkte außerhalb des Einflußbereichs des Unternehmens liegen kann. Vor allem aber kann eine Verpflichtung zur Durchführung einer Kapitalherabsetzung nicht wirksam vertraglich vereinbart werden, da eine solche Vereinbarung einen unzulässigen Eingriff in die Kompetenz der Hauptversammlung darstellen würde und daher nicht in den Zuständigkeitsbereich der Vorstandsmitglieder, die den Übernahmevertrag unterzeichnen, fällt.[117]

56 Ebensowenig kommt ein Rückerwerb der Aktien nach § 71 I Nrn. 1 bis 8 AktG in Betracht, da keiner der dort genannten Tatbestände eingreift bzw. in praxi realisierbar ist. Zwar ist unverkennbar, daß die Kenntnis des Marktes von einem nicht plazierten, aber für eine baldmögliche Plazierung vorgesehenen Aktienpaket zu einer Belastung des Kurses führen wird, falls die Aktie bereits notiert wird. Trotzdem wird man hiermit keine Ermächtigung der Gesellschaft zum Rückerwerb von Aktien aus § 71 I Nr. 1 AktG herleiten können, nach dem ein solcher zum Zwecke der Abwendung eines schweren unmittelbar bevorstehenden Schadens der Gesellschaft rechtmäßig ist, da drohende Kursverluste nur in seltenen, hier nicht vorliegenden Ausnahmefällen als Schaden i.S.d. § 71 I Nr. 1 AktG anzusehen sind.[118] Der alternativ hierzu möglich erscheinende Rückerwerb nach § 71 I Nr. 8 AktG würde wiederum einen Hauptversammlungsbeschluß erfordern, der unweigerlich mit der Folge negativer Publizität verbunden wäre. Zudem hätte die Gesellschaft infolge des Verweises auf § 53a AktG auch den übrigen Aktionären ein Angebot auf Erwerb ihrer Aktien zu unterbreiten, was zu

Technau, Rechtsfragen bei der Gestaltung von Übernahmeverträgen („Underwriting Agreements") im Zusammenhang mit Aktienemissionen, AG 1998, S. 445, 452.

[117] *K. Technau,* Rechtsfragen bei der Gestaltung von Übernahmeverträgen („Underwriting Agreements") im Zusammenhang mit Aktienemissionen, AG 1998, S. 445, 453.

[118] *W. Hefermehl/E. Bungeroth, E. Geßler/W. Hefermehl/U. Eckardt/B. Kropff,* AktG § 71 Rdnr. 52; *M. Lutter,* Kölner Kommentar zum AktG, § 71 Rdnr. 22 f.

nicht absehbaren Folgen jenseits des beabsichtigten Rückerwerbs der Aktien aus der gescheiterten Plazierung führen kann.[119]

Vor dem Hintergrund dieser Schwierigkeiten finden sich in manchen **57** Übernahmeverträgen auch Regelungen, nach denen die Gesellschaft innerhalb einer festgesetzten Frist nach dem Scheitern einer Plazierung das Recht hat, dem Konsortium einen Dritten zu nennen, an den dieses die Aktien zu einem bestimmten Preis veräußern kann. Sollte dies nicht zum Erfolg führen, sind die Konsortialbanken zum Verkauf der Aktien zu einem von diesen zu bestimmenden Preis berechtigt. Diese Regelung trifft auf Bedenken, da der Vorstand die Kompetenz, den Emissionspreis zu bestimmen, auch dann nicht wirksam auf die Emissionsbanken übertragen kann, wenn die Differenz zwischen Emissionspreis und Nominalwert der zu plazierenden Aktien nicht als förmliches Agio festgesetzt wird, sondern lediglich aufgrund einer schuldrechtlichen Mehrerlösabführungsvereinbarung an den Emittenten zu zahlen ist. Bei Ausschluß des Bezugsrechts der Altaktionäre ist zudem § 186 III 4 AktG zu beachten, wonach der Ausschluß nur zulässig ist, wenn der Emissionskurs den aktuellen Börsenkurs der Aktien nicht wesentlich unterschreitet. Auch außerhalb des Anwendungsbereichs von § 186 III 4 AktG wird das Konsortium bei der Preisgestaltung § 255 AktG beachten müssen, so daß ihm bei dieser im Ergebnis enge Grenzen gesetzt sind und eine Abgabe der Aktien zu Dumping-Preisen nicht zulässig ist. Klauseln wie in Übernahmeverträgen nach US-Recht, nach denen die Preisbestimmung im Falle eines Scheiterns der Emission im uneingeschränkten Ermessen des Konsortiums steht, sind im Falle von Kapitalerhöhungen unter Ausschluß des Bezugsrechts der Altaktionäre nach deutschem Recht nicht zulässig.

Alternativ hierzu wird die Zulässigkeit von Vereinbarungen in Über- **58** nahmeverträgen erwogen, nach denen der Vorstand zu einer Änderung des Preisfestsetzungsbeschlusses verpflichtet sein soll, wenn der erzielbare Plazierungskurs vor erfolgreichem Abschluß der Plazierung unter den ursprünglich vereinbarten Kurs fällt. Grundvoraussetzung hierfür ist, daß die Zeichnung der Aktien nicht zum vorgesehenen endgültigen Bezugspreis erfolgt, sondern darunter[120] und daß dieser damit nicht mit dem nach § 185 I 3 Nr. 2 AktG in den Zeichnungsschein aufzunehmenden Ausgabebetrag identisch ist. In diesem Fall ist eine Änderung des Bezugspreises bis zur Plazierung grundsätzlich möglich, auch wenn dessen Festsetzung als Bedingung der Aktienausgabe i.S.d. des § 204 I AktG anzusehen ist. Die Aufnahme einer vertraglichen Verpflichtung zur Änderung des Bezugspreises scheitert aber, da sie einen unzulässigen

[119] *G. Picot/V. Land*, Going Public – Typische Rechtsfragen des Ganges an die Börse, DB 1999, S. 570, 573.

[120] Z. B. zum Nennwert. Vgl. hierzu § 9 VI. 6. b) Zulässigkeit.

Eingriff in die Kompetenzverteilung innerhalb der AG darstellen würde. Dabei ist bereits zweifelhaft, ob die den Übernahmevertrag unterzeichnenden Mitglieder des Vorstands den Gesamtvorstand wirksam verpflichten können, einen bestimmten Beschluß zu treffen. Keinesfalls möglich ist aber, daß die Unterzeichner des Übernahmevertrags den Aufsichtsrat zu der nach § 204 I 2 AktG erforderlichen Zustimmung zu der erneuten Festsetzung des Bezugspreises verpflichten.[121]

59 In Anbetracht der Folgen eines endgültigen Scheiterns der Plazierung der neuen Aktien läßt sich aber bereits aus der allgemeinen Verpflichtung von Vorstand und Aufsichtsrat, die Gesellschaft vor Schaden zu schützen, auch ohne vertragliche Vereinbarung eine Verpflichtung ableiten, in rechtlich zulässigem[122] und auch ansonsten angemessenem Rahmen an einer Reduzierung des Bezugspreises mitzuwirken, da ansonsten zwischen dem Unternehmen und dem Emissionskonsortium eine kaum auflösbare Patt-Situation entstehen würde.[123]

8. Haftungsfreistellungsklauseln

60 Die Konsortialbanken versuchen regelmäßig, in Übernahmeverträgen Klauseln durchzusetzen, nach denen der Emittent oder abgebende Altaktionäre sich verpflichten, den Emissionsbanken sämtliche Schäden ersetzen, die dadurch entstehen, daß sich Zusicherungen als nicht zutreffend erweisen. Hiervon betroffen ist insbesondere die Inanspruchnahme aus der Prospekthaftung und die hieraus entstehenden Verteidigungskosten. Dabei stellt sich insbesondere die Frage, inwieweit sich solche Regelungen mit § 57 AktG vereinen lassen, nach dem die Rückzahlung oder Verzinsung von Einlagen verboten und deshalb Geldzahlungen sowie die Zuwendung sonstiger Vermögensvorteile an Aktionäre nur aufgrund eines wirksamen Gewinnverwendungsbeschlusses zulässig sind.[124]

---

121 *K. Technau,* Rechtsfragen bei der Gestaltung von Übernahmeverträgen („Underwriting Agreements") im Zusammenhang mit Aktienemissionen, AG 1998, S. 445, 454.

122 Vgl. §§ 186 III 4, 255 II AktG.

123 Einerseits hätten die Emissionsbanken die neuen Aktien bereits bezogen. Andererseits würde das Unternehmen in Anbetracht der nicht gegebenen Veräußerbarkeit der Aktien zum vorgesehenen Bezugskurs nicht in den Genuß des ihm vertraglich zustehenden Mehrerlöses kommen, so daß ihm auch nicht der nach §§ 255, 186 III 4 AktG vorgesehene Mindesterlös zufließen kann. *K. Technau,* Rechtsfragen bei der Gestaltung von Übernahmeverträgen („Underwriting Agreements") im Zusammenhang mit Aktienemissionen, AG 1998, S. 445, 454.

124 Im amerikanischen Recht wird die Freistellung der Emissionsbanken bereits deshalb als unwirksam angesehen, weil durch sie der Zweck, den der Gesetzgeber mit der Erstreckung der Prospekthaftung auf das Bankenkonsortium verfolgt hat, unterlaufen wird („Globus Doktrin"). Soweit ersichtlich ist

Solche Klauseln sind nach deutschem Recht unproblematisch, soweit die Gewährleistungs- bzw. Haftungsfreistellungsverpflichtung von abgebenden Altaktionären übernommen wird und diese nicht von der Gesellschaft freigestellt werden sollen.[125] Demgegenüber ist bei Übernahme einer Freistellungsverpflichtung durch die Gesellschaft gegenüber den die Emission übernehmenden Banken, d.h. Aktionären der Gesellschaft (!), wie auch bei direkten Ansprüchen aus Prospekthaftung gegen die Gesellschaft ein Spannungsverhältnis mit § 57 AktG unübersehbar,[126] das in Literatur und Rechtsprechung noch nicht endgültig geklärt ist.[127] Gegen einen Vorrang von § 57 AktG[128] vor der Prospekthaftung des Emittenten spricht, daß diese schlicht und einfach als Preis für die Möglichkeit anzusehen ist, die Finanzierungsmöglichkeiten am Kapitalmarkt zu adäquaten Konditionen[129] zu nutzen. **61**

Im übrigen kann bei einer Interessenabwägung im Rahmen der Be- **62**

---

die Überlegung einer Übertragung dieses Rechtsgedankens in Deutschland bislang nur mit negativem Ergebnis diskutiert worden. *K. Technau,* Rechtsfragen bei der Gestaltung von Übernahmeverträgen („Underwriting Agreements") im Zusammenhang mit Aktienemissionen, AG 1998, S. 445, 454 f.

[125] Eine Freistellung durch den Emittenten dürfte regelmäßig zu einem Verstoß gegen § 57 AktG führen, da die Stellung von Sicherheiten für Verbindlichkeiten eines Gesellschafters durch die Gesellschaft anerkanntermaßen als verdeckte Einlagenrückgewähr anzusehen ist, soweit die Gesellschaft hierfür keine angemessene Gegenleistung erhält und bei einer Freistellung abgebender Aktionäre grundsätzlich auch kein anderer Rechtfertigungsgrund für eine kostenlose Freistellung vorliegt, da der Plazierungserlös schließlich nicht der Gesellschaft zufließt. *K. Technau,* Rechtsfragen bei der Gestaltung von Übernahmeverträgen („Underwriting Agreements") im Zusammenhang mit Aktienemissionen, AG 1998, S. 445, 457. Etwas anderes soll nach *M. Hoffmann-Becking* (in *E. Niederleithinger* (Hrsg.), Festschrift für *O. Lieberknecht* zum 70. Geburtstag, S. 25, 37) gelten, wenn die Gesellschaft ein eigenes Interesse an der Veräußerung der Aktien hat, z.B. die Erlangung der Unabhängigkeit von einem herrschenden Aktionär. Hier wird im konkreten Fall abzuwägen sein, ob die Übernahme der Freistellungsverpflichtung durch das Eigeninteresse der Gesellschaft an der Plazierung der Aktien gerechtfertigt wird.

[126] So war nach der Rechtsprechung des Reichsgerichts die Prospekthaftung der Gesellschaft wegen des Vorrangs des Kapitalerhaltungsgrundsatzes zunächst grundsätzlich ausgeschlossen. RGZ 54, 128, 130ff; 62, 29ff. In späteren Entscheidungen wurde dann der Prospekthaftung der Vorrang eingeräumt, wenn die Aktien aufgrund eines gewöhnlichen Umsatzgeschäfts erworben wurden.

[127] Für einen generellen Vorrang der Prospekthaftung vor § 57 AktG, LG Frankfurt, WM 1998, S. 1181, 1185 f., zustimmend *L. Krämer/M. Bandisch,* WM 1998, S. 1161, 1162ff.

[128] So aber die wohl noch h.M.

[129] Dies bezieht sich auch auf die Emissionsgebühren der Banken, die im Zweifelsfall höher sein müßten, wenn diese das Haftungsrisiko nicht zumindest im Innenverhältnis und wenigstens dann abwälzen könnten, wenn der Emittent nicht in Konkurs fällt.

urteilung der Verpflichtungen des Emittenten grundsätzlich auch kein objektives Mißverhältnis zwischen den Leistungen und Gegenleistungen von Banken und Emittent im Rahmen des Übernahmevertrages festgestellt werden. Wenn dieser neben der Verpflichtung zur Übernahme auch die Pflicht zur Plazierung der Aktien und Erbringung anderer Dienstleistungen wie die Unterzeichnung des Zulassungsantrags zum Börsenhandel enthält und durch die Erfüllung dieser Verpflichtungen gesetzliche Haftungstatbestände entstehen, so muß die Übernahme von Gewährleistungs- bzw. Freistellungsverpflichtungen durch den Emittenten zumindest dann als angemessene und interessengerechte Risikoverteilung angesehen werden, wenn die Unrichtigkeit des Verkaufs- oder Börsenzulassungsprospekts aus der Verletzung einer vertraglichen Nebenpflicht des Emittenten resultiert. Hierzu gehört insbesondere die Verpflichtung des Emittenten, das Übernahme- und Plazierungskonsortium über alle unternehmens- und marktspezifischen Tatsachen und möglichen Risiken zu unterrichten, die für die Investitionsentscheidung des potentiellen Anlegers relevant sein könnten. Dies gilt unabhängig davon, ob eine diesbezügliche ausdrückliche Vereinbarung vorliegt oder sich „nur" aus ungeschriebenen vertraglichen Nebenpflichten ableiten läßt,

63 Zweifelhaft sollte die Wirksamkeit von Freistellungsklauseln daher lediglich dann sein, wenn und soweit die Banken auch für die Inanspruchnahme von Fehlern in ihrem eigenen Verantwortungsbereich freigestellt werden sollen. Hierzu gehören z.B. die fehlerhafte Verarbeitung von Informationen des Emittenten oder eine falsche Darstellung kapitalmarktspezifischer Risiken für den Anleger oder von Verkaufsbeschränkungen im Zusammenhang mit ausländischen börsen- und wertpapieraufsichtsrechtlichen Normen im Rahmen der Prospekterstellung. Letztendlich wird sich aber erst in der Praxis erweisen müssen, inwieweit Haftungsfreistellungsklauseln einer gerichtlichen Überprüfung standhalten werden.[130]

---

[130] Zum Ganzen vgl. *K. Technau,* Rechtsfragen bei der Gestaltung von Übernahmeverträgen („Underwriting Agreements") im Zusammenhang mit Aktienemssionen, AG 1998, S. 445, 454 f.

§ 10 Plazierungsprozeß

Die zeitliche Einordnung der Aktienübernahme in den Gesamtprozeß der Börseneinführung hängt von der gewählten Methode der Übernahme ab, d.h. diese kann bereits bei Mandatserteilung und damit vor Zusammenstellung des übrigen Konsortiums erfolgen, aber auch erst unmittelbar vor der Zuteilung an die Investoren. Nach Erteilung des Mandats an den Federführer werden gegebenenfalls neben der Fertigstellung des Abschlusses für das letzte Geschäftsjahr und der Aufbereitung des sonstigen Zahlenmaterials zum einen die noch ausstehenden Maßnahmen zur Erlangung der Börsenfähigkeit einschließlich einer eventuell erforderlichen Umwandlung und Umstrukturierung durchzuführen sein. Je nach Emissionskonzept sind Kapitalmaßnahmen zu beschließen und durchzuführen. Zum anderen sind die Plazierung, d.h. der Verkauf der Aktien sowie deren Börseneinführung vorzubereiten. Hierzu gehört – empfehlenswerterweise unter Einschaltung einer spezialisierten PR-Agentur – die Entwicklung und Durchführung einer Imagekampagne sowie der Entwurf des Verkaufs- und Börseneinführungsprospekts. 1

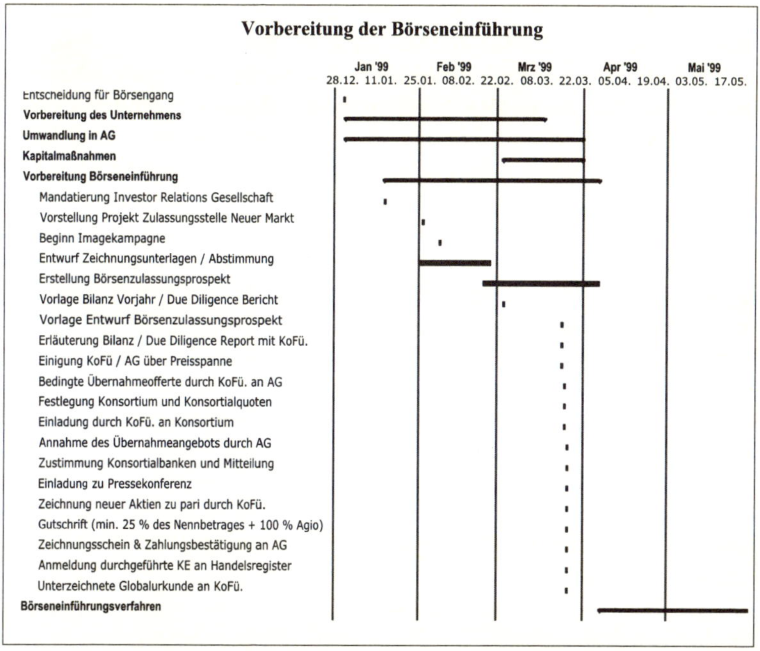

2 All diese Maßnahmen sollten relativ frühzeitig in Angriff genommen werden, um den optimalen Zeitpunkt für die Emission wahrnehmen zu können. Dieser ist zwar als mehr oder weniger grobe Planung bereits Bestandteil des Emissionskonzepts, bedarf aber während des späteren Prozesses der ständigen Anpassung an die tatsächlichen Entwicklungen, insbesondere natürlich die Börsensituation.

I. Emissionszeitpunkt

3 Der Erfolg einer Aktienplazierung im Sinne eines vollständigen Verkaufs der zur Emission vorgesehenen Tranche (und des Abrufs eines eventuellen Greenshoe) sowie einer positiven oder zumindest stabilen Kursentwicklung ohne das Erfordernis massiver Stützungskäufe durch den Konsortialführer ist stark vom richtigen Timing abhängig. Die hierfür relevanten Faktoren sind einerseits innerhalb des Unternehmens selbst und bei seinen Gesellschaftern zu finden. Im Gegensatz zu diesen liegen unternehmensexterne Erfolgsfaktoren wie allgemeine Wirtschaftslage, Börsensituation und Aufnahmefähigkeit der Kapitalmärkte nicht im Einflußbereich der Gesellschaft und ihrer Eigner.

4 Idealerweise findet im Zeitpunkt einer Aktienemission der gesamte Kapitalmarkt eine positive Beurteilung. Hierfür sind eine Vielzahl rationaler und irrationaler Faktoren ausschlaggebend, zu deren wichtigsten die gesamtwirtschaftlichen Rahmenbedingungen, Zinsniveau und Inflation, Arbeitslosenzahlen und Wechselkurse gehören.[1]

5 Von besonderer Bedeutung ist aber auch die Einschätzung der spezifischen Branche, die wie das Unternehmen selbst eine positive Gesamtentwicklung aufweisen sollte. Dieses sollte in jeder Hinsicht eine klare und in der Perspektive nachhaltige Aufwärtsentwicklung erwarten lassen. Gerade Unternehmen in zyklischen Branchen sollten für den Börsengang einen Zeitpunkt mit günstigen Zukunftsaussichten wählen.

6 Im Interesse einer Optimierung der Ausgangssituation für eine Plazierung sollten die internen und externen Erfolgsfaktoren zusammentreffen. Das Vorhaben des Börsengangs ist deshalb als ein mittel- bis langfristiges Projekt zu verstehen, bei dem zunächst die internen Voraussetzungen geschaffen werden und im Rahmen der Finanzplanung der Kapitalbedarf des Unternehmens so geregelt wird, daß auch dann keine Finanzierungsengpässe auftreten können, wenn von dem ins Auge gefaßten Emissionszeitpunkt abgewichen werden muß. Nach Möglichkeit sollte die Börseneinführung weitgehend vom unmittelbaren Kapitalbedarf und Investitionsplänen abgekoppelt werden.

---

[1] *A. Carls,* Das Going-Public-Geschäft deutscher Banken, S. 117 f. mit weiteren Erläuterungen.

II. Fremd- und Selbstemission

7 Die Plazierung unter Einschaltung von Banken oder Wertpapierhandelshäusern zur Nutzung deren Netzwerk ist bei der Distribution von Aktien die in Deutschland bei weitem gebräuchlichste Methode. Die hierbei angewandten Formen der Aktienübernahme im Wege des sogenannten Bought Deal, der festen oder kommissionsweisen Übernahme wurden vorstehend bereits beschrieben.[2] Demgegenüber wurden in Deutschland Selbstemissionen von Aktien,[3] d.h. Plazierungen durch den Emittenten ohne Einschaltung von Banken nur in einigen wenigen Ausnahmefällen und auch dann nur bei sehr kleinen Emissionsvolumina durchgeführt,[4] da den Unternehmen im Regelfall der Zugang zum Investor fehlt.[5]

8 Als Begründung für die geringe Bedeutung der Selbstemission wird auch die bei der Börsenzulassung bestehende Notwendigkeit der Einschaltung von Banken bzw. Wertpapierhandelshäusern in die Betreibung des Börseneinführungsverfahrens angeführt. Dabei wird aber übersehen, daß Plazierung und Stellung des Antrags auf Zulassung getrennte Vorgänge sind und per se nicht viel dagegen spräche, eine Bank oder einen Wertpapierdienstleister nur mit der Betreibung des Börsenzulassungsverfahrens zu beauftragen.[6] Da der größte Teil der Bankprovisionen aber für die Übernahme der Emission und deren Plazierung anfällt, läßt sich durch eine Selbstemission ein erheblicher Teil der Emissionskosten einsparen. Letztendlich wird dies für Emittent und Altaktionäre aber nur dann günstiger sein, wenn die Emission genauso erfolgreich wie im Rahmen einer Fremdemission plaziert werden kann,[7] was auch voraussetzt, daß die Aktionäre von der Liquidität der Aktie nach Börseneinführung überzeugt werden können.

---

[2] § 9 VI. 1. Formen der Übernahme.

[3] Bei Schuldverschreibungen von Kreditinstituten oder Genossenschaftsanteilen bei Raiffeisenbanken kommt der direkte Vertrieb durch den Emittenten an seine Kundschaft sehr viel häufiger vor.

[4] Vgl. hierzu *W. Schürmann/K. Körfgen,* Familienunternehmen auf dem Weg zur Börse, S. 14 f; *W. Koch/J. Wegmann,* Praktikerhandbuch Börseneinführung, S. 205.

[5] Selbst bei Emissionen von Bankaktien, wo der Emittent selbst über das Distributionsnetz verfügt, werden schon aufgrund des jeweiligen Volumens und Fragen der Reputation regelmäßig andere Banken eingeschaltet. Außerdem handelt es sich hierbei mehrheitlich um eine Emission von Aktien aus Kapitalerhöhungen, wo nach deutschem Recht ohnehin im Rahmen der Zeichnung der neuen Aktien nur die Übernahme en bloc praktikabel ist.

[6] Nichts anderes passiert bei der reinen Börsenzulassung ohne Plazierung, wie sie gerade im Freiverkehr häufiger vorkommt.

[7] Dabei ist auch zu berücksichtigen, daß die Bereitschaft von Banken zur

III. Internetplazierung

9 Im Ergebnis wird die Selbstemission nur für sehr kleine Emissionen in Betracht kommen. Durch die sich auch in Deutschland[8] abzeichnende stärkere Nutzung des Internets zur Plazierung von Aktien dürften sich hier die Größenverhältnisse aber ebenso verschieben wie die Häufigkeit der Nutzung dieser Vertriebsform.[9] Dabei bietet sich zum einen

---

Übernahme einer Plazierung in Investorenkreisen als Qualitätsmerkmal angesehen wird.

[8] Die erste Plazierung von Aktien eines europäischen Unternehmens über das Internet wurde im September 1997 mit einem positiven Ergebnis durch die Internet2000 AG, München durchgeführt. Die Plazierung umfaßte mit 2000 Aktien ein Volumen von 25 Prozent des Grundkapitals und erfolgte, indem der Interessent die Aktien online reservierte und anschließend einen elektronischen Kaufvertrag abschickte. Die Zahlung des Kaufpreises von DM 375 hatte innerhalb von acht Tagen auf herkömmlichem Weg zu erfolgen. Die Aktien der Gesellschaft, die im Emissionsjahr einen Umsatz von DM 1,9 Mio. gemacht hat (Für 1998 wurde ein Umsatz von über DM 4 Mio. erwartet), sind noch nicht börsennotiert, sondern werden im Internet in einem eigenen Forum gehandelt, über das sich Interessenten und Anbieter jederzeit über Angebot und Nachfragesituation informieren können. Zwischenzeitlich haben auch einige Wertpapierhandelshäuser Vorbereitungen getroffen, um Aktien ihrer Kunden über das Internet vertreiben zu können. *B. Rödl/T. Zinser,* Going Public, S. 303 f.

Gegen die Rechtmäßigkeit des außerbörslichen Handels bestehen nach deutschem Börsenrecht keine Bedenken. Zwar ist nach § 1 BörsG für den Betrieb einer Börse eine staatliche Genehmigung erforderlich, gleichzeitig ist es aber jedermann gestattet, Wertpapiere auch außerhalb einer organisierten Börse anzubieten, zu veräußern und zu erwerben. So wird der Wertpapierhandel außerhalb der Börse in seiner Existenz vom deutschen Kapitalmarktrecht, z.B. in § 9 WpHG, ausdrücklich anerkannt. *R. von Rosen* in *H. Assmann/R. Schütze* (Hrsg.), Handbuch des Kapitalanlagerechts, § 2 Rdnr. 229 ff, 240 f.

[9] Der erste Internet IPO wurde im März 1995 durch die Spring Street Brewery, USA durchgeführt, womit ein Emissionsvolumen von USD 1,6 Mio. erzielt wurde. Zu den Vorteilen einer Plazierung über das Internet gehört neben dem Wegfall von Übernahme- und Plazierungsprovisionen die Möglichkeit der Ansprache einer großen Zahl von Investoren, die, da Druck und Versand von Informationsmaterial und Prospekten entfallen bzw. nur sehr eingeschränkt vorkommen, sehr kostengünstig ist. Andererseits ist das Verfahren für den Emittenten auch mit einem höheren Risiko behaftet, da die Emission nicht nur nicht von einer Bank fest übernommen wird, sondern da auch deren Distributionskanäle fehlen und die Sicherheit fehlt, die eine der Prospekthaftung unterliegende Bank vermittelt.

Letztendlich wird durch das Internet auch Unternehmen die Möglichkeit zur öffentlichen Plazierung ihrer Anteile eröffnet, die sonst hierzu keine Chance hätten. Besonders interessant dürfte diese Plazierungsart für junge, innovative Unternehmen aus High-Tech-Bereichen sein.

Vor dem Hintergrund des öffentlichen Angebots von Aktien i. S. d. Verkaufsprospektgesetzes ist das Unternehmen aber wie bei herkömmlichen Plazierungs-

die Möglichkeit der Plazierung über die eigene Home Page, wobei aber der hiermit verbundene (Verwaltungs-)Aufwand nicht unterschätzt werden darf.

Zum anderen aber bietet sich aber auch die Möglichkeit der Einschal- **10**
tung eines „virtuellen" Wertpapierdienstleisters wie der net.IPO AG,[10] der KJD aktien.online AG[11] oder VEM,[12] die Ende 1998 die ersten Internetplazierungen[13] in Deutschland an den Markt gebracht haben, bei denen die Emittenten von einem Wertpapierdienstleistungsunternehmen begleitet wurden.[14] Für Abwicklung und Zahlung bilden sich zunehmend effiziente und sichere Mechanismen. So können Zeichnungsaufträge mittlerweile problemlos und für den Anleger bequem über das elektronische Wertpapierabwicklungssystem der Deutsche Börse Clearing AG CASCADE abgewickelt werden. Während die ersten Emissionen noch ausschließlich gegen Überweisung des Kaufpreises abgewickelt wurden, von deren rechtzeitigem Eingang dann auch die endgültige und rechtswirksame Zuteilung, d.h. das Zustandekommen des Kaufvertrages abhing, etabliert sich gerade auch hier die Möglichkeit der Zahlung von Wertpapierkäufen mit Kreditkarte sowie mit Cybercash.

Die Vorteile einer Plazierung über das Internet bestehen in erster Li- **11**
nie aus einer Reduktion der verursachten Kosten. So entfallen die Kosten für Druck und Versand der Emissionsprospekte zumindest teilweise, da Interessenten diese aus dem Internet herunterladen können bzw.

---

formen zur Veröffentlichung eines Verkaufsprospektes verpflichtet, an den die üblichen Voraussetzungen zu stellen sind. Auch ansonsten bestehen für den Emittenten keine rechtlichen Besonderheiten, Erleichterungen oder weitergehende besondere Genehmigungserfordernisse. Probleme könnte allerdings die weltweite Abrufbarkeit des Angebots sowie des Verkaufsprospekts bereiten. Solange die hiermit verbundenen Fragen, besonders in Hinblick auf Zustimmungserfordernisse und Registrierungsvorschriften noch ungeklärt sind, sollte ein Verkauf der Aktien auf Inländer beschränkt werden. Im übrigen dürfte das Erfordernis einer grenzüberschreitenden Abwicklung wenig kosteneffizient sein und die Möglichkeiten einiger Emittenten übersteigen.

[10] www.netipo.de.

[11] www.kjd.de.

[12] www.virtuellesemissionshaus.de.

[13] Die erste so in Deutschland durchgeführte Emission bestand aus einer kleinen Tranche im Rahmen des Börsengangs der VMR Value Management & Research AG, die über VEM vertrieben wurde. Die Tranche war innerhalb weniger Minuten überzeichnet.

[14] Die Entstehung von auf Internetemissionen spezialisierten Wertpapierdienstleistern ist in erster Linie auf den sich verschärfenden Wettbewerb der Emissionshäuser, den Kostendruck sowie die hohe Liquidität und Nachfrage nach High-Tech-Werten zurückzuführen. Mittlerweile führen aber auch Großbanken Internetemissionen durch oder arbeiten zumindest an entsprechenden Konzepten.

nach vorheriger Registrierung automatisch per E-Mail zugesandt bekommen. Wird die Emission – wie bislang üblich – nur zum Teil über das Internet, zum Teil aber auf herkömmlichem Weg plaziert, so reduzieren sich diese Kosten eben entsprechend. Eine Kostenreduzierung ergibt sich auch nach der Emission, wenngleich die Berichtspflichten nicht vollständig ohne Druckexemplare erfüllt werden können, da nicht alle Aktionäre einen Internetzugang haben dürften und deshalb ausgedruckte Exemplare der Geschäfts- und Quartalsberichte bereitgehalten werden müssen. Ein weiterer Vorteil betrifft die Investor- bzw. Public Relations Arbeit im späteren Leben der Emission, die über das Internet zielgerichtet und in jeder Hinsicht effizient durchgeführt werden kann.

IV. Privatplazierung und öffentliches Angebot

12 Die Plazierung von Aktien beim Anleger kann sowohl im Wege der Privatplazierung als auch durch ein öffentliches Angebot erfolgen. Bei der Abgrenzung[15] ist weniger auf die Börsennotierung der Aktien abzustellen[16] als auf die Form der Ansprache der potentiellen Investoren. Diese erfolgt bei der Privatplazierung nicht öffentlich und anonym, sondern direkt bei einem eng begrenzten Kreis von Anlegern, die den Verkäufern bekannt sind.[17] Der wesentliche Vorteil der Privatplazierungen ist in der geringeren Kostenbelastung des Emittenten sowie der höheren Flexibilität und schnelleren Durchführbarkeit der Plazierung zu sehen. Zwar erwarten Investoren auch bei Privatplazierungen ein

[15] In der Praxis tatsächlich wesentlich ist die Abgrenzung lediglich im Rahmen des Wertpapierverkaufsprospektgesetzes bei der Feststellung der Prospektpflichtigkeit. Vgl. hierzu *W. Waldeck/R. Süßmann,* Die Anwendung des Wertpapierverkaufsprospektgesetzes, WM 1993, S. 361, 363; *F. Schäfer,* Emission und Vertrieb von Wertpapieren nach dem Verkaufsprospektgesetz, ZIP 1991, S. 1557, 1559. Alle anderen Auswirkungen resultieren nicht aus der rechtsdogmatischen Qualifzierung, sondern in erster Linie aus den tatsächlich von den Banken übernommenen Aufgaben, die wiederum für die Höhe der Gegenleistung maßgebend sind.

[16] So aber *K. S. Schulte,* Internationaler Aktienemissionsmarkt, S. 122 m.w.N.

[17] *H. Schwintowski/F. Schäfer,* Bankrecht, S. 965. *U. Bosch/W. Groß,* Das Emissionsgeschäft, S. 10/26. Die Deutsche Bundesbank bejaht (wenn auch im Zusammenhang mit der Plazierung von Anleihen) nur dann den Charakter der Privatplazierung, wenn diese von einem zuvor definierten und festgeschriebenen Investorenkreis dauerhaft übernommen werden sollen. *S. Schulte,* Internationaler Aktienemissionsmarkt, S. 118.

Mindestmaß an Informationen, diese entsprechen aber vom Umfang her bei weitem nicht den Anforderungen eines Verkaufsprospekts.[18]

Der wichtigste Nachteil der Privatplazierung ist in der geringeren Publizität zu sehen, was durch die Konzentration auf die Kapitalkraft und Investitionswilligkeit weniger Investoren den erzielbaren Absatzerfolg von vornherein begrenzt und dazu führt, daß diese Absatzform im Regelfall nur bei kleinen Emissionen verwandt wird. Gelegentlich werden Privatplazierungen bei international ausgerichteten Emissionen in einigen Ländern ergänzend zu öffentlichen Plazierungen im Heimatmarkt und anderen wichtigen Absatzmärkten herangezogen, um dort ohne besonderen zusätzlichen Aufwand und ohne Auslösung der dortigen Prospektpflicht[19] Aktien an eine beschränkte Zahl qualifizierter Investoren zu verkaufen, oder auch um die Aufnahmefähigkeit des Marktes zu testen. **13**

Im Zusammenhang mit Börseneinführungen deutscher Unternehmen spielen Privatplazierungen nur eine geringe Rolle. Ihre Bedeutung beschränkt sich im wesentlichen auf die Übernahme von Gesellschaftsanteilen mehr oder weniger lange vor der Beantragung der Zulassung zur Börse. Bei der absolut überwiegenden Zahl der Emissionen findet die Plazierung vielmehr durch Ansprache eines breiten und unbestimmten Kreises potentieller Anleger statt. **14**

Bei der öffentlichen Plazierung werden die Aktien einem unbestimmten Kreis von Anlegern angeboten, wobei für die Plazierung selbst mehrere Möglichkeiten bestehen. In der Praxis am gebräuchlichsten sind die öffentliche Zeichnung und die Bookbuilding-Methode.[20] Bei der öffentlichen Zeichnung geben potentielle Investoren auf Aufforderung der Konsortialbanken zu vorgegebenen Preisen Angebote zum Kauf der Aktien ab. Der Kaufvertrag kommt erst mit der Zuteilung durch die Konsortialbank zustande.[21] Dies gilt auch für Zeichnungen im Rahmen von Emissionen unter Verwendung der Bookbuilding- **15**

---

[18] Dabei ist aber strikt darauf zu achten, daß tatsächlich die Voraussetzungen einer Privatplazierung vorliegen, da dies gegebenenfalls auch durch Offenlegung der Investoren und der gewählten Vertriebsmethode gegenüber dem BAWe nachgewiesen werden muß.

[19] Die Unterscheidung zwischen Privatplazierung und öffentlichem Angebot ist in rechtlicher Hinsicht auch nach deutschem Recht in erster Linie für die Prospektpflichtigkeit und die hieran anknüpfende Prospekthaftung von Bedeutung. Vgl. hierzu § 1 VerkProspG.; *S. Kümpel*, Bank- und Börsenrecht, Rdnr. 11.17.

[20] Zu weiteren Methoden vgl. *U. Bosch/W. Groß*, Das Emissionsgeschäft, S. 10/26 f.

[21] Für die Zuteilung im Falle der Überzeichnung bestehen keine expliziten rechtlichen Regelungen, was aufgrund der hieraus resultierenden Willkürlichkeit der Zuteilungen oftmals zur Unzufriedenheit bei den interessierten Investoren führt, die nicht oder nur teilweise zum Zuge gekommen sind.

Methode, wo interessierte Anleger Angebote nicht zu einem festgelegten Preis, sondern innerhalb einer Preisspanne abgeben.[22]

V. Marketing und Investor Relations

16 Der Erfolg einer Börseneinführung und die Optimierung des Emissionserlöses sind ganz wesentlich von der vorbereitenden und begleitenden Publizitätskampagne abhängig.[23] Dies gilt ganz besonders im Falle einer öffentlichen Plazierung.[24] Dabei geht es um sehr viel mehr als um die Erfüllung der börsenrechtlichen Publizitätspflichten,[25] die nur als das absolute Minimum angesehen werden können und nicht werbenden, sondern in erster Linie schützenden Charakter haben. Bei Emission eines erfolgreichen und zukunftsträchtigen Unternehmens ist die Publizität nicht als Pflicht, sondern als Chance zu verstehen.[26]

1. Marketingkampagne

17 Die Börseneinführung ist deshalb frühzeitig und umfassend in Abstimmung mit der begleitenden Bank und unter Einschaltung hierauf spezialisierter Marketingagenturen[27] durch eine gezielte Werbekampagne vorzubereiten, um das Interesse potentieller Investoren zu wecken. Umfang und Inhalt der hier zu wählenden Maßnahmen sind sehr stark von den Umständen des Einzelfalls abhängig, wobei dem Emissionsvolumen bzw. der Höhe des angestrebten Emissionserlöses besondere Bedeutung zu kommt. Gleichermaßen bedeutsam ist, ob die Emission in erster Linie – z.B. über das Filialnetz einer Großbank oder über das Internet durch Einschaltung eines Internet-Emissionshauses – bei Privatanlegern oder bei institutionellen Anlegern wie Versicherungen und Pensionsfonds plaziert wird. Letztere erwarten, insbesondere im angelsächsisch geprägten Ausland, spezifisch auf sie abgestimmte Präsentationen im Rahmen einer sogenannten Road Show, während der sie vom Topmanagement der Gesellschaft über das Unternehmen mit seiner wirtschaftlichen Entwicklung und Zukunftsstrategie informiert werden

---

[22] Zum Bookbuilding-Verfahren vgl. § 10 VII. 2. Bookbuilding.

[23] Zum Ganzen vgl. auch *A. Nölting,* Faktor Herz, MM März 1999, S. 112 ff.

[24] Andererseits bedarf auch die Optimierung der Resultate einer Privatplazierung adäquater Marketinganstrengungen.

[25] Vgl. hierzu § 13 Markteinführungspublizität.

[26] Zum Ganzen vgl. *W. Blättchen* in *G. Volk* (Hrsg.), Going Public, S. 23 f; *R. Hennigs,* Die Börseneinführung von Tochtergesellschaften, S. 52 ff, umfassend *W. Koch/J. Wegmann,* Praktikerhandbuch Börseneinführung, S. 105.

[27] *O.V.,* Die Präsentation als Erfolgsfaktor für den Börsengang, BddW, 27. März 1998, S. 1.

und vom Kurspotential der Aktie überzeugt werden müssen. Besonders wichtige, d.h. finanzkräftige institutionelle Anleger erhalten regelmäßig Gelegenheit zu persönlichen Gesprächen mit dem Management der Gesellschaft und Analysten der begleitenden Bank.[28] Für Finanzanalysten von anderen Kreditinstituten und sonstigen Multiplikatoren werden regelmäßig separate und weiter in die Tiefe gehende Veranstaltungen durchgeführt.

Neben spezifischer Werbung im Sinne zielgerichteter Finanzkommunikation zur Steigerung des Bekanntheitsgrades im Vorfeld der Börseneinführung, die sich nicht nur in ihrer Ausrichtung und dem gewählten Medium grundlegend von der Werbung des Unternehmens für seine Produkte unterscheidet, gilt es, das Interesse der Presse durch Pressekonferenzen, Interviews und Herausgabe von Presseinformationen über (Börseneinführungs-)Pläne, wirtschaftliche Entwicklung etc. zu wekken. Die Bedeutung der Professionalität dieser Publizitätsbemühungen sowie ihrer Breite und Tiefe kann nicht überbetont werden.[29] Gerade erfahrene und institutionelle Investoren, die ein Unternehmen vor ihrer Kaufentscheidung mehr oder weniger sorgfältig analysieren, ziehen aus dessen Informationspolitik im Vorfeld einer Börseneinführung ihre Schlüsse auf die spätere Chance, angemessen informiert zu werden. **18**

Im Interesse eines einheitlichen, widerspruchsfreien und konsequenten Erscheinungsbildes ist die Verantwortung für die Marketingaktivitäten und Öffentlichkeitsarbeit im Unternehmen auf eine Person zu konzentrieren, die in Anbetracht der Bedeutung unmittelbaren Zugang zum Vorstand hat. Zu den Aufgaben dieser Person gehört neben der Koordination des gesamten PR-Prozesses, angefangen mit der Organisation der bereits angesprochenen Pressekonferenzen, der Interviews, Pressemitteilungen und Pflichtveröffentlichungen auch die Abstimmung der Anzeigenkampagne mit der beauftragten Agentur sowie die Steuerung der Informationskampagne gegenüber Mitarbeitern, Kunden und Lieferanten. Ihre Verantwortlichkeit erstreckt sich auch auf die für eine erfolgreiche Emission erforderlichen Unterlagen wie Imagebroschüre, Unternehmensbericht, Zulassungs- bzw. Verkaufsprospekt, Geschäftsbericht und Unternehmensdarstellung. In der eigentlichen Verkaufsphase sind Investoren- und Analystenpräsentationen und weitere Pressekonferenzen zu organisieren sowie Vorträge und Präsentationsmappen vorzubereiten. Hierbei wird regelmäßig die aktive Präsenz des Vorstandsvorsitzenden oder zumindest anderer Mitglieder des Vorstands erwartet. **19**

Unabhängig von Publizitätsanforderungen nach Gesetz und Börsen- **20**

[28] Sogenannte „One-on-One's".

[29] Vgl. hierzu auch *R. Koehler,* In wenigen Minuten die Strategie transportieren, BZ vom 24. Juni 1995, S. 17.

ordnung ist die vorstehend beschriebene Marketingarbeit auch im Interesse der Glaubwürdigkeit des Unternehmens und in Hinblick auf spätere Kapitalerhöhungen auch nach abgeschlossener Börseneinführung durch regelmäßige Presseinformationen und -konferenzen, Aktionärsbriefe, Zwischen- und Geschäftsberichte, Präsentationen vor Investoren und Finanzanalysten etc. in Form aktiver Kommunikationspolitik fortzuführen. Die Hauptversammlung bietet nicht zu unterschätzende Möglichkeiten für das Marketing von Unternehmen und Aktie. Auch hier gilt, daß ein Anleger das Risiko einer Investition geringer einstuft, wenn er sich frühzeitig und umfassend informiert fühlt. Dabei ist die Publizität nicht nur Instrument zur Veröffentlichung positiver Nachrichten. Vielmehr sollten auch intern absehbare Probleme bereits vor einem eventuellen Dividendenausfall zur Vorbereitung der Aktionäre im Interesse der Vertrauensbildung selbst dann nach außen kommuniziert werden, wenn keine entsprechende Verpflichtung, z.B. nach dem Wertpapierhandelsgesetz[30] besteht.[31]

2. Restriktionen

21 Für die Art und Weise der Öffentlichkeitsarbeit im Vorfeld der Börseneinführung gelten zunächst einmal die allgemeinen Regelungen, insbesondere die wettbewerbs- und strafrechtlicher Natur. Daneben sind regelmäßig wertpapier- und kapitalmarktrechtliche Normen zu beachten. So ist in Deutschland nach § 1 VerkProspG für Wertpapiere, die nicht zum Handel an einer inländischen Börse zugelassen sind, ein Verkaufsprospekt zu veröffentlichen, sobald diese erstmals im Inland öffentlich angeboten werden.[32] Die Marketingaktivitäten dürfen erst dann über die bloße Ansprache institutioneller Anleger hinausgehen, nachdem der Prospekt beim BAWe hinterlegt und mindestens einen Werktag vor dem öffentlichen Angebot veröffentlicht wurde.

22 Vergleichbare Regelungen mit unterschiedlichen Voraussetzungen und Anforderungen an Form, Inhalt und Vorgehensweise im einzelnen bestehen regelmäßig auch für Verkaufsbemühungen in anderen Staaten. Diese müssen vor der Planung einer Road Show im Detail geprüft werden.[33] Grundsätzlich sollte immer davon ausgegangen werden, daß eine

---

[30] Vgl. § 15 WpHG; vgl. auch § 92 I AktG, sobald ein Verlust in Höhe der Hälfte des Grundkapitals besteht.

[31] *W. Koch/J. Wegmann,* Praktikerhandbuch Börseneinführung, S. 106 f.

[32] Ausgenommen von der Prospektpflicht sind u.a. Angebote an einen begrenzten Personenkreis sowie an Personen, die beruflich oder gewerblich für eigene oder fremde Rechnung mit Wertpapieren handeln. Vgl. §§ 2 bis 4 VerkProspG.

[33] So sind nach § 5 US Securities Act 1933 das Angebot und der Verkauf von Wertpapieren in den USA nur nach einer Registrierung zulässig. Die dies-

öffentliche Plazierung von Aktien, die Werbung hierfür und die Ausgabe von Verkaufsprospekten in einem anderen Land dort spezifischen Regeln und Erlaubnisvorbehalten unterfällt und daher jegliche Aktivität dort bis zu einer detaillierten Klärung zu unterbleiben hat.

VI. Plazierung und Anleger

Bereits im Vorfeld der Emission ist zusammen mit der konsortialführenden Bank zu entscheiden, wo und bei welchen Investoren die Emission plaziert werden soll. Diese Entscheidung hat wiederum Auswirkungen auf die Zusammensetzung des restlichen Konsortiums, da Banken in unterschiedlichem Ausmaß Zugang zu den diversen Investorenkreisen haben. So zeichnen sich manche (Privat-)Banken durch eine besondere Plazierungskraft bei wohlhabenden Individuen aus, wohingegen andere über ein großes Filialnetz oder Netz assoziierter Banken verfügen, in dem eine Vielzahl kleinerer Aktienpakete plaziert werden kann. Andere Kreditinstitute, insbesondere ausländische Investmentbanken, verfügen wiederum über eine besondere Plazierungskraft bei institutionellen Investoren. **23**

Bei diesen Überlegungen ist davon auszugehen, daß institutionelle Anleger oftmals mehr Mitspracherechte beanspruchen als Privatinvestoren und aufgrund ihrer relativ höheren Beteiligung häufig auch in der Lage sind, diesen Anspruch durchzusetzen.[34] Andererseits sind institutionelle Investoren oftmals langfristig orientiert und tendieren im Gegensatz zur breiten Masse der Privatanleger auch weniger dazu, die Aktien nach kurzfristigen Gewinnen wieder in den Markt zu geben. Insofern läßt sich mit der Plazierung bei Institutionellen häufig eine gewisse Stabilität erreichen.[35] Etwas abgeschwächt gelten diese Überlegungen auch für besonders wohlhabende Privatinvestoren. Demgegenüber ist die breite Masse von Investoren eher an kurzfristigen Kursgewinnen als an langfristigen Investments interessiert und tendieren im Falle einer **24**

---

bezüglichen Ausnahmen für Privatplazierungen greifen nicht, wenn für die Wertpapiere allgemein geworben („general advertising“ oder „general solicitation“) wird. *T. Hein,* Rechtliche Fragen des Bookbuildings nach deutschem Recht, WM 1996, S. 1, 3. Zur Vermeidung entsprechender Probleme wird gerade bei internationalen Plazierungen häufig sogar das Verbot, einen Wertpapierverkaufsprospekt in die USA oder Kanada zu bringen, mit aufgenommen.

[34] Vgl. hierzu *M. Blumencron/C. Pauly,* Kapitalismus ohne Gesicht, Spiegel vom 15. Februar 1999, S. 84 ff. Offensichtlich ist, daß dies Probleme in Hinblick auf die Gleichbehandlungspflicht von Aktionären und die Einhaltung der Insiderregeln aufwerfen kann.

[35] Zur Bedeutung institutioneller Anleger für Neuemissionen sowie zur Bedeutung von Neuemissionen für institutionelle Investoren vgl. *E. Löffler* in *N. Wieselhuber,* Börseneinführung mit Erfolg, S. 293, 295 f.

Realisierung ihrer Hoffnungen oftmals zu einer kurzfristigen Abgabe. Bleiben die erwarteten Kursgewinne aus, so erfolgt häufig ebenfalls ein kurzfristiger Verkauf – diesmal freilich aus Enttäuschung. Im Ergebnis ist aber auch diese Abgabebereitschaft wichtig, da nur so die Liquidität im Markt zustande kommt, die für eine erfolgreiche Emission ebenfalls erforderlich ist.

VII. Preisfindung und Zuteilung

25 Der wohl wesentlichste Faktor für den Erfolg der Plazierung von Aktien ist die Festsetzung des richtigen Emissionspreises. Dieser basiert zwar zumindest bei der erstmaligen Einführung einer Aktie immer und ganz wesentlich auf einer fundamentalen Unternehmensanalyse und -bewertung nach einer oder mehreren der vorstehend beschriebenen Bewertungsmethoden.[36] Bei der tatsächlichen Festsetzung des Preises kommen aber regelmäßig strategische Überlegungen hinzu, um den Kauf der Aktie für den Investor attraktiv zu gestalten.

26 Für die Preisfindung selbst sind besonders zwei Ansätze wesentlich, das Festpreis- und das Bookbuilding-Verfahren. Letzteres hat in den vergangenen Jahren mit der verstärkten Internationalisierung und Professionalisierung des Emissionsgeschehens nach angelsächsischem Vorbild auch in Deutschland maßgebliche Bedeutung erlangt.

1. Festpreismodell

a) Ablauf

27 Beim Festpreisverfahren bietet das Konsortium die Aktien zu einem vorgegebenen festen Preis an,[37] der auf der Basis einer Unternehmensanalyse unter Berücksichtigung der Börsenbewertung vergleichbarer Gesellschaften und der allgemeinen Marktlage zwischen Banken und Emittent bzw. Altaktionären festgesetzt wurde. Wenngleich in diesem

---

[36] Vgl. hierzu oben § 7 Unternehmensbewertung. Bei Kapitalerhöhungen erübrigen sich fundamentale Analysen des Unternehmens, da allein der Börsenkurs der bereits notierten Aktie Maßstab für die Attraktivität der angebotenen neuen Aktien ist. Dies gilt grundsätzlich auch bei Umplazierungen von Aktien, d.h. dem Verkauf von Paketen. Hier können sich aber Besonderheiten ergeben, insbesondere wenn das Paket in Relation zu den umlaufenden Aktien („free float") groß ist. In einem solchen Fall werden – insbesondere bei der Plazierung großer Tranchen und einer professionellen Vermarktung – sicherlich Vergleichswerte wie KGV, Dividendenrendite, aber auch innere Werte eine Rolle spielen.

[37] Genaugenommen wird das Publikum im Wege der invitatio ad offerendum aufgefordert, Angebote abzugeben, die dann mit einer Zuteilung durch die Banken angenommen werden.

Zusammenhang der Konsortialführer oder auch andere fürs Konsortium vorgesehene Banken gelegentlich Vorgespräche mit einigen wichtigen Investoren über die Attraktivität der Aktie und einen angemessenen Preis bzw. ein angemessenes Kurs-/Gewinn-Verhältnis führen, kommt der Markt regelmäßig erst nach der Festsetzung des Emissionspreises zum Zuge. Da die tatsächliche Nachfrage und Einschätzung der Aktie durch die Investoren bei dieser Methode somit nicht richtig erfaßt wird, bleiben sie im wesentlichen unberücksichtigt, was zu Fehleinschätzungen der Banken bei der Preisfestsetzung führen kann.[38]

b) Vor- und Nachteile

Im Falle der festen Übernahme hat das Festpreisverfahren für den Emittenten bzw. die abgebenden Aktionäre den Vorteil der frühzeitigen Kenntnis des konkreten Emissionserlöses. Dabei trägt das Konsortium aber das volle Risiko und wird bei der Übernahme im Interesse der eigenen Absicherung regelmäßig zu einem Abschlag vom eigentlich für angemessen gehaltenen Kurs tendieren. Aufgrund des hohen Risikos, nicht den „richtigen“ Emissionspreis festzusetzen, ist bei diesem Preisfindungsmechanismus für den Emittenten bzw. die Altaktionäre eine Maximierung des Emissionserlöses kaum möglich.[39] Auch führt die nur bedingt marktorientierte Preisgestaltung zu der Gefahr, daß die Konsortialbanken nicht alle fest übernommenen Aktien absetzen können und nach Abschluß der „offiziellen“ Plazierung ihre Bestände infolge der latent gegebenen Abgabebereitschaft auf den Börsenkurs drücken. Umgekehrt kann der Preis so niedrig festgesetzt worden sein, daß eine Zuteilung erforderlich ist, was nicht nur für die ganz oder teilweise leer ausgehenden Interessenten unbefriedigend ist, sondern auch und vor allem für den Emittenten. Das Ergebnis ist eine Gefährdung einer stabilen, möglichst nach oben gerichteten Kursentwicklung, wahrscheinlicher ist vielmehr ein hohes Maß an Volatilität. 28

---

[38] *U. Bosch/W. Groß,* Das Emissionsgeschäft, S. 10/165.

[39] Nach *R. Lang,* Internationales Emissionsgeschäft, S. 92, versuchen die Banken, in ihren Preisverhandlungen mit den Emittenten, auch in ihrem eigenen Interesse, in erster Linie die Position der Anleger zu vertreten.

Möglich ist allenfalls die Nutzung des Wettbewerbs zwischen den Banken, wenn diese sich nämlich in die Position des Konsortialführers „einkaufen“ wollen. Die Wahrscheinlichkeit, daß dies gelingt, dürfte aber in jedem Fall mit wachsendem Volumen der Emission abnehmen. Außerdem besteht bei einer solchen Strategie zwar zunächst einmal für den Emittenten die Möglichkeit der Erzielung eines übertrieben hohen Emissionserlöses, gleichzeitig aber auch die massive Gefahr des Absturzes des Kurses unmittelbar nach Plazierung, was sich für die Reputation des Unternehmens und spätere Kapitalerhöhungen negativ auswirken wird.

c) Praktische Bedeutung bei Kapitalerhöhungen

29 Trotz der genannten Nachteile des Festpreisverfahrens ist dieses bei Plazierungen von Aktien aus Kapitalerhöhungen deutscher bereits börsennotierter Unternehmen, bei denen das Bezugsrecht der Altaktionäre aus § 186 I 1 AktG nicht ausgeschlossen wurde, weiterhin die einzig praktizierte Methode zur Festsetzung des Bezugspreises für die jungen Aktien. Dieses findet seine aktienrechtliche Begründung im Bezugsrecht der Altaktionäre sowie in § 186 II AktG, wonach der Vorstand im Bezugsangebot einen genau bezifferten Kurs angeben muß.[40] Die Vorgabe einer Preisspanne, wie sie im Bookbuilding-Verfahren üblich ist, erfüllt diese Anforderungen nicht.[41]

30 Nach § 186 I 2 AktG ist den Aktionären mindestens eine Frist von zwei Wochen für die Ausübung des Bezugsrechts ab der Zeichnung der Aktien einzuräumen. Die Banken, die die Aktien zeichnen und fest übernehmen (müssen), laufen deshalb während der mindestens zweiwöchigen Frist des Bezugsrechtshandels ein erhebliches Risiko, daß sich der Kurs verschlechtert und die Aktien nur unter ihrem Übernahmepreis abzusetzen sind. Dieses Risiko suchen sie dadurch zu minimieren, daß sie bei der Festsetzung des Zeichnungspreises einen Abschlag vom aktuellen Börsenkurs bieten, der in Abhängigkeit von der Volatilität des Papiers und des Marktes zwischen 15 und 20 Prozent beträgt. Die Folge sind entsprechende Mindereinnahmen des Emittenten.[42]

31 Vor dem Hintergrund dieser Problematik wird bei einer erstmaligen Börseneinführung unter Verwendung einer Kapitalerhöhung das Bezugsrecht der Altaktionäre regelmäßig ausgeschlossen. Die jungen Aktien werden von den Banken dann zum Nennwert unter Übernahme einer Mehrerlösabführungsverpflichtung gezeichnet, so daß im Rahmen der Preisfestsetzung ein höheres Maß an Flexibilität und Reaktionsmöglichkeiten auf Marktveränderungen erzielt werden.[43]

2. Bookbuilding

a) Praktische Bedeutung

32 Vor dem Hintergrund der vorgenannten Probleme des Festpreisverfahrens hat sich nunmehr auch bei der Plazierung von Aktien deutscher Emittenten im Zusammenhang mit deren Börseneinführung, bei Um-

---

[40] *M. Lutter,* Kölner Kommentar zum AktG, § 186 Rdnr. 46, *H. Wiedemann,* Großkommentar zum AktG § 186 Rdnr. 99, § 182, Rdnr. 61 ff.

[41] *U. Bosch/W. Groß,* Das Emissionsgeschäft, S. 10/165.

[42] Vgl. hierzu auch das praktische Beispiel der Plazierung von Lufthansa-Inhaberaktien im September 1994 bei *T. Hein,* Rechtliche Fragen des Bookbuildings nach deutschem Recht, WM 1996, S. 1, 2.

[43] Vgl. hierzu § 9 VI. 4. Schaffung der zu emittierenden Aktien.

plazierungen von Paketen sowie Kapitalerhöhungen unter Ausschluß des Bezugsrechts der Altaktionäre das Bookbuilding-Verfahren durchgesetzt. Das Festpreisverfahren wurde so weitgehend verdrängt[44] und wird fast nur noch bei Kapitalerhöhungen mit Bezugsrecht und kleinen Plazierungen angewandt, bei denen die Aktien in erster Linie bei Privatinvestoren untergebracht werden sollen und institutionelle Anleger keine Rolle spielen.[45] Grundsätzlich denkbar sind aber auch Kombinationen von Bookbuilding- und Festpreisverfahren, z.B. wenn der Emittent sowohl private als auch – und zwar ganz gezielt – institutionelle Investoren ansprechen möchte.

b) Verfahren

Wesentlicher Unterschied des Bookbuilding-Verfahrens zum Fest- 33
preisverfahren ist in erster Linie die Einbeziehung der Investoren in den Preisfindungsprozeß und dessen enge Verzahnung mit den Marketingaktivitäten. Dabei wird wie beim Festpreisverfahren unter besonderer Berücksichtigung vergleichbarer Börsenwerte im Falle einer Börseneinführung zunächst eine Unternehmensbewertung erstellt,[46] während bei Umplazierungen und Kapitalerhöhungen unter Ausschluß des Bezugsrechts der Altaktionäre eine bereits bestehende Börsennotierung maßgebliches Gewicht hat. Hiermit verbunden ist die Erstellung von Unternehmensanalysen durch die Research-Abteilungen der Konsortialbanken.

Nach der Fertigstellung der Analysen, aber noch vor Veröffent- 34
lichung des eigentlichen Angebots werden vom Konsortialführer und – je nach Volumen der Emission auch – von den übrigen Konsortial-

---

[44] Im Jahre 1994 wurde das Bookbuilding-Verfahren erstmals in Deutschland im Zusammenhang mit Umplazierungen von Aktien (Buderus, Daimler-Benz und Lufthansa) angewandt. Von den dreizehn Börseneinführungen in diesem Jahre wurde aber noch keine auf diesem Wege durchgeführt. Demgegenüber kam die Bookbuilding-Methode 1995 und 1996 bei elf von zwanzig bzw. neun von dreizehn Emissionen zum Einsatz, wobei das hiervon betroffene Emissionsvolumen jeweils über 90 Prozent des Gesamtvolumens lag. *U. Bosch/W. Groß,* Das Emissionsgeschäft, S. 10/164. Die Vergleichszahlen für die Jahre 1997, 1998 und 1999 reflektieren eine weiter gestiegene Bedeutung.

[45] Nach *W. Schürmann/K. Körfgen,* Familienunternehmen auf dem Weg zur Börse, S. 234 sollte das Bookbuilding-Verfahren nur in Erwägung gezogen werden, wenn das Emissionsvolumina über DM 80–100 Mio. liegt und in erster Linie institutionelle Anleger angesprochen werden sollen. Für kleinere Emissionen oder bei einer Ausrichtung auf Privatanleger wird dagegen das Festpreisverfahren präferiert. In der Praxis wird das Bookbuilding-Verfahren mittlerweile aber auch bei kleineren Emissionen überwiegend angewandt.

[46] Es ist demnach verfehlt, anzunehmen, daß im Vorfeld des Bookbuilding-Verfahrens keine Unternehmensbewertung stattfindet und die Preisspanne ohne eine solche Basis festgesetzt wird. So aber wohl *E. Zacharias,* Börseneinführung mittelständischer Unternehmen, S. 138.

banken im Rahmen einer sogenannten Pre-Marketing-Phase wichtige institutionelle Anleger angesprochen, die dann auf Basis der Unternehmensanalysen der Banken und ihrer eigenen Bewertungen ihre Preiseinschätzungen abgeben. Diese wiederum bilden die Grundlage für eine Preisspanne von 10 bis 20 Prozent, die die Konsortialführung in die Aufforderung zur Zeichnung aufnimmt.

35 Diesem interaktiven Prozeß mit institutionellen Marktteilnehmern folgen in einer zweiten Phase die Präsentationsveranstaltungen der Road Show, in deren Anschluß Investoren Gelegenheit haben, während der sogenannten Bookbuilding-Periode bei den Konsortialbanken Gebote innerhalb der vorgegebenen Preisspanne abzugeben. Die Dauer der Bookbuilding-Phase beträgt zwischen zwei und zehn Arbeitstagen.[47] Sie variiert in Abhängigkeit von der Höhe des Emissionsvolumens und der Frage, ob nur im Heimatmarkt des Emittenten plaziert wird oder auf internationaler Ebene.[48]

36 Die bei den Konsortialbanken eingegangenen Aufträge werden von diesen während der Bookbuilding-Periode täglich dem Konsortialführer gemeldet, der die Funktion des Bookrunners wahrnimmt und die Auftragslage zentral erfaßt. Ab einer bestimmten Größenordnung des Auftrags umfaßt die Meldung auch bestimmte investorspezifische Angaben,[49] die dem Bookrunner eine Einschätzung der „Qualität" des An-

---

[47] In Ausnahmefällen, d.h. insbesondere bei schwierigen Marktverhältnissen kann die Bookbuilding-Periode auch auf einen Tag begrenzt werden. Sogenannntes „accelerated bookbuilding".

[48] Bei großen internationalen Emissionen erstrecken sich die Veranstaltungen im Rahmen der Road Show auf die wichtigsten Finanzzentren der Zielmärkte, was zu einer relativ langen Dauer von Road Show und Bookbuilding-Phase führt, die sich dann regelmäßig zeitlich um ein paar Tage überschneiden. Bei kleineren Plazierungen mit nur kurzen Bookbuilding-Phasen folgen diese erst nach Abschluß der Unternehmenspräsentationen.

[49] Hierfür verwenden die Konsorten ein vom Federführer gestaltetes Auftragsformular, das für die Erfassung von Aufträgen institutioneller Anleger u.a. die folgenden Angaben vorsieht: Name der meldenden Bank, Name, Herkunftsland und Geschäftsgegenstand (z.B. Pensionskasse, Versicherung) des Investors, Zeichnungsvolumen und Preis. Außerdem muß die meldende Bank Angaben hinsichtlich der Anlageorientierung (kurzfristig/langfristig) machen. Dies stellt keinen Verstoß gegen das Bankgeheimnis dar, da die Größenordnung, ab der diese investorenbezogenen Angaben enthalten sind, bewirkt, daß in der Praxis nur institutionelle Anleger hiervon betroffen sind, die entweder ihr Einverständnis mit der Weitergabe dieser Angabe ausdrücklich oder in Kenntnis dieser Marktusancen zumindest konkludent erklären. *U. Bosch/W. Groß,* Das Emissionsgeschäft, S. 10/166. Bei Kaufaufträgen privater Anleger werden die genannten Details in Hinblick auf den Datenschutz nicht an den Konsortialführer weitergegeben. Nach *E. Zacharias,* Börseneinführung mittelständischer Unternehmen, S. 135 erfordert die Weitergabe von Name und Nationalität des Zeichners dessen ausdrückliches Einverständnis. Dem kann in Hinblick auf die sich auch

legers erlauben und bei der späteren Zuteilung der Aktien berücksichtigt werden.

Nach Abschluß der Bookbuilding-Periode[50] erfolgt in einer dritten Phase die Festsetzung des Emissionspreises auf der Basis einer Analyse des EDV-gestützten „Orderbuchs", d.h. der vorliegenden Kaufaufträge. Dabei geht es in erster Linie um Festsetzung des höchsten Preises innerhalb der Preisspanne, zu dem die Gesamtemission plaziert werden kann. Unter plazierungsstrategischen Aspekten kann durchaus aber auch ein etwas niedrigerer Preis gewählt werden, wenn hierdurch eine bessere Streuung und Berücksichtigung strategischer Investoren erzielt werden kann. Die danach erfolgende Zuteilung der Aktien an die Konsortialbanken basiert auf dem Preis, dem Volumen und der Qualität der von ihnen jeweils vermittelten Kaufaufträge,[51] was nicht unbedingt dem Volumen entsprechen muß, zu dessen Übernahme eine Bank sich im Übernahmevertrag verpflichtet hat.[52] Im Rahmen dieser Zuteilung kann die Konsortialführung den Banken vorgeben, wieviele Aktien diese bestimmten institutionellen Anlegern zuzuteilen haben.[53] Regelmäßig erhalten die Banken aber auch dann weitere Aktien zur freien Zuteilung an nicht von der Konsortialführung benannte Investoren.[54] 37

c) Vorteile

Mit dem Bookbuilding-Verfahren hat sich nunmehr auch in Deutschland ein Emissionspreisfestsetzungsmechanismus durchgesetzt, der in angelsächsischen Ländern und bei internationalen Emissionen schon seit längerer Zeit Standard ist, wenngleich hier besonders in Hin- 38

---

in Deutschland durchgesetzte Marktusance im Falle institutioneller Anleger nicht gefolgt werden. Im übrigen wird dies auch nicht durch die Marktpraxis reflektiert, d.h. institutionelle Anleger werden bei Abgabe ihres Kaufauftrages nicht um ihr Einverständnis gebeten.

[50] Während bei kleinen und mittleren Emissionen die Auswertung des Orderbuchs und die hierauf basierende Zuteilung der Aktien über Nacht erfolgen kann, wird bei großen internationalen Emissionen mit einer Vielzahl von Konsortialmitgliedern und eventuell mehreren Tranchen das Ende der Bookbuilding-Periode oftmals auf einen Freitag gelegt, so daß die Konsortialführung und der Emittent nach Schließen der Märkte das gesamte Wochenende zur Analyse der Kaufaufträge und für die Zuteilung haben, die dann am darauffolgenden Montag bekanntgegeben wird.

[51] Im Bookbuilding-Verfahren kann sehr genau die Plazierungskraft einer Bank analysiert werden, was sich wiederum von dieser bei künftigen Bewerbungen um eine Führungsposition oder die Aufnahme in ein Konsortium als Marketingargument verwerten läßt.

[52] Sogenannte „re-allocation".

[53] Sogenannte „directed allocation". *U. Bosch/W. Groß,* Das Emissionsgeschäft, S. 10/166.

[54] Sogenannte „free retention"; *A. Carls,* Das Going-Public-Geschäft deutscher Banken, S. 200.

blick auf die umfangreichen Marketingaktivitäten deutlich höhere Anforderungen an den Emittenten[55] und die Banken gestellt werden.[56] Die marktorientierte Preisgestaltung durch Einbeziehung der Investoren in den Preisfindungsprozeß führt zu einer Maximierung des Emissionserlöses bei gleichzeitiger Senkung des Plazierungsrisikos für Emittent und Konsortium.[57] Gegenüber dem Festpreisverfahren bietet das Bookbuilding – insbesondere in Verbindung mit einem Greenshoe[58] – ein höheres Maß an Flexibilität in der Strukturierung, das die Erzeugung eines Nachfrageüberhangs möglich macht, der wiederum eine stabilere Aktienkursentwicklung erwarten läßt. Die Transparenz der Nachfrage und die Kontrolle des Zuteilungsverfahrens erlaubt die Einflußnahme auf die Aktionärsstruktur bevorzugte Berücksichtigung von langfristig orientierten Investoren,[59] was positive Auswirkungen auf die Stabilität des Aktienkurses haben sollte.

39 Für Emittent und Altaktionäre mag von Nachteil sein, daß der ihnen zufließende Emissionserlös bis zur Festsetzung des Emissionspreises nicht genau bekannt ist, sondern – zumindest im Falle der üblichen Übernahmegarantie der Banken am unteren Ende der Preisspanne – lediglich der Mindesterlös. Dies sollte vor dem Hintergrund der geschilderten Vorteile aber akzeptabel sein, insbesondere wenn sich die Preisspanne im üblichen Rahmen von 10 bis 20 Prozent bewegt. Im übrigen hat der Emittent durch die vergleichsweise umfangreichen Marketingaktivitäten bessere Chancen als im Festpreisverfahren, das Unternehmen und seine Aussichten in einem positiven Licht erscheinen zu lassen und so den Preisfindungsprozeß zu beeinflussen. Institutionelle Investoren werden die Möglichkeit begrüßen, während der Präsentationen oder gar One-on-One Treffen anläßlich der Road Show persönlichen Kontakt mit dem Management zu haben und während der Pre-Marketing-Phase sowie bei der Abgabe der Kaufaufträge den Preis beeinflussen zu

---

[55] Die Road Show führt nicht nur zu zeitlichen Belastungen des Unternehmens und seines Topmanagements, sondern kann – je nach Umfang – auch mit erheblichen Kosten verbunden sein.

[56] Vgl. hierzu *L. Weiler* in *G. Volk* (Hrsg.), Going Public, S. 162 f.

[57] Trotz des verminderten Plazierungsrisikos ist die Provision der Banken genauso hoch wie bei Festpreisverfahren, bei dem allerdings die Marketinganstrengungen der Banken niedriger sind. *W. Schürmann/K. Körfgen,* Familienunternehmen auf dem Weg zur Börse, S. 233.

[58] Vgl. hierzu § 10 VIII. Greenshoe.

[59] Private Investoren sind hier im Nachteil, da sie regelmäßig als spekulativ orientiert und eher abgabebereit eingestuft werden und deshalb eine Neigung besteht, institutionelle Anleger bei der Zuteilung zu bevorzugen. *O. Thiel* in *N. Wieselhuber,* Börseneinführung mit Erfolg, S. 228. Werden sie aber bei der Zuteilung berücksichtigt, so kommt auch ihnen die relativ höhere Kursstabilität zugute. Zur Benachteiligung privater Investoren vgl. auch *W. Schürmann/K. Körfgen,* Familienunternehmen auf dem Weg zur Börse, S. 233 f.

können. Privaten Anlegern kommt die Einbeziehung des Marktes in den Preisfindungsprozeß grundsätzlich zwar auch zugute, sie werden aber durch die bevorzugte Behandlung der institutionellen Investoren oftmals benachteiligt.

3. Auktionsverfahren

Vor dem Hintergrund hoher Zeichnungsgewinne einerseits und niedriger Erfolgschancen der Zeichner bei Neuemissionen der jüngsten Vergangenheit andererseits werden Emissions- oder Preisfindungsstrategien erörtert, die übermäßige Kursgewinne auf seiten der Zeichner vermeiden und zu einer Optimierung des Emissionserlöses führen sollen. Bei dem in diesem Zusammenhang diskutierten, in Deutschland bislang aber noch nicht verwandten Auktionsverfahren[60] sollen interessierte Investoren bei ihrer Zeichnung ein limitiertes Preisangebot unterbreiten, das auch gestaffelt sein kann. Eventuell vorgegebene Preisspannen hätten danach lediglich die Funktion einer Orientierungshilfe. Nach Ablauf der Zeichnungsfrist werde der Emissionspreis nach den üblichen Kursfeststellungsregeln der Börse ermittelt. Vorteil dieses Verfahrens auf seiten des Unternehmens wäre, daß Substanz und Potential des Unternehmens voll in den Preis einfließen könnten. Auf seiten der Anleger vorteilhaft ist die höhere Plazierungsgerechtigkeit, da es keine Rolle mehr spielt, bei welcher Bank ein Anleger sein Depot hat. **40**

Als positiver Faktor des Verfahrens wird weiter angeführt, daß es eine höhere Zeichnungsqualität mit sich bringe, da die Anleger gefordert seien, sich Gedanken über die Gesellschaft zu machen. Die Richtigkeit dieser Schlußfolgerung erscheint allerdings in hohem Maße zweifelhaft. Gleiches gilt für die Annahme, daß man durch das Auktionsverfahren eine breite und solide Anlegerstruktur erhalte, die wiederum zu einer stabilen Kursentwicklung beitrage. Richtig ist allein, daß es durch die Ausreizung des Kurses zu einer Optimierung des Emissionserlöses kommt und die zeitweise üblichen und nicht unbedingt gerechtfertigten Zeichnungsgewinne vermieden werden – vorausgesetzt, daß die Anleger sich von dem neuen Verfahren nicht abschrecken lassen. Die Kehrseite der Medaille ist natürlich, daß das Ertragspotential der Investoren beschnitten wird. **41**

Die rechtlichen Aspekte des Verfahrens wurden – soweit ersichtlich **42**

---

[60] Laut Presseberichten hat der Computertelefonie-Softwarehersteller Trius EDV und Telekommunikations GmbH, Friedrichsdorf, vor, bei seinem für das Jahr 2000 geplanten Börsengang das Auktionsverfahren anzuwenden. *O. V.*, Trius betritt Emissionsneuland, HB vom 13. März 1999. Inwieweit dieses Vorhaben auch tatsächlich umgesetzt werden wird, bleibt abzuwarten. Dies gilt insbesondere für die Frage, inwieweit eine Bank zur Anwendung dieses Verfahrens bereit ist.

– bislang noch nicht in publizierter Form diskutiert. Im Ergebnis sollten hiergegen aber keine durchschlagenden Bedenken bestehen. Insbesondere erschiene es verfehlt, den Emissionsbanken eine Verantwortung gegenüber den Anlegern für die Festsetzung eines angemessenen Preises aufzuerlegen. Zweifellos tragen diese die Verantwortung für den Inhalt des Verkaufsprospekts und die hieraus abgeleiteten Annahmen einschließlich einem errechneten Börsenwert. Diese Verpflichtung erstreckt sich aber nicht darauf, daß der errechnete Wert tatsächlich auch vom Markt bei der Emission zugrunde gelegt wird.

4. Preisfestsetzungskompetenz

43 Werden bei einer Börseneinführung ausschließlich Aktien aus Beständen von Altaktionären plaziert, so bestehen für Regelungen zwischen diesen und dem Emissionskonsortium hinsichtlich der Festsetzung des Emissionspreises keine Restriktionen. So kann im Übernahmevertrag dessen Festsetzung unter rein rechtlichen Gesichtspunkten problemlos den Banken überlassen werden. In der Praxis wird hier freilich zumindest ein Mindestpreis oder eine Preisspanne vorgegeben, wenn sich die Verkäufer nicht sogar ein Mitspracherecht bei der Festsetzung nach der Bookbuilding-Phase vorbehält, was zu empfehlen ist.

44 Werden dagegen Aktien aus einer Kapitalerhöhung plaziert, so besteht weitgehende Einigkeit darüber, daß der Vorstand des emittierenden Unternehmens die Festsetzung des Bezugspreises schon aus rechtlichen Gründen nicht einseitig den Konsortialbanken überlassen darf, da dieser wegen seiner auch aktienrechtlichen Relevanz zu den Bedingungen der Aktienausgabe i.S.d. § 204 I 1 AktG gehört und damit zumindest bei Kapitalerhöhungen aus genehmigtem Kapital nach § 204 I 2 AktG der Zustimmung des Aufsichtsrats bedarf.[61] Bei Kapitalerhöhungen gegen Einlagen nach §§ 182 ff. AktG ist der Mindestbetrag, unter dem sie nicht ausgegeben werden sollen, im Beschluß der Hauptver-

---

[61] *M. Lutter,* Kölner Kommentar zum AktG, § 186 Rdnr. 37 (Nachtrag 1995); *R. Marsch-Barner,* Die Erleichterung des Bezugsrechtsausschlusses nach § 186 Absatz 3 Satz 4 AktG, AG 1994, S. 532, 537; *C. Trapp,* Erleichterter Bezugsrechtsausschluß nach § 185 III 4 AktG und Greenshoe, AG 1997, 115, 119. Nach *K. Technau* (Rechtsfragen bei der Gestaltung von Übernahmeverträgen („Underwriting Agreements") im Zusammenhang mit Aktienemissionen, AG 1998, S. 445, 450), der nicht zwischen Kapitalerhöhungen nach §§ 182 ff. AktG und solchen aus genehmigtem Kapital differenziert, gilt dies zumindest dann, wenn das Bezugsrecht der Aktionäre ausgeschlossen ist und der Vorstand damit gegenüber den Altaktionären zur Festsetzung des Bezugspreises in einer bestimmten Höhe verantwortlich sei. Wenngleich Kapitalerhöhungen mit Bezugsrecht bei einer erstmaligen Börseneinführung keine Rolle spielen, ist nicht einzusehen, warum hier etwas anderes gelten sollte.

sammlung über die Kapitalerhöhung festzusetzen, sofern die Ausgabe nicht zum Nominalwert erfolgt.[62]

Umstritten ist, inwieweit sich der Aufsichtsrat darauf beschränken darf, in seinem Beschluß nach § 204 II AktG statt eines konkreten Emissionspreises eine Bandbreite festzusetzen, innerhalb der der Vorstand den Bezugspreis festzusetzen hat. Gegen die Zulässigkeit der Festsetzung einer Preisspanne wird angeführt, daß die Zustimmung von Geschäften des Vorstands in Form einer generellen Zustimmung[63] anerkanntermaßen nur möglich sei, wenn der Aufsichtsrat die grundsätzliche Zustimmungspflicht nach § 111 IV 2 AktG selbst eingeführt habe, nicht aber wenn sich diese aus Gesetz oder Satzung ergibt, da sich der Aufsichtsrat einer ihm von dritter Stelle zugedachten Kontrollfunktion nicht durch einen im voraus erteilten Generalkonsens befreien können soll.[64] Der Aufsichtsrat kann die Festlegung des Bezugspreises daher nicht im Wege eines vorab gefaßten Beschlusses in das freie Ermessen des Vorstands stellen. Bei Anwendung des Bookbuilding-Verfahrens wird aber zu Recht als sichergestellt angesehen, daß der Vorstand mit Hilfe der Emissionsbanken den optimalen[65] Preis vor dessen Festsetzung ermittelt hat und daß sich der endgültige Emissionskurs am Ergebnis des Bookbuildings orientiert, da der Vorstand hier sein Ermessen bei der Festsetzung des Emissionspreises im voraus reduziert habe. Der Aufsichtsrat genügt in diesem Fall seiner Überwachungspflicht, wenn er kontrolliert, daß der am Markt erzielbare Emissionspreis richtig ermittelt wird.[66] **45**

5. Preisuntergrenze

Bei einer Plazierung von Aktien der Altaktionäre gibt es auch keine gesetzlichen Beschränkungen in Hinblick auf die Höhe des Emissionskurses. Demgegenüber darf im Falle einer Kapitalerhöhung unter Ausschluß des Bezugsrechts der Altaktionäre der Bezugskurs der neuen Aktien nach § 186 III 4 AktG deren Börsenkurs nicht wesentlich unterschreiten, wobei Abschläge zwischen drei und fünf Prozent für zulässig **46**

---

62 § 182 III AktG.

63 Hier in Form der Festlegung einer Preisspanne.

64 *M. Hoffmann-Becking, E. Niederleithinger* (Hrsg.), Festschrift für *O. Lieberknecht* zum 70. Geburtstag, S. 38 ff.; a.A. R. Marsch-Barner, Die Erleichterung des Bezugsrechtsausschlusses nach § 186 Absatz 3 Satz 4 AktG, AG 1994, S. 532, 537.

65 Damit ist nicht notwendigerweise der tatsächlich höchstmögliche, im Sinne eines ausgereizten Preises zu verstehen, sondern ein Kurs, der auch den Neuaktionären ein gewisses Steigerungspotential beläßt und somit mittel- und langfristig im Interesse des Unternehmens liegt.

66 *K. Technau,* Rechtsfragen bei der Gestaltung von Übernahmeverträgen („Underwriting Agreements“) im Zusammenhang mit Aktienemissionen, AG 1998, S. 445, 451.

gehalten werden.[67] Zu berücksichtigen hierbei ist auch § 255 II AktG, wonach der Emissionspreis neuer Aktien im Falle des Bezugsrechtsausschlusses nicht unangemessen niedrig sein darf. In Anbetracht des Fehlens eines Börsenkurses bei der Preisfestsetzung einer Neuemission wird bei der Bestimmung eines Mindestkurses dieser Vorschrift maßgebliche Bedeutung zukommen,[68] wenngleich die Probleme in der praktischen Anwendung aufgrund der Schwierigkeiten in der Unternehmensbewertung und der stark abweichenden Ergebnisse selbst anerkannter Bewertungsmethoden offensichtlich sind. Verstöße gegen § 255 II AktG dürften daher nur in absoluten Ausnahmefällen nachweisbar sein. Abgesehen hiervon sollte bei Börsengängen im Regelfall ohnehin ein Interessengleichklang von Mehrheits- und Minderheitsaktionären in Hinblick auf eine Wertmaximierung herrschen.

6. Zuteilung und Verpflichtungen

47 Mit der Zuteilung der Aktien an die Investoren kommt der rechtsverbindliche Kaufvertrag zwischen Investor und Konsortium zustande. Die Zuteilung ist demnach als Annahme des Angebots des jeweiligen Investors zu sehen,[69] das dieser auf die Aufforderung der Konsortialban-

[67] Nach dem Rechtsausschuß des Bundestags (Drucksachen des Bundestags 12/7848, S. 9) soll die Grenze eines zulässigen Abschlags bei drei, maximal fünf Prozent liegen. Nach *M. Lutter,* Das neue „Gesetz für kleine Aktiengesellschaften und zur Deregulierung des Aktienrechts", AG 1994, S. 429, 442 sind höchstens drei Prozent, nach *K. Martens,* Der Ausschluß des Bezugsrechts, ZIP 1992, S. 1677, 1687 maximal 5 Prozent zulässig, wohingegen *C. Trapp,* Erleichterter Bezugsrechtsausschluß nach § 185 III 4 AktG und Greenshoe, AG 1997, S. 115, 119 und *E. Schwark* in *K. Martens* (Hrsg.), Festschrift für *C. P. Claussen,* S. 357, 372 ff. drei bis fünf Prozent für möglich halten.

[68] Seit der „Kali & Salz"-Entscheidung des BGH (BGHZ 71, 41, 51) herrscht weitgehend Einigkeit darüber, daß auch bei börsennotierten Gesellschaften auf den tatsächlichen Wert des Unternehmens und nicht auf den Börsenkurs der emittierten Aktien abzustellen ist. *U. Hüffer* in *E. Geßler/W. Hefermehl/U. Eckardt/B. Kropff,* AktG § 255 Rdnr. 9. *K. Schmidt* in Großkommentar zum AktG, § 255 Rdnr. 12. Diese Ansicht wird von *K. Technau,* Rechtsfragen bei der Gestaltung von Übernahmeverträgen („Underwriting Agreements") im Zusammenhang mit Aktienemssionen, AG 1998, S. 445, 451 f. zu Recht kritisiert. Festzustellen ist, daß die Feststellung eines „inneren" Wertes eines Unternehmens massive Schwierigkeiten bereitet und der Börsenkurs der einzige objektive Maßstab für eine Bewertung darstellt, unabhängig davon, daß dieser überwiegend von spekulativen Einflüssen geprägt sein kann. Letztendlich könnte auch argumentiert werden, daß für den pekuniären Wert eines Gegenstandes oder eines Unternehmens ausschließlich der Betrag maßgeblich ist, den ein potentieller Erwerber zu zahlen bereit ist.

[69] Nach § 151 BGB ist eine besondere Erklärung der Annahme neben der Zuteilung nicht erforderlich.

ken zur Zeichnung von Aktien abgibt. Nach richtiger Ansicht des BAWe ist diese Aufforderung der Banken ein öffentliches Angebot i.S.d. § 1 VerkProspG,[70] trotzdem ist sie kein Angebot i.S.d. § 145 BGB. Das von den Banken veröffentlichte „Verkaufsangebot" stellt damit lediglich eine invitatio ad offerendum dar.[71] Dies gilt sowohl beim Festpreis- als auch beim Bookbuilding-Verfahren.[72]

Der Anleger ist erst mit der Zuteilung durch die Konsortialbanken **48**
an sein Angebot zum Kauf der Aktien gebunden.[73] Bis zu diesem Zeitpunkt kann er es demnach frei modifizieren oder zurücknehmen. § 145 BGB gilt nach wohl h.M. aufgrund der Marktusancen auch dann als abbedungen, wenn das Verkaufsangebot dies nicht ausdrücklich regelt,[74] weil eine Bindung der Anleger über den Zeitraum des Bookbuilding in Anbetracht der schnell veränderlichen, aber nicht beeinflußbaren Marktverhältnisse für unangemessen gehalten wird.[75]

Umgekehrt besteht keine Verpflichtung auf seiten der Konsortial- **49**
banken zur Annahme eines Angebots. Interessierte Anleger haben demnach keinen Anspruch auf Zuteilung von Aktien oder auch nur auf gleichmäßige Behandlung. Das vorvertragliche Schuldverhältnis zwischen Konsortium und Investor fordert zwar die Beachtung des § 242 BGB, was hier aber nur bedeutet, daß die Zuteilung nicht willkürlich sein darf, sondern sachlichen Kriterien folgen muß. Abgesehen davon, daß ein diesbezüglicher Vorwurf massiven Beweisschwierigkeiten ausgesetzt wäre, ist gerade beim Bookbuilding zu berücksichtigen, daß dessen Ziel die bevorzugte Plazierung von Aktien bei langfristig orientierten Investoren ist, nicht aber die gleichmäßige Behandlung von Anlegern.[76] Im Interesse der Transparenz müssen Wertpapierdienstlei-

---

[70] Bekanntmachung des BAWe zum Verkaufsprospektgesetz vom 15. April 1996.

[71] *T. Hein,* Rechtliche Fragen des Bookbuildings nach deutschem Recht, WM 1996, S. 1, 4 für das Bookbuilding Verfahren.

[72] A.A. *U. Bosch/W. Groß,* Das Emissionsgeschäft, S. 10/167, die meinen, beim Festpreisverfahren käme ein Kaufvertrag aufgrund eines Angebots des Kreditinstituts und dessen Annahme durch den Investor zustande. Dies ist nur im Falle von Kapitalerhöhungen richtig, bei denen das Bezugsrecht der Altaktionäre nicht ausgeschlossen ist, da es bei allen anderen Plazierungen zu einer Überzeichnung mit der hieraus folgenden Notwendigkeit von Zuteilungen kommen kann und deshalb den Banken kein Wille zur Abgabe eines verbindlichen Angebots zu unterstellen ist.

[73] A.A. *E. Zacharias,* Börseneinführung mittelständischer Unternehmen, S. 134.

[74] Vgl. z.B. das Verkaufsangebot der *Deutsche Telekom AG,* Bundesanzeiger vom 12. Oktober 1996, S. 11425.

[75] *U. Bosch/W. Groß,* Das Emissionsgeschäft, S. 10/167; *T. Hein,* Rechtliche Fragen des Bookbuildings nach deutschem Recht, WM 1996, S. 1, 4.

[76] *U. Bosch/W. Groß,* Das Emissionsgeschäft, S. 10/167 f; *T. Hein,* Rechtliche Fragen des Bookbuildings nach deutschem Recht, WM 1996, S. 1, 4.

stungsunternehmen, die Privatkunden den Erwerb von Wertpapieren anbieten, nach einer neuen Richtlinie zum Wertpapierhandelsgesetz diese über das Zuteilungsverfahren und vor allem über die Zuteilung im Falle der Überzeichnung informieren.[77]

50 Im Falle einer Überzeichnung[78] genießen die Banken bei der Zuteilung der Aktien somit in rechtlicher Hinsicht große Freiräume, was immer wieder zu massiver Kritik führt, insbesondere auf seiten enttäuschter Zeichner und Aktionärsschutzvereinigungen. Gerade im Privatkundenbereich gehören Losverfahren oder die Zuteilung nach Köpfen zu den Möglichkeiten einer fairen Zuteilung – im Gegensatz zur mehr oder weniger regelmäßigen Privilegierung einiger weniger Zeichner.[79] In emissionstaktischer Hinsicht werden sich die Banken aber immer um eine Plazierung bei stabilen Investoren bemühen. Hierzu gehört nicht nur die bevorzugte Plazierung bei institutionellen Anlegern, sondern auch die Vermeidung der Zuteilung von Mini-Positionen an Privatanleger, deren Halten schon infolge der von vielen Banken erhobenen Depotpostengebühren, den Mindesttransaktionsgebühren und des Beobachtungsaufwands ökonomisch unattraktiv ist, was Anleger kurz nach Zuteilung zur Veräußerung veranlassen kann[80] und leicht einen entsprechenden Druck auf den Kurs mit sich bringt, der dann gerade bei marktengen Papieren die Gesamtemission als Mißerfolg erscheinen läßt.

7. Angebotsänderungen

51 Vor dem Hintergrund der möglicherweise relativ langen Dauer des Bookbuilding-Verfahrens und der damit verbundenen Gefahr einer

[77] Absatz 4.4 der Richtlinie gemäß § 35 II WpHG zur Konkretisierung der §§ 31 f. WpHG für das Kommissions-, Festpreis- und Vermittlungsgeschäft der Kreditinstitute.

[78] Von den Emissionen der letzten Jahren wurden viele, insbesondere die Emissionen am Neuen Markt, um ein Vielfaches überzeichnet. Dies betraf nicht nur relativ kleine Emissionen wie die der Mensch und Maschine AG oder der Saltus AG mit Emissionsvolumina von 20 bis 30 Millionen DM, die mehr als 100fach überzeichnet waren, sondern auch große Emissionen wie die der ProSieben AG mit einem Emissionsvolumen von etwa 1,2 Mrd. DM, die immer noch 50fach überzeichnet war. *O. V.,* Zuteilung darf keine „Black Box" mehr sein, Going Public 1/98, S. 20.

[79] Vgl. hierzu *o. V.,* Zuteilung darf keine „Black box" mehr sein, Going Public 1/98, S. 20 ff.

[80] Umgekehrt muß auch vermieden werden, die gesamte Emission bei einigen wenigen Großanlegern zu plazieren, da bei der Bildung großer Pakete eine entsprechend hohe Abhängigkeit der Gesellschaft von wenigen Aktionären besteht, die die Gefahr eines Kursverfalls in sich birgt, wenn sich einer dieser Anleger zum Verkauf entschließt. *H. Mussler,* Transparenz bis zum Limit, FAZ vom 11. Juni 1999, S. 25.

Veränderung der Marktverhältnisse nach Eröffnung des Verfahrens und Eingangs der ersten Angebote interessierter Investoren stellt sich auch die Frage, inwieweit die Verkaufskonditionen den geänderten Marktverhältnissen angepaßt werden können. In Betracht kommen hier insbesondere Veränderungen von Preisspanne und Plazierungsvolumen, aber auch der Bookbuilding-Frist.

Hier wird angenommen, daß eine Änderung der Preisspanne zumin- **52**
dest dann der ausdrücklichen Zustimmung aller Konsorten bedarf, wenn diese Bestandteil der Einladung war.[81] Auf Ebene der einzelnen Angebote bedarf es der Klärung, ob hierdurch bereits vorliegende Kaufangebote, die ohnehin bis Ende der Angebotsfrist frei widerrufbar sind, ohne weiteres allein wegen der Änderung entfallen. Dies ist unproblematisch, soweit limitierte Kaufaufträge durch eine Erhöhung der Preisspanne aus dieser herausfallen, da dann keine Deckung von Angebot und Nachfrage mehr besteht. Auch ansonsten wird bei einer Veränderung der Preisspanne ein automatischer Wegfall der Kaufangebote angenommen, es sei denn, daß die Möglichkeit einer Änderung der Preisspanne bereits bei Veröffentlichung des Verkaufsangebots angekündigt wurde und die Interessenten ihre Angebote in Kenntnis dieser Möglichkeit abgegeben haben. Unlimitierte Kaufangebote sind dann auch als Angebote im Rahmen einer erhöhten Preisspanne zu verstehen, wohingegen limitierte Angebote dann zum Zuge kommen können, wenn sie den festgesetzten Preis erfassen.[82]

Demgegenüber sollen Kaufangebote bei einer Verkürzung der Book- **53**
building-Periode sowie bei bloßen Veränderungen des Emissionsvolumens wirksam bleiben. Dem ist grundsätzlich zuzustimmen, wenngleich bei einer deutlichen Reduktion des Emissionsvolumens dann etwas anderes gelten kann, wenn hierdurch die Liquidität des Handels gefährdet wird. Ebensowenig sollten Verlängerungen der Bookbuilding-Phase die Wirksamkeit der Angebote beeinträchtigen, zumindest wenn sie nur von geringfügiger Dauer sind und die Verlängerung vor Auslaufen der ursprünglichen Bookbuilding-Periode öffentlich bekannt gegeben wird, da die hiermit nicht einverstandenen Investoren ihre Kaufaufträge widerrufen können.

Bei Änderungen des ursprünglichen Angebots durch die Konsortial- **54**
banken sollte im Einzelfall auch überprüft werden, inwieweit dies Verpflichtungen nach dem Verkaufsprospektgesetz aufwirft. So müssen nach § 11 VerkProspG Veränderungen, die nach der Veröffentlichung

---

[81] *T. Hein,* Rechtliche Fragen des Bookbuildings nach deutschem Recht, WM 1996, S. 5, nach dem die Zustimmung nicht durch Stillschweigen ersetzt werden kann.

[82] *T. Hein,* Rechtliche Fragen des Bookbuildings nach deutschem Recht, WM 1996, S. 5; *U. Bosch/W. Groß,* Das Emissionsgeschäft, S. 10/168.

des Verkaufsprospekts eintreten und die für die Beurteilung des Emittenten oder der Wertpapiere von wesentlicher Bedeutung sind, während der Dauer des öffentlichen Angebots in einem Nachtrag zum Verkaufsprospekt veröffentlicht werden. Veränderungen der Bookbuilding-Frist sowie des Emissionsvolumens ändern grundsätzlich nichts für die Einschätzung der angebotenen Aktien oder ihres Emittenten. Eine Nachtragspflicht kann sich aber ergeben, wenn eine Aufstockung des Emissionsvolumens zu einer Veränderung der aktienrechtlich relevanten Mehrheitsverhältnisse führt. Auch im Falle einer Änderung der Preisspanne ist ein Nachtrag zum Verkaufsprospekt zu veröffentlichen.[83]

VIII. Greenshoe

55 Mit der zunehmenden Internationalisierung des Emissionsgeschäfts hat sich nun neben dem Bookbuilding-Verfahren auch der sogenannte „greenshoe"[84] durchgesetzt. Bei diesem Instrument handelt es sich um eine Kaufoption, die dem Konsortialführer vom Emittenten oder von Altaktionären eingeräumt wird und die die Bank berechtigt, während einer festgesetzten Frist nach Zuteilung der Aktien weitere Aktien der Gesellschaft zum Emissionspreis, d.h. demselben Kurs wie dem für Aktien der Haupttranche zu erwerben. Die übliche Laufzeit einer solchen Mehrzuteilungsoption beträgt normalerweise vier bis sechs Wochen. Das vom Optionsrecht erfaßte Volumen wird regelmäßig in einer Größenordnung von zehn bis fünfzehn Prozent[85] der Haupttranche festgesetzt.

1. Funktionsweise

56 Ein Greenshoe wird in erster Linie zu Zwecken der Kurspflege oder -stabilisierung[86] beim Bookbuilding-Verfahren eingesetzt. Dabei ist

[83] *T. Hein,* Rechtliche Fragen des Bookbuildings nach deutschem Recht, WM 1996, S. 5; a.A. *U. Bosch/W. Groß,* Das Emissionsgeschäft, S. 10/168.

[84] Die Emissionstechnik hat ihren Namen von der Greenshoe Manufacturing Co. Boston, bei deren Kapitalmarkttransaktion sie in Ergänzung zum Bookbuilding-Verfahren erstmals eingesetzt wurde.

[85] Bei der Einführung der Bechstein AG in den Freiverkehr im Jahr 1997 war der Greenshoe fast ebenso groß wie die Haupttranche. Bei einem Greenshoe, der die oben genannte Größenordnung so deutlich überschreitet, ist eine gewisse Skepsis angebracht, da hier die Altaktionäre unter dem Deckmantel moderner Emissionsinstrumente Kasse machen könnten. *O. V.,* Greenshoe, Going Public 3/98, S. 28.

[86] Die Kurspflege ist eine Form der Einflußnahme auf den Börsenkurs eines Wertpapiers durch Käufe oder Verkäufe, durch die Zufallsschwankungen des

Ausgangspunkt der Überlegungen die Feststellung, daß nach der Plazierung von Aktien sowohl das emittierende Unternehmen als auch die Aktionäre und Banken ein pekuniär oder in der Reputation begründetes Interesse daran haben, daß der Kurs der Aktie nicht unter den Emissionskurs fällt, sondern eher steigt. Dies kann aber auch bei einer noch so sorgfältig durchgeführten Unternehmensbewertung und Emissionspreisfindung schon aufgrund der natürlichen Volatilität der Märkte nicht mit absoluter Sicherheit gewährleistet werden. Ebensowenig kann sichergestellt werden, daß die im Bookbuilding-Verfahren als langfristig orientiert angesehenen und demnach bei der Zuteilung bevorzugt bedachten Anleger oder auch andere Investoren Aktien nicht wenige Tage nach Zuteilung wieder auf den Markt werfen.

Um dem vorzubeugen, teilt das Emissionskonsortium nach Festset- **57**
zung des Emissionspreises in Absprache mit dem Emittenten und/oder dessen Altaktionären den Investoren gezielt mehr Aktien zu, als tatsächlich zur Emission vorgesehen sind. D.h. die Banken verkaufen mehr Aktien, als sie selbst im Besitz haben.[87] Da sie die verkauften Aktien im Regelfall sofort liefern müssen, entsteht in ihren Depots eine Unterdeckung, die sie zunächst einmal durch eine Wertpapierleihe überbrücken können.[88] Alternativ hierzu können sie im Zusammenhang mit der Zuteilung mit einigen institutionellen Investoren vereinbaren, daß die diesen zugeteilten Aktien nicht wie den anderen Käufern sofort, sondern erst nach einigen Wochen geliefert werden sollen.[89]

Kurses vermieden werden sollen, die nicht in der Finanz- der Geschäftslage des Emittenten oder allgemeinen Marktentwicklungen ihre Ursache haben. Ziel ist eine Glättung einer andernfalls deutlich unregelmäßigeren Kursentwicklung im Interesse einer Aufrechterhaltung des Vertrauens auf seiten der Investoren. Die im Zusammenhang mit Primärmarkttransaktionen, d.h. Neuemissionen betriebene Kurspflege oder Stabilisierung spielt in der Praxis die größte Rolle, insbesondere in der Form der Kursstützung, bei der Kursrückgänge entgegen der Markttendenz vermieden oder abgeschwächt werden sollen. *U. Bosch/W. Groß,* Das Emissionsgeschäft, S. 10/170; vgl. hierzu auch *H. Bruchner/H. Pospischil* in *M. Lutter/E. Scheffler/U. Schneider* (Hrsg.), Handbuch der Konzernfinanzierung, S. 324 ff. Zu Rechtsfragen im Zusammenhang mit Stabilisierungsmaßnahmen vgl. § 9 VI. 3. Übernahmevertrag.

[87] Sogenanntes „over-allotment" oder „over-allocation".

[88] C. Trapp, Erleichterter Bezugsrechtsausschluß nach § 185 III 4 AktG und Greenshoe, AG 1997, S. 115, 121. Der Vertrag über die Wertpapierleihe kann zum einen mit institutionellen Marktteilnehmern wie Banken, Pensionsfonds oder Versicherungen abgeschlossen werden, zum anderen aber auch mit den Altaktionären, die den Greenshoe zeichnen und somit ohnehin abgabebereit sind. Grundvoraussetzung für das Funktionieren dieser Stabilisierungsmethode ist, daß die neu emittierten Aktien in jeder Hinsicht – und damit auch in Hinblick auf die Dividendenberechtigung – genauso ausgestattet sind wie die bereits umlaufenden und von der Wertpapierleihe betroffenen Aktien.

[89] Im Falle eines solchen „deferred settlement" ist die mit den Investoren zu vereinbarende Lieferfrist mit der Optionsfrist des Greenshoe abzustimmen.

58 Ihre Verpflichtungen aus der Wertpapierleihe bzw. der Vereinbarung des Deferred Settlements, d.h. der erst späteren Lieferung, können die Banken später dadurch erfüllen, daß sie Aktien im Markt kaufen oder aber den Stillhalter der Greenshoe-Option, also den Emittenten[90] oder die Altaktionäre, in Anspruch nehmen. Dabei werden die Banken sich für den Kauf der Aktien im Markt entschließen, wenn und soweit der Kurs der Aktie unter dem Emissionskurs und damit auch unter dem Bezugskurs aus der Option liegt.[91] Der Kauf über den Markt, den die Banken zur Erfüllung ihrer Verpflichtungen aus der Wertpapierleihe durchführen, hat kursstabilisierende Auswirkungen, was genau der Intention des Greenshoe entspricht. Ist der Börsenkurs in der Zwischenzeit aber gestiegen, so ist das Konsortium in gleicher Weise aus dem Wertpapierleihvertrag oder der Vereinbarung über die spätere Zuteilung der zugeteilten Aktien verpflichtet, könnte diese ohne Greenshoe aber nur mit Verlust über die Börse kaufen und dann vereinbarungsgemäß liefern. In diesem Fall werden die Banken die Aktien durch Ausübung des Greenshoe zum vereinbarten Preis, d.h. dem ursprünglichen Emissionskurs[92] außerhalb der Börse und damit ohne weiter kurstreibende Wirkung, die hier ohnehin nicht mehr nötig ist, beziehen.[93]

59 Neben der vorstehend umschriebenen Einsatzmöglichkeit des Greenshoe zur Stabilisierung des Kurses kann dieser auch eingesetzt werden, um in Anpassung an die tatsächlich bestehende Nachfrage flexibel Aktien zu plazieren. Den Altaktionären ermöglicht diese Flexibilität somit u.U. auch den Absatz solcher Aktien, die sie ansonsten aus Vorsichtsgründen zunächst einmal noch im Bestand gehalten hätten. Ist der Emittent Stillhalter des Greenshoe, so wird ihm dementsprechend so die Aufnahme eines höheren Betrages ermöglicht.

2. Rechtsfragen

60 Die rechtliche Beurteilung eines Greenshoe sowie die Abwicklung im Falle der Ausübung, d.h. der Inanspruchnahme des Stillhalters ist

---

[90] Der emittierenden Gesellschaft fließen beim Greenshoe-Verfahren nur dann neben der Haupttranche zusätzliche Mittel zu, wenn sie „stillhaltender" Vertragspartner des Optionsvertrages ist.

[91] Der Greenshoe verfällt in diesem Fall unausgeübt.

[92] Es ist offensichtlich, daß sich den Banken mit der für diese kostenlose Einräumung eines Greenshoe ein erhebliches Potential zur Erwirtschaftung zusätzlicher Erträge eröffnet, insbesondere wenn diese bei entsprechender Börsensituation bei der Zuteilung lediglich die Haupttranche verkaufen, auf eine over-allocation also verzichten.

[93] Vgl. hierzu auch *K. Technau,* Rechtsfragen bei der Gestaltung von Übernahmeverträgen („Underwriting Agreements") im Zusammenhang mit Aktienemissionen, AG 1998, S. 445, 457 f.; *H. Hofmann* in *M. Lutter/E. Scheffler/U. Schneider* (Hrsg.), Handbuch der Konzernfinanzierung, S. 304 f.

davon abhängig, ob der Greenshoe von Aktionären oder der Gesellschaft eingeräumt wird.

a) Aktionäre als Stillhalter des Greenshoe

Die Strukturierung eines Greenshoe ist einfach, wenn er zwischen **61**
Konsortialführer oder Konsortium einerseits und Altaktionären andererseits vereinbart wird. Hier handelt es sich rechtlich um eine normale Kaufoption, bei der die Banken berechtigt, aber nicht verpflichtet werden, während deren Laufzeit eine bestimmte Zahl von Aktien zu einem bestimmten Preis vom Stillhalter zu kaufen. Für den Fall, daß die Banken gleichzeitig einen Wertpapierleihvertrag mit den stillhaltenden Altaktionären abschließen, werden die Aktien gleich darlehensweise an die Banken geliefert. Die Rückabwicklung der Wertpapierleihe erfolgt im Falle gesunkener Kurse über den Kauf der Aktien am Markt und anschließende Lieferung an den Verleiher der Wertpapiere, im Falle gestiegener Kurse durch Aufrechnung der Verpflichtungen aus Wertpapierleihe und Greenshoe, wobei in diesem Fall dem Stillhalter der Greenshoe-Option auch der Kaufpreis für die Aktien zufließt.

b) Gesellschaft als Stillhalter des Greenshoe

Wie bereits dargestellt, kann der Greenshoe auch zwischen Konsor- **62**
tialführer und Gesellschaft vereinbart werden. Dessen spätere Bedienung wird in der Praxis durch die Bereitstellung eines genehmigten Kapitals sichergestellt, da das Halten von Vorratsaktien durch die Gesellschaft selbst nach § 56 AktG in Deutschland nicht mehr zulässig ist.[94]

---

[94] Alternativ hierzu kann die Gesellschaft nach dem mit dem KonTraG neu eingeführten § 71 I Nr. 8 AktG unter erleichterten Bedingungen eigene Aktien kaufen, mit denen später die Verpflichtungen aus dem Greenshoe erfüllt werden könnten. Eine solche Strategie stellt keinen verbotenen Handel in eigenen Aktien dar. Bei der sonstigen Beurteilung von Rechtmäßigkeit und Praktikabilität dieses Lösungsansatzes ist danach zu differenzieren, ob der Greenshoe bei einer Börseneinführung oder einer Kapitalerhöhung eines bereits börsennotierten Unternehmens eingesetzt werden soll. So wäre bei einer Börseneinführung denkbar, daß das Unternehmen das vom Greenshoe betroffene Volumen nach Zeichnung durch die Bank – der direkten Zeichnung steht § 56 I AktG entgegen – von dieser erwirbt und der Kaufpreis einfach verrechnet wird. Im Gegensatz zu einem späteren Erwerb über die Börse besteht hier aber die massive Gefahr, daß dies als Umgehung des Verbotstatbestandes des § 56 I AktG angesehen wird.

Demgegenüber kann im Vorfeld einer geplanten Kapitalerhöhung eines bereits börsennotierten Unternehmens bei entsprechender Ermächtigung durch die Hauptversammlung die durch § 71 I Nr. 8 AktG neu gewonnene Freiheit genutzt werden und die für einen hierbei einzusetzenden Greenshoe benötigten Aktien im Rahmen der Grenze von zehn Prozent des zu diesem Zeitpunkt ausstehenden Kapitals durch Erwerb im Markt eingekauft werden. Sofern eine solche Vorgehensweise nicht an dem hiermit verbundenen Kapitalbedarf scheitert, hätte sie den Vorteil, daß durch die hierdurch erzeugte Nachfrage der Börsenkurs

Bei der Einbeziehung einer Kapitalerhöhung ist aber zu berücksichtigen, daß bei einer solchen die Altaktionäre nach § 186 AktG ein Bezugsrecht haben. Dies ist zunächst einmal unproblematisch, wenn bei der Börseneinführung[95] einer Gesellschaft mit einem überschaubaren Aktionärskreis die Aktionäre ihr Bezugsrecht nicht ausüben, sondern dem Konsortialführer bzw. dem Konsortium übertragen.[96] Da die Ausübung des Greenshoe und damit die hierfür erforderliche Kapitalerhöhung erst einige Wochen nach der Zuteilung der zu plazierenden Aktien erfolgt, ist durch eine sorgfältige zeitliche Gestaltung dafür Sorge zu tragen, daß die Erwerber nicht bezugsberechtigt werden, da ansonsten die Aktien nicht, oder zumindest nicht direkt für die Bedienung eines Greenshoe zur Verfügung stehen.

63 Dies kann dadurch vermieden werden, daß der Vorstand mit Zustimmung des Aufsichtsrats[97] vor dem Entstehen der Aktien der Haupttranche durch deren Eintragung in das Handelsregister[98] oder zumindest vor deren Zuteilung an die interessierten Anleger die Ausnutzung des genehmigten Kapitals beschließt. Da es bei der Entstehung eines Bezugsrechts allein auf die Aktionärsstellung im Zeitpunkt der Beschlußfassung des Vorstands über die Ausnutzung des genehmigten Kapitals ankommt,[99] sind im Falle des Beschlusses vor der Eintragung der Haupttranche keine diesbezüglichen Bezugsrechte entstanden, da die Aktien der Haupttranche noch nicht entstanden waren. Erfolgt der Beschluß des Vorstands nach Eintragung der Haupttranche im Handelsregister, aber noch vor der Zuteilung der Aktien an die interessierten Anleger, so sind die Eigner dieser Aktien zwar bei der nachfolgenden Kapitalerhöhung bezugsberechtigt, können das Bezugsrecht aber abspalten und erst dann die Aktien zuteilen. In diesem Fall bleibt das abgetrennte Bezugsrecht bei den Konsortialbanken.[100]

64 In der praktischen Umsetzung des Vorstehenden könnte bei einer Börseneinführung zunächst in einer Hauptversammlung der Altaktionäre eine Kapitalerhöhung beschlossen werden, wodurch die im Rahmen der Haupttranche zu plazierenden Aktien geschaffen würden.

---

gestützt wird, der wiederum der Preisfestsetzung für die Kapitalerhöhung zugrunde gelegt wird.

[95] Dies gilt grundsätzlich auch bei Kapitalerhöhungen, wenn nur die erforderliche Einigung zwischen den Aktionären erzielt werden kann.

[96] Dies kann kostenfrei oder gegen Zahlung eines Kaufpreises erfolgen.

[97] § 202 III 2 AktG.

[98] Nach § 189 AktG ist das Grundkapital mit der Eintragung der Durchführung der Kapitalerhöhung erhöht, d.h. diese wird zu diesem Zeitpunkt wirksam.

[99] *U. Hüffer,* AktG, § 203 Rdnr. 7, § 186 Rdnr. 8; *G. Picot/V. Land,* Going Public – Typische Rechtsfragen des Ganges an die Börse, DB 1999, S. 570, 574 f.; *M. Lutter,* Kölner Kommentar zum AktG, § 203 Rdnr. 8.

[100] *U. Bosch/W. Groß,* Das Emissionsgeschäft, S. 10/170.

Gleichzeitig könnte diese noch auf den Kreis der Altaktionäre beschränkte Hauptversammlung zur Bedienung des Greenshoe ein genehmigtes Kapital für eine „Kapitalerhöhung II" schaffen. Dabei wäre entweder unter Beachtung der hierfür bestehenden Voraussetzungen[101] das Bezugsrecht der Altaktionäre auszuschließen oder dieses von den Aktionären auf einen Dritten, d.h. z.B. den Konsortialführer zu übertragen.

Im Falle der Plazierung von Aktien aus der Kapitalerhöhung einer **65** Gesellschaft, deren Aktien bereits notiert und breit gestreut sind, stellt sich die Frage nach der Strukturierung des Greenshoe nur dann, wenn auch für die Haupttranche das Bezugsrecht der Altaktionäre ausgeschlossen ist. Pragmatische Lösungen unter Einbeziehung eines Verzichts der Altaktionäre auf ihr Bezugsrecht bzw. dessen Übertragung auf den Konsortialführer oder einen Dritten, wie sie sich bei einem kleinen Gesellschafterkreis anbieten, sind hier regelmäßig nicht durchsetzbar. Demnach bedarf es immer des Ausschlusses des Bezugsrechts der Altaktionäre unter Erfassung der Aktien für den Greenshoe, der sich nach den allgemeinen Regeln richtet.[102] Soweit es dabei zwecks Vermeidung einer Benachteiligung der Altaktionäre auf den Börsenkurs der Aktie und dessen Abstand zum Bezugskurs ankommt, ist nicht auf den Zeitpunkt der Ausübung des Greenshoe abzustellen, sondern allein auf den Zeitpunkt der Beschlußfassung des Vorstands bzw. der Zustimmung des Aufsichtsrats über die Ausnutzung des genehmigten Kapitals.[103] Demnach ist insoweit irrelevant, daß nach Ausübung des Greenshoe durch den Konsortialführer die Anmeldung der Kapitalerhöhung zum Handelsregister möglicherweise erst Wochen nach dem Beschluß des Vorstands erfolgt und der Bezugskurs aufgrund der zwischenzeitlichen Börsenentwicklung u.U. weit unter dem aktuellen Börsenkurs liegt. Die praktische Umsetzung kann – vergleichbar zur Börseneinführung – durch Beschluß einer Kapitalerhöhung sowie Schaffung eines genehmigten Kapitals für eine „Kapitalerhöhung II" erfolgen. Alternativ zur Kapitalerhöhung für die Haupttranche könnte diese auch über ein genehmigtes Kapital für eine „Kapitalerhöhung I" durchgeführt werden.[104] Eine weitere Alternative zur Absicherung eines Greenshoe besteht in der Schaffung eines bedingten Kapitals nach § 192 II Nr. 1

---

[101] Vgl. hierzu § 9 VI. 4. c) Bezugsrecht.

[102] Vgl. hierzu § 9 VI. 4. c) Bezugsrecht.

[103] So im Ergebnis auch *K. Technau,* Rechtsfragen bei der Gestaltung von Übernahmeverträgen („Underwriting Agreements") im Zusammenhang mit Aktienemssionen, AG 1998, S. 445, 458..

[104] *U. Bosch/W. Groß,* Das Emissionsgeschäft, S. 10/171 f; *C. Trapp,* Erleichterter Bezugsrechtsausschluß nach § 185 III 4 AktG und Greenshoe, AG 1997, S. 115, 121 f; *T. Hein,* Rechtliche Fragen des Bookbuildings nach deutschem Recht, WM 1996, S. 6.

AktG, sofern man diese mit der hier vertretenen Ansicht auch für nackte Optionen für zulässig hält.[105]

IX. Kosten des Börsengangs

66 In Anbetracht ihrer Komplexität, der Vielzahl der involvierten Personen und Institutionen sowie der potentiellen Risiken ist eine Börseneinführung für den Emittenten mit hohen Kosten verbunden. Eine genaue und allgemeingültige Angabe eines bestimmten Betrages oder Prozentsatzes ist nicht möglich. Vielmehr ist sowohl die absolute Höhe der Kosten wie auch ihre Höhe in Relation zum Emissionserlös von einer Vielzahl von Faktoren wie der Rechtsform des Unternehmens zum Zeitpunkt der Entscheidung für den Börsengang, der Größe und Attraktivität der Emission, ihrer Komplexität, dem gewählten Marktsegment und nicht zuletzt vom Verhandlungsgeschick des Emittenten abhängig. Ein wichtiger Kostenfaktor ist die feste Übernahme der zur Plazierung vorgesehenen Aktien durch ein Bankenkonsortium. Inwieweit der kosteneffiziente Vertrieb über das Internet als alleiniger oder zumindest komplementärer Vertriebsweg gewählt werden kann, hängt von der Größe der Emission und anderen einzelfallspezifischen Faktoren ab.[106] Durch eine internationale Plazierung erhöhen sich u.a. die Kosten für die Road Show, die Einschaltung weiterer Rechtsanwälte sowie für Übersetzung und Druck des englischen Prospekts. Die Einführung an einer weiteren Börse im Rahmen eines Dual Listing resultiert darüber hinaus in zusätzlichen Kosten für die Zulassung, Rechtsanwälte etc. Soll ein großer Teil einer Emission international plaziert werden und kommt damit zwangsläufig ausländischen Investmentbanken im Konsortium und dessen Führung besonderes Gewicht zu, so können für die Höhe und Zusammensetzung der Bankprovisionen wie auch deren Verteilung zwischen den Konsortialbanken andere Grundsätze gelten.

67 Zu unterscheiden sind die einmalig beim Börsengang auftretenden Kosten und die hieraus resultierenden jährlichen Folgepflichten. In der Gesamtkalkulation müssen auch die internen Kosten und Belastungen, die auf das Unternehmen in Form von Anforderungen an Personal und Topmanagement, Reisen etc. zukommen, berücksichtigt werden. Bei der insgesamt sicher zunächst erschreckenden Höhe der sich so ergebenden Gesamtbelastung muß Berücksichtigung finden, daß das Unter-

---

[105] Vgl. hierzu *K. Technau,* Rechtsfragen bei der Gestaltung von Übernahmeverträgen („Underwriting Agreements") im Zusammenhang mit Aktienemissionen, AG 1998, S. 445, 458.

[106] Maßgeblich wird natürlich sein, ob sich diese Vertriebsform – wie zu vermuten – auch in Deutschland weiter durchsetzen wird.

nehmen wahrscheinlich auf keinem anderen Weg Mittel in entsprechendem Umfang zur Stärkung seiner Bilanz als unabdingbare Voraussetzung für eine ertragreiche Expansion erhalten kann bzw. den Alteigentümern kein ähnlich attraktiver Weg zur Realisierung ihres Investments zur Verfügung steht. Zu berücksichtigen ist neben der steuerlichen Abzugsfähigkeit[107] der Emissionskosten auch, daß einzelne Kostenblöcke mit Maßnahmen wie späteren Publizitätspflichten zusammenhängen, die positive Auswirkungen auf das Image und den Bekanntheitsgrad des Unternehmens haben, was wiederum im Rahmen der Verkaufsaktivitäten genutzt werden kann.

1. Einmalige Kosten

a) Umwandlung

Besteht die Gesellschaft noch nicht in Form einer AG oder KGaA, 68
so ist der dann erforderliche Rechtsformwechsel mit in erster Linie am Zeitaufwand orientierten Kosten für Beratung bei der steuer- und gesellschaftsrechtlichen Gestaltung verbunden. Der hierbei entstehende Aufwand ist in erster Linie davon abhängig, ob die Gesellschaft vorher bereits als GmbH, d.h. als Kapitalgesellschaft, oder aber als Personengesellschaft betrieben wurde, was den Umwandlungsvorgang regelmäßig aufwendiger macht. Im Ergebnis dürften für die rechtliche und steuerrechtliche Beratung im Rahmen des Rechtsformwechsels Kosten in Höhe von DM 20.000 bis DM 150.000 anfallen, die in komplexen und großen Transaktionen aber auch deutlich überschritten werden können. Hinzu kommen Kosten für die zwingende Gründungsprüfung, Notargebühren sowie Gerichtskosten für die Handelsregistereintragung, wobei diese Kosten vom Volumen sowie der Ausgangssituation abhängig sind und sich insofern pauschale Aussagen verbieten.

b) Beratung des Emittenten und Werbung

Zu den im Zusammenhang mit der Emission der Aktien anfallenden 69
Kosten gehören zum einen die Kosten für die steuerliche und rechtliche Beratung des Emittenten, die bei einer rein inlandsbezogenen Plazierung ohne Auslandsnotierung in einer Größenordnung vom DM 200.000 bis DM 600.000 anfallen dürften. Der exakte Betrag ist weniger vom Umfang der eigentlichen Emission abhängig, wenngleich bei Angebot und Preisvereinbarung sicherlich auch die Relation zum Emissionsvolumen eine Rolle spielt. Maßgeblich für den entstehenden Aufwand ist vielmehr auch, inwieweit die Berater des Emittenten in die Erstellung des Prospekts eingebunden sind und wie sich der Schwierigkeitsgrad der Emission gestaltet. Die Kosten für die Rechtsberatung hängen auch davon ab, wie schnell und reibungslos die Kooperation mit

[107] *B. Rödl/T. Zinser,* Going Public, S. 89 f.

den Anwälten der Banken funktioniert. Hinzukommen die Kosten für einen eventuellen Emissionsberater, wobei diese Aufgabe gelegentlich vom Anwalt, Steuerberater oder Wirtschaftsprüfer des Emittenten mit übernommen wird.[108] Im Ergebnis dürften die für diese Beratung anfallenden Kosten eine Größenordnung von 0,5 bis 1,5 Prozent der Emission erreichen. Hinzu kommen eventuelle Kosten für Public Relations-Maßnahmen und Road Show, für die eine Größenordnung von 1 bis 1,5 Prozent zu veranschlagen sind, die im Einzelfall aber auch deutlich darunter liegen können.

c) Emissionsbanken

70 Die Banken erhalten für ihre einzelnen Funktionen im Rahmen der Börseneinführung unterschiedliche Provisionen, an denen die einzelnen Konsortialbanken entsprechend ihrer Aufgabe und Rolle im Konsortium partizipieren. So erhält der Konsortialführer nach dem Mandatsvertrag für die Beratung bei der Vorbereitung der Emission und eventuellen Kapitalmaßnahmen einschließlich der Abwicklung der Bezugsrechte und möglicher Berichtigungsaktien eine Provisionspauschale, die sich in Größenordnungen von bis zu einem halben Prozent des ausmachenden Betrages bewegen kann.

71 Daneben hat die Gesellschaft – bzw. die Altaktionäre im Falle des Verkaufs alter Aktien – nach dem Übernahmevertrag eine Management-, eine Übernahme- sowie eine Verkaufsprovision an die Banken zu zahlen. Die Summe der Bankenprovisionen liegt im Neuen Markt mit fünf bis sieben Prozent des Emissionsvolumens regelmäßig höher als in den anderen Marktsegmenten, wo bei „normalen“ Emissionsvolumina[109] vier bis fünf Prozent üblich sind. Hinzu kommt eine Börseneinführungsprovision. Im Gegensatz zu den USA, wo die Gebühren zumindest zum Teil von der National Association of Securities Dealers[110] reguliert werden, ist die Festsetzung der Höhe dieser Provisionen den Kräften der Märkte überlassen, wobei sich Abweichungen von den „üblichen“ Sätzen nur mit Einschränkungen verhandeln lassen.

Die vorstehend genannte Bankenprovision teilt sich wie folgt auf:

- Die Managementprovision beträgt um die 20 Prozent der Bankenprovision, wovon regelmäßig ein Großteil in Form des sogenannten Praecipuums der Konsortialführung vorbehalten ist. In großen Konsortien erhält auch die Ebene unter der unmittelbaren Konsortialführung, d.h. die Co-Lead Managers einen Teil der Managementprovision. Der Rest wird an die übrigen Konsortialbanken pro rata deren Übernahmeverpflichtung ausgeschüttet.

---

[108] Vgl. hierzu auch *B. Rödl/T. Zinser,* Going Public, S. 94.

[109] Bei besonders großen Transaktionen können die Bankprovisionen deutlich niedriger sein.

[110] NASD.

- Die Übernahmeprovision beträgt regelmäßig ebenfalls zwanzig Prozent und wird unter den Konsortialbanken pro rata ihrer Übernahmeverpflichtung verteilt.
- Die Verkaufsprovision beträgt sechzig Prozent und vergütet den Verkaufserfolg der Konsortialmitglieder auf der Basis der zugeteilten Aktien.
- Die zusätzlich zu bezahlende Börseneinführungsprovision erhalten die Banken für ihre Mitwirkung bei der Erstellung des deutschen Prospekts sowie die sie in diesem Zusammenhang treffende Prospekthaftung. Sie beträgt bei der Zulassung der Aktien im Amtlichen Handel ein Prozent des Nennwerts der zuzulassenden Aktien, im Geregelten Markt regelmäßig 0,75 Prozent. Im Neuen Markt liegt die Provision zwischen 0,75 und einem Prozent des Nennbetrags.[111]

Im Falle von Stabilisierungsmaßnahmen ist der Konsortialführer **72** nach den Konsortialverträgen oftmals berechtigt, den Konsortialbanken eventuelle Stabilisierungskosten, d.h. Kursverluste quotal bis maximal zur Höhe ihrer Provisionen in Rechnung zu stellen.[112]

Im Übernahmevertrag verpflichtet sich die Gesellschaft auch zum **73** Ersatz der Auslagen der Konsortialbanken. Hierzu gehören im wesentlichen die Kosten für Rechtsberatung der Banken und die Due Diligence durch Rechtsanwälte oder Wirtschaftsprüfer, wo je nach Umfang regelmäßig Kosten DM 200.000 bis DM 600.000 anfallen können. Bei großen, älteren oder verschachtelten Unternehmen können gerade die Kosten für eine Due Diligence deutlich höhere Dimensionen annehmen.

d) Börsenzulassungsgebühren

Nach §§ 9 B.1 GebO der FWB erhebt die Zulassungsstelle für die **74** Prüfung des Zulassungsantrags und die Zulassung Börsenzulassungsgebühren, die vom gewählten Börsensegment und der Höhe des zuzulassenden Grundkapitals abhängig sind. Bei einer Mindestgebühr von DM 2.000 beträgt die Gebühr im Amtlichen Handel für je fünf angefangene Millionen DM

- bis DM 25 Mio. — DM 1.500 und
- über DM 25 Mio. bis DM 50 Mio. — DM 1.000 und
- über DM 50 Mio. — DM 1.000 für je zehn angefangene Millionen DM.

Im Geregelten Markt und im Neuen Markt reduzieren sich diese Gebühren um 50[113] bzw. 75[114] Prozent, wobei die Mindestgebühr einheit-

---

[111] Eingehend zur Struktur und Verteilung der Bankprovisionen vgl. *R. Lilja,* International Equity Markets – The Art of the Deal, S. 38 ff.

[112] Vgl. hierzu auch *F. Schumacher,* Die Internationalisierung der Eigenkapitaltitel deutscher Aktiengesellschaften, S. 126 f.

[113] § 10 I GebO der FWB.

[114] § 10 I i.V.m. § 12 V GebO der FWB.

lich DM 1.000 beträgt. Im Freiverkehr liegen die Zulassungsgebühren in der Festsetzungskompetenz der einzelnen Börse. So beträgt die Zulassungsgebühr am Freiverkehr der Frankfurter Börse, unabhängig vom Grundkapital, Euro 750 und für Optionsscheine Euro 375.[115]

Zusätzlich wird nach § 16 II VerkProspG vom BAWe für die Hinterlegung des Verkaufsprospektes eine Gebühr erhoben, die in Abhängigkeit vom Gesamtausgabepreis der Wertpapiere zwischen DM 750 und DM 1.500 beträgt.

e) Sonstige Kosten

75 Hinzu kommen Kosten für Entwurf, Druck und Versendung der Verkaufsunterlagen in Größenordnungen von DM 100.000 bis DM 150.000, wobei bei großen Plazierungen auch deutlich höhere Kosten entstehen können. Außerdem fallen Kosten für die Pflichtveröffentlichungen[116] und den Aktiendruck an. Die Kosten für den Druck von Aktienurkunden von DM 30.000 bis DM 50.000 lassen sich weitgehend dadurch einsparen, daß Globalurkunden ausgegeben werden.

76 Im Ergebnis fallen somit bei der Emission regelmäßig Gesamtkosten in einer Größenordnung von sechs bis acht Prozent an, die bei großen Emissionen, wo die nicht unmittelbar am Emissionspreis orientierten Provisionen weniger ins Gewicht fallen, auch auf Größen um die drei bis vier Prozent betragen können. Bei relativ kleinen Emissionen können die Gesamtkosten demgegenüber auch zehn Prozent erreichen.

Wie bereits erwähnt, sind die Kosten der Börseneinführung bei der Gesellschaft steuerlich abzugsfähig. Seit der Abschaffung der Gesellschaftssteuer wird der Emissionserlös aus einer Kapitalerhöhung durch die Gesellschaft steuerfrei vereinnahmt.

2. Laufende Kosten

77 Zu den laufenden, wiederkehrenden Kosten, die durch den Börsengang entstehen, gehören neben den in ihrer Höhe von der Unternehmensgröße und -struktur abhängigen Aufwendungen für die gesetzlich vorgesehene Abschlußprüfung insbesondere die Aufwendungen für Investor Relations und die hiermit verbundenen, wenngleich gesetzlich begründeten Kosten für die Erstellung, den Druck sowie den Versand von Geschäfts- und Zwischenberichten. Weitere interne wie externe Aufwendungen entstehen im Zusammenhang mit der jährlichen

---

[115] Für die Prüfung der Druckausstattung der Wertpapiere fällt unabhängig vom Marktsegment nach § 11a GebO der FWB eine weitere Gebühr von bis zu DM 500 je Emission an.

[116] In Abhängigkeit von der Größe der Anzeige und dem gewählten Pflichtblatt fallen Kosten im Umfang von DM 12.000 bis DM 100.000 an. *B. Rödl/T. Zinser,* Going Public, S. 91.

Hauptversammlung, wobei deren tatsächliche Höhe stark von der Anzahl der (erwarteten) Aktionäre und der gewünschten Ausstattung abhängt.[117]

Zusätzliche Kosten in Höhe von DM 20.000 bis DM 50.000 pro Jahr **78**
können für den Designated Sponsor anfallen,[118] wobei abzuwarten bleibt, inwieweit und in welchen Marktsegmenten die Emittenten tatsächlich bereit sind, den Banken diese Tätigkeit zu vergüten. Manche Banken sind als Konsortialführer oder auch als reiner Konsorte im Jahre der Einführung bereit, auf die Kosten für den Designated Sponsor ganz oder teilweise zu verzichten.[119] Für die Zulassung und den Handel im Neuen Markt wird nach Abschn. 4 2 RWNM ein jährliches Entgelt in Höhe von DM 15.000 berechnet.

---

[117] Nach *T. Mayrhofer* in *N. Wieselhuber,* Börseneinführung mit Erfolg, S. 340 fallen bei einer mittelgroßen AG und 400 erschienenen Aktionären neben dem Druck des Geschäftsberichts folgende Kosten an:

Raumkosten mit Technik	DM	10.000
Notarkosten	DM	8.000
Beratungskosten (WP, RA)	DM	20.000
EDV- Kosten	DM	20.000
Bewirtungskosten (DM 20 p.P.)	DM	10.000
Druckkosten Eintritts-/ Stimmkarten	DM	6.000
Kosten für Versand der Mitteilungen	DM	25.000
Parlamentsstenograph	DM	5.000
Sonstiges (Parkgebühren, Garderobe etc.)	DM	5.000
Gesamt	DM	109.000

und erhöhen sich bei 800 erschienenen Aktionären um rund DM 50.000.

[118] *B. Rödl/T. Zinser,* Going Public, S. 96.

[119] Umgekehrt ist aus anderen Banken zu, daß sie aufgrund der relativ umfänglichen Aufgaben eines Designated Sponsor versuchen, Sätze zwischen DM 50.000 bis DM 100.000 durchzusetzen.

§ 11 Märkte

1 Der Prozeß der Börseneinführung einer Aktie ist von dem der Plazierung, d.h. ihres Verkaufs an Investoren zu unterscheiden, wenngleich für die Anleger die durch eine Börsennotierung erreichte Liquidität eine unabdingbare Voraussetzung für ein tatsächliches Investment ist.

I. Börse

2 Der Begriff der Börse als Mittler von Angebot und Nachfrage von Kapital wird vom Gesetz nicht näher bestimmt. Nach h.M. versteht man unter einer Börse eine regelmäßig und in verhältnismäßig kurzen Zeitabständen stattfindende organisierte Veranstaltung für Kaufleute[1] zum Handel mit vertretbaren Sachen, wobei angesichts der technischen Entwicklung vom Parketthandel zum vollautomatischen, elektronischen Börsenhandel der Handel nicht mehr notwendig ortsgebunden ist. Das früher geltende Merkmal der Ortsgebundenheit wurde daher aufgegeben und durch das Erfordernis eines organisierten Handelssystems ersetzt.[2] Von wesentlicher Bedeutung ist die Zentralisierung der Geschäftsabschlüsse. Durch die hiermit verbundene Konzentration von Angebot und Nachfrage wird der Börsenhandel rationeller gestaltet und die Transaktionsgeschwindigkeit erhöht. Als weiteres Wesensmerkmal einer Börse wird in jüngster Zeit auch die Durchführung einer staatlich geregelten und überwachten Preisermittlung angesehen, womit eine klare Abgrenzung der Börse gegenüber börsenähnlichen Einrichtungen wie z.B. proprietären Transaktionssystemen möglich wird.[3]

---

[1] Zu den zugelassenen Marktteilnehmern gehören Kreditinstitute und Börsenmakler, bei denen wiederum Kursmakler und Freimakler zu unterscheiden sind. Kursmakler dürfen sich nach der Änderung des BörsG durch Art. 2 des Zweiten Finanzmarktförderungsgesetz zur Vornahme ihrer börslichen und außerbörslichen Wertpapiergeschäfte auch in Kursmaklergesellschaften in der Rechtsform der AG oder GmbH zusammenschließen (§ 34a I BörsG), wodurch diese in die Lage versetzt werden, den steigenden Eigenkapitalanforderungen durch die EG-Kapitaladäquanz-Richtlinie gerecht zu werden.

[2] *E. Schwark,* Börsengesetz, § 1 Rdnr. 4ff; *C. Claussen,* Bank- und Börsenrecht, S. 278ff.

[3] *H. Beck,* Das neue elektronische Handelssystem Xetra der Frankfurter Wertpapierbörse, WM 1998, S. 417, 418 m.w.N.

Der Börsenhandel vollzieht sich in Deutschland an allen der acht Wertpapierbörsen in drei Marktsegmenten: Amtlicher Handel, Geregelter Markt und Freiverkehr. In Frankfurt wurde 1997 als zusätzliches Segment der Neue Markt gegründet.[4,5] Jedes Wertpapier kann nach §§ 71 I, 78 I BörsG an derselben Börse nur in einem Segment gehandelt werden. Bei einer Notierung desselben Wertpapiers an mehreren Börsen ist aber eine Zuordnung zu verschiedenen Börsensegmenten möglich. 3

Telefonverkehr hat demgegenüber nichts mit der Börse im eigentlichen Sinne zu tun. So unterliegt dieser auch keiner Börsenaufsicht. Unabhängig hiervon vollzieht sich ein großer Teil des Wertpapierhan- 4

---

[4] In der Planung war ein weiteres Segment für osteuropäische Aktien, das in einer Kooperation mit der Wiener Wertpapierbörse betrieben werden sollte, nunmehr aber als Joint Venture ausschließlich an der Wiener Wertpapierbörse etabliert wurde.

[5] Im Freiverkehr der Bayerischen Börse in München gibt es seit dem Börsengang der Allgäuer Alpenwasser AG im Juli 1998 für Emittenten, die sich – wie im Neuen Markt – zu besonderer Transparenz bereit finden, einen sogenannten Prädikatsmarkt, dem bislang aber noch kein besonderer Erfolg beschieden ist. Zu den hier bestehenden Mindestanforderungen an den Emittenten gehören im Rahmen der Publizität ein Verkaufsprospekt, dessen Inhalt sich nach §§ 2 ff. VerkProspVO richtet, darüber hinaus auch noch das DVFA-Ergebnis auszuweisen hat. Der Emittent hat sich zur Ad-hoc-Publizität zu verpflichten und vierteljährlich einen Aktionärsbrief mit Informationen über Marktlage, Umsatz- und Ertragsentwicklung, Investitionsaufwand, Zahl der Mitarbeiter, besondere Vorkommnisse und Ausblick zu versenden. Der geprüfte Jahresabschluß und das DVFA-Ergebnis müssen auf einer Bilanzpressekonferenz veröffentlicht werden.

Nach den Zusatzerfordernissen für Neuemissionen darf ein Börsengang nur im Rahmen einer Barkapitalerhöhung erfolgen, bei der mindestens 25 Prozent des gezeichneten Kapitals, mindestens aber DM 500.000 plaziert werden. Der Emittent muß eine Eröffnungsbilanz vorlegen und ein Grundkapital von mindestens DM 2 Millionen ausweisen. Des weiteren ist – z.T. weitergehend als im Neuen Markt – eine Stillhaltezusage der geschäftsführenden Mehrheitsaktionäre, die nächsten 12 Monate weiterhin einen Anteil von mindestens 50 Prozent des Grundkapitals, das bei Zulassung bestand, zu halten.

Der Antrag auf Einbeziehung eines Unternehmens in den Freiverkehr und auf Erteilung des Prädikats muß von einem Mitglied der Bayerischen Börse gestellt werden, das sich u.a. bereiterklärt, während der nächsten drei Jahre dafür zu sorgen, daß der Emittent den Anforderungen für das Prädikat entspricht. Der Antragsteller hat sich zu verpflichten, die Kriterien für das Prädikat zu überwachen und die Börse bei Nichteinhaltungen informieren. Im Rahmen des Antrags bedarf es des Nachweises, daß das emissionsbegleitende Institut den Vertrieb der Emission sicherstellt, Wertpapierresearch stattfindet, und ein Kreditinstitut bereit ist, während der nächsten drei Jahre als Zahl- und Hinterlegungsstelle für das Unternehmen zu fungieren. Darüber hinaus müssen die Wertpapiere zur Girosammelverwahrung zugelassen sein und ein skontrierender Makler bereit sein, Preise festzustellen.

Andere Börsen verfolgen vergleichbare Ansätze, so z.B. die Hamburger Börse mit dem „Start-up-Markt" im Hamburger Freiverkehr.

dels zwischen Kreditinstituten und Wertpapierhandelshäusern[6] – insbesondere der Handel für eigene Rechnung – auch außerhalb der Börse, d.h. im Telefonverkehr.[7]

5 Die deutsche „Börsenlandschaft" war in den letzten Jahren in vielfältiger Hinsicht massiven Veränderungen unterworfen, ein Trend der sich fortsetzen wird. Praktisch besonders bedeutsam ist die sehr erfolgreiche Etablierung des Neuen Marktes und die hiermit verbundene – in Deutschland längst überfällige – Öffnung der Börse für junge Unternehmen. Die Auswirkungen der bereits abgeschlossenen oder sich anbahnenden Kooperationen bzw. Fusionen mit anderen europäischen Börsen für die Emittenten und Investoren sind noch unklar, werden in jedem Fall aber für die zum Handel zugelassenen Banken besonders deutlich sein. Im Detail noch nicht abschätzbar ist auch das Ergebnis der wachsenden Bedeutung der Frankfurter Wertpapierbörse und der – spiegelbildlich hierzu – schwindenden Bedeutung der Regionalbörsen. Hier spricht einiges dafür, daß die Mehrzahl der Regionalbörsen im Laufe der Jahre in der Bedeutungslosigkeit verschwinden und entsprechende Konsequenzen gezogen werden. Dies gilt verstärkt infolge der sich beschleunigenden Verlagerung des Umsatzes vom Parkett zum computergestützten Börsenhandel Xetra,[8] das im November 1997 das

---

[6] Interbankenhandel.

[7] Vgl. hierzu auch *W. Schürmann/K. Körfgen,* Familienunternehmen auf dem Weg zur Börse, S. 15 f. Der Börsenzwang für Wertpapiergeschäfte nach § 10 I 1 BörsG gilt nur für die Ausführung von Kommissionsaufträgen, die Kreditinstitute für ihre Kunden ausführen. *S. Kümpel,* Bank- und Kapitalmarktrecht, Rdnr. 14.324.

[8] Xetra ist eine elektronische Handelsplattform, die den Marktteilnehmern wesentliche Vorteile gegenüber IBIS bietet, schon weil dort nicht in allen Marktsegmenten gehandelt werden konnte. So werden sämtliche Kauf- und Verkaufsaufträge in einem Wertpapier in einem einzigen Orderbuch zusammengeführt, zu dem sämtliche Marktteilnehmer gleichberechtigten dezentralen Zugang erhalten. Dies führt nicht nur zu einer Konzentration der börslichen Liquidität des Kassahandels und beseitigt so die bislang bestehende Zersplitterung der Liquidität auf verschiedene Handelsplattformen, sondern erhöht auch die Transparenz der Orderlage und der Handelsaktivitäten im Zusammenhang mit der börslichen Preisbildung. Ein transparentes Orderbuch ermöglicht allen Marktteilnehmern, sich über das vorhandene Handelsinteresse und damit die aktuelle Marktlage vor Aufgabe ihrer Orders zu informieren, was wiederum die Bereitschaft fördert, Orders einzustellen. Außerdem können die Marktteilnehmer unabhängig von ihrem Standort gleichberechtigt am Handel teilnehmen. Der dezentrale Zugang wird als wichtige Voraussetzung für die angestrebte Gewinnung internationaler Marktteilnehmer für den Wertpapierhandel angesehen.

Dies Preisbildung in Xetra vollzieht sich sowohl im Rahmen von Auktionen als auch in einem fortlaufenden Handel. In den Auktionen werden die Preise nach dem Meistausführungsprinzip ohne Einschränkung in der ausführbaren

erfolgreiche elektronische Handelssystem IBIS[9] abgelöst hat und in dem seit der Einführung von Release 3 im Oktober 1998 der Handel in allen Handelssegmenten möglich ist.[10] Geplant ist, zu Xetra von internationalen Finanzzentren wie London, Zürich und Paris Zugangs- oder Verbindungspunkte zu schaffen und den Börsenteilnehmern ortsunabhängig direkten Zugriff auf den Preisbildungsprozeß zu gewähren.[11]

II. Anwendbares Recht

Das gesamte Börsenrecht einschließlich des Verfahrens der Börsenzu- **6**
lassung von Aktien und anderen Wertpapieren sowie die aus der Zulas-

---

Ordergröße festgestellt, d.h. unter Berücksichtigung der gesamten Orderlage. Demgegenüber wird im fortlaufenden Handel ein offenes Orderbuch geführt, in dem die Orders direkt zusammentreffen. Für die Ausführung von Orders gilt zunächst Preis- und dann Zeitpriorität, wobei letztere einen Anreiz zu frühzeitiger Orderplazierung bieten soll.

Sämtliche Transaktionen und Preise werden in Xetra real time unter Verwendung automatischer Analyseverfahren mit dem Ziel überwacht, faire Preise sowie die Einhaltung der Börsenregeln in Xetra zu gewährleisten. Zum Marktmodell vgl. *C. Braue/L. Hille,* Xetra – Elektronisches Handelssystem am Finanzplatz Deutschland, Die Bank 1997, S. 140ff.; *H. Beck,* Das neue elektronische Handelssystem Xetra der Frankfurter Wertpapierbörse, WM 1998, S. 417 ff.

[9] Vgl. hierzu *S. Kümpel,* Bank- und Kapitalmarktrecht, Rdnr. 14.338 ff.

[10] Eigentlich sollte der Parketthandel im Neuen Markt bereits zu Gunsten von Xetra ganz aufgegeben werden. Dieses Vorhaben wurde auf Druck der Banken fallen gelassen, denen die vollständige Abhängigkeit von einem Computergestützen Handelssystem wohl zu riskant erschien. Auch wurde eine Verlagerung der Umsätze auf die Regionalbörsen befürchtet.

Inwieweit nun weiter Umsätze vom Parkett zu Xetra verlagert werden, bleibt abzuwarten. Maßgeblich hierfür ist auch § 10 BörsG, nach dem der Auftraggeber neben dem Ausführungsplatz auch bestimmt, ob der Auftrag im Präsenzhandel oder im elektronischen Handel auszuführen ist. Trifft der Auftraggeber keine Bestimmung, ist der Auftrag im Präsenzhandel auszuführen, es sei denn, das Interesse des Auftraggebers gebietet eine andere Ausführungsart. Wichtig dürfte in diesem Zusammenhang auch sein, daß die nunmehr als Designated Sponsors bezeichneten Betreuer ihre Aktivitäten auf Xetra beschränken werden, d.h. auf dem Parkett keine Kurse mehr stellen werden. *O. V.,* Erste Schlappe für Xetra, BöZ vom 4. September 1998, S. 1; *o.V.,* Neuer Markt bleibt auf dem Frankfurter Parkett, BöZ vom 4. September 1998, S. 3. *S. Keidel,* Neuer Markt auf Xetra und Parkett, HB vom 4. September 1998, S. 25. Sollte sich Xetra gegen den Parketthandel durchsetzen, ist auch mit dem Verschwinden des Kursmaklers und seiner Funktion der Feststellung von Kursen zu rechnen. Vgl. hierzu auch *Kling, Jelko, Dr. Dehmel Wertpapierdienstleistungs AG,* Verkaufsprospekt und Unternehmensbericht, S. 18.

[11] Vgl. hierzu auch *R. Francioni,* Der Neue Markt, BVK Jahrbuch 1997, S. 35, 37.

sung resultierenden Rechte und Pflichten der diversen Beteiligten sind in einer Vielzahl von Gesetzen und Verordnungen geregelt. Deren Kern bildet das Börsengesetz, das zuletzt mit dem Dritten Finanzmarktförderungsgesetz mit Wirkung zum 1. April 1998 geändert wurde.[12] So ist der Amtliche Handel und die Zulassung von Wertpapieren zu diesem in den §§ 36–49 BörsG und in der auf Basis von § 38 BörsG ergangenen BörsZulV geregelt. Demgegenüber findet der Geregelte Markt seine Rechtsgrundlage in den §§ 71–77 BörsG sowie in den Börsenordnungen der einzelnen Börsen.

7 Die Zulassung zum Neuen Markt sowie die Einbeziehung von Aktien in den Freiverkehr unterliegen demgegenüber privatrechtlichen Regelungen. So ist für den Neuen Markt Abschn. 2 RWNM einschlägig, wo auch auf § 59 der BörsO der Frankfurter Wertpapierbörse verwiesen wird. Für den Freiverkehr sind neben § 78 BörsG jeweils die Richtlinien für den Freiverkehr der einzelnen Börsenplätze einschlägig, die im wesentlichen ähnliche Bestimmungen enthalten,[13] sich in wichtigen Punkten wie der Erforderlichkeit der Zustimmung des Emittenten aber auch unterscheiden können.

8 Bei der Anwendung der besagten Normen ist zu berücksichtigen, daß das Börsen- und Kapitalmarktrecht dem europäischen Gesetzgeber unterliegt.[14] Dessen Richtlinien müssen in nationales Recht transformiert werden, um im Inland Wirkung zu entfalten.[15] Gleichzeitig sind diese europäischen Richtlinien in der Interpretation des deutschen Rechts zu beachten.[16] Ziel ist eine Vereinheitlichung des Kapitalmarktrechts in der Europäischen Gemeinschaft, da ein europäischer Binnenmarkt einen integrierten Kapitalmarkt voraussetzt.

---

[12] Vgl. hierzu *R. von Rosen* in *H. Assmann/R. Schütze* (Hrsg.), Handbuch des Kapitalanlagerechts, § 2 Rdnr. 138.

[13] *R. von Rosen* in *H. Assmann/R. Schütze* (Hrsg.), Handbuch des Kapitalanlagerechts, § 2 Rdnr. 179.

[14] Vgl. hierzu *C. Claussen,* Bank- und Börsenrecht, S. 306.

[15] Vgl. *J. Franke* in *H. Assmann/R. Schütze* (Hrsg.), Handbuch des Kapitalanlagerechts, § 2 Rdnr. 5 f. Rechtsgrundlage dieses europäischen Kapitalmarktrechts sind neben den Art. 2 und 3c EWGV, die die Schaffung des Gemeinsamen Marktes und den freien Kapitalverkehr zwischen den Mitgliedern der EU vorsehen, u.a. die Art. 54 II und III g EG-Vertrag, wonach die Schutzvorschriften zugunsten von Gesellschaftern und Gläubigern zu harmonisieren sind. Eingehend hierzu *A. Kaiser,* Die Harmonisierung des Europäischen Kapitalmarktrechts und das Recht des Wertpapierhandels in Italien und Deutschland, S. 1ff.

[16] *C. Claussen,* Bank- und Börsenrecht, S. 281.

	Amtlicher Handel	Geregelter Markt	Freiverkehr	Neuer Markt
Zulassungsvoraussetzungen				
– Emissionsvolumen bei erster Zulassung	voraussichtlicher Kurswert der Aktien > DM 2,5 Mio.; bei Stückaktien: min. 10.000 Stück § 2 I BörsZulV	Nennbetrag von mindestens DM 0,5 Mio. bei Stückaktien: min. 10.000 Stück (§ 51 I und II BörsO)	keine Vorgaben	voraussichtlicher Kurswert min. Euro 5 Mio. (Abschn. 2 3.7 IV RWNM), min. Nennwert Euro 250.000 bzw. 100.000 Stück (Abschn. 2 3.7 RWNM)
– Eigenkapital	keine Vorgaben	keine Vorgaben	keine Vorgaben	min. Euro 1,5 Mio (Abschn. 2 3.1 II RWNM)
– Zulassung aller Aktien einer Gattung	i.d.R. Pflicht § 7 I BörsZulV	nicht erforderlich (§ 51 III BörsO)	nicht erforderlich	i.d.R. Pflicht (Abschn. 2 3.9 RWNM)
– Aktiengattung	Stamm- und/oder Vorzugsaktien	Stamm- und/oder Vorzugsaktien	Stamm- und/oder Vorzugsaktien	i.d.R. nur Stammaktien (Abschn. 2 3.4 RWNM)
– Streuung	Mindestens 25 % der zugelassenen Aktien (§ 9 BörsZulV)	keine Vorgaben	keine Vorgaben	mindestens 20 % (empfohlen mindestens 25 %) der zugelassenen Aktien (Abschn. 2 3.10 I RWNM)
– Mindestalter der Gesellschaft	3 Jahre, Ausnahmen möglich (§ 3 BörsZulV)	keine Vorgaben	keine Vorgaben	Soll: 3 Jahre
– Akzeptanz des Übernahmekodex	nicht erforderlich	nicht erforderlich	nicht erforderlich	obligatorisch (Abschn. 2 7. 2. 10 RWNM)
Zulassungsverfahren	Emittent und Kreditinstitut (§ 36 II BörsG)	Emittent und Kreditinstitut (§ 71 II BörsG, § 50 II 2 BörsO)	i.d.R. Unternehmen, das an der Börse uneingeschränkt zum Börsenhandel zugelassen ist (z.B. § 3 RiLi FV FWB)	Emittent und Kreditinstitut oder Finanzdienstleistungsinstitut (Abschn. 2 2.2 I RWNM)
Zulassungsdokument	Zulassungsprospekt	Unternehmensbericht	Verkaufsprospekt	Verkaufsprospekt/ Unternehmensbericht
– Inhalt	Alle Angaben, die für die Beurteilung des Wertpapiers notwendig sind, inklusive der Bilanzen und Gewinn- und Verlustrechnungen der letzten drei Geschäftsjahre und des Anhangs des letzten Geschäftsjahres	Wesentliche Angaben, die für die Beurteilung des Wertpapiers notwendig sind, inklusive des Jahresabschlusses des letzten Geschäftsjahres, falls Unternehmen älter als 18 Monate	Angeben, so daß eine zutreffende Beurteilung des Emittenden möglich ist	Alle Angaben, die für die Beurteilung des Wertpapiers notwendig sind, inklusive der Bilanzen und Gewinn und Verlustrechnungen der letzten drei Geschäftsjahre und des Anhangs des letzten Geschäftsjahres, Rechnungslegung nach HGB (wenn rechtlich maßgeblich) und IAS oder US-GAAP

	Amtlicher Handel	Geregelter Markt	Freiverkehr	Neuer Markt
Veröffentlichungspflichten				
– Zulassungsantrag	durch Zulassungsstelle in einem Börsenpflichtblatt (§ 49 BörsZulV)	Börsenzeitung und Aushang im Börsensaal (§ 55 V BörsO)	keine Vorgaben	durch Zulassungsstelle in min. einer inländischen Tageszeitung mit überregionaler Verbreitung (Abschn. 22.4 RWNM)
– Prospekt/Unternehmensbericht	Zeitungs- oder Schalterpublizität (§ 36 IV BörsG)	Zeitungs- oder Schalterpublizität (§ 55 I BörsO)	Zeitungs- oder Schalterpublizität (§ 9 VerkProspG)	Zeitungs- oder Schalterpublizität (§ 55 I BörsO)
– Zusätzliche Veröffentlichungen	Bundesanzeiger (§ 68 BörsZulV)	Zeitungspublizität oder Schalterpublizität (§ 55 II BörsO)	keine Vorgaben	Zeitungspublizität oder Schalterpublizität (§ 55 II BörsO)
Publizitätspflichten nach Einführung				
– Zwischenberichterstattung	mindestens 1 Pflicht (§§ 53, 61 BörsZulV)	mindestens 1 empfohlen (§ 54 BörsO)	nicht erforderlich	Quartalsberichte, Einberufung der Hauptversammlung, Dividenden, Ausgabe neuer Aktien etc. (Abschn. 2 7.1.7, 7. 2.1 RWNM)
– Ad hoc-Publizität	obligatorisch (§ 15 WpHG, § 66 BörsZulV)	obligatorisch (§ 15 WpHG)	nicht obligatorisch (§ 15 WpHG)	obligatorisch (§ 15 WpHG, Abschn. 2 7. 2. 11 RWNM)
– Publikationssprache	Deutsch	Deutsch	Deutsch	Deutsch u. Englisch
– Beteiligungsschwellen	bei 5, 10, 25, 50 und 75 % der Stimmrechte (§§ 21, 25 WpHG)	bei 5, 10, 25, 50 und 75 % der Stimmrechte (§§ 21, 25 WpHG)	bei 25 % der Anteile oder 50 % der Stimmrechte (§§ 16, 20 AktG)	bei 5, 10, 25, 50 und 75 % der Stimmrechte (§§ 21, 25 WpHG)
Haltepflicht für Altaktionäre	nein (Ausnahme: SMAX)	nein	nein	6 Monate (Abschn. 2 7. 2. 9 RWNM)
Betreuer	nein (Ausnahme: SMAX)	nein	nein	2 Betreuer (Abschn. 3 4 RWNM)
Analystenveranstaltung	nein	nein	nein	mindestens 1 p.a. (Abschn. 2 7. 2. 11 RWNM)
Jahresabschlüsse	Veröffentlichung obligatorisch (§ 325 HGB)	Veröffentlichung obligatorisch (§ 325 HGB)	Veröffentlichung obligatorisch (§ 325 HGB)	Veröffentlichung obligatorisch (§ 325 HGB); Rechnungslegung nach IAS oder US-GAAP (Abschn. 27. 2. 2 RWNM)
Sonstiges				Mindestens 50 % des Emissionsvolumens aus Kapitalerhöhung (Abschn. 2 3.8 RWNM); Mindestens einmal p.a. Offenlegung des Anteilsbesitzes von Organmitgliedern (Abschn. 27. 1.3 RWNM); Unternehmenskalender (Abschn. 27. 2.4 RWNM); bei Wechsel aus anderem Marktsegment erst 2 Jahre nach dortiger Zulassung (Abschn. 2 2.3.3 RWNM)

III. Amtlicher Handel

1. Bedeutung

Bislang galt der Amtliche Handel als das Börsensegment mit dem höchsten Image und den strengsten Zulassungsvoraussetzungen. Beides ist im Ergebnis auch nach der Gründung des Neuen Marktes weiterhin gültig, wenngleich die Anforderungen an einen Emittenten gerade in Hinblick auf Transparenz im Neuen Markt höher sind und dieser auch ein besonderes Image genießt, das wiederum auf die dort notierten Werte abfärbt. Der Amtliche Handel ist – wie der Geregelte Markt – öffentlich-rechtlich organisiert. **9**

Im Handel mit amtlicher Notierung finden sich die Aktien der bekannten inländischen Gesellschaften aus allen Wirtschaftszweigen und auch einige internationale Gesellschaften.[17] Die in diesem Marktsegment stattfindende amtliche Feststellung des Börsenpreises erfolgt nach § 29 BörsG durch die Kursmakler, soweit an der Börse eine Kursmaklerkammer besteht.[18] Diese üben insoweit eine öffentlich-rechtliche Tätigkeit aus.[19] **10**

Der amtliche Charakter der Preisfeststellung ist im täglichen Geschäft sowohl für die Gesellschaft als Emittentin wie für den Anleger irrelevant. Für beide Seiten wichtig ist demgegenüber die Tatsache, daß alle im DAX[20] und im MDAX[21] enthaltenen Werte im Amtlichen Handel notiert **11**

---

[17] *J. Franke* in *H. Assmann/R. Schütze* (Hrsg.), Handbuch des Kapitalanlagerechts, S. 70 mit Angaben zu den anderen Wertpapieren (Anleihen und Genußscheine), die im Amtlichen Handel notiert sind. Von diesen müssen einige Papiere – wie die Anleihen von Bund und Ländern – nach § 40 BörsG kein Zulassungsverfahren durchlaufen.

[18] Ansonsten ist nach § 29 f. BörsG für die Feststellung der Börsenvorstand zuständig, die Kursmakler wirken hierbei lediglich mit.

[19] Vgl. hierzu *S. Kümpel,* Bank- und Kapitalmarktrecht, Rdnr. 14.423 ff.

[20] Der Deutsche Aktienindex DAX umfaßt die 30 größten und umsatzstärksten deutschen Aktien. Er repräsentiert mehr als 70 Prozent des gesamten Grundkapitals inländischer börsennotierter Gesellschaften. Der Handel in diesen Aktien macht über 75 Prozent der Börsenumsätze des deutschen Aktienhandels aus. Der DAX ist als Real-Time-Index konzipiert und wird während der Handelszeit alle fünfzehn Sekunden neu sowohl aus Preisen der Frankfurter Präsenzbörse als auch aus Xetra-Preisen berechnet.

Der DAX ist wie alle Indizes der DBAG kapitalgewichtet, wobei das Gewicht einer Aktie sich nach dem Anteil an der gesamten Börsenkapitalisierung bemißt. Der DAX wird um Dividendenzahlungen und Bezugsrechtsgewährungen bereinigt, d.h. er berücksichtigt nur die vom Markt ausgelösten Kursveränderungen und ist damit ein echter Performance-Index.

[21] Der MDAX umfaßt 70 variabel gehandelte Werte, d.h. die Werte, die in bezug auf Börsenkapitalisierung und Börsenumsatz unmittelbar nach den 30 DAX-Werten folgen (DAX 100 minus DAX = MDAX). Der MDAX® wird minütlich sowohl auf Grundlage der Notierungen der Frankfurter Präsenzbörse als auch auf

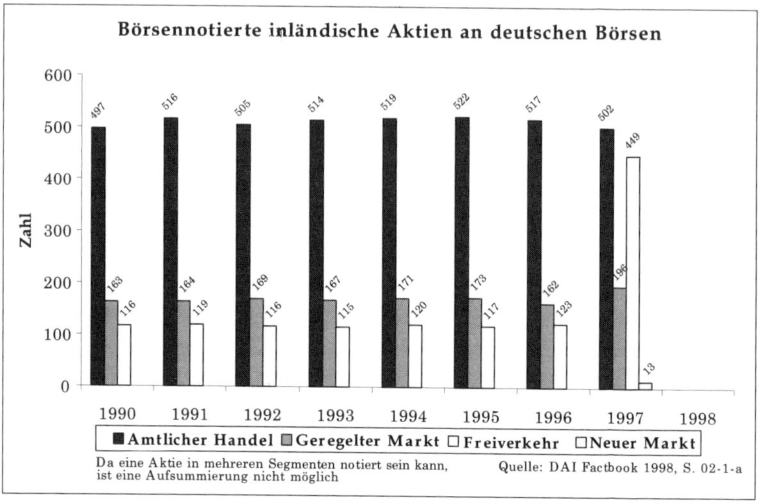

sind. Viele große institutionelle Investoren investieren ausschließlich in Aktien, die in diesen Indizes enthalten sind. Dies gilt besonders für ausländische Investoren. Für inländische institutionelle Anleger bedeutsam können die Anlagekataloge im Versicherungsaufsichtsgesetz und im Kapitalanlagegesellschaftsgesetz sein, nach denen diese u. a. in amtlich gehandelten Aktien investieren dürfen. Hierdurch, aber auch wegen der Höhe der

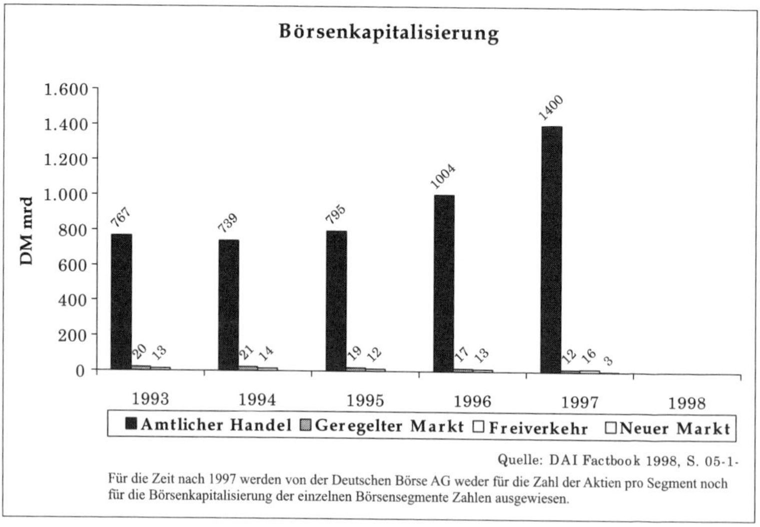

Basis der Kurse des Xetra-Systems kalkuliert. Demgegenüber bildet der DAX 100 den Kursverlauf der 100 größten und umsatzstärksten inländischen Gesellschaften ab, die im Amtlichen Handel an der FWB variabel notiert werden.

Marktkapitalisierung und der frei umgehenden Aktien[22] dieser Gesellschaften ist die Liquidität in den Werten des Amtlichen Handels am höchsten, was wiederum ein wichtiger Grund für die Konzentration des Interesses in diesen Papieren ist. Die Investition großer Beträge in ein einzelnes Papier macht nur dann Sinn, wenn gewährleistet ist, daß ein Verkauf auch hoher Stückzahlen jederzeit möglich ist und weder Kauf noch Verkauf zu einer Verzerrung der Marktpreise führt.

Für den Emittenten ist die Zulassung zum Amtlichen Handel mit höheren Voraussetzungen und Zulassungsfolgepflichten verbunden als die zum Geregelten Markt oder die zum Freiverkehr, was im Ergebnis aber keinen wesentlichen Nachteil gegenüber der höheren Reputation einer Notierung in diesem Segment darstellt. 12

2. Zulassungsvoraussetzungen

Die Einführung von Wertpapieren in den Amtlichen Handel bedarf der Zulassung, die neben der Veröffentlichung eines Zulassungsprospekts[23] und der Einhaltung eines geregelten Verfahrens die Erfüllung materiell-rechtlicher Mindestanforderungen voraussetzt. Diese sind in den §§ 36 III Nrn. 1 und 3, 38 BörsG i.V.m. der Börsenzulassungsverordnung geregelt. Grundvoraussetzung für den Rechtsanspruch eines Emittenten auf Zulassung ist danach, daß keine Umstände bekannt sind, die bei Zulassung der Aktie zu einer Übervorteilung des Publikums oder einer Schädigung erheblicher allgemeiner Interessen führen. Die Zulassungsstelle hat daher zu prüfen, ob die zuzulassenden Wertpapiere offensichtlich überbewertet sind und deshalb ein hohes Risiko eines Kursverfalls besteht oder ob konkrete Umstände für die Gefährdung der Rentabilität bestehen.[24] 13

Außerdem bestehen nach der gemäß § 38 BörsG ergangenen Börsenzulassungsverordnung die nachstehenden Anforderungen an das Unternehmen und seine Aktien.

a) Rechtmäßigkeit

Gründung sowie Satzung bzw. Gesellschaftsvertrag des Emittenten müssen nach § 1 BörsZulV dem Recht des Staates entsprechen, in dem der Emittent seinen Sitz hat. Auch müssen nach § 4 BörsZulV die Aktien in Übereinstimmung mit dem für den Emittenten geltenden Recht 14

---

22 Sogenannter „free float".

23 Vgl. hierzu § 13 I. 1. Prospektpflicht.

24 *S. Kümpel,* Bank- und Kapitalmarktrecht, Rdnr. 14.376. Dies kann aber nur bei ganz eklatanten und wirklich offensichtlichen Mißverhältnissen gelten, da die Zulassungsstelle nicht verpflichtet ist, eigene Ermittlungen über die Bonität des Emittenten und die Absicherung zuzulassender Wertpapiere durchzuführen. BGH vom 6. Juli 1993, BB 1993, S. 1903, 1904.

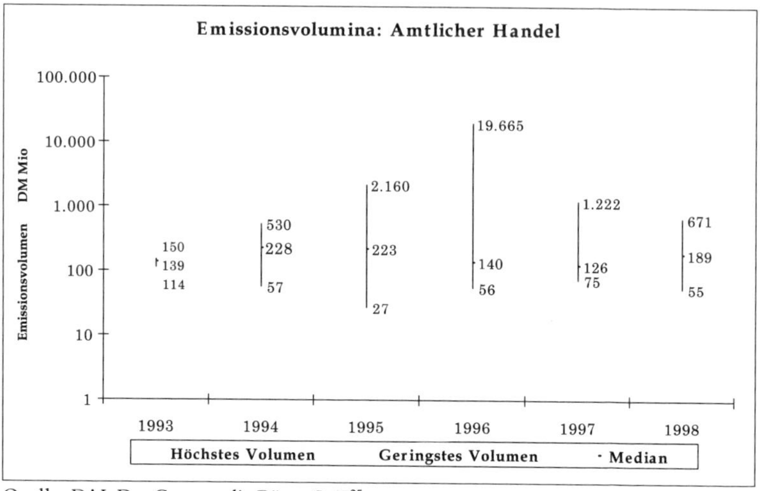

Quelle: DAI, Der Gang an die Börse, S. 17[25]

ausgegeben worden sein und den für die Aktien geltenden Vorschriften entsprechen.

b) Unternehmensalter

15 Das Unternehmen muß nach § 3 BörsZulV mindestens drei Jahre als Unternehmen bestanden haben und seine Jahresabschlüsse entsprechend den hierfür geltenden Normen offengelegt haben. Die Rechtsform, in der das Unternehmen bestanden hat, ist in diesem Zusammenhang irrelevant. Die Zulassungsstelle kann auf das Erfordernis des Mindestalters verzichten, wenn dies im Interesse des Emittenten und des Publikums liegt.

c) Art der Aktien

16 Wie in allen Marktsegmenten außer im Neuen Markt werden bei der Zulassung sowohl Stamm- als auch Vorzugsaktien zugelassen. Ebensowenig wird zwischen Inhaber- und Namensaktien unterschieden.

17 Voraussetzung ist aber die freie Handelbarkeit der Aktien, was insbesondere bei teileingezahlten Aktien und vinkulierten Namensaktien eine Rolle spielen kann. Diese sind zuzulassen, wenn sichergestellt ist, daß der Börsenhandel nicht beeinträchtigt wird und das Publikum über die fehlende Volleinzahlung unterrichtet ist.[26]

---

[25] Der Kurswert des Emissionsvolumens errechnete sich aus der Stückzahl der emittierten Aktien und dem Emissionspreis, d.h. nicht der ersten Notiz.

[26] Vgl. § 5 BörsZulV. Die Fungibilität von Namensaktien ist durch die bei der Deutsche Clearing AG eröffnete Möglichkeit der Girosammelverwahrung von vinkulierten Namensaktien gegeben.

d) Herkunft der Aktien und Aktionärsbindung

Im Amtlichen Handel bestehen, wie im Geregelten Markt und Freiverkehr, keine Anforderungen, nach denen ein Teil der Kapitalmittel aus der Börseneinführung dem Unternehmen zufließen muß.[27] Demnach ist der Emittent frei, zu bestimmen, ob die Altaktionäre ihre Aktien verkaufen oder ob eine Kapitalerhöhung durchgeführt wird und die aus dem Verkauf der Aktien zufließenden Mittel direkt dem Unternehmen zugute kommen. **18**

Diese Möglichkeit in rechtlicher Hinsicht darf aber nicht darüber hinwegtäuschen, daß Investoren, die im Vorfeld einer Börseneinführung auf die sich bietende Investitionsmöglichkeit angesprochen werden, eine fortbestehende Bindung der Altaktionäre und damit das Kapitalerhöhungsmodell präferieren, bei dem ihr Kaufpreis in „ihr" Unternehmen fließt. Dementsprechend wird – zumindest bei einem Fehlen gewichtiger Gründe für den Verkauf der zu plazierenden Aktien durch die Altaktionäre – gerade die konsortialführende Bank bei der Strukturierung der Transaktion regelmäßig auf diese Alternative oder eine Mischform drängen, so daß mindestens ein Teil des Plazierungserlöses der Stärkung des Unternehmens dient. **19**

Darüber hinaus ist es, trotz des Fehlens einer dem Abschn. 2 7.2.9 RWNM vergleichbaren Regelung,[28] auch in anderen Marktsegmenten üblich, daß sich die Altaktionäre im Emissionsvertrag gegenüber dem Konsortium oder dem Konsortialführer verpflichteten, während eines Zeitraums von sechs Monaten bis zwei Jahren keine Aktien aus ihren Beständen zu verkaufen und auch keine wirtschaftlich vergleichbaren Maßnahmen zu ergreifen. Dies gilt besonders bei Emissionen, die auf internationaler Ebene plaziert werden. **20**

e) Liquidität und Kapital

Die Liquidität eines Marktes im Allgemeinen und eines dort gehandelten Wertes im Besonderen ist für einen Anleger aus mehreren Gründen von hoher Bedeutung. So ist ein Ausstieg aus einem Investment in einem illiquiden Markt sehr viel schwieriger als in einem Markt, in dem hohe Umsätze vorherrschen, insbesondere bei größeren Aktienpaketen. Dies gilt schon in „normalen" Zeiten, ganz besonders aber in schwierigen oder gar panikartigen Marktphasen, die dann mit besonders hoher Volatilität und Kursausschlägen verbunden sind. Eine hohe Liquidität erlaubt somit die Vermeidung oder zumindest Einschränkung von Kursausschlägen und eine konstantere und fairere Kursbildung. Je **21**

---

[27] So aber im Neuen Markt, wo nach Abschn. 2 3.8 RWNM bei einer erstmaligen Zulassung von Aktien zum Neuen Markt mindestens die Hälfte der Aktien aus einer Kapitalerhöhung gegen Bareinlagen kommen muß.

[28] Vgl. hierzu § 11 VI. 3. d) Kapitalerhöhung und Aktionärsbindung.

höher die Liquidität in einem Papier ist, desto eher entspricht dessen Preis der tatsächlichen Marktlage im Sinne einer korrekten Wiedergabe der Angebots- und Nachfragesituation.[29]

22 So sieht § 2 BörsZulV vor, daß der voraussichtliche Kurswert[30] der zuzulassenden Aktien mindestens 2,5 Millionen DM betragen muß. Im Falle der Zulassung von Stückaktien sind mindestens 10.000 Stück zuzulassen. Die Zulassungsstelle kann niedrigere Beträge zulassen, wenn sie davon überzeugt ist, daß die sich dann entwickelnde Liquidität in den zuzulassenden Aktien die Bildung eines ausreichenden Marktes zulassen wird.

23 Der Zulassungsantrag muß sich im Amtlichen Handel nach § 7 I BörsZulV auf alle Aktien derselben Gattung beziehen. Der Antrag kann aber insoweit beschränkt werden, als die nicht zuzulassenden Aktien zur Aufrechterhaltung eines beherrschenden Einflusses gehören und wenn aus der nur teilweisen Zulassung keine Nachteile für die Erwerber der zuzulassenden Aktien zu befürchten sind. Im Falle eines Verzichts ist im Prospekt auf die Beschränkung hinzuweisen.

24 Die zuzulassenden Aktien müssen im Publikum ausreichend gestreut sein oder im Rahmen der Plazierung ausreichend gestreut werden. Sie gelten als ausreichend gestreut, wenn 25 Prozent des Nominalbetrages bzw. bei Stückaktien der Stückzahl, beim Publikum liegen bzw. von diesem im Rahmen des Börsengangs erworben werden. Bei einer großen Zahl von zuzulassenden Aktien kann eine breite Streuung in diesem Sinne schon bei einem niedrigeren Prozentsatz angenommen werden, wenn ein ordnungsgemäßer Börsenhandel gewährleistet ist.[31]

IV. Geregelter Markt

25 Der erst 1987 geschaffene[32] Geregelte Markt ist insbesondere als Handelsplatz für Aktien kleiner und mittelgroßer Unternehmen und deren Genußscheine gedacht. Wie der Amtliche Handel ist er öffentlich-rechtlich organisiert und ähnelt diesem in seiner rechtlichen Struktur, wenngleich unter Abmilderung einzelner Pflichten. So ist auch die Zulassung an vergleichsweise geringere Voraussetzungen geknüpft, um so Unternehmen der angesprochenen Unternehmensgröße den Zugang zur Börse zu erleichtern.

---

[29] *H. Beck,* Das neue elektronische Handelssystem Xetra der Frankfurter Wertpapierbörse, WM 1998, S. 417, 419.

[30] Ist eine Schätzung ausnahmsweise nicht möglich, muß das Eigenkapital der Gesellschaft i. S. d. § 266 III A HGB diesen Betrag erreichen.

[31] § 9 BörsZulV.

[32] Zur Entstehung vgl. *J. Franke,* in *H. Assmann/R. Schütze* (Hrsg.), Handbuch des Kapitalanlagerechts, § 2 Rdnr. 81 f.

1. Bedeutung

Die zum Geregelten Markt zugelassenen Papiere sind rechtlich weitgehend denen im Amtlichen Handel gleichgestellt. Dies gilt für die Anlagenkataloge im Versicherungsaufsichtsgesetz sowie im Kapitalanlagegesetz, aber auch für das Einkommensteuer- und das Bewertungsgesetz. Auch die Lombardfähigkeit der im Geregelten Markt gehandelten Aktien ist durch Entscheid der Deutschen Bundesbank sichergestellt.[33] **26**

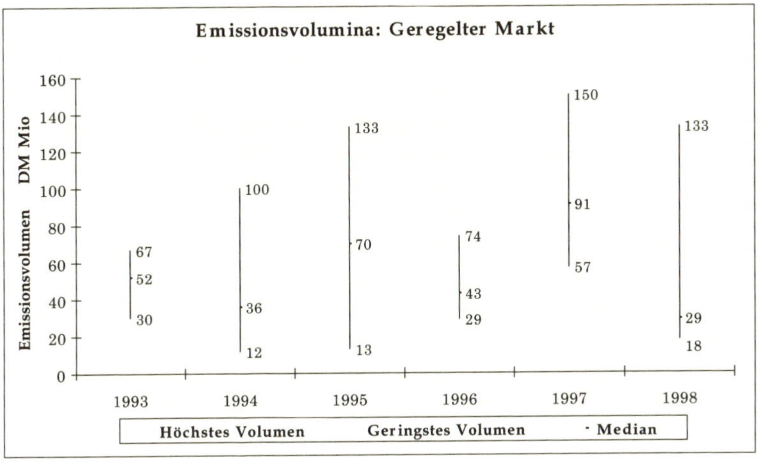

Quelle: DAI, Der Gang an die Börse, S. 17

Im Geregelten Markt zugelassene Aktien werden nicht i.S.d. des Gesetzes „amtlich" notiert.[34] Die Preisfeststellung erfolgt an den einzelnen Börsen z.T. durch Freie Makler, z.T. auch durch Kursmakler, dann aber nicht in amtlicher Eigenschaft. Im Unterschied zum Amtlichen Handel ist die Preisfeststellung der Kursmakler somit eine privatrechtlich geregelte Tätigkeit, wenn auch eine hoheitlich beaufsichtigte.[35] Daraus wurde früher eine unterschiedliche Beweiskraft für die Richtigkeit der festgestellten Preise abgeleitet, ein Unterschied, der an Bedeutung verloren hat, nachdem mit dem Zweiten Finanzmarktförderungsgesetz der Börsenpreis und seine Feststellung einheitlich für den Amtlichen Handel und den Geregelten Markt definiert wurde.[36] **27**

[33] *J. Franke* in *H. Assmann/R. Schütze* (Hrsg.), Handbuch des Kapitalanlagerechts, § 2 Rdnr. 84.

[34] Vgl. § 71 I 1 BörsG.

[35] *S. Grundmann* in *H. Schimansky/H. Bunte/H. Lwowski* (Hrsg.), Bankrechts-Handbuch Band III, S. 2939.

[36] Vgl. § 11 I 1 BörsG. Vgl. hierzu auch *S. Kümpel*, Bank- und Kapitalmarktrecht, Rdnr. 14.431.

28 Emittenten von Wertpapieren im Geregelten Markt unterliegen wie amtlich notierte Gesellschaften den Ad-hoc-Publizitätspflichten nach § 15 WpHG.[37] Insgesamt sind die Informationspflichten geringer als in der Amtlichen Notierung.

2. Zulassungsvoraussetzungen

29 Die wesentlichen Unterschiede zum Amtlichen Handel liegen in den verminderten Zulassungsbedingungen, die vor allem kleineren und mittleren Aktiengesellschaften den Zugang zum Börsenhandel ermöglichen. Anders als im Amtlichen Handel sind die Zulassungsvoraussetzungen und die Ausgestaltung für den Geregelten Markt nicht im BörsG geregelt, sondern werden in der Börsenordnung[38] der einzelnen Börsen festgelegt.[39] Durch die Regelung der Einzelheiten in der Börsenordnung ist eine höhere Flexibilität in der Ausgestaltung des Geregelten Marktes an den verschiedenen Börsen möglich.

30 Die Einführung von Wertpapieren ist wie im Amtlichen Handel zulassungspflichtig und vom Vorliegen der nachstehenden materiell-rechtlichen Mindestanforderungen abhängig, die in § 73 BörsG und den jeweiligen Börsenordnungen der Börsen geregelt sind. Grundvoraussetzung für den Rechtsanspruch eines Emittenten auf Zulassung ist danach wie im Amtlichen Handel, daß keine Umstände bekannt sind, die bei Zulassung der Aktie zu einer Übervorteilung des Publikums oder einer Schädigung erheblicher allgemeiner Interessen führen.

31 Darüber hinaus fordert § 58 BörsO der FWB für die erstmalige Zulassung von Aktien, die nicht an einer anderen inländischen Börse amtlich notiert werden, einen Nennbetrag von mindestens 500.000 DM oder im Falle von Stückaktien die Zulassung von mindestens 10.000 Stück. Auch hier kann der Zulassungsausschuß geringere Beträge zulassen, wenn er überzeugt ist, daß sich für die zuzulassenden Wertpapiere ein ausreichender Markt bilden wird. Im Gegensatz zum Amtlichen Handel und Neuen Markt kann der Zulassungsantrag vom Emittenten auf einen Teil der Emission beschränkt werden.

32 Anforderungen an das Unternehmensalter, Art der Aktien oder deren Streuung wurden für den Geregelten Markt in Anbetracht seiner Ausrichtung und dem Bemühen um Flexibilität nicht aufgestellt.

---

[37] Vgl. hierzu § 16 II. Ad-hoc-Publizität.

[38] Eine Börsenordnung ist nach eine öffentlich-rechtliche Satzung, d.h. eine Rechtsvorschrift, die von einer dem Staat eingeordneten Institution des öffentlichen Rechts im Rahmen der ihr gesetzlich verliehenen Autonomie mit Rechtswirkung für den vom Tätigkeitsbereich dieser Institution erfaßten Personenkreis erlassen wird. *S. Kümpel,* Bank- und Kapitalmarktrecht, Rdnr. 14.369; BVerfGE 10, 20, 50; 33, 125, 156.

[39] § 72 I BörsG.

Ebensowenig findet sich für den Geregelten Markt eine Regelung wie in § 1 BörsZulV, nach dem im Amtlichen Handel Gründung und Satzung des Emittenten dem Recht des Staates entsprechen müssen, in dem der Emittent seinen Sitz hat. Gleiches gilt für eine dem § 4 BörsZulV entsprechende Regelung, wonach die Aktien in Übereinstimmung mit dem für den Emittenten geltenden Recht ausgegeben worden sein und den für die Aktien geltenden Vorschriften entsprechen müssen. Insoweit sollte aber davon auszugehen sein, daß die Zulassungsstelle bei Kenntnis der Rechtswidrigkeit von Satzung oder Aktienausgabe die Gefahr einer Übervorteilung des Publikums oder einer Schädigung erheblicher allgemeiner Interessen i.S.d. § 73 I Nr. 3 BörsG sieht und die Zulassung verweigert. 33

V. Freiverkehr

Der Freiverkehr basiert auf § 78 I BörsG, nach dem Wertpapiere, die weder zum Amtlichen Handel noch zum Geregelten Markt zugelassen sind, in den Freiverkehr einbezogen werden können, wenn durch Handelsrichtlinien eine ordnungsgemäße Durchführung des Handels und der Geschäftsabwicklung gewährleistet erscheint. Dementsprechend haben die an den einzelnen Börsen zuständigen Gremien[40] „Richtlinien für den Freiverkehr" erlassen, die weitgehend übereinstimmen.[41] Der börseninterne Freiverkehr ist rein privatrechtlich organisiert, d.h. nicht in die öffentlich-rechtliche Organisation der Börse integriert.[42] 34

1. Bedeutung

Ursprünglich, d.h. bis zur Reform der Börsensegmente im Rahmen des Zweiten Finanzmarktförderungsgesetzes war der Freiverkehr in erster Linie als Handelsplattform für Unternehmen mit geringem Eigenkapital gedacht. Ein großer Teil dieser Aufgaben wurde zwischenzeitlich vom Geregelten Markt übernommen. Für kleinere (Regional-)Unternehmen und ausländische Werte bleibt der Freiverkehr trotzdem interessant. Außerdem hat er an manchen Börsenplätzen eine erhebliche Bedeutung für Aktien, die an anderen Börsen amtlich oder im Geregelten Markt gehandelt werden.[43] 35

Im Freiverkehr zustande gekommene Preise stellen nach § 78 II BörsG Börsenpreise dar, wenn sie den allgemeinen Anforderungen an 36

[40] In Frankfurt ist dies die Vereinigung Frankfurter Effektenhändler e.V.

[41] *S. Kümpel,* Bank- und Kapitalmarktrecht, Rdnr. 14.447.

[42] *S. Kümpel,* Bank- und Kapitalmarktrecht, Rdnr. 14.438.

[43] *J. Franke* in *H. Assmann/R. Schütze* (Hrsg.), Handbuch des Kapitalanlagerechts, S. 72.

Börsenpreise nach § 11 II BörsG entsprechen.[44] Die Preisermittlung erfolgt durch die vom Freiverkehrsausschuß der jeweiligen Börse mit der Betreuung des Marktes beauftragten Freimakler.[45] Da es sich um einen im wesentlichen privatrechtlich geprägten Markt handelt, finden die Normen des Börsengesetzes und der Börsenordnungen keine Anwendung. Dem Börsenvorstand obliegt lediglich eine Mißbrauchsaufsicht.[46]

37 Der Freiverkehr erfüllt nicht das Kriterium der Reglementierung und Überwachung durch eine staatliche Stelle i.S.d. § 2 V WpHG. Die Reglementierungsbefugnisse der Börse gegenüber dem Freiverkehr beschränken sich auf Ausnahmesituationen. Freiverkehrwerte unterfallen deswegen nur dann dem objektiven Anwendungsbereich des WpHG, wenn das Gesetz den Freiverkehr an anderer Stelle ausdrücklich in seinen Anwendungsbereich einbezieht. So sind im Freiverkehr gehandelte Aktien zwar Insiderpapiere i.S.d. 12 I WpHG, unterfallen aber nicht der Ad-hoc-Publizität nach § 15 WpHG.

38 Von besonderer Bedeutung ist, daß an manchen Börsen Aktien auch ohne Antrag oder Zustimmung des Emittenten im Freiverkehr gehandelt werden können und dieser lediglich über die beabsichtigte Einbeziehung unterrichtet wird.[47] Ohne Zustimmung notiert wurden bislang insbesondere ausländische Emittenten,[48] aber auch inländische.

39 Wenngleich besonders die Regionalbörsen vor dem Hintergrund der Neuordnung des deutschen Börsensystems bemüht waren, den Freiverkehr attraktiver zu gestalten, werden potentielle Emittenten schon aufgrund seiner niedrigeren Reputation immer andere Marktsegmente bevorzugen und eine Notierung im Freiverkehr nur dann suchen, wenn sie die Zulassungskriterien und -folgepflichten in anderen Segmenten nicht erfüllen können oder diesen nicht nachkommen wollen.

---

[44] Nach § 11 II BörsG müssen Börsenpreise ordnungsgemäß zustandekommen. Insbesondere müssen den Handelsteilnehmern Angebote zugänglich und die Annahme der Angebote möglich sein. Vor der Feststellung eines Börsenpreises müssen den Handelsteilnehmern die aus Angebot und Nachfrage ermittelte Preisspanne zur Kenntnis gegeben werden. Beide Anforderungen gelten nicht für Angebote, die zur Feststellung des Eröffnungs- Einheits- oder Schlußkurses führen.

[45] An kleineren Börsen ohne freie Makler nehmen Kursmakler insoweit die Stelle der Freien Makler ein, handeln aber insoweit nicht in amtlicher Eigenschaft.

[46] *J. Franke* in *H. Assmann/R. Schütze* (Hrsg.), Handbuch des Kapitalanlagerechts, S. 73.

[47] *R. von Rosen* in *H. Assmann/R. Schütze* (Hrsg.), Handbuch des Kapitalanlagerechts, S. 88.

[48] *H. Klenke,* Der Rückzug mehrfach notierter Unternehmen von den deutschen Regionalbörsen, WM 1995, S. 1089, 1093.

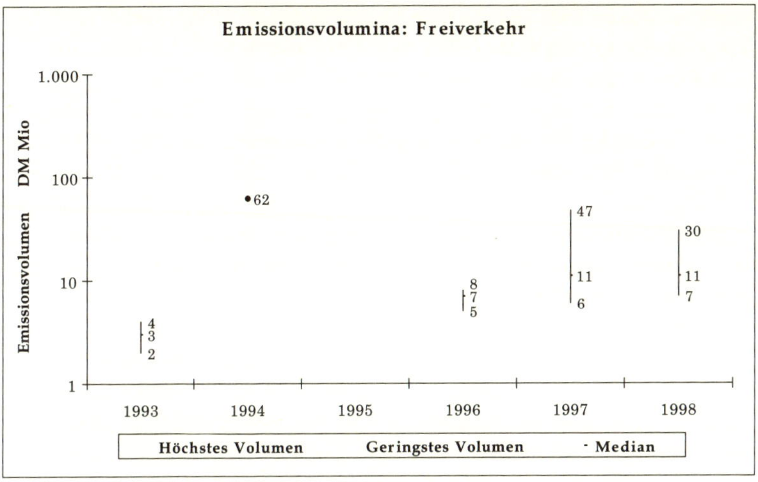

Quelle: DAI, Der Gang an die Börse, S. 18

2. Zulassungsvoraussetzungen

Die materiellen Zulassungsvoraussetzungen im Freiverkehr sind deutlich niedriger als in den anderen Marktsegmenten. So stellen die einzelnen Börsenordnungen regelmäßig keine Anforderungen an das Unternehmen, dessen Kapital und die zu handelnden Aktien. Statt dessen hat der Antragsteller[49] die Voraussetzungen für einen ordnungsgemäßen Börsenhandel zu gewährleisten. 40

VI. Neuer Markt

Mit dem Start des Neuen Marktes im März 1997 wurde ein zusätzliches, eigenständiges Handelssegment an der FWB geschaffen, das insbesondere jungen, innovativen Wachstumsunternehmen die Aufnahme von Risikokapital ermöglichen soll. Dies erfolgte in der Erkenntnis einer in den letzten Jahren rapide gewachsenen Verfügbarkeit von Kapital für relativ risikoreiche Investitionen und in dem Bestreben, die Attraktivität des Finanzplatzes Deutschland zu fördern. Vorbild des Neuen 41

[49] Nicht der Emittent, dessen Mitwirkung unterschiedlich geregelt ist. So muß er z.B. nach § 5 der Richtlinien für den Freiverkehr an der Frankfurter Wertpapierbörse unterrichtet werden, wobei er ein Widerspruchsrecht hat, es sei denn, es handelt sich um ein Unternehmen mit Sitz in einem Mitgliedstaat der Europäischen Union oder des Europäischen Wirtschaftsraums.

Marktes ist die 1971 gegründete amerikanische Computerbörse NASDAQ, an der mittlerweile mehr als 4.900 Unternehmen notiert sind.[50]

42 Während der Handel im Amtlichen Handel und im Geregelten Markt öffentlich-rechtlich organisiert ist, erfolgt der Handel im Neuen Markt im privat-rechtlich geprägten Freiverkehr. Im Gegensatz zum „normalen“ Freiverkehr setzt die Zulassung zum Neuen Markt aber nach Abschn. 2 2.3 I RWNM voraus, daß der Emittent das öffentlich-rechtliche Zulassungsverfahren des Geregelten Marktes durchlaufen hat und darüber hinausgehende Zulassungsvoraussetzungen privatrechtlicher Herkunft erfüllt.

43 Der Neue Markt zeichnet sich darüber hinaus durch eine starke internationale Ausrichtung und besonders hohe Transparenzanforderungen an den Emittenten aus. Dem Unternehmen werden deshalb beim Börsengang, aber auch im späteren Leben besondere Pflichten auferlegt. Diese können und sollten von ihm aber gleichzeitig als besondere Chance zur Kommunikation mit seinen Aktionären und der Financial Community verstanden werden, da es firmeneigene Informationen ohne größeren zusätzlichen personellen und finanziellen Aufwand vermarkten und seinen Bekanntheitsgrad auf den nationalen und internationalen Absatz-, Beschaffungs- und Finanzmärkten erhöhen kann.

44 Für diese stellt sich der hohe Informationsgrad bei gleichzeitig niedrigen Informationskosten als besonders attraktiv dar. Sie können dadurch die Risiken und Chancen im Neuen Markt zeitnah genauer als in anderen Marktsegmenten und auch besonders zielgerichtet analysieren, ohne ihren Anlageerfolg mit hohen Informationskosten zu belasten. Das den Neuen Markt mit auszeichnende Konzept des „Betreuers“ oder „Designated Sponsors“ ist maßgeblich für die hohe Liquidität und damit – neben den massiven Marketingbemühungen der DBAG[51] – für den schnellen und nachhaltigen Erfolg des Neuen Marktes mit verantwortlich.

1. Bedeutung

45 Mit dem Neuen Markt wurde die Möglichkeit, Unternehmen über die Plazierung von Aktien zu finanzieren, deutlich ausgeweitet. Der in volks- wie in betriebswirtschaftlicher Hinsicht wesentliche Faktor hier-

---

[50] Stand Juli 1999.

[51] Die DBAG hat das neue Marktsegment von Anfang an intensiv durch Präsentationen des Neuen Marktes und seiner Unternehmen bei Analysten- und Investorenveranstaltungen, Anlegermessen und Kongressen und Vorstellung von Unternehmen in ihren Publikationen (vision & money, Reporter) vermarktet. Hinzu kommen eine hohe Medienpräsenz mit Werbeanzeigen, einem eigenen Kursteil in Wirtschaftszeitungen und intensive Pressearbeit, elektronischem Übermittlungsservice für Unternehmensdaten und -informationen über das Internet.

bei ist, daß nunmehr die Börse nicht mehr nur für etablierte Unternehmen offensteht, sondern sich mittlerweile auch in Deutschland sehr junge Unternehmen Wachstumskapital über die Börse beschaffen können und das Durchschnittsalter der Unternehmen, die den Gang an die Börse antreten, bereits deutlich gesunken ist.

Am Neuen Markt wurden im Oktober 1999 bereits über 160 Gesell- **46**
schaften gehandelt. Während die Aufbauphase des Marktes auf seiten der Anleger eher von einer geringen Selektivität geprägt war, haben sich mit der gewachsenen Zahl gelisteter Unternehmen mehrere Branchenschwerpunkte gebildet. Die Bildung von Sektoren verbessert die Möglichkeiten eines Vergleichs der Unternehmen und fördert den Wettbewerb, auch den um Investoren. Zu den vier wichtigsten Bereichen gehören heute

- Informationstechnologie und Software
- Internet (-Software und -Dienstleistungen)
- Telekommunikation sowie
- Medien und Entertainment.

Die Qualitätsstandards und Informationsanforderungen sind im **47**
Neuen Markt höher als in jedem anderen deutschen Marktsegment, was als eine Art Gütesiegel angesehen wird. Die hohe Transparenz als Folge der umfassenden Informationen wird als Ursache für die hohe, „zukunftsorientierte“ Bewertung der Unternehmen am Neuen Markt angesehen, da diese so auf der Basis ihrer Wachstumsperspektiven bewertet werden können. Inwieweit diese Gewichtung in der Argumentation korrekt ist, mag dahin stehen bleiben. Fest steht aber, daß die Bewertung der Unternehmen am Neuen Markt deutlich höher als in anderen Marktsegmenten ist und damit – ungeachtet regelmäßig hoher Zeichnungsgewinne – den Emittenten höhere Emissionserlöse ermöglicht.[52] Dabei wirft die Bewertung der Unternehmen am Neuen Markt regelmäßig massive Schwierigkeiten auf, da diese durchweg sehr viel stärker auf der Prognose der künftigen Entwicklung basiert als in anderen Segmenten. Die Schwierigkeiten und die Diskrepanzen zwischen Bewertung und Marktentwicklung werden besonders deutlich, wenn man die Emissionspreise der Aktien mit dem ersten Kurs und dem Kurs am Jahresultimo vergleicht.

---

[52] So lag das durchschnittliche Kurs-/Gewinnverhältnis der Unternehmen am Neuen Markt im März 1999 auf Basis der Gewinnerwartungen für 1999 mit rund 80 um mehr als das Dreifache über dem der 30 DAX-Werte. Dabei ist aber zu berücksichtigen, daß das KGV in Anbetracht der enormen Wachstumserwartungen dieser Unternehmen gegenüber anderen Bewertungsmethoden in den Hintergrund rückt. *Gold-Zack/Gontard & MetallBank* (Hrsg.), Aktien-Leitfaden Neuer Markt 1999, S. 7. Andererseits ist der Neue Markt für den Emittenten auch mit höheren Kosten verbunden, da die Banken hier höhere Provisionen verlangen. *O. V.*, Wachstumsfinanzierung, Impulse Spezial, Nr. 8 1997, S. 3 f.

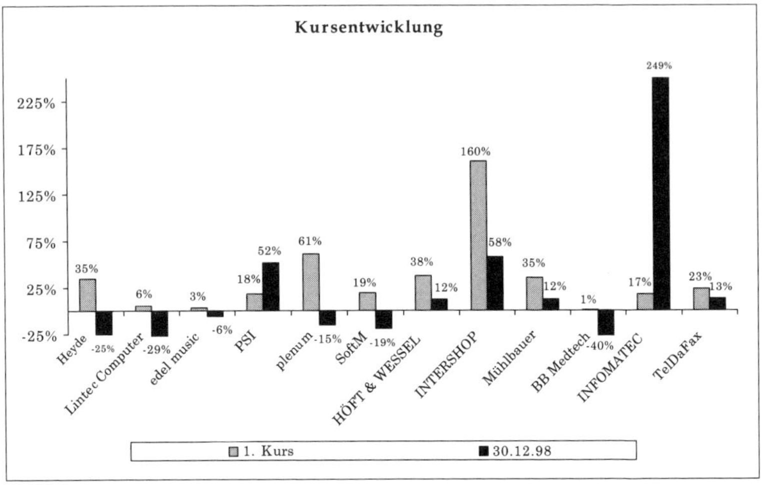

48 Seine erste richtige Bewährungsprobe hatte der Neue Markt im dritten Quartal 1998, als die weltweite Korrektur an den Kapitalmärkten auch den Neuen Markt erfaßte.[53] Zudem hat die Marktkapitalisierung des Neuen Marktes[54] eine Größenordnung erreicht, die ihn zunehmend auch für institutionelle Anleger interessant macht, so daß zu erwarten ist, daß deren Anteil von bislang 15 Prozent auf 25 Prozent steigt.[55] Außerdem wird erwartet, daß zu den deutschen Investoren verstärkt Anleger aus dem anglo-amerikanischen Raum hinzustoßen werden.

49 Die Bedeutung des Neuen Marktes wird auch in Schätzungen deutlich, nach denen von 130 vorausgesagten Neuemissionen im Jahre 1999 mindestens 70 am Neuen Markt erfolgen sollen. Das durchschnittliche Emissionsvolumen ist etwas niedriger als im Amtlichen Handel, aber deutlich höher als im Geregelten Markt oder im Freiverkehr. Ende Juni 1999 waren 13 ausländische Unternehmen am Neuen Markt[56] zugelas-

---

53 Dieser Rückschlag fiel mit minus 34 Prozent aber weniger stark als beim DAX aus, der um 37 Prozent nach unten korrigierte, sondern wurde auch von den Anlegern als Chance für neue Investitionen angesehen. Dies führte zu Kurssteigerungen, die die Entwicklung an allen Aktienmärkten der Welt übertrafen.

54 Im Juni 1999 betrug die Marktkapitalisierung der am Neuen Markt gehandelten Werte über Euro 51,1 Mrd.

55 Nach *H. Reimer* (Qualität deutlich besser, Wiwo vom 13. Mai 1999, S. 208) werden bereits heute zwei Drittel der Umsätze am Neuen Markt von Institutionellen gemacht, rund die Hälfte davon sollen ausländische Adressen sein.

56 FortuneCity.com Inc. (USA), Rhein Biotech N.V. (N), WizCom Technologies Ltd. (Israel), Sanochemia Pharmazeutika AG (Ö), Highlights Communications AG (CH) (1999), BB Medtech AG (CH), Graphisoft N.V. (HU), Cybernet Internet Services International Inc. (USA), Teleplan International N.V. (NL) (1998), BB Biotech AG (CH), LHS Group Inc. (USA), Qiagen N.V. (NL), SCM Microsystems Inc. (USA) (1997).

sen. Dabei kann davon ausgegangen werden, daß das Interesse ausländischer Unternehmen am Neuen Markt schon aufgrund der dort erzielbaren, regelmäßig sehr viel höheren Kurs-/Gewinn-Verhältnisse noch zunehmen wird. Zusätzlicher Vorteil gegenüber einer Notierung an der NASDAQ ist, daß ein Börsenneuling am Neuen Markt eine weitaus höhere Aufmerksamkeit genießt.[57]

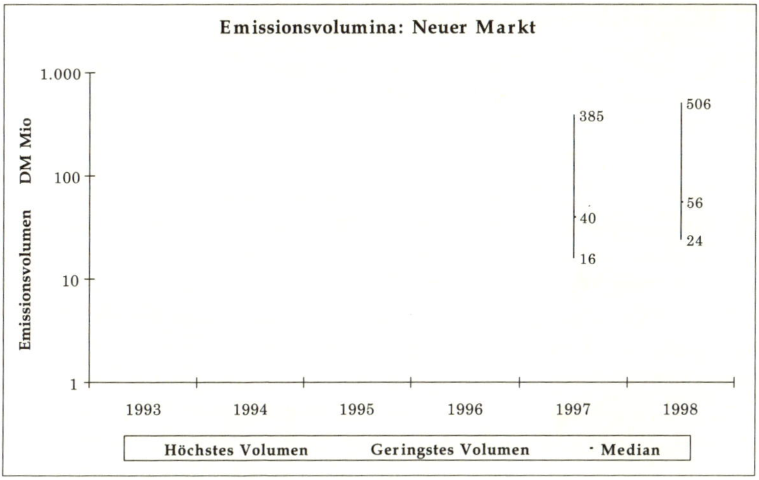

Quelle: DAI, Der Gang an die Börse, S. 18

Darüber hinaus hat der Erfolg des Neuen Marktes gesamtwirtschaft- **50**
liche Auswirkungen für den Standort Deutschland, die sich nicht exakt zahlenmäßig erfassen lassen. So hat er auf seiten der Investoren die Aktie als Anlageinstrument stärker in den Blickpunkt gerückt, was mitverantwortlich dafür ist, daß in Deutschland der Anteil von Aktienanlagen am privaten Bruttovermögen von – im internationalen Vergleich sehr niedrigen – sieben Prozent inzwischen eine deutlich steigende Tendenz aufweist. Auf seiten der Unternehmen wird verstärkt über den Börsengang als Finanzierungsalternative nachgedacht, auch bei solchen Gesellschaften, die eher für andere Marktsegmente in Betracht kommen. So

---

[57] Vgl. hierzu auch *o. V.,* Internationales Interesse, v&m Juli 1999, S. 26 ff. Als weiteres Argument wird genannt, daß die Auflagen der amerikanischen Börsenaufsicht an börsennotierte Unternehmen wesentlich strenger sind als am Neuen Markt. *O. V.,* Der Neue Markt wird international, FAZ vom 29. April 1999, S. 25. Dabei sollte aber nicht unberücksichtigt bleiben, daß die Anforderungen an die Marketinganstrengungen eines Unternehmens, das nicht in seinem Heimatmarkt notiert ist, aber gleichzeitig eine Zulassung am Neuen Markt sucht, relativ hoch sein dürften und die niedrigeren Belastungen durch die Anforderungen an die Börsenzulassung auf ein Maß hochschrauben wird, das den Belastungen durch die US-Märkte gleichkommt.

kommt es zu einer Verbesserung der Kapitalausstattung von Unternehmen, sei es direkt oder auch indirekt, indem Venture-Capital-Gesellschaften vor dem Hintergrund einer attraktiven Exitmöglichkeit verstärkt zur Finanzierung zukunftsträchtiger und international wettbewerbsfähiger Branchen bereit sind.

2. Börsenrechtliche Struktur

51 Das dem Neuen Markt zugrundeliegende Konzept der Trennung der Zulassung zum Geregelten Markt einerseits und der Einführung bzw. dem Handel im privatrechtlichen Freiverkehr andererseits basiert auf der im Börsengesetz[58] vorgenommenen Unterscheidung, die der Aufnahme der Notierung eine eigenständige Stellung einräumt. Diese für den Amtlichen Handel geltende Einordnung ist auch für Zulassung und Handel im Geregelten Markt anwendbar. Durch die Voraussetzung der Zulassung zum Geregelten Markt wurde erreicht, daß der Neue Markt als „Geregelter Markt" i.S.v. Art. 16 Wertpapierdienstleistungsrichtlinie, von § 2 I WpHG sowie Art. 1 Insiderrichtlinie anerkannt ist, was ansonsten nur bei Schaffung eines weiteren öffentlich-rechtlich ausgestalteten Marktsegments möglich gewesen wäre.[59] Dies hätte wiederum einer entsprechenden Ermächtigungsgrundlage im Börsengesetz bedurft, das die öffentlich-rechtlich organisierten Marktsegmente abschließend regelt,[60] wohingegen so für die Verankerung des Neuen Marktes in der Börsenordnung der FWB die Aufnahme eines neuen § 66a in dieser ausreichte.[61] Gleichzeitig wurde mit dem Handel im privat-rechtlich geregelten Bereich ein Höchstmaß an Flexibilität zur Verfolgung der Zielsetzungen und Ansprüche des Neuen Marktes erhalten.[62]

52 Die Anerkennung als „Geregelter Markt" i.S.d. Wertpapierdienstleistungsrichtlinie hat erhebliche praktische Bedeutung. Zum einen stellt

---

[58] Vgl. §§ 36 und 42 BörsG.

[59] Zur Anerkennung als „organisierter Markt" i. S. d.§ 8 I Nr. 1 KAGG vgl. *V. Potthoff/J. Stuhlfauth,* Der Neue Markt: Ein Handelssegment für innovative und wachstumsorientierte Unternehmen – kapitalmarktrechtliche Überlegungen und Darstellung des Regelwerks, WM Sonderbeilage Nr. 3 zu Heft 26/1997, S. 3, 7.

[60] *M. Kersting,* Der Neue Markt der Deutsche Börse AG, AG 1997, S. 222, 223.

[61] In diesem § 66a BörsO der FWB wurde u.a. die Möglichkeit der Errichtung des Marktsegments und der Erlaß des Regelwerks durch die DBAG vorgesehen. Außerdem wurden die Preise als Börsenpreise i. S. d. § 11 BörsG deklariert und der Börsenaufsicht sowie der Handelsüberwachungsstelle unterworfen.

[62] *Gold-Zack/Gontard & MetallBank* (Hrsg.), Aktien-Leitfaden Neuer Markt 1999, S. 6.

diese Qualifizierung ein von internationalen Investoren beachtetes Qualitätsmerkmal dar. Zum anderen sieht Art. 15 I WpDIR[63] vor, daß Wertpapierfirmen aus EU-Mitgliedstaaten an sämtlichen „geregelten Märkten" Zugang zum Handel und der Abwicklung erhalten. Durch Art. 15 IV WpDIR wird dieses Zugangsrecht dahingehend erweitert, daß an „geregelten Märkten" i.S.d. WpDIR, die keine physische Anwesenheit erfordern – dies sind die immer mehr an Bedeutung gewinnenden elektronischen Börsen- Wertpapierfirmen auch dann zuzulassen sind, wenn sie am Sitz dieses Marktes keine Niederlassung haben.[64] Außerdem ist solchen elektronischen Märkten EU-weit zu gestatten, ihre Handelsbildschirme und andere Handelseinrichtungen aufzustellen, ohne daß es hierfür einer gesonderten Genehmigung durch den betroffenen Mitgliedstaat bedürfte.

Der Neue Markt ist auch vom Bundesaufsichtsamt für das Kreditwe- **53**
sen als organisiertes Börsenmarktsegment im Sinne des Gesetzes über Kapitalanlagen anerkannt. Dies erlaubt Kapitalanlagegesellschaften, mehr als 10 Prozent ihres Sondervermögens in den darin gelisteten Werten anzulegen.[65]

3. Zulassungsvoraussetzungen

Die materiell-rechtlichen Anforderungen an Unternehmen und ihre **54**
Aktien für die Zulassung zum Neuen Markt sind im Allgemeinen Teil sowie in Abschn. 2 des RWNM geregelt.[66] Im Allgemeinen Teil des RWNM wird der Neue Markt als Handelssegment für Aktien primär kleinerer und mittlerer in- und ausländischer Unternehmen beschrieben, die Transparenz- und Publizitätskriterien nach internationalen Standards erfüllen. Zur Zielgruppe der Emittenten am Neuen Markt werden insbesondere innovative Unternehmen in zukunftsweisenden, aber auch traditionellen Branchen gezählt, die neue Absatzmärkte erschließen, neue Verfahren, Produkte und/oder Dienstleistungen anbieten und ein überdurchschnittliches Umsatz- und Gewinnwachstum erwarten lassen. Darüber hinaus werden zum Schutz der Anleger nach einer Verschärfung des Regelwerks im September 1999 neben der Veröf-

[63] Die Wertpapierdienstleistungsrichtlinie (Richtlinie 93/22/EWG vom 10. 5. 1993 über Wertpapierdienstleistungen) regelt in erster Linie die Niederlassungsfreiheit und den freien Dienstleistungsverkehr im Bereich der Wertpapierfirmen.

[64] Sogenannte „remote membership". Vgl. *V. Potthoff/J. Stuhlfauth,* Der Neue Markt: Ein Handelssegment für innovative und wachstumsorientierte Unternehmen – kapitalmarktrechtliche Überlegungen und Darstellung des Regelwerks, WM Sonderbeilage Nr. 3 zu Heft 26/1997, S. 3, 6.

[65] *L. Zeise,* BAKred anerkennt den Neuen Markt, BZ vom 14. Mai 1997.

[66] Vgl. Abschn. 2 2.1 II RWNM.

fentlichung eines Emissionsprospekts die nachstehenden Anforderungen gestellt. Seit dieser Änderung kann der Antrag auf Zulassung zum Neuen Markt von Unternehmen, deren Aktien an einer oder mehreren inländischen Börse notiert bzw. unter Mitwirkung der Gesellschaft in den Freiverkehr einbezogen wurden, erst zwei Jahre seit dem Zeitpunkt der letzten Zulassung oder Einbeziehung gestellt werden.

a) Rechtmäßigkeit

55 Wie im Amtlichen Handel müssen Gründung sowie Satzung bzw. Gesellschaftsvertrag des Emittenten dem Recht des Staates entsprechen, in dem der Emittent seinen Sitz hat.[67] Auch müssen nach Abschn. 3 3.3 RWNM die Aktien in Übereinstimmung mit dem für den Emittenten geltenden Recht ausgegeben worden sein und den für die Aktien geltenden Vorschriften entsprechen.

b) Unternehmensalter

56 Das Unternehmen soll nach Abschn. 3 3.2 RWNM mindestens drei Jahre als Unternehmen bestanden haben und seine Jahresabschlüsse für die dem Zulassungsantrag vorangegangenen Geschäftsjahre entsprechend den hierfür geltenden Normen offengelegt haben. Die Rechtsform, in der das Unternehmen bestanden hat, ist in diesem Zusammenhang irrelevant.

57 In Hinblick auf den Fokus des Neuen Marktes auf junge, innovative, auf schnelles Wachstum zielende Unternehmen ist somit auch eine Zulassung möglich, wenn das Unternehmen jünger ist. In diesem Zusammenhang ist interessant, daß die DBAG im August 1998 das zuvor bestehende Mindestalter von einem Jahr[68] fallen ließ.[69] Welche Anforde-

---

[67] Vgl. Abschn. 2 3.1 RWNM. Am Neuen Markt können nicht nur deutsche und europäische Unternehmen zugelassen werden, sondern auch andere. Handelt es sich um Aktien eines Emittenten mit Sitz außerhalb der EWG oder außerhalb der anderen Vertragsstaaten des Abkommens über den Europäischen Wirtschaftsraum, die weder in diesem Staat noch in dem Staat ihrer hauptsächlichen Verbreitung auf einem Markt gehandelt werden, der von staatlich anerkannten Stellen geregelt und überwacht wird, regelmäßig stattfindet bzw. für das Publikum unmittelbar oder mittelbar zugänglich ist, können nach Abschn. 2 3.12 zugelassen werden, wenn glaubhaft gemacht wird, daß der Handel dort nicht aus Gründen des Schutzes des Publikums unterblieben ist. Statt Aktien können nach Abschn. 2 3.13 RWNM auch Zertifikate, die wie ADR's Aktien vertreten, zugelassen werden, wenn der Emittent den Zulassungsantrag unterzeichnet und wesentliche, im einzelnen spezifizierte Voraussetzungen erfüllt.

[68] Von dieser Mindestfrist hätte die DBAG abweichen und eine Zulassung zum Neuen Markt aussprechen können, wenn dies im Interesse des Emittenten und des Publikums gelegen hätte.

[69] Die DBAG hat sich zu dieser Änderung veranlaßt gesehen, nachdem durch das Dritte Finanzmarktförderungsgesetz § 73 I Nr. 2 BörsG dahingehend geändert wurde, daß nunmehr dem Zulassungsantrag nicht mehr der letzte veröf-

rungen die DBAG nun an das Alter stellen wird, bleibt abzuwarten und wird wohl sehr stark von den Plazierungschancen eines solchen Papiers abhängen. Jedenfalls werden hier Möglichkeiten eröffnet, die auch in Ländern mit einer sehr viel ausgeprägteren und länger verankerten Venture-Capital-Kultur nur selten genutzt werden.

c) Art der Aktien

Bei der erstmaligen Zulassung von Aktien zum Neuen Markt werden 58
ausschließlich Stammaktien zugelassen, die girosammelverwahrfähig sind. Eine Unterscheidung zwischen Inhaber- und Namensaktien ist demgegenüber in diesem Zusammenhang nicht erforderlich, da inzwischen auch die Fungibilität von Namensaktien durch die bei der Deutsche Clearing AG eröffnete Möglichkeit der Girosammelverwahrung von vinkulierten Namensaktien gegeben ist.[70] Vinkulierte Namensaktien können zugelassen werden, wenn der Emittent aufgrund gesetzlicher Bestimmungen nur solche begeben darf und das Zustimmungserfordernis nicht zu einer Störung des Handels führt.[71] Während früher Vorzugsaktien zwar nicht beim Börsengang, so doch aber zumindest aus nachfolgenden Kapitalerhöhungen an den Neuen Markt gebracht werden konnten, werden heute ausschließlich Stammaktien zugelassen.[72]

d) Kapitalerhöhung und Aktionärsbindung

Um zu vermeiden, daß bei einem Börsengang am Neuen Markt nur 59
die Altaktionäre ihre Aktien verkaufen und „Kasse machen", dem Unternehmen aber kein Kapital zufließt, fordert Abschn. 2 3.8 RWNM, daß bei einer erstmaligen Zulassung von Aktien zum Neuen Markt mindestens die Hälfte der Aktien aus einer Kapitalerhöhung gegen Bareinlagen kommt. Dadurch wird neben der Kapitaleinlage vor allem gewährleistet, daß die Altaktionäre weiterhin mit dem Unternehmen verbunden sind und „commitment" zeigen.[73] Dies ist gerade bei jungen Unter-

---

fentlichte Jahresabschluß beizufügen ist. Hiermit soll nach Absicht des Gesetzgebers im Geregelten Markt auch die Zulassung von Unternehmen möglich sein, die vor weniger als 18 Monaten gegründet wurden und daher nach § 264 I HGB noch nicht zur Aufstellung eines Jahresabschlusses verpflichtet sind. Vgl. die Begründung zum Entwurf des Dritten Finanzmarktförderungsgesetzes, Drucksachen des Bundestags 13/8933, S. 82.

[70] *S. Heißel/C. Kienle,* Rechtliche und praktische Aspekte zur Einbeziehung vinkulierter Namensaktien in die Sammelverwahrung, WM 1993, S. 1909 ff.

[71] Vgl. auch Abschn. 2 3.5 RWNM.

[72] Abweichend hiervon können vinkulierte Aktien zugelassen werden, sofern der Emittent aufgrund gesetzlicher Bestimmungen nur solche begeben darf. Abschn. 2 3.4 RWNM.

[73] Die Börse kann auf begründeten Antrag von dem Erfordernis der Kapitalerhöhung befreien, so z.B. wenn ein Venture-Capital-Unternehmen, das seine Beteiligungen regelmäßig nur für einen überschaubaren Zeitpunkt eingeht, den

nehmen von besonderer Bedeutung, deren Aktionäre das Unternehmen meistens aufgebaut haben und regelmäßig weiterhin führen. Letztendlich reflektiert diese Regelung das Unbehagen von potentiellen Investoren, die mit einer Neuemission auf eine Investition in ein Unternehmen angesprochen werden, aus dem sich die Altaktionäre „verabschieden" wollen und wo kein frisches Kapital dem Unternehmen selbst zugute kommt. In Hinblick auf diese Bedenken sowie zur Schonung des Marktes war schon und ist auch in anderen Marktsegmenten wie auch bei internationalen Emissionen üblich, daß die Altaktionäre sich in dem Emissionsvertrag mit den Banken verpflichteten, während eines Zeitraums von sechs Monaten bis zwei Jahren keine Aktien aus ihren Beständen zu verkaufen.

60 Im Neuen Markt müssen sich die Altaktionäre gegenüber dem Emittenten verpflichten, innerhalb von mindestens sechs Monaten ab dem Datum der Zulassung zum Neuen Markt keine ihrer Aktien zu veräußern und auch keine wirtschaftlich vergleichbaren Maßnahmen zu ergreifen.[74]

Dieser Klausel kann besonders dann große Bedeutung zukommen, wenn ein Unternehmen vor dem Börsengang im Rahmen von Privatplazierungen Gesellschaftsanteile breit gestreut plaziert hat. Während die Börse früher wenigstens noch in beschränktem Umfang bereit war, in Hinblick auf die Lockup-Regeln Ausnahmen zuzulassen[75], ist dies heute trotz der vorgesehenen Befreiungsmöglichkeit nur noch in absoluten Ausnahmefällen und sehr viel eingeschränkter der Fall, nachdem das Regelwerk des Neuen Marktes in Reaktion auf einige diesbezügliche Probleme bei Emissionen wie der Artnet AG im Jahre 1999 zum einen schärfer interpretiert wird und zum anderen mit Wirkung zum 15. September 1999 auch Änderungen erfahren hat. Danach wird auch die Verpflichtungserklärung für die Altaktionäre, die der Emittent mit der Antragstellung einzureichen hat, im Wortlaut vorgegeben.[76] Dabei hat jeder Aktionär zwecks Sicherstellung und Überwachung des akzeptierten Veräußerungsverbots sein Einverständnis damit zu erklären, daß

Exit sucht. So, wenn auch etwas mißverständlich, *V. Potthoff/J. Stuhlfauth,* Der Neue Markt: Ein Handelssegment für innovative und wachstumsorientierte Unternehmen – kapitalmarktrechtliche Überlegungen und Darstellung des Regelwerks, WM Sonderbeilage Nr. 3 zu Heft 26/1997, S. 3, 9.

[74] Abschn. 2 2.2.1 RWNM.

[75] Vgl. Abschn. 2 7.2.9 Satz 2 RWNM. Bekannt sind Fälle wie Utimaco AG, wo die DBAG auf die Erfassung von circa zehn Prozent der Aktien durch Lockup-Vereinbarungen verzichtet hat, nachdem der Konsortialführer Sal. Oppenheim bestätigt hat, daß keiner der namentlich bekannten Altaktionäre, die keine Verpflichtung eingegangen waren, mehr als ein Prozent des Grundkapitals hielt.

[76] Abschn. 2 2.2.1 RWNM. Außerdem hat der Emittent Auskunft über den Bestand und die Inhaber der Altaktien zu erteilen.

die Gesellschaft der Deutschen Börse Auskunft über seinen Aktienbestand erteilt und dieser eine Kopie der Verpflichtungserklärung aushändigt. Zudem hat er sich damit einverstanden zu erklären, daß sein Aktienbestand unter einer die Altaktien kennzeichnenden separaten Wertpapier-Kennnummer bei der Depotbank und der Deutsche Börse Clearing AG eingebucht wird. In diesem Zusammenhang hat er die Depotbank auch vom Bankgeheimnis zu befreien. Für den Fall von Zuwiderhandlungen gegen das Veräußerungsverbot hat der Aktionär sich zur Zahlung von Vertragsstrafen zu verpflichten. Der Emittent[77] ist nach Abschn. 2 7.2.9 1 RWNM verpflichtet, die Deutsche Börse AG unverzüglich zu unterrichten, sofern ihm Anhaltspunkte für einen Verstoß gegen das Veräußerungsverbot seitens eines Altaktionärs bekannt werden.[78]

In organisatorischer Hinsicht wird die Einhaltung des Veräußerungsverbots nach der Vorstellung der Deutschen Börse nunmehr dadurch sichergestellt, daß bei der Zulassung von Aktien zum Handel am Neuen Markt das gesamte Kapital der betreffenden Gesellschaft zugelassen wird. Das Gesamtkapital wird entweder in mehreren Globalurkunden oder in einer einzigen Globalurkunde, die in mehrere Teilglobalurkunden unterteilt ist, verbrieft, wobei zwei Wertpapier-Kennnummern von den Wertpapiermitteilungen vergeben werden. Eine Wertpapier-Kennnummer gilt für die am Neuen Markt zum sofortigen Handel zugelassenen Aktien, die andere für die mit dem Veräußerungsverbot belegten Aktien, wobei letztere in der Weise zu verschlüsseln ist, daß der börsliche Handel ausgeschlossen bleibt. Nach dem Ablauf der Lockup-Frist werden die bis dahin getrennt gehaltenen Depotbestände zusammengelegt[79], die zweite Wertpapier-Kennnummer erlischt.

Vor dem Hintergrund der vorstehenden Ausführungen ist von allen Unternehmen, die möglicherweise später die Zulassung zum Neuen Markt beantragen werden, bereits bei der Abfassung von Gesellschaftsverträgen im Rahmen der Unternehmensgründung, bei einer eventuellen Umwandlung sowie bei späteren Kapitalerhöhungen unbedingt darauf zu achten, daß die Anteilsinhaber entsprechende Bindungsklauseln unterzeichnen, z. B. in einer Poolvereinbarung. Inwieweit diesbezügliche Versäumnisse später dadurch geheilt werden können, daß Altaktionäre dadurch an einer Veräußerung gehindert werden, daß ihre Aktien ohne oder gegen ihren Willen in ein Sperrdepot verbucht werden und dort bis zum Ablauf der vorgeschriebenen Lockup-Frist ver-

---

[77] Für den Emittenten ergibt sich aus Abschn. 2 7.2.9 1 RWNM seinerseits als Zulassungsfolgepflicht ein entsprechendes Veräußerungsverbot.

[78] Ein Verstoß gegen diese Pflicht des Emittenten ist mit einer Vertragsstrafe von Euro 2.500 bis 10.000 sanktioniert. Abschn. 2 2.1. 4 RWNM.

[79] Hierauf ist auch im Emissionsprospekt hinzuweisen. Deutsche Börse AG, Änderungen des Regelwerks Neuer Markt zum 15. 9. 1999, S. 44.

bleiben, ist ungeklärt. Hier besteht zumindest die Gefahr, daß die Gesellschaft von diesen Aktionären auf Schadensersatz oder Freigabe verklagt wird. Ob und unter welchen Voraussetzungen einer solchen Klage Treuepflichten von Minderheitsaktionären, die sie zur Abgabe einer Lockup-Erklärung zwecks Ermöglichung des Börsengangs verpflichten, entgegengehalten werden können, ist offen. Abgesehen davon wird auch dieses Prozedere allenfalls in einem sehr eingeschränkten Umfang für die Zulassungsstelle akzeptabel sein, d. h. daß so sicherlich nicht das Fehlen einer großen Zahl von Verpflichtungserklärungen kompensiert werden kann.

Die Börse kann auf begründeten Antrag von dem Erfordernis der Kapitalerhöhung befreien, so z. B. wenn ein Venture-Capital Unternehmen, das seine Beteiligungen regelmäßig nur für einen überschaubaren Zeitpunkt eingeht, den Exit sucht.[80]

e) Liquidität und Kapital

61 Auf die hohe Bedeutung der Liquidität eines Marktes und der dort gehandelten Werte für den Ausstieg aus einem Investment und die Preisbildung wurde bereits im Zusammenhang mit den materiellen Zulassungsvoraussetzungen für Papiere im Amtlichen Handel hingewiesen.[81] Die Maximierung der Liquidität hat deshalb bei Gründung des Neuen Marktes und der Schaffung des Regelwerks einen dementsprechenden Stellenwert erhalten.

62 So sieht Abschn. 2 3.7 1 RWNM als Mindestvolumen für die erstmalige Einführung eines Papiers einen Gesamtnennbetrag von mindestens Euro 250.000 und eine Mindeststückzahl von 100.000 Stück vor. Dabei wurde offensichtlich von einem Mindestnominalwert von DM 5 pro Aktie ausgegangen. Soweit sich – wie zu vermuten – nach dem Inkrafttreten des Stückaktiengesetzes vom 25. März 1998 verstärkt Stückaktien[82] durchsetzen werden, gelten die dort festgesetzten Regelungen, die insofern keine Besonderheiten verursachen werden. Diese Regelung ist noch nicht sauber auf den zum 31. Juli 1998 eingeführten Absatz 2 des Abschn. 2 3.1. 2 RWNM abgestellt, wonach der Emittent bei der Zulassung der Aktien nunmehr ein Eigenkapital von mindestens eineinhalb Millionen ECU nachweisen muß.[83]

---

[80] So, wenn auch etwas mißverständlich, *V. Potthoff/J. Stuhlfauth,* Der Neue Markt: Ein Handelssegment für innovative und wachstumsorientierte Unternehmen – kapitalmarktrechtliche Überlegungen und Darstellung des Regelwerks, WM Sonderbeilage Nr. 3 zu Heft 26/1997, S. 3, 9.

[81] § 11 VI. 3.e) Liquidität und Kapital.

[82] Vgl. hierzu § 3 I. 7. c) Nennbetrags- und Stückaktie.

[83] Der Emittent muß über das Eigenkapital in der geforderten Höhe bereits vor der Kapitalerhöhung verfügt haben, die zur Ausgabe der Aktien führte. Abschn. 2 3.1. 2 RWNM.

Der Zulassungsausschuß kann sowohl von der Mindeststückzahl als auch vom Gesamtnennbetrag her gesehen niedrigere Beträge zulassen, wenn er davon überzeugt ist, daß die sich dann entwickelnde Liquidität in den zuzulassenden Aktien die Bildung eines ausreichenden Marktes zulassen wird. Der voraussichtliche Kurswert der zuzulassenden Aktien muß nach Abschn. 2 3.7 IV RWNM mindestens Euro fünf Millionen betragen. Im Gegensatz zu den vorgenannten Mindestbeträgen für Nominalwert und Stückzahl ist dieser Wert als Mußvorschrift formuliert und hat somit zwingenden Charakter.[84] **63**

Zur Gewährleistung einer ausreichenden Liquidität muß sich der Antrag auf Zulassung von Aktien im Neuen Markt – wie im Amtlichen Handel nach § 7 I BörsZulV – auf alle Aktien derselben Gattung beziehen.[85] Falls hierauf ausnahmsweise verzichtet wird, ist im Emissionsprospekt auf die Beschränkung hinzuweisen. Mit der gleichen Zielrichtung verlangt Abschn. 2 3.10 RWNM, daß die zuzulassenden Aktien im Publikum ausreichend gestreut sind bzw. zu erwarten ist, daß sie durch die Emission ausreichend gestreut werden. Sie gelten als ausreichend gestreut, wenn 25 Prozent des Nominalbetrages bzw. bei Stückaktien der Stückzahl, beim Publikum liegen bzw. von diesem im Rahmen des Börsengangs erworben werden. Bei einer großen Zahl von zuzulassenden Aktien – eine spezifizierende Mindestgröße wird weder im Gesetz noch der Literatur genannt – kann eine breite Streuung in diesem Sinne schon bei einem niedrigeren Prozentsatz als 25 Prozent, der aber 20 Prozent nicht unterschreiten darf, angenommen werden. Bevorrechtigte Zuteilungen wie im Rahmen eines Friends & Family- oder eines Mitarbeiterprogramms werden nicht dem Streubesitz angerechnet.[86] **64**

f) Designated Sponsor

Das Konzept des „Designated Sponsor“[87] ist ebenfalls im Zusammenhang mit dem Bestreben der Gewährleistung der Liquidität des Marktes zu sehen.[88] Es sieht vor, daß jede am Neuen Markt gehandelte Aktie mindestens zwei Betreuer[89] haben muß, wobei seit der Einführung von **65**

---

[84] *V. Potthoff/J. Stuhlfauth,* Der Neue Markt: Ein Handelssegment für innovative und wachstumsorientierte Unternehmen – kapitalmarktrechtliche Überlegungen und Darstellung des Regelwerks, WM Sonderbeilage Nr. 3 zu Heft 26/1997, S. 3, 9.

[85] Abschn. 2 3.9 RWNM. Der Antrag auf Zulassung kann aber insoweit beschränkt werden, als die nicht zuzulassenden Aktien zur Aufrechterhaltung eines beherrschenden Einflusses gehören und wenn aus der nur teilweisen Zulassung keine Nachteile für die Erwerber der zuzulassenden Aktien zu befürchten sind.

[86] Abschn. 2 3.10 I 2 RWNM.

[87] Der Designated Sponsor wurde früher als „Betreuer“ bezeichnet.

[88] Vgl. hierzu auch *R. Ristau,* Liquidität durch Betreuer, v&m 12/96, S. 54.

[89] Abschn. 2 2.2 I RWNM. Beim Designated Sponsor handelt es sich um

XETRA Release 3 im Oktober 1998 das Designated Sponsoring nur im Rahmen des Handels im elektronischen Handelssystem erfolgt, nicht dagegen im Parketthandel.[90] Vor Aufnahme des Handels hat der Emittent die Existenz der beiden Designated Sponsors der DBAG nachzuweisen.[91] Die Liquidität in der Aktie wird – wenigstens in einem Mindestmaß – dadurch gewährleistet, daß der Designated Sponsor zu Beginn der Handelszeit einen Geld- und einen Briefkurs zu stellen hat und während der gesamten Handelszeit mit mindestens einem Geld-/Brief-Limit im Orderbuch des Skontroführers[92] steht.[93]

66 D.h., er muß während der gesamten Zeit, in der über XETRA gehandelt wird, auf Anfrage eine Quotierung abgeben.[94] Diese Geld-/Brief-Kurse sind verbindlicher Natur und gelten für eine Mindeststückzahl von 500 Aktien.[95] Von besonderer Bedeutung im Wertpapierhandel ist regelmäßig die Breite der Spanne zwischen Geld- und Briefkurs. Dabei ist davon auszugehen, daß sich die Spanne bei einer Steigerung der Liquidität des Marktes und der Professionalität seiner Teilnehmer, insbesondere aber desjenigen, der diese Marge quotiert, verringert, was

---

ein zum Handel an der FWB zugelassenes Unternehmen; dies muß nach Abschn. 3 4.3 des RWNM ein an der FWB zugelassener Börsenhändler sein.

[90] Abschn. 3 4 II RWNM.

[91] Mit der Inbetriebnahme der zweiten Ausbaustufe des elektronischen Handelssystems Xetra wurde im Oktober 1998 das Konzept des Designated Sponsor nach seinem Erfolg im Neuen Markt auch in anderen Marktsegmenten – mit Ausnahme der Dax 30-Werte, wo ohnehin eine ausreichende Liquidität gesichert ist – eingeführt. Im Gegensatz zum Neuen Markt wurde es hier aber nicht zur verbindlichen Zulassungsvoraussetzung erhoben.

[92] Der Skontroführer ist der preisfeststellende Freimakler, der auf der Basis der für die Aktien des Emittenten vorliegenden Ordermenge laufend Preistaxen stellt.

[93] Abschn. 3 4.3 II RWNM. Außerdem fertigt der Betreuer schon aus Eigeninteresse zur Bedienung seiner Kunden regelmäßig Research über „seine" Unternehmen an und wird auch dadurch zum bevorzugten Handelspartner in diesen Werten. Der Betreuer ist zudem für den Emittenten eine Art „Coach" in allen Fragen des Aktienmarktes. So kann er dem Unternehmen regelmäßig über den Aktienhandel Bericht erstatten, bei der Pflege der Investor Relations behilflich sein und künftige Kapitalerhöhungen begleiten.

[94] Der Designated Sponsor muß, gemessen über einen Monat, auf mindestens 50 Prozent (dieser Wert wurde so von der DBAG festgesetzt, kann aber geändert werden) aller Anfragen des Skontroführers mit einem Geld-/Briefkurs antworten. Erfüllt der Designated Sponsor seine Pflichten nicht, so wird er abgemahnt und der Emittent benachrichtigt. Im Wiederholungsfall kann die DBAG die Beauftragung des Designated Sponsor beenden. Vgl. hierzu auch *V. Potthoff/J. Stuhlfauth,* Der Neue Markt: Ein Handelssegment für innovative und wachstumsorientierte Unternehmen – kapitalmarktrechtliche Überlegungen und Darstellung des Regelwerks, WM Sonderbeilage Nr. 3 zu Heft 26/1997, S. 3, 12.

[95] Abschn. 3 4.3 IV 3 RWNM.

wiederum die Attraktivität für die Marktteilnehmer erhöht.[96] Im Gegensatz zu anderen Märkten kann die maximale Breite der Spanne von der Börse vorgegeben werden,[97] während dies ansonsten durch die Marktkräfte bestimmt wird.

Die Verpflichtung des Designated Sponsors, Kurse zu stellen, darf nicht mit Kurspflege verwechselt werden, da die von ihm gestellten Kurse allein Angebot und Nachfrage reflektieren, nicht aber einen bestimmten Mindestkurs darstellen, unter den der Designated Sponsor den Kurs nicht fallen läßt.[98] **67**

Im Regelfall wird die Funktion des Designated Sponsors von den konsortialführenden Banken oder Wertpapierhandelshäusern übernommen,[99] was für diese neben den Ertragsmöglichkeiten im Handel den Vorteil mit sich bringt, daß sie hierdurch besonderen Einblick in bestimmte Branchen erhalten und entsprechende Erfahrung gewinnen, was sie wiederum – zusammen mit der hiermit verbundenen Visibilität im Markt – im Rahmen weiterer Emissionen und der Akquisition von Federführungsmandaten nutzen können. Neben der eigentlichen Aufgabe der Stellung eines Geld-/Brief-Kurses werden die Analysten des Designated Sponsors regelmäßig Research-Berichte über das Unternehmen erstellen, die dann nicht nur institutionellen Investoren, sondern auch privaten Anlegern zur Verfügung gestellt werden. Ihre ebenso umfassenden wie aktuellen Informationen über Unternehmen und Branche führen zu einer Erhöhung der Markttransparenz. **68**

Der Designated Sponsor ist damit für einen Emittenten ein wichtiges Element seiner Shareholder-Value-Strategie und sollte die Attraktivität seiner Aktie steigern. Für den hiermit verbundenen Service und die Bereitstellung eigenen Kapitals zur Unterlegung der Handelsaktivitäten versuchen die Banken, ein Honorar in der Größenordnung von DM 50.000 bis DM 100.000 p.a. durchzusetzen,[100] wobei die Konsortialbanken im Regelfall bereit sind, im Jahr der Börseneinführung auf das Honorar zur verzichten. Gleichzeitig streben die Banken an, für die Aus- **69**

---

[96] *O. V.,* Weitere Betreuer für kleinere Dax-Werte, FAZ vom 12. August 1998, S. 23.

[97] Abschn. 3 4.3 IV 3 RWNM.

[98] *F. Buss,* Der Betreuer, GP 9/98, S. 62.

[99] Ein Designated Sponsor kann mehrere Aktien betreuen, darf aber in dem von ihm betreuten Wert nicht gleichzeitig Skontroführer sein. Die Deutsche Börse kann nur Börsenteilnehmer – d.h. zum Handel an der FWB zugelassene Kreditinstitute, Maklerunternehmen oder Wertpapierhandelshäuser – als Designated Sponsor beauftragen, wobei die Personen, die für diese agieren, an der FWB als Börsenhändler zugelassen sein und die nötigen Handelskenntnisse zur Erfüllung der Betreuerfunktion nachweisen müssen.

[100] *R. Ristau,* Liquidität durch Betreuer, v&m 12/96, S. 54.

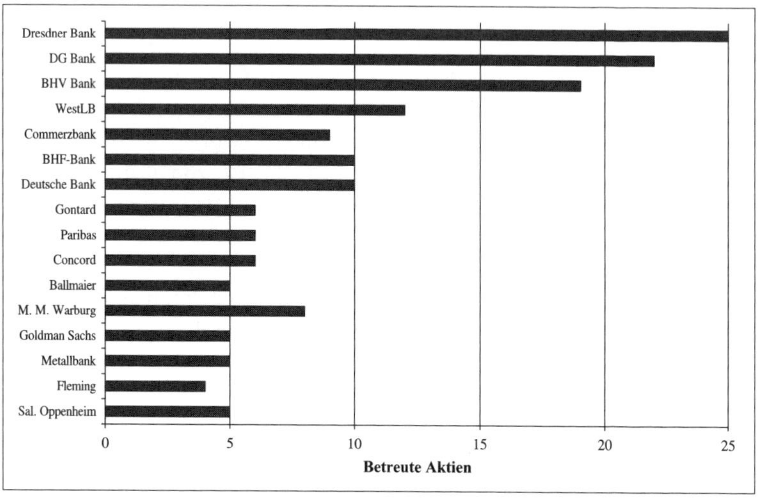

führung ihrer Funktion als Betreuer von den Altaktionären Aktien im Wege der Wertpapierleihe zur Verfügung gestellt zu bekommen.

70 Die Marktstellung der einzelnen Banken und Wertpapierhandelshäuser als Designated Sponsor ist aus der obenstehenden Grafik[101] ersichtlich.

71 Daß sich im Zusammenhang mit den Tätigkeiten des Designated Sponsor insiderrechtliche Fragen stellen müssen, ist offensichtlich. Im Ergebnis stellt die „Verwendung" von Kenntnissen, die im Zusammenhang mit den vorgenannten Tätigkeiten erlangt wurden, aber keinen Verstoß gegen die Insiderverbote des § 14 I WpHG dar, da der Designated Sponsor bei der Stellung von Geld-/Briefkursen auf Anfrage des Skontroführers in Erfüllung der vorstehend umschriebenen Verpflichtungen handelt. Es fehlt damit am Merkmal des Ausnutzens, das eine Kausalität zwischen der Kenntnis der Insidertatsache und der gewinnrealisierenden Handlung fordert.[102]

g) Rechnungslegung und sonstige Verpflichtungen

72 Außerdem setzt die Zulassung von Aktien zum Neuen Markt voraus, daß deren Emittent den Übernahmekodex der Börsensachverständigenkommission[103] anerkannt hat.[104] Weitere Verpflichtungen aus dem Börsengang kommen auf den Emittenten zu späterer Zeit zu, die ganz we-

---

[101] Stand: 9. 10. 1998; die Übersicht beschränkt sich auf die 10 Designated Sponsors, die die meisten Aktien betreuen.

[102] *M. Kersting,* Der Neue Markt der Deutsche Börse AG, AG 1997, S. 222, 226.

[103] Vgl. hierzu § 16 IV. Übernahmekodex.

[104] Abschn. 2 7. 2. 10 RWNM.

sentlich vom Ziel einer optimalen Transparenz und Information des Anlagepublikums geprägt sind.

Eine für den Emittenten besonders einschneidende Voraussetzung der Zulassung zum Neuen Markt ist in Abschn. 2 4. 1. 9 III RWNM verankert. Danach muß die Rechnungslegung des Unternehmens den internationalen Vorschriften IAS oder US-GAAP genügen. Dies kann von einem Unternehmen, das bislang nach HGB bilanziert hat, massive Umstellungen erfordern und – was viel wichtiger sein kann – deutliche Veränderungen der Ertragslage mit sich bringen. Hintergrund dieser Regelung ist die Feststellung, daß die Bilanzierung nach HGB zuviel Manipulationsspielraum bietet, um dem Informationsbedürfnis von Anlegern gerecht zu werden. Während bei IAS und US-GAAP die Errechnung eines periodengerechten Jahresüberschusses, der (potentiellen) Investoren eine adäquate Entscheidung ermöglicht, im Vordergrund steht und das nach HGB herrschende bilanzrechtliche Vorsichtsprinzip und Objektivierungsprinzipien deutlich zurücktreten, dient der Jahresabschluß nach deutschem Recht in erster Linie der Ermittlung eines als entziehbar geltenden Betrags, der am Leitprinzip des Gläubigerschutzes gekoppelt ist.[105] 73

Macht ein Emittent glaubhaft, daß er Bilanz und Gewinn- und Verlustrechnung vorübergehend noch nicht nach den genannten internationalen Rechnungslegungsvorschriften erstellen kann, so kann er von der DBAG auf Antrag für das Jahr der Börseneinführung von dieser Verpflichtung befreit werden.[106] Dabei gibt es für Emittenten aber gute Gründe, keinen Gebrauch von der Befreiungsvorschrift zu machen. Zum einen stellt die Veröffentlichung von Finanzinformationen, die internationalen Ansprüchen genügen, ein klares Bekenntnis zu Transparenz sowie ein Signal an internationale Anleger dar, daß das Unternehmen eine investorenfreundliche Informationspolitik betreiben wird. Dies kann besonders für institutionelle Investoren bei ihrer Investitionsentscheidung von ausschlaggebender Bedeutung sein, da diese eine detailliertere Analyse der Aktie vornehmen und bei den Vergleichen mit anderen Anlagewerten auf eine gleichwertige, für sie gewohnte und verständliche Berechnungsbasis Wert legen. 74

Zum anderen bieten IAS oder US-GAAP unter Umständen Möglichkeiten, sowohl das Vermögen als auch die Ertragslage positiver darzustellen, als dies in einem HGB-Abschluß möglich ist. So ist beispielsweise nach § 248 II HGB die Aktivierung selbst erstellter immaterieller Vermögensgegenstände des Anlagevermögens verboten, wohingegen nach IAS 75

[105] *D. Engel-Ciric,* Vergleichende Betrachtung der Bilanzierungsgrundsätze nach HGB und US-GAAP, RIW 1998, S. 775, 780.

[106] Abschn. 2 4. 1. 9 III 3 RWNM. Nach *L. Frey* (Auswirkungen des Börsenganges auf Rechnungslegung und Publizität, DStR 1999, S. 294, 296) haben bislang lediglich circa 16 Prozent der Emittenten am Neuen Markt von dieser Befreiungsmöglichkeit Gebrauch gemacht.

ein Aktivierungsgebot besteht, sofern bestimmte Voraussetzungen erfüllt sind. Dies kann insbesondere für High-Tech-Unternehmen, z.B. aus der Software-Industrie interessant sein, die damit selbst entwickelte Software-Programme aktivieren können. Gleiches gilt für Filmproduktionsgesellschaften, die Eigenproduktionen nach HGB als Aufwand in der Gewinn- und Verlustrechnung verbuchen müssen, während IAS eine Aktivierung erlaubt. Weitere Abweichungen zwischen den unterschiedlichen Methoden ergeben sich insbesondere bei der Abschreibung des Anlagevermögens, der Behandlung des Firmenwerts, der Steuerabgrenzung, der Bewertung von Pensionsverpflichtungen und Rückstellungen sowie im Bereich des Leasings und der langfristigen Auftragsfertigung. Weitere Unterschiede sind aus der nachfolgenden Tabelle[107] ersichtlich.[108]

76 Ob sich ein Emittent letztendlich für IAS[109] oder US-GAAP[110] entscheiden soll, ist von den Umständen des Einzelfalls abhängig.[111] Strebt er ein Dual Listing mit einer Notiz an einer US-amerikanischen Börse an, so kommt IAS nicht in Frage, da in den USA (derzeit) nur US-GAAP anerkannt sind.

	HGB	**IAS**	**US-GAAP**
Vorschriften und Träger von Auslegung und Entwicklung von Bilanznormen	Historisch gewachsene gesetzliche Regelungen. Die Auslegung und Rechtsentwicklung der GoB wird im wesentlichen vom BFH und den Berufsverbänden getragen.	Unvollständiges Empfehlungswerk ohne rechtliche Bindungswirkung. Seit 1990 wurden die Standards zugunsten einer stärker angloamerikanisch orientierten Rechnungslegung reformiert. Träger ist die IASC, ein Zusammenschluß von 110 Berufsorganisationen.	Keine gesetzlich bindenden Rechtsquellen. Bilanzierungsgrundsätze werden durch Verlautbarungen, Vorschriften der Börsenaufsicht sowie Einzelfallentscheidungen getragen. Träger sind im wesentlichen private Fachorganisationen, Berufsverbände, Bilanzersteller und Börsenaufsicht.
Adressaten und Rechnungslegungszweck	Gesellschafter und Gläubiger, Ziel: Kapitalerhaltung sowie Gläubigerschutz.	Kapitalanleger und andere interessierte Kreise; Ziel: Schutz der Investoren.	Kapitalanleger; Ziel: Schutz der Investoren.
Übergeordnetes Rechnungslegungsziel	Feststellung des vorsichtig ermittelten ausschüttbaren Gewinnes.	Fair Presentation; Vermittlung von Informationen als Hilfsmittel für wirtschaftliche Entscheidungen.	Fair Presentation; Vermittlung von Informationen als Hilfsmittel für Anlageentscheidungen.
Dominierender Grundsatz bei der Gewinnermittlung	Vorsichtsprinzip.	Accrual Principle; periodengerechte Gewinnermittlung.	Accrual Principle; periodengerechte Gewinnermittlung.

[107] Quelle: v&m 12/96, S. 54 f.

[108] Zum Ganzen vgl. auch *R. Schinnerl* in *N. Frei/C. Schlienkamp* (Hrsg.), Aktie im Aufwind, S. 101 ff.

[109] Näher hierzu *K. Ramin* in *R. von Rosen/W. Seifert,* Zugang zum US-Kapitalmarkt für deutsche Aktiengesellschaften, S. 189 ff.

[110] Näher hierzu *T. Schildbach,* Rechnungslegung nach US-GAAP: Hoffnung und Wirklichkeit, BB 1999, S. 359 ff., 411 ff.; *D. Engel-Ciric,* Vergleichende Betrachtung der Bilanzierungsgrundsätze nach HGB und US-GAAP, RIW 1998, S. 775, 780; näher hierzu *J. Pape/S. Heintges* in *R. von Rosen/W. Seifert,* Zugang zum US-Kapitalmarkt für deutsche Aktiengesellschaften, S. 201 ff.

[111] Zu Problemen des Übergangs vgl. *S. Göbel,* Internationalisierung der externen Rechnungslegung von Unternehmen, DB 1999, S. 293 ff.

	HGB	IAS	US-GAAP
Stille Reserven	Aufgrund des dominierenden Vorsichtsprinzips sowie der Bilanzierungs- und Bewertungswahlrechte besteht die Möglichkeit, in großem Umfang stille Reserven zu bilden.	Durch die Reformierung der IAS wurde die Möglichkeit stille Reserven zu bilden erheblich eingeschränkt.	Die Möglichkeit stille Reserven zu bilden ist stark eingeschränkt.
Pflichtbestandteile des Jahresabschlusses	- Bilanz - Gewinn- und Verlustrechnung - Anhang - Lagebericht	- Bilanz - Gewinn- und Verlustrechnung - Kapitalflußrechnung - Eigenkapitalentwicklung - Anhang	- Bilanz - Gewinn- und Verlustrechnung - Cash-flow-Rechnung - Entwicklung des Bilanzgewinns - Anhang - ggf. Lagebericht und Segmentberichte
Steuerliche Einflüsse	Übernahme der steuerlichen Wertansätze aufgrund der „umgekehrten Maßgeblichkeit“	Der steuerliche Einfluß ist erheblich zurückgedrängt.	Keine Einflüsse.
Bilanzwahrheit/ Generalnorm	Darstellung der Vermögens-Finanz-, und Ertragslage nur im Rahmen der GoB unter Beachtung des Vorsichtsprinzips. Ggf. zusätzliche Angaben im Anhang zur Darstellung eines den tatsächlichen Verhältnissen entsprechenden Bildes der wirtschaftlichen Lage.	Fair Presentation im Rahmen der Rechnungslegungsvorschriften.	Prinzip der Fair Presentation als „overriding principle“ wahrheitsgemäße und klare Darstellung aller Daten über die wirtschaftliche Lage des Unternehmens.
Bewertungsstetigkeit	Sollvorschrift; bei Änderungen bedarf es lediglich der verbalen Erläuterung im Anhang.	Fundamentalprinzip; Änderungen sind zu erläutern, der GuV-Effekt ist offenzulegen.	Fundamentalprinzip; Änderungen sind zu erläutern, der GuV-Effekt ist offenzulegen.
Wesentlichkeit	Eingeschränkte Bedeutung aufgrund des Vorsichtsprinzips und des Vollständigkeitsgebots.	Der Jahresabschluß umfaßt alle entscheidungsrelevanten Informationen. Für andere Informationen gilt das Prinzip der Übersichtlichkeit.	Der Jahresabschluß umfaßt alle entscheidungsrelevanten Informationen. für andere Informationen gilt das Prinzip der Zweckmäßigkeit.
Realisationsprinzip/ Imparitätsprinzip	Fundamentale Ausprägung des dominierenden Vorsichtsprinzips. Unrealisierte Gewinne dürfen nicht, drohende Verluste müssen antizipiert werden.	Grundsätzliche Geltung des Realisationsprinzips. Das Imparitätsprinzip konkretisiert sich im Niederstwertprinzip der Vorratsbewertung. Die Bewertung von Verbindlichkeiten und Rückstellungen ist unvollständig geregelt.	Grundsätzliche Geltung des Realisationsprinzips mit Einschränkung bspw. bei langfristigen Fertigungsprozessen. Verluste sind zu antizipieren, wenn sie absehbar sind und der Betrag abgeschätzt werden kann.
Herstellungskosten	Aktivierungspflicht nur für Einzelkosten. Aktivierungswahlrecht für Gemeinkosten und zurechenbare Fremdkapitalzinsen. Aktivierungsverbot für Vertriebs- und Zusatzkosten sowie Gewinnaufschlag.	Vollkostenprinzip; Wahlrecht bei zurechenbaren Fremdkapitalzinsen bei Langfristfertigung; keine Einbeziehung von: - Vertriebskosten - allgemeine Verwaltungskosten - Lager und Leerkosten	Vollkostenprinzip inkl. zurechenbarer allg. Verwaltungskosten; Fremdkapitalzinsen bei Langfristfertigung aktivierbar; keine Einbeziehung von: - Vertriebskosten - nicht zurechenbaren Verwaltungskosten - Lager- und Leerkosten
Vermögensgegenstand	Statisch geprägt; Dominanz der Objektivierbarkeit.	Dynamisch geprägt; Orientierung am künftigen wirtschaftlichen Nutzen.	Dynamisch geprägt; Orientierung am künftigen wirtschaftlichen Nutzen.

Bilanzpositionen

Kriterien	HGB	IAS	US-GAAP
Immaterielle Vermögensgegenstände; Forschungs- und Entwicklungskosten	Aktivierungsverbot für selbsterstellte immaterielle Vermögensgegenstände und für F&E-Aufwendungen.	Bei Erfüllung der Voraussetzungen besteht eine Aktivierungspflicht auch für selbsterstellte immaterielle Vermögensgegenstände. F&E-Kosten sind unter engen Voraussetzungen aktivierbar.	Bei positiver Ertragsaussicht über mehrere Perioden besteht bei selbsterstellten immateriellen Vermögensgegenständen ein Aktivierungswahlrecht. F&E-Kosten sind unter engen Voraussetzungen aktivierbar.
Geschäfts- und Firmenwert	Bei originärem Firmenwert besteht ein Aktivierungsverbot; bei derivativem Firmenwert besteht ein Aktivierungswahlrecht; Nutzungsdauer 4 Jahre oder voraussichtliche Nutzungsdauer (in der Praxis oft 15 Jahre).	Bei originärem Firmenwert besteht ein Aktivierungsverbot; bei derivativem Firmenwert besteht eine Aktivierungspflicht; Nutzungsdauer 5–20 Jahre.	Bei originärem Firmenwert besteht ein Aktivierungsverbot, bei derivativem Firmenwert besteht eine Aktivierungspflicht. Nutzungsdauer maximal 40 Jahre.
Gründungskosten	Aktivierungsverbot	ggf. Aktivierungspflicht	Aktivierungswahlrecht
Sachanlagen	Gegenstände, die dauernd dem Betrieb dienen, sind mit Anschaffungs- oder Herstellungskosten zu aktivieren. Bei dauernder Wertminderung ist eine Abschreibung auf den niedrigeren beizulegenden Wert zwingend. Die Nutzungsdauer orientiert sich i.d.R. an den steuerrechtlichen AfA-Tabellen. Die Abschreibungsmethode ist, soweit sachgerecht, frei wählbar. Die Zuschreibung bei der Wertaufholung unterbleibt zumeist aus Steuerlichen Gründen. Rein steuerlich motivierte Abschreibungen dürfen vorgenommen werden.	Fortgeführte Anschaffungs- und Herstellungskosten. Eine Neubewertung mit der Bildung einer Neubewertungsrücklage ist zulässig. Zulässige Abschreibungsmethoden sind lineare, degressive und digitale Abschreibung. Außerplanmäßige Abschreibungen sind vorzunehmen, sofern der „recoverable amount" unter dem Buchwert liegt. Rein steuerlich motivierte Abschreibungen dürfen nicht vorgenommen werden.	Zum Herstellungsprozeß erforderliche Vermögensgegenstände (Nutzungsdauer mind. 1 Jahr) sind mit den Anschaffungskosten zu aktivieren und planmäßig über die tatsächlich erwartete Nutzungsdauer abzuschreiben. Außerplanmäßige Abschreibungen sind nur bei dauernder Wertminderung geboten, wenn das künftige Nutzenpotential unter dem Buchwert liegt. Bei Änderungen der Nutzungsdauer ist der Restbuchwert in den Folgejahren neu zu verteilen. Rein steuerlich motivierte Abschreibungen dürfen nicht vorgenommen werden.
Leasing	Bilanzierung beim wirtschaftlichen Eigentümer, Rückgriff auf die steuerlichen Regelungen zum Leasing, da keine eigenständigen handelsrechtlichen Regelungen vorhanden sind.	Bilanzierung beim wirtschaftlichen Eigentümer. Unterscheidung zwischen Capital Lease (Bilanzierung beim Leasingnehmer) und Operate Lease (Bilanzierung beim Leasinggeber).	Bilanzierung beim wirtschaftlichen Eigentümer. Unterscheidung zwischen Capital Lease (Bilanzierung beim Leasingnehmer) und Operate Lease (Bilanzierung beim Leasinggeber).
Finanzanlagen	Finanzanlagen, die dauernd dem Betrieb dienen, sind mit Anschaffungskosten zu aktivieren. Bei vorübergehenden Wertminderungen besteht ein Abwertungswahlrecht; bei dauernder Wertminderung ist eine Abschreibung auf den niedrigeren beizulegenden Wert zwingend. Bei Wegfall der Wertminderung besteht ein faktisches Zuschreibungswahlrecht. Für Finanzanlagen des Umlaufvermögens gilt das strenge Niederstwertprinzip.	Keine Beschränkung auf die historischen Anschaffungskosten; höherer Marktwert zulässig. Für börsenorientierte Wertpapiere des Anlagevermögens ist das Niederstwertprinzip zu beachten.	Im Umlaufvermögen keine Beschränkung auf die historischen Anschaffungskosten; unter bestimmten Voraussetzungen Ansatz zum höheren Marktwert. Bei Beteiligungen mit maßgeblichem Einfluß Anwendung der „at equity"-Methode im Einzelabschluß.

Kriterien	HGB	IAS	US-GAAP
Vorräte	Bewertung der Vorräte zu Anschaffungs- oder Herstellungskosten, bzw. dem niedrigeren beizulegenden Wert; Abschreibung bei Roh-, Hilfs- und Betriebsstoffe beschaffungsmarktorientiert. Bei Handelswaren gilt die doppelte Maßgeblichkeit. Steuerliche Abschreibungen sind zulässig. Eine Wertaufholung unterbleibt i.d.R. aufgrund steuerlicher Vorschriften. Bei der Bewertung gleichartiger Vorräte kann ein beliebiges Verbrauchsfolgeverfahren angewendet werden. Nicht erforderlich ist, daß das Verfahren die tatsächliche Verbrauchsfolge widerspiegelt.	Bewertung nach dem Lower of Cost oder Market-Prinzip, wobei die Wertuntergrenze durch den Net Realizable Value abzüglich der noch anfallenden Kosten gebildet wird. Es gilt das Wertaufholungsgebot. Als Verbrauchsfolgeverfahren wird die FIFO-Methode oder die gewogene Durchschnittsbewertung vorgeschlagen. Unter bestimmten Voraussetzungen ist die LIFO-Methode ebenfalls zulässig. Steuerlich motivierte Abschreibungen sind nicht zulässig.	Bewertung nach einem modifizierten Lower of Cost oder Market-Prinzip, wobei die Wertuntergrenze durch den Net Realizable Value abzüglich der normalen Gewinnspanne gebildet wird. Es gilt das Wertaufholungsverbot. Bei Gütern, die auf organisierten Märkten gehandelt werden, kann der Börsen- oder Marktpreis angesetzt werden. Grundsätzlich sind LIFO, FIFO und das Durchschnittsverfahren zulässig. Steuerlich motivierte Abschreibungen sind nicht zulässig.
Langfristfertigung	Completed Contract Method	Percentage of Completion Method	Percentage of Completion Method
Forderungen/ Verbindlichkeiten	Forderungen und Verbindlichkeiten sind zu Anschaffungskosten zu bilanzieren. Bei der Fremdwährungsumrechnung ist das Realisations- und Imparitätsprinzip zu beachten; keine Erfassung unrealisierter Kursgewinne.	Fremdwährungsforderungen und -verbindlichkeiten sind mit dem Stichtagkurs zu bewerten. Unrealisierte Gewinne aus der Umrechnung von Forderungen und Verbindlichkeiten in fremder Währung werden erfolgswirksam vereinnahmt.	Fremdwährungen und -verbindlichkeiten sind mit dem Stichtagkurs zu bewerten. Unrealisierte Gewinne aus der Umrechnung von Forderungen und Verbindlichkeiten in fremder Währung werden erfolgswirksam vereinnahmt.
Rückstellungen	Neben den Pflichtrückstellungen können Aufwandsrückstellungen gebildet werden. Im Falle mehrerer wahrscheinlicher Werte der künftigen Inanspruchnahme ist das Vorsichtsprinzip zu beachten.	Rückstellungen dürfen nur für Verpflichtungen gegenüber Dritten gebildet werden. Im Falle mehrerer wahrscheinlicher Werte der künftigen Inanspruchnahme ist der niedrigste Betrag zurückzustellen.	Rückstellungen dürfen nur für Verpflichtungen gegenüber Dritten gebildet werden. im Falle mehrerer wahrscheinlicher Werte der künftigen Inanspruchnahme ist der niedrigste Betrag zurückzustellen.
Pensionsrückstellungen	Bei Neuzusagen besteht eine Passivierungspflicht, für Zusagen bis zum 1. 1. 1987 existiert ein Passivierungswahlrecht. Die Pensionsrückstellung wird i.d.R. mit dem steuerlichen Teilwert unter der Berücksichtigung der Verhältnisse am Bilanzstichtag bewertet (Anwartschaftsdeckungsverfahren). Abzinsungsfaktor ist der Zinssatz gemäß § 6a EStG in Höhe von 6 Prozent.	Es soll eine Anwartschaftsbarwertmethode angewendet werden. Der Diskontierungssatz orientiert sich am tatsächlichen Kapitalmarktzins. Zulässig sind jedoch auch andere Bewertungsmethoden, u.a. die Bewertung gemäß § 6a EStG.	Pensionsverpflichtungen werden mit den langfristigen Trendannahmen unter Berücksichtigung von zukünftigen Gehalts- und Rentenentwicklungen bewertet (Anwartschaftsbarwertverfahren). Der Diskontierungssatz orientiert sich am tatsächlichen Kapitalmarktzins.

VII. SMAX

77 Der Bekanntheitsgrad der Mehrzahl der deutschen börsennotierten mittelständischen Unternehmen ist relativ gering. Resultat hiervon ist, daß der Handel in diesen Werten einer höheren Volatilität als bei den DAX-Werten unterliegt und auch ihr Kurspotential oft nicht ausgereizt werden kann, da Investoren infolge mangelnder Transparenz und Liquidität nur begrenzt zu Engagements bereit sind, selbst wenn es unter diesen Unternehmen eine Vielzahl interessanter Unternehmen mit soliden Wachstumsaussichten gibt.

1. Bedeutung und Zielrichtung

78 Um Unternehmen, die nicht die Voraussetzungen des Neuen Marktes, insbesondere in Hinblick auf Wachstumsaussichten und Innovationsfreude, erfüllen, bietet die Deutsche Börse seit April 1999 mit SMAX eine neue Plattform, mit der neben dem Neuen Markt ein weiteres Forum für kleinere Titel geschaffen werden soll, sich bei institutionellen wie privaten Investoren aus der Masse der Nebenwerte herauszuheben, die aber auch bereit sind, hohe Qualitätsstandards hinsichtlich Transparenz und Liquidität[112] zu erfüllen. Anders als der Neue Markt richtet sich SMAX nicht an junge Wachstumsunternehmen, sondern an etablierte Unternehmen aus traditionellen mittelständischen Branchen.

79 Der Erfolg des Neuen Marktes im Sinne von hohen erzielbaren Bewertungen der dort notierten Unternehmen wird auch darauf zurückgeführt, daß es gelungen ist, mit jederzeit zugänglichen qualitativ hochwertigen Informationen und hohe Liquidität im Handel das Investoreninteresse das Interesse von Investoren zu fördern. Wenn andererseits zahlreiche mittelständische Unternehmen trotz vielversprechender Fun-

---

[112] Liquidität bedeutet die jederzeitige Handelbarkeit einer Aktie, auch in großen Stückzahlen. Für die Anleger bedeutet dies bei Kauf und Verkauf, daß sich die Wartezeiten bis zur Orderausführung verkürzen, je höher die Liquidität, d.h. das gehandelte Umsatzvolumen eines Wertes ist. Um so kleiner ist auch die Spanne zwischen Geld- und Briefkurs, der sogenannte Spread, der wiederum die Handelskosten und damit auch die Attraktivität eines Titels für Investoren beeinflußt.

Andererseits darf nicht verkannt werden, daß die Beobachtung eines Wertes für Analysten und Investoren mit Kosten verbunden ist. Dies gilt ganz besonders für die Wertpapieranalysten, die Unternehmensanalysen erstellen. Hierzu sind sie regelmäßig nur bei entsprechender Liquidität in dem betroffenen Wert bereit. Insofern führt hohe Liquidität auch zu einer Steigerung der Transparenz. Umgekehrt erhöht Transparenz auch die Liquidität einer Aktie, da mit der Verfügbarkeit von Informationen für Investoren auch das Risiko beim Aktienkauf abnimmt, was im Ergebnis zu einer adäquaten Bewertung des Unternehmens führt.

damentals als unterbewertet gelten und ihnen ein erhebliches Kurspotential zugeschrieben wird,[113] so soll mit dem SMAX[114] versucht werden, Erfolgskomponenten des Neuen Marktes zu kopieren und so auch (andere) kleine Werte in den Fokus des Investoreninteresses zu rücken. Die Aufnahme in das Qualitätssegment SMAX kommt im Ergebnis – bildlich gesprochen – der Verleihung eines Gütesiegels gleich.

Inwieweit sich diese Zielvorstellungen realisieren lassen, bleibt abzu- **80**
warten. Positive Auswirkungen auf die Kursentwicklung der einzelnen SMAX-Werte könnte aus der Aufnahme der Werte in einen Index resultieren, da hierdurch die Aufmerksamkeit und das Interesse institutioneller Anleger geweckt werden könnte. Kurstreibend könnte sich auch die Emission von Optionsscheinen durch Banken auf einzelne Werte oder den Index auswirken, da dann die den Optionsschein emittierenden Banken zu Absicherungszwecken[115] möglicherweise die Aktie kaufen.

2. Zulassungsvoraussetzungen

Grundvoraussetzung für die Aufnahme in den SMAX ist eine Zulas- **81**
sung an der Frankfurter Wertpapierbörse zum Amtlichen Handel oder zum Geregelten Markt, d.h. organisierte Märkte[116] i.S.d. Wertpapierdienstleistungsrichtlinie der EU, was für eine Vielzahl großer institutioneller Investoren conditio sine qua non für ein Engagement in einem Markt ist. Da sich das neue Segment ausschließlich an sogenannte Small Caps[117] richtet und eine Überschneidung mit anderen Segmenten ausgeschlossen sein soll, ist eine Teilnahme an SMAX nicht möglich, wenn die Aktie des Emittenten zum Neuen Markt zugelassen ist, den in den Aktienindices DAX oder MDAX vertretenen Unternehmen angehört oder im Falle eines Unternehmenssitzes im Ausland die Aufnahmekri-

---

[113] Es gibt eine Vielzahl von Anlegern, die grundsätzlich zu Investitionen in kleine Spezialwerte mit soliden Wachstumsaussichten bereit sind, schlicht und einfach aber nicht über eine ausreichende Informationsbasis verfügen. Zudem müßten sie aufgrund der niedrigen Liquidität hohe Geld-Brief-Spannen in Kauf nehmen. Auch die Wartezeiten bis zur Orderausführung sind oftmals länger als bei anderen Werten.

[114] SMAX steht für „Small Cap Exchange".

[115] „Hedging".

[116] „Regulated markets".

[117] Small Caps in der Definition der Frankfurter Wertpapierbörse weisen einen durchschnittlichen Umsatz um die DM 800 Mio., d.h., daß insoweit an der Börse etwas andere Maßstäbe als in anderen Märkten gelten. Die Bezeichnung „Small Cap" umfaßt am Kapitalmarkt ein sehr heterogenes Segment von Unternehmen mit einem Jahresumsatz von knapp DM 7 Mio. bis zu mehr als DM 5 Mia. und mit einer Belegschaft von 7 bis über 12.700.

terien des DAX oder des MDAX bei einem inländischen Sitz erfüllen würde.[118]

82 Über die Teilnahme entscheidet auf Antrag[119] des Unternehmens die DBAG. Diese wird durch privatrechtlichen Vertrag des Unternehmens mit der DBAG geregelt,[120] der die Zulassung in den bestehenden Marktsegmenten unberührt läßt. Ein Delisting ist daher nicht erforderlich. Auch die Notierung, d.h. der Handel, erfolgt weiterhin unverändert in dem jeweiligen Marktsegment Amtlicher Handel oder Geregelter Markt.[121] Erforderlich ist lediglich die Anerkennung der Qualitätsstandards des SMAX auf privatrechtlicher Basis, so daß die Teilnahme an SMAX im Ergebnis mit minimalem bürokratischen Aufwand möglich ist.

83 Neue Börsenkandidaten können auch parallel zur Zulassung in das angestrebte Marktsegment die Aufnahme in SMAX beantragen und damit direkt bei Börseneinführung aufgenommen werden. Die Teilnahme an SMAX läßt die für den Amtlichen Handel und den Geregelten Markt geltenden Vorschriften unberührt. Im Interesse der Förderung von Liquidität und Transparenz müssen alle Unternehmen entsprechende Maßnahmen ergreifen. Hierzu gehören vergleichbar zu den Verpflichtungen im Neuen Markt

- Quartalsberichte, die von SMAX-Unternehmen in Form von Drei-, Sechs- und Neunmonatsberichten spätestens zwei Monate nach Abschluß der Berichtperiode zu veröffentlichen sind, wobei deren Inhalt bestimmte Vorgaben erfüllen muß.[122]

---

118 Bei ausländischen Unternehmen kann die DBAG in Einzelfällen Ausnahmen zulassen. Abschn. 2 III und IV SMAX-TB.

119 Der Antrag muß Firma und Sitz des Emittenten und des Designated Sponsors sowie das von der DBAG vorgegebene standardisierte Unternehmensportrait enthalten. Abschn. 1 III SMAX-TB.

120 Abschn. 1 I SMAX-TB.

121 Damit ist zumindest für Unternehmen, die bereits an der FWB notiert sind, ein aufwendiges Verfahren des „Um-Listing" ebensowenig erforderlich wie die Erstellung eines neuen Prospekts.

122 Abschn. 3 I SMAX-TB. Der Quartalsbericht muß in deutscher oder englischer Sprache abgefaßt sein und eine Beurteilung der Entwicklung der Geschäftstätigkeit des Emittenten in dem jeweiligen Berichtszeitraum ermöglichen und Zahlenangaben über Tätigkeit und Ergebnisse des Emittenten sowie Erläuterungen hierzu enthalten. Nach dem 31. Dezember 2001 muß der Quartalsbericht ausschließlich in englischer Sprache abgefaßt sein. Der vierte Quartalsbericht wird durch den Jahresabschluß ersetzt.

Die Zahlenangaben müssen die Gewinn- und Verlustrechnung, den Jahresüberschuß oder Jahresfehlbetrag pro Aktie sowie die Anzahl der Mitarbeiter des Emittenten enthalten. Darüber hinaus muß der Quartalsbericht eine Kapitalflußrechnung enthalten. Zu jeder Zahlenangabe ist die Vergleichszahl für den entsprechenden Zeitraum des Vorjahres anzugeben. Quartalsberichte und Jahresabschluß müssen nach denselben Rechnungslegungsgrundsätzen erstellt wer-

- Der Jahresabschluß ist spätestens vier Monate nach dem Ende des Geschäftsjahrs zu publizieren.
- Die Unternehmen müssen mindestens ein Kreditinstitut oder ein Finanzdienstleistungsunternehmen als Designated Sponsor in Xetra beauftragen, der auf Anfrage von Marktteilnehmern oder auf eigene Initiative verbindliche Kauf- und Verkaufsangebote in das elektronische Orderbuch von Xetra stellt, was die Liquidität des betreuten Werts erhöht.[123]
- Der Anteil des sogenannten „free float", d.h. der frei handelbaren Aktien muß in der Europäischen Wirtschaftsgemeinschaft mindestens 20 Prozent betragen[124]
- Die Emittenten müssen den Übernahmekodex der Börsensachverständigenkommission anerkennen,[125] da man sich hiervon klare Rahmenbedingungen für eine transparente, faire und anlegerfreundliche Durchführung von Übernahmen verspricht.
- Der Anteilsbesitz von Vorstand und Aufsichtsrat ist einmal jährlich zu veröffentlichen – in der Regel im Jahresbericht.[126]

3. Marketing

Mittelständische Unternehmen, die nicht am Neuen Markt notiert **84**
werden oder aus anderen Gründen im Mittelpunkt des Interesses stehen, haben auch nach Aufnahme der Börsennotierung oftmals Schwierigkeiten, einen hohen Bekanntheitsgrad in der Financial Community zu erreichen und Zugang zu Investoren und Analysten zu finden. Mit Einführung des SMAX versucht die DBAG hierfür die Rahmenbedingungen, d.h. die Plattform zu schaffen und unterstützt die Emittenten, z.B. indem sie das neue Segment durch eine Presse- und Medienkampagne, durch Road Shows im In- und Ausland, Mailing-Aktionen und Einzelgespräche mit Marktteilnehmern bewirbt.

---

den. Hat der Emittent für den Berichtszeitraum Zwischendividenden ausgeschüttet oder schlägt er dies vor, so sind das Ergebnis nach Steuern für den betreffenden Zeitraum und der ausgeschüttete oder zur Ausschüttung vorgeschlagene Betrag auszuweisen. Sind die Zahlenangaben durch einen Abschlußprüfer geprüft worden, so sind der Bestätigungsvermerk einschließlich zusätzlicher Bemerkungen sowie Einschränkungen oder seine Versagung vollständig wiederzugeben.

123 Näher zum Designated Sponsor vgl. § 11 VI. 3. f) Designated Sponsor.

124 Abschn. 2 V SMAX-TB. Die Deutsche Börse empfiehlt 25 Prozent oder mehr. Je höher dieser Anteil, desto höher ist auch die Liquidität der Aktie, und desto attraktiver wird sie letztlich für Investoren.

125 Abschn. 2 VI SMAX-TB.

126 *J. Nägel,* SMAX – das neue Qualitätssegment für Small Caps, Die Bank 3/99, S. 180ff.

85 Für die 100 stärksten SMAX-Werte soll mit dem SDAX ein eigener Index errechnet werden. Falls oder sobald mehr als 100 Unternehmen in den SMAX wechseln, wird die Kursentwicklung aller SMAX-Titel in einem SMAX All Share Index abgebildet werden.

86 Für die Teilnahme am SMAX wird ein jährliches Entgelt von Euro 7.500 berechnet.[127]

VIII. Wahl der Börsenplätze

87 Bei der Entscheidung einer Gesellschaft für die Einführung ihrer Aktien an einem bestimmten deutschen Börsenplatz spielen Rechtsfragen keine Rolle. Die Börsenordnungen der 8 deutschen Wertpapierbörsen unterscheiden sich nur geringfügig[128] und stellen keine Anforderungen an den regionalen Sitz einer Gesellschaft. Die Zulassungsgebühren der einzelnen Börsen sind ebenso einheitlich wie die für Aktienkäufer und -verkäufer entstehenden Kosten in Form von Provisionen der Banken und Maklercourtagen.[129]

88 Frankfurt ist in jeder Hinsicht der bei weitem führende deutsche Börsenplatz. Diese Bedeutung nimmt nicht nur in absoluten Zahlen zu, sondern auch in Relation zu den anderen sieben deutschen Wertpapierbörsen.[130] Die im Rahmen von Release 3 im Oktober 1998 erfolgte Ausweitung des elektronischen Handels in Xetra auf alle Börsensegmente wird zu einer weiteren Schwächung der Wettbewerbsposition der Regionalbörsen führen. Inwieweit diese diesem Trend durch Alternativ- und Nischenstrategien[131] entgegen wirken können, bleibt abzuwarten, zumal die DBAG, d.h. Frankfurt, bereits einen Teil dieser Strategien aufgegriffen hat. Eine Verstärkung des Trends würde zur Bedeu-

---

[127] Abschn. 5 I SMAX-TB. *D. Bihr,* SMAX: Neues Qualitätssegment der Frankfurter Börse, FB 1999, S. 45 f.

[128] *W. Koch/J. Wegmann,* Praktikerhandbuch Börseneinführung, S. 190.

[129] *A. Carls,* Das Going-Public-Geschäft deutscher Banken, S. 152.

[130] Bayerische Börse in München, Berliner Wertpapierbörse, Bremer Wertpapierbörse, Hanseatische Wertpapierbörse, Hamburg, Niedersächsische Börse zu Hannover, Rheinisch-Westfälische Börse zu Düsseldorf, Baden-Württembergische Wertpapierbörse in Stuttgart.

[131] Z.B. Verlängerung der Handelszeiten, Verzicht auf Mindestgrößen für Abschlüsse im variablen Handel, Aufnahme von Auslandsaktien (z.B. aus Ost- und Mitteleuropa), „Retailbörsen" mit gezielter Ausrichtung auf die Bedürfnisse von Privatanlegern. *O. V.,* Stuttgart weitet Best-Price-Prinzip aus, ZfdgK vom 1. September 1998, S. 32. Gleichzeitig gründen einige Börsen wie Bremen und Berlin Corporate Finance Beratungsgesellschaften oder bieten jungen Unternehmen die Möglichkeit, mit risikofreudigen Investoren in Kontakt zu treten. Vgl. hierzu *o. V.,* Börse Stuttgart mit Plattform für Wagniskapital, BZ vom 31. Oktober 1998, S. 4.

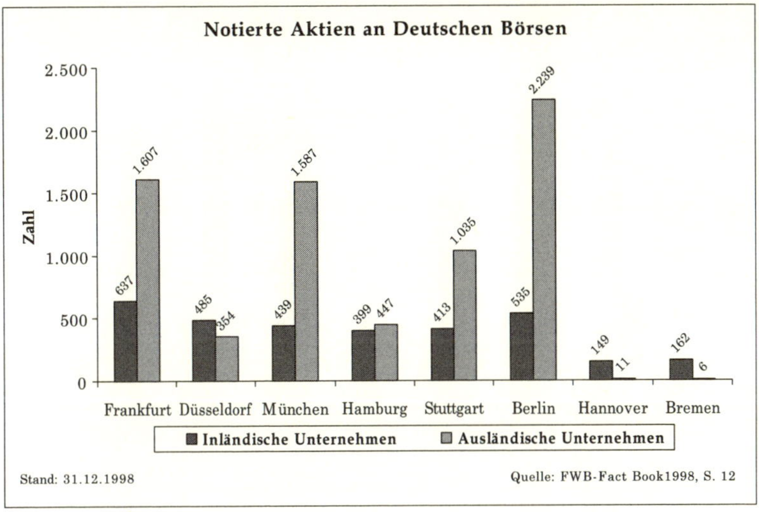

tungslosigkeit und Verdrängung der Regionalbörsen führen und diese Überlegungen über die Wahl des regionalen Börsenplatzes obsolet machen.[132]

Grundsätzlich ist bei der Wahl des Börsenplatzes zu überlegen, wer 89
und wo in erster Linie die potentiellen Investoren für Aktien dieses Unternehmens sind und wie Publizitätseffekte für die Plazierung und die nachfolgende „Kurspflege" optimiert werden können. Während bei Großunternehmen und bei international bekannten und attraktiven Gesellschaften zuerst an Frankfurt (und erst dann an die Heimatbörse) zu denken ist, da internationale institutionelle Anleger sich im wesentlichen auf diesen Markt konzentrieren, ist davon auszugehen, daß gerade bei mittelständischen Unternehmen mit einem relativ hohen Bekanntheitsgrad in der Region ihres Firmensitzes die Plazierung bei dortigen Investoren auf das größte Interesse stößt. Diese Investoren finden die von ihnen erwarteten regelmäßigen Informationen über die Kurs- und Unternehmensentwicklung gerade bei kleineren Unternehmen am ehe-

[132] *A. Carls,* Das Going-Public-Geschäft deutscher Banken, S. 152. Vgl. hierzu auch *o. V.,* Fusionsgespräche der Börsen Hannover und Hamburg, FAZ vom 10. April 1999, S. 25 f. Schon heute sehen selbst im DAX enthaltene Gesellschaften nicht mehr die Vorteile einer parallelen Notierung an den Regionalbörsen und erwägen deshalb, die Notierung ihrer Aktien an den Regionalbörsen aufzugeben. So hat BASF im Jahre 1994 die Streichung der Notierung ihrer Aktien an den deutschen Regionalbörsen beantragt, dieses Vorhaben in Hinblick auf öffentliche Proteste und offene Rechtsfragen, die zwischenzeitlich aber durch das Dritte Finanzmarktförderungsgesetz mit dem Ergebnis der Zulässigkeit des teilweisen Delistings geregelt wurden, wieder aufgegeben. Zum Delisting vgl. unten § 12 VI. Delisting m.w.N.

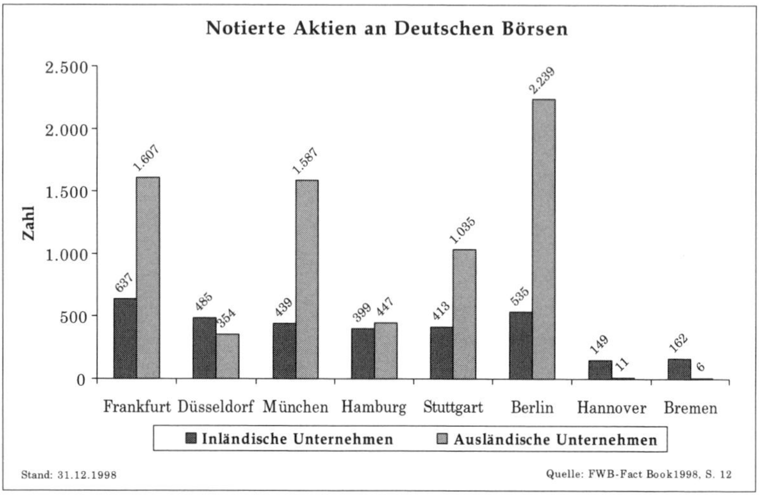

sten in der regionalen Finanz- und Wirtschaftspresse, die oftmals neben den DAX-Werten nur die Kurse von Aktien veröffentlicht, die an der entsprechenden Regionalbörse notiert werden. Gleichzeitig bietet die regionale Presse ein publikumswirksames Forum, das zu einer Erhöhung des Bekanntheitsgrades im regionalen Wirtschaftsraum, indirekter Werbung auch für die Produkte und Dienstleistungen des Unternehmens und einer Vertiefung der Investor Relations führen kann.[133]

90 Zur Nutzung des regionalen Bekanntheitsgrades sollte die Heimatbörse derzeit deshalb nicht vernachlässigt werden. Inwieweit darüber hinaus eine Zulassung an weiteren Börsenplätzen – hier ist dann in erster Linie nicht an eine weitere Regionalbörse[134] zu denken, sondern in Anbetracht des hohen Interesses nationaler wie internationaler, privater wie institutioneller Anleger, an Frankfurt – beantragt werden soll, hängt in erster Linie vom zur Verfügung stehenden Plazierungsvolumen ab. Da erfahrene Anleger ein Investment in illiquide Aktien skeptisch betrachten, wird die mit einer parallelen Börseneinführung verfolgte Zielsetzung der Erschließung eines größeren Kreises potentieller Investoren nur dann erfolgreich umzusetzen sein, wenn trotz der Verteilung des Handels auf mehrere Börsenplätze das Emissionsvolumen eine ausreichende Liquidität erlaubt und nicht schon aus Gründen fehlender Markttiefe eine hohe Kursvolatilität zu erwarten ist. Unabhängig von

[133] *H. Klenke,* Der Rückzug mehrfach notierter Unternehmen von den deutschen Regionalbörsen, WM 1995, S. 1089, 1091.

[134] Eine parallele oder nachfolgende Börseneinführung an weiteren Regionalbörsen kann beispielsweise dann sinnvoll sein, wenn das emittierende Unternehmen aufgrund eines Produktionsstandorts einen hohen Bekanntheitsgrad in einer Region aufweist.

den vorstehenden Überlegungen kommt es häufig auch ohne Zutun der emittierenden Gesellschaft zur Notierung an anderen deutschen Wertpapierbörsen, da Makler oder Wertpapierhandelsunternehmen die Einbeziehung der Aktien in den Freiverkehr der jeweiligen Börse betreiben.

§ 12 Börsenzulassungsverfahren und Börseneinführung

1 Vor Aufnahme der Börsennotierung im Amtlichen Handel oder Geregelten Markt, d.h. der erstmaligen Feststellung eines Börsenkurses für ein Papier in einem dieser Segmente, bedarf dieses der Zulassung[1] durch die Zulassungsstelle der jeweiligen Wertpapierbörse. Gleiches gilt in dem privatrechtlich organisierten Neuen Markt, da die Zulassung zu diesem nach Abschn. 2 2.3 I RWNM voraussetzt, daß eine Zulassung zum Geregelten Markt der Frankfurter Wertpapierbörse erfolgt ist, wobei beide Zulassungsanträge zusammen in einem Dokument gestellt werden können.[2] Demgegenüber unterliegt der als Einbeziehung bezeichnete „Zulassungsvorgang" in den Freiverkehr privatrechtlichen Usancen.

2 Wie auch die §§ 36 III Nrn. 1 und 3, 73 I Nrn. 1 und 3 BörsG zeigen, ist Ziel des gesetzlich geregelten Zulassungsverfahrens für die öffentlich-rechtlich strukturierten Marktsegmente in erster Linie der Schutz des Publikums vor Übervorteilung, die Gewährleistung eines ordnungsgemäßen Börsenhandels sowie die Wahrung der Interessen der Allgemeinheit in kapitalmarktpolitischer und volkswirtschaftlicher Hinsicht.[3] Dem Publikum soll vor einer Investition in ein angebotenes Papier ein möglichst umfassendes und korrektes Bild über Bonität, Leistungsfähigkeit, Markt- und Ertragschancen eines Unternehmens und die Kursentwicklungschancen seiner Aktien gegeben werden.

3 Von der Zulassung zu unterscheiden ist nicht nur die Einführung der Aktie, d.h. Aufnahme der Notierung,[4] sondern auch die Emission

---

[1] Die Zulassung von Wertpapieren zum Börsenhandel ist die Erlaubnis, für Geschäfte in diesen Papieren die Einrichtungen der Börse zu benutzen. *C. Claussen,* Bank- und Börsenrecht, S. 306.

[2] Abschn. 2 2.3 II RWNM. Zur Vermeidung einer Doppelnotierung eines Papiers (Neuer Markt einerseits und Geregelter Markt andererseits) verzichten Emittenten im Neuen Markt nach Abschn. 2 2.3 III RWNM mit der Antragstellung auf die Notierung im Geregelten Markt. Das sogenannte Verbot der Doppelnotierung ergibt sich aus § 78 I BörsG und verhindert die Entstehung unterschiedlicher Preise für ein und dasselbe Papier an einer Börse. Vgl. hierzu *V. Potthoff/J. Stuhlfauth,* Der Neue Markt: Ein Handelssegment für innovative und wachstumsorientierte Unternehmen - kapitalmarktrechtliche Überlegungen und Darstellung des Regelwerks, WM Sonderbeilage Nr. 3 zu Heft 26/1997, S. 3, 5 f.

[3] *R. von Rosen* in *H. Assmann/R. Schütze* (Hrsg.), Handbuch des Kapitalanlagerechts, S. 79.

[4] Die Legaldefinition des Begriffs „Einführung" in § 42 I BörsG bezieht sich

oder Begebung der zu diesem Zeitpunkt bereits ausgestellten[5] Aktien durch den Emittenten. Während die Zulassung als vorgeschaltetes formalisiertes Marktzugangsverfahren zwingend für die Aufnahme der Notierung in den öffentlich-rechtlich strukturierten Marktsegmenten ist, wird durch die Zulassung einer Aktie nicht auch zwingend deren Börsennotierung herbeigeführt. Aufgrund der Zulassung folgt keine Pflicht, die erste Notierung zu beantragen.[6] Allerdings erlischt nach § 42 IV BörsG die Zulassung, wenn die Aktien nicht innerhalb von drei Monaten nach Veröffentlichung der positiven Zulassungsentscheidung eingeführt werden.[7]

I. Zulassungsantrag

1. Amtlicher Handel

Das Zulassungsverfahren beginnt in den öffentlich-rechtlichen Marktsegmenten mit der Stellung des Zulassungsantrags bei der Zulassungsstelle der jeweiligen Börse, wobei dieser Antrag nach § 36 II BörsG, § 48 BörsZulV schriftlich vom Emittenten zusammen mit einem Kredit- oder Finanzdienstleistungsinstitut[8] zu stellen ist, das an einer[9] inländischen Börse zur Teilnahme am Handel zugelassen ist. Die Notwendigkeit der Einschaltung eines Kredit- oder Finanzdienstleistungsinsitituts und der gesetzliche Ausschluß anderer Emissionsbegleiter im Amtlichen Handel wird damit begründet, daß hier eine auch in der Plazierung erfahrene Institution erforderlich sei und auch die Effi- 4

---

lediglich auf die Amtliche Notierung. In Anbetracht des Fehlens einer vergleichbaren Bestimmung für den Geregelten Markt empfiehlt *H. Klenke* (Der Rückzug mehrfach notierter Unternehmen von den deutschen Regionalbörsen, WM 1995, S. 1089, 1093), hier die Bezeichnung „Aufnahme der Notierung" zu verwenden, was aber eine unnötige, gleiche Sachverhalte innerhalb gleichermaßen öffentlich-rechtlich strukturierter Umfelder betreffende Differenzierung darstellt, mit der nichts gewonnen wird.

[5] Unter Ausstellung von Wertpapieren versteht man den Rechtsakt, durch den diese entstehen. *E. Schwark,* Börsengesetz, § 36 Rdnr. 2.

[6] *V. Potthoff/J. Stuhlfauth,* Der Neue Markt: Ein Handelssegment für innovative und wachstumsorientierte Unternehmen – kapitalmarktrechtliche Überlegungen und Darstellung des Regelwerks, WM Sonderbeilage Nr. 3 zu Heft 26/1997, S. 3, 5.

[7] *H. Klenke,* Der Rückzug mehrfach notierter Unternehmen von den deutschen Regionalbörsen, WM 1995, S. 1089, 1094.

[8] Hierunter fallen auch Wertpapierhandelsunternehmen. Vgl. hierzu § 1 I und Ia KWG. Das Institut oder Unternehmen muß nach § 53 I BörsO der FWB ein haftendes Eigenkapital von mindestens 730.000 ECU nachweisen.

[9] D.h. nicht notwendig an der Börse, bei der die Zulassung der Aktien beantragt wird. *E. Schwark,* Börsengesetz, § 36 Rdnr. 18.

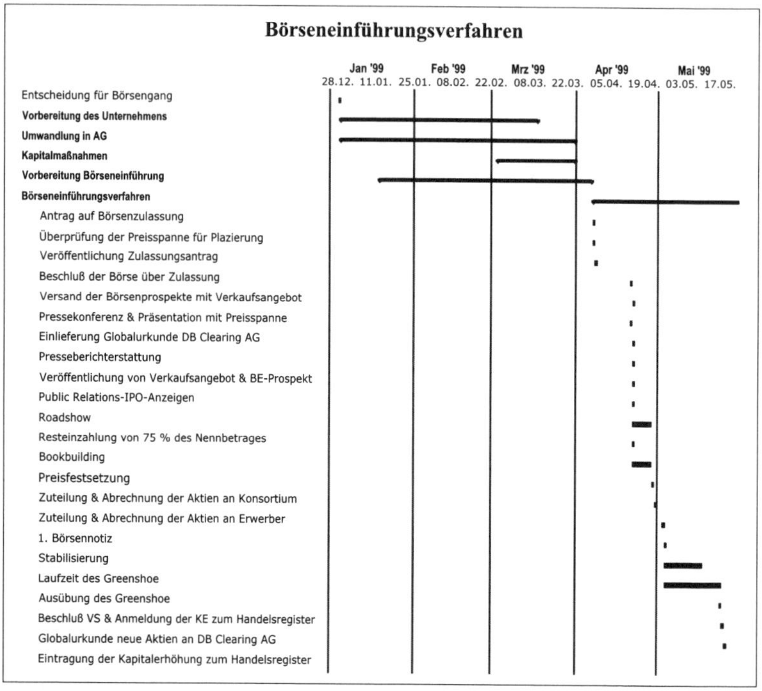

zienz der Prospekthaftung so am ehesten gewährleistet wäre.[10] Inwieweit diese Einschränkungen berechtigt oder zumindest noch zeitgemäß sind, mag hier dahingestellt bleiben.

5 Nach § 48 BörsZulV muß der Zulassungsantrag für den Amtlichen Handel, der sich auf alle Aktien derselben Gattung zu beziehen hat,[11] Firma und Sitz des antragstellenden Emittenten und des diesen Antrag begleitenden Kreditinstituts umfassen. Daneben sind weitere Angaben z.B. bezüglich Art und Betrag der zuzulassenden Wertpapiere und ein überregionales Börsenpflichtblatt, in dem der Antrag veröffentlicht werden soll, erforderlich.[12] Nach § 48 II BörsZulV sind dem Antrag die zur Prüfung der Zulassungsvoraussetzungen erforderlichen Nachweise

[10] Zur Frage der Verfassungsmäßigkeit vgl. *E. Schwark,* Börsengesetz, § 36 Rdnr. 18.

[11] Nach § 7 I 2 BörsZulV kann der Antrag jedoch insoweit beschränkt werden, als die nicht zugelassenen Aktien zu einer der Aufrechterhaltung eines beherrschenden Einflusses auf den Emittenten dienenden Beteiligung gehören oder für eine bestimmte Zeit nicht gehandelt werden dürfen und wenn aus der nur teilweisen Zulassung keine Nachteile für die Käufer der zuzulassenden Aktien zu erwarten sind.

[12] Die Angabe weiterer Börsenpflichtblätter liegt im Ermessen der Antragsteller.

und ein Entwurf des Prospekts beizufügen, wobei letzterer von besonderer Bedeutung ist und de facto das Kernstück des Zulassungsantrags darstellt.[13] Auf Verlangen der Zulassungsstelle sind weitere Unterlagen wie ein beglaubigter Handelsregisterauszug, die Satzung, eventuell erforderliche Genehmigungen und vor allem die Jahresabschlüsse und Lageberichte der drei dem Antrag vorausgegangenen Geschäftsjahre beizufügen.[14] Der Zulassungsantrag ist von der Zulassungsstelle auf Kosten der Antragsteller im Bundesanzeiger und in dem im Antrag angegebenen Börsenpflichtblatt sowie durch Börsenbekanntmachung zu veröffentlichen.[15]

2. Geregelter Markt

Die Regelung der Befugnis zur Stellung des Zulassungsantrags zum Geregelten Markt entspricht der im Amtlichen Handel, d.h. der Antrag ist nach §§ 71 II, 36 II BörsG, § 48 BörsZulV bei der Zulassungsstelle der jeweiligen Börse, wobei dieser Antrag schriftlich vom Emittenten zusammen mit einem Kredit- oder Finanzdienstleistungsinstitut[16] zu stellen ist, das an einer inländischen Börse zur Teilnahme am Handel zugelassen ist. 6

Für die Zulassungsvoraussetzungen und das Zulassungsverfahren gelten die Vorschriften für die Zulassung zum Amtlichen Handel sinngemäß, soweit die einzelnen Börsenordnungen nichts anderes bestimmen.[17] So ist auch hier der Zulassungsantrag zu veröffentlichen.[18] Im Gegensatz zum Amtlichen Handel kann der Emittent den Zulassungsantrag auf einen Teil der Emission beschränken. 7

Die dem Antrag beizufügenden Unterlagen und Angaben sind mit denen vergleichbar, die für eine Zulassung zum Amtlichen Handel erforderlich sind. Hierzu gehören nach z.B. § 59 III BörsO der FWB die Satzung der Gesellschaft, ein Handelsregisterauszug neuesten Datums, 8

---

[13] *R. von Rosen* in *H. Assmann/R. Schütze* (Hrsg.), Handbuch des Kapitalanlagerechts, § 2 Rdnr. 145.

[14] Im Falle des Antrags eines ausländischen Emittenten bedarf es auch eines Rechtsgutachtens, das bescheinigt, daß die Aktie dem Recht des Sitzstaates entspricht. *C. Claussen,* Bank- und Börsenrecht, S. 308.

[15] § 49 BörsZulV. Veröffentlichungen, in denen die Zulassung von Wertpapieren eines Emittenten zur amtlichen Notierung angekündigt und auf die wesentlichen Merkmale der Wertpapiere hingewiesen wird, müssen nach § 68 BörsZulV einen Hinweis auf den Prospekt und dessen Veröffentlichung enthalten. Die Veröffentlichungen sind unverzüglich der Zulassungsstelle zu übermitteln.

[16] Vgl. hierzu auch § 57 BörsO der FWB.

[17] § 57 III BörsO der FWB. *R. von Rosen* in *H. Assmann/R. Schütze* (Hrsg.), Handbuch des Kapitalanlagerechts, § 2 Rdnr. 171.

[18] Hierfür genügt je nach Börse u.U. eine Veröffentlichung in der Börsen-Zeitung und durch Aushang im Börsensaal.

ein Bericht über die Gründung des Unternehmens nach §§ 32ff. AktG, sofern noch nicht zwei Jahre seit der Eintragung der Gesellschaft in das Handelsregister vergangen sind, Protokollauszüge über die der Emission zugrundeliegenden rechtserheblichen Beschlüsse, Erklärungen über Betriebsstörungen, Rechtsstreitigkeiten, Patente und die Auflösung von Globalurkunden, soweit sie nicht im Unternehmensbericht enthalten sind, sowie die Jahresabschlüsse und Lageberichte für die der Antragstellung vorhergegangenen drei Geschäftsjahre einschließlich der Bestätigungsvermerke der Abschlußprüfer. An die Stelle des für den Amtlichen Handel vorzulegenden Zulassungsprospekts tritt der Unternehmensbericht, an den deutlich geringere Anforderungen gestellt werden.

3. Freiverkehr

9 Die formellen Voraussetzungen für die Zulassung zum Freiverkehr sind wie die materiellrechtlicher Natur von den Richtlinien für den Freiverkehr an den einzelnen Wertpapierbörsen in Deutschland ähnlich, aber nicht in allen wesentlichen Punkten einheitlich geregelt. Auch wenn der Freiverkehr und das Verfahren der Einbeziehung nicht wie im Amtlichen Handel und im Geregelten Markt öffentlich rechtlicher Natur sind, so müssen auch im Freiverkehr aus Anlegerschutzgründen, zwecks Aufrechterhaltung eines ordnungsgemäßen Handels sowie aus Gründen der Gleichbehandlung bestimmte Verfahrensgrundsätze eingehalten werden.[19] So muß der schriftlich zu stellende Antrag auf Einbeziehung je nach Börse von einem an dieser Börse zugelassenen Kreditinstitut oder aber von einem an dieser Börse uneingeschränkt zum Börsenhandel zugelassenen Unternehmen gestellt werden.[20] Von besonderer Bedeutung ist die Frage, ob dem Emittenten der einzubeziehenden Aktien ein Widerspruchsrecht eingeräumt wird[21] oder ob ein Widerspruch unbeachtlich bleibt.[22]

10 Die Anforderungen an die dem Antrag beizufügenden Angaben sind regelmäßig sehr viel niedriger als in den anderen Marktsegmenten. So

[19] *C. Claussen,* Bank- und Börsenrecht, S. 313.

[20] § 3 Richtlinien für den Freiverkehr an der FWB.

[21] *R. von Rosen* in *H. Assmann/R. Schütze* (Hrsg.), Handbuch des Kapitalanlagerechts, § 2 Rdnr. 181. Nach § 5 der Richtlinien über den Freiverkehr an der FWB muß der Emittent vom Antragsteller nachweislich über die beabsichtigte Einbeziehung unterrichtet werden. Die Einbeziehung hat bei Widerspruch des Emittenten zu unterbleiben, es sei denn, es handelt sich bei dem Emittenten um ein Unternehmen mit Sitz in einem Mitgliedstaat der Europäischen Union oder des Europäischen Wirtschaftsraums.

[22] So bedarf es z.B. nach § 3 der Freiverkehrsrichtlinien der Bayerischen Börse keiner Einwilligung des Emittenten. Vgl. hierzu auch *C. Claussen,* Bank- und Börsenrecht, S. 314.

muß der Antrag nach § 4 der Richtlinien für den Freiverkehr der Frankfurter Wertpapierbörse eine genaue Bezeichnung der einzubeziehenden Wertpapiere und Angaben darüber enthalten, an welchem in- oder ausländischem organisierten Markt bereits Preise dieser Aktien festgestellt werden. Wenn die Aktie in keinem anderen organisierten Markt im In- oder Ausland gehandelt wird, muß der Antragsteller nähere Angaben über den Emittenten in Form eines Exposés vorlegen, das eine zutreffende Beurteilung des Emittenten ermöglicht.

4. Neuer Markt

Die Befugnis zur Stellung des Zulassungsantrags zum Neuen Markt **11**
wurde wie im Geregelten Markt der im Amtlichen Handel angepaßt. Demnach ist nach Abschn. 2 2.2 I RWNM der Antrag bei der Zulassungsstelle der Frankfurter Wertpapierbörse schriftlich vom Emittenten zusammen mit einem Kredit- oder Finanzdienstleistungsinstitut zu stellen, das an einer inländischen Börse zur Teilnahme am Handel zugelassen ist.

In dem wiederum schriftlich zu stellenden Zulassungsantrag sind ne- **12**
ben Firma und Sitz der Antragsteller und Betreuer[23] sowie Art und Betrag der zuzulassenden Aktien anzugeben. Anzugeben ist auch, ob ein gleichartiger Antrag zuvor oder gleichzeitig an einer anderen inländischen Börse oder in einem anderen Mitgliedstaat der europäischen Wirtschaftsgemeinschaft oder in einem Vertragsstaat des Abkommens über den europäischen Wirtschaftsraum gestellt worden ist oder alsbald gestellt werden wird.[24] Ein im Rahmen eines Dual Listings gleichzeitig gestellter Antrag an der NASDAQ müßte hier unter juristischen Gesichtspunkten demnach keine Erwähnung finden, wird aber aus anderen Erwägungen wohl zumindest in den Emissionsprospekt aufgenommen werden müssen, der nach Abschn. 2 4 RWNM zugleich den Unternehmensbericht i.S.d. § 73 I Nr. 2 BörsG für den Geregelten Markt umfaßt.

Der Zulassungsantrag für den Neuen Markt muß sich wie der zum Amtlichen Handel auf alle Aktien derselben Gattung beziehen, Ausnahmen sind insoweit aber möglich.[25] Der Zulassungsantrag ist nach

---

[23] Gemäß Abschn. 3 4.1 II RWNM muß vor Aufnahme des Handels der DBAG nachgewiesen werden, daß mindestens ein Betreuer seine Aufgaben für die Dauer für mindestens 12 Monaten wahrnimmt.

[24] Abschn. 2 2.2 III RWNM.

[25] Nach Abschn. 2 3.9 RWNM kann er jedoch wie im Amtlichen Handel insoweit beschränkt werden, als die nicht zuzulassenden Aktien zu einer der Aufrechterhaltung eines beherrschenden Einflusses auf den Eimittenten dienenden Beteiligung gehören oder für eine bestimmte Zeit nicht gehandelt werden

Abschn. 2 2.4 RWNM in mindestens einer inländischen Tageszeitung mit überregionaler Verbreitung zu veröffentlichen.

13 Bezüglich der dem Antrag beizufügenden Unterlagen und Angaben verweist Abschn. 2 2.2 IV RWNM auf den für den Geregelten Markt einschlägigen § 59 III BörsO der FWB, nach dem die Satzung der Gesellschaft, ein Handelsregisterauszug neuesten Datums, ein Bericht über die Gründung des Unternehmens nach §§ 32ff. AktG, sofern noch nicht zwei Jahre seit der Eintragung der Gesellschaft in das Handelsregister vergangen sind, Protokollauszüge über die der Emission zugrundeliegenden rechtserheblichen Beschlüsse, Erklärungen über Betriebsstörungen, Rechtsstreitigkeiten, Patente und die Auflösung von Globalurkunden, soweit sie nicht im Unternehmensbericht enthalten sind, sowie die Jahresabschlüsse und Lageberichte für die der Antragstellung vorhergegangenen drei Geschäftsjahre einschließlich der Bestätigungsvermerke der Abschlußprüfer beizufügen sind.

14 An die Stelle des in den anderen Segmenten vorzulegenden Zulassungsprospekts bzw. Unternehmensberichts tritt nach Abschn. 4 RWNM der Emissionsprospekt, der in seinem Umfang und seinen Anforderungen eher dem Zulassungsprospekt im Amtlichen Handel entspricht.

15 Mit einem an die Partnerunternehmen gerichteten Schreiben vom 1. Juli 1998 hat die Deutsche Börse AG diese davon informiert, daß Unternehmen, die an den Neuen Markt streben, künftig sich vor der formellen Stellung eines Zulassungsantrags im Rahmen einer Unternehmenspräsentation Vertretern des Zulassungsgremiums vorstellen müssen. Im Rahmen dieser Präsentation sollte gezielt auf die Punkte Innovation und Wachstum eingegangen werden. Hierdurch soll sichergestellt werden, daß das Unternehmen tatsächlich zur Zielgruppe des Neuen Marktes gehört und die Börse hierzu Stellung nehmen kann, bevor – wie teilweise in der Vergangenheit – die Öffentlichkeit von den Ambitionen des Unternehmens unterrichtet wird. Die Präsentation soll in der Regel drei Monate vor dem Börsengang erfolgen, wobei zu empfehlen ist, daß diese im Beisein der die Emission begleitenden Bank erfolgt.

16 Die begleitende Emissionsbank muß der Deutsche Börse AG bestätigen, daß die im Rahmen der Präsentation zur Zielgruppenprüfung vorgestellten Planzahlen durch die Emissionsbank oder einen unabhängigen Dritten auf Plausibilität geprüft sind. Diese Bestätigung soll im Rahmen der Zielgruppenprüfung bei der Deutsche Börse AG eingehen, wobei sie in Ausnahmefällen auch erst bei Stellung des Antrags auf Billigung des vorläufigen Emissionsprospekts eingereicht werden kann.[26]

---

dürfen. Voraussetzung hierfür ist aber, daß aus der nur teilweisen Zulassung keine Nachteile für die Erwerber der zuzulassenden Aktien zu befürchten sind.

[26] Schreiben der Deutsche Börse AG vom 6. Mai 1999.

II. Zulassungskontrolle und Zulassungsbeschluß

1. Amtlicher Handel

Für die Entscheidung über die Zulassung einer Aktie zum Amtlichen Handel ist die Zulassungsstelle der jeweiligen Wertpapierbörse zuständig.[27] Dem Zulassungsantrag ist stattzugeben, wenn dieser einschließlich des beigefügten Börsenzulassungsprospekts die formellen Voraussetzungen erfüllt und Emittent und Aktien auch in materieller Hinsicht den bestehenden Anforderungen entsprechen. Außerdem hat die Zulassungsstelle nach § 36 IV BörsG zu prüfen, ob nicht Umstände vorliegen, die bei Zulassung der Aktien zu einer Übervorteilung des Publikums oder zu einer Schädigung erheblicher allgemeiner Interessen führen würden. Daneben hat die Zulassungsstelle bei ihrer Entscheidung auch erhebliche allgemeine Interessen an einer Zulassung, insbesondere das gesamtwirtschaftliche Interesse an der Börseneinführung von Unternehmen zu beachten.[28] 17

Wie weit die hieraus resultierende materielle Prüfungspflicht der Zulassungsstelle geht, ist umstritten. Richtigerweise reicht es jedenfalls nicht aus, wenn sich die Zulassungsstelle auf die Prüfung der Vollständigkeit und das formale Vorliegen sonstiger Zulassungsvoraussetzungen sowie deren immanente Richtigkeit beschränkt.[29] Vielmehr ist die Zulassungsstelle zur Berücksichtigung auch sonstiger ihr bekannter Um- 18

---

[27] § 37 I BörsG. Eine Zulassungsstelle ist an jeder Wertpapierbörse zu bilden. Sie trifft die zum Schutz des Publikums und für einen ordnungsgemäßen Börsenhandel erforderlichen Maßnahmen und überwacht die Einhaltung der Pflichten, die sich für Emittenten und Antragsteller aus der Zulassung ergeben. Als mit nach außen gerichteten Verwaltungsfunktionen betraute Stelle ist die Zulassungsstelle Behörde im verwaltungsrechtlichen Sinne. Vgl. näher hierzu *E. Schwark,* Börsengesetz, § 37 Rdnr. 1 ff.

Mindestens die Hälfte der Mitglieder der Zulassungsstelle, die z.B. an der FWB aus 20 bis 24 Mitgliedern besteht, müssen Personen sein, die nicht berufsmäßig am Börsenhandel mit Wertpapieren beteiligt sind. Diese zusätzlichen Mitglieder kommen regelmäßig aus dem Kreis der Emittenten, wohingegen Aktionärsvertreter relativ selten sind. In der Praxis wird umfassender Gebrauch von der in § 37 III BörsG vorgesehenen Möglichkeit gemacht, Ausschüsse zu bilden und diesen Aufgaben zu übertragen. Diejenigen Mitglieder der Zulassungsstelle, die an der Emission in irgendeiner Form beteiligt sind, z.B. indem sie für ein Mitglied des die Emission begleitenden Konsortiums arbeiten, oder bei denen aus sonstigen Gründen die Besorgnis der Befangenheit besteht, sind regelmäßig von der Beratung und der Beschlußfassung über den Zulassungsantrag ausgeschlossen. Vgl. z.B. § 53 II BörsO der FWB.

[28] *E. Schwark,* Börsengesetz, § 36 Rdnr. 3.

[29] So aber *O. Meyer/H. Bremer,* Börsengesetz, S. 91 („Prospekttheorie"). Ablehnend zur Prospekttheorie *C. Claussen,* Bank- und Börsenrecht, S. 310 f. Dort auch zur Haftung der Mitglieder der Zulassungsstelle.

stände verpflichtet und muß im Zweifelsfall weitere Informationen beim Emittenten oder dem einführenden Kreditinstitut anfordern.[30] Wie an anderer Stelle bereits ausgeführt, ist von der Zulassungsstelle auch das Vorliegen des Hauptversammlungsbeschlusses über die Börseneinführung bzw. die Beantragung der Zulassung zu prüfen. Während bei einer Ersteinführung schärfere Maßstäbe an die Prüfungspflicht anzulegen sind als bei einem Wechsel aus dem Freiverkehr oder dem Geregelten Markt, wird man keine tatsächliche Bonitätsprüfung des Emittenten durch die Zulassungsstelle erwarten können.[31] Sind dieser aber Umstände bekannt, die zu einer Übervorteilung führen,[32] oder ermöglicht der Börsenzulassungsprospekt kein zutreffendes Bild von Emittent und Emission, so hat die Zulassungsstelle die Zulassung zu versagen. In der Praxis fordern die Zulassungsstellen im letzteren Fall die konsortialführende Bank auch zu Ergänzungen des Prospekts auf.

19 Im Falle des Vorliegens der Voraussetzungen des § 36 III BörsG hat der Antragsteller einen Anspruch auf Zulassung,[33] d.h. ein Ermessen steht der Zulassungsbehörde insoweit nicht zu.[34] Wurde der Zulassungsantrag gleichzeitig an mehreren Börsenplätzen gestellt, so darf die Zulassung der Aktie nur mit Zustimmung aller beteiligten Zulassungs-

---

[30] *R. von Rosen* in *H. Assmann/R. Schütze* (Hrsg.), Handbuch des Kapitalanlagerechts, § 2 Rdnr. 156. Nach § 44c BörsG sind der Emittent der zugelassenen Wertpapiere sowie das antragstellende und das einführende Kreditinstitut verpflichtet, aus ihrem Bereich alle Auskünfte zu erteilen, die für die Zulassungsstelle oder die Geschäftsführung zur ordnungsgemäßen Erfüllung ihrer Aufgaben erforderlich sind. Die Zulassungsstelle kann auch verlangen, daß der Emittent der zugelassenen Wertpapiere in angemessener Form und Frist bestimmte Auskünfte veröffentlicht, wenn dies zum Schutz des Publikums oder für einen ordnungsgemäßen Börsenhandel erforderlich ist. Kommt der Emittent dem Verlangen der Zulassungsstelle nicht nach, kann die Zulassungsstelle nach Anhörung des Emittenten auf dessen Kosten diese Auskünfte selbst veröffentlichen.

[31] *R. von Rosen* in *H. Assmann/R. Schütze* (Hrsg.), Handbuch des Kapitalanlagerechts, § 2 Rdnr. 156.

[32] Hierunter sind z.B. Tatsachen, aber auch begründete Indizien zu verstehen, die die Rentabilität des Unternehmens für die Zukunft unwahrscheinlich erscheinen lassen oder zu einem signifikanten Kursabfall führen müssen. *E. Schwark,* Börsengesetz, § 36 Rdnr. 12.

[33] Nach § 36 V BörsG kann ein Antrag auf Zulassung trotz der Erfüllung der genannten Voraussetzungen abgelehnt werden, wenn der Emittent seine Pflichten aus der Zulassung zur amtlichen Notierung an einer anderen inländischen Börse oder an einer Börse in einem anderen Mitgliedstaat der Europäischen Wirtschaftsgemeinschaft oder in einem anderen Vertragsstaat des Abkommens über den Europäischen Wirtschaftsraum nicht erfüllt.

[34] *R. von Rosen* in *H. Assmann/R. Schütze* (Hrsg.), Handbuch des Kapitalanlagerechts, § 2 Rdnr. 159; *E. Schwark,* Börsengesetz, § 36 Rdnr. 22.

stellen erfolgen.[35] Diese wird von der Zulassungsstelle als begünstigender Verwaltungsakt nach § 35 VwVfG in Form einer öffentlich-rechtlichen Erlaubnis erlassen.[36] Die Zulassung darf nach § 50 BörsZulV nicht vor Ablauf von drei Werktagen seit der ersten Veröffentlichung des Zulassungsantrags erfolgen.[37] Die Zulassung ist in die Veröffentlichung des Prospekts mit aufzunehmen.[38]

Im Falle einer Ablehnung der Zulassung ist diese als belastender Ver- **20**
waltungsakt nach § 39 VwVfG zu begründen. Im Falle der Ablehnung kann gegen die Entscheidung mit einer Anfechtungsklage[39] vorgegangen werden, deren Beklagter die Zulassungsstelle oder, in Ländern, deren Landesrecht Behörden nicht für parteifähig erklärt, die Börse selbst ist. Da die Entscheidung über die Zulassung auf der Basis weit gefaßter unbestimmter Rechtsbegriffe, deren Interpretation sich infolge wirtschaftlicher oder politischer Entwicklungen ändern kann, von einem sachverständigen Gremium gefaßt wird, wird man diesem bei der Subsumtion im Rahmen der Entscheidung im Einzelfall einen Beurteilungsspielraum zubilligen müssen, außerhalb dessen aber eine vollumfängliche gerichtliche Nachprüfung stattfinden kann.[40]

2. Geregelter Markt

Für den Zulassungsbeschluß im Geregelten Markt und insbesondere **21**
für dessen Rechtsform sowie Art und Umfang der diesem vorausgehenden Prüfungen gilt – abgesehen von den Unterschieden in den materiell-rechtlichen Anforderungen an das Unternehmen, die Aktien und die Erforderlichkeit eines Unternehmensberichts statt des Börsenzulassungsprospekts – im wesentlichen das vorstehend Gesagte. Die Entscheidung trifft nicht – wie beim Amtlichen Handel – die Zulassungs-

[35] Wurde die Zulassung von einer Zulassungsstelle abgelehnt, so darf eine Zulassung durch die anderen Börsen nur mit Zustimmung dieser Zulassungsstelle erfolgen. *R. von Rosen* in *H. Assmann/R. Schütze* (Hrsg.), Handbuch des Kapitalanlagerechts, § 2 Rdnr. 157.

[36] Demgegenüber hat die Zulassung schon wegen der erforderlichen Bestimmbarkeit der Anleger keine drittbegünstigende Wirkung. Bei der Schutzwirkung einer Börsenzulassung zugunsten der Anleger handelt es sich vielmehr lediglich um Rechtsreflexe. *E. Schwark,* Börsengesetz, § 36 Rdnr. 27; *S. Kümpel,* Börsenrecht, S. 87; *W. Eickhoff,* Der Gang an die Börse – und kein Weg zurück?, WM 1988, S. 1713, 1714.

[37] Dabei zählen der Tag der Veröffentlichung und der Tag der Zulassung nicht mit. BAWe, Bekanntmachung zum Verkaufsprospektgesetz vom 15. April 1996, *U. Bosch/W. Groß,* Das Emissionsgeschäft, S. 10/40.

[38] § 51 I BörsZulV.

[39] Im Falle der Untätigkeit der Zulassungsstelle oder des Aufschubs bietet sich die Möglichkeit der Untätigkeitsklage nach § 68 VwGO.

[40] *E. Schwark,* Börsengesetz, § 36 Rdnr. 27.

stelle, sondern der Zulassungsausschuß.[41] Die Zulassungsausschüsse aller deutschen Börsen sind aber personenidentisch mit den Mitgliedern der Zulassungsstellen besetzt.[42]

3. Freiverkehr

22 Das privatrechtlich geregelte Verfahren der Einbeziehung in den Freiverkehr ist wie erwähnt nicht gesetzlich geregelt, sondern folgt privatrechtlichen Usancen in Form der Richtlinien für den Freiverkehr des jeweiligen Börsenplatzes, die im wesentlichen ähnliche Bestimmungen enthalten.[43] Die Einbeziehung in den Freiverkehr erfolgt nur auf schriftlichen Antrag eines Unternehmens, das an der betreffenden Börse uneingeschränkt zum Börsenhandel zugelassen ist.[44] Über den Antrag entscheidet ein Ausschuß, der vom Träger der Börse oder anderen privatrechtlichen Vereinigungen wie Banken- oder Maklerverbänden gewählt wurde. Neben einer genauen Bezeichnung der einzubeziehenden Wertpapiere muß der Antrag Angaben darüber enthalten, an welchen in- oder ausländischen Märkten das Papier bereits notiert ist. Der Emittent wird über die Absicht der Einbeziehung unterrichtet. Im Regelfall ist ihm durch die Freiverkehrsrichtlinien ein Widerspruchsrecht eingeräumt.[45]

23 Im Vordergrund der Prüfung durch den zuständigen Ausschuß steht die Frage, ob für das betroffene Papier ein ordnungsgemäßer Börsenhandel zu erwarten ist. Voraussetzung hierfür ist insbesondere, daß eine unverzügliche Unterrichtung der Börse über bevorstehende Hauptversammlungen, Dividendenzahlungen, Kapitalmaßnahmen und sonstige kursrelevante Umstände zu erwarten ist. Abgesehen von der Nichterfüllung dieser Voraussetzungen wird der Antrag auf Einbeziehung abzulehnen sein, wenn eine Übervorteilung des Publikums oder eine sonstige Beeinträchtigung erheblicher allgemeiner Interessen zu befürchten ist.[46]

---

[41] Vgl. z.B. § 56 BörsO FWB, dessen Absatz 1 dem für den Amtlichen Handel geltenden § 50 BörsO FWB entspricht und dessen Absatz 2 auf die §§ 51 bis 54 BörsO FWB verweist.

[42] *R. von Rosen* in *H. Assmann/R. Schütze* (Hrsg.), Handbuch des Kapitalanlagerechts, § 2 Rdnr. 175.

[43] *C. Claussen,* Bank- und Börsenrecht, S. 313.

[44] Vgl. § 3 Richtlinien für den Freiverkehr an der FWB. Ausnahmen hiervon gibt es nach den Richtlinien für den Freiverkehr einzelner Börsenplätze wie Berlin, Stuttgart oder München.

[45] Nach § 3 der Freiverkehrsrichtlinien der Bayerischen Börse bedarf es demgegenüber keiner Einwilligung des Emittenten.

[46] Zum Ganzen vgl. *R. von Rosen* in *H. Assmann/R. Schütze* (Hrsg.), Handbuch des Kapitalanlagerechts, § 2 Rdnr. 179 f.

4. Neuer Markt

Über die Zulassung der Aktien zum privatrechtlich geregelten Neuen Markt entscheidet nach Abschn. 2 2.1 I RWNM der Vorstand der DBAG unbeschadet der Entscheidung des Zulassungsausschusses der FWB über die Zulassung der Aktien zum Geregelten Markt. Die DBAG kann den Antrag auf Zulassung zum Neuen Markt ablehnen, wenn die Zulassungsbedingungen zum Neuen Markt oder die Bedingungen des Allgemeinen Teils des Regelwerks des Neuen Marktes[47] nicht erfüllt sind. Weitere Ablehnungsgründe liegen vor, wenn nach Auffassung der DBAG die Voraussetzungen für die Bildung eines börsenmäßigen Marktes nicht gegeben sind, der Zulassung Anlegerschutzinteressen entgegenstehen oder die Zulassung zur Schädigung bedeutender allgemeiner Interessen führen kann. **24**

Der Antrag auf Zulassung sowie die Entscheidung hierüber sind privatrechtliche Willenserklärungen,[48] wobei der Antrag in Anbetracht der in Abschn. 2 2.3 III RWNM enthaltenen Regelung, nach der die Antragsteller mit Stellung des Antrags auf Zulassung zum Neuen Markt auf die Aufnahme der Notierung der Aktien zum Geregelten Markt verzichten, auch unmittelbar öffentlich-rechtliche Auswirkungen hat. **25**

Inwieweit ein Unternehmen einen Anspruch auf Zulassung zum Neuen Markt als Handelssegment hat, ist ungeklärt. So soll in Anbetracht der privatrechtlichen Ausgestaltung des Neuen Marktes im Gegensatz zu den beiden hoheitlich geregelten Marktsegmenten auch bei Erfüllung der Zulassungsvoraussetzungen kein Anspruch auf Zulassung bestehen.[49] Nach anderer Ansicht besteht bei unrechtmäßiger Verweigerung der Einbeziehung in den Freiverkehr – wie bereits dargelegt, findet der Handel von Aktien, die zum Neuen Markt zugelassen sind, im Freiverkehr statt – eine privatrechtliche Klagemöglichkeit gegenüber den Entscheidungsgremien auf Erfüllung bzw. Schadensersatz.[50] **26**

---

[47] Im Allgemeinen Teil des RWNM wird der Neue Markt als Handelssegment für Aktien primär kleinerer und mittlerer in- und ausländischer Unternehmen beschrieben, die Transparenz- und Publizitätskriterien nach internationalen Standards erfüllen. Zu den Emittenten sind insbesondere innovative Unternehmen, die neue Absatzmärkte erschließen, neue Verfahren, Produkte und/oder Dienstleistungen anbieten und ein überdurchschnittliches Umsatz- und Gewinnwachstum erwarten lassen.

[48] *C. Claussen* in *M. Lutter/H. Mertens/P. Ulmer* (Hrsg.), Festschrift für *W. Stimpel,* S. 1049, 1053.

[49] *M. Kersting,* Der Neue Markt der Deutsche Börse AG, AG 1997, S. 222 f.

[50] *E. Schwark,* Börsengesetz, § 78 Rdnr. 6, *C. Claussen* in *M. Lutter/H. Mertens/P. Ulmer* (Hrsg.) Festschrift für *W. Stimpel,* S. 1049, 1053 für den geregelten Freiverkehr als Vorläufer des heutigen Freiverkehrs. Auch *A. Baumbach/K. Hopt,* Handelsgesetzbuch, § 78 BörsG Rdnr. 2, gehen von einer Klagemöglichkeit gegen eine Ablehnung der Zulassung im Freiverkehr aus (die aber gegen den

27 Eine gerichtliche Entscheidung wurde bislang noch nicht herbeigeführt, da in Fällen, wo die DBAG der Aufnahme eines Papiers in den Neuen Markt negativ gegenüberstand, der Emittent bereits im Vorfeld des „offiziellen" Zulassungsverfahrens überzeugt werden konnte, seinen Antrag auf den Geregelten Markt zu beschränken. Andererseits ist davon auszugehen, daß schon aus Marketingaspekten[51] nach Einführung des Neuen Marktes zur Steigerung dessen Bedeutung in der Auslegung der Zulassungskriterien des Regelwerks des Neuen Marktes laxere Anforderungen an einen Emittenten gestellt wurden, als dies heute der Fall ist. So würden sicherlich nicht mehr alle Unternehmen, deren Papiere heute am Neuen Markt notiert sind, zugelassen werden.[52] Mit dem Erfolg des Neuen Marktes und den teilweise nur schwierig zu rechtfertigenden KGVs dürfte sich die Steigerung der Anforderungen noch fortsetzen, d.h. die Auslegung der Zulassungskriterien womöglich noch verschärfen.[53] Andererseits haben die Emittenten und deren Eigner schon in Anbetracht der höheren KGVs, d.h. auch höheren Kurse und damit Emissionserlöse, die im Neuen Markt erzielbar sind, ein nachvollziehbares massives Interesse, dort zugelassen zu werden, so daß ein künftiger Versuch einer gerichtlichen Durchsetzung eines vermeintlichen Anspruchs auf Zulassung zum Neuen Markt nicht ausgeschlossen ist. Inwieweit dies die Attraktivität der Emission bei potentiellen Investoren erhöht, mag dahingestellt bleiben.

Träger der Börsen zu richten wäre, was *E. Schwark* a.a.O. wiederum ablehnt). Die Justitiare der DBAG, *V. Potthoff/J. Stuhlfauth* (Der Neue Markt: Ein Handelssegment für innovative und wachstumsorientierte Unternehmen – kapitalmarktrechtliche Überlegungen und Darstellung des Regelwerks, WM Sonderbeilage Nr. 3 zu Heft 26/1997, S. 3, 8) vermeiden eine Klärung und lehnen sich vielmehr an den Wortlaut des Abschn. 2 2.1 RWNM. Nach ihnen obliegt dieser die „Befugnis, den Antrag ... unter den dort genannten Voraussetzungen abzulehnen. Dieses Recht steht der Deutsche Börse AG auch beim nachträglichen Eintritt von Ablehnungsgründen zu."

[51] Die DBAG hat mit der Einführung des Neuen Marktes auch insoweit neues Terrain beschritten, als dieses Marktsegment von Anfang an aktiv vermarktet wurde. *V. Potthoff/J. Stuhlfauth,* Der Neue Markt: Ein Handelssegment für innovative und wachstumsorientierte Unternehmen – kapitalmarktrechtliche Überlegungen und Darstellung des Regelwerks, WM Sonderbeilage Nr. 3 zu Heft 26/1997, S. 3.

[52] Mittlerweile werden 20 bis 25 Prozent der Bewerber in der Zielgruppenprüfung abgelehnt. *H. Reimer,* Qualität deutlich besser, Wiwo vom 13. Mai 1999, S. 208 f.

[53] In diese Richtung zielt auch die Einführung des neuen Absatz 2 in Abschn. 2 3.1 RWNM zum 31. Juli 1998, nach dem das Eigenkapital von zuzulassenden Unternehmen mindestens eineinhalb Millionen ECU betragen muß, wohingegen vor der Änderung allenfalls über den Nominalwert der zuzulassenden Aktien (DM 500.000 nach Abschn. 2 3.7 RWNM) Anforderungen an die Mindestkapitalausstattung des Unternehmens resultierten.

Die Frage nach dem Zulassungsanspruch zum Neuen Markt, aber auch 28
zum Freiverkehr, und damit die Frage, inwieweit allein aufgrund der privatrechtlichen Einordnung dieser Marktsegmente eine unterschiedliche Behandlung gegenüber der öffentlich-rechtlich geregelten stattfinden soll, erinnert stark an die Diskussion der Ansprüche auf Mitgliedschaft in Vereinen und Verbänden. Hier wird bei bestimmten Fallkonstellationen von Rechtsprechung und Lehre unter Hinweis auf eine überragende Machtstellung eines Vereins als Konsequenz einer aufnahmefreiheitsbeschränkenden zivilrechtlichen Mißbrauchsaufsicht über sozialmächtige Vereinigungen[54] bei Erfüllung deren Aufnahmevorschriften ein Aufnahmeanspruch gewährt. Neben Gesichtspunkten wie dem Merkmal der sozialen und wirtschaftlichen Mächtigkeit, mit der noch nicht per se ein Aufnahmeanspruch einhergeht, spielen hiermit verwandte Aspekte wie Neugründungsschranken und Substituierbarkeit sowie – de facto als Kehrseite der Medaille – die Angewiesenheit des Aspiranten im Sinne einer fehlenden Ausweichmöglichkeit eine Rolle. Interessant ist in diesem Zusammenhang auch der Aspekt der Finanzkraft einer Vereinigung, unter dem auch zu prüfen ist, inwieweit sich diese aus öffentlichen Mitteln speist. Ist dies der Fall, so korrespondiert dem schon nach bereits gängiger Meinung spiegelbildlich eine verstärkte Inpflichtnahme und öffentliche Kontrolle bei der Aufnahme neuer Mitglieder.[55] Aufnahmeansprüche finden ihre Rechtsgrundlage in dieser Argumentation in unterschiedlichen Rechtsgrundlagen. So bietet § 27 GWB eine explizite Rechtsgrundlage, die aber nur die Aufnahme von Unternehmen in Wirtschafts- und Berufsvereinigungen betrifft, der eine Analogiefähigkeit für andere, selbst benachbarte Sachverhalte wie den der Gewerkschaftsaufnahme aber überwiegend abgesprochen wird.[56] Demgegenüber gewährt der BGH in solchen Fällen einen allgemeinen zivilrechtlichen Aufnahmeanspruch aus § 826 BGB, wobei er zur Konkretisierung freilich die Tatbestandsmerkmale des § 27 GWB heranzieht.[57]

Auch wenn die Frage des Zulassungsanspruchs hier nicht endgültig 29
geklärt werden kann, so sprechen die vorstehenden Überlegungen und

---

[54] *P. Bartodziej,* Ansprüche auf Mitgliedschaft in Vereinen und Verbänden, ZGR 1991, S. 517, 545.

[55] *Grunewald,* AcP 1982, S. 181, 202 f. m.w.N.

[56] *W. Küttner,* Aufnahmezwang für Gewerkschaften, NJW 1980, S. 968 ff.

[57] Vgl. z.B. BGHZ 63, 282, 285 („Rad- und Kraftfahrerbund"). Andere beziehen sich hier auf negatorische bzw. quasi-negatorische Beseitigungsansprüche, haben aber Probleme bei der Frage nach dem beeinträchtigten absoluten Recht. Demgegenüber bleibt bei der Begründung eines Aufnahmeanspruchs mit Grundrechten wie Art. 9 I, Art. 2 I, Art. 3 oder Art. 5 GG die Grundrechtsverpflichtetheit der in Anspruch genommenen Vereine, d.h. die sogenannte Drittwirkung von Grundrechten, problematisch. *P. Bartodziej,* Ansprüche auf Mitgliedschaft in Vereinen und Verbänden, ZGR 1991, S. 517, 520.

ihre Projektion auf den Sachverhalt der Zulassung zum privatrechtlich geregelten Börsenhandel im Ergebnis klar dafür, bei Erfüllung der formellen und materiellen Voraussetzungen nach dem Regelwerk des Neuen Marktes einen Anspruch des antragstellenden Unternehmens auf Zulassung zum Neuen Markt zu bejahen. Ein Ermessen bei Vorliegen der Zulassungsvoraussetzungen steht der DBAG insoweit nicht zu. Allerdings wird man auch dieser bei der Auslegung der Vielzahl von entscheidungsrelevanten unbestimmten Rechtsbegriffen einen nicht justitiablen Beurteilungsspielraum zubilligen müssen.

III. Konsequenzen der Zulassung

1. Amtlicher Handel

30 Die Zulassung von Aktien zum Amtlichen Markt bringt neben der Verpflichtung zur Gleichbehandlung der Aktionäre und zur Benennung mindestens einer Zahl- und Hinterlegungsstelle für die gesamte Dauer der Zulassung[58] für den Emittenten auch Publizitätsverpflichtungen mit sich, die über die obligatorische Aufstellung von Jahresabschlüssen nach den §§ 242, 264 HGB hinausgehen.

31 So ist der Emittent verpflichtet, innerhalb eines Geschäftsjahres regelmäßig mindestens einen Zwischenbericht innerhalb von zwei Monaten nach dem Ende des Berichtszeitraums zu veröffentlichen,[59] der eine Beurteilung ermöglicht, wie sich die Geschäftstätigkeit des Emittenten in den ersten sechs Monaten des Geschäftsjahres entwickelt hat. Er hat Zahlenangaben[60] über die Tätigkeit sowie die Ergebnisse des

[58] § 44 I Nrn. 1 und 2 BörsG.

[59] § 44b BörsG. Veröffentlicht der Emittent einen Konzernabschluß, so kann er den Zwischenbericht nach § 56 BörsZulV entweder für die Einzelgesellschaft oder für den Konzern aufstellen. Enthält die nicht gewählte Form nach Auffassung der Zulassungsstelle wichtige zusätzliche Angaben, so kann die Zulassungsstelle von dem Emittenten die Veröffentlichung dieser Angaben verlangen. Die Veröffentlichung hat entweder durch Abdruck in mindestens einem überregionalen Börsenpflichtblatt oder im Bundesanzeiger zu erfolgen. Alternativ hierzu kann sie dem Publikum als Druckschrift bei den Zahlstellen auf Verlangen kostenlos zur Verfügung gestellt werden. Wird der Zwischenbericht nicht im Bundesanzeiger veröffentlicht, so ist im Bundesanzeiger ein Hinweis darauf bekanntzumachen, wo der Zwischenbericht veröffentlicht und für das Publikum zu erhalten ist. § 61 BörsZulV.

[60] Nach § 54 BörsZulV müssen die Zahlenangaben mindestens die Umsatzerlöse und das Ergebnis vor oder nach Steuern einschließlich der entsprechenden Vorjahreszahlen umfassen, wobei im Falle einer Prüfung durch den Abschlußprüfer auch der Bestätigungsvermerk oder seine Versagung vollständig wiederzugeben sind. Im Falle der Ausschüttung von Zwischendividenden oder entsprechenden Vorschlägen sind die entsprechenden Beträge auszuweisen.

Emittenten im Berichtszeitraum sowie Erläuterungen[61] hierzu zu enthalten.[62]

Die Zulassungsstelle kann gestatten, daß einzelne Angaben nicht in den Zwischenbericht aufgenommen werden, wenn nach ihrer Auffassung die Verbreitung dieser Informationen dem öffentlichen Interesse zuwiderläuft oder dem Emittenten erheblichen Schaden zufügt, sofern die Nichtveröffentlichung das Publikum nicht über wesentliche Umstände täuscht.[63] Außerdem kann sie nach § 61 BörsZulV die Fristen für die Veröffentlichung verlängern, wenn dem Emittenten die Einhaltung dieser Frist aus für ihn nicht vorhersehbaren Gründen nicht möglich ist oder andere Gründe vorliegen, die auch nach Würdigung der Interessen des Publikums eine Verlängerung der Fristen rechtfertigen. **32**

Der Zwischenbericht ist spätestens mit seiner ersten Veröffentlichung den Zulassungsstellen der Börsen, an denen die Aktien zur amtlichen Notierung zugelassen sind, zu übermitteln. Dabei kommt es nicht darauf an, ob die Veröffentlichung in Deutschland oder, etwa weil das Unternehmen ausländische Aktionäre hat oder im Ausland notiert ist,[64] in **33**

Ist die Angabe von Umsatzerlösen im Hinblick auf die Tätigkeit des Emittenten nicht geeignet, eine adäquate Beurteilung der Geschäftstätigkeit des Emittenten zu ermöglichen, so sind die Angaben entsprechend zu ergänzen. Emittenten, die überwiegend Bankgeschäfte betreiben, müssen an Stelle der Umsatzerlöse und des Ergebnisses u.a. die Bilanzsumme und spezifische Bilanz- und G&V-Positionen angeben, wohingegen Versicherungsgesellschaften u.a. Beitragseinnahmen in den wichtigsten Versicherungszweigen und Bestände in der Lebensversicherung angeben müssen.

Ausnahmsweise kann die Zulassungsstelle einem Emittenten, dessen Aktien nur an inländischen Börsen zur Amtlichen Notierung zugelassen sind, das Ergebnis in Form einer geschätzten Zahlenangabe auszuweisen, wenn der Emittent darlegt, daß sich nur dadurch für ihn im Hinblick auf den zusätzlichen Aussagewert unverhältnismäßig hohe Kosten vermeiden lassen oder andere Gründe diese Ausnahme rechtfertigen. Aus dem Zwischenbericht muß für das Publikum deutlich erkennbar sein, daß es sich um geschätzte Zahlen handelt.

[61] In den Erläuterungen sind die Umsatzerlöse aufzugliedern und aussagefähige Ausführungen über Auftragslage, Entwicklung der Kosten und Preise, Zahl der Arbeitnehmer, Investitionen sowie über Vorgänge von besonderer Bedeutung, die sich auf das Ergebnis der Geschäftstätigkeit auswirken können, zu machen. Soweit besondere Umstände die Entwicklung der Geschäftstätigkeit beeinflußt haben, ist hierauf hinzuweisen. Die Erläuterungen müssen einen Vergleich mit den Vorjahresangaben ermöglichen und – soweit möglich – auch auf die Aussichten des Emittenten für das laufende Geschäftsjahr erstrecken.

[62] § 53 BörsZulV.

[63] § 60 BörsZulV.

[64] § 62 BörsZulV. Gleichzeitig ist der Bericht den entsprechenden Stellen der anderen Mitglieds- oder Vertragsstaaten, in denen die Aktien zum Amtlichen Handel zugelassen sind, zu übermitteln. Ist ein Zwischenbericht auch in einem anderen Mitglieds- oder Vertragsstaat zu veröffentlichen, so stimmt die Zulassungsstelle nach § 59 BörsZulV mit der entsprechenden Stelle des anderen Staa-

einem anderen Mitgliedsstaat der EWG bzw. in einem anderen Vertragsstaat des Abkommens über den europäischen Wirtschaftsraum erfolgt.

34 Außerdem ist der Emittent nach § 63 BörsZulV zur Veröffentlichung von Mitteilungen verpflichtet, wobei im Falle einer amtlichen Notierung an mehreren Börsenplätzen an allen dieselben Angaben zu veröffentlichen sind.[65] Dies gilt für die Einberufung der Hauptversammlung und für Mitteilungen über die Ausschüttung und Auszahlung von Dividenden, die Ausgabe neuer Aktien und die Ausübung von Umtausch-, Bezugs- und Zeichnungsrechten. Beabsichtigte Änderungen der Satzung müssen spätestens zum Zeitpunkt der Einberufung der Hauptversammlung, die über die Änderung beschließen soll, der Zulassungsstelle mitgeteilt werden.[66] Jahresabschluß und Lagebericht müssen unverzüglich nach der Feststellung dem Publikum bei den Zahlstellen zur Verfügung gestellt werden, sofern sie nicht bereits im Inland veröffentlicht worden sind.[67]

35 Beabsichtigt der Emittent zugelassener Aktien zu einem späteren Zeitpunkt, öffentlich neue Aktien derselben Gattung auszugeben, so muß er spätestens ein Jahr nach Ausgabe der neuen Aktien[68] auch für diese die Zulassung zum Amtlichen Handel beantragen, sofern nicht die Ausnahmevorschrift des § 7 I 2 und 3 BörsZulV eingreift. Nach dieser kann ein Zulassungsantrag auch im Amtlichen Handel auf einen Teil der Aktien beschränkt werden, wenn die nicht zuzulassenden Aktien zu einer der Aufrechterhaltung eines beherrschenden Einflusses auf den Emittenten dienenden Beteiligung gehören bzw. für eine bestimmte

---

tes die Anforderungen an den Zwischenbericht ab, um soweit irgend möglich die Veröffentlichung einer einheitliche Fassung zu erreichen.

[65] § 67 BörsZulV. Die Veröffentlichungen sind gemäß § 70 BörsZulV in deutscher Sprache in einem oder mehreren überregionalen Börsenpflichtblättern vorzunehmen, wobei die Zulassungsstelle gestatten kann, daß bei umfangreichen Mitteilungen eine Zusammenfassung veröffentlicht wird, wenn die vollständigen Angaben bei den Zahlstellen kostenfrei erhältlich sind und in der Veröffentlichung hierauf hingewiesen wird. Veröffentlichungen sind regelmäßig unverzüglich der Zulassungsstelle zu übermitteln.

[66] § 64 BörsZulV.

[67] § 65 BörsZulV. Stellt der Emittent sowohl einen Einzelabschluß als auch einen Konzernabschluß auf, so sind dem Publikum beide Arten zur Verfügung zu stellen, wobei die Zulassungsstelle dem Emittenten gestatten kann, nur den Jahresabschluß der einen Art zur Verfügung zu stellen, wenn der andere keine wesentlichen zusätzlichen Aussagen enthält. Die Zulassungsstelle kann auch Zusammenfassungen oder Kürzungen des Jahresabschlusses zulassen, soweit eine ausreichende Unterrichtung des Publikums gewährleistet bleibt und auf die Stelle hingewiesen wird, bei der die vollständige Fassung verfügbar oder veröffentlicht ist.

[68] Vgl. hierzu näher § 69 I BörsZulV.

Zeit nicht gehandelt werden dürfen und wenn aus der nur teilweisen Zulassung keine Nachteile für die Investoren zu befürchten sind.

Der Emittent sowie das antragstellende und das einführende Kredit- 36
institut oder Wertpapierdienstleistungsunternehmen sind auch verpflichtet, aus ihrem Bereich alle Auskünfte zu erteilen, die für die Zulassungsstelle oder die Geschäftsführung der Börse zur ordnungsgemäßen Erfüllung ihrer Aufgaben erforderlich sind. Auch kann die Zulassungsstelle verlangen, daß der Emittent bestimmte Auskünfte veröffentlicht, wenn dies zum Schutz des Publikums oder einen ordnungsgemäßen Börsenhandel erforderlich ist.[69]

Erfüllt der Emittent seine Pflichten aus der Zulassung nicht, so kann 37
die Zulassungsstelle diese Tatsache durch eine Börsenbekanntmachung veröffentlichen und – wenn auch nach einer ihm gesetzten angemessenen Frist diese Verpflichtungen nicht erfüllt – die Zulassung zur amtlichen Notierung widerrufen.[70]

Hinzuweisen ist in diesem Zusammenhang auch auf die an die Bör- 38
sennotierung geknüpften Folgepflichten der Ad-hoc-Publizität[71] und der Mitteilungs- und Veröffentlichungsverpflichtungen bei Veränderungen der Beteiligungsverhältnisse nach §§ 21 ff. WpHG.[72]

2. Geregelter Markt

Im Gegensatz zum Amtlichen Handel ergibt sich im Geregelten 39
Markt die Verpflichtung zur Veröffentlichung von Zwischenberichten nicht aus dem Börsengesetz oder der Börsenzulassungsverordnung, sondern aus den jeweiligen Börsenordnungen.[73] So soll ein Emittent nach § 61 BörsO der FWB in der Regel einmal im Jahr einen Zwischenbericht veröffentlichen, der über die Lage der Gesellschaft Auskunft gibt. Der Zwischenbericht soll insbesondere Zahlenangaben und kurze Erläuterungen über die Entwicklung von Umsatz und Ertrag sowie über den Investitionsaufwand und die weiteren Geschäftsaussichten enthalten.[74] Für die Veröffentlichung des Zwischenberichts genügt das Be-

---

[69] § 44c BörsG. Die Zulassungsstelle kann nach Anhörung des Emittenten diese Auskünfte selbst veröffentlichen, wenn der Emittent der Aufforderung nicht nachkommt.

[70] § 44d BörsG.

[71] Vgl. hierzu § 16 II. Ad-hoc-Publizität.

[72] Vgl. hierzu § 16 III. Transparenzgebot.

[73] *R. von Rosen* in *H. Assmann/R. Schütze,* Handbuch des Kapitalanlagerechts, S. 88.

[74] Außerdem muß ein Emittent nach § 60 I BörsO der FWB mit dem Börsenzulassungsantrag die Verpflichtung übernehmen, alle die Wertpapiere betreffenden Bekanntmachungen sowie Jahresabschluß und Lagebericht, sofern diese nicht ohnehin in der Bundesrepublik Deutschland veröffentlicht werden, zu veröffentlichen.

reithalten für das Publikum bei den Zahlstellen, wenn darauf in einem überregionalen Pflichtblatt hingewiesen wird.

40 Außerdem gelten auch im Geregelten Markt die Verpflichtung zur Ad-hoc-Publizität, die Mitteilungs- und Veröffentlichungsverpflichtungen bei Veränderungen der Beteiligungsverhältnisse nach §§ 21 ff. WpHG, die Auskunftspflicht gegenüber dem Zulassungsausschuß, die Pflicht zur Gleichbehandlung von Aktionären sowie die, während der Dauer der Zulassung mindestens eine Zahl- und Hinterlegungsstelle zu benennen.[75]

3. Freiverkehr

41 Demgegenüber folgt aus der Einbeziehung in den Freiverkehr keine Verpflichtung zur Veröffentlichung von späteren Zwischenberichten, weder auf seiten des Unternehmens, das gar nicht einmal unbedingt die Einbeziehung veranlaßt hat, noch auf seiten des Anbieters, der nicht unbedingt entsprechende Informationen liefern kann.

42 Ebensowenig gelten Verpflichtungen zur Ad-hoc-Publizität, Auskunftspflichten gegenüber Börsenorganen oder Verpflichtungen zur Benennung von Zahl- und Hinterlegungsstellen. Mitteilungs- und Veröffentlichungspflichten bei Veränderungen der Beteiligungsverhältnisse bestehen zwar nicht nach dem Wertpapierhandelsgesetz, wohl aber nach §§ 20 ff. AktG. Die Pflicht zur Gleichbehandlung der Aktionäre ergibt sich aus § 53a AktG, nicht aber aus dem Börsengesetz.

4. Neuer Markt

43 Das Regelwerk Neuer Markt begründet in Abschn. 2 7.2 ff. für die Emittenten eine Reihe von Pflichten, die an die Zulassung zum Neuen Markt anknüpfen. Im Schwergewicht sind auch diese vom Ziel optimaler Transparenz und Information des Anlagepublikums geprägt, dem die bestmögliche Grundlage für die Einschätzung des Risikos einer Anlage in dem betreffenden Wert geboten werden soll.

a) Quartalsbericht

44 Emittenten, deren Aktien am Neuen Markt zugelassen sind, müssen über ihre Geschäftstätigkeit sowie die erzielten Ergebnisse Quartalsberichte erstellen und diese unverzüglich nach Fertigstellung, spätestens aber innerhalb von zwei Monaten[76] nach Ende des Berichtszeitraums

[75] Vgl. § 76 i.V.m. §§ 44 I, 44c BörsG.

[76] Die DBAG kann nach Abschn. 2 7. 1. 7 III RWNM die Fristen für die Veröffentlichung verlängern, wenn der Emittent darlegt, daß ihm die Einhaltung der Frist aus für ihn nicht vorhersehbaren Gründen nicht möglich ist oder andere Gründe unter Berücksichtigung der Interessen des Publikums eine Verlängerung der Fristen rechtfertigen.

der DBAG in elektronischer Form übermitteln, die diesen wiederum unverzüglich dem Publikum zur Verfügung stellen wird,[77] z.B. über das Internet.[78] In Anbetracht der internationalen Ausrichtung des Neuen Marktes muß der Quartalsbericht wie Jahresabschluß, Lagebericht und Unternehmenskalender in deutscher und englischer Sprache abgefaßt sein.[79]

Hintergrund dieser höheren Anforderungen als in anderen Marktsegmenten[80] ist der Wunsch, Investoren in vornehmlich innovativen, wachstumsstarken aber gleichzeitig noch nicht so etablierten Unternehmen zeitnah über die jeweiligen Entwicklungen informiert zu halten, da hier kurzfristige Änderungen und Abweichungen von Plänen und Prognosen sehr viel häufiger und schneller zu erwarten sind, als in etablierten Unternehmen, die traditionellen Branchen angehören. Gleichzeitig – und dies bestätigt die Kursentwicklung am Neuen Markt – haben hier solche Abweichungen stärkere Auswirkungen auf den ohnehin schon deutlich volatileren Aktienkurs.[81] **45**

Auch für den Inhalt werden detaillierte und weitreichende Vorgaben gemacht, die über die Vorgaben in anderen Marktsegmenten hinausgehen. So muß der Quartalsbericht für den Berichtszeitraum die Gewinn- und Verlustrechnung, den Jahresüberschuß bzw. -fehlbetrag pro Aktie sowie die Anzahl der Mitarbeiter angeben und eine Kapitalflußrechnung[82] angeben, wobei mit jeder Zahl der entsprechende Vorjahreswert anzugeben ist.[83] Die Erläuterungen müssen detaillierte Angaben über eine Vielzahl von Komponenten der Unternehmens- und Geschäftsentwicklung beinhalten, die neben Umsatz, Mitarbeiterzahl und Auftragslage u.a. auch Investitionstätigkeit und personelle Veränderungen in den Leitungs- und Aufsichtsorganen betreffen.[84] Im Falle einer – in der Bundesrepublik auch nach Einführung des Neuen Marktes sehr seltenen – Ausschüttung von Zwischendividenden sind bei den Zahlenan- **46**

---

[77] Abschn. 2 7. 1. 1 i.V.m. Abschn. 2 7. 1. 7 RWNM.

[78] http://www.neuer-markt.de

[79] Abschnitt 2 7. 1. 1 RWNM. Damit wird nicht nur auf englischsprachige Investoren, sondern auch auf Analysten aus diesem Sprachkreis abgestellt, die für den Erfolg einer Emission und die spätere Kursentwicklung von ausschlaggebender Bedeutung sind.

[80] So ist selbst im Amtlichen Handel nach § 53 BörsZulV lediglich die Veröffentlichung eines Zwischenberichts vorgesehen.

[81] *M. Kersting,* Der Neue Markt der Deutsche Börse AG, AG 1997, S. 222, 227. Vgl. die Angaben zur Volatilität der Werte am Neuen Markt bei *H. Harrer/P. Erwe,* Der Neue Markt der Frankfurter Wertpapierbörse im Vergleich zu NASDAQ und EASDAQ, RIW 1998, S. 661, 664.

[82] Vgl. hierzu *K. Ramin/G. Frey* in *M. Müller/F. Leven* (Hrsg.), Shareholder Value Reporting, S. 267, 283 ff.

[83] Abschn. 2 7. 1. 2 RWNM.

[84] Vgl. hierzu näher Abschn. 2 7. 1. 3 RWNM.

gaben das Ergebnis nach Steuern für den betreffenden Zeitraum und der ausgeschüttete Betrag anzugeben. Entsprechendes gilt bei einem solchen Vorschlag.[85]

47 Läuft die Verbreitung einzelner geforderter Angaben dem öffentlichen Interesse zuwider, kann die DBAG gestatten, daß diese nicht in den Quartalsbericht aufgenommen werden. Gleiches gilt, wenn die Verbreitung solcher Angaben dem Emittenten erheblichen Schaden zufügt, sofern die Nichtveröffentlichung das Publikum nicht über die für die Beurteilung der Aktie wesentlichen Tatsachen und Umstände täuscht.[86]

48 Oberste Leitlinie ist, daß die Angaben eine den tatsächlichen Verhältnissen entsprechende Beurteilung der Geschäftstätigkeit des Emittenten ermöglichen müssen. Ist dies aufgrund der spezifisch geforderten Angaben nicht möglich, so sind entsprechende Anpassungen vorzunehmen.[87]

b) Jahresabschluß und Rechnungslegung

49 Quartalsberichte und Jahresabschluß müssen auf denselben Rechnungslegungsgrundsätzen beruhen.[88] Der Jahresabschluß muß der Rechnungslegung nach den International Accounting Standards (IAS)[89] oder den US-amerikanischen Generally Accepted Accounting Principles (US-GAAP) entsprechen und mit dem Lagebericht unverzüglich nach Feststellung,[90] spätestens aber vier Monate nach Ende des Berichtszeitraums, dem Publikum in deutscher und englischer Sprache bei den Zahlstellen zur Verfügung stehen oder veröffentlicht werden.[91] Eine Überleitungsrechnung der nationalen Rechnungslegung nach IAS oder US-GAAP wird anerkannt. In Anbetracht der hiermit verbundenen Kosten und des Umstellungsaufwands kann die DBAG einen Emittenten auf dessen Antrag für die Dauer von höchstens zwei Jahren nach Zulassung der Aktien zum Neuen Markt von diesen Verpflichtungen befreien, wenn er glaubhaft macht, diese Verpflichtungen vorübergehend nicht erfüllen zu können.[92]

---

[85] Abschn. 2 7. 1. 2 III RWNM.

[86] Abschn. 2 7. 1. 6 RWNM.

[87] Vgl. Abschn. 2 7. 1. 5 RWNM.

[88] Vgl. Abschn. 2 7. 1. 2 II RWNM.

[89] Vgl. hierzu *K. Ramin/G. Frey* in *M. Müller/F. Leven* (Hrsg.), Shareholder Value Reporting, S. 267.

[90] Vgl. § 172 AktG.

[91] Abschn. 2 7. 2. 2 I und II RWNM. Gleichzeitig sind die erforderlichen Angaben der DBAG in elektronischer Form zu übermitteln.

[92] Die Befreiung kann unter der Bedingung zusätzlicher Angaben erteilt werden. Hier bezieht sich das Regelwerk in Abschn. 2 7. 2. 2 I insbesondere auf eine Kapitalflußrechnung und eine Berichterstattung nach Segmenten. Die DBAG kann nach Abschn. 2 7. 2. 2 IV RWNM auch Kürzungen und Zusammenfassungen des Jahresabschlusses zulassen, soweit eine ausreichende Unterrichtung des

Die Anforderungen an die Rechnungslegung stellen eine der zentralen Regelungen der Zulassungsbedingungen im Neuen Markt dar.[93] Im Gegensatz zu den deutschen Grundsätzen ordentlicher Buchführung stellen IAS und US-GAAP weniger den Schutz der Gläubiger eines Unternehmens durch Sicherung des Eigenkapitals als Haftungsgrundlage in den Vordergrund ihrer Zielsetzung. Gegenüber diesem gläubigerschutzbezogenen Ansatz mit konservativer Bewertung beruhen IAS und US-GAAP auf der Zielsetzung eines periodengerechten Ergebnisausweises und umfassender Information über die wirtschaftliche Lage eines Unternehmens.[94] 50

Bislang läßt sich keine eindeutige Präferenz deutscher Unternehmen für eins der beiden Rechnungslegungssysteme erkennen. Beabsichtigt eine Gesellschaft, ihre Aktien in absehbarer Zeit an einer amerikanischen Wertpapierbörse einzuführen, empfiehlt sich die Entscheidung für US-GAAP, da derzeit deren Anwendung zwingend vorgeschrieben ist, wenn eine Aktie in den USA gehandelt oder emittiert werden soll.[95] Allerdings sind die US-GAAP sehr detailliert, umfangreich und stark auf amerikanische Verhältnisse zugeschnitten. 51

c) Sonstige Verpflichtungen

Mit dem Jahresabschluß muß – internationalen Standards entsprechend – die Gesamtzahl der Aktien des Emittenten, die Mitglieder des Vorstands und des Aufsichtsrats halten, und die Veränderung dieser Zahl gegenüber dem Vorjahr getrennt nach Organen angegeben werden.[96] Veröffentlicht werden muß nach Abschn. 2 7. 2. 1 RWNM auch die Einberufung der Hauptversammlung und die Mitteilung über die Ausschüttung und Auszahlung von Dividenden, die Ausgabe neuer Aktien und Ausübung von Umtausch-, Bezugs- und Zeichnungsrechten. Gleiches gilt nach Abschn. 2 7.3 RWNM für jede Änderung der mit den Aktien verbundenen Rechte. Die Veröffentlichungen müssen in minde- 52

Publikums gewährleistet bleibt und auf die Stelle hingewiesen wird, bei der die vollständige Fassung verfügbar oder veröffentlicht ist. Eine Übersicht, die zeigt, welche Rechnungslegungsvorschriften die Unternehmen am Neuen Markt gewählt haben, findet sich bei *G. Fey,* Unternehmensabschlüsse international verständlich machen, FAZ vom 14. 8. 1998, S. 36.

[93] *V. Potthoff/J. Stuhlfauth,* Der Neue Markt: Ein Handelssegment für innovative und wachstumsorientierte Unternehmen – kapitalmarktrechtliche Überlegungen und Darstellung des Regelwerks, WM Sonderbeilage Nr. 3 zu Heft 26/1997, S. 3, 10.

[94] *K. Ramin/G. Frey* in *M. Müller/F. Leven* (Hrsg.), Shareholder Value Reporting, S. 267, 268.

[95] Die IAS sind an den meisten Börsen der Welt anerkannt, aber eben noch nicht in den USA (vgl. auch http://www.iasc.org.uk).

[96] Abschn. 2 7. 2. 2 I 6 RWNM.

stens einer deutschen Tageszeitung mit überregionaler Bedeutung erfolgen, wobei die DBAG die Veröffentlichung einer Zusammenfassung gestatten kann, wenn die vollständigen Angaben bei den Zahlstellen kostenlos erhältlich sind und in der Veröffentlichung hierauf verwiesen wird.[97]

53 Mindestens einmal jährlich muß der Emittent einen Unternehmenskalender in deutscher und englischer Sprache erstellen, der Angaben über die wichtigsten Termine[98] des Emittenten enthält. Dieser Unternehmenskalender ist zu pflegen, d.h. Änderungen der Angaben sind zu berücksichtigen, und der DBAG unverzüglich nach Erstellung[99] in elektronischer Form zu übermitteln, die ihn dann über das Internet, Reuters, Bloomberg oder in anderer geeigneter Weise publiziert.

54 Nach Zulassung der Aktien zum Neuen Markt ist der Emittent verpflichtet, mindestens einmal jährlich eine Analystenveranstaltung durchzuführen, auf der er die Analysten von Banken und Wertpapierhandelsfirmen über die Geschäftsentwicklung und aktuelle Trends informiert und ihren Fragen Rede und Antwort steht.

Im Gegensatz zu anderen Marktsegmenten ist im Neuen Markt nach Abschn. 2 7. 2. 10 RWNM die Anerkennung des Regelwerks die Anerkennung des Übernahmekodexes der Börsensachverständigenkommission[100] Pflicht.

d) Sanktionen

55 Nach Abschn. 2 2.1 III RWNM kann die DBAG eine bereits erfolgte Zulassung zum Neuen Markt beenden, wenn der Emittent gegen die ihm obliegenden börsenrechtlichen Pflichten verstößt. Wenngleich Emittenten gerade im Bereich der Publikation von Quartalsberichten ihren Verpflichtungen insbesondere im ersten Jahr des Neuen Marktes nicht vollständig zeitgerecht nachgekommen sind, hat die DBAG von dieser Sanktion noch keinen Gebrauch gemacht, wobei neben der Berücksichtigung des Grundsatzes der Verhältnismäßigkeit sicher auch das zarte Alter des neuen Marktsegments eine Rolle gespielt hat.

56 Im Falle des Widerrufs kann der Emittent aufgrund der vorstehend beschriebenen Trennung von Zulassung zum Neuen Markt und Handel im Freiverkehr einen Antrag auf Notierungsaufnahme im Geregelten Markt stellen, so daß zumindest dort ein weiterer Handel möglich ist, vorausgesetzt natürlich, daß nicht auch in diesem Marktsegment ein

---

[97] Abschn. 2 7. 2. 8 RWNM.

[98] Z.B. Hauptversammlungen, Bilanzpressekonferenz und Analystenveranstaltungen.

[99] Auch wenn dies nicht expressis verbis aufgenommen ist, muß dies nach Sinn und Zweck des Regelungkomplexes auch für unterjährige Änderungen gelten.

[100] Vgl. hierzu § 16 IV. Übernahmekodex.

Widerruf der Zulassung erfolgt.[101] In jedem Fall dürfte der sanktionsweise Widerruf der Zulassung zu einer massiven Enttäuschung der Anleger führen und mit entsprechenden Kursverlusten verbunden sein.

IV. Börseneinführung

Von der Zulassung begrifflich zu unterscheiden ist die Börseneinfüh- **57**
rung, d.h. die Aufnahme des Börsenhandels im Sinne der erstmaligen Herbeiführung von Umsätzen im Sekundärmarkt, die zu einer Kursfeststellung führen. Die Börsenzulassung ist Voraussetzung für die Einführung. Im Amtlichen Handel hat das börsenbegleitende Kredit- oder Finanzdienstleistungsinstitut der Geschäftsführung der Börse nach § 42 I BörsG den Zeitpunkt der Einführung und die Merkmale der einzuführenden Wertpapiere im Auftrag des Emittenten mitzuteilen.

Im Amtlichen Handel darf nach § 52 BörsZulV die Einführung der **58**
zugelassenen Wertpapiere frühestens an dem Werktag nach der ersten Veröffentlichung des Prospekts erfolgen. Sind seit der Veröffentlichung des Prospekts Veränderungen eingetreten, die für die Beurteilung der Aktien und ihres Emittenten von wesentlicher Bedeutung sind, so sind die Veränderungen in einem Nachtrag zum Prospekt zu veröffentlichen, auf den die Vorschriften über den Prospekt und dessen Veröffentlichung entsprechend Anwendung finden.

V. Wechsel des Handelssegments

Der spätere Wechsel des ursprünglich gewählten Börsensegments ist **59**
grundsätzlich jederzeit und ohne großen Aufwand möglich[102] und zwar – zumindest theoretisch – sowohl nach „oben" wie nach „unten".

Beim Wechsel in ein niedrigeres, d.h. weniger reglementiertes und **60**
geringeren Anlegerschutz bietendes Marktsegment erfolgt auf Antrag des emittierenden Unternehmens der Widerruf der bestehenden Zulassung. In der Praxis scheidet ein solcher „Abstieg" aber weitgehend aus. Das Unternehmen selbst, das z.B. mit der Zulassung in den Amtlichen Handel die höchste Hürde genommen hatte, wird trotz der mit einem Abstieg zunächst verbundenen Vorteile (niedrigere Publizitätserfordernisse und niedrigere Kosten) nicht den hiermit verbundenen Reputati-

[101] *V. Potthoff/J. Stuhlfauth,* Der Neue Markt: Ein Handelssegment für innovative und wachstumsorientierte Unternehmen – kapitalmarktrechtliche Überlegungen und Darstellung des Regelwerks, WM Sonderbeilage Nr. 3 zu Heft 26/1997, S. 3, 5.

[102] *W. Koch/J. Wegmann,* Praktikerhandbuch Börseneinführung, S. 55; *A. Grupp,* Börseneintritt und Börsenaustritt, S. 99ff.

onsverlust riskieren wollen. Darüber hinaus liefe ein Unternehmen Gefahr, daß der Wechsel in ein Marktsegment mit niedrigeren anlegerschützenden Normen als anlegerfeindlicher Akt der Gesellschaft gewertet wird und damit künftige Kapitalerhöhungen nur mit Schwierigkeiten am Markt untergebracht werden können.[103]

61 Umgekehrt kann der Wechsel in ein höheres Marktsegment als anlegerfreundliche Geste der Gesellschaft angesehen werden, die sich offensichtlich noch stärker den Transparenzregeln der Börse unterwerfen will.[104] Inwieweit allein ein solcher Wechsel vom Emittenten im Rahmen seiner Öffentlichkeitsarbeit zur Verbesserung des Ansehens der Gesellschaft genutzt werden kann und tatsächlich spätere Kapitalerhöhungen sowohl bezüglich des Volumens als auch bezüglich des Ausgabepreises erleichtern kann,[105] mag hier offen und empirischen Untersuchungen vorbehalten bleiben, bei denen Vergleiche der KGVs und der Disagios bei Kapitalerhöhungen in den einzelnen Marktsegmenten erste Ansatzpunkte bieten mögen.

62 Voraussetzung für den Wechsel – insbesondere für den Wechsel nach „oben“, aber auch für den Wechsel in den Neuen Markt – ist, daß die strengeren Zulassungsvoraussetzungen des Marktsegments erfüllt werden, in dem die Zulassung begehrt wird.[106] Dabei haben neben den erhöhten Publizitätsvorschriften regelmäßig Aspekte der geforderten Mindeststreuung sowie das Mindestemissionsvolumen die praktisch größte Bedeutung und können dazu führen, daß weitere Aktien emittiert werden müssen.

63 Der Wechsel des Börsensegments fällt wie auch die Ausweitung der Börsenpräsenz durch Aufnahme der Notierung an weiteren Börsenplätzen[107] vorbehaltlich etwaiger Zustimmungsvorbehalte des Aufsichtsrats in die alleinige Kompetenz des Vorstands und bedarf keiner Mitwirkung der Hauptversammlung.[108]

---

[103] *A. Grupp,* Börseneintritt und Börsenaustritt, S. 14 f.

[104] *K. Küfer,* Der Gang eines mittelständischen Unternehmens an die Börse, S. 63.

[105] So *A. Grupp,* Börseneintritt und Börsenaustritt, S. 16.

[106] *W. Koch/J. Wegmann,* Praktikerhandbuch Börseneinführung, S. 55.

[107] Dies muß auch dann gelten, wenn die Notierung an einem ausländischen Börsenplatz angestrebt wird. Abgesehen von zusätzlichen Kosten und u.U. häufigeren Publizitätserfordernissen sind keine hieraus resultierenden Nachteile ersichtlich, die so gravierend wären, daß sie nach den Grundsätzen der Holzmüller-Doktrin eine Mitwirkung der Hauptversammlung erforderlich machen würden. Sofern für die Zulassung im Ausland bestimmte Voraussetzungen zu erfüllen sind, wie z.B. die Bilanzierung nach GAAP oder IAS, so ist allenfalls diesbezüglich zu prüfen, ob die zu treffenden Maßnahmen in die Kompetenz von Vorstand und gegebenenfalls Aufsichtsrat fallen, was regelmäßig auch zu keinem anderen Ergebnis führen dürfte.

[108] *A. Grupp,* Börseneintritt und Börsenaustritt, S. 152.

VI. Delisting

Ein Unternehmen kann aus vielfältigen Gründen ein Interesse daran haben, daß seine Aktien nicht weiter an einer bestimmten oder überhaupt noch an einer Börse notiert werden. So kann die Fokussierung auf einen Börsenplatz wie Frankfurt unter Aufgabe der Notierung an den Regionalbörsen insbesondere zur Erhöhung der Liquidität sinnvoll sein.[109] Dies ist deshalb bedeutsam, da gerade internationale Investoren in steigendem Maße ihre Investitionsentscheidung von der Liquidität der Aktien abhängig machen, weil hierdurch Kursausschläge durch große Einzelorders vermieden werden und eine faire Preisbildung ermöglicht wird. Bei einer Verteilung der Umsätze auf mehrere inländische Börsen kann aber selbst bei Standardwerten „der Aktienhandel an einer kleineren Regionalbörse einbrechen, wenn mehr als tausend Stück auf den Markt kommen".[110] 64

Demgegenüber kommt ein vollständiges „Going Private" bei der Eingliederung in einen Konzern oder einer sonstigen Konzentration aller Anteile in einer Hand in Betracht. Der Vorstand einer börsennotierten Gesellschaft kann daran interessiert sein, sich einer als lästig empfundenen Unternehmenskontrolle über den Markt zu entziehen oder Aufkaufgefahren zu begegnen. Andererseits können auf Aktionärsseite insbesondere die Großaktionäre ein Interesse daran haben, sich durch ein Delisting vor dem Eintritt unerwünschter Aktionäre oder einer feindlichen Übernahme zu schützen, die ihre Machtposition gefährden könnte. Im Gegensatz zu Kleinaktionären verfolgen sie mit ihrem Engagement häufig langfristige Ziele und sind deshalb u.U. nicht in demselben Maße an der durch die Börsennotierung geförderten Liquidität der Gesellschaftsanteile interessiert.[111] 65

---

[109] *S. Kümpel,* Börsenrecht, S. 91.

[110] *O. V.,* Die BASF wendet sich von den Regionalbörsen ab, FAZ vom 2. Dezember 1994. Demgegenüber spielen externe Kosten wie Börsengebühren für das partielle Delisting nur eine sehr untergeordnete Rolle, da der größte Teil der durch eine Börsennotierung verursachten Kosten (z.B. für die Erstellung des Geschäftsberichts) unabhängig von der Anzahl der inländischen (!) Notierungen ist und nur untergeordnete oder sporadische Kostenbelastungen wie die Einrichtung von Zahl- und Hinterlegungsstellen an einem Börsenplatz nach § 44 I Nr. 2 BörsG, Aktionärsdienstleistungen oder – sehr seltene – gerichtliche Auseinandersetzungen mit den Börsen von der Anzahl der Börsenplätze der Notierung abhängig ist. *H. Klenke,* Der Rückzug mehrfach notierter Unternehmen von den deutschen Regionalbörsen, WM 1995, S. 1089, 1092. So wurden auch in dem „Verzichtsschreiben" der BASF AG (vgl. *o. V.,* Das Schreiben der BASF zum Verzicht auf Börsenzulassung, BöZ vom 3. Dezember 1994) lediglich interne, aus den Mitteilungspflichten des § 15 II WpHG resultierende Kosten als eine der Begründung für den angestrebten Rückzug von den Regionalbörsen mit angegeben.

[111] *L. Vollmer/A. Grupp,* Der Schutz der Aktionäre beim Börseneintritt und

66 Nach dem mit dem Dritten Finanzmarktförderungsgesetz neu eingeführten § 43 IV BörsG kann seit dem 1. April 1998 die Zulassungsstelle die Zulassung zur amtlichen Notierung und zum Geregelten Markt[112] auf Antrag des Emittenten widerrufen, wenn dies nicht dem Schutz der Anleger widerspricht.[113] Nach der Intention des Gesetzgebers[114] sollte damit die – insbesondere nach Bekanntwerden der Absicht von BASF,[115] die Notierung ihrer Aktien an den Regionalbörsen streichen

---

Börsenaustritt, ZGR 1995, S. 474. Zur näheren Begründung vgl. auch *A. Meyer-Landrut/R. Kiem,* Der Formwechsel einer Publikumsaktiengesellschaft, WM 1997, S. 1361, 1363.

[112] Vgl. § 75 III BörsG n.F.

[113] Unter der alten Rechtslage wurde das Delisting auf Betreiben des Emittenten mit Verweis auf das Anlegerpublikum zum Teil ganz abgelehnt oder nur zugelassen, wenn auf Dauer kein ordnungsgemäßer Handel mehr stattfinden kann. Nur vereinzelt wurde ein Rückzug in einem geordneten Verfahren oder gar uneingeschränkt befürwortet. Vgl. *H. Klenke,* Der Rückzug mehrfach notierter Unternehmen von den deutschen Regionalbörsen, WM 1995, S. 1089, 1094 f. m.w.N. sowie mit Hinweisen und Erörterungen derselben Fragestellung in den USA, Japan und der Schweiz.

[114] Vgl. Bundestagsdrucksachen 13/8933 S. 57: „Eine solche Regelung bringt nicht nur für Unternehmen, deren Wertpapiere bereits an einer inländischen Börse zugelassen sind und die einen teilweisen oder vollständigen Rückzug vom inländischen organisierten Kapitalmarkt beabsichtigen, eine wünschenswerte Klärung. Sie schafft zugleich Planungssicherheit für inländische und ausländische Unternehmen, die einen Gang an eine inländische Börse erwägen, baut Vorbehalte vor einem solchen Schritt ab, und stellt so einen Beitrag zur Förderung von Risikokapital dar." Bei dieser Formulierung scheint die Vermutung im Vordergrund zu stehen, daß die Möglichkeit eines späteren Börsenaustritts ein ernsthafter Gesichtspunkt bei den Entscheidungen und Planungen im Vorfeld einer Börseneinführung ist. Tatsächlich dürften Gedanken an ein späteres Going Private beim Börsengang nicht einmal ansatzweise eine Rolle spielen.

[115] BASF war der erste große, im DAX enthaltene Börsenwert, der auf seine Zulassung an den deutschen Regionalbörsen verzichten wollte und damit sowohl bei den betroffenen Börsen als auch den Kursmaklern auf massiven Widerstand stieß. Interessanterweise war das entsprechende „Kündigungs"-Schreiben der BASF (im Wortlaut abgedruckt bei *o. V.,* Das Schreiben der BASF zum Verzicht auf Börsenzulassung, BöZ vom 3. Dezember 1994) von Dr. *R.-E. Breuer* als Vorstand der Deutschen Bank AG (gleichzeitig Vorsitzender des Aufsichtsrats der Deutschen Börsen AG!) mit unterzeichnet worden, was wiederum das Thema „Bankenmacht" in die öffentliche Diskussion brachte. Vgl. *F. Ebel,* BASF zieht sich von Regionalbörsen zurück – Chemische Keule, HB vom 5. Dezember 1994. Vgl. zum Ganzen *o. V.,* BASF kehrt Regionalbörsen den Rücken – Konzentration des Handels auf Frankfurt, BöZ vom 2. Dezember 1994; *o. V.,* BASF will Notierung in Regionen einstellen, HB vom 2. Dezember 1994; *o. V.,* Die BASF wendet sich von den Regionalbörsen ab, FAZ vom 2. Dezember 1994.

Die Kursmakler hatten beim Bundeskartellamt eine Überprüfung der von BASF betriebenen Konzentration auf die Frankfurter Börse beantragt und dabei

zu lassen – außerordentlich kontroverse Beurteilung[116] der Voraussetzungen eines teilweisen oder vollständigen Rückzugs eines Emittenten von der Börse beendet werden. Im Ergebnis ist dies aber nur ansatzweise gelungen, da nach § 43 IV 5 BörsO erst die Einzelheiten des Widerrufs innerhalb eines Jahres nach Inkrafttreten des Dritten Finanzmarktförderungsgesetzes in den Börsenordnungen festzulegen sind.

Rechtstechnisch ist der Antrag des Emittenten auf Streichung der **67** Zulassung zur Notierung im Amtlichen Handel oder im Geregelten Markt als Verzicht auf eine öffentlich-rechtliche Berechtigung zu qualifizieren, der – vergleichbar mit dem privatrechtlichen Verzicht – als einseitige empfangsbedürftige Willenserklärung rechtsgestaltende Wirkung entfaltet und unmittelbar zum Wegfall der Wirksamkeit des begünstigenden Verwaltungsakts, der Börsenzulassung, führt.[117]

1. Rückzug auf eine Börse

Der Schutz der Anleger wird nach Ansicht des Gesetzgebers „insbe- **68** sondere dann gewahrt, wenn auch nach dem Widerruf der Notierung ein ordnungsgemäßer Börsenhandel in dem Wertpapier an einem organisierten Kapitalmarkt, der bestimmte Mindeststandards erfüllt, gewährleistet erscheint."

Die Zulassungsstelle hat demnach auch beim Börsenaustritt Kontroll- **69** kompetenzen, die im Interesse der Anleger[118] und deren Vertrauen in die

---

unter Berufung auf das Diskriminierungsverbot des § 26 II GWB und die Rechtsprechung des BGH im Fall Rossignol die Ansicht vertreten, BASF nutze als einer der 15 umsatzstärksten deutschen Werte eine marktbeherrschende Stellung, wenn sie im Wettbewerb der Börsen untereinander einseitig einige vom Handel mit ihren Aktien ausschließe und damit diskriminiere. *O. V.,* BASF: Die Kursmakler scherzen, BöZ vom 27. Januar 1995. Demgegenüber hat die zuständige 8. Beschlußabteilung des Bundeskartellamts keinen Handlungsbedarf gesehen, da das GWB privatrechtliche Beziehungen zwischen Marktteilnehmern regelt, die Zulassung von Aktien dagegen wie auch deren Widerruf einen Verwaltungsakt darstellt und damit dem öffentlichen Recht zuzurechnen ist. Vgl. *o. V.,* Kartellamt falsche Adresse im BASF-Streit, BöZ vom 3. Februar 1995.

[116] Vgl. hierzu *A. Grupp,* Börseneintritt und Börsenaustritt, S. 178 ff. m.w.N.; *o. V.,* Kartellamt falsche Adresse im BASF-Streit, BöZ vom 3. Februar 1995; *o. V.,* Kursmakler: Bedenken gegen BASF-Rückzug, FAZ vom 26. Januar 1995; *o. V.,* Hickhack um BASF-Notierung an Bayerischer Börse, SZ vom 4. Februar 1995; *o. V.,* Schert Bayerns Börse im Fall BASF aus, BöZ vom 16. März 1995; *o. V.,* BASF bleiben an der Hamburger Börse notiert, BöZ vom 16. März 1995.

[117] *S. Kümpel,* Börsenrecht, S. 85.

[118] Nach der Stellungnahme des Bundesrates (Bundestagsdrucksachen 13/8933, S. 165) müssen bei der Abwägung auch schützenswerte Interessen der Börsen, ihrer Träger und der Handelsteilnehmer Beachtung finden. Demgegenüber kommt es nach der Gegenäußerung der Bundesregierung (Bundestagsdrucksachen 13/8933, S. 182) lediglich auf die Interessen des Emittenten und der Anleger

Funktionsfähigkeit der Finanzmärkte mit einem Beurteilungsspielraum verbunden sind. Nach der amtlichen Begründung zum Dritten Finanzmarktförderungsgesetz dürften Bestrebungen eines Unternehmens, die Aktiennotiz von vormals mehreren Börsenplätzen auf einen zu konzentrieren, unter dem Gesichtspunkt des Anlegerschutzes zumindest dann unproblematisch und von der Zulassungsstelle mit einem Widerruf der Notierung zu unterstützen sein, wenn künftig noch die Notierung im Amtlichen Handel oder im Geregelten Markt an einer Börse bzw. im Neuen Markt stattfindet. Inwieweit auch der Freiverkehr im Sinne der vorstehenden amtlichen Begründung zum Dritten Finanzmarktförderungsgesetz einen organisierten Kapitalmarkt, der bestimmte Mindeststandards erfüllt, darstellt und demnach für die Streichung der übrigen Notierungen ausreichen sollte, könnte nunmehr diskutiert werden und sollte letztendlich, im Gegensatz zum Telefonhandel, zu bejahen sein, d.h. der Schutz der Anleger im Sinne des das Delisting regelnden § 43 IV BörsG wäre immer und solange ausreichend, als die Aktien der Gesellschaft noch mindestens im Freiverkehr einer deutschen Wertpapierbörse gehandelt werden.

70 Demgegenüber sehen zumindest die neu eingefügten §§ 54a und 65a der BörsO der FWB vor, daß zum Schutz der Anleger auch nach dem Wirksamwerden des Widerrufs der Handel der Aktie an einem inländischen oder ausländischen organisierten Markt i.S.d. § 2 V WpHG gewährleistet erscheint. Da der Freiverkehr nicht von staatlich anerkannten Stellen geregelt und überwacht wird, erfüllt er nicht die Anforderungen des § 2 V WpHG, was wiederum zur Folge hat, daß eine Aufrechterhaltung einer Notiz im Freiverkehr an einer deutschen oder ausländischen Börse nicht die Voraussetzungen für die Streichung der Notierung im Amtlichen Handel bzw. Geregelten Markt an der FWB erfüllt. In Anbetracht der Angleichungstendenzen der Börsenordnungen an den deutschen Wertpapierbörsen kann davon ausgegangen werden, daß die Fragestellung auch an den anderen Börsen entsprechend geregelt wird.

71 Wenngleich wie bereits dargelegt[119] ein „Abstieg" – z.B. aus dem Amtlichen Handel in den Geregelten Markt – sicherlich nicht für die Reputation einer Gesellschaft förderlich ist und auch nicht gerade kurssteigernd wirkt, würde es zu weit gehen, der Hauptversammlung ein Mitspracherecht beim „Rückzug" auf einen Börsenplatz einzuräumen. Wie bei der Börsenpräsenzausweitung und dem Börsensegmentwechsel[120] wird die Eigentümerposition nicht in einem so erheblichem Maße

---

an. *R. Meixner,* Das Dritte Finanzmarktförderungsgesetz, NJW 1998, S. 1896, 1901.

[119] Vgl. hierzu oben § 12 V. Wechsel des Handelssegments.

[120] Vgl. hierzu *A. Grupp,* Börseneintritt und Börsenaustritt, S. 152.

tangiert, daß die Entscheidungskompetenz des Vorstands einzuschränken wäre.

2. Vollständiges Going Private

Im Gegensatz zur Aufgabe der Börsennotiz an einzelnen (Regional-) Börsen stellt das vollständige Going Private[121] einen massiven Eingriff in die Rechte der Aktionäre dar. Infolge der deutlich geringeren Liquidität der Anteile nach Börsenaustritt ist ein Verkauf der Beteiligung regelmäßig nur schwieriger und zu schlechteren Preisen bei gleichzeitig höheren Transaktionskosten möglich. Hiervon sind Kleinanleger besonders betroffen. Dabei ist auch zu berücksichtigen, daß diese bei einer starken Thesaurierungspolitik, die von unternehmerisch geprägten Großaktionären gefördert oder betrieben wird, ihren Anteil am Unternehmensgewinn nur durch eine Anteilsveräußerung realisieren können.[122] Weitere Nachteile resultieren aus dem Wegfall vielfältiger Publizitäts- und Verhaltenspflichten, die an eine Börsennotierung anknüpfen. So setzen z.B. die kapitalmarktrechtlichen Informationspflichten nach §§ 44 ff. BörsG, die Ad hoc-Publizität nach § 15 WpHG oder die Offenlegung wesentlicher Beteiligungen nach § 21 II WpHG die Zulassung zum Amtlichen Handel bzw. Geregelten Markt voraus und sorgen somit für eine vertrauensbildende Transparenz, die wesentliche Grundlage für die Anlageentscheidung von Investoren ist.[123] 72

Ein vollständiger Rückzug vom organisierten Kapitalmarkt wird deshalb in der Literatur z.T. auch unter der durch das Dritte Finanzmarktförderungsgesetz geänderten Rechtslage für ausgeschlossen gehalten.[124] Dem kann nicht gefolgt werden. Für eine solch weitgehende Einschränkung der durchaus schützenswerten Interessen von Emittenten und Mehrheitseignern findet sich weder im Gesetz noch in der amtlichen Begründung[125] eine entsprechende Grundlage. So kann – wie bereits aufgezeigt – nach dem neu eingefügten § 43 IV BörsG die Notierung wider- 73

---

121 Eine Zusammenstellung von – mit einem Formwechsel einer Publikumsaktiengesellschaft verbundenen – Gesellschaften, die sich von den Wertpapierbörsen zurückgezogen haben findet sich bei *A. Meyer-Landrut/R. Kiem,* Der Formwechsel einer Publikumsaktiengesellschaft, WM 1997, S. 1361, 1362 Fn. 5.

122 Der komplette Rückzug von der Börse erhöht daher nach *L. Vollmer/A. Grupp* (Der Schutz der Aktionäre beim Börseneintritt und Börsenaustritt, ZGR 1995, S. 474) das Risiko, daß Großaktionäre Minderheitsaktionären ausschüttungsfähige Gewinne in der Absicht vorenthalten, sie zur Liquidierung ihrer Anteile zu bewegen.

123 *S. Kümpel,* Börsenrecht, S. 90.

124 *T. Pötzsch,* „Der Diskussionsentwurf des Dritten Finanzmarktförderungsgesetzes", AG 1997, S. 193, 196; *A. Meyer-Landrut/R. Kiem,* Der Formwechsel der Publikumsaktiengesellschaft, WM S. 1361, 1366 Fn. 65.

125 Vgl. *Bundestagsdrucksache* 13/8933, S. 57.

rufen werden, wenn dem der Schutz der Anleger nicht entgegensteht, wobei dieser „insbesondere" (!) „dann gewahrt" ist, „wenn auch nach dem Widerruf der Notierung ein ordnungsgemäßer Börsenhandel ... gewährleistet erscheint." D.h., der Gesetzgeber geht richtigerweise davon aus, daß ein adäquater Schutz der Anleger nicht nur durch eine Fortsetzung der Notierung an anderen Börsenplätzen möglich ist. Dabei ist naheliegend, dissentierenden Aktionären zum Ausgleich ihrer durch das Going Private beeinträchtigten Vermögensinteressen Austritts- und Abfindungsrechte zuzusprechen. Wie im Falle des insoweit vergleichbaren Formwechsels einer AG in eine GmbH muß die Gesellschaft vor der auf ihren Antrag zurückzuführenden Streichung der einzigen bzw. letzten verbleibenden Börsennotierung nach dem analog anwendbaren § 207 UmwG wegen der eingeschränkteren Veräußerbarkeit daher die Aktien dieser Aktionäre auf deren Verlangen gegen angemessene Barabfindung[126] erwerben.[127] Dabei ist auch zu berücksichtigen, daß börsennotierte Gesellschaften den Rückzug von der Börse auch dadurch erreichen könnten, daß sie sich im Wege des Formwechsels[128] in eine Gesellschaft anderer Rechtsform, z.B. eine GmbH umwandeln, was automatisch zu einer Beendigung der Börsenzulassung führt.[129]

74 Dem entsprechend sieht der neu eingefügte § 54a I Nr. 2 BörsO der FWB[130] vor, daß der Schutz der Anleger einem Widerruf der Zulassung insbesondere dann nicht entgegensteht, wenn den Inhabern der Aktien ein Kaufangebot zu einem Preis unterbreitet wird, der in angemessenem Verhältnis zum höchsten Börsenpreis der letzten sechs Monate vor Stellung des Antrags auf Widerruf der Zulassung steht. Dies stellt eine Regelung dar, die mit dem für das Pflichtangebot nach Art. 17 Übernahmekodex vergleichbar ist.[131]

75 Ein solcher Eingriff in die Aktionärsrechte fällt nicht in die Kompe-

---

[126] Die Barabfindung ist nach § 305 AktG zu berechnen. Vgl. hierzu *U. Hüffer,* AktG, § 305 Rdnr. 14, 26 ff.

[127] *A. Grupp,* Börseneintritt und Börsenaustritt, S. 152; *L. Vollmer/A. Grupp,* Der Schutz der Aktionäre beim Börseneintritt und Börsenaustritt, ZGR 1995, S. 459, 475. Vgl. auch *W. Timm,* Die Aktiengesellschaft als Konzernspitze, S. 34, nach dem bei Konzernierungen und ähnlichen Fällen einer Zweckänderung den überstimmten Mitgliedern in Analogie zu § 305 AktG ein Abfindungsrecht zusteht, wenn und soweit es aufgrund der Zweckänderung keinen funktionierenden Kapitalmarkt mehr für die Anteile geben sollte.

[128] Vgl. hierzu oben § 4 II. 6. Formwechsel.

[129] *A. Meyer-Landrut/R. Kiem,* Der Formwechsel einer Publikumsaktiengesellschaft, WM 1997, S. 1361, 1366 f., die – im Ergebnis richtig – den Formwechsel nicht als Umgehungstatbestand zum Erreichen des Delisting ansehen.

[130] Über § 65a BörsO gilt diese – Papiere im Amtlichen Handel betreffende – Regelung entsprechend für den Geregelten Markt.

[131] Auch ansonsten verweist § 54 I Nr. 2 BörsO auf wesentliche Regelungen des Übernahmekodex.

tenz des Vorstands und bedarf daher der Mitwirkung der Hauptversammlung.[132] Zum Schutz von dissentierenden Minderheiten muß beim Going Private eine höhere Mehrheit als bei der Börseneinführung verlangt werden.[133] Dabei wurde vor Inkrafttreten der Novelle 1994 in Anlehnung an das alte Umwandlungsrecht[134] eine Mehrheit von 90 Prozent des bei Beschlußfassung vertretenen Grundkapitals gefordert. Nach heutiger Rechtslage wird eine satzungsändernde Mehrheit, d.h. 75 Prozent des bei Beschlußfassung vertretenen Kapitals, für grundsätzlich ausreichend gehalten, da seit Inkrafttreten des Gesetzes für kleine Aktiengesellschaften ein Going Private nach neuem Aktienrecht keinen echten Typuswechsel nach sich ziehe und auch nach neuem Umwandlungsrecht vergleichbare Umstrukturierungsentscheidungen der Gesellschafter ganz allgemein nur Anforderungen unterliegen, die rechtsformspezifisch für Satzungsänderungen gelten.[135,136] Inwieweit die Rechtsprechung dieser Ansicht folgen wird, bleibt abzuwarten.

U.U. wird sich das Erfordernis einer höheren Mehrheit aber auch in- **76**
direkt ergeben. Wie erwähnt, haben dissentierende Aktionäre Austritts- und Abfindungsrechte. Die Verpflichtung der Gesellschaft zum Erwerb der Aktien hat wiederum Auswirkungen auf die tatsächlichen Mehrheitserfordernisse, da nach § 71 II AktG der Gesamtnennbetrag von Anteilen, die die Gesellschaft besitzt, zu keinem Zeitpunkt zehn Prozent des Grundkapitals übersteigen darf.[137] Demnach kann selbst dann, wenn die Hauptversammlung mit einer satzungsändernden Mehrheit von 75 Prozent der vertretenen Stimmen ein Delisting beschließt, nach § 71 II AktG eine erforderliche Abfindung aller widersprechenden Aktionäre nicht möglich sein. Ein Börsenaustrittsbeschluß, der dennoch ein Über-

---

[132] *H. Balser/G. Bokelmann/K. Piorreck,* Die Aktiengesellschaft, Rdnr. 508i.

[133] Vgl. hierzu oben § 6 IV. 1. Gesellschaftsrechtliche Grundlage.

[134] Vgl. 369 III AktG a.F., nach dem der Beschluß, durch den eine AG in eine GmbH umgewandelt wird, nicht der an sich notwendigen Zustimmung aller Aktionäre bedurfte, sondern nur eine Mehrheit von 90 Prozent benötigte, wenn die Gesellschaft im Zeitpunkt der Umwandlung keine Publikumsgesellschaft ist.

[135] Vgl. *B. Sagasser/T. Bula,* Umwandlungen, S. 315; *P. Hommelhoff,* Minderheitenschutz bei Umstrukturierungen, ZGR 1993, S. 452, 456. Nach *T. Baums/H. Vogel* (in *M. Lutter/E. Scheffler/U. Schneider* (Hrsg.), Handbuch der Konzernfinanzierung, S. 247, 287) genügt für den Börsenaustritt grundsätzlich ein Hauptversammlungsbeschluß mit einfacher Mehrheit, der dann allerdings einer sachlichen Rechtfertigung bedarf und der Inhaltskontrolle nach den Grundsätzen der Kali und Salz-Entscheidung des BGH unterliegt. BGHZ 71, 40 ff.

[136] *L. Vollmer/A. Grupp,* Der Schutz der Aktionäre beim Börseneintritt und Börsenaustritt, ZGR 1995, S. 459, 475.

[137] Außerdem muß nach § 72 II § AktG die Zahlung der Gegenleistung aus sogenanntem freien Vermögen erfolgen können.

nahmeangebot für alle widersprechenden Anteilseigner vorsieht, wäre demnach rechtswidrig und kann nach § 243 I AktG angefochten werden.

77 Da dieser Beschluß wie vergleichbare strukturverändernde Beschlüsse, insbesondere solche zur Umwandlung,[138] wohl im Handelsregister der Gesellschaft einzutragen ist, wird er regelmäßig wegen Verweigerung der Eintragung durch das Registergericht zunächst keine Wirkung erlangen.[139] Solange eine Anfechtungsklage gegen den Beschluß der Hauptversammlung anhängig ist oder die Gesellschaft der Zulassungsstelle aus sonstigen Gründen keinen wirksamen, d.h. auch mit der erforderlichen Mehrheit getroffenen Austrittsbeschluß vorlegen kann, wird dieses erhebliche Bedenken gegen das Vorliegen der Voraussetzungen des § 43 IV BörsG haben und vielmehr davon ausgehen, daß eine antragsgemäße Streichung der Notiz den Interessen der Anleger widerspricht.

VII. Zeitplan der Börseneinführung

78 Zur Illustration des Börseneinführungsprozesses im Gesamtzusammenhang wird im folgenden ein beispielhafter Zeitplan dargestellt. Dabei wird davon ausgegangen, daß eine KG im Wege des Formwechsels nach §§ 214 ff. UmwG in eine AG umgewandelt wird. Der Darstellung liegt ferner die Schaffung und spätere Plazierung neuer Aktien aus einer Kapitalerhöhung und – bezüglich des Greenshoe – aus einem genehmigten Kapital unter jeweiligem Ausschluß des Bezugsrechts der Altaktionäre zugrunde. Alternativ hierzu könnte eine Neugründung der AG vorgenommen werden, auf die die KG verschmolzen wird oder in die die KG oder ihre Vermögensgegenstände eingebracht werden. Auch könnten die neuen Aktien aus einer ordentlichen Kapitalerhöhung generiert und der entsprechende Beschluß bereits im Rahmen des Umwandlungsverfahrens gefaßt werden. Die hier gewählte Darstellung hat neben der höheren Übersichtlichkeit in der Praxis vor allem den Vorzug größerer Flexibilität und erlaubt so die Wahl des optimalen Zeitpunkts des Börsengangs. Sämtliche Angaben dieses teilweise sehr straffen Zeitplanes beziehen sich nicht auf Kalendertage, sondern auf Arbeitstage. Zu berücksichtigen ist, daß auf einige der den Zeitplan bestimmenden Eckpunkte von seiten des Emittenten oder der die Emission begleiten-

[138] Vgl. *U. Hüffer,* AktG, § 243, Rdnr. 51.

[139] Auf Antrag der Gesellschaft kann das Prozeßgericht aber beschließen, daß ein vorrangiges Interesse am sofortigen Vollzug des Beschlusses besteht. Vgl. § 16 III UmwG.

den Banken nur sehr bedingt Einfluß genommen werden kann. Dies gilt ganz besonders für die Eintragungen im Handelsregister.[140]

X	**Grundsatzentscheidung der Eigentümer über Börsengang**
X + 1 – 40	**Vorbereitung des Unternehmens**
X + 1	Beauftragung von Rechtsanwälten und Steuerberatern
X + 1 – 20	Erstellung eines Emissionskonzepts inklusive Ermittlung eines möglichen Emissionspreises auf Basis von DVFA/SG-Ergebnis und Branchen KGV
X + 10	Einladung der Banken zu Beauty Contest
X + 20 – 23	Beauty Contest Banken/Präsentation des Emissionskonzepts
X + 28	Vorläufige und unverbindliche Angebote der Banken
X + 29 – 32	Auswertung der Angebote und Gesellschafterbeschluß
X + 33	Bestellung des Konsortialführers/Abschluß Emissionsvertrag/ Vorläufige Zusammenstellung des Konsortiums
X + 1	**Beauftragung von Wirtschaftsprüfern**
X + 1 – 40	Aufstellung des Jahresabschlusses des Vorjahres und Testat durch Wirtschaftsprüfer/Erstellung eines Status für das laufende Jahr
X + 50	Feststellung der testierten Bilanz des Vorjahres
X + 1 – 64	**Umwandlung in AG nach §§ 214 ff. UmwG**
X + 5 – 15	Vorbereitung der Satzung, Umwandlungsbeschlüssen / Auswahl des Aufsichtsrats
X + 5 – 20	Vorbereitung des Umwandlungsberichts und Unterschrift durch Geschäftsführung
X + 5 – 45	Vorbereitung des Gründungsprüfungsberichts
X + 15	Vorabstimmung mit Handelsregister und IHK
X + 21	Zuleitung des Umwandlungsbeschlusses/-vertrages an den Betriebsrat
X + 21	Einladung zur Gesellschaftsversammlung und Vorlage des Gründungsprüfungsberichts
X + 44	Umwandlungsbeschluß der Gesellschaftsversammlung einschließlich Feststellung der Satzung und Bestellung des Abschlußprüfers. Erklärung des Verzichts auf Anfechtung der Beschlüsse durch sämtliche Gesellschafter
X + 44	Konstituierende Sitzung des Aufsichtsrats/Bestellung des Vorstands
X + 44	Anmeldung der Umwandlung zum Handelsregister
X + 44	Antrag auf Bestellung eines Gründungsprüfers beim Amtsgericht
X + 45 – 50	Bestellung eines Gründungsprüfers durch Amtsgericht
X + 45 – 64	Gründungsprüfung und Vorlage des Gründungsprüfungsberichts
X + 44 – 64	Eintragung von Umwandlung im Handelsregister

[140] Vor diesem Hintergrund sollte unbedingt von der Möglichkeit einer frühzeitigen Vorabstimmung mit dem zuständigen Handelsregisterrichter und der IHK (in Hinblick auf die Bestellung des Gründungsprüfers) Gebrauch gemacht werden.

X + 44 – 64	**Kapitalerhöhung und Schaffung eines genehmigten Kapitals**
X + 44	Beschluß des Vorstands über ordentliche Kapitalerhöhung und Schaffung eines genehmigten Kapitals sowie Verabschiedung eines Berichts über den Ausschluß des Bezugsrechts der Altaktionäre.
X + 44	Einladung zur Hauptversammlung unter Verzicht auf sämtliche Form- und Fristvorschriften für Einberufung und Durchführung. Bericht des Vorstands über den Ausschluß des Bezugsrechts. Beschlußfassung der Hauptversammlung über Kapitalerhöhung und Schaffung eines genehmigten Kapitals unter Ausschluß des Bezugsrechts der Altaktionäre und Beschluß über Börseneinführung. Erklärung des Verzichts auf Anfechtung der Beschlüsse durch sämtliche Aktionäre
X + 44	Anmeldung der geänderten Satzung zum Handelsregister
X + 44 – 64	Eintragung der geänderten Satzung im Handelsregister
X + 20 – 60	**Vorbereitung des Börseneinführungsverfahrens**
X + 10	Mandatierung einer Investor Relations Gesellschaft
X + 30	Vorstellung des Projekts bei der Zulassungsstelle des Neuen Marktes
X + 30 – 35	Due Diligence inklusive Überprüfung des Emissionskonzepts
X + 31	Beginn der Imagekampagne
X + 40 – 60	Entwurf der Zeichnungsunterlagen und Abstimmung mit dem Registerrichter einschließlich dessen Zusage, zum vorgesehenen Zeitpunkt einzutragen.
X + 35 – 60	Erstellung des Börsenzulassungsprospekts
X + 50	Erläuterung der Bilanz und des Due Diligence Reports mit dem Konsortialführer
X + 60	Vorlage eines Komplettentwurfs des Börsenzulassungsprospekts und Abstimmung mit der Gesellschaft und ihrem Wirtschaftsprüfer
X + 60	Einigung über Preisspanne zwischen dem Konsortialführer und der Gesellschaft
X + 61	Übernahmeofferte durch Konsortialführer an die Gesellschaft unter der Bedingung der Mitwirkung der Konsortialbanken und Zulassung durch Börse
X + 61	Festlegung von Konsortium und Konsortialquoten. Einladung durch Konsortialführer an Konsortium zur Mitwirkung bei Kapitalerhöhung, Aktienplazierung und Börseneinführung
X + 62	Annahme des Angebots durch Gesellschaft
X + 62	Analystentreffen der Konsortialbanken
X + 65	Zustimmung durch Konsortialbanken und Mitteilung an Gesellschaft
X + 65	Einladung zu Pressekonferenz
X + 65	Zeichnung der neuen Aktien zu pari durch Konsortialführer für Rechnung des Konsortiums mit der Verpflichtung, den Unterschiedsbetrag zwischen Zeichnungspreis und Plazierungspreis als Aufgeld an die Gesellschaft abzuführen. Erstellung Verzeichnis der Zeichner

X + 65	Gutschrift des gesetzlich vorgesehenen Mindestbetrages von 25 Prozent des Nennbetrages der neuen Aktien (zuzüglich eventuelles Agio) auf „Sonderkonto Kapitalerhöhung" der Gesellschaft
X + 65	Übergabe Zeichnungsschein und Einzahlungsbestätigung der Bank an Gesellschaft
X + 65	Anmeldung der Kapitalerhöhung zur Eintragung in das Handelsregister
X + 65	Globalurkunde über neue Aktien zur Unterzeichnung durch Vorstand und Aufsichtsratsvorsitzenden an Gesellschaft. Rückgabe der Globalurkunde nach Unterzeichnung an Konsortialführer zwecks Hinterlegung bei Deutsche Börse Clearing AG zur Verwahrung
X + 65 – 116	**Börseneinführungsverfahren**
X + 65	Einleitung des Börsenzulassungsverfahrens durch Antragstellung inklusive Antrag auf Billigung des unvollständigen Börseneinführungsprospekts
X + 65 – 85	Übersetzung des Prospekts in Englisch und Überprüfung durch Gesellschaft und ihren Wirtschaftsprüfer
X + 65	Überprüfung der Preisspanne für Plazierung, ggf. Festsetzung neue Spanne zwischen Gesellschaft und Konsortialführer vorbehaltlich der Zustimmung der Konsortialbanken. Ggf. Unterrichtung der Konsortialbanken über neue Preisspanne
X + 66	Veröffentlichung Zulassungsantrag und Verkaufsangebot
X + 78	Versand der unvollständigen Börsenprospekte mit Verkaufsangebot durch die Druckerei an die Konsortialbanken
X + 78	Pressekonferenz und Präsentation mit Bekanntgabe der Preisspanne und der sonstigen Emissionsdaten
X + 78	Einlieferung der Globalurkunde bei Deutsche Börse Clearing AG
X + 79	Presseberichterstattung über Pressekonferenz und Präsentation
X + 79	Veröffentlichung von Verkaufsangebot und des Börseneinführungsprospekts inklusive Zulassungsbeschluß in Bundesanzeiger und Börsenpflichtblatt
X + 79	PR-IPO-Anzeigen mit Hinweis auf Verkaufsangebot und Börsenprospekt
X + 79 – 84	Road Show
X + 79	Resteinzahlung von 75 Prozent des Nennbetrages der neuen Aktien auf „Sonderkonto Kapitalerhöhung"
X + 80	Beschluß der Börse über Zulassung zum Handel und zur Notierung in dem beantragten Segment
X + 80 – 84	Book Building (übliche Dauer bei inländischen Plazierungen: 2 bis 5 Tage)
X + 85	Festsetzung des Plazierungspreises
X + 86	Zuteilung und Abrechnung der plazierten Aktien an Konsortialbanken
X + 87	Zuteilung und Abrechnung der Aktien an Erwerber bzw. Drittbanken
X + 88	Aufnahme der Börsennotierung

X + 89	Gutschrift des Unterschiedsbetrages zwischen Zeichnungspreis (100 Prozent) und Plazierungspreis auf „Sonderkonto Kapitalerhöhung" der Gesellschaft und Übertrag des Plazierungserlöses auf Konto des Unternehmens. Belastung der Plazierungsvergütung und der Börseneinführungsprovision auf Konto des Unternehmens
X + 89	Belastung des Konsortialführers mit Gegenwert der plazierten Aktien gegen Gewährung der Miteigentumsanteile an der Globalurkunde und deren Valutierung
X + 89 – 94	Stabilisierung
X + 89 – 110	Laufzeit des Greenshoe
X + 110	Ausübung des Greenshoe. Zeichnung und Bezahlung der neuen Aktien durch Konsortialführer. Übergabe Zeichnungsschein und Einzahlungsbestätigung
X + 111	Beschluß des Vorstands über Ausnutzung des genehmigten Kapitals und Anmeldung der Kapitalerhöhung zum Handelsregister
X + 116	Eintragung der Kapitalerhöhung zum Handelsregister

§ 13 Markteinführungspublizität

Die Veröffentlichung eines Prospekts ist heute[1] sowohl im Amtlichen Handel als auch im Geregelten und im Neuen Markt Grundvoraussetzung für die Börsenzulassung von Aktien. Im Freiverkehr ergibt sich eine Verpflichtung zur Veröffentlichung zwar nicht aus der Einbeziehung als solcher, wohl aber aus dem erstmaligen öffentlichen Anbieten von Aktien. Unter Umständen kann sich aber auch im Vorfeld der Zulassung zu den genannten Börsensegmenten bereits aus einem öffentlichen Anbieten eine Veröffentlichungspflicht ergeben, dann nämlich, wenn die Zulassung erst für einen späteren Zeitpunkt geplant ist. 1

Sinn der Markteinführungspublizität ist neben der Stärkung der Funktionsfähigkeit der Kapitalmärkte durch Transparenz vor allem die Verbesserung des Schutzes der Anleger, denen vor einem Investment die optimale Basis für eine Entscheidung geboten werden soll. 2

Seine rechtliche Bedeutung liegt in erster Linie in der Prospekthaftung,[2] die an die Unrichtigkeit oder Unvollständigkeit des Prospekts geknüpft wird. Außerdem kann der Prospekt Bestandteil des Vertrags zwischen Emittent und Käufer bzw. zwischen Emissionsbank und Käufer sein, wenn bei der Zeichnung auf den Prospekt Bezug genommen wird.[3] In Anbetracht der hieraus im Falle eines Verstoßes resultierenden Schadensersatzpflichten kommt der detaillierten Kenntnis der entsprechenden Anforderungen wie auch der sorgfältigen Erstellung der Publizitätsdokumentation hohe Bedeutung zu. 3

Oberste Leitlinie aller Prospekte ist, daß die Dokumentation über 4

---

[1] Das Gesetz über Wertpapierverkaufsprospekte und zur Änderung von Vorschriften über Wertpapiere (VerkProsG) hat mit seinem Inkrafttreten zum 1. Januar 1991 in Umsetzung der sogenannten EG-Emissionsprospektrichtlinie (Richtlinie zur „Koordinierung der Bedingungen für die Erstellung, Kontrolle und Verbreitung des Prospektes, der im Falle öffentlicher Angebote von Wertpapieren zu veröffentlichen ist", ABlEG Nr. L 124 vom 5. Mai 1989) eine Lücke im Anlegerschutz geschlossen, da nunmehr auch dann die Pflicht besteht, beim erstmaligen öffentlichen Angebot von Wertpapieren einen Emissionsprospekt zu erstellen, wenn diese nicht zum Handel an einer inländischen Börse zugelassen sind. Damit sind im Gegensatz zur vorherigen Rechtslage auch Emissionen im Freiverkehr und im Grauen Kapitalmarkt erfaßt. Vgl. hierzu *F. Schäfer,* Emission und Vertrieb von Wertpapieren nach dem Wertpapierverkaufsprospektgesetz, ZIP 1991, S. 1557 ff; *R. Süßmann,* Wertpapier-Verkaufsprospektgesetz und Verkaufsprospekt-Verordnung, EuZW 1991, S. 210, 211.

[2] Vgl. hierzu § 13 IV. Prospekthaftung.

[3] *E. Schwark,* Börsengesetz, § 38 Rdnr. 8.

die tatsächlichen und rechtlichen Verhältnisse, die für die Beurteilung der zuzulassenden Aktien maßgeblich sind, richtig und vollständig in verständlicher Form[4] Auskunft zu geben hat.[5]

5 Für die Erfüllung der Publizitätspflicht ist in erster Linie der Emittent verantwortlich.[6] Die Konsortialbanken trifft die Pflicht zur Veröffentlichung aber insoweit, als sie auch den Zulassungsantrag stellen und bis zur Erfüllung dieser Verpflichtung die Einführung der Aktie am Markt unterbleibt.

6 Vor Veröffentlichung eines Prospekts muß dieser dem BAWe übermittelt werden,[7] das die zentrale Hinterlegungsstelle für Verkaufsprospekte ist, deren Inhalt aber nicht materiell prüft. Die Hinterlegung eines Verkaufsprospektes beim BAWe sagt folglich nichts über die Qualität der beschriebenen Emission und die Bonität des Emittenten aus.[8]

I. Amtlicher Handel und Neuer Markt

1. Prospektpflicht

7 Die Markteinführungspublizität für den Amtlichen Handel und den Neuen Markt ist in den §§ 36 III Nr. 2, 38 BörsG i.V.m. 13 ff. BörsZulV bzw. Abschn. 2 4 RWNM geregelt. Danach muß mindestens einen Werktag vor der Einführung der Wertpapiere ein in deutscher Sprache[9]

[4] Dabei wird nach der Rechtsprechung auf das Anforderungsprofil eines aufmerksamen Lesers, der zwar eine Bilanz zu lesen versteht, der aber über kein überdurchschnittliches Fachwissen verfügen muß, abgestellt. BGH WM 1982, S. 862, 863; *E. Schwark,* Zur Haftung der Emissionsbank bei Aktienemissionen - börsen-, bilanz- und gesellschaftsrechtliche Aspekte, ZGR 1983, S. 162, 167 ff.; *S. Grundmann* in *H. Schimansky/H. Bunte/H. Lwowski* (Hrsg.), Bankrechts-Handbuch Band III, S. 2943.

[5] Vgl. § 13 I BörsZulV, Abschn. 2 4. 1. 1 RWNM.

[6] Für die Veröffentlichung eines Verkaufsprospekts nach dem VerkProspG ist nach dessen § 1 der Anbieter, d.h. der Urheber des öffentlichen Angebots zuständig. *S. Grundmann* in *H. Schimansky/H. Bunte/H. Lwowski* (Hrsg.), Bankrechts-Handbuch Band III, S. 2942.

[7] § 8 VerkProspG. Demgegenüber gilt bei der Zulassung zum Amtlichen Handel § 43BörsZulV, nach dessen Absatz 2 die Zulassungsstelle für die Billigung des Prospekts zuständig ist.

[8] Gelegentlich werben Anbieter mit Aussagen wie „Prospekt beim BAWe hinterlegt". Das Amt mißbilligt ausdrücklich einen solchen und ähnlichen Einsatz von Werbemitteln, da diese den Eindruck erwecken, das Bundesaufsichtsamt habe die Emission mit einem Gütesiegel versehen, was jedoch nicht der Fall ist.

[9] Nach dem mit dem Dritten Finanzmarktförderungsgesetz neu eingefügten § 13 I 3 BörsZulV kann die Zulassungsstelle bei Zulassungen zum Amtlichen Handel und Geregelten Markt gestatten, daß der Prospekt von Emittenten im Ausland ganz oder zum Teil in einer anderen Sprache abgefaßt ist, wenn diese

abgefaßter und von den Antragstellern[10] unterzeichneter Prospekt veröffentlicht werden.[11][12] Im Falle der Zulassung von Aktien zum Neuen Markt ist der Emissionsprospekt in deutscher und englischer Sprache abzufassen.[13] Voraussetzung für die Veröffentlichung ist, daß der Prospekt von der Zulassungsstelle gebilligt worden ist.[14] In die Veröffent-

---

Sprache im Inland auf dem Gebiet des grenzüberschreitenden Wertpapierhandels nicht unüblich ist. Dies ist nach Ansicht der FWB bei Englisch der Fall, (noch) nicht aber bei Französisch.

[10] § 36 II BörsG.

[11] § 43 I 1 BörsZulV. Im Neuen Markt wird nach Abschn. 2 6.3 RWNM nicht auf die Einführung, sondern die Zulassung der Aktien abgestellt, d.h. der Emissionsprospekt muß mindestens einen Werktag vor der Zulassung veröffentlicht werden. Nach § 187 I BGB wird bei der Berechnung der Frist der Tag der Veröffentlichung nicht mitgerechnet, d.h. zwischen ihm und dem Tag der Zulassung bzw. Einführung muß ein voller Werktag liegen.

[12] Die Voraussetzungen für eine Befreiung von der Pflicht zur Veröffentlichung eines Prospektes sind in § 45 BörsZulV geregelt. Danach kann die Zulassungsstelle in Fällen, wo eine anderweitige Unterrichtung des Publikums sichergestellt ist, von der Prospektpflicht ganz oder teilweise befreien. Dies gilt insbesondere dann, wenn die zuzulassenden Aktien Gegenstand einer öffentlichen ersten Ausgabe waren oder bei einem öffentlichen Umtauschangebot, einer Verschmelzung, Spaltung, Übertragung des gesamten oder eines Teils des Vermögens eines Unternehmens oder als Gegenleistung für Sacheinlagen ausgegeben worden sind und wenn innerhalb von zwölf Monaten vor ihrer Zulassung im Geltungsbereich der BörsZulV eine schriftliche Darstellung veröffentlicht worden ist, die am Sitz des Emittenten und bei seinen Zahlstellen dem Publikum zur Verfügung steht und den für den Prospekt vorgeschriebenen Angaben entspricht, und alle seit der Erstellung dieser schriftlichen Darstellung eingetretenen wesentlichen Änderungen gemäß § 36 IVBörsG und § 43 I BörsZulV veröffentlicht werden. Gleiches gilt u.a. auch dann, wenn nach einer Kapitalerhöhung aus Gesellschaftsmitteln den Inhabern Aktien zugeteilt werden, die alten Aktien des Unternehmens an derselben Börse amtlich notiert sind, und wenn die in den §§ 15 und 16 vorgeschriebenen allgemeinen und besonderen Angaben gemäß § 36 IV BörsG und § 43 I BörsZulV veröffentlicht werden oder die zuzulassenden Aktien an einer anderen inländischen Börse zur amtlichen Notierung zugelassen sind und wenn für diese ein Prospekt veröffentlicht worden ist. Eine Befreiung kann auch ausgesprochen werden, wenn die Zahl bzw. der Nennwert der zuzulassenden Aktien weniger als 10 Prozent des entsprechenden Wertes der Aktien derselben Gattung, die an derselben Börse amtlich (im Rahmen der Zulassung zum Neuen Markt wird insoweit auch eine Zulassung zum Geregelten Markt berücksichtigt, vgl. Abschn. 2 5.2 RWNM) notiert werden, und der Emittent die mit der Zulassung verbundenen Veröffentlichungspflichten erfüllt; Aktien, die sich nur in bezug auf den Beginn der Dividendenberechtigung unterscheiden, gelten als Aktien derselben Gattung.

[13] Abschn. 2 4. 1. 1 RWNM. Dieser umfaßt zugleich den für die Zulassung zum geregelten Markt erforderlichen Unternehmensbericht. Abschn. 2 4 RWNM.

[14] §§ 36 IIIa, 73 Ia BörsG, 43 II BörsZulV. Findet vor der Einführung der Wertpapiere ein Handel mit amtlicher Notierung der Bezugsrechte statt, muß

lichung ist auch die Zulassung des Prospekts aufzunehmen.[15] Ist ein Zulassungsantrag zum amtlichen Handel (noch) nicht gestellt, so ergibt sich für den Fall, daß die Papiere öffentlich angeboten werden, die Verpflichtung zur Veröffentlichung eines Prospekts aus § 5 Verk-ProspVO.[16]

2. Pflichtangaben

8 Der Prospekt muß regelmäßig insbesondere die folgenden Angaben enthalten:

1. Namen der natürlichen oder juristischen Personen, die für den Inhalt des Prospekts die Verantwortung übernehmen, einschließlich einer Erklärung dieser Personen, daß ihres Wissens die Angaben richtig und keine wesentlichen Umstände ausgelassen sind[17];
2. allgemeine Informationen zu den Aktien wie
   - Beschlüsse, Ermächtigungen, Genehmigungen und Eintragungen in das Handelsregister, welche die Grundlage für die Ausstellung und Ausgabe der Aktien bilden;
   - Wertpapierkennummer sowie Art, Stückzahl und Nummern der Wertpapiere sowie den Gesamtnennbetrag der Emission;
   - Quellensteuern auf die Einkünfte aus den Wertpapieren;
   - Angaben zur Übertragbarkeit der Aktien und eventuelle diesbezügliche Einschränkungen;

---

der Prospekt mindestens einen Werktag vor dem Beginn dieses Handels veröffentlicht werden. Die Zulassungsstelle kann diese Fristen verkürzen, wenn der Emittent darlegt, daß ihm sonst ein für ihn unvorhersehbarer und auch unter Berücksichtigung der Interessen des Publikums nicht zu rechtfertigender Nachteil drohe.

Die Zulassungsstelle, bzw. der Zulassungsausschuß im Falle des Unternehmensberichts im Rahmen der Zulassung zum Neuen Markt, hat innerhalb von 15 Börsentagen nach Eingang des Prospekts bzw. des Unternehmensberichts über die Billigung zu entscheiden. Wird der Zulassungsantrag gleichzeitig bei mehreren inländischen Börsen gestellt, so hat der Emittent die für die Billigung des Prospekts zuständige Zulassungsstelle zu bestimmen, deren Zustimmung von den Zulassungsstellen der anderen inländischen Börsen anzuerkennen ist.

[15] § 51 BörsZulV. Wenn der Emittent keinen Prospekt veröffentlichen muß, wird die Zulassung von der Zulassungsstelle auf Kosten der Antragsteller im Bundesanzeiger und in dem Börsenpflichtblatt, in dem der Antrag veröffentlicht worden ist, sowie durch Börsenbekanntmachung veröffentlicht.

[16] Dieser wird dann nicht als Börsenzulassungsprospekt, sondern als Verkaufsprospekt bezeichnet und muß als solcher nur den Anforderungen der §§ 2 ff. VerkProspVO entsprechen (vgl. hierzu § 13 II. Geregelter Markt und Freiverkehr). In der Praxis wird er bei beabsichtigter späterer Einführung in den Amtlichen Handel aber aus Vereinfachungsgründen regelmäßig gleich als Börsenzulassungsprospekt gestaltet.

[17] § 14 BörsZulV; Abschn. 2 4. 1. 2 RWNM.

- Börsen, bei denen ein Antrag auf Zulassung der Aktien gestellt worden ist oder noch gestellt werden wird sowie die Börsen, an denen diese bereits gehandelt werden;
- Zahl- und Hinterlegungsstellen;
- Teilbeträge, falls die Emission gleichzeitig in verschiedenen Staaten mit bestimmten Teilbeträgen ausgegeben oder untergebracht wird;
- Zeichnungs- oder Verkaufspreis und Einzelheiten dessen Zahlung;
- Verfahren für die Ausübung von Bezugsrechten, ihre Handelbarkeit und die Behandlung der nicht ausgeübten Bezugsrechte;
- Zeichnungsstellen und -frist sowie die Möglichkeiten, die Zeichnung vorzeitig zu schließen oder Zeichnungen zu kürzen;
- Ausstattung ausgedruckter Stücke und eventueller anderer Urkunden im Falle einer vorübergehenden Verbriefung sowie die Einzelheiten für deren Auslieferung;
- Personen, welche die Emission vom Emittenten übernehmen oder übernommen oder ihre Unterbringung garantiert haben;
- Nettoerlös der Emission für den Emittenten sowie dessen vorgesehenen Verwendungszweck;[18]

3. besondere Informationen über die Aktien wie
   - Angabe, ob die Aktien bereits untergebracht sind oder ob sie durch die Börseneinführung im Publikum untergebracht werden sollen;
   - Gattung und Nennbetrag je Aktie bzw. bei nennwertlosen Aktien den rechnerischen Wert;
   - Stimmrecht, den Anspruch auf Beteiligung am Gewinn und am Erlös aus einer Liquidation sowie alle anderen Rechte;
   - Beginn der Dividendenberechtigung sowie die Verfallfrist für den Dividendenbezug unter Hinweis darauf, zu wessen Gunsten die Dividenden verfallen;
   - Emissionsagio, Emissionskosten und die offen auf die Käufer abgewälzten Kosten;
   - Zahl der untergebrachten Aktien, gegebenenfalls nach Gattungen getrennt;
   - öffentliche Kauf- oder Umtauschangebote für Aktien des Emittenten durch Dritte sowie die öffentlichen Umtauschangebote des Emittenten für Aktien anderer Gesellschaften im laufenden und im vorhergehenden Geschäftsjahr unter Angabe des Preises

[18] § 15 BörsZulV; Abschn. 2 4. 1. 3 RWNM. Einige der aufgeführten Angaben sind für die Zulassung von Aktien nur erforderlich, wenn die Ausgabe und Unterbringung der Aktien gleichzeitig mit der Zulassung stattfindet oder nicht länger als zwölf Monate vor der Zulassung stattgefunden hat.

oder der Umtauschbedingungen und des Ergebnisses der Angebote;
- Stellen, bei denen die Unterlagen für das Publikum einzusehen sind, aus denen Einzelheiten der Verschmelzung, der Spaltung, der Einbringung des Vermögens eines Unternehmens, des öffentlichen Umtauschangebots oder der Einbringung von Sacheinlagen ersichtlich sind, falls die Aktien aus einem dieser Anlässe ausgegeben worden sind;
- Zeitpunkt der Aufnahme der amtlichen Notierung;
- Zahl, Nennbetrag und Ausgabepreis der emittierten Aktien;
- Zahl und Merkmale der Aktien die gleichzeitig mit der Ausgabe der zuzulassenden Aktien öffentlich oder nichtöffentlich gezeichnet oder untergebracht werden, unter Angabe des Vorgangs;[19]

4. allgemeine Angaben über den Emittenten wie
   - Firma, Sitz bzw. Ort der Hauptverwaltung, Zweigniederlassungen sowie Geschäftsjahr und Datum der Gründung;
   - Rechtsform und satzungsmäßigen Unternehmensgegenstand; sofern der Emittent eine KGaA ist, sind zusätzlich Angaben über die Struktur des persönlich haftenden Gesellschafters und die von der gesetzlichen Regelung abweichenden Bestimmungen der Satzung aufzunehmen;
   - Registergericht des Sitzes des Emittenten und Registernummer;
   - Ort, an dem die den Emittenten betreffenden Unterlagen einzusehen sind;
   - im Falle von Konzernunternehmen eine kurze Beschreibung des Konzerns;[20]
5. Angaben über das Kapital des Emittenten wie
   - Höhe des gezeichneten Kapitals, Zahl und Gattungen der Anteile sowie Höhe der ausstehenden Einlagen;
   - Nennbetrag und Bedingungen der umlaufenden Wertpapiere, die den Gläubigern ein Umtausch- oder Bezugsrecht auf Aktien einräumen;
   - Zahl und Buchwert eigener Aktien, die vom Emittenten gehalten werden;
   - Höhe und Bedingungen eines genehmigten oder bedingten Kapitals;
   - Veränderungen des gezeichneten Kapitals oder der Zahl und Gattungen der Aktien während der letzten drei Jahren;

[19] § 16 BörsZulV; Abschn. 2 4. 1. 4 RWNM. Auch hier sind einige der aufgeführten Angaben für die Zulassung von Aktien nur erforderlich, wenn die Ausgabe und Unterbringung der Aktien gleichzeitig mit der Zulassung stattfindet oder nicht länger als zwölf Monate vor der Zulassung stattgefunden hat.

[20] § 18 BörsZulV; Abschn. 2 4. 1. 5 RWNM.

- Aktionäre, deren unmittelbare oder mittelbare Beteiligung am gezeichneten Kapital oder den Stimmrechten;
- Personen oder Gesellschaften, die auf den Emittenten unmittelbar oder mittelbar einen beherrschenden Einfluß ausüben können;[21]

6. Angaben über die Geschäftstätigkeit des Emittenten wie
   - wichtigste Tätigkeitsbereiche unter Angabe der wichtigsten Arten der Erzeugnisse und Dienstleistungen;
   - Umsatzerlöse für die letzten drei Geschäftsjahre unter Aufgliederung nach Tätigkeitsbereichen und geographischen Märkten;
   - Standort und die Bedeutung solcher Betriebe des Emittenten, die mehr als zehn Prozent zum Umsatz beitragen sowie Angaben über den Grundbesitz;
   - Patente, Lizenzen, Verträge oder neue Herstellungsverfahren mit wesentlicher Bedeutung für die Geschäftstätigkeit oder Rentabilität des Emittenten;
   - Gerichts- oder Schiedsverfahren, die einen erheblichen Einfluß auf die wirtschaftliche Lage des Emittenten haben können oder in den letzten zwei Geschäftsjahren gehabt haben; wichtigste Investitionen und Finanzanlagen der letzten drei Geschäftsjahre und des laufenden Geschäftsjahrs;
   - wichtigste laufende und beschlossene Investitionen unter Angabe über die geographische Verteilung und Art ihrer Finanzierung;
   - durchschnittliche Zahl der Arbeitnehmer und ihre Entwicklung während der letzten drei Geschäftsjahre;
   - Aktivitäten auf dem Gebiet der Forschung und Entwicklung neuer Erzeugnisse und Verfahren während der letzten drei Geschäftsjahre, soweit diese Angaben von Bedeutung sind;
   - Unterbrechungen der Geschäftstätigkeit des Emittenten, die einen erheblichen Einfluß auf seine Finanzlage haben können oder in den letzten zwei Geschäftsjahren gehabt haben;[22]
7. Angaben über die Vermögens-, Finanz- und Ertragslage des Emittenten[23] wie

---

[21] § 19 BörsZulV; Abschn. 2 4. 1. 6 RWNM.

[22] § 20 BörsZulV; Abschn. 2 4. 1. 7 RWNM. Bei der Emission von Aktien von Banken, Finanzdienstleistern und Versicherungen stellt § 37 BörsZulV insoweit besondere Anforderungen.

[23] Im Falle eines Zulassungsantrags für den Neuen Markt müssen diese Angaben auch der Rechnungslegung nach den International Accounting Standards (IAS) oder den US-amerikanischen Generally Accepted Accounting Principles (US-GAAP) entsprechen. Eine Überleitungsrechnung der nationalen Rechnungslegung nach IAS oder US-GAAP wird anerkannt. Auf Antrag des Emittenten kann die DBAG diesen für das Jahr der Börseneinführung von dieser Verpflichtung befreien, sofern er glaubhaft macht, diese vorübergehend nicht erfül-

- Bilanzen und Gewinn- und Verlustrechnungen des Emittenten[24] für die letzten drei Geschäftsjahre in der Form einer vergleichenden Darstellung sowie Anhang und Lagebericht des letzten Geschäftsjahres, wobei der Stichtag des letzten veröffentlichten Jahresabschlusses im Zeitpunkt des Zulassungsantrags nach § 22 II 1 BörsZulV nicht länger als 18 Monate[25] zurückliegen darf;[26]
- Herkunft und Verwendung der Mittel für die letzten drei Geschäftsjahre[27];
- Unternehmen, an denen der Emittent Anteile besitzt;
- Ergebnis und Dividende je Aktie[28] für die letzten drei Geschäftsjahre;
- allgemeine Ausführungen über die Geschäftsentwicklung des Emittenten nach dem Schluß des Geschäftsjahres, auf das sich der letzte veröffentlichte Jahresabschluß bezieht, einschließlich der wichtigsten Tendenzen in der jüngsten Entwicklung bestimmter Schlüsselfaktoren und Angaben über die Geschäftsaussichten des Emittenten,[29]

---

len zu können. Die Befreiung kann unter der Bedingung zusätzlicher Angaben erteilt werden.

[24] Einschließlich der Angaben, die statt in der Bilanz oder Gewinn- und Verlustrechnung im Anhang gemacht werden.

[25] Liegt der Stichtag des letzten in den Prospekt aufgenommenen Jahresabschlusses mehr als neun Monate zurück, so ist eine Zwischenübersicht für mindestens die ersten sechs Monate des laufenden Geschäftsjahres in den Prospekt aufzunehmen oder ihm beizufügen. Wurde diese Zwischenübersicht nicht geprüft, so ist dies anzugeben. Stellt der Emittent Konzernabschlüsse auf, so entscheidet die Zulassungsstelle, ob die Zwischenübersicht für den Konzern vorzulegen ist. Bei der Aufnahme von Aktien zum Neuen Markt ist eine Zwischenübersicht in den Emissionsprospekt aufzunehmen oder ihm beizufügen, deren Stichtag nicht länger als zwei Monate zurückliegen darf, wenn der Stichtag des letzten in den Emissionsprospekt aufgenommenen Jahresabschlusses zum Zeitpunkt des Antrags auf Zulassung mehr als vier Monate zurückliegt. Abschn. 2 4. 1. 9 RWNM.

[26] Ist der Emittent nur zur Aufstellung von Konzernabschlüssen verpflichtet, so sind sie gemäß § 22 BörsZulV; Abschn. 2 4. 1. 9 RWNM in den Prospekt aufzunehmen; ist er auch zur Aufstellung von Einzelabschlüssen verpflichtet, so sind beide Arten von Jahresabschlüssen aufzunehmen. Die Zulassungsstelle kann dem Emittenten gestatten, nur Jahresabschlüsse der einen Art aufzunehmen, wenn die Jahresabschlüsse der anderen Art keine wesentlichen zusätzlichen Aussagen enthalten. Vgl. hierzu auch § 26 BörsZulV; Abschn. 2 4. 1. 13 RWNM.

[27] Vgl. hierzu auch § 23 BörsZulV; Abschn. 2 4. 1. 10 RWNM.

[28] Vgl. hierzu § 25 BörsZulV; Abschn. 2 4. 1. 12 RWNM.

[29] § 29 BörsZulV; Abschn. 2 4. 1. 15 RWNM. Bei der Emission von Aktien von Banken, Finanzdienstleistern und Versicherungen gelten nach § 37 BörsZulV, Abschn. 2 4. 2. 1 RWNM insoweit besondere Anforderungen.

wobei nach § 22 III BörsZulV jede wesentliche Änderung nach Abschluß des letzten Geschäftsjahres oder nach dem Stichtag der Zwischenübersicht im Prospekt beschrieben werden muß;

8. Beteiligungsunternehmen, an denen der Emittent unmittelbar oder mittelbar Anteile hält, deren Buchwert mindestens zehn Prozent seines Eigenkapitals beträgt oder die mit mindestens zehn Prozent zu seinem Jahresergebnis beitragen,[30] müssen mit folgenden Informationen im Prospekt beschrieben werden:[31]
   - Firma, Sitz und Tätigkeitsbereich;
   - Höhe des gezeichneten Kapitals und, sofern das Unternehmen seine Jahresabschlüsse veröffentlicht, Höhe der Rücklagen und Jahresüberschuß oder Jahresfehlbetrag;
   - Höhe der Anteile des Emittenten am gezeichneten Kapital des Unternehmens und hierauf noch einzuzahlender Betrag;
   - Höhe der Erträge des letzten Geschäftsjahres aus den Anteilen an dem Unternehmen; Buchwert der vom Emittenten gehaltenen Anteile und die Höhe der Forderungen und Verbindlichkeiten des Emittenten gegenüber dem Unternehmen;[32]
9. Angaben über Geschäftsführungs- und Aufsichtsorgane wie
   - Name und Anschrift der Mitglieder der Geschäftsführungs- und Aufsichtsorgane und ihre Stellung beim Emittenten sowie deren wichtigste Tätigkeiten, die sie außerhalb des Emittenten ausüben, soweit diese Tätigkeiten für die Beurteilung des Emittenten von Bedeutung sind;
   - dieselben Angaben für die Gründer des Emittenten, wenn die Gesellschaft vor weniger als fünf Jahren gegründet worden ist;
   - die den Mitgliedern der Geschäftsführungs- und Aufsichtsorgane für das letzte abgeschlossene Geschäftsjahr vom Emittenten und eventuellen Konzernunternehmen gewährten Gesamtbezüge;
   - Gesamtzahl der Aktien des Emittenten, die von den Mitgliedern der Geschäftsführungs- und Aufsichtsorgane insgesamt gehalten werden, und die diesen Personen eingeräumten Kaufoptionen;
   - Art und der Umfang der Beteiligung von Mitgliedern der Geschäftsführungs- und Aufsichtsorgane an Geschäften außerhalb der Geschäftstätigkeit des Emittenten oder an anderen der Form

[30] Über Unternehmen, die nicht diese Voraussetzungen erfüllen, an denen der Emittent aber Anteile von mindestens zehn Prozent des gezeichneten Kapitals besitzt, müssen nach § 24 II 2 BörsZulV Firma, Sitz und Höhe des Kapitalanteils des Emittenten angegeben werden, sofern diese Angaben nicht für die Beurteilung der zuzulassenden Aktien von geringer Bedeutung sind.

[31] Die Angaben können unterbleiben, wenn der Emittent nachweist, daß die Anteile nur vorübergehend gehalten werden.

[32] Diese Angaben können unterbleiben, wenn nach Ansicht der Zulassungsstelle dadurch das Publikum nicht irregeführt wird.

oder der Sache nach ungewöhnlichen Geschäften des Emittenten während des laufenden und des vorhergehenden Geschäftsjahres[33];

- Gesamthöhe von noch nicht zurückgezahlten Darlehen, die vom Emittenten den Mitgliedern der Geschäftsführungs- oder Aufsichtsorgane gewährt wurden, sowie der vom Emittenten für diese Personen übernommenen Bürgschaften und sonstigen Gewährleistungen;
- Möglichkeiten für die Beteiligung der Arbeitnehmer am Kapital des Emittenten;[34]

10. Abschlußprüfer, welche die Jahresabschlüsse der letzten drei Geschäftsjahre des Emittenten geprüft haben, einschließlich einer Erklärung, daß die Jahresabschlüsse geprüft worden sind und der Bestätigungsvermerke sowie zusätzlicher Bemerkungen[35]

3. Sonder- und Ausnahmeregelungen

9 Werden im Zusammenhang mit einer Kapitalerhöhung Aktionären neue Aktien auf Grund ihres Bezugsrechts zugeteilt, kann die Zulassungsstelle im Rahmen der Zulassung dieser Aktien einen Prospekt billigen, der nur einen Teil vorstehender Informationen enthält, vorausgesetzt daß die Aktie des Emittenten bereits an dieser Börse amtlich notiert werden. Dem Prospekt ist bei seiner Veröffentlichung der letzte festgestellte Jahresabschluß beizufügen, worauf im Prospekt auch hinzuweisen ist.[36]

10 Nach § 47 BörsZulV kann die Zulassungsstelle gestatten, daß einzelne der vorgeschriebenen Angaben nicht in den Prospekt aufgenommen werden, wenn sie der Auffassung ist, daß diese Angaben nur von geringer Bedeutung und nicht geeignet sind, die Beurteilung der Vermögens-, Finanz- und Ertragslage und der Entwicklungsaussichten des Emittenten zu beeinflussen, die Verbreitung dieser Angaben dem öffentlichen Interesse zuwiderläuft oder die Verbreitung dieser Angaben dem Emittenten erheblichen Schaden zufügt, vorausgesetzt daß die Nichtveröffentlichung das Publikum nicht über die für die Beurteilung der zuzulassenden Wertpapiere wesentlichen Tatsachen und Umstände täuscht.

11 Für die Zulassung von Aktien, die bei einer Umwandlung oder Übertragung des gesamten oder teilweisen Vermögens eines Unterneh-

---

33 Sind derartige ungewöhnliche Geschäfte in weiter zurückliegenden Geschäftsjahren getätigt und noch nicht endgültig abgeschlossen worden, so sind auch hierüber Angaben zu machen.

34 § 28 BörsZulV; Abschn. 2 4. 1. 14 RWNM.

35 § 30 BörsZulV; Abschn. 2 4. 1. 17 RWNM.

36 § 33 BörsZulV; Abschn. 2 4. 2. 2 RWNM.

mens, einem öffentlichen Umtauschangebot oder als Gegenleistung für Sacheinlagen ausgegeben worden sind, müssen dem Publikum Informationen über diesen Vorgang zugänglich gemacht werden.[37]

II. Geregelter Markt und Freiverkehr

1. Prospektpflicht

Die Prospektpflicht bei der Zulassung von Aktien zum Geregelten Markt bzw. bei der Einbeziehung in den Freiverkehr ist nicht in der Börsenzulassungsverordnung geregelt. Maßgeblich ist vielmehr zunächst einmal das Wertpapier-Verkaufsprospektgesetz und die auf dessen Ermächtigung hin erlassene Verordnung über Wertpapier-Verkaufsprospekte. Danach ist für Wertpapiere, die erstmals im Inland öffentlich angeboten werden und nicht zum Handel an einer inländischen Börse zugelassen sind, vom Anbieter ein Verkaufsprospekt zu veröffentlichen, sofern sich aus den Ausnahmevorschriften der §§ 2 bis 4 VerkProspG nichts anderes ergibt. Während sich die Anknüpfung für die Prospektpflicht bei der Einbeziehung in den Freiverkehr aus dem öffentlichen Angebot ergibt,[38] wird für die Zulassung zum Geregelten Markt ein Unternehmensbericht vorausgesetzt,[39] dessen Inhalt der Verkaufsprospektverordnung zu entsprechen hat.[40] **12**

2. Befreiungs- und Ausnahmetatbestände

Nach den hier relevanten §§ 2 und 4 VerkProspG muß ein Verkaufsprospekt nicht bzw. zumindest nicht nach den Vorschriften des Verkaufsprospektgesetzes veröffentlicht werden, wenn die Aktien **13**

- nur Personen angeboten werden, die beruflich oder gewerblich für eigene oder fremde Rechnung mit Wertpapieren handeln;
- oder nur einem begrenzten Personenkreis angeboten werden;

---

[37] § 41 BörsZulV; Abschn. 2 4. 2. 4 RWNM. Die Zulassungsstelle kann von dieser Verpflichtung befreien, wenn dieser Vorgang mehr als zwei Jahre zurückliegt.

[38] Bei einem – gesetzlich nicht definierten – „öffentlichen Angebot" wendet sich der Anbieter an einen unbestimmten Personenkreis, wohingegen bei einer nicht verkaufsprospektpflichtigen Privatplazierung zwischen diesem und dem Anleger eine „persönliche" Beziehung besteht oder hergestellt wird. *R. Süßmann,* Wertpapier-Verkaufsprospektgesetz und Verkaufsprospektverordnung, EuZW 1991, S. 210, 211 f; *F. Schäfer,* Emission und Vertrieb von Wertpapieren nach dem Wertpapierverkaufsprospektgesetz, ZIP 1991, S. 1557, 1559 ff.

[39] § 59 I BörsO der FWB.

[40] § 59 II BörsO der FWB.

- nur den Arbeitnehmern von ihrem Arbeitgeber oder von einem mit seinem Unternehmen verbundenen Unternehmen angeboten werden;
- nur in Stückelungen von mindestens achtzigtausend Deutsche Mark oder nur zu einem Kaufpreis von mindestens achtzigtausend Deutsche Mark je Anleger erworben werden können oder wenn der Verkaufspreis für alle angebotenen Wertpapiere achtzigtausend Deutsche Mark nicht übersteigt;
- Eurowertpapiere[41] sind, für die nicht öffentlich geworben wird, oder
- die Teil einer Emission sind, für die bereits im Inland ein Verkaufsprospekt veröffentlicht worden ist oder
- die Zahl der angebotenen Aktien bzw. ihr geschätzter Kurs- oder Nennwert niedriger ist als 10 Prozent der Aktien, die an derselben Börse amtlich notiert sind, und wenn der Emittent die mit der Zulassung verbundenen Veröffentlichungspflichten erfüllt;[42]
- den Aktionären nach einer Kapitalerhöhung aus Gesellschaftsmitteln zugeteilt werden;
- nach der Ausübung von Umtausch- oder Bezugsrechten aus anderen Wertpapieren als Aktien wie z.B. Optionsanleihen, -scheinen oder Wandelschuldverschreibungen ausgegeben werden, sofern im Inland bei der Ausgabe dieser Wertpapiere ein Zulassungs- oder Verkaufsprospekt veröffentlicht wurde;
- bei einem öffentlichen Umtauschangebot oder einer Verschmelzung von Unternehmen angeboten werden.

3. Veröffentlichung

14 Greift keine der vorgenannten Ausnahmen, ist mindestens einen Werktag vor dem öffentlichen Angebot[43] ein Verkaufsprospekt zu veröffentlichen,[44] der vor Veröffentlichung von der Zulassungsstelle gebil-

[41] Euro-Wertpapiere i.d.S. sind Wertpapiere, die ein Konsortium übernimmt oder zu übernehmen verspricht und vertreibt, dessen Mitglieder ihren Sitz nicht alle in demselben Staat haben, zu einem wesentlichen Teil nicht in dem Staat angeboten werden, in dem der Emittent seinen Sitz hat, und nur über ein Kreditinstitut oder ein anderes Finanzinstitut gezeichnet oder erstmals erworben werden dürfen.

[42] Handelt es sich um Aktien, für die kein Antrag auf Zulassung zur amtlichen Notierung an einer inländischen Börse gestellt ist, so beziehen sich die zehn Prozent auf die Aktien, die an einer inländischen Börse zum Handel zugelassen sind. Weitere Voraussetzung ist hier, daß den Anlegern Informationen über den Emittenten zur Verfügung stehen, die den in § 7 VerkProspG und der VerkProspVO geforderten Angaben gleichwertig sind.

[43] § 9 I VerkProspG.

[44] Die Art der Veröffentlichung ist davon abhängig, ob die Zulassung zum Amtlichen Handel beantragt ist. Ist dies der Fall, so ist der Verkaufsprospekt

ligt werden muß.[45] Da in der Praxis, gerade bei Emissionen unter Einbeziehung des Bookbuilding-Verfahrens, die Bekanntgabe von Informationen wie dem Preis erst in einem späten Emissionsstadium möglich ist, erlaubt § 10 VerkProspG die Veröffentlichung eines unvollständigen Verkaufsprospekts, sofern dieser Auskunft darüber gibt, wie diese Angaben nachgetragen werden, und sie vor dem Angebot gemäß § 9 II und III VerkProspG veröffentlicht werden.[46] Andererseits müssen Veränderungen, die seit der Veröffentlichung des Verkaufsprospekts eingetreten und die für die Beurteilung des Emittenten oder der Aktien von wesentlicher Bedeutung sind, während der Dauer des öffentlichen Angebots in einem Nachtrag zum Verkaufsprospekt veröffentlicht werden.[47]

Sämtliche Veröffentlichungen, in denen das öffentliche Angebot von Wertpapieren unter Hinweis auf die wesentlichen Merkmale der Wert- **15**

---

durch Abdruck in den Börsenpflichtblättern oder durch Bereithalten zur kostenlosen Ausgabe bei den im Verkaufsprospekt genannten Zahlstellen und bei den Zulassungsstellen der jeweiligen Börse(n) zu veröffentlichen. Außerdem ist in den Börsenpflichtblättern, in denen der Zulassungsantrag veröffentlicht wurde oder veröffentlicht wird, ist bekanntzumachen, bei welchen Stellen der Verkaufsprospekt bereitgehalten wird.

Ist die Zulassung zur amtlichen Notierung nicht beantragt, so ist der Verkaufsprospekt in der Form zu veröffentlichen, daß er entweder in einem überregionalen Börsenpflichtblatt bekanntgemacht oder bei den im Verkaufsprospekt benannten Zahlstellen zur kostenlosen Ausgabe bereitgehalten wird; im letzteren Fall ist in einem überregionalen Börsenpflichtblatt bekanntzumachen, daß der Verkaufsprospekt bei den Zahlstellen bereitgehalten wird. Außerdem ist im Bundesanzeiger der Verkaufsprospekt oder ein Hinweis darauf bekanntzumachen, wo der Verkaufsprospekt zu erhalten ist.

45 § 6 VerkProspG. Wird der Zulassungsantrag gleichzeitig bei mehreren inländischen Börsen gestellt, so hat der Emittent die für die Billigung des Verkaufsprospekts zuständige Zulassungsstelle zu bestimmen. Die Zulassungsstelle hat innerhalb von 15 Börsentagen nach Eingang des Verkaufsprospekts über den Antrag auf Billigung zu entscheiden und dem Anbieter auf Verlangen eine Bescheinigung über die Billigung des Verkaufsprospekts auszustellen, der wiederum den Verkaufsprospekt vor seiner Veröffentlichung dem Bundesaufsichtsamt für den Wertpapierhandel zu übermitteln hat.

46 Der in § 10 VerkProspG verwendete Begriff „einzelne Angebotsbedingungen" bezieht sich nur auf einzelne Bedingungen. Gemeint sind mit dieser Erleichterung im Rahmen der Veröffentlichungspflicht lediglich solche Bedingungen, die nach der Eigenart der beabsichtigten Emission erst kurz vor dem öffentlichen Angebot festgesetzt werden können. Dies dürfte beim Emissionspreis in Anbetracht des Bedürfnisses einer flexiblen Anpassung auf Veränderungen des Marktes regelmäßig der Fall sein, nicht aber bei Prospektelementen wie der Beschreibung des Emittenten. Vgl. BAWe, Bekanntmachung zum Verkaufsprospektgesetz vom 15. April 1996, *U. Bosch/W. Groß,* Das Emissionsgeschäft, S. 10/40.

47 § 11 VerkProspG.

papiere angekündigt wird, müssen auf den Verkaufsprospekt und dessen Veröffentlichung hinweisen.[48]

4. Prospektangaben

16 Der Prospekt muß regelmäßig insbesondere die folgenden Angaben enthalten:

1. Namen der natürlichen oder juristischen Personen, die für den Inhalt des Prospekts die Verantwortung übernehmen einschließlich einer Erklärung dieser Personen, daß ihres Wissens die Angaben richtig und keine wesentlichen Umstände ausgelassen sind;[49]
2. Informationen zu den Aktien wie
   - Art, Stückzahl und Nummern der Wertpapiere sowie den Gesamtnennbetrag der Emission;
   - Quellensteuern auf die Einkünfte aus den Wertpapieren;
   - Angaben zur Übertragbarkeit der Aktien und eventuelle diesbezügliche Einschränkungen;
   - Börsen, in die Aktien gehandelt werden sollen;
   - Zahl- und Hinterlegungsstellen;
   - Teilbeträge, falls die Emission gleichzeitig in verschiedenen Staaten mit bestimmten Teilbeträgen ausgegeben oder untergebracht wird;
   - Zeichnungs- oder Verkaufspreises und Einzelheiten dessen Zahlung;
   - Verfahren für die Ausübung von Bezugsrechten, ihre Handelbarkeit und die Behandlung der nicht ausgeübten Bezugsrechte;
   - Zeichnungsstellen und -frist sowie die Möglichkeiten, die Zeichnung vorzeitig zu schließen oder Zeichnungen zu kürzen;
   - Ausstattung ausgedruckter Stücke sowie die Einzelheiten für deren Auslieferung;
   - Personen, welche die die Emission vom Emittenten übernehmen oder übernommen oder ihre Unterbringung garantiert haben;
   - Ausgabepreis für die Wertpapiere oder, sofern dieser noch nicht bekannt ist, den Zeitplan für seine Festsetzung;[50]
3. Angaben über den Emittenten wie
   - Firma, Sitz und Datum der Gründung;
   - Rechtsform und satzungsmäßigen Unternehmensgegenstand;
   - Registergericht des Sitzes des Emittenten und Registernummer;
   - Ort, an dem die den Emittenten betreffenden Unterlagen einzusehen sind;

---

48 § 12 VerkProspG.

49 § 14 BörsZulV; Abschn. 2 4. 1. 2 RWNM.

50 § 4 VerkProspVO.

- im Falle von Konzernunternehmen eine kurze Beschreibung des Konzerns;[51]

4. Angaben über das Kapital des Emittenten wie
   - Höhe des gezeichneten Kapitals, Zahl und Gattungen der Anteile sowie Höhe der ausstehenden Einlagen;
   - Nennbetrag und Bedingungen der umlaufenden Wertpapiere, die den Gläubigern ein Umtausch- oder Bezugsrecht auf Aktien einräumen;
   - Zahl und Buchwert eigener Aktien, die vom Emittenten gehalten werden;
   - Höhe und Bedingungen eines genehmigten oder bedingten Kapitals;
   - Aktionäre, die nach Kenntnis des Emittenten auf diesen unmittelbar oder mittelbar einen beherrschenden Einfluß ausüben können;[52]
5. Angaben über die Geschäftstätigkeit des Emittenten wie
   - wichtigste Tätigkeitsbereiche;
   - Angaben über die Abhängigkeit von Patenten, Lizenzen, Verträgen oder neuen Herstellungsverfahren, sofern sie von wesentlicher Bedeutung für die Geschäftstätigkeit oder Ertragslage des Emittenten sind;
   - Gerichts- oder Schiedsverfahren, die einen erheblichen Einfluß auf die wirtschaftliche Lage des Emittenten haben können;
   - die wichtigsten laufenden Investitionen mit Ausnahme der Finanzanlagen;
   - außergewöhnliche Ereignisse, die die Tätigkeit des Emittenten beeinflußt haben;[53]
6. Angaben über die Vermögens-, Finanz- und Ertragslage des Emittenten wie
   - den letzten veröffentlichten Jahresabschluß, dessen Stichtag höchstens 18 Monate vor Aufstellung des Verkaufsprospekts liegen darf,[54]
   - sowie eine zwischenzeitlich veröffentlichte Zwischenübersicht;[55]
   - allgemeine Ausführungen über die Geschäftsentwicklung des

---

[51] § 5 VerkProspVO.

[52] § 6 VerkProspVO.

[53] § 7 VerkProspVO.

[54] Ist der Emittent nur zur Aufstellung von Konzernabschlüssen verpflichtet, so ist dieser gemäß § 8 II VerkProspVO in den Prospekt aufzunehmen; ist er auch zur Aufstellung von Einzelabschlüssen verpflichtet, so sind beide Arten von Jahresabschlüssen aufzunehmen. Der Emittenten kann nur den Jahresabschluß der einen Art aufzunehmen, wenn der Jahresabschluß der anderen Art keine wesentlichen zusätzlichen Aussagen enthält.

[55] § 8 VerkProspVO.

Emittenten nach dem Schluß des Geschäftsjahres, auf das sich der letzte offengelegte Jahresabschluß bezieht, sowie Angaben über die Geschäftsaussichten des Emittenten.[56]

Außerdem muß nach § 8 III VerkProspVO jede wesentliche Änderung nach Abschluß des letzten Geschäftsjahres oder nach dem Stichtag der Zwischenübersicht im Prospekt beschrieben werden;

7. Abschlußprüfer, welche den Jahresabschluß des Emittenten geprüft haben, einschließlich einer Erklärung, daß die Jahresabschlüsse geprüft worden sind und der Bestätigungsvermerke sowie zusätzlicher Bemerkungen;[57]
8. Angaben über Geschäftsführungs- und Aufsichtsorgane wie
   - Name und Anschrift der Mitglieder der Geschäftsführungs- und Aufsichtsorgane und ihre Stellung beim Emittenten;
   - die den Mitgliedern der Geschäftsführungs- und Aufsichtsorgane für das letzte abgeschlossene Geschäftsjahr vom Emittenten gewährten Gesamtbezüge.[58]

17 Werden bei einer Kapitalerhöhung Aktionären neue Aktien auf Grund ihres Bezugsrechts zugeteilt, kann auf einen Teil der vorstehenden Informationen verzichtet werden, wenn die Aktionäre auf andere Weise ausreichend unterrichtet sind. Für den Fall, daß der Emittent vor weniger als 18 Monaten gegründet wurde und noch keinen Jahresabschluß veröffentlicht hat, kann sich der Verkaufsprospekt auf deutlich niedrigere Informationen beschränken.[59]

18 Nach § 14 IV VerkProspG kann von der Aufnahme einzelner der vorgeschriebenen Angaben in den Prospekt verzichtet werden, wenn diese Angaben nur von geringer Bedeutung und nicht geeignet sind, die Beurteilung der Vermögens-, Finanz- und Ertragslage und der Entwicklungsaussichten des Emittenten zu beeinflussen oder die Verbreitung dieser Angaben dem Emittenten erheblichen Schaden zufügt, sofern die Nichtveröffentlichung das Publikum nicht über die für die Beurteilung der zuzulassenden Wertpapiere wesentlichen Tatsachen und Umstände täuscht. Unter dieser Voraussetzung kann auch nach § 14 V VerkProspVO von der Aufnahme einzelner Angaben verzichtet werden, wenn der Anbieter nicht zugleich Emittent ist und deshalb nicht über solche Angaben verfügen kann, was nur im Freiverkehr von Bedeutung sein kann.

---

[56] § 11 VerkProspVO.

[57] § 9 VerkProspVO.

[58] § 10 VerkProspVO.

[59] Vgl. hierzu § 14 II VerkProspVO.

III. Strafrechtlicher Schutz und Ordnungswidrigkeiten

Die Präsentation geschönter Zahlen und Planungsrechnungen kann für ein Unternehmen kurzfristig durchaus dergestalt erfolgreich sein, daß hierdurch eine Börseneinführung und damit ein „Kasse machen" erst möglich wird. Auch bei sorgfältiger Unternehmensprüfung im Rahmen einer „Due Diligence" vor einer Börseneinführung durch Wirtschaftsprüfer, Industriespezialisten, Banken, etc. lassen sich Fehler in der Unternehmensanalyse und -bewertung nicht völlig ausschließen. Dies gilt insbesondere bei Vorliegen von mit Intelligenz gepaarter krimineller Energie, wo selbst erfahrene Wirtschaftsprüfer ihre Chancen zur zuverlässigen Aufdeckung nicht übermäßig hoch einschätzen. 19

Ein solcher „Erfolg" ist aber deshalb regelmäßig nur kurzfristiger Natur, weil die Märkte enttäuschte Erwartungshaltungen mit einer unterdurchschnittlichen bis katastrophalen Kursentwicklung der betroffenen Aktie sanktionieren und so die Erlöse späterer Kapitalerhöhungen – wenn sie denn überhaupt durchführbar sind – massiv drücken und damit möglicherweise ein Unternehmen zwar nicht zusätzlich belasten, ihm in schwieriger Zeit aber zumindest nicht die mögliche Entlastung in Form einer angemessen gepricten Kapitalerhöhung geben. Diese Tendenz ist in Anbetracht des zusätzlichen Vertrauensverlustes ganz besonders ausgeprägt, wenn die Abweichungen von den Planungsrechnungen für Vorstand und Aufsichtsrat[60] vorhersehbar waren und nicht nur Inkompetenz, sondern Unredlichkeit oder Kriminalität im Spiel war. 20

1. § 264a StGB

Neben diesen rein faktischen Sanktionen sieht auch das deutsche Strafrecht Sanktionen zum Schutz von Märkten und Anlegern im Zusammenhang mit Börseneinführungen vor und ist demnach von allen im Rahmen einer Börseneinführung beteiligten Parteien sorgfältig zu beachten. So sieht § 264a StGB eine Freiheitsstrafe von bis zu drei Jahren oder Geldstrafe u.a. für denjenigen vor, der vorsätzlich[61] im Zusammenhang mit dem Vertrieb von Wertpapieren wie Aktien in Prospekten oder Darstellungen hinsichtlich entscheidungsrelevanter[62] Umstände 21

---

[60] Bei entsprechenden Verstößen von Banken oder Alteigentümern, die keine Majorität mehr ausüben können, dürfte der Vertrauensverlust nicht in gleichem Maße zu Kursverlusten führen, da deren Einflußmöglichkeiten in der Zukunft nicht vorhanden oder zumindest beschränkt sind.

[61] Vgl. § 15 StGB.

[62] Eingehend zum Merkmal der Erheblichkeit *C. Schröder,* Aktienhandel und Strafrecht, S. 9 ff.

gegenüber einem größeren Personenkreis schriftlich oder mündlich[63] unrichtige vorteilhafte Angaben macht oder nachteilige Tatsachen verschweigt. Unrichtig in diesem Sinne sind Angaben, die nicht der Wahrheit entsprechen,[64] wobei auf den objektiven Widerspruch zwischen dem Inhalt der Angabe und dem tatsächlichen Sachverhalt abgestellt wird.[65] Das Tatbestandsmerkmal „Angaben“ wird dahingehend ausgelegt, daß es nicht nur Tatsachen erfaßt, sondern auch Werturteile und Prognosen.[66] Während die Frage nach der Wahrheit von „Tatsachen“ dem Beweis zugänglich und damit zumindest so lange objektiv nachprüfbar ist, als sie nicht ihrerseits der Bewertung unterliegt, ist die Beantwortung der Frage, wann eine Wertung oder Prognose hinsichtlich der künftigen Entwicklung eines Unternehmens als unrichtig einzustufen ist, problematisch. Da Zukunftsprognosen immer ein Unsicherheitsfaktor innewohnt und deshalb nicht schon bei jeglicher Abweichung der späteren Entwicklung eine Pflichtwidrigkeit angenommen werden kann,[67] führt eine falsche Prognose nur dann zum Vorliegen der Voraussetzungen des § 264a I StGB, wenn diese schuldhaft auf falschen Tatsachen, Verstößen gegen Denkgesetze, allgemeine Erfahrungssätze oder auf einer Außerachtlassung der bei Prognosen gebotenen Zurückhaltung beruht.[68] Anleger sollen sich grundsätzlich darauf verlassen können, daß es sich bei den Prognosen nicht um reine Mutmaßungen, sondern um Schlußfolgerungen aus nachgeprüften Tatsachen oder Wertfeststellungen, die auf einer sorgfältigen Analyse aller hierfür maßgebenden Voraussetzungen beruhen, handelt.[69] Im Ergebnis ist eine Prognose eine unrichtige Angabe i.S.d. § 264a StGB, wenn die der Bewertung oder Prognose zugrunde gelegten Tatsachen nicht richtig oder nicht existent sind[70] oder aber die auf richtigen Tatsachen basierenden Schlußfolgerungen schlichtweg nicht mehr vertretbar sind.[71]

---

[63] ebenda, S. 7.

[64] *S. Grotherr,* Der neue Straftatbestand des Kapitalanlagebetrugs (§ 264a StGB) als Problem des Prospektinhalts und der Prospektgestaltung, DB 1986, S. 2584, 2586; *W. Joecks,* Anleger- und Verbraucherschutz durch das 2. WiKG, wistra 1986, S. 142, 145.

[65] *J. Cerny,* § 264a StGB-Kapitalanlagebetrug, Gesetzlicher Anlageschutz mit Lücken, MDR 1987, S. 271, 276.

[66] *C. Schröder,* Aktienhandel und Strafrecht, S. 7; *S. Grotherr,* Der neue Straftatbestand des Kapitalanlagebetrugs (§ 264a StGB) als Problem des Prospektinhalts und der Prospektgestaltung, DB 1986, S. 2584, S. 2585.

[67] Vgl. BGH, ZIP 1983, S. 423, 425 zur Prospekthaftung.

[68] BGH, ebenda.

[69] BGH, NJW 1982, S. 2823, 2826; OLG Düsseldorf, WM 1984, S. 586.

[70] *S. Grotherr,* Der neue Straftatbestand des Kapitalanlagebetrugs (§ 264a StGB) als Problem des Prospektinhalts und der Prospektgestaltung, DB 1986, S. 2584, 2586.

[71] Vgl. hierzu näher *C. Schröder,* Aktienhandel und Strafrecht, S. 8 f. m.w.N.

§ 264a StGB führt nicht nur zu einer Verpflichtung des Emittenten bzw. seiner Organe und Dritter wie Rechtsanwälte, Wirtschaftsprüfer und Bankmitarbeiter, im Vorfeld einer Börseneinführung oder einer Kapitalerhöhung[72] richtige Angaben über entscheidungserhebliche Umstände zu machen, sondern begründet auch ein Informationsgebot bezüglich nachteiliger Tatsachen. Allerdings beschränkt sich die Offenbarungspflicht im Gegensatz zur vorstehend beschriebenen ersten Begehungsalternative auf Tatsachen. Negative Werturteile, (Branchen-) Prognosen oder sonstige, von konkreten Tatsachen losgelöste Kritik, brauchen nicht offenbart werden. **22**

Entscheidungserheblich und damit tatbestandsrelevant im Sinne des § 264a StGB ist bei einer Aktienemission in Abhängigkeit von den Zulassungsvoraussetzungen des jeweils gewählten Marktsegments[73] z.B. jede Angabe, die nach § 38 BörsG i.V.m. der BörsenZulVO für die Zulassung zum Amtlichen Handel verlangt wird. Gleiches gilt für die Angaben, die von §§ 72, 73 BörsG i.V.m. der jeweiligen Börsenordnung im Unternehmensbericht verlangt werden.[74] Der Tatbestand der unrichtigen vorteilhaften Angabe ist erfüllt, wenn eine der geforderten Informationen falsch ist und die richtige Angabe zu einer schlechteren Unternehmensbewertung führt. Dabei kommt es nicht auf einen beim Aktienkäufer tatsächlich eingetretenen Schaden an.[75] Ein Verschweigen nachteiliger Tatsachen i.S.d. § 264a StGB liegt vor, wenn die Zulassungsvorschriften die Darlegung besonderer Risiken[76] verlangen und dies im Prospekt oder Unternehmensbericht unterbleibt. **23**

2. § 4 UWG

Unrichtige Angaben in einem Verkaufs- oder Börsenzulassungsprospekt können auch zu einer Verletzung von § 4 UWG führen. Danach wird mit Freiheitsstrafe bis zu zwei Jahren oder Geldstrafe bestraft,[77] wer in der Absicht, den Anschein eines besonders günstigen Angebots hervorzurufen, in Mitteilungen, die wie ein Verkaufsprospekt für einen **24**

---

[72] ebenda, S. 30 f.

[73] ebenda, S. 26 f.

[74] ebenda, S. 25.

[75] § 264a StGB ist ein abstraktes Gefährdungsdelikt, d.h. für die Strafbarkeit genügt bereits die Schaffung eines Gefährdungstatbestandes. *P. Cramer* in *A. Schönke/H. Schröder,* Strafgesetzbuch, § 264a Rdnr. 1.

[76] So muß nach § 20 I Nr. 5 BörsZulVO die Abhängigkeit des Emittenten von Patenten, Lizenzen und Verträgen dargelegt werden.

[77] Die Straftat ist ein Vergehen. Sie wird von Amts wegen verfolgt (§ 22 I UWG), die öffentliche Klage aber nur erhoben, wenn dies im öffentlichen Interesse liegt (§ 374 I Nr. 7 StPO). *A. Baumbach/W. Hefermehl,* Wettbewerbsrecht, § 4 UWG Rdnr. 18 f.

größeren Kreis von Personen bestimmt sind, über geschäftliche Verhältnisse wissentlich unwahre und zur Irreführung geeignete Angaben macht.[78] Angaben in diesem Sinn sind inhaltlich nachprüfbare Aussagen tatsächlicher Art, nicht dagegen reine Werturteile und bloße Meinungsäußerungen ohne tatsächlichen Gehalt.[79]

25 Nach § 4 UWG machen sich nicht nur die Unterzeichner des Verkaufsprospekts, in deren Person dessen Tatbestandsmerkmale vorliegen, strafbar, sondern daneben auch Betriebsinhaber[80] und andere Leiter, wenn die Veröffentlichung der unwahren und zur Irreführung geeigneten Angaben mit deren Wissen geschah.

3. Ordnungswidrigkeiten

26 Der Verstoß gegen Verfahrensvorschriften, die Verkaufs- oder Börsenzulassungsprospekte und deren Veröffentlichung betreffen, kann den Tatbestand einer Ordnungswidrigkeit erfüllen. So wird mit einem Bußgeld von bis zu DM 100.000 bestraft, wer vorsätzlich oder leichtfertig

- einen Prospekt nicht, nicht rechtzeitig oder vor Billigung durch die zuständige Zulassungsstelle veröffentlicht,
- diesen nicht oder nicht rechtzeitig dem BAWe übermittelt oder
- eine Veröffentlichung oder Bekanntmachung nicht oder nicht in der vorgeschriebenen Form vornimmt.[81]

IV. Prospekthaftung

27 Neben der vorerwähnten straf- und ordnungswidrigkeitsrechtlichen Relevanz unrichtiger oder unvollständiger Börsenzulassungs- und Verkaufsprospekte müssen die Emissionsbeteiligten auch zivilrechtliche Schadensersatzansprüche geschädigter Investoren befürchten. Die Rechtsgrundlage hierfür findet sich für Börsenzulassungsprospekte von Werten im Amtlichen Handel in den §§ 45 bis 48 BörsG, für Börsenzulassungsprospekte von Werten in den anderen Marktsegmenten bzw. Verkaufsprospekte über die Verweise in § 77 BörsG, Abschn. 2 4. 2

[78] Im Gegensatz zu § 3 UWG setzt § 4 UWG kein Handeln zu Zwecken des Wettbewerbs voraus. BayObLG GRUR 74, S. 400.

[79] *H. Piper* in *H. Köhler/H. Piper,* UWG, § 4 Rdnr. 3.

[80] Zum Begriff „Betriebsinhaber", vgl. *H. Köhler* in *H. Köhler/H. Piper,* UWG, § 13 Rdnr. 39ff.

[81] § 17 VerkProspG. Im Falle eines Verstoßes gegen die Verpflichtung zur Übermittlung des Prospektes an das BAWe ist die Geldbuße auf DM 50.000 beschränkt. Vergleichbare Sanktionen finden sich in den § 90 II BörsG und § 71 BörsZulV.

RWNM, § 13 VerkProspG.[82] Die §§ 45 ff. BörsG sind nach wohl h.M. lex specialis für sämtliche Prospekte im Zusammenhang mit der Emission von Wertpapieren und verdrängen insoweit die allgemein-zivilrechtliche Prospekthaftung.[83, 84] Weitergehende Ansprüche, die nach den Vorschriften des BGB aufgrund von Verträgen oder vorsätzlichen unerlaubten Handlungen erhoben werden können, bleiben aber nach § 48 II BörsG unberührt.

1. Anspruch und Anspruchsberechtigter

Nach § 45 BörsG kann der Erwerber von Wertpapieren, die auf Grund eines Prospekts zum Börsenhandel zugelassen sind, in dem für die Beurteilung der Wertpapiere wesentliche Angaben unrichtig oder unvollständig sind, von denjenigen, die für den Prospekt die Verantwortung übernommen haben und von denjenigen, von denen der Erlaß des Prospekts ausgeht, als Gesamtschuldnern die Übernahme der Wertpapiere gegen Erstattung des Erwerbspreises sowie der mit dem Erwerb verbundenen üblichen Kosten verlangen, soweit dieser den ersten Ausgabepreis der Wertpapiere nicht überschreitet.[85] Ist der Erwerber nicht mehr Inhaber der Wertpapiere, so kann er nach der insoweit durch das Dritte Finanzmarktförderungsgesetz geänderten Rechtslage[86] die Zahlung des Unterschiedsbetrags zwischen dem Erwerbspreis, soweit dieser den ersten Ausgabepreis nicht überschreitet, und dem Veräußerungspreis der Wertpapiere sowie der mit dem Erwerb und der Veräußerung verbundenen üblichen Kosten verlangen.[87] Voraussetzung für den Anspruch ist, daß das Erwerbsgeschäft nach Veröffentlichung des Prospekts und innerhalb von sechs Monaten nach erstmaliger Einführung der Wertpapiere abgeschlossen wurde, auf den dinglichen Vollzug kommt es insoweit nicht an. 28

---

[82] *J. Sittmann,* Die Prospekthaftung nach dem Dritten Finanzmarktförderungsgesetz, NZG 1998, S. 490.

[83] Vgl. hierzu *H. Assmann,* Prospekthaftung, S. 79 ff.

[84] *U. Bosch/W. Groß,* Das Emissionsgeschäft, S. 10/44.

[85] Ist ein Ausgabepreis nicht festgelegt, gilt als Ausgabepreis der erste nach Einführung der Wertpapiere festgestellte oder gebildete Börsenpreis, im Falle gleichzeitiger Feststellung oder Bildung an mehreren inländischen Börsen der höchste erste Börsenpreis.

[86] Die Aktivlegitimation ist damit nicht mehr an den Besitz des Papiers geknüpft. Dagegen waren z.B. beim Konkurs der Sachsenmilch AG Prospekthaftungsansprüche abgewiesen worden, weil die Kläger im Zeitpunkt der Klageerhebung nicht mehr im Besitz der Aktien waren. OLG Frankfurt, DB 1997, S. 264.

[87] Zum Umfang des Anspruchs auf Schadensersatz vgl. *J. Sittmann,* Die Prospekthaftung nach dem Dritten Finanzmarktförderungsgesetz, NZG 1998, S. 490, 494.

29 Von Bedeutung ist die Regelung des § 45 I 3 BörsG, nach dem diese Haftung auch für Aktien gilt, die von den in Satz 1 genannten Wertpapieren nicht nach Ausstattungsmerkmalen oder in sonstiger Weise unterschieden werden können. Hiermit wird der Umfang des Haftungsrisikos als steuerbare Größe in die Hand des Emittenten gelegt, der z.B. durch Wahl einer anderen Wertpapierkennummer eine Erweiterung der Prospekthaftung auf alle Aktien vermeiden kann. Eine solche Strategie würde aber mit Sicherheit einen gewissen Erklärungsbedarf im Rahmen der Plazierungsbemühungen erwecken, der aber durch eine unterschiedliche Dividendenberechtigung für das laufende Jahr befriedigt werden könnte. Was aber bliebe ist die Verteilung der Aktien auf zwei unterschiedliche Wertpapierkennummern und die hiermit verbundene Einschränkung der Liquidität in diesem Papier, was Investoren – insbesondere bei kleineren Werten – regelmäßig negativ beurteilen werden.

2. Haftungsgrundlage und Haftungsausschluß

30 Voraussetzung für einen Prospekthaftungsanspruch nach § 45 BörsG ist die Unrichtigkeit oder Unvollständigkeit des Prospekts. Investoren dürfen erwarten, daß sie von Prospekten über alle Umstände, die für ihre Investitionsentscheidung erheblich sind oder sein können, sachlich richtig und vollständig unterrichtet werden. Das Interesse an einer vollständigen Unterbringung einer Emission entbindet nicht von der Pflicht, eine wahrheitsgetreue, vollständige und realistische Darstellung der entscheidungsrelevanten Umstände zu geben.

Dabei können Anknüpfungspunkt der Prospekthaftung nur solche unrichtigen Angaben sein, die sich auf erhebliche Umstände beziehen,[88] wozu die wertbildenden Faktoren einer Anlage gehören, die ein durchschnittlicher, verständiger Investor im Zweifelsfall bei seiner Anlageentscheidung berücksichtigen würde.[89] Hierzu gehören nicht nur Tatsachen, sondern auch Werturteile und Prognosen, die ausreichend durch Tatsachen gestützt und kaufmännisch vertretbar sein müssen.[90] Auch Werturteile in Form reklameartiger Anpreisungen dürfen in ihrem Tatsachenkern nicht unrichtig sein.[91]

31 Die Prüfung des Prospekts durch die Zulassungsstelle im Rahmen

[88] Vgl. auch § 46 II Nr. 2 BörsG, nach dem keine Haftung besteht, wenn der Sachverhalt, über den unrichtige oder unvollständige Angaben im Prospekt enthalten sind, nicht zu einer Minderung des Aktienkurses beigetragen hat.

[89] *H. Assmann,* Prospekthaftung, S. 319.

[90] BGH, WM 1982, S. 862, 865; OLG Düsseldorf, WM 1984, S. 586, 595 f. *M. Kersting/H. Sohbi* in *M. Müller/F. Leven* (Hrsg.), Shareholder Value Reporting, S. 293, 306 f.

[91] *H. Assmann* in *H. Assmann/R. Schütze* (Hrsg.), Handbuch des Kapitalanlagerechts, § 7 Rdn. 67.

des Börsenzulassungsverfahrens nach §§ 37 I 2, 72 BörsG i.V.m. der Börsenordnung der jeweiligen Börse entlastet die Prospektverantwortlichen weder in Hinblick auf die Richtigkeit noch auf die Vollständigkeit.[92] Nach § 46 BörsG kann aber nicht in Anspruch genommen werden, wer nachweist, daß er die Unrichtigkeit oder Unvollständigkeit der Angaben des Prospekts nicht gekannt hat und die Unkenntnis nicht auf grober Fahrlässigkeit oder Vorsatz beruht. Ein Prospekthaftungsanspruch besteht auch nicht, wenn der Erwerber die Unrichtigkeit oder Unvollständigkeit der Angaben des Prospekts beim Erwerb kannte oder aber die Wertpapiere nicht auf Grund des Prospekts erworben wurden.[93] Nicht erforderlich für einen Haftungsanspruch ist aber, daß der Investor tatsächlich den Prospekt gelesen hat. Nach der Rechtsprechung unter der alten Rechtslage, die insoweit weiterhin Anwendung finden sollte, war vielmehr ausreichend, daß durch die bloße Verbreitung des Prospektes eine sogenannte „Anlagestimmung" erzeugt wird, die zum Kauf der Aktie verleitet.[94]

Außerdem besteht im Falle der Entdeckung von Fehlern oder Lücken **32**
in einem Verkaufsprospekt nunmehr die Möglichkeit einer öffentlichen Berichtigung im Rahmen des Jahresabschlusses, eines Zwischenberichts, eine Veröffentlichung nach § 15 WpHG oder eine vergleichbare Bekanntmachung, mit der die Prospektverantwortlichen zumindest bezüglich späterer Erwerber eine Haftung für damit korrigierte Fehler ausschließen können.[95] D.h., diese Investoren werden nach einer Korrektur so gestellt, als habe der Prospekt niemals Unrichtigkeiten oder Lücken aufgewiesen.[96]

3. Prospektverantwortliche

a) Haftung im Außenverhältnis

Die Prospekthaftung trifft nach § 45 I BörsG diejenigen, die für den **33**
Prospekt die Verantwortung übernommen haben, sowie die, von denen

---

92 *U. Bosch/W. Groß,* Das Emissionsgeschäft, S. 10/42.

93 Nach der früheren Rechtslage mußte der Investor für einen Prospekthaftungsanspruch nachweisen, daß er die Anlageentscheidung aufgrund der fehlenden oder falschen Angaben gemacht hat. *J. Sittmann,* Die Prospekthaftung nach dem Dritten Finanzmarktförderungsgesetz, NZG 1998, S. 490, 494. Mit Einführung des Dritten Finanzmarktförderungsgesetzes wurde der Anleger insoweit von der Beweislast befreit, d.h. die haftungsbegründende Kausalität zwischen Veröffentlichung des Prospekts und dem Investitionsbeschluß des Erwerbers wird nunmehr vermutet. Vgl. Begründung zum Dritten Finanzmarktförderungsgesetz, BT-Drucksachen 13/8933, S. 56.

94 *J. Sittmann,* Die Prospekthaftung nach dem Dritten Finanzmarktförderungsgesetz, NZG 1998, S. 490, 494.

95 Vgl. § 46 II Nr. 4 BörsG.

96 *J. Sittmann,* Die Prospekthaftung nach dem Dritten Finanzmarktförderungsgesetz, NZG 1998, S. 490, 493.

der Erlaß des Prospekts ausgeht. Die demnach Verantwortlichen haften als Gesamtschuldner nach §§ 421 ff. BGB. Den Prospekt erläßt, wer erkennbar nach außen die Verantwortung für diesen übernimmt. Zweifellos besteht danach eine Haftung des Emittenten und des Konsortialführers. Inwieweit darüber hinaus ein Verschulden der konsortialführenden Bank bei Unvollständigkeit oder Unrichtigkeit des Prospekts den anderen Konsorten zugerechnet werden kann, ist umstritten.[97] Von der Rechtsprechung wird dabei richtigerweise allein auf das Setzen eines Vertrauenstatbestandes abgestellt, indem eine Bank durch Nennung ihres Namens im Prospekt und damit nach außen erkennbar die Verantwortung für diesen übernimmt.[98] Dabei kommt es weder darauf an, ob die Bank tatsächlich als Mitverfasser aufgetreten ist, noch darauf, ob sie den Prospekt mit unterschrieben hat.[99] In analoger Anwendung von § 831 BGB kann sich ein Konsorte aber auf eine vom Konsortialführer durchgeführte sorgfältige Prüfung berufen.[100]

34 Demgegenüber werden reine Underwriter, d.h. Banken, die vom Emissionskonsortium im Rahmen eines Übernahmevertrages Aktien übernehmen, von der Prospekthaftung trotz ihrer Nennung im Prospekt nicht betroffen, da sie nicht bei der Prospekterstellung involviert sind.[101]

35 Von der Haftung betroffen werden aber Personen, die nach § 14 BörsZulV im Prospekt ausdrücklich aufgeführt sind und die Angaben im Prospekt und ihre Vollständigkeit bestätigt haben. Hierzu gehören nicht Rechtsanwälte, Steuerberater und Wirtschaftsprüfer, die bei der Prospekterstellung mitgewirkt haben, da sie den Prospekt nicht in sei-

---

[97] Die Ablehnung einer Zurechnung wird mit dem Fehlen eines bestehenden Schuldverhältnisses zwischen der Gesamtheit der Konsorten und den Anlegern begründet, eine Haftung nach § 278 BGB für den Konsortialführer scheide damit aus. Dies gelte ungeachtet eines zwischen einigen Anlegern und Konsorten bestehenden Kaufvertrags, der Nebenpflichten zur Anlageberatung mit sich bringt. Da § 45 BörsG und § 13 VerkProspG keine Deliktstatbestände sind, scheide auch eine deliktische Zurechnung über § 831 BGB aus. Im übrigen könne ein „einfaches" Konsortiumsmitglied schon aus rein faktischen Erwägungen keine eigene Due Diligence durchführen – eine selbständige Prospektprüfung durch alle Konsorten würde jeden Kosten- und Zeitrahmen sprengen – und müsse sich daher auf den Konsortialführer verlassen. *U. Bosch/W. Groß,* Das Emissionsgeschäft, S. 10/48 f.

[98] Vgl. hierzu auch *K. Hopt,* Die Verantwortlichkeit der Banken bei Emissionen, S. 68 ff.

[99] BGH, Urteil vom 14. Juli 1998, WM 1998, S. 1772, 1773 f. = ZIP 1998, S. 1528, 1529 f. *J. Sittmann,* die Prospekthaftung nach dem Dritten Finanzmarktförderungsgesetz, NZG 1998, S. 490, 493.

[100] *U. Bosch/W. Groß,* Das Emissionsgeschäft, S. 10/49.

[101] *J. Sittmann,* die Prospekthaftung nach dem Dritten Finanzmarktförderungsgesetz, NZG 1998, S. 490, 493. *E. Schwark,* Börsengesetz, § 45, 46, Rdnr. 6.

ner Gesamtheit erstellt und damit auch nicht i.S.d. Haftungsnorm erlassen haben.[102] Allerdings kann sich für diese Personenkreise im Rahmen einer bürgerlich-rechtlichen Prospekthaftung oder der beruflichen Auskunftshaftung[103] eine entsprechende Verpflichtung ergeben.

b) Haftung im Innenverhältnis

Die Verteilung des Prospekthaftungsrisikos im Innenverhältnis zwischen Emittent, Konsortialführung und Konsortium ist im wesentlichen von der vertraglichen Ausgestaltung und dem anwendbaren Recht abhängig. Wird die Haftung im Innenverhältnis nicht in den Emissionsverträgen geregelt, so gelten – vorausgesetzt, daß der Vertrag deutschem Recht unterliegt – die §§ 426, 254 BGB. Hat der Emittent das Konsortium falsch über seine wirtschaftlichen Verhältnisse informiert, so haftet er allein, sofern dies nach dem Maß der individuellen Verursachung gerechtfertigt ist.[104] Vereinzelt wird die Ansicht vertreten, daß man, je nach Art des Emittenten und seiner Erfahrung mit Kapitalmarkttransaktionen etc., regelmäßig von der Letztverantwortlichkeit des Emittenten für die Richtigkeit des Prospekts ausgehen muß.[105] **36**

---

[102] Vgl. hierzu auch § 30 BörsZulV.

[103] *S. Littbarski,* Die Berufshaftung – eine unerschöpfliche Quelle richterlicher Rechtsfortbildung, NJW 1984, S. 1667 ff.

[104] *U. Bosch/W. Groß,* Das Emissionsgeschäft, S. 10/49 f. Inwieweit die sonstigen Prospektverantwortlichen Kontroll- und Nachforschungspflichten haben, ist noch nicht abschließend geklärt. Liegen offensichtliche und konkrete Anhaltspunkte für die Unrichtigkeit von Prospektangaben oder Informationen, die Zweifel an der Richtigkeit erwecken, vor, so wäre diesen sicherlich der Vorwurf grob fahrlässiger Unkenntnis eines Prospektmangels mit den entsprechenden Haftungsfolgen zu machen. Ansonsten dürfen sich die Verantwortlichen sich nicht generell und ohne Vornahme eigener Kontrollen darauf verlassen, die von anderen stammenden Angaben seien zutreffend. Verlangt wird auch eine gewisse Kontrolle der Schlüssigkeit der aus dem Datenmaterial gezogenen Schlußfolgerungen. Rechtsprechung und h.M. lehnen aber eine Verpflichtung zur Kontrolle der Buchführung und des Jahresabschlusses ab. Vgl. hierzu *H. Assmann* in *H. Assmann/R. Schütze* (Hrsg.), Handbuch des Kapitalanlagerechts, § 7 Rdnr. 218 ff. m.w.N., nach dem über all dies hinaus doch eine Verpflichtung der Emissionshäuser zur Überprüfung der Bilanz auf die Wahrnehmung von Bilanzspielräumen sowie der Wertansätze angenommen werden sollte. Auch sollte sich nach seiner Ansicht der Prospektverantwortliche mangels eines Grundes zu berechtigten Zweifeln auf Prospektangaben, die auf Informationen unabhängiger Sachverständiger wie Rechtsanwälten und Steuerberater beruhen und in deren Berufsfeld erteilt werden, verlassen können. Allerdings könne den Prospektverantwortlichen ein Auswahlverschulden treffen, soweit sich der Prospektverantwortliche auf fremde Expertise zur Erfüllung seiner Kontrollpflichten stützt.

[105] *H. Schwintowski/F. Schäfer,* Bankrecht, § 15 Rdnr. 78.

4. Durchsetzung von Ansprüchen

37 Der Prospekthaftungsanspruch verjährt nach § 47 BörsG in sechs Monaten seit dem Zeitpunkt, zu dem der Erwerber von der Unrichtigkeit oder Unvollständigkeit der Angaben des Prospekts Kenntnis erlangt hat, spätestens jedoch in drei Jahren seit dessen Veröffentlichung. Der Anspruch unterliegt nicht der Dispositionsbefugnis der Parteien, d.h. er kann nicht im voraus ermäßigt oder erlassen werden,[106] auch nicht im Prospekt selbst. In diesem Zusammenhang ist auch die Streichung des alten § 45 II BörsG zu sehen, nach dem eine Ersatzpflicht nicht dadurch ausgeschlossen wird, daß der Prospekt die Angaben als von einem Dritten herrührend bezeichnet. Im Ergebnis heißt dies, daß auch hierdurch eine Verlagerung oder ein Ausschluß der Verantwortung nicht erreichbar ist.

38 Für die Geltendmachung von Prospekthaftungsansprüchen ist nach § 49 BörsG ohne Rücksicht auf den Wert des Streitgegenstands das Landgericht ausschließlich zuständig, in dessen Bezirk die Börse ihren Sitz hat, deren Zulassungsstelle den Prospekt gebilligt oder den Emittenten von der Pflicht zur Veröffentlichung eines Prospekts befreit hat.

5. Prospekthaftung bei internationalen Plazierungen

39 Werden Aktien deutscher Emittenten nicht nur in Deutschland, sondern auch im Ausland plaziert und der zugehörige Prospekt dort an Investoren übergeben, können sich Rechtsfolgen ergeben, die von den vorstehend dargestellten deutlich abweichen. Dies ist schon deshalb problematisch, da Wertpapierverkaufs- und Börsenzulassungsprospekte auch in Kapitalmärkte gelangen können, die ursprünglich nicht als Zielmärkte für die Plazierung der Emission vorgesehen waren.

40 Die Frage des dann anwendbaren Rechts ist umstritten. Nach der wohl h.M. ist bezüglich der Prospekthaftung eine einheitliche Anknüpfung der Ansprüche nicht möglich. Demnach wäre bei der kollisionsrechtlichen Einordnung nach der spezifisch geltend gemachten Rechtsgrundlage zu differenzieren.[107] Demgegenüber will eine im Vordringen befindliche Ansicht das gesamte Prospekthaftungsrecht unabhängig von der Rechtsgrundlage einheitlich und primär an den Ausgabeort des Prospekts anknüpfen.[108]

---

[106] § 48 I BörsG.

[107] *R. Schütze* in *H.-D. Assmann/R. Schütze,* Handbuch des Kapitalanlagerechts, S. 370;

[108] *K. Hopt,* Die Verantwortlichkeit der Banken bei Emissionen, S. 240. Nach anderer Interpretation soll die Anknüpfung an das Recht des Marktortes dabei nicht das Vertrags-, Delikts- oder Gesellschaftsstatut verdrängen, sondern nur ergänzend zur Lückenfüllung herangezogen werden. *H. Schwintowski/F. Schäfer,* Bankrecht, S. 1012.

In Anbetracht der Rechtsunsicherheiten empfiehlt sich dringend die **41**
Aufnahme von Verkaufsbeschränkungen in den Prospekt auf die Regionen, deren rechtliche Anforderungen an Prospekte geprüft wurden und mit denen die Prospekte auch konform sind.

§ 14 Emissionsstrategien

I. Auslandsnotierung und Dual Listings

1 Seit der Aufnahme des Handels von American Depositary Receipts[1] der Daimler-Benz AG an der NYSE im Oktober 1993 spielt für manche Gesellschaften die Frage, ob die Aktien eines Unternehmens nicht nur an einer inländischen Börse, sondern auch im Ausland notiert werden sollen,[2] eine wichtigere Rolle. Dabei geht es nicht nur wie im Fall Daimler-Benz AG um die ausländische Börsenzulassung von Aktien einer Gesellschaft, die im Inland bereits seit mehr oder weniger langer Zeit notiert sind. Denkbar ist vielmehr auch, daß im Wege eines sogenannten Dual Listing bereits parallel zum Börseneinführungsverfahren an einer deutschen Wertpapierbörse auch die Notierung im Ausland be-

---

[1] Bei ADRs handelt es sich um Depotanteilsscheine, welche eine bestimmte Anzahl von Aktien, die in einem Depot hinterlegt sind oder einen Bruchteil an einem solchen Depot verbriefen, und wie Aktien börsennotiert sind. Wesentlicher Grund für ihre Emission ist, daß hierdurch die relativ strengen US-amerikanischen Börsenzulassungs-, Bilanzierungs- und Publizitätsvorschriften umgangen werden können. US-amerikanische institutionelle Anleger unterliegen bei US-ADR-Anteilen keiner Begrenzung nach Art und Umfang des Investments, wie es viele Satzungen und Anlagerichtlinien vorsehen. ADRs werden in den USA wie US-Wertpapiere gehandelt und abgewickelt. Handel und Ausschüttungen erfolgen in USD. Im Gegensatz zu ausländischen Wertpapieren müssen ADRs von US-Investoren nicht separat von ihren übrigen Wertpapieren verwahrt werden. Näher hierzu *U. Wolf* in *Haarmann, Hemmelrath & Partner* (Hrsg.), Gestaltung und Analyse der Rechts- Wirtschafts- und Steuerberatung von Unternehmen, S. 211, 213 f., *R. von Rosen/A. Prechtel,* Zugang deutscher Unternehmen zum US-Kapitalmarkt, Die Bank 1996, 388, 389 ff.; *H. Harrer/P. King,* Aktien- und Kapitalmarktrechtliche Aspekte bei American Depositary Receipts, IStR 1999, S. 188 ff.; *K. Küting/S. Hayn,* Börseneinführungsmodalitäten in den USA, WPg 1993, S. 401, 410.

Zu unterscheiden sind „sponsored" ADR-Programme und „unsponsored" Programme. Während bei den erstgenannten die Initiative zur Auflage des Programms von der emittierenden Gesellschaft selbst ausgeht bzw. dieses von ihnen zumindest unterstützt wird, werden bei einem unsponsored ADR-Programm die Anteilsscheine von einem Dritten angeboten, der eine entsprechende Zahl von Aktien in einem Depot hinterlegt hat.

[2] Von der Notierungsaufnahme auf Antrag des emittierenden Unternehmens zu trennen ist der Handel von Aktien in einem freiverkehrs-ähnlichen Marktsegment an einer in- oder auch ausländischen Börse, der – je nach Marktusancen – u.U. auch ohne entsprechendes Betreiben und auch gegen den Willen des Emittenten erfolgen kann und hier nicht weiter zu diskutieren ist.

antragt wird und eine internationale Plazierung erfolgt. Prominentestes Beispiel hierfür ist die Plazierung der Deutschen Telekom AG, deren Aktien in 1996 gleichzeitig an deutschen Börsen, der NYSE[3] und in Tokio notiert wurden. Das Thema Dual Listing spielt aber nicht nur für die DAX-30-Werte eine Rolle, sondern kann auch für kleinere und mittlere Unternehmen interessant sein, wenngleich sich mit der Einführung des Euro, dem Zusammenwachsen Europas und besonders mit dem Erfolg des Neuen Marktes die Akzente verschoben haben.

1. Vorteile einer Auslandsnotierung

a) Erschließung zusätzlicher Kapitalquellen

Primäres Ziel bei der Erlangung einer Auslandsnotierung ist die Ver- 2
breiterung der Investorenbasis, d.h. die Erschließung des Zugangs zu weiteren Investoren. So ist das Interesse von Privatinvestoren häufig ausschließlich auf Werte konzentriert, die an einer nationalen Börse notiert sind. Manche institutionelle Anleger dürfen aufgrund ihrer Satzung oder Anlagerichtlinien ausschließlich in solchen Werten investieren.[4] Wollen Emittent und Emissionskonsortium – z.B. infolge des hohen Plazierungsvolumens – nicht von vornherein auf diese Investoren verzichten, so ist eine lokale Notierung unumgänglich. Abgesehen davon wird die Zulassung an Märkten wie der NASDAQ auch von anderen Investoren als Gütesiegel betrachtet. Dabei ist offensichtlich, daß dieser Aspekt derzeit aufgrund der hohen in Deutschland vorhandenen Liquidität nur bei sehr großen Emissionsvolumina greift.

Der Aspekt der Verbreiterung der Aktionärsbasis mag in Zeiten, in 3
denen Neuemissionen – wie derzeit am Neuen Markt – regelmäßig hoffnungslos überzeichnet sind, von eingeschränkter Bedeutung sein. Dabei wäre es aber verfehlt, alleine auf die beim Börsengang anstehende Finanzierungsrunde zu blicken. So kann es durchaus sinnvoll sein, in Vorbereitung späterer Kapitalerhöhungen schon bei der Emission auf eine möglichst breite Aktionärsbasis zu achten, dies mit dem Ziel, die Investoren schon frühzeitig mit dem Unternehmen, dessen Management und dem Potential von Gesellschaft und Aktie vertraut zu machen.

Vor der erfolgreichen Etablierung des Neuen Marktes bot die Mög- 4
lichkeit einer alternativen Notierung an der NASDAQ insbesondere

---

3 In Form von ADRs.

4 Eine gewisse Attraktivität für „lokale" Anleger resultiert auch aus der Möglichkeit der Abwicklung von Transaktionen in der lokalen Währung und über die bekannten Wertpapierabwicklungssysteme, was die Transaktionskosten des Anlegers senkt. In Hinblick auf das Währungsrisiko ist zu bemerken, daß dieses zumindest indirekt bestehen bleibt.

jungen High-Tech-Unternehmen die Chance des Börsengangs zu Konditionen, die infolge des Sachverstands dortiger Investoren das Potential des Unternehmens reflektierten und daher als adäquat anzusehen waren. Demgegenüber wären sie in Deutschland – wenn die Banken hier überhaupt an einer Börseneinführung mitgewirkt hätten – nicht erzielbar gewesen. Abgesehen davon, daß früher nur wenige Unternehmen mit deutschem Ursprung wie die Qiagen N.V. diesen Weg beschritten haben, wird mit dem Neuen Markt nunmehr auch diesen Gesellschaften eine Plattform für die Durchsetzung angemessener Emissionsbedingungen geboten, so daß eine Auslandsnotierung durch Wegfall der Benachteiligung junger High-Tech-Unternehmen insoweit keinen Vorteil mehr bietet. Nicht auszuschließen ist aber, daß mit einer starken Korrektur der Kurse im Neuen Markt die Bereitschaft zur Investition in High-Tech-Unternehmen sinkt und „adäquate" Emissionspreise nur noch in Auslandsmärkten wie den USA zu erzielen sind, die u.U. auf seiten der Investoren von noch größerem Industrieverständnis und höherer Risikobereitschaft geprägt werden.

b) Senkung der Volatilität und Ausweitung der Handelszeiten

5 Die Notierung an unterschiedlichen Märkten führt zumindest teilweise zu einem Ausgleich von Schwankungen der Nachfrage an einer Börse durch den anderen Markt. Damit wird der Aktienkurs des Unternehmens auch weniger von Entwicklungen des Gesamtmarktes abhängig sein, da bei Verzerrungen der Kurse in einem spezifischen Wert Arbitragetransaktionen relativ schnell zu einem weitgehenden Ausgleich führen werden. Unterschiedliche Nachfrage- und Preisentwicklungen können auch durch abweichende Bewertungsansätze, unterschiedliche Entwicklungen der Investorenpräferenzen hinsichtlich bestimmter Branchen etc. entstehen.

6 Bei der Aufnahme der Notierung in außereuropäischen Märkten wie USA und Tokio kommt es zu einer Verlängerung der Handelszeiten, was gerade von institutionellen Investoren durchweg positiv gesehen wird und zu einer Erhöhung der Liquidität in einem spezifischen Papier führen kann, vorausgesetzt daß auch diese Märkte umfassend mit Unternehmensinformationen und Researchmaterial versorgt werden.[5]

c) Betriebswirtschaftliche Vorteile

7 Die Aufnahme einer Börsennotierung in einem bestimmten Markt kann auch in betriebswirtschaftlicher Hinsicht Vorteile mit sich bringen. So ist nach einer Börseneinführung in dem Land, in dem die Aktie nunmehr notiert wird, regelmäßig ein deutliches Ansteigen des Bekanntheitsgrades des Unternehmens und seiner Produkte zu verzeich-

[5] Vgl. hierzu auch *R. Lilja,* International Equity Markets – The Art of the Deal, S. 285.

nen, was sich im Umsatz niederschlägt und zudem eine größere Reputation bei derzeitigen wie potentiellen Kunden, Lieferanten und Mitarbeitern mit sich bringt.[6] Weitere Vorteile sollen sich auch in Hinblick auf die verbesserte Möglichkeit ergeben, auch größere Unternehmenskäufe durch einen steuereffizienten Aktientausch abzuwickeln.[7,8]

2. Nachteile und Risiken einer Auslandsnotierung

Ein wesentlicher Nachteil eines Dual Listing ist, daß ein solches **8**
regelmäßig einen deutlich höheren Kostenblock zur Folge hat. So sind z.B. bei Plazierungen in den USA mit circa sieben Prozent des Emissionsvolumens höhere Bankprovisionen fällig als bei einer rein deutschen Plazierung und Notierung. Besonders in den USA fallen auch deutlich höhere Anwaltsgebühren an, was nicht zuletzt mit der Komplexität des dortigen Rechts und den Haftungsrisiken zusammenhängt.[9] Nach der eigentlichen Börseneinführung ist ein Dual Listing mit einer höheren Belastung des Managements und höheren Folgekosten für Road Shows und sonstige Public Relations Maßnahmen verbunden, da gerade angelsächsische Analysten und Investoren sehr anspruchsvoll sind und umfassende Informationen und Betreuung auf regelmäßiger Basis erwarten. Zusätzliche Kosten fallen an, wenn die Gesellschaft noch nach HGB bilanziert und nicht die an der angestrebten Börse vor-

---

[6] Vgl. hierzu *L. Raettig* in *R. Rosen/W. Seifert,* Zugang zum US-Kapitalmarkt für deutsche Aktiengesellschaften, S. 247, 252; *U. Wolf* in *Haarmann, Hemmelrath & Partner* (Hrsg.), Gestaltung und Analyse der Rechts- Wirtschafts- und Steuerberatung von Unternehmen, S. 211, 212.

[7] *R. Francioni/B. Böhnlein* in *R. Rosen/W. Seifert,* Zugang zum US-Kapitalmarkt für deutsche Aktiengesellschaften, S. 255, 257. Dies dürfte lediglich in Ausnahmefällen ein tatsächlicher Vorteil sein, da, wenn überhaupt Aktien als Kaufpreis vereinbart werden, diese auch dann akzeptabel sein dürften, wenn sie lediglich in Deutschland gehandelt werden. Gleiches gilt im Zusammenhang mit Stock Option Plans für Belegschaftsangehörige eines konzernzugehörigen Unternehmens im Ausland, da auch für diese eine Notierung der Aktien der Muttergesellschaft in Deutschland ausreichend sein sollte. Bezieht sich demgegenüber der Stock Option Plan auf die getrennt gehandelten Aktien ihres Arbeitgebers, d.h. der Tochtergesellschaft, so hat das Mitarbeiterbeteiligungsmodell aufgrund der nicht 100prozentigen Beteiligung der Konzernmutter, der separaten Notierung der Tochtergesellschaft und der unmittelbareren Beteiligung der Mitarbeiter ohnehin einen vollständig anderen Charakter.

[8] Zu den Vorteilen vgl. auch *K. Küting/S. Hayn,* Börseneinführungsmodalitäten in den USA, WPg 1993, S. 401 f.; *H. Hasselmann,* Going Public von Tochtergesellschaften, S. 30 f. *M. Müller* in *N. Frei/C. Schlienkamp* (Hrsg.), Aktie im Aufwind, S. 158 f.

[9] Vgl. hierzu auch *U. Wolf* in *Haarmann, Hemmelrath & Partner* (Hrsg.), Gestaltung und Analyse der Rechts- Wirtschafts- und Steuerberatung von Unternehmen, S. 211, 220 f.

geschriebenen Bilanzierungsvorschriften erfüllt.[10] Schon aus Kostengesichtspunkten macht eine zusätzliche Auslandsnotierung einer Aktie nur Sinn, wenn ein bestimmtes Emissionsvolumen nicht unterschritten wird. In diesem Zusammenhang ist auch die spätere Liquidität einer Aktie zu berücksichtigen, die mit entsprechenden Auswirkungen auf die Kursentwicklung erheblich gestört würde, wenn ein ohnehin kleines Emissionsvolumen auf die Börsen zweier Staaten verteilt würde.[11]

9 Insgesamt ist der Aufwand bei Dual Listings auch in logistischer Hinsicht sehr viel höher und komplexer. Besonders in den USA greifen die zu beachtenden Regularien stärker in den Zeitablauf einer Emission ein,[12] was bei der Abstimmung des Zeitplans der Emission regelmäßig Probleme bereitet, insbesondere in Hinblick auf das Timing von Pressemitteilungen, Marketingmaßnahmen und Stabilisierungsmaßnahmen.[13] Ein wesentlicher Aspekt internationaler Emissionen betrifft auch Fragen der Haftung für fehlerhafte Registrierung, Berichterstattung, Prospekte etc. Wenngleich auch in Deutschland entsprechende Haftungsregeln existieren, so ist doch zu berücksichtigen, daß diese gerade in den USA[14] z.T. schärfer sein können und dort vor allem – nicht zuletzt aufgrund der Institution des Erfolgshonorars für Anwälte – ihre gerichtliche Geltendmachung sehr viel häufiger und ausgeprägter ist als in Europa. Zudem ist zu berücksichtigen, daß in den USA bei Fehlern im Registration Agreement in Form falscher oder irreführender Angaben

[10] Z.B. US-GAAP an der NASDAQ. Deutsche Unternehmen machen zunehmend von den Erleichterung des Kapitalaufnahmeerleichterungsgesetzes (KapAEG) Gebrauch und bilanzieren nach IAS oder US-GAAP (wie für den Neuen Markt ohnehin vorgeschrieben), so daß insoweit keine zusätzlichen Anforderungen bestehen würden. *W. Gelhausen/R. Mujkanovic,* Der Entwurf eines Kapitalaufnahmeerleichterungsgesetzes, AG 1997, S. 337 ff.

Das Erfordernis einer Bilanzierung nach US-GAAP oder IAS hat nicht nur Auswirkungen auf die Kosten. Dies wird deutlich am Fall Daimler Benz AG, wo der Gang an die Wallstreet zu einer Offenlegung von stillen Reserven in Höhe von DM 4 Mrd. führte. *A. Grupp,* Börseneintritt und Börsenaustritt, S. 17.

[11] Dabei ist zu berücksichtigen, daß selbst bei großen Gesellschaften wie Veba oder SGL Carbon, deren Aktien an der Wall Street gehandelt werden, die dortigen Handelsumsätze deutlich hinter den Erwartungen zurückblieben. Selbst bei der Telekom AG waren es zumindest zeitweise kaum mehr als 100.000 Stück, wohingegen bei führenden US-Konzernen oftmals über zehn Millionen Stück umgehen. *O. V.,* Wall Street – Enttäuschende Bilanz, Spiegel vom 24. August 1998, S. 77.

[12] Insgesamt sind die Anforderungen der amerikanischen Börsenaufsicht an börsennotierte Unternehmen wesentlich strenger als die am Neuen Markt.

[13] *H. Harrer/P. Erwe,* Der Neue Markt der Frankfurter Wertpapierbörse im Vergleich zu NASDAQ und EASDAQ, RIW 1998, S. 661, 673.

[14] *C. Fraune,* Börsennotierung deutscher Aktiengesellschaften in den USA, RIW 1994, S. 126, 129 f.; vgl. dort auch zu fortlaufenden Berichtspflichten, Meldepflichten bei Treuhandverhältnissen etc.

eine gesamtschuldnerische Haftung des Emittenten, aller aktiven Direktoren, der die Emission begleitenden Banken sowie der Berater besteht.[15] Die genannten Parteien mit Ausnahme des Emittenten können sich der Haftung auf Schadensersatz nur mit dem Nachweis einer adäquaten Due Diligence entziehen.

Zudem genießt ein deutsches Unternehmen im Ausland im Zweifelsfall keinen so hohen Bekanntheitsgrad wie im Inland, was eine dortige Plazierung schwieriger macht. Gleichzeitig ist es für Emittenten an einer Börse wie der NASDAQ mit jährlich um die 500 Neuemissionen ohnehin nicht einfach, genügend Aufmerksamkeit zu erhalten. Vor diesem Hintergrund neigen die Emissionsbanken dazu, durch einen gewissen Preisabschlag einen Kaufanreiz zu bieten, was wiederum auf Kosten des Emissionserlöses geht. **10**

3. Abwägung

Im Ergebnis ist die Entscheidung für und wider ein Dual Listing maßgeblich vom Emissionsvolumen abhängig. Die Fälle, wo ein Dual Listing aufgrund der Größe der geplanten Plazierung zum Muß wird, dürften infolge der internationalen Bedeutung des Finanzplatzes Deutschland und der hier vorhandenen Liquidität eher die Ausnahme bleiben. In diesem Zusammenhang ist zu berücksichtigen, daß auch ohne eine Auslandsnotierung Papiere unter Beachtung der jeweiligen nationalen Vertriebsvorschriften im Ausland abgesetzt werden können, wenngleich vielleicht nicht bei so vielen Investoren. Umgekehrt macht ein Dual Listing schon in Anbetracht der hiermit verbundenen Kosten nur ab einem bestimmten Mindestvolumen wirklich Sinn,[16] nämlich dann, wenn ansonsten eine Plazierung nur zu einem geringeren Preis erfolgen könnte. Wenn trotzdem, d.h. bei an sich gegebener Aufnahmefähigkeit eine Zweitnotiz angestrebt werden soll, dann muß der zusätzliche Kostenblock unter anderen Gesichtspunkten zu rechtfertigen sein, z.B. durch signifikante Umsätze im Land der zweiten Börse oder zumindest ein entsprechendes Potential. Auf keinen Fall sollte aber die Verteilung des Emissionsvolumens auf zwei Börsen dazu führen, daß die Liquidität an den einzelnen Märkten auszutrocknen droht oder aber **11**

[15] SEC 11 (a) SA.

[16] Das von *R. Francioni/B. Böhnlein* (in *R. Rosen/W. Seifert,* Zugang zum US-Kapitalmarkt für deutsche Aktiengesellschaften, S. 255, 259) genannte Mindestemissionsvolumen von US-$ 25 Mio. erscheint deutlich zu niedrig, wenn hiermit nicht nur das in den USA zu plazierende Volumen gemeint sein sollte. So wiesen die beiden Doppellistings von LHS Inc. und SCM Inc. ohne Berücksichtigung des jeweiligen Greenshoe Emissionsvolumina von DM 130 Mio. bzw. DM 88 Mio. auf, wobei es sich hierbei um Unternehmen handelt, deren Aktivitäten bereits vor dem Börsengang stark international geprägt waren.

einzelne institutionelle Investoren kein Interesse an einem Investment haben könnten, weil sie die Gefahr der Illiquidität und die Möglichkeit der Kursbeeinflussung als zu groß erachten.[17]

4. US-amerikanische Börsen

12 US-amerikanische Börsenplätze haben für deutsche Unternehmen, die neben der Zulassung am Heimatmarkt eine zweite Notierung anstreben, die bei weitem größte Bedeutung. Dabei steht die NASDAQ[18] regelmäßig im Vordergrund der Erwägungen, insbesondere bei einem erstmaligen Börsengang junger Unternehmen. Demgegenüber kommt ein zusätzliches Listing an der NYSE[19] eher für große und etablierte Gesellschaften wie DAX-Werte in Frage.

13 Eine zusätzliche Notierung an einer europäischen Börse bringt für deutsche Unternehmen dagegen keine wesentlichen Vorteile. Für Gesellschaften, die am Neuen Markt notiert sind, gilt dies schon aufgrund der elektronischen Verbindung mit anderen europäischen „neuen" Märkten im Rahmen von EURO.NM.[20] Ebensowenige Vorteile bietet deutschen Unternehmen eine zusätzliche Notierung an der EASDAQ,[21]

---

[17] In der Regel entscheidet sich der Markt für einen der beiden Standorte. So sollen die Aktien von LHS und der ebenfalls zweifach zugelassenen Pfeiffer Vacuum Technology AG mittlerweile kaum noch an der NASDAQ gehandelt werden. *O. V.*, Der Neue Markt wird international, FAZ vom 29. 4. 1999, S. 25.

[18] National Association of Securities Dealers Automated Quotation.

[19] New York Stock Exchange.

[20] Im Rahmen der 1996 gegründeten Initiative EURO.NM arbeitet die Deutsche Börse AG mit den Betreibern anderer nationaler Märkte zusammen, die sich wie der Neue Markt auf Wachstumsunternehmen konzentrieren. Bislang beteiligen sich der Pariser Nouveau Marché, der Euro.NM Belgium in Brüssel, der Amsterdamer Nieuwe Markt und der Neue Markt; weitere Märkte haben bereits ihr Interesse signalisiert. Primäres Ziel ist eine Harmonisierung der Zulassungsbedingungen und Handelsregeln dieser Märkte sowie ihre elektronische Vernetzung, was Investoren einen leichteren Zugang zu den kooperierenden nationalen Märkten und somit eine kostengünstige Diversifizierung ihrer Investitionen ermöglicht. Die Unternehmen erhalten Zugang zu einem internationalen Investorenkreis, ohne auf fremde rechtliche und kulturelle Rahmenbedingungen eingehen zu müssen. Wichtige weitere Schritte auf dem Weg zu einer Marktintegration sind neben der Verknüpfung der elektronischen Handelssysteme auch die Schaffung einer vereinfachten, gegenseitigen Börsenmitgliedschaft sowie die Einführung von Indizes.

[21] Die EASDAQ ist eine rein-elektronische Wertpapierbörse mit Sitz in Brüssel, die im September 1996 als Privatinitiative mit privaten Aktionären (derzeit circa neunzig Finanzinstitute aus zwölf Ländern) und unabhängig von anderen Börsen gegründet wurde. Wie ihr Vorbild NASDAQ, die auch eine Beteiligung an der EASDAQ hält, und der Neue Markt ist sie in erster Linie für innovative Wachstumsunternehmen konzipiert, die ihre Aktien an der EASDAQ in jeder frei konvertierbaren Währung der Welt notieren lassen können. Per 19. März

was schon dadurch illustriert wird, daß dort bislang lediglich ein deutsches Unternehmen[22] eine parallele Notierung unterhält und auch auf seiten deutscher Banken und Finanzdienstleister wenig Interesse an den dortigen Aktivitäten besteht.[23]

a) Marktsegmente

Der US-amerikanische Kapitalmarkt läßt sich – vergleichbar mit der deutschen Börsenlandschaft – in verschiedene Segmente einteilen, die unterschiedliche Anforderungen an die Zulassung von Werten, das Zulassungsverfahren, die Publizitätsvorschriften etc. haben. Zu unterscheiden ist zum einen der börsliche und der außerbörsliche Handel, wobei ersterer grundsätzlich eine SEC[24]-Registrierung voraussetzt. Im 14

1999 waren insgesamt 40 Unternehmen an der EASDAQ zugelassen, die eine Marktkapitalisierung von circa 17,1 Milliarden Euro hatten. Unternehmen, die an der NASDAQ, der NYSE oder Amex quotiert sind, können an der EASDAQ unter erleichterten Bedingungen zugelassen werden. Da sich Werte, die in den USA notiert sind, durch eine Zulassung an der EASDAQ Investoren in einem anderen Kontinent und einer anderen Zeitzone öffnen können, macht für diese ein Dual Listing an der EASDAQ auch Sinn. Diese Voraussetzungen bzw. Vorteile sind für deutsche Unternehmen nicht gegeben, so daß die Attraktivität der EASDAQ für deutsche Gesellschaften stark eingeschränkt ist. Wenngleich aus der Notierung in Deutschland, z.B. am Neuen Markt noch keine offiziell erleichterten Zugangsvoraussetzungen resultieren, kann doch davon ausgegangen werden, daß zumindest die Werte des Neuen Marktes keinerlei Schwierigkeiten bei der Zulassung zur EASDAQ haben werden. Die aus dem EASDAQ Rule Book (http://www.easdaq.be) ersichtlichen Zulassungsvoraussetzungen (u.a. Aktiva von mindestens 3,5 Millionen Euro, Eigenkapital von mindestens 2 Millionen Euro, frei übertragbare Aktien sowie eine adäquate Streuung der Aktien (ein free float von 20 Aktionären sowie mindestens 100 Aktionäre) ein zugelassener Sponsor sowie zwei Market-Maker, englischer Verkaufsprospekt und Jahresabschlüsse nach US-GAAP oder IAS) reflektieren wie das Regelwerk des Neuen Marktes die Ausrichtung auf junge, schnell wachsende High-Tech-Werte.

[22] TelDaFax AG.

[23] So gehörten im September 1999 von über 70 Mitgliedsfirmen von deutscher Seite lediglich die frühere Hypotheken- und Wechselbank AG und die ICF Intermediär Center Frankfurt Kursmakler AG zu den Mitgliedsfirmen der EASDAQ.

[24] Die Securities Exchange Commission wurde 1934 in Reaktion auf die Weltwirtschaftskrise und dem Zusammenbruch auf die Wertpapiermärkte durch den Securities Exchange Act als „independent regulatory agency" eingesetzt. Ihre Aufgabe besteht in der Ausgestaltung und Überwachung der Kapitalmarktordnung mit dem Ziel der Verhinderung betrügerischer und unlauterer Handlungen im Bereich des Wertpapierhandels. Die SEC genießt aufgrund legislativer und – zumindest beschränkter – judikativer Kompetenzen, die Sanktions- und Klagebefugnisse umfassen, erhebliche Bedeutung, zumal sie ausschließlich gegenüber dem Kongreß rechenschaftspflichtig ist, nicht aber unter der Aufsicht des Präsidenten steht. *C. Wilhelm,* Die Registrierungs- und Publizitätspflichten

außerbörslichen OTC[25]-Markt, der mit dem deutschen Freiverkehr vergleichbar ist, werden größere Aktienpakete sowie Wertpapiere, die an keiner Börse zugelassen sind, gehandelt. Weiteres Differenzierungskriterium sind die einzelnen Börsenplätze, wobei für deutsche Unternehmen ausschließlich die klassischen Börsen NYSE und AMEX[26] sowie die NASDAQ, nicht aber die Regionalbörsen interessant sein dürften.

b) Zulassungsverfahren für ausländische Aktien

15 Die Emission von Wertpapieren wird durch den Securities Act[27] geregelt, der betrügerische Handlungen bei Emissionen verhindern soll und die Offenlegung wesentlicher Informationen bei der Emission von Wertpapieren vorschreibt. Nach den für eine Börseneinführung maßgeblichen Vorschriften dürfen Wertpapiere nicht ohne SEC-Registrierung angeboten werden. Außerdem muß der Käufer vor dem Erwerb einen Prospekt erhalten. Sofern keine Befreiungsvorschrift eingreift, ist der Handel in einem Wert verboten, bis die Registrierung von der SEC genehmigt wurde, wobei sich die Befreiung entweder auf das Wertpapier oder auf die Transaktion beziehen kann.[28]

16 Der Registrierungsprozeß ist nach § 5 SA in drei Perioden unterteilt, in denen Handlungen von Emittenten, Emissionsbanken und anderen involvierten Parteien reglementiert sind, was bei einem Dual Listing strikt zu beachten ist.

- In der sogenannten **prefiling period**, d.h. vor Einreichung des Registrierungsantrags ist nach § 5 (c) SA jedermann jegliche Verkaufstätigkeit untersagt. Demnach dürfen Emittenten, Underwriter und Dealer Wertpapiere des Emittenten weder kaufen noch verkaufen noch Angebote hierzu abgeben. Erlaubt sind lediglich Verhandlungen zwischen dem Emittenten und den Konsortialbanken sowie den Banken untereinander.[29] Veröffentlichungen gelten dann nicht als Angebot, wenn sie den Hinweis enthalten, daß nur der endgültige Prospekt ein Angebot darstellt und lediglich der Name des Emittenten, Art und Nennbetrag der Wertpapiere, Angaben über die Ausstattung der Emission und den Zeitpunkt des Angebots sowie ein kurzer Bericht über das Emissionsverfahren bekannt gemacht werden.[30]

---

bei der Emission und dem Handel von Wertpapieren auf dem US-amerikanischen Kapitalmarkt, S. 364 f.

25 „Over the counter".

26 American Stock Exchange.

27 Vgl. Präambel zum SA, *Securities and Exchange Commission* (Hrsg.), The work of the SEC, S. 7.

28 Die Mehrzahl amerikanischer Wertpapiere sind von der Registrierung befreit. *D. Eisolt,* AG 1993, S. 209, 210.

29 Vgl. § 2 III SA; 17 CFR 230.141.

30 17 CFR 230.135.

- Käufe und Verkäufe sind auch während der **quiet** oder **waiting period**, d.h. nach Einreichung des Registrierungsantrags bei der SEC bis zu dessen Genehmigung, verboten. Während dieser Phase, die der Prüfung der Unterlagen durch die SEC dienen soll, ist aber bereits die Abgabe entsprechender Angebote möglich.
- Nachdem der Registrierungsantrag wirksam geworden ist, beginnt die **posteffective period**, in der die Wertpapiere vertrieben werden können, wobei das Unternehmen aber auch sicherzustellen hat, daß es neben den SEC-Anforderungen auch die sogenannten blue sky laws der jeweiligen Bundesstaaten und die Börsenordnung der Börse, an der eine Notierung angestrebt wird, erfüllt. Anleger müssen nach § 5 (b)(2) SA vor, spätestens aber bei Auslieferung der Papiere einen endgültigen Prospekt[31] erhalten.

Für die Registrierung selbst ist bei der SEC ein Bericht mit einer Vielzahl von Informationen finanzieller und nichtfinanzieller Natur einschließlich von Jahresabschlüssen nach US-GAAP einzureichen.[32] Neben diese Verpflichtungen bei Beantragung einer Notierung treten spätere Verpflichtungen wie periodische Berichtspflichten.[33]

---

[31] Grundsätzlich gilt jede übermittelte Information als Prospekt und muß, wenn durch sie ein Wertpapier zum Kauf angeboten werden soll, den Anforderungen des § 10 SA entsprechen. Dabei ist der Begriff des Prospekts sehr weit gefaßt, d.h. daß grundsätzlich jede Mitteilung mit wenigen Ausnahmen als Prospekt gilt. Sogenannte „Tombstones", d.h. kurze Anzeigen in der Finanzpresse, stellen nach § 2 (10) (b) SA keinen Prospekt dar, sofern sie sich auf bestimmte Angaben beschränken. Mündliche Angebote werden nur reglementiert, wenn sie im Radio oder im Fernsehen erfolgen. Während der waiting period kann der Prospekt auch in vorläufiger Form als sogenannter red herring erfolgen, der im wesentlichen die gleichen Informationen wie der endgültige Prospekt enthalten muß. Dieser muß eine Erklärung in roter Schrift – daher der Name – enthalten, die besagt, daß der Registrierungsantrag noch nicht wirksam ist und der Prospekt kein Verkaufsangebot darstellt. *C. Wilhelm,* Die Registrierungs- und Publizitätspflichten bei der Emission und dem Handel von Wertpapieren auf dem US-amerikanischen Kapitalmarkt, S. 364 f.

[32] Zu Einzelheiten vgl. *C. Wilhelm,* Die Registrierungs- und Publizitätspflichten bei der Emission und dem Handel von Wertpapieren auf dem US-amerikanischen Kapitalmarkt, S. 364, 367 f.; *K. Küting/S. Hayn,* Börseneinführungsmodalitäten in den USA, WPg 1993, S. 401, 406 ff.

[33] Weitere Registrierungspflichten, und zwar unabhängig von der Registrierung bei der SEC ergeben sich aus dem Securities Exchange Act, der den Sekundärhandel von Wertpapieren in der posteffective period regelt. Zielrichtung ist die Verhinderung von Betrug beim Handel von Wertpapieren sowie von Marktmanipulationen. In diesem Sinne soll sichergestellt werden, daß Investoren auch beim Handel von Wertpapieren im Sekundärmarkt über ein gewisses Maß an Informationen verfügen. Von unmittelbarer praktischer Relevanz sind die von der SEC für foreign private issuers nach § 12 (g) (3) SEA erlassenen Ausnahmeregelungen von der Registrierungspflicht nach § 12 (g) SEA, wonach Aktien eines ausländischen Unternehmens von der Registrierungspflicht nach § 12 (g)

c) Privatplazierung

17 Als Alternative zum vorstehend beschriebenen Procedere unter Beantragung einer SEC Registrierung bietet sich Emittenten die Möglichkeit, eine Finanzierung über die Privatplazierung von Aktien darzustellen, was ohne den aufwendigen Prozeß eines öffentlichen Zeichnungsangebots möglich und damit sehr viel kostengünstiger ist als ein offizielles Registrierungsverfahren. Nach § 4 (2) SA sind Transaktionen eines Emittenten von der Registrierungspflicht befreit, wenn sie nicht als öffentliche Plazierung von Wertpapieren anzusehen sind. Eine nichtöffentliche Plazierung ist dadurch gekennzeichnet, daß die Wertpapiere nur wenigen, meist institutionellen Anlegern angeboten werden,[34] wobei die Befreiung von der Registrierungspflicht damit begründet wird, daß die Vorschriften des Securities Act zum Schutz der Öffentlichkeit in Anbetracht des fachspezifischen Know-hows dieser Anleger nicht notwendig sind oder der Nutzen für die Öffentlichkeit gering wäre.[35]

Voraussetzung ist, daß die Investoren die Wertpapiere nicht vorrangig für einen Weiterverkauf erwerben und eine Legal Opinion vorliegt, welches die fehlende Notwendigkeit einer Registrierung bestätigt in Hinblick auf

- die Qualität und begrenzte Zahl der Angebotsempfänger und ihrer Beziehung untereinander sowie zum Emittenten;
- die Größe der zu erwerbenden Anteile sowie
- die Art und Weise, in der die Emission durchgeführt werden soll.

Nachteilig ist, daß nicht-SEC-registrierte Papiere nur unter restriktiven Bedingungen veräußert werden können, wenngleich hier durch Rule 144 a deutliche Erleichterungen geschaffen wurden.[36]

SEA befreit sind, wenn das Unternehmen weniger als 300 in den USA ansässige Aktionäre hat. Bei mehr als 300 Aktionären sind die Wertpapiere unabhängig von der Zahl der Investoren nicht registrierungspflichtig, wenn der Emittent bei der SEC alle Informationen einreicht, die er im Sitzstaat veröffentlichen muß, einer Börse eingereicht hat oder die er Aktionären zuleitet bzw. zuleiten muß. Eingehend hierzu vgl. *C. Wilhelm,* Die Registrierungs- und Publizitätspflichten bei der Emission und dem Handel von Wertpapieren auf dem US-amerikanischen Kapitalmarkt, S. 364, 372 ff.

[34] Der Begriff „public offering“ ist nicht gesetzlich definiert, was sich in der Praxis immer wieder als Problem erweist. Nach Rule 506 bestehen keine Beschränkungen hinsichtlich der Höhe des Emissionsvolumens. Zudem können beliebig viele sogenannte „Accredited Investors“, d.h. institutionelle Anleger und gewisse natürliche Personen, die ein Nettovermögen von über US-$ 1 Mio. besitzen oder ein Jahreseinkommen von über US-$ 200.000 haben, Rule-506-Wertpapiere erwerben, wenn sie in der Lage sind, das Investmentrisiko einzuschätzen. Die Zahl der non-accredited investors darf aber nicht größer als 35 sein. Vgl. 17 CFR 230.506 (b)(2)(i),(ii).

[35] *T. Hazen,* The Law of Securities Regulation, S. 126.

[36] Vgl. hierzu *R. Lilja,* International Equity Markets – The Art of the Deal,

II. Parallele Emission von Optionsscheinen

1. Bedeutung

Beim Börsengang der Kinowelt Medien AG wurden erstmals in Deutschland gleichzeitig mit den Aktien der Gesellschaft von dieser auch Optionsscheine emittiert,[37] die den Inhaber für eine bestimmte Zeit zum Kauf junger Aktien der Gesellschaft zu einem von vornherein festgesetzten Preis berechtigen. 18

Die Emission von Optionsscheinen auf Aktien, d.h. selbständig verbrieften Rechten zum Kauf oder Verkauf von Aktien erfolgt in Deutschland bislang fast ausschließlich durch Banken, die sich mit der Übernahme der Stillhalteposition zur Lieferung oder – im Falle von Verkaufsoptionen – Abnahme von Aktien bei Ausübung der Option verpflichten. Für Banken hat sich die Emission und der Handel von Optionsscheinen auf Währungen, Zinspapiere, Indices, Aktien[38] etc. seit dem Inkrafttreten der Börsengesetznovelle im August 1989[39] zu einem bedeutenden Geschäftszweig entwickelt.[40] Demgegenüber spielt 19

S. 260 ff. Eingehend hierzu *C. Wilhelm,* Die Registrierungs- und Publizitätspflichten bei der Emission und dem Handel von Wertpapieren auf dem US-amerikanischen Kapitalmarkt, S. 364, 371. *C. Fraune,* Börsennotierung deutscher Aktiengesellschaften in den USA, RIW 1994, S. 126, 134.

[37] Die Kinowelt Medien AG emittierte zeitgleich mit ihrem Börsengang zusätzlich zu der einen Million Aktien zu DM 55,00 500.000 Optionsscheine, die jeweils zum Bezug einer Aktie zum Bezugspreis von DM 71,50 (= 130 Prozent des Ausgabepreises der Aktie bzw. 55 Prozent des ersten Kurses der Aktie) berechtigten. Die Bezugsfrist begann drei Monate später und hatte dann eine Dauer von einem Jahr. Vgl. hierzu *o. V.,* Über Optionsschein-Verkäufe von eigenen Kursgewinnen profitieren, FAZ vom 16. Mai 1998, S. 23.

[38] Sogenannte „naked warrants".

[39] Mit der Börsengesetznovelle wurde u.a. die rechtliche Unwirksamkeit von Termingeschäften von Privatkunden mit Kreditinstituten beseitigt.

[40] Die Absicherung der Stillhalteposition, die die emittierende Bank durch den Verkauf von Optionsscheinen übernommen hat, erfolgt entweder, indem die Bank eine spiegelbildliche Option von einem Dritten kauft oder über das sogenannte „delta hedging" im Handelsbuch der Bank. Beim „delta hedging" erfolgt die Absicherung nicht wie beim sogenannten „fixed hedge" über eine entsprechende und über die Zeit der gewünschten Absicherung feststehende Anzahl von spiegelbildlichen Optionskontrakten, sondern über das entsprechende Kassainstrument („underlying") oder auch Optionen auf dieses, wobei die Zahl der Absicherungsinstrumente aufgrund der Veränderung des Deltawerts der Option permanent angepaßt wird. Der Deltawert drückt dabei die Sensitivität des Optionspreises auf Veränderungen des Kurses des Kassainstruments aus. Durch eine solche Absicherungsstrategie wird erreicht, daß sich bei Kursschwankungen die der Option und des abzusichernden Kassainstruments in jedem Zeitpunkt (ungefähr) ausgleichen. *H. Büschgen,* Das kleine Börsenlexikon, Stichwort „delta hedging", S 210.

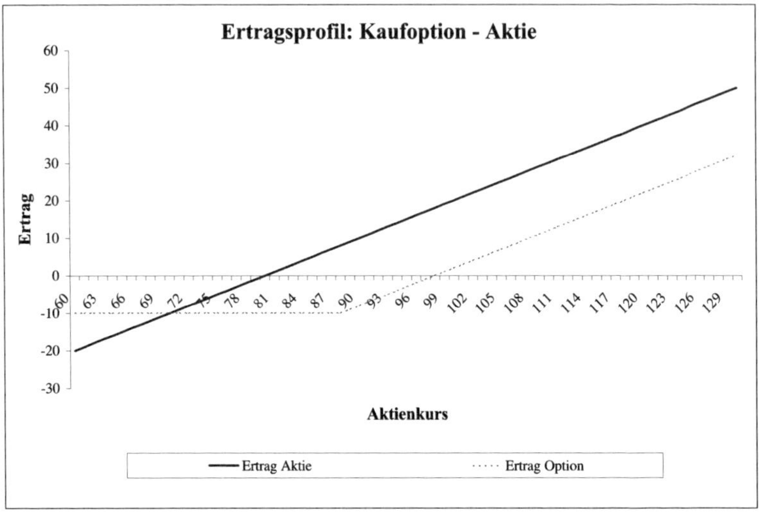

die Emission von Optionsscheinen auf eigene Aktien, d.h. die Übernahme der Stillhalterposition durch die Gesellschaft selbst, in Deutschland bislang allenfalls eine untergeordnete Rolle. Während bereits vor der vorstehend beschriebenen Emission der Kinowelt Medien AG deutsche Unternehmen, die bereits börsennotiert waren, – zumindest vereinzelt – Kaufoptionsscheine emittiert haben,[41] blieb der Verkauf von Verkaufsoptionsscheinen[42] bislang gänzlich Banken vorbehalten. Demnach gibt es – zumindest in Deutschland – keine Verkaufsoptionsscheine von Unternehmen, die deren eigene Aktien betreffen. Abgesehen davon, daß ohnehin die Mehrzahl aller Optionsscheine in Form von Kaufoptionsscheinen emittiert werden,[43] wird auch die Auflegung

Die Ausübung solcher, von Dritten verkauften Optionen, läßt das (Eigen-) Kapital der Gesellschaft unberührt. Im Gegensatz hierzu führt die Ausübung von Kaufoptionsrechten – sei es in Form reiner Optionen, Optionsscheinen oder Options- bzw. Wandelanleihen – unter Bereitstellung eines bedingten Kapitals durch die Gesellschaft selbst zu einer Erhöhung deren Grundkapital und einer Verwässerung des quotalen Anteils der Altaktionäre.

[41] Die erste reine Optionsscheinemission auf eigene, neue Aktien wurde im August 1990 von Trinkaus & Burkhardt KGaA begeben. Vgl. hierzu *F. Schumacher,* Die Internationalisierung der Eigenkapitaltitel deutscher Aktiengesellschaften, S. 52 f.; *K. Steiner,* Zulässigkeit der Begebung von Optionsrechten auf Aktien ohne Optionsschuldverschreibung (naked warrants), WM 1990, S. 1776.

[42] Bei einem Verkaufsoptionsschein ist der Inhaber berechtigt, aber nicht verpflichtet, innerhalb eines bestimmten Zeitraums zu einem bestimmten Kurs an den Stillhalter der Option das Bezugsobjekt („underlying"), in diesem Fall die Aktien, zu verkaufen.

[43] Die deutlich höhere Nachfrage nach Kaufoptionsscheinen läßt darauf schließen, daß die Mehrzahl der Optionsschein-Investoren eher Optimisten sind.

eines Optionsscheins durch eine Bank, der zum Verkauf von Aktien einer Gesellschaft berechtigt, von der Mehrzahl der betroffenen Unternehmen weiterhin eher mit Unbehagen betrachtet, da sie dies als negatives Signal an den Aktienmarkt deuten.[44]

2. Strategische Überlegungen

Die Strategie der parallelen Emission von Aktien und Optionsschei- 20
nen ermöglicht Emittenten zum einen den Zugang zu Investoren mit unterschiedlicher Risikobereitschaft. Die Optionsscheinkäufer erwerben für einen im Vergleich zum Aktienkurs niedrigen Kapitaleinsatz eine spekulative Gewinnchance mit einer ungleich höheren Hebelwirkung.[45] Zum anderen fließen dem Emittenten neben dem Plazierungserlös für die Aktien weitere Geldmittel in Form der Optionsprämie, d.h. dem Verkaufspreis für die Optionen zu.[46] Der Ertrag stärkt die Eigenmittel, da der Preis für das Optionsrecht unmittelbar als Kapitalrücklage verbucht werden kann.[47] Werden die Optionsscheine ausgeübt, so hat die Gesellschaft einen weiteren Mittelzufluß für die Gesellschaft zur Folge, wobei dies einerseits positiv zu werten ist.[48] Im Ver-

---

[44] Diese Einschätzung kann auch nicht ansatzweise geteilt werden. Gegensätzliche Erwartungen in Hinblick auf künftige Entwicklungen sind vielmehr die Basis und das Lebenselexier jeden Börsenhandels. Vor diesem Hintergrund befriedigt auch die Emission von Verkaufsoptionsscheinen lediglich die Nachfrage von Marktteilnehmern und ist daher im Interesse eines diversifizierten und effizienten Kapitalmarkts nur zu begrüßen.

[45] Die Hebelwirkung von Optionsrechten („Leverage-Effekt") wirkt nicht nur in eine Richtung. Vielmehr sinkt auch der Wert einer Option überproportional, wenn der Kurs des „Underlying" sinkt (bzw. steigt bei Verkaufsoptionen). Im ungünstigsten Fall, d.h. wenn bei Fälligkeit eine Ausübung der Option (immer noch) nicht attraktiv ist und diese daher unausgeübt verfällt, kann der Investor einen Totalverlust in Höhe der gezahlten Optionsprämie zuzüglich eventueller Transaktionskosten erleiden. Trotz dieser Risiken unterliegen Geschäfte in Optionsscheinen nach Rechtsprechung und h. M. in der Literatur nicht dem Einwand des Börsentermingeschäfts nach §§ 50 ff. BörsG oder dem Spiel- und Differenzeinwand nach §§ 762, 764 BGB. *A. Fuchs,* Selbständige Optionsscheine als Finanzierungsinstrument der Aktiengesellschaft, AG 1995, S. 433, 439 m.w.N.

[46] Die Dimension der potentiellen Zusatzerträge für das Unternehmen zeigt sich bei der Emission der Kinowelt Medien AG, wo 500.000 Optionsscheine bei einem Bezugskurs von 130 Prozent des Ausgabepreises der Aktie zu DM 90,00 je Optionsschein begeben wurden. Vgl. hierzu auch (*o. V.*), Über Optionsschein-Verkäufe von eigenen Kursgewinnen profitieren, FAZ vom 16. Mai 1998, S. 23.

[47] *U. Hüffer,* AktG, § 221 Rdnr. 75; *A. Fuchs,* Selbständige Optionsscheine als Finanzierungsinstrument der Aktiengesellschaft, AG 1995, S. 433 ff.

[48] Nach *B. Rödl/T. Zinser* (Going Public, S. 314 f.) besteht ein weiterer Vorteil darin, daß im Falle starker Kursgewinne nach der Börseneinführung ein Kursanstieg über den sukzessiven Verkauf der Optionsscheine gedämpft werden könne.

gleich zur Emission von Options- oder Wandelanleihen erlaubt eine Optionsscheinemission nicht nur eine flexiblere Steuerung des Zuflusses von Fremd- und – vor allem – von Eigenkapital, sondern stellt im Ergebnis ein potentiell überlegenes Instrument der Eigenkapitalsteuerung dar, das zu einer Erhöhung der Kapitalzufuhr und einer Reduzierung der Kapitalkosten führen kann.[49]

21 Andererseits steht diese Ausübung des Optionsrechts logischerweise nicht mehr in der Entscheidungsgewalt des Emittenten. Der Emittent läuft damit Gefahr, daß sich der Kurs – wie derzeit häufig bei Neuemissionen, besonders am Neuen Markt – nach hoher Überzeichnung explosionsartig nach oben entwickelt und die Optionen zu einem Basispreis ausgeübt werden, der deutlich unter dem aktuellen Tageskurs liegt. Der Emittent hat dann zwar den Ertrag aus dem Verkauf der Option und erhält im Rahmen der Ausübung den Kaufpreis der Aktie in Höhe des Basiskurses und damit den Preis, mit dem er bei Emission der Optionsscheine und in seiner Finanzplanung maximal rechnen konnte, aber eben sehr viel weniger, als mit einer späteren Kapitalerhöhung, deren Timing er selbständig hätte bestimmen können.[50] Umgekehrt hat er keine Gewähr, daß die Optionsscheine auch tatsächlich ausgeübt werden und er die entsprechenden Mittel aus Nutzung des bedingten Kapitals erhält, was für ihn unter Umständen zur Stärkung der Eigenkapitalbasis wichtig sein kann.

22 Wenngleich auch aus der Sicht des Unternehmens und der Altaktionäre durchaus gewünscht sein sollte, daß auch die Erwerber von Optionsscheinen profitieren, so belegen die vorstehenden Ausführungen doch die Gefahr für Emittenten, die im unmittelbaren zeitlichen Zusammenhang mit der Plazierung der Aktie und Aufnahme der Börsennotiz besonders ausgeprägt ist, da hier der Markt nur bedingten Ein-

---

Dies erscheint zweifelhaft, da zwar die Optionen bei einer Ausübung in der Zukunft zu einer Verwässerung der Beteiligung der Aktionäre führen werden. Andererseits werden Aktien und Optionen von Investoren mit unterschiedlichen Anlage- und Risikoprofilen gekauft, so daß ein höheres oder neues Angebot an Optionsscheinen nicht unbedingt zur (kursmindernden) Befriedigung der Nachfrage bei Aktien führt, sondern solche Auswirkungen allenfalls über Arbitragetransaktionen haben kann.

[49] Vgl. näher hierzu *A. Fuchs,* Selbständige Optionsscheine als Finanzierungsinstrument der Aktiengesellschaft, AG 1995, S. 433, 435.

[50] Dieser gravierende Nachteil wird in *o. V.,* Über Optionsschein-Verkäufe von eigenen Kursgewinnen profitieren, FAZ vom 16. Mai 1998, S. 23, übersehen (oder – wenn hiermit gemeint sein sollte, daß die Gesellschaft Aktien zum Bezugspreis des Optionsscheins von 130 Prozent des ursprünglichen Ausgabepreises plazieren kann – zumindest verniedlicht), wenn gesagt wird, die Gesellschaft profitiere von steigenden Aktienkursen, da die Mittel aus dem Optionsscheinverkauf in voller Höhe der Gesellschaft zuflössen.

fluß[51] auf die Findung eines adäquaten Kursniveaus haben konnte. Die gleichzeitige Emission von Aktien und Optionen ist daher zumindest dann skeptisch zu betrachten, wenn diese nicht im Zusammenhang mit einer späteren Kapitalerhöhung[52] erfolgt, sondern gleich bei Börseneinführung, da hier der Entwicklungstrend noch viel zu unsicher ist. Dementsprechend schwierig zu erfassen bzw. vorherzusagen wäre daher auch die Volatilität der Aktie als preisbestimmender Faktor des Optionsscheins.[53]

Demgegenüber attraktiver erscheint die spätere Emission von Opti- **23**
onsscheinen. Nach dem Börsengang wäre mit der Emission der Scheine zumindest solange zu warten, bis sich die emissionsbedingten Verzerrungen und Übertreibungen gelegt haben und die Kursentwicklung sich in dem Sinne „normalisiert" hat, daß nicht mit hoher Wahrscheinlichkeit Kurssteigerungen in einem Ausmaß zu erwarten sind, das den Verkauf von Optionen von vornherein unattraktiv macht. Hat aber eine Aktie ein „halbwegs stabiles" Kursniveau gefunden, so könnte eine Gesellschaft auch erwägen, ob sie neben Kaufoptionsscheinen nicht auch Verkaufsoptionsscheine auf die eigene Aktie begibt und sich zu diesem Zweck von der Hauptversammlung den Kauf eigener Aktien nach § 71 I Nr. 8 AktG genehmigen läßt.[54] Dabei wäre denkbar, daß der Basispreis beider Optionsarten nicht „am Geld", d.h. auf dem Niveau des aktuellen Börsenkurses fixiert wird, sondern etwas „aus dem Geld". Der Ausübungkurs der Kaufoption wäre demnach über dem aktuellen Börsenpreis festzulegen, der für die Verkaufsoption dagegen darunter. Soweit dieser Vorschlag dem Einwand begegnen wird, daß die Ausgabe von Verkaufsoptionen durch den Emittenten die Aktie in einem schlechten Licht erscheinen läßt, so kann dem nicht gefolgt werden. Der Emittent demonstriert vielmehr sogar Vertrauen in den Kurs seiner Aktie und verfolgt eine aktive Shareholder-Value-Politik mit dem Ziel der Erwirtschaftung zusätzlicher Erträge. Aus Sicht des Kapitalmarkts wäre die Emission von Verkaufsoptionsscheinen insbesondere dann zu begrüßen, wenn es noch keine handelbaren Verkaufsoptionen auf einen Wert gibt, mit denen Positionen abgesichert werden können bzw. mit denen auf sinkende Kurse spekuliert werden kann.

---

[51] Nämlich im Rahmen des Pre-Soundings, d.h. erster Gespräche zwischen Analysten und großen Investoren, und beim Bookbuilding.

[52] Aus dieser kommen nur die zu emittierenden Aktien, wohingegen für die Optionen ein bedingtes Kapital zu schaffen wäre.

[53] Zu den wertbestimmenden Faktoren von Optionen vgl. § 18. III. 5. c) Bewertung der Optionen.

[54] Nach § 71 II AktG können nur zehn Prozent des Aktienkapitals vom Unternehmen zurückgekauft werden, abgesehen davon, daß auch die potentielle Belastung der Liquidität durch erforderliche Aktienrückkäufe und damit verbundene Verluste einer solchen Strategie Grenzen setzt.

3. Gesellschaftsrechtliche Grundlagen

24 Die aktienrechtliche Zulässigkeit der isolierten Emission nackter Optionsscheine, d.h. von verbrieften Optionsrechten ohne beigefügte Anleihe, wurde von der früher wohl h.M. vor allem mit der aus § 187 AktG abgeleiteten Begründung abgelehnt, das Gesetz wolle isolierte Aktien-Bezugsrechte restriktiv behandeln, um die Übersichtlichkeit der Eigenkapitalstruktur zu gewährleisten und eine Spekulation mit Bezugsrechten durch und gegen die AG zu verhindern.[55] Demgegenüber stützt sich die Gegenansicht zu Recht vor allem auf die weitestgehende Vergleichbarkeit von Optionsscheinen, die von vornherein ohne weiteres Finanzierungsinstrument begeben werden, und der Optionsscheine, die von Optionsanleihen abgetrennt werden. Hierdurch werde eine (analoge) Anwendung der §§ 221, 192 II Nr. 1 AktG gerechtfertigt, was eine Verdrängung von § 187 AktG durch die spezielleren Normen zur Folge habe.[56]

a) Zulässigkeit

25 Bei der Beurteilung der Rechtmäßigkeit nackter Kaufoptionsscheine ist zu differenzieren zwischen der Zulässigkeit des Instruments als solchem und den Möglichkeiten zur Bereitstellung des Kapitals im Falle einer Ausübung bzw. zur Absicherung eben dieser Möglichkeit. Rechtsgrundlage für die Begebung von Kaufoptionsrechten ist § 221 AktG, wenngleich hier nur Wandelschuldverschreibungen und Optionsanleihen, Gewinnschuldverschreibungen und Genußrechte genannt werden. All diesen Instrumenten ist gemein, daß sie lediglich Gläubiger-, nicht aber Mitgliedschaftsrechte vermitteln[57] und trotzdem infolge des Rechts zum künftigen Erwerb von Aktien, eines Anspruchs auf eine ergebnisabhängige Verzinsung des bereitgestellten Kapitals oder auf sonstige aktionärstypische Vermögensrechte eine potentielle Kollision mit den Interessen der Aktionäre resultiert. Deshalb verlangt § 221 AktG zum Schutz der Aktionäre vor Eingriffen in die mitgliedschaftliche oder vermögensmäßige Struktur für die Ausgabe der genannten Instrumente die Zustimmung der Hauptversammlung. Diese bedarf einer

---

[55] *M. Lutter,* Kölner Kommentar zum AktG § 221, Rdnr. 185 f.; § 192 Rdnr. 9; *E. Bungeroth* in *E. Geßler/W. Hefermehl/U. Eckardt/B. Kropff,* AktG, § 192 Rdnr. 28 f.; *K. Martens,* Die mit Optionsrechten gekoppelte Aktienemission, AG 1989, S. 69, 71 ff.; *G. Schumann,* Optionsanleihen, S. 42 f.

[56] *K. Steiner,* Zulässigkeit der Begebung von Optionsrechten auf Aktien ohne Optionsschuldverschreibung (naked warrants), WM 1990, S. 1776 ff.; *A. Fuchs,* Selbständige Optionsscheine als Finanzierungsinstrument der Aktiengesellschaft, AG 1995, S. 433 ff.; *M. Karollus* in *E. Geßler/W. Hefermehl/U. Eckardt/B. Kropff,* AktG, § 221, Rdnr. 27 ff.; so wohl auch *E. Schwark,* BörsG; Einl. §§ 50 – 70, Rdnr. 26.

[57] *M. Lutter,* Kölner Kommentar zum AktG § 221, Rdnr. 3.

qualifizierten Mehrheit. Außerdem haben die Aktionäre ein Bezugsrecht auf das auszugebende Wertpapier.[58] All diese Voraussetzungen müssen auch bei der Emission nackter Optionsscheine gewährleistet sein. Ist dies aber der Fall, besteht keine Veranlassung, sie anders als Optionsanleihen oder Optionsgenußrechte zu behandeln. Im Ergebnis ergibt sich ihre Zulässigkeit daher aus einer direkten Analogie zu § 221 I AktG oder – wenn man sie als Genußrecht qualifiziert – aus § 221 III AktG, nach dem § 221 I AktG sinngemäß anzuwenden ist.[59] Durch die Zulassung der Emission nackter Optionsscheine kommt es auch nicht zu einer Umgehung von 187 AktG, da im Zusammenspiel mit § 192 AktG lediglich das Schutzobjekt ausgetauscht wird, indem der Aktionär nach § 221 IV AktG eben ein Bezugsrecht auf die Optionsanleihe oder den Optionsschein etc. hat.

b) Absicherung

Zur Sicherung der Rechte der Optionsscheininhaber bietet sich in erster Linie die Unterlegung mit einem entsprechenden bedingten Kapital nach § 192 II Nr. 1 AktG an. Demgegenüber ist die Schaffung eines genehmigten Kapitals nach §§ 202 ff. AktG grundsätzlich zwar möglich, aber mit deutlichen Nachteilen behaftet, da eine dem § 192 IV AktG vergleichbare Regelung fehlt und damit die Optionsberechtigten nicht wie im Falle des bedingten Kapitals eine unumkehrbar abgesicherte Rechtsposition gegenüber anderslautenden Entscheidungen der Hauptversammlung haben. Im Gegensatz zum bedingten Kapital besteht beim genehmigten Kapital auch eine zeitliche Beschränkung der Ermächtigung auf fünf Jahre.[60] Außerdem entstehen die Mitgliedschaftsrechte beim genehmigten Kapital nicht schon mit der Ausgabe der Aktien, sondern erst mit der Registereintragung.[61] 26

Inwieweit eine bedingte Kapitalerhöhung auch für die Unterlegung nackter Optionsscheine gebildet werden kann, ist umstritten, da sie nach § 192 II AktG nur zu den im Gesetz genannten Zwecken erfolgen soll, von denen Optionsscheine nach dem strengen Wortlaut des Gesetzes nicht umfaßt werden. So meint eine gewichtige Meinung, die Aufzählung in § 192 II AktG sei trotz der Formulierung „soll" abschließend, auch weil das fehlende gesetzliche Bezugsrecht der Aktionäre nur 27

---

[58] Daneben resultieren aus § 221 II 2 bis 3 AktG bestimmte Publizitätsanforderungen.

[59] *A. Fuchs,* Selbständige Optionsscheine als Finanzierungsinstrument der Aktiengesellschaft, AG 1995, S. 433, 442 ff.

[60] Die absolute Mehrzahl der Optionsscheine hat eine sehr viel kürzere Laufzeit.

[61] *M. Karollus* in *E. Geßler/W. Hefermehl/U. Eckardt/B. Kropff,* AktG, § 221 Rdnr. 135.

durch die Zweckbindung zu rechtfertigen sei.[62] Dies schließe eine analoge Anwendung des § 192 AktG im Einzelfall aber nicht aus.[63]

28 Die Gegenansicht stellt dagegen richtigerweise auf den Wortlaut ab und meint, die in § 192 II AktG genannten Zwecke seien nicht abschließend. Von der Norm gedeckt seien vielmehr auch all diejenigen Ziele, die mit den in ihr genannten verwandt sind, was bei nackten Optionsscheinen aufgrund der Ähnlichkeit zu denjenigen, die Optionsanleihen beigefügt sind, zweifellos der Fall ist.[64] Im übrigen sind weder aus dem Blickwinkel der Aktionäre noch aus der Perspektive der Gesellschaft Argumente ersichtlich, die nach der ratio legis von vornherein eine Beschränkung des § 192 II Nr. 1 AktG auf Wandel- und Optionsanleihen rechtfertigen würden. Vielmehr ist die Interessenlage der involvierten Parteien bei all diesen Finanzinstrumenten gleich, d.h. die Belange von Gesellschaft und Aktionären sind in gleicher Weise tangiert und geschützt. Insbesondere haben die Aktionäre in jedem Fall nach §§ 221 IV, 186 AktG ein Bezugsrecht auf die auszugebenden Finanzierungstitel, was zusammen mit dem Erfordernis zweier separater Zustimmungsbeschlüsse der Hauptversammlung über die Ermächtigung zur Ausgabe des Finanzinstruments und über die Absicherung deren Inhaber durch eine bedingte Kapitalerhöhung, wobei beide mit qualifizierter Mehrheit zu fassen sind, hinreichenden Schutz gewährleistet.[65]

29 In Anbetracht fehlender einschlägiger höchstrichtlicher Rechtsprechung kann die analoge Anwendung von § 192 II Nr. 1 AktG letztendlich aber noch nicht als gesichert gelten. In praxi empfiehlt sich daher, vorab die Emission der Optionsscheine mit dem zuständigen Registergericht abzusprechen und die Ausgabe der Emission erst nach Unanfechtbarkeit des Hauptversammlungsbeschlusses und dessen Eintragung in das Handelsregister vorzunehmen.[66]

---

[62] *U. Hüffer,* AktG, § 192 Rdnr. 8; *Baumbach/Hueck* § 192 Rdnr. 5; *E. Bungeroth* in *E. Geßler/W. Hefermehl/U. Eckardt/B. Kropff,* AktG, § 192 Rdnr. 17; *M. Lutter,* Kölner Kommentar § 192 Rdnr. 18.

[63] *U. Hüffer,* AktG, § 192 Rdnr. 8; *E. Bungeroth* in *E. Geßler/W. Hefermehl/U. Eckardt/B. Kropff,* AktG, § 192 Rdnr. 17; *K. Martens,* Die mit Optionsrechten gekoppelte Aktienemission, AG 1989, S. 69, 71.

[64] *K. Steiner,* Zulässigkeit der Begebung von Optionsrechten auf Aktien ohne Optionsschuldverschreibung (naked warrants), WM 1990, S. 1776, 1777; *W. V. Schilling,* Großkommentar zum AktG, § 192 Rdnr. 7; *I. Hoffmann,* Optionsanleihen ausländischer Töchter unter der Garantie ihrer deutschen Muttergesellschaft, AG 1973, S. 47, 49.

[65] *A. Fuchs,* Selbständige Optionsscheine als Finanzierungsinstrument der Aktiengesellschaft, AG 1995, S. 433, 451.

[66] Eine Überschreitung der Zweckbeschränkung des bedingten Kapitals führt zur Anfechtbarkeit des Kapitalerhöhungsbeschlusses. Nach h.M. hat der Registerrichter selbst nach Eintritt der Unanfechtbarkeit die Eintragung im Handelsregister abzulehnen. *U. Hüffer,* AktG, § 192 Rdnr. 8; *E. Bungeroth* in *E. Geßler/*

III. Parallele Emission von Wandel- oder Optionsanleihen

1. Bedeutung

Vergleichbar mit der parallelen Emission von Optionsscheinen sieht das Konzept der Simultaneous Offerings oder Dual Tranche Deals die parallele Plazierung von Aktien sowie eines derivativen Wertpapiers vor, in diesem Fall die einer Options- oder einer Wandelanleihe desselben Unternehmens. Das 1993 erstmals in den USA verwandte Verfahren eignet sich insbesondere für große Transaktionen, d.h. wenn das emittierende Unternehmen einen hohen Kapitalbedarf hat. Wenngleich die Emissionsstrategie auf internationaler Ebene sowohl bei reinen Börseneinführungen als auch Privatisierungen[67] und Akquisitionsfinanzierungen erfolgreich Anwendung fand, wurde es – soweit ersichtlich – von deutschen Unternehmen bislang noch nicht verwandt, was zum einen sicherlich auf die in Deutschland allgemein zurückhaltende Verwendung von Options- und Wandelanleihen zurückzuführen ist. **30**

Options- und Wandelanleihen sind verzinsliche Schuldverschreibungen, d.h. Fremdkapital, die über das beigefügte Options- bzw. Wandlungsrecht Eigenkapitalkomponenten beinhalten.[68] Bei der Wandelanleihe hat der Inhaber ein Wahl- und Gestaltungsrecht, unter Aufgabe seiner Gläubigerstellung Aktionär zu werden. Dieses Recht ist untrennbar mit der Anleihe verbunden. Demgegenüber wird bei der Optionsanleihe dem Gläubigerrecht zusätzlich ein Bezugsrecht[69] beigefügt, das getrennt gehandelt werden kann,[70] d.h. die Anleihe selbst bleibt unabhängig von der Ausübung des Optionsrechts bestehen und ist vom Emittenten am Ende ihrer Laufzeit zu tilgen.[71] **31**

W. Hefermehl/U. Eckardt/B. Kropff (Hrsg.), AktG, § 192 Rdnr. 46 ff. Sollte diese trotzdem erfolgen, so wird und bleibt die bedingte Kapitalerhöhung wirksam. *A. Fuchs,* Selbständige Optionsscheine als Finanzierungsinstrument der Aktiengesellschaft, AG 1995, S. 433, 451 m.w.N.

[67] Banca di Roma.

[68] Eingehend hierzu *M. Lutter,* Kölner Kommentar zum AktG, § 221 Rdnr. 6 ff.; *F. Schumacher,* Die Internationalisierung der Eigenkapitaltitel deutscher Aktiengesellschaften, S. 49 ff.

[69] Bezugs- und Wandlungsrecht werden durch einseitige empfangsbedürftige Willenserklärung (§ 130 BGB) ausgeübt. Hierdurch entsteht noch nicht unmittelbar die Aktionärsstellung, sondern zunächst lediglich ein Umtauschrecht, das einen Anspruch auf Abschluß eines Zeichnungsvertrags gewährt. *U. Hüffer,* AktG, § 221, Rdnr. 5 f.

[70] Bei Optionsanleihen finden sich regelmäßig drei Börsenkurse, nämlichen einen für die Optionsanleihe mit Optionsrecht („cum"), einen für die Anleihe ohne Optionsrecht („ex") sowie einen für den getrennt gehandelten Optionsschein.

[71] Vgl. *H. Trobitz/O. Schwan* in *N. Wieselhuber,* Börseneinführung mit Erfolg, S. 85, 96.

32 Zu den Vorteilen der Options- und Wandelanleihen für den Emittenten gehört die Möglichkeit, daß hierdurch die Zinslast für Fremdkapital gesenkt werden kann, da Investoren vor dem Hintergrund des Options- oder Wandlungsrechts einen niedrigeren Kupon oder einen höheren Ausgabepreis akzeptieren, als sie dies bei normalen Anleihen gleicher Laufzeit desselben Emittenten tun würden. Zudem können sie weitere Investorenkreise ansprechen als mit einer reinen Aktienplazierung oder einer „Straight"-Anleihe. Nachteilig wirken sich dieselben Aspekte wie bei reinen Optionsscheinen aus.[72] Aus Investorensicht stellen Options- und Wandelanleihen interessante Anlagealternativen dar, die neben der Verzinsung auch eine Teilhabe am Unternehmenserfolg ermöglichen, da sich der Kurs der Anleihe[73] am Aktienkurs anlehnt.[74] Anleger, die nach ihren Anlagerichtlinien nicht in Aktien oder Optionen auf Aktien investieren dürfen, können und wollen möglicherweise in „equity-linked-bonds" investieren.

33 Andererseits ist vor dem Hintergrund des Fremdkapitalcharakters von Anleihen natürlich auch der Aspekt der Kreditwürdigkeit des Emittenten zu berücksichtigen. Anleihen junger High Tech Unternehmen dürften deshalb allenfalls als sogenannte „junk bonds"[75] zu plazieren sein.

2. Strategische Überlegungen

34 Der Vorteil einer parallelen Emission von Aktien und einer sogenannten Equity-Linked Anleihe besteht gerade bei großen Transaktionen darin, daß – auch auf internationaler Ebene – Investoren mit unterschiedlichen Anlageinteressen[76] gleichzeitig angesprochen werden können und so der Kapitalbedarf für einen längeren Zeitraum gedeckt werden kann, wobei dies nicht nur in beiden Transaktionen zur Vermeidung eines Überangebots und damit zu einer Optimierung des Preises

---

[72] Vgl. hierzu § 14 II. 2. Strategische Überlegungen.

[73] Bei Optionsanleihen gilt dies nur bis zum Zeitpunkt der Trennung, danach wird lediglich der Kurs des Optionsscheins vom Aktienkurs beeinflußt.

[74] *H. Trobitz/O. Schwan* in *N. Wieselhuber,* Börseneinführung mit Erfolg, S. 85, 94 f.

[75] Hierbei handelt es sich um Anleihen von Emittenten niedriger Bonität, die eine höhere Verzinsung bieten als Emissionen erstklassiger Schuldner. Im Gegensatz zu den USA haben solche Anleihen in Deutschland noch nicht ihren Markt gefunden, was auch daran liegt, daß hier die Verzinsung noch nicht ausgeprägt genug Differenzierungen in der Bonität des Emittenten widerspiegelt.

[76] D.h. Investoren, die sich lediglich für die Aktie interessieren, Investoren, die z.B. aus Gründen ihrer Anlagerichtlinien nicht in Aktien, aber Options- oder Wandelanleihen investieren dürfen, oder – im Falle von Optionsanleihen – nach Trennung von Aktie und Optionsrecht, Investoren, die niedrig verzinsliche Anleihen oder (Privat-)Anleger, die Optionsscheine kaufen.

führt. Der zusätzliche Vermarktungsaufwand ist minimal, beide Transaktionen können sehr effizient mit derselben Equity Story auf einer Road Show beworben werden. Vergleicht man die Strategie mit der alternativen Möglichkeit einer höheren sofortigen Aktienplazierung, so besteht der Vorteil auch in einer niedrigeren sofortigen Verwässerung der Altaktionäre. Wird bei einem absehbar höheren Kapitalbedarf von Anfang an eine spätere Kapitalerhöhung angestrebt, so würde dies später zum Erfordernis eines zusätzlichen Prospekts, zusätzlicher Zeit des (Top-)Managements im Rahmen der Vermarktung und zusätzlicher sonstiger Kosten führen. Die sofortige Abdeckung eines absehbaren Kapitalbedarfs in zwei Transaktionen statt der vorhersehbaren Notwendigkeit einer baldigen Rückkehr an den Markt mag auch unter dem Blickwinkel der Investoren vorteilhaft erscheinen.

Umgekehrt stellt eine solch parallele Transaktion nicht nur besondere 35 Anforderungen an die Equity Story, sondern auch an die Strukturierung der Plazierung und die Fähigkeiten der Konsortialbanken. Dabei wird regelmäßig die Frage auftauchen, ob das Führungsmandat für die Anleihe an den Konsortialführer der Aktientranche vergeben werden soll oder ob hier nicht besser ein Haus mit spezieller derivativer Expertise zu mandatieren ist. Im Zweifelsfall kann die Koordination einer solch komplexen Transaktion besser durch eine Bank durchgeführt werden, die zudem auch besser in der Lage sein wird, die unterschiedlichen Investorengruppen zu definieren und auseinanderzuhalten. Im übrigen besteht bei der Mandatsvergabe an zwei Banken immer die Gefahr gegenseitiger Schuldzuweisungen im Falle von Mißerfolgen.[77]

3. Gesellschaftsrechtliche Grundlagen

Die unmittelbaren rechtlichen Grundlagen für die Ausgabe von 36 Wandel- und Optionsanleihen finden sich in §§ 221, 192 AktG. Nach § 221 I AktG dürfen solche Wertpapiere nur auf Grund eines Beschlusses der Hauptversammlung ausgegeben werden,[78] der mindestens einer Mehrheit von drei Vierteln des bei der Beschlußfassung vertretenen Grundkapitals bedarf, sofern nicht die Satzung eine andere Kapitalmehrheit und weitere Erfordernisse bestimmt.[79] Die Ermächtigung des

[77] Zum Ganzen vgl. *M. Ball,* Double appeal of a simultaneous offering, Eumo February 1998.

[78] Liegt kein wirksamer Beschluß nach § 221 AktG vor, so berührt dies nicht die Wirksamkeit der Rechte, da § 221 I AktG nur das Innenverhältnis betrifft. *U. Hüffer,* AktG, § 221 Rdnr. 52.

[79] Sind mehrere Gattungen stimmberechtigter Aktien vorhanden, so bedarf der Beschluß nach § 221 I 4 i.V.m. § 182 II AktG zu seiner Wirksamkeit der Zustimmung der Aktionäre jeder Gattung, über die die Aktionäre jeder Gattung einen Sonderbeschluß zu fassen haben.

Vorstands zur Ausgabe der Papiere kann höchstens für fünf Jahre erteilt werden. Wie bei der Ausgabe junger Aktien haben die Aktionäre nach § 221 IV AktG i.V.m. § 186 AktG ein Bezugsrecht zum Erwerb.[80]

37 Die Absicherung der Lieferfähigkeit im Falle einer Ausübung des Options- oder Wandlungsrechts erfolgt über die Schaffung eines bedingten Kapitals nach § 192 AktG. Danach kann die Hauptversammlung eine Erhöhung des Grundkapitals beschließen, die nur so weit durchgeführt werden soll, wie von einem Umtausch- oder Bezugsrecht Gebrauch gemacht wird, das die Gesellschaft auf die neuen Aktien einräumt. Die sich aus § 193 I AktG festgeschriebenen Mehrheitserfordernisse für die Schaffung des bedingten Kapitals entsprechen denen für die Ausgabe der Wandelanleihe.[81] Die Möglichkeit zur Ausgabe von Wandel- und Optionsanleihen wird durch § 192 III AktG dergestalt begrenzt, daß der Nennbetrag des bedingten Kapitals die Hälfte des Grundkapitals bei Beschlußfassung über die bedingte Kapitalerhöhung nicht übersteigen darf.

---

[80] Vgl. hierzu auch *T. Busch,* Bezugsrecht und Bezugsrechtsausschluß bei Wandel- und Optionsanleihen, AG 1999, S. 58 ff.; vgl. *L. Knoll,* Der Wert von Bezugsrechten und die materielle Rechtfertigung des Bezugsrechtsausschlusses bei Wandelschuldverschreibungen, ZIP 1998, S. 413 ff.

[81] Der Beschluß muß auch den Zweck der bedingten Kapitalerhöhung, den Kreis der Bezugsberechtigten sowie den Ausgabebetrag beinhalten (§ 193 II AktG).

§ 15 Insiderrecht

I. Bedeutung

1 Die Zulassung von Aktien zum Börsenhandel bringt für den Emittenten, dessen Anteilseigner, Management, Mitarbeiter und Berater, aber auch für Dritte weitgehende Einschränkungen unter dem Gesichtspunkt der Insiderverbote[1] mit sich, die unmittelbare Auswirkungen im täglichen Geschäftsablauf, bei Hauptversammlungen, Analystengesprächen, Unternehmensübernahmen und Gesprächen mit Familien- und anderen Aktionären haben. Gleichzeitig bleibt aber nach der derzeitigen Rechtslage noch eine Vielzahl von Fragestellungen offen.

2 Schon in Anbetracht der Schärfe der mit Verstößen verbundenen straf- und zivilrechtlichen Sanktionen[2] ist für die Beteiligten die detaillierte Kenntnis der Insiderregeln verbunden mit einem hohen Maß an Vorsicht und Sensibilität unbedingt erforderlich. So muß unmittelbar nach Stellen des Antrags auf Zulassung zur Notierung gerade das Management bei sämtlichen Verlautbarungen auf eine strikte Einhaltung der Insiderregeln achten und befindet dabei regelmäßig im Spannungsverhältnis zwischen Publizitätsverpflichtung einerseits und Verbot der ungerechtfertigten Vorabinformation einzelner andererseits. Gleichzeitig empfiehlt sich bei börsennotierten Gesellschaften, im Rahmen der internen Organisation Vorkehrungen dafür zu treffen, daß insiderrelevante Informationen nur denjenigen Mitarbeitern zugänglich sind, die diese für die Erledigung ihrer Aufgaben tatsächlich benötigen.[3]

3 Die vorstehend skizzierten Verpflichtungen börsennotierter Gesellschaften zur Ad-hoc-Publizität[4] sowie die Veröffentlichungspflicht bei Veränderung bedeutender Stimmrechtsanteile sind als wichtigste Präventivmaßnahmen gegen den Insiderhandel[5] auch in diesem Zusammenhang zu sehen.

4 Im Zentrum der Regelungen über die Insiderüberwachung stehen die §§ 12 bis 20 des Wertpapierhandelsgesetzes,[6] das mit dem Zweiten

---

[1] Zur rechtspolitischen Beurteilung vgl. *K. Hopt,* Grundsatz- und Praxisprobleme nach dem Wertpapierhandelsgesetz, ZHR 1995, S. 135, 142.

[2] Vgl. hierzu § 15 V. Sanktionen.

[3] Vgl. hierzu § 15 IV. 4. Unternehmensorganisation und Compliance.

[4] § 16 II. Ad-hoc-Publizität.

[5] Informationen, die bereits öffentlich bekannt sind, können nicht mehr zu Insidergeschäften genutzt werden.

[6] WpHG.

Finanzmarktförderungsgesetz vom 26. Juli 1994[7] eingeführt wurde und nach langem Streit die bis dahin geltenden freiwilligen Insiderregeln der deutschen Wertpapierbörsen durch eine gesetzliche Regelung abgelöst und an internationale Standards angepaßt hat.[8]

5 Maßgebliches Charakteristikum der Insiderverbote ist die mittlerweile allgemeine Mißbilligung des unfairen Ausnutzens eines Informationsvorsprunges durch Personen, die kraft ihrer Position Zugang zu kursrelevanten Informationen haben. Ziel der Verbote ist in erster Linie der Schutz des öffentlichen Vertrauens in die Chancengleichheit des Wertpapierhandels.

II. Insiderhandelsverbot

6 Nach § 14 I WpHG ist es einem Insider verboten,

1. unter Ausnutzung seiner Kenntnis von einer Insidertatsache Insiderpapiere für eigene oder fremde Rechnung oder für einen anderen zu erwerben oder zu veräußern,
2. einem anderen eine Insidertatsache unbefugt mitzuteilen oder zugänglich zu machen,

---

[7] BGBl. I, 1994 S. 1749 ff.

[8] Damit wurden gleichzeitig die EG-Insiderrichtlinie (Richtlinie 89/592/EWG des Rates vom 13. November 1989 zur Koordinierung der Vorschriften betreffend Insider-Geschäfte, in ABl. Nr. L 334 vom 18. November 1989, S. 30 ff) und die EG-Transparenzrichtlinie (Richtlinie 88/627/EWG des Rates vom 12. Dezember 1988 über die bei Erwerb und Veräußerung einer bedeutenden Beteiligung an einer börsennotierten Gesellschaft zu veröffentlichenden Informationen, in ABl. Nr. L 284, 17. 12. 1988, S. 62 ff) in deutsches Recht umgesetzt. Vgl. eingehend hierzu *A. Kaiser,* Die Harmonisierung des Europäischen Kapitalmarktrechts und das Recht des Wertpapierhandels in Italien und in Deutschland, S. 18, 19, 47 ff. Die Insiderregeln des WpHG sind damit nicht nur positives deutsches Recht, sondern auch Gesetz zur Transformation der EG-Insiderrichtlinie. Dies führt dazu, daß EG-Recht bei der Auslegung der Insiderbestimmungen, die in umfangreichem Maß unbestimmte Rechtsbegriffe enthalten, zu berücksichtigen ist. *K. Hopt,* Grundsatz- und Praxisprobleme nach dem Wertpapierhandelsgesetz, ZHR 1995, S. 135, 137 f; *H. Assmann,* Das künftige deutsche Insiderrecht, AG 1994, S. 196, 200.

Somit führte letztendlich nicht innerer, sondern äußerer Druck auf den deutschen Gesetzgeber zur Beendigung der lang andauernden Diskussion über die Notwendigkeit eines gesetzlichen Verbots des Insiderhandels. Zur historischen Entwicklung des Insiderrechts in Deutschland vgl. *F. zur Megede* in *H.-D. Assmann/R. Schütze,* Handbuch des Kapitalanlagerechts, S. 505; *H. Assmann,* a.a.O, 197 ff. mit dem Hinweis, daß in Deutschland bislang noch keine spektakulären Fälle des Insiderhandels offengelegt wurden, die allein durch ein gesetzliches Verbot hätten angemessen erfaßt werden können. An dieser Feststellung hat sich in der Zwischenzeit nichts Wesentliches geändert.

3. einem anderen auf der Grundlage seiner Kenntnis von einer Insidertatsache den Erwerb oder die Veräußerung von Insiderpapieren zu empfehlen.

Das Verbot, unter Ausnutzung der Kenntnis von einer Insidertatsache Insiderpapiere für eigene oder fremde Rechnung oder für einen anderen zu erwerben oder zu veräußern, trifft nach § 14 II WpHG auch Dritte, die Kenntnis von einer Insidertatsache haben. Sogenannte Sekundärinsider unterliegen also lediglich dem Erwerbs- und Veräußerungsverbot.

1. Insiderpapiere

Mit der Definition des Begriffs „Insiderpapiere" in § 12 WpHG wird zugleich der objektive Geltungsbereich des Insiderrechts nach dem WpHG festgelegt.[9] 7

Danach sind Aktien und andere Wertpapiere dann Insiderpapiere, wenn sie an einer inländischen Börse zum Handel[10] zugelassen, in den Freiverkehr[11] einbezogen oder in einem anderen Mitgliedstaat der Europäischen Union bzw. einem Vertragsstaat des Abkommens über den Europäischen Wirtschaftsraum zum Handel an einem organisierten Markt zugelassen sind oder wenn der Antrag auf Zulassung oder Einbeziehung gestellt oder öffentlich angekündigt ist.[12] Nach § 12 II WpHG gelten

---

[9] *A. Kaiser,* Die Harmonisierung des Europäischen Kapitalmarktrechts und das Recht des Wertpapierhandels in Italien und in Deutschland, S. 213.

[10] Das betrifft den Amtlichen Handel sowie den geregelten und (schon wegen der Erforderlichkeit der parallelen Zulassung am Geregelten Markt, auch) den Neuen Markt. Die Einbeziehung des Freiverkehrs in die Insiderregelung war geboten, weil das Publikum nicht danach unterscheidet, ob Insiderverstöße an der Börse im Freiverkehr oder in den anderen Börsensegmenten begangen werden. Auch der Insiderhandel im Freiverkehr kann eine Börse in Mißkredit bringen und dadurch das Vertrauen der Anleger in die Funktionsfähigkeit der gesamten Börse erschüttern. Aktien, die lediglich im Telefonhandel gehandelt werden, erfüllen nicht die Voraussetzungen des § 12 WpHG und können daher nicht Gegenstand einer Insidertransaktion sein.

[11] Mit der Einbeziehung von Wertpapieren, die im Freiverkehr gehandelt werden, in die Insiderregelungen ist der Gesetzgeber bei der Umsetzung der EG-Insider-Richtlinie über deren Vorgaben hinausgegangen. Dies ist sachgerecht, da Investoren häufig nicht zwischen den öffentlich-rechtlich strukturierten amtlichen und geregelten Märkten einerseits und dem privatrechtlich organisierten Freiverkehr unterscheiden und deshalb auch der Insiderhandel im Freiverkehr die Integrität der Börse insgesamt in Zweifel ziehen kann. *S. Kümpel,* Bank- und Kapitalmarktrecht, Rdnr. 14.223.

[12] Ein Zulassungsantrag ist als gestellt zu betrachten, wenn er der zuständigen Börse zugegangen ist. Demgegenüber ist ein Zulassungsantrag i.S.v. § 12 I 2 WpHG als öffentlich angekündigt anzusehen, wenn der Emittent, d.h. die Gesellschaft oder ein anderweitiger Anbieter der Wertpapiere in einer an einen unbestimmten Personenkreis gerichteten und entsprechend publizierten Erklä-

auch bestimmte derivative Rechte wie Optionen, Optionsscheine und indexbasierte Rechte als Insiderpapiere,[13] sofern diese börsennotiert sind.[14] Auf eine Verbriefung kommt es nicht an.

2. Insider

8 Der subjektive Anwendungsbereich des Insiderrechts wird durch den Insiderbegriff festgelegt. Wie im europäischen Recht werden im deutschen Recht Primärinsider und Sekundärinsider unterschieden, wobei die Gruppe der Primärinsider in § 13 I WpHG enumerativ bestimmt ist. Danach ist Primärinsider, wer

1. als Mitglied des Geschäftsführungs- oder Aufsichtsorgans oder als persönlich haftender Gesellschafter des Emittenten oder eines mit dem Emittenten verbundenen Unternehmens,[15]
2. aufgrund seiner Beteiligung am Kapital[16] des Emittenten oder eines mit dem Emittenten verbundenen Unternehmens oder

---

rung darauf hinweist, daß die Notierung der Aktien in dem fraglichen Marktsegment beabsichtigt ist. *H. Assmann* in *H. Assmann/U. Schneider,* Wertpapierhandelsgesetz, § 12 Rdnr. 3.

[13] Wenngleich die Definition von Insiderpapieren in § 12 WpHG enger ist als die von derivativen Instrumenten in § 2 II WpHG, werden doch sämtliche börsennotierte Instrumente, die im Rahmen von Insidertransaktionen verwendet werden können, abgedeckt. Insoweit wird § 12 II („... Rechte auf Zeichnung, Erwerb oder Veräußerung von Wertpapieren, Rechte auf Zahlung eines Differenzbetrages, der sich an der Wertentwicklung von Wertpapieren bemißt, Terminkontrakte auf einen Aktien oder Rentenindex oder Zinsterminkontrakte (Finanzterminkontrakte) sowie Rechte auf Zeichnung, Erwerb oder Veräußerung von Finanzterminkontrakten, sofern die Finanzterminkontrakte Wertpapiere zum Gegenstand haben oder sich auf einen Index beziehen, in den Wertpapiere einbezogen sind, sonstige Terminkontrakte, die zum Erwerb oder zur Veräußerung von Wertpapieren verpflichten, ...“) von *C. Claussen,* Bank- und Börsenrecht, S. 324 zu eng interpretiert, der richtigerweise auf die Hebelwirkung von Derivativen hinweist, die sie zu idealen Instrumenten zur Ausnutzung von Insiderkenntnissen macht. Vgl. hierzu auch *A. Kaiser,* Die Harmonisierung des Europäischen Kapitalmarktrechts und das Recht des Wertpapierhandels in Italien und in Deutschland, S. 214.

[14] *K. Hopt,* Europäisches und deutsches Insiderrecht, ZGR 1991, S. 17, 40; *H. Assmann,* Das neue deutsche Insiderrecht, ZGR 1994, S. 494, 517.

[15] Die Einbeziehung von Personen verbundener Unternehmen geht über die Vorgaben der Insider-RL hinaus. Art. 2 I, 1. Alt. I-RL erfaßt als Insider nur diejenigen, die Mitglieder entsprechender Organe „des Emittenten“ sind. Dies hängt auch damit zusammen, daß der Begriff der „Unternehmensverbindung“ europarechtlich nicht definiert ist. Im deutschen Recht ist unabhängig von der Rechtsform auf § 15 AktG zurückzugreifen. Vgl. Begründung des Regierungsentwurfs des Zweiten Finanzmarktförderungsgesetzes, BT-Drucksache 12/6679, S. 46.

[16] Dies ist unabhängig von einer bestimmten Beteiligungshöhe. Begründung des Regierungsentwurfs des Zweiten Finanzmarktförderungsgesetzes, BT-

3. aufgrund seines Berufs oder seiner Tätigkeit oder seiner Aufgabe bestimmungsmäß[17]

Kenntnis von einer nicht öffentlich bekannten Tatsache hat, die sich auf einen oder mehrere Emittenten von Insiderpapieren oder auf Insiderpapiere bezieht und geeignet ist, im Falle ihres öffentlichen Bekanntwerdens den Kurs der Insiderpapiere erheblich zu beeinflussen.

Demgegenüber wird der Sekundärinsider nicht ausdrücklich definiert. § 14 II WpHG spricht von einem „Dritten, der Kenntnis von einer Insidertatsache hat" und schafft damit einen sehr weiten Begriff des Sekundärinsiders. In Zusammenhang mit § 13 I WpHG ergibt sich, daß eine Person dann Sekundärinsider ist, wenn sie Kenntnis von einer Insidertatsache hat, ohne selbst Primärinsider zu sein. Entscheidend für die Qualifikation als Sekundärinsider ist folglich allein die Kenntnis einer Insidertatsache, wobei bloße Zufallskunde ausreicht. Es kommt nicht darauf an, daß der Dritte seine Kenntnis von einem Primärinsider erhält.[18] **9**

3. Insidertatsache

Nach § 13 I und II WpHG sind Insidertatsachen nicht öffentlich bekannte Tatsachen, die sich auf einen oder mehrere Emittenten von Insiderpapieren oder auf Insiderpapiere beziehen und geeignet sind, im Falle ihres öffentlichen Bekanntwerdens den Kurs der Insiderpapiere erheblich zu beeinflussen. Eine Bewertung, die ausschließlich auf der Grundlage öffentlich bekannter Tatsachen erstellt wird, ist keine Insidertatsache, selbst wenn sie den Kurs von Insiderpapieren erheblich beeinflussen kann.[19] **10**

Drucksache 12/6679, S. 46. Ein Aktionär ist nicht bereits aufgrund seiner gesellschaftsrechtlichen Beteiligung statusmäßiger Insider. Er wird aber Primärinsider, wenn er im Einzelfall Insiderkenntnisse erwirbt und dies ursächlich, d.h. kausal auf der Beteiligung beruht, z.B. wenn er auf der Hauptversammlung von seinem Auskunftsrecht nach § 131 AktG Gebrauch gemacht hat. *K. Caspari,* Die geplante Insiderregelung in der Praxis, ZGR 1994, S. 530, 537; *A. Kaiser,* Die Harmonisierung des Europäischen Kapitalmarktrechts und das Recht des Wertpapierhandels in Italien und in Deutschland, S. 214 f; *C. Claussen,* Börsen- und Bankrecht, S. 322.

[17] Eine rein zufällige Kenntniserlangung reicht also für die Begründung der Insidereigenschaft nicht aus. Begründung des Regierungsentwurfs des Zweiten Finanzmarktförderungsgesetzes, BT-Drucksache 12/6679, S. 46.

[18] *A. Kaiser,* Die Harmonisierung des Europäischen Kapitalmarktrechts und das Recht des Wertpapierhandels in Italien und in Deutschland, S. 215 f. *F. zur Megede* in *H.-D. Assmann/R. Schütze,* Handbuch des Kapitalanlagerechts, S. 510 rechnet hierzu Personen wie Taxi- und Dienstwagenfahrer, Reinigungskräfte, Boten, Handwerker, Ärzte u. ä., aber auch Familienangehörige, Lebensgefährten und Freunde, wenn ihnen ein Primär- oder Sekundärinsider bewußt oder gedankenlos die Insidertatsache, weitergegeben, zugänglich gemacht oder die Kenntnisnahme ermöglicht hat.

[19] Zur Frage, ob das Wissen um das Erscheinen einer kursbeeinflussenden

- Der Begriff der Tatsache dient zur Abgrenzung von Meinungen, Gerüchten, Tips und anderen subjektiven Wertungen, die bloße Meinungen ausdrücken.[20] Während harte Tatsachen objektiv verifizierbare Informationen beinhalten, erfüllen auch weiche Tatsachen mit subjektiven Elementen die tatbestandlichen Voraussetzungen der Insidertatsache des § 13 WpHG, solange sie auf einer objektiven Grundlage beruhen. Auch eine Meinungsäußerung kann Tatsache im Sinne des § 13 WpHG sein, wenn sie mit der Übermittlung von Fakten einhergeht.[21] Sehr weiche Informationen, die überwiegend auf subjektiven Wertungen bestehen, sind dagegen keine Tatsachen.
- In der Praxis Schwierigkeiten bereitet dabei auch die Frage, inwieweit bzw. ab welchem Grad der Realisationswahrscheinlichkeit Pläne und Absichten der Unternehmensorgane – wie z.B. Investitionsprojekte – eine Insidertatsache darstellen. Nach einer sich abzeichnenden herrschenden Meinung werden Pläne mit einer hohen Eintrittswahrscheinlichkeit als Insidertatsachen betrachtet.[22] Diese hohe Eintrittswahrscheinlichkeit soll nicht erst dann vorliegen, wenn einer Realisierung tatsächlich nichts mehr im Wege steht. So können beabsichtigte Investitionsprojekte oder Unternehmenskäufe bereits vor den zustimmenden Beschlüssen von Vorstand und Aufsichtsrat Insidertatsachen im Sinne von § 13 WpHG darstellen, wenn nach entsprechenden Vorgesprächen sicher ist, daß es zu den erforderlichen Genehmigungen kommt.[23]
- Beim Tatbestandsmerkmal „nicht öffentlich bekannt“ ist auf den Schutzzweck des Insiderrechts abzustellen, das die Vermeidung einer Ausnutzung von Informationsungleichgewichten zwischen den Marktteilnehmern beabsichtigt. Danach ist eine Tatsache öffentlich bekannt, wenn eine unbestimmte Anzahl von Personen die Möglichkeit hat, von ihr Kenntnis zu nehmen.[24]

Bewertung z.B. eines Analysten eine Insidertatsache darstellt, vgl. *F. zur Megede* in *H. Assmann/R. Schütze,* Handbuch des Kapitalanlagerechts, S. 508 (m.E. zu Unrecht ablehnend) m.w.N.

[20] Begründung des Regierungsentwurfs des Zweiten Finanzmarktförderungsgesetzes, BT-Drucksache 12/6679, S. 46.

[21] *Deutsche Börse* (Hrsg.), Insiderhandelsverbote und Ad-hoc-Publizität nach dem Wertpapierhandelsgesetz, WM 1994, S. 2038, 2043.

[22] *S. Kümpel,* Wertpapierhandelsgesetz, S. 54 ff.

[23] *H. Assmann,* Rechtsanwendungsprobleme des Insiderrechts, AG 1997, S. 50 f.

[24] Begründung des Regierungsentwurfs des Zweiten Finanzmarktförderungsgesetzes, BT-Drucksache 12/6679, S. 46; *H. Assmann,* Das künftige deutsche Insiderrecht, AG 1994, S. 237, 242. Die Schaffung dieser Möglichkeit ist am einfachsten durch Streuung über die Massenmedien zu erreichen bzw. durch Herstellung der Bereichsöffentlichkeit, indem die Gesellschaft die nicht öffentlich bekannte Tatsache nach § 15 III WpHG einem elektronischen Verbreitungsmedium wie Reuters mitteilt. Hierdurch gilt die Tatsache als öffentlich i. S. d.

- Neben rein gesellschaftsbezogenen Tatsachen, d.h. solchen Ereignissen, die wie die Vermögens- oder Ertragslage des Unternehmens einen spezifischen Bezug zur Gesellschaft selbst haben, können auch marktbezogene, d.h. außerhalb des Unternehmens liegende Daten Insidertatsachen i.S.d. § 13 WpHG sein.[25] Aufgrund des weniger engen Emittentenbezugs von Ereignissen ist der Tatbestand der Insidertatsache weiter als der Tatbestand der publizitätspflichtigen Tatsache nach § 15 WpHG. Es gibt daher Insidertatsachen, die – wie der Wechsel eines Aktienpakets – nicht oder noch nicht der Ad-hoc-Publizität unterliegen.[26]
- Die Beurteilung der Geeignetheit, den Kurs von Wertpapieren erheblich zu beeinflussen, ist für den Zeitpunkt des Insidergeschäfts im Sinne einer objektiv nachträglichen Prognose zu bestimmen.[27] Dabei ist die Kenntnis der Marktteilnehmer zu unterstellen und deren mutmaßliches Verhalten ist zu ermitteln. Im Rahmen der Erheblichkeit der möglichen Kursbeeinflussung werden z.T. erst Kurssprünge von 10 Prozent, die nach Maßgabe der Börsenordnungen von den Kursmaklern mit Doppelplus bzw. Doppelminus angekündigt werden müssen,[28] als ausreichend angesehen, während die wohl herrschende Lehre bereits bei einer erwarteten prozentualen Kursbewegung von 5 Prozent von einer erheblichen Kursveränderung ausgeht.[29] Nach

---

§ 13 WpHG, ihre Nutzung kann daher keinen Insiderverstoß mehr darstellen. *C. Claussen,* Bank- und Börsenrecht, S. 323 m.w.N.

[25] *F. zur Megede* in *H.-D. Assmann/R. Schütze,* Handbuch des Kapitalanlagerechts, S. 509; *S. Tippach,* Marktdaten im künftigen Insiderrecht?, WM 1993, 1269 ff; *K. Caspari,* Die geplante Insiderregelung in der Praxis, ZGR 1994, S. 530, 540; *H. Assmann,* Das künftige deutsche Insiderrecht, AG 1994, S. 243; *C. Claussen,* Das neue Insiderrecht, DB 1994, S. 27, 30; *S. Kümpel,* Bank- und Kapitalmarktrecht, Rdnr. 14.106.; *A. Kaiser* (Die Harmonisierung des Europäischen Kapitalmarktrechts und das Recht des Wertpapierhandels in Italien und in Deutschland, S. 216) will wenigstens solche Marktdaten erfassen, die geeignet sind, den Kurs von Wertpapieren erheblich zu beeinflussen.

[26] *Deutsche Börse,* Insiderhandelsverbote und Ad-hoc-Publizität nach dem Wertpapierhandelsgesetz, S. 19.

[27] *K. Hopt,* Europäisches und deutsches Insiderrecht, ZGR 1991, S. 17, 32. D.h., daß im Falle der Überprüfung einer Transaktion auf einen Verstoß gegen die Insiderregeln des Wertpapierhandelsgesetzes das BAWe die Richtigkeit einer Kursprognose überprüft, ohne auf den tatsächlichen Kursverlauf abzustellen. *C. Claussen,* Bank- und Börsenrecht, S. 324.

[28] Vgl. hierzu *J. Franke* in *H. Assmann/R. Schütze,* Handbuch des Kapitalanlagerechts, S. 74 f.

[29] *F. zur Megede* in *H.-D. Assmann/R. Schütze,* Handbuch des Kapitalanlagerechts; S. 94. *K. Hopt,* Grundsatz- und Praxisprobleme nach dem Wertpapierhandelsgesetz, ZHR 1995, S. 135, 154. Zur Diskussion vgl. auch *H. Assmann,* Das künftige deutsche Insiderrecht, AG 1994, S. 196, 237, 244. Nach *R. Süßmann,* Insiderhandel – Erfahrungen aus der Sicht des Bundesaufsichtsamts für den

einem anderen Ansatz werden Veränderungen in der Ertragslage der AG in Höhe von 5 Prozent als erheblich angesehen.[30]

4. Insiderverbote

11 Geschäfte in Insiderpapieren auf der Basis von Insiderinformationen sind verboten. Dabei ist irrelevant, ob der Erwerb für eigene oder fremde Rechnung durch den Insider oder einen Dritten erfolgt. Auch die subjektive Ausrichtung des Insiders auf den eigenen Vorteil ist nicht Tatbestandsmerkmal, es genügt vielmehr die Absicht der Ausnutzung von Insiderinformationen.[31] Im einzelnen ergeben sich aus § 14 I WpHG ein Verwertungsverbot, ein Weitergabeverbot sowie ein Empfehlungsverbot.

- Ein Verstoß gegen das Verwertungsverbot liegt nach § 14 I Nr. 1 WpHG vor, wenn der Primär- oder Sekundärinsider die Kenntnis einer Insidertatsache ausnutzt, indem er Insiderpapiere erwirbt oder veräußert. Als subjektive Komponente setzt der Begriff des Ausnutzens die vollständige Kenntnis der objektiven Tatbestandsmerkmale voraus. Zudem verlangt wird eine verwerfliche Gesinnung in Form der Absicht, durch Verwertung eines Wissensvorsprungs einen wirtschaftlichen Sondervorteil gegenüber den nicht informierten Anlegern zu erlangen, der als Verstoß gegen den Grundsatz der Chancengleichheit der Anleger mißbilligt wird.[32] Es kommt nicht darauf an, daß der erstrebte Vorteil tatsächlich erlangt wird.[33]

Wertpapierhandel, AG 1997, S. 63 f. wird das Abstellen auf ein Kursänderungspotential von mindestens 5 Prozent den tatsächlichen Gegebenheiten nicht gerecht. Da ein Insider, der seine Insiderkenntnisse verbotswidrig nutzen möchte, nicht an den üblichen Kursbewegungen profitieren möchte, sondern über diese Schwankungsbreite hinaus einen Gewinn erzielen möchte, gilt nach seiner Auffassung jedes Kursänderungspotential als erheblich kursrelevant, das die übliche Kursvolatilität des jeweiligen Insiderpapiers übersteigt.

[30] *C. Claussen,* Bank- und Börsenrecht, S. 323 f. Dabei soll auf das DVFA-Ergebnis als wichtigste Kennziffer abgestellt werden. Vgl. *K. Hopt,* Grundsatz- und Praxisprobleme nach dem Wertpapierhandelsgesetz, ZHR 1995, S. 135, 154 m.w.N. und dem Hinweis, daß sich hierfür im Gesetz kein Anhaltspunkt ergibt. Vgl. hierzu *K. Hopt,* Europäisches und deutsches Insiderrecht, ZGR 1991, S. 17, 32.

[31] *C. Claussen,* Bank- und Börsenrecht, S. 324.

[32] Begründung des Regierungsentwurfs des Zweiten Finanzmarktförderungsgesetzes, BT-Drucksache 12/6679, S. 47. Für die Auslegung des Begriffs „Ausnutzen" sind insbesondere die Erwägungsgründe der Insider-RL heranzuziehen. Danach ist die Umsetzung einer eigenen unternehmerischen Entscheidung als solche kein Ausnutzen von Insiderwissen, sofern die Entscheidung nicht durch anderweitig erlangtes Insiderwissen beeinflußt ist. *A. Kaiser,* Die Harmonisierung des Europäischen Kapitalmarktrechts und das Recht des Wertpapierhandels in Italien und in Deutschland, S. 218. Die hieraus resultierenden Abgrenzungsschwierigkeiten sind offensichtlich.

[33] *C. zur Megede* in *H.-D. Assmann/R. Schütze* (Hrsg.), Handbuch des Kapitalanlagerechts, S. 511.

- Diese Voraussetzungen sind auch beim „Mitlaufen" und beim sogenannten Frontrunning erfüllt, bei dem vom Insider unter Nutzung der Kenntnis großer Kauf- oder Verkaufsaufträge vorzeitig gleiche Geschäfte getätigt werden.[34] Kein Ausnutzen liegt dagegen vor, wenn ein Kursmakler oder anderer Insider, der aufgrund seiner beruflichen Tätigkeit zwangsläufig über Insidertatsachen verfügt, diese bei der Ausübung seiner Tätigkeit ausschließlich rechtskonform verwendet, oder wenn eine eigene unternehmerische Entscheidung umgesetzt wird, die nicht durch anderweitig erlangtes Insiderwissen beeinflußt ist.[35]
- Ein Verstoß gegen das Weitergabeverbot des § 14 I Nr. 2 WpHG liegt vor, wenn eine Insidertatsache anderen unbefugt mitgeteilt oder zugänglich gemacht wird. Eine unbefugte Weitergabe i.d.S. liegt dann nicht vor, wenn die Tatsache im normalen Rahmen der Berufs- und Geschäftstätigkeit oder aufgrund einer gesetzlichen Verpflichtung weitergegeben wird.[36]
- Im WpHG wurden das Weitergabe- und das Empfehlungsverbot nicht auf den Sekundärinsider ausgedehnt. Hier kommt eine Strafbarkeit des Sekundärinsiders allenfalls als Anstifter[37] oder als Gehilfe[38] in Betracht, wenn er einem weiteren Dritten Kenntnis von einer Insidertatsache verschafft und/oder ihm eine Empfehlung erteilt und der Dritte diese Kenntnis zum Erwerb oder zur Veräußerung von Insiderpapieren ausnutzt.[39]

---

[34] *C. Claussen,* Bank- und Börsenrecht, S. 325 mit Beispielen.

[35] Hierunter fallen beispielsweise die Geschäfte von Maklern, Market Makern und bei Banken angestellten Wertpapierhändlern, die weisungsgemäß Kundenorders ausführen. Deren Geschäfte verstoßen nicht gegen § 14 I WpHG, wenn sie bei der Auftragsausführung ihr Insiderwissen nicht einfließen lassen. Sollen Orders „interessewahrend" ausgeführt werden, sollte nach der Gesetzesbegründung die Auftragsausführung einem Nicht-Insider überlassen werden.

[36] Vgl. *C. zur Megede* in *H.-D. Assmann/R. Schütze* (Hrsg.), Handbuch des Kapitalanlagerechts, S. 512.

[37] Nach § 26 StGB wird als Anstifter gleich einem Täter bestraft, wer vorsätzlich einen anderen zu dessen vorsätzlich begangener rechtswidriger Tat bestimmt hat.

[38] Als Gehilfe wird nach § 27 StGB bestraft, wer vorsätzlich einem anderen zu dessen vorsätzlich begangener rechtswidriger Tat Hilfe geleistet hat. Die Strafe für den Gehilfen richtet sich nach der Strafdrohung für den Täter, wird aber nach § 49 StGB gemildert.

[39] *A. Kaiser,* Die Sanktionierung von Insiderverstößen und das Problem der Kursmanipulation, WM 1997, S. 1557; *H. Assmann,* Das künftige deutsche Insiderrecht, AG 1994, S. 196, 237, 248; *S. Kümpel,* Bank und Kapitalmarktrecht, Rdnr. 14.214. Eingehend zur Frage der Teilnahme an Insiderdelikten, *P. Cramer,* Strafrechtliche Probleme des Insiderhandelsverbots, insbesondere Beihilfe zur fremden Insiderstraftat, AG 1997, S. 59 ff.

III. Sonderfragen

12 Der Tatbestand der Verbotsnorm § 14 I Nr. 2 WphG ist u.a. dann erfüllt, wenn ein Primärinsider einem Dritten eine Insidertatsache unbefugt mitteilt. Dabei führt insbesondere die Interpretation des unbestimmten Rechtsbegriffs „unbefugt", d.h. die Frage, in welchem Umfang ein Unternehmen im Tagesgeschäft überhaupt noch gegenüber aktuellen und potentiellen Geschäftspartnern oder Aktionären relevante Informationen preisgeben darf, zu einer tiefgreifenden Verunsicherung bei Unternehmen und deren Organen, aber auch bei deren Beratern.

13 Richtigerweise wird man bei der Prüfung von Sachverhalten zunächst immer auf Sinn und Zweck der Insiderregeln abstellen müssen, mit denen die Ausnutzung von Informationsvorsprüngen zu Lasten nicht privilegierter Marktteilnehmer verhindert werden soll. Allerdings ist zuzugeben, daß dies regelmäßig auch nur Anhaltspunkte für eine Klärung liefert, nicht aber die Klärung selbst. Dies gilt auch für die Feststellung, daß bei einer richtlinienkonformen Auslegung jede Weitergabe als befugt anzusehen ist, die Insider in einem normalen Rahmen in Ausübung ihres Berufs oder in Erfüllung ihrer Aufgaben vornehmen.[40] Dabei soll eine Interessenabwägung ergeben, was als normale und ordnungsgemäße Aufgabenerfüllung anzusehen ist und jede Weitergabe als befugt angesehen werden, die in Wahrung berechtigter und gegenüber den Zielen des Insiderrechts überwiegender Interessen erfolgt.[41]

14 Umstritten ist, inwieweit die Rechtmäßigkeit der Weitergabe einer Insidertatsache im Sinne des § 14 WpHG davon abhängt, ob der Dritte seinerseits einer gesetzlichen, rechtlichen oder vertraglich begründeten Verschwiegenheitspflicht unterliegt.[42] Den Gegnern dieser Auffassung ist zugute zu halten, daß dies keine Grundlage im Gesetz findet.[43] Trotzdem wird eine gesetzlich oder vertraglich begründete Verschwiegenheitspflicht bei der Interessenabwägung eine nicht ungewichtige Rolle spielen und – wenn man so überhaupt zu einem Verstoß gegen ein Weitergabeverbot kommt – bei der Schuldfrage und der Strafzumessung zu berücksichtigen sein. In der Praxis empfiehlt sich daher für den Weitergebenden bei Zweifelsfragen immer, den Informationsemp-

---

[40] Art. 3a EG-Insiderrichtlinie, Abl. EG Nr. L 334/30 vom 18. 11. 1989, abgedruckt in *H. Assmann/U. Schneider* (Hrsg.), WpHG, S. 925 ff.

[41] *H. Assmann,* Rechtsanwendungsprobleme des Insiderrechts, AG 1997, S. 50, 55.

[42] *J. Götz,* Die unbefugte Weitergabe von Insidertatsachen, DB 1995, S. 1949 f.; *R. Schmidt-Diemitz,* Pakethandel und das Weitergabeverbot von Insiderwissen, DB 1996, S. 1809 f.

[43] *H. Assmann,* Rechtsanwendungsprobleme des Insiderrechts, AG 1997, S. 50, 55.

fänger vertraglich zur Vertraulichkeit zu verpflichten oder ihn zumindest auf sämtliche Verbote des § 14 WpHG[44] aufmerksam zu machen und so einen Verbotsirrtum auszuschließen.[45,46]

Trotzdem bleibt bis zur Schaffung klarer Regeln durch den Gesetzgeber und die Gerichte das unbefriedigende Ergebnis der Rechtsunsicherheit, die sich auch durch eine fallgruppenorientierte Konkretisierung nicht vollständig beseitigen läßt. **15**

1. Information von Mehrheitsgesellschaftern

Von besonderer Bedeutung bei der Klärung der Reichweite des Weitergabeverbots für Insiderinformationen ist gerade für Anteilsinhaber einer (Familien-)Gesellschaft, deren Börseneinführung erwogen wird, inwieweit sie auch nach dem Börsengang vom Management über aktuelle Entwicklungen informiert werden können. Vor Erlaß des Wertpapierhandelsgesetzes war es durchaus üblich, daß Mehrheitsgesellschafter, einflußreiche Aktionärspools oder Familiengesellschafter auch mit Insiderwissen versorgt wurden.[47] Diese Privilegierung wurde für rechtmäßig befunden, wenn dies „zur einheitlichen Willensbildung zunächst im Pool und dann über diesen in der Familien-AG" angebracht ist.[48] **16**

---

[44] Also nicht nur das Verwertungsverbot, sondern auch das Weitergabe- und das Empfehlungsverbot.

[45] Nach § 17 StGB handelt ein Täter ohne Schuld und kann daher nicht bestraft werden, wenn ihm bei Begehung einer Tat die Einsicht fehlt, Unrecht zu tun und er diesen Irrtum nicht vermeiden konnte.

[46] Die Personenkreise, bei denen die vorgenannten Zweifelsfragen und Interessenskonflikte vor einer Informationsweitergabe auftauchen können, dürften regelmäßig zu Primärinsidern nach § 14 I Nr. 3 WpHG gehören, d.h. diese Kenntnisse aufgrund ihres Berufs, ihrer Tätigkeit oder ihrer Aufgabe bestimmungsgemäß erhalten. Damit unterliegen auch sie nicht nur einem Verwertungs-, sondern auch einem Weitergabe- und Empfehlungsverbot.

Mit der vorgeschlagenen Einbeziehung in die Verschwiegenheitspflicht lassen sich auch Fälle wie den bei *H. Assmann,* Rechtsanwendungsprobleme des Insiderrechts, AG 1997, S. 50, 55 diskutierten, wo ein Unternehmen, das mit einem anderen sehr eng kooperiert, nun aber auch mit dessen Konkurrenten zusammenarbeiten und den alten Partner vor einer Pressemitteilung entsprechend informieren möchte, für alle Seiten befriedigend lösen.

[47] Inwieweit sich diese Praxis seit der Einführung der rechtsverbindlichen Insiderregeln des Wertpapierhandelsgesetzes geändert hat, kann nicht abgeschätzt werden. Zu vermuten ist aber, daß das Insiderrecht zur Zeit in diesen Kreisen nach dem Motto „Wo kein Kläger, da kein Richter" noch nicht überall ganz ernst genommen wird.

[48] So *K. Hopt* noch in: Grundsatz- und Praxisprobleme nach dem Wertpapierhandelsgesetz, ZHR 1995, S. 135, 145 f. Demgegenüber hält er Käufe und Verkäufe von Poolmitgliedern für nicht privilegiert, was aber in der Praxis – zumindest bis zu diesem Zeitpunkt – unbefolgt bliebe. Dies gelte uneinge-

17 Bei dieser durchaus einleuchtenden Argumentation, nach der auch die informierten Familienmitglieder gemäß § 13 I Nr. 2 WpHG Primärinsider werden, wird aber übersehen, daß solche Privilegien zu gravierenden Abgrenzungsschwierigkeiten führen würden. Die bevorzugten Kreise bekämen ohne irgendeine Rechtfertigung „insiderrechtlich untermauert, den Status einer Nebenhauptversammlung und eines Schattenaufsichtsrats",[49] was wiederum Mißtrauen unter den Marktteilnehmern säen würde. Dies erscheint im Rahmen einer Interessenabwägung deutlich gewichtiger als das Interesse an einer einheitlichen Willensbildung bestimmter Gesellschaftergruppen im Vorfeld einer Hauptversammlung. Sind hierfür bestimmte Informationen erforderlich, so muß eben auf eine Vorabveröffentlichung derselben hingewirkt werden. Mehrheits- und Familiengesellschafter sowie Aktionärspools dürfen daher in Hinblick auf den aktienrechtlichen Gleichbehandlungsgrundsatz nach § 53a AktG keine Insiderinformationen erhalten.[50]

---

schränkt für Transaktionen mit Außenstehenden. Aber auch im Falle einer, z.B. generationswechselsbedingten, Übertragung von Anteilen an ein anderes Familien- oder Poolmitglied unter Weitergabe von Insiderinformationen über eine besondere Werthaltigkeit läge jeweils ein Verstoß gegen § 14 I Nr. 1 WpHG vor, wenngleich in atypischer Form. Etwas anderes solle nur dann gelten, wenn nur die Verwandtschaft bzw. Poolzugehörigkeit und nicht die Insiderinformation für Veräußerung und Erwerb wesentlich war.

Die gerade aus der letztgenannten Argumentation resultierenden Abgrenzungsschwierigkeiten und Umgehungsmöglichkeiten sind offensichtlich. Die aufgeworfenen Fragen lassen sich aber sauberer bei im wesentlichen gleichbleibenden Ergebnissen für die Praxis durch die unter § 15 III. 4. Unternehmens- und Paketkauf aufgestellten Regeln lösen.

[49] *H. Assmann,* Rechtsanwendungsprobleme des Insiderrechts, AG 1997, S. 50, 57.

[50] *K. Hopt,* Familien- und Aktienpools unter dem Wertpapierhandelsgesetz, ZGR 1997, S. 1, 15 der nun – und darin ist ihm zuzustimmen – meint, daß die Weitergabe von Insidertatsachen an die Poolmitglieder jedenfalls dann unbefugt ist, wenn eine entsprechende Weitergabe an die Hauptversammlung unbefugt wäre. Gleichzeitig zitiert er in einer Fußnote als neues „vorläufiges informelles Ergebnis, das zwischen dem Bundesverband deutscher Banken, dem Bundesministerium der Finanzen und dem BAWe erzielt worden und durch Schreiben des Arbeitskreises für Wertpapiergeschäfte des Bundesverbandes vom 20. 12. 1995 an dessen Mitglieder wie folgt zusammengefaßt" wäre:

„8. Anwendung der Insider-Regeln des Wertpapierhandelsgesetzes auf börsennotierte Familienunternehmen

Poolmitglieder sind aufgrund ihrer Beteiligung am Kapital des Emittenten als Primärinsider im Sinne von § 13 Abs. 1 Ziffer 2 WpHG zu qualifizieren. Primärinsidern ist u.a. die unbefugte Weitergabe von Insiderinformationen verboten. Sofern Mitglieder eines Pools jedoch Insiderinformationen untereinander austauschen, die sich auf Sachverhalte beziehen, die zur Entscheidung auf der Hauptversammlung anstehen oder die von grundlegender Bedeutung für die Gesellschaft und den poolgebundenen Aktionärskreis sind, handelt es sich regel-

Wenngleich die Folgen dieser Betrachtungsweise für die Unternehmenskontrolle gerade von Familiengesellschaften nicht unterschätzt werden können, müssen diese als Folge der Aufnahme fremder Gesellschafter und der erweiterten Publizitätspflichten als Folge des Börsengangs in Kauf genommen werden. Alternativ bleibt – entsprechende Mehrheitsverhältnisse unterstellt – die Aufnahme von einzelnen Gesellschaftern in den Aufsichtsrat mit der Folge entsprechender Verschwiegenheitspflichten aus dem Insiderverbot und anderen allgemeinen Verantwortlichkeiten als Aufsichtsrat. **18**

2. Auskunftserteilung in der Hauptversammlung

Im Zusammenhang mit dem Auskunftsrecht der Aktionäre in der Hauptversammlung aus § 131 AktG[51] taucht die Frage auf, inwieweit hier auch Insidertatsachen mitgeteilt werden dürfen und müssen. Nach mittlerweile wohl h.M. erstreckt sich das Auskunftsrecht nicht auf die Mitteilung von Insidertatsachen.[52] Dem Vorstand, der sich durch die Mitteilung nach §§ 38 I Nr. 2, 14 I Nr. 2 WpHG strafbar machen wür- **19**

---

mäßig um eine befugte Weitergabe, die somit nicht gegen § 14 Abs. 1 Ziff. 2 WpHG verstößt. Entsprechend ist eine Weitergabe von Insidertatsachen durch den Vorstand oder Aufsichtsrat der Gesellschaft an die Mitglieder des Pools unter Berücksichtigung der vorstehenden Grenzen grundsätzlich als zulässig anzusehen.

Auf der anderen Seite ist zu beachten, daß es Poolmitgliedern, die Insiderinformationen erhalten haben, aufgrund ihrer Eigenschaft als Primärinsider untersagt ist, vor einem öffentlichen Bekanntwerden der entsprechenden Informationen die betroffenen Aktien zu erwerben, zu veräußern ...".

Interessanterweise war dieses Schreiben beim BAWe auf Rückfrage nicht bekannt, der Bundesverband bestätigte zwar dessen Existenz, war aber gleichzeitig nicht zur Herausgabe bereit. Wenngleich einzuräumen ist, daß die Ansicht, die Weitergabe von Insiderinformationen an Poolmitglieder sei zulässig, durchaus pragmatisch ist und in der Praxis (Nachweis-)Schwierigkeiten verhindert, während gerade bei Gesellschaften mit dominanten Familienkreisen und anderen eng verbundenen Aktionärsgruppen nach einer Börseneinführung die Weitergabe von Insiderwissen ohnehin nicht völlig auszuschließen ist, kann diese Lösung und das Schreiben aus obigen Gründen natürlich nicht gut geheißen werden. Gleichzeitig ist natürlich klar, daß dieses dazu führt, daß sich jedermann insoweit zumindest auf einen Verbotsirrtum berufen kann und so – de facto durch die Hintertür – die Weitergabe von Insiderwissen durch Vorstände und Aufsichtsräte an Mitglieder eines Pools legalisiert wurde. Die hieraus resultierenden Probleme werden schon bei der Frage nach der Abgrenzung des nicht rechtlich definierten Pools sichtbar.

[51] Vgl. hierzu § 3 I. 5. e) Auskunftsrechte.

[52] *K. Hopt,* Familien- und Aktienpools unter dem Wertpapierhandelsgesetz, ZGR 1997, S. 1, 16.

de, steht nach § 131 III Nr. 5 AktG vielmehr ein Auskunftsverweigerungsrecht zu.[53]

20 Dabei muß aber klar sein, daß ein Vorstand sich nicht einfach seiner Auskunftspflicht dadurch entziehen kann, daß er Tatsachen vor einer Hauptversammlung ganz bewußt nicht veröffentlicht und so gezielt deren Eigenschaft als Insidertatsachen beibehält. Dies ist offensichtlich, wenn in der Hauptversammlung deutlich wird, daß der Vorstand unter Verstoß gegen Verpflichtungen zur Ad-hoc-Publizität nach § 15 WpHG mitteilungspflichtige Tatsachen nicht rechtzeitig offenbart und so eine Ordnungswidrigkeit nach § 39 WpHG begangen hat.[54] Bei der Vorbereitung der Hauptversammlung sollte daher unbedingt die Erledigung der Verpflichtungen aus § 15 WpHG überprüft werden.

21 Darüber hinaus ist aber im Vorfeld der Hauptversammlung auch zu prüfen, inwieweit sich ein nach § 131 AktG berechtigtes Auskunftsverlangen von Aktionären in der Hauptversammlung auf Tatsachen erstrecken kanne, die die Organe der Gesellschaft nach obigen Grundsätzen nicht befriedigen können. In diesem Fall ist ihnen anzuraten, die Tatsachen bereits vor der Hauptversammlung öffentlich zu machen.[55]

22 Wird dennoch in der Hauptversammlung festgestellt, daß eine nach § 131 AktG eigentlich zu beantwortende Frage eines Aktionärs nur unter Verstoß gegen § 14 WpHG beantwortet werden kann, so erscheint in Anbetracht der heutigen Kommunikationsmittel für die Mehrzahl der Fälle durchaus denkbar, daß noch während der Hauptversammlung die Bereichsöffentlichkeit durch Einleitung des Ad-hoc-Publizitätsverfahrens[56] hergestellt und erst dann – eventuell nach einer gewissen Wartezeit[57] – die entsprechende Aktionärsfrage beantwortet wird.[58] Nur wenn zwingende Gründe gegen dieses Vorgehen sprechen, sollte sich der Vorstand einer Gesellschaft in der Hauptversammlung auf sein Auskunftsverweigerungsrecht berufen können.

---

[53] *H. Assmann,* Rechtsanwendungsprobleme des Insiderrechts, AG 1997, S. 50, 57; *H. Assmann/P. Cramer* in *H. Assmann/U. Schneider* (Hrsg.), WpHG, § 14 Rdnr. 51; *E. Meincke,* Geheimhaltungspflichten im Wirtschaftsrecht, WM 1998, S. 749, 756; *P. Joussen,* Auskunftspflicht des Vorstands nach § 131 AktG und Insiderrecht, DB 1994, S. 2485, 2488.

[54] Vgl. hierzu § 16 II. 5. Sanktionen.

[55] *J. Götz,* Die unbefugte Weitergabe von Insidertatsachen, DB 1995, S. 1949, 1951.

[56] Vgl. hierzu § 16 II. Ad-hoc-Publizität.

[57] Dabei ist an eine Zeitspanne von 15 bis 20 Minuten zu denken, die der DGAP einen ausreichenden Vorlauf für die Verbreitung der Informationen gibt.

[58] *K. Hopt,* Grundsatz- und Praxisprobleme nach dem Wertpapierhandelsgesetz, ZHR 1995, S. 135, 157, der dem Hinweis auf die ohnehin bestehenden Belastungen der Verwaltung in der Hauptversammlung durchaus Verständnis entgegenbringt, aber richtigerweise darauf hinweist, daß dieser nicht durchschlagen kann, wenn vorher ein Versäumnis vorgelegen hat.

3. Analysten und Journalisten

Die Weitergabe von Insidertatsachen an Finanzanalysten und Journalisten[59] wird inzwischen allgemein als unbefugt angesehen, da kein Rechtfertigungsgrund ersichtlich ist, diese, ihre Arbeitgeber und Kunden gegenüber dem breiten Publikum zu privilegieren und Tatsachen, die diesen offenbart werden sollen, nicht öffentlich mitzuteilen. Insofern muß eine Interessenabwägung in jedem Fall zu einem Verbot der Weitergabe an Finanzanalysten und Journalisten führen,[60] auch wenn diese als Primärinsider[61] selbst den Verboten des § 14 WpHG unterliegen. Eine Mitteilung von Insidertatsachen an Finanzanalysten verwirklicht deshalb nur dann nicht den Straftatbestand der unbefugten Weitergabe, wenn der Analyst in Rahmen eines Auftragsverhältnisses wie der Erarbeitung eines Ratings oder der Mithilfe bei der Berechnung des DVFA/SG-Ergebnisses tätig wird. In einem solchen Fall dürfen ihm Insidertatsachen mitgeteilt werden, er ist aber nicht autorisiert, seine Erkenntnisse zu veröffentlichen.[62] 23

Aufgrund der Anwendbarkeit der Insiderverbote des § 14 WpHG liegt das Weitergabeverbot sogar im wohlverstandenen Eigeninteresse der Analysten und Journalisten, da sie – auch bei „aufgedrängten Insiderinformationen" – in ihrer Tätigkeit durch die Kenntnis von Insidertatsachen deutlich behindert würden.[63] 24

In der Praxis hat sich deshalb eingebürgert, Insidertatsachen bereits

---

[59] Eine Ausnahme muß selbstverständlich dann gelten, soweit dies im Rahmen des von § 15 WpHG vorgezeichneten Verfahrens geschieht.

[60] *J. Götz,* Die unbefugte Weitergabe von Insidertatsachen, DB 1995, S. 1949, 1951; *K. Hopt,* Europäisches und deutsches Insiderrecht, ZGR 1991, S. 17, 32.

[61] Nach h.M. sind Finanzanalysten Primärinsider. *H. Assmann,* Das neue deutsche Insiderrecht, ZGR 1994, S. 494, 506; *K. Caspari,* Die geplante Insiderregelung in der Praxis, ZGR 1994, S. 530, 538; *S. Kümpel,* Bank- und Kapitalmarktrecht, Rdnr. 14.163 ff. *R. Süßmann,* Insiderhandel – Erfahrungen aus der Sicht des Bundesaufsichtsamts für den Wertpapierhandel, AG 1997, S. 63, 65. Schreiben des BAWe an die Vorstände der börsennotierten Aktiengesellschaften vom 7. August 1997 zum Thema Analystengespräche und Verbot der Weitergabe von Insidertatsachen, http://www.bawe.de. Nach *C. Claussen,* Das Wertpapierhandelsgesetz und die Wertpapieranalysten – ein offenes Feld, AG 1997, S. 306 ff. ist der Wertpapieranalyst regelmäßig nur Sekundärinsider. Die Primärinsidereigenschaft soll nur dann gegeben sein, wenn besondere Umstände vorliegen und der Analyst ganz bewußt und zielgerichtet auf die Erlangung und unrechtmäßige Verwendung von Insidertatsachen hinarbeitet. Dieser Meinung kann schon in Hinblick auf den Wortlaut von § 13 I Nr. 3 WpHG nicht gefolgt werden.

[62] Schreiben des BAWe an die Vorstände der börsennotierten Aktiengesellschaften vom 7. August 1997 zum Thema Analystengespräche und Verbot der Weitergabe von Insidertatsachen, http://www.bawe.de.

[63] *H. Assmann,* Rechtsanwendungsprobleme des Insiderrechts, AG, 1997, S. 50, 54, 57.

im Vorfeld von Analystentreffen Wirtschaftsdiensten mitzuteilen, um sie so bekannt zu machen und ihnen den Charakter der Insidertatsache zu nehmen.

4. Unternehmens- und Paketkauf

25 Inwieweit der Pakethandel, d.h. die Veräußerung einer größeren Stückzahl von Aktien einer Gesellschaft außerhalb der Börse zwischen individualisierbaren Parteien, überhaupt von den Insiderhandelsvorschriften erfaßt wird, ist umstritten.[64] Dabei werden von denjenigen, die hier eine ablehnende Haltung einnehmen, wenig überzeugende Argumente herangezogen. So soll das Insiderrecht nur die Primär- und Sekundärmärkte schützen.[65] Außerdem stünden sich beim Pakethandel normalerweise Parteien mit gleichwertigem Informationsstand gegenüber, womit aber letztendlich das Pferd von hinten aufgezäumt wird, da im Regelfall ein gleicher Informationsstand gerade voraussetzt, daß der Käufer vom Verkäufer entsprechende Informationen erhält. Nach der Gesetzesbegründung fällt der Pakethandel regelmäßig deshalb nicht unter den Insidertatbestand, weil es sich bei dem Vorhaben, ein Paket erwerben oder verkaufen zu wollen, um eine selbstgeschaffene Tatsache handelt, die nicht ausgenutzt werden könne, wenn derjenige, der den Entschluß gefaßt habe, diesen lediglich ausübe. Dies ist zwar richtig, beantwortet aber nicht die Frage nach der generellen Anwendbarkeit des Insiderrechts.

26 Richtigerweise ist davon auszugehen, daß es keinen Grund gibt, den Pakethandel und Unternehmenskauf generell nicht dem Insiderrecht zu unterwerfen.[66] Klärungsbedürftig ist allenfalls, in welchem Umfang die Besonderheiten des Pakethandels dazu führen, daß die Weitergabe von Insiderinformationen für rechtmäßig zu halten ist bzw. kein Ausnutzen einer Insiderkenntnis i.S.d. § 14 WpHG vorliegt.

27 Von größter praktischer Relevanz ist, inwieweit ein Verkäufer eines Aktienpakets dem Erwerber Insidertatsachen über das Zielunternehmen mitteilen und dieser auf der Basis der so gewonnenen Erkenntnisse handeln darf. Nach der Gesetzesbegründung zum Wertpapierhandelsgesetz[67] liegt kein verbotenes Ausnutzen einer Insidertatsache vor, wenn sich ein potentieller Käufer im Rahmen der üblichen Due Diligence[68]

[64] *R. Schmidt-Diemitz,* Pakethandel und das Weitergabeverbot von Insiderwissen, DB 1996, S. 1809 m.w.N.

[65] *S. Kümpel,* Bank- und Kapitalmarktrecht, Rdnr. 14.185.

[66] *R. Schmidt-Diemitz,* Pakethandel und das Weitergabeverbot von Insiderwissen, DB 1996, S. 1809; *H. Assmann/P. Cramer* in *H. Assmann/U. Schneider* (Hrsg.), WpHG, § 14, Rdnr. 29.

[67] Bundestagsdrucksachen 12/6679, S. 47.

[68] Vgl. hierzu § 8 Due Diligence.

die Unterlagen der Gesellschaft vorlegen läßt und so Kenntnis von Insidertatsachen erhält, die er ausschließlich im Zusammenhang mit dem Paketerwerb nutzt. Umgekehrt muß dann auch die Vorlage der Unterlagen durch den Verkäufer bzw. das Unternehmen rechtmäßig sein.[69] Dies ist auch sachgerecht, da durch die Offenlegung von Insidertatsachen bei Direktgeschäften zumindest dann keine Gefahr für die Integrität der Kapitalmärkte besteht, wenn der Insider von diesen Tatsachen auf rechtmäßigem Wege Kenntnis erlangt hat.[70] Im Falle negativer Tatsachen kann der Verkäufer hierzu sogar unter dem Gesichtspunkt der culpa in contrahendo verpflichtet sein, wohingegen er im umgekehrten Fall einer positiven Nachricht ein berechtigtes Interesse daran hat, daß der bezahlte Kaufpreis den tatsächlichen Unternehmenswert reflektiert, andererseits ein „Ausnutzen" i.S.d. § 14 WpHG schon infolge der Offenlegung gegenüber dem Käufer ausscheidet.

Inwieweit diese Regeln tatsächlich nur auf den Handel von Aktienpa- **28**
keten[71] anwendbar sind[72] und nicht auf jede außerbörsliche Transaktion, erscheint schon in Anbetracht der hieraus resultierenden Abgrenzungsprobleme zweifelhaft. Letztendlich wird die Chancengleichheit der Anleger und die Integrität der Finanzmärkte nicht tangiert, wenn auf dieser Basis Aktien auch in kleineren Stückzahlen „face-to-face" gehandelt werden.

Die so erhaltenen Informationen dürfen aber keinesfalls dazu ver- **29**
wandt werden, im börslichen und außerbörslichen Handel weitere Papiere des Emittenten zu erwerben, da das Informationsgefälle die Chancengleichheit der Anleger beeinträchtigen würde. Der weitere Aufbau eines Aktienpakets wird daher regelmäßig nur möglich sein, nachdem

---

[69] *H. Assmann,* Rechtsanwendungsprobleme des Insiderrechts, AG 1997, S. 50, 56; *R. Schmidt-Diemitz,* Pakethandel und das Weitergabeverbot von Insiderwissen, DB 1996, S. 1809, 1810 f; *U. Schroeder,* Darf der Vorstand der Aktiengesellschaft dem Aktienkäufer eine Due Diligence gestatten, DB 1997, S. 2161, 2165.

[70] Nach *R. Schmidt-Diemitz,* Pakethandel und das Weitergabeverbot von Insiderwissen, DB 1996, S. 1809, 1811 ff. dürfen positiv, d.h. kurssteigernd wirkende Insidertatsachen, die der Verkäufer auf nicht rechtmäßige Weise erlangt hat, keinesfalls von diesem weitergegeben werden, wohingegen bei negativ wirkenden mehr dafür spräche, dies als nicht unbefugt i. S. d. § 14 WpHG anzusehen, soweit diese vom Verkäufer nach allgemeinen vertragsrechtlichen Grundsätzen offengelegt werden müssen. Alternativ hierzu könnte in einem solchen Fall ein Verkauf als unzulässig angesehen werden, bis die Insidertatsache öffentlich bekannt geworden ist und damit ihren Charakter als solche verloren hat.

[71] Nach *R. Schmidt-Diemitz,* Pakethandel und das Weitergabeverbot von Insiderwissen, DB 1996, S. 1809, 1810 liegt ein Pakethandel vor, wenn „mehr ... als die Summe der wirtschaftlichen Einzelwerte der zum Paket gehörenden Aktien" von einer Transaktion betroffen ist.

[72] So *H. Assmann,* Rechtsanwendungsprobleme des Insiderrechts, AG 1997, S. 50, 56.

die Insidertatsache der Öffentlichkeit zulässigerweise zugänglich gemacht worden ist. Dies wird auch dann gelten müssen, wenn ein Käufer nach dem Übernahmekodex ein Angebot für weitere Aktien abgeben muß,[73] was allerdings dann Probleme bereiten könnte, wenn das Management – beispielsweise bei einem „hostile takeover" – nicht bereit ist, die betroffenen Insidertatsachen ordnungsgemäß bekanntzugeben.

30 Damit ist auch die Frage angesprochen, inwieweit das Management einer Gesellschaft nach Insiderrecht befugt ist, auf Aufforderung eines Groß- oder Mehrheitsaktionärs Informationen an diesen, eine vermittelnde Bank oder einen Käufer herauszugeben. Im Ergebnis wird bei einem beabsichtigten Verkauf eines Aktienpakets die Weitergabe von Insiderinformationen auch durch das Management der Gesellschaft grundsätzlich für zulässig gehalten, da das Unternehmen selbst ein berechtigtes Interesse daran hat, daß der Erwerber einer bedeutenden Beteiligung ordnungsgemäß über die wirtschaftliche und sonstige Situation der Gesellschaft informiert wird und es nicht deshalb zu Streitigkeiten kommt, in die auch das Unternehmen und sein Management hineingezogen wird.[74] Klar ist aber auch, daß dieser Befugnis keine korrespondierende Verpflichtung gegenübersteht, die über die üblichen Auskunftspflichten des Vorstands einer Gesellschaft hinausgeht.[75]

5. Anlageberatung

31 Banken, die im Rahmen ihrer Aktivitäten Kenntnisse von Insiderinformationen erhalten, dürfen diese weder bei der Anlageberatung noch bei sonstigen Geschäften an ihre Kunden weitergeben oder für Empfehlungen nutzen.[76] Ein Investor soll nicht deshalb einen Informationsvorsprung vor anderen Marktteilnehmern erhalten, nur weil er Kunde eines bestimmten Kreditinstituts ist. Im Falle der Kenntnis negativer Tatsachen bedarf es auch nicht des Instituts der Nothilfe, um einen Kunden nicht sehenden Auges ins Unglück laufen zu lassen, da die Bank ohne Verstoß gegen Insiderverbote von einer Transaktion mit Hinweis auf vorhandenes Insiderwissen abraten kann.[77]

---

[73] Vgl. hierzu § 16 IV. 9. Pflichtangebot.

[74] *H. Assmann,* Rechtsanwendungsprobleme des Insiderrechts, AG 1997, S. 50, 56; *C. Roschmann/J. Frey,* Geheimhaltungsverpflichtungen der Vorstandsmitglieder von Aktiengesellschaften bei Unternehmenskäufen, AG 1996, S. 449, 453.

[75] D.h. Auskunftsrecht in der Hauptversammlung nach § 131 AktG. Vgl. hierzu § 3 I. 5. e) Auskunftsrechte.

[76] *H. Assmann,* Rechtsanwendungsprobleme des Insiderrechts, AG 1997, S. 50, 57 f.

[77] Ausführlich *H. Assmann,* Das künftige deutsche Insiderrecht, AG 1994, S. 196, 237, 254 f; *E. Meincke,* Geheimhaltungspflichten im Wirtschaftsrecht, WM

6. Weitergabe an Hilfspersonen

Aufsichtsräte dürfen in den Grenzen, in denen es Ihnen aktienrechtlich gestattet ist, sich von Dritten beraten zu lassen, Insiderinformationen an Personen, deren Hilfe sie sich bei der Verrichtung ihrer Pflichten bedienen, weitergeben,[78] soweit diese ihrerseits zur Vertraulichkeit verpflichtet sind.[79] Demgegenüber ist die Weitergabe von Insiderkenntnissen an Dritte, z.B. das Unternehmen, deren Mitarbeiter sie sind, verboten.[80] 32

7. Stock Option Pläne

Daß die Beteiligung von Mitarbeitern an ihrem Unternehmen oder einer Gesellschaft des gleichen Konzerns unter dem Gesichtspunkt des Insiderrechts besonders sensibel sein muß, ist offensichtlich, haben diese doch – insbesondere in den höheren Hierarchieebenen – regelmäßig natürlichen und unmittelbaren Zugang zu Insiderinformationen. Dies gilt sowohl bei Beteiligungen im Rahmen von Mitarbeiterbeteiligungsprogrammen wie auch beim reinen Kauf/Verkauf von Wertpapieren dieses Unternehmens bzw. von Derivaten auf diese Papiere.[81] 33

Der Kauf und Verkauf von Aktien am „eigenen" Unternehmen außerhalb eines wie auch immer konstruierten Beteiligungsmodells unterliegt den normalen Insiderregeln und führt allenfalls im Bereich des Nachweises eines Verstoßes zu besonderen Problemen. Demgegenüber wird eine Beteiligung über einen Stock Option Plan[82] insiderrechtlich 34

1998, S. 749, 756; *H. Assmann,* Insiderrecht und Kreditwirtschaft, WM 1996, S. 1337, 1352; zu strafrechtlichen Problemen im Zusammenhang mit der Vermögensverwaltung vgl. *P. Cramer,* Strafrechtliche Probleme des Insiderhandelsverbots, insbesondere Beihilfe zur fremden Insiderstraftat, AG 1997, S. 59, 62.

[78] *M. Lutter/G. Krieger,* Hilfspersonen von Aufsichtsratsmitgliedern, DB 1995, S. 257 ff.

[79] *J. Götz,* Die unbefugte Weitergabe von Insidertatsachen, DB 1995, S. 1949, 1952.

[80] *H. Assmann,* Rechtsanwendungsprobleme des Insiderrechts, AG 1997, S. 50, 57; *S. Kümpel,* Bank- und Kapitalmarktrecht, S. 1195.

[81] Nach *H. Assmann,* Rechtsanwendungsprobleme des Insiderrechts, AG 1997, S. 50, 58 sind „weder die Schuldverschreibungen noch die mit Ihnen verbundenen Wandlungs- und Bezugsrechte ... Insiderpapiere i. S. d. § 12 WpHG". Dies ist nur insoweit richtig, als daß solche Papiere und Rechte dann nicht unter den Begriff des Insiderpapiers fallen, wenn sie – wie im Falle von Mitarbeiterbeteiligungsprogrammen durchaus üblich – nicht wie in § 12 I 1 vorgesehen an einer Börse zum Handel zugelassen oder in den Freiverkehr einbezogen sind. Ansonsten erfüllen solche Rechte selbstverständlich die Voraussetzungen für die Klassifizierung als Insiderpapier. Vgl. hierzu die Nachweise unter § 15 II. 1. Insiderpapiere.

[82] Vgl. hierzu § 18 III. 4. Stock Option Plan.

erst bei Ausübung interessant. Dies gilt unabhängig davon, ob man vor der Ausübung des Wandlungs- oder Optionsrechts in Anbetracht der fehlenden Börsenzulassung des Rechts oder einer fehlenden Fungibilität mit zugelassenen (Options-)Rechten bereits den Charakter als Insiderpapier i.S.d. § 12 I WpHG verneint oder hierfür genügen läßt, daß das sogenannte Underlying, d.h. die den Rechten zugrundeliegende Aktie zugelassen ist. In jedem Fall sollten vor dem Zeitpunkt der Ausübung liegende Handlungen wie Abschluß der – eventuell mit einem Anstellungsvertrag verbundenen – Vereinbarung über das Beteiligungsmodell regelmäßig weder als unbefugte Weitergabe auf seiten des Arbeitgebers noch als Ausnutzen von Insiderkenntnissen auf seiten des Mitarbeiters angesehen werden können.

35 Die Ausübung selbst wird ebenfalls kaum Anknüpfungspunkte für einen insiderrechtlichen Vorwurf bieten.[83] Dabei ist zu berücksichtigen, daß der Wert einer Kaufoption[84] auf Aktien eines Unternehmens oder ein Wandlungsrecht im Wert steigt, wenn die zugrundeliegenden Aktien im Wert steigen. Wenngleich für die Vollendung eines Insiderdelikts nicht der Eintritt des erstrebten Vorteils erforderlich ist,[85] ist die Ausübung eines Options- oder Wandlungsrechts kaum für den Vorwurf eines Insiderdelikts geeignet, weil infolge der gleichgerichteten Wertentwicklung des Optionsrechts gar kein Vorteil aus der Ausübung[86] als solcher entstehen kann – ganz im Gegenteil, der Rechtsinhaber erleidet einen Liquiditätsnachteil[87] infolge der sofortigen Fälligkeit des Kaufpreises und verliert so auch die mit der Option oder dem Wandlungsrecht verbundene Hebelwirkung. Er macht allenfalls die Gesellschaft, wenn diese die Insidertatsache bei Ausübung des Options- oder Wandlungsrechts nicht kennt und sich zur Beschaffung der Aktien an den Kapitalmarkt wenden muß,[88] zum Werkzeug für sein unfaires Verhalten gegenüber anderen Marktteilnehmern,[89] was aber per se nicht strafbar

---

[83] *R. Süßmann,* Insiderhandel – Erfahrungen aus der Sicht des Bundesaufsichtsamts für den Wertpapierhandel, AG 1997, S. 63, 65, nach dem das Ausüben der Optionsrechte „insiderunverdächtig" ist.

[84] In Stock Option-Plänen oder anderen Mitarbeiterbeteiligungsmodellen werden aus offensichtlichen Gründen ausschließlich Kaufoptionen bzw. ähnliche Rechte verwandt, die den Rechtsinhaber im Falle der Kurssteigerung begünstigen.

[85] *H. Assmann/P. Cramer* in *H. Assmann/U. Schneider* (Hrsg.), Wertpapierhandelsgesetz, § 14 Rdnr. 90.

[86] Eine Ausnahme stellen allenfalls die Dividendenzahlungen dar, auf die der Options- und Wandlungsrechtsinhaber keinen Anspruch hat und die auch nicht auf seinen Ausübungs- bzw. Wandlungskurs angerechnet werden.

[87] Dies gilt nicht bei reinen Wandelrechten im Gegensatz zu Optionen.

[88] Zum Kauf eigener Aktien als eine mögliche Beschaffungsquelle für zu liefernde Aktien vgl. § 18 III. 4. b) Gesellschaftsrechtliche Aspekte.

[89] *U. Schneider,* Aktienoptionen als Bestandteil der Vergütung von Vorstands-

ist. Bei strenger Interpretation des Wortlauts des Gesetzes muß man aber annehmen, daß ein Rechtsinhaber bei Kenntnis von Insidertatsachen sein Optionsrecht erst ausüben kann, wenn diese Insidertatsachen publik geworden sind, bis dahin aber durch § 14 I Nr. 1 WpHG gehemmt ist.[90] Bei konsequenter Betrachtungsweise würde dies bedeuten, daß eine Option, die bei Erlangung der Insiderkenntnisse nahe dem Ende ihrer Laufzeit ist, verfallen muß, selbst wenn sie im Geld ist, was wiederum zu unbilligen Ergebnissen führt, da durch die Ausübung als solche wie ausgeführt noch kein Vermögensvorteil – und schon gar kein unbilliger – zufließt.

Richtigerweise wird man daher im Zusammenhang mit Stock Option-Plänen ein strafbares Insiderhandeln nur dann feststellen können, wenn die Options- oder Wandlungsrechte des Insidertatsachen kennenden Begünstigten im Geld sind und dieser nach Ausübung die Wertpapiere sofort veräußert, weil er aufgrund seiner Insiderkenntnis weiß, daß diese infolge schlechter Unternehmensnachrichten von einem Kursverfall bedroht sind.[91] Um die hier bestehenden Mißbrauchsmöglichkeiten zu beschränken, sehen einige Mitarbeiterbeteiligungsmodelle entsprechend den Empfehlungen des BAWe[92] vor, daß die Optionen nur während bestimmter Fristen nach Bekanntgabe von Geschäfts- oder Quartalsabschlüssen, der Pressekonferenz und der Hauptversammlung ausgeübt werden dürfen. 36

IV. Prävention und Überwachung

1. Meldepflichten

Die Verpflichtung zur Ad-hoc-Publizität gemäß § 15 WpHG gegenüber Öffentlichkeit, BAWe und der Geschäftsführung der Börsen ist nicht nur Teil der allgemeinen Kapitalmarktpublizität mit der Folge von mehr Transparenz und einer Verbesserung der Voraussetzungen einer fairen Preisbildung,[93] sondern trägt auch dazu bei, daß die Gefahr 37

mitgliedern, ZIP 1996, S. 1769, 1775, der aber verkennt, daß dies letztendlich infolge des damit verbundenen Verwässerungseffekts auch dann gilt, wenn die Aktien aus einer Kapitalerhöhung oder aus Beständen der Gesellschaft kommen.

90 *U. Schneider,* Aktienoptionen als Bestandteil der Vergütung von Vorstandsmitgliedern, ZIP 1996, S. 1769, 1775.

91 *R. Süßmann,* Insiderhandel – Erfahrungen aus der Sicht des Bundesaufsichtsamts für den Wertpapierhandel, AG 1997, S. 63, 65; *H. Assmann,* Rechtsanwendungsprobleme des Insiderrechts, AG 1997, S. 50, 58.

92 Schreiben des BAWe an die Vorstände der börsennotierten Aktiengesellschaften vom 1. Oktober 1997.

93 *H. Assmann,* Das neue deutsche Insiderrecht, ZGR 1994, S. 494, 527.

des Mißbrauchs von Insiderwissen gering gehalten wird. Öffentlich, d.h. allgemein bekannte Tatsachen und Entwicklungen können nicht die Basis von Insidertransaktionen bilden, die zu einer ungerechtfertigten Nutzung von Informationsvorteilen einzelner führen. Der Emittent von Wertpapieren, die zum Handel an einer inländischen Börse zugelassen sind, muß daher unverzüglich Tatsachen veröffentlichen, die in seinem Tätigkeitsbereich neu eingetreten und nicht öffentlich bekannt sind, wenn sie wegen der Auswirkungen auf die Vermögens- und Finanzlage oder auf den allgemeinen Geschäftsverlauf geeignet sind, den Börsenpreis der zugelassenen Wertpapiere erheblich zu beeinflussen, oder im Fall zugelassener Schuldverschreibungen die Fähigkeit des Emittenten, seinen Verpflichtungen nachzukommen, beeinträchtigen kann.

38 Allerdings ist der hierdurch bewirkte Schutz vor Mißbräuchen schon deshalb eingeschränkt, weil publizitätspflichtige Tatsachen nicht notgedrungen deckungsgleich mit Insidertatsachen sind. Insidertatsachen können bereits vorliegen, bevor diese zu publizitätspflichtigen Tatsachen werden, wenn die Auswirkung einer Insidertatsache auf Geschäftsverlauf, Bilanz und Gewinn- und Verlustrechnung nicht voll abgesehen werden kann. Ereignisse, deren Konsequenzen noch nicht feststehen, weil ihre Wirksamkeit noch durch andere Umstände aufgehoben werden kann oder noch wirksame Gegenmaßnahmen möglich sind, stellen keine publizitätspflichtigen Tatsachen dar.[94] Besondere Bedeutung haben in diesem Zusammenhang die mehrstufigen Entscheidungsprozesse in Kapitalgesellschaften.[95] So entsteht mit einem Vorstandsbeschluß über z.B. eine Unternehmensübernahme regelmäßig eine Insidertatsache, die nicht veröffentlichungspflichtig ist, weil die Durchführung infolge des Zustimmungserfordernisses des Aufsichtsrates noch nicht hinreichend feststeht.

2. Bundesaufsichtsamt für den Wertpapierhandel

39 Die Durchsetzung des Insiderrechts und die diesbezügliche Überwachung des Handels in Wertpapieren und Derivaten obliegt in erster Linie dem durch das WpHG geschaffenen Bundesaufsichtsamt für den Wertpapierhandel, das im Interesse der Funktionsfähigkeit der deutschen Wertpapiermärkte und des Anlegerschutzes[96] in erster Linie für

[94] Begründung des Regierungsentwurfs des Zweiten Finanzmarktförderungsgesetzes, BT-Drucksache 12/6679, S. 48.

[95] Z.B. ein Zustimmungsvorbehalt des Aufsichtsrats. Vgl. *Deutsche Börse* (Hrsg.), WM 1994, S. 2038, 2043 f. mit der Empfehlung, in einem derartigen Fall in einer vorgezogenen Veröffentlichung auf die noch ausstehende Zustimmung des Aufsichtsrates hinzuweisen.

[96] Der Schutz der Anleger ist eine der wichtigsten Voraussetzungen für das

Markttransparenz und -integrität sorgen und Mißständen entgegenwirken muß, welche die ordnungsmäßige Durchführung des Wertpapierhandels beeinträchtigen oder erhebliche Nachteile für die Wertpapiermärkte bewirken können. Das Bundesaufsichtsamt ist keine Börsenaufsichtsbehörde, d.h. seine Aufgaben beziehen sich auf den gesamten börslichen und außerbörslichen Wertpapierhandel.[97]

Den vorgenannten Zielen sind alle Aufgaben des BAWe, die im Wert- **40**
papierhandelsgesetz und im Wertpapier-Verkaufsprospektgesetz geregelt sind, untergeordnet:
- laufende Überwachung des Handels in Wertpapieren sowie Verfolgung und präventive Bekämpfung von Insidergeschäften,
- Überwachung der Pflicht nach § 9 WpHG,[98] alle Transaktionen in

---

Funktionieren eines Finanzmarktes. Herausragende Bedeutung für den Anlegerschutz haben die Verhaltensregeln, die Wertpapierdienstleistungsunternehmen (Kreditinstitute, Börsenmakler, Portfolioverwalter, Anlagevermittler) ihren Kunden gegenüber einzuhalten haben. In dieser Erkenntnis hat das BAWe Verhaltensregeln für Wertpapierdienstleistungsunternehmen in Form einer Richtlinie gemäß § 35 Abs. 2 des Gesetzes über den Wertpapierhandel vom 26. Juli 1994 (BGBl. I S. 1749), geändert durch Gesetz vom 18. Dezember 1995 (BGBl. I S. 1959) zur Konkretisierung der §§ 31 und 32 WpHG für das Kommissions-, Festpreis- und Vermittlungsgeschäft der Kreditinstitute (Bundesanzeiger NR. 98 vom 3. Juni 1997) erlassen. Sinn und Zweck der Verhaltensregeln ist es, Mindeststandards für Wertpapierdienstleistungen sicherzustellen. So soll eine Regelung von Konflikten zwischen Kunden-, Unternehmens- und Mitarbeiterinteressen erreicht und mögliche Nachteile für Anleger vermieden werden. Vorrangiges Ziel der Richtlinie ist es, die Anleger in die Lage zu versetzen, eine selbständige und eigenverantwortliche Anlageentscheidung zu treffen und die faire Behandlung der Kunden sicherzustellen. Die Einhaltung der Verhaltensregeln wird einmal jährlich durch Wirtschaftsprüfer, die Prüfungsverbände der Volks- und Raiffeisenbanken und der Prüfungsstellen der regionalen Sparkassenverbände im Auftrag des BAWe geprüft. Vgl. hierzu auch § 15 IV. 4. a) Wertpapierdienstleistungsunternehmen.

[97] *R. von Rosen* in *H.-D. Assmann/R. Schütze,* Handbuch des Kapitalanlagerechts, S. 94.

[98] Seit dem 1. Januar 1996 sind dem BAWe nach § 9 WpHG alle Transaktionen in Wertpapieren oder Derivaten, die zum Handel an einer Börse des Europäischen Wirtschaftsraums zugelassen oder in den Freiverkehr einer deutschen Börse einbezogen sind, auf elektronischem Wege mitzuteilen. Dies gilt auch für den Handel mit Bezugsrechten, sofern die Wertpapiere später an einer Börse gehandelt werden sollen, sowie für Aktien und Optionsscheine, bei denen ein Antrag auf Zulassung zum Handel an einer Börse oder auf Einbeziehung in den Freiverkehr gestellt oder öffentlich angekündigt ist.

Meldepflichtig sind Kreditinstitute, inländische, zum Börsenhandel zugelassene Unternehmen (Kurs- und Freimakler) und Finanzdienstleistungsinstitute mit der Befugnis zum Eigenhandel. Meldepflichtig sind auch Unternehmen im Ausland (Banken, Broker u.ä.), soweit sie an einer inländischen Börse zum Handel zugelassen sind, allerdings nur für die Geschäfte an den entsprechenden Börsen.

Wertpapieren und Derivaten zu melden (Stock Watch[99]) und jährliche Prüfung der Meldepflichten (§ 36 I WpHG),

- Überwachung der Ad-hoc-Publizität börsennotierter Unternehmen nach § 15 WpHG,[100]
- Überwachung der Einhaltung der Veröffentlichungspflichten nach § 21 WpHG bei Erwerb und Veräußerung bedeutender Beteiligungen an im Amtlichen Handel notierten Unternehmen,[101]
- Überwachung der Verhaltensregeln und Organisationspflichten der Wertpapierdienstleistungsunternehmen nach §§ 35 f. WpHG,
- Verfolgung und Ahndung von Ordnungswidrigkeiten nach § 39 WpHG (§§ 35, 36 I Nr. 1 OWiG i.V.m. § 40 WpHG),
- Hinterlegungsstelle für Wertpapierverkaufsprospekte,
- nationale und internationale Zusammenarbeit bei der Beaufsichtigung des Wertpapierhandels.

41 Das Bundesaufsichtsamt ist eine selbständige Bundesoberbehörde nach Art. 87 III 1 GG mit Sitz in Frankfurt a. M., die dem Bundesministerium der Finanzen nachgeordnet ist.[102] Nach § 6 III WpHG kooperiert es eng mit den Börsenaufsichtsbehörden und dem Bundesauf-

---

Ziel dieser Meldepflicht, durch die täglich rund 500.000 Mitteilungen eingehen, ist die Aufdeckung von Verstößen gegen das Insiderhandelsverbot oder gegen die Ad-hoc-Publizitätspflicht. Das BAWe unterhält dazu ein eigenes Rechenzentrum, das es erlaubt, die gemeldeten Wertpapiergeschäfte systematisch zu analysieren und nach Hinweisen auf Insideraktivitäten zu untersuchen.

Gesetzlich vorgeschriebene Bestandteile der Meldung sind die Bezeichnung des Wertpapiers, der Kurs, die Stückzahl und der Nennbetrag der Wertpapiere oder Derivate, der genaue Zeitpunkt des Geschäftsabschlusses oder der maßgeblichen Kursfeststellung und die beteiligten Institute und Unternehmen. Darüber hinaus sind Kennzeichen zur Identifikation des Geschäftes zu melden und ob ein Eigen- oder Kundengeschäft vorliegt. Falls es sich um ein Börsengeschäft handelt, ist zudem die Börse oder das elektronische Handelssystem zu benennen. Der Name des auftraggebenden Kunden ist hingegen in der Meldung nicht enthalten.

Durch den Austausch von Daten zwischen mit den Aufsichtsbehörden anderer europäischer Staaten, die vergleichbare Meldesysteme eingerichtet haben, wird die Überwachung des Handels mit Wertpapieren und Derivaten, die an mehreren europäischen Börsenplätzen notiert sind, verbessert.

[99] Vgl. hierzu *R. Süßmann,* Insiderhandel – Erfahrungen aus der Sicht des Bundesaufsichtsamts für den Wertpapierhandel, AG 1997, S. 63, 65.

[100] Vgl. hierzu oben § 16 II. Ad-hoc-Publizität.

[101] Vgl. hierzu oben § 16 III. Transparenzgebot.

[102] Das Bundesaufsichtsamt für Wertpapierhandel besitzt keine eigene Rechtspersönlichkeit, kann aber zur Erfüllung seiner Aufgaben unter eigenem Namen auftreten. Es ist in der Verwaltungshierarchie unterhalb der Ministerialebene eingegliedert und erhält allgemeine und Einzelweisungen vom zuständigen Bundesministerium der Finanzen. Im Unterschied zu den Bundesoberbehörden Bundeskartellamt und Deutsches Patentamt ist das Bundesaufsichtsamt auch nicht justizförmig (Beschlußabteilungen) eingerichtet.

sichtsamt für das Kreditwesen, dem Bundesaufsichtsamt für das Versicherungswesen und der Deutschen Bundesbank im Rahmen deren Tätigkeit nach dem KWG. Alle Institutionen sind verpflichtet, sich gegenseitig über aufsichtsrelevante Beobachtungen und Feststellungen zu unterrichten.

Sein örtlicher Zuständigkeitsbereich erstreckt sich auf das gesamte **42**
Bundesgebiet. Gleichzeitig ist es für die Zusammenarbeit mit den für die Überwachung von Wertpapiermärkten und -handel zuständigen Stellen anderer Staaten nach § 7 I 1 WpHG nicht nur in Fragen der Wertpapieraufsicht, sondern auch in Angelegenheiten, die der Börsenaufsicht der Länder unterliegen, zuständig[103] und ist damit nach außen die zentrale (Anlauf-)Stelle.[104] In diesem Rahmen übermittelt das Bundesaufsichtsamt auch Tatsachen, die für die Überwachung von Wertpapiermärkten, des Wertpapierhandels, Finanzinstituten und Versicherungen oder damit zusammenhängender Verwaltungs- oder Gerichtsverfahren erforderlich sind. Nach § 4 II WpHG nimmt es Aufgaben und Befugnisse nur im öffentlichen Interesse wahr, seine Haftung gegenüber Anlegern ist damit nach dem Willen des Gesetzgebers ausgeschlossen.[105]

Nach § 5 WpHG ist beim BAWe ein Wertpapierrat zu bilden, der sich **43**
aus Vertretern aller Bundesländer zusammensetzt und das Amt bei seiner Aufsichtstätigkeit berät.

Zur Erfüllung seiner Aufgaben erhielt das Bundesaufsichtsamt um- **44**
fangreiche Eingriffsermächtigungen wie das Auskunftsverlangen,[106] das

---

[103] Eine Ausnahme von der Außenkompetenz des Bundesaufsichtsamtes gilt nach § 7 I 2 WpHG nur für die Fälle, in denen die Zulassungsstellen der deutschen Börsen nach den Vorschriften des BörsG und des VerkProspG mit den zuständigen Stellen anderer Staaten zusammenarbeiten. *A. Kaiser,* Die Harmonisierung des Europäischen Kapitalmarktrechts und das Recht des Wertpapierhandels in Italien und in Deutschland, S. 210.

[104] § 19 WpHG beschränkt die internationale Zusammenarbeit bei der Insiderüberwachung auf die zuständigen Stellen der EG und des EWR. Demgegenüber erstreckt sich nach § 30 WpHG die Zusammenarbeit bei der Überwachung der Melde- und Informationspflichten bei Erwerb und Veräußerung von bedeutenden Beteiligungen an börsennotierten Gesellschaften auch auf Drittstaaten.

[105] Wie die Börsenaufsicht bezweckt das Verbot des Insiderhandels den Schutz des Anlegerpublikums in seinem Vertrauen auf Fairneß und Chancengleichheit an den Börsen und erfolgt somit im Interesse der Funktionsfähigkeit der Börsen. Durch die Aufsicht wird den Belangen der Investoren in ihrer Gesamtheit Rechnung getragen. Der Schutz des einzelnen Anlegers ist bloße Reflexwirkung dieser Aufsicht. *S. Kümpel,* Bank- und Kapitalmarktrecht, 1300; *A. Kaiser,* Die Harmonisierung des Europäischen Kapitalmarktrechts und das Recht des Wertpapierhandels in Italien und in Deutschland, S. 208; *K. Hopt,* Grundsatz- und Praxisprobleme nach dem Wertpapierhandelsgesetz, ZHR 1995, S. 135, 158.

[106] Vgl. z.B. §§ 15 V 1, 16 II 1, IV und V WpHG.

Vorlageverlangen für Unterlagen,[107] das Recht zum Betreten von Grundstücken und Geschäftsräumen[108] sowie das Recht zur Ersatzvornahme bei Mißachtung von Veröffentlichungspflichten.[109] Beim Verdacht auf Insidergeschäfte erstreckt sich das Auskunftsrecht auch gegenüber Personen, die Kenntnisse von Insidertatsachen haben sowie gegenüber Gesellschaften mit Sitz oder Börsennotierung im Inland, die Insiderpapiere emittiert haben. Gegenstand des Auskunftverlangens sind Informationen über Insidertatsachen sowie über Personen, die Kenntnis von solchen Tatsachen haben. So ermittelte Personen sind nach § 16 V WpHG wiederum ihrerseits zur Auskunft über die getätigten Geschäfte verpflichtet. Die Auskunftsverpflichtung entfällt nur, wenn dem Betroffenen ein Auskunftsverweigerungsrecht i.S.d. § 16 VI WpHG zusteht, d.h. daß der Auskunftspflichtige mit der Beantwortung der gestellten Fragen sich selbst oder die in § 383 I Nrn. 1 bis 3 ZPO Angehörigen der Gefahr strafgerichtlicher Verfolgung oder eines Verfahrens nach dem OWiG aussetzen würde.

45 Ergänzend ist das Bundesaufsichtsamt nach § 4 I 3 WpHG zum Erlaß von Anordnungen zur Beseitigung und Verhinderung von Mißständen im Wertpapierhandel sowie – nach Delegation durch das Bundesministerium der Finanzen – zum Erlaß von Rechtsverordnungen berechtigt.[110] Das Bundesaufsichtsamt kann seine Verfügungen nach §§ 10, 11 II 2 WpHG mit Zwangsmitteln nach den Bestimmungen des VwVG durchsetzen und hat die Befugnisse als Ordnungsbehörde nach dem OWiG. Die Höhe des Zwangsgeldes beträgt abweichend von § 11 des VwVG bis zu 100.000 Deutsche Mark.

46 Ergeben sich bei der Tätigkeit des Bundesaufsichtsamtes oder auf anderem Wege Anhaltspunkte für Insidergeschäfte, kann dieses demnach von Wertpapierdienstleistungsunternehmen und inländischen, zum Börsenhandel zugelassenen Unternehmen Auskünfte und Unterlagen über die Geschäfte in Insiderpapieren verlangen, die die Angabe der Identität des Auftraggebers und die Depotveränderung in Insiderpapieren umfaßt.[111] Außerdem muß der Emittent des Insiderpapiers dem Bundesaufsichtsamt auf Anfrage nähere Einzelheiten zum Geschehen und Entstehen einer Insidertatsache offenlegen. Das Unternehmen muß auch mitteilen, wer von der Insidertatsache Kenntnis hat. Bei Vorliegen des Verdachts einer Insiderstraftat gibt das Bundesaufsichtsamt den Vor-

---

[107] Vgl. z.B. §§ 15 V 1, 16 III 1, 29 I 1 WpHG.

[108] Z.B. §§ 15 V 2, 16 III 2 WpHG.

[109] § 29 III WpHG.

[110] Vgl. §§ 11 III 2, 34 II 2, 36 II 2 WpHG.

[111] Die auskunftspflichtigen Unternehmen sind nach § 34 WpHG verpflichtet, bei Transaktionen in Wertpapieren und Derivaten Identität und Anschrift der Auftraggeber aufzuzeichnen und mindestens sechs Jahre aufzubewahren.

gang an die zuständige Staatsanwaltschaft ab, die gegebenenfalls weitere Ermittlungen durchführt.

3. Börsenaufsicht

Der Börsenaufsichtsbehörde obliegt nach § 1 II BörsG die Aufsicht **47**
über die Börse einschließlich der ordnungsgemäßen Durchführung des Börsenhandels und der Abwicklung der Börsentransaktionen. Durch das Zweite Finanzmarktförderungsgesetz ist die dezentrale Börsenaufsicht der Länder auf der Grundlage des geltenden Börsengesetzes weiter ausgebaut worden. Hierzu wurden die Zuständigkeiten der Börsenaufsichtsbehörden erweitert und eine Handelsüberwachungsstelle an der Börse eingeführt,[112] zu der über die bisherige Rechtsaufsicht hinaus die Aufsicht über den Börsenhandel, über die Handelsteilnehmer und die elektronischen Handels- und Abwicklungssysteme der Börse gehört.[113] Nach § 1 IV BörsG übt die Börsenaufsichtsbehörde wie das BAWe ihre Tätigkeit nur im öffentlichen Interesse aus. Zur Erfüllung ihrer Aufgaben wurden ihr weitreichende Befugnisse erteilt. So kann sie z.B. – soweit erforderlich – auch ohne besonderen Anlaß von der Börse und den Handelsteilnehmern Auskünfte und die Vorlage von Unterlagen verlangen, Prüfungen vornehmen, Grundstücke und Geschäftsräume der Börse und der Handelsteilnehmer betreten oder gegenüber Börse und Handelsteilnehmern Anordnungen zur Unterbindung von Verstößen gegen börsenrechtliche Vorschriften verhängen, wenn ansonsten die ordnungsgemäße Durchführung des Börsenhandels oder die Abwicklung von Börsengeschäften gefährdet wäre.[114] Die Börsenaufsichtsbehörde kann sämtliche Angelegenheiten der Handelsaufsicht an sich ziehen und eigene Ermittlungen durchführen; die primäre Verantwortung der Börsenselbstverwaltung bleibt hiervon unberührt.

4. Unternehmensorganisation und Compliance

Insiderrechtliche Normen und Wertvorstellungen haben über die **48**
skizzierten Verbotstatbestände und Verhaltenspflichten hinaus auch unmittelbaren Einfluß auf die Unternehmensorganisation, wobei regelmäßig ein Konflikt mit dem Erfordernis eines adäquaten innerbetriebli-

---

[112] Vgl. hierzu *A. Kaiser,* Die Harmonisierung des Europäischen Kapitalmarktrechts und das Recht des Wertpapierhandels in Italien und in Deutschland, S. 211.

[113] Die Aufsicht über die elektronischen Handels- und Abwicklungssysteme wurde eingeführt, um Mißstände im Börsenhandel aufgrund der Verwendung von technisch nicht ausgereiften EDV-Programmen und die Manipulierung von Programmen rechtzeitig erkennen zu können.

[114] Vgl. §§ 1a und 1b BörsG.

chen Informationsflusses droht. So ist aus betrieblichen wie unternehmerischen Überlegungen die Weitergabe von Insidertatsachen in bestimmten Grenzen unabdingbar und daher nicht zu mißbilligen, sofern dies gesetzlich vorgesehen ist oder den allgemein üblichen Betriebsabläufen entspricht.[115] Demgegenüber soll in Anbetracht der hohen Bedeutung präventiver Maßnahmen zur Einschränkung der Gefahr von Insiderverstößen und Interessenkonflikten der Kreis der Personen, die mit Insiderinformationen in Berührung kommen, möglichst gering gehalten werden.[116]

49 Die Insiderregeln betreffen deshalb nicht nur Individuen, sondern auch Organisationen und Unternehmen. Dies gilt nicht nur für Kreditinstitute und andere Wertpapierdienstleistungsunternehmen, für die die §§ 31 ff. WpHG spezifische Normen vorsehen, sondern auch für andere Unternehmen.[117]

a) Wertpapierdienstleistungsunternehmen

50 Die Gefahr von Insiderverstößen und demzufolge die Bedeutung einer Prävention durch angemessene organisatorische Maßnahmen ist bei Kreditinstituten – sei es bei Investmentbanken, rein kommerziellen Banken, Mischformen in Gestalt von Universalbanken oder sonstigen Finanzdienstleistungsinstituten – besonders offensichtlich. So haben diese zum einen in großem Umfang Einblick in Unternehmen und damit Zugang zu Insiderinformationen. Zum anderen genießen sie hohen Einfluß auf das primäre und sekundäre Wertpapiergeschäft, d.h. von der Emission von Wertpapieren über den Handel bis hin zur Investorenberatung.

51 In dieser Erkenntnis wurden mit dem Zweiten Finanzmarktförderungsgesetz durch die §§ 31 ff. WpHG spezifische Verhaltensregeln und Organisationspflichten etabliert, deren Schutzwirkung letztendlich nicht nur den Kunden, sondern auch der einzelnen Bank und ihren Mitarbeitern zugute kommt, da hierdurch Schadensersatzansprüche und Reputationsverluste durch imageschädigende Verhaltensweisen der Angestellten vermieden werden sollen.[118]

---

[115] So ist nach dem für die Gesetzesauslegung maßgeblichen Art. 3 der EG-Wertpapierdiestleistungs-Richtlinie dem Insider die Weitergabe von Insiderinformationen an Dritte nur gestattet, soweit dies in einem „normalen Rahmen in Erfüllung der Aufgaben und des Berufs geschieht". *S. Kümpel,* Insiderrecht und Ad-hoc-Publizität aus Bankensicht, WM 1996, S. 653, 657.

[116] *H. Assmann/P. Cramer* in *H. Assmann/U. Schneider* (Hrsg.), WpHG, § 14 Rdnr. 54.

[117] *H. Assmann,* Das künftige deutsche Insiderrecht, AG 1994, S. 196, 237, 255.

[118] *D. Eisele* in *H. Schimansky/H. Bunte/H. Lwowski* (Hrsg.), Bankrechts-Handbuch Band III, S. 2867.

52 Nach den §§ 31 und 32 WpHG unterliegen Kreditinstitute und andere zum Börsenhandel zugelassene Unternehmen, die Wertpapiere und derivative Finanzinstrumente für Dritte kaufen und verkaufen und infolge des Umfangs dieser Aktivitäten einen in kaufmännischer Weise eingerichteten Gewerbebetrieb erfordern,[119] besonderen Verhaltensregeln. Nach diesen müssen sie u.a. Wertpapierdienstleistungen mit der erforderlichen Sachkenntnis, Sorgfalt und Gewissenhaftigkeit im Interesse ihrer Kunden erbringen und sich um die Vermeidung von Interessenkonflikten bemühen bzw. haben dafür zu sorgen, daß bei unvermeidbaren Interessenkonflikten Wertpapierhandelsaufträge unter der gebotenen Wahrung der Kundeninteressen ausgeführt werden. Außerdem ist es Wertpapierdienstleistungsunternehmen, ihren Inhabern und Mitarbeitern u.a. verboten, ihren Kunden den Ankauf oder Verkauf von Wertpapieren oder Derivaten zu empfehlen, wenn und soweit die Empfehlung nicht mit den Interessen der Kunden übereinstimmt oder hierdurch der Kurs des entsprechenden Papiers für Eigengeschäfte in eine bestimmte Richtung gelenkt wird.[120]

53 Im Mittelpunkt der Strategien zur Durchsetzung dieser Zielsetzungen im Allgemeinen und zur Vermeidung von Interessenkonflikten im Besonderen steht die organisatorische und funktionale Trennung von Geschäftsbereichen, zwischen denen Pflichten- und Interessenkollisionen auftreten können. Vor dem Hintergrund der Erkenntnis, daß die Wahrscheinlichkeit von Insiderverstößen mit der Zahl der Personen sinkt, die mit den Insiderinformationen in Berührung kommen,[121] sol-

---

[119] Vgl. § 2 WpHG. Diese Verpflichtung gilt nach § 31 III WpHG auch für Unternehmen mit Sitz im Ausland, die Wertpapierdienstleistungen gegenüber Kunden erbringen, die ihren gewöhnlichen Aufenthalt oder ihre Geschäftsleitung im Inland haben, sofern nicht die Wertpapierdienstleistungen einschließlich der damit im Zusammenhang stehenden Nebenleistungen ausschließlich im Ausland erbracht werden.

[120] Vgl. hierzu die Verhaltensregeln für Wertpapierdienstleistungsunternehmen in Form einer Richtlinie des BAWe gemäß § 35 Abs. 2 des Gesetzes über den Wertpapierhandel vom 26. Juli 1994 (BGBl. I S. 1749), geändert durch Gesetz vom 18. Dezember 1995 (BGBl. I S. 1959) zur Konkretisierung der §§ 31 und 32 WpHG für das Kommissions-, Festpreis- und Vermittlungsgeschäft der Kreditinstitute (Bundesanzeiger Nr. 98 vom 3. Juni 1997); *A. Schwennicke,* Die Dokumentation von Verhaltenspflichten nach § 31 II WpHG durch die Bank, WM 1998, S. 1101 ff; *D. Eisele* in *H. Schimansky/H. Bunte/H. Lwowski* (Hrsg.), Bankrechts-Handbuch Band III, S. 2870 f.

[121] Die Einrichtung von Vertraulichkeitsbereichen und deren konsequente Überwachung durch den Compliance-Beauftragten hat auch Auswirkungen für den Fall, daß es zu Geschäften in Insiderpapieren gekommen ist. So wird hierdurch schon der Kreis derjenigen eingeschränkt, die von einer Insidertatsache aufgrund ihrer Tätigkeit und damit „bestimmungsgemäß" i. S. d. § 13 I NR. 3 WpHG erfahren haben und damit einem weitergehenden Verbot als reine Sekundärinsider unterliegen. Außerdem kommt es – trotz der niemals auszu-

len durch diese sogenannten „Chinese Walls“ die Möglichkeiten des Informationsflusses vor dem Hintergrund des Prinzips geschäftspolitischer Unabhängigkeit der einzelnen Geschäftsbereiche innerhalb eines Unternehmens so kanalisiert werden, daß nur die Bereiche Zugang zu Insiderinformationen haben, in denen sie anfallen oder in denen sie bestimmungsgemäß verwendet werden. Chinese Walls spielen für das Aktienemissionsgeschäft eine besondere Rolle, da sie gerade die für Emissionen zuständigen Corporate Finance Gruppen von anderen Bankbereichen wie den Handelsabteilungen sowie den Finanzanalysten abschotten.[122]

54 Die Abgrenzung der Geschäftsbereiche durch eine entsprechende Aufbau- und Ablauforganisation muß nach § 33 Nr. 2 WpHG so gestaltet sein, daß Interessenkonflikte zwischen Kreditinstituten und ihren Kunden sowie zwischen den Kunden untereinander möglichst gering gehalten werden. Gleichzeitig werden Wertpapierdienstleistungsunternehmen durch § 33 Nr. 3 WpHG verpflichtet, zur Prävention von Verstößen gegen das Wertpapierhandelsgesetz angemessene interne Kontrollverfahren zu unterhalten. Diese können sowohl durch eine zentrale Stelle wie eine Compliance-Abteilung erfolgen als auch auf der Ebene einzelner Geschäftsbereiche und Abteilungen durch physische Vorkehrungen wie Zugriffs- und Zugangsbeschränkungen, Vertraulichkeitsrichtlinien sowie Ablaufkontrollen für die Entstehung und Verbreitung von Informationen. Grundvoraussetzung hierfür ist neben einer adäquaten Kapitalausstattung, daß ein Unternehmen auch sachlich und personell in der Lage ist, die ordnungsgemäße Durchführung seiner Dienstleistungen durch eine angemessene Aufbau- und Ablauforganisa-

schließenden Durchlässigkeit von Chinese Walls – zumindest dann zu einer Veränderung der Beweislage zugunsten eines Beschuldigten, da diesem nach einer Wertpapiertransaktion, die unter dem Vorwurf des Insiderverstoßes steht, die Kenntnis der Insidertatsache aufgrund der Zugehörigkeit zu einem anderen unternehmensinternen Vertraulichkeitsbereich nicht einfach unterstellt werden kann, sondern nachgewiesen werden muß. *H. Assmann,* Das künftige deutsche Insiderrecht, AG 1994, S. 196, 237, 256 f. Im übrigen vermeidet die strikte Beachtung von Chinese Walls strafrechtliche Konsequenzen für Bankangestellte auch dann, wenn diese Vorkehrungen nicht den Anforderungen des insiderrechtlichen Weitergabeverbots entsprechen, da es dann regelmäßig an dem objektiven und – von krassen Ausnahmefällen, in denen die fehlende Angemessenheit von Chinese Walls offensichtlich ist, abgesehen – auch dem subjektiven Tatbestandsmerkmal der „unbefugten“ Weitergabe fehlen dürfte. *S. Kümpel,* Insiderrecht und Ad-hoc-Publizität aus Bankensicht, WM 1996, S. 653, 658.

[122] Im Bedarfsfall kann nach vorheriger Abstimmung mit dem Vorgesetzten und Unterrichtung der Compliance Abteilung ein bereichsübergreifender Informationsaustausch („over the wall“) nach dem „need to know-Prinzip“ im Einklang mit dem insiderrechtlichen Weitergabeverbot erfolgen, wozu auch vorübergehend Personen aus anderen Geschäftsbereichen auf die „andere Seite des Chinese Wall geholt“ werden können.

tion sowie ein Risikomanagement und -controlling zu gewährleisten, wie es – neben der laufenden Überwachung von Wertpapiertransaktionen der Mitarbeiter – auch in der Verlautbarung des Bundesaufsichtsamts für das Kreditwesen vom 23. Oktober 1995 als Mindestanforderung verlangt wird.[123]

Zur Absicherung und Ergänzung von Chinese Walls in einer Bank **55**
führt die Compliance Abteilung, der alle Mitarbeiter auf der Basis vorgegebener Kriterien compliance-relevante Informationen zu melden haben und bei der so die Erkenntnisse über vorhandenes Insiderwissen zusammenlaufen, sogenannte Beobachtungs- und Stopplisten. Aus der Aufnahme eines Wertpapiers auf die Beobachtungsliste („watch list") resultieren keine Einschränkungen für die Bank und diejenigen Mitarbeiter, die keinen Zugang zu den sensiblen Informationen im Einzelfall haben. Mit ihr werden die Funktionsfähigkeit von Chinese Walls kontrolliert und Bank- und Mitarbeitergeschäfte daraufhin überwacht, ob im Haus vorhandene Insiderinformationen unlauter verwendet werden. Demgegenüber sind Wertpapiergeschäfte für Bank und Mitarbeiter in Werten, die auf der Stoppliste („restricted list") stehen, gänzlich untersagt, da die Bank hier über Informationen verfügt, die im Falle ihrer Veröffentlichung den Kurs des Papiers erheblich beeinflussen können.[124]

b) Unternehmen

Wenngleich nur Wertpapierdienstleistungsunternehmen von den Or- **56**
ganisationspflichten des § 33 WpHG erfaßt werden, lassen sich für andere börsennotierte Unternehmen vergleichbare Verpflichtungen aus allgemeinem Aktien- und Kapitalmarktrecht ableiten. Ausgangspunkt der Überlegungen ist dabei die Feststellung, daß die Insiderverbote des § 14 WpHG Personen und Unternehmen gleichermaßen betreffen. Darüber hinaus sind Unternehmen der Gefahr ausgesetzt, daß ihnen das Handeln ihrer Organe und Mitarbeiter nicht nur rechtlich, sondern auch auf andere, letztendlich rufschädigende Weise zugerechnet wird. Die Abwehr solcher Gefahren gehört zu der in § 93 I AktG verankerten Sorgfaltspflicht des Vorstands, so daß diesem schon aus allgemeinen aktienrechtlichen Regelungen entsprechende Organisations- und Kontrollpflichten obliegen.[125] Wie weit diese gehen und wie sie im Einzel-

---

[123] *D. Eisele* in *H. Schimansky/H. Bunte/H. Lwowski* (Hrsg.), Bankrechts-Handbuch Band III, S. 2878.

[124] Vgl. hierzu *D. Eisele* in *H. Schimansky/H. Bunte/H. Lwowski* (Hrsg.), Bankrechts-Handbuch Band III, S. 2885 f; *H. Assmann,* Das künftige deutsche Insiderrecht, AG 1994, S. 196, 237, 256; *S. Tippach,* Das Insiderhandelsverbot und die besonderen Rechtspflichten der Banken, S. 216 f.

[125] *S. Kümpel,* Insiderrecht und Ad-hoc-Publizität aus Bankensicht, WM 1996, S. 653, 658.

nen ausgestaltet sind, ist ebenso ungeklärt wie die Frage, ob diese Verpflichtungen und damit im Verletzungsfall korrespondierende Schadensersatzpflichten nur gegenüber der Gesellschaft oder auch gegenüber Aktionären und Dritten bestehen.[126] Pauschal läßt sich sagen, daß die Unternehmensleitung all die zumutbaren Organisations- und Aufsichtsvorkehrungen zu treffen hat, die zur Vermeidung vorhersehbarer Mißbräuche von Insiderinformationen geeignet und erforderlich sind.[127] Im Ergebnis heißt dies, daß auch Unternehmen, die keine Wertpapierdienstleistungen i.S.d. § 2 IV WpHG anbieten, vergleichbare Vorkehrungen zur Unterbindung von Insiderverstößen treffen müssen wie diese. Dabei wird man nicht unbedingt die Errichtung einer compliance-Organisation nach Vorbild angelsächsischer Banken erwarten dürfen, wohl aber die Schaffung von Vertraulichkeitsbereichen und die Kanalisierung von Informationsflüssen auf einer „need to know" Basis.

V. Sanktionen

1. Strafrechtliche Sanktionen

57 Nach § 38 WpHG ist der Verstoß gegen eines der Insiderverbote oder ein entsprechendes ausländisches Verbot[128] mit einer Freiheitsstrafe von bis zu fünf Jahren oder Geldstrafe bis zu 360 Tagessätzen[129] bedroht, ohne daß hierbei eine Abstufung der Sanktion nach der Art des Verstoßes oder eine Differenzierung nach der Tätereigenschaft als Primär- bzw. Sekundärinsider gemacht würde.[130] Wegen eines Insidervergehens

---

[126] Bei Aktionären und Dritten dürfte regelmäßig der Nachweis eines kausal verursachten Schadens Schwierigkeiten bereiten.

[127] *H. Assmann,* Das künftige deutsche Insiderrecht, AG 1994, S. 196, 237, 257.

[128] Ausländische Verbote werden durch § 38 II WpHG dem deutschen Verbot des Insiderhandels gleichgesetzt. Dies ist schon deshalb bemerkenswert, weil die ausländischen Rechte, deren Nichtbeachtung nach deutschem Recht strafrechtlich sanktioniert werden, z.T. erheblich weitreichender sind als deutsches Recht. *K. Hopt,* Grundsatz- und Praxisprobleme nach dem Wertpapierhandelsgesetz, ZHR 1995, S. 135, 137, 142 f. Eine rechtsvergleichende Übersicht über die Insiderregelungen in Frankreich, Italien, Großbritannien und der Schweiz findet sich in: Keeping it secret, *European Counsel,* May 1997, S. 17 ff.

[129] Vgl. § 40 I StGB, d.h. eines Jahreseinkommens, *F. zur Megede* in *H. Assmann/R. Schütze,* Handbuch des Kapitalanlagerechts, S. 513. Die Höhe des Tagessatzes wird nach § 40 II StGB vom Gericht unter Berücksichtigung der persönlichen und wirtschaftlichen Verhältnisse des Täters unter Zugrundelegung des Nettoeinkommens des Täters bestimmt und beträgt zwischen DM 2 und DM 10.000. Vgl. hierzu *K. Lackner,* StGB, § 40 Rdnr. 7 ff.

[130] Nach den Vorstellungen des Gesetzgebers kann auch ein Sekundärinsider durch gezieltes Handeln die gleichen Gefahren für die Funktionsfähigkeit der Kapitalmärkte bewirken wie ein Primärinsider. Das Fehlen von Differenzie-

macht sich nur strafbar, wer vorsätzlich oder zumindest bedingt vorsätzlich[131] gehandelt hat. Hierzu ist erforderlich, daß der Täter die Eigenschaft als Insidertatsache kennt.[132]

Mit dem relativ hohen Strafrahmen sollen auch besonders schwere 58
Fälle angemessen erfaßt werden.[133] Der Versuch ist nicht strafbar.[134] Insiderdelikte sind Offizialdelikte, d.h. werden unabhängig von einem Strafantrag von Amts wegen verfolgt.[135]

Neben der Strafbarkeit nach dem Wertpapierhandelsgesetz kommen 59
Verstöße gegen die § 204 StGB, § 17 UWG und § 404 AktG in Betracht. So macht sich nach § 204 bzw. § 203 StGB[136] strafbar, wer unbefugt ein fremdes Betriebs- und Geschäftsgeheimnis, zu dessen Geheimhaltung er z.B. als Rechtsanwalt, Steuerberater, Notar, Wirtschaftsprüfer oder Angehöriger eines Heilberufs, der eine staatliche Ausbildung erfordert, nach § 203 StGB verpflichtet ist, z.B. durch Kauf von Insiderpapieren verwertet bzw. im Wege der Weitergabe von Insiderinformationen offenbart. Unter „verwerten" ist jede auf einen vermögensrechtlichen Gewinn abzielende Handlung zu verstehen, ohne daß es darauf ankäme, daß der Gewinn tatsächlich erzielt wird. Zu einer Entreicherung der durch die Norm geschützten Gesellschaft braucht das Verwerten nicht zu führen.[137] Mitarbeiter der genannten Personenkreise

---

rungskriterien ist schon deshalb nicht unbedenklich, da deutsche Gerichte, im Gegensatz z.B. zu US-amerikanischen, bisher über keine Erfahrungen mit dem Insiderrecht verfügen. *A. Kaiser,* Die Sanktionierung von Insiderverstößen und das Problem der Kursmanipulation, AG 1997, S. 1557. Nach *R. Süßmann,* Insiderhandel – Erfahrungen aus der Sicht des Bundesaufsichtsamts für den Wertpapierhandel, AG 1997, S. 63 sind im Jahr 1995 zwei Insider rechtskräftig verurteilt worden, im Jahr 1996 vier. Dem folgten drei Verurteilungen wegen Insiderverstößen im Jahre 1997. Zur US-amerikanischen Insiderrechtsprechung mit rechtsvergleichender Betrachtung, vgl. *M. Lenenbach/F. Lohrmann,* „Jahrhundertentscheidung" zum amerikanischen Insiderrecht, RIW 1998, S. 115 ff.

131 Wenn das Gesetz nichts anderes bestimmt, reicht jede Form des Vorsatzes aus. *S. Kümpel,* Insiderrecht und Ad-hoc-Publizität, WM 1996, S. 653, 659 m.w.N.

132 *S. Kümpel,* Bank- und Kapitalmarktrecht, Rdnr. 14.213; *H. Assmann,* Das künftige deutsche Insiderrecht, AG 1994, 237, 246.

133 *A. Kaiser,* Die Harmonisierung des Europäischen Kapitalmarktrechts und das Recht des Wertpapierhandels in Italien und in Deutschland, S. 221. Vgl. hierzu auch *H. Assmann,* Das künftige deutsche Insiderrecht, AG 1994, S. 196, 237, 249.

134 § 23 I i.V.m. § 12 StGB.

135 Vgl. hierzu *W. Stree* in *A. Schönke/H. Schröder,* Strafgesetzbuch, § 77 Rdnr. 1.

136 Die Sanktionen sind Geldstrafe oder Freiheitsstrafe bis zu zwei Jahren, sofern – im Falle der reinen Verletzung der Vertraulichkeit und Offenbarung – nicht die Bereicherungs- oder Schädigungsabsicht fehlt und daher höchstens eine Freiheitsstrafe von einem Jahr verhängt werden darf.

137 *A. Kaiser,* Die Sanktionierung von Insiderverstößen und das Problem der Kursmanipulation, WM 1997, S. 1557, 1561.

machen sich im gleichen Maße strafbar. Bereits im Vorfeld eines Insiderdelikts durch Verwerten oder Weitergabe von Informationen kann bereits deren Erlangen eine rechtswidrige Handlung darstellen, so z.B. wenn diese durch eine Verletzung der Vertraulichkeit des Wortes,[138] des Briefgeheimnisses[139] oder durch ein Ausspähen von Daten[140] erlangt werden. Die Delikte nach §§ 201 bis 204 StGB werden gemäß § 205 StGB nur auf Antrag des Verletzten bestraft.[141] Die §§ 17 UWG und 404 AktG verbieten vergleichbare Handlungen durch Verwertung von Geschäftsgeheimnissen und deren illegale Erlangung,[142] betreffen teilweise aber andere Adressaten.

60 Die Einleitung des Strafverfahrens dürfte regelmäßig vom Bundesaufsichtsamt ausgehen, das nach § 18 I WpHG die zuständige Staatsanwaltschaft über Tatsachen, die den Verdacht einer Straftat nach §§ 14, 38 WpHG begründen, zu informieren hat. Der Staatsanwaltschaft obliegt dann die Entscheidung über die Einleitung eines strafrechtlichen Ermittlungsverfahrens.

61 Nach § 73 StGB ist in dem Strafverfahren, das zu einer Verurteilung wegen eines Insiderdelikts führt, zudem der Verfall des geldwerten Vorteils, den der Verurteilte[143] aus der Straftat erlangt hat, an den Staat anzuordnen, soweit nicht der Insider einem in seinen Rechten Verletzten[144] zivilrechtlich zur Zahlung des Insidergewinns verpflichtet ist.[145,146] Des weiteren kann[147] nach § 74 StGB das Gericht neben poten-

---

[138] Nach § 201 StGB kann auch der Einsatz von Abhörgeräten zur Erlangung vertraulicher Informationen mit Geldstrafe oder Freiheitsstrafe bis zu drei Jahren bestraft werden. Für Amtsträger wie Beamte oder Richter sieht das Gesetz in § 201 III StGB eine Strafverschärfung bis zu fünf Jahren vor. Vgl. hierzu *A. Schönke/H. Schröder,* Kommentar zum Strafgesetzbuch, § 11 Rdnr. 14 ff.

[139] § 202 StGB.

[140] Nach § 202a StGB wird wegen des Ausspähens von Daten mit Geldstrafe oder Freiheitsstrafe bis zu drei Jahren bestraft, wer sich oder einem anderen elektronisch oder magnetisch gespeicherte oder – z.B. über das Internet- übermittelte Daten, die nicht für ihn bestimmt und gegen unberechtigten Zugang besonders gesichert sind, verschafft.

[141] Eine Ausnahme stellen nach § 205 I StGB die Verstöße von Amtsträgern nach § 201 StGB dar, die ohne Antrag verfolgt werden müssen.

[142] Vgl. auch § 333 HGB, § 353b StGB, § 120 BetrVG.

[143] Demgegenüber kann im Verfahren gegen einen Mittäter der einem nicht mitangeklagten Tatbeteiligten zugeflossene Vermögensvorteil nicht für verfallen erklärt werden. *A. Eser* in *A. Schönke/H. Schröder,* Strafgesetzbuch, § 73 Rdnr. 45.

[144] Da § 73 I 2 StGB eine Rechtsverletzung fordert, schließt – z.B. bei Einbeziehung von Insiderhandelsverboten in den Arbeitsvertrag – ein vertraglicher Anspruch eines Arbeitgebers gegen den angestellten Insider auf Abführung von Insidergewinnen den Verfall an den Staat nicht aus.

[145] Vgl. hierzu nachstehend § 15 V. 2. Zivilrechtliche Haftung.

[146] *H. Assmann,* Das künftige deutsche Insiderrecht, S. 196, 237, 249.

[147] Im Gegensatz zur fakultativen Einziehung der eingesetzten Mittel nach

tiellen Insidergewinnen auch die dem Täter des Insiderdelikts oder einem Teilnehmer hieran gehörenden Insiderpapiere oder den hierfür bei einem Verkauf erzielten Gegenwert[148] einziehen.[149]

Wurde das Insiderdelikt durch den Täter unter Mißbrauch seines Berufs oder unter grober Verletzung der hiermit verbundenen Pflichten begangen, so kann ihm ein Gericht nach § 70 StGB im Falle der Verurteilung die Ausübung dieses Berufs oder Berufszweigs für bis zu fünf Jahre untersagen, wenn die Gesamtwürdigung des Täters und der Tat eine Wiederholungsgefahr erheblicher Art erkennen läßt. Das Berufsverbot kann sogar auf Dauer angeordnet werden, wenn zu erwarten ist, daß die gesetzliche Höchstfrist zur Abwehr der vom Täter drohenden Gefahr nicht ausreicht.[150] **62**

2. Zivilrechtliche Haftung

Die zivilrechtliche Haftung von Insidern für Vermögensschäden Dritter ist weder im WpHG noch in den EG-Insiderrichtlinien geregelt. Auch geben die respektiven Materialien der Gesetzgebungsverfahren insoweit keine Hilfestellung.[151] Fälle, in denen ein Insider in Kenntnis positiv wirkender Tatsachen Wertpapiere unter Ausnutzung seines Wissensvorsprungs günstig erwirbt bzw. im umgekehrten Fall Papiere veräußert, weil er weiß, daß diese infolge der Publizierung von Insidertatsachen erheblich an Wert verlieren werden, können demnach nur unter Rückgriff auf allgemeine Haftungsregeln auf ihre zivilrechtlichen Rechtsfolgen unter Gesichtspunkten wie Schadensersatzanspruch und Wandlungs- oder Minderungsrecht untersucht werden. **63**

---

§ 74 StGB ist die Anordnung des Verfalls nach § 73 StGB zwingend vorgeschrieben.

[148] Vgl. § 74c StGB. Da der Gewinn bereits nach § 73 StGB eingezogen wird, kann über § 74 StGB nur der Restbetrag eingezogen werden.

[149] A.A. *A. Kaiser,* Die Harmonisierung des Europäischen Kapitalmarktrechts und das Recht des Wertpapierhandels in Italien und in Deutschland, S. 221; ders., Die Sanktionierung von Insiderverstößen und das Problem der Kursmanipulation, WM 1997, S. 1557, 1558, mit der Begründung, daß der Täter hierdurch zusätzlich bestraft würde. In Anbetracht des durch § 74b StGB ins Spiel gebrachten Grundsatzes der Verhältnismäßigkeit geht diese Argumentation aber an der Sache vorbei. *H. Assmann,* Das künftige deutsche Insiderrecht, S. 196, 237, 249 statuiert zwar den Verfall der Insidergewinne, läßt die Frage nach der Einziehbarkeit der eingesetzten Mittel aber offen.

[150] Vgl. auch §§ 70a und 70b StGB zur Frage der Aussetzung des Berufsverbots.

[151] *H. Krause,* The German Securities Trading Act (1994): A Ban on Insider Trading and an Issuer's Affirmative Duty to Disclose Material Nonpublic Information, The International Lawyer Fall 1996, S. 555, 576.

a) Gewährleistung

64 Vertragliche Ansprüche kommen bei Direktgeschäften in Betracht, die ohne Einschaltung von Finanzintermediären außerhalb der Börse stattfinden. Der Wertpapierkauf ist in erster Linie ein Rechtskauf, bei dem der Verkäufer nach § 437 BGB für den rechtlichen Bestand des Kaufobjekts haftet, keinesfalls – zumindest ohne entsprechende Zusicherung, die in der Praxis auch bei Paketverkäufen regelmäßig nicht abgegeben wird – dafür, daß das Recht auch den vertraglich vorausgesetzten Wert hat.[152] Im Falle eines Verkaufs von Gesellschaftsanteilen haftet der Verkäufer allenfalls noch dafür, daß die Gesellschaft und der Anteil in der entsprechenden Höhe bestehen, sich die Gesellschaft nicht in Konkurs oder in Liquidation befindet[153] sowie für gewisse rechtliche Eigenschaften des Gesellschaftsanteils, wie Höhe der Gewinnbeteiligung oder Umfang des Stimmrechts.[154]

65 Eine Haftung für Insiderverstöße nach § 437 BGB scheidet damit aus. Demgegenüber kommt Sachmängelrecht nach §§ 459 ff. BGB zur Anwendung, wenn durch die Wertpapiere eine unternehmerische Beteiligung übertragen werden soll. Voraussetzung ist allerdings, daß die Beteiligung einen bedeutsamen Anteil an der Gesellschaft umfaßt, wobei vorausgesetzt wird, daß der Käufer unternehmerische Leitungsmacht, d.h. eine satzungsändernde Mehrheit, erhält.[155] Beim Verkauf kleinerer Anteile kommt eine Sachmängelhaftung nur ausnahmsweise in Betracht wenn der Verkäufer eine beherrschende Stellung innehat und der Kaufpreis am Gesellschaftsvermögen orientiert ist.[156] Selbst wenn demnach bei Transaktionen, die nicht über die Börse abgewickelt werden, eine Haftung des Verkäufers bestehen sollte, muß klar sein, daß diese nicht wegen des Insiderverstoßes als solchem, sondern wegen des Sachmangels besteht.

b) Culpa in contrahendo

66 Der Ersatz eines Vertrauensschadens kann ein geschädigte Käufer dann verlangen, wenn einem Insider die schuldhafte Verletzung vorvertraglicher Aufklärungspflichten vorzuwerfen ist.

67 Eine solche Aufklärungspflicht ergibt sich zum einen aus der Adhoc-Mitteilungspflicht des § 15 WpHG, dessen Adressat aber nur die emittierende Gesellschaft selbst ist, nicht aber ein anderer Insider. Dem-

---

[152] BGHZ 65, 246, *H. Putzo* in *Palandt,* BGB, § 437 Rdnr. 7.

[153] RGZ 59, 240; 92, 73, 76. Für eine Überschuldung besteht dagegen keine Haftung, BGH NJW 1980, S. 2408.

[154] RGZ 99, 217, 220.

[155] *H. Putzo* in *Palandt,* BGB, vor § 459 Rdnr. 17. Die Rechtsprechung hierzu ist nicht einheitlich.

[156] *H. Neumann-Duesberg,* Gewährleistung für Unternehmensmängel bei Verkauf von Geschäftsanteilen, WM 1968, S. 494, 502.

nach käme die Verletzung einer Aufklärungspflicht aus § 15 WpHG allenfalls bei Kapitalerhöhungen oder anderen Verkäufen eigener Aktien[157] durch das Unternehmen in Betracht, scheidet aber als Bestandteil der Anspruchsgrundlage letztendlich auch aus, da – wie § 15 VI WpHG zeigt – das deutsche Insiderrecht nicht die individuelle Aufklärungspflicht des Insiders zur Herstellung von Informationsgleichgewichten bezweckt, sondern nur die Verhinderung einer Verwertung von Informationsungleichheiten.

Zum anderen ergibt sich eine Aufklärungspflicht beim „anonymen“ Verkauf außerhalb der Börse aber auch aus dem vorvertraglichen Vertrauensverhältnis, nach dem der Käufer nach Treu und Glauben unter Berücksichtigung der Verkehrsanschauung redlicherweise eine Aufklärung über negative Tatsachen des Kaufgegenstandes erwarten darf, unabhängig davon, ob diese Sachen oder Rechte betreffen. Das Spannungsverhältnis einer solchen Aufklärungspflicht mit dem Insiderrecht wurde vorstehend bereits diskutiert[158]; letztendlich könnte es allenfalls dergestalt gelöst werden, daß man dem potentiellen Verkäufer den Verkauf untersagt bis die Insidertatsache öffentlich bekannt wird und so die Eigenschaft als solche verliert. Keinesfalls aber kann dies zu Lasten des Käufers gelöst werden.[159] **68**

Ein Anspruch auf Ersatz des negativen Interesses kommt demnach im Falle negativer, nicht aufgedeckter Tatsachen bei außerbörslichen Direktgeschäften in Betracht, nicht aber bei Transaktionen über die Börse, da hier keine Aufklärungspflicht aus einem vorvertraglichen Vertrauensverhältnis besteht. Allerdings ist auch ein solcher Anspruch als „normaler“ Anspruch aus culpa in contrahendo anzusehen, nicht aber als typische Folge eines Insiderverstoßes. **69**

c) § 823 II BGB

Deliktische Ansprüche nach § 823 BGB setzen keine Vertragsbeziehungen zwischen schädigendem Insider und dem Geschädigten voraus. Eine Haftung des Insiders nach § 823 I BGB kommt allenfalls in sehr unwahrscheinlichen und dann im Nachweis der einzelnen Tatbestandsmerkmale sehr schwierigen Ausnahmefällen in Betracht wenn der In- **70**

---

[157] Durch das am 1. Mai 1998 in Kraft getretene KonTraG wurden die Möglichkeiten, nach denen eine Gesellschaft eigene Aktien kaufen (und demnach auch verkaufen) darf, erweitert.

[158] Vgl. hierzu § 15 III. 4. Unternehmens- und Paketkauf.

[159] So im Ergebnis aber *A. Kaiser,* Die Sanktionierung von Insiderverstößen und das Problem der Kursmanipulation, WM 1997, S. 1557, 1559, der – wie schon in seiner Dissertation über „Die Harmonisierung des Europäischen Kapitalmarktrechts und das Recht des Wertpapierhandels in Italien und Deutschland“, 223 ff. – einen Anspruch aus culpa in contrahendo ablehnt, da eine Aufklärung die unerlaubte Weitergabe von Insiderwissen darstellen würde.

sider durch seine Handlungen das Recht des emittierenden Unternehmens an seinem eingerichteten und ausgeübten Gewerbebetrieb verletzt, das als sonstiges Recht i.S.d. § 823 I BGB anerkannt ist.[160] Demgegenüber wird ein reiner Vermögensschaden nicht von § 823 I BGB geschützt.[161]

71 Nach § 823 II BGB führt auch die schuldhafte Verletzung eines Gesetzes, das den Schutz eines anderen bezweckt, zu einer Schadensersatzpflicht. Eine Rechtsnorm ist nach ständiger Rechtsprechung dann ein Schutzgesetz i.S.d. § 823 II BGB, wenn sie bei ihrem Erlaß nach dem Willen des Gesetzgebers – sei es auch neben dem Schutz der Allgemeinheit – gerade dazu dienen soll, den einzelnen oder einzelne Personenkreise gegen die Verletzung eines Rechtsguts zu schützen. Die Schaffung individueller Schadensersatzansprüche muß erkennbar vom Gesetz erstrebt oder wenigstens mitgewollt sein.[162]

72 Inwieweit dies bei § 14 WpHG der Fall ist, ist umstritten.[163] Soweit der Charakter des Insiderverbots als Schutzgesetz bestritten wird, wird argumentiert, daß der Gesetzgeber in erster Linie die Funktions- und Wettbewerbsfähigkeit des Finanzplatzes Deutschland durch Zusicherung der Gleichbehandlung[164] sowie – hieraus resultierend – eine Stärkung des Vertrauens der Anleger im Auge hatte.[165] Dem wird – und dies

---

[160] *H. Thomas* in *Palandt,* BGB, § 823 Rdnr. 19. Dies würde u.U. auch näher zu prüfen sein, wenn der Insider durch seine Insiderstraftat die Geschäftsbeziehungen zwischen seinem Arbeitgeber und Dritten schädigt.

[161] *H. Thomas* in *Palandt,* BGB, § 823 Rdnr. 31.

[162] BGH, NJW 1992, S. 241, 242 m.w.N.

[163] *H. Krause,* The German Securities Trading Act (1994): A Ban on Insider Trading and an Issuer's Affirmative Duty to Disclose Material Nonpublic Information, The International Lawyer Fall 1996, S. 555, 576, der weiter ausführt „the courts would be bound by the wording of the statute, but would nevertheless inquire into legislative intent. The interpretive materials, however, are silent on the point, and the general sections are so cryptic that anyone might find support for a particular position. ... but the issue now seems to be left to the judicial branch. Legislative action would appear to become more likely after a first case is decided by a higher court that encounters widespread disapproval."

[164] Begründung des Regierungsentwurfs des Zweiten Finanzmarktförderungsgesetzes, Bundestagsdrucksache 12/6679, S. 33.

[165] *A. Kaiser,* Die Sanktionierung von Insiderverstößen und das Problem der Kursmanipulation, WM 1997, S. 1557, 1559 f. *K. Caspari,* Die geplante Insiderregelung in der Praxis, ZGR 1994 , S. 530, 533 begründet dies damit, der Emittent würde durch Insidergeschäfte in der Regel nicht geschädigt, verniedlicht dabei aber schon die Folgen einer mit Insiderdelikten aus dem Unternehmen selbst verbundenen Rufschädigung und anderweitigen Probleme für den normalen Betriebsablauf. Letztendlich wird das Argument in seiner Schwäche nur von der weiteren Begründung übertroffen, das gesetzliche Verbot von Insidergeschäften bezwecke keinen Individualschutz der Anleger, weil – wie die Definition der Insiderpapiere in § 12 WpHG zeige – Wertpapiere, die nur an Börsen in Dritt-

ist viel überzeugender – entgegengehalten, daß „der Funktionenschutz des Kapitalmarkts und der Individualschutz der Anleger zwei Seiten derselben Medaille" sind und derjenige, der das eine betreibt, zugleich auch das andere betreibt.[166] Richtig ist auch, daß der Gesetzgeber nicht einerseits um das Vertrauen der Anleger werben und andererseits den anlegerschützenden Charakter des Wertpapierhandelsgesetzes in Abrede stellen kann, da dies ein Widerspruch in sich wäre. § 15 VI 1 WpHG, wo der Gesetzgeber den Schutzgesetzcharakter der Ad-hoc-Publizität ausdrücklich verneint hat, und § 4 II WpHG, nach dem das BAWe die ihm nach diesem Gesetz zugewiesenen Aufgaben und Befugnisse nur im öffentlichen Interesse wahrnimmt, sprechen nicht auch gegen den Schutzcharakter des § 14 WpHG, da bei dieser Prüfung nicht auf das Wertpapierhandelsgesetz insgesamt, sondern auf Sinn und Zweck jeder einzelnen Norm abgestellt werden muß.[167]

Für Ansprüche von Anlegern, die an einen Insider verkauft oder aber **73**
von diesem gekauft haben, werden regelmäßig aber beide Auffassungen zum selben Ergebnis führen,[168] da auch bei Bejahung des Charakters als Schutzgesetz die übrigen Tatbestandsmerkmale des § 823 II BGB vorliegen müssen, nämlich Vorsatz, Kausalität und Schaden. Dabei dürfte insbesondere der kausal verursachte Schaden[169] bei der jeweiligen Marktgegenseite regelmäßig fehlen und daran auch ein Anspruch aus § 823 II BGB scheitern: Hat der Insider in Kenntnis einer positiven Insidertatsache einen Kaufauftrag gegeben, so trifft dieser auf einen Verkaufsauftrag, der unabhängig von der Insidertatsache oder einem rechtswidrigen Verhalten des Insiders vorliegt und – liquide Märkte unterstellt – auch ohne den rechtswidrigen Kaufauftrag des Insiders in jedem Fall ausgeführt worden wäre. Demnach kann allein darin, daß der Verkaufsauftrag ausgeführt wird und der Verkäufer daher nicht nach

---

staaten zum Handel zugelassen sind oder an keiner Börse notiert werden, keine Insiderpapiere sind.

[166] *K. Hopt,* Grundsatz- und Praxisprobleme nach dem Wertpapierhandelsgesetz, ZHR 1995, S. 135, 159, nach dem (S. 162) „jedenfalls eine Schadensersatzpflicht des Insiders gegenüber allen" (!) „Anlegern auf der Marktgegenseite ausscheidet". Letztendlich läßt er die Frage nach dem Schutzgesetzcharakter von § 14 WpHG und die Möglichkeit von Schadensersatzansprüchen einzelner nach § 823 II WpHG i.V.m. § 14 WpHG aber ausdrücklich offen. Nach *H. Assmann,* Das künftige deutsche Insiderrecht, AG 1994, S. 196, 203, 237, 250 kann daran, daß § 14 WpHG jedenfalls auch den durch Insidergeschäfte geschädigten Anleger schützt, kein Zweifel bestehen.

[167] *K. Hopt,* Grundsatz- und Praxisprobleme nach dem Wertpapierhandelsgesetz, ZHR 1995, S. 135, 160.

[168] *F. zur Megede* in *H.-D. Assmann/R. Schütze,* Handbuch des Kapitalanlagerechts, S. 513.

[169] Vgl. hierzu auch *A. Kaiser,* Die Sanktionierung von Insiderverstößen und das Problem der Kursmanipulation, WM 1997, S. 1557, 1561.

Bekanntwerden der Insidertatsache zu einem höheren Kurs verkaufen kann, kein Schaden liegen. Gleichzeitig kann auch nicht argumentiert werden, ohne den Kaufauftrag des Insiders hätte die Marktgegenseite zu diesem Zeitpunkt zu einem höheren Kurs verkaufen können – ganz im Gegenteil: das Vorliegen des Kaufauftrags (des Insiders) wirkt tendenziell eher kurssteigernd und damit vorteilhaft für den Verkäufer. Entsprechendes gilt, wenn ein Insider in Kenntnis negativer Insidertatsachen verkauft, mit dieser Order eher für eine Abschwächung des Kurses und damit für einen günstigeren Einstandspreis beim Käufer sorgt.

74 Mangels eines kausal verursachten Schadens wird regelmäßig auch die Marktgegenseite keinen Anspruch aus § 826 BGB haben, nach dem schadenersatzpflichtig wird, wer in einer gegen die guten Sitten verstoßenden Weise[170] einem anderen vorsätzlich Schaden zufügt. Infolge der Zweifel bei der Feststellung eines Schadens dürfte regelmäßig auch der Nachweis eines Schädigungsvorsatzes Schwierigkeiten bereiten.[171]

75 Soweit ein Insiderhandeln zu einem Schaden bei dem emittierenden oder anderen Unternehmen führt,[172] was sehr viel eher möglich erscheint, ist demgegenüber tatsächlich der Schutzzweck von § 14 WpHG zugunsten dieser Unternehmen zweifelhaft und im Ergebnis zu verneinen. Regelmäßig dürfte hier aber eine Verletzung von Normen gegeben sein, die – wie die §§ 404 AktG, 17 UWG, 204 StGB – die Ausnutzung, Verwertung oder den Verrat von Geschäftsgeheimnissen untersagen und als Schutzgesetze i.S.d. des § 823 II BGB anerkannt sind.[173] Auch hier dürfte der Nachweis von Schaden und Schadenshöhe nicht einfach sein.

---

[170] Bei der Auslegung des Begriffs der guten Sitten kommt es auf das Anstandsgefühl aller billig und gerecht Denkenden an. Dabei stellt nicht jedes mißbilligte Verhalten schon einen Verstoß gegen die guten Sitten dar. Erforderlich ist vielmehr eine grobe Verletzung des im Rechtsverkehr erwarteten Verhaltens. Dabei ist auf die allgemeinen Anschauungen, insbesondere aber auf die Auffassungen der beteiligten Kreise abzustellen. *K. Schäfer* in *J. v. Staudinger* (Hrsg.), BGB, § 826, Rdnr. 34ff.; *H. Thomas* in *Palandt,* BGB, § 826, Rdnr. 2. Ein verbotenes Verhalten im Sinne des § 14 WpHG ist nicht schon deswegen sittenwidrig, weil es nach § 38 WpHG strafbar und daher zu mißbilligen ist. Beim Insiderhandel kann man heute aber von einer allgemeinen Mißbilligung in den beteiligten Verkehrskreisen ausgehen. *A. Kaiser,* Die Harmonisierung des Europäischen Kapitalmarktrechts und das Recht des Wertpapierhandels in Italien und Deutschland, S. 227.

[171] Der Vorsatz allein auf die Nachteilszufügung genügt, er muß dagegen nicht auch deren Sittenwidrigkeit oder Rechtswidrigkeit umfassen. Für den Schädigungsvorsatz genügt es, wenn der Täter die Art des Schadens und die generelle Richtung des Schadensverlaufs abgesehen hat.

[172] Z.B. wegen Rufschädigung, Wegfall von Aufträgen und anderen Geschäftsbeziehungen.

[173] Vgl. hierzu näher *A. Kaiser,* Die Sanktionierung von Insiderverstößen und das Problem der Kursmanipulation, WM 1997, S. 1557, 1561 f.

§ 16 Sonstige Folgen der Börseneinführung

1 Neben den vorstehend genannten Rechtsfolgen bringt ein Börsengang eine Vielzahl weiterer Verpflichtungen mit sich. Hierzu gehören auch das Transparenzgebot sowie die Verpflichtung zur Ad-hoc-Publizität. Bereits aus dem gegebenenfalls erforderlichen Wechsel der Rechtsform als Grundvoraussetzung für die Börseneinführung resultieren auch Änderungen in Hinblick auf Art und Umfang der Rechnungslegung. Hinzuweisen ist auch auf die §§ 63 ff. BörsZulV, nach denen Emittenten, deren Aktien im Amtlichen Handel notiert sind, die Einberufung der Hauptversammlung, Mitteilungen über Dividendenzahlungen, die Ausgabe neuer Aktien und die Ausübung von Umtausch-, Bezugs- und Zeichnungsrechten veröffentlichen müssen.[1] Beabsichtigte Änderungen der Satzung sind spätestens zum Zeitpunkt der Einberufung der Hauptversammlung, die über die Änderung beschließen soll, der Zulassungsstelle mitzuteilen. Nach § 65 BörsZulV muß der Emittent Jahresabschluß und Lagebericht unverzüglich nach Feststellung dem Publikum bei den Zahlstellen zur Verfügung stellen, sofern diese im Bundesgebiet nicht bereits veröffentlicht worden sind. Im übrigen ist jede Änderung der mit den Wertpapieren verbundenen Rechte sowie die Emission von Anleihen oder Wertpapieren mit Umtausch- oder Bezugsrechten ebenso zu veröffentlichen, wie die Übernahme von Gewährleistungen auf Anleihen.

I. Verpflichtung zur Rechnungslegung

2 Die AG ist als Handelsgesellschaft[2] wie die GmbH und die Personenhandelsgesellschaften Kaufmann i.S.d. § 6 HGB. Als solcher unterliegt die AG der Pflicht zur ordnungsgemäßen Buchführung nach §§ 238 ff., 264 ff. HGB sowie zur Aufstellung eines Jahresabschlusses mit Bilanz und Gewinn- und Verlustrechnung.[3] Kapitalgesellschaften haben den Jahresabschluß um einen integrierten Anhang und – sofern es sich nicht um eine kleine Kapitalgesellschaft handelt – um einen Lagebericht zu erweitern.[4]

---

[1] Der Verstoß gegen die Veröffentlichungspflichten stellt gemäß § 71 BörsZulV eine Ordnungswidrigkeit im Sinne des § 90 II Nr. 1 BörsG dar.

[2] § 3 AktG.

[3] § 242 HGB.

[4] §§ 264, 284, 289 ff. HGB.

3 Die Börseneinführung führt zur Erhöhung der Anforderungen an den Umfang der Rechnungslegungspflicht für Unternehmen, die vorher Personengesellschaften waren oder als kleine bzw. mittelgroße Kapitalgesellschaften eingestuft wurden. Kapitalgesellschaften gelten nach § 267 III 2 HGB stets als große Kapitalgesellschaften, wenn Aktien[5] an einer Börse in einem Mitgliedsstaat der EWG zum Amtlichen Handel oder zum Geregelten Markt zugelassen oder in den geregelten Freiverkehr einbezogen sind oder die Zulassung zum Amtlichen Handel oder zum Geregelten Markt beantragt ist. Im Interesse der Schutzbedürftigkeit der als Investoren angesprochenen Öffentlichkeit entfallen damit Erleichterungen für kleine und mittlere Kapitalgesellschaften bei der Aufstellung, Offenlegung und die Befreiung von der Pflichtprüfung.[6] Für Unternehmen, die zuvor in der Rechtsform einer Personenhandelsgesellschaft geführt wurden, bedeutet der Wechsel in die AG im Ergebnis eine deutliche Verschärfung der anzuwendenden Rechnungs- und Offenlegungsvorschriften, wohingegen beim Wechsel von der GmbH in die AG die Auswirkungen nicht ganz so gravierend sind, da die entsprechenden Vorschriften des HGB für beide Rechtsformen gleichermaßen gelten. Die wichtigsten Unterschiede zwischen den für Personenhandelsgesellschaften und Kapitalgesellschaften geltenden Rechnungs- und Offenlegungsvorschriften sind aus der nachfolgenden Tabelle ersichtlich:

	Kapitalgesellschaft[7]	**Personenhandelsgesellschaft**[8]
Bestandteile des Jahresabschlusses	Bilanz gemäß § 242 I 1 HGB GuV gemäß § 242 II HGB Anhang gemäß § 264 I 1 HGB	Bilanz gemäß § 242 I 1 HGB GuV gemäß § 242 II HGB
Lagebericht	Aufstellungspflicht gemäß § 264 I 1 HGB	keine Aufstellungspflicht
Gliederung der Bilanz	Detaillierte Gliederung nach dem Schema in § 266 II HGB gemäß § 266 I HGB	Gliederung bestimmt sich nach GoB
Gliederung der GuV	Detaillierte Gliederung nach dem Schema in § 275 II oder Abs. 3 HGB gemäß § 275 I HGB	Gliederung bestimmt sich nach GoB

[5] Oder andere von ihr ausgegebene Wertpapiere wie Anleihen, vgl. *A. Baumbach/K. Hopt,* Handelsgesetzbuch, § 267 Rdnr. 9.

[6] Vgl. §§ 274a, 276, 288, 316, 325 ff. HGB.

[7] Angaben beziehen sich auf Vorschriften für große Kapitalgesellschaften i. S. d. § 267 III HGB.

[8] Personenhandelsgesellschaft nicht nach PublG.

	Kapitalgesellschaft	Personenhandelsgesellschaft
Umfang des Anhangs	Anhang nach § 284 bis § 288 HGB gemäß § 264 I 1 HGB sowie nach §§ 152, 158, 160, 240, 261 AktG	Entfällt
Prüfungspflicht und Prüfungsumfang	Prüfungspflicht für Jahresabschluß und Lagebericht gemäß § 316 I HGB i.V.m. § 267 HGB	Keine Prüfungspflicht
Offenlegungspflicht und Umfang der Offenlegung	Offenlegungspflicht gemäß § 325 HGB innerhalb von 9 Monaten Bekanntmachung im Bundesanzeiger von: Jahresabschluß, bestehend aus Bilanz, GuV, Anhang Lagebericht Bestätigungsvermerk/Versagungsvermerk Bericht des Aufsichtsrats Ergebnisverwendungsvorschlag und -beschluß unter Angabe des Jahresüberschusses oder -fehlbetrags, soweit nicht aus dem Abschluß ersichtlich	Keine Offenlegungspflicht
Konzernabschluß und Konzernlagebericht	Aufstellungspflicht, wenn die Voraussetzungen des § 290 HGB erfüllt sind und keine Befreiungsvorschriften in Anspruch genommen werden können	Keine Aufstellungspflicht
Bewertung im Jahresabschluß	Möglichkeit der Abschreibung bei Vermögensgegenständen des Anlagevermögens bei voraussichtlich vorübergehender Wertminderung nur für Finanzanlagen gemäß § 253 II 3 HGB i.V.m. § 279 I HGB. • kein niedrigerer Wertansatz im Rahmen vernünftiger kaufmännischer Beurteilung gemäß § 253 IV HGB i.V.m. § 273 I 1 HGB • Abschreibungen nach Steuerrecht nur bei umgekehrter Maßgeblichkeit	Möglichkeit der Abschreibung bei Vermögensgegenständen des Anlagevermögens bei voraussichtlich vorübergehender Wertminderung bezüglich Sachanlagen, immateriellen Vermögensgegenständen, Finanzanlagen gemäß § 253 II 3 HGB. • niedrigerer Wertansatz im Rahmen vernünftiger kaufmännischer Beurteilung gemäß § 253 IV HGB zulässig • Abschreibung nach Steuerrecht bei fehlender und

	Kapitalgesellschaft	**Personenhandels-gesellschaft**
	bezüglich Anlage- und Umlaufvermögen gemäß § 254 1 HGB i.V.m. § 279 II HGB zulässig	gegebener umgekehrter Maßgeblichkeit bezüglich Anlage- und Umlaufvermögen gemäß § 254 1 HGB zulässig

Allerdings gelten AG- bzw. KGaA-spezifische Rechnungslegungsvorschriften, die entsprechend zu beachten sind. Zu den wichtigsten zusätzlichen Anforderungen an die Rechnungslegung der AG gehören[9]:

Rechnungslegungs-norm	**Regelungsinhalt**
§ 58 IIa 2 AktG	Angabe der Eigenkapitalanteile aus Wertaufholungen
§ 152 II und III AktG	Angabe über die Veränderung der Kapital- und Gewinnrücklage
§ 158 AktG	Überleitung des Jahresüberschusses zum Bilanzgewinn
§ 160 I Nr. 1 AktG	Angaben über Bestand, Zugang und Verwertung von Vorratsaktien
§ 160 I Nr. 2 AktG	Angaben über Bestand, Nennbetrag, Erwerb und Veräußerung von eigenen Aktien
§ 160 I Nr. 3 AktG	Angaben über Zahl- und Nennbetrag der Aktien jeder Gattung sowie Bezugsaktien bei bedingter Kapitalerhöhung
§ 160 I Nr. 4 AktG	Angaben über das genehmigte Kapital
§ 160 I Nr. 5 AktG	Angaben über Zahl der Wandelschuldverschreibungen und vergleichbare Wertpapiere unter Angabe der Rechte, die sie verbriefen
§ 160 I Nr. 6 AktG	Angabe über Genußrechte, Rechte aus Besserungsscheinen und ähnliche Rechte
§ 160 I Nr. 7 AktG	Angabe über das Bestehen einer wechselseitigen Beteiligung unter Angabe des Unternehmens
§ 160 I Nr. 8 AktG	Angabe über Beteiligungen, die der Gesellschaft nach § 20 I oder § 4 AktG mitgeteilt worden sind

4 Emittenten von Aktien, die an einer Börse zum Amtlichen Handel zugelassen sind,[10] sind nach § 44b BörsG verpflichtet, neben ihrem Jahresabschluß regelmäßig mindestens einen Zwischenbericht zu veröffentlichen, der anhand von Zahlenangaben und Erläuterungen ein den tatsächlichen Verhältnissen entsprechendes Bild der Finanzlage und des allgemeinen Geschäftsgangs des Emittenten im Berichtszeitraum ver-

[9] Aus *L. Frey,* Auswirkungen des Börsenganges auf Rechnungslegung und Publizität, DStR 1999, S. 294, 295 f.

[10] *E. Schwark,* Börsengesetz, § 44b Rdnr. 3.

mittelt.[11] Die Veröffentlichung hat nach § 61 I i.V.m. § 53 BörsZulV innerhalb von 8 Monaten seit Beginn des Geschäftsjahres[12] in mindestens einem Börsenpflichtblatt oder im Bundesanzeiger zu erfolgen,[13] wobei in jedem Fall aber zumindest eine Hinweisveröffentlichung im Bundesanzeiger vorzunehmen ist.[14] In der Ausgestaltung ähnelt der Zwischenbericht einem verkürzten Lagebericht, wobei die Zahlenangaben gegenüber der Bilanz deutlich reduziert sind.[15]

II. Ad-hoc-Publizität

Nach § 15 WpHG muß ein Unternehmen, dessen Aktien[16] zum Han- 5
del an einer inländischen Börse zugelassen sind, neue Tatsachen unverzüglich veröffentlichen, die in seinem Tätigkeitsbereich eingetreten, aber noch nicht öffentlich bekannt sind, wenn diese aufgrund ihrer Auswirkungen auf die Vermögens- und Finanzlage oder den allgemeinen Geschäftsverlauf des Emittenten geeignet sind, den Börsenkurs der Aktie erheblich zu beeinflussen. Die Ad-hoc-Publizität wird im Ergebnis deutliche Auswirkungen auf Umfang und Prozedere der Öffentlichkeitsarbeit eines börsennotierten Unternehmens haben.

---

[11] Zum Inhalt vgl. §§ 53 ff. BörsZulVO.

[12] Nach § 61 III BörsZulVO kann die Zulassungsstelle die Fristen für die Veröffentlichung verlängern, wenn der Emittent darlegt, daß ihm die Einhaltung dieser Frist aus für ihn nicht vorhersehbaren Gründen nicht möglich ist oder daß andere Gründe vorliegen, die auch nach Würdigung der Interessen des Publikums eine Verlängerung der Fristen rechtfertigen.

[13] Alternativ kann der Zwischenbericht als Druckschrift veröffentlicht werden, die dem Publikum bei den Zahlstellen auf Verlangen kostenlos zur Verfügung gestellt wird, § 61 I 1 BörsZulVO.

[14] Der Bericht ist vorbehaltlich des § 58 2 BörsZulVO in deutscher Sprache zu verfassen und nach Maßgabe des § 62 BörsZulVO den Zulassungsstellen der Börsen zu übermitteln, an denen die Aktien amtlich notiert sind.

[15] Zum Inhalt des Zwischenberichts im einzelnen vgl. *E. Schwark,* Börsengesetz, § 44b Rdnr. 7 ff.

[16] Im Falle der Emission von Anleihen hat der Emittent nach § 15 I 1 WpHG das Veröffentlichungsverfahren einzuleiten, wenn Tatsachen eintreten, die die Fähigkeit des Emittenten, seinen Verpflichtungen nachzukommen, beeinträchtigen. Vgl. hierzu auch *S. Kümpel,* Aktuelle Fragen der Ad-hoc-Publizität, AG 1997, S. 66, 67, der – mit richtigerweise ablehnendem Ergebnis – die Frage diskutiert, ob bei Schuldverschreibungen auch andere kursrelevante Sachverhalte als Bonitätsverschlechterungen – wie z.B. eine kursrelevante Heraufstufung des Rating eines Emittenten nach erfolgreicher Sanierung – eine Verpflichtung zur Ad-hoc-Publizität hervorrufen kann, und dabei auch darauf hinweist, daß solche Sachverhalte aber regelmäßig aufgrund ihrer Eignung zur positiven Beeinflussung des Aktienkurses eine Veröffentlichungspflicht mit sich bringen werden.

1. Zielsetzung

6 Die Verpflichtung zur Ad-hoc-Publizität hat eine zweifache Zielsetzung. Zum einen soll die laufende Publizität in Form der jährlichen aktienrechtlichen Rechnungslegung und der obligatorischen Zwischenberichterstattung ergänzt und so der Kapitalmarkt im Interesse von Anlegerschutz und fairen Märkten mit größtmöglicher Transparenz mit ausreichenden Informationen versorgt werden.[17] Neben der Unterrichtung von Aktionären und Gläubigern bezweckt diese sogenannte „kapitalmarktrechtliche Publizität" auch die Information des breiten Anlegerpublikums, um diesem eine fundierte Kauf- und Verkaufsentscheidung zu ermöglichen.[18] Diese erhält nicht nur durch die Unregelmäßigkeit der Veröffentlichung eine Sonderstellung, sondern auch dadurch, daß sie tatbestandlich durch besonderes Gewicht und Brisanz der Ereignisse ausgelöst wird.[19]

7 Zum anderen dient die Ad-hoc-Publizität der präventiven Bekämpfung des Insiderhandels, indem sie dazu beiträgt, die Gefahr des Mißbrauchs von Insiderwissen gering zu halten.[20] Insidertatsachen verlieren mit der Veröffentlichung ihren Charakter als solche und damit auch ihren Wert für Insider, denen mit der Publizierung der Wissensvorsprung und damit die Grundlage für mögliche Insiderdelikte entzogen wird.[21]

2. Voraussetzungen

8 Die in § 15 WpHG verwendete Terminologie ist nicht deckungsgleich mit den Begriffen des Insiderrechts. So wendet sich das Veröffentlichungsgebot nicht an Insider, sondern an Emittenten, wobei im Interesse der Attraktivität des Freiverkehrs die Verpflichtung zur Ad-hoc-Publizität auf Werte im Amtlichen Handel und im Geregelten Markt[22] begrenzt wurde.

---

[17] *H. Assmann,* Das neue deutsche Insiderrecht, ZGR 1994, S. 494, 527.

[18] *S. Kümpel* in *H. Assmann/U. Schneider* (Hrsg.), WpHG, § 15 Rdnr. 2 ff.

[19] *H. Früh* in *G. Volk* (Hrsg.), Going Public, S. 43.

[20] Vgl. hierzu *S. Kümpel,* Insiderrecht und Ad-hoc-Publizität, WM 1996, S. 653, 659.

[21] *A. Wölk,* Ad-hoc-Publizität – Erfahrungen aus der Sicht des Bundesaufsichtsamts für den Wertpapierhandel, AG 1997, S. 73; *K. Hopt,* Grundsatz- und Praxisprobleme nach dem Wertpapierhandelsgesetz, ZHR 1995, S. 135, 147.

[22] Und damit auch auf Werte im Neuen Markt; vgl. hierzu *V. Potthoff/J. Stuhlfauth,* Der Neue Markt: Ein Handelssegment für innovative und wachstumsorientierte Unternehmen – kapitalmarktrechtliche Überlegungen und Darstellung des Regelwerks, WM Sonderbeilage Nr. 3 zu Heft 26/1997, S. 3, 7. Die Unterlassung der Einbeziehung von Aktien, die nur im Freiverkehr gehandelt werden, wird kritisch gesehen, ist aber geltendes Recht. Trotzdem soll die Ad-hoc-Publizität wegen ihres Zusammenhangs mit dem Insiderproblem und als

Auch decken sich die publizitätspflichtigen „neuen Tatsachen, die nicht öffentlich bekannt sind", nicht mit der Insidertatsache. Publizitätspflichtige Tatsachen sind spezielle Insidertatsachen, weil sie wie diese voraussetzen, daß der kurssensible Sachverhalt zu erheblichen Kursbeeinflussung geeignet ist, und damit alle Tatbestandsmerkmale einer Insidertatsache aufweisen. Unter Tatsachen sind nur konkrete Vorgänge zu verstehen, nicht aber Planungen, Konzepte und Strategien, Meinungen und Wertungen.[23] Darüber hinaus müssen diese Tatsachen i.S.d. § 15 WpHG zur Auslösung der Veröffentlichungspflicht auch im Tätigkeitsbereich des Emittenten eingetreten sein[24] und ihre Eignung zur erheblichen Kursbeeinflussung auf ihren Auswirkungen auf die Vermögens-, Finanzlage und den allgemeinen Geschäftsverlauf beruhen.[25] Allge- 9

mögliche allgemein kapitalmarktrechtliche Pflicht nicht einfach unbeachtlich sein. *K. Hopt,* Familien- und Aktienpools unter dem Wertpapierhandelsgesetz, ZGR 1997, S. 1, 5, 23, nach dem zwar nicht die Einzelheiten in Tatbestand und Rechtsfolge des § 15 WpHG, d.h. insbesondere die Bußgeldsanktionen nach § 39 WpHG, wohl aber der Kern der Ad-hoc-Publizitätspflicht als kapitalmarktrechtliche Pflicht auch für Emittenten mit Notierung im Freiverkehr und sogar ganz ohne Börsennotierung gelten sollen. Vgl. auch *K. Hopt/A. Baumbach,* Handelsgesetzbuch, § 44a BörsG Rdnr. 2; *K. Hopt* in *H. Schimansky/H. Bunte/H. Lwowski* (Hrsg.) Bankrechts-Handbuch III, § 112 Rdnr. 50.

23 *H. Früh* in *G. Volk* (Hrsg.), Going Public, S. 43.

24 So wurde vom BAWe die Ad-hoc-Publizitätspflicht verneint, als der Finanzvorstand der BASF im Sommer 1998 in einem Gespräch sagte, seine Gesellschaft würde im Rahmen eines Aktienrückkaufprogramms bis zu DM 110 je Aktie bezahlen, da es sich hierbei um eine reine Absichtserklärung handele, deren Umsetzung in der Realität zwar wahrscheinlich, aber nicht sicher sei. Mit einer ähnlichen Argumentation wurde die Verpflichtung verneint, als ein Vorstand der Daimler Benz AG sich zum Gewinn für das abgelaufene Geschäftsjahr äußerte, da der Jahresabschluß zu diesem Zeitpunkt noch nicht festgestellt war und die Ankündigung ausdrücklich unter diesem Vorbehalt gestanden habe. *G. Giesberg,* Was die Börse zum Leben braucht, FAZ vom 24. 8. 1998, S. 15.

25 Bei den nachstehenden Sachverhalten kann oftmals eine Eignung zur maßgeblichen Kursbeeinflussung vermutet werden: Veräußerung von (satzungsmäßigen) Kernbereichen bzw. Rückzug aus oder Aufnahme von neuen Kerngeschäftsfeldern, Erwerb oder Veräußerung von wesentlichen Beteiligungen, Übernahme- und Abfindungsangebote, Verschmelzungen und andere Umwandlungen, sonstige wesentliche Strukturmaßnahmen, Abschluß, Änderung oder Kündigung von Beherrschungs- oder Gewinnabführungsverträgen bzw. sonstiger bedeutender Vertragsverhältnisse, Kapitalmaßnahmen, Änderungen der Dividendenhöhe, Überschuldung und bevorstehende Zahlungseinstellung, Verlustanzeige nach § 92 AktG, erhebliche außerordentliche Erträge oder Aufwendungen, bedeutende Erfindungen, Erteilung wichtiger Patente und Lizenzen, maßgebliche (Produkt-)Haftungs- oder Umweltschadensfälle und Rechtsstreitigkeiten und Kartellverfahren von besonderer Bedeutung. Dabei kommt es aber immer auf die Umstände des Einzelfalls an, d.h. die vorstehend geschilderten Beispiele sind nicht dahingehend zu verstehen, daß bei ihrem Vorliegen automatisch die Eignung zur erheblichen Kursbeeinflussung besteht.

meine Marktdaten ohne Beziehung zur unternehmerischen Sphäre des Unternehmens sowie politische und gesamtwirtschaftliche Veränderungen führen damit nicht zur Ad-hoc-Publizität.[26]

10 Ereignisse, deren Konsequenzen noch nicht feststehen, weil ihre Wirksamkeit noch durch andere Umstände aufgehoben werden kann oder noch wirksame Gegenmaßnahmen möglich sind, stellen keine publizitätspflichtigen Tatsachen dar.[27] Ob mit dieser Voraussetzung tat-

---

S. Kümpel in *H. Assmann/U. Schneider,* Wertpapierhandelsgesetz, § 15 Rdnr. 71f; vgl. auch *Deutsche Börse,* Insiderhandelsverbote und Ad-hoc-Publizität nach dem Wertpapierhandelsgesetz, WM 1994, S. 2038, 2048; *K. Hopt,* Grundsatz- und Praxisprobleme nach dem Wertpapierhandelsgesetz, ZHR 1995, S. 135, 149 m.w.N. Zu einer historischen Analyse der Sachverhaltsgruppen von Ad-hoc-Mitteilungen vgl. *A. Wölk,* Ad-hoc-Publizität – Erfahrungen aus der Sicht des Bundesaufsichtsamts für Wertpapierhandel, AG 1997, S. 73, 76.

Übernahmeangebote führen insbesondere auf der Seite der Zielgesellschaft häufig zu drastischen Kurssteigerungen. Trotzdem werden diese vom BAWe (Insiderhandelsverbote und Ad-hoc-Publizität nach dem Wertpapierhandelsgesetz, S. 35) nunmehr auf seiten der Zielgesellschaft für nicht ad hoc-publizitätspflichtig angesehen, da bei der Zielgesellschaft die Tatsache, d.h. die Übernahme, nicht „im Tätigkeitsbereich" dieser Gesellschaft eintrete und nicht allein ausreiche, daß das Übernahmeangebot mit Zustellung in den Kenntnisbereich der Zielgesellschaft gelangt. Diese undifferenzierte, in der ersten Auflage der zitierten Publikation noch nicht vertretene Ansicht verkennt, daß mit der Formulierung „in seinem Tätigkeitsbereich eingetreten" in erster Linie die Abgrenzung zu reinen Marktdaten bezweckt ist. Besonders problematisch an dieser Meinung ist die Tatsache, daß diese vom BAWe publiziert wurde und so als Aussage einer Autorität das (Un-)Rechtsbewußtsein von Meldepflichtigen mit den entsprechenden ordnungswidrigkeitsrechtlichen Konsequenzen zu beeinflussen geeignet ist. Richtigerweise kann allenfalls mit *A. Schander/J. Lucas,* Die Ad-hoc-Publizität im Rahmen von Übernahmevorhaben, DB 1997, S. 2109, 2112 darauf abgestellt werden, ob die Akquisition ausschließlich durch die kaufende Gesellschaft initiiert und auch durchgeführt wurde oder ob beide Unternehmen Planungsverantwortlichkeit haben. Im Ergebnis heißt dies, daß eine Zielgesellschaft nicht dadurch meldepflichtig wird, wenn es von einem Übernahmeangebot aus der Wirtschaftspresse erfährt (abgesehen davon, daß die Tatsache dann bereits öffentlich bekannt ist), wohl aber, wenn sie selbst involviert ist und die übrigen tatbestandlichen Voraussetzung für eine Meldepflicht gegeben sind, d.h. die erforderliche „Sicherheit" des Eintritts.

Demgegenüber fehlt es auf Seiten der Bietergesellschaft oftmals an der „Eignung zur erheblichen Kursbeeinflussung" der Aktien dieser Gesellschaft, insbesondere wenn ein deutlich kleineres Unternehmen übernommen wird, was zur Folge hat, daß keine Ad-hoc-Publizitätspflicht nach § 15 WpHG entsteht. *A. Schander/J. Lucas* a.a.O.; BAWe a.a.O.

[26] *S. Kümpel,* Aktuelle Fragen der Ad-hoc-Publizität, AG 1997, S. 66, 67; *H. Früh* in *G. Volk* (Hrsg.), Going Public, S. 43.

[27] Begründung der Bundesregierung zum Entwurf des Zweiten Finanzmarktförderungsgesetzes, Bundestagsdrucksachen, 12/6679, S. 48. D.h., die Entscheidungsfindung im Unternehmen selbst muß entweder abgeschlossen oder so wesentlich gefördert sein, daß die Märkte durch die Veröffentlichung nicht irre-

sächlich nur solche Ereignisse zu veröffentlichen sind, die unumkehrbar sind, ist umstritten. Besondere Bedeutung spielt diese Frage in der Praxis bei mehrstufigen Entscheidungsprozessen, wo eine endgültige Umsetzung von Entscheidungen des Vorstands und Vorhaben regelmäßig Zustimmungsvorbehalten des Aufsichtsrates unterliegt. Hier wird man vor einem entsprechenden positiven Aufsichtsratsbeschluß allenfalls in Ausnahmefällen von einer Publizitätspflicht ausgehen können, dann nämlich, wenn das Abstimmungsverhalten im Aufsichtsrat mit hinreichender Sicherheit prognostizierbar ist.[28] Grundsätzlich sind aber bei zukunftsorientierten Sachverhalten von dem Zeitpunkt an Auswirkungen auf die kurserhebliche Finanz- und Vermögenslage anzunehmen, von dem an mit überwiegender Wahrscheinlichkeit mit der Realisierung des Vorhabens zu rechnen ist.[29] Eine endgültige zivil- oder gesellschaftsrechtliche Wirksamkeit als tatbestandliche Voraussetzung für die Verpflichtung zur Ad-hoc-Publizität würde demgegenüber ihre insiderrechtliche Präventivwirkung in Frage stellen.[30]

Bei der Feststellung der erforderlichen „Erheblichkeit" der Kursbe- **11**
einflussung wird einerseits auf die Börsenusancen der Plus- und Minusankündigung zurückgegriffen und feste Prozentsätze (z.B. 5 Prozent) als Maßstab zugrunde gelegt.[31] Dies stößt aber auf Widerstände, da es keine theoretisch abgesicherten und zugleich praktikablen Modelle zur Bestimmung der Kursentwicklung von Aktien nach dem Eintritt bestimmter Ereignisse gibt und zudem deren Auswirkungen im Einzelfall von einer Vielzahl von unternehmensbezogenen und externen Faktoren wie der Liquidität und der Marktkapitalisierung abhängig sind. Bis zum Vorliegen klarerer Leitlinien durch Gesetzgeber oder Gerichte empfiehlt sich, darauf abzustellen, ob ein rational handelnder Investor

---

geführt werden. *K. Hopt* in *H. Schimansky/H. Bunte/H. Lwowski* (Hrsg.), Bankrechts-Handbuch III, § 112 Rdnr. 49.

[28] *A. Wölk,* Ad-hoc-Publizität – Erfahrungen aus der Sicht des Bundesaufsichtsamts für den Wertpapierhandel, AG 1997, S. 73, 78. Eine abweichende Ansicht würde billigend in Kauf nehmen, daß zum einen der Aufsichtsrat durch die Vorveröffentlichung in seiner Entscheidung sachfremden Überlegungen unterliegt bzw. die Entscheidung bereits präjudiziert wird. Zum anderen wäre auch eine Irreführung der Öffentlichkeit zu befürchten. *A. Kaiser,* Die Harmonisierung des Europäischen Kapitalmarktrechts und das Recht des Wertpapierhandels in Italien und in Deutschland, S. 219.

[29] *S. Kümpel,* Insiderrecht und Ad-hoc-Publizität, WM 1996, S. 653, 654; zustimmend *A. Wölk,* Ad-hoc-Publizität – Erfahrungen aus der Sicht des Bundesaufsichtsamts für den Wertpapierhandel, AG 1997, S. 73, 78 m.w.N.

[30] Eingehend hierzu *S. Kümpel* in *H. Assmann/U. Schneider* (Hrsg.), WpHG, § 15 Rdnr. 48 ff.

[31] Vgl. *S. Kümpel,* Aktuelle Fragen der Ad-hoc-Publizität, AG 1997, S. 66, 70; *H. Früh* in *G. Volk* (Hrsg.), Going Public, S. 44.

bei Kenntnis der entsprechenden Tatsache die Aktien der Gesellschaft kaufen oder verkaufen würde.[32]

3. Befreiung

12 Trotz Vorliegens der vorstehend genannten Voraussetzungen der Ad-hoc-Publizität kann das BAWe nach § 15 I 2 WpHG einen Emittenten auf dessen Antrag[33] von seiner Verpflichtung zur unverzüglichen Veröffentlichung befreien, wenn diese geeignet[34] ist, den berechtigten Interessen des Emittenten zu schaden.[35] Hierdurch soll auch verhindert werden, daß Emittenten gezwungen werden, der Konkurrenz selbsterarbeitete Wettbewerbsvorsprünge preiszugeben. Die Befreiung erfolgt lediglich für einen begrenzten Zeitraum, meist zwei bis drei Tage.

13 Das BAWe wird bei der Entscheidung eine Abwägung der dem Emittenten mit der Veröffentlichung entstehenden Nachteile einerseits und des Anspruchs aktueller wie potentieller Anleger auf zeitnahe, richtige

---

[32] *A. Wölk,* Ad-hoc-Publizität – Erfahrungen aus der Sicht des Bundesaufsichtsamts für den Wertpapierhandel, AG 1997, S. 73, 79. Werden Einzelereignisse, denen bei isolierter Betrachtung kein Potential zur erheblichen Beeinflussung des Börsenpreises zuzumessen ist, in Jahresabschlüssen oder unterjährigen Berichten summiert, so stellt das Ergebnis der Summierung eine Tatsache dar, die zur erheblichen Beeinflussung des Börsenpreises geeignet sein kann. In diesem Fall ist das Ergebnis der Summierung als Ad-hoc-Mitteilung zu veröffentlichen. Die einer solchen Mitteilung zugrundeliegende Tatsache tritt ein, sobald das Ergebnis der Summierung dem Vorstand oder dem sonst für die Veröffentlichung nach § 15 WpHG Verantwortlichen des Unternehmens zur Verfügung steht. Für den Fall von potentiell kursrelevanten Tatsachen im Jahresabschluß bedeutet dies, daß die Tatsache spätestens mit der Aufstellung des Jahresabschlusses durch den Vorstand eingetreten ist. Im Rahmen der Berichterstattung nach § 15 WpHG ist lediglich die Tatsache zu veröffentlichen, der die potentielle Kurserheblichkeit zukommt, d.h. nicht der gesamte Jahresabschluß oder Zwischenbericht, der diese Tatsache beinhaltet. Bekanntmachung des BAWe zum Verhältnis von Regelpublizität und Ad-hoc-Publizität vom 9. Juli 1996, Bundesanzeiger Nr. 133/8167 vom 19. Juli 1996.

[33] Befreiungsanträge müssen unverzüglich gestellt und sollten aufgrund ihrer Eilbedürftigkeit dem BAWe per Telefax (0 69/9 59 52-2 00) zugesandt werden. Die unter der vorstehenden Faxnummer eingehenden Anträge werden im Amt mit besonderer Vertraulichkeit behandelt. *A. Wölk,* Ad-hoc-Publizität – Erfahrungen aus der Sicht des Bundesaufsichtsamts für den Wertpapierhandel, AG 1997, S. 73, 79.

[34] Der Nachteil muß wie beim Auskunftsverweigerungsrecht in der Hauptversammlung gemäß § 131 III Nr. 1 AktG nicht zwingend als Folge der Auskunft zu erwarten sein, es genügt vielmehr ihre Eignung. *A. Kaiser,* Die Harmonisierung des Europäischen Kapitalmarktrechts und das Recht des Wertpapierhandels in Italien und Deutschland, S. 220.

[35] Vgl. hierzu auch *H. Assmann,* Das künftige deutsche Insiderrecht, AG 1994, S. 196, 237, 251.

und vollständige Information andererseits vornehmen.[36] Das WpHG sieht keine bestimmte Frist für die Entscheidung des BAWe über die Befreiung vor. Da die Veröffentlichungspflicht bis zur Entscheidung über den Antrag aufgeschoben ist, dürfte und sollte in Anbetracht der zwischenzeitlich bestehenden Gefahr des Insidermißbrauchs die Entscheidung aber regelmäßig sehr kurzfristig zu treffen sein.

Das Unternehmen selbst sollte im Vorfeld der Entscheidung über eine Befreiung sowie während deren Dauer besonderes Augenmerk auf die Einhaltung der Insiderrichtlinien legen, da regelmäßig die gesetzlichen Voraussetzungen für die Befreiung von der Ad-hoc-Publizität wegfallen, wenn sich ausreichende Verdachtsmomente für Insiderhandeln ergeben und damit das Schutzbedürfnis des Emittenten gegenüber dem Interesse des Anlegerpublikums an der Ad-hoc-Publizität zurücktritt.[37] **14**

Inwieweit die Entscheidungen des BAWe gerichtlich nachprüfbar sind, ist umstritten. Richtigerweise wird man davon ausgehen müssen, daß es sich beim Merkmal des berechtigten Interesses um einen unbestimmten Rechtsbegriff handelt, bei dessen Auslegung dem BAWe kein Beurteilungsspielraum zusteht. Ein solcher besteht allenfalls hinsichtlich der Prognose, ob und inwieweit die Veröffentlichung geeignet wäre, den berechtigten Interessen des Emittenten zu schaden. Da Eingriffe in grundrechtlich geschützte Positionen des Emittenten wie Eigentum und Berufsfreiheit nicht dem BAWe überlassen werden können, besteht kein darüber hinausgehender Ermessensspielraum des BAWe auf der Rechtsfolgenseite. Bei Vorliegen eines berechtigten Geheimhaltungsinteresses des Emittenten und der Schädigungseignung der Veröffentlichung muß demnach Befreiung erteilt werden.[38] Die Befreiung stellt somit einen gebundenen Verwaltungsakt dar, der bei Vorliegen der tatbestandlichen Voraussetzungen mit dem normativ vorgegebenen Inhalt erlassen werden muß.[39] Im Ergebnis sind Entscheidungen des BAWe nach § 15 I 2 WpHG daher in vollem Umfang gerichtlich überprüfbar.[40] **15**

---

[36] Zur Interessenabwägung durch das BAWe vgl. *S. Kümpel* in *H. Assmann/U. Schneider* (Hrsg.), WpHG, § 15 Rdnr. 79 ff. Das BAWe hat in der Vergangenheit Befreiungen insbesondere dann gewährt, wenn ein Unternehmen in seiner Existenz bedroht war, gleichzeitig aber gute Chancen für eine Sanierung bestanden. BAWe, JB 1995, S. 26. Unabdingbare Voraussetzung ist aber immer, daß eine hinreichende Erfolgschance für die Beseitigung oder zumindest Entschärfung der Anspannungslage besteht.

[37] *S. Kümpel,* Insiderrecht und Ad-hoc-Publizität, WM 1996, S. 653, 659.

[38] *S. Kümpel* in *H. Assmann/U. Schneider* (Hrsg.), WpHG, § 15 Rdnr. 94 ff.

[39] *S. Kümpel,* Bank- und Kapitalmarktrecht, S. 1224.

[40] *A. Cahn,* Entscheidungen des Bundesaufsichtsamtes für den Wertpapierhandel nach § 15 Abs. 1 Satz 2 WpHG, WM 1998, S. 272, 273, nach dem durch § 4 II WpHG lediglich Schadensersatzansprüche von Anlegern, die infolge einer zu Unrecht erteilten Befreiung Schaden erleiden, ausgeschlossen werden. Dem-

4. Veröffentlichung

16 Das Verfahren der Ad-hoc-Publizität wird von § 15 II bis V WpHG detailliert geregelt. Danach hat der Emittent relevante Tatsachen unverzüglich nach ihrem Eintritt, d.h. ohne schuldhaftes Zögern, dem BAWe sowie den Geschäftsführungen[41] der Börsen, an denen die betroffenen Aktien oder Derivate[42] hierauf zum Handel zugelassen sind, mitzuteilen.

17 Im Anschluß[43] an diese Mitteilung ist die Bereichsöffentlichkeit[44]

---

gegenüber bejaht er mit Hinweis auf die Begründung des Finanzausschusses zu § 4 II WpHG Amtshaftungsansprüche eines Emittenten, dem eine Befreiung nach § 15 I 2 WpHG widerrechtlich versagt worden ist. Bundestagsdrucksachen 12/7918 vom 15. Juni 1994, S. 100 wonach der Schutz des einzelnen Anlegers lediglich Reflex der Sicherung der Funktionsfähigkeit des Kapitalmarkts ist, die im Mittelpunkt der Aufgabenstellung des BAWe steht. Soweit dieses aber gegenüber den von Aufsichtsmaßnahmen unmittelbar Betroffenen schuldhaft Amtspflichten verletzt, sollen die allgemeinen Grundsätze Anwendung finden.

[41] Die Geschäftsführung der Börse darf nach § 15 II 2 WpHG die ihr mitgeteilten Tatsachen vor der Veröffentlichung nur für die Entscheidung verwenden, ob die Feststellung des Börsenpreises auszusetzen oder einzustellen ist.

[42] D.h., daß auch die DTB zu unterrichten ist, sofern an dieser Optionen auf die Aktien eines von den Publizitätspflichten des § 15 WpHG betroffenen Unternehmens gehandelt werden. *Deutsche Börse,* Insiderhandelsverbote und Ad-hoc-Publizität nach dem Wertpapierhandelsgesetz, WM 1994, S. 2038, 2045.

[43] Vgl. § 15 II 2 WpHG. Den Börsen soll dadurch die Möglichkeit eröffnet werden, vor der Veröffentlichung über eine Kursaussetzung zu entscheiden und Insidergeschäfte zu vermeiden. Mit der Kursaussetzung unterbricht die Geschäftsführung der Börse den Börsenhandel in dem betroffenen Papier vorübergehend, wozu sie nach § 43 I BörsG verpflichtet ist, wenn ein ordnungsgemäßer Börsenhandel zeitweilig gefährdet ist. Dies ist grundsätzlich dann der Fall, wenn die publizitätspflichtigen Tatsachen beim Handel und der damit verbundenen Preisfixierung außer acht bleiben. Die Aussetzung der Kursnotierung führt nach den Sonderbedingungen für Wertpapiergeschäfte (Nr. 6) zum Schutz der Anleger zum Erlöschen sämtlicher noch nicht ausgeübter Kauf- und Verkauforders.

Andererseits ist die Kursaussetzung ein relativ ungewöhnlicher Schritt, der auch bei positiven Meldungen nicht unbedingt positive Auswirkungen auf die Reputation des Emittenten hat. Deshalb ist wann immer faktisch möglich, eine rechtzeitige Veröffentlichung empfehlenswert. Im Interesse der Gleichbehandlung der Anleger (vgl. auch § 44 BörsG) sollten die Meldungen nach dem Ende des XETRA-gestützten Börsenhandels um 17 Uhr durch Tickermeldung bekanntgegeben werden, wobei aber sichergestellt werden sollte, daß die überregionale Wirtschaftspresse hierüber am nächsten Tag berichtet. *S. Kümpel,* Aktuelle Fragen der Ad-hoc-Publizität, AG 1997, S. 66, 72; *Deutsche Börse,* Insiderhandelsverbote und Ad-hoc-Publizität nach dem Wertpapierhandelsgesetz, WM 1994, S. 2038, 2046.

[44] Unter der sogenannten Bereichsöffentlichkeit ist die Information der professionellen Handelsteilnehmer in ihrer Gesamtheit zu verstehen. Demgegenüber erfordert die Funktion der Ad-hoc-Publizität als insiderrechtliche Präventivmaßnahme nicht, daß auch das breite Anlegerpublikum ebenfalls Gelegenheit

durch Veröffentlichung der Tatsache in mindestens einem überregionalen Börsenpflichtblatt[45] oder über ein elektronisches Informationsverbreitungssystem wie Reuters, vwd oder das Realtimeinformationssystem der Deutschen Börse herzustellen, wobei diese Information nach § 15 III 1 WpHG in deutscher Sprache zu erfolgen hat.[46] Lediglich bei Gesellschaften mit Sitz im Ausland kann die Veröffentlichung alternativ auch in Englisch erfolgen.[47] Im Bundesanzeiger ist unverzüglich ein Hinweis auf diese Veröffentlichung bekanntzumachen. Bei umfangreichen Angaben[48] kann das BAWe nach § 15 III 4 WpHG gestatten, daß

---

hatte, die Information zur Kenntnis zu nehmen. Begründung des Regierungsentwurfs zum Zweiten Finanzmarktförderungsgesetz, Bundestagsdrucksachen 12/6679, S. 46.

[45] Als überregionale Börsenpflichtblätter sind anerkannt: Börsenzeitung, Frankfurter Allgemeine Zeitung, Frankfurter Rundschau, HB, Süddeutsche Zeitung, Die Welt, wobei die Frankfurter Rundschau in München nur als sonstiges Börsenpflichtblatt zugelassen ist, nicht dagegen als überregionales. *A. Wölk,* Ad-hoc-Publizität – Erfahrungen aus der Sicht des Bundesaufsichtsamts für den Wertpapierhandel, AG 1997, S. 73, 74.

[46] Nach der Bekanntmachung zur Veröffentlichung und Mitteilung kursbeeinflussender Tatsachen nach § 15 WpHG vom 29. Januar 1996 des BAWe (Bundesanzeiger Nr. 22/1002 vom 1. Februar 1996) ist aufgrund der Zielsetzung der Veröffentlichung erforderlich, in der Veröffentlichung nach § 15 I 1 und III WpHG kenntlich zu machen, daß es sich um eine Ad-hoc-Meldung des Emittenten gemäß § 15 I 1 WpHG handelt. Um dies zu gewährleisten, sollte bereits bei der Vergabe des Auftrags zur Veröffentlichung kenntlich gemacht werden, daß es sich um eine solche Ad-hoc-Meldung handelt, damit die Anzeige in die entsprechende Rubrik des Börsenpflichtblattes oder des elektronisch betriebenen Informationssystems aufgenommen werden kann. Sind zwei oder mehr Emittenten bezüglich derselben Tatsache zur Veröffentlichung verpflichtet, kann die Veröffentlichung in einer Meldung zusammengefaßt erfolgen, wenn alle Emittenten namentlich genannt werden. Bei der Veröffentlichung über ein elektronisch betriebenes Informationsverbreitungssystem gemäß § 15 Abs. 3 Satz 1 Nr. 2 WpHG sind dabei bereits in der Titelzeile alle meldepflichtigen Emittenten zu nennen.

Nach den bisherigen Erfahrungen werden mehr als 95 Prozent der Meldungen über elektronische Informationsverbreitungssysteme veröffentlicht und nur knapp 5 Prozent in überregionalen Börsenpflichtblättern.

[47] Durch Artikel 22 des Jahressteuer-Ergänzungsgesetzes 1996 vom 18. Dezember 1995 (BGBl. I S. 1966) ist § 15 Abs. 3 Satz 1 WpHG mit Wirkung zum 1. Januar 1996 dahingehend ergänzt worden, daß das BAWe Emittenten mit Sitz im Ausland gestatten kann, die Veröffentlichung in einer anderen Sprache vorzunehmen, wenn dadurch eine ausreichende Unterrichtung der Öffentlichkeit nicht gefährdet erscheint. Das BAWe hat mit der Bekanntmachung zur Veröffentlichung und Mitteilung kursbeeinflussender Tatsachen nach § 15 des Wertpapierhandelsgesetzes vom 29. Januar 1996 (Bundesanzeiger Nr. 22/1002) vom 1. Februar 1996 Emittenten mit Sitz im Ausland gestattet, Veröffentlichungen nach § 15 Abs. 1 Satz 1 WpHG in englischer Sprache vorzunehmen.

[48] Das BAWe hat darum gebeten, daß die Ad-hoc-Meldung im Normalfall

lediglich eine zusammenfassende Hinweisbekanntmachung im Bundesanzeiger veröffentlicht wird, wenn die vollständigen Angaben bei den Zahlstellen des Emittenten kostenfrei erhältlich sind. Danach ist nach § 15 IV WpHG eine Veröffentlichungsbestätigung an das BAWe und die Börsen, an denen das betroffene Papier notiert, zu senden.

18 Mit der Erfüllung der vorstehenden Pflichten kann der Emittent auch die Deutsche Gesellschaft für Ad-hoc-Publizität (DGAP) beauftragen, die 1996 als Gemeinschaftsprojekt der Deutsche Börse AG, Reuters und vwd gegründet wurde. Sie bietet die Infrastruktur für eine gesetzmäßige Erfüllung der Publizitätspflichten. Ihre Einschaltung gewährleistet die bestmögliche und schnellste Verbreitung kursbeeinflussender Tatsachen, die Erhöhung der Transparenz für den Finanzplatz Deutschland sowie Gleichbehandlung aller Nachrichtenagenturen und Informationsanbieter durch zeitgleiche Verbreitung der Nachrichten an alle angeschlossenen Informationsverbreitungssysteme. Die Ad-hoc-Mitteilungen werden über die DGAP auch im Internet unter http://www.newsaktuell.de und auch bei http://www.vwd.de publiziert, so daß auch Privatanleger unmittelbaren elektronischen Zugriff haben.[49] Bei Beauftragung der DGAP sendet der Emittent die Nachricht über Modem bzw. per Telefax an die DGAP. Die DGAP leitet die Meldungen innerhalb von 30 Minuten an alle von dem Emittenten jeweils zu unterrichtenden Stellen weiter und stellt dabei sicher, daß die von den Börsen geforderte Zeitspanne von 30 Minuten ab dem Eingang der Nachricht eingehalten wird, bevor die Meldung zur Herstellung der Bereichsöffentlichkeit an die Nachrichtenagenturen weitergegeben wird. Außerdem erbringt die DGAP gegenüber dem BAWe sowie den Börsen den erforderlichen Nachweis über die Herstellung der Bereichsöffentlichkeit und sorgt für die Hinweisbekanntmachung im Bundesanzeiger.[50]

5. Sanktionen

19 Zur Überwachung der Märkte auf mögliche Insidergeschäfte und der Einhaltung der Veröffentlichungspflichten im Rahmen der Ad-hoc-Publizität werden vom BAWe Informationen aus den verschieden-

den Umfang von einer Seite Schreibmaschinentext möglichst nicht überschreitet, da die Marktteilnehmer die wesentlichen Tatsachen nicht erst nach längerem Studium eines Textes bewerten können sollen. Vgl. *S. Kümpel,* Aktuelle Fragen der Ad-hoc-Publizität, AG 1997, S. 66, 72.

[49] *A. Wölk,* Ad-hoc-Publizität – Erfahrungen aus der Sicht des Bundesaufsichtsamts für Wertpapierhandel, AG 1997, S. 73, 76. Über ihren Videotext veröffentlichen auch ARD, ZDF und n-tv Informationen zu Ad-hoc-Mitteilungen.

[50] *A. Schander/J. Lucas* in *M. Müller/F. Leven* (Hrsg.), Shareholder Value Reporting, S. 94 f.

sten Quellen, insbesondere den elektronischen Informationssystemen und der Wirtschaftspresse, gesammelt und ausgewertet. Zudem wird der Börsenhandel laufend in bezug auf ungewöhnliche Kurs- und Umsatzbewegungen beobachtet und analysiert. Lassen die gewonnenen Daten Hinweise für einen möglichen Verstoß gegen die Ad-hoc-Publizitätspflicht erkennen, werden weitere Untersuchungen eingeleitet, in deren Rahmen auch Auskunftsersuchen an Emittenten gerichtet und die dort angeforderten Unterlagen wie Liquiditätsanalysen, Vertragsunterlagen, Prüfungsberichte, Revisionsprotokolle und Protokolle von Vorstands- und Aufsichtsratssitzungen ausgewertet werden.[51]

Verstöße gegen die Mitteilungs- und Veröffentlichungspflichten des 20
§ 15 WpHG sind nach §§ 39 I, III WpHG mit einem Bußgeld bis zu drei Millionen DM bedroht.[52] In Anbetracht der fehlenden Handlungs- und Schuldfähigkeit juristischer Personen können in erster Linie die Vorstandsmitglieder einer AG wegen Verletzung von Aufsichtspflichten mit Geldbußen belegt werden.[53] § 30 OWiG ermöglicht, de facto als Nebenfolge der Ordnungswidrigkeit der verantwortlichen Vorstandsmitglieder oder anderer leitender Mitarbeiter, jedoch auch die Festsetzung von Geldbußen gegen die Gesellschaft selbst, wobei sich das Höchstmaß der Geldbuße nach dem für die Ordnungswidrigkeit selbst angedrohten Höchstmaß der Geldbuße richtet.

Sofern der Emittentin die erforderliche Sachkunde zur Beurteilung 21
der Verpflichtung zur Ad-hoc-Publizität fehlt, hat sie sich des Rats des emissionsbegleitenden Kreditinstituts oder einer Person zu bedienen,

---

[51] Nach § 15 V WpHG kann das BAWe vom Emittenten Auskünfte und die Vorlage von Unterlagen verlangen, soweit dies zur Überwachung der Pflichten aus § 15 WpHG erforderlich ist. Darüber hinaus hat das BAWe das Recht, während der üblichen Arbeitszeiten die Geschäftsräume von Emittenten zu betreten.

[52] Für die Bemessung des absolut wie auch relativ sehr hohen Höchstbetrages war maßgeblich, daß sich die Bußgeldandrohung in erster Linie an börsennotierte Unternehmen und deren Organe richtet, die regelmäßig vermögend sind. Beschlußempfehlung und Bericht des Finanzausschusses des deutschen Bundestags, Bundestagsdrucksache 12/7918, S. 181.

[53] Hierbei wird eine Abgrenzung zwischen der Einzelverantwortlichkeit eines Vorstandsmitglieds im Rahmen der Geschäftsverteilung von der Gesamtverantwortung des Vorstands vorgenommen. Nach § 9 II Nr. 1 OWiG können auch gegen Führungskräfte der zweiten oder einer nachgeordneten Ebene Bußgelder verhängt werden, wenn diesen Leitungsaufgaben in einem Teilbereich eines Unternehmens sowie die konkrete Entscheidungsbefugnis übertragen wurden. D.h., soweit die Entscheidungsbefugnis bei der Unternehmensleitung geblieben ist, scheidet eine Verantwortlichkeit nachgeordneter Mitarbeiter aus. – Wird die Entscheidungsbefugnis dagegen verlagert, ist die Unternehmensleitung zur ordnungsgemäßen Aufsicht verpflichtet. *Deutsche Börse,* Insiderhandelsverbote und Ad-hoc-Publizität nach dem Wertpapierhandelsgesetz, WM 1994, S. 2038, 2047.

die mit den Verhältnissen am Kapitalmarkt vertraut ist.[54] Wirkt diese Person beispielsweise an einem pflichtwidrigen Unterlassen der Ad-hoc-Publizität vorsätzlich mit, so begeht auch diese eine Ordnungswidrigkeit, wobei für eine Beteiligung nach allgemeiner Auffassung schon die psychische Unterstützung des Täters, etwa durch eine entsprechende Beratung genügen kann.[55] In Extremfällen kann eine Verletzung der Ad-hoc-Publizitätsvorschriften auch strafrechtliche Konsequenzen wegen Verletzung des Tatbestandes des Kursbetrugs nach § 88 BörsG mit sich bringen. Nach dieser Vorschrift kann mit Freiheitsstrafe bis zu drei Jahren oder Geldstrafe bestraft werden, wer zur Einwirkung auf den Börsenpreis von Wertpapieren entgegen gesetzlichen Vorschriften wie dem § 15 WpHG Umstände verschweigt, die für die Bewertung erheblich sind.

22 Entsprechend dem Normzweck des § 15 WpHG stellt dessen Absatz 6 klar, daß die Emittentin bei Verletzung ihrer hierdurch begründeten Veröffentlichungs- und Mitteilungspflichten nicht zum Ersatz des einem Dritten entstehenden Schadens verpflichtet ist.[56] Demgegenüber bleiben nach § 15 VI 2 WpHG Schadensersatzansprüche, die auf anderen Rechtsgrundlagen beruhen, hiervon unberührt. So kommen bei Betrug Schadensersatzansprüche aus § 263 StGB i.V.m. § 823 II BGB und bei vorsätzlicher sittenwidriger Schädigung Ansprüche aus § 826 BGB in Betracht.

III. Transparenzgebot

23 Aktiengesellschaften und ihre Großaktionäre unterliegen vielfältigen Veröffentlichungspflichten. Von besonderer Bedeutung für Unternehmen, deren Aktien zum Amtlichen Handel an einer Börse in Deutschland oder einem anderen Mitgliedsstaat der Europäischen Gemeinschaft zugelassen sind, sind in diesem Zusammenhang die §§ 21 ff. WpHG, die für Gesellschaft und betroffene Aktionäre Meldepflichten bei Erreichen, Über- oder Unterschreiten von bestimmten Prozentsätzen der Stimmrechte begründen und so für die Information der Öffentlichkeit über die Zusammensetzung der Aktionärskreise von börsennotierten Gesellschaften sorgen. Die genannten Normen werfen eine Vielzahl von Auslegungs- und Abgrenzungsfragen auf und führen nach einer Börseneinführung gerade im Falle der Existenz eines Aktionärspools, wie

---

[54] Begründung des Regierungsentwurfs zum Zweiten Finanzmarktförderungsgesetz, Bundestagsdrucksachen 12/6679, S. 48.

[55] *S. Kümpel* in *H. Assmann/U. Schneider* (Hrsg.), WpHG, § 15 Rdnr. 182 ff; *ders.*, Bank- und Kapitalmarktrecht, S. 1221.

[56] Vgl. hierzu *S. Kümpel* in *H. Assmann/U. Schneider* (Hrsg.), WpHG, § 15 Rdnr. 185, 188 ff.

man ihn häufig bei Familiengesellschaften antrifft, zu Meldepflichten, deren sich die Betroffenen nicht immer bewußt sind. Für den Aktionär, der eine nicht nur unwesentliche Beteiligung an einem amtlich notierten Unternehmen hält und/oder mit einem bedeutenden anderen Aktionär dieser Gesellschaft in einem Stimmenpool oder auf andere Weise verbunden ist, empfiehlt sich im Zweifelsfall, eine klare Aufklärung über die Rechtslage zu erlangen und Entwicklungen der Gesellschaft, die seinen Stimmrechtsanteil betreffen, genau zu verfolgen.

1. Tatbestandliche Voraussetzungen

Nach § 21 I WpHG hat derjenige, der durch Erwerb, Veräußerung **24**
oder auf sonstige Weise 5 Prozent, 10 Prozent, 25 Prozent, 50 Prozent oder 75 Prozent der Stimmrechte an einer im Amtlichen Handel[57] notierten Gesellschaft erreicht bzw. die jeweilige Beteiligungshöhe über- oder unterschreitet, dies unverzüglich, spätestens aber innerhalb von 7 Kalendertagen der betroffenen Gesellschaft und dem BAWe zu melden.

Bei der in diesem Zusammenhang vorzunehmenden Berechnung **25**
sind zum einen die Stimmrechte aus Stammaktien einzubeziehen, wobei es grundsätzlich nicht darauf ankommt, ob es sich um Inhaber- oder Namensaktien handelt. Auch Mehrstimmrechte sind mit der effektiven Zahl der Stimmen zu berücksichtigen.[58] Stimmrechtslose Vorzugsaktien sind demgegenüber nur in die Kalkulation einzubeziehen, wenn das Stimmrecht nach § 140 II AktG wiederauflebt.[59] Bei Erwerb eigener Aktien durch die Gesellschaft stehen dieser nach § 71b AktG zwar keine (Stimm-)Rechte aus diesen Aktien zu, trotzdem sind die Stimmen bei der Kalkulation der Stimmenmacht mitzuzählen. Gleiches gilt nach der h.M. im Falle von Höchststimmrechten, d.h. die ruhenden Stimmrechte sind sowohl bei der Teilmenge des einzelnen Aktionärs als auch bei der Gesamtmenge aller Stimmrechte mitzuzählen.[60]

---

[57] Alle anderen AGs unterliegen den §§ 21ff. AktG. Vgl. hierzu § 16 III. 6. Sonstige Meldepflichten.

[58] *K. Falkenhagen,* Aktuelle Fragen zu den neuen Mitteilungs- und Veröffentlichungspflichten nach Abschnitt 4 und 7 des Wertpapierhandelsgesetzes, WM 1995, S. 1005, 1008.

[59] *U. Schneider* in *H. Assmann/U. Schneider* (Hrsg.), WpHG, § 21 Rdnr. 28ff.; a.A. *W. Happ,* Zum Regierungsentwurf eines Wertpapierhandelsgesetzes, JZ 1994, S. 240, 244.

[60] Eingehend hierzu *A. Cahn,* Probleme der Mitteilungs- und Veröffentlichungspflichten nach dem WpHG bei Veränderungen des Stimmrechtsanteils an börsennotierten Gesellschaften, AG 1997, S. 502, 504ff. m.w.N.

a) Erwerb und Veräußerung

26 Unter Erwerb ist in diesem Zusammenhang nicht nur der Erwerb von Anteilen im Wege des Kaufs zu verstehen, sondern auch der durch Schenkung, Erbschaft und Tausch. Spiegelbildliches gilt für den Tatbestand der Veräußerung. In diesem Zusammenhang ist streitig, ob bereits der Abschluß des schuldrechtlichen Verpflichtungsgeschäfts die Meldepflichten auslöst oder erst die dingliche Übertragung der Anteile. Weder der Wortlaut von § 21 WpHG noch der des § 2 der zugrundeliegenden EU Transparenz-Richtlinie[61] geben eine Hilfestellung. Eine Mindermeinung stellt bereits auf den Zeitpunkt des Vertragsschlusses oder des sonstigen verpflichtenden Akts ab und begründet dies – z.T. unter Hinweis auf den Übernahmeversuch von Pirelli auf die Continental AG – damit, daß jede andere Sichtweise die Anleger gefährdende schleichende Übernahme eines Unternehmens erlauben würde.[62] Demgegenüber stellt die wohl h.M. auf das Verfügungsgeschäft, d.h. den dinglichen Übergang des Eigentums an den Anteilen ab und begründet dies mit systematischen und teleologischen Überlegungen.[63] Dabei ist sicherlich richtig, daß bei Abstellen auf das schuldrechtliche Geschäft der Meldepflichtige noch gar nicht Aktionär ist und dies möglicherweise auch nie wird, da kartellrechtliche Genehmigungen nicht beigebracht werden können oder er den Vertrag nicht erfüllen kann. Daß dies nur zu Verwirrungen und einer Einschränkung der Transparenz führen muß, ist offensichtlich.[64]

27 Andererseits dürfen in diesem Zusammenhang die weitreichenden Zuordnungskriterien des § 22 WpHG nicht unberücksichtigt bleiben. Nach dessen Nr. 6 stehen für die Mitteilungspflichten nach § 21 I WpHG den Stimmrechten des Meldepflichtigen Stimmrechte aus Aktien gleich, die dieser oder ein von ihm kontrolliertes Unternehmen durch einseitige Willenserklärungen erwerben kann. Konsequenterweise darf dieses Zuordnungskriterium nicht nur – wie dies bei einer

---

[61] Richtlinie des Rates der Europäischen Gemeinschaften vom 12. 12. 1988–88/627/EWG über die bei Erwerb und Veräußerung einer bedeutenden Beteiligung an einer börsennotierten Gesellschaft zu veröffentlichenden Informationen (ABl. EG Nr. L 348 v. 17. 12. 1988).

[62] *U. Schneider,* Anwendungsprobleme bei den kapitalmarktrechtlichen Vorschriften zur Offenlegung von wesentlichen Beteiligungen an börsennotierten Aktiengesellschaften (§§ 21ff. WpHG), AG 1997, S. 81, 83.

[63] *S. Steuer/G. Baur,* Erwerbsgeschäfte im Grenzbereich bedeutender Beteiligungen nach dem Wertpapierhandelsgesetz, WM 1996, S. 1477; *U. Hüffer,* AktG, Anhang § 22, § 21 WpHG Rdnr. 8; *U. Schneider* in *H. Assmann/U. Schneider* (Hrsg.), WpHG, § 21 Rdnr. 41ff; *A. Cahn,* Probleme der Mitteilungs- und Veröffentlichungspflichten nach dem WpHG bei Veränderung des Stimmrechtsanteils an börsennotierten Gesellschaften, AG 1997, S. 502, 506 f.

[64] *H. Nottmeier/H. Schäfer,* Praktische Fragen im Zusammenhang mit §§ 21, 22 WpHG, AG 1997, S. 87, 88.

streng wörtlichen Interpretation der Fall wäre – Optionen[65] und ähnliche Rechte erfassen, sondern muß auch dann Anwendung finden, wenn der Meldepflichtige aus einem erst später zu erfüllenden Vertrag die Übertragung von Aktien verlangen kann, ohne daß es noch einer einseitigen Willenserklärung seinerseits bedarf,[66] da in diesem Fall die Übertragung bereits in höherem Maße feststeht als wenn hierfür noch eine Willenserklärung des Meldepflichtigen erforderlich wäre.[67]

Im Ergebnis löst somit bereits das Verpflichtungsgeschäft Melde- 28
pflichten aus. Aus systematischen Überlegungen sollte die Unterscheidung zwischen Grundtatbestand des § 21 WpHG und den Zurechnungstatbeständen in § 22 WpHG beibehalten werden. Danach ist bei der Interpretation des § 21 WpHG auf das Eigentum abzustellen, d.h., daß die Meldepflicht nach § 21 WpHG erst ausgelöst wird, wenn die Aktien dem Meldepflichtigen gehören. Daneben treten die Zurechnungstatbestände aus § 22 WpHG, nach deren Nr. 6 auch der Abschluß eines (eventuell erst später zu erfüllenden) Kaufvertrags Meldepflichten auslöst,[68] sofern die vertragsgemäßen Bedingungen – wie beispielsweise das Vorliegen kartellrechtlicher Zustimmungserfordernisse – erfüllt sind.

b) Auf sonstige Weise

Über die vorgenannten Erwerbs- und Veräußerungstatbestände hin- 29
aus dehnt § 21 WpHG durch die generalklauselartige Formulierung „auf sonstige Weise" die Meldepflichten auch auf Fälle aus, in denen kein Eigentumswechsel erfolgt oder auch nur durch ein entsprechendes Verpflichtungsgeschäft vorgesehen ist. Da die Meldepflichten des § 21 WpHG nach dessen Absatz 2 nur Gesellschaften betreffen, deren Aktien zum Amtlichen Handel zugelassen sind, entstehen bei Vorliegen der übrigen tatbestandlichen Voraussetzungen allein durch die Zulassung zum Amtlichen Handel die Meldepflichten des § 21 WpHG, sei es im Rahmen eines IPO, sei es im Rahmen eines Wechsels von einem anderen, niedrigeren Börsensegment.[69]

---

[65] Zur Erfassung börsennotierter Optionen vgl. *U. Schneider* in *H. Assmann/U. Schneider* (Hrsg.), WpHG, § 22 Rdnr. 111 f.

[66] *U. Schneider,* Anwendungsprobleme bei den kapitalmarktrechtlichen Vorschriften zur Offenlegung von wesentlichen Beteiligungen an börsennotierten Aktiengesellschaften (§§ 21 ff. WpHG), AG 1997, S. 81, 83.

[67] Vgl. *C. Witt,* Vorschlag für eine Zusammenfügung der §§ 21 ff. WpHG und des § 20 AktG zu einem Regelungskomplex, AG 1998, S. 171; *A. Cahn,* Probleme der Mitteilungs- und Veröffentlichungspflichten nach dem WpHG bei Veränderung des Stimmrechtsanteils an börsennotierten Gesellschaften, AG 1997, S. 502, 504 will die Vorverlagerung der Mitteilungspflicht durch § 22 I Nr. 6 WpHG auf den engen Bereich eines aufschiebend bedingten dinglichen Erwerbs beschränken.

[68] *U. Schneider* in *H. Assmann/U. Schneider* (Hrsg.), WpHG, § 21 Rdnr. 44 ff.

[69] Dies war nach der Rechtslage vor dem Dritten Finanzmarktförderungsge-

30 Auch Kapitalerhöhungen können zur Auslösung der Meldepflichten führen, dann nämlich wenn einzelne Aktionäre von ihrem Bezugsrecht keinen Gebrauch machen und dadurch aufgrund ihres nunmehr relativ geringeren Anteils am Unternehmenskapital einen der Schwellenwerte unterschreiten. Denkbar ist auch, daß der Verzicht auf die Ausübung des Bezugsrechts bei anderen Aktionären zur Überschreitung eines Schwellenwerts führt, wenngleich dies nur ausnahmsweise der Fall sein dürfte.[70]

31 Veränderungen hinsichtlich stimmrechtsloser Vorzugsaktien können ebenfalls Meldepflichten begründen. Regelmäßig sind diese wegen des fehlenden Stimmrechts zwar weder bei der Teilmenge noch der Gesamtmenge der Stimmrechte zu berücksichtigen.[71] Ist aber der Vorzugsbetrag in einem Jahr nicht oder nicht vollständig gezahlt und wird der Rückstand im nächsten Jahr nicht neben dem vollen Vorzug dieses Jahres nachgezahlt, so sind Vorzugsaktionäre nach § 140 II AktG stimmberechtigt, mit der Folge einer vollständigen Neugewichtung der Stimmverhältnisse und entsprechenden Meldepflichten gemäß § 21 WpHG.[72]

---

setz streitig (vgl. *H. Nottmeier/H. Schäfer,* Praktische Fragen im Zusammenhang mit §§ 21, 22 WpHG, AG 1997, S. 87, 88; a.A. *A. Cahn,* Probleme der Mitteilungs- und Veröffentlichungspflichten nach dem WpHG bei Veränderung des Stimmrechtsanteils an börsennotierten Gesellschaften, AG 1997, S. 502, 504), ist heute durch den neuen Absatz 1a in § 21 WpHG ausdrücklich klargestellt, nach dem derjenige, dem im Zeitpunkt der erstmaligen Zulassung der Aktien einer Gesellschaft mit Sitz im Inland zum Amtlichen Handel an einer Börse in einem Mitgliedstaat der Europäischen Union oder in einem anderen Vertragsstaat des Abkommens über den Europäischen Wirtschaftsraum 5 Prozent oder mehr der Stimmrechte an der Gesellschaft zustehen, der Gesellschaft sowie dem Bundesaufsichtsamt eine Mitteilung entsprechend Absatz 1 Satz 1 zu machen hat.

[70] Nach Nr. 15 I 2 der Bedingungen für Wertpapiergeschäfte verkaufen Banken die zum Depotbestand ihrer Kunden gehörenden Bezugsrechte, soweit sie bis zum Ablauf des vorletzten Tages des Bezugsrechtshandels keine anderen Weisungen des Kunden erhalten haben. Demnach verfallen diese Bezugsrechte nicht (und führen so auch nicht zu einem Anstieg des relativen Anteils anderer Aktionäre), sondern werden von anderen Aktionären oder Dritten ausgeübt, was eine Beibehaltung der relativen Beteiligungshöhe der Gesellschafter zur Folge hat, die (nur) ihre angestammten Bezugsrechte ausgeübt haben.

[71] *W. Happ,* Zum Regierungsentwurf eines Wertpapierhandelsgesetzes, JZ 1994, S. 240, 244; zustimmend *U. Schneider* in *H. Assmann/U. Schneider* (Hrsg.), WpHG, § 21 Rdnr. 29.

[72] *U. Schneider* in *H. Assmann/U. Schneider* (Hrsg.), WpHG, § 21 Rdnr. 28 ff; *H. Nottmeier/H. Schäfer,* Praktische Fragen im Zusammenhang mit §§ 21, 22 WpHG, AG 1997, S. 87, 89.

2. Zurechnung von Stimmrechten

Um zu gewährleisten, daß in der Öffentlichkeit ein zutreffendes Bild von den Machtverhältnissen der im Amtlichen Handel notierten Gesellschaften entsteht, sollen durch die Zuordnungskriterien des § 22 WpHG einem Meldepflichtigen all diejenigen Stimmrechte zugerechnet werden, auf deren Ausübung er rechtlich oder faktisch Einfluß nehmen kann. Die Regelungen sind Gegenstand heftiger Kritik, sei es wegen einer Vielzahl offener Fragen, sei es wegen leicht verfolgbarer Vermeidungsstrategien für publizitätsscheue Aktionäre.[73] 32

Nach dem Katalog des § 22 I WpHG stehen für die Mitteilungs- 33
pflichten nach § 21 I WpHG den Stimmrechten des Meldepflichtigen Stimmrechte aus Aktien gleich,

- die einem Dritten gehören und von diesem für Rechnung des Meldepflichtigen oder eines von dem Meldepflichtigen kontrollierten Unternehmens gehalten werden. Das Vorliegen dieser Voraussetzungen wird dann angenommen, wenn der Mitteilungspflichtige im Innenverhältnis mit diesem Dritten die wirtschaftlichen Chancen und Risiken der Beteiligung trägt, wie es bei Treuhandverhältnissen der Fall ist;[74]
- die einem Unternehmen gehören, das der Meldepflichtige kontrolliert, wobei nach § 22 III WpHG die Kontrolle hat, wer unmittelbar oder auch nur mittelbar über die Mehrheit der Stimmrechte verfügt bzw. diese aufgrund einer Vereinbarung ausüben kann oder wem das Recht zusteht, die Mehrheit der Mitglieder von Vorstand oder Aufsichtsrat abzuberufen[75];
- die einem Dritten gehören, mit dem der Meldepflichtige oder ein von ihm kontrolliertes Unternehmen eine langfristig orientierte Stimmenpoolvereinbarung getroffen hat, die beide zur Verfolgung gemeinsamer Ziele in bezug auf diese Gesellschaft verpflichtet;
- die der Meldepflichtige einem Dritten als Sicherheit übertragen hat, gleichzeitig aber noch die Stimmrechte ausüben kann;
- an denen der Meldepflichtige ein Nießbrauchrecht genießt;
- die der Meldepflichtige oder ein von ihm kontrolliertes Unternehmen durch einseitige Willmnserklärung erwerben kann oder

---

[73] *U. Schneider* in *H. Assmann/U. Schneider* (Hrsg.), WpHG, § 22 Rdnr. 2, nach dem die gesetzliche Regelung „mehr Loch als Käse" ist.

[74] In Abhängigkeit der Ausgestaltung der zugrundeliegenden vertraglichen Vereinbarungen können die Tatbestandsmerkmale des § 21 I Nr. 1 WpHG auch vorliegen, wenn ein Aktienpaket bei der Hausbank eines Unternehmens „geparkt" wird. Im Falle der Wertpapierleihe wird auch der Verleiher als wirtschaftlicher Eigentümer von der Zurechnung des Nr. 1 erfaßt. *H. Nottmeier/H. Schäfer,* Praktische Fragen im Zusammenhang mit §§ 21, 22 WpHG, AG 1997, S. 87, 93.

[75] Vgl. hierzu *H. Nottmeier/H. Schäfer,* Praktische Fragen im Zusammenhang mit §§ 21, 22 WpHG, AG 1997, S. 87, 93.

- die dem Meldepflichtigen zur Verwahrung anvertraut sind, sofern er die Stimmrechte aus diesen Aktien bei Fehlen besonderer Weisungen des Aktionärs nach eigenem Ermessen ausüben kann, wie es bei dem praktisch sehr bedeutsamen Depotstimmrecht der Banken der Fall ist.[76]

34 Gerade im Bereich von Familiengesellschaften hat die Frage der Zurechnung hohe Bedeutung. Zwar wird die Tatsache, daß zwei Aktionäre miteinander verheiratet sind, mit Blick auf das in Art. 3 und 6 GG normierte Schlechterstellungsverbot von Ehegatten[77] noch nicht dem Abschluß einer Vereinbarung zur Verfolgung langfristiger Ziele i.S.d. § 22 I Nr. 3 WpHG gleichgestellt.[78] Ebensowenig werden Aktien Minderjähriger automatisch denen ihrer Eltern zugeordnet. Haben Aktionäre aber eine Stimmrechtsbindungs- oder Poolvereinbarung in Hinblick auf die künftige einvernehmliche Stimmrechtsausübung getroffen, was gerade bei (ehemaligen) Familiengesellschaften häufig der Fall ist, erfüllen alle Aktionäre den Zurechnungstatbestand des § 22 I Nr. 3 WpHG mit der Folge, daß jedem einzelnen Poolmitglied die Stimmrechte aller anderen Poolmitglieder zugerechnet werden und diese jeweils den entsprechenden Meldepflichten unterliegen.[79] Nach wohl h.M. führt die Zurechnung nicht zur Absorption der Meldepflicht dessen, dessen Aktien einem Dritten zugerechnet werden,[80] was zur Konsequenz haben kann, daß aufgrund der doppelten Meldepflicht die addierten Stimmrechtsanteile 100 Prozent übersteigen.[81]

---

[76] *C. Witt,* Vorschlag für eine Zusammenfügung der §§ 21 ff. WpHG und des § 20 AktG zu einem Regelungskomplex, AG 1998, S. 171, 176 f; vgl. hierzu auch *U. Schneider* in *H. Assmann/U. Schneider,* Wertpapierhandelsgesetz, § 22 Rdnr. 115 ff.

[77] Vgl. hierzu BVerfG, BB 1985, S. 1050.

[78] *H. Nottmeier/H. Schäfer,* Praktische Fragen im Zusammenhang mit §§ 21, 22 WpHG, AG 1997, S. 87, 95, die darauf hinweisen, daß demnach tatsächlich eine Vereinbarung i. S. d. § 22 Abs. 1 Nr. 3 WpHG vorliegen muß, daß diese aber auch konkludent denkbar ist. Ein einheitliches Abstimmungsverhalten wird hierfür jedoch nicht als ausreichend angesehen, sondern kann allenfalls – zudem sehr schwaches – Indiz sein.

[79] Bei der Suche nach Vermeidungsmöglichkeiten wird gelegentlich in die Präambel eines Stimmbindungsvertrages ein Passus aufgenommen, nach dem Zweck der Vereinbarung nicht die Verfolgung langfristiger gemeinsamer Ziele bezüglich der Geschäftsführung der börsennotierten Gesellschaft ist. In Anbetracht sonst bestehender Umgehungsmöglichkeiten kann eine solche Klausel für den Ausschluß der Zurechnung nicht ausreichend sein. *H. Nottmeier/H. Schäfer,* Praktische Fragen im Zusammenhang mit §§ 21, 22 WpHG, AG 1997, S. 87, 94.

[80] Eine Ausnahme besteht lediglich bei Konzernunternehmen, bei denen die Mitteilungspflichten nach § 24 WpHG mit befreiender Wirkung auch durch die Konzernspitze erfüllt werden können. *U. Schneider* in *H. Assmann/U. Schneider* (Hrsg.), WpHG, § 24 Rdnr. 21 ff.

[81] *H. Nottmeier/H. Schäfer,* Praktische Fragen im Zusammenhang mit §§ 21,

Somit werden Meldepflichten auch für Kleinstaktionäre begründet, die diese aufgrund ihrer niedrigen Beteiligungsquote nicht erwarten. Poolmitglieder müssen sich deshalb nach derzeitiger Rechtslage unabhängig von ihrer eigenen Beteiligungshöhe ständig über Veränderungen der Stimmrechtsanteile der anderen Poolmitglieder informieren, was mit unverhältnismäßig hohen Aufwendungen verbunden sein kann, denen nur ein geringer Erkenntniswert der anderen Poolmitglieder entgegensteht.[82] 35

3. Befreiungsmöglichkeit

Vor dem Hintergrund von Sinn und Zweck des Transparenzgebots, mit dem die tatsächlichen Machtverhältnisse und Einflußstrukturen börsennotierter Gesellschaften aufgedeckt werden sollen, eröffnet § 23 WpHG Befreiungsmöglichkeiten von den Meldepflichten des § 21 WpHG, sofern mit dem Besitz von Aktien keine Absicht der Einflußnahme verbunden ist. Danach kann das BAWe auf schriftlichen Antrag zulassen, daß Stimmrechte aus Aktien einer börsennotierten Gesellschaft bei der Berechnung des Stimmrechtsanteils nach §§ 21 f. WpHG unberücksichtigt bleiben, wenn der Antragsteller ein Wertpapierdienstleistungsunternehmen mit Zulassung an einer Börse in der EU ist, die Aktien im Handelsbestand hält oder zu halten beabsichtigt und darlegt, daß mit dem Erwerb der Aktien keine Einflußnahme auf das Management der Gesellschaft bezweckt ist. Die Nichtberücksichtigungsgenehmigung kann auch global und im Voraus erteilt werden.[83] 36

Auf Antrag anderer Gesellschaften mit Sitz in der EU kann die Befreiung für die Meldeschwelle von 5 Prozent erteilt werden, wenn der Antragsteller eine kurzfristige[84] Nutzung von bestehenden oder erwarteten Unterschieden zwischen dem Erwerbs- und dem Verkaufspreis beabsichtigt und ebenfalls keine Einflußnahme vornehmen will. Stimmrechte aus Aktien, die aufgrund der vorstehenden Befreiung unberücksichtigt bleiben, können nach § 23 IV WpHG nicht ausgeübt 37

---

22 WpHG, AG 1997, S. 87, 93; *C. Witt,* Vorschlag für eine Zusammenfügung der §§ 21ff. WpHG und des § 20 AktG zu einem einzigen Regelungskomplex, AG 1998, S. 171, 177; *U. Schneider* in *H. Assmann/U. Schneider* (Hrsg.), WpHG, § 21 Rdnr. 57ff.

[82] Zum Umfang der Informationseinholungspflicht und dem korrespondierenden Auskunftsrecht des Meldepflichtigen vgl. *U. Schneider* in *H. Assmann/U. Schneider* (Hrsg.), WpHG, § 22 Rdnr. 12ff.

[83] *C. Witt,* Vorschlag für eine Zusammenfügung der §§ 21ff. WpHG und des § 20 AktG zu einem einzigen Regelungskomplex, AG 1998, S. 171, 178.

[84] Nach *U. Schneider* in *H. Assmann/U. Schneider* (Hrsg.), WpHG, § 23 Rdnr. 53 f. ist unter „kurzfristig“ in diesem Sinne maximal ein Zeitraum von einem Jahre zu verstehen, eher noch 6 Monate.

werden, wenn im Falle ihrer Berücksichtigung eine Mitteilungspflicht gemäß § 21 I WpHG bestünde.[85]

4. Mitteilung

38 Bei Vorliegen der tatbestandlichen Voraussetzungen der §§ 21 f. WpHG ist der Aktionär nach § 21 I WpHG verpflichtet, die Mitteilung unverzüglich,[86] spätestens aber innerhalb von sieben Kalendertagen abzugeben.[87] Adressat der Mitteilung ist zum einen die betroffene Gesellschaft und zum anderen – in einer separaten Mitteilung – das BAWe.[88] Die Mitteilung muß neben Namen bzw. Firma und Anschrift des Meldepflichtigen auch den Schwellenwert enthalten, der überschritten wurde, sowie den Zeitpunkt, an dem dies geschah. Bei Überschreiten mehrerer Schwellenwerte genügt die Angabe des Schwellenwerts, der dem neuen Stimmrechtsanteil am nächsten kommt.[89] Des weiteren ist die Angabe des Stimmrechtsanteils erforderlich, wobei zum Teil die Angabe der absoluten Zahl der Stimmrechte, zum Teil der prozentuale Anteil gefordert wird.[90] Im Interesse größtmöglicher Transparenz empfiehlt sich, sowohl die absolute Zahl der Stimmen als auch die relative Höhe des Stimmrechtsanteils anzugeben.[91] Im Falle der Zurechnung

[85] Vgl. hierzu *A. Cahn,* Probleme der Mitteilungs- und Veröffentlichungspflichten nach dem WpHG bei Veränderungen des Stimmrechtsanteils an börsennotierten Gesellschaften, AG 1997, S. 502, 508 ff.

[86] D.h. ohne schuldhaftes Zögern. Die Mitteilung muß daher nicht unbedingt sofort ergehen, so daß im Zweifel erst einmal fachkundiger Rat eingeholt werden kann.

[87] In Anbetracht der klaren gesetzlichen Regelung steht die Frist nicht zur Disposition des BAWe, d.h. Fristverlängerungen sind nicht möglich. *H. Nottmeier/H. Schäfer,* Praktische Fragen im Zusammenhang mit §§ 21, 22 WpHG, AG 1997, S. 87, 92; vgl. hierzu auch *C. Witt,* Vorschlag für eine Zusammenfügung der §§ 21 ff. WpHG und des § 20 AktG zu einem einzigen Regelungskomplex, AG 1998, S. 171, 179.

[88] Vgl. hierzu *H. Nottmeier/H. Schäfer,* Praktische Fragen im Zusammenhang mit §§ 21, 22 WpHG, AG 1997, S. 87, 92.

[89] A.A. *H. Nottmeier/H. Schäfer,* Praktische Fragen im Zusammenhang mit §§ 21, 22 WpHG, AG 1997, S. 87, 92, die auf den Schwellenwert abstellen, der dem bisherigen Stimmrechtsanteil am nächsten liegt, da dies den Investoren eine Einschätzung des gehandelten Volumens an der betreffenden Aktie und den damit verbundenen Auf- und Abbau von größeren Beständen signalisieren könne. Dabei wird aber verkannt, daß Sinn und Zweck des Transparenzgebots nicht in der Offenlegung von Handelsumsätzen in einem Papier, sondern von Stimmrechtsanteilen und damit Machtverhältnissen in einer Gesellschaft besteht.

[90] *K. Falkenhagen,* Aktuelle Fragen zu den neuen Mitteilungs- und Veröffentlichungspflichten nach Abschnitt 4 und 7 des Wertpapierhandelsgesetzes, WM 1995, S. 1005.

[91] *U. Schneider* in *H. Assmann/U. Schneider* (Hrsg.), WpHG, § 21 Rdnr. 78. Im

von Stimmrechten im Rahmen von § 22 WpHG ist nach dessen Absatz 2 die genaue Höhe der zugerechneten Stimmrechte für jede Nummer dieser Vorschrift getrennt anzugeben.

Nach § 25 I WpHG hat die betroffene Gesellschaft die Mitteilungen unverzüglich, spätestens neun Kalendertage nach Mitteilung unter Angabe des Meldepflichtigen in einem überregionalen Pflichtblatt zu veröffentlichen und im Bundesanzeiger den Namen dieses Börsenpflichtblatts bekanntzumachen. Ist die Gesellschaft in einem anderen Staat der EU amtlich notiert, so gilt Vergleichbares für eine Veröffentlichung in einem Pflichtblatt in diesem Staat. Dem BAWe ist einen Beleg über die Veröffentlichung zuzusenden, das wiederum die Börsen informiert. **39**

Das BAWe befreit nach § 25 IV WpHG auf schriftlichen Antrag von der Veröffentlichungspflicht, wenn nach seiner Einschätzung die Veröffentlichung dem öffentlichen Interesse zuwiderlaufen oder der Gesellschaft erheblichen Schaden zufügen würde und die Nichtveröffentlichung nicht zu einem Irrtum des Publikums über wertbestimmende Faktoren für dieses Papiers führen kann.[92] § 25 IV WpHG sieht in diesem Zusammenhang keinen Ermessensspielraum für das BAWe vor, d.h. der Antragsteller hat bei Vorliegen der tatbestandlichen Voraussetzungen einen Anspruch auf Befreiung. Versagt das BAWe eine Befreiung, so kann der Antragsteller den Erlaß einer einstweiligen Anordnung gemäß § 123 VwGO beim Verwaltungsgericht Frankfurt a. M. beantragen oder muß der Veröffentlichungspflicht unverzüglich nachkommen.[93] **40**

5. Sanktionen

Die Verletzung der Mitteilungspflichten nach §§ 21 f. WpHG durch Nicht- oder Schlechterfüllung[94] führt nach dem durch das Dritte Finanzmarktförderungsgesetz in seinen Rechtsfolgen erweiterten[95] § 28 **41**

Falle der Unterschreitung der Schwelle von 5 Prozent ist die Angabe der genauen Höhe entbehrlich.

[92] Vgl. hierzu *U. Schneider* in *H. Assmann/U. Schneider* (Hrsg.), WpHG, § 25 Rdnr. 57 ff.

[93] *U. Schneider* in *H. Assmann/U. Schneider* (Hrsg.), WpHG, § 25 Rdnr. 71 ff.

[94] Eine inhaltliche Schlechterfüllung in diesem Sinne liegt nicht schon bei rein formalen Mängeln vor, wohl aber, wenn die Meldung so falsch oder unvollständig ist, daß sie beim Unternehmen oder dem BAWe unrichtige Vorstellungen von der Zusammensetzung des Aktionärskreises und der Machtverhältnisse hervorrufen kann, wie es z.B. bei der falschen Angabe eines Stimmrechtsanteils oder der Nichtberücksichtigung eines Zurechnungstatbestandes der Fall wäre. *H. Nottmeier/H. Schäfer,* Praktische Fragen im Zusammenhang mit §§ 21, 22 WpHG, AG 1997, S. 87, 96.

[95] Unter der alten Rechtslage waren nur die Stimmrechte, nicht aber die anderen mitgliedschaftlichen Rechte aus den betroffenen Aktien beschränkt.

WpHG dazu, daß Rechte aus Aktien, die dem Meldepflichtigen gehören oder aus denen ihm Stimmrechte gemäß § 22 I Nr. 1 oder 2 zugerechnet werden, für die Zeit, für welche die Mitteilungspflichten nach § 21 I oder Ia WpHG nicht erfüllt werden, nicht bestehen. Dies gilt nicht für Ansprüche auf Dividendenzahlung nach § 58 IV AktG und § 271 AktG, wenn die Mitteilung nicht vorsätzlich unterlassen wurde und nachgeholt worden ist. Dabei führt nur eine objektive und subjektive Verletzung der Meldepflichten zur Sperre, wobei den Meldepflichtigen die Beweislast dafür trifft, daß er die Verzögerung oder das Unterbleiben nicht zu vertreten hat.

42 Die aus § 28 WpHG folgende Sperre erfaßt – auch im Falle einer unterlassenen Mitteilung wegen Unterschreitens einer Meldeschwelle – alle dem Meldepflichtigen zugerechneten Aktien, d.h. nicht nur diejenigen, mit denen die Schwellenwerte über- oder untertroffen werden. Bei den zugerechneten Rechten ist zu unterscheiden, ob die Aktien einem vom Meldepflichtigen unmittelbar oder mittelbar kontrollierten Unternehmen i.S.d. § 22 WpHG gehören. In diesem Fall unterliegen diese Aktien selbst dann der Sperre, wenn das Tochterunternehmen seinen Meldepflichten ordnungsgemäß nachgekommen ist. Demgegenüber werden Rechte aus Aktien anderer Dritter, die dem Meldepflichtigen nach § 22 WpHG zugerechnet werden, von der Ausübungssperre nicht erfaßt, sofern diese ihnen eventuell obliegenden Meldepflichten nachgekommen sind.[96]

43 Die Ausübung des Stimmrechts trotz des gesetzlichen Verbots führt zur Anfechtbarkeit des Hauptversammlungsbeschlusses,[97] was aber infolge der kurzen Anfechtungsfrist nach § 246 I AktG von einem Monat nur dann praktische Relevanz entfaltet, wenn rechtzeitig Kenntnis von dem Anfechtungstatbestand erlangt wird oder wenn – wie beispielsweise bei Satzungsänderungen gemäß § 181 III AktG bzw. bei Unternehmensverträgen nach § 294 II AktG – eine Eintragung des Beschlusses ins Handelsregister erforderlich ist und der Registerrichter die Eintragung wegen der Vermutung der Anfechtbarkeit ablehnt.[98]

44 Aufgrund der Steuerungsmöglichkeiten des Meldepflichtigen hinsichtlich des Timing,[99] müssen die in § 28 WpHG vorgesehenen Sank-

[96] Kritisch hierzu unter der alten Rechtslage, die nur eine Ausübungssperre bezüglich der Stimmrechte anordnete, *U. Schneider* in *H. Assmann/U. Schneider* (Hrsg.), WpHG, 1. Aufl., § 28 Rdnr. 10.

[97] Zur Anfechtung von Hauptversammlungsbeschlüssen vgl. *G. Henn,* Handbuch des Aktienrechts, S. 432ff.

[98] *W. Happ,* Zum Regierungsentwurf eines Wertpapierhandelsgesetzes, JZ 1994, S. 240, 244.

[99] Der Meldepflichtige hat die Möglichkeit, „in Ruhe“ und unter Verletzung der Meldepflichten bei Erreichen der Schwellenwerte ein Paket aufzubauen und zu dem ihm geeignet erscheinenden Zeitpunkt, nämlich insbesondere vor einer

tionen auch nach der Verschärfung durch das Dritte Finanzmarktförderungsgesetz als relativ schwach angesehen werden. Berücksichtigt man die mit einem heimlichen Aufkaufen eines Aktienpakets verbundenen Gewinnchancen, so erscheint auch die nach § 39 I Nr. 1 WpHG im Falle eines vorsätzlichen oder leichtfertigen Verstoßes gegen die Mitteilungspflichten der §§ 21 ff. WpHG zu verhängende Geldbuße von bis zu DM 500.000 als sehr gering.[100] Allerdings kann die Geldbuße nach § 17 IV OWiG über das angedrohte Höchstmaß hinaus erhöht werden, wenn die angedrohte Buße nicht ausreicht, um den vom Täter aus der Ordnungswidrigkeit gezogenen wirtschaftlichen Vorteil abzuschöpfen.

Neben den vorgenannten Sanktionen bei einem Verstoß gegen die Meldepflichten der §§ 21 ff. WpHG ist der Mitteilungspflichtige potentiellen Schadensersatzansprüchen ausgesetzt. Da eine dem § 15 VI WpHG vergleichbare Regelung in den §§ 21 ff. WpHG fehlt, wird diesen Vorschriften neben ihrem kapitalmarktschützenden Charakter auch unmittelbare Schutzwirkung für die Anleger beigemessen. Demnach sind sie als Schutzgesetz i.S.d. § 823 II BGB anerkannt. Gesellschaft wie auch derzeitige oder künftige Aktionäre können daher bei einer schuldhaften Verletzung der Meldepflichten – sei es durch völliges Unterlassen, sei es durch nicht richtige oder zu späte Mitteilung – hierdurch entstehende Schäden vom Meldepflichtigen ersetzt verlangen. Trotz der Schwierigkeiten des Anspruchstellers beim Nachweis der Schadenshöhe ist für den Meldepflichtigen dabei problematisch, daß das Kausalitätserfordernis schon dann erfüllt ist, wenn die Befolgung der Mitteilungspflicht eine größere Sicherheit gegen den Eintritt des Schadens geboten hätte, was stets der Fall sein dürfte.[101] Außerdem kommen nach § 252 BGB als Schaden auch entgangene Gewinne in Betracht. **45**

6. Sonstige Meldepflichten

Im Falle der Veränderung der Beteiligungsverhältnisse an einer Gesellschaft kommen – unabhängig von einer Börsennotierung – neben den §§ 21 ff. WpHG eine Vielzahl weiterer Vorschriften zur Begründung von Offenlegungs- oder Mitteilungspflichten in Betracht. In Hinblick auf eine nötige Eingrenzung der Darstellung müssen an dieser Stelle **46**

---

ordentlichen oder außerordentlichen Hauptversammlung, die Ausübungssperre zu beenden, sein Stimmrecht zur Erreichung der angestrebten Ziele zu nutzen und seine Dividende zu beziehen.

[100] Bei leichtfertigen Verstößen kann nach § 17 II OWiG maximal die Hälfte des angedrohten Höchstmaßes, d.h. DM 250.000 festgesetzt werden.

[101] Vgl. Begründung des Regierungsentwurfs zu § 25 IV WpHG, Bundestags-Drucksachen 12/6679, S. 55.

eine schlagwortartige Erwähnung der in diesem Zusammenhang wichtigsten Meldepflichten genügen.[102]

47 Diese sind teils handelsrechtlicher, teils börsenrechtlicher, teils wirtschaftaufsichtsrechtlicher Natur und unterscheiden sich u.a. hinsichtlich ihrem Sinn und Zweck, ihren tatbestandlichen Voraussetzungen, den Meldepflichtigen und den Rechtsfolgen einer Pflichtverletzung. Insgesamt bietet sich ein unübersichtliches Bild von Meldepflichten, das den Vorwurf eines „unerträglichen Zustands" auf sich zog.[103] Mit dem Dritten Finanzmarktförderungsgesetz wurde eine erste Harmonisierung der aktien- und wertpapierhandelsrechtlichen Verpflichtungen vorgenommen, indem die Anwendungsbereiche der §§ 20 ff. AktG und der §§ 21 ff. WpHG von einander getrennt wurden.

48 Nach §§ 20 ff. AktG, durch die Investoren über die Herrschaftsverhältnisse einer Aktiengesellschaft informiert werden sollen, müssen Unternehmen einer inländischen[104] Aktiengesellschaft mitteilen, wenn sie mehr als 25 oder 50 Prozent der Aktien dieser Gesellschaft halten oder eine solche Beteiligung nicht mehr halten. Mitteilungspflichtig ist also der Erwerb einer Schachtel, d.h. einer Beteiligung von mehr als 25 Prozent und – ohne eine Verpflichtung zur Meldung eines zwischenzeitlichen weiteren Zuerwerbs – der Erwerb einer Mehrheitsbeteiligung.

49 Nach den neu eingeführten § 20 VIII und 21 V AktG finden diese aktienrechtlichen Vorschriften keine Anwendung mehr auf die von §§ 21 ff. WpHG erfaßten inländischen Gesellschaften, deren Aktien zum Amtlichen Handel an einer Börse innerhalb der Europäischen Gemeinschaften oder einem anderen EWR-Vertragsstaat zugelassen sind. D.h., diese unterliegen nunmehr ausschließlich den wertpapierhandelsrechtlichen Mitteilungs- und Veröffentlichungspflichten.[105] Im Gegensatz zu §§ 21 ff. WpHG wird von den §§ 20 ff. AktG nicht auf die Stimmrechte, sondern gemäß § 16 II 1 AktG das Kapital abgestellt, außerdem sind nur Unternehmen, nicht aber Privatpersonen meldepflichtig. Weitere Unterschiede bestehen z.B. in Hinblick auf Zurechnungstatbestände,[106] die Berücksichtigung von Handelsbeständen, Fristen für die Mitteilung etc. Mit dem Dritten Finanzmarktförderungsge-

---

[102] Eine zusammenfassende Übersicht findet sich bei *U. Schneider* in *H. Assmann/U. Schneider* (Hrsg.), WpHG, Vor § 21 Rdnr. 41 ff.

[103] *U. Schneider* in *H. Assmann/U. Schneider* (Hrsg.), WpHG, Vor § 21 Rdnr. 40.

[104] Auf seiten der Eigentümer kommen in- und ausländische Unternehmen jeder Rechtsform i. S. d. § 15 AktG in Betracht, wohingegen die Beteiligung an einer AG im Inland bestehen muß. *U. Hüffer,* AktG, § 20 Rdnr. 2.

[105] *T. Pötzsch,* Das Dritte Finanzmarktförderungsgesetz, WM 1998, S. 949, 957.

[106] Nach § 20 II AktG findet eine Zurechnung von Optionen und Rechten aus bindenden Angeboten statt.

setz wurden die Rechtsfolgen eines Verstoßes gegen die §§ 20 ff. AktG dem § 28 WpHG angepaßt.[107]

50 Hat eine Gesellschaft nur einen außenstehenden Aktionär, so ist dies nach § 42 AktG unverzüglich dem zuständigen Registergericht anzumelden. Weitere Meldepflichten ergeben sich im Zusammenhang mit Unternehmensverträgen aus den §§ 294 f., 298, 319 f. und 327 AktG sowie aus kartellrechtlichen Vorschriften bei Unternehmenszusammenschlüssen.[108]

IV. Übernahmekodex

51 Der Übernahmekodex[109] ist eine von der Börsensachverständigenkommission beim Bundesfinanzministerium[110] verabschiedete Empfehlung von Verhaltensnormen für freiwillige öffentliche Unternehmensübernahmen, bzw. die hieran beteiligten Parteien.[111] Mit ihrem Inkrafttreten am 1. Oktober 1995[112] haben diese Empfehlungen, die sehr stark am City Code on Takeovers and Mergers[113] von Großbritannien orientiert sind[114] und denen – wie dem City Code – keinerlei amtlicher

[107] Zu Vorschlägen für die Zusammenfassung der §§ 20 ff. AktG mit §§ 21 ff. WpHG vgl. auch *C. Witt*, Vorschlag für eine Zusammenfügung der §§ 21 ff. WpHG und des § 20 AktG zu einem einzigen Regelungskomplex, AG 1998, S. 171 ff.

[108] Vgl. z.B. § 23 GWB.

[109] Publiziert im Internet unter www.kodex.de. Abgedruckt in AG 1998, S. 133 ff. und *S. Schuster/C. Zschocke*, Übernahmerecht, S. 74 ff. und Nachtrag März 1998, S. 4 ff.

[110] Die Zusammensetzung der Börsensachverständigenkommission basiert auf einer Vereinbarung zwischen dem zuständigen Bundesministerium der Finanzen und den Börsen. Ihr gehören Vertreter aus dem Bankgewerbe, der Emittenten, der Versicherer, der Deutschen Bundesbank, der Anleger und der Wissenschaft an. Die derzeitigen Mitglieder der Übernahmekommission sind aufgeführt bei *S. Schuster/C. Zschocke*, Übernahmerecht, S. 158.

[111] Entgegen dem Wortlaut der Einleitung des Kodex geht sein Einfluß über freiwillige öffentliche Übernahmeangebote hinaus. So stellen die Art. 16 und 17 ÜK für die Verpflichtung des Bieters zur Abgabe eines Pflichtangebots nicht darauf ab, ob dieser die Kontrolle über die Zielgesellschaft durch ein öffentliches Angebot, über die Börse oder durch Kauf eines Pakets von einem Investor erworben hat.

[112] Art. 24 ÜK.

[113] Abgedruckt bei *S. Schuster/C. Zschocke*, Übernahmerecht, S. 294 ff.

[114] Auch dieser ist nicht in rechtsverbindlicher Form ergangen, sondern basiert auf freiwilliger Selbstkontrolle und wird vom Panel on Takeovers and Mergers aufgestellt und überwacht. Auch die im ÜK vorgesehenen Organe sind denen des City Code nachgebildet. Vgl. *C. Kirchner/U. Ehricke*, Funktionsdefizite des Übernahmekodex der Börsensachverständigenkommission, AG 1998, S. 105, 106 f. m.w.N.

Charakter zukommt, die Leitsätze für Übernahmeangebote der Börsensachverständigenkommission von 1979[115] abgelöst. Die nachstehenden Ausführungen sind voraussichtlich nur noch für absehbare Zeit von unmittelbarer praktischer Relevanz, da angestrebt ist, die Frage der Übernahmeregeln auf EU-Ebene noch während der deutschen Präsidentschaft zu regeln und danach mit dem Vierten Finanzmarktförderungsgesetz zügig in bindendes deutsches Recht umzusetzen.[116] Unabhängig hiervon werden Zielrichtung und Grundlinien unverändert bleiben, abgesehen davon, daß die Regelungen eben zwingenden Charakter erhalten werden.

1. Bedeutung und Zielrichtung

52 Im Zusammenhang mit dem Thema „Börseneinführung" ist die Kenntnis des Übernahmekodex schon deshalb wichtig, weil seine Anerkennung zumindest beim Neuen Markt Zulassungsvoraussetzung ist. Außerdem hat die Deutsche Börse AG seit 1998 die Anerkennung des Übernahmekodex durch eine Gesellschaft zur Voraussetzung für die Aufnahme deren Aktie in den DAX bzw. den MDAX gemacht.[117]

---

[115] „Leitsätze für öffentliche freiwillige Umtauschangebote bzw. Aufforderungen zur Abgabe derartiger Angebote in amtlich notierten oder im geregelten Freiverkehr gehandelten Aktien bzw. Erwerbsrecht", abgedruckt in *K. Hopt/A. Baumbach,* Handelsgesetzbuch, 2. Teil Nr. 18. Diese haben sich als nicht sehr wirksam erwiesen und sind niemals zu großer Bedeutung gekommen. Wie der Übernahmekodex beabsichtigten die Leitsätze eine Gleichbehandlung und adäquate Information der Aktionäre der Zielgesellschaft sowie eine ordnungsgemäße und reibungslose Durchführung von Übernahmeangeboten, sahen aber weder ein förmliches Anerkennungsverfahren noch ein Überwachungsorgan vor. Außerdem ließen die Leitsätze klare Verhaltensanweisungen für Unternehmen vermissen, die Ziel eines Übernahmeangebots wurden. Vor diesem Hintergrund sorgten auch die dynamische Entwicklung des Kapitalmarkts und Veränderung und Ausweitung der Unternehmensübernahmen in Deutschland dafür, daß die Leitsätze unzeitgemäß wurden. *T. Weisgerber,* Der Übernahmekodex in der Praxis, ZHR 1997, S. 421, 422.

[116] Dies war bereits von der SPD als Oppositionspartei mit dem eingebrachten Entwurf eines „Gesetzes zur Regelung von Unternehmensübernahmen" vom 2. 7. 1997, Bundestagsdrucksachen 13/8164, versucht worden, wenngleich nicht erfolgreich. Vgl. hierzu *A. Schander,* Selbstregulierung versus Kodifizierung – Versuch einer Standortbestimmung des deutschen Übernahmerechts, NZG 1998, S. 799, 803 ff.

[117] *H. Loehr,* Der neue Verhaltenskodex für Unternehmensübernahmen in der praktischen Umsetzung – Eine Zwischenbilanz, WM 1997, S. 1374; *M. Habersack/C. Mayer,* Der neue Vorschlag 1997 einer Takeover Richtlinie – Überlegungen zur Umsetzung in das nationale Recht, ZIP 1997, S. 2141, 2144 m.w.N. Die Aufnahme in den Index kann für ein Unternehmen schon deshalb große finanzielle Bedeutung haben, da gerade ausländische institutionelle Investoren mit ihren immens hohen anzulegenden Mitteln oftmals nur in Werte investie-

Wenngleich die – wie auch immer zu beurteilende – Bindungswirkung[118] des Kodex nur Bieter, Zielgesellschaften und Dritte wie Wertpapierdienstleistungsunternehmen trifft, die den Kodex akzeptiert haben, so hat dieser auch für die anderen Gesellschaften[119] Bedeutung, da die Sachverständigenkommission bei öffentlichen Übernahmeangeboten regelmäßig auch das Verhalten von Dritten öffentlich (!) beurteilt, die sich (noch) nicht dem Kodex unterworfen haben.[120]

Mit der Einführung des Übernahmekodex sollte – ebenso wie mit dem Zweiten und Dritten Finanzmarktförderungsgesetz – die Reputation und internationale Wettbewerbsfähigkeit des Finanzplatzes Deutschland gesichert und gefördert werden. Mit dieser Zielsetzung wurden Regelungen für die ordnungsgemäße Durchführung von öffentlichen Übernahmeangeboten geschaffen, wie sie in anderen Industriestaaten schon Standard sind.[121] Basis des angestrebten Minderheitenschutzes sind vier Grundprinzipien, nämlich 53

- das Gebot der Gleichbehandlung aller Aktionäre des zu übernehmenden Unternehmens;
- die Verpflichtung zur Abgabe eines Angebots an die außenstehenden Aktionäre bei Erreichen der Kontrolle über ein anderes Unternehmen;
- der Sicherstellung der Transparenz eines Übernahmevorhabens sowie
- der Grundsatz der Managementneutralität auf seiten des zu übernehmenden Unternehmens.[122]

---

ren, die im DAX oder zumindest MDAX enthalten sind, da sie nur eine beschränkte Zahl von Titeln verfolgen können und deshalb nur in Werte investieren, in denen sie hohe Summen investieren können, in denen aber auch eine so hohe Liquidität besteht, daß sie jederzeit große Positionen auflösen können.

118 Vgl. hierzu § 16 IV. 3 Anerkennung.

119 Während sich bereits alle namhaften Wertpapierdienstleistungsunternehmen dem Übernahmekodex unterworfen haben (AG 1997, R 135), wird die sonstige Akzeptanz des Kodex noch als unbefriedigend angesehen. So haben mittlerweile ca. 87 Prozent aller DAX 30-Unternehmen, 61 Prozent der DAX 100-Unternehmen und 40 Prozent der ca. 690 börsennotierten inländischen Gesellschaften anerkannt. *C. Kirchner/U. Ehricke,* Funktionsdefizite des Übernahmekodex der Börsensachverständigenkommission, AG 1998, S. 105 ff.

120 *G. Thoma,* Der neue Übernahmekodex der Börsensachverständigenkommission, ZIP 1996, S. 1725, 1732; *H. Assmann,* Verhaltensregeln für freiwillige öffentliche Übernahmeangebote, AG 1995, S. 563, 564.

121 Vgl. hierzu *T. Weisgerber,* Der Übernahmekodex in der Praxis, ZHR 1997, S. 421, 422; *S. Schuster/C. Zschocke,* Übernahmerecht, S. 230 ff.

122 *C. Kirchner/U. Ehricke,* Funktionsdefizite des Übernahmekodex der Börsensachverständigenkommission, AG 1998, S. 105, 106; *A. Schander,* Selbstregulierung versus Kodifizierung – Versuch einer Standortbestimmung des deutschen Übernahmerechts.

2. Transparenz und Gleichbehandlungsgrundsatz

54 Zentraler Grundsatz des Übernahmekodex ist daher das Gleichbehandlungsgebot des Art. 1 ÜK, das dem Bieter bei einem öffentlichen Angebot untersagt, Inhaber von Wertpapieren derselben Gattung unterschiedlich zu behandeln. Der Bieter, aber auch die börsennotierte Zielgesellschaft, haben nach Art. 2 ÜK alle Inhaber von Wertpapieren mit den gleichen Informationen[123] auszustatten, um ihnen so dieselbe transparente Grundlage für die Beurteilung des Angebots und die Entscheidung hierüber zu geben.

55 Außerdem gelten nach Art. 13 f. ÜK, wenn der Bieter während der Laufzeit des Angebots oder durch ein weiteres freiwilliges öffentliches Angebot Wertpapiere der Zielgesellschaft zu besseren als den im Angebot angegebenen Bedingungen, d.h. höheren Preisen erwirbt, diese besseren Konditionen für alle Inhaber von Wertpapieren derselben Gattung, auch wenn sie das öffentliche Angebot bereits angenommen haben.[124]

3. Anerkennung

56 Der Übernahmekodex wurde nicht in Form einer hoheitlichen Norm erlassen. Seine Regelungen haben daher keinen allgemeinverbindlichen Charakter, sondern binden nur diejenigen, die ihn gegenüber der Übernahmekommission[125] anerkannt haben. Durch Art. 21 ÜK werden potentielle Bieter, Zielgesellschaften und Wertpapierdienstleistungsunternehmen zur Anerkennung aufgerufen. Die Geschäftsstelle der Übernahmekommission veröffentlicht regelmäßig eine Liste der Unternehmen, die den Übernahmekodex anerkannt haben.[126] Inwie-

---

[123] Diese Informationspflicht beschränkt sich nicht auf die in Art. 7 ÜK als Mindestinhalt für ein Pflichtangebot beschriebenen Details. So müssen, wenn beispielsweise ein Bewertungsgutachten für die Zielgesellschaft oder deren Anteile eingeholt und an einen Wertpapierinhaber weitergegeben wird, alle Wertpapierinhaber Einsicht in dieses Gutachten bekommen können. *H. Diekmann,* Hinweise zur Anwendung des Übernahmekodexes der Börsensachverständigenkommission, WM 1997, S. 897, 898.

[124] Vgl. näher hierzu § 16 IV. 7 Verpflichtungen des Bieters.

[125] Die Anerkennung erfolgt durch Einreichung einer vom vertretungsberechtigten Organ der Gesellschaft unterzeichneten Erklärung bei der Geschäftsstelle der Übernahmekommission. *G. Thoma,* Der neue Übernahmekodex der Börsensachverständigenkommission, ZIP 1997, S. 1725, 1729. Soweit dieser meint, Unternehmen, die sich dem Kodex nicht unterwerfen hätten eine nachhaltige Einschränkung ihrer Berufsausübung zu erwarten (S. 1732), kann ihm nicht gefolgt werden.

[126] Art. 21 2 ÜK. Soweit die anerkennenden Unternehmen börsennotiert sind, erfolgt zudem eine Kennzeichnung mit „ü" im Kursteil der Börsenzeitung.

weit aus dieser Veröffentlichung und eine damit verbundene „Mobilisierung der Öffentlichkeit und der einschlägigen Kreise“[127] tatsächlich wirksamer Druck zur Anerkennung resultiert, ist eher skeptisch zu beurteilen. Andererseits können auch Kreditinstitute und Wertpapierdienstleistungsunternehmen aufgrund ihrer Beteiligung bei Unternehmensakquisitionen in begrenztem Umfang auf die Anerkennung des Kodex hinwirken, wenn sie selbst diesen anerkannt haben und sich dabei wie üblich auch verpflichtet haben, nur Parteien eines öffentlichen Übernahmeangebots zu vertreten, die den Übernahmekodex anerkannt haben. Dabei ist aber zu berücksichtigen, daß es sich bei Art. 6 ÜK, der die Einschaltung eines Wertpapierdienstleistungsunternehmens auf Bieterseite empfiehlt, lediglich um eine Sollvorschrift handelt und auch nicht alle Wertpapierdienstleistungsunternehmen den Übernahmekodex anerkannt haben.[128]

Die Anerkennung des Übernahmekodex begründet keine schuld- **57**
rechtlichen und damit eventuell gerichtlich durchsetzbaren Pflichten, da die Übernahmekommission, deren Geschäftsstelle oder die Börsensachverständigenkommission weder rechts- noch geschäftsfähig ist und daher die Anerkennung nicht als Annahme eines Angebots angesehen

---

[127] *H. Assmann,* Verhaltensregeln für freiwillige öffentliche Übernahmeangebote, AG 1995, S. 563, 564. Vgl. zum Druck der Öffentlichkeit wie auch möglichen Grundlagen für die Annahme rechtlicher und sonstiger Verpflichtungen zur Anerkennung – alle mit negativem Ergebnis – *C. Kirchner/U. Ehricke,* Funktionsdefizite des Übernahmekodex der Börsensachverständigenkommission, AG 1998, S. 105, 108.

[128] Demgegenüber sind die Normen des City Code für die Finanzinstitute zumindest de facto verbindlich, da nach dem Financial Services Act jede Person, die in England Investmentgeschäfte tätigt, hierzu autorisiert sein muß, was wiederum die Mitgliedschaft in einer berufsständischen Organisation (Self Regulated Organisation) voraussetzt. Hierfür ist zum einen immer die Anerkennung des City Code erforderlich, zum anderen sind alle Mitglieder einer SRO zur Kooperation mit dem Takeover Panel verpflichtet. Ein Verstoß gegen den City Code kann den Verlust der Autorisierung, strafrechtliche Sanktionen und Schadensersatzansprüche nach sich ziehen. Es besteht daher eine Vereinbarung zwischen SROs, der Confederation of British Industry (CBI) und der Aufsichtsbehörde Securities and Investment Board (SIB), nach der deren Mitglieder die Kooperation mit Mandanten umgehend einstellen, bei denen die Gefahr von Verstößen gegen den City Code besteht. Im Ergebnis bedeutet dies, daß ein gegen den City Code verstoßender Bieter am Finanzplatz London weder die Beratung noch die technischen Abwicklungshilfen einer Investmentbank findet. Dies wird die Durchführung eines öffentlichen Übernahmeangebots schwierig machen. Auf seiten der Zielgesellschaft kommt hinzu, daß diese nach dem City Code ausdrücklich verpflichtet ist, unabhängigen Rat einzuholen und sich bei einem Verstoß hiergegen beträchtlichen Haftungsrisiken aussetzt. *M. Habersack/C. Mayer,* Der neue Vorschlag 1997 einer Takeover-Richtlinie – Überlegungen zur Umsetzung in das nationale Recht, ZIP 1997, S. 2141, 2144 f.

werden kann.[129] Damit kommt kein rechtsverbindlicher Vertrag zustande.[130] Mit der Anerkennung akzeptiert der Unterwerfende vielmehr die Regelungen des Übernahmekodex als für sich verbindlich, ohne daß diese Selbstbindung justitiabel wäre.[131] Dies hat auch zur Folge, daß die Anerkennung jederzeit widerrufen werden kann, was die Metallgesellschaft AG im Dezember 1997 im Zusammenhang mit ihrem Versuch, die AGIV AG zu übernehmen, unter großem Protest getan hat.

4. Regelungsbereich

58 Der Übernahmekodex nimmt auf der Bieterseite keine Einschränkungen vor, d.h. jede natürliche und juristische Person mit Sitz im In- und Ausland, die den Übernahmekodex anerkannt hat, unterliegt dessen Regelungen ohne Rücksicht auf eine Börsennotierung. Demgegenüber können nur AGs und KGaAs Zielgesellschaft i.S.d. Kodex sein, die ihren Sitz im Inland haben[132] und deren Wertpapiere an einer inländischen Börse zum Handel zugelassen oder mit ihrer Zustimmung in den Freiverkehr einbezogen sind. Wertpapiere in diesem Sinne sind alle Rechte, die mittelbar oder unmittelbar Stimmrechte in der Hauptversammlung der Zielgesellschaft zum Gegenstand haben. Hierzu zählen nicht nur Stammaktien, sondern auch Wandelanleihen und gleichartige Rechte aus Optionsanleihen sowie Vorzugsaktien, die im Zeitpunkt der Veröffentlichung des Angebots Stimmrechte haben, und Surrogate solcher Wertpapiere wie American Depository Receipts. Nach der im Übernahmekodex enthaltenen Legaldefinition gehören zu den Wertpapieren auch „solche Rechte, die den Bezug jener Aktien zum Gegen-

[129] *S. Schuster/C. Zschocke,* Übernahmerecht, S. 33; *C. Kirchner/U. Ehricke,* Funktionsdefizite des Übernahmekodex der Börsensachverständigenkommission, AG 1998, S. 105, 107, die den Übernahmekodex als „soft law" charakterisieren.

[130] *W. Groß,* Übernahmekodex für öffentliche Übernahmeangebote: Anerkennung und Rolle des begleitenden Wertpapierdienstleistungsunternehmens, DB 1996, S. 1909, 1910; a.A. *H. Assmann,* Verhaltensregeln für freiwillige öffentliche Übernahmeangebote, AG 1995, S. 563, 564, der von einem privatrechtlichen Vertrag mit einer „gewissen Rechtswirkung"(?) spricht. *G. Thoma,* Der neue Übernahmekodex der Börsensachverständigenkommission, ZIP 1996, S. 1725 spricht von einer „verbindliche(n) Wirkung nur kraft Vertrages", meint aber gleichzeitig, „durch die Anerkennung ... dürfte nach dem Willen der Verfasser ein mehr als moralischer Druck zur Einhaltung des Kodex – quasi als Rechtsnorm – verbunden sein".

[131] *C. Kirchner/U. Ehricke,* Funktionsdefizite des Übernahmekodex der Börsensachverständigenkommission, AG 1998, S. 105, 107 nach denen die Übernahmeregelungen „schlicht einen Satz von Spielregeln darstellen".

[132] *H. Assmann,* Verhaltensregeln für freiwillige öffentliche Übernahmeangebote, AG 1995, S. 563, 564; *C. Kirchner/U. Ehricke,* Funktionsdefizite des Übernahmekodex der Börsensachverständigenkommission, AG 1998, S. 105, 107.

stand haben, die durch eine einseitige Willenserklärung des Rechtsinhabers neu zur Entstehung gebracht werden können." Nach einer ausdrücklichen Erklärung der Übernahmekommission werden DTB-Optionen nicht erfaßt, da die Laufzeit der Option nach den Regeln der Deutschen Terminbörse am fünften Börsentag vor dem Ende der Angebotsfrist endet.[133]

Soweit sich ein öffentliches Angebot auf stimmrechtslose Vorzugsaktien bezieht, gelten nach dem Übernahmekodex dessen Regeln analog.

5. Angebotsverfahren

Vor der Abgabe eines freiwilligen öffentlichen Übergabeangebots[134] **59**
sollen nach Art. 4 ÜK „im allgemeinen Gespräche zwischen Bieter und der Zielgesellschaft" stattfinden. Hierdurch sollen feindliche Übernahmen vermieden werden.[135] Daß diesen Gesprächen unter dem Gesichtspunkt des Insiderrechts besondere Sensitivität zukommt und die Verbote für Primär- und Sekundärinsider zu beachten sind, ist offensichtlich.[136] Trotzdem wird man, wenn die Gespräche ein ernsthaftes Interesse des Bieters erkennen lassen und auch zeigen, daß die Übernahme und die mit ihr verfolgten Ziele im Interesse der Zielgesellschaft liegen, den Vorstand als befugt ansehen müssen, dem Interessenten mit der Ausnahme von Geschäftsgeheimnissen alle Informationen zukommen zu lassen, die dieser für die Abgabe seines Angebots benötigt.[137]

Während es sich bei Art. 4 lediglich um eine Empfehlung handelt, **60**
statuiert Art. 5 ÜK die Verpflichtung des Bieters, vor Abgabe eines öffentlichen Angebots die Zielgesellschaft, die Börsen, an denen die Wertpapiere der Zielgesellschaft sowie die gegebenenfalls zum Tausch angebotenen Wertpapiere notiert sind, das Bundesaufsichtsamt für den Wertpapierhandel und die Geschäftsstelle der Übernahmekommission über den Inhalt des Angebots zu unterrichten. Im Anschluß hieran hat er das Angebot unverzüglich in mindestens einem Pflichtblatt zu veröffentlichen, wobei diese Veröffentlichung mindestens dem Mindestinhalt des Angebots selbst entsprechen sollte.[138]

---

[133] Anmerkungen der Übernahmekommission vom Juli 1996 zum Übernahmekodex, in *S. Schuster/C. Zschocke,* Übernahmerecht, S. 112.

[134] Eine Zusammenstellung bis September 1996 abgegebene freiwillige öffentliche Übernahmeangebote findet sich bei *S. Schuster/C. Zschocke,* Übernahmerecht, S. 40ff, 178.

[135] Anmerkungen der Übernahmekommission vom Juli 1996 zum Übernahmekodex, in *S. Schuster/C. Zschocke,* Übernahmerecht, S. 122.

[136] Vgl. hierzu § 15. II. 4. Insiderverbote.

[137] *H. Kallmeyer,* Die Mängel des Übernahmekodex der Sachverständigenkommission, ZHR 1997, S. 421, 446.

[138] *H. Assmann,* Verhaltensregeln für freiwillige öffentliche Übernahmeangebote, AG 1995, S. 563, 568.

61 Bieter und Zielgesellschaft haben nach Art. 3 ÜK während der Angebotsfrist alles zu unterlassen, was bei Wertpapieren der Zielgesellschaft oder bei Wertpapieren, die hierfür im Tausch angeboten werden, außergewöhnliche Kursbewegungen auslösen könnte. Dabei sind insbesondere irreführende Erklärungen als auch sonstige Einwirkungen auf den Kursverlauf zu vermeiden. So würde der Bieter gegen Art. 3 ÜK verstoßen, wenn er den Börsenkurs durch gezielte Verkäufe drückt, um die Investoren auf diese Weise zu einem Verkauf zu bewegen bzw. auf dieser Basis ein niedrigeres Gebot für die ausstehenden Aktien abzugeben.[139]

6. Angebot

62 Für die Vorbereitung und Abwicklung des Angebots soll der Bieter nach Art. 6 ein Unternehmen hinzuziehen, das zur Erbringung von Wertpapierdienstleistungen i.S.d. EG-Richtlinie zugelassen ist. Dieses Unternehmen soll seinen Sitz in einem Mitgliedstaat der Europäischen Union haben. Wenngleich es sich hierbei lediglich um eine Empfehlung handelt – eine Zwangsvertretung des Bieters, wie sie noch in Art. 9 des ersten Entwurfs der dreizehnten gesellschaftsrechtlichen EG-Richtlinie vorgesehen war, ist nicht im Übernahmekodex vorgesehen – dürfte bei einem öffentlichen Übernahmeangebot die Einschaltung einer Bank oder eines anderen Wertpapierdienstleistungsunternehmens schon für die technische Abwicklung häufig unverzichtbar sein.[140]

Nach Art. 7 ÜK muß das Angebot mindestens beinhalten:

1. die Namen der Zielgesellschaft, des Bieters und gegebenenfalls den des begleitenden Wertpapierdienstleistungsunternehmens;
2. die Wertpapiere, die Gegenstand des Angebots sind, ihre Höchst- und/oder Mindestzahl,[141] die der Bieter zu erwerben sich verpflichtet sowie Erläuterungen zum Zuteilungsverfahren nach Art. 10 ÜK;

---

[139] *H. Diekmann,* Hinweise zur Anwendung des Übernahmekodexes der Börsensachverständigenkommission, WM 1997, S. 897, 898.

[140] *C. Kirchner/U. Ehricke,* Funktionsdefizite des Übernahmekodex der Börsensachverständigenkommission, AG 1998, S. 105, 109. Inwieweit bei ausländischen Bietern durch Einschaltung eines deutschen Wertpapierdienstleistungsunternehmens die Entscheidungsfindung bei den angesprochenen Aktionären aus „pschologischen Gründen" erleichtert wird, wie dort behauptet wird, mag hier offenleiben.

[141] Dabei sind Teilangebote zulässig, wenngleich in ihrer praktischen Bedeutung eingeschränkt, da der Bieter mit einem freiwilligen Übernahmeangebot regelmäßig strategische Ziele verfolgt, was wiederum bestimmte Mehrheiten voraussetzt und gleichzeitig die Regeln über Pflichtangebote greifen. *H. Assmann,* Verhaltensregeln für freiwillige öffentliche Übernahmeangebote, AG 1995, S. 563, 569.

3. den Kaufpreis[142] bzw. die Gegenleistung sowie die Abwicklung, d.h. Angaben über die Einreichungsstelle für die Wertpapiere, Zeitpunkt der Zahlung des Kaufpreises, Kostentragungslast für die Abwicklung, wobei der Kodex für den Kaufpreis eines freiwilligen Angebots – im Gegensatz zum Pflichtangebot – keine Regelung trifft;
4. Angaben über die wesentlichen Faktoren, die bei der Bestimmung der Gegenleistung maßgebend waren, wobei die einfache Wiedergabe des Preises nicht genügt, aber die Angabe, ob der Bieter einen bestimmten Zu- oder Abschlag zu bzw. von einem gewissen Börsenkurs vorgenommen hat;[143]
5. den Hinweis, ob das Angebot bereits mit der Annahmeerklärung der Zielgesellschaft angenommen wird oder ob die Aktionäre der Zielgesellschaft nur aufgefordert werden, ihrerseits dem Bieter Wertpapiere der Zielgesellschaft anzubieten;[144]
6. Angaben über Zeitpunkt und Umfang der vom Bieter vor dem Angebot erworbenen Wertpapiere der Zielgesellschaft sowie über abgeschlossene und noch nicht erfüllte Verträge in diesen Wertpapiere (z.B. Optionen und Forward-Geschäfte);
7. gegebenenfalls Angabe der mittelbaren und unmittelbaren Beteiligungen der Zielgesellschaft am Bieter, soweit diese bekannt sind;
8. eine etwaige Stellungnahme der Zielgesellschaft, zu deren Abgabe der Bieter diese nicht zwingen kann;
9. eine Frist zur Annahme des Angebots, die gemäß Art. 11 ÜK mindestens 28 und höchstens 60 Kalendertage[145] beträgt;

---

[142] Der Übernahmecode sieht für freiwillige öffentliche Übernahmeangebote keine Preisregelung vor, da man davon ausgeht, daß der Bieter im eigenen Interesse ein attraktives Angebot unterbreiten wird. *S. Schuster/C. Zschocke,* Übernahmerecht, S. 150.

[143] Im Falle der Erstellung eines Bewertungsgutachtens ist auch dieses darzulegen. Inwieweit hierfür die Angabe genügt, daß ein solches erstellt wurde, wie *H. Diekmann,* Hinweise zur Anwendung des Übernahmekodexes der Sachverständigenkommission, WM 1997, S. 897, 900 wohl meint, erscheint zweifelhaft. Richtigerweise wird man bei Erstellung einer externen Bewertung – eine interne wird wohl jeder Käufer ohnehin vornehmen – auch die Angabe der wesentlichen Eckpunkte und Resultate verlangen müssen.

[144] Sofern der Bieter diese Strategie der invitatio ad offerendum wählt und später über die Annahme der Angebote entscheidet, genügt es, die Entscheidung über die Annahme genauso öffentlich bekannt zu machen wie die invitatio, was möglichst bereits bei deren Bekanntmachung mitgeteilt werden sollte. *H. Diekmann,* Hinweise zur Anwendung des Übernahmekodexes der Börsensachverständigenkommission, WM 1997, S. 897, 899.

[145] Anmerkungen der Übernahmekommission vom Juli 1996 zum Übernahmekodex, in *S. Schuster/C. Zschocke,* Übernahmerecht, S. 136. Durch die Setzung einer Mindestfrist soll vermieden werden, die Adressaten des Übernahmeangebots einem übermäßigen zeitlichen Entscheidungsdruck zu unterwerfen.

10. etwaige Bedingungen des Angebots und Rücktrittsvorbehalte, z.B. die Abhängigkeit vom Erreichen einer bestimmten Höhe der Beteiligungsquote oder der Zustimmung der Kartellbehörden, wobei das Angebot nach Art. 9 ÜK nur an Bedingungen geknüpft werden darf, deren Eintritt der Bieter nicht selbst herbeiführen kann;
11. Angaben über die vom Bieter mit seinem Angebot verfolgten Ziele und Absichten bezüglich der Zielgesellschaft[146] sowie mögliche Auswirkungen eines erfolgreichen Angebots;
12. den Hinweis darauf, daß die Wertpapierinhaber nach Art. 14 ÜK von der Annahme des Angebots zurücktreten können;
13. die Angabe des Zeitpunkts, zu dem das Ergebnis des Angebots veröffentlicht wird, d.h. die Zahl der Wertpapiere, die dem Bieter im Rahmen des Übernahmeangebots angeboten wurden;
14. Angaben über den Stand gegebenenfalls anhängiger kartellrechtlicher Genehmigungsverfahren;[147]
15. eventuell Hinweis auf Befreiung von Vorschriften des Übernahmekodexes durch die Übernahmekommission;
16. die Verpflichtung des Bieters zur Einhaltung der Bestimmungen des Übernahmekodex.[148]

Auch nicht marktnahe Wertpapierinhaber können so das Angebot angemessen prüfen. Andererseits wird durch die Befristung eine übermäßig lange Behinderung des Börsenhandels und der Aktivitäten der Zielgesellschaft verhindert, wobei die Frist von 60 Tagen teilweise als zu lang empfunden wird. *H. Kallmeyer,* Der Übernahmekodex der Börsensachverständigenkommission, AG 1996, S. 169, 170.

[146] Hierunter fallen Strukturmaßnahmen wie Umwandlungen oder der Abschluß eines Unternehmensvertrages. Unternehmenspolitische Ziele, deren Veröffentlichung dem Bieter oder der Zielgesellschaft schaden könnte, müssen nicht offenbart werden. *H. Diekmann,* Hinweise zur Anwendung des Übernahmekodexes der Börsensachverständigenkommission, WM 897, 900.

[147] So kann z.B. ein anhängiges Fusionskontrollverfahren dazu führen, daß der Bieter nur ein bedingtes Angebot abgeben kann (vgl. § 24 IV GWB).

[148] Unterbreitet der Bieter ein verbindliches Kaufangebot oder auch nur eine invitatio ad offerendum auf der Grundlage der Regeln des Übernahmekodex, so werden diese Bestandteil des Kaufvertrages und begründen auch zwischen Bieter und Aktionär vertragliche Rechte und Pflichten, die im Falle eines Verstoßes vor den Zivilgerichten durchgesetzt werden können und auch Haftungsrisiken in sich bergen. *T. Weisgerber,* Der Übernahmekodex in der Praxis, ZHR 1997, S. 421, 426. Haftungsrisiken können sich auch aus den nationalen Kapitalmarktnormen anderer Staaten wie den USA ergeben, wenn sich öffentliche Angebote an amerikanische Staatsbürger richten oder in den USA veröffentlicht werden. Dies gilt insbesondere, wenn statt einer Zahlung der Tausch von Wertpapieren des Bieters angeboten werden oder sich ein Angebot auch auf American Depository Receipts erstreckt. *S. Schuster/C. Zschocke,* Übernahmerecht, S. 39, nach denen es sinnvoll sein kann, US-amerikanische Wertpapierinhaber vom Angebot auszunehmen oder in diesem andere Qualifizierungen aufzunehmen.

Wie alle an die Wertpapierinhaber gerichteten Veröffentlichungen unterliegt das Übernahmeangebot im Interesse deren umfassender und korrekter Information dem Sorgfaltsgebot des Art. 8 ÜK, bei dessen Verletzung sich Unterzeichner des Kodex schadenersatzpflichtig machen. 63

Die Geschäftsstelle der Übernahmekommission hat gemäß Art. 22 ÜK ein öffentliches Angebot innerhalb von 2 Wochen nach dessen Veröffentlichung auf dessen Übereinstimmung mit dem Kodex zu überprüfen, wobei der Bieter, die Zielgesellschaft und die nach Art. 6 ÜK hinzugezogenen Wertpapierdienstleistungsunternehmen verpflichtet sind, der Geschäftsstelle alle zur Überwachung und Einhaltung des Kodex notwendigen Informationen und Auskünfte zu geben. In der Praxis überprüft und kommentiert die Übernahmekommission auch Übernahmeangebote von Bietern, die den Kodex nicht anerkannt haben.[149] 64

7. Verpflichtungen des Bieters

Alle vom Bieter nach Veröffentlichung des Angebots parallel zu diesem getätigten Geschäfte in Wertpapieren der Zielgesellschaft sowie hierauf gerichtete Optionsrechte[150] sind von ihm nach Art. 12 ÜK unter Angabe der Stückzahl und des Preises bis zum nächstfolgenden Geschäftstag der Geschäftsstelle der Übernahmekommission zu melden und in demselben überregionalen Börsenpflichtblatt bekanntzugeben, in dem das Übernahmeangebot publiziert wurde.[151] Unabhängig hiervon bestehen die Meldepflichten aus § 21 WpHG und die Mitteilungspflicht gegenüber dem Unternehmen aus § 20 I und IV AktG bei Überschreiten einer Beteiligung von 25 Prozent (bzw. 50 Prozent). 65

Wenn der Bieter während der im Angebot angegebenen Frist – z.B. über die Börse – Wertpapiere zu besseren Bedingungen als in diesem bzw. der invitatio ad offerendum[152] angeboten erwirbt, so gelten gemäß Art. 13 ÜK die besseren Bedingungen für alle Wertpapiere derselben Gattung, selbst wenn sie das öffentliche Angebot bereits angenommen haben. Bei der Beurteilung, ob die Bedingungen eines Angebots „bes- 66

[149] Vgl. Pressemitteilung der Deutsche Börse AG vom 19. 2. 1997 (betreffend das Übernahmeangebot der Rheiherstieg Holzlager AG an die Aktionäre der Traub AG).

[150] *H. Diekmann,* Hinweise zur Anwendung des Übernahmekodexes der Börsensachverständigenkommission, WM 1997, S. 897, 901.

[151] Anmerkungen der Übernahmekommission vom Juli 1996 zum Übernahmekodex, in *S. Schuster/C. Zschocke,* Übernahmerecht, S. 136.

[152] *H. Diekmann,* Hinweise zur Anwendung des Übernahmekodexes der Börsensachverständigenkommission, WM 1997, S. 897, 901 mit Überlegungen zu Umgehungsmöglichkeiten.

ser" in diesem Sinne sind, ist nicht nur auf den Preis abzustellen, sondern auch auf andere eventuell gewährte Vorteile.[153]

67 Im Falle eines weiteren, verbesserten freiwilligen öffentlichen Angebots innerhalb einer vom Bieter in seinem ersten Angebot festzusetzenden Frist[154] hat der Bieter nach Art. 15 ÜK denjenigen, die das ursprüngliche Angebot angenommen haben, eine entsprechende Nachbesserung zu gewähren. Dies gilt gemäß Art. 14 ÜK entsprechend, wenn der Bieter, z.B. nach Veröffentlichung eines höheren Angebots durch einen Dritten,[155] innerhalb der Angebotsfrist ein für die Wertpapierinhaber günstigeres Angebot vorlegt. In Absprache mit der Geschäftsstelle kann er in diesem Fall die ursprüngliche Angebotsfrist verlängern.

8. Verpflichtungen der Zielgesellschaft

68 Werden Aktien[156] von börsennotierten Gesellschaften mit Sitz in Deutschland, die den Übernahmekodex akzeptiert haben, Gegenstand eines freiwilligen öffentlichen Übernahmeangebots, so hat die Gesellschaft nach Art. 18 ÜK unverzüglich, spätestens aber zwei Wochen nach Veröffentlichung des Angebots, eine begründete Stellungnahme zu veröffentlichen. Die Veröffentlichung gewährleistet insoweit die Einhaltung des in § 53a AktG festgeschriebenen Gleichbehandlungsgrundsatzes.[157] Trotz der grundsätzlichen Verpflichtung des Vorstands zur Neutralität – nach der er weder berechtigt noch verpflichtet ist, auf die Zusammensetzung des Aktionärskreises Einfluß zu nehmen[158] – darf

[153] Vgl. hierzu Anmerkungen der Übernahmekommission vom Juli 1996 zum Übernahmekodex, *S. Schuster/C. Zschocke,* Übernahmerecht, S. 138; *H. Diekmann,* Hinweise zur Anwendung des Übernahmekodexes der Börsensachverständigenkommission, WM 1997, S. 897, 902.

[154] Diese darf nicht kürzer als 12 Monate sein. Nach deutschem Übernahmerecht besteht keine dem City Code (Rule 35.1) entsprechende Regelung, nach der nach dem Fehlschlagen eines Übernahmeangebots dem Bieter für eine bestimmte Frist (nach dem City Code 12 Monate) die Abgabe eines neuen Angebots untersagt wäre, um eine „Belagerung" des Zielunternehmens zu unterbinden.

[155] Falls es während eines Übernahmeverfahrens zu konkurrierenden öffentlichen Angeboten kommt, so treffen die Bieter – vorausgesetzt, sie haben den Übernahmekodex anerkannt – selbstverständlich dieselben Verfahrens- und Verhaltenspflichten. Die Chancengleichheit unter den Wettbewerbern wird durch Regelungen wie die Gleichbehandlungspflicht nach Art. 2 ÜK sichergestellt.

[156] Bzw. andere Wertpapiere i. S. d. Übernahmekodex.

[157] *G. Thoma,* Der neue Übernahmekodex der Sachverständigenkommission, ZIP 1996, S. 1725, 1730.

[158] *H. Mertens,* in Kölner Kommentar zum Aktiengesetz, § 76 Rdnr. 16 ff.; *H. Assmann/F. Bozenhardt,* Übernahmeangebote als Regelungsproblem zwischen gesellschaftsrechtlichen Normen und zivilrechtlich begründeten Verhaltensge-

und muß er zu dem Übernahmeangebot aus der Sicht der Gesellschaft Stellung beziehen.[159] Die Äußerung der eigenen Meinung des Vorstands[160] sowie Werturteile, auch in Form von Empfehlungen an die Aktionäre, werden als mit dem Aktiengesetz und dem Kodex konform angesehen, wenn sie auf fundierten Tatsachen basieren und den Aktionärsinteressen entsprechen. Da die Stellungnahme auf ein Übernahmeangebot nicht eine Strukturmaßnahme der Gesellschaft, sondern die Zusammensetzung des Aktionärskreises betrifft, besteht keine Verpflichtung des Vorstands, nach § 119 II AktG die Hauptversammlung zu befragen, abgesehen davon, daß dies aufgrund der aktienrechtlichen Einladungsfristen ohnehin regelmäßig nicht möglich ist.[161]

Die Verpflichtung, nach Art. 3 ÜK während der Angebotsfrist alles **69**
zu unterlassen, was bei Wertpapieren der Zielgesellschaft oder bei Papieren, die hierfür im Tausch angeboten werden, außergewöhnliche Kursbewegungen auslösen könnte, wird durch Art. 19 ÜK dergestalt ergänzt, daß die Organe der Zielgesellschaft und der mit ihr verbundenen Unternehmen nach Veröffentlichung eines Übernahmeangebots bis zur Bekanntgabe der Ergebnisse keine Maßnahmen ergreifen darf, die dem Interesse der Wertpapierinhaber, von dem Angebot Gebrauch zu machen, zuwiderlaufen. Nach dem Wortlaut fallen hierunter insbesondere Beschlüsse über die Ausgabe neuer Wertpapiere, die wie z. B. eine Kapitalerhöhung erhebliche Änderungen der Struktur von Aktiva und Pas-

---

boten, ZGR Sonderheft 9 („Übernahmeangebote"), S. 1, 101. Die Neutralitätspflicht gilt auch bei feindlichen, d.h. nicht vom Vorstand gebilligten Übernahmeangeboten. *H. Diekmann,* Hinweise zur Anwendung des Übernahmekodexes der Börsensachverständigenkommission, WM 1997, S. 897, 903. *H. Krause,* Der revidierte Vorschlag einer Takeover-Richtlinie (1996), AG 1996, S. 209, 214.

[159] *G. Thoma,* Der neue Übernahmekodex der Börsensachverständigenkommission, ZIP 1996, S. 1725, 1730. Da regelmäßig nur der Vorstand der Zielgesellschaft über diejenigen Informationen verfügt, die neben denen des Bieters eine sachgerechte Entscheidung über das Angebot ermöglichen, läßt sich die Verpflichtung zur Stellungnahme bereits aus §§ 76, 93 AktG ableiten. *H. Assmann/ F. Bozenhardt,* Übernahmeangebote als Regelungsproblem zwischen gesellschaftsrechtlichen Normen und zivilrechtlich begründeten Verhaltensgeboten, ZGR Sonderheft 9 („Übernahmeangebote"), S. 1, 103.

[160] *H. Diekmann,* Hinweise zur Anwendung des Übernahmekodexes der Börsensachverständigenkommission, WM 1997, S. 897, 903. Nach *H. Kallmeyer,* Die Mängel des Übernahmekodex der Börsensachverständigenkommission, ZHR 1997, S. 421, 446 muß der Vorstand im Rahmen seiner Stellungnahme auch seine Schlußfolgerung hinsichtlich der Angemessenheit des Kaufpreises bekanntgeben, ohne freilich durch ein Übernahmeangebot zur Durchführung einer Unternehmensbewertung verpflichtet zu sein. Eine Empfehlung dürfe er jedoch wegen seiner im Übernahmekodex zum Ausdruck gekommenen Neutralitätspflicht nicht aussprechen.

[161] *H. Diekmann,* Hinweise zur Anwendung des Übernahmekodexes der Börsensachverständigenkommission, WM 1997, S. 897, 903.

siva zur Folge haben. Gleiches gilt für den Abschluß von Verträgen, die außerhalb des gewöhnlichen Geschäftsbetriebs liegen, d.h. Maßnahmen, die zur Abwehr der Übernahme geeignet sind.[162]

70 Die Durchführung laufender Kapitalmaßnahmen, die Erfüllung von Verträgen, die vor Bekanntgabe des Übernahmeangebots abgeschlossen wurden, sowie Maßnahmen, die die Hauptversammlung für den Fall eines Übernahmeangebots beschlossen hat, sind nicht untersagt, da sie einerseits eben auf einem Hauptversammlungsbeschluß beruhen und andererseits auch ein Bieter, wie jeder andere Käufer eines Unternehmens, die Zielgesellschaft so nehmen muß, wie sie ist.[163]

71 Die Abgrenzung zwischen zulässigen und verbotenen Maßnahmen mag im Einzelfall[164] Schwierigkeiten bereiten. Eine der möglichen Leitlinien bei der Entscheidungsfindung ist die Feststellung, daß der Vorstand dem Unternehmensinteresse verpflichtet ist und er deshalb auch nach Veröffentlichung Maßnahmen durchführen darf, die im Interesse der Gesellschaft geboten sind. Während dies bei der Realisierung von Planungen, die bereits vor Bekanntgabe des Angebots erstellt oder beschlossen wurden,[165] relativ unproblematisch sein mag, wird man andererseits die Durchführung einer Kapitalerhöhung auf der Basis genehmigten Kapitals für unzulässig halten müssen, wenn diese unter Ausschluß des Bezugsrechts der Altaktionäre (einschließlich des Bieters) erfolgt und in erster Linie auf eine Vereitelung des Erfolgs des Übernahmeangebots gerichtet ist.[166]

9. Pflichtangebot

a) Zweck

72 Das in Art. 16 ÜK vorgesehene Pflichtangebot war und ist außerordentlich umstritten.[167] Es ist sicherlich der wichtigste Grund für die Bedenken von potentiellen Bietern, sich dem Übernahmekodex zu unterwerfen, da es, insbesondere in seiner derzeitigen Ausgestaltung, Übernahmen regelmäßig deutlich verteuert.[168] Ziel des Pflichtangebots

---

[162] Sogenannte „poison pills".

[163] *H. Krause,* Der revidierte Vorschlag einer Takeover-Richtlinie (1996), AG 1996, S. 209, 214.

[164] Vgl. die Beispiele bei *T. Weisgerber,* der Übernahmekodex in der Praxis, ZHR 1997, S. 421, 428.

[165] Z. B. die Vollendung bereits laufender Kapitalmaßnahmen und Unternehmenskäufe oder -verkäufe.

[166] *G. Thoma,* Der neue Übernahmekodex der Börsensachverständigenkommission, ZIP 1996, S. 1725, 1731.

[167] Vgl. hierzu *H. Krause,* Der revidierte Vorschlag einer Takeover-Richtlinie (1996), AG 1996, S. 209, 211 m.w.N.

[168] Sehr kritisch *H. Kallmeyer,* Pflichtangebote nach dem Übernahmekodex

ist, Aktionäre davor zu schützen, daß sie sich – eventuell unerwartet und plötzlich – einem Mehrheitsgesellschafter ausgesetzt sehen und dann die Gefahr des Verlusts von Einflußmöglichkeiten und der Wertminderung besteht. Zur Vermeidung dieser Nachteile soll ihnen über das Pflichtangebot bei Erscheinen eines „übermächtigen" Aktionärs die Gelegenheit gegeben werden, zu adäquaten Bedingungen aus der Gesellschaft auszuscheiden.

Dieses Ziel wird nur bedingt durch das deutsche Konzernrecht erreicht, das danach differenziert, ob zwischen dem herrschenden und dem abhängigen Unternehmen ein Unternehmensvertrag abgeschlossen wird[169] oder nicht.[170] Nach § 304 f. AktG müssen Beherrschungs- und Gewinnabführungsverträge den Aktionären die Wahl zwischen wiederkehrenden Leistungen und der Übernahme ihrer Anteile gegen Zahlung einer Abfindung anbieten, womit ein Schutz erzielt wird, der mit dem des Pflichtangebots vergleichbar ist. Demgegenüber haben die Aktionäre im faktischen Konzern keinen Anspruch auf Ausgleichszahlungen oder Abfindung, sondern sind auf Ausgleichs- und Schadensersatzansprüche nach §§ 311 und 317 AktG angewiesen, wenn die abhängige Gesellschaft vom Mehrheitsgesellschafter zu nachteiligen Maßnahmen veranlaßt wird. Da aber der nach § 312 AktG zu erstellende Abhängigkeitsbericht aus Gründen der Vertraulichkeit den Aktionären nicht zugänglich ist und diese schon daher keine umfassenden Informationen über die mit der Beherrschung verbundenen Benachteiligungen haben, stößt die Durchsetzung dieser Ansprüche bereits aus Gründen des erforderlichen Nachweises auf Schwierigkeiten, zu denen noch die der Quantifizierung eines Schadens kommen.[171] 73

b) Voraussetzungen

Die Regeln für Pflichtangebote wurden mit Wirkung zum 1. Januar 1998 in entscheidenden Punkten verschärft. Während bis dahin innerhalb von 18 Monaten ein Pflichtangebot auf alle übrigen Wertpapiere der entsprechenden Gattung abzugeben war,[172] wenn der Bieter einschließlich aller ihm zuzurechnenden Stimmrechte 50 Prozent plus eine Aktie hielt, ist das Angebot nach dem nun geltenden Art. 16 ÜK unver- 74

und dem neuen Vorschlag 1997 einer Takeover-Richtlinie, ZIP 1997, S. 2147, nach dem die Übernahmekommission die Öffentlichkeit mit der Pflichtangebotsregelung des Kodex überrascht hat und dieser keine demokratische Legitimation genießt.

[169] „Vertragskonzern"

[170] „Faktischer Konzern"

[171] *J. Benner-Heinacher,* Mindeststandards für Übernahmeregeln in Deutschland, DB 1997, S. 2521; *H. Krause,* Der revidierte Vorschlag einer Takeover-Richtlinie (1996), AG 1996, S. 209, 212 m.w.N.

[172] Vgl. hierzu *S. Schuster,* Neue Regeln für Übernahmen, Die Bank 1995, S. 609ff.

züglich (!) abzugeben, sobald eine Partei die Kontrolle über die Zielgesellschaft erreicht.

75 Die Kontrolle über eine Zielgesellschaft hat erreicht – und deshalb unverzüglich ein Pflichtangebot abzugeben –,

- wer direkt oder indirekt, z.B. durch eine entsprechende Vereinbarung, über die Mehrheit des Stimmrechte verfügt,
- wem das Recht zusteht, die Mehrheit der Mitglieder des Verwaltungs-, Leitungs- oder Aufsichtsorgans der Zielgesellschaft zu bestellen oder abzuberufen,
- wer einen Stimmrechtsanteil erlangt, der bei der ersten Beschlußfassung in allen drei vorhergehenden ordentlichen Hauptversammlungen der Zielgesellschaft zu einem Stimmrechtsanteil von jeweils mindestens drei Vierteln des präsenten, stimmberechtigten Grundkapitals geführt hätte.[173]

76 Mit dem 1. Januar 1998 entfiel auch der bis dahin mögliche Preisabschlag auf den aktuellen Börsenkurs. Nach Art. 17 ÜK neue Fassung muß der im Pflichtangebot gebotene Preis in „angemessenem Verhältnis zum höchsten Börsenpreis der letzten drei Monate vor Erreichen der Kontrolle liegen".[174] Hat der Wertpapierinhaber nach Erreichen der Kontrolle und vor Abgabe des Pflichtangebots weitere Käufe von Wertpapieren der Zielgesellschaft getätigt, so muß für das Pflichtangebot der gewogene Durchschnittspreis dieser Käufe zugrunde gelegt werden, soweit dieser den höchsten Börsenpreis der letzten drei Monate übertrifft.[175]

c) Ausnahmen

77 Eine Ausnahme von der Verpflichtung zur Abgabe eines Pflichtangebots kann sich zum einen aus Art. 16 ÜK und zum anderen durch eine Befreiung durch die Übernahmekommission nach der allgemeinen Befreiungsvorschrift des Art. 23 ÜK ergeben.

---

[173] Beispielhaft zur Präsenz auf den Hauptversammlungen von DAX-Werten vgl. *J. Benner-Heinacher,* Mindeststandards für Übernahmeregeln in Deutschland, DB 1997, S. 2521 f.

[174] *S. Schuster/C. Zschocke,* Übernahmerecht, Nachtrag März 1998, S. 2 gehen wohl davon aus, daß auch weiterhin der höchste Börsenpreis unterschritten werden darf, wenn sie meinen, daß die Übernahmekommission auch künftig keine Abschläge über 25 Prozent auf den jeweils anwendbaren Börsenpreis akzeptieren dürfte. Dieser Auslegung ist zu folgen, da es nicht sein kann, daß im Falle einer erratischen, möglicherweise in engen Märkten sogar gesteuerten Kursschwankung ein nur kurzfristig und mit dünnem Volumen erzielter Höchstkurs zugrunde zu legen ist.

[175] Kritisch zur ausschließlichen Orientierung am Börsenkurs der Aktie, den sie grundsätzlich für keinen geeigneten Maßstab bei der Bewertung eines Unternehmens hält, *J. Benner-Heinacher,* Mindeststandards für Übernahmeregeln in Deutschland, DB 1997, S. 2523.

Nach Art. 16 ÜK ist kein Pflichtangebot abzugeben, wenn die Kontrolle[176] mit Wertpapieren erreicht wurde, die der Mehrheitsaktionär nur vorübergehend zum Zwecke der Weiterplazierung an Dritte hält, oder wenn der Mehrheitsaktionär nur unbeabsichtigt die Kontrolle über die Zielgesellschaft erwirbt und unverzüglich wieder abgibt. Außerdem ist kein Pflichtangebot erforderlich, wenn beabsichtigt ist, innerhalb von 18 Monaten nach Erreichen der Kontrolle Beschlüsse des Wertpapierinhabers und der Zielgesellschaft über einen Unternehmensvertrag nach §§ 291 ff. AktG oder eine Umwandlung nach dem Umwandlungsgesetz herbeizuführen und diese Absicht nach Erreichen der Kontrolle unverzüglich gegenüber der Geschäftsstelle erklärt wird. Wird diese Absicht aufgegeben oder werden die Beschlüsse nicht gefaßt, so ist das Pflichtangebot unverzüglich abzugeben. **78**

Im Interesse einer flexiblen und praxisnahen Anwendung des Übernahmekodex kann die Übernahmekommission nach Art. 23 ÜK den Bieter und die Zielgesellschaft von einzelnen Vorschriften des Kodex, insbesondere der Verpflichtung zur Abgabe eines Pflichtangebots teilweise oder ganz befreien, wenn durch deren Anwendung berechtigten Interessen des Bieters, der Zielgesellschaft oder den Wertpapierinhabern der Zielgesellschaft geschadet würde.[177] Dabei sind berechtigte Interessen Einzelner oder personell bedingte Auffassungen des Bieters oder der Zielgesellschaft nicht ausreichend.[178] **79**

10. Sanktionen

Der Übernahmekodex sieht keine Zwangsmaßnahmen vor, mit denen seine Regelungen durchgesetzt werden könnten. Vorschläge, nach denen z.B. ein Übernehmer, der nach Erlangung der Kontrolle seiner Verpflichtung zur Abgabe eines Pflichtangebots nicht nachkommt, die Rechte aus seinen Aktien nach Vorbild des § 20 VII AktG nicht wahrnehmen kann, bis er seine Verpflichtungen erfüllt,[179] haben sich (noch) nicht durchsetzen können. **80**

---

[176] Nach Art. 16 III ÜK bleiben bei der Beurteilung, ob die Kontrolle erreicht wurde, Stimmrechte aus Wertpapieren, die zum Handelsbestand gehören und für die entsprechend den Regelungen des § 23 II WpHG eine Befreiung durch das Bundesaufsichtsamt für Wertpapierhandel erteilt wurde, außer Betracht.

[177] So wurde im Falle Reh/Sektkellerei Schloß Wachenheim eine Befreiung von der Abgabe eines Pflichtangebots erteilt. Die entgegen Art. 23 ÜK nicht veröffentlichten Gründe dürften darin liegen, daß hierdurch die Sanierung von Schloß Wachenheim ermöglicht werden sollte. *S. Schuster/C. Zschocke,* Übernahmerecht, S. 40.

[178] Anmerkungen der Übernahmekommission vom Juli 1996 zum Übernahmekodex, in *S. Schuster/C. Zschocke,* Übernahmerecht, S. 162.

[179] Vgl. hierzu *J. Benner-Heinacher,* Mindeststandards für Übernahmeregeln in Deutschland, DB 1997, S. 2521, 2523.

81 Als einzige Sanktion bei Zuwiderhandlungen gegen den Übernahmekodex sieht dessen Art. 21 II die öffentliche Rüge vor, d.h. die Geschäftsstelle der Übernahmekommission kann ihre Bemerkungen, Empfehlungen und Entscheidungen veröffentlichen. Diese Sanktion setzt nicht die Anerkennung des Kodex voraus.[180] Wenngleich eine öffentliche Rüge der Geschäftsstelle praktisch als relativ wirkungsloses Druckmittel anzusehen ist,[181] kann sie mit ihrem Anschein demokratischer Legitimation und ihrer quasi-öffentlichen Exekutivgewalt durchaus zu Irritationen der Geschäftspartner und der Kapitalmärkte mit der Folge irrationaler Reaktionen führen.[182]

82 Regelmäßig dürften diese aber zumindest dann nur temporärer Natur sein, wenn die Kritik der Übernahmekommission – nicht wie im Falle des Angebots der Future Holding für Aktien der Glunz AG[183] an der Gegenleistung für die Aktionäre ansetzt, sondern – auf einem Verstoß gegen die sonstigen Regeln des Kodex basiert. Die Erfahrungen mit den bisherigen Rügen der Geschäftsstelle, aber auch mit der Rücknahme der Anerkennung des Übernahmekodex durch die Metallgesellschaft AG sind der beste Beleg hierfür. Eine Rüge durch die Geschäftsstelle der Übernahmekommission dürfte deshalb allenfalls bei Banken mit ihrer besonderen Stellung als Anbieter von (Beratungs-)Dienstleistungen im Zusammenhang mit Unternehmenskäufen im allgemeinen und öffentlichen Übernahmeangeboten im besonderen von wirklicher Bedeutung sein. Dabei wird deren – mit der Anerkennung des Übernahmekodex verbundene – Verpflichtung, nur Unternehmensübernahmen zu begleiten, die nach dem Übernahmekodex ablaufen, besonderes, auch reflexartiges Gewicht zukommen.

83 Vor Veröffentlichung einer Bemerkung, Empfehlung oder Entscheidung muß die Geschäftsstelle nach Art. 21 II 2 ÜK den Betroffenen rechtliches Gehör gewähren und diese anhören. Diese können dann vor der Veröffentlichung die Übernahmekommission anrufen, die dann endgültig entscheidet. Die Überprüfung einer dann getroffenen Maßnahme durch die Gerichte ist nicht vorgesehen. Gleiches gilt für die nach Art. 23 ÜK zu treffenden Entscheidungen über eine Befreiung von den Vorschriften des Kodex.[184]

---

[180] *H. Diekmann,* Hinweise zur Anwendung des Übernahmekodexes der Börsensachverständigenkommission, WM 1997, S. 897, 903.

[181] *J. Benner-Heinacher,* Mindeststandards für Übernahmeregeln in Deutschland, DB 1997, S. 2521, 2523.

[182] *H. Kallmeyer,* Die Mängel des Übernahmekodex der Börsensachverständigenkommission, ZHR 1997, 435, 451.

[183] Vgl. Bundesanzeiger vom 6. Juli 1996; bei diesem Angebot hat sich der Bieter vorbehalten, die Gegenleistung selbst zu bestimmen.

[184] *C. Kirchner/U. Ehricke,* Funktionsdefizite des Übernahmekodex der Börsensachverständigenkommission, AG 1998, S. 105, 110.

Trotzdem läßt sich aus dem Rechtsstaatsprinzip bzw. Art. 92 GG herleiten, daß die staatliche Gerichtsbarkeit aufgrund der potentiellen Tragweite der Entscheidungen der Geschäftsstelle der Übernahmekommission nicht ausgeschlossen werden darf und die Betroffenen vor ordentlichen Gerichten auf Überprüfung oder Unterlassung einer Maßnahme der Übernahmekommission und gegebenenfalls auf Schadensersatz klagen können.[185] Dabei ist aber der Übernahmekommission ein nicht justiziabler Ermessensspielraum einzuräumen und – vergleichbar mit der sehr zurückhaltenden Beurteilung der Tätigkeit der Organe des City Code durch die englischen Gerichte[186] – die gerichtliche Kontrolle auf eine Evidenz- und Mißbrauchskontrolle zu begrenzen.[187] **84**

---

[185] Eingehend hierzu *C. Kirchner/U. Ehricke,* Funktionsdefizite des Übernahmekodex der Börsensachverständigenkommission, AG 1998, S. 105, 110ff. Die Eröffnung des ordentlichen Rechtswegs ergibt sich nicht schon aus Art. 19 IV GG, nach dem gegen Rechtsverletzungen durch die öffentliche Gewalt vor den Zivilgerichten vorgegangen werden kann. Träger öffentlicher Gewalt können nur staatliche Stellen sein, die in den Verwaltungsapparat eingegliedert oder mit staatlichen Befugnissen beliehen sind, was bei der Übernahmekommission aber nicht der Fall ist. *H. Krause,* Der revidierte Vorschlag einer Takeover-Richtlinie (1996), AG 1996, S. 209, 216 m.w.N.

[186] Vgl. *M. Habersack/C. Mayer,* Der neue Vorschlag 1997 einer Takeover-Richtlinie – Überlegungen zur Umsetzung in das nationale Recht, ZIP 1997, S. 2141, 2146.

[187] *C. Kirchner/U. Ehricke,* Funktionsdefizite des Übernahmekodex der Börsensachverständigenkommission, AG 1998, S. 105, 112; *H. Krause,* Der revidierte Vorschlag einer Takeover-Richtlinie (1996), AG 1996, S. 209, 216.

§ 17 Feindliche Übernahme

1 Mit der Börseneinführung seiner Aktien wird ein Unternehmen grundsätzlich der Gefahr einer „feindlichen Übernahme“ ausgesetzt. Dieses vieldiskutierte Phänomen spielt in Deutschland schon infolge der rechtlichen Struktur der Aktiengesellschaft und ihrer Organe, der Arbeitnehmermitbestimmung, des Depotstimmrechts der Banken nach § 135 AktG und der relativ niedrigen Zahl börsennotierter Unternehmen bei gleichzeitig hoher Konzernbildung eine deutlich geringere Rolle[1] als in den USA oder Großbritannien. Von hoher Bedeutung für die geringere Attraktivität feindlicher Übernahmen in der Bundesrepublik ist auch der ausgeprägte Schutz des Gesellschaftsvermögens einer AG,[2] der auf dem Grundsatz der realen Kapitalaufbringung und Kapitalerhaltung basiert und dem Einsatz der Aktiva eines Zielunternehmens zur Finanzierung und Besicherung einer Unternehmensübernahme im Rahmen eines Leveraged Buyouts[3] entgegensteht.[4]

---

[1] Vgl. hierzu *M. Peltzer,* Hostile Takeovers in der Bundesrepublik Deutschland?, ZIP 1989; S. 69, 72; *C. Hauschka/T. Roth,* Übernahmeangebote und deren Abwehr im deutschen Recht, AG 1988, S. 181, 186.

[2] *B. von Falkenhausen, M. Lutter* (Hrsg.), Festschrift für *E. Stiefel,* S. 162, 194 f, der auch darauf hinweist, daß die Eigenkapitalbasis deutscher Unternehmen regelmäßig deutlich niedriger ist als bei vergleichbaren amerikanischen Gesellschaften und auch die vergleichsweise starke Stellung der Arbeitnehmer (Mitbestimmung, Kündigungsschutz, Sozialplan) Probleme bereitet.

[3] Ein LBO ist der Kauf eines Unternehmens, der in erster Linie mit Fremdkapital finanziert wird. Der niedrige Anteil der Eigenmittel ist für die Kreditgeber akzeptabel, da die Darlehen mit den Aktiva der übernommenen Gesellschaft besichert werden und der Schuldendienst (auch) aus dem Cash-flow der Zielgesellschaft erfolgt. Da die Zinsbelastung auf den relativ hohen Fremdkapitalanteil steuerlich absetzbar ist und eine durch eine Umwandlung erzielbare Buchwertaufstockung zu entsprechend höheren Abschreibungsmöglichkeiten führt, kann der Cash-flow deutlich gesteigert werden. Regelmäßig wird auch ein Teil der Vermögensgegenstände des Zielunternehmens zur Finanzierung veräußert.

[4] Nach dem in § 57 AktG festgeschriebenen Verbot der Einlagenrückgewähr und Prinzip der Vermögensbindung liegt eine verbotene Einlagenrückgewähr vor, wenn die AG den veräußernden Aktionären oder Kreditgebern Sicherheiten zur Verfügung stellt, um die Verbindlichkeiten des Erwerbers abzusichern. Dies führt nach § 62 AktG zu gesellschaftsrechtlichen Rückforderungsansprüchen und zur Nichtigkeit des Sicherungsgeschäfts. Außerdem liegt eine Verletzung von § 71a I 1 AktG vor, wenn die AG ein Darlehen aufnimmt und diese Mittel zur Finanzierung der Akquisition an den Erwerber weiterleitet. Diese Rechtsfolgen können zwar durch eine Verschmelzung mit der Zielgesellschaft vermieden werden. Dabei erschweren aber Minderheiten- und Gläubigerschutzbestim-

Trotzdem finden sich auch hier bereits Beispiele feindlicher Übernahmen.[5] Außerdem gibt es Entwicklungen, die ein künftiges Ansteigen von Attacken auf deutsche börsennotierte Gesellschaften vermuten lassen. Diese legen zum einen bereits im Vorfeld einer Börseneinführung eine Auseinandersetzung mit der Thematik und die Erwägung nahe, inwieweit Vorkehrungen gegen einen späteren Einstieg unerwünschter Investoren getroffen werden sollen. Zum anderen empfiehlt sich auch auf seiten der unternehmensführenden Organe eine detaillierte Kenntnis, sei es, da ihr Unternehmen Ziel eines „Angriffs" werden könnte, sei es, da diese selbst die Übernahme eines anderen Unternehmens beabsichtigen. 2

I. Definition

Bei einer feindlichen Übernahme handelt es sich um den Erwerb der Kontrolle über ein Unternehmen ohne oder gegen den Willen dessen Managements, d.h. dessen Vorstand und/oder Aufsichtsrat.[6] Dies sind regelmäßig auch die einzigen wirklichen Opfer einer feindlichen Übernahme, da der Übernehmer so schnell und so umfassend wie möglich die direkte Kontrolle erlangen möchte. Da die Verwaltung des Zielunternehmens unabhängig von den sonstigen Motiven des Erwerbers damit rechnen muß, ihren Arbeitsplatz zu verlieren,[7] konzentriert sich das Interesse zur Verhinderung einer Übernahme regelmäßig auf das Management.[8] Wesentliches Unterscheidungsmerkmal einer als „feind- 3

---

mungen den Zugriff auf das Gesellschaftsvermögen. Außerdem können Minderheitsaktionäre Verschmelzungsmaßnahmen unter verschiedenen Gesichtspunkten gerichtlich anfechten, während die Gläubiger der Zielgesellschaft auch ohne Nachweis einer Gefährdung ihrer Forderungen ein Recht auf Sicherheitsleistung haben. Eingehend hierzu *M. Lutter/H. Wahlers,* Der Buyout: Amerikanische Fälle und die Regeln des deutschen Rechts, AG 1989, S. 1 ff.

[5] Z.B. Feldmühle-Nobel AG durch Stora, Hoesch AG durch Krupp, der in eine freundliche Fusion übergeleitete Versuch von Krupp-Hoesch AG zur Übernahme der Thyssen AG, der gescheiterte Versuch der Übernahme der Continental durch Pirelli. Weitere Beispiele bei *H. Bungert,* Die Liberalisierung des Bezugsrechtsausschlusses im Aktienrecht, NJW 1998, S. 488, 492.

[6] *A. Klein,* Abwehrmöglichkeiten gegen feindliche Übernahmen in Deutschland, NJW 1997, S. 2085.

[7] *C. Hauschka/T. Roth,* Übernahmeangebote und deren Abwehr im deutschen Recht, AG 1988, S. 181, 186. Die Besorgnis über den Erhalt des Arbeitsplatzes teilt regelmäßig auch der Rest der Belegschaft. Dies ist aber auch bei sonstigen Übernahmen regelmäßig der Fall und bildet damit kein relevantes Unterscheidungskriterium von feindlichen Übernahmen.

[8] Das Argument, Übernahmeversuche von Ausländern gegenüber Großunternehmen würden auf massive Proteste der Öffentlichkeit treffen und von den Banken im nationalen Interesse verhindert werden, kann gerade im Zeitalter der

lich" bezeichneten Übernahme ist deshalb, daß sich die Übernahme direkt zwischen dem Übernehmer und den Altaktionären vollzieht und die Verwaltung, zumindest von der letztendlichen Entscheidung und Umsetzung, ausgeschaltet bleibt.[9]

4 Demgegenüber muß eine feindliche Übernahme nicht zwangsläufig mit Nachteilen für die Aktionäre verbunden sein – das Gegenteil ist richtig, da diese regelmäßig zu Kurssteigerungen führt bzw. die Abgabe eines Angebots beinhaltet, das – meist deutlich – über den aktuellen Börsenkursen liegt.

5 Inwieweit feindliche Übernahmen betriebs- und volkswirtschaftlich sinnvoll oder schädlich sind, war und ist umstritten. Einerseits motiviert die Bedrohung das Management zu mehr Leistung – oder führt zu dessen Auswechslung –, was beides durchaus erfrischend sein mag und im Interesse der Aktionäre zu begrüßen ist, und verbessert so die Ertragslage. Gleichzeitig zwingt sie zur Reorganisation von Unternehmen und Betrieb, besseren Nutzung von Synergieeffekten, Verbesserung der Allokation von Ressourcen und der Produktivität, d.h. Förderung der Wettbewerbsfähigkeit, aber auch des Wettbewerbs. Dies führt neben der zusätzlichen Nachfrage zu einer Erhöhung des Kurses der Zielgesellschaft, wodurch wiederum die Aktionäre von den stillen Reserven und dem Ertragswert der Gesellschaft profitieren. Demgegenüber kann nicht verkannt werden, daß die Handlungsfähigkeit des Unternehmens durch einen unerwünschten Übernahmeversuch massiv leidet, da sich das Management eines „belagerten" Unternehmens oftmals über Monate in erster Linie um die Abwehr einer „Attacke" und mit sehr viel geringerem Interesse um das Tagesgeschäft, von der strategischen Ausrichtung ganz zu schweigen, kümmert. Erfahrungsgemäß

Globalisierung und des Zusammenwachsens von Europa nur (noch) als Wunschtraum angesehen werden, was – bei zugegebenermaßen etwas anders gelagerten Verhältnissen – besonders eindrucksvoll in Großbritannien bei der Übernahme der Banken und der Autoindustrie durch Ausländer demonstriert wurde. Wie deutsche Großbanken zwischenzeitlich zu ihrem Beteiligungsbesitz stehen, wird schon durch die Ende 1998 erfolgten Ausgliederungen der industriellen Beteiligungen der Deutschen Bank AG und der Dresdner Bank AG eindrucksvoll demonstriert. Gesetzliche Regelungen oder der Druck der Öffentlichkeit bzw. von Politik und Wirtschaft dürften einer Übernahme durch ausländische Investoren daher allenfalls in strategischen oder reglementierten Industrien wirkungsvoll entgegenstehen.

[9] Nach *C. Ebenroth/T. Daum* (Die Kompetenzen des Vorstands einer Aktiengesellschaft bei der Durchführung und Abwehr unkoordinierter Übernahmen, DB 1991, S. 1105, 1106) ist das Management der Zielgesellschaft von allen Beteiligten eines Takeovers am wenigsten schützenswert. Gleichzeitig wird in Frage gestellt, wem gegenüber eine Übernahme eigentlich „feindlich" ist und, auch vor dem Hintergrund der potentiell negativen Wirkung in der Öffentlichkeit, für die Verwendung des Begriffs „unkoordinierte Übernahme" plädiert.

führt eine feindliche Übernahme zu einer stärkeren Fokussierung auf die kurzfristige Unternehmenspolitik.[10]

II. Ziele und Vorgehensweise

1. Strategische Zielrichtung

Die Motivation für eine feindliche Übernahme kann zum einen industrieller Natur sein, d.h. die Akquisition erfolgt in erster Linie zur Erweiterung, Ergänzung oder Abrundung der Geschäftsfelder eines Unternehmens oder einer Unternehmensgruppe mit dem Ziel der Nutzung von Synergien. Demgegenüber ist eine Übernahme ausschließlich finanziell motiviert, wenn das Unternehmen nach umfassender Reorganisation und/oder Austausch des Managements mit einer entsprechenden Wertsteigerung wieder verkauft oder an die Börse gebracht werden soll. Hierzu gehört auch die vor allem in den USA anzutreffende Variante, bei der – insbesondere nach Identifikation hoher stiller Reserven – ein Unternehmen zerschlagen wird und nicht benötigte Aktiva veräußert werden. **6**

Besonders interessant für rein finanziell orientierte Übernahmen sind Unternehmen mit einem niedrigen Kurs/Gewinn-Verhältnis, hohen Buchwerten in Relation zur Marktkapitalisierung bei gleichzeitig hohen stillen Reserven, starkem und kontinuierlichem Cash-flow sowie hoher Liquidität und ungenutzter Verschuldungsmöglichkeit zur Finanzierung des Kaufpreises. Bevorzugt werden auch Branchen, von denen der jeweilige potentielle Übernehmer etwas versteht, bevorstehende Turn Around-Situationen, sowie ein Management, das als „weich" eingeschätzt wird und sich einer Übernahme nicht übermäßig entgegenstellt.[11] **7**

2. Strategische Alternativen

a) Paketkauf

Nach Identifikation des Zielobjekts und Feststellung, daß eine Akquisition nicht in Abstimmung mit dem Management durchgeführt werden kann, bieten sich einem Interessenten mehrere Möglichkeiten zur Strukturierung seines „Angriffs". Die Entscheidung über die tatsächliche Vorgehensweise ist von einer Vielzahl von Faktoren wie Paketbildung und Verkaufsbereitschaft von Großaktionären, Umfang des Streu- **8**

---

[10] Vgl. *M. Marquardt,* Gesellschafts- und steuerrechtliche Instrumente zur Abwehr feindlicher Übernahmen von Aktiengesellschaften, WiB 1994, S. 537.

[11] *M. Peltzer,* Hostile Takeovers in der Bundesrepublik Deutschland, ZIP 1989, S. 69, 71.

besitzes oder den Machtverhältnissen im Aufsichtsrat abhängig. Sofern einzelne Investoren Aktienpakete halten,[12] bietet sich u.U. die Möglichkeit eines Direkterwerbs eines oder mehrerer Pakete, wobei allerdings oftmals ein Paketzuschlag zu zahlen sein wird. Die Gefahr von (gezielten) Indiskretionen mit möglicherweise verheerenden Auswirkungen auf die Gesamtstrategie ist hierbei allerdings nie ganz auszuschließen, wobei zumindest die Implikationen aber regelmäßig durch Einschaltung von Dritten begrenzt werden können.

b) Kauf über Börse

9 Alternativ oder auch ergänzend zu einem Paketkauf kommt der Kauf von Anteilen über die Börse in Betracht. Werden Kaufoptionen auf die betreffende Aktie gehandelt, können diese zusätzlich erworben werden, was aber sicherlich nur in relativ kleinem Umfang erfolgen kann, schon weil die Liquidität an den Termin- und Optionsmärkten deutlich geringer ist als an den Kassamärkten. Nachteilig am Kauf über die Börse ist, daß eine solche Strategie regelmäßig nur über einen längeren Zeitraum möglich und allein aufgrund der verstärkten und kontinuierlichen Nachfrage mit Kurssteigerungen verbunden ist, die beim Auftauchen von Übernahmegerüchten noch verstärkt werden. Vor diesem Hintergrund wird deutlich, daß die Wahl der hier mit dem Aufkauf zu beauftragenden Bank oder Banken ein besonders sensibles Thema ist.

10 In diesem Zusammenhang ist an die Meldepflichten zu erinnern, die unabhängig davon eingreifen, ob der Erwerb der Aktien über die Börse oder auf anderem Weg erfolgt. Da nach §§ 21, 22 WpHG bei Gesellschaften, deren Aktien im Amtlichen Handel notiert werden, bereits ein Paket von 5 Prozent erstmals zu melden ist,[13] ist – zumindest bei Gesetzestreue oder Fehlen entsprechender Kreativität – die Gefahr, „schlafende Hunde zu wecken", gerade in diesem Marktsegment schon in einem frühen Stadium der Paketbildung relativ groß, wohingegen in den anderen Segmenten die Meldepflichten erst bei 25 bzw. 50 Prozent der Aktien eintreten und nur Unternehmen, nicht aber Privatleute treffen.

c) Öffentliches Übernahmeangebot

11 Die dritte Alternative zur Erlangung der Kontrolle über ein börsennotiertes Unternehmen ist die Abgabe eines öffentlichen Übernahme-

---

[12] Die Möglichkeiten, bedeutende Anteilsinhaber eines Unternehmens zu eruieren, sind vielfältig. Neben Publikationen wie „Wer gehört zu Wem" der Commerzbank oder Informationsanbietern wie Hoppenstedt bietet sich vor allem die Internet Homepage des BAWe an.

[13] Weitere Meldepflichten bestehen bei 10 Prozent, 25 Prozent, 50 Prozent oder 75 Prozent der Stimmrechte, so daß auch der weitere Aufbau von den Marktteilnehmern verfolgt werden kann. Vgl. hierzu § 16 III. Transparenzgebot.

angebots, wobei dieses regelmäßig erst nach mehr oder weniger umfangreichen Vorkäufen abgegeben wird. Das Verfahren, bei dem sich der Interessent direkt an die Aktionäre wendet und ihnen den Erwerb von Aktien zu festgesetzten Konditionen innerhalb eines bestimmten Zeitraums anbietet, hat neben dem, das Management des Unternehmens oftmals lähmenden, Überraschungseffekt den Vorteil, daß der Übernehmer die Kontrolle innerhalb eines überschaubaren Zeitraums erlangen kann, ohne den Börsenkurs in ungeahnte Höhen zu treiben. Allerdings liegen die im Rahmen von Übernahmeofferten gebotenen Preise meist deutlich über dem aktuellen Börsenkurs.

Das deutsche Recht kennt keine zwingenden spezifischen Regelungen für öffentliche Übernahmeangebote. Fragen wie Mindestinhalt eines solchen Angebots, Pflichten der Parteien, Laufzeit, Mengen, Preis sind deshalb nur dann geregelt, wenn der Übernehmer den Übernahmekodex anerkannt hat. In diesem Fall ist der Übernehmer nach Art. 16 ÜK auch verpflichtet, unverzüglich ein Pflichtangebot für die restlichen Anteile abzugeben, sobald er die Kontrolle über die Zielgesellschaft erreicht hat. Dies ist unabhängig davon, ob die Kontrolle durch Aufkauf an der Börse oder auf sonstige Weise erfolgte. **12**

Umgekehrt – und dies kann ein großer Vorteil des öffentlichen Übernahmeangebots für den Angreifer sein – ist das Management der Zielgesellschaft nach Bekanntgabe des öffentlichen Angebots gemäß Art. 3 und 19 ÜK verpflichtet, alles zu unterlassen, was bei Wertpapieren der Zielgesellschaft oder bei Papieren, die hierfür im Tausch angeboten werden, außergewöhnliche Kursbewegungen auslösen könnte.[14] **13**

3. Zielrichtung

Die Kontrolle ist das eigentliche Ziel des Erwerbers und damit der bestimmende Faktor für die Beantwortung der Frage nach der Höhe der mindestens zu erwerbenden Beteiligung. Dabei ist davon auszugehen, daß der Übernehmer zur Durchsetzung eines Teils der Entscheidungen der Hauptversammlung einer qualifizierten Mehrheit bedarf, wohingegen für andere – wie z.B. die Wahl der Aktionärsvertreter im Aufsichtsrat – eine einfache Mehrheit genügt.[15] Da hierbei regelmäßig nicht auf das gesamte stimmberechtigte Kapital, sondern nur auf die bei **14**

---

[14] Die Durchführung laufender Kapitalmaßnahmen, die Erfüllung von Verträgen, die vor Bekanntgabe des Übernahmeangebots abgeschlossen wurden, sowie Maßnahmen, die die Hauptversammlung für den Fall eines Übernahmeangebots beschlossen hat, sind aber nicht untersagt.

[15] Demgegenüber ist für die vorzeitige Abwahl eines Vertreters der Anteilseigner einer Dreiviertelmehrheit der abgegebenen Stimmen, sofern in der Satzung nichts anderes vereinbart worden ist.

der Hauptversammlung präsenten Stimmen abgestellt wird, wird sich ein Übernehmer an der Höhe der Hauptversammlungspräsenzen der Vorjahre orientieren und dabei auch die Höhe des „free float" sowie die Papiere, die regelmäßig im Wege des Depotstimmrechts der Banken vertreten sind, ins Kalkül ziehen und die sonstigen Machtverhältnisse berücksichtigen bzw. zu beeinflussen suchen.

III. Abwehrmaßnahmen

15 Schon der Begriff „feindliche Übernahme" wirft die Frage nach den Möglichkeiten und Instrumenten der Verteidigung und deren jeweilige Erfolgschancen für die sie verwendende Gesellschaft auf. Gerade in den USA wurde eine Vielzahl von Strategien zur Abwehr unerwünschter Übernahmen entwickelt,[16] die in Deutschland allerdings nur z.T. anwendbar und im Ergebnis deutlich weniger effizient sind.

16 Vor oder im Zusammenhang mit einer näheren Behandlung einzelner Abwehrmaßnahmen bedarf es der Klärung, ob bzw. von wem solche im Falle ihrer grundsätzlichen Rechtmäßigkeit überhaupt ergriffen werden dürfen. Fallen diese in den Zuständigkeitsbereich der Hauptversammlung, z.B. da sie eine Satzungsänderung erfordern, bestehen unter dem Gesichtspunkt der aktienrechtlichen Zuständigkeit grundsätzlich keine Bedenken gegen die Zulässigkeit ihrer Verwendung, da die Hauptversammlung als Vertretung der Gesellschafter in der Wahl ihrer Abwehrmittel weitgehend frei ist. In Anbetracht der mit einer Einschaltung der Hauptversammlung verbundenen Schwerfälligkeit und Publizität sind Maßnahmen, die nur auf diesem Wege implementiert werden können, nicht zum kurzfristigen Einsatz gegen aktuelle Angriffe geeignet, sondern allenfalls als vorbeugende Maßnahmen.

17 Bei Maßnahmen des Vorstands ist danach zu differenzieren, ob diese auf einem Hauptversammlungsbeschluß bzw. einer spezifischen Satzungsregelung basieren oder ob sie vom Vorstand autonom veranlaßt werden. Handelt der Vorstand im Rahmen eines Hauptversammlungsbeschlusses oder der Satzung, z.B. durch Nutzung eines genehmigten Kapitals, so ist auch eine solche Verteidigung regelmäßig zunächst einmal, d.h. vorbehaltlich etwa widersprechender Regelungen des Übernahmekodexes als zulässig anzusehen.

18 Demgegenüber ist bei autonom veranlaßten Maßnahmen zu prüfen, ob diese noch von der Geschäftsführungskompetenz des Vorstands nach § 76 AktG gedeckt sind oder bereits in die ungeschriebene Zuständig-

---

[16] Vgl. hierzu *B. von Falkenhausen, M. Lutter* (Hrsg.), Festschrift für *E. Stiefel*, S. 162, 181ff.

keit der Hauptversammlung fallen.[17] Maßgeblicher, hierbei zu berücksichtigender Gesichtspunkt ist die in § 53a AktG festgeschriebene Neutralitätsverpflichtung sowie die Treuepflicht des Vorstands, gegen die dieser verstößt, wenn er seine Position zielgerichtet durch die Inanspruchnahme von Gesellschaftsmitteln stärkt.[18] Im Ergebnis umfassen die sich aus § 76 AktG ergebenden Kompetenzen eines Vorstands weder das Recht noch die Pflicht, die Zusammensetzung des Aktionärskreises zu beeinflussen.[19] Dabei ist umstritten, ob dieses dem Vorstand auferlegte Zurückhaltungsgebot in Übernahmekämpfen zumindest dann eine Grenze hat, wenn ein konkreter und berechtigter Anlaß zu der Befürchtung besteht, daß der Angreifer die Gesellschaft durch Maßnahmen schädigen werde, die „nicht in den Bereich der den Aktionären zustehenden (Um-)Strukturierungs- und Desinvestitionsentscheidungen fallen".[20] Nach anderer Ansicht besteht keine Veranlassung, dem Vorstand eine Kompetenz zur Einleitung von Abwehrmaßnahmen zuzubilligen, die nicht die ausdrückliche Zustimmung seiner Hauptversammlung gefunden haben, da dies der denkbar schlechteste Weg zur Verhinderung illegaler Handlungen eines potentiellen Großaktionärs wäre.[21]

---

[17] *C. Ebenroth/T. Daum,* Die Kompetenzen des Vorstands einer Aktiengesellschaft bei der Durchführung und Abwehr unkoordinierter Übernahmen, DB 1991, S. 1105, 1157.

[18] *L. Michalski,* Abwehrmechanismen gegen unfreundliche Übernahmeangebote („unfriendly takeovers") nach deutschem Aktienrecht, AG 1997, S. 152 ff.

[19] *C. Ebenroth/T. Daum,* Die Kompetenzen des Vorstands einer Aktiengesellschaft bei der Durchführung und Abwehr unkoordinierter Übernahmen, DB 1991, S. 1105, 1157, 1159; *H. Assmann/F. Bozenhardt,* Übernahmeangebote als Regelungsproblem zwischen gesellschaftsrechtlichen Normen und zivilrechtlich begründeten Verhaltensgeboten, ZGR Sonderheft 9 („Übernahmeangebote"), S. 1, 113; *H. Mertens,* Kölner Kommentar zum AktG, § 76 Rdnr. 26; *C. Claussen,* Wie ändert das KonTraG das Aktiengesetz?, DB 1998, S. 177 ff; *A. Schander,* Abwehrstrategien gegen feindliche Übernahmen und ihre Zulässigkeit im Lichte der Aktienrechtsreform, BB 1997, S. 1801, 1804. A.A. *K. Martens,* Festschrift für *K. Beusch* zum 68. Geburtstag am 31. Oktober 1993, S. 529, nach dem der Vorstand bei Übernahmeversuchen eine aktive Haltung einnehmen darf. Nach einer kommentierenden Information über die Situation könne der Vorstand ausgerichtet am Gesellschaftsinteresse weitergehende Maßnahmen ergreifen und insbesondere einzelne Aktionäre oder eine der Gesellschaft nahestehende Bank zur Mobilisierung von Widerstand ansprechen oder befreundete Unternehmen zum Erwerb von Aktien der Zielgesellschaft anregen, was *H. Bungert,* Die Liberalisierung des Bezugsrechtsausschlusses im Aktienrecht, NJW 1998, S. 488, 492 für „nicht unüberzeugend" hält.

[20] *H. Mertens,* Kölner Kommentar zum AktG, § 76 Rdnr. 26.

[21] *H. Assmann/F. Bozenhardt,* Übernahmeangebote als Regelungsproblem zwischen gesellschaftsrechtlichen Normen und zivilrechtlich begründeten Verhaltensgeboten, ZGR Sonderheft 9 („Übernahmeangebote"), S. 1, 114.

1. Strukturelle Abwehrmaßnahmen

19 Die einer Gesellschaft und ihren Gesellschaftern zur Verfügung stehenden Verteidigungsmechanismen haben teilweise präventiven Charakter. Von den erst bei Vorliegen eines konkreten Angriffs zu treffenden Maßnahmen unterscheiden sie sich insbesondere dadurch, daß sie meist in die verfassungsmäßige Struktur der Gesellschaft eingreifen und in der Satzung geregelt werden müssen. Gemeinsam ist allen Maßnahmen der Zweck, die Erreichung der Kontrolle über eine Gesellschaft durch Dritte zu verhindern oder zumindest zu erschweren.

20 Das effektivste und für Gesellschaft und Aktionäre bei weitem erfreulichste Abwehrmittel ist aber im rein wirtschaftlich/finanziellen Bereich zu suchen, nämlich in der Steigerung des Unternehmenswerts durch Optimierung von Ertragslage[22] und Finanzstruktur der Bilanz verbunden mit der richtigen Investor Relations Politik. Eine konsequent verfolgte Shareholder Value Strategie[23] und adäquate Kommunikation, insbesondere mit der „Financial Community" führt dazu, daß der tatsächliche Wert einer Gesellschaft in deren Börsenkurs reflektiert wird, was eine feindliche Übernahme regelmäßig uninteressant machen dürfte.[24] Im Gegensatz zu anderen Abwehrmaßnahmen ist eine solche Strategie nicht auf eine Verringerung der Attraktivität einer Gesellschaft, sondern auf deren Steigerung gerichtet.

a) Vinkulierte Namensaktien

21 Wird statt einer AG eine KGaA gegründet und entsprechend strukturiert,[25] kann eine feindliche Übernahme trotz Börseneinführung wirksam ausgeschlossen werden. Werden statt dessen stimmrechtslose Vorzugsaktien emittiert, so bildet dies ungeachtet der Möglichkeit eines Wiederauflebens der Stimmrechte bei Nichtbedienung des Vorzugs schon in Anbetracht der Begrenzung auf maximal 50 Prozent des Ge-

---

[22] Z.B. durch interne operative und strukturelle Verbesserungen wie Umsatz- und Produktivitätssteigerungen, Kostensenkungen, Beschleunigung von Prozessen und Optimierung der Steuerung sowie einer Optimierung des Beteiligungsportfolios.

[23] Hierzu kann auch der Verkauf von Unternehmensteilen als Folge des Rückzugs des Unternehmens auf seine Kernbereiche und die Ausschüttung überschüssiger Liquidität in Form von Sonderdividenden oder Aktienrückkäufen gehören. Vgl. *K. Martens,* Erwerb und Veräußerung eigener Aktien im Börsenhandel, AG 1996, S. 337, 338. Zum Erwerb eigener Aktien als Instrument einer aktiven Shareholder-Value-Strategie vgl. *A. Rams,* Aktienrückkauf: Flexibilisierung der Unternehmensfinanzierung, Die Bank 1997, S. 216 ff.

[24] Vgl. hierzu auch *A. Schander,* Abwehrstrategien gegen feindliche Übernahmen und ihre Zulässigkeit im Lichte der Aktienrechtsreform, BB 1997, S. 1801 f.

[25] Vgl. hierzu § 3 II. 2. Gesellschafter und Gremien.

samtkapitals ebenfalls ein wirksames Abwehrmittel, zumindest solange kein Stammaktionär „abtrünnig" wird.

Zu den strukturellen Maßnahmen gegen feindliche Übernahmen gehört auch die Emission von vinkulierten Namensaktien, wobei auf die Umgehungsmöglichkeiten sowie die eingeschränkte Wirksamkeit bereits hingewiesen wurde.[26] Wurde in der Satzung nicht von der durch § 68 II 4 AktG eingeräumten Möglichkeit Gebrauch gemacht, Gründe zu bestimmen, aus denen die Zustimmung verweigert werden kann, oder sind diese nicht abschließend, so stellt sich regelmäßig die Frage, ob der Vorstand oder das andere hierfür zuständige Organ, d.h. Aufsichtsrat oder Hauptversammlung, die Zustimmung zur Übertragung allein deshalb verweigern darf, weil ein unerwünschter Übernahmeversuch abgewehrt werden soll. Dies wäre dann der Fall, wenn die Verweigerung zum Wohle der Gesellschaft erforderlich wäre. Da aber feindliche Übernahmeangebote nicht per se gesellschaftsschädlich sind, wird die Verweigerung der Zustimmung für rechtsmißbräuchlich angesehen, wenn sie nur der Abwehr eines neuen Mehrheitsgesellschafters dient.[27] Etwas anderes mag dann gelten, wenn ein konkreter Anlaß für die Befürchtung steht, daß der Erwerber in einer vorwerfbaren Schädigungsabsicht handelt, d.h. daß seine Absichten Maßnahmen beinhalten, „die nicht in den Bereich der den Aktionären zustehenden (Um-)Strukturierungs- und Desinvestitionsentscheidungen fallen."[28] Eine reine Zerschlagungs- und Versilberungsabsicht reicht hierfür aber nicht aus. Ansonsten liegt die Entscheidung des zuständigen Gesellschaftsorgans über Erteilung oder Verweigerung der Zustimmung zur Übertragung in dessen pflichtgemäßen Ermessen, das sich hierbei am Wohl der Gesellschaft zu orientieren hat.[29] 22

Außer der in § 68 II AktG vorgesehenen Möglichkeit der Vinkulierung ist keine weitere Beschränkung der Übertragbarkeit von Aktien mit dinglicher Wirkung durch entsprechende Satzungsregelungen möglich. Zulässig sind aber schuldrechtliche Vereinbarungen wie Vorkaufsrechte, Andienungspflichten oder Verfügungsbeschränkungen, sei es durch Vertrag unter den Anteilsinhabern, sei es durch Vertrag mit der Gesellschaft. Trotzdem sind solche schuldrechtlichen Bindungen als Abwehrmaßnahme wenig geeignet, da gegen sie verstoßende Transaktionen nach § 137 BGB dennoch wirksam wären und ein Angreifer die Kosten der Freistellung seines Vertragspartners von eventuellen Vertragsstrafen oder Schadensersatzansprüchen von vornherein in seine Kalkulation mit 23

[26] Vgl. 3 I. 9. d) Vinkulierte Namensaktien.

[27] *M. Marquardt,* Gesellschafts- und steuerrechtliche Instrumente zur Abwehr feindlicher Übernahmen von Aktiengesellschaften, WiB 1994, S. 537, 538.

[28] *H. Mertens,* Kölner Kommentar zum AktG, § 76 Rdnr. 26.

[29] *M. Marquardt,* Gesellschafts- und steuerrechtliche Instrumente zur Abwehr feindlicher Übernahmen von Aktiengesellschaften, WiB 1994, S. 537, 538.

einbeziehen kann. Außerdem sind solche schuldrechtlichen Vereinbarungen bei Gesellschaften in Streubesitz ohnehin nicht praktikabel.[30]

b) Änderung der Stimmrechtsmacht

24 Der Erwerb von Aktienpaketen an einigen großen deutschen Gesellschaften durch Aktionäre aus Ölstaaten führte Mitte der 70er Jahre dazu, daß die Einführung von Höchststimmrechten zum bevorzugten Abwehrinstrument deutscher Publikumsgesellschaften wurde.[31] Diese waren immer rechtspolitischen Bedenken ausgesetzt.[32] Darüber hinaus hält das Instrument des Höchststimmrechts in seiner Wirksamkeit auch nicht annähernd das, was sich die Praxis oftmals hiervon verspricht. So waren Stimmrechtsbeschränkungen über Strohmänner, Treuhandlösungen, Stimmrechtskonsortien oder schuldrechtliche Vereinbarungen leicht zu umgehen, was zwar nicht unbedingt rechtmäßig, aber zumindest nicht oder nur schwer zu kontrollieren war.[33]

25 Aufgrund der sich verschärfenden Kritik an Höchststimmrechten[34] wurden diese durch das KonTraG bei börsennotierten Gesellschaften verboten[35] und sind nunmehr nur noch bei existierenden entsprechenden Satzungsregelungen für eine zweijährige Übergangszeit nach dem Inkrafttreten des KonTraG am 1. Mai 1998 gültig. Endgültig abgeschafft wurde auch die Mehrstimmrechtsaktie nach § 12 II AktG, die schon vorher aufgrund der Erforderlichkeit einer Ausnahmegenehmigung keine wesentliche Bedeutung mehr gespielt hat.[36]

---

[30] *H. Assmann/F. Bozenhardt,* Übernahmeangebote als Regelungsproblem zwischen gesellschaftsrechtlichen Normen und zivilrechtlich begründeten Verhaltensgeboten, ZGR Sonderheft 9 („Übernahmeangebote"), S. 1, 119 f.

[31] *H. Otto,* Übernahmeversuche bei Aktiengesellschaften und Strategien der Abwehr, DB 1988, S. 1, 7.

[32] Zur Kritik vgl. z.B. *M. Adams,* Höchststimmrechte, Mehrfachstimmrechte und sonstige wundersame Hindernisse auf dem Markt für Unternehmenskontrolle, AG 1990, S. 63 ff.

[33] Zu Höchststimmrechten vgl. *L. Michalski,* Abwehrmechanismen gegen unfreundliche Übernahmeangebote („unfriendly takeovers") nach deutschem Aktienrecht, AG 1997, S. 152, 158; *M. Marquardt,* Gesellschafts- und steuerrechtliche Instrumente zur Abwehr feindlicher Übernahmen von Aktiengesellschaften, WiB 1994, S. 537, 539; *H. Assmann/F. Bozenhardt,* Übernahmeangebote als Regelungsproblem zwischen gesellschaftsrechtlichen Normen und zivilrechtlich begründeten Verhaltensgeboten, ZGR Sonderheft 9 („Übernahmeangebote"), S. 1, 120 ff; *A. Klein,* Abwehrmöglichkeiten gegen feindliche Übernahmen in Deutschland, NJW 1997, S. 2085, 2087; *C. Hauschka/T. Roth,* Übernahmeangebote und deren Abwehr im deutschen Recht, AG 1988, S. 181, 190.

[34] Vgl. z.B. auch *M. Adams,* Höchststimmrechte, Mehrfachstimmrechte und sonstige wundersame Hindernisse auf dem Markt für Unternehmenskontrolle, AG 1990, S. 63 ff.

[35] Art. 1 Nr. 3, Art. 11 Nr. 1 KonTraG.

[36] *H. Assmann/F. Bozenhardt,* Übernahmeangebote als Regelungsproblem

Nach Abschaffung von Höchst- und Mehrstimmrechten besteht somit nur noch die Möglichkeit, in den Grenzen des § 405 III AktG[37] durch Stimmbindungsverträge[38] gleichgesinnte Aktionäre gegenseitig zu verpflichten, in einzelnen oder allen Tagesordnungspunkten einer Hauptversammlung einheitlich abzustimmen. Durch eine solche Maßnahme lassen sich z.B. Sperrminoritäten gegen Satzungsänderungen schaffen oder Einfluß auf die Bestimmung der Anteilseignervertreter im Aufsichtsrat nehmen. Um diese schuldrechtlichen Verträge dinglich abzusichern, können die Aktien des Stimmenkonsortiums in das Gesamthandvermögen einer Gesellschaft bürgerlichen Rechts eingebracht werden. Das Stimmrecht aus diesen Aktien wird dann durch einen gemeinschaftlichen Vertreter ausgeübt.[39] **26**

Allerdings führen Stimmbindungsverträge nicht zu einer absoluten Bindung oder einem garantierten Ausschluß einer feindlichen Übernahme. Eine Verletzung hat in der Regel nicht die Anfechtbarkeit eines vertragswidrig zustande gekommenen Beschlusses zur Folge,[40] sondern allenfalls Schadensersatzansprüche zwischen den Beteiligten des Stimmbindungsvertrages.[41] **27**

c) Austausch des Managements

Von besonderer Bedeutung für einen Übernehmer ist die schnellstmögliche Besetzung des Managements der Zielgesellschaft mit Personen seines Vertrauens. Dies kann in Deutschland gerade bei einer feindlichen Übernahme aufgrund der Zweiteilung in Aufsichtsrat und Vorstand sowie der Arbeitnehmermitbestimmung im Aufsichtsrat außerordentlich problematisch sein, was einer der wichtigsten Gründe für die niedrige Zahl an feindlichen Unternehmensübernahmen in Deutschland sein dürfte. So ist eine schlagartige Neubesetzung der Organe in der für die Kontrolle nötigen Höhe gegen den Willen der Aktionärsvertreter de facto unmöglich. Die Abwahl der Arbeitnehmer- **28**

---

zwischen gesellschaftsrechtlichen Normen und zivilrechtlich begründeten Verhaltensgeboten, ZGR Sonderheft 9 („Übernahmeangebote"), S. 1, 124.

[37] Danach sind Stimmbindungsverträge unzulässig, wenn sie zu einer gesetzes- oder satzungswidrigen Stimmabgabe verpflichten oder einem Aktieninhaber einen besonderen Vorteil für ein bestimmtes Abstimmungsverhalten versprechen.

[38] *U. Hüffer,* AktG, § 133 Rdnr. 25 ff.

[39] Vgl. *U. Hüffer,* AktG, § 69 Rdnr. 2; *M. Marquardt,* Gesellschafts- und steuerliche Instrumente zur Abwehr feindlicher Übernahmen von Aktiengesellschaften, WiB 1994, S. 537, 539.

[40] *U. Hüffer,* AktG, § 133 Rdnr. 26.

[41] Außerdem kann auf die vereinbarte Stimmabgabe geklagt werden. *M. Marquardt,* Gesellschafts- und steuerrechtliche Instrumente zur Abwehr feindlicher Übernahmen von Aktiengesellschaften, WiB 1994, S. 537, 539.

vertreter im Aufsichtsrat ist schon aus mitbestimmungsrechtlichen Überlegungen[42] nicht möglich.[43]

29 Vor Ablauf der nach § 102 I AktG maximal 5 Jahre[44] betragenden Amtszeit bedarf es nach § 103 I 2 AktG zur Abwahl eines Anteilseignervertreters im Aufsichtsrat einer Dreiviertelmehrheit der abgegebenen Stimmen, soweit in der Satzung nichts anderes vereinbart worden ist. Demgegenüber kann ein Aufsichtsratsmitglied, das aufgrund einer Satzungsbestimmung in den Aufsichtsrat entsandt worden ist, jederzeit vom Entsendungsberechtigten, aber eben nur von diesem, abberufen werden.

30 Zur Neubesetzung des Vorstands können dessen Mitglieder vor Ablauf ihrer Amtszeit vom Aufsichtsrat abberufen werden, wenn in ihrer Person ein wichtiger Grund vorliegt. Einen wichtigen Grund in diesem Sinne stellt nach § 84 III 2 AktG auch der Entzug des Vertrauens durch die Hauptversammlung dar, der mit der einfachen Mehrheit der abgegebenen Stimmen beschlossen werden kann.[45] Dies setzt nicht unbedingt ein schuldhaftes Fehlverhalten des einzelnen Vorstandsmitglieds voraus. Andererseits darf der Vertrauensentzug nicht rechtsmißbräuchlich sein,[46] was aber bei einem Wechsel des Großaktionärs regelmäßig in dessen Sinne, d.h. mit dem Ergebnis der Rechtmäßigkeit begründbar sein sollte.[47] Im übrigen gibt es keine gesetzlich festgeschriebene

---

[42] § 23 MitbestG, § 11 II MontanMitbestG, § 76 BetrVG 1952.

[43] Die Arbeitnehmervertreter können nur von ihren Wählern vorzeitig abberufen werden. *C. Hauschka/T. Roth,* Übernahmeangebote und deren Abwehr im deutschen Recht, AG 1988, S. 181, 188. Dabei kann davon ausgegangen werden, daß diese gerade in der stimmungsgeladenen Atmosphäre eines Übernahmekampfes die volle Unterstützung der Mitarbeiter genießen, da diese um ihren Arbeitsplatz bangen und wiederum die Unterstützung ihrer Vertreter im Aufsichtsrat erwarten.

[44] Vgl. hierzu *U. Hüffer,* AktG, § 102 Rdnr. 2.

[45] *C. Hauschka/T. Roth,* Übernahmeangebote und deren Abwehr im deutschen Recht, AG 1988, S. 181, 188; *L. Michalski,* Abwehrmechanismen gegen unfreundliche Übernahmeangebote („unfriendly takeovers") nach deutschem Aktienrecht, AG 1997, S. 152, 156.

[46] Nach § 84 III 4 AktG ist ein Widerruf der Bestellung zum Vorstand wirksam, bis seine Unwirksamkeit rechtskräftig festgestellt ist. Da ein Anfechtungsprozeß des abberufenen Vorstands den Ablauf der Bestellungszeit von maximal 5 Jahren nicht hemmt, ist für den Betroffenen selbst ein effektiver Rechtsschutz nur eingeschränkt gegeben, was sich – die Beherrschung des Aufsichtsrates unterstellt – wiederum in der leichten Lösbarkeit des Problems der Vorstandsbestellung widerspiegelt. *M. Peltzer,* Hostile Takeovers in der Bundesrepublik Deutschland?, ZIP 1989, S. 69, 76.

[47] Bei Gesellschaften, die der Montanmitbestimmung unterliegen, kommt für einen Übernehmer erschwerend hinzu, daß nach § 13 I MontanmitbestG der Arbeitsdirektor im Vorstand nicht gegen die Stimmen der Aufsichtsratsmitglieder der Arbeitnehmer abberufen werden kann.

Höchstzahl von Vorstandsmitgliedern. So können – zumindest bei Fehlen entsprechender satzungsmäßiger Begrenzungen oder Einstimmigkeitserfordernisse für Vorstandsentscheidungen – eventuell auch einfach weitere Vorstandsmitglieder, die das Vertrauen des neuen Großaktionärs genießen, bestellt werden.[48]

Die beschriebene Abschreckungswirkung des deutschen two-tier- 31
board-Systems kann – wenn man dies überhaupt noch für erforderlich halten sollte[49] – noch dadurch intensiviert werden, daß der Wiederbestellungszyklus zeitlich gefächert wird, d.h. nicht alle Amtszeiten zum gleichen Termin auslaufen. Dies hat zur Folge, daß ein Angreifer nicht einfach einen Termin abwarten kann, zu dem die gesamte Anteilseignerseite im Aufsichtsrat zur Neuwahl ansteht, um dann mit einem Schlag die Kontrolle zu gewinnen. Eine weitere Möglichkeit der Stärkung einer Verteidigungsposition ist die satzungsmäßige Festschreibung von Entsendungsrechten nach § 181 II AktG, wobei diese aber auf ein Drittel der von den Aktionärsvertretern besetzten Aufsichtsratspositionen beschränkt sind.

Inwieweit sich ein Angreifer gegen die somit sehr starke Stellung 32
des Managements der Zielgesellschaft durchsetzen kann, hängt von den Umständen des Einzelfalls ab. Dabei dürften neben der Persönlichkeit der Betroffenen auch Themen wie Zermürbungstaktik und Geld eine Rolle spielen.

---

[48] *M. Peltzer,* Hostile Takeovers in der Bundesrepublik Deutschland, ZIP 1989, S. 69, 75 f.

[49] *C. Hauschka/T. Roth,* Übernahmeangebote und deren Abwehr im deutschen Recht, AG 1988, S. 181, 188 halten weitere Maßnahmen daher für überflüssig. Zustimmend *L. Michalski,* Abwehrmechanismen gegen unfreundliche Übernahmeangebote („unfriendly takeovers") nach deutschem Aktienrecht, AG 1997, S. 152, 156.

Instrumente wie „golden parachutes", d.h. – oftmals wahnwitzig hohe – Abfindungszahlungen für Mitglieder des Managements im Falle des Erreichens einer bestimmten Beteiligungsquote durch einen nicht erwünschten Übernehmer, wie sie vor allem in den USA zur Erhöhung der Transaktionskosten eingesetzt werden, scheitern in Deutschland an den §§ 87 I bzw. 113 I AktG bzw. sind nur in den hierdurch gesetzten Grenzen der Angemessenheit möglich und damit nicht für einen Übernehmer schmerzhaft. *A. Schander,* Abwehrstrategien gegen feindliche Übernahmen und ihre Zulässigkeit im Lichte der Aktienrechtsreform, BB 1997, S. 1801, 1802. *H. Assmann/F. Bozenhardt,* Übernahmeangebote als Regelungsproblem zwischen gesellschaftsrechtlichen Normen und zivilrechtlich begründeten Verhaltensgeboten, ZGR Sonderheft 9 („Übernahmeangebote"), S. 1, 142; *L. Michalski,* Abwehrmechanismen gegen unfreundliche Übernahmeangebote („unfriendly takeovers") nach deutschem Aktienrecht, AG 1997, S. 152, 160; *M. Peltzer,* Hostile Takeovers in der Bundesrepublik Deutschland, ZIP 1989, S. 69, 74.

d) Genehmigtes Kapital

33 Zu den besonders von US-amerikanischen Gesellschaften häufig verwandten „poison pills“ gehören auch Bestimmungen, die Veränderungen in der Kapitalstruktur vorsehen. Hiervon sind nur wenige in Deutschland wirksam und rechtmäßig. So sind Regelungen, nach denen Minderheitsaktionäre berechtigt sind, Aktien der Zielgesellschaft zu einem deutlich niedrigeren Preis als dem Marktpreis von dem potentiellen Übernehmer[50] oder von der Gesellschaft[51] zu kaufen oder ihre Aktien gegen schuldverschreibungsähnliche Instrumente zu tauschen,[52] schon wegen des Verstoßes gegen den in § 53a AktG festgeschriebenen Gleichbehandlungsgrundsatz rechtswidrig.[53]

34 Demgegenüber kann ein genehmigtes Kapital in unterschiedlicher Weise gegen eine feindliche Übernahme eingesetzt werden, was im Ergebnis das wohl effizienteste Abwehrmittel darstellt. Dies gilt zumindest dann, wenn das Bezugsrecht der Altaktionäre ausgeschlossen wurde. Ist dies nicht der Fall, so kann der Erwerb zwar nicht verhindert, wohl aber verteuert werden.[54] Allerdings besteht bei einer Kapitalerhöhung mit Bezugsrecht die Möglichkeit, daß Altaktionäre nicht an dessen Ausübung interessiert sind und dieses dann vom Angreifer an den Märkten aufgekauft wird. Somit birgt eine solche Strategie die Gefahr, daß durch die Kapitalerhöhung der Mehrheitserwerb sogar noch gefördert wird.

35 Die Möglichkeiten für den Ausschluß des Bezugsrechts der Altaktionäre bei der Schaffung bzw. Ausnutzung eines genehmigten Kapitals wurden mit der Kehrtwende der Rechtsprechung des BGH im Fall

---

[50] Sogenannte „Flip over“-Regelungen. Vgl. hierzu auch *T. Paefgen,* Kein Gift ohne Gegengift: Sortimentserweiterung in der Bereitschaftsapotheke gegen idiosynkratische Unternehmenskontrollwechsel, AG 1991, S. 189, 190. Abgesehen von den Bedenken in Hinblick auf den Gleichbehandlungsgrundsatz stellt dieses Instrument wohl einen unzulässigen Vertrag zu Lasten eines Dritten, nämlich des Mehrheitsaktionärs dar. *C. Hauschka/T. Roth,* Übernahmeangebote und deren Abwehr im deutschen Recht, AG 1988, S. 181, 189 f. Vgl. hierzu auch *H. Bungert,* Pflichten des Managements bei der Abwehr von Übernahmeangeboten nach US-amerikanischem Gesellschaftsrecht, AG 1994, S. 297, 299 f; *M. Peltzer,* Hostile Takeovers in der Bundesrepublik Deutschland, ZIP 1989, S. 69, 73 f.

[51] „Flip-in“.

[52] „Back end“.

[53] *M. Marquardt,* Gesellschafts- und steuerrechtliche Instrumente zur Abwehr feindlicher Übernahmen von Aktiengesellschaften, WiB 1994, S. 537, 541; *L. Michalski,* Abwehrmechanismen gegen unfreundliche Übernahmeangebote („unfriendly takeovers“) nach deutschem Aktienrecht, AG 1997, S. 152, 158.

[54] *L. Michalski,* Abwehrmechanismen gegen unfreundliche Übernahmeangebote („unfriendly takeovers“) nach deutschem Aktienrecht, AG 1997, S. 152, 161; *H. Otto,* Übernahmeversuche und Strategien der Abwehr, Beilage 12/88 zu DB 29/1988, S. 2, 8 f.

„Siemens/Nold"[55] deutlich erweitert. Zuvor wurden Kapitalerhöhungen unter Ausschluß des Bezugsrechts infolge der hiermit für die Altaktionäre verbundenen Nachteile[56] nur unter restriktiven Voraussetzungen zugelassen,[57] die bei der Schaffung eines genehmigten Kapitals zur Abwehr künftiger Übernahmeversuche durchweg nicht vorliegen.[58]

Demgegenüber reicht es nach der geänderten Rechtsprechung, wenn **36**
bei der Schaffung eines genehmigten Kapitals die Kapitalmaßnahme, zu deren Durchführung der Vorstand ermächtigt wird, allgemein umschrieben und in dieser Form der Hauptversammlung bekanntgegeben wird, sofern sie durch sachliche Gründe im Interesse der Gesellschaft gerechtfertigt ist.[59] Dies kann bei Beschluß und Nutzung eines genehmigten Kapitals zu Abwehrzwecken im Ergebnis bejaht werden,[60] da die Begründung einer Abhängigkeit eine Qualitätsänderung für die Zielgesellschaft bedeutet, die die Gefahr begründet, daß die Geschäftsführung nicht mehr an den Eigeninteressen der Gesellschaft ausgerichtet werden kann, und schon damit deren unmittelbare Interessen berührt. Auch ergibt eine Interessenabwägung keine unangemessene Beeinträchtigung der Interessen der Aktionäre, die neue Aktien erwerben

---

[55] ZIP 1997, S. 1499 ff; vgl. hierzu *H. Bungert,* Die Liberalisierung des Bezugsrechtsausschlusses im Aktienrecht, NJW 1998, S. 488 ff; *M. Wolf,* Konzerneingangsschutz bei Übernahmeangeboten, AG 1998, S. 212 ff.

[56] Verringerung der Beteiligungsquote und – zumindest bei Emission unter Börsenkurs – Verwässerung des Wertes. Vgl. hierzu *M. Wolf,* Konzerneingangsschutz bei Übernahmeangeboten, AG 1998, S. 212, 217.

[57] Grundlegend BGHZ 71, 40 ff. So mußte nach der bis dahin h.M. im Zeitpunkt der Beschlußfassung der Hauptversammlung das Vorhaben, zu dessen Ermöglichung das Bezugsrecht ausgeschlossen werden sollte, bereits in seinen konkreten Zügen bekannt sein. Dies ist bei der Schaffung von Verteidigungsinstrumenten gegen künftige Übernahmeversuche regelmäßig nicht der Fall. So mag in Ausnahmefällen zur Zeit des Hauptversammlungsbeschlusses sogar der Name eines potentiellen Interessenten bekannt sein, nicht aber die Modalitäten der Übernahme. *H. Otto,* Übernahmeversuche und Strategien der Abwehr, Beilage 12/88 zu DB 29/1988, S. 2, 8 f; vgl. auch *P. Kindler,* Bezugsrechtsausschluß und unternehmerisches Ermessen nach deutschem und europäischen Recht, ZGR 1998, S. 35, 38 f.

[58] *M. Wolf,* Konzerneingangsschutz bei Übernahmeangeboten, AG 1998, S. 212, 214; *L. Michalski,* Abwehrmechanismen gegen unfreundliche Übernahmeangebote („unfriendly takeovers") nach deutschem Aktienrecht, AG 1997, S. 152, 161; a.A. *C. Hauschka/T. Roth,* Übernahmeangebote und deren Abwehr im deutschen Recht, AG 1988, S. 181,191.

[59] BGHZ 125, 239 ff. (Deutsche Bank AG); BGH (Siemens AG/Nold) in WM 1997, S. 1704 ff; *H. Bungert,* Die Liberalisierung des Bezugsrechtsausschlusses im Aktienrecht, NJW 1998, S. 488, 491. Sehr kritisch („Das Urteil ist ein Unglück"), *M. Lutter,* Anmerkung, JZ 1998, S. 50 ff.

[60] A.A. *M. Marquardt,* Gesellschafts- und steuerrechtliche Instrumente zur Abwehr feindlicher Übernahmen von Aktiengesellschaften, WiB 1994, S. 537, 541.

wollen, wenn man diese Interessen denen von Aktionären gegenübergestellt, die ihren Anteilsbesitz an einer unabhängig fortbestehenden Gesellschaft sichern wollen.[61] Der Vorstand hat bei der Umsetzung der Ermächtigung sicherzustellen, daß das Kapitalerhöhungsvorhaben mit dem satzungsmäßigen Unternehmensgegenstand und die tatsächliche Lage mit der abstrakten Umschreibung des Vorhabens im Hauptversammlungsbeschluß übereinstimmt. Außerdem muß die Nutzung des genehmigten Kapitals im wohlverstandenen Interesse der Gesellschaft liegen.[62] Der Vorstand hat deshalb während eines unerwünschten Übernahmeversuchs zu entscheiden, ob dessen Abwehr tatsächlich im Interesse seines Unternehmens liegt oder ob eine Übernahme nicht vielmehr erhebliche Synergien und Entwicklungspotentiale mit sich bringt und damit für die Gesellschaft positiv zu werten ist. Zu berücksichtigen ist aber, daß er in seinen Handelsalternativen durch die Art. 3 und 19 des Übernahmekodexes deutlich eingeschränkt ist, wenn seine Gesellschaft den Übernahmekodex akzeptiert hat.

37 Was bleibt ist die von Gesetzgeber und Rechtsprechung bislang nicht beantwortete Frage nach der Reichweite der Neutralitätspflicht des Vorstands.[63] Folgt man der hier vertretenen Ansicht, so kann der Vorstand nach § 202 AktG von der Hauptversammlung[64] mit mindestens drei Vierteln des bei der Beschlußfassung vertretenen Grundkapitals[65] für maximal fünf Jahre ermächtigt werden, im Falle eines unerwünschten Übernahmeversuchs das Kapital durch Ausgabe neuer Aktien um bis zu 50 Prozent des Grundkapitals, das zur Zeit der Ermächtigung vorhanden ist, zu erhöhen.[66] Dieses genehmigte Kapital kann dann zur Ausgabe neuer Aktien und deren Plazierung bei einem Dritten genutzt werden, den das Management mit größerem Wohlwollen sieht, was ihm in angelsächsischen Ländern die Bezeichnung „White Knight" eingebracht hat.[67] Un-

---

[61] *M. Wolf,* Konzerneingangsschutz bei Übernahmeangeboten, AG 1998, S. 212, 215 ff.

[62] *P. Kindler,* Bezugsrechtsausschluß und unternehmerisches Ermessen nach deutschem und europäischem Recht, ZGR 1998, S. 35, 57.

[63] *H. Bungert,* Die Liberalisierung des Bezugsrechtsausschlusses im Aktienrecht, NJW 1998, S. 488, 492.

[64] Der Vorstand hat nach §§ 203 II 2, 186 IV 2 AktG vor Beschlußfassung der Hauptversammlung dieser einen schriftlichen Bericht über den Grund für den teilweisen oder vollständigen Ausschluß des Bezugsrechts vorzulegen.

[65] Die Satzung kann nach § 202 II 3 AktG eine größere Kapitalmehrheit und weitere Erfordernisse bestimmen.

[66] Die neuen Aktien sollen nach § 202 III 2 AktG nur mit Zustimmung des Aufsichtsrates ausgegeben werden. Die fehlende Zustimmung des Aufsichtsrats berührt die Wirksamkeit der Kapitalerhöhung nicht, der Registerrichter hat aber bei fehlender Zustimmung die Eintragung der Durchführung abzulehnen. *U. Hüffer,* AktG, § 202 Rdnr. 21 f.

[67] Vor Änderung der zitierten Rechtsprechung noch ablehnend, *L. Michalski,*

ter rechtlichen Gesichtspunkten ist diese Strategie unproblematisch, solange der freundliche Bieter mindestens den gleichen Preis zahlt wie der unerwünschte Angreifer[68] und gleichzeitig die Voraussetzungen für den Ausschluß des Bezugsrechts der Altaktionäre in Hinblick auf den Abschlag zum Börsenkurs erfüllt werden.[69] Ob ein solcher „White Knight" in der Kürze der Zeit dann auch tatsächlich gefunden werden kann, ist eine ganz andere Frage. Außerdem führt auch diese Strategie zu einem Ergebnis, welches das Management in seinem Übernahmekampf meistens gerade vermeiden will, nämlich dem Verlust der „Selbständigkeit" bzw. der Abhängigkeit von einem Großinvestor.[70]

Alternativ zu dieser Strategie kann das Management des Zielobjekts **38**
über die Nutzung des genehmigten Kapitals auch Gelder aufnehmen, um seinerseits zu versuchen, den Angreifer zu übernehmen.[71] Diese, soweit ersichtlich in Deutschland noch nicht praktizierte und besonders aggressive Abwehrstrategie dürfte schon infolge des hierzu erforderlichen Kapitalbedarfs nur in Ausnahmefällen praktikabel sein, auch wenn die Kapitalkraft des Unternehmens durch die Möglichkeit der Ausnutzung eines genehmigten Kapitals und der hierdurch erhöhten Kreditwürdigkeit gesteigert wird. In rechtlicher Hinsicht werden die Rahmenbedingungen für eine solche Strategie durch §§ 19, 328 AktG gesetzt, wonach bei wechselseitigen Beteiligungen über jeweils 25 Prozent ein Unternehmen Rechte aus Aktien an einem anderen Unternehmen nur bis zu einer Grenze von 25 Prozent ausüben kann, sobald ihm das Bestehen der wechselseitigen Beteiligung bekannt geworden ist. Nach § 328 I und II AktG wird die Gesellschaft privilegiert, die als erste die Mitteilung nach §§ 20 f. AktG macht, vorausgesetzt, sie weiß noch

---

Abwehrmechanismen gegen unfreundliche Übernahmeangebote („unfriendly takeovers") nach deutschem Aktienrecht, AG 1997, S. 152, 160 f.

[68] Zu einem tieferen Preis darf eine Abgabe nur erfolgen, wenn dadurch erhebliche Interessen der Gesellschaft gewahrt werden. *C. Hauschka/T. Roth,* Übernahmeangebote und deren Abwehr im deutschen Recht, AG 1988, S. 181, 193.

[69] Wie bei einer Kapitalerhöhung unter Ausschluß des Bezugsrechts nach § 186 III 4 AktG wird auch für andere Fälle des Bezugsrechtsausschlusses von der Rechtsprechung die Verhältnismäßigkeit nur unter der Voraussetzung gestattet, daß der Ausgabekurs den aktuellen Börsenkurs nicht wesentlich unterschreitet. *H. Bungert,* Die Liberalisierung des Bezugsrechtsausschlusses im Aktienrecht, NJW 1998, S. 488, 491.

[70] Vgl. hierzu auch *M. Wolf,* Konzerneingangsschutz bei Übernahmeangeboten, AG 1998, S. 212, 217, nach dem es unzulässig wäre, wenn der Vorstand zur Durchführung eines Hauptversammlungsbeschlusses, der zur Vermeidung einer Konzerneinbindung erlassen und dann umgesetzt wird, die im Rahmen der Verteidigungsmaßnahme ausgegebenen Aktien bei einem Unternehmen plaziert, bei dem seinerseits die Gefahr einer Konzerneinbindung der Gesellschaft besteht.

[71] „Pac Man Defense". Vgl. hierzu *B. von Falkenhausen/M. Lutter* (Hrsg.), Festschrift für *E. Stiefel,* S. 163, 186 f.

nicht, daß das andere Unternehmen mehr als 25 Prozent seiner Aktien hält.[72] Im Ergebnis heißt dies, daß ein Angreifer nicht mehr den Aufbau einer direkten (!) Gegenbeteiligung durch die Zielgesellschaft befürchten muß, wenn er diese von einer die 25 Prozentgrenze übersteigenden Beteiligung an dieser informiert hat.[73] Außerdem ist ein abhängiges Unternehmen beim Kauf von Aktien des beherrschenden Unternehmens den Beschränkungen der §§ 71d, 71 II AktG unterworfen.

e) Wandel- und Optionsanleihen

39 Die präventive Plazierung von Options- und Wandelanleihen als Abwehrmittel weist in Hinblick auf Rechtmäßigkeit wie auch bezüglich der Voraussetzungen für einen erfolgreichen Einsatz deutliche Parallelen zum genehmigten Kapital auf. Zunächst einmal hängt die Funktionsfähigkeit auch dieser Strategie davon ab, daß es gelingt, diese Instrumente bei „befreundeten" Aktionären oder der Verwaltung gewogenen Dritten zu plazieren, bei denen nicht die Gefahr besteht, daß sie ihre Options- bzw. Wandlungsrechte oder die bezogenen Aktien an einen Angreifer veräußern. Zum anderen haben die Aktionäre nach § 221 IV AktG bei Begebung der Options- und Wandelschuldverschreibungen ein gesetzliches Bezugsrecht,[74] dessen Ausschluß die Rechtsprechung heute wohl nach den Grundsätzen beurteilen würde, die in den Fällen Deutsche Bank AG und Siemens AG/Nold für ordentliche Kapitalerhöhungen bzw. Kapitalerhöhungen aus genehmigtem Kapital aufgestellt wurden.[75]

---

[72] *C. Hauschka/T. Roth,* Übernahmeangebote und deren Abwehr im deutschen Recht, AG 1988, S. 181, 194.

[73] Dann können Rechte aus den zur Abwehr erworbenen Aktien am angreifenden Unternehmen durch die Zielgesellschaft nämlich nicht mehr ausgeübt werden, soweit die Beteiligung 25 Prozent übersteigt. *L. Michalski,* Abwehrmechanismen gegen unfreundliche Übernahmeangebote („unfriendly takeovers") nach deutschem Aktienrecht, AG 1997, S. 152, 162. Kennt ein Zielunternehmen eine Beteiligung über 25 Prozent, so kann die Pac-Man-Strategie deshalb allenfalls mit einem Partner verfolgt werden.

[74] Dies gilt nach der wohl h.M. auch dann, wenn eine Tochtergesellschaft eine Options- oder Wandelanleihe begibt, deren Bezugsrechte sich auf die Aktien der Muttergesellschaft beziehen. *M. Lutter,* Kölner Kommentar zum AktG, § 221, Rdnr. 12, 22; *K. Martens* in *M. Lutter/H. Mertens/P. Ulmer* (Hrsg.), Festschrift für *W. Stimpel,* S. 621 ff.; zustimmend *H. Otto,* Übernahmeversuche bei Aktiengesellschaften und Strategien der Abwehr, Beilage 12/88 zu DB 29/1988, S. 2, 9; *U. Hüffer,* AktG, § 221, Rdnr. 71; a. A. *W. Schilling* in Großkommentar AktG § 221 Anm. 18; *E. Silcher,* Bedingtes Kapital für „Warrant-Anleihen" von Tochtergesellschaften, *K. Ballerstedt/W. Hefermehl* (Hrsg.), Festschrift für *E. Geßler,* S. 185 ff, 192.

[75] Vor den genannten Urteilen wurde auch bei der Begebung von Wandel- und Optionsanleihen zu Abwehrzwecken der Ausschluß des Bezugsrechts in der Literatur für unzulässig gehalten und die jeweilige Verwaltung auf eine andere Begründung verwiesen, an deren Tragfähigkeit aber hohe Anforderungen

Aufgrund der Erforderlichkeit eines bedingten Kapitals zur Sicherstellung der Erfüllbarkeit[76] ist die Gesellschaft nach § 192 III AktG wie beim genehmigten Kapital[77] auf die Hälfte des Grundkapitals, das zur Zeit der Beschlußfassung der Hauptversammlung über die bedingte Kapitalerhöhung vorhanden ist, beschränkt.

Als besonderer Vorteil dieses Abwehrinstruments wird immer wieder **40**
aufgeführt, daß es nur einen geringen Kapitalaufwand erfordern würde, da nur der Preis für das Options- oder Wandlungsrecht zu zahlen wäre.[78] Das Gegenteil ist richtig, da im Rahmen dieser Strategie nicht nur das derivative Recht, d.h. die Option bzw. das Wandlungsrecht erworben wird und auch bezahlt werden muß, sondern die dieses Recht mitumfassende Anleihe.[79] Wenngleich das so investierte Kapital verzinst wird,[80] wird ein potentieller Investor dem Thema „Kapitalbindung" besondere Bedeutung beimessen[81] und besonders günstige Konditionen

---

zustellen wären. Vgl. *A. Klein,* Abwehrmöglichkeiten gegen feindliche Übernahmen in Deutschland, NJW 1997, S. 2085, 2088; *H. Assmann/F. Bozenhardt,* Übernahmeangebote als Regelungsproblem zwischen gesellschaftsrechtlichen Normen und zivilrechtlich begründeten Verhaltensgeboten, ZGR Sonderheft 9 („Übernahmeangebote"), S. 1, 130; *M. Marquardt,* Gesellschafts- und steuerrechtliche Instrumente zur Abwehr feindlicher Übernahmen von Aktiengesellschaften, WiB 1994, S. 537, 541; *H. Otto,* Übernahmeversuche bei Aktiengesellschaften und Strategien der Abwehr, Beilage 12/88 zu DB 29/1988, S. 2, 9.

76 Vgl. hierzu *U. Hüffer,* AktG, § 221 Rdnr. 59 f.

77 § 202 III 1 AktG.

78 *A. Klein,* Abwehrmöglichkeiten gegen feindliche Übernahmen in Deutschland, NJW 1997, S. 2085, 2088; *H. Assmann/F. Bozenhardt,* Übernahmeangebote als Regelungsproblem zwischen gesellschaftsrechtlichen Normen und zivilrechtlich begründeten Verhaltensgeboten, ZGR Sonderheft 9 („Übernahmeangebote"), S. 1, 129 f; *H. Otto,* Übernahmeversuche bei Aktiengesellschaften und Strategien der Abwehr, Beilage 12/88 zu DB 29/1988, S. 2, 9.

79 Wenngleich in der Darstellung nicht richtig, so zeigt diese Ansicht doch die Möglichkeit einer sehr effektiven Strategie, die zudem nur einen relativ begrenzten Kapitaleinsatz erfordert: die Emission von reinen Optionsrechten Anleihe unter Ausschluß des Bezugsrechts der Altaktionäre. Hält man die im Gesetz nicht vorgesehene Begebung von Optionen ohne hiermit verbundene Anleihe überhaupt – wie hier vertreten – für wirksam, so bleibt ungeklärt, ob die Rechtsprechung den Ausschluß des Bezugsrechts nach den in „Deutsche Bank AG" und „Siemens AG/Nold" vertretenen Grundsätzen beurteilt oder z.B. die Neutralitätspflicht des Vorstands in den Vordergrund stellt und strengere Maßstäbe anlegt.

80 Da die dem Investor zufließende Gegenleistung für die Überlassung des Kapitals nicht nur in der Zahlung eines Zinses, sondern zusätzlich in dem derivativen Recht besteht, ist die Verzinsung des eingesetzten Kapitals niedriger als bei einer Straight-Anleihe.

81 Ist der Investor ein dem KWG unterliegendes Kreditinstitut, sind die Eigenkapitalbindungskosten auch direkt quantifizierbar, was für andere Banken regelmäßig in vergleichbarer Form gelten sollte.

verlangen, sei es in bezug auf die Verzinsung des eingesetzten Kapitals, sei es durch Vereinbarung eines besonders niedrigen Bezugskurses. Hierbei unterliegt die Gesellschaft wiederum den Restriktionen der Rechtsprechung zum Ausschluß des Bezugsrechts in Hinblick auf die möglichen Abschläge zum Börsenkurs bzw. auch der Sorgfaltspflicht des Vorstands nach § 93 AktG mit der Folge der Gefahr einer Anfechtung von Beschlüssen der Hauptversammlung nach §§ 243 II, 255 II AktG[82] bzw. einer Schadensersatzpflicht des Vorstands.

Im Ergebnis bieten diese Instrumente als Abwehrmittel keine Vorteile gegenüber dem genehmigten Kapital, sind aber eher umständlicher zu handhaben.

f) Erwerb eigener Aktien

41 Der Rückkauf eigener Aktien wird in den USA sowohl zur allgemeinen Prävention als auch ad hoc zur Abwehr aktueller Übernahmeversuche eingesetzt.[83] Mit dem Einsatz dieser Verteidigungsmaßnahme kann zum einen die Diskrepanz des Börsenkurses zum inneren Wert des Übernahmeobjekts aufgehoben und der Kurs einer Aktie so in die Höhe getrieben werden, daß eine Übernahme unattraktiv wird. Zum anderen kann mit dem Aufkauf von Aktien am Markt nicht nur die Zahl der verfügbaren, d.h. für einen Angreifer erreichbaren Stücke verringert werden, vielmehr kann die Gesellschaft die so erworbenen Aktien – wie bei einer Kapitalerhöhung – anschließend bei befreundeten Investoren plazieren.[84]

---

[82] *H. Assmann/F. Bozenhardt,* Übernahmeangebote als Regelungsproblem zwischen gesellschaftsrechtlichen Normen und zivilrechtlich begründeten Verhaltensgeboten, ZGR Sonderheft 9 („Übernahmeangebote"), S. 1, 129 ff; *H. Otto,* Übernahmeversuche bei Aktiengesellschaften und Strategien der Abwehr, Beilage 12/88 zu DB 29/1988, S. 2, 9. *A. Klein* (Abwehrmöglichkeiten gegen feindliche Übernahmen in Deutschland, NJW 1997, S. 2085, 2088 f.) stellt diesbezüglich auf das selbstverständlich auch hier geltende Verbot einer Unterpariemission nach § 9 AktG ab, das nicht notgedrungen tangiert sein muß.

[83] Rechtsvergleichende Darstellungen finden sich bei *R. von Rosen/L. Helm,* Der Erwerb eigener Aktien durch die Gesellschaft, AG 1996, S. 434, 436 ff; *T. Günther/T. Muche/M. White,* Zulässigkeit des Rückkaufs eigener Aktien in den USA und Deutschland – vor und nach KonTraG, RIW 1998, S. 337 ff. Zum Erwerb eigener Aktien allgemein vgl. *F. Leven* in *N. Frei/C. Schlienkamp,* Aktie im Aufwind, 209 ff.; DAI, Der Erwerb eigener Aktien durch die Gesellschaft – Stellungnahme für das Bundesministerium der Finanzen; *A. Schander,* Der Rückkauf eigener Aktien nach KonTraG und Einsatzpotentiale bei Übernahmetransaktionen, ZIP 1998, S. 2087 ff.; *G. Wiese,* Die steuerliche Behandlung des Aktienrückkaufs im Lichte des BMF-Schreibens vom 2. 12. 1998, DStR 1999, S. 187 ff.; *J. Thiel,* Bilanzielle und steuerrechtliche Behandlung eigener Aktien nach der Neuregelung des Aktienerwerbs durch das KonTraG, DB 1998, S. 1583 ff.; *G. Kraft/C. Altvater,* Die zivilrechtliche, bilanzielle und steuerliche Behandlung des Rückkaufs eigener Aktien, NZG 1998, S. 448 ff.

[84] *H. Assmann/F. Bozenhardt,* Übernahmeangebote als Regelungsproblem

Beim Angriff auf eine deutsche Gesellschaft kann das Instrument von dieser auch nach dem Inkrafttreten des KonTraG nur mit einem sehr viel geringeren Wirkungsgrad als Verteidigungsmittel eingesetzt werden, da in Deutschland der Erwerb eigener Aktien weiterhin nur in den engen und abschließenden Grenzen des § 71 AktG möglich ist.[85] Nach der Rechtslage vor Inkrafttreten des KonTraG war bei einem unerwünschten Übernahmeversuch von den Fallgruppen des § 71 AktG lediglich Abs. 1 1 Nr. 1 einschlägig, wonach eine Gesellschaft eigene Aktien erwerben darf, „wenn der Erwerb notwendig ist, um einen schweren, unmittelbar bevorstehenden Schaden von der Gesellschaft abzuwenden". Da hierbei aber lediglich auf die Gesellschaft abzustellen ist und nicht auf Beeinträchtigungen, die einzelnen Aktionären oder Aktionärsgruppen drohen, kann nach der h.M. eine drohende Übernahme nicht in die Kategorie des Schadens i.S.d. § 71 I Nr. 1 AktG eingeordnet werden.[86] 42

Demgegenüber eröffnet der durch das KonTraG neu eingeführte § 71 I Nr. 8 AktG[87] den Einsatz des Erwerbs eigener Aktien als Instrument der Verteidigung.[88] Danach ist der Erwerb eigener Aktien auf- 43

---

zwischen gesellschaftsrechtlichen Normen und zivilrechtlich begründeten Verhaltensgeboten, ZGR Sonderheft 9 („Übernahmeangebote"), S. 1, 132; *A. Schander,* Abwehrstrategien gegen feindliche Übernahmen und ihre Zulässigkeit im Lichte der Aktienrechtsreform, BB 1997, S. 1801, 1803; *L. Michalski,* Abwehrmechanismen gegen unfreundliche Übernahmeangebote („unfriendly takeovers") nach deutschem Aktienrecht, AG 1997, S. 152, 154.

85 Nach deutschem Aktienrecht wird der Erwerb eigener Aktien als unzulässige Einlagenrückgewähr angesehen. Im Interesse der Erhaltung des Gesellschaftskapitals sind solche Transaktionen daher mit einem grundsätzlichen Verbot belegt, das nur von den in § 71 AktG genannten Ausnahmen durchbrochen ist. *H. Assmann/F. Bozenhardt,* Übernahmeangebote als Regelungsproblem zwischen gesellschaftsrechtlichen Normen und zivilrechtlich begründeten Verhaltensgeboten, ZGR Sonderheft 9 („Übernahmeangebote"), S. 1, 133.

86 BFH, DB 1977, 1170; *A. Klein,* Abwehrmöglichkeiten gegen feindliche Übernahmen in Deutschland, NJW 1997, S. 2085, 2087; *L. Michalski,* Abwehrmechanismen gegen unfreundliche Übernahmeangebote („unfriendly takeovers") nach deutschem Aktienrecht, AG 1997, S. 152, 155; *H. Assmann/F. Bozenhardt,* Übernahmeangebote als Regelungsproblem zwischen gesellschaftsrechtlichen Normen und zivilrechtlich begründeten Verhaltensgeboten, ZGR Sonderheft 9 („Übernahmeangebote"), S. 1, 133.

87 Zu Überlegungen im Vorfeld der Gesetzesänderung vgl. *K. Martens,* Erwerb und Veräußerung eigener Aktien im Börsenhandel, AG 1996, S. 337 ff; *U. Wastl,* Erwerb eigener Aktien nach dem Referentenentwurf zur Änderung des AktG und des HGB, DB 1997, S. 461; zur historischen Entwicklung der Gesetzgebung zum Erwerb eigener Aktien vgl. *O. Peltzer,* Die Neuregelung des Erwerbs eigener Aktien im Lichte der historischen Erfahrungen, WM 1998, S. 322 ff.

88 Eigentliche Zielrichtung der Erweiterung der Möglichkeiten des Erwerbs eigener Aktien ist aber, den Unternehmen zu ermöglichen, Aktien aus dem

grund eines Beschlusses der Hauptversammlung[89] zulässig, wobei der Beschluß den höchsten und niedrigsten Kaufpreis,[90] den Zweck sowie das maximale Volumen bestimmen soll.[91] Allerdings gilt auch für den Erwerb nach § 71 I Nr. 8 AktG die Obergrenze des § 71 II 1 AktG, wonach der Erwerb eigener Aktien in jedem Fall auf maximal zehn Prozent des Grundkapitals begrenzt wird. Einsatzmöglichkeiten und Effizienz des Erwerbs eigener Aktien als Verteidigungsinstrument werden hierdurch deutlich limitiert, trotzdem sollte die kurstreibende Wirkung und der Effekt der Umplazierung nicht unterschätzt werden. Außerdem setzt der Erwerb nach § 71 II 2 AktG voraus, daß die nach § 272 IV HGB vorgeschriebenen Rücklagen für eigene Aktien aus ausschüttba-

---

Markt zu nehmen und das umlaufende Material zu verknappen, was sinnvoll sein kann, wenn das Eigenkapital dauerhaft oder mittelfristig zu hoch ist. Die Liquidität des Unternehmens sollte – wie die anderen Aktiva – mindestens die gewichteten Kapitalkosten des Unternehmens verdienen. Ist mit den zum Rückkauf verwendeten Gewinnrücklagen anderweitig keine angemessene Rendite zu erzielen, kann mit dem Erwerb die Eigenkapitalrendite auf die verbleibenden Aktien erhöht werden. Der Eigenerwerb kann auch der Vorbereitung einer endgültigen Einziehung der Aktien dienen. *F. Leven* in *N. Frei, C. Schlienkamp* (Hrsg.), Aktie im Aufwind, S. 211, 215 ff; Begründung zum Entwurf eines Gesetzes zur Kontrolle und Transparenz im Unternehmensbereich (KonTraG), S. 31.

[89] Die Ermächtigung der Hauptversammlung verfällt nach 18 Monaten. Diese zeitliche Befristung gilt nur für den Erwerb, nicht aber für das Halten der Aktien. Begründung zum Entwurf eines Gesetzes zur Kontrolle und Transparenz im Unternehmensbereich (KonTraG), S. 31. Nach § 71 I 3 AktG hat die Gesellschaft das BAWe unverzüglich nach der Hauptversammlung von dem Ermächtigungsbeschluß nach § 71 I Nr. 8 AktG und seinem Inhalt zu unterrichten.

[90] Der Preis muß nicht absolut bestimmt sein, sondern kann auch durch eine relative Anbindung an den Börsenkurs erfolgen. *D. Klingberg,* Der Aktienrückkauf nach dem KonTraG aus bilanzieller und steuerlicher Sicht, BB 1998, S. 1575.

[91] Im Gegensatz zu den anderen Ausnahmetatbeständen des § 71 I AktG ist somit bereits vor der Transaktion ein Genehmigungsbeschluß der Hauptversammlung erforderlich. Nach der Begründung des Gesetzesentwurfs (ZIP 1996, S. 2129 ff.) wurden bewußt keine Vorgaben über den Inhalt zulässiger Zwecke gemacht, sondern Zweckbestimmung und weitere Details vollumfänglich der Hauptversammlung überlassen. *M. Wolf,* Konzerneingangsschutz bei Übernahmeangeboten, AG 1998, S. 212, 218. Ausgeschlossen ist lediglich der Handel in eigenen Aktien, was wiederum die Frage aufwirft, inwieweit der Erwerb zur Kurspflege eingesetzt werden darf. Nach *C. Claussen,* Wie ändert das KonTraG das Aktiengesetz?, DB 1998, S. 177, 180 ist kurzfristige Kurspflege erlaubt. Demgegenüber ist nach dem Willen des Gesetzgebers die kontinuierliche Kurspflege ebenso verboten wie der Handel in eigenen Aktien. Vgl. Begründung zum Entwurf eines Gesetzes zur Kontrolle und Transparenz im Unternehmensbereich (KonTraG), S. 31; *G. Wiese,* KonTraG: Erwerb eigener Aktien und Handel in eigenen Aktien, DB 1998, S. 609.

ren Mitteln gebildet werden können.[92] Aus den erworbenen eigenen Aktien stehen der Gesellschaft nach § 71b AktG keine Rechte zu.[93]

Beim Verkauf der erworbenen Aktien ist wie beim Kauf der Grundsatz der Gleichbehandlung zu beachten. Diesem Erfordernis wird durch die Abwicklung der Transaktion über eine Börse Genüge getan. In Analogie zu § 186 III 4 AktG ist ein Abweichen vom Gleichbehandlungsgrundsatz dann erlaubt, wenn ein Ausschluß des Bezugsrechts zulässig wäre, d.h. beim Verkauf nahe am Börsenkurs.[94] So kann die Hauptversammlung auch beschließen, daß die Verwaltung bei der Plazierung der Aktien frei ist bzw. diese bestimmten Dritten zuteilen kann.[95] **44**

---

[92] Eigene Aktien und die für sie gebildete Rücklage sind nach § 266 II HGB in der Bilanz auszuweisen. Nach § 16 I Nr. 2 AktG sind ferner im Anhang zum Jahresabschluß detaillierte Angaben über Erwerb oder Veräußerung eigener Aktien im entsprechenden Geschäftsjahr einschließlich des Erwerbs- und des Veräußerungspreises zu machen. Auch hat der Vorstand in der nächsten Hauptversammlung eine entsprechende Berichtspflicht. Zur bilanziellen Behandlung vgl. *C. Claussen,* Wie ändert das KonTraG das Aktiengesetz?, DB 1998, S. 177, 179. *H. Otto,* Übernahmeversuche bei Aktiengesellschaften und Strategien der Abwehr, Beilage 12/88 zu DB 29/1988, S. 2, 8 und ihm – nicht so differenziert – folgend *L. Michalski,* Abwehrmechanismen gegen unfreundliche Übernahmeangebote („unfriendly takeovers") nach deutschem Aktienrecht, AG 1997, S. 152, 155 weisen darauf hin, daß der Erwerb eigener Aktien steuerlich zur Annahme einer verdeckten Gewinnausschüttung an den Veräußerer der Aktien in Höhe des den Börsenkurs übersteigenden Teils des Kaufpreises führt. Insoweit wäre bei Verkauf an die Gesellschaft eine steuerpflichtige Dividende anzunehmen, wohingegen ein an den Übernahmeinteressenten veräußernder Kleinaktionär einen steuerfreien Veräußerungsgewinn erzielen könne. Abgesehen davon, daß hier auf die Voraussetzung der Einhaltung der Sechs-Monats-Frist für die Steuerfreiheit von Veräußerungsgewinnen aus nicht im Betriebsvermögen gehaltenen Wertpapieren hinzuweisen ist, sind diese steuerlichen Hinweise inhaltlich zwar richtig, gehen in der Praxis aber fehl, da eine Gesellschaft im Interesse einer optimalen Nutzung der Strategie den Rückkauf regelmäßig gerade über die Börse vornehmen wird, da der kurstreibende Effekt ein wesentliches Strategiemerkmal darstellt und außerdem ein Veräußerer – wenn nicht ein öffentliches Übernahmeangebot vorliegt – gar nicht weiß, ob die von ihm verkauften Stücke von der Gesellschaft, dem Angreifer oder einem Dritten aufgenommen werden. Eingehend zu Rechtsnatur und steuerlicher Behandlung eigener Anteile *J. Thiel,* Wirtschaftsgüter ohne Wert: Die eigenen Anteile der Kapitalgesellschaft, in *A. Raupach/A. Uelner* (Hrsg.), Ertragsbesteuerung, Festschrift für *L. Schmidt* S. 569 ff; *F. Wassermeyer,* Der Erwerb eigener Anteile durch eine Kapitalgesellschaft – Überlegungen zur Rechtsprechung des I. Senats des BFH, in *A. Raupach/A. Uelner* (Hrsg.), Ertragsbesteuerung, Festschrift für *L. Schmidt,* S. 621 ff.

[93] Vgl. hierzu *U. Hüffer,* AktG, § 71b Rdnr. 1 ff, 5.

[94] *C. Claussen,* Wie ändert das KonTraG das Aktiengesetz?, DB 1998, S. 177, 180.

[95] Begründung zum Entwurf eines Gesetzes zur Kontrolle und Transparenz im Unternehmensbereich (KonTraG), S. 31; *A. Schander,* Abwehrstrategien gegen feindliche Übernahmen und ihre Zulässigkeit im Lichte der Aktienrechtsreform,

45 Ein aktuell geplanter Erwerb bzw. eine Veräußerung kann – ein bestimmtes Volumen oder Marktenge vorausgesetzt – eine kursrelevante Tatsache i.S.d. Insiderrechts darstellen und in entsprechenden Verhaltenspflichten resultieren. Ist zu erwarten, daß der Erwerb oder die Veräußerung eine wesentliche Kursbeeinflussung i.S.d. § 15 WpHG auslösen wird, ist eine Ad-hoc-Mitteilung vorzunehmen.[96] Im Falle einer Überschreitung der Fünfprozentschwelle bzw. einem Erreichen der Zehnprozentschwelle ist zudem die Meldepflicht des § 21 WpHG zu beachten.

g) Wechselseitige Beteiligungen

46 Über wechselseitige Beteiligungen, kann die Verwaltung eines Unternehmens Anteile der eigenen Gesellschaft mittelbar über eine oder mehrere andere Gesellschaften kontrollieren. Gleichzeitig führen diese zu einer Reduktion des Streubesitzes bzw. einer Eingrenzung des Aktionärskreises und sind damit – präventiv wie reaktiv – grundsätzlich wirksame Abschreck- und Abwehrmittel gegen unerwünschte Übernahmeversuche, haben aber nicht unbeträchtliche Nebenwirkungen. Hierzu gehören beispielsweise die Verwässerung des Kapitals, Autonomiegewinn der Verwaltung sowie Flexibilitätsverlust aufgrund der gegenseitigen Abhängigkeit.[97]

47 Nach deutschem Recht sind wechselseitige Beteiligungen grundsätzlich zulässig[98] und – wenn auch in geringer Zahl – mit unterschiedlicher Zielsetzung bei etablierten Gesellschaften implementiert,[99] unterliegen aber Restriktionen in Hinblick auf die Beteiligungshöhe und der Ausübbarkeit des Stimmrechts. Verflechtungen, bei denen keines der beiden Unternehmen mehr als 25 Prozent des Kapitals des jeweils anderen hält, sind unproblematisch und nicht Gegenstand besonderer Regelungen. Demgegenüber greift bei sogenannten einfachen wechselseitigen Beteiligungen i.S.d. § 19 AktG, bei denen beide Unternehmen jeweils mehr als 25 Prozent der Anteile des anderen halten, gleichzeitig aber keine Abhängigkeit/Beherrschung i.S.d. § 17 AktG[100] vorliegt, die

---

BB 1997, S. 1801, 1803 mit dem Hinweis, daß hierdurch als unerwünschte Negativfolge auch die Unternehmensleitung veranlaßt werden kann, die eigenen Aktien zu einem überhöhten Preis vom Angreifer zurückzuerwerben, um so die feindliche Übernahme zu verhindern („green-mailing").

[96] Vgl. hierzu § 16 II. Ad-hoc-Publizität.

[97] *H. Assmann/F. Bozenhardt,* Übernahmeangebote als Regelungsproblem zwischen gesellschaftsrechtlichen Normen und zivilrechtlich begründeten Verhaltensgeboten, ZGR Sonderheft 9 („Übernahmeangebote"), S. 1, 135.

[98] Vgl. § 19 AktG.

[99] Vgl. z.B. Asko AG/Massa AG (*o. V.* „Die Aktionäre äußerten deutliche Kritik an der Kreuzverflechtung mit Massa", HB v. 29. 8. 1988, S. 12), Allianz AG/Dresdner Bank.

[100] Nach dem gegenwärtigen Stand von Rechtsprechung und Schrifttum ist der Abhängigkeitstatbestand des § 17 erfüllt, wenn sich ein rechtlich selbständi-

Regelung des § 328 AktG ein. Danach kann ein Unternehmen bei Vorliegen dieser tatbestandlichen Voraussetzungen Stimm-, Dividenden-, Bezugs- und sonstige Rechte aus Aktien an einem anderen Unternehmen nur bis zu einer Grenze von 25 Prozent ausüben, sobald ihm das Bestehen der wechselseitigen Beteiligung bekannt geworden ist, wenn nicht das Unternehmen seinerseits dem anderen Unternehmen eine Mitteilung nach § 20 III AktG oder § 21 I AktG gemacht hatte, bevor es von dem anderen Unternehmen eine solche Mitteilung erhalten hat und bevor ihm das Bestehen der wechselseitigen Beteiligung bekannt geworden ist.[101] Kommt es ihm Rahmen dieser Regelungen zu einer Überkreuzverflechtung im Verhältnis 50 Prozent zu 25 Prozent,[102] so hält die die 50prozentige Beteiligung haltende Gesellschaft infolge der 25prozentigen Rückbeteiligung wirtschaftlich 12,5 Prozent des eigenen Kapitals, was im Ergebnis durchaus beachtliche Möglichkeiten der Einschränkung des Einflusses von Aktien in Streubesitz eröffnet.[103]

Im Falle der Beherrschung eines Unternehmens durch ein anderes **48**
i.S.d. § 17 AktG unterliegt die beherrschte Gesellschaft den Restriktionen der §§ 71d, 71 AktG, d.h. das beherrschte Unternehmen darf Aktien des herrschenden nur erwerben, wenn und soweit das herrschende zum Erwerb eigener Aktien ermächtigt wäre.[104] Hier gilt in jedem Fall die Zehnprozentgrenze des § 71 II 1 AktG. In einem Übernahmekampf kann sich aber für ein angegriffenes Unternehmen durchaus die Alternative stellen, gegen diese Begrenzung zu verstoßen, da nach §§ 71d 4, 71 IV AktG zwar das schuldrechtliche Geschäft unwirksam ist, nicht aber die dingliche Übertragung und der Vorstand der Zielgesellschaft

---

ges Unternehmen aus seiner Perspektive in der Lage befindet, daß ein anderes Unternehmen beherrschenden Einfluß ausüben kann. Die tatsächliche Ausübung des Einflusses ist nicht erforderlich, es genügt vielmehr die Möglichkeit mittelbarer Einflußnahme, sofern diese beständig, umfassend und gesellschaftsrechtlich fundiert ist. *U. Hüffer,* AktG, § 17 Rdnr. 4 ff. Von einem nach § 16 I AktG in Mehrheitsbesitz stehenden Unternehmen wird nach § 17 II AktG vermutet, daß es von dem an ihm mit Mehrheit beteiligten Unternehmen abhängig ist.

[101] *U. Hüffer,* AktG, § 328 Rdnr. 1 ff.

[102] Auf den Erwerb von mehr als 25 Prozent kann regelmäßig infolge der Grenzen des § 328 AktG verzichtet werden. *M. Marquardt,* Gesellschafts- und steuerrechtliche Instrumente zur Abwehr feindlicher Übernahmen von Aktiengesellschaften, WiB 1994, S. 537, 541. Vgl. dort auch zu komplexeren Überkreuz- und Ringverflechtungen (S. 541 f).

[103] *H. Otto,* Übernahmeversuche bei Aktiengesellschaften und Strategien der Abwehr, DB 1988, Beilage zu Heft Nr. 29, S. 1, 11.

[104] *A. Klein,* Abwehrmöglichkeiten gegen feindliche Übernahmen in Deutschland, NJW 1997, S. 2085, 2089.

nicht wie beim Erwerb eigener Aktien den Ordnungswidrigkeitentatbestand des § 405 I Nr. 4 a AktG erfüllt.[105]

h) Ausgabe von Belegschaftsaktien

49 Als begleitende Maßnahme zum Schutz gegen unerwünschte Übernahmen bietet sich auch die Möglichkeit der Plazierung von Aktien bei Mitarbeitern bzw. die Ausgabe von Bezugsrechten an diese. Dabei kann sich die Verwaltung die Tatsache zunutze machen, daß die Mitarbeiter bei einem Übernahmekampf aus Sorge um ihren Arbeitsplatz wohl eher auf der Seite der Zielgesellschaft und ihres Managements stehen als auf der des Angreifers. Diese ist aber nicht notwendigerweise der Fall, selbst bei einer umsichtigen und erfolgreichen Mitarbeiter- und Unternehmensführung.

50 Zudem sind der Beteiligung der Mitarbeiter nicht nur durch deren finanzielle Möglichkeiten, sondern auch in rechtlicher Hinsicht enge Grenzen gesetzt. So ist die Ausgabe von Aktien an Arbeitnehmer der Gesellschaft auf der Basis eines genehmigten Kapitals nach § 202 IV AktG nur insoweit zulässig, als dies in Art und Umfang angemessen ist.[106] Erfolgt eine Ausgabe von Bezugsrechten auf der Basis eines bedingten Kapitals nach § 192 II Nr. 3 AktG, so ist dies nur gegen Einlage von Geldforderungen möglich, die den Mitarbeitern aus einer ihnen eingeräumten Gewinnbeteiligung zustehen.[107]

2. Ad-hoc-Abwehrmaßnahmen

a) Verkauf von Aktiva

51 Zu den – insbesondere in den USA und Großbritannien unter der Bezeichnung „crown jewels strategy" beliebten – Abwehrstrategien bei einem tatsächlichen Übernahmeversuch gehört der Verkauf von Vermögensgegenständen, die für den Angreifer besonders attraktiv sind.[108]

---

[105] *H. Otto,* Übernahmeversuche bei Aktiengesellschaften und Strategien der Abwehr, DB 1988, Beilage zu Heft Nr. 29, S. 1, 10 mit Hinweis auf das Analogieverbot des § 3 OWiG und der richtigen Feststellung, daß die Geltendmachung von bereicherungsrechtlichen Ansprüchen unwahrscheinlich ist.

[106] *H. Assmann/F. Bozenhardt,* Übernahmeangebote als Regelungsproblem zwischen gesellschaftsrechtlichen Normen und zivilrechtlich begründeten Verhaltensgeboten, ZGR Sonderheft 9 („Übernahmeangebote"), S. 1ff., 132; *H. Otto,* Übernahmeversuche bei Aktiengesellschaften und Strategien der Abwehr, Beilage 12/88 zu DB 29/1988, S. 2, 10. Als Maßstab soll nach *U. Hüffer* (Aktiengesetz, § 202 Rdnr. 27) der steuerliche Freibetrag des § 19a EStG, d.h. DM 300 dienen können, was aber sehr niedrig erscheint. *M. Lutter,* Kölner Kommentar zum AktG, § 202 Rdnr. 28.

[107] Vgl. hierzu *U. Hüffer,* AktG, § 192 Rdnr. 14.

[108] Vgl. hierzu *B. von Falkenhausen, M. Lutter* (Hrsg.), Festschrift für *E. Stiefel,* S. 163, 185.

Teilweise erfolgt eine solche Veräußerung an einen Dritten, von dem sie wieder zurückgekauft werden können.[109]

In Deutschland stellen solche Maßnahmen entweder kein wirksames **52**
Abwehrmittel dar oder begegnen rechtlichen Bedenken.[110] So ist der Verkauf von unwesentlichen und nicht unbedingt betriebsnotwendigen Vermögensgegenständen regelmäßig nicht geeignet, einen Übernahmeinteressenten abzuschrecken. Erfolgt ein solcher Verkauf zum Marktwert,[111] so kommt es zu einem Aktivtausch, der infolge der hiermit verbundenen höheren Liquidität das Ausschlachten des Unternehmens durch einen neuen Aktionär nur erleichtert und somit genau das Gegenteil des Beabsichtigten erreicht, nämlich eine Übernahme nur attraktiver macht. Demgegenüber ist bei einem Verkauf wesentlicher Aktiva neben den Zustimmungserfordernissen nach § 179a AktG und den Grundsätzen der „Holzmüller"-Entscheidung des BGH zu berücksichtigen, daß sich alle Geschäftsführungsmaßnahmen des Vorstands innerhalb der durch § 76 I AktG und den durch den Unternehmensgegenstand gezogenen Grenzen halten müssen. Da der Verkauf wesentlicher Vermögenspositionen nicht geeignet ist, die Erreichung des Unternehmensgegenstands zu fördern, ist er dem Vorstand ohne Zustimmung der Hauptversammlung auch als sogenannte „faktische" Satzungsänderung verboten.[112]

---

[109] *M. Peltzer,* Von Räubern, weißen Rittern und Jungfrauen, die Taktiken des amerikanischen „takeovers", ZfdgK 1986, S. 291, 295 f.; vgl. hierzu auch *C. Hauschka/T. Roth,* Übernahmeangebote und deren Abwehr im deutschen Recht, AG 1988, S. 181, 191; *L. Michalski,* Abwehrmechanismen gegen unfreundliche Übernahmeangebote („unfriendly takeovers") nach deutschem Aktienrecht, AG 1997, S. 152, 160.

[110] Vgl. hierzu auch *C. Hauschka/T. Roth,* Übernahmeangebote und deren Abwehr im deutschen Recht, AG 1988, S. 181, 191.

[111] Ein Verkauf unter Wert würde einen Verstoß des Vorstands gegen seine gesetzlichen und arbeitsvertraglichen Verpflichtungen darstellen und den Tatbestand der Untreue nach § 266 I 2. Alt. StGB darstellen. *L. Michalski,* Abwehrmechanismen gegen unfreundliche Übernahmeangebote („unfriendly takeovers") nach deutschem Aktienrecht, AG 1997, S. 152, 160. Außerdem setzt sich der Vorstand der Gefahr von Schadensersatzansprüchen nach § 93 II AktG aus. *M. Marquardt,* Gesellschafts- und steuerrechtliche Instrumente zur Abwehr feindlicher Übernahmen von Aktiengesellschaften, WiB 1994, 537, 539.

[112] *L. Michalski,* Abwehrmechanismen gegen unfreundliche Übernahmeangebote („unfriendly takeovers") nach deutschem Aktienrecht, AG 1997, S. 152, 160 m.w.N. Zur Frage, wann eine Änderung des Unternehmensgegenstands vorliegt, vgl. *H. Mertens,* Unternehmensgegenstand und Mitgliedschaftsrecht, AG 1978, S. 309, 310 f.; *W. Timm,* Hauptversammlungskompetenzen und Aktionärsrechte in der Konzernspitze, AG 1980, S. 172 ff. Zum Totalausverkauf und der Gesellschaftsauflösung als – höchst zweifelhafte – Abwehrstrategie („scorched earth") vgl. *C. Hauschka/T. Roth,* Übernahmeangebote und deren Abwehr im deutschen Recht, AG 1988, S. 181, 192.

b) Zukauf von Aktiva

53 Über den Zukauf von Vermögensgegenständen kann zum einen ein hoher Liquiditätsbestand abgebaut bzw. durch Aktiva ersetzt werden, die für einen Übernehmer weniger attraktiv sind. Zum anderen kann mit der Übernahme von anderen Gesellschaften durch die Zielgesellschaft versucht werden, Sachverhalte zu schaffen, die einer kartellrechtlichen Genehmigung der Übernahme durch den Angreifer entgegenstehen würden.

54 Eine solche Strategie dürfte in Deutschland nur in seltenen Fällen die Attraktivität einer Gesellschaft senken und gleichzeitig mit den Pflichten des Vorstands zur Förderung des Unternehmenszwecks und -wohls vereinbar sein. Abgesehen von den zeitlichen Problemen ihrer Durchführung besteht für den Übernehmer immer die Möglichkeit einer Rückabwicklung, wenngleich eine solche Kosten verursachen mag. Im Falle kartellrechtlicher Probleme kann er mit den Kartellbehörden Vereinbarungen treffen, in deren Rahmen er sich zum Verkauf kartellrechtlich sensibler Bereiche verpflichtet.[113]

55 Geht es dagegen in erster Linie um den Abbau hoher Liquiditätsbestände, ist im Rahmen der strengen Kapitalbindungsvorschriften des Aktiengesetzes[114] die Zahlung von (Sonder-)Dividenden ein rechtmäßiges und durchaus wirksames Mittel zur Senkung der Attraktivität einer Gesellschaft für einen Angreifer, das aber auch für diese und ihre Aktionäre aufgrund der entsprechenden steuerlichen Folgen Nachteile haben kann.

---

[113] Vgl. hierzu *C. Hauschka/T. Roth,* Übernahmeangebote und deren Abwehr im deutschen Recht, AG 1988, S. 181, 192; *H. Assmann/F. Bozenhardt,* Übernahmeangebote als Regelungsproblem zwischen gesellschaftsrechtlichen Normen und zivilrechtlich begründeten Verhaltensgeboten, ZGR Sonderheft 9 („Übernahmeangebote"), S. 1, 147.

[114] Vgl. § 57 AktG.

§ 18 Mitarbeiterbeteiligung

Die Beteiligung der Mitarbeiter an ihrem arbeitgebenden Unternehmen hat in Deutschland noch bei weitem nicht den Stellenwert wie z.B. in den USA. Trotzdem genießt die Thematik gerade derzeit breite Beachtung in der Öffentlichkeit. Dies ist zum einen auf spektakuläre Rechtsstreitigkeiten zurückzuführen, die einige Aktionärsvertreter oder Berufsopponenten gegen namhafte Unternehmen angestrengt haben,[1] insbesondere da sie hierin eine einseitige, leistungsunabhängige Bevorzugung des Managements zu Lasten der Aktionäre vermuteten. Zum anderen wurden mit dem KonTraG Änderungen des Aktiengesetzes vorgenommen, die nun auch in Deutschland Stock Option Plans nach US-amerikanischem Vorbild ohne den zuvor erforderlichen Umweg über die Ausgabe von Wandel- oder Optionsanleihen[2] ermöglichen. Diese spielen gerade bei jungen Unternehmen aus High-Tech-Branchen, die an die Börse streben, eine ausgeprägte Rolle.[3] Während früher die betriebliche Vermögensbildung unter Nutzung der steuerlichen Vorteile des § 19a EStG im Fokus der Zielrichtung von Mitarbeiterbeteiligungsprogrammen stand,[4] gewinnt mittlerweile auch in Deutschland der Aspekt der Motivation nach angelsächsischem Vorbild an Bedeutung – insbesondere im Rahmen von Programmen, die ganz spezifisch auf die Führungskreise eines Unternehmens zugeschnitten sind und in erster Linie Optionscharakter haben. **1**

---

[1] Vgl. z.B. LG Stuttgart in AG 1998, S. 41 ff.; OLG Stuttgart in NZG 1998, S. 822 ff.

[2] Zu Mitarbeiterbeteiligungsmodellen unter Verwendung von Wandel- oder Optionsanleihen vgl. *K. Kohler,* Stock Options für Führungskräfte aus der Sicht der Praxis, ZHR 1997, S. 246, 251 ff.; *F. Zeidler,* Aktienoptionspläne – nicht nur für Führungskräfte – im Lichte neuester Rechtsprechung, NZG 1998, S. 789, 790 f.

[3] Andererseits gibt es aber auch Bemühungen wie die in Sachsen, wo aktiv von seiten des Freistaats Mitarbeiterbeteiligungsmodelle auch in Gesellschaften anderer Rechtsform gefördert werden.

[4] Demgegenüber stand der Finanzierungseffekt von Mitarbeiterbeteiligungsprogrammen, d.h. die von der Belegschaft aufzubringenden Mittel oder über niedrigere Gehaltszahlungen geringeren Belastungen des Unternehmens, infolge der beschränkten Relation zum gesamten Eigenkapital eines Unternehmens regelmäßig im Hintergrund.

I. Vorteile

2 Aus Sicht des Unternehmens gehört zu den Vorzügen eines Mitarbeiterbeteiligungsprogramms insbesondere eine gesteigerte Identifikation der Belegschaft mit dem Unternehmen, wodurch Eigenverantwortung und unternehmerisches Denken gezielt gefördert werden. Die direkte Teilhabe der Mitarbeiter am Unternehmenserfolg motiviert in der täglichen Arbeit, führt regelmäßig zu niedrigerem Krankheitsstand und insgesamt zu einer höheren Produktivität. Neben der Motivation bewirkt eine Beteiligung oftmals auch eine stärkere Bindung des Arbeitnehmers an das Unternehmen, die für einen Arbeitgeber besonders in Branchen eine Rolle spielen kann, die sich zunehmend über Probleme bei der Beschaffung qualifizierter Arbeitskräfte beklagen, wie es derzeit in Branchen wie der EDV der Fall ist. Der Arbeitgeber kann mit einem Mitarbeiterbeteiligungsprogramm neue Mitarbeiter für sich gewinnen, die ein solches erwarten, weil sie es von ihrem alten Arbeitgeber, von Mitbewerbern oder einfach aus der Branche kennen und daher ein Stellungsangebot sonst nicht oder zumindest nicht zu dem gebotenen Gehalt annehmen würden.

3 Manche Formen der Mitarbeiterbeteiligung führen zu einer Stärkung der Eigenkapitalbasis und/oder einer höheren Liquidität, wenngleich diesen Aspekten von seiten des Arbeitgebers regelmäßig nur untergeordnete Bedeutung zukommt. Für den Arbeitnehmer bietet sich demgegenüber die Chance, Kapitalvermögen zu bilden und sich damit eine zusätzliche Alterssicherung aufzubauen. Während bei einigen Beteiligungsformen die Begünstigten von vornherein nur in sehr begrenztem Umfang in den Genuß von Wertsteigerungen kommen können, kann es gerade bei Stock Option Plans bei entsprechender Hebelwirkung für die Begünstigten zu dramatischen Wertzuwächsen kommen. So wird gerade bei US-amerikanischen Firmen regelmäßig von Top Managern mit Jahreseinkommen in – teilweise zweistelliger – Millionenhöhe berichtet, die in erster Linie auf deren Optionspläne zurückzuführen sind.[5]

4 Wertorientierte Vergütungssysteme wie die eben genannten Optionspläne werden unter der Voraussetzung einer ausgewogenen Berücksichtigung der Interessen von Unternehmen, Aktionären und Begünstigtem auch von seiten der Finanzmärkte positiv gesehen, da sie eine besondere Fokussierung des Managements auf den Share-Holder Value-Gedanken und damit die Ausrichtung auf eine nachhaltige Wertsteigerung illustrieren.[6] Im übrigen werden wertorientierte Vergütungskomponenten

[5] *W. Neyer,* Steuerliche Behandlung von Arbeitnehmer-Aktienoptionen, BB 1999, S. 130; *K. Kohler,* Stock Options für Führungskräfte aus der Sicht der Praxis, ZHR 1997, S. 246, 255.

[6] Dies gilt ganz besonders im Falle eines Dual Listings unter Einbeziehung

vor dem Hintergrund der Trennung von Eigentum und Management auch in der Principal/Agent-Theorie[7] zur Senkung der Agency-Kosten diskutiert.[8] Die Überlegung dabei ist, daß die Kontrollkosten sinken, wenn sich das Management stärker mit den Zielen der Kapitaleigner identifiziert.

II. Zulässigkeit

1. Gesellschaftsinteressen und Shareholder Value

Die Reichweite der grundsätzlichen Kompetenz des Vorstands zur Einführung von Mitarbeiterbeteiligungsprogrammen richtet sich zum einen nach § 76 I AktG, nach dem die Leitung der Gesellschaft in dessen Verantwortung gestellt wird. Hierdurch wird das Interesse der Gesellschaft zur Leitlinie des Handelns des Vorstands gemacht. Dieses Gesellschaftsinteresse umfaßt die Interessen verschiedener Beteiligter, d.h. die der Kapitalgeber, der Arbeitnehmer und der Allgemeinheit. Danach hat der Vorstand zunächst einmal weite Freiräume bei der Strukturierung ei- 5

einer US-amerikanischen Börse, da gerade US-Investoren an das Vorhandensein von Aktienoptionsplänen gewohnt sind und bei einem Fehlen eines solchen die Motivation des Managements zur Steigerung des Shareholder Value ernsthaft in Frage stellen würden. *A. Prechtel/R. Schätzle* in *R. von Rosen/W. Seifert,* Zugang zum US-Kapitalmarkt für deutsche Aktiengesellschaften, S. 287.

[7] Die mit der „Principal/Agent-Theorie" umschriebene Problematik basiert auf den divergierenden Interessen zwischen Anteilseignern („Principals") und Management („Agents"): Während sich die Gesellschafter eine Vermehrung des im Unternehmen gebundenen Kapitals erhoffen, wollen – prononciert gesprochen – nicht am Unternehmen beteiligte Manager bei möglichst geringer Arbeitsbelastung möglichst viel Geld verdienen. Tantiemeregelungen, nach denen wie in Deutschland üblich die Bonuszahlungen am Unternehmensertrag anknüpfen, sind nur sehr bedingt zur Lösung des Dilemmas geeignet, da hier der Bemessungsfaktor über Bewertungsansätze, Abschreibungsmethoden oder die Verschiebung von Investitionen manipuliert werden kann. Außerdem sind diese Bonussysteme regelmäßig kurzfristig orientiert, während die Aktionäre am langfristigen Erfolg und Wertzuwachs interessiert sind. Nachteilig ist außerdem, daß die Bonuszahlungen immer die Liquidität und den Ertrag des Unternehmens belasten. Demgegenüber wird bei Mitarbeiterbeteiligungsmodellen, die entsprechend strukturiert sind, das Management – gegebenenfalls über die Ausübung von Optionsrechten – selbst zum Anteilseigner, wobei sich über Veräußerungsbeschränkungen und Ausübungsfristen das Interesse der Berechtigten an einem langfristigen Erfolg des Unternehmens sicherstellen läßt. Näher zur Principal/Agent-Theorie vgl. *R. Elschen,* Gegenstand und Anwendungsmöglichkeiten der Agency-Theorie, ZfbF 1991, S. 1002ff.; *A. Carls,* Das Going-Public-Geschäft deutscher Banken, S. 292 m.w.N.

[8] *U. Seibert* in *B. Pellens* (Hrsg.), Unternehmenswertorientierte Entlohnungssysteme S. 28, 32.

nes Mitarbeiterbeteiligungsprogramms, so daß ein Programm erst dann inhaltlich unzulässig ist, wenn in ihm die Interessen eine der genannten Gruppen, z.B. der Mitarbeiter oder des Kapitals, derart übersteigert zum Ausdruck kämen, daß für die übrigen Interessen kein angemessener Raum mehr ist. Im Ergebnis gibt es unter dem Gesichtspunkt des Gesellschaftsinteresses lediglich sehr weit definierte und schlecht greifbare, aber doch existente Grenzen, aus denen ein Verbot von zu positiven und einseitigen Ausgestaltungen abgeleitet werden kann.[9]

2. Angemessenheit nach § 87 I AktG

6 Soweit Aktienoptionsprogramme speziell auf Vorstandsmitglieder zugeschnitten sind, müssen nach § 87 I AktG die Gesamtbezüge des einzelnen Vorstandsmitglieds in einem angemessenen Verhältnis zu dessen Aufgaben und zur Lage der Gesellschaft stehen. Normadressat dieser Regelung ist der Aufsichtsrat als das für die Gestaltung der Anstellungsverhältnisse zuständige Organ, ohne daß diese Vorschrift eine inhaltliche Vorgabe enthielte, bei deren Mißachtung eine Vergütungsabsprache nichtig sein könnte.[10]

7 Demgegenüber sind die Beschränkungen des § 86 I AktG nur bei Beteiligungsmodellen einschlägig, die den Vorstandsmitgliedern einen Anteil am Jahresgewinn gewähren. Andere Modelle, wie z.B. Aktienoptionsprogramme, die an den Börsenkurs der Gesellschaft anknüpfen und damit nicht den Jahresgewinn als Maßstab für den Gesamterfolg erfassen, sind daher mit § 86 I AktG vereinbar.[11]

III. Formen

1. Grundformen

8 Damit ist bereits angedeutet, daß es vielfältige Formen der Beteiligung von Mitarbeitern gibt. Dabei lassen sich grundsätzlich drei Dimensionen unterscheiden:

---

[9] *U. Hüffer,* Aktienbezugsrechte als Bestandteil der Vergütung von Vorstandsmitgliedern und Mitarbeitern – Gesellschaftsrechtliche Analyse, ZHR 1997, S. 214, 218.

[10] Nach wohl allgemeiner Meinung findet sich eine Zulässigkeitsschranke erst in § 138 BGB bzw. in § 76 I AktG i.V.m. § 134 BGB. *U. Hüffer,* Aktienbezugsrechte als Bestandteil der Vergütung von Vorstandsmitgliedern und Mitarbeitern – Gesellschaftsrechtliche Analyse, ZHR 1997, S. 214, 220.

[11] *T. Baums,* Aktienoptionen für Vorstandsmitglieder, S. 20; zustimmend *U. Hüffer,* Aktienbezugsrechte als Bestandteil der Vergütung von Vorstandsmitgliedern und Mitarbeitern – Gesellschaftsrechtliche Analyse, ZHR 1997, S. 214, 219.

- Die **immaterielle Beteiligung** beschränkt sich darauf, die Mitarbeiter durch verstärkte Information und Kommunikation eng in das Unternehmen zu integrieren und an dessen Entwicklung eng zu beteiligen.
- Bei der **Erfolgsbeteiligung** erhalten die Mitarbeiter zusätzlich zu Lohn und Gehalt eine vom Unternehmenserfolg abhängige Zuwendung, für deren Berechnung an den in der Handels- oder Steuerbilanz ausgewiesenen Gewinn,[12] den Umsatz oder die Wertschöpfung,[13] die Produktionsmenge, Produktivitätssteigerungen, Kosteneinsparungen[14] oder andere Faktoren geknüpft werden kann.
- Bei der **Kapitalbeteiligung** stellen die Mitarbeiter dem Unternehmen Fremd- oder Eigenkapital zur Verfügung. Diesem Bereich sind auch Stock Option Plans zuzuordnen.

Im Rahmen dieser Abhandlung über Börseneinführungen und die **9** hierdurch einem Unternehmen eröffneten Möglichkeiten ist näher allein auf den letztgenannten Punkt unter besonderer Berücksichtigung eigenkapitalorientierter Beteiligungsformen einzugehen, wenngleich die Entscheidung von Management und Gesellschaftseignern über das spezifische Beteiligungsmodell nicht isoliert ohne Berücksichtigung anderer Möglichkeiten getroffen werden kann und zumindest zum Teil dieselben rechtlichen, steuerrechtlichen, betriebswirtschaftlichen und sonstigen Rahmenbedingungen gelten. Im übrigen gelten einige Erfahrungssätze, die die für den Erfolg jedes Mitarbeitermodells maßgeblichen Mindestanforderungen prägen. Danach

- muß die Beteiligung einen Bezug zur Profitabilität des Unternehmens herstellen und damit zur Verbesserung der Unternehmenssituation motivieren;
- sollte eine sofortige und vollständige Ausschüttung einer Erfolgsbeteiligung vermieden oder hinausgezögert werden, da eine gänzliche Auskehrung in der Regel bald Lohncharakter annimmt und somit ihre Motivationswirkung verliert, wohingegen eine Kapitalbeteiligung zu einer nachhaltigen und hohen Identifikation mit dem Unternehmen führt;
- muß jedes Modell mit einer immateriellen Beteiligung dergestalt kombiniert werden, daß die begünstigten Mitarbeiter regelmäßig Informationen über Kernpunkte der Unternehmensentwicklung, wie Umsatz- und Ertragsentwicklung oder Auftragslage informiert werden.

Letztendlich ist die Entscheidung für ein bestimmtes Beteiligungs- **10**
modell von einer Vielzahl von Faktoren wie der Rechtsform des Unter-

---

[12] Sogenannte Gewinnbeteiligung. Vgl. hierzu *O. Ricken,* Gewinnbeteiligungen im Arbeitsverhältnis, NZA 1999, S. 236 ff.

[13] Sogenannte Ertragsbeteiligung.

[14] Sogenannte Leistungsbeteiligung.

nehmens, dessen finanzieller Situation, der Zahl der Mitarbeiter, der beabsichtigten Zielgruppe und der verfolgten Zielrichtung des Programms abhängig. Da es kein Modell gibt, das für jede Situation die ideale Problemlösung gibt, muß jedes Unternehmen ein maßgeschneidertes Modell entwickeln.

2. Fremdkapitalbasierte Beteiligungsmodelle

11 Da fremdkapitalbasierte Beteiligungsformen weitestgehend rechtsformunabhängig sind, sind sie kein spezifischer Vorteil, der erst durch einen Börsengang ermöglicht wird. Im Interesse der vollständigen Erfassung der bestehenden Alternativen und der Möglichkeit deren Einbeziehung in den unternehmensinternen Entscheidungsprozeß sollen diese Modelle wie auch andere Beteiligungsformen im folgenden dennoch kurz angesprochen werden.

a) Mitarbeiterdarlehen

12 Wenn der Finanzierungseffekt bei den Überlegungen zur Schaffung eines Mitarbeiterbeteiligungsprogramms eine maßgebliche Rolle spielt, so ist denkbar, daß die Mitarbeiter dem Unternehmen ein Mitarbeiterdarlehen[15] gewähren und hierfür einen fest vereinbarten[16] oder aber einen gewinnabhängigen Zins erhalten. Dabei ist unter dem Gesichtspunkt der Motivation lediglich die Form des partiarischen Darlehens sinnvoll, da ansonsten die Ausreichung eines Darlehens an den Arbeitgeber keine spezifische Anreize auslösen kann.[17] Demgegenüber profitiert der Mitarbeiter beim partiarischen Darlehen angesichts des gewinnabhängigen Zinssatzes von einer guten Ertragslage des Unternehmens, wohingegen er auch in schlechten Zeiten ein begrenztes Risiko trägt.[18]

13 Der Vorteil dieser Art der Mitarbeiterbeteiligung liegt zum einen in ihrer einfachen und flexiblen Gestaltung. Das Unternehmen kann die Zinszahlungen an die kreditgebenden Mitarbeiter steuerlich geltend machen. Zum anderen ist die Schaffung eines auf Darlehen basierenden Beteiligungsprogramms unabhängig von der spezifischen Rechtsform des Arbeitgebers möglich. Mitarbeiterdarlehen stärken die Liquiditätslage, leisten aber keinen Beitrag zur Verbesserung der Kapitalstruktur

---

[15] Z. B. in Höhe der ihnen zustehenden vermögenswirksamen Leistungen.

[16] Dieser kann fest oder auch variabel sein, d.h. von einem bestimmten Index wie Euribor abhängen.

[17] *C. v. Einem* in *Haarmann/Hemmelrath & Partner* (Hrsg.), Gestaltung und Analyse der Rechts- Wirtschafts- und Steuerberatung von Unternehmen, S. 389, 392.

[18] Das Mitarbeiterdarlehen muß vor dem Hintergrund des in § 3 Abs.1 KWG verankerten Werksparkassenverbotes nach § 1 Abs. 2 Nr. 6 SparPG vom 10. 2. 1982 (BGBl. I S.125) i.V.m. § 2 Abs. 1 des 5. Vermögensbildungsgesetzes vom 4. 3. 1994 (BGBl. I S. 406) durch eine Bankbürgschaft abgesichert werden.

des Unternehmens. Regelmäßig trägt ein Mitarbeiterdarlehen allenfalls in einem sehr beschränkten Umfang zu einer Stärkung der Identifikation des Arbeitnehmers mit seinem Unternehmen bei. Zudem trägt dieser das gesamte Zinsrisiko, zumindest wenn keine Mindestverzinsung vereinbart wurde. Zu berücksichtigen ist auch, daß gerade bei jungen Mitarbeitern, die möglicherweise am Anfang ihrer beruflichen Laufbahn stehen oder aus der Wissenschaft kommen, kein wesentliches Vermögen vorhanden ist, das sie der Gesellschaft zur Verfügung stellen können und daß umgekehrt bei dieser ein in Relation zu den Finanzierungsmöglichkeiten der Belegschaft überproportionaler Kapitalbedarf besteht. Gerade junge Unternehmen werden oftmals über Jahre hinweg planmäßig in hohem Umfang Verluste einfahren, so daß auch beim Darlehen keine gewinnabhängigen Ausschüttungen zu erwarten sind, die irgendeine Motivationswirkung auf die beschäftigten Darlehensgeber haben könnten.

b) Stille Beteiligung

Die stille Beteiligung von Mitarbeitern weist deutliche Parallelen zum partiarischen Darlehen auf, bewirkt aber in psychologischer Hinsicht aufgrund der gesellschaftsrechtlichen Beteiligung eine höhere Identifikation des Mitarbeiters mit dem Unternehmen, was wiederum einen höheren Motivationseffekt zur Folge haben sollte. Im Gegensatz zum partiarischen Darlehen hat der (typisch) still Beteiligte gesetzlich vorgesehene Kontrollrechte, die aber aufgrund der Nachgiebigkeit der §§ 230 ff. HGB weitgehend durch vertragliche Vereinbarungen abbedungen werden können. Im Falle der Vereinbarung einer atypischen stillen Beteiligung trägt der still Beteiligte dagegen zwingend neben der Mitunternehmerinitiative[19] auch ein Mitunternehmerrisiko, das seine gesamte Beteiligung erfaßt, die in vollem Umfang an einem Verlust teilnimmt. 14

Ansonsten teilt die stille Beteiligung die Nachteile des Mitarbeiterdarlehens, ohne in die Vorzüge der einfachen Struktur und Erklärbarkeit zu kommen. Schon insofern ist ein Mitarbeiterbeteiligungsmodell auf Basis einer stillen Beteiligung zumindest dann nicht sinnvoll, wenn es um eine größere Zahl von Mitarbeitern geht. In steuerlicher Hinsicht kommt attraktivitätsmindernd hinzu, daß im Bereich der Gewerbesteuer der Gewinnanteil des stillen Gesellschafters bei einem nicht gewerblichen Empfänger, d.h. hier den Arbeitnehmern, nicht abzugsfähig ist. Außerdem liegt im Falle der atypisch stillen Beteiligung steuerlich eine Mitunternehmerschaft vor, was zur Folge hat, daß auch das Gehalt des beteiligten Arbeitnehmers nicht mehr für Gewerbesteuerzwecke abzugsfähig ist.[20] 15

---

[19] So kann z.B. eine Reihe von Entscheidungen unter den Vorbehalt der Zustimmung des atypisch still Beteiligten gestellt werden.

[20] *C. v. Einem/Haarmann/Hemmelrath & Partner* (Hrsg.), Gestaltung und Analyse der Rechts- Wirtschafts- und Steuerberatung von Unternehmen, S. 389, 393.

c) Genußrechte

16 Demgegenüber bieten Genußrechte oder – in verbriefter Form – Genußscheine sehr flexible Möglichkeiten einer Mitarbeiterbeteiligung. Besonderer Vorteil neben der hohen Flexibilität ist auch, daß Genußrechte bei Bedarf auch als Eigenkapital strukturiert werden können und so die Bilanzstruktur verbessern. Je nach Struktur sind die Zahlungen an die Mitarbeiter im Rahmen der Gewinnbeteiligung steuerlich abzugsfähig oder auch nicht abzugsfähig.

3. Beteiligungen am Eigenkapital

17 In der KG kommt die Beteiligung der Mitarbeiter über die Gewährung von Kommanditanteilen in Betracht. Mit der Stellung als Kommanditist ist aber sowohl die Entfaltung der Mitunternehmerinitiative als auch die Übernahme von Unternehmensrisiken verbunden, was – wie im Falle der stillen Gesellschaft – die steuerliche Mitunternehmerschaft zur Folge hat und demnach dazu führt, daß das Gehalt des begünstigten Arbeitnehmers nicht mehr für Gewerbesteuerzwecke abzugsfähig ist. Im Ergebnis bietet sich ein solches Modell daher allenfalls für die leitenden Mitarbeiter in der KG an.

18 Demgegenüber ist in der GmbH die Überlassung von Gesellschaftsanteilen an alle Mitarbeiter ohne steuerlich schädliche Folgen für die Gesellschaft möglich. Nachteilig ist, daß die Übertragung von GmbH-Anteilen immer eine notarielle Beurkundung erfordert, was den Einsatz in einem großen Kreis von begünstigten Arbeitnehmern erschwert. Wie alle Beteiligungsformen, die auf einer direkten Beteiligung am Eigenkapital basieren, führt die Ausgabe von Gesellschaftsanteilen in den Mitarbeiterkreis zu einer Verwässerung des Beteiligungsbesitzes der Altgesellschafter, hat aber auch eine hohe Motivation und Identifikation mit dem Unternehmen zu Folge.

19 Bei der AG ist die Übertragung von Anteilen sehr viel problemloser als in der GmbH möglich. Außerdem ist die AG in ihrer organschaftlichen Struktur von vornherein auf einen großen Gesellschafterkreis ausgerichtet, so daß die Aufnahme von Arbeitnehmergesellschaftern ein nicht ganz so einschneidender Prozeß ist wie im Falle einer GmbH. Der Börsengang ermöglicht, Mitarbeiter über fungible, einfach zu übertragende Instrumente auf transparente Art und Weise am Unternehmen sowie seinem und damit auch an ihrem eigenen Erfolg zu beteiligen. Die an die Mitarbeiter auszugebenden Aktien kommen entweder aus einer Kapitalerhöhung, der Ausnutzung eines genehmigten Kapitals oder – sofern ein Unternehmen bereits börsennotiert ist – aus Rückkäufen von Aktien nach § 71 I Nr. 8 AktG im Rahmen der dort gesetzten Grenzen.

20 Aus dem Blickwinkel des Unternehmens ist der Finanzierungseffekt des Verkaufs von Aktien an die eigenen Mitarbeiter – von eventuellen

Vorzugspreisen einmal abgesehen – in gleicher Weise gegeben wie bei einem Verkauf an außenstehende Dritte. Der infolge von Vorzugskonditionen niedrigere Erlös aus dem Verkauf der Belegschaftsaktien wird durch den Wegfall sonst unvermeidlicher Kosten für Plazierung und Risikoübernahme durch die Banken, Road Shows, Werbung etc. zumindest teilweise kompensiert, so daß Belegschaftsaktien auch unter dem Blickwinkel der Finanzierung bei einer Netto-/Netto-Betrachtung je nach Ausgestaltung im Einzelfall durchaus interessant sein können. Für das Unternehmen und die Einflußmöglichkeiten von Altaktionären vorteilhaft ist auch die mit der Ausgabe von Belegschaftsaktien verbundene Streuwirkung. Infolge der besonderen Bindung der Belegschaftsaktionäre mit „ihrem" Unternehmen tendieren diese – unabhängig von der Bindungswirkung steuerrechtlicher Aspekte – auch nicht zur Mitnahme kurzfristiger Kursgewinne, sondern erweisen sich tendenziell als langfristig orientierte Anleger.[21]

Gemeinsam ist den genannten Beteiligungsformen, daß sie von der **21**
Rechtsform des jeweiligen Unternehmens abhängig sind und Kapitalstruktur und Liquiditätslage der Gesellschaft verbessern, sofern keine Übertragung von anderen Gesellschaftern erfolgt und die Anteile – wenngleich verbilligt, so doch – nicht gänzlich kostenfrei ausgegeben werden. Gleichzeitig führen sie zur höchsten Identifikation mit dem Unternehmen und damit auch zu einer hohen Motivierung. Andererseits geht der Arbeitnehmer beim Kauf von Aktien ein Kursrisiko ein, das grundsätzlich den gesamten investierten Betrag erfaßt, der im Konkursfall verloren sein kann. Dasselbe gilt grundsätzlich auch bei einer Investition in GmbH- oder KG-Anteile, abgesehen davon, daß hier Wertveränderungen nicht durch einen einfachen Blick in den Kursteil der Zeitung ersichtlich sind und außerdem eine Beteiligung nicht so liquide ist. Außerdem ist zu berücksichtigen, daß Arbeitnehmer oftmals gar nicht die Mittel haben, Unternehmensanteile in einem Umfang zu erwerben,[22] der eine attraktive Hebelwirkung auf ihre Vermögenssituation erlaubt und mit einem entsprechenden Motivationsschub verbunden ist.

---

[21] *W. Schürmann/K. Körfgen,* Familienunternehmen auf dem Weg zur Börse, S. 256, 144.

[22] Für den Fall, daß Mitarbeiter Anteile nicht selbst bezahlen können oder wollen, besteht u.U. die Möglichkeit der Finanzierung durch eine Bank, wobei sich das Problem der Besicherung ergibt. Wenn Banken börsennotierte Aktien regelmäßig mit maximal fünfzig Prozent des Kurswertes beleihen, so stellt sich das Problem bei nicht notierten Anteilen in verschärfter Form. In einzelnen Bundesländern gibt es Förderprogramme, in deren Rahmen Bürgschaftsbanken oder andere öffentlich-rechtliche Institute Garantien für Arbeitnehmerbeteiligungen übernehmen, im Regelfall begrenzt auf 80 Prozent der Kreditsumme. Dabei bietet es sich an, mit einer Bank einen Pool-Kreditvertrag zu schließen. Die Bürgschaft bleibt bis zum Börsengang bestehen, danach kann die Finanzierung gegebenenfalls durch einen Effekten-Lombardkredit abgelöst werden.

4. Stock Option Plan

22 Mit Optionsplänen werden bei richtiger Strukturierung die vorgenannten Nachteile einer direkten Beteiligung zumindest zum Teil ausgeräumt, die Vorteile aber erhalten. D.h., daß die von den einzelnen Mitarbeitern für den Erwerb der Optionen aufzubringenden Mittel und damit ihr persönliches Risiko sehr begrenzt sind.[23] Gleichzeitig kann der potentielle Ertrag so hoch angesetzt werden, daß der Motivationseffekt maximiert wird. Vor diesem Hintergrund wächst die Bedeutung von Aktienoptionsplänen nunmehr nach angelsächsischem Vorbild auch in deutschen Unternehmen, was auch darauf zurückzuführen ist, daß nach den Änderung des Aktiengesetzes durch das KonTraG nicht mehr der „Umweg" über die Ausgabe von Options- oder Wandelanleihen[24] oder synthetische Optionsrechte[25] erforderlich ist.[26]

[23] Die sehr viel höheren Aufwendungen bei einer späteren Ausübung können bei zwischenzeitlichen Kursgewinnen, d.h. einer deutlichen positiven Differenz zwischen Basispreis und Ausübungspreis entweder zwischenfinanziert oder durch einen vorzeitigen Verkauf der „im Geld" befindlichen Option ganz vermieden werden.

[24] Vor der Änderung des § 192 II AktG durch das KonTraG waren Stock Option Plans für Mitglieder von Vorstand in der aus den USA bekannten reinen Form der Ausgabe von Kaufoptionen nicht möglich, da nach § 192 AktG in der früher geltenden Fassung die Ausgabe „nackter Optionen" an Organmitglieder nicht zulässig war. Möglich war vielmehr nach § 192 II Nr. 3 AktG a.F. nur die Ausgabe von Bezugsrechten an Arbeitnehmer, die zum Bezug neuer Aktien gegen die Einlage von Geldforderungen berechtigten, welche den Arbeitnehmern aus einer ihnen von der Gesellschaft eingeräumten Gewinnbeteiligung zustanden. Da Organmitglieder, d.h. Mitglieder von Vorstand und Aufsichtsrat, nicht zum Kreis der Arbeitnehmer gehören, erfolgte die Einbindung von Mitgliedern des Vorstands in „Mitarbeiter"-Beteiligungsmodelle üblicherweise über Wandel- und Optionsanleihen.

[25] Bei synthetischen oder virtuellen Aktienoptionsrechten in Form sogenannter stock appreciation rights oder phantom stock erhalten die Begünstigten nicht das Recht auf Lieferung der Aktien, sondern auf Auszahlung der Differenz zwischen Basispreis und aktuellem Marktpreis bei Ausübung. Hierdurch hat der Begünstigte die Chance, an der Entwicklung des Aktienkurses zu partizipieren, ohne daß es für die Altaktionäre zu einem Verwässerungseffekt kommt. Nachteilig ist dagegen, daß die Gesellschaft, die Vertragspartner, d.h. Schuldner des entsprechenden Anspruchs ist, liquiditätsmäßig belastet wird, wobei eventuelle Belastungen aus diesen Rechten aber als Aufwendungen steuerlich geltend gemacht werden können. Näher hierzu *B. Pellens/N. Crasselt* in *B. Pellens* (Hrsg.), Unternehmenswertorientierte Entlohnungssysteme, S. 125, 131ff. Zu synthetischen Aktienoptionsmodellen vgl. auch *T. Isensee,* Mitarbeiteraktienoptionen – mehr als eine steuerliche Gewinnchance?, DStR 1999, S. 143, 146

[26] Einen Überblick über aktuelle Optionsprogramme deutscher Unternehmen und der Eckdaten findet sich bei *B. Pellens/N. Crasselt/C. Rockholtz* in *B. Pellens* (Hrsg.), Unternehmenswertorientierte Entlohnungssysteme, S. 1, 21ff.

a) Funktionsweise

23 Bei einem Stock Option Plan erhalten Mitarbeiter eines Unternehmens von ihrem Arbeitgeber Kaufoptionen[27] auf Aktien dieser Gesellschaft. Werden einem Mitarbeiter vom Arbeitgeber im Rahmen eines Stock Option Plans Aktienoptionen gewährt, verpflichtet sich der Arbeitgeber damit einseitig bis zur Fälligkeit der Option, dem Arbeitnehmer eine bestimmte Zahl von Aktien[28] zum Basispreis zu verkaufen. Da dem keine korrespondierende Verpflichtung des Mitarbeiters entspricht, ist die Inanspruchnahme des Arbeitgebers aus seiner Stillhalteposition ungewiß. Ungewiß ist damit auch, ob das Unternehmen in den Genuß des Kapitalzuflusses in Höhe des Basispreises kommt. Der Optionsinhaber wird die Option nämlich nur dann ausüben, wenn diese „im Geld" ist, d.h., der Börsenkurs den Basispreis übersteigt. Andernfalls wird er die Option am Ende der Laufzeit verfallen lassen.

b) Gesellschaftsrechtliche Aspekte

24 Die Auflegung von Aktienoptionsprogrammen für Mitarbeiter wurde durch das KonTraG deutlich erleichtert, indem die Bereitstellung der zur Bedienung im Ausübungsfall erforderlichen Aktien auf eine gesicherte gesetzliche Basis gestellt wurde. So hat die Gesellschaft im Falle der Ausübung der Option als deren Stillhalter, d.h. Anspruchsschuldner, nunmehr mehrere unterschiedlich attraktive Möglichkeiten zur Beschaffung der dann zu liefernden Aktien bzw. Sicherung der Verpflichtung zur Lieferung, wobei die Entscheidung für die eine oder andere Strategie nach Möglichkeit bereits bei Strukturierung des Programms getroffen werden sollte.

- **Rückkauf eigener Aktien**
  Zum einen können die zu liefernden Aktien von der Gesellschaft durch einen Rückkauf ausstehender Aktien nach § 71 I Nr. 2 AktG beschafft werden, sofern diese an Arbeitnehmer des Unternehmens oder aber verbundene Gesellschaften übertragen werden sollen. Die

---

[27] Mit einer Kaufoption erwirbt der Inhaber das Recht, aber nicht die Pflicht, innerhalb einer bestimmten Frist vom Stillhalter einen bestimmten Gegenstand oder ein Recht zu einem von vornherein festgesetzten Kurs (sogenannter Basispreis) zu kaufen. Demgegenüber ist mit einer Verkaufsoption das entsprechende Recht zum Verkauf verbunden. Auch hier beschränken sich die Verpflichtungen des Erwerbers der Option auf eine eventuell zu zahlende Optionsprämie. Verkaufsoptionen finden keine Anwendung im Zusammenhang mit Stock Option Plans.

[28] In der Mehrzahl der Fälle handelt es sich um Aktien des Arbeitgebers. Letztendlich können aber auch Aktien der Muttergesellschaft eines Konzerns oder aber eines fremden Unternehmens an die Mitarbeiter veroptioniert werden, was aber unter dem Gesichtspunkt der Motivation nur in Ausnahmefällen in Betracht gezogen werden sollte. *R. Portner/A. Bödefeld,* Besteuerung von Arbeitnehmer-Aktien-Optionen, DStR 1995, S. 629, 630.

zu diesem Zweck zurückzuerwerbenden Aktien müssen voll eingezahlt sein; ihr Nennbetrag darf mit dem der bereits im Besitz der Gesellschaft befindlichen Aktien 10 Prozent des Grundkapitals nicht übersteigen. Hierbei handelt es sich um eine reine Geschäftsführungsmaßnahme, für die keine Zustimmung der Hauptversammlung erforderlich ist. Dafür sind die im Rahmen dieser Ermächtigung erworbenen Aktien gemäß § 71 III 2 AktG innerhalb eines Jahres nach Erwerb an die Berechtigten auszugeben, was diese Ermächtigungsgrundlage für Stock Option Plans nur bedingt geeignet macht.

Alternativ hierzu können Aktien auch nach – dem sich mit § 71 I Nr. 2 AktG partiell überschneidenden – § 71 I Nr. 8 AktG beschafft werden.[29] Da nach dieser Vorschrift der Zweck des Rückkaufs insoweit nicht begrenzt ist, ist die Regelung nicht wie Nr. 2 nur zur Unterlegung klassischer Mitarbeiterbeteiligungsprogramme geeignet, sondern auch für die Beteiligungsmodelle für den Vorstand. Die Ermächtigung zum Kauf eigener Aktien nach § 71 I Nr. 8 AktG ist auf maximal zehn Prozent des Grundkapitals begrenzt. In zeitlicher Hinsicht ergibt sich bei einem Rückkauf nach § 71 I Nr. 8 AktG eine Befristung, nach der die Aktien innerhalb von 18 Monaten nach dem hier als Ermächtigungsgrundlage erforderlichen Hauptversammlungsbeschluß erworben sein müssen. Da für die nachfolgende Ausgabe bei Ausübung der Option keine zeitliche Befristung und die Aktien demnach unbegrenzt gehalten werden können, ist Nr. 8 des § 71 I AktG für Aktienoptionspläne grundsätzlich besser geeignet als dessen Nr. 2.[30]

Nachteilig am Aktienrückkauf ist, daß dieser Liquidität bindet und die Aktien zum vorher nicht bekannten Börsenkurs gekauft werden müssen. Problematisch ist auch, daß u.U. der Börsenkurs erst

---

[29] Zum Erwerb eigener Aktien allgemein vgl. *F. Leven* in *N. Frei/C. Schlienkamp,* Aktie im Aufwind, 209 ff.; *DAI,* Der Erwerb eigener Aktien durch die Gesellschaft – Stellungnahme für das Bundesministerium der Finanzen; *A. Schander,* Der Rückkauf eigener Aktien nach KonTraG und Einsatzpotentiale bei Übernahmetransaktionen, ZIP 1998, S. 2087 ff.; *G. Wiese,* Die steuerliche Behandlung des Aktienrückkaufs im Lichte des BMF-Schreibens vom 2. 12. 1998, DStR 1999, S. 187 ff.; *J. Thiel,* Bilanzielle und steuerrechtliche Behandlung eigener Aktien nach der Neuregelung des Aktienerwerbs durch das KonTraG, DB 1998, S. 1583 ff.; *G. Kraft/C. Altvater,* Die zivilrechtliche, bilanzielle und steuerliche Behandlung des Rückkaufs eigener Aktien, NZG 1998, S. 448 ff.

[30] Nach § 71 I Nr. 8 5 AktG gelten auch bei Aktienrückkäufen über § 71 I Nr. 8 AktG zum Zwecke von Mitarbeiterbeteiligungsprogrammen die entsprechend anzuwendenden §§ 186 III und IV, 193 II Nr. 4 AktG, wonach in dem Ermächtigungsbeschluß der Hauptversammlung auch die Aufteilung der Bezugsrechte auf Organe und Arbeitnehmer, Erfolgsziele, Erwerbs- und Ausübungszeiträume sowie eine mindestens zweijährige Wartezeit für die erstmalige Ausübung erforderlich ist.

durch die Rückkäufe in die Höhe getrieben werden und so die Optionen ins Geld kommen. Vorteilhaft ist demgegenüber, daß die entstehenden Kosten wie Zinsen oder Kursverluste[31] steuerlich als Aufwand geltend gemacht werden können.[32]

- **Kapitalerhöhung**
  Inwieweit eine Gesellschaft, die einen Stock Option Plan aufgelegt hat, bei Ausübung oder kurz vor dem Ausübungszeitpunkt bzw. einer festgelegten Ausübungsfrist bei infolge der zwischenzeitlichen Kursentwicklung absehbarer Ausübung die zu liefernden Aktien über eine Kapitalerhöhung unter Ausschluß des Bezugsrechts der Altaktionäre (be-)schaffen kann, hängt zum einen von der Frage ab, ob eine Gesellschaft eine Stillhalteposition in eigenen Aktien, d.h. die Verpflichtung zur Lieferung eigener Aktien ohne eine entsprechendes bedingtes Kapital überhaupt übernehmen darf, was im Ergebnis zu bejahen ist.[33] Unabhängig von der letztendlichen rechtlichen Beurteilung ist festzustellen, daß die Auflegung eines Stock Option Plans

---

[31] Die Veräußerung an die begünstigten Mitarbeiter wird regelmäßig unentgeltlich oder zu einem Kurs unterhalb des aktuellen Börsenpreises erfolgen. Da die Gesellschaft hier nicht neue Aktien ausgibt, sondern der Mitarbeiter bereits bestehende Mitgliedschaftsrechte erhält, stellt das Verbot der Unterpari-Emission kein Problem dar. Im übrigen darf die Gesellschaft nach § 71a 2 AktG ausnahmsweise den Erwerb der eigenen Aktien auch fremdfinanzieren oder – nach Ausübung der Option – für einen Kredit des Arbeitnehmers zum Erwerb der Aktien Sicherheit leisten, zumindest soweit diese bei einem Erwerb die nach § 272 IV HGB vorgeschriebene Rücklage für eigene Aktien bilden kann, ohne das Grundkapital oder eine nach Gesetz oder Satzung zu bildende Rücklage zu mindern, die nicht zu Zahlungen an die Aktionäre verwandt werden darf. *M. Peltzer,* Steuer- und Rechtsfragen bei der Mitarbeiterbeteiligung und der Einräumung von Aktienoptionen (Stock Options), AG 1996, S. 307, 309.

[32] *U. Seibert* in *B. Pellens* (Hrsg.), Unternehmenswertorientierte Entlohnungssysteme, S. 28, 35. Zu Bilanzierungs- und Steuerfragen vgl. auch *G. Kraft/C. Altvater,* Die zivilrechtliche, bilanzielle und steuerliche Behandlung des Rückkaufs eigener Aktien, NZG 1998, S. 448 ff.

[33] Es ist unstreitig, daß eine Gesellschaft entsprechende Stillhaltepositionen in Aktien dritter Unternehmen eingehen darf, soweit dem nicht entsprechende satzungsmäßige Begrenzungen, z.B. durch Einschränkungen des Unternehmenszwecks oder durch Begrenzung der Kompetenzen der Geschäftsführung, entgegenstehen. Demnach besteht kein Grund, die Fähigkeit der Gesellschaft zur Übernahme der Verpflichtung der Lieferung eigener Aktien grundsätzlich abzulehnen. Solange kein entsprechendes bedingtes Kapital besteht, hat die Gesellschaft – wie bei Übernahme einer entsprechenden Stillhalteposition in Aktien eines anderen Unternehmens – schlicht und einfach eine offene Position mit entsprechenden Risiken, die im Falle der Ausübung alternativ in den Grenzen des § 71 AktG durch den Rückkauf eigener Aktien oder aber durch eine Kapitalerhöhung gedeckt werden kann. Die Frage ist nicht ausdiskutiert. Ein Argument, das der hier vertretenen Ansicht entgegengehalten werden könnte, wäre, daß sowohl Rückkauf als auch Kapitalerhöhung mit ihrem Verwässe-

ohne entsprechendes genehmigtes oder bedingtes Kapital in der Absicht der Durchführung einer späteren Kapitalerhöhung im Vergleich zu den nachstehend beschriebenen Alternativen schon aus rein praktischen Erwägungen nicht zu empfehlen ist, da sie keine Vorteile bietet und andererseits nur die beschriebenen Unsicherheiten beinhaltet.

- **Bedingtes Kapital**
  Gemäß § 192 AktG in der durch das KonTraG geänderten Fassung kann die Bereitstellung der im Ausübungsfall notwendigen Aktien bereits bei Auflegung des Stock Option Plans durch Schaffung eines bedingten Kapitals gewährleistet werden, das sich für Optionsprogramme auch deshalb besonders eignet, da hier nicht wie beim genehmigten Kapital für die Ausübung eine Fünfjahresfrist gilt.[34] Danach kann die Hauptversammlung mit satzungsändernder Mehrheit[35] eine Erhöhung des Grundkapitals beschließen, die nur soweit durchgeführt werden soll, wie von einem Bezugsrecht Gebrauch gemacht wird, das die Gesellschaft auf neue Aktien eingeräumt hat, wobei die bedingte Kapitalerhöhung nach § 192 II Nr. 3 AktG nur zum Zwecke der Gewährung von Bezugsrechten an Arbeitnehmer und die Mitglieder der Geschäftsführung der Gesellschaft und verbundener Unternehmen im Wege des Zustimmungs- oder Ermächtigungsbeschlusses beschlossen werden soll.[36] Inwieweit danach auch der Aufsichtsrat begünstigt werden kann, ist davon abhängig, ob die Formulierung des § 192 II Nr. 3 AktG „soll nur zu folgenden Zwecken beschlossen werden", abschließend ist, was die h.M. bejaht.[37]

---

rungseffekt unabdingbar im Ermessen der Hauptversammlung zu stehen haben und der Vorstand auch nicht entsprechende pekuniäre Risiken eingehen darf.

[34] Wie beim genehmigten Kapital besteht die Begrenzung auf maximal 50 Prozent des bei Beschlußfassung ausstehenden Grundkapitals. Da bei der Strukturierung von Mitarbeiterbeteiligungsmodellen schon aus Gründen des Verwässerungsschutzes regelmäßig nicht mehr als fünf bis zehn Prozent des Grundkapitals für eine Veroptionierung vorgesehen werden, stellt diese Beschränkung kein Problem dar.

[35] Vgl. § 193 I 1 AktG.

[36] Die früher bestehende Einschränkung, nach der die Gewährung von Bezugsrechten gegen die Einlage von Geldforderungen aus einer Gewinnbeteiligung erfolgte, hatte dazu geführt, daß die Ermächtigungsgrundlage nur begrenzte praktische Anwendung gefunden hat, und wurde daher fallengelassen.

[37] *U. Hüffer,* AktG, § 192 Rdnr. 8 m.w.N. So auch die Begründung des Gesetzentwurfs, „da der Aufsichtsrat dann die weiteren Bedingungen für sich selbst festsetzen müßte". Unabhängig hiervon soll eine analoge Anwendung des § 192 II AktG nicht ausgeschlossen sein.

Von einzelnen wird auch bezweifelt, ob unter Berücksichtigung von Sinn und Zweck der Optionsregelung die Ausgabe von Optionen an Mitglieder des Aufsichtsrats einer Rechtfertigung zugänglich ist, da der Aufsichtsrat wegen sei-

Nach der Mindermeinung haben aber einige Amtsgerichte bedingte Kapitalerhöhungen für Mitarbeiterbeteiligungsprogramme unter Einbeziehung von Aufsichtsratsmitgliedern eingetragen.[38]

Bei der Beschlußfassung über die Schaffung des bedingten Kapitals empfiehlt sich zur Wahrung eines Durchführungsspielraums die Fassung eines Ermächtigungsbeschlusses,[39] da die Ausgabe der Optionsrechte in einem unmittelbaren Zusammenhang mit dem Zeitpunkt der Hauptversammlung geschehen müßte. Wird statt eines Zustimmungsbeschlusses ein Ermächtigungsbeschluß getroffen, hat die Verwaltung mehr Flexibilität hinsichtlich des Ob und des Zeitpunkts der Auflegung eines Aktienoptionsplans, da dann zu den Eckpunkten des Optionsplans nicht kalendermäßig bestimmte Angaben erforderlich sind, sondern bestimmbare Zeitangaben ausreichend sind. Vor dem Hintergrund einer möglichen Befangenheit der begünstigten Organe müssen die für die Anteilseigner wesentlichen Eckdaten[40] des Optionsrechts im Hauptversammlungsbeschluß geregelt sein.

In der Natur der bedingten Kapitalerhöhung als Basis für Mitarbeiterbeteiligungsmodelle liegt, daß ein allgemeines Bezugsrecht der Aktionäre ausgeschlossen ist, ohne daß dies gesetzlich nochmals geregelt werden müßte.[41] Wenngleich ein Bericht des Vorstands zum Ausschluß des Bezugsrechts der Altaktionäre nach § 186 IV 2 AktG

ner eigenen Beteiligung am Stock Option Plan nicht unvoreingenommen über die Ausgabekonditionen beschließen könne, wobei der Einwand insbesondere dann gälte, wenn ein Ermächtigungsbeschluß vorgesehen wird, der dem Aufsichtsrat einen Gestaltungsspielraum beläßt. *K. Martens,* Eigene Aktien und Stock Options in der Reform, AG Sonderheft 1997, S. 83, 89.

[38] Nachweise bei *U. Hüffer,* AktG, § 192 Rdnr. 8 m.w.N. Die Begünstigung von Mitgliedern des Aufsichtsrats ist demnach mit einem Anfechtungsrisiko behaftet, das aber zeitlich sehr stark, nämlich auf einen Zeitraum von einem Monat begrenzt ist (vgl. §§ 242 ff., 246 I AktG) und zudem sehr stark vom Aktionärskreis abhängt. Unabhängig vom Verstreichen der Anfechtungsfristen und einer etwaigen Löschung des Beschlusses gemäß § 144 FGG führt die Rechtswidrigkeit der Ausgabe von Stock Options an Mitglieder des Aufsichtsrats und externe Berater auch zu einem Vollzugsverbot der bedingten Kapitalerhöhung. Der Vorstand ist demnach im Falle der Ausübung der eingeräumten Optionen nicht zur Ausgabe von Aktien berechtigt. Tut er dies doch, verstößt er gegen § 199 AktG. Näher hierzu sowie zu den möglicherweise bestehenden Schadensersatzpflichten vgl. *L. Zimmer,* Die Ausgabe von Optionsrechten an Mitglieder des Aufsichtsrats und externe Berater, DB 1999, S. 999, 1002, der die gesetzgeberische Entscheidung des Ausschlusses zu Recht kritisiert und fordert, daß das Instrument der reinen Bezugsrechte auch gegenüber Aufsichtsräten und externen Beratern genutzt werden kann.

[39] Vgl. § 192 II Nr. 3 2. Alt. AktG.

[40] Vgl. hierzu § 18 III. 4. c) Strukturierung und Eckdaten.

[41] Gesetzesentwurf zum KonTraG, Zu Nummern 24 und 25 – §§ 192 und 193 AktG (S. 66).

damit nicht ausdrücklich vorgesehen ist, wird der Vorstand der Hauptversammlung, der er einen Beschluß[42] über die Schaffung eines bedingten Kapitals vorschlägt, nähere Erläuterungen einschließlich einer mehr oder weniger ausführlichen Begründung geben müssen, da die Anteilseigner ein Aktienoptionsprogramm für Mitarbeiter nur bewilligen werden, wenn sie die Erwartung teilen, daß der Verwässerungseffekt durch die erzielbare Kurssteigerung zumindest kompensiert wird.

- **Genehmigtes Kapital**
  Alternativ zum bedingten Kapital kann die Lieferverpflichtung aus einem Aktienoptionsprogramm auch über ein genehmigtes Kapital nach §§ 202 ff. AktG abgesichert werden.[43] Damit ergibt sich gegenüber dem bedingten Kapital noch kein Vorteil. Beschränkt nachteilig wirkt allerdings, daß die Ermächtigung des Vorstands, mit Zustimmung des Aufsichtsrats die Aktien auszugeben, auf fünf Jahre nach Eintragung der Satzungsänderung beschränkt ist.[44] Da beim genehmigten Kapital das Bezugsrecht der Aktionäre nicht wie beim bedingten Kapital per se ausgeschlossen ist, gelten insbesondere die Vorschriften des § 186 III und IV AktG und die sonstigen Anforderungen an den Ausschluß des Bezugsrechts.

c) Strukturierung und Eckdaten

25 Im Falle der Verwendung eines bedingten Kapitals muß der Beschluß der Hauptversammlung nach § 193 II AktG neben dem Zweck des be-

---

[42] Zum Inhalt vgl. § 18 III. 4. c) Strukturierung und Eckdaten.

[43] In § 202 IV AktG ist vorgesehen, daß die neuen Aktien auch an Arbeitnehmer ausgegeben werden können. Nach *U. Hüffer* (Aktienbezugsrechte als Bestandteil der Vergütung von Vorstandsmitgliedern und Mitarbeitern – Gesellschaftsrechtliche Analyse, ZHR 1997, S. 214, 221) kann das genehmigte Kapital allenfalls in Ausnahmefällen für Optionsmodelle zugunsten des Vorstands herangezogen werden, da nach § 112 AktG die Gesellschaft gegenüber den Vorstandsmitgliedern vom Aufsichtsrat vertreten werde und die Aktienausgabe zu Gunsten des Vorstands daher regelmäßig nicht auch in seinen Händen liegen könne. Eine Ausnahme gelte nur dann, wenn durch einen Hauptversammlungsbeschluß sämtliche Bedingungen der Aktienausgabe bereits als Ermächtigung festgelegt werden. Dem ist im Ergebnis zuzustimmen, da es sich bei der Übertragung der Aktien nach Ausübung der Option lediglich um ein reines Erfüllungsgeschäft handelt, das zudem nach § 202 III 2 AktG der Zustimmung des Aufsichtsrats bedarf, so daß die Voraussetzungen des § 112 AktG erfüllt sind und der Vorstand bei der Übertragung lediglich als ausführendes Werkzeug angesehen werden kann. Da diese Voraussetzungen aber relativ einfach zu erfüllen sind, muß die Einbeziehung eines genehmigten Kapitals in die Absicherung eines Stock Option Plans nicht die Ausnahme bleiben.

[44] § 202 I und II 1 AktG. Wie beim bedingten Kapital besteht eine Begrenzung auf fünfzig Prozent des ausstehenden Grundkapitals, was in der Praxis aber ebensowenig wie dort ein Problem darstellt.

dingten Kapitals, dem Nennbetrag und der Aktienart sowie dem Ausübungspreis die nachstehenden Eckdaten umfassen, die aber auch bei Optionsplänen auf anderer Basis Kernpunkte des Mitarbeiterbeteiligungsprogramms sind.

- **Bezugsberechtigte**

  Nach der neu mit dem KonTraG eingeführten Nr. 4 des § 193 II AktG muß der Beschluß Angaben über die Aufteilung der Optionsrechte auf die Mitglieder der Geschäftsführung und die Arbeitnehmer beinhalten, wobei eine prozentuale Aufteilung des Gesamtvolumens auf einzelne Gruppen genügen soll.[45]

  Aktienoptionspläne werden vornehmlich für den Vorstand und die darunterliegende(n) Führungsebene(n) einer Gesellschaft konzipiert. Diese Gruppen haben zum einen die unmittelbarsten und stärksten Einflußmöglichkeiten auf den Aktienkurs. Zum anderen eignet sich die Entwicklung des Aktienkurses gerade im Falle des Vorstands in besonderem Maße zur Beurteilung dessen Leistung. In den unteren Hierarchieebenen waren und sind Stock Option Plans bislang eher die Ausnahme, nicht zuletzt, da sich hier die Leistung des Mitarbeiters in der Regel durch andere Parameter genauer bestimmen und honorieren läßt. Andererseits werden nunmehr auch in Deutschland gerade in jungen High-Tech-Firmen, die an die Börse streben, verstärkt Aktien Options Pläne für maßgebliche Teile der Belegschaft aufgelegt.[46] Feste Verteilungsmodi haben sich hier noch nicht etabliert. Mögliche Orientierungspunkte für die Verteilung sind neben den Hierarchiestufen des Unternehmens vor allem Einkommen und Einkommensstufen, Funktion sowie die Dauer der Betriebszugehörigkeit.[47] Der Aufsichtsrat kann auch nach der durch das KonTraG eingeführten Neuregelung nicht Begünstigter eines Stock Option Plans sein, da er dann die weiteren Bedingungen für sich selbst festsetzen müßte.[48]

---

[45] Gesetzentwurf zum KonTraG, zu Nummer 24 und 25 – §§ 192 und 193 AktG (S. 64).

[46] Dies gilt in zunehmendem Maße auch für nicht notierte Neugründungen im High-Tech-Bereich.

[47] Zur Abgrenzung und Ausgestaltung spezieller Optionsmodelle für Führungskräfte vgl. *K. Wagner,* Führungskräftebeteiligungsmodelle: Bausteine unternehmerischer Führung auch außerhalb von Shareholder Value, NZG 1998, S. 127 ff.

[48] *U. Seibert* in *B. Pellens* (Hrsg.), Unternehmenswertorientierte Entlohnungssysteme, S. 28, 42. Dies heißt aber nicht, daß die Arbeitnehmervertreter in ihrer Eigenschaft als Arbeitnehmer nicht am Mitarbeiterbeteiligungsprogramm partizipieren könnten. *M. Peltzer* Steuer- und Rechtsfragen bei der Mitarbeiterbeteiligung und der Einräumung von Aktienoptionen (Stock Options), AG 1996, S. 307, 309; *K. Kohler,* Stock Options für Führungskräfte aus der Sicht der Praxis, ZHR 1997, S. 246, 265 f.; *D. Weiß,* Aktienoptionsprogramme nach dem KonTraG, WM 1999, S. 353, 356 f.

- **Laufzeit und Ausübungsfristen**
  Vor dem Hintergrund des beabsichtigten Motivationseffekts weisen Mitarbeiteroptionsprogramme regelmäßig Laufzeiten von fünf bis zehn Jahren auf. Von der Laufzeit selbst als dem Ende des Ausübungszeitraums strikt zu trennen ist der Zeitpunkt, von dem an die Option ausgeübt werden kann sowie der Zeitpunkt, ab dem beim Ausscheiden des Arbeitnehmers aus dem Arbeitsverhältnis die Option nicht mehr verfällt bzw. von diesem nicht mehr zurückgegeben werden muß.[49] Der Zeitpunkt der möglichen Erstausübung sollte aus Gründen der Verhaltenssteuerung nicht zu kurz angesetzt werden. Im Falle der Verwendung eines bedingten Kapitals hat die Wartezeit bis zur erstmaligen Ausübung nach § 193 II Nr. 4 AktG ohnehin mindestens zwei Jahre zu betragen.[50] In diesem Zusammenhang können auch „Ausübungsfenster" für die Ausübung der Option und den Verkauf der bezogenen Aktien festgesetzt werden, z.B. der Zeitraum zwischen Vorlage eines Geschäfts- oder Zwischenberichts und drei Wochen danach, die die Einhaltung der Insidervorschriften sicherstellen sollen.[51]
- **Erfolgs- und Kursziele**
  Vor dem Hintergrund der zum Teil heftigen Kritik, die an Stock Option Plans deutscher Unternehmen geäußert wurde,[52] sollte bei deren Strukturierung die Festsetzung erfolgsbezogener Komponenten oder Ausübungsschwellen in Form von Kurszielen in Erwägung gezogen werden, wenngleich diese vom Gesetz nicht zwingend vorgegeben sind. Die Festsetzung von Ausübungsbedingungen, die sich an der relativen Wertentwicklung der Aktie orientieren, vermeidet sogenannte Windfall Profits, die ansonsten erzielt werden könnten. Wird das Recht zur Ausübung als solches oder aber der Ausübungskurs in Relation zum Gesamtmarkt gebracht, so wird die Leistung der begünstigten Mitarbeiter nicht nur bei absolut steigenden Kursen und Indices honoriert, sondern auch bei einer relativ besseren Entwicklung des Aktienkurses bei einem fallenden Gesamtmarkt.[53]

---

[49] Sogenannte „vesting period".

[50] Die Bundesregierung ging nach den Anhörungen im Vorfeld des KonTraG von einer sinnvollen Regel-Erstausübung nach drei Jahren aus, die nur in besonderen Fällen, etwa bei sehr innovativen Unternehmen mit sehr kurzen Produktzyklen unterschritten werden sollte. Gesetzesentwurf zum KonTraG, S. 64.

[51] Vgl. hierzu § 15 III. 7. Stock Option Pläne.

[52] Die Kritik fußt schwerpunktmäßig darauf, daß die Optionsinhaber bei einem nicht in irgendeiner Form indexierten Optionsplan ohne nachweisbaren Leistungsbeitrag auch dann auf Kosten der Aktionäre profitieren, wenn allein das allgemein positive Börsenklima den Gesamtmarkt nach oben treibt und damit auch die Aktie des Unternehmens nach oben gespült wird, ohne daß dessen spezifische Leistungen tatsächlich verbessert wurden.

[53] *B. Rödl/T. Zinser,* Going Public, S. 228 f. Zur Festsetzung des Ausübungs-

5. Steuerliche Behandlung

Die Attraktivität jedes Mitarbeiterbeteiligungsprogramms wird maßgeblich von der steuerrechtlichen Behandlung der Leistungen im Rahmen des Programms bzw. der Erträge auf seiten des Begünstigten[54] bestimmt. Im Rahmen eines Stock Option Plans bieten sich zunächst einmal mehrere mögliche Anknüpfungspunkte für die Steuerpflichtigkeit von Leistungen oder Erträgen, nämlich 26

- die Einräumung des Optionsrechts,
- die Ausübung des Optionsrechts durch Bezug der Aktien sowie
- die spätere Veräußerung der bezogenen Aktien.

Dabei ist eindeutig, daß ein Kursgewinn, d.h. die Differenz zwischen Bezugskurs und Verkaufspreis abzüglich eventueller Kosten, vom Mitarbeiter bei Veräußerung der bezogenen Aktien zu versteuern ist, wenn der Verkauf der Aktien noch innerhalb der Spekulationsfrist des § 23 I Nr. 1b EStG nach Ausübung der Option bzw. nach Bezug der Aktien erfolgt. Demnach bestehen beim Kauf von Aktien über die Ausübung einer Option und dem Verkauf dieser Aktien innerhalb der Spekulationsfrist keinerlei Besonderheiten. Eindeutig ist auch, daß bei einem Verkauf der Option selbst der Ertrag voll zu versteuern ist, falls der Verkauf innerhalb der Spekulationsfrist erfolgt.[55] 27

Gegenstand der Diskussion ist lediglich, ob davor – und zusätzlich – bereits die Einräumung des Optionsrechts oder erst dessen Ausübung als Arbeitslohn i.S.d. § 19 EStG zu versteuern ist, was maßgebliche Bedeutung für die Höhe der Steuerlast haben kann, da der Wert einer dem Arbeitnehmer vom Arbeitgeber „geschenkten" Option zumindest dann niedriger ist als ein späterer Gewinn, wenn sich der Unternehmenswert positiv entwickelt. 28

a) Rechtsprechung

Die unentgeltliche oder verbilligte Übertragung von Optionen auf Aktien stellen Arbeitslohn i.S.d. § 19 EStG dar, wenn die Veranlassung 29

kurses und dessen Indexbindung vgl. *F. Leven* in *N. Frei/C. Schlienkamp* (Hrsg.), Aktie im Aufwind, S. 185, 195 ff.

[54] Dies gilt natürlich auch für die steuerliche Behandlung auf seiten der Gesellschaft, d.h. des Arbeitgebers. Im Gegensatz zu sogenannten Stock Appreciation Rights, wie sie beispielsweise von der SAP AG eingeführt wurden, berührt der hier diskutierte Stock Option Plan nicht die Gewinn- und Verlustrechnung der Gesellschaft und ist damit von dieser nicht auf steuerlich absetzbar, belastet dafür aber auch das in das KGV einfließende Ergebnis. Vgl. auch *H. Spegel,* Beredete Stille, Wiwo vom 13. Mai 1999, S. 171 f.

[55] Regelmäßig wird ein solcher Verkauf gar nicht möglich oder zumindest nicht sinnvoll sein, da der für den Arbeitnehmer maßgebliche Zweck der Motivation der Mitarbeiter nur bei einer längerfristigen Bindung der Begünstigten erzielt werden kann und Unternehmen daher eine vorzeitige Übertragung der Optionen entweder unterbinden oder massiv pönalisieren.

für die Überlassung im Arbeitsverhältnis wurzelt und durch die Überlassung ein geldwerter Vorteil zugewendet wird.[56] Nach der Rechtsprechung des BFH werden Güter und andere geldwerte Vorteile dann als geldwerte Vorteile erfaßt, wenn sie dem Arbeitnehmer zugeflossen sind. Ein Zufluß wird bereits in der Einräumung der Optionen gesehen, wenn es sich bei diesen um ein verkehrsfähiges Wirtschaftsgut handelt. Voraussetzung hierfür ist, daß diese Optionen frei handelbar sind. Dabei spielt keine Rolle, daß die Optionen nur auf die Arbeitnehmer beschränkt werden. Entscheidend ist vielmehr, daß diese ohne Einschränkungen an Dritte veräußerbar sind.[57]

30 Unter Berücksichtigung dieser Abgrenzungskriterien erfolgt nach der Rechtsprechung des BFH bei Stock Option Plans der nach § 19 EStG steuerpflichtige Vermögenszufluß regelmäßig nicht bereits im Zeitpunkt der Einräumung des Optionsrechts, sondern erst bei Ausübung der Option, da der BFH eine Option, über die der Arbeitnehmer nicht frei verfügen kann, nicht als verkehrsfähiges Wirtschaftsgut, sondern lediglich als Chance zum preisgünstigen Aktienerwerb sieht. Dabei ist völlig offen, ob die Option später auch tatsächlich ausgeübt wird.[58] Nach dieser Ansicht realisiert der Arbeitnehmer den ihm bis zu diesem Zeitpunkt nur als reine Möglichkeit gebotenen Vorteil erst durch die Ausübung der Option, der ihm dann durch den in Relation zum Börsenkurs preisgünstigen Erwerb der Aktien wirtschaftlich als steuerpflichtiger Arbeitslohn i.S.d. § 19 I Nr. 1 EStG tatsächlich zufließe.[59] Konsequenz dieser Betrachtungsweise ist, daß die Einräumung des Optionsrechts steuerfrei bleibt und erst bei Ausübung der Option der tatsächlich erzielte Vorteil in Form der Differenz zwischen Basispreis der Option und aktuellem Aktienkurs als geldwerter Vorteil nach § 19 I Nr. 1 EStG zu versteuern ist. Im Ergebnis werden damit Wertsteigerungen des Unternehmens während der Laufzeit der Option erfaßt.

31 Vorteil dieser Betrachtungsweise ist für den Begünstigten, daß ihn die Steuerlast nur dann trifft, wenn er tatsächlich einen Gewinn hieraus erzielen kann, d.h. in jedem Fall erst zu einem späteren Zeitpunkt und

---

[56] *H. Pflüger* in *C. Herrmann/G. Heuer/A. Raupach,* EStG, KStG § 19 EStG Rdnr. 210; BFH-Urteil vom 19. Juli 1996 VI R 19/96, BFH/NV 1997, S. 179.

[57] *W. Haas/H. Pötschan,* Ausgabe von Aktienoptionen an Arbeitnehmer und deren lohnsteuerliche Behandlung, DB 1998, S. 2138, 2139.

[58] BFH, Beschluß vom 23. Juli 1999 VI B 116/99, DB 1999, S. 1932 f., sowie BFH vom 10. März 1972 VI R 278/68, BStBl. II 1972, S. 596; wegen eines Überblicks über Rechtsprechung und Literatur vgl. *R. Portner/A. Bödefeld,* Besteuerung von Arbeitnehmer-Aktien-Optionen, DStR 1995, S. 629 ff.

[59] Die Einräumung der Option sei so mit der Gewährung einer Gewinnchance vergleichbar, bei der die Rechtsprechung erst bei der Ausübung des Rechts einen Vermögenszufluß sieht, nicht aber schon bei Einräumung des Rechts. BFH vom 26. Juli 1985, BFH/NV 1986, S. 306.

auch nur dann, wenn die Option tatsächlich „ins Geld gekommen" ist. Unabhängig hiervon ist zu berücksichtigen, daß den Begünstigten die Steuerlast damit zu einem Zeitpunkt trifft, zu dem zwar sein Beteiligungsbesitz einen hohen Wert haben mag, letztendlich aber in hohem Maße illiquide sein kann oder der Begünstigte aus anderen Gründen kein Interesse daran haben könnte, diese Beteiligung zu versilbern. Die sogenannte Endversteuerung kann daher im Falle einer positiven Entwicklung des Unternehmenswerts eine sehr viel höhere Bemessungsgrundlage für die Besteuerung zur Folge haben als dies der Fall wäre, wenn bereits der tatsächliche Wert der Option zum Zeitpunkt deren Übertragung an den Begünstigten versteuert würde.

b) Münchener Modell

Infolge der vorstehend beschriebenen negativen Konsequenzen der Endbesteuerung wurde in der Praxis bei der Strukturierung von Stock Option Plans versucht, diese zu vermeiden und statt dessen bereits die Einräumung des Optionsrechts steuerpflichtig zu machen.[60] Dabei wurde darauf abgestellt, daß nach wohl einhelliger Meinung[61] eine Option als geldwertes Gut anzusehen ist, wenn diese „verkehrsfähig" ist, d.h. der Berechtigte völlig frei und ohne vorausgehende Erfüllung weiterer Bedingungen durch Übertragung unter Lebenden und von Todes wegen über das ihm eingeräumte Recht verfügen kann.[62] So wird ein nach § 19 EStG sofort steuerpflichtiger Zufluß in Höhe des Wertes der Option bei deren Einräumung angenommen, wenn das Recht übertragbar ist oder wenn der Arbeitnehmer hierfür etwas aufgewendet hat.[63] Bei 32

[60] Die Struktur stammt aus der Münchener Venture-Capital-Szene, was ihm den Namen „Münchener Modell" eingebracht hat. In Bayern war das Modell zeitweise anerkannt und sollte bis zu einer bundeseinheitlichen Regelung implementiert werden. *W. Haas/H. Pötschan,* Ausgabe von Aktienoptionen an Arbeitnehmer und deren lohnsteuerliche Behandlung, DB 1998, S. 2138 ff. Nach *L. Knoll* (Besteuerung von Stock Options – Anmerkungen zu einer juristischen Frontlinie im ökonomischen Niemandsland, StuW 1998, S. 133) ist die Vorverlagerung des Besteuerungszeitpunkts ökonomisch unsinnig. Die Ansicht ist nicht haltbar, da sie auf der falschen Behauptung basieren, im Durchschnitt führten Anfangs- und Endbesteuerung zu derselben steuerlichen Belastung.

[61] *B. Thürmer* in *K. Ebling* (Hrsg.), *Blümich,* EStG, KStG, GewStG, Rdnr. 280 zu § 19 EStG unter „Ankaufsrecht"; *Giloy* in *P. Kirchhof/H. Söhn* (Hrsg.), EStG, Rdnr. B 1000 zu § 19.

[62] BFH vom 26. Juli 1985, BFH/NV 1986, S. 306; Finanzgericht München vom 29. Juli 1981, EFG 1982, S. 179.

[63] *H. Pflüger* in *C. Herrmann/G. Heuer/A. Raupach* (Hrsg.), EStG, KStG, Stichwort Ankaufsrecht, § 19 EStG Rdnr. 400; *L. Schmidt,* Kommentar zum EStG, § 19 Rdnr. 50, Stichwort Ankaufsrecht; *C. v. Einem, Haarmann, Hemmelrath & Partner* (Hrsg.), Gestaltung und Analyse der Rechts-, Wirtschafts- und Steuerberatung von Unternehmen, S. 389, 399.

Nach der weitergehenden Auffassung von *R. Portner/A. Bödefeld* (Besteuerung

dieser Konstruktion erlangt der Begünstigte bereits im Zeitpunkt der Einräumung der Option ein verkehrsfähiges Wirtschaftsgut und muß lediglich den tatsächlichen Wert des Optionsrechts im Rahmen der sogenannten Anfangsbesteuerung versteuern. Wertsteigerungen nach Übertragung der Option entstehen beim begünstigten Arbeitnehmer im Privatvermögen und stellen keinen lohn- oder einkommensteuerlich zu erfassenden Arbeitslohn dar.[64] Diesem Vorteil steht neben der liquiditätsmäßigen Belastung des Begünstigten durch die Steuerpflicht bei Einräumung auch gegenüber, daß dieser den ihm zugeflossenen Wert der Option auch dann zu versteuern hat, wenn diese unausgeübt und wertlos verfallen sollte.

33 Zu berücksichtigen ist in diesem Zusammenhang natürlich, daß der wesentliche Grund eines Mitarbeiterbeteiligungsmodells darin besteht, den Begünstigten im Unternehmensinteresse zu motivieren und daß dieser Motivationseffekt nur dann erzielbar ist, wenn der Begünstigte die Option über einen längeren Zeitraum halten muß. Die Frage, inwieweit die Übertragungsmöglichkeiten eingeschränkt werden können, ohne daß dies in steuerrechtlicher Hinsicht zum Verlust der Verkehrsfähigkeit und damit zum Eintritt der Endbesteuerung führt, ist nicht abschließend geklärt. Auch hat die Finanzverwaltung hierzu nicht einheitlich Stellung bezogen. So scheinen einzelne Bundesländer grundsätzlich eine Endversteuerung zu favorisieren, wohingegen die Finanzbehörden anderer Länder in jüngerer Zeit bei bestimmten Stock Option Plans zugunsten einer Anfangsbesteuerung entschieden hatten.[65]

34 Letztendlich dürfte das Münchener Modell vor dem Hintergrund

---

von Arbeitnehmer-Aktien-Optionen, DStR 1995, S. 629) ist eine Option unabhängig von etwaigen Verfügungsbeschränkungen immer als geldwertes Gut anzusehen, so daß es immer zu einer Anfangsbesteuerung im Zeitpunkt der Einräumung der Option kommen müßte.

[64] *W. Haas/H. Pötschan,* Ausgabe von Aktienoptionen an Arbeitnehmer und deren lohnsteuerliche Behandlung, DB 1998, S. 2138, 2139.

[65] Nach Ansicht des Bayerischen Finanzministeriums (Koordinierter Ländererlaß vom 19. Mai 1971, 2340 – 16/3 – 23.479, LStK 1977, EStG F7 K 5) ist jeweils auf die Konstellation des Einzelfalls abzustellen. Dabei dürften Klauseln, nach denen die Option nur persönlich ausgeübt werden darf, an ein bestehendes Dienst- oder Arbeitsverhältnis geknüpft ist oder andere persönliche Verfügungsbeschränkungen vorsehen, der Verkehrsfähigkeit bzw. selbständigen Bewertbarkeit der Option entgegenstehen und somit eine Endbesteuerung zur Folge haben. Demgegenüber sollte unschädlich sein, den Mitarbeiter zu verpflichten, den Vorstand der Gesellschaft schriftlich über eine Veräußerung, Abtretung, Verpfändung oder sonstige Belastung von Optionsrechten zu informieren und der Gesellschaft in einem solchen Fall ein Vorkaufsrecht einzuräumen. Unschädlich sollte regelmäßig auch sein, für den Fall der Beendigung des Arbeitsverhältnisses die Möglichkeit einer entschädigungspflichtigen Einziehung der Option vorzusehen, sofern die Entschädigung dem wahren Wert der Option entspricht. Zeitliche Verfügungsbeschränkungen, sei es für die Ausübung oder eine Übertragung

des jüngsten BHF-Beschlusses[66] bis auf weiteres keine Bedeutung mehr entfalten und eine Anfangsbesteuerung nur noch in Ausnahmefällen erreichbar sein.

Daß dieses Ergebnis unbefriedigend ist, ist in Anbetracht der Vorteile der Anfangsbesteuerung für die Begünstigten offensichtlich. Es kann auch nicht verhohlen werden, daß seine Begründung wenig überzeugend ist und das Abstellen auf den Zufluß eines verkehrsfähigen Wirtschaftsguts hier den wirtschaftlichen Realitäten nicht gerecht wird. Dies wird offensichtlich, wenn man die geschilderten steuerlichen Konsequenzen mit denen vergleicht, die eintreten, wenn der Arbeitgeber dem begünstigten Arbeitnehmer Geld zuwendet, damit sich dieser eine entsprechende Option kauft. **35**

Unternehmen, die trotz der vorstehenden Ausführungen versuchen möchten, ein Mitarbeiterbeteiligungsprogramm mit Anfangsbesteuerung zu strukturieren, sollten schon in Hinblick auf die gesetzlich verankerte Verantwortung des Arbeitgebers für den ordnungsgemäßen Lohnsteuerabzug bei ihrem Betriebsstättenfinanzamt unbedingt eine verbindliche Anrufungsauskunft nach § 42e EStG einholen und sich dabei bestätigen lassen, daß das beabsichtigte Mitarbeiterbeteiligungsprogramm bei den Begünstigten zu einem sofortigen Vermögenszufluß in Form der eingeräumten Aktienoptionen führt.[67] **36**

---

der Option werden grundsätzlich ebenfalls als unschädlich für die Anfangsbesteuerung angesehen, zumindest bei Sperrfristen von sechs bis zwölf Monaten.

66 BFH-Beschluß vom 23. Juli 1999 VI B 116/99, DB 1999, S. 1932 f.

67 *D. Feddersen,* Aktienoptionsprogramme für Führungskräfte aus kapitalmarktrechtlicher und steuerlicher Sicht, ZHR 1997, S. 269, 286. Es verbleibt dann das Problem, daß das um Auskunft gebetene Betriebsstättenfinanzamt und die Finanzämter, die für die Einkommensteuererklärung der einzelnen Mitarbeiter zuständig sind, unterschiedlich entscheiden können, da die Auskunft des Betriebsstättenfinanzamts nicht rechtsverbindlich für andere Finanzämter ist. Außerdem bezieht die Rechtsprechung die Bindungswirkung nur auf den jeweiligen Adressaten der Lohnsteueranrufungsauskunft, so daß das Finanzamt deshalb nach einer dem Arbeitgeber erteilten Anrufungsauskunft deshalb nicht gehindert ist, im Lohnsteuerverfahren dem Arbeitnehmer gegenüber einen anderen, ungünstigeren Rechtsstandpunkt zu vertreten als im Auskunftsverfahren. BFHE 165, 392; BFH BStBl. 92, S. 107; a.A. *K. Tipke/H. Kruse,* AO, FGO, Vor § 204 Rdnr. 28a.

Im Ergebnis ist der Gesetzgeber gerufen, die unbefriedigende Situation zu klären und die Voraussetzungen für die Anfangsbesteuerung festzusetzen. Dabei ist davon auszugehen, daß das an Verfügungsbeschränkungen anknüpfende Kriterium der Verkehrsfähigkeit sich hier als ungeeignet für eine Abgrenzung erweist und einzig darauf abzustellen ist, daß auch eine beschränkte und bedingte Option einen Vermögenswert darstellt, der nach Optionsbewertungsmethoden wie Black-Scholes oder dem Binomial-Modell zu bewerten ist und demnach besteuert werden kann. Wenn bei der Einräumung von Optionsrechten im Vorfeld einer Börseneinführung infolge des Fehlens eines Börsenkurses

37 Alternativ zur Herbeiführung der Anfangsbesteuerung durch Gewährleistung der „Verkehrsfähigkeit" bietet sich an, dies dadurch zu erreichen, daß anstelle einer unentgeltlichen Optionszuteilung den zu begünstigenden Mitarbeitern vom Arbeitgeber die Möglichkeit des Erwerbs einer bestimmten Höchstzahl von Optionen gegen Entrichtung eines angemessenen Kaufpreises eingeräumt und mit diesem Angebot die unwiderrufliche Zusage des Arbeitgebers verbunden wird, dem Mitarbeiter unmittelbar nach Durchführung des entgeltlichen Erwerbs die Kaufpreisforderung zur erlassen. Wenngleich diese Struktur in ihrem wirtschaftlichen Bruttoergebnis vollumfänglich mit dem der Schenkung übereinstimmt, wird man nicht bestreiten können, daß der Forderungsverzicht des Arbeitgebers Arbeitslohn darstellt und dieser spätestens im Zeitpunkt des Erlasses zufließt, was wiederum zur Folge hat, daß die spätere Ausübung oder Nichtausübung der entgeltlich erworbenen Optionen kein lohnsteuerlich relevantes Ereignis darstellt.[68] Dasselbe Ergebnis läßt sich dadurch erreichen, indem die Optionen an die Mitarbeiter verkauft werden und diese – z.B. aus Anlaß des Börsengangs – eine Sonderzahlung in Höhe des Kaufpreises zuzüglich der auf die Sonderzahlung zu erwartenden Steuerlast erhalten.[69]

c) Bewertung der Optionen

38 Im Falle der Endbesteuerung erfolgt die Berechnung des steuerpflichtigen Vermögensvorteils durch einfache Subtraktion des Basispreises vom aktuellen Aktienkurs bei Ausübung. Demgegenüber stellt sich bei der Anfangsbesteuerung die Berechnung des zugewandten geldwerten Vorteils sehr viel schwieriger dar, da hier keine ex-post Betrachtung unter Berücksichtigung eines sich später tatsächlich realisierenden Gewinns maßgeblich sein kann, sondern auf den tatsächlichen Optionswert abzustellen ist. Selbst bei bereits börsennotierten Gesellschaften besteht gelegentlich ein Markt für Optionen oder Optionsscheine, aber regelmäßig kein Markt für solche Optionen, die in Hinblick auf Laufzeit und Verfügungsbeschränkungen mit denen des Stock Option Plans vergleichbar sind und somit Referenzwerte als Bemessungsgrundlage der Steuerpflicht liefern könnten.[70]

---

notgedrungen auch ein Bewertungsparameter, nämlich die Volatilität fehlt, so sollte hier einfach auf eine Vergleichsvolatilität in Form der Volatilität eines Indexes, des Gesamtmarktes oder einer bestimmten Branche zurückgegriffen werden.

[68] *W. Neyer,* Steuerliche Behandlung von Arbeitnehmer-Aktienoptionen, BB 1999, S.130, 133.

[69] Einzuräumen ist freilich, daß diese Lösung schon in Anbetracht der unterschiedlichen Steuerlast der einzelnen Mitarbeiter sehr viel aufwendiger und unpräziser als die vorstehend skizzierte Struktur ist.

[70] Nach *W. Haas/H. Pötschan,* Ausgabe von Aktienoptionen an Arbeitnehmer und deren lohnsteuerliche Behandlung, DB 1998, S. 2138, 2139 soll im Falle

Demnach ist der Wert der Optionen zu berechnen, wofür in der Finanzmathematik mehrere Modelle anerkannt sind. Neben dem sogenannten binomialen Modell kommt der nach ihren Erfindern benannten Black-Scholes-Formel[71] die größte Bedeutung zu, die auch von der deutschen Finanzverwaltung im Rahmen der Besteuerung von Stock Option Plans angewandt werden soll.[72] 39

Maßgeblich für die Berechnung des Wertes der Option sind danach

- der Basis- oder Ausübungskurs der Option in Relation zum aktuellen Kurs der Aktie. Je niedriger dieser Basiskurs ist, desto höher ist der Wert der Option.[73]
- die Laufzeit der Option. Mit der Laufzeit steigt der Wert der Option.[74]
- der Zinssatz von Alternativanlagen. Je höher dieser Zinssatz, desto höher der Wert der Option.
- die Dividendenrendite. Je höher die Dividendenrendite aus der Aktie, desto höher ist der Wert der Option.

---

nichtbörsennotierter Arbeitnehmer-Optionen als Vergleichspreis der durchschnittliche Veräußerungspreis an fremde Dritte innerhalb der letzten sechs Monate vor dem Erwerb durch den Arbeitnehmer herangezogen werden. Dies scheint nur dann der richtige Ansatz zu sein, wenn die Optionsbewertungsparameter nicht aus den Börsenkursen anderer Optionen auf diesen Wert oder aber die Aktie abgeleitet werden kann, wobei letzteres vollständig genügt.

[71] *F. Black/M. Scholes,* The Pricing of Options and Corporate Liabilities, JPE 1973, S. 637 ff.

[72] *W. Haas/H. Pötschan,* Ausgabe von Aktienoptionen an Arbeitnehmer und deren lohnsteuerliche Behandlung, DB 1998, S. 2138, 2139.

[73] Die Differenz zwischen dem Basiskurs und dem Kassakurs ergibt – unter Berücksichtigung des Optionsverhältnisses – den inneren Wert der Option, der nicht negativ sein kann, da der Optionsinhaber nicht zu deren Ausübung verpflichtet ist. Demgegenüber errechnet sich der Zeitwert einer Option aus der Differenz zwischen dem Wert bzw. Kurs der Option selbst und dem inneren Wert. Ist die Option nicht „im Geld", d.h. hat sie keinen inneren Wert, ergibt sich ihr Wert vollständig aus ihrem Zeitwert, der von den übrigen obigen Bewertungsfaktoren bestimmt wird.

[74] Nach *W. Haas/H. Pötschan* (Ausgabe von Aktienoptionen an Arbeitnehmer und deren lohnsteuerliche Behandlung, DB 1998, S. 2138, 2140) soll bei nicht börsennotierten Unternehmen nicht auf die vertraglich vereinbarte Laufzeit abzustellen sein, sondern pauschal eine Laufzeit von drei Jahren, da die vertragliche Laufzeit regelmäßig nicht ausgeschöpft werde, weil der größte Teil des Entwicklungspotentials durch Ausübung der Option im Zusammenhang mit dem Börsengang realisiert werden könne. Abgesehen davon, daß schon die Begründung zweifelhaft ist – die Ausübung einer Option deutlich vor ihrer Fälligkeit ist wirtschaftlich regelmäßig unsinnig und allenfalls dann zu rechtfertigen, wenn es für sie keinen liquiden Markt gibt – beeinflußt auch eine regelmäßig auf alleinigen Wunsch des Optionsinhabers erfolgende Verkürzung der Laufzeit einer Option nach den herkömmlichen Optionsbewertungsmodellen nicht deren Wert.

- der Volatilität der Aktie, d.h. Ausmaß und Häufigkeit der Schwankungen ihres Kurses. Je höher die Schwankungen des Aktienkurses sind, desto höher ist der Wert der Option. Bei Unternehmen, die noch nicht börsennotiert sind, kann die Volatilität als historischer Wert nicht ermittelt werden.[75]

Festzustellen ist allerdings, daß die Black-Scholes-Formel wie auch alle anderen herkömmlichen Optionspreisberechnungsmodelle nicht in der Lage sind, Bedingungen wie die Aufrechterhaltung der Betriebszugehörigkeit oder bestimmte Erfolgsziele in der Berechnung zu berücksichtigen.

d) Verfahrensrechtliche Umsetzung

40 Entschließt sich ein Unternehmen – möglicherweise nach Abstimmung mit den vorgesehenen Begünstigten –, unter Inkaufnahme der hiermit verbundenen Nachteile,[76] für den einzuführenden Stock Option Plan die Anfangsbesteuerung anzustreben, so empfiehlt sich dringend, das zuständige Betriebsstättenfinanzamt[77] in jeder Phase vollumfänglich über das Vorhaben und die relevanten Aspekte zu unterrichten und im Rahmen eines Anrufungsauskunftsverfahrens nach § 42e EStG um Bestätigung und Einverständnis zu bitten.[78] In diesem Zusammen-

---

[75] Entsprechend der üblichen internationalen Bewertungspraxis, wie sie beispielsweise in den USA in Statement 123 des Financial Accounting Standards Board niedergelegt ist, ist sie im Ergebnis mit 0 bzw. zu Rechenzwecken mit 0,01 anzusetzen. *W. Haas/H. Pötschan,* Ausgabe von Aktienoptionen an Arbeitnehmer und deren lohnsteuerliche Behandlung, DB 1998, S. 2138, 2140.

[76] D.h. insbesondere den Nachteil des Arbeitnehmers, daß er den zugeflossenen Wert der Option auch dann versteuern muß, wenn diese später infolge der Kursentwicklung der Aktie unausgenutzt und wertlos verfallen sollte.

[77] § 41a I Nr. 1 EStG.

[78] Der Antragsteller hat einen Rechtsanspruch auf Erteilung der Auskunft, sofern Antragsberechtigung, Auskunftsinteresse und ordnungsgemäßer Antrag vorliegen, wobei für diesen keine besondere Form vorgeschrieben ist und dieser daher grundsätzlich auch telefonisch oder mündlich gestellt werden kann. Nach dem Wortlaut des § 42e EStG ist ein Ermessen der Finanzbehörde ausgeschlossen. Der Auskunftsanspruch ist im Wege der allgemeinen Leistungsklage nach § 40 I Alt. 3 FGO gerichtlich durchsetzbar, nach anderer Ansicht mit der Verpflichtungsklage nach § 40 I Alt. 2 FGO. Versagt das Finanzamt die beantragte Zustimmung mit Hinweis auf die bisherige Rechtsprechung und die h.M., so ist gegen die Auskunft nach der wohl h.M. kein Rechtsbehelf des Antragstellers möglich, d.h. eine inhaltliche Überprüfung der Anrufungsauskunft im Rechtsbehelfswege ist ausgeschlossen. A.A. *K. Tipke/H. Kruse,* AO/FGO, Vor § 204 AO Rdnr. 26 ff. m.w.N. Vgl. auch *W. Neyer,* Steuerliche Behandlung von Arbeitnehmer-Aktienoptionen, BB 1999, S. 130, 134.

Bei Fehlen einer verbindlichen positiven Auskunft empfiehlt sich für den Arbeitgeber vor dem Hintergrund der noch nicht endgültig geklärten Rechtslage bei Ausübung der Option durch den Arbeitnehmer eine Unterrichtung des Betriebsstättenfinanzamts unter Mitteilung aller lohnsteuerlich relevanten

hang ist auch auf die Haftung des Arbeitgebers für die richtige Abführung der Lohnsteuer hinzuweisen.[79]

6. Bilanzielle Behandlung

Die bilanzielle Behandlung von Stock Option Plans in Deutschland ist umstritten. Nach der ganz überwiegenden Ansicht sind ausgegebene Aktienoptionen nach HGB nicht als Personalaufwand zu verbuchen, da ersparte Aufwendungen[80] weder als Ausgaben noch als Kosten anzusehen sind. Bilanzmäßig ist ein Aktien-Options-Programm daher erst bei Ausübung der Option zu erfassen, wenn dem auf der Aktivseite zu verbuchenden Liquiditätszufluß eine entsprechende Erhöhung des Grundkapitals und der Kapitalrücklagen gegenübersteht. 41

Wie vorstehend ausgeführt sind Unternehmen, die an den Neuen Markt streben, grundsätzlich verpflichtet, ihren Jahresabschluß nach US-GAAP bzw. IAS zu erstellen und zu veröffentlichen. Nach US-GAAP sind ausgegebene Aktienoptionen unabhängig von ihrer Werthaltigkeit zum Zeitpunkt ihrer Ausgabe als Personalaufwand zu erfassen, wobei der Wert mit einer modifizierten Black-Scholes-Formel zu erfassen ist. Nach diesen Grundsätzen wird für die Buchung des Aufwands auf der Passivseite ein entsprechender Gegenposten in die Kapitalrücklagen eingestellt. Die IAS Grundsätze enthalten bislang keine Regelungen zur Bilanzierung von Aktien-Options-Programmen. Allerdings wird auch hier die Ansicht vertreten, entsprechend US-GAAP zu verfahren.[81] 42

Besteuerungsmerkmale. Führt der Arbeitgeber auf Basis seiner Rechtsauffassung in Hinblick auf eine Anfangsbesteuerung keine entsprechende Lohnsteuer ab, wird das Finanzamt bei abweichender Ansicht einen Lohnsteuerhaftungsbescheid nach § 42d EStG erlassen, gegen den der Arbeitgeber mit dem Rechtsbehelf des Einspruchs und nach dessen Zurückweisung mit der Klage beim Finanzgericht vorgehen kann. Gegen ein Urteil des Finanzgerichts dürfte nach § 115 II Nr. 1 FGO wegen der grundsätzlichen Bedeutung die Revision zugelassen werden.

79 §§ 38 I, 42d EStG. Vgl. hierzu *N. Herzig* in *B. Pellens* (Hrsg.), Unternehmenswertorientierte Entlohnungssysteme, S. 161, 186.

80 Der Begünstigte erhält die Option anstelle von Geld in Form eines höheren Gehalts.

81 Zum Ganzen vgl. *B. Pellens/N. Crasselt,* Bilanzierung von Stock Options, DB 1998, S. 217 ff; *B. Pellens/N. Crasselt* in *B. Pellens* (Hrsg.), Unternehmenswertorientierte Entlohnungssysteme, 125, 138. *T. Naumann/B. Pellens/N. Crasselt,* Die Bilanzierung von Stock Options, DB 1998, S. 1428, 1430.

7. Publizitätsanforderungen

43 Die Reichweite der an Stock Option Plans im Interesse von aktuellen wie künftigen Aktionären zu stellenden Publizitätsanforderungen nach deutschem Handelsrecht ist weitgehend ungeklärt. Als Orientierungshilfe wird bei den Forderungen nach entsprechenden Regelungen im deutschen Recht u.a. auf die US-amerikanischen Regeln nach SFAS No. 123, Par. 45–48 oder die Angabepflichten nach IAS 19, 146–152 zurückgegriffen, wonach im Anhang des Jahresabschlusses u.a. anzugeben sind:

- eine allgemeine Darstellung aktienkursorientierter Entlohnungssysteme und ihrer wesentlichen Eckdaten wie Laufzeit, Indexierung oder Sperrfristen;
- der Wert der im Berichtszeitraum ausgegebenen Optionen einschließlich der bei der Bewertung verwendeten Parameter, wobei die Angaben nach den Gruppen der einzelnen Begünstigten getrennt anzugeben sind sowie
- die durchschnittlichen Ausübungspreise der ausübbaren sowie der im jeweiligen Geschäftsjahr gewährten, verfallenen oder ausgeübten Stock Options.[82]

44 Besondere Bedeutung kommen den Publizitätsanforderungen zu, wenn nach der vorstehend dargestellten Ansicht die Ausgabe von Optionen auf Basis einer bedingten Kapitalerhöhung im Rahmen von Stock Option Plans nicht bei der Erstellung des Jahresabschlusses nach deutschem Handelsrecht schon bei der Zusage bilanziell zu erfassen ist und sich auch nicht in der Gewinn- und Verlustrechnung niederschlägt. Nicht zu vernachlässigen ist auch der Verwässerungseffekt in Hinblick auf das Ergebnis pro Aktie, da nach den neusten Empfehlungen der DVFA/SG für dessen Ermittlung der gewichtete Durchschnitt der während des Geschäftsjahres ausstehenden Aktien zugrunde gelegt wird und im Falle von außenstehenden Options- oder Wandlungsrechten ein voll verwässertes Ergebnis[83] je Aktie zu ermitteln ist.[84]

---

[82] *B. Pellens/N. Crasselt* in *B. Pellens* (Hrsg.),Unternehmenswertorientierte Entlohnungssysteme, S. 125, 152. Vgl. hierzu auch *A. Prechtel/R. Schätzle* in *R. von Rosen/W. Seifert,* Zugang zum US-Kapitalmarkt für deutsche Aktiengesellschaften, S. 287, 297 ff.

[83] Zum Verwässerungseffekt vgl. auch *F. Leven* in *N. Frei/C. Schlienkamp* (Hrsg.), Aktie im Aufwind, S. 185, 200 ff.

[84] Zum Verwässerungseffekt nach US-GAAP und IAS vgl. *B. Pellens/N. Crasselt* in *B. Pellens* (Hrsg.), Unternehmenswertorientierte Entlohnungssysteme, S. 125, 152.

IV. Arbeitsrechtliche Fragen

Die Auflegung von Mitarbeiterbeteiligungsprogrammen wirft eine Reihe arbeitsrechtlicher Fragen auf. Dabei geht es um klassische arbeitsrechtliche Probleme wie betriebsverfassungsrechtliche oder gleichbehandlungsrechtliche Fragestellungen. Hinzutreten je nach Beteiligungsmodell aber auch spezifische Probleme, die aus der Doppelstellung der Mitarbeiter als Arbeitnehmer und Gesellschafter resultieren, die noch weitgehend ungeklärt sind. **45**

1. Rechtsgrundlagen der Arbeitnehmeransprüche

a) Betriebsvereinbarung

Nach § 88 Nr. 3 BetrVG kann die Einführung eines Mitarbeiterbeteiligungsprogramms durch Betriebsvereinbarung geregelt werden. Der Vorteil einer Regelung durch Betriebsvereinbarung ist, daß sie unmittelbar und zwingend zwischen Arbeitgeber und Arbeitnehmern wirkt und somit unmittelbar Rechte und Pflichten beider Seiten begründet. Andererseits gelten Betriebsvereinbarungen nach § 5 II und III BetrVG nicht für leitende Angestellte und Mitglieder des Vorstands. Sollen Führungskräfte einbezogen werden bzw. soll ein Modell ausschließlich für diese gelten, kommt deshalb nur eine Gesamtzusage, der Abschluß von Einzelvereinbarungen oder die Vereinbarung einer Richtlinie mit dem Sprecherausschuß nach § 28 SprAUG in Betracht.[85] Mit den Mitgliedern des Vorstands müssen die Vereinbarungen nach § 112 AktG vom Aufsichtsrat auf der Basis entsprechender Beschlüsse gefaßt werden. **46**

Eine Betriebsvereinbarung ist in ihrer Reichweite aber insoweit beschränkt, als sie die Mitarbeiter nicht zwingen darf, Aktionär zu werden.[86] Demnach darf in ihr nur geregelt werden, wer zu welchen Konditionen und in welchem Umfang Anspruch auf das Angebot von Aktien oder Optionen hat. Unzulässig ist dagegen, die Mitarbeiter durch eine Betriebsvereinbarung direkt zu Aktionären der Gesellschaft zu machen oder sie mit sogenannten Lohnverwendungsabreden direkt oder indirekt zum Kauf von Aktien oder Optionen zu zwingen.[87] **47**

---

[85] Dies gilt natürlich nur, soweit ein solcher Ausschuß überhaupt vorhanden ist. Wird diese Konstruktion gewählt, sollte der Richtlinie nach § 28 I 1 SprAUG bindende Wirkung beigelegt werden. *U. Baeck/M. Diller,* Arbeitsrechtliche Probleme bei Aktienoptionen und Belegschaftsaktien, DB 1998, S. 1405, 1406.

[86] *R. Richardi* in *J. Staudinger* (Hrsg.), BGB, § 611 Rdnr. 758, *P. Hanau,* Arbeitsrechtliche Probleme der Vermögensbeteiligung der Arbeitnehmer, ZGR-Sonderheft 1985, S. 120 ff. m.w.N.

[87] Nach der in Art. 9 GG mitgarantierten negativen Koalitionsfreiheit darf niemand gegen seinen Willen gezwungen werden, Mitglied einer Gesellschaft oder eines Verbandes zu werden. Im übrigen ist die Stellung als Gesellschafter

b) Tarifvertrag

48 Die vorstehenden Einschränkungen von Betriebsvereinbarungen, insbesondere in Hinblick auf die zwangsweise Aufnahme als Gesellschafter, gelten auch für Haustarifverträge. Ansonsten bestehen keine grundsätzlichen Bedenken gegen die Regelung von Mitarbeiterbeteiligungsmodellen in Haustarifverträgen. Demgegenüber sind Regelungen über Mitarbeiterbeteiligungen in Flächentarifverträgen bislang nicht bekannt geworden, was nicht nur in der Natur dieser Beteiligungsformen und ihres auf seiten des Arbeitgebers weitgehend freiwilligen Charakters liegt. Aufgrund der individuellen Form der Beteiligungsprogramme, insbesondere von Stock Option Plans, können Flächentarifverträge keine geeignete Form für eine Regelung und Begründung von Ansprüchen sein.[88]

c) Gesamtzusage und individuelle Vereinbarung

49 Möglich ist auch die Einführung des Mitarbeiterbeteiligungsprogramms im Wege der Gesamtzusage, d.h. durch gleichlautende oder formlose Mitteilung an die Mitarbeiter, durch die über die Einführung des Programms und dessen Einzelheiten informiert wird.[89] Auch bei der Gesamtzusage müssen die Mitwirkungsrechte des Betriebsrats beachtet werden.

50 Gleichermaßen möglich ist, einzelnen Arbeitnehmern individuelle Zusagen[90] über die Einräumung bestimmter Rechte wie die Gewährung von Aktien oder Optionen zu machen, z.B. im Anstellungs- oder Dienstvertrag. Existiert eine Vielzahl gleichlautender einzelvertraglicher Zusagen, so handelt es sich um eine kollektive Regelung, so daß wiederum die Mitwirkungsrechte des Betriebsrats zu beachten sind, sofern nicht lediglich die leitenden Angestellten bzw. Vorstände betroffen sind.

---

wegen der mit ihr verbundenen Rechte, Pflichten und Gefahren so weitreichend, daß die zwangsweise Beteiligung der Mitarbeiter als Gesellschafter in ihre unantastbare Privatsphäre eingreifen würde. *K. Fitting/H. Kaiser/F. Heither/G. Engels,* Betriebsverfassungsgesetz, § 77 Rdnr. 50.

[88] Insoweit bedarf es hier keiner näheren Klärung der seit langem streitigen Frage nach der Zulässigkeit und den Grenzen tariflicher Regelungen über Mitarbeiterbeteiligungen. *P. Hanau,* Arbeitsrechtliche Probleme der Vermögensbeteiligung der Arbeitnehmer, ZGR-Sonderheft 1985, S. 120 m.w.N.

[89] Zur immer noch umstrittenen dogmatischen Einordnung der Gesamtzusage vgl. *G. Schaub,* Arbeitsrechtshandbuch, § 111 I 5.

[90] Von der Zusage über den Anspruch des Mitarbeiters auf Einräumung der Rechte des einzelnen Programms zu unterscheiden sind die privatrechtlichen Einzelvereinbarungen, die den eigentlichen Erwerb, z.B. der Aktien oder Optionen regeln. Diese unterliegen den Regeln des Kaufrechts.

d) Betriebliche Übung

Je nach Form und Ausgestaltung des Mitarbeiterbeteiligungsprogramms berechtigt dieses nicht nur zum einmaligen Erhalt einer spezifischen Leistung, sondern räumt Ansprüche auf vergleichbare Zuwendungen in den Folgejahren ein. Alternativ hierzu wird eine einmalige Ausgabe zu einem bestimmten Stichtag geregelt, ohne daß eine Aussage über entsprechende Leistungen in der Zukunft gemacht wird. Werden in drei aufeinanderfolgenden Jahren gleichartige Leistungen gewährt, so droht das Entstehen einer betrieblichen Übung, sofern die Gesellschaft nicht darauf hinweist, daß sie sich nicht bedingungslos zur erneuten Gewährung gleichartiger Leistungen in der Zukunft verpflichtet, sondern sich vorbehält, in der Zukunft jeweils neu über die Einräumung einer Leistung und die einzelnen Konditionen zu entscheiden. Folge der betrieblichen Übung ist das Entstehen von Ansprüchen der Mitarbeiter auf entsprechende Leistungen in der Zukunft. **51**

Diese vom Arbeitgeber nach Möglichkeit in jedem Fall zu vermeidende Rechtsfolge künftiger Ansprüche gilt nach der neueren Rechtsprechung des Bundesarbeitsgerichts nur dann, wenn die gewährten Leistungen in allen Jahren gleich hoch waren und auf seiten der Mitarbeiter rechtmäßigerweise die Erwartung entstehen konnte, daß von seiten des Unternehmens auch in Zukunft so verfahren werde.[91] Demnach können keine Ansprüche aus betrieblicher Übung entstehen.[92] In Hinblick auf die Gefahr von Abgrenzungsschwierigkeiten mit entsprechend teuren Konsequenzen ist bei der Gewährung der Leistungen eine eindeutige Klarstellung aber immer dringend zu empfehlen. **52**

---

[91] Werden vom Unternehmen in Hinblick auf seine jeweilige wirtschaftliche Lage oder auch in Hinblick auf den Börsenkurs immer unterschiedliche Leistungen bzw. gleichartige Leistungen zu unterschiedlichen Konditionen, z.B. Optionen in unterschiedlicher Zahl oder mit divergierenden Basispreisen gewährt, oder ergibt sich aus den sonstigen Umständen, daß diese Leistungen nicht ohne Einschränkung auf Dauer gewährt werden sollen, so wird für die Mitarbeiter ersichtlich, daß sich das Unternehmen nicht für die Zukunft binden will. *U. Baeck/M. Diller,* Arbeitsrechtliche Probleme bei Aktienoptionen und Belegschaftsaktien, DB 1998, S. 1405 ff.

[92] Dies soll auch dann gelten, wenn die Gesellschaft in mehreren aufeinanderfolgenden Jahren durch jeweils separate Betriebsvereinbarung die Ausgabe von Belegschaftsaktien oder Optionen zusagt, da der Arbeitgeber durch die Wahl der Rechtsform „Betriebsvereinbarung" zu erkennen gibt, daß er sich nur im Rahmen der §§ 76 f. BetrVG für die Zukunft binden will und eine darüber hinausgehende Bindungswirkung von Betriebsvereinbarungen nach der Rechtsprechung des BAG (Urteil vom 24. Januar 1996, DB 1996, S. 1882; Urteil vom 23. August 1989, DB 1990, S. 184) nur in Ausnahmefällen angenommen wird, die insbesondere bei der Ausgabe von Belegschaftsaktien bzw. Optionen regelmäßig nicht vorliegen werden.

2. Mitbestimmung des Betriebsrats

53 Nach § 87 I Nr. 10 BetrVG unterliegt die Einführung und Ausgestaltung von Belegschaftsaktien und Stock Option Plans der Mitbestimmung des Betriebsrats,[93] sofern der Kreis der Begünstigten nicht auf Vorstand und leitende Angestellte i.S.d. § 5 II und III BetrVG beschränkt ist.[94] Werden im Rahmen eines allgemeinen und einheitlichen Programms sowohl leitende wie auch nicht-leitende Mitarbeiter begünstigt, so wirkt sich die Mitbestimmung des Betriebsrats auch für den Vorstand und die leitenden Angestellten aus. Dies kann dadurch vermieden werden, daß zwei getrennte Programme aufgelegt werden, wobei die Einigung mit dem Betriebsrat für die nicht-leitenden Mitarbeiter durchaus andere Konditionen vorsehen kann, als sie für die leitenden Mitarbeiter festgesetzt wurden.[95]

54 Die Reichweite der Mitbestimmung des Betriebsrats ist ungeklärt.[96] In Anknüpfung an die Grundsätze, die die Rechtsprechung zur Mitbestimmung im Bereich der betrieblichen Altersversorgung entwickelt hat,[97] ist aber davon auszugehen, daß Unternehmen grundsätzlich frei und ohne Mitbestimmung des Betriebsrats darüber entscheiden können, ob sie überhaupt ein Mitarbeiterbeteiligungsprogramm auflegen wollen. Der Betriebsrat kann demnach weder die Einführung eines Programms fordern, noch hat er ein Vetorecht gegen die Entscheidung des Unternehmens, ein Mitarbeiterbeteiligungsmodell einzuführen oder ein bestehendes Programm ersatzlos abzuschaffen.[98] Ebensowenig

---

[93] Bei der konzernweiten Einführung von Mitarbeiterbeteiligungsmodellen ist zur Vermeidung einer unterschiedlichen Behandlung regelmäßig der Gesamt- oder Konzernbetriebsrat zuständig. BAG vom 6. April 1976, DB 1976, S. 1290 und vom 11. Februar 1992, DB 1992, S. 1730.

[94] Der Sprecherausschuß hat kein mit § 87 BetrVG vergleichbares Mitwirkungsrecht. Vgl. § 30 SprAuG.

[95] Zu den – letztendlich weder überzeugenden noch durchgreifenden – Bedenken gegen das Eingreifen der Mitbestimmung vgl. *U. Baeck/M. Diller,* Arbeitsrechtliche Probleme bei Aktienoptionen und Belegschaftsaktien, DB 1998, S. 1405, 1410 m.w.N. Im Ergebnis kann das Unternehmen z.B. mitbestimmungsfrei festlegen, in welchem Umfang die einzelnen Mitarbeitergruppen begünstigt werden.

[96] Vgl. hierzu auch *G. Röder,* Die Beteiligung von Arbeitnehmern am Unternehmen, NZA 1987, S. 799, 804.

[97] Wie bei der Mitarbeiterbeteiligung geht es bei der betrieblichen Altersversorgung um ein Anreizsystem, das nur lose mit dem Arbeitsentgelt verknüpft und langfristig angelegt ist, andererseits aber auch einen erheblichen Vermögenswert haben kann. Vgl. auch *P. Hanau,* Arbeitsrechtliche Probleme der Vermögensbeteiligung der Arbeitnehmer, ZGR-Sonderheft 1985, S. 120

[98] BAG vom 18. April 1989, DB 1989 S. 2232; *M. Peltzer,* Steuer- und Rechtsfragen bei der Mitarbeiterbeteiligung und der Einräumung von Aktienoptionen (Stock Options), AG 1996, S. 307 ff.

umfaßt das Mitbestimmungsrecht die Grundstrukturen eines Programms einschließlich des Kreises der Begünstigten,[99] des Umfangs oder die Festsetzung von Zeiträumen oder Stichtagen. Da auch der Umfang, d.h. die Dotierung, dem Einflußbereich des Betriebsrats entzogen ist, muß sich die vom Betriebsrat vorgeschlagene Verteilung unter den Begünstigten im Rahmen des vom Arbeitgeber mitbestimmungsfrei vorgegebenen Dotierungsvolumens bewegen.[100]

Die Einflußmöglichkeiten des Betriebsrats bei der Gestaltung von **55** Mitarbeiterbeteiligungsmodellen sind demnach auf einen engen Bereich beschränkt. Hierzu gehört zum einen die Verteilung der vom Unternehmen zur Verfügung gestellten Gesamtdotierung auf die begünstigten Mitarbeiter zur Wahrung der sogenannten Verteilungsgerechtigkeit. Der Betriebsrat hat insbesondere bei der Festlegung der Verteilungsverfahren ein Mitbestimmungsrecht. Dieses soll auch die Festsetzung des Umfangs, in dem Aktien oder Optionen auf die begünstigten Mitarbeiter verteilt werden, umfassen. Gleichermaßen soll ein Mitbestimmungsrecht bei der Festlegung der Halte-, Ausübungs- und Verfallfristen bestehen, wohingegen die Wartefrist für die Ausübung der Optionen als maßgeblich wertbestimmender Faktor der Mitbestimmung entzogen ist.[101, 102]

Bei Mißachtung der Mitbestimmungsrechte des Betriebsrats aus **56** § 87 I Nr. 10 BetrVG hat dieser einen Unterlassungsanspruch,[103] den er auch mit einer einstweiligen Verfügung geltend machen kann. Die Verletzung der Mitwirkungsrechte kann sich auch dann als problematisch erweisen, wenn der Betriebsrat nicht den Unterlassungsanspruch, son-

---

[99] Grundlegend BAG vom 12. Juni 1975, DB 1975, S. 159 = AP Nr. 1 zu § 87 BetrVG – Altersversorgung , unter II. B 6 d). Dem Unternehmen muß möglich sein, ein zielgerichtetes Beteiligungsprogramm verfolgen zu können und zu verhindern, daß ein solches in eine undifferenzierte Begünstigung nach dem Gießkannenprinzip umgewandelt wird, die den angestrebten Zweck nicht mehr erreicht. Unabhängig hiervon ist der Gleichbehandlungsgrundsatz zu beachten.

[100] So BAG vom 12. Juni 1975, DB 1975, S. 159 = AP Nr. 1 zu § 87 BetrVG – Altersversorgung, unter II. B 6 b). Bei der Begebung von Belegschaftsaktien oder von Kaufoptionen hat der Betriebsrat auch kein Mitbestimmungsrecht bei der Festsetzung von Kaufpreis, Basiskurs oder Zahl der an einzelne Begünstigte zu verteilenden Aktien oder Optionen. *U. Baeck/M. Diller,* Arbeitsrechtliche Probleme bei Aktienoptionen und Belegschaftsaktien, DB 1998, S. 1405, 1410 f.

[101] *G. Röder,* Die Beteiligung von Arbeitnehmern am Unternehmen, NZA 1987, S. 799, 805.

[102] Dabei kommt neben einer schematischen Verteilung nach Köpfen beispielsweise auch eine Staffelung nach Alter, Betriebszugehörigkeit oder Gehaltshöhe in Betracht. *U. Baeck/M. Diller,* Arbeitsrechtliche Probleme bei Aktienoptionen und Belegschaftsaktien, DB 1998, S. 1405, 1411.

[103] BAG vom 3. Mai 1994, DB 1994, S. 2450; vgl. hierzu *J. Bauer/M. Diller,* Der allgemeine Unterlassungsanspruch des Betriebsrats – Richtungskorrektur oder Revolution, ZIP 1995, S. 95 ff.

dern erst nach Verteilung sein Mitbestimmungsrecht hinsichtlich der Verteilungsgrundsätze geltend macht, da dann das mitbestimmungsfrei vorgegebene Dotierungsvolumen gesprengt werden kann. Führen die Verhandlungen mit dem Unternehmen zu einer nachträglichen Änderung der Verteilungsregeln, so sind möglicherweise Mitarbeiter nachzubedienen, ohne daß bei anderen Leistungen unter Berufung auf die Einigung bzw. den Einigungsstellenspruch widerrufen werden könnten.[104]

3. Gleichbehandlungsgrundsatz

57 Bei der Einführung von Mitarbeiterbeteiligungsmodellen ist wie bei jeder betrieblichen Sozialleistung der arbeitsrechtliche Gleichbehandlungsgrundsatz zu beachten. Danach sind Differenzierungen bei der Einbeziehung in einen Mitarbeiterbeteiligungsplan bzw. der Festsetzung der einzelnen Ansprüche zulässig, wenn dies nach der Zielsetzung des spezifischen Modells geboten und dieser Zweck selbst sachlich gerechtfertigt ist.[105] Wenngleich Einzelfragen noch endgültiger Klärung bedürfen, sollten bei gewünschten Differenzierungen die folgenden Grundsätze Beachtung finden[106]:

- Die Unterscheidung nach Dauer der Betriebszugehörigkeit und Hierarchieebenen wird wie im Bereich der betrieblichen Altersversorgung als zulässig angesehen, da beides Bestandteile der Gesamtvergütung sind.[107] Differenzierungen innerhalb bestimmter Hierarchiegruppen sind demgegenüber problematischer, insbesondere dann, wenn einzelne Mitarbeiter von einer ansonsten gleichmäßig verteilten Leistung ausgenommen werden. Kann das Unternehmen hierfür keine sachlichen Gründe darlegen, ist der Gleichbehandlungsgrundsatz verletzt. Zulässig ist die Berücksichtigung und Honorierung der individuellen Leistung des einzelnen Mitarbeiters.[108]
- Stichtagsregelungen werden als zulässig angesehen, sofern diese sachgerecht gewählt sind, was bei der Einführung von Mitarbeiterbeteiligungsmodellen regelmäßig unproblematisch sein dürfte.
- Teilzeitbeschäftigte dürfen nach dem absoluten Diskriminierungsverbot des § 2 BeschFG grundsätzlich nicht von Leistungen ausgeschlossen werden. Zulässig ist dagegen eine ratierliche Kürzung der

---

[104] BAG vom 20. August 1991, DB 1992, S. 687.

[105] *B. Rödl/T. Zinser,* Going Public, S. 219.

[106] Näher hierzu *U. Baeck/M. Diller,* Arbeitsrechtliche Probleme bei Aktienoptionen und Belegschaftsaktien, DB 1998, S. 1405, 1408 f.

[107] Demgegenüber dürfte eine Differenzierung zwischen Arbeitern und Angestellten sachlich kaum haltbar sein und damit gegen den Gleichbehandlungsgrundsatz verstoßen.

[108] BAG vom 25. Januar 1984, DB 1984, S. 2251 und 2355.

Ansprüche im Verhältnis der individuellen Arbeitszeit zur normalen betrieblichen Arbeitszeit.[109]

- Bei Mitarbeitern in einem befristeten oder gekündigten Arbeitsverhältnis wird ein Ausschluß von den Leistungen eines Mitarbeiterbeteiligungsmodells zumindest dann für zulässig gehalten, wenn der Plan entsprechende Ausschlußklauseln enthält. Bei Optionsmodellen dürfte die Fragestellung regelmäßig wenig Relevanz entfalten, da gekündigte oder befristet beschäftigte Mitarbeiter regelmäßig vor Ablauf der Optionsfrist ausscheiden dürften.
- Im Falle von Mitarbeitern in Mutterschutz und Erziehungsurlaub soll ein Ausschluß von den Leistungen gerechtfertigt sein, da bei Mitarbeiterbeteiligungsmodellen, insbesondere solchen auf Basis von Beteiligungen am Eigenkapital oder von Optionen, neben der Honorierung der Betriebstreue auch Leistungsgesichtspunkte eine wesentliche Rolle spielen. Voraussetzung ist aber in jedem Fall eine entsprechende Ausschlußklausel im Programm. Gleiches gilt grundsätzlich für Langzeitkranke, für die in den Grenzen des § 4b EFZG eine Kürzung oder ein Wegfall der Leistungsansprüche vorgesehen werden kann.
- Im Falle von Konzernen wird die Beschränkung von Beteiligungsmodellen auf einzelne Unternehmen für zulässig gehalten. Gleiches gilt für Unternehmen mit mehreren Betrieben, da einzelne Betriebe vollständig unterschiedliche Vergütungsstrukturen haben können.

4. Bindungs- und Verfallklauseln

In Hinblick auf die Zielrichtung von Mitarbeiterbeteiligungspro- 58
grammen im allgemeinen und der Ausgabe von Belegschaftsaktien oder Stock Option Plans im besonderen enthalten diese regelmäßig Bindungs- oder Verfallklauseln. Nach diesen sind z.B. bei Stock Options die Optionen nur nach einer bestimmten Frist und nur dann ausübbar, wenn der Mitarbeiter in einem ungekündigten Arbeitsverhältnis steht. Außerdem ist der Mitarbeiter regelmäßig temporär in der Fähigkeit beschränkt, die Optionen oder Aktien zu übertragen.

---

[109] *P. Hanau,* Arbeitsrechtliche Probleme der Vermögensbeteiligung der Arbeitnehmer, ZGR-Sonderheft 1985, S. 117. Inwieweit das Gleichbehandlungsgebot des § 2 BeschFG uneingeschränkt auch für geringfügig Beschäftigte, die auf 630 DM-Basis arbeiten, gilt, ist ungeklärt. Nach *U. Baeck/M. Diller* (Arbeitsrechtliche Probleme bei Aktienoptionen und Belegschaftsaktien, DB 1998, S. 1405, 1408) soll ein Ausschluß jedenfalls dann zulässig sein, wenn bei ratierlicher Kürzung der Wert der Ansprüche in keinem Verhältnis mehr zum Verwaltungs- und Kostenaufwand, der sich für den Arbeitgeber ergibt, steht. Ebensowenig sollte der Ausschluß von Auszubildenden und Aushilfskräften Probleme bereiten. *B. Rödl/T. Zinser,* Going Public, S. 220.

59 Bei der Strukturierung solcher Beschränkungen ist zum einen zu berücksichtigen, daß aktienrechtliche Verfügungsbeschränkungen mit Ausnahme der Vinkulierung nicht möglich sind, da das Aktiengesetz insoweit abschließende Regelungen enthält[110] und Sonderregelungen zu Lasten von Belegschaftsaktionären damit aktienrechtlich nicht möglich sind. Zulässig sind demgegenüber schuldrechtliche Einschränkungen, wobei aber ein Verstoß die Veräußerung einer Aktie oder Option durch den Mitarbeiter nicht unwirksam macht, sondern allenfalls mit Sanktionen belegt werden kann.

60 In Hinblick auf Verfallklauseln, die die Bindung des Arbeitnehmers an das Unternehmen bezwecken und vorsehen, daß bei einer Beendigung des Arbeitsverhältnisses innerhalb eines bestimmten Zeitraums die Leistungen an das Unternehmen zurückzuübertragen sind, sind die Grenzen der Sittenwidrigkeit nach §§ 138, 242 BGB zu berücksichtigen. Außerdem dürfen solche Klauseln nicht zu einer unbilligen Kündigungserschwerung für den Arbeitnehmer führen.[111] Unbestritten ist aber, daß Klauseln, die Nachteile für Arbeitnehmer im Falle einer Kündigung vorsehen, nicht generell unzulässig sind. Die Grenze der Zulässigkeit ist maßgeblich von den Umständen des Einzelfalls abhängig, insbesondere von dem mit der Leistung verfolgten Zweck, der Bindungsdauer und der Höhe des wirtschaftlichen Vorteils. Dabei sind besonders lange Bindungen dann erlaubt, wenn der Arbeitgeber – wie regelmäßig mit Belegschaftsaktien oder Stock Option Plans – vor allem eine Bindung bezweckt und die Betriebstreue honorieren möchte. In Anlehnung an § 624 BGB werden daher Verfallfristen bis zur Dauer von fünf Jahren als angemessen angesehen.[112]

61 Dabei kann ein vollständiger Verfall aller Ansprüche allerdings nur dann vorgesehen werden, wenn und soweit der Arbeitnehmer nicht bereits finanzielle Aufwendungen erbracht hat. So soll im Falle der Ausgabe von Belegschaftsaktien zu einem möglicherweise unter dem Tageskurs liegenden Kaufpreis nicht wirksam vereinbart werden können, daß diese bei Ausscheiden des Arbeitnehmers innerhalb eines bestimmten Zeitraums unentgeltlich oder zu einem unter dem Erwerbspreis liegenden Wert zurückzuübertragen sind. Hier müsse mindestens der inve-

---

[110] BayOLG vom 24. November 1988, DB 1989, S. 214.

[111] Nach h.M. verbietet § 622 VI BGB über seinen Wortlaut hinaus nicht nur, daß für die Kündigung eines Arbeitsverhältnisses durch den Arbeitnehmer längere Fristen als für die durch den Arbeitgeber vereinbart werden, sondern grundsätzlich Vertragsklauseln, die das Recht des Arbeitnehmers auf Kündigung unbillig erschweren.

[112] *P. Hanau,* in *R. Richardi/O. Wlotzke* (Hrsg.), Münchener Handbuch zum Arbeitsrecht, § 68 Rdnr. 24. *U. Baeck/M. Diller,* Arbeitsrechtliche Probleme bei Aktienoptionen und Belegschaftsaktien, DB 1998, S. 1405, 1408.

stierte Betrag an den Mitarbeiter zurückfließen.[113] Diese Ansicht hat zur Folge, daß der Arbeitgeber beim Ausscheiden des Arbeitnehmers die Aktien möglicherweise zu einem Kurs zurückerwerben muß, der über dem aktuellen Börsenwert der Aktien liegt, was nicht richtig sein kann. Richtigerweise wird man daher auch Klauseln für zulässig halten müssen, die beim Ausscheiden die Verpflichtung des Mitarbeiters begründen, die Aktien zum niedrigeren Wert von ursprünglichem Bezugskurs und aktuellem Börsenkurs zurückzuübertragen. Dies gilt insbesondere dann, wenn diese Aktien im Rahmen staatlicher Förderungen erworben wurden. Will man den Arbeitnehmer nicht mit dem Kursverlust belasten, z.B. mit dem Argument, durch das Ausscheiden und die hieraus resultierende Verpflichtung zur Rückübertragung würde ihm die Chance der Kurserholung in der Zukunft beschnitten, so müßte die Verpflichtung zur Rückübertragung bei Ausscheiden zumindest nicht absolut festgeschrieben werden, sondern sollte ins Ermessen des Arbeitgebers gestellt werden. Entsprechende Überlegungen müssen bei Stock Option Plans gelten, bei denen eine Option nicht kostenlos übertragen, sondern vom Arbeitnehmer, z.B. aus steuerlichen Überlegungen, gekauft wird.[114]

V. Förderung und Steuervergünstigungen

Mitarbeiterbeteiligungen genießen nur in vernachlässigbarem Umfang steuerliche und sonstige staatliche Förderung, die zudem kompliziert und sehr verwaltungsaufwendig sind.[115] Rechtsgrundlage sind § 19a EStG sowie das 5. Vermögensbeteiligungsgesetz. **62**

Nach § 19a EStG ist unabhängig vom Einkommen des Mitarbeiters der geldwerte Vorteil, den ein Mitarbeiter in Form der Möglichkeit zum Erwerb von Gesellschaftsanteilen[116] seines Arbeitgebers unterhalb **63**

[113] BGH vom 9. Januar 1989, DB 1989, S. 1400.

[114] Hierbei ist zu berücksichtigen, daß eine Option im Laufe der Zeit beim Ausscheiden des Mitarbeiters – unabhängig von der für den inneren Wert maßgeblichen Kursentwicklung der Aktie – ohnehin immer an Zeitwert verloren hat.

[115] Zu Recht sehr kritisch *M. Peltzer*, Steuer- und Rechtsfragen bei der Mitarbeiterbeteiligung und der Einräumung von Aktienoptionen (Stock Options), AG 1996, S. 307, 311. Zum Ganzen vgl. auch *J. Drukarczyk/B. Schwetzler*, Staatliche Förderung von Mitarbeiterbeteiligungen und finanzielle Wirkungen, WBSWA 1991, 1991, S. 1181 ff.

[116] Von § 19a III und IV EStG wird neben Aktien eine Fülle von Anlagemöglichkeiten einschließlich Wandel- oder Gewinnschuldverschreibungen oder Genußrechten begünstigt, ohne daß es darauf ankäme, ob diese vom Arbeitgeber oder einem herrschenden Unternehmen des Arbeitgebers i. S. d. § 18 AktG oder einer dritten Gesellschaft emittiert wurden. Nackte Optionen sind im Katalog des 19a III und IV EStG nicht aufgeführt.

deren Marktwertes genießt, insoweit frei von Steuern und Sozialabgaben, als der Vorteil nicht höher als die Hälfte des gemeinen Wertes, d.h. des normalen Emissionskurses bei einer Neuemission bzw. des aktuellen Börsenkurses im Falle einer Kapitalerhöhung der angebotenen Beteiligung ist und insgesamt nicht DM 300 pro Kalenderjahr übersteigt.[117] Die Steuerfreiheit ist nach § 19a II EStG weiter davon abhängig, daß die Aktien innerhalb einer Sperrfrist von sechs Jahren[118] nicht bzw. nur in Ausnahmefällen wie Tod, Erwerbsunfähigkeit, Heirat oder langandauernder Arbeitslosigkeit veräußert werden.[119]

64 Während § 19a EStG nur den unentgeltlichen oder verbilligten Erhalt von Vermögensbeteiligungen in Form eines Sachbezugs begünstigt, fördert das Fünfte Vermögensbildungsgesetz Geldleistungen zum Erwerb einer solchen Beteiligung. Der Anspruch auf Förderung der Vermögensbildung im Rahmen des Fünften Vermögensbildungsgesetzes ist im Gegensatz zu den Steuervorteilen nach § 19a EStG einkommensabhängig. Danach besteht nur dann ein Anspruch auf Prämienzahlung durch den Staat, wenn das zu versteuernde Jahreseinkommen des Arbeitnehmers nach § 2 V EStG, d.h. die Einkünfte aus allen sieben Einkunftsarten, DM 35.000 bzw. DM 70.000[120]; bei zusammen veranlagten Ehegatten nicht übersteigt. Die Sparprämie selbst knüpft an den Begriff der „vermögenswirksamen Leistung", d.h. Leistungen, die der Arbeitgeber für den Arbeitnehmer als Teil dessen Bezüge oder als zusätzliche Leistung auf Basis individueller Vereinbarungen, Betriebsvereinbarungen oder eines Tarifvertrages als zusätzliche Leistung anlegt. Werden diese Voraussetzungen erfüllt, so hat der Arbeitnehmer nach § 13 I und II 5. VermbG Anspruch auf eine Sparprämie von zwanzig Prozent auf vermögenswirksame Leistungen von maximal DM 936 pro Jahr, d.h. DM 78 pro

---

[117] Bei nicht börsennotierten Aktien erfolgt die Bewertung regelmäßig nach dem Stuttgarter Verfahren. R 4 ff. VStR.

[118] Die Sperrfrist beginnt mit dem Anfang des Kalenderjahres, in dem die Zuwendung erfolgt.

[119] Eine Veräußerung oder Belastung der steuerfrei übertragenen Gesellschaftsanteile bzw. Darlehensforderungen vor Ablauf der Sperrfrist führt dazu, daß der geldwerte Vorteil nach § 7 I 2 LStDV vom Arbeitnehmer mit einem Pauschalsteuersatz von 20 Prozent nachzuversteuern ist, sofern nicht einer der oben genannten Ausnahmetatbestände gegeben ist. Der Arbeitgeber ist nach § 6 III LStDV verpflichtet, einen Verstoß gegen die Sperrfrist anzuzeigen, sonst haftet er für die Nachversteuerung beim Arbeitnehmer. Er wird daher sicherstellen, daß die Sperrfrist durch Zustimmungsvorbehalte bei Verfügungen oder Sammelverwahrung der Belegschaftsaktien in einem Depot des Arbeitgebers sichergestellt wird oder er zumindest über Verfügungen informiert wird. *B. Rödl/T. Zinser,* Going Public, S. 221.

[120] Die Förderung der Vermögensbildung ist derzeit in der Diskussion, was sowohl zu Änderung der einzelnen Förderung als auch zur Erhöhung der Einkommensgrenzen führen wird.

Monat, wobei der Arbeitnehmer die Vermögensanlage und das Institut, bei dem die Anlage erfolgen soll, frei wählen können muß.[121] Zu dem numerus clausus zulässiger Vermögensanlagen nach § 2 5. VermbG,[122] der sich mit dem des § 19a EStG teilweise deckt, gehören u.a. Aktien und GmbH-Anteile sowie Wandelschuldverschreibungen und Genußrechte des Arbeitgebers[123] oder einer beherrschenden Gesellschaft des Arbeitgebers i.S.d. § 18 AktG. Je nach Anlageform muß die vermögenswirksame Leistung für einen Zeitraum von sechs bis sieben Jahren festgelegt werden. Bei Verfügungen vor Ablauf der Sperrfrist entfällt der Anspruch auf die ansonsten am Ende der Sperrfrist fällige Prämie, es sei denn es liege ein Ausnahmetatbestand nach § 4 IV oder § 13 V des 5. VermbG vor.[124] Vermögenswirksame Leistungen nach dem 5. VermbG sind lohnsteuer- und sozialsteuerpflichtig. Die Arbeitnehmersparzulage zählt ihrerseits nicht zu den steuerpflichtigen Einkünften.

Auch wenn die Vermögensbildung derzeit im Umbruch ist und die **65**
Einkommensgrenzen angehoben werden sollen, ist dennoch festzuhalten, daß die Förderung nach dem Vermögensbildungsgesetz wenig attraktiv ist und in keiner Relation zu den Verwaltungskosten, die sie insbesondere für das Unternehmen mit sich bringt, steht. Dabei ist auch zu berücksichtigen, daß der Arbeitgeber in Hinblick auf die Anlage vermögenswirksamer Leistungen nach §§ 2, 5, 7 VermBDV diversen Aufzeichnungs-, Mitteilungs- und Anzeigeverpflichtungen unterliegt und auch für die Sparzulage haftet, wenn eine betriebliche Mitarbeiterbeteiligung nicht die Voraussetzungen des Vermögensbildungsgesetzes erfüllt.

VI. Vorgehensweise bei der Einführung

Der Erfolg eines Mitarbeiterbeteiligungsmodells im Sinne einer op- **66**
timalen Motivation aller Mitarbeiter hängt nicht nur von der Wahl des spezifischen Modells und dessen Struktur ab, sondern auch von der optimalen innerbetrieblichen Kommunikation gegenüber der gesamten Belegschaft. Letztendlich vollzieht sich die Schaffung eines Mitarbeiterbeteiligungsmodells in einem komplexen Prozeß, in den neben der Ge-

---

[121] § 127 des 5. VermbG und Nr. 12 des BMF Schreibens vom 30. Juli 1992 wegen Anwendung des 5. Vermögensbildungsgesetzes.

[122] I.V. m. Nrn. 4 – 9 des BMF-Schreibens vom 30. Juli 1992.

[123] Geldforderungen gegen den Arbeitgeber werden (wie eine Vielzahl überbetrieblicher Anlageformen) ebenfalls privilegiert, müssen aber durch eine Bank oder Versicherungsgesellschaft abgesichert werden.

[124] *M. Peltzer,* Steuer- und Rechtsfragen bei der Mitarbeiterbeteiligung und der Einräumung von Aktienoptionen (Stock Options), AG 1996, S. 307, 311 f.; *B. Rödl/T. Zinser,* Going Public, S. 213.

schäftsleitung auch Vertreter der Arbeitnehmer bzw. des Betriebsrats[125] bereits zu einem relativ frühen Zeitpunkt einbezogen werden sollten. Idealerweise wird ein Projektteam gebildet, das sich zunächst um Schaffung einer Informationsbasis zu bemühen hat, um qualifizierte Entscheidungen treffen zu können. Hierzu gehört auch die Definition der mit dem Beteiligungsprogramm angestrebten Ziele und die Festsetzung der Eckpunkte des Programms. Bereits in dieser Phase empfiehlt sich ein Erfahrungsaustausch mit Unternehmen, die bereits ein Modell eingeführt haben, wenngleich vor dem Hintergrund der Tatsache, daß Stock-Option-Modelle in Deutschland relativ neu sind, der Nutzen hiervon besonders bei der Einführung innovativer Strukturen noch eingeschränkt sein könnte.

67 Bei der eigentlichen Ausgestaltung muß auf Transparenz geachtet werden, die die Wirkungsweise des Programms für die Begünstigten nachvollziehbar macht, wobei eine negative Korrelation mit der Komplexität des Programms besteht. Wesentlich ist aber auch die Wirtschaftlichkeit eines Programms aus dem Blickpunkt der Aktionäre und die Fähigkeit des Programms, eine gleichgerichtete Interessenlage zwischen diesen und den Begünstigten zu erzeugen. Andererseits kann ein Programm nur dann erfolgreich sein, wenn es einen hohen Akzeptanzgrad im Kreise der Begünstigten genießt, wobei dies nicht nur von der rein wirtschaftlichen Attraktivität und der Transparenz abhängig ist, sondern auch von eventuellen Befürchtungen auf seiten der Begünstigten, künftig einem höheren Entlohnungsrisiko und stärkerer Leistungsobjektivität ausgesetzt zu sein.[126]

68 Auf der Basis der Arbeiten des Projektteams erfolgt die Entscheidung für ein bestimmtes Modell durch die erforderlichen Gremien, d.h. je nach spezifischem Konzept und Ausgangssituation durch die Geschäftsleitung, Aufsichtsrat, Hauptversammlung und Betriebsrat. Im Anschluß hieran empfiehlt sich eine ebenso eingehende wie umfangreiche Information der Begünstigten, wobei gerade Mitglieder des Projektteams oder auch ein Betriebsratsmitglied zu Multiplikatoren für eine hohe Akzeptanz und eine Optimierung der Motivationswirkung werden können.

VII. Zeitpunkt der Einführung

69 Der ideale Zeitpunkt für die Einführung eines Mitarbeiterbeteiligungsprogramms hängt wesentlich vom gewählten Modell ab. Soweit ein Modell implementiert werden soll, das, wie Stock Option Plans

[125] Vgl. hierzu auch § 18 IV. 2. Mitbestimmung des Betriebsrats.

[126] *B. Pellens/N. Crasselt/C. Rockholtz* in *B. Pellens* (Hrsg.), Unternehmenswertorientierte Entlohnungssysteme, S. 1, 14.

oder Belegschaftsaktien, die Mitwirkung der Hauptversammlung erfordert, könnte sich die Einführung vor dem Börsengang und der hieraus resultierenden Aufnahme weiterer stimmberechtigter Aktionäre empfehlen. Andererseits könnte es unter dem Gesichtspunkt der Aktionärsdemokratie als freundliche Geste verstanden werden, wenn der Beschluß erst nach dem Börsengang unter Mitwirkung der neuen Aktionäre getroffen wird. Für eine Einführung vor dem Börsengang spricht demgegenüber die hierdurch eröffnete Nutzung von Bewertungsvorteilen aus § 19a VIII EStG sowie die frühzeitige Steigerung der Motivation der Mitarbeiter. Vor dem Hintergrund der aktuellen Kritik einiger Berufsopponenten an der Einführung von Stock Option Plans in einigen börsennotierten Unternehmen und der hieraus resultierenden Sensibilität der Öffentlichkeit muß aber gerade bei einer Einführung vor dem Börsengang auf eine maßvolle Ausgestaltung in Hinblick auf die Attraktivität für die Mitarbeiter und den Vorstand geachtet werden. Wird dies mißachtet und bildet sich bei der Börseneinführung der Eindruck einer übermäßigen Bevorzugung der Belegschaft, so kann dies negative Folgen für den Erfolg der Börseneinführung haben. Dagegen wird ein ausgewogenes Programm in Hinblick auf die positiven Auswirkungen auf den Shareholder Value positiv für das Image der Gesellschaft und die Plazierung der Aktien wirken. Aufgrund der in jeder Hinsicht großen Bedeutung eines Beteiligungsprogramms für den Erfolg der Emission sollte dessen Ausgestaltung und Implementierung nicht ohne enge Abstimmung mit der konsortialführenden Bank erfolgen.[127] Bei der Emission von Aktien vor dem Börsengang ist, sofern dieser am Neuen Markt erfolgen soll bzw. eine Teilnahme an SMAX[128] beabsichtigt ist, in Hinblick auf Abschn. 2 7. 2. 9 RWNM bzw. Abschn. 3.5 SMAX-TB unbedingt auf die Aufnahme von Bindungsklauseln zu achten, die einen Verkauf der Aktien innerhalb von sechs Monaten nach Zulassung unterbinden und eine automatische Verlängerung dieses Zeitrahmens für den Fall vorsehen, daß die Frist durch das Regelwerk ausgedehnt wird.

---

[127] Vgl. hierzu auch *B. Rödl/T. Zinser,* Going Public, S. 213.

[128] Vgl. hierzu § 11 VII. SMAX.

Sachregister

Buchanzeige

Ehlers/Jurcher

Der Börsengang von Mittelstandsunternehmen

– Eine Einführung mit Modellfall –

Von Harald Ehlers, Professor an der Fachhochschule Kiel, und Michael Jurcher, Diplom-Betriebswirt in Hamburg

1999. XXI, 184 Seiten. Kartoniert DM 88,–
ISBN 3-406-44946-8
(Aktuelles Recht für die Praxis)

Der Gang zur Börse

Vor allem dank der Aktienrechtsreform 1994 steht heute auch dem mittelständischen Unternehmer der Weg zur Börse offen. Obwohl der Börsengang häufig die einzige Möglichkeit ist, sich dringend benötigtes Kapital zu beschaffen, wird diese Chance oft aus Unsicherheit vertan.

Dieser Band liefert das notwendige Know-how:

- Die Neuerscheinung ist ganz auf den **Börsengang von Mittelstandsunternehmen** zugeschnitten und erläutert die einzelnen Schritte praxisbezogen anhand eines **Modellfalles**
- **Fallbezogene Muster** u. a. für eine Umwandlung in eine AG, für eine Kapitalerhöhung und für einen Börsengang erhöhen den Praxisnutzen
- **Ausführungen** zur Erhaltung des Familieneinflusses, zur Mitarbeiterbeteiligung, zur Erbschaftsteuer und den möglichen Alternativen berücksichtigen die spezielle Situation des börsenwilligen Familienunternehmens.

Aus dem Inhalt

- Darstellung der Phonac GmbH (Modellfall)
- Vor- und Nachteile eines Börsenganges
- Ablauf der Umwandlung
- Kosten der Umwandlung
- Zugang zum Kapitalmarkt
- Durchführung der Emission
- Kosten der Emission
- Merksätze und Checkliste für die Durchführung eines Börsenganges
- **Anhänge:** Anstellungsvertrag mit Vorstand – Satzung, Richtlinien und Geschäftsordnung des Berliner Freiverkehrshandels – Richtlinien für den Freiverkehr an der Berliner Wertpapierbörse – Geschäftsordnung des Freiverkehrsausschusses an der Berliner Wertpapierbörse – Verkaufsprospekt der Phonac AG.

Ein Gewinn für Unternehmer und Geschäftsführer von Gesellschaften, für wirtschaftsrechtlich tätige Rechtsanwälte, Steuerberater und Wirtschaftsprüfer sowie für Unternehmensjuristen.

Die Autoren

Harald Ehlers, Professor an der Fachhochschule Kiel, ist anerkannter Fachmann in der Beratung von Mittelstandsunternehmen. Michael Jurcher, Diplom-Betriebswirt, ist in einer der größen Wirtschaftsprüfungsgesellschaften Deutschlands tätig.

Verlag C. H. Beck · 80791 München